Institut für Geschichtliche Landeskunde
an der Universität Mainz e.V.

Die Ingelheimer Haderbücher
Spätmittelalterliche Gerichtsprotokolle
Band 1

Das Oberingelheimer Haderbuch
1476–1485

Herausgegeben von
Werner Marzi

im Auftrag der Stiftung Ingelheimer Kulturbesitz

Bearbeitet von
Stefan Grathoff (Transkription) und
Regina Schäfer (Übertragung)

2011
Rheinhessische Druckwerkstätte Alzey

Die Stadt Ingelheim am Rhein hat als Eigentümerin und Wahrerin der kultur-, rechts- und sozialgeschichtlich bedeutenden Ingelheimer Haderbücher diese für die wissenschaftliche Bearbeitung zur Verfügung gestellt.

Das Projekt »Haderbuch Oberingelheim 1476–1485« wurde von der Inhaberfamilie der Firma C.H. Boehringer Sohn AG & Co. KG finanziert. Die Drucklegung wurde durch einzelne Mitglieder der Familie Boehringer und der Familie von Baumbach sowie der Stadt Ingelheim ermöglicht.

Bibliographische Informationen der Deutschen Nationalbibliothek
Die Deutsche Nationalbibliothek verzeichnet diese Publikation in der Deutschen Nationalbibliographie; detaillierte bibliographische Daten sind im Internet über <http://www.d-nb.de> abrufbar.

ISBN 978-3-86232-011-0

Gestaltung: Stefan Dumont
Satz: Stefan Dumont, Stefan Grathoff
© 2011 Stadt Ingelheim am Rhein
Druck: Rheinhessische Druckwerkstätte Alzey

Inhaltsübersicht

Geleitwort des Oberbürgermeisters der Stadt Ingelheim
Dr. Joachim Gerhard   7

Geleitwort des Vorsitzenden des Gesellschafterausschusses der
C.H. Boehringer Ingelheim Sohn AG & Co. KG
Christian Boehringer   9

Geleitwort des Vorsitzenden der Stiftung Ingelheimer Kulturbesitz
J. D. Franz   10

Die Ingelheimer Haderbücher – ein Forschungs- und Editionsprojekt
von Werner Marzi   11

Beispielseiten aus dem Oberingelheimer Haderbuch   14

Zur Transkription und Übertragung des Haderbuchs
von Stefan Grathoff und Regina Schäfer   19

Index: Verzeichnis der Namen, Orte und Sachen – Glossar   27

Transkription und Übertragung   fol. 2–240

Geleitwort
des Oberbürgermeisters der Stadt Ingelheim
Dr. Joachim Gerhard

Auf die im Eigentum der Stadt Ingelheim befindlichen Haderbücher hatte bereits 1950 der Ingelheimer Ehrenbürger Adalbert Erler, Inhaber des Lehrstuhls für Rechtsgeschichte an der Universität Mainz, aufmerksam gemacht und diese als singuläre Quelle des Reichsgerichtes des Ingelheimer Grundes bestimmt. Eine Quelle, die aufschlussreiche Einblicke in das spätmittelalterliche Gerichtswesen und dessen Prozessabläufe gewährt. Adalbert Erlers Interesse und das seiner Schüler galten jedoch vorwiegend der Autorität dieses Gerichtes auch als Oberhof, zu dem über 50 Schöffenstühle anfragend »zu Haupte gingen«. Dieser Oberhof aber war als Dorfgericht zugleich Friedensgericht für die Bewohner des Ingelheimer Grundes und nahm sich deren alltäglichen Sorgen und Nöte an. Die Schöffen tagten täglich, außer an Sonntagen, unter dem Vorsitz des jeweiligen Schultheißen der drei Gerichtsstandorte und zwar montags, mittwochs und freitags Vormittag in Nieder-Ingelheim unter der Linde vor der Kirche, dienstags, donnerstags, samstags Vormittag in Ober-Ingelheim in einem eigenen Gerichtshaus (in der Kirchgasse der heutigen Straße »An der Burgkirche«). Gleichzeitig zu den Nieder-Ingelheimer Sitzungen fand mittwochs in Groß-Winternheim auf einem Platz vor dem Friedhof der Pfarrkirche eine öffentliche Sitzung statt. Professionelle Schreiber hielten Klageerhebung (»Heischung«), Zeugenvernehmung, Beratung und Urteil fest.

Seit den zahlreichen rechtshistorischen Veröffentlichungen der Erler-Schule zum Ingelheimer Oberhof hat sich das Forschungsparadigma geändert. Das Alltagsleben interessiert die moderne historische Forschung. Und dieser Alltag spiegelt sich in den Ingelheimer Gerichtsbüchern wieder. Viele Parallelen, Ähnlichkeiten und Übereinstimmungen finden sich, wenngleich unter veränderten Rahmenbedingungen, in uns und unserer Gegenwart wieder.

Die Haderbücher lagerten jahrhundertelang in der Burgkirche und gelangten danach auf den Dachboden des Ober-Ingelheimer Rathauses, das seinerzeit neben der Gemeindeverwaltung auch das Friedens- und Amtsgericht beherbergte. Ein Teil der Bücher wurde Ende des 19. Jahrhunderts nach Darmstadt in das Hof - und Staatsarchiv des Großherzogtums Hessen verbracht, wo diese 1944 infolge von Kriegsereignissen verbrannten. Nur noch 19 Bände und einige Fragmente der ehemals 33 Bände sind noch vorhanden. Diese erhaltenen Bände bilden aber immer noch einen einmaligen seriellen Bestand und bedeuten für die historischen Wissenschaften eine außerordentliche und unwiederbringliche Quelle.

Das Institut für Geschichtliche Landeskunde an der Johannes Gutenberg-Universität Mainz und das Historische Seminar haben unter Leitung von Prof. Franz J. Felten und Prof. Dr. Harald Müller im Juli 2008 eine interdisziplinäre Arbeitstagung: »Die Ingelheimer Haderbücher, Mittelalterliches Prozessgut und seine Anwendungsmöglichkeiten« durchgeführt. An dieser Tagung nahmen Rechts-, Landes- und Sozialhistoriker, Kodikologen, Germanisten, Kultur- und Wirtschaftswissenschaftler teil. Der Tagungsband wurde 2010 als Band 50 der vom Historischen Verein herausgegebenen »Beiträge zur Ingelheimer Geschichte« veröffentlicht. Die Stadt Ingelheim ist Boehringer Ingelheim dankbar für die Finanzierung der diffizilen Arbeiten von Edition, Index, Transkription und der Übertragung in das heutige Deutsch sowie eines Teils der Druckkosten. Mit der erstmaligen Veröffentlichung eines Haderbuches hat der Firma Boehringer Ingelheim in Verbindung mit der Stiftung Ingelheimer Kulturbesitz das Editionsprojekt »Ingelheimer Haderbücher« auf den Weg gebracht. Die Stadt Ingelheim greift diese Vorgaben auf und hat gemeinsam mit der Inhaberfamilie der Firma C. H. Boehringer Sohn AG & Co. KG an den Druckkosten beteiligt. Dem hiermit vorgelegten Band »Das Oberingelheimer Haderbuch 1476-1485« werden nach Stadtrat-Beschluss weitere von der Stadt Ingelheim finanzierte Bände folgen. Dies werden die Bände Niederingelheim (1468–1485) und Großwinternheim (1490–1516) sein.

Unser Dank gilt dem Historischen Seminar und dem Institut für Geschichtliche Landeskunde an der Universität Mainz, vor allem aber dem Ingelheimer Bürger und Mitarbeiter des Instituts für Geschichtliche Landeskunde Oberstudiendirektor i. R. Dr. Werner Marzi, der als Herausgeber der Editionsreihe »Die Ingelheimer Haderbücher« gemeinsam mit Professor Dr. Franz Felten, Dr. Stefan Grathoff und Dr. Regina Schäfer die neue wissenschaftliche und publizistische Aufarbeitung der Haderbücher angeregt und organisiert hat.

Auch der Stiftung Ingelheimer Kulturbesitz gilt unser Dank, die sich mit ihrem Vorsitzenden, Herrn Dieter Franz, um die Finanzierung weiterer Editionen der Haderbücher bemüht.

Ingelheim im Februar 2011
Dr. Joachim Gerhard
Oberbürgermeister

Geleitwort
des Vorsitzenden des Gesellschafterausschusses der C.H. Boehringer Ingelheim Sohn AG & Co. KG Christian Boehringer

Im Logo – einer Stilisierung der Kaiserpfalz – des Unternehmens Boehringer Ingelheim findet man bis heute die Referenz zum mittelalterlichen Kaiserreich. Auch wenn historisch Kaiser Karl IV (1346–1378) das Ingelheimer Gebiet an die Kurpfalz verpfändete, fühlten sich die Einwohner weiterhin als Reichsleute und das lokale Gericht des Ingelheimer Grundes verstand sich bis in die frühe Neuzeit hinein ebenfalls als Reichsgericht.

In der Unterstützung des Forschungs- und Editionsprojektes Ingelheimer Haderbücher wollten die Gesellschafter des Unternehmens Boehringer Ingelheim einen Beitrag dazu leisten, die Veränderungen in Recht, Wirtschaft und Gesellschaft an der Wende vom Mittelalter zur Frühen Neuzeit besser zu verstehen. Das Ingelheimer Reichsgericht war immer innovativ. Seine Schöffen schufen stets neues, pragmatisches, prozessual entwickeltes Recht, das weitgehend noch nicht in den Rechtsbüchern vorgegeben war.

Recht, Gerichtsbarkeit und Wirtschaften stehen in einem engen Zusammenhang. Die Entwicklung des Systems, das wir heute kennen und schätzen, hat eine lange Tradition und Entwicklung. Ein funktionierendes Rechtssystem ist die Basis für das Staatswesen und die wirtschaftlichen Beziehungen, in denen sich Boehringer Ingelheim seit seiner Gründung 1885 – also seit 125 Jahren – bis heute erfolgreich bewegt.

Einige der Haderbücher haben die Wirren der Geschichte mit sehr viel Glück überlebt. Auch wenn das Projekt nur Fragmente der Geschichte beleuchten kann, bringt es neue Erkenntnisse über die historischen Wurzeln der Stadt, in der das Unternehmen Boehringer Ingelheim später gegründet wurde und die noch heute der Stammsitz eines erfolgreichen Familienunternehmens ist.

Wir freuen uns, dass wir mit unserem Beitrag erstmals die Edition eines Haderbuches überhaupt ermöglichen konnten. Zu ihren Gelingen trugen darüber hinaus bei: die mittelalterliche Abteilung des Historischen Seminares der Universität Mainz und das Institut für Geschichtliche Landeskunde, geleitet von Professor Dr. Franz Felten, die Mitarbeiter des Historischen Seminars und des Instituts Geschichtliche Landeskunde Dr. Werner Marzi (Editor), Dr. Stefan Grathoff (Transkriptor) und Dr. Regina Schäfer (Übersetzerin). Ferner die Stadt Ingelheim mit Herrn Oberbürgermeister Dr. Joachim Gerhard und die Stiftung Ingelheimer Kulturbesitz unter dem Vorsitz von J. D. Franz.

Basierend auf der bereits jetzt positiven Resonanz, die die Ankündigung des Editionsprojektes in der wissenschaftlichen Welt und der Öffentlichkeit erfahren hat, freuen sich die Mitglieder der Inhaberfamilie von Boehringer Ingelheim, dass sie auch zu den Druckkosten des ersten Bandes beitragen konnten. Die aus den Haderbüchern gewonnenen Erkenntnisse werden so einer breiteren Öffentlichkeit zugänglich gemacht.

Christian Boehringer, Vorsitzender des Gesellschafterausschusses der C.H. Boehringer Ingelheim Sohn AG & Co. KG

Ingelheim, im Februar 2011

Geleitwort des Vorsitzenden der Stiftung Ingelheimer Kulturbesitz
J. Dieter Franz

Als Sohn der Stadt beschäftigte ich mich bereits in der Jugend mit der Geschichte Ingelheims. Auf Anregung meines Vaters, Dr. med. Gerhard Franz, legte ich ein Fotoarchiv an, das die Veränderung der Stadt dokumentierte. Bald darauf zog ich jedoch nach Köln, um dort als Designer in städtischen Diensten zu arbeiten. Dennoch blieb ich meiner Heimat stets verbunden und gründete einen Verein zur Rettung des historischen Stadtbildes, aus dem »Pro Ingelheim e.V.« hervorgegangen ist. Als ich 1998 in unsere Stadt zurückkehrte, wurde auf meine Initiative hin die »Stiftung Ingelheimer Kulturbesitz« ins Leben gerufen. Mit der Unterstützung der derzeitigen Kuratoriumsmitglieder, Herrn Dr. Joachim Gerhard, Frau Dr. Almut Schumacher, Herrn Kristian Dautermann und Herrn Dr. Werner Marzi bemüht sich die Stiftung, die geschichtsträchtige Bausubstanz Ingelheims zu erhalten und zu pflegen.

Darüber hinaus setzt sich die »Stiftung Ingelheimer Kulturbesitz« auch für die Bewahrung des geistigen Erbes unserer Stadt ein. So half sie maßgeblich mit, die besondere Bedeutung der Ingelheimer Haderbücher einer breiteren Öffentlichkeit bewusst zu machen. Durch die großzügige finanzielle Unterstützung der Inhaberfamilie der Firma C. h. Boehringer Sohn AG & Co. KG konnte das erste Haderbuch von Wissenschaftlern der Universität Mainz transkribiert, ins heutige Hochdeutsch übertragen und mit einem Index erschlossen werden. Die vorliegende Edition des Haderbuches »Ober-Ingelheim 1476-1485« stellt den Pilotband eines Forschungsprojektes dar, das Einblicke in die spätmittelalterliche Rechtspraxis und in das Alltagsleben der damaligen Ingelheimer ermöglicht.

Für die Förderung dieses Projektes bedanke ich mich im Namen der Kulturstiftung ganz herzlich bei Christian Boehringer für die Inhaberfamilie von Boehringer Ingelheim.

Dem Projekt »Ingelheimer Haderbücher« unter der Leitung von Herrn Dr. Werner Marzi, Institut für Geschichtliche Landeskunde an der Universität Mainz e.V., wünsche ich weiterhin Erfolg und spannende Ergebnisse.

J. Dieter Franz, Vorsitzender
der Stiftung Ingelheimer Kulturbesitz
Ingelheim, im Februar 2011

Die Ingelheimer Haderbücher – ein Forschungs- und Editionsprojekt

von Werner Marzi

»Hadern« bedeutet »streiten, zanken«, bedeutet aber auch, vor Gericht einen Prozess austragen. Seit dem 14. Jahrhundert wurden die vor Gericht verhandelten Streitsachen von rechtskundigen Schreibern protokolliert. Unter den überlieferten Gerichtsbüchern sind die Ingelheimer Haderbücher singulär.[1]
Sie bilden eine nahezu geschlossene Serie von 19 Gerichtsbüchern und sechs Fragmenten für den Zeitraum von 1387 bis 1534. Sie geben einen Einblick in die Laiengerichtsbarkeit und die Lebenswelt des Ingelheimer Reiches.
Dieser aus der ehemaligen Kaiserpfalz hervorgegangene Bezirk umfasste folgende Orte mit ihren Feldmarken, Weilern und Höfen: Ober- und Niederingelheim mit Frei-Weinheim (Hafen, Fahr, Kranen), Groß-Winternheim, Bubenheim, Elsheim, Wackernheim, Sauerschwabenheim (heute Schwabenheim) und das im kurpfälzischen Amt Stromberg gelegene Daxweiler, dessen Grund- und Gerichtsherr die beiden Ingelheim von alters her waren.
Kaiser Karl IV. (1346–1378) verpfändete 1376 das Ingelheimer Gebiet an Kurpfalz. Diese Pfandschaft wurde von Kaiser und Reich nie ausgelöst. Die Verpfändung an die Pfalz wurde 1648 im Westfälischen Frieden für endgültig erklärt. Während Kurpfalz seine Pfandschaft unter der Benennung Ingelheimer Grund registrierte, verstanden sich dessen Bewohner weiterhin als Reichsleute. Das Ingelheimer Gericht verstand sich bis in die Frühe Neuzeit hinein auch als Reichsgericht. Dieses wurde seit dem 16. Jahrhundert aber zunehmend der kurpfälzischen Hoheit unterstellt. Das lokale Reichsgericht des Ingelheimer Grundes wurde zugleich als Oberhof angefragt. Im Gegensatz zu den Haderbüchern fanden dessen Protokolle in der Forschung vielfältige Beachtung, die in Auswahleditionen unmittelbar zugänglich sind. So veröffentlichte 1885 der Bonner Rechtshistoriker Hugo Loersch von den damals noch vorhandenen 3.000 Urteilen eine Auswahl von 426 Urteilen und fügte seiner Edition noch 37 Beilagen zur Geschichte des Reichsgerichtes hinzu.[2] Seine Auswahl traf er aus den drei Oberhofprotokollen von 1437–1440, 1440–1451 und 1452–1464. Von diesen von Loersch bearbeiteten Bänden sind der erste und der dritte Band 1944 im Staatsarchiv Darmstadt verbrannt und der zweite Band, der sich im persönlichen Besitz von Loersch befand, ist seit seinem Tode unauffindbar. Der einzige noch vorhandene, von Loersch nicht eingesehene und im Britischen Museum aufbewahrte Band 1398-1430 wurde von Adalbert Erler in Auswahl ediert.[3] Mittlerweile haben sich 18 seiner Schüler seit 1964 im Rahmen von Dissertationen, Habilitationsschriften und zahlreichen Artikeln in Zeitschriften, Sammelwerken und Handbüchern mit dem Ingelheimer Oberhof beschäftigt.[4]
Von den Haderbüchern fand Hugo Loersch noch 33 Bände vor. Sie umfassten die Zeit von 1387–1537. Da Loersch die Aufbewahrung im Oberingelheimer Rathaus für zu unsicher hielt, veranlasste er die Überstel-

---

[1] Vgl. Werner Marzi: Die Ingelheimer Gerichte und ihre Bücher. In: Beiträge zur Ingelheimer Geschichte Bd. 50 (2010).

[2] Hugo Loersch: Der Ingelheimer Oberhof. Bonn 1885.

[3] Adalbert Erler (Hrsg.): Die älteren Urteile des Ingelheimer Oberhofes. Vier Bände. Frankfurt am Main 1952, 1958, 1963.

[4] Dietlinde Munzel: Verzeichnis der Schriften, Doktoranden und Habilitanden Adalbert Erlers. In: In memoriam Adalbert Erler (Beiträge zur Ingelheimer Geschichte 40), Ingelheim 1994, S. 178-193.

lung aller Gerichtsbücher an das zuständige Großherzogliche Hof- und Staatsarchiv zu Darmstadt. Als die Haderbücher im Jahr 1879 überführt werden sollten, waren jedoch die meisten verschwunden. Ingelheimer Bürger hatten sie versteckt und so dem Zugriff der hessen-darmstädtischen Beamten entzogen. Die nach Darmstadt überführten Haderbücher und die in Ingelheim befindlichen Oberhofprotokolle wurden gegen Ende des 2. Weltkrieges vernichtet. Die in Ingelheim verbliebenen Haderbücher wurden erst 1905 durch den Ingelheimer Geschichtsforscher Andreas Saalwächter auf dem Speicher des Oberingelheimer Rathauses wieder entdeckt. Im 2. Weltkrieg wurden sie mit dem Ingelheimer Archiv in die unterirdischen Gewölbe der Burg Ortenberg in Oberhessen ausgelagert. Bei der Rückführung des Archivs zeigte sich, dass ein Teil der Haderbücher verschwunden war und dass die noch vorhandenen durch Feuchtigkeit stark beschädigt waren. Mehrere Haderbücher wurden von amerikanischen Soldaten entwendet. Sechs gelangten wieder nach Ingelheim zurück. Zwei davon konnte Professor Bell von der Universität Berkeley (Kalifornien) 1949 direkt von den Soldaten erwerben und nach Ingelheim zurücksenden. Vier weitere der in die USA verschleppten Bücher gelangten über den Auktionsmarkt auf verschlungenen Wegen, finanziell gefördert von der Stadt Ingelheim und der Kulturstiftung des Landes Rheinland-Pfalz, 1993 wieder zurück in das Ingelheimer Stadtarchiv. Alle Haderbücher werden zurzeit restauriert und digitalisiert.

Die Ingelheimer Haderbücher sind singuläre Dokumente der mittelalterlichen deutschrechtlichen Laiengerichtsbarkeit. Im Gegensatz zu Rechtsbüchern wie Sachsenspiegel, Schwabenspiegel, Frankenspiegel, Kleines Kaiserrecht, die normatives Recht zu fassen suchten, zeigen die Haderbücher den konkreten Alltag des gesprochenen und vollzogenen Rechtes auf und sind damit Spiegelbild einer vergangenen, aber uns immer noch nahen Lebenswelt.

Die Haderbücher sind nach ersten Hinweisen im 20. Jahrhundert [Andreas Saalwächter (1910), Adalbert Erler (1950)] erneut in das öffentliche und wissenschaftliche Interesse getreten: Gabriele Mendelsohn (2000), Leonie Münzer (2001) und vor allem Marita Blattmann (2008) haben auf ihrer Bedeutung aufmerksam gemacht.[5] Seit März 2005 wertet Marita Blattmann (Historisches Seminar der Universität Köln) mit ihren Studierenden die im Ingelheimer Stadtarchiv vorhandenen Haderbücher kodikologisch aus. Prozesse vor dem Ingelheimer Hadergericht, an denen Juden beteiligt waren, wurden von Gerd Mentgen 1998 untersucht.[6]

Das Historische Seminar und das Institut für Geschichtliche Landeskunde an der Universität Mainz e.V. veranstalteten am 4. Juli 2008 eine Arbeitstagung Die Ingelheimer Haderbücher. Mittelalterliches Prozessschriftgut und seine Auswertungsmöglichkeiten. Erstmals wurden die Haderbücher durch Historiker, Rechtswissenschaftler und Germanisten vergleichend vorgestellt. Der gleichnamige Tagungsband ist 2010 als Heft 50 der Beiträge zur Ingelheimer Geschichte erschienen. Ein Begleitband zur Edition, der das edierte Haderbuch unter historischen, rechtshistorischen, germanistischen und volkskundlichen Fragestellungen auswertet ist in Arbeit.

Angeregt durch Dieter Franz, Vorsitzender der Stiftung Ingelheimer Kulturbesitz, und finanziell gefördert durch Boehringer Ingelheim, wurde die hier vorgelegte Edition des Haderbuches Oberingelheim

---

[5] Andreas Saalwächter: Nieder-Ingelheim und seine Geschichte. Gießen 1910. Adalbert Erler: Die Ingelheimer Haderbücher. In: Kurt Bussmann/ Nikolaus Grass (Hrsg.): Festschrift Karl Haff. Zum siebzigsten Geburtstag dargebracht. Innsbruck 1950, S. 51–61. Gabriele Mendelsohn: Die Ingelheimer Rechtsgeschichte als ein Thema des Museums bei der Kaiserpfalz unter besonderer Berücksichtigung der Haderbücher (Mitteilungsblatt zur rheinhessischen Landeskunde NF Jg. 2). Alzey 2000, S. 13–19. Leonie Münzer: Die Ingelheimer Haderbücher. Eine quellenkritische Modellanalyse am Beispiel des Ober-Ingelheimer Haderbuches von 1476–1484, Magisterarbeit Geschichte, Universität Mainz 2001. Marita Blattmann: Beobachtungen zum Schrifteinsatz an einem deutschen Niedergericht um 1400: die Ingelheimer Haderbücher. In: Susanne Lepsius/Thomas Wetzstein (Hrsg.): Als die Welt in die Akten kam. Prozeßschriftgut im europäischen Mittelalter. Frankfurt 2008, S. 51–84.

[6] Hans-Georg Meyer/Gerd Mentgen: Sie sind mitten unter uns. Zur Geschichte der Juden in Ingelheim 1998.

1476–1485 ermöglicht. Das Projekt wird betreut vom Historischen Seminar der Universität Mainz und dem Institut für Geschichtliche Landeskunde an der Universität Mainz. Mit Dr. Stefan Grathoff als Transkriptor und Dr. Regina Schäfer, die die Texte ins heutige Deutsch übertragen hat, konnten kompetente, renommierte und mit der Epoche vertraute Historiker gewonnen werden. Ulrich Hausmann, M.A. hat vielfältige Hilfestellung bei der Transkription gegeben, Dr. Rudolf Steffens, Institut für Geschichtliche Landeskunde, hat das transkribierte Manuskript einer kritischen Durchsicht unterzogen.

Nachdem mit dem hier vorgelegten Band der Gerichtsort Oberingelheim berücksichtigt wurde, werden nun die Bände Niederingelheim (1468–1485) und Großwinterheim (1490–1519) ediert. Diese Bücher stehen in einem zeitlichen und personengeschichtlichen Bezug zum Oberingelheimer Haderbuch 1476–1485.

Dank der finanziellen Förderung der Stadt Ingelheim wurde mit der Edition dieser Bände bereits begonnen.

Die letzten erhaltenen Bände umfassen die Wende vom Spätmittelalter zur Frühneuzeit: Niederingelheim 1521–1530, Oberingelheim 1518–1529 und 1529–1534. Sie sind besonders aufschlussreich im Hinblick auf die Rezeption des Römischen Rechtes und die kulturellen, sozialen und ökonomischen Veränderungen durch Humanismus, Reformation, Frühkapitalismus und das frühmoderne Staatsbewusstsein. Eine Edition dieser Bände ist ebenfalls vorgesehen.

Handschrift des Gerichtsschreibers Peter Schreiber (Peter, der Schreiber) (1476–1480) – Oberingelheimer Haderbuch fol. 151v.

Handschrift des Gerichtsschreibers Siebel von Alsenz (1480–1482) - Oberingelheimer Haderbuch fol. 202v.

Handschrift des Gerichtsschreibers Stefan Grunwalt von Deidesheim [?] (1483–1484) – Oberingelheimer Haderbuch fol. 219.

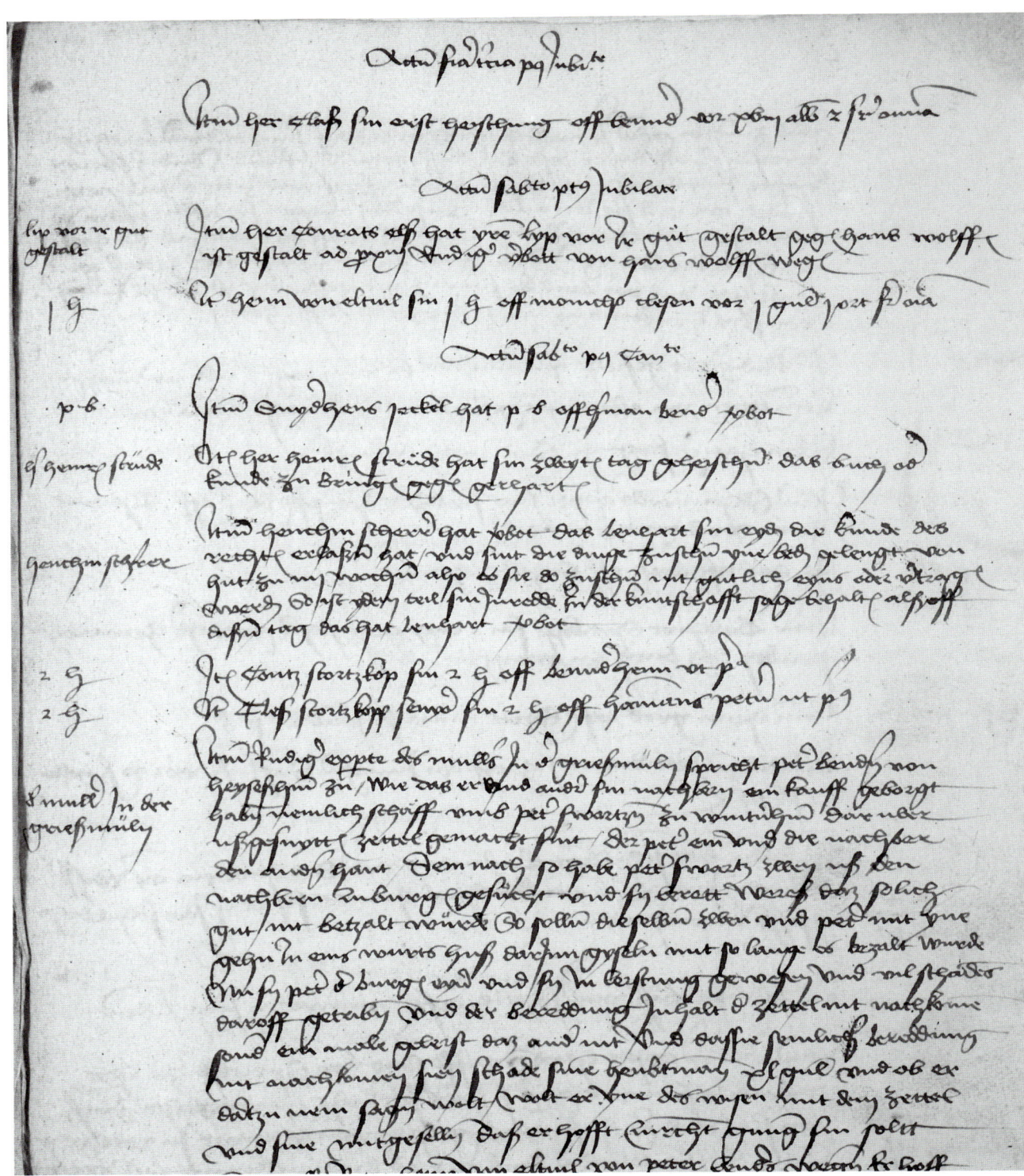

Handschrift eines ungenannten Schreibers (1484) – Oberingelheimer Haderbuch fol. 221.

Zur Transkription und Übertragung des Haderbuchs

von Stefan Grathoff und Regina Schäfer

Transkription

Vorbemerkung

Der Text und die Marginalien wurden buchstabengetreu – und soweit das Druckbild dies erlaubte - zeilengetreu transkribiert.[1] Um dem Leser einen möglichst vollständigen Eindruck von der ursprünglichen Textgestalt zu vermitteln, wurden sämtliche Kürzungen aufgelöst.

Zusätze des Bearbeiters sind in eckige Klammern [ ] gestellt. Unsichere Lesarten sind in der Transkription mit [?], ungewöhnliche Schreibweisen in der Vorlage mit [!] gekennzeichnet.

Besonderheiten im Text, beabsichtigte Striche, Zeichen und Hervorhebungen sowie alle Eingriffe des Bearbeiters in den Text - ausgenommen Satzzeichen - wurden in Anmerkungen kenntlich gemacht.

Paginierung

Aufgrund der Widersprüchlichkeit der alten Paginierung wurde im Einvernehmen mit dem Stadtarchiv Ingelheim – unter Bewahrung der alten Signaturen – eine Neupaginierung des Haderbuches vorgenommen. Es gilt nunmehr die Paginierung in der oberen rechten Ecke. Jedes Blatt erhielt eine Folio-Nummer, die Rückseite wird in der Bearbeitung mit »v« [= verso] bezeichnet.

Im Buch waren an verschiedenen Stellen Einlegezettel aufgefunden worden. Diese wurden bei der Restaurierung des Buches entfernt und zeitweise verlegt. Bei der Bearbeitung dieses Buches konnten die wieder aufgefundenen Zettel den ihnen zugeschriebenen Stellen[2] nicht sinnvoll zugeordnet werden. Die im Haderbuch aufgefundenen Auslassungszeichen[3], die auf entsprechende Beizettel verweisen könnten, fanden unter den vorhandenen Zetteln keine sinnvolle Entsprechung. So wurden die Zettel in unmittelbarer Nähe der angegebenen Standorte an passenden Stellen eingereiht, die Seiten in der Bearbeitung mit Sternchen [*] gekennzeichnet.[4] Die angegebenen alten Standorte wurden in einer Fußnote vermerkt. Die sieben nicht einreihbaren Fragmente wurden, da sie ohne jeden Aussagewert sind, nicht in die Edition mit aufgenommen.

Die Schreiber des Ober-Ingelheimer Haderbuchs aus historischer Sicht

An verschiedenen Stellen des Buches erfährt man Näheres zu den Gerichtsschreibern am Oberingelheimer Gericht (siehe Verzeichnis der Namen... S. 27ff.). Vergleicht man zunächst die verschiedenen Handschriften des Buches, lassen sich mindestens acht unterschiedliche Hände erkennen.

Auf der ersten Seite des Buches (fol. 2) finden sich allein drei Eintragungen verschiedener Schreiber. Eine durchgängige Handschrift reicht von fol. 3 bis fol. 162v (Seitenmitte). Diese Seiten umfassen den Zeitraum vom 22. Oktober 1476 bis zum 4. November 1480. Sie wurden von Peter Schreiber (Peter, der Schreiber) geschrieben, der von Nieder-Olm (*Olmen*)

---

1 Der Bearbeiter dankt Dr. R. Steffens (Mainz) für die Durchsicht der Transkription und mannigfaltige Hinweise.
2 Laut modernen handschriftlichen Anmerkungen sollten Zettel zwischen den Seiten (alte Paginierung) 35/36, 158/159, 159/160, 204/205 sowie nach fol. 206 eingefügt werden.
3 Blatt 26v, 29, 34, 168v, 172v und 173v (neue Paginierung).
4 Blatt 36* 173* 173** 197* und 203* (neue Paginierung).

zugezogen und mit Else verheiratet war. Als gemeinsamer Sohn wird mehrfach Heinrich im Gerichtsbuch genannt. Peter verstarb wohl noch im Jahr 1480.
Im folgte der Schreiber Sibel nach, der aus Alsenz stammte und Schreiber der Stadt Worms gewesen war. Sibel nahm zwischen dem 9. November 1480 (fol. 162v) und dem 31. August 1482 (fol. 218v) Eintragungen im Buch vor.[5]
Zwischen dem 31. August 1482 (fol. 217v) und dem 11. Mai 1483 (fol. 219) sind keine Eintragungen im Buch zu finden. Der erste Eintrag des (11.) Schreibers Stefan Grunwalt aus Deidesheim, der laut einer Notiz im Buch am 21. November 1483 vorgenommen worden sein soll, ist folglich nicht vorhanden. Stefan war Sekretär des Grafen von Leiningen gewesen und als Notar tätig. Ob es seine Handschrift ist, die zwischen dem 11. Mai und 12. Juni 1484 im Buch erkennbar ist (fol. 219–220v), muss offenbleiben.
Die Schreiber wechselten in der Folge mehrfach, ohne dass Einzelheiten zu ihnen bekannt werden. Der nächste Amtsinhaber war - so lässt es zumindest die Handschrift erkennen - zwischen dem 19. Juni und 31. Juli 1484 tätig (fol. 221–224), der folgende vom 7. August 1484 bis 8. Januar 1485 (fol. 225–240).
Eine kurze Notiz auf der letzten Seite des Buches (fol. 240) stammt wieder von einer anderen Hand.
Die Ober-Ingelheimer Gerichtsschreiber, das wird aus den biographischen Angaben deutlich, waren bereits mehr oder weniger lange Zeit als Schreiber, Sekretäre oder Notare tätig gewesen sind und kannten sich in Rechtsdingen bestens aus. Die von allen Schreibern häufig verwendeten juristischen (lateinischen) Formeln sind hierfür ein deutliches Kennzeichen.
Während der einzelnen Gerichtstage haben sich die Schreiber offensichtlich nur Notizen gemacht und die Eintragungen in das Gerichtsbuch zu einem späteren Zeitpunkt vorgenommen. Die Korrekturen, Streichungen und Ergänzungen im Text unterstreichen diese

---

5 Einer Notiz im Haderbuch zufolge (fol. 2) soll der insgesamt 10. Amtsinhaber der Ober-Ingelheimer Gerichtsschreiberstelle erst von 1481 an tätig gewesen sein.

Annahme. Da die Marginalien zumeist nicht zeilengetreu am Seitenrand stehen, ist zu vermuten, dass sie nicht unmittelbar zusammen mit der Niederschrift geschrieben, sondern später hinzugefügt wurden. Darauf lassen auch die zahlreichen Verweisstriche und Klammern schließen. Die Marginalien dienten als »Findbehelf«, um vergangene Rechtsfälle an einem der folgenden Gerichtstage rasch auffinden zu können.

Kürzungen
Die Wortkürzungen sind im Ober-Ingelheimer Haderbuch schon wegen der individuellen Vorlieben der verschiedenen Schreiber nicht in eine logische Systematik zu bringen. An sich identische Kürzungszeichen lassen sich auch bei ein und demselben Schreiber nicht einheitlich auflösen, zudem sind sie von den verschiedenen Schreibern unterschiedlich verwendet worden.
Alle Kürzungen wurden in runden Klammern ( ) aufgelöst. Bestimmte Konsonantenhäufungen (siehe unten), die keinen erkennbaren Sinn ergaben, blieben bei der Transkription unberücksichtigt. Um eine zwar vorlagegetreue, aber auch in sich schlüssige Wiedergabe der Verkürzungen anzubieten, wurde im Einzelnen wie folgt verfahren:

»en« und »m«
Die Verkürzungen »(e)n« und »(en)« sind nicht immer eindeutig voneinander zu unterscheiden. Ein nur angedeutetes »e« mit einem nach links offenen Kürzungsbogen wurde genauso behandelt wie das deutliche »e« mit dem nach unten offenen Kürzungsbogen. Beides wurde mit »e(n)« transkribiert. Das eigentliche »en«-Kürzel ist als »(en)« wiedergegeben.
Ein »n« mit dem üblichen nach oben gezogenen Kürzungsbogen wurde mit »(e)n« transkribiert.
Zuweilen wurden identische Kürzungszeichen verwendet, um sowohl ein »e« (guld(e)n) als auch ein »n« (ney(n)) zu kürzen. In Zweifelsfällen wurde nach dem üblichen Wortlaut aufgelöst.
Die häufige Kürzung des »m« wurde berücksichtigt, so etwa bei »actu(m)«, »jte(m)« und »mo(m)par«.

»er«, »r« und »ar«

Auch die Kürzungszeichen für »er«, »re« und »r« sind nicht sauber voneinander zu unterscheiden und zuweilen sogar sinnverstellend. Sie wurden analog zum bisher in der Handschrift verwendeten Gebrauch aufgelöst. In Zweifelsfällen wurde der heutige Sprachgebrauch zugrunde gelegt.

Interpretationsspielraum eröffnet auch die »er«-Kürzung am Ende eines Wortes, wenn entschieden werden musste, an welcher Stelle das »er« einzusetzen war. So musste beispielsweise das Endkürzel sinngemäß entweder als »schuld(er)n« [für den Körperteil] oder als »schuldn(er)« [für den Zahlungspflichtigen] aufgelöst werden.

Identische Kürzungen wurden auch an die Silbe »vo« angehängt, die sinngemäß entweder als »vo(r)« oder als »vo(n)« zu transkribieren waren.

Zuweilen ist der Konsonant »p« im unteren Teil durch einen waagerechten Strich geteilt. Die übliche Kürzung »ar« wurde auch beim Begriff »momper« und seinen Varianten gewählt, obwohl das Wort »momper« auch unverkürzt sehr häufig erscheint und die Schreibweise »mompar« bzw. »momparschaft« nur gelegentlich auftaucht.

Bei dem Wort »person« ist die Auflösung der selben Kürzung mit »er« naheliegend. Bei den Wörtern »p(ar)te«, »p(ar)tij« und »P(ar)tenheim« wurde dagegen die ansonsten identische Kürzung mit »ar« aufgelöst.

Beim gekürzten Begriff »sup()« wurde, wenn ein waagerechter Strich durch den unteren Teil des »p« verlief, »sup(ra)« aufgelöst, (ebenso bei »su()«), in anderen Fällen wurde »sr()« mit »s(upe)r« übertragen.

Flexion schwacher Verben

Einige Flexionen schwacher Verben widersprechen den gewohnten grammatikalischen Regeln. So finden sich »richtige« Flexionen wie: »ich habe erfolgt«, »ich habe offgeholt«, »ich habe gerett« und »ich habe gesagt«, aber ebenso solche wie »ich habe erfolgten«, »ich habe offgeholten«, »ich habe geretten« und »ich habe gesagten«. Erschien im Text an diesen Wortstämmen (und dem »t«) eine deutliche en-Kürzung, wurde folgerichtig »erfolgt(en)«, »offgeholt(en)«, »gerett(en)«, und »gesagt(en)« aufgelöst. (Beispiel S. 14 Zeile 11).

Sprachlich angepasste Kürzungen

Bei einigen Begriffen wie etwa »schuld(ig)« und »schuld(et)« wurde die Auflösung der Verkürzung sinngemäß dem Sprachgebrauch angepasst, obwohl das verwendete Kürzungszeichen auch eine Auflösung als »schuld(en)« zugelassen hätte.

Zahlreiche Namen und Begriffe wurden in unterschiedlicher Schreibweise ausgeschrieben bzw. verkürzt wiedergegeben. Dazu gehören etwa Namen wie »Clesg(in)«, »Hench(in)« und »Joh(ann)es« oder Begriffe wie »h(eischung)«, »geh(eischen)«, »ger(icht)«, »unsch(uld)«, »antw(or)t«, »Jngelh(eim)« u.a. Sie wurden einheitlich gemäß der üblichen Schreibweise in der Vorlage bzw. dem heutigen Sprachgebrauch aufgelöst.

Die verkürzt aufgeführte Währungseinheit »Schilling« wird üblicherweise mit einem »ß« wiedergegeben. Im vorliegenden Haderbuch ist das Zeichen bei einigen Schreibern eindeutig als »s« mit einem Kürzungsbogen zu identifizieren. Folgerichtig hätte das Zeichen mit »s(chilling)« aufgelöst werden müssen. Da aber die Schreiber ab fol. 162v Buchstaben und Kürzung gleich schreiben, wurde das Zeichen »ß« für »Schilling« in der Transkription beibehalten.

Die am Rand häufig verwendete Kürzung, die einem »ij« mit Kürzungsbogen ähnelt,[6] konnte nicht sicher identifiziert werden. Der Bearbeiter hat sich für »i(n) j(ure)« entschieden,[7]

---

[6] Das Zeichen gleicht auch der Schreibung eines »g«. Laut Capelli (Adriano Capelli: Dizionario di abbreviature latine et italiane. Mailand 1979) wird dieses Zeichen für die arabische Zahl 5 verwendet. Nach Grun (Paul Arnold Grun: Schlüssel zu alten und neuen Abkürzungen. (= Grundriß der Genealogie.6). Reprint der Ausgabe von 1966. Limburg Lahn. 2002) könnte das Zeichen »hinc« bedeuten.

[7] Der Bearbeiter dankt Herrn Ulrich Hausmann (Mainz) für mannigfaltige Unterstützung bei der Transkription und der Auflösung lateinischer Rechtsbegriffe.

Die üblichen Kürzungen bei lateinischen Begriffen in Datumsangaben, bei Heiligennamen und Kanzleivermerken wurden ohne weitere Anmerkung gemäß der Gepflogenheit im Text bzw. gemäß den Angaben von Grün und Cappelli aufgelöst. Die verkürzte Wendung »ut mor() est« wurde mit »ut mor(is) est« [wie es rechtens ist] transkribiert.

Die im Buch verkürzt wiedergegebenen Begriffe »ze(tera)« bzw. »z(etera)« wurden stillschweigend mit »etc.« aufgelöst. Das alleinstehende Zeichen »z« ist mit »et« transkribiert.

Zur Transkription einzelner Buchstaben
s-Formen

Die verschiedenen Schreibweisen des Mittel-s und des End-s (Lang-s und Rund-s) sind stets als »s« wiedergegeben.

Unterschieden wurden dagegen »ß«, »sß« und »ßs«. In einigen Textpassagen war die Schreibung des »ß« bzw. »sz« nicht sauber voneinander zu trennen. Es wurde, wenn das »sz« nicht deutlich geschrieben steht, grundsätzlich mit »ß« aufgelöst.

tc und cz

Das deutliche »tz« wurde vom »cz« unterschieden. Auch bei lateinischen Begriffen wurde so verfahren. Das »z« mit einem Aufstrich, oft als »cz« transkribiert, wurde als »z« angesehen. Ansonsten wurden »c« und »t« streng unterschieden. Im Zweifelsfall wurde gemäß dem heutigen Sprachgebrauch verfahren.

u, v, w

»u«, »v« und »w« wurden unabhängig von der Vorlage nach ihrem Lautwert transkribiert. Sind »v« und »w« nicht eindeutig zu unterscheiden, wurde gemäß der heutigen Schreibweise [also »swager« und nicht »svager«] transkribiert.

Das selten anzutreffende »lb« mit dem Lautwert von »w« wurde stillschweigend mit »w« wiedergegeben.

i, j und y

Es wurde strikt nach »i«, »j« und »y« unterschieden. Da das »j« (j-Longa) im Text deutlich überwiegt, wurde in Zweifelsfällen, die besonders bei Großbuchstaben bestehen [so etwa bei Jtem/Item und Jdem/Idem], »J« bzw. »j« transkribiert.

a und o

»a« und »o« waren oft nicht voneinander zu unterscheiden. So kann beispielsweise das übliche Wort »sall« dann, wenn ein deutliches »o« geschrieben stand, mit »soll« aufgelöst werden. In Zweifelsfällen wurde die im Text übliche bzw. die heutige Schreibweise zugrunde gelegt.

Diakritische Zeichen

Diakritische Zeichen sind berücksichtigt worden. Hinsichtlich ihrer Unterscheidung lässt sich keine durchgängige Systematik erkennen. So werden über Vokalen zum einen »o« überschrieben, zuweilen sind die Zeichen aber auch als überschriebenes »e« bzw. als Umlautzeichen zu deuten. Im Bewusstsein, keine eindeutigen Unterscheidungen treffen zu können, wurde wie folgt verfahren.

Ein deutliches »o« oder »e« über dem Vokal wurde als solches dargestellt. [ů und ů]

Umlautzeichen, in der Form von zwei parallelen senkrechten Strichen bzw. eindeutigen parallel gesetzten Punkten wurden als Umlautzeichen berücksichtigt. In Zweifelsfällen wurde ein überschriebenes »o« angenommen, zumal wenn der Vokal offensichtlich gedehnt werden sollte.

Auf ein gelegentliches »o« über einem »v« wurde mit Anmerkung hingewiesen. Gelegentlich anzutreffende waagerecht angeordnete Punkte über dem »y« wurden als solche wiedergegeben.

Vokalhäufungen

Doppelvokale sind sehr selten (Beispiel »ee«, »uu«). Ein Dopplungszeichen über dem »u« wurde mit »u(u)« aufgelöst.

Konsonantenhäufungen

Dopplungszeichen über Konsonanten sind in runden Klammern ( ) aufgelöst.

Im hinteren Teil des Buches häufen sich ausgeschriebene Doppelkonsonanten. Kommt zu ihnen noch ein Dopplungszeichen hinzu, wurde die konsequente, aber wenig sinnvolle Schreibweise »nn(n)« vermieden und das (zusätzliche) Dopplungszeichen unberücksichtigt gelassen.

Bei einigen Wörtern steht das Dopplungszeichen nicht dort, wo es eigentlich hingehört. So wurde der Begriff »genomen« mit dem Dopplungszeichen über dem »m« als »genom(m)en« übertragen. Zuweilen steht das Dopplungszeichen aber in der Vorlage über dem »o«. Da das Zeichen nicht eine Längung des »o«, sondern eine Dopplung des Konsonaten bedeuten dürfte, wurde in diesen Fällen die Verdoppelung vorangestellt und »geno(m)men« transkribiert.

Zuweilen erhält der Begriff »buch« in der Wendung »off das buch« ein Kürzel am Wortende, das nur als Dopplungszeichen aufgefasst werden konnte. Die Auflösung mit »buch(h)« wurde vermieden und das Zeichen stillschweigend übergangen.

Abkürzungsverzeichnis

Einige abgekürzte Begriffe kommen ohne jegliches Kürzungszeichen vor. Diese sind:

b	= bereitet
d	= Denar
h	= Heischung
lb	= libram bzw. libras [Pfund]
p	= Pfand (»pand«)
p b oder p. b.	= Pfand gefordert (»pand berett«)

Zur Schreibweise der Orts- und Personennamen

Orts- und Personennamen wurden buchstabengetreu transkribiert. Nach- und Vornamen die zu einem Wort zusammengezogen sind [Beispiel: Sniderhenne], wurden so wiedergegeben. Wurden mehrsilbige Nachnamen getrennt geschrieben [Beispiel: Schone Wedder für Schonewedder], wurde dies berücksichtigt, beide Namensbestandteile sind dann aber groß geschrieben.

Groß- und Kleinschreibungen

Es wurde grundsätzlich Kleinschreibung angewendet. Auch Respektwörter und Anreden wurden klein wiedergegeben. Groß geschrieben sind dagegen alle Satzanfänge, Eigennamen [Personen, Orte, Fluren, Straßen, benannte Gebäude], Fest-, Feier-, Monats- und Wochentage sowie alle Begriffe mit »Gott« und »dominus«.

Bei Tagesangaben in der Form von Heiligennamen wurde nur der Kernbegriff groß geschrieben [sant Katherinen tag, Martini im winter, Assumptio Marie; Nativitatis Domini], nicht aber beschreibende Zusätze [des heiligen mertelers u.ä.]

Getrennt- und Zusammenschreibung

Die Getrennt- und Zusammenschreibung ist - auch bei Personennamen - vorlagegetreu wiedergegeben. In Zweifelsfällen wurde gemäß dem heutigen Sprachgebrauch verfahren.

Trennungszeichen am Zeilenende wurden mit »-« kenntlich gemacht. Fehlte ein solcher Trennstrich in der Vorlage, wurde er, wenn der Sinnzusammenhang verloren zu gehen droht, in eckigen Klammern [-] ergänzt.

Zahlen

Römische und arabische Zahlen sind vorlagegetreu wiedergegeben. Bei der Zahl »1«, bei der nicht zu unterscheiden war, ob eine römische oder ein arabische Zahl vorlag, wurde wie folgt verfahren: Bei allen Geldbeträgen sowie bei Tages- und Jahreszählungen wurde konsequent das römische Zahlzeichen »I« verwendet. Der übliche Punkt über der »I« wurde dabei stillschweigend weggelassen. Bei anderen Aufzählungen wie etwa der Anzahl der Heischungen und Klagen wurde die arabische Zahl »1« gewählt.

Als Zahlzeichen für »½« wird im Haderbuch stets eine von einem Querstrich halbierte »I« verwendet. In der Transkription wurde dies mit »½« und einem nachgestellten »[I/2]« kenntlich gemacht. Dieses Verfahren fand auch bei Varianten Verwendung [Beispiel: »I½« [II/2] und »VII½ [VIII/2]«]. Das Zahlzeichen »X«, deren nach unten gehende Abstriche von einem Querstrich geteilt sind, wurde als »9½« interpretiert und mit »IX ½ [X/2]« wiedergegeben. Ein Querstrich durch die römische »V« wurde entsprechend als IV½ [V/2] aufgelöst.

Abgekürzte Hunderter wie etwa III^c wurden als III$^{c(entum)}$ transkribiert.

Die halbierte arabische »8« als Äquivalent der »4« wurde als »4 [8/2]« festgehalten.

Interpunktion

In der Transkription wird auf die Setzung von Satzzeichen verzichtet. Schlusspunkte wurden hinzugefügt, ohne sie mit eckigen Klammern kenntlich zu machen. Sie wurden generell in Abhängigkeit von der Übertragung ins Hochdeutsche gesetzt.

Häufig trifft man im Textfluss Trennzeichen (Wirgel) in Form leicht schräg gesetzter senkrechter Striche (»/« oder »//«) an. Diese wurden in die Transkription übernommen. An Stellen, wo sie als Schlusspunkte aufzufassen waren, wurde kein weiteres Satzzeichen hinzugefügt.

In der Übertragung folgt die Setzung der Kommata nicht immer den grammatikalischen Regeln, sondern wurde sinnfördernd verwendet.

Anmerkungen

Textkritische und sachliche Anmerkungen sind in einem gemeinsamen Anmerkungsapparat vereinigt.

Übertragung

Einen deutschen Text noch einmal zu »übersetzen« verlangt eine Rechtfertigung, zumal jede Übertragung des Textes auch eine Interpretation ist. Die moderne Übertragung versucht, die auch für Studierende - das haben wir in Lehrveranstaltungen erfahren - durchaus schwer zu verstehenden Protokolle zu erschließen und dabei eng am mittelalterlichen Text zu bleiben. Die Ingelheimer Protokolle sind keine unmittelbaren Mitschriften während der Gerichtsverhandlungen, sondern vom Gerichtsschreiber nachträglich verfasste, redigierte Zusammenfassungen voller Rechtsformeln. Diese Formeln zu übertragen ist auch deshalb schwierig, weil über den Rechtsalltag am Dorfgericht, aber auch an den Gerichten kleinerer Städte noch sehr wenig bekannt ist.

Die von Adalbert Erler, Gunter Gudian und deren Schülern am Ingelheimer Oberhof herausgearbeiteten Rechtsbegriffe und -formen scheinen für den Alltag des Ingelheimer Hadergerichts – auch wenn es personalidentisch mit dem Ingelheimer Oberhof war – nicht zwangsläufig zuzutreffen, wie am Beispiel der Verbotung zu zeigen versucht wurde.[8]

Die Übertragung wagt sich in Teilen folglich auf Neuland und bietet nur Deutungsmöglichkeiten, die zuweilen von den üblichen, im Deutschen Rechtswörterbuch meist auf der Basis normativer Quellen herausgearbeiteten Definitionen abweichen. Zudem müssen die gleichen Wörter in unterschiedlichen Kontexten teils unterschiedlich übertragen werden. Dies sei am Beispiel von drei Begriffen angeführt.

1. »erfolgt«

Das Wort »erfolgt«, das im Haderbuch am häufigsten auftaucht, wird im Register nicht ausgeworfen. Es ist je nach Kontext unterschiedlich zu übertragen, zumal es verschiedene Ebenen im Rechtsverfahren zeigt:

»erfolgt offs buch« = hat seinen Anspruch ins Gerichtsbuch eintragen lassen

Bsp.: »Item Jeckel Borkart erf(olgt) den Hyssen offs buch«.

---

[8] Adalbert Erler (Hrsg.): Die älteren Urteile des Ingelheimer Oberhofes. Vier Bände. Frankfurt am Main 1952, 1958, 1963; Gunter Gudian: Ingelheimer Recht im 15. Jahrhundert. Aalen 1968 (Untersuchungen zur deutschen Staats- und Rechtsgeschichte N.F. 10); Reinhard Zwerenz: Der Rechtswortschaft der Urteile des Ingelheimer Oberhofes. Diss. jur. Gießen 1988. Zur Verbotung speziell Peter Eigen: Die Verbotung in den Urteilen des Ingelheimer Oberhofes. Aalen 1966. Mit anderen Ergebnissen anhand der Ingelheimer Haderbücher: Alexander Krey, Regina Schäfer: Rechtsformen in der Ingelheimer Rechtslandschaft. In: Die Inszenierung des Rechts / Law on Stage. Das XVI. europäische Forum junger Rechtshistoriker/innen; Regina Schäfer: Frieden durch Recht. Die Funktionen des Gerichts für die Gemeinde. In: Dorf und Gemeinde. Hrsg. von Kurt Andermann (Kraichtaler Kolloquien.8). Erscheint 2011.

Meines Erachtens erreicht man mit dem »erfolgen auf das Buch« einen ersten Abschluss der Klage. Eine Pfändungsforderung schließt sich meist an.

»erfolgt« = verklagt wegen/auf
Bsp. »Item der Hysse erf(olgt) Concze Yetten vor III gulden«.

Die teilweise exorbitanten Beträge der Klagesummen (100 Gulden, z.B. fol. 50v oder 1000 Gulden fol. 178) machen eine Übertragung mit »erklagt« unmöglich.

»erfolgt und ergangen« = gegen ihn geklagt und gewonnen habe.
»So hoff er nit das er erfolgt sij« (fol. 179) = Daher hoffe er, dass der Anspruch nicht gegen ihn eingeklagt worden sei.

2. »phande beretten« = Pfändung fordern, eigentlich Pfänder benennen, doch zeigt sich im Buch, dass die Pfänder durchaus nicht immer bereits festgelegt sind. »Phande beretten« schließt sich der Erfolgung an, dann geschieht z.B. die Pfändung am Leib. Bsp. »Jt(em) Peder Bend(er) von Wint(er)nheim sagt, er habe Joh(ann)es Faut(en) erfolgt und phande berett(en). Und wuße des syne nit ...« (fol. 11v).

3. tag v(er)hut(en) = Gerichtstag gewahrt. Die Partei erscheint vor Gericht, der Verhandlungstermin wird aber verschoben.

Ob diese Deutungen greifen, wird die spätere Forschung zeigen.
Problematisch gestaltete sich zudem der Umgang mit den Namen, die sich im 15. Jahrhundert im Umbruch befinden. Berufs- und Herkunftsbezeichnungen sind teils noch eindeutig als solche zu identifizieren, teils haben sie sich bereits zu Nachnamen gewandelt, z.B. im Falle des Fürsprechers/Anwalts Henne Snider.
Vornamen und Beinamen variieren erheblich. Wir haben uns hier nach heftigen Diskussionen für die konservative Variante entschieden und übernehmen weitgehend die zeitgenössischen Formen. Personen wurden nur dann im Register unter einem Namen zusammengeführt, wenn wir nachweisen konnten, dass es sich um denselben handelt; im Zweifelsfall finden sie sich unter verschiedenen Schreibweisen, auch wenn es sich wie im Falle von Steffan Beder und »Steffan der beder« durchaus um dieselbe Person handeln dürfte.

Für hilfreiche Diskussionen und kritischen Rat habe ich Prof. Dr. Albrecht Greule (Regensburg), Alexander Krey (Frankfurt), Prof. Dr. Heiner Lück (Halle) und Dr. Rudolf Steffens (Mainz) herzlich zu danken. Fehler habe ich natürlich selbst zu verantworten.

Verzeichnis der Namen, Orte und Sachen Glossar

Vorbemerkung zum Index

Das Verzeichnis enthält sämtliche im Text erwähnten Namen von Personen, Orten, Straßen, Wegen, Gebäuden, Gewässern und Fluren, alle kirchlichen und weltlichen Institutionen sowie Berufs- bzw. Funktionsbezeichnungen. Auch Verwandtschaftsbezeichnungen, Maße und Gewichte, Münzen und Währungen, Geld- und Naturalabgaben, Heiligentage, Wochen- und Festtage wurden in den Index aufgenommen.

Die Namen wurden gemäß der Schreibweise in der Handschrift angeordnet. Dabei wurden Namensformen nur sehr behutsam „eingedeutscht". Bekannte adelige Familiennamen sind in der normalisierten Schreibweise eingeordnet [Leiningen statt *Lynyngen*]. Flektierte Namen werden nur in der Grundform wiedergegeben. Eine Ausnahme bilden die Heiligentage, die üblicherweise in der genitivischen Form [Martini, Omnium Sanctorum, Allerheiligen] erscheinen, und so auch im Index aufgenommen wurden.

Wo dies ersichtlich war, wurde bei den „Nachnamen" zwischen ihrer Funktion als Familienname und der als Berufsbezeichnung unterschieden [Hans Schneider bzw. Hans, der Schneider]. Ließ sich nicht eindeutig entscheiden, ob sich eine Berufsbezeichnung schon zu einem Nachnamen gewandelt hatte, sind wir bei der Originalschreibweise geblieben [*Hengin Moller jn der Orenbrucken*] und der Begriff wurde als Familienname interpretiert.

Hinter den Namen werden sämtliche Schreibungen der Vorlage [unter Übergehung der Kürzungen] in runden Klammern () kursiv aufgeführt.

Die Ortsnamen wurden nur in zweifelsfreien Fällen normalisiert. Eine Identifikation der Orte wurde dann hinter dem Ortsnamen in eckigen Klammern [] vorgenommen.

Die sehr häufig genannten Geld- und Währungseinheiten (Gulden, Schillinge) wurden nicht ausgewertet. Die seltener genannten Albus, Florentiner (Gulden) und Heller sind dagegen im Index zu finden.

Das Verzeichnis enthält zudem Verweise auf ein ausgesuchtes Wortmaterial. Dabei wurden sowohl Begriffe der Handschrift als auch der Übertragung berücksichtigt. Besonders häufig vorkommende Begriffe wie etwa Heischung, Pfand u.ä. sind im Index nicht berücksichtigt. Alle Sach-Begriffe in Originalform wurden kursiv gesetzt. Moderne Worterklärungen stehen in eckigen Klammern hinter den Stichworten. In eckigen Klammern stehen auch Verwandtschaftsbeziehungen, Amtsbezeichnungen und Ortsidentifikationsangaben. Herkunftsorte einzelner Personen wurden in geschweiften Klammern {} vermerkt.

Die Zahlen hinter den Registereinträgen verweisen auf die Blattnummer in der Handschrift. Kursiv gesetzte Zahlen beziehen sich dabei auf den Anmerkungsapparat der betreffenden Seite.

Im Index werden folgende Abkürzungen verwendet: ebd. = ebenda; etc. = usw.; n = nördlich; nö = nordöstlich; nw = nordwestlich; o = östlich; s = südlich; sö = südöstlich; sw = südwestlich; w = westlich. Ein »→« verweist auf das zitierte Stichwort. Das Zeichen »[†]« weist daraufhin, dass die Person an dieser Stelle als verstorben bezeichnet wird.

A

abescheide → Totenbett
Abend 32; 76
absteinen (*gesteynt*) [Grenzsteine setzen] 23v
Achtzehnte Tag [Heiligentag: 13. Januar] 4; 8v; 49v;
　　63; 54; 88v; 89; 93; *93*; 93v; 95; 96; 124v; 126;
　　127v; 128v; 130v; 194: 201v
Acker (*Accker*)
　　- Henne (*Hen, Ackerhenne*) 16v; 21; 196v; 197;
　　　　199v; 201v; 202v, 203v; 203*; 209v
　　- Henne {von Schele Odenbach} 196v
Acker [Wirtschaftsflur] 56v; 69; 72v; 177v; 206v;
　　209v; 215; 230; 230v; 232
Aczelkragen → Atzelkragen
Adam
　　- der *bottel* 146 [→ Peffer, Adam ?]
　　- der *heymberge* → Peffer, Adam
　　- der Junker → Wolff, Adam
Adlige → *edeln*
Advincula Petri → Peterstag *ad vincula*
Agathe [Heiligentag: 5. Februar] 168
Agnes → Angnese
Agneß [Schwägerin des jungen Suffuß] 196v
Agnetis [Heiligentag: 21. Januar] 164v
anfraw [Ahnfrau, Vorfahrin] 230
Albani [Heiligentag: 21. Juni] 74; 111v; 215v
Albrecht, Clesgin (*Cleßgin*) {von Nieder-
　　Hilbersheim} 45v; 84; 128
Albus [Währungseinheit] 6; 8; 8v; 12v; 13; 16-19;
　　22v; 23; 24-26; 27; 27v; 29v; 31v; 33; 33v;
　　34v; 38v-41; 42; 43-44; 45-46; 47v-48v;
　　50v-51v; 55v; 58v; 60v; 61; 62v; 64v-65v;
　　67; 67v; 69v; 70v; 73; 74; 76v; 77; 78; 80;
　　81-82; 85v; 86v-87v; 88v; 93-94; 95; 96v-98;
　　99; 99v; 101-102v; 103v; 104; 105; 105v;
　　106v; 107; 110v-111v; 112v; 113v; 115; 115v;
　　118; 119; 119v; 120v; 122; 123; 125v-126v;
　　127v; 129; 130v; 132-134; 136; 137; 138v;
　　139v; 146v; 150; 150v; 153; 153v; 155;
　　155v; 157; 159; 160-161v; 164v; 165v-167;
　　169v; 170v; 172; 173; 174; 174v; 176; 178;
　　178; 179v; 180v-182; 183; 183v; 185v; 186;
　　187v-188v; 191; 192v; *192v*; 193; 193v;
　　195v; 196; 197; 197*; 198v; 201; 205; 206-
　　207; 208-209v; 210v; 211v; 212; 213; 213v;
　　215-217; 218-219; 220v-223; 224; 225; 226v;
　　227; 229; 231v-233; 234; 234v; 236-237v;
　　230
Algesheim (*Algeßheim, Algeßheym, Algeszheim*)
　　[sw Ingelheim]
　　- Else von 126v; 128v
　　- Gericht 168v
　　- Amtmann → Elcze
　　[→ Beyer; → Blutworst; → Dutz; →
　　　　Duphorne; → Murolff; → Nyttert; →
　　　　Stubeß; → Wolf]
Algesheimer Weg → Wege und Straßen
Alheit → Enders
Allerheiligen → *Omnium Sanctorum*
Aller Seelentag [Heiligentag: 2. November] 47
Alsenz (*Alsentz*) [am Glan] → Sibel, der
　　Gerichtsschreiber
Altar (*elter*) 63; 105; 113; 122v; 170v; 211v
　　[→ Ingelheim, Kirche: Katharinenaltar,
　　　　Liebfrauenaltar und Peter- und Paulsaltar]
Altarist → Hulle; → Enders
Alte Gasse → Wege und Straßen
Alter [Lebenszeit] 63; 113; 167v; 172v; 198
Alzey (*Alczey*) [s Mainz]
　　- Stadt 65v
　　[Burggrafen → Erhart von Ramberg; → auch
　　　　Muder; Steinmetz]
ame → Ohm
Amme [Geburtshelferin]
　　- die Amme [Ehefrau des Hengin Piffer] 181v;
　　　　182; 183v; 221; 229 [→ Else].
Ammerbach [= Amorbach s. Miltenberg?] → Hyller
amtlude 3v; 4
Amtmann [Funktionsbezeichnung] 70v; 114v;
　　131; 184; → Buker; → Diecze; → Elcze→
　　Kronberg; → Leo; →Meyer; → Permont; →
　　Sickingen; → Winter
Ancze → Antz
Andree [Heiligentag: 30. November] 126v; 163v;

198
Angnese
- Magd des Peter Becker 94v
- Witwe des Henne → Suffuß

Animarum Omnium [Heiligentag: 2. November] 193v

anleide → Begehung

Anlenß (*Anlens*) [eine Person?] 97; 102; 172; 193; 209

Annunciato Marie → Marie, annunciato

ansprache [Anklage] 32; 37; 43; 44; 61; 63v; 70v; 83; 95; 107v; 109v; 126; 159; 160; 164; 168v; 177v; 178v; 179; 180v; 181; 184; 185v; 190v; 194; 200; 204v; 205; 207; 215v; 217v; 221; 227; 228v; 229v; 235v; 239

ansprache und antwort [Rechtsvorgang] 3v; 8v; 9; 10v; 11; 21; 24; 25; 28; 28v; 30; 34v; 37v; 39; 45; 57v; 64; 66v; 72; 75; 77v; 85v; 86; 92; 96; 96v; 98v; 103v; 105v; 110; 121; 121v; 123v; 128v; 129; 129v; 131; 138; 140; 144v; 145; 148; 148v; 149v; 152; 155; 159; 160v; 161v; 162v; 163; 173v; 173*; 173**; 177v; 178v; 182v; 198; 200; 203; 203v; 204; 211v; 212v; 215v; 225; 232; 235v; 239

Antes
- Peter (*Peder*), Bürgermeister 41
- Antes in der Ohrenbrücke 29v

Anthonius [ein Geistlicher] 201

Antonii [Heiligentag; 17. Januar] 10; 12v; 205v

Antz (*Anntz; Antzen, Aentz*)
- Ancze 10; 67; 145v
- Antz 163v; 164; 164v; 165v; 166; 168; 168v; 169; 169v; 170; 170v; 171v; 172v; 173; 176v; 177v; 178; 178v; 179v; 182v; 183; 184; 185; 185v; 186; 188; 188v; 194; 194v; 196v; 197; 198v; 201; 212v; 221; 226; 228
- Henne (*Hen, Antzenhenn, Anczenhenne*) 132; 151; 182; 230

anwalt [Rechtsbeistand] 12

Anwalt → Mompar

Apollonie [Heiligentag: 9. Februar] 14; 134; 169v; 210

Appellation (*appelaczien, appelleret, appelert*) [Anrufung] 3v; 169v; 179v

Appenheim (*Appinheim, Appinheym, Appenheym*) [sw Ingelheim] 72; 123v; 193
- Kirche 123v
- Emmel (*Emell*) von 4v; 40v; 47v; 48; 60v; 62; 71v; 73; 81v; 85; 97v; 102v; 110; 111v; 112v; 152v; 154; 154v; 157v; 158; 158v; 166[?]; 173**; 193v; 225; 226; 226v; 227; 231v
- Geyckler von 125
- Hennel von 142v
[→ Schacke; → Stol]

Arenbrucke → Ohrenbrücke

argelist und geverde [Arglist und Täuschung] 15v

Arm [Körperteil] 19v; 58

Armklarenkloster → Mainz, Klarissenkloster

Arnolt, der *leyhendecker* 175v

Arnolt
- Else 31; 33v; 34; 34v; 35; 47v; 64; 155; 156; 159; 160v; 161; 163
- Henne 170v
- Henne {von Ingelheim} 47; 157v[†]
- Henne {von Ingelheim} 221

Arzt → Jakob der Arzt

Ascensio domini [Festtag] 183v; 214; 220

Aspisheim (*Aspeßheim, Aspeßheim*) [sw Ingelheim]
- Jeckel (*Jekel*) von 144; 146v; 147; 168v; 171; 172; 183v
[→ Crißfelt, Jekel; → Zimmermann]

Assumptio Marie → Marie, Assumptio

Atzelkragen (*Aczelkragen, Aczelnkragen*), Henne 24; 34; 45v; 48v; 71; 73v; 77v; 82v; 115; 150; 158v; 159; 161v; 183v

Aue [Wiesen- bzw. Waldgelände] 56; 60

auflassen (aufsagen) [Eigentumsübertragung]

Aufstoßer → *offstoßer*

Auftragung → *orsaißunge*

augen schin [Augenschein, Besehung durch das Gericht] 69; 69v

ayme → Ohm

A

B

Bach [Gewässer] 170; 170v
Back (*Backe*)
- Back 235; 240
- Clas 16; 151v; 155; 159
- Cles (*Clese, Cleße*) 53v; 72; 80; 110v; 114; 161; 162; 162v; 163
- Henne (*Backhenn*) 163

Bäcker [Beruf] [→ Becker; → Clesgin; → Lorch; → Planck]

Badenheim (*Badenheym, Badenhemmer*) [ö Bad Kreuznach], Peter (*Peder*) von 5; 7v; 8; 9v; 13; 14; 14v; 16; 28; 29v; 44v; 46; 55v; 60; 61; 73; 83; 100; 102v; 119; 120; 142; 151; 151v; 159; 160v; 161; 161v; 182; 229v; 233v; 235v; 237v

Bader →*Beder*

Badestube (*baitstobe*) [Badehaus]
- 121v; 153 [?]; 170; 170v [→ Beder; → Katherin]
- *baitstobe jn der* Uffhub (*Offhoben*) 169v; 170

Baldmar (*Baldmar*)
- Clesgin (*Cleßgin, Cleszgin*) 14; 42v; 135v; 150
- Ketgin 60

Ballentheimer, Clesgin (*Cleßgin*) 162v

Baltz (*Baltzen, Baltzern*)
- Henne [Bruder des Symon] 171v
- Symon [Bruder des Henne] 171v
- Henne {von Bingen} 171

Bann und Frieden [Bann und Frieden darüber machen. Der Schultheiß als Vorsitzender des Gerichts und Vertreter des Gerichtsherrn bestätigt einen Rechtsvorgang, insbesondere eine Gütereinsetzung, und beendet damit das Verfahren] 11; 11v; 13; 14; 14v; 20v; 29v; 39; 39v; 54v; 55, 56, 56v; 59v; 60; 62v; 75v; 78v; 85v; 97v; 99v; 102; 113v; 120v; 123v; 130v; 132; 134v; 143v; 148v; 152; 157v; 158v; 161v; 164; 164v; 166v; 172; 181v; 188v; 193; 193v; 203v; 205v; 209; 212; 223; 228

bann [Band] 225v
Barbare [Heiligentag: 4. Dezember] 8; 93v; 127v
Barbel [Ehefrau des Hans von → Worms] 33v; 40v
Barbelntag → Barbare
Bargeld (*bargelt*) 139
Bart (*Barts*)
- Bartte 188v
- Enders (*Enderß*) 41; 41v; 42v; 45v; 49; 49v; 54
- Enders {von Ingelheim} 44v
- Henne (*Bartshenne, Bartßhenn*) 5; 5v; 7v; 8; 9v; 11; 19; 20; 21; 24v; 25v; 28v; 29v; 108v; *108v*; 109; 109v; 111; 112; 112v; 113; 113v; 114; 115; 116; 118v; *118v*; 142; 230v; 231
- Henne, der *burgermeister* 105; 106

Bartholomei [Heiligentag: 24. August] 34v; 35; 39v; 42; 73v; 76; 78; 79; 80v; 109v; 116; 151; 217v; 221v

Bartolmeus, der *medder* 13v
Bartolomeus
- Peter 229; 230v
- Bartolomeus 217
- Cles (*Clese*) [Sohn des Bartolomäus] 217
- Clesgin {von → Weinheim} 239

Base →*wasen*
Baseman, Hengin 77
Basenheimer (*Basenheymer, Baseheymer, Basenhemer*)
- Henne 5; 7v
- Jeckel (*Jekel*) 79; 163; 193v; 195; 225v; 226v

Bastianstag [Heiligentag: 20. Januar] 163v; 164v
bauen → *buwen*
Baum (*baům*) [Pflanze] 181v
Baumeister [Beruf] → Schonberg; → Hertwin
Bechtold, Gerhart 217v; 218
Becker
- Cles (*Clese*) 227v
- Clesgin (*Cleßgin, Clezgin*) 8; 8v; 19; 19v; 27v[?] 37v; 41; 43v; 50v; 57v; 75v; 80; 142; 162v; 163; 163v; 173; 173v; 181v; 195; 197v; 199v; 204v; 206; 208; 208v; 209; 216; 217; 235v

- Clesgin (*Cleßgin*) [Bruder des Wilhelm] 206
- Clesgin (*Cleßgin*) Becker am Markt 123
- Gottfrid 185
- Hanman {von Winternheim} 216
- Hanman 216v
- Heinrich {von Eltville} 31v
- Hengin {von Winternheim} 114
- Henne (*Henn, Beckerhenne*) 47v; 50; 53v; 138v; 139; 145; 144v; 181v; 185v; 195; 196; 199v; 202; 205; 216v; 217; 218; 223
- Henne {von Sobernheim} 138v; 143v; 145; 199v
- Hensel 143
- Hisel (*Hysel*) {zu Winternheim} 97; 98v; 125
- Hisel 99; 99v
- Jeckel 11; 13v; 14v; 15; 15v; 17v; 83; 84
- Paul (*Paůwel*) [†] 85v
- Peter (*Peder*) 5; 47v; 51; 94v; 165v; *165v*; 167v; 178; 181v
- Wilhelm (*Wilhemm*) [Bruder des Clesgin] 206

Bede (*bedde*) [Steuer] 41; 41v; 145v

Beder (*Bedder*)
- Jeckel 18; 40v; 44v; 45; 67v; 119; 120v; 121; 121v; 125; 126v; 127; 128v; 131v; 134; 138v; 140; 140v; 163; 179v; 186
- Steffan, *der beder* [Bader] 24; 41; 42v; 81; 81v; 169v
- Steffan 80; 81; 97v; 142v; 170; 188; 190v; 193v; 217; 231v

Begehung (*anleide*) 69v

Beier → Beyer

Beinling (*Beinling, Beynling, Beÿnling, Beynlingk*), Johann 18v; 39v; 42v; 44v; 45; 73v; 94; 96; 98; 125v; 127v; 130; 130v; 132; 134; 183; 196v; 199v; 201; 201v; 203; 203*; 207; 211v; 212; 214v; 215v; 217v

Bellentale → Flurnamen

Bellersheim (*Bellerßheim, Bellerszheim, Bellerßheym, Belherßheim, Bellerszhemmer, Belheimerßheim, Byllerßheim*), Contz (*Concze, Kontz*) von 24; 57v; 77; 78v; 115v; 119; 120; 121; 123v; 144; 151v; 155; 159; 161; 162; 162v; 163 [?]; 232v; 235v; 236; 237; 238

Benczen, Peter (*Peder*) 133v

Bender (*Bennder, Benner*)
- der *bender* [Berufsbezeichnung] 75v; 76
- Cles 189
- Clesgin 187v
- Clesgin (*Cleßgin*) [Ehemann der → Grede] [†] 3
- Bernhart 33; 41; 42; 43; 50; 51v; 87v; 93; 101v; 102v
- Bernhart, *der bender* [Berufsbezeichnung] 16v
- Contzgin (*Conczgin*) 64; 80; 80v; 188; 219v
- Contz [Vater des Henne] 198v
- Contz 164v; 183; 188v; 198v; 199; 215v; 223; 236v; 237; 238; 240
- Contz {von Ingelheim} 187v; 188
- Gerhart 7; 17v; 18; 25; 25v; 42; 56v; 107; 107v; 157; 159v; 162; 193v
- Gerhart, *der bender* [Berufsbezeichnung] 4v; 115; 125v
- Henn [†] 190; 192v; 193; 195v; 237v
- Henne [Vater des Johannes] 18v; 57; 57v
- Henne (*Henn, Benderhenne, Bennderhenne*) 35; 36; 36v; 38v; 42; 44v; 71v; 79; 94; 102v; 103v; 183; 184; 193; 206; 207; 219; 220; 220v; 222; 222v; 224; 225; 233v; 236; 237v
- Henne (*Bennerhen*) [Sohn des Contz] 198v
- Henne [der Junge] 185v
- Herman 4; 6v; 11v; 13; 14; 14v; 26; 35; 42v; 43v; 44v; 48v; 71; 80; 80v; 81; 87; 93v; 96v; 97; 101; 106v; 107; 107v; 115; 118v; 125v; 127v; 129v; 130v; 132; 141v; 142v; 143; 150; 153v; 159; 165v; 166v; 167; 168v; 169v; 186; 189v; 190; 191; 193; 198v; 199; 214v; 215; 215v; 219; 224; 225; 227v; 229; 235v; 239v
- Herman (*jn der Orenbrucken*) 123; 143v; 196; 207; 233; 209v; 226v
- Johannes [Sohn des Henne] 18; 18v; 57
- Johannes, der Junge 180; 238; 240
- Konrad (*Conrat*) 40v; 41

- Niclaß 187v; 191
- Peter (*Peder*) 14; 16; 24; 25v; 38v; 40v; 41; 43v; 44v; 48v; 56v; 57; 58v; 60v; 62; 63v; 68v; 72; 73; 74; 76; 79; 84v; 85v; 97v; 100; 101; 105v; 115; 126; 134; 135; 135v; 137; 142v; 145v; 148v; 149; 149v; 150; 150v; 160v; 161; 162v; 164v; 167; 174v; 175v; 176v; 180v; 182; 186; 187; 188; 190; 191; 192v; 196; 200; 206v; 210; 212v; 213; 214v; 215v; 216; 217; 218; 219v
- Peter (*Peder*) {von Winternheim} 3; 10; 11v; 14; 168
- Peter (*Peder*) {von Ingelheim} 23
- Peter {von Heidesheim} 219
- Ulrich 8v; 24; 26v; 42; 47; 48; 48v; 58v; 64; 110v; 114
- Ulrich, *der bender* [Berufsbezeichnung] 112; 215v

Bengin, Jeckel 99
Benner → Bender
Benßhemmer (*Benszhemmer*), Johan 232v; 236; 237v; 239v
Bentzen, Peter 182v
Ber (*Bere, Berne*)
- Henchin 182; 183v; 184v; 199; 200v
- Hengin 66v; 68; 68v; 87v; 88; 135; 233v
- Hengin, *jn der Rinckgasse* 236

Bercker 188v
Berge (*Bergen*)
- Hengin (von) 4v; 7; 57[†]; 77v[†] [→ Elsgin]
- Johann 114; 153
- *Mathis off dem* 221; 227; 228

Berkorn (*Berckorn, Berrckorn, Berckorne, Berkerne, Birkorn, Birckorn, Bierkorne, Byrkorn*)
- Peter 229v; 230
- Clesgin (*Cleßgin, Cleszgin*) 23; 26; 29; 30; 34v; 66v; 67; 67v; 68; 68v; 70v; 71; 73v; 75; 77; 77v; 81; 101; 102; 103; 105; 111; 120v; 143v; 152; 153; 153v; 154; 157v; 160v; 173; 182; 183v; 184v; 189v; 190v [?]; 191; 192v; 199; 201v; 202v; 206v; 208v; 214; 228; 237v
- Cles (*Cleß*) 222v
- Henchin 214; 222; 222v
- Hengin 60; 60v; 66; 68; 68v; 71v; 75; 145; 222

Bernhart, *der bender* →Bender
Berßstadt [= Bierstadt ö Wiesbaden ?] → Contz
beseßs 37; 61v; 91v; 96v
Bestand (*bestentniß*) [Pacht-, Mietverhältnis, Vertrag] 21v; 25; 25v; 27v; 32v; 33v; 35; 62v; 63v; 156; 174; 189v; 231; 238v
bestentniß zettel 176
[→ Erbbestand]
Bett (*Bette*)
- Clesgin (*Cleßgin, Clezgin*) 22; 78; 143
- Jeckel 231, 233v; 236; 237v; 239v

Bett [Schlafstatt] 67
Betz
- Betz 163
- Peter 179v; 194v

Beunde [Rottland in der Allmende] → Flurnamen, Bunden
Beyer (*Beier*)
- Beyer 199
- Henne (*Beierhenne, Beierhen, Beyerhenne*) {von (zu) Algesheim} 4; 11; 12; 13v; 14; 14v; 15v; 17v; 18; 25; 44v; 48v; 54; 55v; 57; 59; 59v; 61; 61v; 66; 67; 68; 68v; 69; 69v; 120; 121; 193v; 210
- Ketten 107v
- Pedergin 224; 225v

Beynling → Beinling
Bezirk (*gezyrcke, bezyrcke*) 61v; 67; 89v
bichter [Beichtvater]→ Engeltal, Kloster
Biedermann (*biddermann*) 165; 188; 194; 234v
Bierkorne → Berkorn
Bierstadt [ö Wiesbaden] → Contz
Bingel (*Byngel*)
- Clesgin (*Cleßgin, Bingelcleszgin*) 6v; 7v; 14; 16; 39; 42; 43v; 55v; 56v; 67v; 76v; 78; 86; 89; 119; 123; 150; 151; 222; 239v
- Cles (*Clese*) 168
- Hengin, zu Mencze 135v

Bingen (*Byngen*) [Rhein]

- Stadt 82
- Binger Maß 112v; 216v
[→ Baltz; → Frund; → Greben; → Jacob; → Sellen]
Binger Weg → Wege und Straßen
Binger (*Bÿnger, Bynger*), Clesgin (*Cleßgin*) 223v; 233v; 236; 237v
Bintzer, Peter (*Byntzenpeter*) {von Heidesheim} 205; 225; 226; 226v; 227
Bircken, zu den → Flurnamen
Birckorn → Berkorn
Bitzel (*Byczel, Biczel*), Johannes 23; 25
Blanck (*Blancke*)
- Blanck 182; 208v; 212
- Hans (*Hanß*) 7; 16; 47v; 76v; 85; 86v; 135; 153v; 176v; 180v; 212
- Henne 106v
Blasii ep. [Heiligentag: 3. Februar] 133; 168; 208v
blatten → *Ußersten Blatten* → Flurnamen
Bleychen, Henne 170
Bliecke, Friedrich 116; 116v; 117; 117v; 151; 152
Bliecke von Lichtenberg, Friedrich (*Frederich*) von, Junker 113
Blut [Körperflüssigkeit] 58; 164
Blutworst (*Blutworßt, Blůtworßt*), Henne {von Algesheim} 41v; 42; 44; 44v; 45
Bock (*Bocke*)
- Bürgermeister 41
- Henne [Schöffe] 10; 12v; 13v; 25; 83; 84v; 85; 86; 88v; 92v; 119; 120; 136v; 137v; 138; 151v; 152; 152v; 153v; 156
bodde [vereidigter Bote] 72v
Boeß → Boos
bollerer → Pollerer
Bonemese [= Bonames nw Frankfurt/Main ?], Gericht zu 172v
Bonifacii [Heiligentag: 5. Juni] 147v; 184; 184v
Boos (*Boeß, Boiß*) von Waldeck
- Boss, die 327; 217v
- Johann 63; 66; 67v; 68v; 73; 76v; 112; 132v; 139; 142; 142v; 143; 144v; 145; 202; 210v; 229
- Hofmann der Boos 178; 192v
- Hofmann → Philipp
borde (borden) reyff (reyffe, reiffe) [Last- bzw. Gewichtseinheit] 18; 61; 73; 149v [→ Reifen]
Borkart (*Borckart*)
- Contz 189v
- Else 189v; 204v
- Heyntz 189v
- Jeckel 3; 24; 50v; 57
Born (*Borne*)
- Peter bei 165v
- Ritz von 170v
Born [Brunnen, Quelle] 170
bosewicht (bosewycht) [Schimpfwort] 44; 126; 168v
bose (schendige) worte 44; 153
Bosen Gewann → Flurnamen
Bote → *bodde*
Brand (*Brandt, Brant*)
- Gerhart 17; 45; 69v; 71v; 73; 82v; 88; 102v; 105v; 107v; 114; 119; 123; 153; 156; 159; 159v; 162; 182v; 184v; 216; 228v; 230
- Grede (*Brantsgreden*) 87v; 92v; 93; 96; 105; 109v 155v
- Jeckel, der Alte 9
- Jeckel 9; 9v; 10; 11v: 206v
- Brand in der Rinderbach (*Rynnerbach*) 186
Brechen
- Clas 53v
- Clas von 99
- Cles (*Clese*) von 5; 7v; 9; 25v; 57; 73v; 96v
Breder, Wentz (*Wencze*) 72v
Breithard (*Breithart*)
- Clese von 25v; 26
- Clese Breithard {von Jngelnheim} 64v; 67
Breitschyt (*Breitschijt*)
- Hofbesitzer 89; 114
- Breitschijd-Hof 89
Brendel, Simon (*Symon, Symont*) 38; 44v
Bretzenheim (*Britzennheim*) [bij Mentz], Lorß von 164v
Bricii [Heiligentag: 13. November] 195v
Brief (*briffe, instrument*) [Urkunde, Schriftstück] 12; 12v; 15; 15v; 28v; 39; 39v; 63; 66v; 69; 69v; 84; 99v; 134v; 135v; 142v; 154; 166;

169v-170v; 172v-173v; 173**; 176; 176v;
177v; 178v-179v; 181; 182v; 184; 185; 203v;
209v; 214v; 215v; 219v; 238v
[→ auch Gerichtsbrief; → auch Machtbrief]

Brief und Siegel 48v; 49
Brot (*broit, brode*) [Lebensmittel] 41; 103v
Brotmesser 32v
bruden, zu den → Flurnamen
Bruder (*bruder, broder*)
[Verwandtschaftsbezeichnung] 6v; 7v; 13v;
17v; 24v; 45; 46; 46v; 56; 67v; 72v; 94; 102;
104; 104v; 106; 108; 108v; 109v; 111; 112;
112v; 114; 114v; 115; 116v; 119; 122v; 124;
124v; 126v; 128; 131; 135v; 138v; 140v; 142;
146; 149v; 152; 157; 162; 163v; 165; 165v;
168; 168v; 170v; 171v; 172v; 173; 174; 175v;
176; 178v; 179v; 182; 185; 185v; 188v; 195;
195v; 198; 204; 206; 208v; 225v; 228v; 229v;
230v; 235; 235v
Bruderschaft [Körperschaft] der Schneider 71v
Brůhel, ym → Flurnamen
Brune, Peter → Peter, Brune
Bubenheim (*Bubenheym*) [s Ingelheim] 191
- Heppgin von [†] 17v
Buch (*bůch*) [Gerichtsbuch] 3; 4v; 5v; 6; 8v; 9; 10-
12; 14; 15-16; 17; 18v; 19; 20v-23; 24v-26;
27; 27v; 28v; 29v; 30; 30v; 32v-35; 36v; 36*;
37-38; 39; 39v; 40v; 41v-43v; 44v-45v; 46v;
47; 48; 48v; 49v-51v; 52v; 54-55; 56v-57v;
59v-60v; 61v-65v; 67; 68; 69-70; 71v-73v;
75v-79v; 80v; 81v; 82v-83v; 85; 86; 87-88;
89; 93; 94; 95-96v; 98v; 99-100; 101v; 102v-
104; 105-106v; 110; 111-112v; 113v; 114;
115-119v; 120v; 121v; 122; 123; 123v; 126v;
128-129; 130v-132; 133v-134v; 135v; 138v;
140; 141; 142v; 143v; 144; 145v-146v; 147v;
148; 149v; 150v; 151; 152-154; 156; 157-159v;
160v; 161v-162v; 163v; 164v; 165; 166v-167v;
169; 171v; 172; 173-174; 175v; 177-179;
180v-182v; 183v; 186; 187v; 188; 189v; 190v;
191; 192v; 193; 196; 197; 197v; 200v; 202v;
203v-204v; 205v; 206v; 207v; 209; 209v;
211; 212; 212v; 214v; 215; 217v; 218; 219-
220; 220v-221v; 223v; 224; 225-227v; 228v;
229; 229v-232; 235v-236v; 237v; 239 [→
Winternheim, Gerichtsbuch]
budel (*bude*) [Beutel] 153; 177
budel → Büttel
bůdden [Bütten] 147
Bürde → *borde*
Buerhenne (*Bůerhenne*) {von Wackernheim} 88; 93
Bürge [Gewährleister einer Bürgschaft] 17v; 18;
24; 24v; 37v; 60; 64; 92v; 94; 98v; 117v; 118;
153v; 155v; 172v; 175; 177; 181v; 182v; 197v;
199; 201; 214v; 215v; 217; 219; 229; 230
Bürgenrecht (*burgenrecht*) 8; 35; 37v; 60; 67; 69;
86v; 94; 125; 140; 180v; 197v; 199
Bürger [Einwohner mit Bürgerrecht] 104v; 106; 109
Bürgermeister [Oberhaupt der Gemeinde] 41; 41v;
43; 85; 127
[→ Antes; → Barts; → Bock
Büttel (*budel, buttel, bottel*) [Gerichtsbediensteter]
30; 38; 52v; 61; 90; 91v; 118; 118v; 120; 120v;
146; 146v; 177; 187v; 209; 215; 221v; 235v;
236v
[→ Fritz; → Mathis; → Schmied]
Buker (*Bůker*), Johann [Präsenzmeister [Amtmann]
in St. Stephan zu Mainz] 46v; 55
Bul (*Bůl, Bůle*)
- Mathis Bul {von Dromersheim} 55v; 59; 60v
- Peter (*Peder*) [†] [Ehemann der Windrut] 88
- Peter 105; 105v; 166v; 190v; 223v; 234
- Henne 5; 9; 76v
- Windrud [Witwe des Peter] 88
Bunden, off der → Flurnamen
Burggraf → Ramberg
burgenrecht → Bürgenrecht
Busen
- Henne, der Junge 182
- Henne (*in der Offhoben*) 190; 198; 206; 210;
210; 210v; 214v; 217 [?]; 217v
- Henne [= Henne mit der] 119; 120v; 124
- Henne mit der 106; 118; 119v; 120v; 182;
199v; 203v
- Peter (*Peder*) 53v; 54
Bußer (*Buß, Bußer, Bůser, Bůßer, Busser, Buszer,*

Bůszer, Bußer)
- Henne {von Hilbersheim} 10v; 19; 20; 21; 21v; 28; 35v; 36v
- Karlen [†] 63
- Michel (*Mycheln*) {von Winternheim} 6; 24v; 25v; 28v; 29v; 47v; 49v; 50v; 53v; 54; 65; 65v; 67; 67v; 68; 69v; 122v; 125; 127v; 162v; 163v
- Philipp [Schultheiß] 44
- Philipp [Schultheiß und Schöffe] 44; 52v; 57; 63; 63v; 66; 67v; 68v; 73; 75; 76v; 79; 79v; 80; 80v; 85v; 89v; 94v; 115v; 118v; 120; 121; 123v; 126; 126v; 154; 155v; 181v; 183; 187v; 208v; 210v; 215v; 219v; 221; 221v; 223; 223v; 231; 232v; 235; 235v; 237

buwen (verbuwen) [bauen, verbauen] 169; 187v
Butter (*botter*) [Streichfett] 33v; 166
Byntz → Bintz
Byrkorn → Berkorn
Byzel → Bizel

C

Cantate [Festtag] 25; 66v; 67v; 106v; 143; 182; 219
cappen [Kappaun, kastrierter Hahn] 29; 46v; 71; 80v; 139v
Carpp (*Carpp, Carppe*)
- Clesgin (*Cleßgin, Clezgin*) 5; 6; 7v; 9v; 11; 17v; 25; 39; 48v; 49v; 50; 50v; 51; 51v; 52; 52v; 54; 59; 60; 63v; 77v; 78v; 79; 84; 87v; 88; 135; 142; 143; 146; 153v; 168; 168v; 169; 175v; 191; 192v; 206
- Cles (*Clese*) der Junge 178
- Elsgin (*Elßgin*) 153v; 171
- Jeckel 5; 7v; 16; 16v; 21; 24; 35; 35v; 36; 38; 39; 50; 52; 53v; 59; 61; 73v; 77v; 78; 79; 81; 83; 84v; 85v; 123; 132; 134; 143

Castel, Hans von 7; 8
Christman (*Cristman, Chrißtman*)
- Clesgin (*Cleszgin*) 6
- Henne (*Hen*) 189v; 197v; 203v; 207; 209; 216v; 217; 230v; 231
- Peter 163; 163v; 164v; 175; 212; 216; 217; 218; 219v; 226

Christman, der alte Schultheiß von Stromberg 82
Christtag, heiliger [Festtag: 25. Dezember] 130
Cineres [Festtag: Aschermittwoch] 210
Circumcisio domini [Festtag: 1. Januar] 130
Clare (*Claren*) → Mainz, Arm-Klarenkloster
Clas (*Claß, Claus*), Herr 219; 220v; 222; 222v
Claseman → Ingelheim
Claß, *der hoffman* 218v
Claus → Clas
Clehe → Klee
Clehe → Zimmermann
Clein, Henn (*Cleinhenn*)
- von Hilbersheim 198v
- der Müller von Hilbersheim 221v
- der Müller 222

Cleinhenn → Henn
Clem, Heinz (*Heyntz*) 216v
Cles
- [Sohn des Henne] 194v
- [Stiefsohn der Dyne, der Witwe des Sidendistel] 86
- Jeckel (*Jekel*) 165
- Henne (*Clesenhenne; Clesenhen*) 14; 67v; 71v; 133; 141; 166v; 173; 173v; 194v; 199; 207; 215[†]; 222v[†]; 224[†]; 225v[†]; 226v[†]; 228[†]; 228v[†]; 235v[†]
- Hengin (*Clesenhengin*) [Sohn des Clesenhenne] 224; 225v; 229; 230v; 233; 235v

Clesgin (*Cleßgin*)
- Clesgin 82v; 92
- [Bäcker des Heinrich Wolff] 27v
- [Knecht des Clese Fluck] 57
- [Maurer in Gaulsheim] 118v; 139 [→ Murer, Clesgin]

Cleße, Hans (*Hanß*) [†] 162v
Click, Henne (*Clickhenne*) {von Sobernheim} 215v
closter → Kloster
compter [Komtur] → Meisenheim; → Mainz,

Heiliggrabkapelle
Conceptio Marie → Marie, Conceptio
Conrat → Konrad
Contz (*Concze*)
    - der Leinenweber (der *weber*) 110v; 111v; 112; 115; 118
    - der Lange [†] 125v; 127v; 130v; 223v [vgl. → Lange, Konrad]
Contz (*Concze*) 153; 189v
    - Clesgin (*Cleßgin*) 45v; 52v; 53; 53v; 54
    - Contz
    - Hengin 81v; 82; 82v
    - Henne (*Henn*) {von → Harwiler} von 234
    - Wilhelm Contze {von Berßstadt [= Bierstadt ö Wiesbaden?]} 156
Conversio Pauli → Pauli conversio
cope [Maßeinheit: Becher] 81
copij → Kopie
copista [Schreiber] 2
Coppart (*Copparten*), Vikar zu St. Stephan in Mainz 111; 112; 114; 114v; 124v; 131; 135; 137; 138
Corpus Christi [Heiligentag: Fronleichnam] 27v; 214v
Crafft, Hengin [Spitalmeister zu Oppenheim] 22; 22v
Cremer 233v
    - Clesgin (*Cleßgin*) 232
    - Henn 221; 237v
Crißfelt, Jeckel (*Jekel*) von {von Aspisheim} 167
Cristin (*Cristine*)
    - [Ehefrau des Contzgin von → Gelnhausen] 16v; 18v
    - [Witwe des Henne → Manbach] 88; 92v; 93; 95
Cristman → Christman
Cube (*Cůbe*) [Kaub am Rhein?], Hans (*Hanß*) von 194
Cune → Kuno
Cyriaci et socii [Heiligentag: 16. März] 75v

D

daling (*dalijg, dalingk*) [heute, aus »tagelang«] 8; 17; 35; 38; 51v; 65v; 73; 78v; 86v; 94; 125; 149; 149v; 201; 204; 219v; 229
Dasbach, Lebe von 69
Daube (*duge*) [Längsbalken beim Fass] 238
Daubersteyn, am → Flurnamen
Debelich, Casper von 124; 190
Decollatio Johannis baptiste [Heiligentag: 29. August] 80v; 118v; 119; 152v; 217v
Degen [Waffe] 32v; 58; 140; 153
Deidesheim (*Dÿdeszheym*) [a.d. Weinstraße] → Grunwalt
Dekan → Hersfeld; → Mainz, Domstift → Mainz; St. Johann
Denar [Währungseinheit] 44; 113v; 163; 189; 233
Dentzer, an dem → Flurnamen
des gebots halben entbrochen [von einer Anklage freigesprochen]
detingsman [Teidingsmann, Sachwalter, Streitschlichter] 80
deylguts recht [Teilpacht] 187v; 231
Deyman → Diem
Deyme → Diem
Dhommus (*Domus*), Henne (*Hengin*) {von Ingelheim} [→ Thomas] 8; 13; 14; 67; 74; 78v; 81; 83v; 97; 98v; 100; 102; 119v; 143v; 145; 152 [seine Ehefrau→ Nese]
dick → Kremer
Diedesheim → Deidesheim
Diel (*Dyel*)
    - Grede 168v; 171; 172; 183v
    - Johann (*Jo.*) {zu Winternheim} 193v; 202
    - Henne {von Ingelnheim} 51
    - Diel [Schaffner (*mompar*) der Domherren zu Mainz] 210v
Diem (*Dyem, Dÿm, Dyne, Deyem; Deyman*)
    - Clas (*Claiß, Clasen, Clauß, Claůß, Diemenclasen*) 16; 17v; 24v; 40v; 41; 45; 48; 48v; 49v; 51; 52v; 53; 54; 54v; 56; 57; 59; 60; 64v; 65; 74; 87v; 101v; 102v;

103; 105v; 106v; 108v; 112v; 115v; 118v;
124; 129; 131v; 133; 134; 150; 150v; 159;
161; 162v; 164v; 166v; 169; 169v; 170v;
172; 177; 177v; 180v; 182v; 183v; 185v;
186; 189; 190; 195v; 198; 199; 206; 207;
210; 214; 223; 229; 231; 238
- Diem 87; 230v; 237
- Gredgin (*Gretgin*) 19; 20; 21; 24v; 29v
- Henne [Bruder des Jeckel] 13v; 48; 60v; 77;
79v; 81; 81v; 88; 92v; 93; 94; 94v; 95;
130v; 132; 135; 198; 200v; 201; 201v;
202; 202v; 204; 216
- Jeckel [Bruder des Henne] 7; 94; 133v; 134;
137v; 173v; 175v; 177; 180v; 195v; 196;
199v
- Peter (*Peder*) Dieme {von → Wolfsheim}
16v; 23v; 27v; 102; 142
Dienstag [Wochentag] 3; 3v; 5; 7-8v; 9v-10v; 12;
12v; 14-15; 16; 16v; 18-20; 22; 23v-25; 26v;
27v; 28; 29; 29v; 34v; 35v; 36; 38v; 42; 43v;
44; 45v; 51; 54; 56; 57-58; 59; 59v; 60v; 62;
63v; 66; 66v; 67v-68v; 73; 75; 75v; 76v; 78;
79; 80v; 81; 83; 84v; 85; 89; 96; 98; 100; 100v;
103; 103v; 105; 105v; 107v-109; 111v; 112v;
113; 115v; 116; 119; 119v; 120v; 124; 126v;
128; 129; 133v; 134; 137-138; 142v; 143v;
144v; 148; 149; 171; 177; 187v; 201v; 211;
229v; 234; 236v [→ auch Zistag]
dier → *wylt*
Diethers Stück → Flurnamen
Dietze, Konrad (*Conrat*) [Amtmann zu St. Christoph
zu Mainz] 113; 115v; 119; 120
Dilge → Snider
Dinckler (*Dinckeler, Dynckeller, Důnckeller*)
- Contz 36v [†] [seine Tochter → Nese]
- Contz 31v; 37; 94; 206v; 218v
- Contzgin (*Conczgin*) 5; 7; 7v; 9; 9v; 10; 11v;
16; 16v; 23; 24; 25; 25v; 26v; 28; 29v; 30;
32v; 33; 34v; 35; 42; 46v; 47v; 48v; 49v;
50; 56v; 57; 67; 71; 71v; 74v; 75; 78; 79v;
84; 88; 92v; 95v; 99; 101v; 102; 103; 223;
224; 226v; 231v [→ Frantzius]
- Elsgin (*Elßgin, Elßchin*) 164; 165v; 167;

D

167v; 173*; 179v
- Else 169v; 173; 187v
- Grede 165v; 165v
- Henne 193v
- Peder [†] 121v
Dionysii [Heiligentag: 9. Oktober] 84v, 121; 191
Dirmen, Hen 222
Divisio Apostolorum [Heiligentag: 15. Juli] 36;
112v; 150v; 187
doit und lebendig → tot oder lebendig
doite handt recht → Totehand-Recht
donne → Tonne
Domdekan, -herren, Domkapitel → Mainz, Domstift
Domus → Dhomus
Dontzel, Henne (*Donczelhenne*) 16; 30; 48v; 73v;
78v; 112; 125v; 126; 147v [→ Duntzel]
Donnerstag [Wochentag] 22; 27v; 31v; 34v; 35v;
48v; 49v; 67v; 104; 106; 108; 108v; 113; 116;
119; 119v; 120; 126v; 150v; 162v; 163v; 213
Dorckheim, im → Flurnamen
Dorn (*Dorrn, Dorre*)
- Henne (*Dornhenn, Dorhenne, Dorrhenne,
Dorrehenne, Hen*) 12v; 13; 16v; 17v; *17v*;
19v; 22; 26; 29v; 35v; 53; 59v; 60; 66v;
86v; 92v; 106v; 108v; 110; 110v; 111v;
112; 112v; 114; 120v; 121v; 159; 161v;
162v; 167; 168; 175; 185v; 189; 189v;
190v; 193; 193v; 195v; 197; 204v; 205v;
207; 208; 208v; 209v; 210; 214; 220v
- Henne, der Alte 208v
- Henne, der Junge [Sohn des Henne] 89v; 92v
- Henchin 171
Dornen [Gewächs] 182
Dorothee [Heiligentag: 6. Februar] 59; 99
Dorr → Dorn
Dramerßheim → Dromersheim
Drapp (*Drap*) [→ Trapp]
- Anthis 234
- Antz (*Ancze*), Schöffe 5; 44; 45; 46; 46v; 59;
122v; ; 222; 222v; 223; 229v; 231v; 232
- Clesgin (*Cleßgin*) [= Clese] 7; 7v; 8; 9v; 18;
22; 25; 80; 80v; 81; 130v; 132; 135; 174;
174v; 178; 179v; 198v; 221; 221v; 222;

222v; 226; 228; 229v; 231; 232; 234
- Cles (*Clese*) [= Clesgin] 174v; 175; 229
- Enders (*Enderß, Endersz*) 5; 7v; 8; 9v; 11; 17, 19v; 21; 39v; 87; 126; 129; 132v; 133; 156v; 157
- Enders, der Junge 16v; 19; 39; 48v; 50; 60v; 69v
- Endres (*Endris, Endriß*) 166; 174; 185v; 188; 188v; 190; 194v; 209; 226v; 227v; 229; 232v; 233; 234; 237
- Jeckel (*Jekel*) 5; 7v; 16; 17; 18v; 19v; 20v; 39v; 45v; 46v; 47v; 56; 64v; 65; 67v; 69v; 71; 74; 75; 76v; 88v; 99; 101v; 105v; 159v; 163; 165; 174; 185v; 196; 200v; 211; 232v; 236; 236v; 237v; 239v

Drecks, Henne 214v

Dreier → *dryher*

Dresser (*Dreßer, Dresche, Drescher*)
- Dresser von Schwabenheim 216v
- Peter 24; 27v; 47v; 54; 55; 59; 68v; 211v; 238v
- Peter (*Peder*) {von Schwabenheim} 7; 23v; 46v; 53; 54; 54v; 66v; 68; 71v; 73v; 100; 122v; 142; 151; 162v; 211v; 233v; 235v; 237v

Driel (*Dryel*), Heinz (*Heincz, Heintz, Heyntz*) 13; 15; 16; 23; 30; 32v; 46; 47; 48; 48v; 49; 50; 51v; 53; 71; 71v; 74; 75; 81v; 88; 93; 146; 155; 158v; 164v; 179v; 188v; 192v; 218; 225; 229

dryher [Dreiergremium] 28v; 64; 85v; 94; 164; 167; 167v; 169v; 174; 179v; 196v

Drijbeyn → Drubein

Dromersheim (*Dramerßheim*) [sw Ingelheim]
- Johann, Herr 233; 235v; 237v; 239v
- Wilhelm von [ehemaliger Kirchenmeister] 134v; 137; 140
[→ Bul, Mathias]

Drubein (*Drůbein, Drubeyn, Druben, Drůbeyn, Drybeyn, Drijbeyn, Truben*)
- Clesgin (*Cleßgin*) [Bruder des Drubein] → Schornsheim]
- Drubein 5v; 8; 8v; 11v: 12; 15; 15v; 16; 16v; 17v; 18v; 21; 23v; 24v; 26v; 29; 29v; 36v; 39v; 44; 45v; 52v; 57; 59; 64v; 97; 99v; 111; 115v; 122v; 124; 125v; 127v; 129v; 131v; 132; 137; 137v; 142; 142v; 143; 145; 145v; 146; 149v; 150; 153v; 161; 161v; 165; 170v; 172; 174; 193v; 197; 201; 202; 202v; 211; 213; 215v, 216v; 217; 218; 221[†?]; 223; 231v[†]; 232[†]
- Drubein, der Alte 213v
- Drubeinchin 205v; 208v; 209
- Henchin 165v; 167v; 168; 171; 191; 195; 197v; 200v; 201; 203v
- Hengin 5; 7v; 8; 53
- Philipp 24; 169
- Wilhelm (*Wilhem, Drubeininßwilhem*) [Sohn Drubeins des Alten] 3; 6; 15; 33; 89v; 90; 112v; 163 [?]; 205v; 206; 208; 210; 221; 223; 229v; 231v; 234; 234v; 236v

duch → Tuch

Duchscherer (*Duchscher; Důchscherer, Důchscher, Duchscherrer, Duichscherer*)
- Johannes [Sohn des Philipp] {zu Mainz} 59v; 110v; 111v; 159; 161v; 208
- Philipp (*Philipß*) [Vater des Johannes] 3; 4v; 6v; 7; 7v; 9; 10v; 11v; 13; 14v; 16; 18; 19v; 25; 59v; 71v; 86v; 110v; 111v; 121v; 140; 159; 161v; 167; 185v; 188v
- [Philipp Sohn] 189; 190v; 193; 193v; 195; 195v; 196; 199v; 208
- [Philipp Sohn, der Mönch] 86v

Ducz → Dutz

dufel → Stech

Duherman (*Durman, Důerman, Duerman*)
- Clas 225
- Cles (*Clese*) 27v; 33; 39; 40v; 42; 42v; 48v; 69; 81v; 93v; 101v; 115; 123; 148; 223; 225v; 226v
- Enders 73
- Henne (*Hen*) 45v; 77; 79; 119; 207v; 218; 223; 226v

Dunckeler (*Důnckeller*) → Dinckler

Duntzel (*Duntzelhenne, Důntzelhenn*), Henne (*Hene*) 182; 183v; 184v; 188v; 214; 214v;

238v [→ Dontzel]
Duphorne {von Algesheim} 190v
Duppengießer, Antz (*Ancze*) 3, 3v; 8v; 13; 25; 28v; 31v; 32; 32v; 36; 38v; 39v; 47; 49; 50v; 61; 61v; 63; 67 (?); 69; 69v; 76v; 81; 81v; 82; 83; 86; 89v; 90; 91v; 92; 98; 100; 104; 109v; 112; 118; 122; 140v; 141; 145; 146; 146v; 149v; 150
Durman → Duherman
Duscher (*Duscher*), Peter 237v
Dusers phade → Wege und Straßen
Dutz (*Dutze, Důcze; Ducz, Dutsch, Důtsch*)
- Dutz 144; 208v
- Henne {von Algesheim} 87; 139v; 143v; 167; 167v; 231v; 232; 236v
- Meckel [Ehefrau des Henne] 87
- Peter (*Peder*) 16v; 18v; 31v; 34v; 35; 36*; 47; 49; 102v; *102v*; 155v; 159v; 161; 178; 185v; 186; 206v; 207
- Wipprecht {von Ingelheim} 33; 67; 67v
Duwernheim → Emmerich
duwen hauwer → Lutern
Dyelen → Diel
Dyemar (*Dyemer*) [Schaffner (*mompar*) des Arm-Klarenklosters zu Mainz] 168v; 169; 171; 204v; 208; 210; 210v; 211v
Dyeme → Diem
Dynckeller → Dinckler
Dyne (*Dyna*)
- Ehefrau des Clesgin → Schůmecher
- Magd des Zorn 179v; 181v
- Tochter des Cles → Raub
- Witwe des → Sidendistel

E

Ebalt (*Ebald*), Herr 35; 74; 74v; 103; *103*; 103v; 104; 150; 158v; 159; 161v
Eben, Hengin {von Schwabenheim} 156
Eberbach (*Erbach*) [Kloster nw Eltville/Rhein]
- Herren von 4v; 98; 99v; 100; 100v; 162; 162v; 163; 163v; 182v; 188; 190; 205v
- Kloster 188
Eberhart
- Anna (*Ebbart, Ebbert*) 178; 217v; 219v; 220; 220v; 222; 236
- Ebbart 216v
- Ebbartgin 216
- Eberhard (*Ebberhart*) 163v; 164
Echzell (*Echzel, Echtzel, Echtzil*) [nö Friedberg/Hessen]
- Hengin von 159; 233v; 240
- Henchin 169
- Henne von 29; 35; 35v; 36; 111; 112; 112v; 113; 113v; 116; 118v; 139v; 168v; 169; 171; 236v; 237v
Ecker, Heinrich 221
Edelman (*Eddelman*), Contz 204v
edeln [Adlige] 141
Egelsbach → Jegelßbach
Egidii [Heiligentag: 1. September] 42v; 187v
ehrbar → *erbare*
Ehre (*ere, ere und gelympe*) [Wertbegriff] 148v; 168v
Eibingen (*Ybingen*) [n Rüdesheim/Rhein] 38v
Eich, Hans (*Hanß*) von 180
Eichholtz, am → Flurnamen
Eid (*eidt, eiden, eyden*) [Schwur] 5; 21; 54; 64; 66; 92; 92v; 94v; 98; 98v; 99; 105v; 142; 162v; 167v; *167v*; 168; 171v; 188v; 189; 201; 216v; 228
Eidam (*eiden, eyden*) [Verwandtschaftsbeziehung, Schwiegersohn] 31; 100v; 199v; 219; 223; 225v; 230
Eier [Lebensmittel] 33v
Eigengut (*eigen, eygen*) [allodiales Eigentum] 29v; 43v; 59v; 61; 65; 69; 116; 146; 151v; 163; 177v; 223v; 228
Einlager (*leisten*) [Bürgschaftsverpflichtung] 15; 219
Elcze, Johann von [Amtmann zu Algesheim] 142v
Elftausend Jungfrauentag (11.000 Mägdetag) [Heiligentag: 21. Oktober] 3; 46; 61; 193v
Elisabeth [Heiligentag: 19. November] 7v; 49; 89; 92v; 125; 195v

Elle [Längenmaß] 133
Elschin [Schwester des Syffrit → Rusche]
Else
- [Ehefrau des Heintze → Stubeß] 124v; 125
- [Ehefrau des Jeckel → Sniderhenne] 186
- (*Elß*) [Ehefrau des Hans → Fladenbecker] 220v
- Herrn Konrads Else (*Elß*) →Konrads Else
- (*Elßgin, Elszgin*) [Witwe des Henne → Snel] 222v; 224
- [Mutter des Herrn Konrad] 130
- [Tochter des Henne → Wolff (*Wolfshenne*)] 36v
- [Tochter des Hengin von Berge] 4v; 9
- [Tochter → Johanns, des Scherers] 167v
- [Witwe des Henne → Philipp] 4 [?]; 17v; 19v; 22; 137 [?]; 137v [?]
- [Ehefrau des Henne → Philipp] 191[?]; 193v[?]; 195; 197v
- [Witwe des Gerichtsschreibers Peter] 174
- (*Elsze*) [Witwe des langen Conze] 125v; 127v; 130v; 223v
- (*Elsel, Elßlin*), die Amme 142; 198; 204
- (*Elsel*) [Hausbesitzerin in der Rinderbach] 126
- [Ehefrau des Gippelhorn] 188; 188v
- [Tochter des Hengin von Berge] 7

Else, Magd (*maight*) des Henne Philipp 211
Elsheim (*Elscheim, Elßheym*)
- Henne von 195; 195v
- Philipp, der Pfarrer 16

Eltern [Verwandtschaftsbeziehung] 10v; 12; 61v; 71; 72v; 96v
Eltville (*Eltvjl, Eltfeld, Eltfelden, Eltfeldt, Eltfelld*) [Rhein, w Mainz] 94; *94*
- Henne (*Hene*) von 3; 3v; 4; 5v; 7v; 8v; 9; 10; 12; 14v; 19v; 21v; 24; 24v; 28; 29v; 31; 35; 36; 36v; 37; 37v; 41; 41v; 43; 46v; 47v; 48; 49v; 51; 52; 53v; 54v; 56v; 57v; 60; 61; 61v; 62; 63; 63v; 66; 67v; 68v; 69; 73; 74; 74v; 75; 76; 76v; 77; 81; 82v; 86; 86v; 87v; 89v; 92v; 94v; 100; 105; 109v; 110; 111; 112; 117v; 118; 119v; 123; 125; 126; 127v; 129v; 130v; 134v; 136; 139; 140; 140v; 142v; 143; 144v; 145; 151v; 154; 159; 160v; 161; 162v; 163; 164v; 165; 165v; 166; 166v; 167; 167v; 168; 169v; 172; 172v; 173; 176; 178v; 179v; 183v; 184; 185; 187; 188v; 189v;190; 190v; 193; 193v; 195; 195v; 198; 198v; 200v; 201v; 202v; 203v; 204; 205v; 206; 207; 209; 210; 210v; 211; 211v; 213v; 214v; 215v; 216; 216v; 217; 218v; 219; 219v; 220; 221; 223; 225; 226; 228v; 229; 233v; 234; 234v; 235; 235v; 236; 236v; 237; 237v; 238; 238v; 239; 239v; 240
- Henne von, der Junge [Sohn des Henne] 9; 233v; 235v; 236v; 237
[→ Becker, Heinrich]

Emerich, Knecht des Enders Kocher 127
Emerichs Mühle → Mühlen
Emerzal, Peder [†] 28v
emigh (*emyg*) → Ohm
Emmel → Ingelheim
Emmerich (Emerich)
- Clas Emmerich {von Winternheim} 99
- Else [Tochter des Henne] 177; 180; 180v
- Henne [Vater der Else] 177; 180; 180v; 180; 180v
- Grede [Ehefrau des Henne?] 189; 190v; 208
- Henne [Bruder des Peter] 172v; 173; 178v
- Henne 166
- Henne {von Duwernheim} 163v
- Peter 163v
- Peter [Bruder des Henne] 172v; 173; 178v

Emmertzen 209v
Enders (*Enderß*), Altarist in St. Moritz zu Mainz 63v
Enders (*Endres, Endreß, Endriß*)
Enders 197*
- Grede von → Oestrich [Witwe des Hengin]
- Hengin [†] [Ehemann der Grede von → Östrich] 35v; 36; 38v; 39v; 40
- Henne 168; 172; 179v
- Henchin 172, 211v

- Hengin 3; 42v; 118; 119v; 121; 122; 132; 134; 155v; 156; 237
Endres
- Peter 213 [seine Ehefrau → Altheit]
- Alheit [Ehefrau des Peter] 213
- Hench [= Henne, Henchin, Bruder des Peter, Ehemann der Grede] 198v; 206; 206v; 208v
- Henne 171; 172; 179v
- Grede [Ehefrau des Hench] 206v
- Henchin (*Hennchin*) [= Henne, Bruder des Peter] 162v; 163; 163v; 164; 170v; 172; 173; 200v; 202v; 204v; 208; 210; 217
- Peter [Bruder des Henne (*Henchin*)] 164; 173; 179v; 200v; 202v; 205; 205v; 206; 207v; 208v; 212v
- Hengin 222v; 232v; 236; 237v; 239; 240

Engassen (*Engaßen*) [niederadliges Rittergeschlecht aus Rohrbach s Landau/Pfalz]
- Hebeln von [Frau von] 31v; 44v; 45; 46; 46v; 47; 55; 74; 74v; 75; 78v
[→ Pedergin]

Engellandt → Englender

Engel, Henne 217

engel [Englische, Währungseinheit] 36; 97v; 231

Engelstadt (*Engelstat, Engelstait*) [s Ingelheim]
- Emmerich (*Emerich*) von, Schöffe 6v; 94; 94v; 95v; 96; 96v; 98; 99; 100; 104; 130v; 140; 147v; 151v; 180v; 182v; 205v; 206; 214v; 216; 225[†?]; 229[†?]
- Mertin von 85

Engelstadt (*Engelstat, Engelstait*) [Niederadelsgeschlecht]
- Engelstait von 216v
- Johann von, Herr 231

Engelthal (*Engelntale, Jngeldail*) [Zisterzienserinnenkloster in Ober-Ingelheim] 127; 129; 130; 132; 148v; 151v; 189v; 215; 228v; 230v
- Äbtissin 163; 191 [→ auch Fiel]
- *bichter, der* [Beichtvater] 10v; 32; 42v; 44; 57v; 76; 93v; 95v; 121; 145; 148; 149v; 150v; 170v; 211; 213v; 214
- Schaffner 223v; 224; 225; 225v; 226; 227v; 229v; 231; 234
- Klostermühle → Mühlen

Englender (*Engellender, Engellandt, Engellandt*)
- Englender (*Engellander*) 206; 218v
- Henne 16; 25; 32v; 48v; 50; 50v; 74; 75; 77; 84; 85; 86; 88v; 101v; 118; 123; 135v; 164v 233

Enkel [Verwandtschaftsbezeichnung] 191

Epiphania domini [Heiligentag: 6. Januar] 54; 130; 163v; 202v

Erbach → Eberbach

Erbach (*Erbachas*)
- Hengin 14v; 29v; 47v; 48v; 77v; 80; 83; 95v; 142; 159v
- Henchin 163; 217

erbare lute [Ehrenmänner, vertrauenswürdige Zeugen] 11; 21v; 30v; 75v; 81v; 82; 128v; 136; 147; 149; 160; 166v; 167v; 168; 173**; 174v; 176v; 184; 194; 194v; 196v; 198v; 207v

Erbe [Erben, Nachlassempfänger] 2; 5v; 13v; 14; 15; 15v; 17v; 21v; 22v; 24v; 28v; 36v; 51v; 52; 57; 59v; 72; 77v; 93v; 117; 117v; 119v; 136; 148; 164; 173; 176v; 179; 182v; 185; 185v; 193; 206v; 213; 231v; 234

erbeiß [Erbsen] 81

Erbes-Büdesheim (*Erbaiß, Erbaisz Bůdesßheim, Erbeiß Budeßheim*) [w Alzey] 53 [→ Mann, Clas]

Erbbestand 21v; 21v [→ Bestand]

Erbfall 116; 116v; 164; 167v; 173; 173v

Erbin (*Erbeynn*) → Erwin, der Leiendecker

Erbschaft 182v; 232

Erbse → *erbeiß*

Erbteil [Anteil am Erbe] 52; 70v; 167v; 207

Erde [Ackerland] 6

erfolgen [Anspruch einklagen, erklagen, verklagen; Wird je nach Kontext verschieden übersetzt. Auf Einzelbelege wurde verzichtet]

Erk (*Erk, Erke, Erck, Erker, Ercker*)
- Cles (*Clese*) 225; 230v; 231v; 236; 237v; 238
- Clesgin (*Cleßgin, Cleszgin*) 55v; 81; 127;

215v, 226; 232v; 235; 236v
- Dyne (*Din*) 222v; 232v; 240
- Ercken (*Erke*) 166v; 167; 170; 176; 176v
- Heinrich 222; 222v; 223v
- Henne 5; 5v; 6v; 7v; 8; 8v; 19; 26; 26v; 29; 30; 35; 35v; 37; 37v; 39; 42; 52v; 63v; 65v; 67; 71; 76v; 78; 79; 81; 82; 83; 84v; 85v; 94v; 95v; 96; 96v; 98; 104; 116v; 117; 117v; 119; 121v; 124; 135v; 137; 140v; 153; 162; 173; 173v; 174; 178; 179; 180v; 183; 185v; 186; 187; 192v; 195v; 196; 200v; 201; 211; 215; 215v; 218v

Ernte (*ern*) [landwirtschaftlicher Ertrag] 197; 207
Ersatz → *orsaißunge*
Ertzhusen → Erzhausen
Erweyß → Weißer Sonntag
Erwin
    - Henchin 216v
    - Hengin 224
Erwin (*Erbin*), der Leiendecker 74; 95v; 133; 134; 142; 198
Erzhausen (*Ertzhusen*) [n Darmstadt?], Gericht zu 172v
Escheloch, im → Flurnamen
essen (*eßen, verzerten*) [Nahrungsaufnahme] 31v; 43; 127; 144; 155; 157v
Essenheim (*Esenhem*) [sw Mainz], Henne von 197v
Essig (*Eßijg, Eszijg*)
    - Hengin (*Essighengin*) 15; 15v; 17v; 57; 234v; 236v; 239
    - Henchin 191
    - Henchin, der Alte 217v
Estomihi [Festtag] 171
Evangelium [Bibel] 21
ewig → Licht
Exaltatio Crucis [Heiligentag] 44v; 83; 120; 120v; 153v; 187v; 189
Exaudi [Festtag: 14. September] 27v; 29; 68; 108v; 143v; 144; 184; 214; 220v
ex parte [stellvertretend für] 26v; 110; 150; 162v; 163; 168v; 169; 172; 174; 175v; 179; 183v; 187; 187v; 189; 190; 190v; 192v-193v; 194v-196; 199; 199v; 201; 201v; 202v; 203v; 204v; 205v; 207; 208; 214; 217; 219-221; 222-224; 225; 225v; 226v; 227; 228v-229v; 231-234; 236
eylff → elf

F

Fähre → Weinheim
Fahrende Habe → *farnde habe*
Falthor (*Falthőr, Falltőr*), Clesgin (*Cleßgin, Clese*) 232v; 236; 237v
Farber → Ferber
farnde habe [Fahrende Habe, Rechtsbegriff] 15; 15v; 41; 116; 182v
Fass [Behältnis] 17v; 48v; 80; 80v; 97; 97v; 102v; 107; 125v; 133; 146v; 147; 160; 174v; 182; 192v; 196v; 198v; 206v; 212v; 222v; 227v; 228; 237; 238
Fastnacht [Fassnacht, Datumsangabe] 13; 45; 53v; 94v; 96; 130v; 141v; 155; 169v; 179; 208v
Faut (*Faůt*)
    - Clas (*Claß*) {von Sprendlingen} 3; 3v; 4; 5; 7v
    - Dyne 88
    - Johannes 3; 9; 10; 11v; 12v; 14; 16v; 18; 26v; 37v; 41; 42v; 43; 45v; 46; 47; 49; 51v; 52v; 54v; 63v; 64v; 65; 66v; 67; 67v; 68; 74; 76v; 79; 79v; 81; 84; 85v; 87v; 88; 94v; 117v
Feczer → Fetzer
fehedrifft → Viehtrift
feist → Kremer
Feld (*felt, feldgin, feld*) [Wirtschaftsflur] 6; 12; 28v; 42v; 43v; 46v; 47v; 48; 55; 56v; 58v; 61; 61v; 69; 69v; 79; 85v; 87; 101; 113v; 124v; 163; 170v; *170v*; 204; 207; 218v; 228; 238
Fenningen (*Fengin*) → Venningen
Ferber, Henne (*Ferberhenne, Ferwerhen, Ferferhenne*) 98; 99; 100; 105; 106v; 111; 114; 121v; 132v; 133; 134; 139v; 151v; 156; 159v; 163; 164; 164v; 165; 167; 172v; 218v; 215; 223; 229; 233v; 236; 237v
fernczel → Viertel [Maßeinheit]

fertel → Viertel
Fetzer (*Feczer, Vetzer*)
- Ebert 18v; 31v; 34v; 35v; 39v; 42v; 44v; 45; 46; 46v; 55; 74; 74v; 75; 78v; 152
- Ebbart 196v; 201v; 207
- Werner, der Alte 179
- Werner (*Wernher*) 97; 100
- Vetzer 199v

Fiel (*Fyel, Fyeln, Fyl, Fiel, Viel*)
- Clese (*Cleß, Cles*) [Bruder des Peter] 5; 7; 7v; 8; 100v; 102; 103v; 104; 120v; 124; 126v; 128; 133v; 134v; 137; 140; 193; 195; 196; 199v; 204v; 205; 208; 209; 214v; 215; 235
- Claus, der Alte 228v
- Peter (*Peder*) [Bruder des Cles] 16; 16v; 59v; 78v; 83; 97; 100v; 102; 103v; 120v; 172; 192v; 193v; 195; 200v; 201; 202; 202v; 205v; 208; 208v; 209; 209v; 222v; 232v; 236; 237v; 240
- die Fiel (*Fyel*) 223v
- Jungfrau Fiel, Äbtissin im Kloster → Engelthal 5v; 6; 8; 13v; 14; 14v; 26; 26v; 28; 29; 47v; 49v; 60v; 61v; 62v; 66v; 68; 69; 76; 80; 83v; 102; 122v; 124; 125; 126v; 127v; 128; 128v; 129; 130; 131v; 132; 132v; 133v; 135v; 137v; 138; 143v; 144v; 147v; 148; 148v; 150v; 151; 153v; 159; 162v; 189; 192v; 195; 195v; 198v; 119v; 209v

Fihen [Ehefrau des Clas → Kannegießer, Schwester des Peter → Hiltwin] 52
Finthen [w Mainz], Henne von 16; 78v
Fischer, Jacob {von Östrich} 152v
Fischerei (*fyscherij*) [Fischfang] 89v; 91; 91v
Flach (*Flache, Flachen*) von Schwarzenberg (*Swarczenb(er)g*) [Adelsfamilie aus dem Rheinland]
- Hans [Bruder des Philipp] 104; 105; 106; 108; 108v; 109v; 111; 112; 112v; 113; 114; 114v; 115; 124; 124v; 126v; 128; 131; 135v; 137; 138
- Philipp [Schöffe, Bruder des Hans] 104; 105; 106; 108; 108v; 111; 112v; 113; 114; 114v; 115; 124; 124v; 126v; 128; 131; 135v; 137; 138; 216; 221

Fladenbecker (*Fladen Becker*)
- Hans {von Frankfurt} (Hans, der Fladenbecker) [Ehemann der → Else] 20v; 21v; 25; 25v; 220v

Flecken [Grundstück] 12; 20v; 21; 23v; 28v; 29v; 30; 41; 48; 61; 63; 70v; 110; 114; 136v; 150; 165; 186; 187; 193; 209; 218v; 223v
Fleischbänke (*fleyß bancken*) [Arbeitsplatz der Metzger] 213
flesche [Flasche] 14; 167; 227v
Florentiner [Gulden] 225
Fluck (*Flůck*)
- Cles (*Clese*) [Kirchenmeister] 5; 7v; 8; 9v; 11; 46v; 47v; 49v; 51; 52v; 57; 59v; 65; 65v; 67v; 68; 69v; 123; 125v; 128; 129; 142; 162v; 163; 163v; 168; 172; 174; 175v; 176v; 177; 178; 180; 180v; 181v; 183v; 187; 187v; 189; 190; 192v; 193; 193v; 195; 197v; 199v; 216v; 217; 218; 223; 233v; 236; 237
- Hans 13; 14; 14v; 27v; 29; 88; 110v; 112; 162v
- Henne 163; 193;
- Peter [†], Herr 50v; 59v

Flurnamen [wohl überwiegend in der Gemarkung Ober-Ingelheim] [→ Wege und Straßen]
- *Bellentale* 123v
- *Bircken, zu den* 211
- *Bosen Gewann* 29v; 73v
- *Bruden, zu den* 118
- *Brůhel, ym* 43v
- *Bunden(n), off der, gelegen jm Hunnegarten* 58v; 193
- *Daubersteyn, am* 218v
- *Dentzer, an dem* 237
- *Diethers Stůck* 221
- *Dorckheim, im* 72v
- *Eichholtz, am* 223v
- *Escheloch, im* 230v
- *Fronborn, oben aym* 42v
- *Frongarten (Frone Garten), oben aym (von*

- *dem)* 14; 71
- *Geren, aym* 138v; 165 [?]
- *Gobel Garten* 41
- *Hoenreyne* → Horeyn
- *Hohe, die* 223v
- *Hollern (Hollener)* 223v
- *Honde Garten* 12
- *Honnegarten* 193
- *Horeyn (Hoenreyne), am* 63v; 157v
- *Hunen (Hůnen), off den* 169v
- *Jngelnheymer felde* 5v; 71v
- *Kelen, in der* 110v
- *Nůwen berge* 57; 76v; 77v
- *Rinhylten, an der* 56v
- *Salczborn, aym* 52v
- *Sole, ym* 42v; 43v
- *Stiegelboil, am* 163
- *Ußersten Blatten* 124
- *Wettwiese, off die* 210v
- *Winheymer Felde* 136v
- *Wirde, im* [Insel? oder Flurname?] 60

Flurschütze → *schůczen*
Folda → Fulda
Folmar (*Follmar, Folmer*)
- Hans (*Hanß*) 183
- Folmer 205v
- Follmar, der junge 217
[→ auch Fulmar; → Fylmar]

Folpprecht, Meister [Bürger in Worms] 104v; 106
Forstmeister, Philipp (*Philipß*) 215v
Francisci [Heiligentag: 4. Oktober] 190v
Francke, Clesgin (*Cleßgin*) 194v; 231v
Frantzius (*Franczius*), Peter (*Peder*) [†] [Vorfahre des Contzgin → Dinckler, Sohn des Henne Wolff] 36v
Frankfurt (*Franckfurt, Frankffurt, Franckffůrt*)
- Reichsgericht zu 172v
- Stadt 17v; 173
[→ Fladenbecker, Hans]
Frau [adlige Dame, Hausfrau] 4; 7v; 8; 8v; 9v; 10; 12v; 14; 16v; 18v; 23; 25; 25v; 26; 27v; 30v; 33v; 34; 35; 35v; 36v; 37; 38v; 39; 10; 40v; 43; 44v; 45; 45v; 46; 46v; 49; 52; 56; 56v; 62; 81v; 85; 85; 85v; 87; 89; 93v; 98; 98v; 99v; 101v; 102v; 104; 105; 109v; 110; 110v; 116; 116v; 117; 117v; 119v; 122; 124; 124v; 140v; 141; 142; 146v; 147; 148v; 152v; 157v; 164; 165v; 166; 169; 169v; 171v; 172; 173v; 174v; 175v; 177; 179v; 180; 180v; 181v; 182v; 183; 185; 185v; 186; 187; 188; 188v; 191; 193v; 195; 197v; 199; 199v; 200; 200v; 201; 207; 209v; 213; 216; 216v; 218v; 220v; 222v; 223v; 226; 235v; 230; 233
[→ Engassen; → Engeltal; → Fiel; → Mainz, Augustiner; → Mainz, Armklarenkloster; → Schonberg; → Venningen; → Weingarten; → Winterbecher; → Wolf; → auch Ahnfrau; → Schwiegerfrau]

Frauwen tag Nativitatis (Marie) [Heiligentag: 8. September] 81; 81v
Frauentagen, zwischen den beiden [Zeitraum zwischen dem 15. August (*Assumptio Marie*) und dem 8. September (*Nativitas Marie*)] 94
Fredberg → Friedberg
Frederich
- Ele 47v; 49; 96
- Henne 4
Frederich [Knecht des Herrn → Hans] 66
Freiheit (*fryheit*) 66; 91; 91v; 92; 110; 114v; 144
Freiherr → Winternheim
Freitag [Wochentag] 61v; 104v; 106; 108; 109; 129; 148v; *163v*; 175
Frei-Weinheim → Weinheim
Frevel (*freffel*) [Geldbuße] 44; 55v; 79; 88v; 94; 107v; 113; 113v; 127; 133v; 138v; 141v; 143; 146v; 153v; 155v; 174; 198v; 221v; 229; 231; 235
Friedberg (*Fredberg*) [n Frankfurt], *gesellen von* 97
Friedrich, Johann 4
Fritz (*Frytz*)), Heimbürge (Büttel) 107v; 221v; 223v; 236 [sein Knecht → Hans]
Frolich
- [Ehefrau des Frolich] → Grede
- Jekel [Sohn der Grede] 175v; 179
Frolich [Knecht des Herrn → Hans] 15; 33; 55v; 75v; 89

Fronborn, oben aym → Flurnamen
Frongarten, oben am → Flurnamen
Fronleichnam (*hern Lichnams tag*) [Festtag] 26v
Fruchtzehnt 49
Frühmesse 94; 96; 124; 125v [→ auch Messe; → Johann]
Frund (*Frunden, Frůnt*), Hans {von Bingen} 139v
Frytz → Fritz
Fuder [Maßeinheit] 17; 18; 40; 57; 75v; 76v; 97; 125v; 156v; 185v; 196v; 198; 227v; 228
Fünftmann (*funffter*) [Schiedsmann. Bei einem Vergleich benennt jede Partei zwei Vertreter. Auf den fünften als neutralen Schiedsrichter müssen sich beide Seiten einigen] 61; 204
Fürfeld (*Furfelt*) [s Bad Kreuznach] 37
Fürstentum 89v
Fulda (*Folda*), Heinrich von, Kleriker in Ravengiersburg 210; 213v
Fulman, Henne (*Henn*), der Junge 224
Fulmar, Wilhelm 123v [→ auch Folmar]
furbringen → Ansprache und Antwort
fursprecher [Rechtsbeistand] 32; 32v; 124v; 131; 167v
Fuß [Körperteil] 19v
Fyel siehe Fiel
Fylmar, Henne 211 [→ auch Folmar]
Fyncze → Vincz
Fynne, Henne 5
Fynten → Finthen
Fyntgin [ein Mann] 4v

G

Galli [Heiligentag: 16. Oktober] 84v; 85; 161v; 192v
Gang (*gancke*) [Hausflur] 58
Gans (*gense*) [Federvieh] 46v; 127v; 139v; 161v; 193v; 216v
Garn [Fangzaun, Jagdutensil] 90v
Garten 23v; 56; 58; 170; 170v; 218v
  [→ Wingart; → Kirschgarten; → Flurnamen]
gaße 127 [→ auch Wege und Straßen, Alte Gasse; → Wege und Straßen, Judengasse]
Gau-Algesheim → Algesheim
Gaulsheim (*Gauwelßheim, Gauwelscheim, Gaůwelscheym*) [w Ingelheim]
  → Murer, Clas
  → Clesgin der Maurer
Gebiet (*gebietten*) [Areal] 89v
geblute [Geblüt] 164
gebot [Forderung, Gerichtsbeschluss]
gebots gelt [Abgabe] 119v
gebots heller [Strafgeld] 44; 81
Gebrechen 166 [→ auch Krankheit]
Gedächtnis (*gedechtniß*) 187v; 211
gedincks (*gedingß, gedings, gedyngßs*) [Gedinge. Anstellung einer Person, zugleich der Vertragsabschluss, bei dem dies geschieht] 64v; 72; 74; 160; 233
gefatter [Taufpate] 15v
geferde [Einwände] 15v
Geilnhusen → Gelnhausen
Geisenheim (*Gysenheim*) [w Ingelheim] → Lowe, Hengin
Geistlichkeit (geistlich) 109v; 110; 114v; 141
Geleit (*geleyde*) [Schutz für Reisende] 89v
Gelen
  - Contzgin (*Conczgin*) 112; 167
  - Peder [Sohn des Contzgin] 112; 167
Gelnhausen (*Geilnhusen, Geilnhußen, Geylnhusen, Geylnhussen, Geylnhußen, Geÿlnhusen, Gelnhusen*) [ö Frankfurt/Main] 194v [?]
  - Contz (*Contze*) von 170v; 185v; 186; 194v; 207; 210v
  - Contzgin (*Conczgin*) von 16v; 27; 29; 30; 30v; 33; 34v; 35v; 37; 37v; 51v; 54v; 59; 64; 76v; 77; 87; 88; 142v; 144; 153v; 156v; 157; 182; 187v; 189; 201v; 204v; 208; 209v; 210; 214v; 225; 228; 229v [→ Cristine, Ehefrau des Contzgin]
  - Contzgin (*Conczgin*) Gelnhausen 18v; 19v; 35v; 93v; 152v
  - Sohn des Contzgin 93v
  - Herman von 205v; 208; 210v; 212
Gemeinnutz 20v

gemeyne handt [öffentliche Hand, Rechtsbegriff] 12v; 13
Gensingen (*Genczingen, Genszungen*) [s Bingen/Rhein] → Moller, Hans
Gerau (*Geraůwe*), Ebalt (*Ebalden*) [sö Rüsselsheim] von 75v; 76; 76v
Gerechtigkeit (*gerechtekeit*) 11v; 22; 23v; 27; 48v; 70; 83v; 91v; 110; 116v; 131v; 142
Geren, aym → Flurnamen
Gerhard (*Gerhart*)
- *der bender* → Bender
- Gerhard 192v; 219
Gerhuse (*Gerhuße*) [Witwe des Henne Kocher] 99v; 126v; 183
Gericht [→ Reichsgericht] [→ Algesheim; → Bonemese; → Erzhausen; → Kreuznach; → Saulheim → Sprendlingen]
- Gericht, sitzendes 82v
- Gerichtsantwort 165v; 170; 173v; 175v; 176; 177; 177v; 184; 185v; 187; 188; 189v; 191; 192v; 194; 196; 196v; 197v; 205; 214v; 228; 228v; 234v; 235
- Gerichtsbescheid 224
- Gerichtsbrief [Gerichtsurkunde] 11v; 12; 13; 15v; 22; 22v; 28; 39v; 46v; 56v; 59v; 60; 63; 66v; 75v; 97; 100; 102; 111; 120v; 131v; 144v; 149; 150v; 152; 153v; 157v; 169v; 170; 172; 176v; 181v; 185; 185v; 200; 215v [→ auch Brief]
- Gerichtsbuch → Buch
- Gerichtshaus 187
- Gerichtsheller 133
- Gerichtsknecht 230
- Gerichtskosten (Gerichtsschaden 3; 4v; 7; 11v; 15v; 35v; 40; 44v; 65v; 73; 78; 78v; 85; 93v; 131v; 132v; 134; 149; 160v; 178v; 180v; 183v; 207; 210v; 212v
- Gerichtslauf 217v
- *gerichts ordenunge* [Entscheidung des Gerichts] 41v; 145; 203v
- Gerichtsschreiber → Schreiber
- Gerichtssiegel 121v
- Gerichtstag 50; 131v; 175; 178v

Gernsheim (*Gyrnszheim, Gyrnszheim*) [Rhein, nö Worms] 6v
[→ Snider]
Gerstein → Gierstein
Gerßt, Elsgin (*Elßgin*) {von Ingelheim} 87v
gertgin → Garten
Gertener (*Gertenner; Gertener, Gertner, Gretener*)
- Albrecht 49v; 51; 52; 52v; 75; 84; 144v; 147v; 161; 162
- Clesgin (*Cleßgin*), der Bäcker 51
- Clesgin (*Cleszgin*) 51; 223
- Diele [†] 149
- Grede 33, 70; 70v; 144; 147v; 167
- der junge Gertener 7
Geschwister [Verwandtschaftsbeziehung] 36v; 117; 165v; 207
geschyrre [Verladegeschirr] 81v
Geselle [Freund, Kumpel] 28; 32; 51; 90; 90v; 97; 156v; 194; 198; 208; 208v; 228; 239v [→ Schöffengeselle]
Gesellschaft (*geselschaft*) [Handelsbeziehung] 27; 30v; 87
Gesellschaft [Gemeinschaft] 32
gesips (*gesipss*) [Verwandtschaft] 164
gewonheit (*ut moris est*) [Gewohnheitsrecht, Rechtsbegriff] 29v; 44v; 85v; 142; 146v; 148v; 156v; 167; 167v; 176v; 177v; 178; 180; 184; 184v; 185v; 187; 188; 190v; 194v; 195; 199; 199v; 200v; 202; 205; 211.212; 214-215; 219v; 220; 224v; 225v; 228v; 229; 230v; 235; 236; 236v; 239V
gewonlich und lentlich [gewöhnlich und landesüblich, Rechtsbegriff] 17
Geyckler → Appenheim
Geylnhusen → Gelnhausen
Geyspißheim (*Geispißheim*) [ein Mann] 238v
gezencke [Streit] 58
gezyrcke → Bezirk
Gick (*Gicke, Gyck*), Henne 26v; 39; 101; 101v; 163; 185v; 187; 219v; 232v; 239
Gickysen (*Gyckysen*)
- Cles (*Clese*) [†] 30v
- Henne 5v; 11v; 14; 26v; 27; 29; 29v; 33; 40v;

41; 42v; 43v; 44v; 47v; 48; 54v; 57; 105
- Hengin 236; 237v
Gierstein (*Girsteyn, Gyrstein, Giersteyn, Gerßsteyn, Gersstein, Gerstein, Gersteyn*) [Rheinisches Adelsgeschlecht], Philipp von 44v; 45; 46; 46v; 47; 55; 83; 84v; 85; 86; 88v; 136v; 137v; 138; 171; 171v; 175v; 180
gifft (*gifften, vergifften, offgifften, offgeben*) [Geschenk, Übergabe, Gabe] 5v; 6; 13; 13v; 18; 20v; 21v; 27v; 61v; 66v; 87; 102v; 117; 121v; 145v; 146; 149v; 160; 163; 169; 173v; 175v; 177v; 178; *183v*; 185; 187; 187v; 189v; 195; 197v; *197v*; 200; 213; 226v; 213
gifftbuch [Grundbuch] 27v
Gijt, Heinrich (*Henrice*) 177
Gippelhorn (*Gyppelhorn, Gospelhorne*)
- Jeckel 44v; 45
- (Jeckel), der Junge 163v; 229; 230v
- Gippelhorn 167; 181; 181v; 188; 195; 196; 199v; 200v [Ehefrau → Elsgin]
Glocke 166v
Glockener (*Glockenner*)
- Peter 192v; 197; 212v
- der Glöckner 207v; 234
Gobel Garten → Flurnamen
Gocze → Gotze
Goest, Henne 5v; 47v
Gold (*gold, golt*) [Edelmetall] 17; 22v; 48; 72v; 122; 153v; 155v; 156v; 167; 185v; 188; 188v; 196; 205v; 206; 209v; 214v; 222; 233
Gontrum (*Gontrům, Gunthrům, Gunthrum*)
- Henne 65; 179
- Henne {von Ingelheim} 67v
- Gunthrum 217
gortel → Gürtel
Gospelhorne → Gippelhorn
Gotfart → Stockheim
Gott 21; 90v; 164; 165v; 166
Gottesheller [Geldabgabe bei Vertragsabschluss] 156v; 198
Gottespfennig (*Gotsphennig, Vergotsgelt*) [Geldabgabe bei Vertragsabschluss] 25v; 76; 230

Gotze (*Gocze; Gottze*)
- Henchin (*Henichin*) 171v; 189; 190; 190v
- Henne (*Hen*) 165
- Pedergin 10v
Gra (*Grae, Grå*)
- Cleß [Bruder des Henne] 235v
- Clesgin (*Cleßgin*) 223v
- Henne [Bruder des Cleß] 235v
- Philipp 194v
- Gra (*Graen*) 222
graben [Tätigkeit im Weinberg] 17v; 171v
grabe [Begräbnisstätte] 197v [→ *grahe duch*]
Grahe, Cles (*Clese*) [= Clas Grebe ?] 138v; 141v; 142v
grahe duch [Grabtuch] 25v; 38v; 49v; 227v
Grebe, Clas {von Bingen} [= Cles Grahe ?] 139v
Grede
- [Ehefrau des Cles von → Lorch] 2
- [Ehefrau des → Frolich] 175v
- [Witwe des Clesgin → Bender] 3
- [Witwe des Jeckel → Schoßport] 13v; 16; 70; 133; 141
Gredgin [Witwe des Diele Snyder] 17
Gretener → Gertener
Greybe [ein Herr] 101v [→ Grebe]
Grieße, Henne vom 57 [→ auch Kandeln von Grieße]
Grießmühle → Mühlen
Grop (*Groppen, Grŏppen*), (Peter) 180v; 221v; 222; 232v; 237v
Groß (*Groiß*)
- Jeckel (*Jekel*) [Vater des Karl] 102; 126[†]; 164v; 167
- Karl [Sohn des Jeckel] 102; 126; 164v; 167; 188v[?]
Groß-Winternheim → Winternheim
Grundbuch → *gifftbuch*
Grundgülte [Bodenabgabe] 221v
Grundherr [Inhaber eines Landes und der darauf haftenden Rechte] 66v
Grunwalt, Steffanus {von Deidesheim}, Schreiber 2
Gülte (*gult, gulde*) [landesherrliche Abgabe in Form von Naturalien oder eines Geldzinses] 4v; 8;

10v; 11; 11v; 12; 13; 17; 20v; 22v; 28; 30v; 31; 33v; 34; 35; 35v; 37; 38; 39; 39v; 46v; 48; 48v; 50v; 51v; 52; 52v; 55; 56; 56v; 57; 58v; 59v; 60; 61; 62; 62v; 63; 64; 65; 69; 69v; 70v; 71; 72; 72v; 75; 76; 77v; 78; 79; 83; 85v; 87; 96; 96v; 102; 105; 106; 110v; 113v; 114; 114v; 116; 118v; 121v; 122; 124v; 128; 128v; 131; 132v; 135; 136; 144v; 149; 151v; 152; 153v; 154; 155; 158; 158v; 160v; 161; 167; 170; 170v; 172; 173**; 176; 176v; 179; 181; 181v; 182; 183v; 184v; 185; 185v; 188v; 189v; 193; 195v; 197v; 199v; 200; 200v; 202; 202v; 203; 206v; 209; 210; 210v; 211; 216v; 217v; 218; 218v; 220v; 221; 221v; 222v; 226v; 227; 228v; 230v; 232; 236v; 238

Gürtel (*gortel*) [Kleidungsstück] 153

Gugelheim → Jügesheim

Gugenheim (*Gu̇genheim, Gu̇genheim*) [Wüstung? bei Hüffelsheim und Traisen sw Kreuznach] → Hase, Clesgin

Gugeßheim → Jügesheim

Gulden → Vorbemerkung

Guldenring (*Gulden Ring, Guldenryncks, Guldenryngs, Guldenrinck*), Adam, Vikar zu Worms 104v; 106; 108; 109; 109v; 110

Gunthrum → Gontrum

gudt (*gudt geselle*) [Bürge] 172v; 175; 177; 179; 184; 188; 188v; 189v; 191; 192v; 194; 196v; 197; 198; 199; 205; 208v; 216

Gut (*gude, gutter*) [Güter] 4v; 5v; 11; 11v; 13; 14; 14v; 15; 22v; 24v; 29; 29v; 30v; 31; 36-37; 38; 39; 39v; 41v; 46v; 47v; 48; 48v; 50; 51; 52v; 54v; 56; 56v; 59v; 60; 62v; 64; 70v-72; 75-76; 78v; 83; 85v; 90v; 93; 97; 99v; 102; 108v; 109; 109v; 113v; 116-117v; 118; 119v; 120-121v; 123v; 125; 126v; 127; 128v; 130v; 132; 132v; 134v; 135v; 138; 141; 143v; 145v; 149v; 152; 154v; 156v; 157v; 158v; 160; 161v; 166v; 170; 171; 173v; 175; 176; 176v; 178v; 180; 181v; 183v; 186; 187-188v; 190; 193; 193v; 195v; 197; 197v; 200v; 202; 202v; 203v; 205; 206; 206v; 208v; 209; 212; 215v; 223; 227; 228 [siehe auch *lip vor gut*]

Gutgesell (*Gudt Geselle, Gut Geselle, Gudtgeselle*)
- Lentz 195
- Peter (*Peder*) 60v; 97v; 170v
- Henne (*Hengin*) 7; 7v; 36*; 38; 58v; 59v; 78v; 97v; 233v; 236v; 237v; 240

Gyck → Gick

Gyckysen → Gickysen

Gyppelhorn → Gippelhorn

Gyrnszheim → Gernsheim

Gysen, Contzgin (*Conczgin*) {von Steinbach} 52

Gysenheim → Lowe

H

haecken (*haiken*) *bagschen* (*bogschen*) [Handbüchse] 18v; 19

Hafer [Getreide] 197v

Halbfasten [Festtag: Letare] 10v; 11; 12; 13; 14v; 56; 57; 57v; 97v; 133v; 134; 205v; 206; 212v

Halgarten → Wust

Halgarter (*Hailgarter, Hailgartner*)
- Peter 188v
- Halgarter 190; 190v; 195v

Halle, Heinz (*Heincze*) von 65; 87

halse [Hals] 80

hals abe stechen [ermorden] 140v

Hammel [männliches Schaf] 4v

Hammergasse → Wege und Straßen

Hanbach, Niklas von 149v; 150; 150v; 161

Hane, Peter (*Peder*) {von Ingelheim} 33; 94v; 96; 96; 96v; 119; 122

Hand (*hand, handt*) 8; 10v; 13; 14; 20v; 21; 22v; 24v; 27v; 30; 41v; 42v; 47v; 48; 51; 53v; 56v; 57; 63v; 65v; 69; 70v; 73v; 92v; 93v; 110v; 119v; 123v; 126; 139; 146v; 147; 157v; 164; 167v; 168; 169v; 170v; 173v; 183v; 185; 185v; 186; 187; 188v; 189v; 189; 193v; 194v; 197v; 197*; 200; 206v; 209v; 213; 215; 219v; 221; 228v [→ auch Totehand-Recht]

Handbüchse → *hantbogschen*

Handgelöbnis (*hantgelobde, hanttruwe*)

H

[Handegelübde, Rechtsbegriff] 103v; 127; 142v; 176

Handschrift [eigenhändiges Schreiben] 109v

Handwerk (*hannttwergk, hantwergk*) 163v; 171v

Hanehusen [Hainhausen sö Offenbach/Main ? oder Ort bei Hane-Bolanden?] → Ketheler, Konrad

Hanman (*Hånman, Hannan*), Peter (*Peder*) 59; 60; 71; 74; 74v; 102; 103v; 123; 125v; 127; 127v; 130; 130v; 133v; 134; 144; 157v; 164v; 179v; 187v; 188; 192v; 196; 198; 209v; 220v

Hanman von → Rüdesheim

Hans (Hansen)
- *der hoffman* → Hoffmann
- *der fladenbecker* → Fladenbecker, Hans
- *der Hysse* → Hysse
- *der kessler* → Kessler
- *der korßner* siehe Korsner
- *der scheffe* → Wolff, Hans, Schöffe
- *der wegener* [Wagner] 27v; 29; 33; 69v; 71v; 82v; 146 [→ Wagner und → Wegener]

Hans
- Ritter [Amtmann → Kronberg]
- Hans (*Hans, Hansen*), Herr [Schöffe] [sein Rechtsbeistand war Henne von Eltville] 29v; 31v; 35; 47v; 54v; 123; 125; 129v [vgl. → Wolff Hans [Schöffe]]
- Hans, Herr 7v; 9; 14v; 33; 36; 49v; 51; 53v; 54v; 55v; 66; 75v; 89; 126 [→ Frolich [Knecht]]
- [Knecht des Fritz] 107v
- [Knecht des Jeckel Beder] 127
- [Knecht des Henne Scherer] 140; 140v
- [Stiefvater des Henchin Zimmermann] 174v

Hans von → Ingelheim

Hansen → Wust

hantbogschen [Handbüchse] 18v

Harewiler → Harwiler

Harnes
- Clas {von Winternheim} 98
- Henne {zu Östrich} 17

Harrwiler → Harwiler

Hartman
- Henne [Bruder des Peter] 208v; 235
- Peter [Bruder des Henn] 235

Hartmud (*Hartmůden*), Henne 150

Harwiler (*Harewiler, Harwyler, Harrwiler*) 233v [→ Contz von Harwiler]
- Clas 166v
- Cles (*Clese*) 16v; 17; 18; 26; 35; 50; 64v; 71; 74; 74v; 75; 77; 78; 87; 107v; 111; 123; 125; 125v; 126v; 127; 128; 128v; 130v; 133v; 134v; 135; 137; 151v; 182; 187; 187v; 188; 192v; 196; 218v; 220; 224
- Enders 26v; 42v; 43; 51v; 67; 124
- Peter (*Petter, Peder*) 88v; 163; 166v; 176; 177; 179; 180; 181; 181v; 188v; 200; 233

Hase
- Clesgin (*Cleßgin*) Hase {von Gugenheim} 17v
- Adam 79; 95; 95v; 96; 136v
- Heinz (*Heyntz*) 188v

Hase [Tier] 90; 90v; 91; 91v

Haubor (*Haůbor, Haubore, Haůbore, Hauber, Haůber*)
- Ebert 5v; 18; 23; 26; 48; 48v; 50; 51v; 56v; 58v; 60v; 64; 74; 77; 77v; 79v; 80; 98; 102v; 144; 156v
- Ebbart 187v; 195v; 214v
- Ebbartgin 197v; 200v
- Thomas 184v
- Henne Hauborn {von Ingelheim} 88

Hauptbrief 89 [→ auch Brief]

Hauptleute (*heuptlute*) [Mandant] 8v; 34; 34v; 35; 165; 165v

Hauptmann [Vertreter, Mandant] 3v; 4; 64; 81v; 82; 105v; 116v; 117; 117v; 118; 150

Hauptsacher (*heiptsecher*) [Hauptbeteiligter] 28

Hauptstamm (*heiptstamme*) [Hauptschuldiger] 33v; 34v; 35; 36v; 37

Haus (*husche, huschgin*) [Gebäude] 8; 19; 19v; 20v; 21v; 22; 23v; 25; 25v; 26; 27v; 28; 32; 33v; 35; 37v; 38; 42v; 48; 48v; 51; 51v; 52; 53v; 55v; 56; 57v; 58; 63; 65v; 66; 70v; 73v; 76; 77v; 79v; 80; 83v; 110; 115v; 121v; 126; 127; 138v; 139; 146; 153; 156; 165; 169; 170; 170v; 172; 174; 189; 193v

Hausen (*Husen*) [ehemaliges Kloster Ingelheimerhausen bei Ingelheim, heute Haxthäuserhof] 150; 162v; 189; 207; 223; 229; 238
Hausfrau → Frau
Hauswirt (*hußwert, hußwirt*) [Familienvorstand] 16v; 17v; 31; 33v; 40v; 42; 87; 99v; 115v; 160; 186; 188; 189v; 219v; 222v; 233
hauwe [Heu] 42; 55v; 165; 219v
hauwe [schlagen] 106v; 141v; 165v
hauwe [Schlaggerät, hier wohl schwere Hacke] 165; 165v
Heckßheim [= Hechtsheim ? s Mainz] → Kempf
Heidelberg [Neckar], Hofgericht des Pfalzgrafen 3v; 169v; 179v
Heide (*Heyden*)
- Cles (*Cleß*) 162v
- Clesgin (*Cleßgin, Cleszgin, Heydencleßgin*) 32v; 134v; 163; 217; 224; 233; 235v; 237v
Heidesheim (*Heiseßheim, Heysßhem, Heyseßheim, Heysesheim*) [w Mainz]
- Kruche von 85
[→ Bender; Bintz]
Heil, Clesgin (*Kleßgin, Cleßgin*) {von Niederrod} 166
heilen 17; 19; 19v; 21; 43v; 101v; 166; 168; 212v [→ Jacob, der Arzt]
heilig → Christtag, → Aller Heiligen; → Mainz, Heiligkreuz-Stift]
Heiligen geleiten, zu den [einen Reinigungseid leisten] 8v; 103v; 120; 140; 191; 201; 204
Heiligen, schwören, zu den 10v; 21; 28; 52; 52v; 64; 83; 92v; 98v; 102v; 118v; 164; 173**, 209; 232
Heiliges Reich → Reich, Heiliges
Heilig-Geist-Spital → Mainz, Heilig-Geist-Spital
Heiliggrab → Mainz, Heiliggrabkapelle (Johanniterkapelle)
Heiligkreuz → Mainz, Heiligkreuz-Stift
Heiligkreuztag → Kreuztag
Heimbürge [Amtsträger] 4v; 11v; 14v; 26v; 28v; 38v; 39; 45; 48; 50; 53; 61; 63v; 64; 67; 83v; 88v; 90; 90v; 94v; 99; 112; 138v; 141v; 143; 144; 148; 157v; 161v; 164; 165; 188; 198 [→ Adam; → Fritz; → Mathis; → Peffer; → Rule]
Heinrich (*Heynrich, Henrich*)
- *der offstoßer* 76 [→ *offstoßer*]
- der Schmied → Schmied
- der Seidensticker, Meister 201; 202
- Herr [†] 4v
- Junker Heinrich 4v [→ Wolff]
- Knecht des Schonwedder 140v
- Sohn des Schreibers Peter → Schriber, Heinrich
Heinz (*Heincze*), *der kobeler* → Kobeler
Heiseßheim → Heidesheim
Helffrich (*Hëlffrich*), Henne {von Ingelheim} 97; 100; 179; 216v
Heller [Währungseinheit] 4; 5; 7; 9; 10; 11v; 13v; 14; 18v; 19; 22v; 26v; 29v; 33; 35; 42; 44; 48v; 50; 52; 52v; 56v; 62v; 64v; 67; 72; 72v; 78; 78v; 80; 81; 87; 88; 91; 95; 96; 98v; 105; 105v; 113v; 115; 119v; 124; 124v; 128; 133; 134v; 135; 139; 142; 146; 148v; 152; 152v; 153v-155; 156v; 161; 168; 168v; 173v; 180v; 182; 182v; 187; 188; 193; 194v-196; 197v; 199; 202v; 206v; 208; 209v; 215; 215v; 221; 224; 228v; 233v
Heltwin → Hiltwin
Heltz (*Heltzen*) → Hiltz
Hemd [Kleidunggsstück] 101; 104; 174v
Henchin, der Hofman → Hengin, der Hofmann
Henges, Jeckel 3
Hengin 73
- Hengin [Hofmann der Domherren] 20; 27v; 29; 31v; 33; 35v; 38; 56v; 59; 61; 62; 62v; 63; 123; 125; 135; 144v [vgl. Hofmann]
- Henchin [Hofmann der Domherren] 174; 187v
- [der Müller in der Emerichs Mühle] 234
- [Müller in der Mühle der Frau von Venningen] 98; 146v [→ Moller, Hengin]
- [Knecht des Back] 235; 240
Henne 126v; 197v
- *der lame* 44v; 69v; 73

- [Schultheiß von Nieder-Hilbersheim] 201 [?]; 202; 219v; 226v; 229; 229v
- [Stiefsohn des → Cles Wiß]

Henne Thomas → Thomas, Henne
Hepchin [Ehemann der Keth] 170v, 182v
hepe [Winzermesser] 164v
Hepp (*Hepe, Heppe*)
- Clas [†] 56
- Henne (*Hen, Hepenhenne, Heppenhenne*) 5; 9; 11v; 12; 13v; 16v; 18v; 19v; 22; 47; 49; 51; 51v; 56; 60v; 61v; 62; 62v; 66v; 68; 69; 76; 88v; *94*; 94v; 107v; 111; 119; 162v; 163; 190v; 196; 199; 199v; 201; 203v; 206v; 207v; 208v; 224

Heppenheimer (*Heppenheymer*) 18v
herberge [Gasthaus] 15
Herbst (*herbt*) [Weinlese, Jahreszeit] 6; 15; 61; 70; 80; 107; 146v; 156; 192v; 196v
heren noide [Herrennot] → *vernoithbott*
Heringen, Henne {von Östrich} 152v
Hering (*Heringk, Heryng*) 42v; 80v; 167; 187
herkommen [Gewohnheit, Brauch] 91; 197v
Herman (*jn der Orenbrucken*) → Bender
Herpel, Henne 167; 169
herren gulte [Einkünfte in Meisenheim] 79
Herrschaft (*gnediger her*) [Stadtherr] 3v; 12; 70v; 89v-92v; 126; 164; 165
[→ Pfalzgrafen]
Hersfeld (*Herßfelden*) [Bad Hersfeld a.d. Fulda], Abt und Dekan des Stifts 48v; 49v
Hert → Hirt
Hertel (*Herttel*)
- Cles (*Clese*) 145; 147v; 156v; 190; 193; 222; 225; 236v; 237
- Henne 166v; 176v

Hertwin
- Henne {von Winternheim} [Baumeister in Winternheim] 166v
- Jeckel (*Jekel*) 198
- Peter (*Peder*) (†) 105

Herynge → Hering
Hesse, Hans (*Hanß*) 177v; 209v; 232
Hesselweg → Wege und Straßen
Heßlich (*Heszlich*), Henne 23; 48
Heu → *hauwe*
heuptgelt (heiptgeld) [Eigentliche Klagesumme] 6v; 12; 15v; 16v; 18v; 22; 23v; 31v; 35v; 39v; 42; 44; 44v; 49; 53; 54; 55v; 60; 74; 77; 81; 82; 84; 103; 104; 104v; 105; 105v; 110v; 116; 118v; 119v; 120; 122v; 123; 125v; 128v; 132; 132v; 135v; 137; 141v; 142v; 143v; 152v; 160; 170; 171; 172v; 175v; 182v; 184; 188; 191; 198v; 210v; 202; 205; 205v; 211
Heyden → Heiden
Heysesheim → Heidesheim
Hilbersheim → Nieder-Hilbersheim
Hiltwin (*Heltwin*)
- Hiltwin 166; 171v; 173; 179; 193; 207; 216v; 220; 221; 233v
- Jeckel (*Jekel*) 118v; 133; 211v; 214v
- Peter (*Peder*) [Bruder der → Fihen] 17v; 25v; 39; 46v; 47; 48; 49v; 51; 52; 56v; 75v; 77; 87; 97v; 106v; 111v; 113v; 127v; 150; 161v; 162v; 183; 193v; 199

Hiltz (*Hilcz, Hiltz, Heltz, Hylcz, Hyltz, Hyeltz; Hyltzgen*)
- Hengin 81; 97; 153v
- Henchin 166v; 190v; 197v; 200; 209
- Henne 5; 7v; 75; 86; 94
- Kett (*Keth, Ketten, Ketthen, Hilczenkett, Hylczenketten*) 29v; 38v; 42; 43; 44; 44v; 48; 50; 51v; 59; 71v; 73v; 79v; 81; 85v; 87v; 101v; 102v; 133v; 134v; 135v; 136v; 137; 153v; 155v; 159v; 161; 163; 164v; 166; 169; 171; 174; 175; 177v; 180; 181; 190v; 192v; 194v; 212; 216; 216v; 217; 217v; 218; 219v; 238v; 240

hinlich (hynlich) [Geheime Absprache. z.B. im Haus eines Beteiligten, wohl unter Zeugen, doch nicht wie beim → Weinkauf in der Öffentlichkeit] 52; 55; 96v; 134; 167v; 174v; 175; 206v; 226
hinlich (hinlichslude) [Zeuge(n) beim → »hinlich«-Verfahren] 55; 59; 110v; 167v, 226
Hirgern, Hans von [Knecht des Fricze Scherer] 107;

107v
Hirt (*Hiertt, Hert, Hertt, Hyrt, Hyrtt*) [Niederadelsfamilie]
- Herr Hyrte [†] 38
- Philipp (*Philipß*) [Schöffe] 26; 29; 31v; 34; 36; 38; 55v; 71v; 119; 120; 211; 218; 223v; 233v; 236; 237v
Hirt 166v; 172
- Henne (*Hyrtenhenne, Hirtenhenne*) 16; 38; 52v; 53; 55v

Hirte, der 224
Hirtrich, Henchin {von Winternheim}, ein Knabe 198
Hirzpeffer, Kett 226v
Hochheymer (*Hocheymer*)
- Cles (*Clese*) 107
- Contz (*Concze*) 128
hochwylt (*hohe wilt*) [Hochwild] 89v; 91v [→ *wylt*]
Hode (*Hoyde*), Wilhelm (*Wilheim, Wilheym*) [Vikar zu St. Stephan in Mainz] 74; 74v; 75; 78v; 152; 154, 154v; 157v; 158; 158v; 168v; 169v; 170; 170v; 173**; 174 182v
Hoenreyne, am → Flurnamen
Hoestadt (*Hoestat, Hoenstat, Hoistait, Hoenstait, Hohenstat*)
- Clas (*Claiß*) von 124; 126v; 127; 128v; 131v; 132v; 133v; 142v; 195v; 197; 223
- Henne von 3; 7v; 9; 56; 62; 78v; 123; 150; 159; 169v; 175v; 176; 194v; 229
- Odilge (*Otylge*) Henne von [Ehefrau des Henne] 56; 62
Hof (*hoeff*) [Hofstatt] 26; 28v; 51v; 70; 75v; 79v; 89; 110; 114; 147; 176v; 205v; 218v
Hoffmann
- Hans 58v; 60v; 63v; 72; 84v; 124v
- Hans, der Hofmann [Hofmann der Stockheimer] 4; 68v; 73; 74; 76; 85v; 88v; 95v; 168[?]; 169; 172; 172v [?];198v [?]
Hofgericht → Heidelberg
Hofmann → Claß; → Hans; → Hengin; → Hoffmann; → Mainz, Domherren; → Philip.
Hofreite [Hofstelle] 51v; 70; 170; 170v
Hofstatt [Hofstätte, Gehöft] 28v; 96

Hohe, die → Flurnamen
Hollern (*Hollener*) → Flurnamen
Holtz (*Holcz, Holtz*)
- Henne (*Holczenhenne, Holczen Henne*) 12v; 13; 17v[†]; 110[†]; 110v[†]
- Peter (*Peder*) 16v; 43v; 44v; 102; 103v; 190
Holz (*holcze*) [Naturstoff] 19; 55v; 58v; 143v
Holzhausen
Holzhusen (*Holczhusen, Holtzhusen, Hultzhusen*)
- Holzhusen, der 216v; 218
- Hermann 159; 162
- Hermann von 65v; 78; 80; 81v; 87; 101v; 106v; 118v; 207v; 235v
- Wilhelm 161; 162; 229
Holzhuser (*Holczhuser, Holtzhuser, Heltzhuser*)
- Herman 39; 233
- Wilhelm 6v; 16; 25; 198v; 208v; 209v; 216v; 217v; 218; 229v
- Holtzhuser, der 217
Honde Garten (*Honnegarten*) → Flurnamen
Horeyn, am → Flurnamen
Hose, Rodwin (*Rudwin*) {zu Winternheim} 20; 56v; 59; 61; 62v; 63; 133; 142; 144v; 146; 155v; 156; 159v
Hose [Kleidungsstück] 174v
Hoyde → Hode
Huben (*Hubenn*), Nikolaus (*Nicolaus*) 215v
Hüd → Hut
huerge zinß [wohl von »hur«, Miete, Mietzins] 96
hůdel [Lumpen] 153
Hulle (*Hůlle*), Heinrich (*Heynrich*) [Altarist zu Schwabenheim] 83; 84v; 85; 86v
Humbrecht (*Hůmbrecht*), Johann [Vikar im St. Andreasstift zu Worms] 105v; 106v; 108v; 109
Hunen (*Hůnen*), *off den* → Flurnamen
hus → Haus
Huse, Peter {von Partenheim}, Herr 59v
Husen → Hausen
husfrau (*husfrauwe*) → Frau
Hut (*Hüd*), Werner (*Wernher*) 51v; 56
Hyeltz → Hiltz

Hyller, Leonhart {von Ammerbach} 193
Hyrt (*Hyrtt*) → Hirt
Hysse, der (Hans) 3; 5v; 7; 7v; 9v; 48; 49v; 50; 51v; 53

I und J

Jacobi [Heiligentag: 25. Juli] 36; 57v; 73; 73v; 74v; 75; 109v; 113; 143v; 151; 215v
Jägerei (*jegerij*) 91; 91v [→ Hase; → *wylt*]
Jahrstag [Festtag: 1. Januar] 10
Jakob (*Jacop, Jacoben*)
- {von Bingen}, Herr [Zinzmeister der Augustiner zu Mainz] 4; 5v; 7v; 66v; 68; 68v; 71v; 182; 184; 214; 216; 216v; 218; 222; 222v
- der Arzt (*artzt, arcze, Jacob Artzt*), Meister 160; 163 [?]; 164v[?]; 166; 168; 170v; 172
- der Leiendecker → Leiendecker
- [ein Konversbruder in Mergental] 119
- *der reydmeister zum Sande,* Herr 162; 184v

Jamer, Henne (*Jamerhenne*) 7; 26v; 27; 29; 29v; 162
jare (*jar*) [Zeitspanne] 6; 8; 12; 14; 14v; 17v; 19; 21; 22v-23v; 25; 25v; 28v; 29v-30v; 31; 33v; 35; 36v; 37; 38; 40; 46v; 47v; 49; 51v-52v; 55v; 56; 57v; 58v; 161v; 62v; 63; 64v; 70v; 71; 72; 76v-77v; 79; 83v; 84; 87; 88; 91; 93v; 94v; 96v; 97v; 100v; 101; 103v; 110v; 113v; 114v; 118v; 124; 124v; 130; 131; 133v; 134v; 135; 139; 140v; 145v; 149; 153v; 158; 158v; 163; 163v; 166v; 169v; 171v; 172v; 174; 174v; 179v; 181; 181v; 183; 183v; 185; 185v; 188; 189 189v; 193; 197v; 197*; 198; 206v; 208-209; 211; 213; 217v; 218; 219v; 220; 221; 223v; 226v; 227; 233; 234; 237; 240*
Jeckel, Schwiegersohn (*eidam*) des Wilhelm Drubein 223
Jegelßbach [= Egelsbach s Langen/Hessen s Frankfurt/Main], Peter von 218
jheren (*gheren*) [Rockschoß, Verfahren: Ein Schuldner wird über Nacht inhaftiert, die Pfändung erfolgt am Morgen] 4v; 11v; 14v; 45; 50; 53; 67; 83v; 99; 112; 141v; 143; 148; 161v
Jngeldail → Engelthal
Ingelheim (*Jngelheim, Jngelnheim, Jngelheym*) [Stadt]
- Rat der Stadt 49v; 65v; 94v; 105; 108v; 113
- Stadt (*gemeinde, gemeynde*) 20v; 42v; 49; 89v; 91; 92; 105; 106; 108v; 109; 113; 113v; 115; *130*; 148v; 157v; 167v; 170v; 175; 178v; 194v; 204; 205 [→ Stadtmauer]
- Schützen der Stadt 50v

Ingelheim [Herkunftsname]
- Claseman von Ingelheim 63v
- Emmel in der Uffhub (*Off Hoben*) [Schöffe] 23v; 48v; 70; 73v; 88
- Emmel von Ingelheim 70; 79; 100v; 102; 103; 103v; 111; 139v; 168v; 169v; 170; 170v; 182v; 187; 216; 217; 217v; 218v; 220; 221
- Johannes Ingelheim, Augustinerbruder in Mainz 175v
- Lorenz von Ingelheim [Nieder-Ingelheim] 198; 198v; 200v; 201; 201v; 202v; 203v; 204

Ingelheim [Niederadelsfamilie]
- Emrich von Ockenheim gen. von Ingelheim 124 [†]
- Hans von Ingelheim [Schöffe] 5v; 15 [→ Wolff, Hans, Schöffe]
- Hans (*Hansen*) {von Ingelheim} [†], [Ehemann der Lyse von → Sponheim] 146v; 161; 182; 184; 184v; 185; 185v; 200; 201v; 216; 216v; 218
- Philipp von Ingelheim 185
- Wilhelm von Ockenheim gen. von Ingelheim [Ehemann der Margret Winterbecher [†], Bruder der Yrmel von Fenningen] 104; 105; 116; 116v; 117; 117v; 124; 138v; 139; 152; 189v

Jngelnheymer felde → Flurnamen
Ingelheimerhausen → Hausen
jnheyms [einheimisch, im Lande] 82v; 200v

jnlege [Einschränkung] 121v; 122; 145v; 148
inrede [Gegenrede, Aussage, Stellungnahme]
    inrede (*jnredde, ynredde*) 67; 69v; 75; 78v;
        98v; 101; 161v; 165v; 167; 173v; 179;
        184; 196; 197; 198v; 207; 211v; 219; 222;
        225v; 238
    insage (*jnsage, ynsage*) 4; 8v; 11; 12v; 24; 28;
        50v; 34; 40v; 41v; 53; 55; 58v; 60; 65; 70;
        71; 76; 77; 78v; 79; 82; 92; 99v; 110v;
        122; 123v; 124; 125; 133; 134; 136v;
        140v; 142; 146v; 147v; 154v; 159v; 165v;
        168v; 205v
instrument [Urkunde] 203v [→ Brief]
Invocavit [Heiligentag] 14v; 16; 59; 100; 134;
    171v; 172v; 173v; 210; 210v
Johann
    - *der pollerer* (*bollerer*) → Pollerer
    - der Scherer, Meister 167v [mit Tochter →
        Else]
    - [ein Herr] 55v; 215v
    - Frühmesser → Winternheim
    - [Marktmeister von Mainz] 203
Johannes
    - [ein Herr] 159
    - [in der Alten Gasse zu Ingelheim] 229
    - [Schaffner des Arm-Klarenklosters zu Mainz]
        235; 236
Johanstag [Heiligentag] 24; 28; 29; 53v; 60v; 67v;
    74v; 111v
Johengin → Winternheim
Jost, der Schmied (*smede, smett*) 9; 11v; 13v; 14v;
    15v; 17v; 25v; 46v; 47; 48v; 49v; 51; 63v;
    65v; 67; 67v; 69; 133
Jostes, Sankt → Mainz, St. Johan
Isenach (*Jsenach, Ysennach*) [w Bad Dürckheim],
    Hans (*Hannß, Hensel*) von 16; 22; 27v; 31v;
    32; 32v; 55; 57v; 58; 62; 63; 63v; 80v; 181v;
    183
Jubilate [Festtag] 24v; 66; 66v; 105v; 106; 137v;
    142; 180v; 181; 213v; 219
Juden [Glaubensgemeinschaft], die 96v
Judengasse → Wege und Straßen
Judica [Festtag] 19v; 62v; 103; 137v; 180; 213

Jügesheim (*Gůgeßheim, Gůgeßheim*) [Rodgau, sö
    Frankfurt/Main], Peter (Peder) von 33; 47v;
    73; 143; 166v; 178; 180
Jugenheim [?] → Gugenheim
Jungen, Hans zum [Niederadelsfamilie] [Schöffe] 5v
Jungfrau [→ Fiel; → Mainz; → Frau]
Jung, Henne (*Henn*) 222v
Junker (*juncker, junckher, joncker*) [(adliger)
    Jungherr] 3; 4-5; 6; 10v; 11; 34v; 35v; 38; 47v;
    49v; 58v; 66; 66v; 68; 68v; 73; 75; 76; 76v;
    78v; 79; 82; 89v; 95; 96; 96v; 99; 110v; 112;
    113; 114v; 116; 116v; 117; 117v; 124v; 126;
    130; 131; 134v; 139v; 142v; 144v; 172v; 179;
    181; 185; 189v; 204; 217; 218; 220; 240*

K

Kacher → Kocher
Käse (*kese*) [Lebensmittel] 166
kaffe [Entscheidung] 116v; 117
Kaiser → König
keyser recht → Ingelheimer Gericht 3v
Kalb → Kuh
Kamppff, Hansen 167v
kandel [Dachablauf] 77v
Kandeln von Grieße, Hans (*Hanss*) 25v; 26
Kannengießer, Clas [Ehemann der Fihen] 52
Kapitel → Mainz, Domstift
Kappaun [kastrierter Hahn] → *cappen*
Karben → Snider, Hans
Karlen (*Karlin*) 188v; 198; → auch Groß
Karolin
    - Cles (*Clese*) [Bruder des Jekel] 163v
    - Jeckel (*Jekel*), [Bruder des Cles] 163v
Karolin [Münze] 216
Karper → Korper
Karren (*karch, karn*) 51v; 67; 174; 182; 194; 218v;
    219v
Karst, Peter 214v; 215; 226v; 227v
Katharinenaltar (*Kathrynen*) [in der St. Wigert-/
    Burg-Kirche ?] 100v; 124

Katharinentag [Heiligentag: 25 November] 8; 49v; 92v; 126v; 163
Katherin, die Bädermagd 153
Katzenelnbogen → Knebel
Kaub → Cube
kauffmans gut [ordnungsgemäße Handelsware] 133v
Kelen, in der → Flurnamen
Keller (*kyller*) [Raum] 27; 33; 33v; 70
Keller (*kelner*) [Amt] 65v [→ Rulgin]
Kelter [Weinpresse] 89; 101v
Kemp, Henne 163
Kempff, Henne {von → Heckßheim} 164v; 192v
kerbe [Kerbzettel oder Kerbholz] 40; 41; 157; 172; 219; 219v [→ Zettel]
Kercher
- Henchin 200v
- Hengin 55v
- Wipprecht Kercher {von Ingelheim} 27v; 194v
Kerper, Peter 237v
Kessler (*Keßler, Keßlerer, Keszler, Kyßler*)
- der kesseler (*keßler kyßler*) 7v; 11v; 170v [→ auch Mainz, Personen]
- *die kesselerin* 218v
- Hans 45; 47; 123v
- Hans, der Kessler 4; 5v; 9v; 40v; 44v; 46v; 99v; 100; 100v; 111v; 115v; 124v
Kessler [Handwerk] 7v; 170v
[→ Hans; → Kessler; → Mainz]
Keth [Ehefrau des Hepchin] 171v
Ketheler, Konrad (*Conrat, Conrait*) {von Hanehusen} 163v; 166; 172v; 173; 178v
Kette [Witwe des Clesgin → Mayse] 160
Kettenbuer, Johann {von Winternheim} 111v; 113v
Ketter, Pedergin (*Petgin*) 13; 222
kiddel [Kittel] 174v
Kiliani [Heiligentag: 8. Juli] 35v; 74v
Kind [junger Mensch] 7v; 30v; 31; 41v; 99v; 116; 116v; 165v; 174v; 209; 222v; 224; 225; 225v; 226v; 228; 228v; 229; 232
Kirchberg (*Kyrchberg*) [sw Simmern/ Hunsrück ?]
[→ Konrad]
Kirche (*ecclesia*) 5; 5v; 7; 7; 7v; 8; 9v; 11; 19; 20; 21; 24v; 25v; 26; 28v; 29v; 47; 47v; 48v; 49; 50v; 51; 51v; 54v; 56; 59; 60v; 62; 62v; 65; 72; 72v; 76v; 77; 79;88; 100v; 110v; 111; 111v; 115; 116; 119v; 120v; 121v; 123; 123v; 126; 149; 151v; 152; 152v; 153; 153v; 154; 156; 163; 169; 174; 175v; 179; 181; 187; 189; 192v; 193; 195; 199v; 200v; 201v; 202v; 205v; 217; 221v; 223; 226v; 229; 230v; 231; 231v; 232v; 234; 236; 237; 239 [→ auch Pfarrkirche]
Kirchenbuch 228v; 229v; 231
Kirchengeschworene 72v; 221v; 235v; *235v*
Kirchenmeister 110v; 134v; 156; 175v; 200v; 202; 218; 221v; 226; 232v; 236; 237 [→ Becker, Henne; → Dromersheim, Wilhelm; → Fiel; → Fluck; → Monster; → Stern; → Weinheim, Clesgin]
Kirschgarten (*kyrßgarten*) 47v; 73v [→ auch Garten]
Kissel (*Kyssel*) {von Oppenheim}, Clas 6v; 48; 48v; 49v; 51; 53v; 54v
kistener (kystener) → Vincz
Kitsch → Kitz
Kitz (*Kycz, Kycze, Kytz, Kÿtz, Kytsch*)
- Anne (*Anna, Ann, Kitzannen*) [Mutter des Ebert], 4v; 7; 8; 10v; 12v; 13; 13v; 14; 14v; 16; 16v; 18v; 19; 19v; 20; 20v; 47; 49; 50v; 53v; 54v; 67v; 73; 79v; 80; 81; 81v; 97; 98; 100; 105; 105v; 115v; 119v; 122v; 125v; 127v; 128v; 129v; 130; 131; 131v; 132v; 134; 136; 138v; 142v; 148; 152v; 159; 160; 162v; 163; 163v; 164v; 180; 189v; 190v; 193; 205v; 216v; 217; 233v; 235v; 236v; 239
- Ebert [Sohn der Anne] 12v; 14; 16v; 17; 18; 25v; 35; 41; 43v; 45; 46; 46v; 48; 48v; 49v; 50v; 51v; 56; 60v; 62; 64; 64v; 66v; 67v; 68; 68v; 71v; 73; 78; 78v; 79v; 87v; 97; 105; 106v; 111; 113v; 123; 129; 134; 136; 136v; 137v; 138; 138v; 141; 142; 142v; 145; 147v; 148; 151; 155; 160; 162
- Eberhard (*Ebbart*) 165; 167v; 168v; 169; 169v; 170v; 178; 179v; 181v; 185v; 187;

187v; 192v; 193v; 195v; 196; 198; 200;
200v; 203v; 207v; 208; 209v; 210; 210v;
211v; 216; 216v; 220; 221; 225; 227; 229;
232v; 233; 235v; 236; 237v; 238; 238v
- Grede 196; 199v; 202; 202v
- Hans (*Hanß, Kiczhans; Kyczhans,
Kytschansen*) 4; 6; 19; 20; 21; 24v; 27;
29v; 45v; 56; 101v; 159v; 165; 181v; 195;
196; 209v; 214v; 235v
- Hen 232v
- Hengin 5
- Henne (*Kyczhenne*) (*jn d(er) Offhoben*) 5; 7v;
8; 9v; 11; 40v; 78v; 80v; 102v; 123v; 195
- Kitzgin (*Kiczgin, Kytzgin*); 4v; 7v; 8; 9v; 11;
14v; 16; 16v; 19; 22; 24v; 26; 26v; 28v;
48v; 50v; 60v; 62; 79v; 87; 87v; 88v; 99;
105v; 111; 111v; 112; 113v; 115; 123;
125v; 126; 128; 128v; 129; 129v; 130;
132v; 142; 155v; 159; 161v; 162v; 163;
163v; 176; 184; 190; 190v; 192v; 193;
193v; 195; 195v; 197; 197v; 199; 199v;
204; 205v; 206; 207v; 208v; 209; 217;
217v; 226v; 229v; 230; 231; 233v; 236;
237v

Klaeren, sant siehe Mainz, Arm-Klarenkloster
Klee (*Klees, Kleen, Clehe*) 143v
- Hans (von) [Vater des Jeckel] 15; 15v; 16v;
17v; 18v; 19; 23; 24; 30v; 34v; 89; 98;
132; 137v; 144; 146; 146v; 155[†]; 157[†];
157v[†]; 159v[†]
- Jeckel [Sohn des Hans] 15v; 18v; 132v; 159v;
177
- Karl 79; 159; 161v; 180v; 181; 198;
- Clehes Kinder 209
Kleider [Frauenmode] 9; 11v; 13v; 14v; 15v
Kleidertuch 9
Klein → Clein
Klein-Odenbach [= Odenbach/Adenbach sw
Meisenheim/Glan] → Acker, Henne
Klein-Winternheim → Winternheim
Klöppel [Glockenteil] 166v
Kloppel [Bruder der Else, der Witwe des Henne
Philip] 17v

Kloster → Engelthal; → Fiel; → Mainz
Knabe, Henne {*von Lutern*} [= Kaiserslautern?] 207
Knabe [Junge] 74; 135; 164; 198 [→ auch
Lehrknabe]
Knaden → Knoden
Knebel von Katzenelnbogen (*Kaczenelnbogen*),
Johann [Niederadelsfamilie] 104; 105; 106;
108; 108v
Knecht [Arbeiter] 21; 21v; 95; 107; 114; 179v;
225. → Clesgin; → Emerich; → Frederich; →
Frolich; → Hans; → Heinrich; → Hengin; →
Hirgern; → Konrad; → Meyer; → Niclas; →
Paul; → Peter
Knobeloch (*Knobelauch, Knobloch*)
- Ebalt (*Ebalt(en)*) [Sohn des Werner] 101;
103v
- Ebalt (*Ebalten*) 105v
- Peter 239
- Werner (*Wernher*) 13; 15; 23; 104; 105v; 163;
164v; 189
- Werner [Vater des Ebalt] 101; 103v
- Knobloch 234v; 236v
Knod (*Knôde, Knade*)
- Cles (*Clese, Knodencleß, Knodencleßgin*)
[Sohn des Peter] 174v; 188; 193; 197v;
216v; 235v; 237v; 238; 239; 239v; 240
- Henne (*Knodenhenne*) 8; 9; 16; 17; 24v; 64v;
69v; 71; 74; 77; 79v; 83; 84v; 85; 86v;
88v; 89; 99; 100; 102; 118; 139v; 156v;
164v; 169; 175v; 178v; 179v; 189; 194v;
207; 224; 225v
- Knode (*Knodenden*) 98v; 166; *174*; 235v
- Peter 174v
Knuß (*Knûße, Knûsse, Knûsze*), Clesgin (*Cleßgin*)
22v; 51; 66v; 67v; 68; 89v; 90v; 92; 92v;
208v
Knybiß (*Knybijß, Knybiß, Knybißen, Knybisz,
Knybßs, Knybß*)
- *Knibeß* 18; 19v; 77; 129; 206v; 207; 208v;
217
- Clas 72; 72v
Kobeler, Heinz (*Heincze*) 48; 51v; 58v; 67; 223v[?]
- *Heincze, der kobeler* 8v

Kocher (*Koch, Kŏcher, Kacher*)
- Clas (*Clasen*), Herr, [Bruder des Enders] 5; 7v; 71; 104v; 106; 108; 181v;
- Enders (*Enderßs*) [Bruder des Clas] 5; 9; 47; 49v; 51; 73v; 93v; 96v; 104v; 105v; 106; 108; 127; 133v; 197; 205v
- Endres (*Endriß*) [= Enders?] 178; 181v; 185v; 203v; 214v; 215; 225; 232v; 236; 237v
- Hengin 120v
- Henne, der Alte 4; 5v; 7v; 9v; 11v; 33; 53; 94v; 99v[†]; 126v[†] [→ auch Gerhusen]
- Ketter (*Kettern*) [Katharina] 16; 17; 23; 46v; 47; 64v; 65; 76v; 217

Könige und Kaiser 69v
Köln (*Collen*) [Stadt am Rhein] 179v
Kohl (*kole*) [Gemüse] 23v
kolbe → Kuh
kompe [Kump, Maßeinheit] 100v
Komtur → Meisenheim, → Mainz, Heiliggrabkapelle
konde → Kunde
Konne (*Kone*)
- Peter 5v; 7v; 9v; 15; 15v; 33; 38v; 55v; 56v; 78v; 89; 95; 101v; 105; 122; 174; 175; 178; 179; 179v; 182; 200v; 201v; 202v; 203; 203v; 205v; 208; 209v
- Cles (*Clese*) [Sohn des Konne] 175

Konrad (*Conrad*)
- *der slosser* → Sloßer
- *der wober* 99
- Konrad [*meler*, Maler aus Kirchberg] 198; 202
- [Knecht des Cles Raub] 197
- [Pfarrer in → Schwabenheim]

Konrad
- Herr [Sohn der → Else], 48; 51; 53v; 54v; 57; 130; 170v; 187v; 190; 190v; 195; 210; 210v; 211; 212; 213v; 215; 216; 216v; 217; 217v; 219; 219v; 220v; 221v; 222; 222v
- Konrads Else 219; 219v; 220; 220v; 221v; 222; 222v

Kopie (*copij*) [Vervielfältigung] 179v

Koppart → Coppart
Korber [ein Herr = → Korper?] 189v; 190
Korn, Angnese (*Agnesen, Angnese, Angneß*) 159; 161v; 180v; 181
Korn [Getreide] 18v; 26v; 39v; 40; 41; 51; 67; 73; 86; 94; 95v; 96; 100v; 112v; 124; 125v; 129; 130v; 134v; 140; 143v; 155v; 156; 170; 176; 182v; 196v; 197; 198v; 207; 211v; 217v; 227; 229v
Korpel [= Korper?], Peter 233v
Korper (*Kŏrper, Korpper, Korp, Karper*), Peter (*Peder*) 6v; 53; 206; 212; 216v; 229; 236, 239v [vgl. → Korber und → Korpel]
Korsner (*Korßner, Kurßner*) [Kürschner] [→ auch Löwe]
- Hans (*Hanß*) {zu Mainz} 40; 162v; 163; 163v; 171; 171v; 175v; 180; 181v
- Hans [der *korsner* von Mainz] 111v
korŭcken [Chorröcke, Messgewänder] 21
Kosten [Aufwendungen] 3v; 19; 27v; 32v; 34; 35; 35v; 37v; 38; 82; 166v; 171v; 181v; 183v; 186; 189v; 190v; 200; 204v; 205; 219v; 221; 237
Kosten und Schaden [Rechtsbegriff] 3v; 32v; 82; 148v; 171v; 189v; 198v; 204v
Krämerin → Kremer
Krankheit (*krank*) 38v; 143v; 146; 146v; 155, 157v: 166; 175v; 182v
[→ auch Leibeskrankheit, → Gebrechen, → *vernoithbott*]
Kraut (*krut*) [Gemüse] 23v; 28v
Kreis [Bezirk] 89v
Kremer
- Clesgin (*Cleßgin*) 194
- Contz (*Concze*) [†] 26; 31; 33v; 34; 36v; 37; 156 [→ Melman]
- die dicke (*feyßte*) Kremer 159; 160v; 161v [→ Merge]
- Else 26
- Henne 87v; 92v; 133; 135v; 136v; 208v
- die Kremer (*Kremerß*) [Krämerin] 8; 11v; 25; 35; 36v; 36*; 39; 87v [→ Merge]
- [ein Herr] 47v
- [Kremer in der → Ohrenbrücke] 123; 125;

139; 140
- [→ Werner, der Krämer]
Krenn (*Krenner*), Peter, der Junge 171v
Kreuznach (*Cruczenach*) [Bad Kreuznach/Nahe]
- Oberhof 3v
- Amtleute 4
- [Amtmann → Sickingen; → auch Werner]
Kreuztag [Festtag] 24; 180
Kreuztag *exaltacionis* → Exaltatio Crucis
Krieg 137
Kronberg [Taunus], Hans von, Ritter [Amtmann in Oppenheim] 89v; 90v; 91; 91v; 92; 92v; 184
Kruse, Gredchin (*Gredchis*) 218v
Künste (*konste*) [ärztliche] 160
Kürschner → Korsner
Kuh [Nutztier] 174; 181v; 189
    kolbe (*kalbe*) [Kalb, Kuh] 110; 110v; 134; 147v
Kuhhirte 189
Kumb → *kompe*
kummern [beschlagnahmen]
Kunde (*konde*) [Beweismittel, Rechtsbegriff] 3; 3v; 5; 7-9; 12; 13v; 14v; 15; 15v; 22; 23v; 24; 26; 30v; 31v; 32v-33v; 34v; 35v; 37v; 40; 40v; 41v; 42v; 44v; 50v; 53v; 54; 57v; 63v; 64; 67; 70v; 77; 77v, 81; 81v; 92v; 84; 84v; 85v; 95v; 96; 98v; 99v; 100; 103; 103v; 104; 105; 105v; 111v; 112v; 119v; 120v; 122; 124v; 126v; 128; 128v; 131; 133; 133v; 137; 142; 148; 149; 149v; 156v; 157v; 158; 162; 165v; 167; 167v; 169v; 170; 170v; 171v; 172v; 173v; 178v; 180; 181; 181v; 184; 195v; 197; 199v; 200; 201v; 202; 202v; *202v*; 203v; 204; 208v; 213v; 215; 218; 219; 219v; 220; 225v; 226; 230; 230v; 231v; 239v; 240
Kundschaft (*kont-, kunt-*) [Beweismittel, Zeugenaussage] 10; 15v; 32v; 44v; 52v; 63v; 76v; 83v; 85v; 104; 105v; 120; 150v; 167; 167v; 171; 171v; 173; 174; 178v; 180; 181; 193v; 195v; 196v; 197; 211; 219; 224; 225v; 226
Kundschaftsbrief [Kundschaftsurkunde] 172v
Kunne
- Peter [Vater des Cles] 227v

- Cles (*Clese*) 227v
Kuno, Amtmann → Winter
Kurfürst des Heiligen Reiches 89v
Kurßner → Korsner
kůtt (*gekuten*) [Tausch, getauscht] 43v; 97; 157
Kycze → Kitz
Kyl, Henne (*Kylhenne*) [Schwager des Henne Manbach] 22; 76; 87; 92; 152v; 191;
Kyler
- Enders (*Enderß*) 71
- Endres (*Endres, Endriß*) 233v; 236; 237v
kyrbe [Kirchweih in Lorch] 86v
Kyrpperg, Konrad (*Conrat*), Herr [Vikar und Zinsmeister zu St. Alban] 11v; 75v
Kyssel → Kissel
Kyszler → Kessler
Kytsch (*Kitsch, Kythsch*) → Kitz
Kytz → Kitz
Kytzgin → Kiczgin

L

laden [Holzkasten] 18v [→ Holz]
Lahnstein → Wolff, Anthis
lame → Hengin
Landrecht 116v; 117v
Landschreiber 184
Lange (*Lange*)
- Konrad (*Conrat, Conrait*), Herr 3; 41; 49v; 59; 60; 64v; 105v; 112v; 115v; 140; 142v; 143; 144v; 145; 159v; 161v [vgl. → Contz der Lange]
Langen, Konrad von 182
Laurentii [Heiligentag: 10. August] 38v; 76v; 151
Lautern → Lutern
lauwer (*lover*) [Loher, Gerber] 228v
Lebe [→ Löwe, → Leo]
- Lebe, der Kürschner Meister 28; 30; 31v; 32v; 33; 61; 74; 75; 88v; 96v; 99; 115
- Lewe (*Leowe*), Meister 163; 168v; 171; 210v; 233; 235; 236

- Lewe, Peter 208
- Leo, Herr [Amtmann der Mainzer Domherren] 77v
- Leo, Peter 210

Lebtag (*leptage*) 186; 193; 230
lecker [Schimpfwort] 44; 166; 234v
ledgin [Kistchen] 19
legel [Flüssigkeitsmaß, Fässchen] 6
leger [Bettlager] 146
Leib vor sein Gut gestellt (*lip, lijp, libe*) (*sinen lip vor sin gut gestalt*) [Seinen Leib vor sein Gut gestellt; durch persönliches Erscheinen des Klägers wird das Heischungsverfahren, das zur Pfändung nach der 4. Klage führen würde, unterbrochen. Die beklagte Partei erscheint persönlich vor Gericht und erklärt, sie wolle Recht nehmen und geben] 4; 7v; 9v; 10v; 19v; 24v; 25v; 28v; 29; 35v; 38; 45; 46; 46v; 49; 51; 54; 59v; 60v; 61v; 62; 68; 68v; 75; 85; 92v; 93; 108v; 109; 109v; 112; 113; 120; 120v; 121; 126v; 127; 128; 128v; 129; 129v; 135v; 137v; 138; 142; 144v; 145; 150v; 161v; 163; 163v; 171; 180; 183; 184v; 185; 190; 195; 199; 199v; 200v; 202; 202v; 210; 210v; 214; 219; 222; 231; 235; 237v; 239v; 240
Leibsitz → *lipseß*
Leichentuch → *grahe duch*
Leichnamstag → Fronleichnam
Leidenhen, Contzgin 208v; 210
Leiendecker → Leyendecker
Leinenweber 171v [→ Contze; → Oppenheim]
Leiningen (*Lynyngen*), Grafschaft 2
leisten → Einlager
Lenhart {von Mainz} 219; 221; 225v; 226; 230
Lentz (*Lentzen*) [Schwager der Windßhenne und Windz Jekel] 225v; 228v; 230v
Leo → Lebe
lere knabe [Lehrknabe] 135
Letare [Festtag] 9v; 62v; 103; 137; 137v; 178; 178v; 212
Lewe → Lebe
Leymb Kuthe [Lehmkaute] 170
leyen [Schieferplatte] 194

Leyendecker (*Leiendecker*) [Dachdecker für Schiefer]
- Jakob 194; 211; 213v; 217
- der Leiendecker 74; 137; 143; 204; 235
- die Leiendeckerin von Mainz 16
[→ Arnolt; → Erwin]
libra (*phondt*) [Währungseinheit] → Pfund
Licht (*liecht*), ewiges 5; 187v; 189; 193; 218
Lichtenberg → Bliecke
Lichtschid (*Lichschijt, Lichtschyd, Liechtschyt, Lichtschytt, Licht Schijt*)
- Peter (*Peder*) 40v; 42v; 48; 48v; 49v; 50v; 51; 81v; 105v; 108; 118; 118v; 229
- Lichtschid, der Kuhirt 164v; 189; 190; 190v; 233v
Lidlohn (*lidlone, lydlone, lyddlone, liedlone*) [Dienstboten- und Gesindelohn] 59v; 101; 140v; 141; 150; 171v; 182v
Liebfrauen
- Liebfrauen Bruderschaft 175v
- Liebfrauenaltar [in der Pfarrkirche] 115v
Liebhenne
- Contz (*Concze*) 8v; 9; 10v; 11; 24; 25v; 35v; 36v; 37; 103v; 112v; 113; 115
- Heinrich [Stiefsohn des Contze] 115
- Liebhenne 103v
Lieche [= Lich/Wetterau?]
- Henne von 151v
- einer von Lieche 126
Liechtschyt → Lichtschid
Liedlohn → Lidlohn
liegen [lügen] 44; 126
lingen → *lyngen*
Linie → *lyngen*
Lintheim, Henne von 83v; 85; 159
lip (*liebe*) [Leib] 92v; 97; 127; 133v; 176
liplich [leiblich] 165v
lipseß [Leibsitz, persönlicher Wohnsitz] 117; 117v
lips kranckheit [Leibeskrankheit, Entschuldigungsgrund für Abwesenheit vom Gericht] 166 [→ Krankheit; → Gebrechen]
lip vor sin gut → Leib vor sein Gut
lipzocht [Leibrente, Einnahme auf Lebenszeit] 117

Lisen → Lyse
Lochs Porte → Stadtmauer
Löwe (*Lewe, Leo*) → Lebe
Lohn (*lonen*) 17; 18v; 19v; 21; 33; 33v; 38v; 39; 42; 49v; 50; 58; 64v; 89; 95v; 101v; 139v; 140v; 141; 141v; 150; 163v; 166v; 168; 169; 171v; 174v; 188; 228v
Lonsteyn → Lahnstein
Lorch (*Lorche*) [n Rüdesheim] 86v; 163; 226v
    - Cles von [Ehemann der → Grede] 2
    - Cles [= Clesgin] 164; 173; 179v
    - Clesgin (*Cleszgin, Cleßgin*) [= Cles] 8; 14; 42v; 99; 99v; 108; 140; 142; 154; 157v; 173v; 179v
    - Clesgin von [Bäcker] 86v; 102
    - Clesgin von 118v; 133; 134; 153
    - *kyrbe* [in Lorch, Jahrmarkt] 86v
Lorentz → Ingelheim, Lorenz
Lotz (*Locz, Loicz*)
    - Hans, von Worms 103
    - Peter (*Peder*) 102; 189; 208v; 238
Lowe (*Lőwe, Lower*), Hengin {von Geisenheim} 230v; 231
Loyher, der 198
Lubentii [Heiligentag: 13. Oktober] 185v
Lucas (*Luce*) [Heiligentag: 18. Oktober] 85; 85v; 192v
Lucie [Heiligentag: 13. Dezember] 53; 94v; 95v; 129; 129v; 163v; 200; 201v
lügen → liegen
Luff (*Lůff*), Peter (*Peder*) [†] 79v
Luher (*Lůher*), Johannes 33; 35v; 36; 38; 39v; 83; 132v; 134; 134v; 135v; 137; 140v; 141
Lupis (*Lupes, Lupus*)
    - Cles (*Clese, Cleße*) 209; 213
    - Clesgin (*Clesßgin, Cleszgin*) [Bruder des Jeckel] 22; 24v; 26v; 28v; 29; 30v; 31; 45; 46; 46v; 115
    - Hengin 51; 54v
    - Henne (*Henn*) 69; 73v; 98; 180v; 181v; 233
    - Jeckel (*Jeckell*) [Bruder des Clesgin] 45; 46; 46v; 47v; 162; 221; 222; 222v; 229v; 231v; 234; 234v; 236v

Lupolt, Henne 168; 173v; 176v
Lutensleger (*Luten Sleger*) {von Nieder-Hilbersheim} [mit Sohn → Simon] 128
Lutern (*Luttern*) [= Kaiserslautern?] 185v; 187v
    - Heinrich von 161
    - der *duwen hauwer* von 191
    [→ Knabe; → Snider]
Luterwin (*Lůtterwin, Lutterwin*) 197v; 200v; 201; 207; 209
    - Hengin 55v; 77v; 97; 134v; 144; 223v
    - Henchin 182v; 218
Lutwerwinchin (*Luterwinchin*) 171v
Lutz → Lotz
lybeloiß machen [ermorden] 63v
lyngen [Stammeslinie] 36v
Lynthemmer, Hen 233
Lyse
    - Lyse von → Sponheim
    - Lyse [Witwe [?] des Heinrich Wolff] 13v
Lyse (*Lisen, Lÿsen*)
    - Henne (*Hen, Lysenhenne*) 11v; 16v; 18v; 74; 164v
    - Mertin 4; 6v

M

Machtbrief [Vollmacht] 202v
Maczkuch → Matzkuch
Madalen → Venningen
Mählohn → *meder lone*
magde (*maigt*) [Magd] 167; 177, 187; 211 [→ Dyne]
magen [Verwandte] 15v
Magk (*Mågk*), [→ Maig, *der snyder* ?] 222
Mais → Mayse
Maig, *der snyder* 63v; 65v;
Mainz (*Mencz, Mencze, Mentz, Mentze*) 7; 11v; 38; 74; 131; 158; 162v; 163; 163v; 164v; 170; 171; 171v; 180; 185v; 204v; 226 [→ Bingeln; → Duchscherer; → Jacob; → Johannes; → Jost; → Korsner; → Leiendecker; → Lenhart;

[→ Luher; → Meyer; → Orte; → Philip; → Schelnhenne; → Wegener; → Ybich]
- Altmünsterkloster 7
- Augustiner 175v; 182; 184v; 185; 200; 205v
- Domdekan 63
- Domherren 63; 66; 67v; 68v; 73; 75; 76v; 77v; 87v; 89v; 139; 142v; 143; 144v; 145; 174; 178; 187v; 210v; 215v; 233v; 236; 237v; 240
    - Hofmann der Domherren 215v [→ auch Hengin, der Hofmann]
- Domkapitel 63
- Heiliggrabkapelle (Johanniterkapelle) (*Heilgen Grabe*) zu Mainz 10; 12v; 83; 84v; 85; 86; 88v; 119
    - Komtur (*compter*) 83; 84v; 86; 120; 136v; 137v; 138
- Heilig-Geist-Spital (*Heilgen Geist*) 175
- Heiligkreuz-Stift (*Heilgen Cruczes, Heilgen Cruczes*) 7; 8; 51; 53; 87v; 92v; 93; 105
- Kartäuser-Kloster (*Karthuser, Karthůser*) 165; 175
- Kessler, die 83
- Klarissenkloster [Arm- bzw. Reichklarenkloster] (*Klaeren, Klaern, Claren, Clarn*) 12; 13v; 33; 35v; 36; 38v; 39v; 40; 81; 83; 123; 125v; 127v; 132; 132v; 134; 134v; 135v; 137; 140v; 168v; 169; 198v; 200v; 202v; 204v; 208; 210; 210v; 211v; 235; 236
    [Schaffner: → Dyemar; → Johannes; → Switzer; → Thimotheus]
- *martmeister* [Marktmeister] → Johan
- Predigerherren [Dominikaner] 114
- St. Agnes 46v;
- St. Alban {außerhalb Mainz} 11v; 75v [→ Kyrpperg]
- St. Christoph (*Cristofelus*) [→ Dietze, Konrad]
- St. Johann (*Sant Jostes*) [Johanniskirche] 52v; 94v; 151v; 167; 171; 175; 189v; 213v; 214
    - Dekan 122v; 125; 127v; 129v; 130v; 131v; 143v

[→ Sprendlingen; → Wurtzgarten]
- St. Moritz (*Mauriczien, Maůriczien, Moricie*) 39; 52; 63v; 202v; 208; 213v
    [→ Enders]
- St. Peter (*sant Peder*) 46; 47 [→ Winter]
- St. Quintin (*Quintinum*) 194v
- St. Stephan (*Steffan*) 38; 46v; 47v; 55; 97v; 111; 112; 114; 114v; 131; 152; 152v; 154; 157v; 194v; 220; 227
    - Dekan und Kapitel 152
    - Präsenzmeister: → Buker; → Coppart; → Hode
- St. Viktor (*Sant Vichtor*) 3; 7; 8; 8v; 10; 33v; 34v; 35; 36v; 64; 78; 196; 233; 235v [→ Sliddorn; → Smelcz]
- Weißfrauenkloster (*Wißen Frauwen*) 81v

Maise → Mayse
Mait, Else 175v
maler [Maler], der → Konrad
Malter [Kornmaß] 9; 18v; 26v; 39v; 40; 51; 67; 73; 86; 86v; 94; 95v; 96; 100v; 112v; 125v; 129; 130v; 140; 143v; 155v; 176; 187v; 188; 195; 196v; 197v; 198v; 207; 209; 211v; 216; 216v; 227
Manbach
    - Henchin 189
    - Henne [†] 88; 92v; 93; 95 [seine Witwe →Cristin]
    - Henne 87; 89v; 90; 91; 92; 112v
    - Joh(ann)es [†] 237; 239
    - Wilhelm 91; 92
    - Manbecher 167
Mandelman 185v; 187; 187v; 195; 195v; 199v; 214
    - Peter (*Peder*) 32v; 81; 83; 84v; 85v; 163; 192v; 207v; 213v; 239
Mann (*Man*), Clas {von Erbes-Büdesheim} 10; 12v; 13v; 44v; 45; 46; 46v; 47; 47v; 53; 53v; 54; 55; 55v; 71v; 71v; 74; 74v; 75; 78v; 80
Mantel [Mantel auf dem Grab liegen lassen. Rechtsakt, mit dem die Witwe das Erbe ausschlägt] 17v; 197v; *197v*
Mantel [Kleidungsstück] 32; 32v
Margarete [Heiligentag: 13. Juli] 74v; 150v; 187

Margret (*Margred*) 169
- eine Mühlenbesitzerin [= Margret Winterbecher?] 26; 98 [→ Mühlen]
- Margret → Winterbecher
- Margret (*Margertt*) [verstorbene Ehefrau des Hengin Melmann] 36v

Marie [Heiligentage]
- Annunciato [Heiligentag: 25. März] 175
- Assumptio [Heiligentag: 15. August] 115v; 151; 187v; 216v
- Conceptio [Heiligentag: 8. Dezember] 51; 128; 163v; 199v
- Magdalene [Heiligentag: 22. Juli] 112v
- Nativitas [Heiligentag: 8. September] 44; 81v; 119v; 153v
- Presentatio [Heiligentag: 21. November] 126v
- Purificatio [Heiligentag: 2. Februar] 13v; 14; 59; 167; 208v
- Visitatio [Heiligentag: 2. Juli] 35v; 112; 222

Mark (*marg*) [Währungseinheit] 27v; 56v; 62v; 63; 102v; 139; 210v; 233v

Markt (*margt, mart, marte*) [auch im Sinne von Geschäftsabschluss] 81v; 123; 140; 149; 149v; 166; 198v; 234; 234v [→ auch Becker]

Marktmeister von Mainz → Johan

Martelbach [ein Herr] 189

Martin, der Schmied [Meister] 115v; 165; 165v; 167; 188; 191; 208; 209v; 212

Martinstag [Heiligentag: 11. November] 3; 5; 7; 15; 29v; 43; 45v; 48v; 49; 73v; 76v; 78; 85v; 88; 114v; 115v; 119; 124; 124v; 151v; 159v; 162v; 163v; 174v; 190v; 193; 193v; 195; 206; 211v; 225; 234; 235; 237

Mase (*Masenn*)
- Ebberharth 165v
- Ebbart 217

Maß (*maiße*) → Bingen

Mathei apostol [Heiligentag: 24. Februar] 84; 84v; 120v; 155v; 170v; 171; 189

Mathis (*Mathes*)
- der Heimbürge (*buttel*) 188; 197v; 213v; 222; 223; 225
- ein Mann 124v
- Geselle des Henne Rule 208
- Mathis off dem Berge → Berge
- Mathis in der Rinderbach [ehemals Knecht des Gotfart von Stockheim] 25v; 27v; 29v; 56; 56v; 60; 80; 81v; 95; 95v; 96; 98v; 101; 103; 103v; 104; 105; 105v; 137v; 138; 141v
- Mathisen 78v
- [Schwager des Peter Snade] 103v

Matzkuch (*Maczkůch, Maczkuch*) 54; 165v; 166; 184; 206; 220; 221
- Cles (*Clese*) 15
- Clesgin (*Cleszgin, Cleßgin*) 15; 15v; 53 [†]; 55[†]; 83[†]; 89[†]
- Peter (*Peder*) 11; 13; 13v; 15; 15v[?]; 42; 42v; 59v; 78v; 83; 84; 89; 95; 184

Mauchenheimer (*Mauchenheymer, Maůchenheymer, Mauchenhëimer, Mauchenheiner*)
- Henne 48; 52v; 167; 168v; 169v; 170; 170v; 206; 206v; 208; 208v; 210; 215v; 221; 221v
- Jekel [?] 206v

Mauer (*mure, můre*) [Steinwand] 23v; 196; 204v; 207v

Maurer [Beruf] → Clesgin

Maurer [Name] → Murer

Mauritii [Heiligentag: 22. September] 189; 190

Mayse (*Mais, Maise*)
- Henne 77v; 102
- Cles (*Clese*) 6; 143; 143v; 144
- Clesgin [†] 160 [seine Ehefrau → Kette]

mechler, die [Unterkäufer] 93; 95

Meckel
- [Frau des Henne → Dutz von Algesheim] 87
- [Schwester des Schonwedder] 46v

Meczler → Metzler

Medardi [Heiligentag: 8. Juni] 73v

medchin [junge Frau] 181v

mederlone [Lohn der Mäher] 42

medder [Mäher] → Bartholomeus

Megel, Kette, die Junge {von Winterheim} 150v; 152

Mehl (*mele*) [gemahlenes Getreide] 86v; 161v
Meisenheim (*Meysenheim*), [am Glan]
    [Johanniterkommende] 79
  - Herren zu 37v; 45v; 46; 47; 49; 52v; 54v; 60; 79
  - Komtur (*compter*) 37v; 45v; 46; 47; 49; 52v; 54v
  - Peter von 99; 100
Meister 32; 135 [→ auch Buser; → Folpprecht; → Jacob; → Johan; → Jost; → Lebe; → Peter; → Philip; → Schmied]
meler, der → Konrad
Melman (*Melemann*)
  - Hen [= Hengin] 36v
  - Henchin 163; 165; 166v; 172; 176v; 195; 196v; 199; 199v; 201; 204; 205v; 216v; 218v
  - Hengin 3; 4; 5v; 7; 8; 8v; 10; 13v; 24; 24v; 33v; 34; 34v; 35v; 36v; 44; 45; 46; 47v; 48; 50v; 53v; 59v; 61v; 81; 85v; 87v; 88; 98; 102; 102v; 111v; 112; 112v; 113; 113v; 122v; 123v; 125; 134v; 135v; 136; 152v; 160; 222v; 223; 224; 225; 225v; 226v; 227v; 228; 233; 235v
  - Margret (*Margrett*) [verstorbene Ehefrau des Hengin, Tochter des Contze Kremer] 36v
Melpach, Hans (*Hasen*) von 83v; 85v; 88; 93; 101v; 124; 133
Mentzer (*Menczer*), Henne (*Menczerhenne*) {von Ingelheim} 12v; 17
Merge, *die kremerßen* 151 [→ Kremer]
Mergental (*Mergenthale*) [Kloster in Bad Mergentheim s Würzburg ?] → Jacob
Merß, Cles (*Clese*) 197v
Mertin, *der smett* [Schmied] 119
Mertloch, Hans von 16; 55v; 57; 60; 61; 119; 120
Messe [Gottesdienst] 75v [→ auch Frühmesse]
    Messbuch [Liturgisches Gerät] 21
    Messgewänder → *korůcken*
Messer 58; 239; 239v
Metzel, Henne (*Metzelhenne, Meczelhenne*) 7v; 9; 9v; 11; 16v; 18v; 19; 42v; 44; 100v; 111; 125v; 126v; 145; 145v; 148; 149v; 150v; 151v; 153v; 154; 155v; 157v; 159; 159v; 161; 185v; 190v; 192v; 193; 193v; 194v; 195; 195v; 196; 197; 198v; 199; 199v; 201v; 202v; 203v; 205v; 206; 208; 211; 211v; 214v; 215v; 216v; 217v; 218; 233; 236; 237v; 240
Metzler (*Metzeler, Meczler*) [vgl. → Ruts]
  - Christman (Metzler) → Vendersheim
  - Eberlin 170v
  - Ebert 77
  - Henne (*Hengin*) [Sohn des Peter] 235v; 237v; 238; 239; 239v; 240
  - Karl {von Ingelheim} 16
  - Peter (*Peder*) 22; 24v; 26v; 29; 30v; 31; 42v; 78; 83; 101; 121; 152v; 156; 194v; 195v; 205v; 209; 234v; 235v; 236v; 237v; 239; 240
Meyer
  - Diele Meyer {von Winternheim} 125v
  - Orte {zu Mainz} [Vikar] 114; 114v; 131; 131v
Michaelis (*Michel*) [Heiligentag: 29. September] 43v; 45v; 76v; 84v; 121; 157; 190
Michel
  - Cles (*Clese*) 205v; 208v; 210
  - Hengin 74; 87v
Miczenhenne → Myczenhenne
Miete → Bestand
Misericordia domini [Festtag] 64v; 105v; 141v; 177; 180; 213v
Mist (*myste*) [Dung] 147v; 174
Mitgeselle [Mitglied des Gerichts] 72v; 74; 95; 103; 109; 122v; 151; 176; 188; 188v; 191; 219v [→ auch Schöffe]
Mitgift → *gifft*
myttel mart [Mittlerer Markt] 77
Moißbecher → Mospecher
Molans, Herr 220
Molhofen [Niederadelsfamilie], Symont von [†] 103
Moller [Müller]
  - Godfart 30
  - Hans {von Gensingen} 81v; 82; 84v
  - Hengin 26; 29; 48v; 57v; 58; 59; 60; 62; 67v; 76; 85; 99; 108; 130; 132; 135v; 146v;

151; 154; 161v [→ Hengin, der Müller]
- Hengin, in der Ohrenbrücke 26v; 57v; 129; 143v [→ auch Muller]
- *der moller jn der Orenbrucken* 39v
- Hengin {von Wackernheim} 86v; 153v
- Wigel (*Wigel der moller*) *jn der Alden Gassen* 100v; 103v

momper (*mompar, momperschaft*) [Vertretung, Anwaltschaft, Vormundschaft (z.B. bei Geistlichen)] 3; 4v; 6; 10; 10v; 17v; 18; 22v; 23; 25; 26; 26v; 27v; 29-30; 31v; 33; 35v; 36; 37v-39v; 40v; 41; 42v; 44v-48; 49; 50; 52v-54v; 55v-57; 59-60; 61; 63-64v; 66; 66v; 67v; 68v; 69; 71; 71v; 73; 74v;75v; 76v; 77v; 78v; 79v; 81v; 83; 84v; 86; 86v; 87v; 88v; 89v; 93; 96; 97-98; 99-100v; 101v; 102; 103-104v; 105v-106v; 108-110; 111-112v; 114v; 115v; 116; 119; 120; 122-123v; 124v; 125; 127v; 129v-131v; 135; 136-138; 139; 142-143v; 145; 146-148; 149; 150-152v; 153v; 155-156; 158-159v; 161; 161v; 163; 163v; 164v; 167v; 168; 174; 175; 175v; 176v; 178; 179; 180; 180v; 181v; 182; 183; 183v; 184v; 185-186; 187v-189; 190v; 191; 193; 193v; 195; 195v; 197-198v; 199v; 201v-203; 206; 207; 209v-211v; 212v; 213v; 214v; 215v; 216v; 217v; 220v; 226v; 238v
[→ Diel; →Dyemar]]

Monat (*maende, monde, monet*) [Zeiteinheit] 24v; 38v; 39; 51; 64v; 69v; 88; 93v; 99; 107v; 110v; 119; 125; 142; 146; 146v; 153; 153v; 155; 167; 186; 190; 198; 200v; 215v; 216; 217; 218

Monch (*Monich, Mȯnch*)
- Clas 167; 182
- Cles (*Clese*) 6v; 9; 14; 16; 18; 18v; 20; 63v; 77; 112; 122v; 125; 127v; 169v; 178; 179; 180v; 184; 184v; 198v; 217; 219; 220; 227v; 229v; 232v; 237

Mond [Erdtrabant] 169v

Monster
- Jeckel [Kirchenmeister] 12; 12v; 13v; 15v; 24; 54; 55v; 59; 59v; 61; 61v; 66v; 68; 68v; 69; 69v; 71; 94; 110v; 111; 115; 116; 119v; 120v; 156; 166; 193
- Mecke von 211v

Montag [Wochentag] 105v; 106v; 108v; 116; 120; 178v; 179v; 210v

Mor, Jeckel 81v

moralis → *gewonheit*

Mordsgeschrei (*morde schryhen*) [Rufe, die die Dorfgemeinschaft bei Gefahr zusammenbringen] 127

Morgen [Flächeneinheit] 41; 42v; 52v; 53; 57; 62v; 69; 72v; 101; 110v; 124; 163; 221; 223v; 230; 237

Morgen [Tagesabschnitt] 76

Moritz, St. → Mainz

Mose, Henne (*Mosenhen*) [†] 233v

Mosel (*Mossel*) [Fluss] 81v

Mospecher (*Moißbecher, Moißpecher*)
- Claßgin 200v
- Cleßen 212v
- Cles (*Cleß*) 218v; 229; 229v
- Clesgin (*Cleßgin*) 87v; 124; 126v; 127; 128v; 131v; 132v; 133v; 141; 195; 201v; 204; 229
- Henne (*Hen*) 28v; 100v[†]; 233v
- Jeckel 28v
- Peter (*Peder*) 47; 49; 50v; 51; 51v; 54v; 56; 59; 60v; 62; 62v; 76v; 79; 141

Muder (*Mȗder*) 168v
- Henchin 163
- Henchin, der Junge 167
- Henne (*Muderhenne, Mȗderhenne, Mudderhenne, Mȗderhennen*) 10v; 11; 14; 16; 18v; 20; 47v; 49v; 66v; 68; 68v; 73; 75; 76v; 77v; 78; 80v; 81v; 89v; 97; 111; 112v; 113; 122v; 125; 127v; 139v; 144v; 147v; 169v; 182; 184; 184v; 205v; 208v; 210; 210v; 211; 212; 218; 221; 222; 222v; 226; 231; 231v; 234
- Henne {von Alzey} 180v
- Peter 168; 182v

Mühlen
- *Emerichs mȗln* 234

- [Engelthaler Klostermühle] 129
- Mühle in der Ohrenbrücke → Moller [Müller]
- [Mühle der Frau von Venningen] 146v
- Griesmühle (*grießmolen, grießműln*), Mühle 30; 219
- Margreden Mühle → Margret
- Mühle gen. *Wyhewasser* 187v
- Müller in der → Ohrenbrücke

Müller [Beruf], der 205v → Clein; → Moller
Mullener, Hans (*Hanß*) {von Schwabenheim} 192v
Muller (*Műller*), Henchin 182; 187; 198; 211; 213 [→ Moller]
Mund (*mundt*) (*einmundig*) [mit einem Mund sprechen, eine gemeinsame Aussage machen] 3; 24; 149v; 165v; 167v; 171v; 188v
Murer (*Murrer, Műrer, Műrrer*)
- Clas {von Gaulsheim} 60v
- Clesgin (*Cleßgin*) {von Gaulsheim} 31v [→ Clesgin der Murer]
- Henchin {von Nieder Ingelheim} 196; 202; 202v; 204v; 207v
- Hengin {von Ingelnheim} 19
- Peter 174

Murolff, Peter {von Algesheim} 209
Mutter [Verwandtschaftsbezeichnung] 28; 44; 47; 51v; 93v; 116v; 117; 117v; 130; 136; 142v; 147v; 148; 150; 165v; 174v; 176v; 179; 188v; 232v
Myer
- Cles (*Clese*) 44; 93
- Henne [Knecht des Henne Erk] 79
- Karlen 25v

Myntze 222
Myrr (*Myrrn*)
- Heinrich [Bruder des Henne] 146
- Henne [Bruder des Heinrich] 146

Mytz (*Myczen, Mytzcen*), Henne (*Myczenhenn, Miczenhenne*) 42; 42v; 66v; 68; 68v; 142; 155v; 164v; 214; 222v

N

nachfare [Nachkommen] 187v; 189; 192v; 193; 239
Nackheim (*Nackheym*) [= Nackenheim sö Mainz/Rhein?], Contz von 208
Narheym (*Narheym, Nareheim*) [= Norheim/Nahe w Bad Münster am Stein?]
- Clesgin (*Cleßgin*) von 199v
- Clasen von 206; 208v

Nase, Henne (*Nasenhenn*) 227
Nassau (*Nassauwe*) [Lahn] [Niederadelsfamilie], Emerichen von 155; 155v; 190v
Natale Christi (*Natale Domini, Nativitas Domini*) [Festtag: 25. Dezember]: 202; 202v
Nativitas Marie → Marie, Nativitas
Nedersche, die [Name] 233
Nese
- [Ehefrau des Henne → Dhomus] 143v
- [Tochter des Contze → Dinckler] 36v
- [Witwe des Dielgin → Snider] 77; 79

Neujahr [Festtag: 1. Januar] 91
Nickel (*Nickell, Nyckel*)
- Heinrich (*Heynrich*), Herr, 4; 6v; 7; 7v; 9v; 11; 40v; 44v; 45; 77; 79; 98v; 104; 105; 106; 106v; 108; 108v; 109; 109v; 113; 113v; 123; 124; 125v; 127v; 129v; 130v; 156; 159; 162; 162v; 166; 170; 178; 181v; 190v; 192v; 194v; 195v; 200v; 207v; 215v; 225; 226; 227; 229; 230v; 231v; 235; 236v; 238
- Henne (*Nickelhenn*) 111; 112; 124v; 131; 135; 137; 138; 227
- Heynricus [ein Priester] 174
- Nickel 220; 230

Niclas
- Niclaiß
- Cles (*Clese*) 185v
- [Mompar des Heinrich Snider von Lautern] 164v
- [*maigk* des Peter Bender] 167
- Niclas
- [ein Lehrjunge] 74

- [ein Mann] 183
- [Knecht des Cles [?] Stern] 33v
- Niclas [†], Herr 55v

Niclaus, Herr 222
Nicolai (*Niklastag*) [Heiligentag: 6.Dezember] 9; 128; 199
Nieder-Hilbersheim (*Nyeder Hilberßheim, Hylberßheim; Hilberßheim; Hilberszheim Helberßheim, Hylberszheim*) [s Ingelheim] 72; 128
- Mathißen von 199
[Schultheißen: → Henne; → Wilhelm]; [→ Albrecht; → Buser; → Cleinhenn; → Henne; → Peter; → Simon; → Stolhans; → Wilhelm]
Nieder-Ingelheim (Nideringelheim, Nidder Jngelnheim, Nydder Ingelnheim) *163v*; 173v
- Gericht 173v
[→ auch Ingelheim]
Niederrod (*Nydderrode*) [nw Königstein/Taunus? oder Niederrad bei Frankfurt?] → Heil
Nierstein (*Nyrstein*) [s Mainz], Jeronimus (*Jhereominus*) von 167
Noiße, Bartolmeus 155; 155v
noitbottschafft 28 [→ auch *vernoithbott*]
Nonnen → Mainz, Arm-Klarenkloster; → auch Engelthal
Nonnenpfad → Wege und Straßen
notarius 2; 179v
Nůwen berge → Flurnamen
Nuwendorf (*Nůwedorf, Nůwendorff*), Henne von 24; 57; 57v
Nutten (*Nůtt(en), Nutt(en), Nutt*), Peter {von Ingelheim} 200v; 201; 201v; 202; 204
Nydderrode → Niederrod
Nyrstein → Nierstein
Nyttert (*Nittert*), Johannes (*Jo.*) {von Algesheim} 173v; 175v; 177; 180v

O

ober halp (uber halp) [= Ober-Ingelheim] 21; 52v; 118v; 197v; 209
ober nacht halten 4v; 11v; 14v; 26v; 45; 50; 53; 67; 83v; 94v; 99; 112; 143; 148; 164; 165
Oberhof → Kreuznach
Ober-Ingelheim → *ober halp*
Oberingelheimer Oberhof (*scheffen ober halp*) 21
Obervisel [= Oberwesel/Rhein], Henchin von 167
Ochse [Nutztier] 128v
Ockenheim (*Ockenheym*) [sw Ingelheim] [von Ockenheim gen. von → Ingelheim; → Zimmerman, Heinze]
Oculi [Festtag] 18; 61v; 62v; 102v; 137; 175; 175v; 210v; 211
Odenbach [sw Meisenheim] → Acker, Henne
Odenwalt, Henn (*Hen*) 223v; 231; 232v
Odernheim [Gau-Odernheim nö Alzey oder Odernheim/Glan sö Bad Sobernheim] 65v
- [der Schreiber zu] 17v; 197v
[→ Fetzer, Ebert]
Odilge, [Ehefrau des Henne von → Hoestadt]
Öl (*oley*) [Fett] 5; 115; 187v; 189; 193; 211; 229
Oete (*Oet, Oeten, Oëthe, Oethe, Oëtten, Oten, Oite*)
- Clesgin (*Cleßgin*) 201v; 204v; 208v
- Contz 188; 216; 217
- Henne (*Henn, Hene*) 193v[?]; 194; 195v; 199; 201v; 204; 221
- Peter 177v; 209v; 212; 215; 215v
Östrich (*Oisterich*) [Rheingau, n Ingelheim]
- Grede von [Witwe des Hengin → Enders] 35v; 36; 38v; 39v; 40
[→ Fischer; → Harnes; → Heringen; → Scherer; → Swarcze]
offgeben → *gifft*
Offhoben → Uffhub
offholunge (*offholen*) [Einziehung vor Gericht] 22v; 54v; 55; 56v; 66v; 67; 75v; 97; 102; 120v; 134v; 145; 152; 158v; 161v; 163v; 169v; 181v; 188v; 203v; 221v; 231
offsagunge (*offsage*) [Aufsagung] 154v; 158; 227

offstoßer [Die Aufstoßer verladen u.a. Weinwässer] 80; 97; 98v; 102; 107 [→ Starck, Heinrich]
Ohm (*ayme, emigh, emyg, ame*) [Weinmaß] 6; 18; 40; 40v; 48; 48v; 56v; 57; 77; 94; 97; 97v; 133v; 154v; 156; 156v; 158v; 160; 169v-170v; 174v; 193v; 200v; 206; 206v; 211v; 222; 231v
Ohrenbrücke (*Orenbrucken, Orenbrŭcken; Arenbrucken*) 194v; 207; 226v; 233
    [→ Antes; → Bender; → Herman; → Kremer; → Moller; → Rusche; → Wiß]
Oisterich → Östrich
Olm (*Olmen*) [= Nieder-Olm sw Mainz/Rhein] [→ Ulm; → Ulme]
    - Fritz (*Fricz*) [† Vater des Jost] 102v
    - Jost von [Sohn des † Fritz] 102v; 103v
    - Peter von [Gerichtsschreiber] 48v; 49 [→ auch Schriber, Peter]
    - Philipp von 39
Omnium Sanctorum (Allerheiligen) [Festtag: 1. Nov.] 4v; 5; 47; 85v; 87v; 122v; 162; 232v
    Oppenheim (*Oppenheym, Oppinheim, Oppinheym*) [s Mainz] 6v; 22; 22v; 65v; 92v; 141; 184; *184*
- Schöffen {von Oppenheim} 184
    - Amtmann → Kronberg, Hans von
    - Leinenweber {von Oppenheim} 107v
    - Spital 22; 22v
    - Steffan {von Oppenheim} 184; 206
    [→ Kissel, Clas; → Crafft [Spitalmeister]]
Oppenheim (*Oppenheym*), Katherine 215v
ordenunge [Ordnung] 131; 167v; 179v [→ auch Gerichtsordnung; → auch Zunftordnung]
Orenbrucken → Ohrenbrücke
orlop → Urlaub
orsaißunge (*ersaißunge*) [Auftragung] 20v
Ort [Örtlichkeit] 32; 66; 187
Orte, Herman [Schwager des Clas Kannengießer] 52
orte [Schankstube] 32; 66
orte [Getränkemaß, Krug)] 31v; 32; 58; 65v; 239
ort (*orte*) [Währungseinheit, ¼ Gulden] 9; 17; 17v; 18; 26v; 29v; 35; 39; 46v; 55v; 57v; 58v; 59; 60v; 65; 67v; 71v; 73v; 83v; 86; 93; 94; 97v; 98; 102; 111v; 122; 123; 124v; 126; 127; 128; 133v; 156v; 159v; 162v; 167; 169; 175v; 183; 188; 189; 189v; 192v; 194v; 196; 208; 211; 211v; 215v; 216; 216v; 219; 222; 224; 226v; 227v; 232v; 233; 236; 237
ortel → Urteil
Osewin (*Oseweine, Osewyn, Oesewine*)
    - Hans 30v; 110v
    - Osewin 65v; 83; 182; 183v; 193; 198v; 211v; 217; 218v
Ostern 16; 16v; 18v; 19v; 20; 59v; 60v; 63v; 93; 94; 94v; 96; 97v; 98; 103; 131v; 137; 138
    [→ auch Pascha]
Ote → Oete
Otylge [Ehefrau des Henne von → Hoestadt]
Oykels, Henne 98v

P

Pacht → Bestand
Paffen (*Pafen*), Henne von Ingelheim} 175; 191
Palme (*Palmtag, Palmarum*) [Festtag] 20, 103, 138; 213; 213v
Partenheim [s Ingelheim/Rhein] → Huse, Peter
Parthenheiner (*Partemhemer*), Johann [Schöffe] 224; 239
Pascha (*Pasche*) 180; 213v [→ auch Ostern]
pastor [Pfarrer] 72
Pauli Conversio [Heiligentag: 25. Januar] 13v; 98; 132; 165v; 207; 208
Pauli eremiti [Heiligentag: 10. Januar] 203v
Pauwel [Knecht des Henne Clese] 71v; 72
Pedergin [Momper der Frau von Engassen] 46
Pedergin
    - Gocze 10v
    - [Momper der Frauen von Engassen] 46; 47
Peffer (*Pheffer*)
    - Adam, Heimberge 16; 90; 135; 137; 144
    - Henne (*Pefferhenn, Pferrhenne*) 182v; 199v; 206; 208v; 229v; 237; 237v
Pentecoste → Pfingsten

Permont → Pyrmont
Peter (*Peder*)
- Brune (*Brůne*) Peter (*Peder*) von Werstat 64
- Contz (*Concze*) 103v
- Herman 219

Peter
- Peter von N.N. 93
- [der Glöckner] 169v; 193v
- [Knecht des Henne Buszer zu Hilbersheim] 19; 20
- [Gerichtsschreiber in Ingelheim] → Schriber, Peter
- [der Schmied] → Schmied
- [Sohn [?] des Schreibers] 165
- [Schwager des Schonwedder] 179v

Peter- und Paulsaltar (*Pauwels*) [in der St. Wigert-/Burg-Kirche ?] 154v; 158; 158v; 170
Peters- und Paulstag [Heiligentag: 29. Juni] 34v; 35v; 149; 149v; 184v
Peterstag *ad vincula* [Heiligentag: 1. August] 36; 38; 75; 113; 113v; 151; 187; 217v
Pfähle (*pfelle*) [im Weinberg] 171v
Pfalzgrafen (*pfalczgraffen*), die [bei Rhein] 89v
    Hofgericht [der Pfalzgrafen bei Rhein in Heidelberg] 179v
Pfarrer (*Johan*) 59v; 63v; 110v; 112; 167; 196; 204v; 205; 207v; 208; 209; 218; 221v; 224; 225v [→ auch Pastor; → Pherner; → Philipp; → Schwabenheim]
Pfarrer {in Nieder-Ingelheim} 196; 204v; 208; 218
Pfarrkirche 175v [→ auch Kirche]
Pfennig (*phennyg*) [Münzeinheit] 19; 65v; 91; 157; 173v
Pferd [Reit- oder Arbeitstier] 17v; 30; 67; 118; 119v; 120; 124v; 197; 197v
Pfingsten [auch als Tagesbezeichnung] 14v; 24; 29; 65; 67; 68; 68v; 80; 105; 106v; 107v; 108v; 109; 139v; 140v; 142v; 144; 144v; 214; 220v
Pfund (*libra, phondt, punt*) [Währungseinheit] 4; 5-6; 7; 9; 10; 11v; 13v; 14v; 20; 26v; 30; 31v; 33; 39; 40; 42; 42v; 45; 46-47v; 48v; 49v; 50; 52; 52v; 53v; 59-60; 62v; 63v; 67; 71; 71v; 75v; 76; 78; 78v; 80; 84; 88; 95; 96; 97v; 98v; 102; 105; 105v; 110v; 111v; 113; 119; 122v; 123; 124; 134v; 135; 142; 145; 146; 148v; 150v; 152; 152v; 153v; 154v; 155; 156; 158; 161; 162v; 167; 168-169; 170v; 182v; 185v; 187; 189; 189v; 193v; 194v-196; 199; 202v; 208; 210-211; 213v; 214v-216v; 217v; 218; 223v; 224; 225-226; 228v; 230v; 233; 234; 235; 236v; 239

Pfund (*phondt*) [Gewichtseinheit] 54v; 71v; 79; 115
Pherner, Winßs [†] 48
Philipp (*Philipp, Philipp*)
- Philipp [Hofmann des Johann → Boos von Waldeck] 56; 56v; 57; 64v; 79v; 96v; 97; 110v; 112; 130; 131; 132v; 134v; 138v; 142; 142v; 167; 202 [gewesener Hofmann]
- [Schwiegersohn des Peter Ringel] 178v
- Junker Philipp [Schultheiß] → Bußer, Philipp
- [Sohn des Philipp] 168
- Meister Philipp [Weber von Mainz] 122v
- Pfarrer → Elsheim

Philip
- Henne (*Philipphenne*) [†] 4; 5v; 17v; 19v; 22; 87v; 119v; 134v; 135; 137; 137v [seine Witwe → Else]
- Henne 128; 128v; 191; 193v; 195; 197v; 211 [seine Ehefrau → Else]

Piffer
- Hengin [Ehemann der Amme] 221
- Peter 169v; 179; 179v; 212v

pint (*p(in)t, p(er)t* [?]) [Flüssigkeitsmaß] 211
placken [Flecken, Landstück] 206v
Planck, der Bäcker 180
Pleban (*dominus plebanus*), Herr [Geistlicher] 182v; 184v; 194v; 195; 195v; 199; 201v; 204v; 213v; 214; 217v
Pollerer (*Bollerer, polierer*)
- Hans (*Hanß*) 180
- Johann (*Jo*) Pollerer (*Bollerer*) 164v; 168; 172; 175v; 209v; 231; 234
- Johann, *der bollerer* (*pollerer, polierer*) [Polierer] 13v; 14v; 16; 22; 27v; 30v; 31v; 32; 32v; 35; 41; 41v; 42v; 44v; 45v; 49; 49v; 50; 51v; 53v; 54; 55; 57; 57v; 58;

59; 62; 63; 63v; 64v; 70; 70v; 71v; 73v; 77; 79v; 99; 100v; 105v; 110v; 144; 146v; 146v, 147; 147v; 149; 163 [?]; 168; 169 [?]; 170v

portner [Pförtner] 76

Präsenz [Verwaltung der Präsenzgelder (Anwesenheitsgelder)] im Domstift 7v; 9v; 10v; 11; 16; 18v; 19v; 20; 20v; 21; 23v; 36v; 42; 43v; 45; 45v; 46; 46v; 47v; 77; 105v; 123; 151v; 156; 161; 162v; 194v; 195; 199; 214; 217v; 218; 226v; 228v; 230v; 231; 234

Präsenzmeister [zuständige Person für die Präsenzgelder] 45 [→ auch Buker]

Prass (*Praß*) 6v; 182
- Contz (*Contze*) [= Contzgin] 105; 106v; 108v; 110v; 123; 124; 125; 126v; 127v; 128; 129v; 161; 165v; 167v; 168; 172; 172v; 177; 180; 180v; 193; 194v
- Contzgin (*Conczgin*) [= Contz] 5v; 6v; 7v; 47v; 49v; 51; 53v; 54v; 67v; 78v; 87v; 88v; 93; 93v; 95; 96v; 99v; 177
- Henchin (*Prassenhenchin*) 178; 180; 180v; 181v; 183v
- Hengin 5; 6v; 7v; 8; 9; 10; 14; 25; 26v; 27v; 36*; 39; 41; 46; 46v; 47v; 49v; 51; 52v; 75; 83v; 86v; 99; 105; 106v; 107; 108v; 111; 113; 115v; 119; 120; 125; 134v; 145; 148; 149; 229
- Jeckel (*Jekel, Jeckell*) 6v; 12v; 14; 48v; 75; 183v; 198; 214v; 223; 232; 235; 236v; 238v

Presentatio Marie → Marie, Presentatio

Priester [kirchliche Amtsperson] 21; 174 [→ auch Nickel]

Propst → Salkirche

Prumbaum (*Prům̄baum; Prům̄baům̄*)
- Jeckel von [†] 5; 7v; 8
- Karlen von 22v

Prumheim (*Prům̄heim*), Karllen von 134v

Purificatio Marie → Marie, Purificatio

Pyrmont (*Permont*) [Eifel, Burg sw Koblenz], Johann von [Amtmann in Simmern] 82

Q

Quasi modo geniti (*Quasimodageniti*[!]) [Festtag] 20; 22; 22v; 62; 63v; 103v; 104; 104v; 138; 138v; 213v

Quintinum → Mainz, St. Quintin

Quittung (*qwitanczie, qwidigen, gequidiget*) 114; 114v; 131; 149; 182v

R

Rabe, Henne (*Rabenhenn*) {von Ingelheim} 85; 227

rachtung [Streitschlichtung, Ausgleich] 80; 101; 123v; 146v; 147; 147v; 148v, 169; 169v; 177v, 178, 189; 205, 207; 228 [→ *ußrachtunge*]

Rachtungsleute (-männer) [Streitschlichter] 61; 82; 101; 123v; 165, 101; 205; 211v

Rachtungszettel 148v

Rade, Hans {von Werstat}[= Rode?] 240

Radenbach → Rodenbach

Raffens, Henne 195v

Raffenßburg → Ravengiersburg

Rait, Peter (*Peder*) [†] 29v

Rambach (*Rambachen, Rampbach*) [nö Wiesbaden?]
- Hengin 25; 48; 64v; 95; 96; 112v
- Henchin 207v; 209

Ramberg [nw Landau in der Pfalz?]
- Erhart von, Junker, 10v; 47v; 63; 66; 66v; 67v; 68; 68v; 113; 180v; 210v; 221; 231v; 234
- Erhart von, Burggraf zu Alzey 112v

Rampbach → Rambach

Rampfuß → *Rampusch*

Rampusch (*Rampfuszen, Rampfůß, Rampůßs, Rampůsche, Rampusch, Ramppusch; Ramppůsch, Rampoůsche, Rampůszs*)
- Hans 5v; 7v; 9v; 11; 23; 24v; 57v; 58v; 60v; 96v; 156; 156v; 157; 159v; 162; 165; 203v
- Hans {von Ingelheim} 124; 128v

- Rampfuß 163; 164v; 204; 216; 216v; 217; 229; 231v
- Rampfuß {zu Ingelheim} 229v

Randeck (*Randecke*) [Burg bei Mannweiler-Cölln/Donnersberg?] [Niederadelsfamilie]
- Godfart von 31v; 34v; 96; 98; 101v; 103; 125v; 127v; 130; 152
- Gottfridt von 183v; *183v*

Randecker 9; 193v; 194v; 195v; 199; 201v; 204v; 232
- Henchin 188
- Hengin 118; 137
- Henne [Sohn des [Randecker] 167
- Henne 5v; 7v; 47v; 93v; 96v; 102; 111v; 123; 125; 127v; 135v; 161; 209;

Ranßel [Ransel nö Lorch/Wispertal?], Adam von 184; 185; 187; 197v; 202; 202v; 205v; 208v; 209; 210

Rat [Gemeinderat] → Ingelheim; → Winternheim

Rathaus 213 *[→ Schöffenhaus]*

Raub (*Raup, Raub, Raubp, Raůb, Raůp*)
- Cles (*Cleß, Clas*), Schöffe 4; 4v; 5; 7v; 8; 9v; 13; 14; 23v; 25; 26; 28v; 29v; 34v; 42; 42v; 44; 45; 45v; 46; 46v; 47; 48v; 51; 52v; 57; 69v; 70; 71v; 73v; 80v; 86; 87v; 88; 93; 94; 94v; 95; 96; 98v; 100v; 102v; 103; 103v; 106; 108v; 109; 110; 110v; 111; 111v; 120v; 121v; 122v; 123; 123v; 125; 126v; 127v; 128v; 131v; 132; 142v; 144; 145; 147v; 148; 151; 152v; 153v; 162v; 163; 163v; 164; 168v; 174v; 185v; 187; 189; 190v; 195; 197; 198v; 199; 200v; 202; 209; 212; 213; 218v; 223; 225; 226v; 227v; 232v; 233; 235; 235v; 236; 237v; 240
- Cles (*Clese*) [Unterschultheiß] 88v; 107v; 213
- Dynen [Tochter des Cles Raup] 100v; 139v
- Henne 26; 35; 51; 83; 94; 95v; 118; 119v; 120; 120v; 141; 142; 153v; 159v
- Jeckel 4; 5; 6; 7; 7v; 8; 9v; 11; 13; 14; 14v; 16v; 19v; 20; *20v*; 23v; 139
- Peter (*Peder*) 24; 26; 27; 27v; 29; 30; 33; 34v; 35; 35v; 37; 37v; 45v; 47; 49; 52v; 54v; 64; 107v; 130v; 133v; 136v; 137; 159v; 161; 162; 162v; 164v; 166; 167; 169; 171; 177v; 178; 180; 181; 192v; 193v; 197; 197v; 216

Rauch (*Raůch*)
- Hengin 23; 26; 35; 43v; 44v; 45; 45v; 48v; 59; 60; 67; 69; 73; 73v; 76v; 80v; 94v; 101; 110; 112; 124; 143
- Henchin (*Hench*) 163; 164v; 197; 197v; 199v; 200v

Ravengiersburg (*Raffenßburg, Reveßburg*) [Kloster sw Simmern/Hunsrück]
- Herren von 210; 213v
[→ Fulda]

Rechenschaft [Nachweis, Abrechnung] 27; 30; 30v; 37; 37v; 59v; 64; 84; 86; 157; 177; 181v; 189; 190

Rechnung [Beleg, Rechnung: Rechtsbegriff] 4; 4v; 6; 8v; 9; 12v; 13; 13v; 14; 14v; 16; 16v; 17v; 18; 18v; 23; 24; 25; 25v; 26; 26v; 27v; 29v; 31v; 34v; 35; 37v; 40v; 41; 42v; 43v; 44v; 45; 46v; 48; 51; 55; 55v; 56; 56v; 57v; 58v; 59; 60; 62v; 65; 65v; 67; 69; 71v; 73v; 74; 76v; 77; 78v; 80; 80v; 81; 86v; 88; 93; 94; 95; 95v; 96v; 97; 97v; 99; 101; 101v; 102; 105; 106v; 107; 107v; 109v; 110; 111; 111v; 112; 113v; 115; 115v; 123; 123v; 125; 129; 130v; 132v; 133; 134; 134v; 135v; 136; 138v; 139v; 140v; 142v; 143; 144; 147v; 150; 151; 151v; 152v; 153; 153v; 154v; 155; 155v; 157; 159; 162; 165; 166; 166v; 167; 169v; 170v; 172; 173; 174; 177v; 179v; 183; 183v; 186; 187; 190; 192v; 193v; 195v; 196v; 197; 198; 198v; 206; 206v; 207; 208; 212; 214v; 215v; 216; 220; 222v; 223; 228

recht getan [handeln, wie es das Recht fordert, z.B. durch eine Eidleistung]

Rechtsetzung → *ansprache und antwort*

Rede → *ansprache und antwort*

Regalien [Hoheitsrechte der Reichsgewalt] 89v; 91v; 92

Register [Verzeichnis] 12; 12v; 51v; 66v; 69; 69v;

86; 99v; 113; 115v; 121v; 220
Reh (*rehe*) 89v; 90; 90v; 91
Rehfänger 89v
Reich
- Heiliges 89v
- Ingelheimer Reich (*Rich, Riche*), 164v; 167; 174; 175v; 180v; 182; 183v; 184v; 185; 188; 193; 195; 195v; 197v; 199v; 202; 207; 210; 210v; 211; 213v; 215v; 216v; 220v

Reichsgericht (*richs gericht*) [Ingelheimer Gericht] 16v; 31v; 40; 104v; 105v; *112v*; 159v; 171; 175v; 182v; 188; 196v; 205v; 225 [→ Gericht; → Frankfurt]
Reichklarenkloster → Mainz, Klarissenkloster
Reichenstein → Richenstein
reiffe (*reyff*) [Reifen] 18; 61; 73; 149; 149v [→ borde]
Reitmeister → Jacob
Remigii [Heiligentag: 1. Oktober] 159
Reminiscere [Festtag] 16v; 17v; 60v; 100v; 101v; 135v; 174; 175; 210v
Remß, Clas {von Wackernheim} 93
Rente [Pachtzins] 182; 184v; 197v; 202; 211; 231v; 217v
Reveßburg → Ravengiersburg
Reyer (*Reÿer*), Jeckel 19; 20; 21; 24v; 29v; 237
Reyß → Rieß
Rhein (*Rin*), Fluß 181 (→ auch Ryne)
Richenstein (*Richensteyn*) 208; 210; 210v
- Johann von 33; 36; 38v; 39v; 69; 71; 71v; 74; 74v; 169

riechter [Richter] [Gerichtsvorsitzender] 98v
Rick, Clesgin (*Cleßgin*) 235
Riesch, Heinczen 105v
Rieß (*Riesz, Riße, Reyß, Ryeß; Ryess*) 165; 167v; 239
- Henne 4; 8; 11v; 17; 23; 40; 40v; 42v; 43v; 45v; 49; 50; 94; 111; 115v; 119; 152; 152v; 153v; 156; 161v; 189; 189; 189v; 223

Rieddörfer (*Rietdorffern*) [Laubenheimer Ried ?], die 133

Rinderbach → Wege und Straßen
Rynckgasse → Wege und Straßen
ring [Schmuckstück] 65v
Ringel (*Rynngelhens*)
- Hen (*Ringelhens*) [Vater des Peter] 175v; 178v; 179v [→ Else]
- Peter [Sohn des Hens] 178v; 179v

Ringer, Henne 6
Ringgasse → Wege und Straßen
Rinhylten, an der → Flurnamen
Rinwege → Wege und Straßen
Ritter (*Rytter*)
- Hans (*Ritterhansen*) 65v [?]; 163; 205v; 208; 210v; 212; 218v
- Hengin (*Rytterhengin*) 23; 24; 25; 30v; 34v 45; 46v; 57; 67; 71v; 79; 142; 143
- Henne 99; 162

Ritter [Standesbezeichnung] → Kronberg
Ritterschaft 91v
Rock (*rock, rocke*) [Kleidungsstück] 140v; 174v
Rockschoß → *jheren* (*gheren*)
Rode
- Henchin (*Henne*) 178; 179; 211v; 214v
- Hengin 26v; 87; 87v; 88; 101v; 115v; 133

roden (*gerotten*) [Entfernen von Gehölzen] 6
Rodenbach (*Radenbach*)
- Henne von 51v; 56; 62; 94v; 106; 108v; 109; 110v; 122v
- Henne von, der Junge 8
- Ulrich von 12v; 16; 233v; 236; 237v
- Peter (*Peder*) von (†) 106v; 122

Roder (*Rŏd(er)*), Peter, Herr 236v
Rodwin → Hose
Rotfosch (*Roitfosch, Rotfoiß, Rotfoß*) 84; 85; 86; 88v; 134v
Rotsch (*Rŏtsch*), Hengin 236
Rubenhenne (*Rŭbenhenne*) 126
Rudiger (*Rŭdiger*)
- Henne 77; 103v; 104v; 140
- Rudiger 106; 108; 109; 122v; 144; 145; 145v; 146; 146v; 148; 149; 150v; 151; 151v; 152v; 153v; 163v; 164; 165; 165v; *165v*; 166; 166v; 169; 171v; 172; 173v; 174v;

175; 175v; 176; 176v; 177; 177v; 178; *178*; 179v; 180v; 181; 181v; 182; 182v; 183; 185v; 186; 187; 188; 189v; 191; 194; 194v; 195v; 196v; *197*; 198; 198v; 201; 203v; 204; 204v; 205v; 206v; 211v; 216; 217; 219; 219v; 220; 220v; 222; 222v; 223v; 224; 226v; 227; 228; 228v; 230; 230v; 231v; 232; 233; 234; 235; 235v; 238; 238v; 239; 239v

Rudolf, der Schneider → Snider, Rudolf

Rudwin (*Růdwin, Rudwin, Rudwine*) 163; 164v; 167; 168; 172; 172v; 174; 178; 183v; 190; 211v; 212; 213v; 216v

Rücken [Körperpartie] 32

Rüdesheim (*Rudesheim; Rudeßheim, Růdeßheim*) [am Rhein], Hanman von (zu) 33; 45; 53; 53v; 54; 61; 74; 74v; 77; 79; 105; 106; 108; 120v

Rule (*Růln*), Henne (*Rulnhenne, Růlnhenne, Rulehen, Rulehenne, Heis [!]*), [Heimbürge, Büttel] 23v; 28v; 39; 66v; 90; 120v; 146v; 181; 190; 208; 210v; 211; 214; 223

Rulgin (*Růlgin*)
- der Keller 47; 49; 50v; 53v; 60; 97
- ein Mann 7v

Rupel (*Růpel, Růppel, Ruppel*)
- Henne [†] [Bruder des Peter] 6v; 7v
- Peter (*Peder*) [†] 43v
- Peter 63v; 65v; 107v
- Peter (*Peder*) [Bruder des Henne] 6v; 7v
- Rupe (*Růppel*) 107v

Rusche (*Růsche, Růßche, Růsßche, Růsche, Rußche, Rusßche*)
- Elßchin [Schwester des Syffrit] 165v
- Henne [Vater des Syffrit [†]] 165v; 166; 167v
- Syffrit (*Siffert*), in der Orenbrucken [Sohn des Henne] 165v

Ruß (*Ruß, Rusz, Růß, Růss, Růsche, Rusß*)
- Cles (*Clese*) 26; 29; 31v; 34v; 36; 44v; 45; 46; 46v; 74; 74v; 75; 78v; 97v
- Hengin (*Henchin*) [†] 158; 164
- Henne 5; 7v; 9v; 11; 12; 13v; 26v; 29v; 42v; 59v; 63v; 71v; 76v; 80v; 93; 94; 94v; 95; 95v; 98; 109v; 123; 125v; 127v; 138v; 187v; 212v[†]; 213[†]
- Russ 134v; 136; 137v; 139v; 146v; 162

Ruts (*Rutß, Růts, Rutz, Růtße, Růtszen*)
- Hengin 3; 9; 16; 18v; 46v; 48v; 50; 51; 51v; 57; 59; 69; 79v; 87; 88; 94; 96v; 99; 128v
- Rutz (*Růtz, Růtze*) 190; 206; 208v; 216; 216v; 217; 217v; 218
- Rutz, der Metzger (*metzler*) 233 [Vgl. → Metzler]

Rutter, Hans 65v [= Ritter?]

Ryeß → Rieß

Ryne, Heinz (*Heintz*) am 167; 181 [→ Rhein]

Rynnerbach → Wege und Straßen

Rytter → Ritter

S

Saal → Sale

Sabbatum [Wochentag, Sonnabend → auch Samstag] 165v; 168; 169v; 171; 172v; 173v; 175; 175v; 178v; 180; 181; 182v; 183v; 184v; 185; 187; 187v; 189; 190v; 191; 192v; 193v; 195; 195v; 198; 200; 202; 202v; 205v; 207; 209v.211; 212; 213v214v; 215v; 216v; 217v; 219; 220-223; 224; 225; 226; 226v; 227v; 229-230; 231; 231v; 232v; 234v; 235v; 237v; 238; 238v ; 239v; 240

sage beweren [Eine Aussage vor Gericht durch Eid bekräftigen]

Salczborn, aym → Flurnamen

Sale (*Sale, Saile*) [Saalkirche in der Königspfalz]
- Herren im Sale 61; 71; 102; 193; 193v; 199; 209; 210v; 216v
- Propst im Sale 59v; 66v; 69; 78v; 97; 102

sambder hant [gemeinsam] 213

Samen [Pflanzensamen] 230

Samstag (*samßtag, sabbatum*) [Wochentag → auch Sabbatum] 4; 4v; 5; 7; 7v; 9; 9v; 13v-14v; 16; 17v; 18v; 19v; 20; 22v; 23v; 24v; 25v; 27v; 29; 31v; 33; 34v; 35v; 36; 38; 38v; 39v;

42; 42v; 44; 44v; 45v; 46; 47; 49-49v; 50v;
53-54; 55v; 57; 59; 60v; 62; 63v; 64v; 66v;
67v-68v; 71; 73-75; 79; 80v; 81v; 84-85v;
87v-89; 92v-93v; 94v-95v; 96; 96v; 98;
99-100; 101v; 102v; 103; 104v; 106; 106v;
108; 109; 109v; 110v-113v; 114v-115v;
118v-119v; 120v-121v; 122; 124v; 125; 136;
126v; 127v-128v; 129v-130v; 131v; 132;
133; 134; 135v; 137-138v; 141v; 142v-143v;
144-145; 147v; 148; 149v; 150v; 151; 152v;
153v; 155v; 157; 159-160; 161v; 162; 165v;
168; 169v; 171; 172v; 173v; 178v; 180; 181;
182v; 183v; 184; 185; 187; 187v; 189; 190v;
191; 192v; 193v; 195; 195v; 198; 200; 202;
202v; 205v; 207; 209v; 210; 210v; 211; 212;
213v; 214; 214v; 215v; 216v; 217v; 225v

Sande → Jakob, Reitmeister
Sarcken, Heinrich → Starck
Saulheim (*Sauwelnheim, Swauwelnheim*) [Nieder-
und Ober-Saulheim sw Mainz] 233
- Gericht zu 176; 200
- Kirche in 176; 179
[→ Harwiler, Peter]
Schacke (*Schaicke*)
- Henne {von Appenheim} 72; 72v; 73; 123v
- Peter {von Appenheim} 193
schadlos (*schadenloiß*) 11; 45; 112; 128v; 189v
Schaf [Haustier] 4v
Schäfer → Scheffer
Schaffner → Mainz, Arm-Klarenkloster; → Engeltal
Schaike → Schacke
schalcke [Schmähwort] 58
Schalmeyher (*Schalmeyher*), Simon (*Symon,
Simion*) 163; 171; 171v
Scharfenstein (*Scharppenstein*), Wilhelm 99v; 114;
114v; 131v
Schaubdecker (*Schaupdecker, Schaůpdecker*),
Henne (*Hen*) 75; 95; 96; 184; 193; 206; 208v;
230; 230v; 231v; 232
Schaubenberg, Swicker von 201v
Scheide [Behälter für eine Klingenwaffe] 239; 239v
scheffen → Schöffen
scheffen geselle [Mitschöffe]

Scheffer [Schäfer] 180v; 203; 203*; 211v; 214v;
215v
- Clesgin (*Cleßgin*) 75
- Ebbart 216
- Henne 212
- Peter (*Petter*) 183; 217v
Schele-Odenbach [Odenbach/Adenbach sw
Meisenheim/Glan] → Acker, Henne
Scheln, Henne (*Scheln Henne, Schelnhenne*) von
Mainz 99v; 100; 125v; 141v; 143; 144; 145;
145v; 149v
schendige worte [Schmähworte] 44
scheren [schneiden] 58v
scherer lone [Schererlohn] 141v
Scherer (*Scherrer*)
- Cles (*Clese*), der Junge {von Östrich} 152v;
154
- Clesgin (*Cleßgin*) 35
- Else [Tochter des Scherer] 167v
- Fritze (*Fricze*) 107; 107v
- Hans {von Schwabenheim} 153v; 154
- Hench [= Henchin] 196
- Henchin [= Henne] 164; 164v; 193; 196;
199v; 202; 202v; 204v; 207v; 212v; 213;
215; 216; 219;
- Henne (*Schererhenne, Schererhen*) 13; 13v;
16v; 17; 17v; 19; 19v; 21; 43v; 48; 50;
50v; 72; 77; 79; 79v; 81; 84; 85v; 87v;
88v; 93; 94v; 95; 99v; 101v; 103; 121v;
140; 140v; 142v; 153; 154v; 161; 165;
202; 212v; 215; 218v; 230v
- Hengin [= Henne] 221; 225v; 226; 228; 229v;
230; 230v; 231; 232; 234; 234v; 235v; 240
- Hermann 4v; 25v; 115v; 119; 120; 121; 123v;
136; 136v; 137v; 138; 141; 142; 142v;
145; 148; 157v; 159v; 160; 211v
- Jakob (*Jacop*) {von Ulm} 236v
- Johann, Meister [= Vater der Else] 167v
Schillinge → Vorbemerkung
schimmeln (*schymmeltzt, schimelztzt*) [der
Weintraube] 194v; 204v
schlagen (Schlägerei) 107; 140; 140v; 141v; 153;
239

Schloss [Ladenschloss] 18v
Schloss (*sloß*) [Gebäude] 89v
Schlosser → Sloßer
Schmied
- Heinrich, der Schmied (*smede, smett*) 21v; 25; 25v; 27v; 28; 64v; 89; 98; 99; 118; 119v; 120v; 126; 143; 143v; 147v
- Jost der Schmied → Jost
- Mathis, der Schmied → Mathis
- Mertin, der Schmied → Mertin

Schmied (*Smede, Smett, Smidden, Smidt, Smith, Smit*)
- Smede
    - Clesgin (*Cleßgin*) 47; 49
    - Heinrich 144v
    - Peter, *der smede* 4
    - Peter (*Peder*) 56
- Smett (*Smet*)
    - Heinrich 22; 24v; 89; 115
    - Henn (*Smydthenn*), Büttel zu Ingelheim 228; 229v
    - Karl {von Ingelheim} 101; 110; 112
    - Peter (*Peder*) 39; 48v
- Smidden (*Smiden*)
    - Heinrich 181v; 183v; 195v
- Smidt (*Smith, Smit*) 187
    - Peter 196
    - Heinrich 182; 203v; 234v

Schnade → Snade
schneiden (*sniden*) [im Weinberg] 171v; 177
Schneider → Maig; → Schonwedder; → Snider
Schneiderbruderschaft → Bruderschaft
Schockeymer → Stockheimer
Schöffen (*scheffen, socius*) [Schöffengeselle] 5; 13v; 15v; 17; 18; 19v; 21; 21v; 23; 25; 28v; 29v; 31; 32; 34v; 35v; 37; 37v; 42; 43; 45; 46; 51v; 52v; 54; 59v; 60v; 61v; 62v; 63; 63v; 65v; 66; 68; 68v; 69; 72; 72v; 75; 82v; 83; 92; 93v; 105v; 108v; 109; 109v; 112; 113; 117v; 118v; 120; 121; 126v; 127v; 128v; 129; 129v; 131v; 135v; 138; 141; 144v; 145; 145v; 146; 146v; 153; 158; 158v; 159v; 160; 160v; 167v; 170v; 171; 173v; 176v; 177; 181v; 182v; 183v; 184; 185; 185v; 187; 190; 197v; 202; 202v; 203v; 205v; 213; 213v; 214; 214v; 215; 217v; 221v; 226; 234v; 235; 238
[→ Bock; → Buser; → Drapp; → Engelstadt; → Flach; → Hirt; → Jungen; → Parthenheiner; → Raup; → Wolff; → auch Mitgeselle]
Schöffenhaus 19; 19v; 65v; 153; 189v; 213
- kleines Stübchen auf dem Schöffenhaus 210v
Scholteßen (*Scholthißen*) [Schultheiß]
- Elsen 47
- Henn 229
Schonberg (*Schoneberg, Schonebergk*)
- Clesgin (*Cleßgin*) von, Baumeister der Kirche zu Spabrucken 120v
- Lyse von 184; 184v; 185; 187; 197v
Schonwedder (*Schon Wedder, Schonewedder, Schŏn Wedder*) 16v; 21; 45; 46v; 49v; 50; 50v; 64; 73v; 77; 78; 87v; 95v; 99; 101v; 102; 106v; 107; 111; 112; 114; 115; 121v; 123; 126; 127v; 129; 133; 134v; 137; 138v; 140v; 150; 153v; 168v; 169; 170v; 171v; 172; 176v; 177; 177v; 179v; 180; 180v; 182; 183; 187; 187v; 188; 189v; 190; 193; 194; 201; 205v; 206; 207; 211; 212; 213; 215v; 216; 217; 218; 219v; 221v; 223v; 224; 225; 228; 229; 229v; 230
- Schonwedder, der Schneider (*snyder*) 27v
[→ auch Heinrich; → Meckel]
Schornsheim (*Schornßheim, Schornßheym, Schornheim*) [nö Wörrstadt], Clesgin (*Cleßgin*) von [Bruder des Drubein] 141v; 143; 144; 145; 145v; 149v
Schoßport (*Schoßpart, Schoszport*)
- Jeckel [†] [Ehemann der → Grede]
- Grede [Witwe des Jeckel] 13v; 16; 133; 141
Schram (*Schramm*), Henchin 208; 209v; 218v
Schreiber (*schryber, schriber*), der [Verfasser] [→ auch *scriptor, copista, secretarius*] 19v; 184; 188v [→ Grunwalt; → Odernheim; → Olmen; → Peter; → Schriber; → Sibel]
Schreiner → *Vincz, der kistener*
Schriber (*Schryber*)

- Peter, Gerichtsschreiber (Peter Schriber) [Ehemann der Else] 3; 7; 16; 18v; 19v; 26; 29v; 49v; 86v; 95; 129; 131v; 138v; 139; 150v; 165 [†?]; *165*; 174[†]; 188v[†]; 189[†]
- Heinrich (*Heinricus, Heinrice, Heynricen*) [Sohn des Gerichtsschreibers Peter und dessen Ehefrau Else] 165; *165*; 174; 176v; 188v; 193v; 196

schrub (*schrube*) → spynnel
schůczen [Flurschützen] 50v
Schugman (*Schůgman*), Steffan 216v; 217
Schugmecher → Schuhmacher
Schuhe (*schuge, schůge*) [Fußbekleidung] 38v; 39; 43; 85; 174v; 182
Schuhknecht 198
Schuhmacher
   Schumecher (*Schůchmecher, Schůmecher, Schomecher*)
      - Albrecht 157v
      - Clesgin (*Cleßgin*) [Sohn des Hans] 99; 102v; 102, 103; 117v; 119v; 134; 153v; 154v; 155v; 196; 229v; 230
      - Dyne [Ehefrau des Clesgin] 117v; 118; 119v
      - Hans [Vater des Clesgin] 99; 120v
      - Henchin 170v
      - Hengin 51; 54v; 107v
      - Niclas 25v
   Schugmecher
      - Albrecht 187v
      - Clesgin 212
      - Henchin 187
      - Peter 212
schule [Unterweisung, Lehre] 64v
Schule [in Ingelheim] 113; 115v
   - die alte Schule 184v
Schulter [Körperteil] 17; 19
Schultheiß (*scholtes*) [herrschaftlicher Beamter] 3; 4v; 11-12; 13; 14; 14v; 20v; 23v; 26v; 29v; 36v; 38v-39v; 43; 44; 45; 48; 50; 53; 54v-57; 60; 61; 62v; 65v; 67v; 70v; 72; 72v; 75v; 78v-79v; 81; 83v; 85; 85v; 88v; 90-91; 92; 94v; 97v; 99; 99v; 102; 103v; 107v; 112; 113v; 120v; 123v; 127; 130v; 132; 133v; 134v; 138v; 141v; 142v-143v; 146v; 148; 151v; 152; 157v-158v; 161v; 164-165; 166v; 168v; 171-172; 173v-174v-176; 177-178; 180-182; 183; 184v; 187v-190; 191; 192v; 193v; 194; 196v; 198v; 201-202; 203v; 204; 205; 206v; 208v; 209; 211; 212; 213; 214; 217; 223; 228; 230-231; 236v; 237
   [→ Bußer; → Cristman; → Henne; → Raub: → Wilhelm; → Wolf]
Schumecher → Schuhmacher
Schurge, Ulrich 187v
Schwabenheim (*Swabenhein, Swabenheym*) [Schwabenheim an der Selz sö Ingelheim] 83; 84v; 85; 86v
   - Enders (*Enderß*) von 10v; 19; 20; 21; 21v; 28; 35v; 36v
   - Jorge von, Herr 211
   - Niklas (*Nyclas, Niclae*) von 48; 49v
   - Pfarrer Konrad 83; 84v; 85v
   [→ Dresser; → Eben; → Hulle; → Mullener; → Scherer]
Schwager (*sweher*) [Verwandtschaftsbezeichnung] 15v; 17v; 52; 55; 56; 64; 72; 83; 92v; 97v; 102v; 103v; 107; 146; 147v; 157; 179v; 182v; 193; 196v; 208; 211v; 218; 219v; 223v; 226; 227; 228v; 229; 230v
Schwalbach → Swalbach
Schwarzenberg → Flach von Schwarzenberg
Schwert [Hieb- und Stichwaffe] 239v
Schwein (*swin, swine, suwe*) [Haustier] 166v; 205; 207v
Schwester (*swester, suster*) [Verwandtschaftsbezeichnung] 19; 46v; 52; 116; 116v; 117; 166v
Schwiegerfrau (*swiegerfrauwe, swegerfrauwe*) [Verwandtschaftsbezeichnung] 116v; 117; 152; 218
schwören (*sweren*) [beeiden] 21; 52v; 164; 167v; 209; 240*
scriptor [Lat. Bezeichnung für → Schreiber] 2
Sebastiani [Heiligentag: 20. Januar] 12v; 54; 55v;

96v; 132
secretarius 2
Seelbuch 72; 72v; 123v
Seidensticker → Heinrich
Sekretär → *secretarius*
Selle, Peter {von Bingen} 193
Semiderhenne → Sniderhenne [?]
Semner → Simmern
Sender, Contzgin (*Conczgin*) {von Winternheim} 135v
sententia [Gerichtsbeschluss] 4; 4v; 6; 8; 8v; 9; 10; 10v; 11; 14; 14v; 15; 15v; 18; 21; 22; 24; 24v; 26v; 27v; 28; 30; 30v; 31; 36; 37v; 39; 40; 40v; 41; 41v; 42v; 45; 48; 50; 50v; 51v; 52; 52v; 53; 55; 55v; 56; 56v; 57; 58v; 60; 62v; 64; 65; 65v; 66v; 67; 70; 70v; 71v; 73; 75; 76; 76v; 77; 77v; 78; 78v; 79v; 80v; 82v; 83; 83v; 85; 87; 88v; 93; 93v; 94; 94v; 95; 95v; 96v; 97; 98; 98v; 99; 100v; 101; 101v; 104; 107v; 109; 109v; 110; 110v; 112; 113; 114v; 118; 118v; 120; 121; 121v; 122; 123v; 125; 126v; 127; 128v; 129; 129v; 132v; 133; 133v; 134; 135v; 136v; 137; 137v; 138; 138v; 140v; 141; 141v; 143; 144v; 145; 147; 148; 148v; 149; 149v; 150; 151v; 152; 152v; 155; 155v; 156; 156v; 159; 159v; 160v; 161; 161v; 162v; 163; 164; 165v; 166; 167v; 168; 168v; 169; 171; 171v; *171v;* 172; 173v; 173**; 174; 176v; 177; 177v; *177v;* 178; 178v; 179; 180; 180v; 181; 182v; 183; 183v; 184; 185v; 186; 188; 188v; 189; 189v; 190; 190v; 191; 192v; 193v; 194; 194v; 195; 196; 197; 197v; 198; 198v; 199; 200; 200v; 201; 202; 202v; 203v; 204; 204v; 205; 205v; 206v; 20;7 207v; 209; 209v; 211; 211v; 212; 212v; 213; 215; 215v; 218v; 219v; 220; 221; 221v; 223v; 224; 226; 226v; 227v; 228v; 229; 230; 231; 232; 232v; 234; 237; 239v
Severustag [Heiligentag: 22. Oktober] 4
Sibe 206v
Sibel (*Sybel, Sibolt, Sybolt, Sibelinus*) {von Alsenz} [ehemals Schreiber in Worms, Gerichtsschreiber] 2; 181; 190; 202; 208; 210v; 214v; 217; 217v

Sickingen [Niederadelsfamilie] [ö Bruchsal]
- Barbel von [Witwe des Heinrich Wingart] 107
- Swicker von [Amtmann in Kreuznach] 140
Sidendistel (*Sydendistel, Sydendistell*) 86[†]; 218v
- Cles (*Clese*) 46v; 102v; *102v;* 150; 172
- Clesgin (*Cleßgin*) 5v
- Dyne [Witwe des Sidendistel] 86
- Henne (*Hen*) 223
- Jeckel 78; 97v; 100; 128
- Mertin 224
- Peter (*Peder*) 33; 41; 43; 86v; 95; 131v; 150v; 193v; 194; 199; 201v; 204
Siegel (*Siegell*), Johan, Herr 225v; 228v
Siegel (*segel, versiegelt*) [Siegelstempel] 48v; 49; 100; 142v; 172v; 173**; 173v; 176v; 184; 185
sijdensticker → Seidensticker
Simmern (*Siemern, Symmern, Semmern, Semner*) [w. Bingen im Hunsrück]
- Amtmann in 82
- Jeckel (*Jekel*) von [Bruder des Karl] 3; 12; 15; 15v; 17v; 18; 26v; 47v; 48v; 56v; 75; 75v; 78v; 87v; 88; 97; 100; 110v; 111v; 112v; 113; 113v; 115v; 130; 131; 134v; 137v; 138; 141v; 143v; 145; 146; 146v; 150; 155; 157; 159v; 162; 162v; 167; 170v; 174v; 175; 175v; 198; 199v; 201
- Jeckel 166v; 179
- Karl von [Bruder des Jeckel] 137v; 138; 141v; 143v; 145; 146; 146v; 155; 157; 159v; 162; 162v; 166v; 167; 199v; 201
[→ Permont]
Simon (*Symmon*) {von Nieder-Hilbersheim} [Sohn des *Lutensleger*] 128
Simonis et Jude [Heiligentag: 28. Oktober] 4; 120; 121; 162
Sippschaft 66
Sliddorn (*Slyddorn*)
- Johann 3; 8v; 10
- Johann [Vikar zu St. Viktor in Mainz] 35
Slochter (sluchter) *wege* → Wege und Straßen
Sloßer
- Konrad (*Conrat, Conradt*) 25; 48v
- Konrad, *der slosser* 169

Slyddorn → Sliddorn
Smelcz, Hanman [Vikar in St. Viktor zu Mainz] 78
Smede → Schmied
Smett → Schmied
Smidden → Schmied
Smydthenn → Schmied
Snade (*Schnade*)
- Ebert 6; 9; 9v; 10; 11v; 16v; 18v; 19; 27; 33; 42v; 45v; 46; 61v; 65; 67v; 68; 70v; 76; 93v; 95v; 113v; 119; 125v; 153v; 154; 157v; 160v; 161v; 223; 234v
- Eberhard (*Ebberart, Ebberhart*) 163; 167; 168v; 169v; 171; 171v; 187; 214v
- Ebbert (Ebbart) [= Eberhard] 171; 171v; 183v; 186; 187; 197v; 200; 203v; 206v; 208v; 210; 212v; 214v; 215v
- Hengin 54v; 58v; 59v
- Peter (*Peder*) 3; 7; 13; *13*; 16; 17; 17v; 18v; 19v; 22; 33; 33v; 44; 60v; 62; 69v; 78; 78v; 103v; 106v; 107; 108; 106v; 107; 111; 113v; 115v; 116; 122; 124v; 126v; 128; 132; 132v; 134v; 136; 137v; 139v; 142v; 143v; 144; 144v; 145; 146; 146v; 148; 151v; 155; 157; 157v; 159; 162; 164; 170v; 174v; 177; 177v; 179v; 180; 180v; 183; 193v; 196; 197; 197v; 198; 199v; 200v; 201; 203v; 205; 205v; 206; 207v; 208; 208v; 211v; 212; 213; 213v; 214v; 215; 215v; 216; 218; 229; 229v; 231v; 234; 234v

Snel
- Henne (*Snelhenne, Snelnhenne, Sneln Henne, Snellehenne*) [Ehemann der Else] 11; 13v; 14; 67; 68; 71; 78; 81; 188v; 222v[†]; 224[†] [seine Witwe → Else]
- Henne, der Junge 170v

Snetzelhenne 193
Snider (*Snyder, Snydder, Snider, Schnyder*)
- Christman {von Ingelheim} 134v
- Diele [†] [Ehemann der Gredgin] 17
- Dielgin [†] [Ehemann der → Nese] 77; 79
- Dilge [Ehefrau des Hans Snider] 209
- Fremer 195
- Gredgin [Witwe des Diele] 17;
- Hans 3; 4v; 12; 15; 15v; 18v; 20v; 21; 21v; 22; 23; 24v; 25; 26v; 30; 31; 33; 33v; 34; 36v; 37; 37v; 38v; 39; 42; 42v; 44; 45v; 46; 47; 49; 50; 52v; 54; 55v; 60; 62; 63v; 65v; 67; 69; 72; 73v; 75; 75v; 78v; 90v; 92; 99; 100; 106; 111; 116; 116v; 117; 118v; 121v; 122v; 125; 127v; 129v; 130v; 131v; 140v; 143v; 151v; 152; 158; 158v; 179; 181; 182v; 209
- Hans {von Karben} 103
- Heinz (*Heincze*) 72v
- Heinrich 229
- Heinrich {von Lutern} 164v
- Heinze (*Heyncze*) {von Gernsheim} 6v
- Hengin (*Snyderhengin*) 42
- Henne (*Sniderhenne, Snyderhenn, Snider Henne, Schnyderhen*) 29; 35; 36; 38; 56v; 57; 59v; 63v; 65; 65v; 67v; 68; 69v; 73v; 98v; 125v; 168; 173v; 215; 215v; 225v; 232v; 234v; 235
- Peter (*Peder*) {von Winkel} 24; 26; 27v; 54; 54v; 55; 59; 107v
- Rudolf (*Rudolff, Rudeoff*) 5; 31v; 34v; 35v; 36; 36*; 79; 122; 194v; 204v; 233v; 236; 237v
- Rudolf, der Schneider 119v; 121; 195v; 199; 201v

Sniderhen (*Sniderhenne, Snyderhenn, Snider Henne*)
- Jeckel, der Junge (*junior*) 85v; 98; 101v; 103v; 115v; 119; 121; 130v; 132; 133v; 134v; 135v; 150v; 169; 232
- Jeckel, der Alte 94v; 123; 127v; 147v; 148
- Jeckel (*Smyderhen Jeckel*) 16; 29v; 81; 120v; 150v; 156v; 166v; 167; 178; 186; 219; 224

Snyr (*Snyrre*), Wigand, *der moller* 44; 45
Sobernheim (*Sobernheym*) [an der Nahe]
- Wilhelm von 6v; 13; 14v; 21
[→ Becker, Henne; → Click → Stop]
socius → Schöffe
Soden (*Sŏden*) [Bad Soden am Taunus nw Frankfurt/Main?]
- Henne von 5v; 7v; 9v; 24; 43; 45v; 53v; 74;

75; 111; 111v; 113v; 115; 119; 122; 123; 124v; 150v; 152; 153v; 156; 159; 161v; 182v; 183v; 187v; 189; 190; 192v; 193; 194v; 200; 201v; 205; 210; 216; 217; 223; 225; 226v; 231; 235
- Heinrich (*Henrich, Heynrich*) 16; 44; 45; 48; 49v; 51v; 105; 105v; 124v; 161v; 196; 225; 226v; 230; 231v

Sohn [Verwandtschaftsbezeichnung] 15v; 18v; 24; 36v; 37; 41v; 45; 46; 57; 59v; 71v; 86v; 92v; 93v; 99; 101; 102; 102v; 103v; 104; 105v; 110v; 111v; 112; 126; 128; 128v; 136; 138v; 159; 161v; 163v; 164v; 165; 166; 167; 168; 170; 171v; 174-175v; 176v; 177; 178-179v; 188v; 189; 190v; 193; 193v; 194v-196; 198v; 199v; 208; 212; 212v; 216v; 217; 223; 224; 225v; 227v; 235v; 239

Sole, ym → Flurnamen

Somerelin, Cles (*Clese*) {von Ingelheim} 199

Sommerie, Jekel 216

Songin (*Songinßs*), Clesgin (*Cleßgin*) 107

Sonnenschein [bei Tageslicht] 17; 64v; 66v; 86; 115

Sonntag [Wochentag] 15v; 19; 22v; 24v; 25; 26v; 29v; 101v; 103; 121v; 131v; 137v; 138; 140; 164; 166; 169; 171; 211

Spabrücken (*Spasbrucken, Spasbrücken*) [nw Bad Kreuznach]
- Kirche 120v
[→ Schoneberg, Clesgin, Baumeister der Kirche]

Spiel [Glücksspiel] 122

spynnel und schrub [Schreibzeug] 188v

Spital 57; 115v; 118v; 121; 123v [→ Mainz, Heilig-Geist-Spital; → Oppenheim]

Spitalmeister 113 [→ Crafft]

Spitzkopp (*Spitzkop, Spitzkopf; Spitzkopff, Spytzkopff, Spÿtzkop*), Gerhard 163; 187v; 189; 190; 192v; 193; 201v; 204v; 211v; 219v; 220v; 221v; 226v; 229; 229v; 231; 232v; 234; 234v; 235; 236; 236v

Sponheim (*Spanheim, Spanheym*), Lyse von [Witwe des Hans (Hansen) {von Ingelheim}] [Niederadelsfamilie] 161; 182; 184; 184v; 185; 188; 200; 201v; 216; 216v; 218 [→ Wolff]

Sprendlingen (*Sprendeling, Sprendelingen*) [ö Bad Kreuznach] [→ Faut]
- Cles (*Clese*) von 23; 29; 35; 36; 38; 54v; 59; 60v; 62; 62v; 83; 85v; 93; 106v; 108v; 109; 110v; 122v; 133
- Gericht 3; 4v; 194
- Henne von 30; 48v; 54v; 87v; 162; 193; 195; 218v
- Jakob (*Jacobus*) (*macht* in St. Johann zu Mainz) 167; 169; 170v; 171; 175
- Jeckel von 3v; 4v; 5; 7v

spynnel [Spindel] 188v

spynt [Schrank] 70

Stadt (*stette*) [Ingelheim] 17; 19; 61; 89v; 160v

Stadtmauer [Ingelheim]
- *Lochs Porte* 205v
- *Stiegel Porte* 192v
[→ Uffhub; → Ohrenbrücke]

Staffel [Niederadelsfamilie]
- Heinrich von 53
- Philipp von 197v

Staffen, Heinrich von der 13v

Stamm (*Stam, Stamn, Stann*)
- Jeckel 4; 4v; 5v; 7v; 30; 52v; 53; 61; 64v; 66v; 68; 68v; 71v; 73v; 75v; 77v; 81; 81v; 82v; 85v; 86v; 87v; 98; 99v; 100; 100v; 111v; 115; 119; 121v; 122v; 125; 126; 127v; 129v; 131v; 140; 147v; 149; 162v; 163v; 175; 214
- Stamm 163; 163v; 164v; 167; 168v; 170v; 171; 171v; 175; 182v; 185v; 188v; 189; 190; 190v; 192v; 193; 193v; 211; 213v; 214v; 232v
- Stamchin (*Stemchin, Steinchin*) 169; 178; 215

Stamm [Herkunftsfamilie] 36v [→ auch Hauptstamm]

Starck
- Cles (*Starckenclese*) 229v
- Endres (*Endriß*) 221v
- Heinrich (*Heynrich*) 30; 35v; 37; 193v; 195; 196; 199v; 201v; 202v; 203v; 204v; 205v

- Heinrich, *der offstoßer* 75v; 76
- Hengin (*Starckenhengin, Starcken Hengin*) 223v; 226; 227v

Stech, Hans, *der dufel* 122; 124v; 126v; 128

stechen [mit dem Degen] 31v; 32; 32v; 58; 140v; 153

Steffan (*Steffen*), *der beder* → Beder, Steffan

Stein, Endriß 233v

Steinbach (*Steynbach*) [am Donnersberg?] → Gysen

Steinchin → Stamm

Steinfart (*Steynfart*), Diel (*Diele*) von 4; 18v; 46v; 155

Steinmetz (*Steynmetz*)
- Hans, Meister 190v
- Diel {von Alzey} 232v

Stempeln [ein Mann] 221

Stephani [Heiligentag: 26.Dezember] 96

Stern (*Sterne*)
- Cles (*Clese*) 5v; 16v; 21; 28; 31v; 33v; 35; 36; 47; 49; 50; 50v; 53v; 54v; 60; 65v; 88; 119; 128v; 130v; 141; 151; 153; 154v; 161; 161v; 164; 165; 168; 168v; 171; 172; 175; 188v; 189; 190; 193v; 194v; 212; 212v; 213; 215
- Cristin 53; 122v; 125; 127v; 128; 128v; 129v; 131v; 151; 185v; 187; 205
- Christina (*Cristine*) 196; 202
- Frau des [Cles?] 33v
- Jeckel 18v; 101; 105v

Sterre
- Cles (*Clese, Cleß*) 202v; 223v; 224; 225; 225v; 227v; 229; 234; 234v; 235; 235v
- Jeckel (*Jekel*) 193v

Steuber, Peter, alias Switzer 238

Steyb (*Steybine*)
- Katherina 216v
- Hans (*Hanßen*) [Sohn der Katherina] 216v

Steynmetz → Steinmetz

sticken [Stöcke setzen für die Reben im Weinberg] 171v

Stiefsohn [Verwandtschaftsbezeichnung] 64v; 66v; 86; 155 [→ auch Henne; → Sohn]

Stiefvater [Verwandtschaftsbezeichnung] 143v; 174v [→ auch Hans; → Vater]

Stiege (*stegen*) [Treppe] 58

Stiegel Porte → Stadtmauer

stiegel [Treppenstufe] 58

Stiegelboil, am → Flurnamen

Stiffe (*Styffe*), Herman 35; 80v; 99v

Stirne [?], Frau des 199v

Stock (*Stocken*), Hermann 207

Stockheim (*Stockeym*) [Niederadelsfamilie]
- Godfart (*Gotfart, Godtfart*) von 73; 79; 85v; 88v; 95; 100v; 124v
- der Stockheimer 168; 169; 172; 172v; 225[?]
- Hofmann → Hoffmann
- [→ Mathis in der Rinderbach, Knecht Godfarts]

stoczler [Schlagstock] 140

Stoip → Stop

Stol (*Stoln*)
- Hans (*Stolnhans*) {von Hilbersheim} 53; 53v; 54
- Hans (*Stolhans, Stoln Hans*) 55v; 74; 79v; 103; 142v
- Hans (*Stolnhans*) {von Appenheim} 71v; 74v; 101v; 111v
- Johannes {von Appenheim} 47v; 85

stommel [Stummel, verbliebener Rest im Weinfass] 227v

Stop (*Stopp; Stŏp, Stoip, Stope*) 126v; 217
- Endres 210v
- Henne (*Hen*) {von Sobernheim} 4; 5v; 6; 9; 11v; 12; 26; 31; 41v; 42; 46v; 64; 73; 79; 79v; 80v; 87v; 95; 107; 111v; 115v; 119v; 123; 124v; 125v; 128; 128v; 131v; 134v; 135; 137; 140; 153v; 154v; 155; 156; 159; 160v; 166; 195v; 196v; 197; 198v; 199v; 201; 202v; 203v; 203*; 233v
- Peter 232v; 236v; 237v; 240

Storckenheimer [= Stockheim?] 225

Stortzkopp (*Storczkopp, Stortzkop, Stortzkopp, Storzkopff, Stŏrtzkopff, Sturtzkop, Storczekoppe, Stortzkoppff, Storczkappe*) 104
- Cles (*Clese, Cleße*) 14v; 37; 81; 94; 127v; 130; 133v; 233v; 236

- Cles (*Clese*), der Alte (*senyor*)) 30; 35v; 67; 67v; 85v; 88; 92v; 95v; 123; 124; 125v; 131v; 134v; 157v; 195; 219; 220v
- Cles (*Clese*), der Junge 13; 21; 51; 53; 53v; 54; 87v; 92v; 93; 94; 96; 105; 120; 121; 133v; 137; 139
- Contz (*Concz*) 48; 52v; 53; 58v; 60v; 64v; 66v; 68; 80; 101; 102; 113; 114; 115v; 119; 120; 124v; 139; 153v; 154; 157v; 160v; 161v; 183v; 188; 190; 191; 201v; 204; 209v; 219; 220v; 222; 222v; 228; 229v; 230v; 231; 233v
- Henne 7; 66v; 102; 139; 170v; 214; 233v; 234; 234v; 236v; 237v; 240
- Jeckel [Bruder des Peter] 140v
- Peter (*Peder*) [Bruder des Jeckel] 97v; 140; 140v; 152v; 206v; 234; 235v
- Wigand (*Wigant, Wigandt*) 8v; 17; 23; 26; 35; 51; 52; 54v; 57; 59; 63v; 64; 67; 76v; 77; 78v; 81v; 85; 86v; 91; 102; 107v; 111; 125; 129; 130v; 131v; 135v; 137v; 138; 150v; 151; 152; 190; 193; 206v; 215v

Strange, Kontz (*Concze*) 117v; 118
Straßberger, Johan, Bruder des Karthäuser Ordens 182; 188v
Straßen → Wege
Strode → Strude
Stroh (*strohe*) 147v
Stromberg [w Bingen] 82
  - Stromberger 155v
  - Peder 44
  [Schultheiß: → Christman]
Strude (*Strůde, Strůde, Stroide, Strud, Strode, Strőde*)
  - Henne 213
  - Heinrich (*Heynrich, Henrich*), Herr 113; 115v; 122v; 125v; 127v; 129v; 131v; 132; 134; 138v; 162v; 163; 163v; 164v; 176v; 183v; 184v; 185v; 187; 187v; 195; 195v; 199v; 213v; 214; 219; 219v; 220v; 221v; 226v; 229v; 232v; 233; 234v; 235; 235v; 236; 236v; 237; 237v; 238; 239; 239v; 240
Stube (*stobe*) [Zimmer] 32; 32v [→ auch Badestube; → auch Vogtstube]
Stubeß (*Stůbeß*), Heintze (*Heincze*) {von Algesheim} 124v [→ Else]
Stück [Gewichtseinheit beim Wein, dann das Fass (Stückfass) selbst] 17; 27; 70v; 76; 80; 98v; 102; 117v; 118; 156v; 191; 192v; 194v; 197; 198; 200v; 214v; 215; 227v
Sturtzkop → Stortzkopp
Styffe → Stiffe
Styln, Peter {von Winternheim} 216v
Sühne (*soůne*) [Streitschlichtung] 211
Suffuß (*Sůffußen, Suffussen, Suffůß*)
  - Angnese [Witwe des Henne Suffuß] 47; 64v; 85
  - Cles (*Cleß, Clese*) 41; 49v; 57; 59; 60; 71v; 77; 81; 111v; 148v; 163v; 188; 191; 199v; 218v
  - Cles (*Clese*), der Alte 165; 195v; 196v; 224
  - Cles (*Clese*), der Junge 196v; 204; 205v; 238v
  - Clesgin (*Cleßgin*) 3; 43v; 47v; 69; 81; 101v; 105; 152v
  - Clesgin (*Cleßgin*), der Junge 66v
  - Gerhusen [Witwe des Henne Kocher und des Jeckel Suffuß] 99v
  - Henne [†] 85
  - Jeckel [†] [Ehemann der Gerhusen] 70; 99v
  - Suffuß 189; 190v; 192v; 216; 239
  - Suffuß, der Alte 204; 205v; 209
  - Suffuß, der Junge 201; 209v; 219v; 240
Sultz (*Sultz, Sulzen, Sůlcze*), Johann, Herr 10; 10v; 13v; 14; 16; 18v; 19v; 20; 20v; 21; 23v; 24v; 26v; 27v; 29; 29v; 31v; 33; 34v; 35v; 36; 36*; 42; 43v; 44v; 45; 45v; 46; 46v; 47v; 49v; 56v; 59; 61; 62; 62v; 63; 139; 142v; 143; 144v; 187v; 217v; 233v; 236; 238v
suwe → Schwein
Swabenheim → Schwabenheim
Swalbach, Wilhelm von 36; 38v; 39v; 163v
Swartz (*Swarcz*)
  - Clesgin (*Cleßgin*) {von Ingelheim} 71; 74; 75; 78v
  - Contz (*Concze*) {von Östrich} 3; 75; 78v

- Peter {zu Winternheim} 219; 219v
Sweden
    - Henne von 4v; 36; 36v; 38v; 42; 48; 195v
    - Karlen von 39v; 116; 119v; 120v; 121v
Swencke (*Svencke*), Clesgin (*Cleßgin*) 16; 24; 161
Swert, Clesgin (*Cleßgin*) {von Ingelnheim} 75v
Swicker, Hans [†] 71v
swieger 146v; 147v [→ auch Schwager]
Swinde (*Swynde*) 176v; 186; 193; 194v; 221
    - Peter (*Peder*) 7; 8; 9; 39; 44; 44v; 45; 47; 48; 48v; 55; 56v; 58v; 60v; 64v; 67; 67v; 68; 81; 93; 94; 95; 95v; 96v; 97; 97v; 98v; 99v; 100; 108; 114; 125; 125v; 126; 128v; 129; 130v; 132; 141v; 143; 151; 157; 159v; 161; 162; 165; 180v; 185v; 187; 205v; 216; 217; 220
    - Peter [†] 57; 71
    - Else 41v; 42; 71; 111; 115v; 142v
    - N.N. [Frau des Swinde] 14
    - N.N. [Frau des alten Swinde] 46v
    - Swinde, der alte 46v
Switzer (*Swytzer*)
    - Michel [Schaffner des Arm-Klarenklosters zu Mainz] 233
    - Peter, der Bäcker 218; 235v
    [→ auch Steuber, Peter]
Swynne, (Peter) 163; 164v
Sybel (*Sybolt*) → Sibel
Sydendistel → Sidendistel
Synderhenn → Sniderhenn
synloiß [bewusstlos] 38v

T

tarin [Währungseinheit] 187v
Teidingsman → *detingsman*
Teilpacht → *deylgut*
termenyhe [Gemarkung, Bezirk] 89v
Testament [letztwillige Verfügung] 39; 48; 72v; 218
Thimotheus (*Thymathe(us)*) [Schaffner (*mompar*) des Arm-Klarenklosters in Mainz] 135v; 137; 140v; 202v; 210v
Thomas [→ Dhommus]
    - Henne (*Henn*) [= Henchin] 166v; 189v; 191; 196; 199; 199v; 201; 203v; 207v; 224; 226v
    - Henchin [= Henne] 191
Thome [Thomastag (Heiligentag): 21. Dezember] 9v; 53v; 201v
Thurnose → Turnose
Thymateus → Thimotheus
Tiele
    - Heinz (*Heintz*) 163
    - Johannes 202
Tier (*dier*) → *wylt*
Tisch (*tysche*) [Möbelstück] 58
Tochter [Verwandtschaftsbezeichnung] 4v; 6v; 7; 18; 36v; 70v; 81v; 96; 100v; 103v; 111v; 123v; 163; *166*; 167v; 177; 178v; 180; 180v; 199; 230; 233
Tochtermann [Verwandtschaftsbezeichnung] 178v
Tod (*tot*) [Ableben] 17v; 31v; 51v; 52; 116v; 117; 117v; 152; 165v; 167v; 177v; 193; 197v
Tonne (*donne*) [Gewichts- bzw. Maßeinheit] 18
tot oder lebendig (*doit und lebendig*) [Rechtsbegriff] 44v; 63; 71; 105; 106v; 117; 117v; 122v; 124; 137v; 156; 208; 209v
Tote Hand-Recht [Spezielles Güterrecht] 40v; 59v; 188v; 189; 197v
Totenbett (*leste abeschiede*) [Sterbelager] 12v; 17v; 51v; 146v; 175v
Trapp (*Trap*) [vgl. → Drapp]
    - Enders 166
    - Endres (*Endreß*) 188; 188v; 189; 198; 203v; 206; 207; 209v; 212
    - Jeckel (*Jekel*) 174; 181v; 194v; *197**; 209v; 214v
    - Odilie 197*
treber wine [Tresterwein] 191
Tremer
    - Clesgin (*Cleßgin*) 230
    - Henn 236
Trift → Viehtrift
Trinitatis [Festtag] 29v; 31v; 68v, 109; 110v; 144v;

145; 184v; 214; 221
trinken (*drincken*) 31v; 43; 57v; 65v; 75v; 125v, 147
Trium regum [Festtag: 6. Januar] 202v
Truben → Drubein
Tuch (*duch*) [Textil] 9; 11v; 13v; 14v; 15v; 25v; 27v; 28v; 29v; 38v; 42; 44; 44v; 49v; 50; 122; 133; 133v; 139v; 168; 179v; 199; 227 [→ *grahe duch*]
Tür (*dhore, dőre*) [Eingang] 32; 32v; 58; 70; 166; 204v
Tournose (*tornes, thornes*) [Währungseinheit] 5; 5v; 9; 33v; 46v; 67; 115v; 193v; 233
Tyemer → Diem

U

Ube, Peter 181
Uber halp → ober halp
Udalricus [Heiligentag: 4. Juli] 185
Uffhub (*Offhoben*) 23v; 55v; 126
    [→ Badestube] [→ Busen, Henne; → Ingelheim, Emmel in der Uffhub; → Kicz, Henne]
Ulm → Scherer, Jakob [→ auch Olm]
Ulme, Heinricus (*Heynrici*) von 190 [→ auch Olm]
Ulrich, *der bender* → Bender
Ulrichstag [Heiligentag] 74v; 112v
Unglich
    - Cles (*Cleß, Clez*) 216; 224
    - Clesgin (*Cleßgin, Cleszgin*) 6; 26; 27v; 29v; 30v; 56; 67v; 71v; 74; 98; 99; 100; 112; 118; 166v; 169; 195v; 226
    - Unglich 163; 195v; 198; 200v; 203v; 207; 216; 217; 221; 237v
Unschuld (*unschuldig*) [Nicht-Schuld, Rechtsbegriff] 3; 4v; 12v; 13; 16v; 17v; 18; 18v; 20v; 21v; 23-24v; 27; 30; 31; 32; 32v; 33v; 35; 36; 37; 38; 40; 40v; 41v-43; 44; 50; 55v; 57v; 59; 62v; 64-65; 67v; 69v; 70; 70v; 73; 76; 78; 78v; 80v; 81; 84v; 86; 87; 90v; 91; 96v; 97v; 100v; 102v; 103; 105v; 107; 107v; 113v; 118; 119v; 122; 125v; 126; 127; 133; 134v; 135; 136v; 137; 139-140v; 144; 145v; 151v; 152v-153v; 156; 160; 164v; 165; 166-167; 168; 168v; 170v; 171; 173; 173v; 174v; 175v; 176v-178; 179v-180v; 181; 182; 183; 184; 188; 189v; 190v; 191; 192v; 193v; 196; 196v; 197v; 199; 199v; 201; 201v; 204; 205; 206-207; 208; 208v; 210; 216; 217; 218; 218v; 221v; 222; 222v; 225v; 227-228; 232; 234v; 237; 238-239
Unterding (*underting*) [Anstellung bei Gericht. Übersetzt: Anwaltschaft oder Gerichtsvertretung. Diese muss für jeden Klagetermin und Klagefall erneuert werden] 3; 3v; 8v; 15; 21; 21v; 28v; 31; 31v; 33v; 36v; 38v; 41; 44; 52; 57v; 61; 69; 73; 81v; 82; 86; 89v; 90v; 109v; 116; 116v; 126; 139v; 140; 140v; 141; 143v; 144; 145-146; 158; 164; 165; 167; 168v; 169; 172; 172v; 173v; 176; 176v; 178v; 179; 181; 182v; 184; 185; 189v; 191; 196v; 201; 202v; 203v; 204; 206; 211v; 212v; 221; 228; 231v; 233; 234v; 235v; 236v; 238
Unterkäufer [Rechtsbegriff] 132v; 133v; 205; 205v; 214v
Unterpfand [→ auch Pfand] [Pfand] 3; 4v; 6; 10v; 11; 11v; 13; 14v; 15; 20; 20v; 22; 22v; 25; 29v; 33v; 34; 35; 38; 39; 39v; 46v; 47v; 48; 48v; 50v; 52v; 54; 56; 56v; 59v; 60; 62v; 63; 64; 69; 72; 75v; 76; 78v; 85v; 97; 102; 112v; 113; 115v; 118v; 120v; 123v; 129; 130v; 131v; 132; 134v; 144v; 145; 152; 153v; 154; 157v; 158; 158v; 161v; 162v; 163v; 168; 168v; 169; 169v; 170; 172; 176v; 178; 180v; 182; 182v; 184v; 185; 185v; 187v; 188; 189; 190v; 193v; 194v; 195; 196; 197v; 200; 201v; 205v; 208; 210; 210v; 211; 213; 213v; 214; 214v; 215v; 216; 216v; 217; 217v; 227; 231; 232
Unterschultheiß [herrschaftlicher Beamter] 88v; 107v; 213
Urbani [Heiligentag: 25. Mai] 71; 148v; 182v
Urkunde → Brief → *instrument*
Urlaub (*orlop*) [Befreiung von der Arbeit] 233
Ursel, Henchin von 169

Urteil (*ortel, urtel*) [Gerichtsentscheid] 3v; 8v; 10; 10v; 11; 17v; 21; 24v; 27v; 28; 31; 32v; 64; 67; 69; 69v; 72v; 77v; 80; 83; 85; 96; 118v; 122; 141; 144v; 149v; 151; 152; 155; 157; 157v; 159; 160v; 161v; 169v; 173v; 173*; 173**; 176v; 177; 178v; 179v; 182v; 190v; 191; 193v; 197; 198; 200; 201; 203v; 204; 206v; 209v; 211; 211v; 212v; 214v; 215; 215v; 217v; 220; 221; 227; 228 [→ auch *sentential*]

Ußersten Blatten → Flurnamen

ußrachtunge (*ußrichten, ußgeracht, ußgericht*) [Ausgleich, Vergleich] 10v; 12v; 15; 15v; 20v; 22v; 26; 30; 30v; 37v; 38; 43; 48; 51v; 52; 56v; 58v; 59v; 60; 60; 62v; 63; 64; 65; 67; 70v; 72; 72v; 75; 77; 80; 82; 83v; 87; 95v; 97; 99v; 101; 104; 119v; 124v; 125v; 128v; 131; 132v; 133v; 134; 134v; 135; 136; 140v; 142v; 145v; 152v; 156; 158; 160v; 163v; 164; 165; 168; 170; 171v; 172v; 173v; 174; 174v; 176; 178v; 179; 182v; 183v; 184; 185v; 188; 189v; 196; 197; 197v; 199; 200; 203; 205; 206v; 208v; 211v; 212v; 214v; 215; 216; 218; 218v; 220; 221v; 222v; 225v; 226; 226v; 228v; 231; 232; 233 [→ Rachtung]

ut prima [Der Begriff wurde nicht übersetzt. Er verweist auf das erstmalige Vorkommen des Streites, der Mahnung, Der Begriff wäre mit «siehe oben» zu übertragen. Auf einen Einzelnachweis wurde verzichtet].

uxor → Frau

V

Valentini [Heiligentag: 14. Februar] 99v; 100; 169v; 210

Vater [Verwandtschaftsbezeichnung] (*watter*) 15v; 18; 19; 31; 38; 43v; 51v; 55v; 57; 72; 79; 102v; 103v; 104; 113v; 114; 118; 118v; 143v; 146v; 159v; 165; 166; 174v; 175; 179; 184; 188v; 191; 195; 213; 233

Vendersheim (*Venderßheim*) [nw Wörrstadt], Christman von 119; 120v; 121; 121v; 122; 125; 126v; 128v; 131v; 138v

Venningen (*Fenningen, Fennigen, Fennyngen, Fengin, Venigen, Venyngen*) [s Neustadt/Weinstraße]
- die von 38; 216v
- Madlene (*Madalen, Madlen, Madlene, Magdalene*) von [Witwe des Symont von → Molhofen, Schwester des Jorgen] 103; 104; 104v; 105; 106; 108; 108v; 109; 109v; 112v; 113; 113v; 115; 116; 116v; 117; 117v; 124; 126v; 128; 129; 131v; 132v; 133v; 137v; 140; 142v; 143; 143v; 144v; 145; 146v; 148; 148v; 151; 152; 183v; 187v; 190; 190v; 217; 234
- Yrmel von [Schwester des Wilhelm von Ockenheim] 152
- Jorge von [Bruder der Madlene] 104v; 105v; 106; 106v; 108; 108v; 109; 109v; 110; 115
- Mühle der Frau von → Mühle

verbot [Das Festhaltenlassen durch den Schultheiß als Vertreter des Herrn oder durch eine Partei, zustimmen (durch beide Parteien). Der Begriff wird hier nicht einzeln ausgewiesen].

vergotsgelt → Gottespfennig

Verhörung → *ansprache und antwort*

Verjährung (*verjheren*) 23; 115v; 125v

vernoithbott) [vernotboten. Wegen Leibes- oder Herrennot lässt ein Beklagter sich - meist durch Frau oder Knecht - für sein persönliches Ausbleiben entschuldigen] 8; 16v; 19; 20; 21; 21v; 28; 143v; 166; 204v; 208; 209; 222v [→ Krankheit]

verschribunge (*verschreben*) [Verschreibung] 89; 165; 184

Vetter [Verwandtschaftsbeziehung] 77v; 164; 173v

Vetzer (*Veczer*) → Fetzer

vidimus [beglaubigte Kopie eines Schriftstückes] 114v

Vieh [Tiere] 89; 91v; 228

Viel → Fiel

Viehtrift (*fehedrifft*) [Weg vom Stall zur Weide] 113v; 114

Viermaß (*fiermaß*) [Flüssigkeitsmaß] 239v
Viertel
- [Weinmaß] 18; 40v; 53v; 71v; 99v; 104v; 105; 110v; 125v; 135; 196v; 198v; 209; 210; 227v
- Viertel (*fernczel*) [Getreidemaß] 124
- [Gewichtsmaß] 33v
- [Tuchmaß] 133
- Viertel (*fertel*) [Flächenmaß, Teilbereich] 38; 47v; 62v; 64v; 65; 72v; 88; *88*; 96v; 106; 123v; 133; 158; 158v; 163; 170; 193; 209v; 218v

Vikar (*vicarius*) [klerikales Amt] 114
[→ Coppart; → Guldenring; → Hode; → Humbrecht; → Kyrpperg; → Sliddorn; → Smelcz]

Viktor, St. → Mainz, St. Viktor
Vincula Petri → Peterstag ad vincula
Vincz (*Vintz, Vyncz, Wintz*) [auch → Winß] 19v; 21v; 22; 24v; 25; 25v; 27v; 29v; 38v; 39; 42v; 43; 44v; 64v; 73; 85; 93; 101; 106v; 107; 108v; 110; 110v; 111v; 112v; 114; 118v; 120v; 121v; 138v; 152v; 170v; 183v; 185v; 186
Vincz (*Fyncze*), der *kistener* (*kystener*) [Schreiner] 12v; 13; 16v; 18; 19; 25; 112v
Visitatio Marie → Marie, Visitatio
Viti [Heiligentag: 15. Juni] 33; 34v; 111; 148
Vocem Jocunditatis [Festtag] 26v; 67v; 68; 108; 143; 220
Volprecht → Folpprecht
Vorfahren (*furfare*) [Ahnen] 36v; 37; 40; 40v; 63; 96v; 110; 113v; 128; 165v

W

Wachs (*wachs, wagsche*) [Kerzenbrennmaterial] 54v; 71v; 79
Wackernheim [w Mainz]
- Kirche 197v
- Kirchenmeister 197v

[→ Bur, Henne; → Moller, Hengin; → Remßen, Clasen von]
Wagner, der 224; 226 [→ auch Wegener und → Hans, *der wegener*]
wagsche → Wachs
Waldaff → Walluf
Walde, Dietz (*Diecze*) vom 63v; 65v
Waldeck [nw Kastellaun/Hunsrück] [Niederadelsfamilie] → Boos von Waldeck
Wallenhusen [Wallhausen nw Bad Kreuznach], Clas (*Clasen*) von 207v
Wallertheim [w Wörrstadt] 205
Walluff (*Waldaff*) [nö Eltville/Rhein] 94
Wams (*wammeß*) [Unterjacke] 18; 174v
wandel [Pferdebein] 197
wasen [Base] 114; 114v
Wasser [Gewässer] 90
Wasser [Wasserlauf] 170
weben [das Handwerk ausüben] 139v
Weber (*Wŏber*), Henne (*Weberhenne, Woberhenne*) 5v; 6v; 7v; 9v; 11; 35; 115; 154; 211; 218v; 231
[→ Philip; → Wiler; → Konrad]
Wechsel
wessel [Quittung] 37
wesseln [Geldwechsel] 23
weg [Feldweg] 88
Wege und Straßen [→ Flurnamen]
- *Algeßheymer wege* 48
- *Alden Gaße* (*Alten Gasse, Alten Gaße*) 103v; 167; 205v; 229 [→ Johannes; → Moller]
- *Binger wege* 47v
- *Dusers Phade* (*Dusersphade*) 47v; 158v
- *Hammengasse* (*Hamen Gassen, Hamen gaßen, Hammengaßen*) 165v; 209; 228v; 230v
- *Hessel wege* (*Langer Heßler Weg*), am 163; 223v
- *Judenngassen* (*Jŭdden gaßen*) 28v; 189v
- *Nonnen Phade* 88 [→ Bender; → Moller; → Rusche]
- *Rinderbach* (*Rynnerbach*) 126; 186; 193v [→ Brandt; → Elsel; → Mathis]

- *Rinckgasse* 236
- *Rynner gasse, jn der* 164
- *Rinwege, aym* 124v
- *Slochter* (*Sluchter*) *Wege* 53; 123v; 209
- *Winheymer weg* 96v; 163; 209v

Wegel, Hen 33
Wegener [→ auch Hans; → Wagner]
- Heinrich {von Mainz} 93
- *der wegener* (*wegenner*) 175v; 234

Weide [Viehweide] 90
Weihnachten [Festtag: 25. Dezember] 5v; 13; 22v; 25v; 44v; 50; 81v; 84; 86v; 88v; 120v; 127; 132v; 133v; 136v; 155; 163v; 191; 196v; 197; 214v; 230; 237

Wein
- Wein [Trauben] 6; 16; 16v; 17; 18; 25v-27; 33; 40; 40v; 48; 49; 55v; 56v-57v; 70; 70v; 71v; 75v; 76-77; 78; 78v; 80; 81v; 82; 83v; 87; 93; 94; 95; 97; 98v; 99v; 102; 104v; 105; 106; 107; 107v; 110v; 115; 117v; 118; 123v; 125v; 126; 132v; 133v; 135; 136v; 143v; 146v; 147; 154v; 156; 156v; 158; 158v; 169; 170; 170v; 185v; 188; 190-191; 192v; 193v; 194v; 195v; 197; 198; 198v; 200v; 201v; 202v; 204; 204v; 206; 209; 210; 211v; 212; 214v; 217v; 222; 223v; 227v; 228; 231v; 232; 239; 239v
- Wein als Pfand 16; 25v; 26v; 78v; 81; 115
- Weingülte 158; 158v
- Weinkauf [Öffentlicher Vertragsabschluss unter Zeugen, den Weinkaufsleuten, bekräftigt durch gemeinsam getrunkenen Wein, den der Käufer bezahlt; übertragen: Vertrag] 3; 11; 21v; 22; 24v; 25; 25v; 27; 27v; 29; 48; 53v; 55; 58v; 60v; 64; 70; 73v; 74; 77v; 82v; 83v; 87; 124v; 125; 135; 136; 136v; 137v; 138; 141; 151v; 155; 159; 161; 162v; 163; 164; 167v; 176; 185v; 190; 196; 197; 198; 200v; 201; 204; 207v; 212; 213v; 230v; 237
- Weinlese → Herbst
- Weinschröter 194v
- Wein verladen
   - *slag* machen [Wein verladen] 125v
   - laden 143v
- Weinzehnt 49

Weingarten (*Wingarten*), Klosterfrauen von [Weingarten/Pfalz?] 5v; 7v; 9v; 38v; 56v; 101v; 122
Weingarten [Kulturfläche] → Wingert
Weinheim (*Winheim, Winheym, Wynheim*) [Frei-Weinheim (Ingelheim-Nord) am Rhein; → Winheim] 179; 181
- Adam von 26; 29; 30; 34v; 64v; 70v; 73v; 77; 77v; 81; 82v; 83; 101; 103; 105; 120v; 173; 199; 207; 212
- Bartholmäus [†] [Vater des Cles] 24; 217; 226v
- Cles (*Clese*) von [Sohn des Bartholmeus] 24; 217; 223; 226v
- Clesgin (*Cleßgin*) von [Kirchenmeister] 218v; 223; 231v [→ Bartholomeus]
- Enders (*Enderß*) von 26; 26v; 46v; 48v; 50; 60; 71v; 74; 111v; 123; 164v; 186
- Endres (*Endreß*) von 164v; 170v; 186; 192v; 207[?]
- Fähre 179

Weinkauf → Wein
weiß [Farbe] 199
Weißer Sonntag (*erweyß*) [Festtag: Invocavit] 121v; 131v; 164v; 166; 169; 171
Weißpfennig [Münze, *denarus albus*] 48; 180v
Weizen (*weyß*) [Getreideart] 9; 26v; 143v; 195; 201
Wenck, Hans 164
Wentz [ein Mann] 176v
Werner (*Wernher*)
- Cles (*Clese*) 216; 216v; 225; 226v
- Henne 22
- Henne Werner {von Winternheim} 17v; 19v
- Henne Werner {von Kreuznach} 104

Werner, der Krämer 50v [→ auch Kremer]
Werschaft (*werschafft, wereschafft*) [Bekräftigung, Bestätigung, Garantie, Bürgschaft, Ausgleich] 24v; 60v; 150; 157; 163; 194v; 212v; 213; 218v
Werstadt [= Wörrstadt n Alzey?] [→ Peter, Brune;

→ Raden]
Wettwiese → Flurnamen
wib [Ehefrau, Frau] 15v
Wielandt (*Wilanden*), Hans 156; 156v
Wiederrede → Ansprache und Antwort
Wiener (*Wÿener, Wÿener*), Henne (*Hen*) 181v; 226v
Wies → Wiß
Wiese [Grünland] 56; 56v; 89; 93v; 96v; 136v; 210v; 219v
Wieseborn, Henne von 69
Wigand (*Wigganden, Wigandt, Wigant*)
- Storzkoppe [?] 104
- Wigand 169v; 178; 191; 194v
Wigant, *der wirt* 169v
Wigel → Moller
Wild → *wylt*
Wildbann → *wylpert und wylpende*
Wiler [Weiler bei Bingen]
- Symon von 163v; 171v
- der *wober* von 167
Wilhelm (*Wilheim, Wilheym*)
- Schultheiß zu Hilbersheim 72; 116; 116v; 117; 123v; 124; 167; 167v; 173v
[Herr: → Hode, Wilhelm und Ingelheim, Wilhelm von Ockenheim]
Willenberg (*Willenbergk*) [Niederadelsfamilie]
- Emmerich von 202v; 205v; 208v
- Gottfridt von 202v; 209; 211
Winckel → Winkel
Windeßbach → Winsbach
Wind, Henne → Winßhenne
Windrut (*Windrůt*) [Witwe des Peder → Bul]
Wineworme → Winworme
Wingart, Heinrich [†] [Ehemann der Barbel von Sickingen] 107
Wingert (*wingart*) [Weingarten] 6v; 14; 18; 25; 26; 26v; 27; 29v; 50v; 52v; 53; 57; 61; 61v; 62v; 63v; 65; 67; 72v; 77v; 78; 88; 96v; 99v; 100v; 107v; 110v; 112; 123v; 124; 133v; 136; 136v; 151v; 154v; 155; 157; 157v; 158; 158v; 161; 163; 165; 170; 171v; 186; 187; 187v; 188v; 200; 209; 218v; 221; 223v; 230v; 231; 235; 237
Winheim → Weinheim

Winheymer Felde → Flurnamen
Winheymer weg → Wege und Straßen
Winkel (*Winckel*) [Rheingau], 53
[→ Snider, Peter]
Winose (*Win Ose, Wineosen*), Hans 6; 27v
Winsbach (*Winßbach, Winßpach, Winszbach, Windeß, Windeßbach, Winßbech*)
- Cles (*Clese*) [?] 168
- Henne [Bruder des Jeckel] 165; 168; 168v; 176; 207v
- Henne 194v
- Jeckel, der Junge 6
- Jeckel 193v; 208v
- Jeckel (*Jekel*) [Bruder des Henne] 53v; 55v; 69v; 74; 76v; 165; 165v; 167v; 168 [?]; 190; 193v
- Jeckel, der Alte 16; 17; 25v; 38; 42v; 43; 44v; 45; 53; 54; 56; 56v; 60; 64v; 65; 67v; 79v; 94v; 102v
Winß (*Wintz, Windeß*) [→ auch Vincz]
- Henne (*Winshenne, Winßheyne, Wynßhenne, Windshenn, Windßhen, Windeßhenne, Windszhen, Windeß Henne, Winßhenne*) [Bruder des Jekel] 4; 5; 6; 25v; 27; 27v; 29; 30; 31v; 33; 34v; 35; 35v; 37; 38; 60v; 64; 71v; 72; 78v; 81v; 82; 82v; 84v; 86v; 99; 148v; 149; 150; 150v; 171; 172; 194v; 195; 204v; 207; 207v; 209v; 211; 212v; 218; 223v; 225; 225v; 228v; 229; 230v; 231; 234; 234v; 235
- Jeckel [Bruder des Henne] 188; 192v; 195; 217; 225v; 228v; 229v; 230v; 231
- Jeckel, der Alte 78
- Jeckel, der Junge 135v
- Vintzgin 164v
Winß, der Pfarrer (?) → Pherner, Winßs [→ auch Wyncz]
Winßbecher → Winsbach
Winter (*Wynter*)
- Winter 43v; 102v; 132v; 133v; 134v; 155; 181v; 182v; 190v; 193v; 195; 200; 201v; 205; 210; 218v
- Hans 73v

- Kune (*Kůnen*), Meister 50
- Kune (*Kůnen, Cůnen*) [Amtmann zu St. Peter in Mainz] 46; 47; 49; 50;

Winterbecher, Margret (*Margrett*), [Ehefrau des Wilhelm von Ockenheim gen. von Ingelheim] 74; 77; 79v; 88v; 98v; 99; 102; 104[†]; 105; 114[†]; 114v[†]; 116[†]; 117[†]; 117v[†]; 124 [†]

Winternheim (*Winterheim, Winternheim, Winterheym*) [Großwinternheim], 163v; *163v*; 166v
- Gericht 53v; 193v; 201
- Gerichtsbuch 163v
- Rat zu 98v; 99
- Kirche 169
- Werner von 26; 29v; 53v
- Johan, Frühmesser in Winternheim 39; 48
- Johann von 230
- Johengin von 228v; 229; 234
[→ Becker; → Bender; → Bußer; → Diel; → Emmerich; → Harnes; → Hertwin (Baumeister in Winternheim); → Hirtrich; → Hose; → Kettenbuer; → Megel; → Meyer; → Senders; → Stylnn; → Swartz; → Werner].

Winworm (*Wineworme, Wynworm, Wyneworm*) 14v; 16v; 18; 23; 26; 30v; 33; 35; 43v; 45; 45v; 46; 52v; 57; 59; 59v; 61; 63v; 64v; 65v; 71v; 81v; 83v; 85; 86v; 88; 99; 115; 124v; 125; 126v; 128v; 167; 187; 188; 191; 194v; 211; 211v, 214v; 215v; 217; 218v; 219v; 233v; 236v; 237v; 240
- Peder 18v

Wirde, im [Insel? oder Flurname?] 60

Wirt → Wigant

Wirtshaus (*werteß husche*) 153

Wiß (*Wiss, Wisß, Wisz*)
- Contz 176v
- Cles (*Cleß, Clesz*) 43v; 48v; 51; 64v; 66v; 80; 83v; 106v; 108v; 109; 109v; 110; 110v; 115; 122v; 124v; 126v; 128v; 156v; 163; 174v; 188; 190v; 207v; 209; 215; 222; 229; 229v; 230v
- Clesgin (*Cleßgin*) 113v [†]
- Hengin (*Wißhengin, Wißphengen, Wiszhengin*) 29v; 31v; 52; 78; 79; 83v; 85; 88v; 112v; 113v; 114; 142v; 143; 144v; 145; 223; 225
- Henne (*Wißhenn, Wißehenn, Wißen Henne*) 38; 48; 64v; 66v; 68; 114; 132v; 134v; 136; 162; 188; 190; 197; 203v; 229v; 230
- Henne, in der Ohrenbrücke 205v
- Henne [Stiefsohn des Cles] 64v; 66v
- Wißen in der Arenbrücken 194v

Wißbeder (*Wiszbeder*), Hengin [†] 226; 227v; 230v

Wisser (*Wißer, Wißhar, Wisßer, Wissen*)
- Contz 193v; 195v
- Contzgin 180v; 187; 198v; 204; 204v; 210; 210v; 211; 212; 213v; 234; 235
- Contzgin, der Junge (*junior*)) 237

Wißloch (*Wyßloch*), Wendel von [Bürger zu Worms] 104v; 106; 108; 109

Wißphengen → Wiß, Hengin

Witwe [hinterbliebene Ehefrau] 3; 4; 5; 7v; 13v; 16; 17; 17v; 19v; 22; 35v; 36; 38v; 39v; 40; 57; 77; 79; 86; 88; 92v; 93; 95; 99v; 103; 107; 125v; 126v; 127v; 130v; 133; 137; 137v; 141v; 160; 161; 182; 182v; 184; 184v; 185; 200; 201v; 215v; 222v; 224

Wober → Weber

Wörrstadt → Werstadt

Woilhemer, Peter 167v

Wolenber (*Wǒlenber, Wollenber, Woilenber*)
- Anne [Ehefrau des Peder] 8
- Hans 56v; 70; 88v; 115; 149; 149v; 150v
- Peter (*Peder*) 4v; 7; 8; 17; 18; 20; 23v; 24; 24v; 26; 28v; 39v; 46v; 49v; 50; 58v; 62; 70; 73v; 78v; 80; 80v; 81; 83; 87; 97v; 105; 110; 111; 111v; 112v; 113v; 116; 126; 132v; 133; 133v; 135; 138; 141v; 146v; 150; 169v; 176; 183; 187v; 191; 192v; 193v; 197v; 198; 198v; 199; 203v; 213v; 214; 215v; 222v; 224; 226v; 236
- Wolenber 186; 197; 229; 232v

Wolff (*Wolf*)
- Wolff, *domicelli de* 205v
- Adam

- Adam 49v; 64v; 183; 189; 202; 207; 210v; 214; 214v; 229v; 236v; 238v
- Adam [Schöffe] 3; 23; 46v; 47; 51; 56; 56v; 60v; 63v; 65v; 75v; 76; 76v; 86v; 87v; 88; 97v; 110; 122v; 127v; 136; 138v; 139v; 141v; 142; 161v; 162v; 166v; 169v; 182; 183; 183v; 184v; 188; 188v; 190v; 192v; 193v; 195v; 200v; 209v; 214; 215; 216v; 217; 220; 222; 232; 235
- Adam [Junker] 66; 213
- Adam Wolff von Sponheim [Schöffe] 98
- Anthis
  - Anthis 176; 179; 180; 200; 229v; 230
  - Anthis {von Lahnstein} 181; 181v
- Grede 210
- Gredgin 46
- Hans
  - Hans 125; 138; 145; 148; 149; 152v; 153v; 219; 221v; 222; 222v
  - Hans, Junker 66
  - Hans [Schöffe] 219v; 220v; 223v; 232
  - Hans Wolff von Sponheim [Bruder des Heinrich] 122v; 187v; 195; 195v
  - Hans [Bruder des Heinrich (Sohn)] 13v; 204
  - Hans Wolff von Sponheim 137v; 187v
- Heinrich
  - Heinrich Wolff [†], [verheiratet mit → Lyse, Vater des Hans Wolff und Heinrich Wolf] 5v; 13v; 14; 122; 220
  - Heinrich Wolff von Sponheim [Bruder des Hans] 13v; 122v; 195; 195v; 204
  - Heinrich 4v; 25; 26v; 27v; 30; 42v; 199v; 220v; 222; 233
  - Heinrich, Herr 239
  - Heinrich, Junker 66
  - Heinrich [Schöffe] 199; 220
- Henne (*Hen*) 222v; 233; 235v
- Henchin (*Hennchin*) [Bruder des Jeckel] 168v
- Henne
  - Henne (*Hen, Wolfshenne*) 3; 7; 8; 8v; 9; 10; 11v; 24; 31; 33v; 34; 34v; 35; 35v; 36v; 37; 38v; 43v; 44v; 57; 64; 74; 153
  - Henn (*Wolfshenn*) {von Algesheim} 224
- Jeckel (*Jekel*)
  - [Bruder des Henchin] 168v
  - Jeckel 111; 112; 207; 208; 210; 210v

Wolfsheim (*Wolffsheim, Wolfßheim*)
- Dyne von 63v
- Henne von 55v; 59; 60v
- Yde Henne von [Ehefrau des Henne] 55v; 59; 60v

[→ Diem]

Wolltuch [Tuch] 179v

Wolmar, Hans 61

Worms (*Wormß, Wormßs, Wormße*)
- Andreasstift (*Sant Endree, Sant Enders*) → Humbrecht, Johan
- Hans von [Ehemann der → Barbel] 16; 25; 31v; 32; 32v; 33; 33v; 38v; 39; 40; 40v; 42v; 43; 43v; 44v; 45v; 49; 50; 55; 56v; 57v; 58v; 60v; 62; 85; 111; 169v; 182; 183v

[→ Alsenz; → Guldenrinck; → Folpprecht; → Loczen; → Wincze; → Wißloch]

Wunde 141v

Wurtzgarten (*Wurzgarten*), Konrad, Herr von St. Johann zu Mainz 213v; 214

Wust, Hans {von Hallgarten} 175v; 180

Wyelant [ein Mann] 223

Wyhewasser Mühle → Mühlen

wylpert und wylpende [herrschaftlicher Wildbann] 89v

wylt [Hochwild] 90v; 91 [→ *hochwylt*]

Wynborn, die 232v

Wyncz (*Wyencz, Wynczig*), Clas [Bürger zu Worms] 104v; 106; 108; 109

Wynheim → Weinheim

Wyßloch → Wißloch

Y

Ybich (*Ybch; Ybschs*), Konrad (*Conrat*) {zu Mainz} 26; 29; 31v; 34v; 44v; 45; 46; 46v
Ybingen → Eibingen
Yden → Wolfsheim
Yett (*Yett, Ytte*)
    - Peter (*Peder*) 43v; 86; 89
    - Clesgin (*Cleßgin*) 44v; 73
    - Henne 4; 6v; 42; 42v; 88v; 98; 99v; 100
    - Contz (*Concze*) 7; 18v; 43v; 44v; 139v
Ysenach → Isenach

Z

Zallbach [Zahlbach bei Mainz?], Henne von 163
Zehnt → Fruchtzehnt, → Weinzehnt
Zehnthof 162
Zettel (*zittel, zyttel*) 8v; 10; 12v; 15; 15v; 121v; 148v; 158; 162; 165; 172; 176; 219; 219v [→ Kerbzettel]
Zimmermann (*Ziemerman, Zymmerman, Zymman*)
    - Henchin 174v; 175; 175v; 177; 182; 183; 223
    - Heinze (*Heincze*) {von Ockenheim} 98; 99; 105
    - Clehe [Mutter des Henchin] 174v
    - Peter {von Aspisheim} 240
Zinnkanne (*zynnen meßig flesch*) 227v
Zins [Zins, Pacht] 12; 14; 14v; 30; 35; 42; 42v; 47v; 48; 51; 53v; 55; 56v; 57; 57v; 58v; 63v; 65v; 72; 72v; 73v; 77v; 94; 95; 96; 113v; 114v; 123v; 124; 126; 134v; 136; 142v; 148v; 153v; 156; 157v; 165; 170v; 173v; 174; 182; 183; 184v; 189; 194v; 202; 203; 206v; 207; 209v; 211v; 218v; 219v; 221; 230v; 231v; 234; 238; 238v
Zinsmeister → Jacob; Kyrpperg
Zistag [Wochentag; → auch Dienstag] 175; 175v; 180; 180v; 182; 184; 184v; 184v; 187; 187v; 189; 191; 192v; 203; 203v; 208; 208v; 210; 210v; 213v; 214; 217v
zopff [Maßeinheit] 225v
Zorn 179v; 181v
    - Hengin 43v; 45v; 144; 146v; 151; 154
Zorrich, Henne 122v; 125; 127v; 129v; 130v; 143v
Zunft [Handwerkerverbund] 139
Zunftordnung [der Tuchweber] 139v [→ auch Ordnung]
Zweiteil [Zwei-Teil, Größeneinheit] 73v; 177v
Zwillich (*zwilche*) [grobfadiges Leinengewebe] 78
Zymmermann → Zimmermann
Zyriacustag [Heiligentag] → *Cyriaci et socii*

Transkription und Übertragung

fol. 2 — ANNO LXXsexto

TRANSKRIPTION

Anno etc. LXX sexto
Cleß von(n) Lorch hait geerbt
Grede[a] hůsfr(au).

Decim(us) scriptor Sibelin(us) Alsentz quond(am) copijsta
civitat(is) Wormatie(n)s(is) anno d(omi)nj etc. LXXX primo.
Undecimus scriptor Steffanus Grunwalt de Dÿdeßheym
quonda(m) secreta(r)ius comitu(m) de Lynynge(n) notarius
anno d(omi)nj M CCCCLXXX tertio sexta p(ost) Elisabeth etc.[b]

a Es folgt ein nicht zu deutendes Zeichen [»s(in)«?].
b Die vorstehenden Blätter 1 und 1v im Haderbuch sind leer, ebenso das folgende Blatt 2v.

Im Jahr 1476

Im Jahr 1476 hat Cleß von Lorch von Grede geerbt.

Der zehnte Schreiber, Sibel Alsentz, einst Schreiber der Stadt Worms, schreibt das Gerichtsbuch vom Jahr 1481 an.
Der elfte Schreiber, Stefan Grunwalt von Deidesheim, einst Sekretär des Grafen von Leiningen, Notar, schreibt das Gerichtsbuch vom 21. November 1483 an.

fol. 3 — Anno LXXsexto Dinstag nach der Eylff Dusent Jonffrauwen tage

Actu(m) anno etc. LXX sexto off Dinstag
nach der Eylff Dusent Jonffrauw(e)n tage.

p b — Jt(em) Drůbeyns Wilhelm hait p b an Greden Cleßgin Benders selig(en) witwen.

Jt(em) nach dem Hengin Enders sin fierde heischůnge off Henges Jeck‑
keln gethan jnhalt des buchs / also hait er die underphande nach
offgeholten — lude siner heischůnge offgeholt(en) und das verbot. Und der scholtes
hait yme ban(n) und freden dar ober gethan als recht ist / Das hait
Hengin auch verbot.

Jt(em) nach dem Hans Snyder als vo(n) mo(m)perschafft wegen Adam Wolffs
offgeholt(en) — unsers mit scheffen gesellen sin fierde heischůnge off Jeckeln von
Siemern jnhalt des buchs gethan / Also hait er die underphande nach
lude siner heischůnge off geholt(en) und das verbot.

Jt(em) Ancze Duppengießer hait sich verdingt Melma(n)s Hengin und Wolfs
Henne(n) yre worte zu thun und hait sin und(er)tinge verbot als recht ist.
sant Vichtor — Und hait das buch // wie dan(n) die konde zusch(e)n den her(e)n von sant
Vichtor und yne gesagten haint laißen offen und das verbot. Und
Heng(in) Melma(n) — sagt nach lude des bůchs so begeren sie rechts. Her Johan Slyddorn
Wolffs Hen — als vo(n) syner her(e)n wegen hait das bůch auch verbot und begert auch
rechts. Das alleß auch mit der konde ist gelengt bijß off Dinstag
nach sant Martins tage sic hodie. Das haint sie alle verbot.

Jt(em) zusch(e)n Henne von Hoestadt Philips Duchscher(er)n und der konde
gelengt — ist gelengt noch hude zu fier wochen sic hodie. Das hant sie
alle verbot.

p b — Jt(em) her Conrat Lange hait p b an Cleßgin Suffußen.
p erf(olgt) — Jt(em) Peder Bend(er) von Wint(er)nheim erf(olgt)[a] Joh(ann)es Faůt(en) offs bůch.

Jt(em) Henne von Eltvjl erk(ennt) Hans Snyd(er)n als vo(n) mo(m)perschafft wegen
erk(annt) zů — Adam Wolffs unsers mit scheffen gesellen jn leistunge zu gehen wan(n)
leysten — er yne mit dem monde mane / als vo(n) Hengin Rutßen wegen und
nit dar üß zu kom(m)en / syme jonck(er)n sihe dan(n) uß rachtunge gescheen.

erlaißen — Jt(em) Swarczen Concze hait Peder Snaden der unschulde erlaißen und
unscholt — wijl yme sin gerichts schaden widder geb(e)n. Das hait Ped(er) verbot.

Jt(em) zuschen Pet(er)n unserm gericht schryber und Greden Cleßgin Bend(er)s
gelengt eo(dem) — selig(en) witwen auch mit dem winkauff ist gelengt noch hude zu
fier wochen sic hodie. Das haint sie verbot.

erf(olgt) — Jt(em)[b] Jeckel Borkart erf(olgt) den Hyssen offs bůch.

Jt(em) Henne von Eltvjl hait sich verdingt Jeckeln von Sprendlingen sin
worte zu thůne und hait sin und(er)tinge verbot als recht ist. Und hait
Fauts Clasen von Sprendlingen zu gesprochen wie daß sie vor zyden
zu Sprendlingen an gerichte myt eyne getedingt hab(e)n. Also habe das

---

a Das Wort ist über der Zeile beigefügt, darunter durchgestrichen: »hait p b an«.
b Zwischen Marginalie und Text verläuft entlang der folgenden 5 Zeilen ein senkrechter Strich.

22. Oktober 1476

Wilhelm Drubein hat Pfändung gefordert gegenüber Grede, der Witwe von Cleßgin Bender.

Nachdem Hengin Enders seine vierte Klage erhoben hat, hat er die Pfänder gemäß seiner Klage eingezogen und dies festhalten lassen. Der Schultheiß hat Bann und Frieden darüber gemacht. Dies hat Hengin festhalten lassen.

Hans Snider hat als Vertreter von Adam Wolff, unseres Mitschöffen, seine vierte Klage gegen Jeckel von Simmern erhoben. Daher hat er die Pfänder gemäß seiner Klage eingezogen und dies festhalten lassen.

Antz Duppengießer hat sich verpflichtet, Hengin Melman und Henne Wolf vor Gericht zu vertreten und hat seine Anwaltschaft für beide festhalten lassen. Und er hat das Gerichtsbuch öffnen lassen, wie denn die Beweise im Streitfall zwischen den Herren von Sankt Viktor und den Genannten seien; diese Öffnung hat er festhalten lassen. Und er sagt, sie begehren Recht gemäß dem Wortlaut des Gerichtsbuchs. Herr Johann Sliddorn für die Herren von St. Viktor hat die Öffnung des Buches ebenfalls festhalten lassen und fordert ebenfalls Recht. Das alles, auch mit den Beweismitteln, ist vertagt worden bis Dienstag nach St. Martin. Dem haben sie alle zugestimmt.

Betreff Henne von Hoestadt, Philipp Duchscherer und den Beweisen ist der Termin vier Wochen verschoben worden. Dem haben sie alle zugestimmt.

Konrad Lange hat Pfändung gefordert gegen Cleßgin Suffuß.

Peter Bender von Winternheim hat seinen Anspruch ins Gerichtsbuch eintragen lassen gegen Johannes Faut.

Henne von Eltville erkennt gegenüber Hans Snider als Vertreter unseres Mitschöffen Adam Wolf an, die wegen Hengin Ruts geforderte Leistung zu erbringen, wenn er ihn mündlich mahnt und die Verpflichtung nicht zu beenden, bevor mit seinem Junker nicht ein Ausgleich geschehen sei.

Conze Swartz hat Peter Snade den Unschuldseid erlassen und will ihm seine Gerichtskosten erstatten. Das hat Peter festhalten lassen.

Zwischen Peter, unserem Gerichtsschreiber, und Grede, der Witwe von Klaus Bender, betreffs des Vertragsabschlusses ist der Termin verschoben worden auf heute in vier Wochen. Dem haben sie beide zugestimmt.

Jeckel Borkart hat seinen Anspruch ins Gerichtsbuch eintragen lassen gegen Hysse.

Henne von Eltville hat sich verpflichtet, Jeckel von Sprendlingen vor Gericht zu vertreten und hat seine Anwaltschaft festhalten lassen, wie rechtmäßig ist. Und er hat Clas Faut von Sprendlingen angeklagt, dass sie vor einiger Zeit vor dem Gericht Sprendlingen miteinander gestritten haben. Da habe das

fol. 3v — Anno LXXsexto Dinstag nach der Eylff Dusent Jonffrauwen tage

	gerichte^a ansprache und antwort gehort(en) und haint ußgeheischen
	an yren oberhoeff ge(e)n Crucze(n)nach. Do sie nů vor den oberhoeff
Jeckel von	ko(m)men sint do haint sie gewisten daß Fauts Clas / Jeckeln kosten
Sprendlinge(n)	und schaden solle widder geben. Das hait er nit gethan und yme
	nuste widder geben / Und sie sint der selben sachen halb(e)n widder
Fauts Clas	gen(n) Crucze(n)nach vor yren oberhoeff gefaren / Die haint aber ge-
	wisten als fure / Daß nů Clas Jeckeln solichen kosten und schaden
	nach dem die von Crucze(n)nach gewist(en) haint / nit widder gibt das
	schadt yme Ic(entum) guld(e)n. Und ee Clas ney(n) dar zu sage / so beziege sich
	Jeckel des off das gericht zu Sprendlingen und behilt yme sin nach-
i(n) j(ure)	redde. Dar off hait sich Ancze Duppengießer verdingt Clasen sin

Jeckel von Sprendlinge(n)

Fauts Clas

i(n) j(ure)

gerichte^a ansprache und antwort gehort(en) und haint ußgeheischen
an yren oberhoeff ge(e)n Crucze(n)nach. Do sie nů vor den oberhoeff
ko(m)men sint do haint sie gewisten daß Fauts Clas / Jeckeln kosten
und schaden solle widder geben. Das hait er nit gethan und yme
nuste widder geben / Und sie sint der selben sachen halb(e)n widder
gen(n) Crucze(n)nach vor yren oberhoeff gefaren / Die haint aber gewisten als fure / Daß nů Clas Jeckeln solichen kosten und schaden
nach dem die von Crucze(n)nach gewist(en) haint / nit widder gibt das
schadt yme Ic(entum) guld(e)n. Und ee Clas ney(n) dar zu sage / so beziege sich
Jeckel des off das gericht zu Sprendlingen und behilt yme sin nachredde. Dar off hait sich Ancze Duppengießer verdingt Clasen sin
worte zu thůn und hait sin und(er)tinge verbot als recht ist. Und sagt
eß moge sin daß sie zu Sprendlingen mit eyn getedingt haben
und sihe furter kom(m)en ge(e)n Crucze(n)nach als um(m)b eyn bezalůnge / die
Jeckel gethan solt hain und habe sich des off etliche konde bezogen.
Die konde sij auch vor gerichte gehort(en) worden und ge(e)n Crucze(n)-
nach bracht(en). Die konde haben Clasen besagt daß yne doch beduchte(n)
hait er sihe durch yre sagen beswerten worden. Die von Crucze(n)nach
hab(e)n doch die konde zu gelaiß(e)n. Und Clas ist durch das gerichte zu
Crucze(n)nach um(m)b den kosten gewisten worden. Und meynt den doch
nit zu geb(e)n bijß daß sie zům czweyten male widder gen Crucze(n)nach
sint kom(m)en. Die von Crucze(n)nach haint Clasen aber um(m)b den kosten
gewisten. Do hait Clas von dem ortel geappellert vor my(n)s gnedige(n)
hern(n) hoffgerichte. Obe Jeckel das an beider her(e)n redde brachten
habe des wiße Clas nit. Doch so haint beider her(e)n amptlude dar
zuschen(n) gerett(en) daß die appelaczien auch der koste und schade
der zu Crucze(n)nach gewisten ist / solle abe sin. Und habe(n) sie alhere
an das keyser recht bescheiden zu ko(m)men. Was dan(n) Jeckeln
beduncken woll das yme Clas schuldijg sij do moge er yme um(m)b
zusprechen um(m)b die heipt sache. So woll er yme antwort(en). Und

i(n) j(ure)

hofft er soll eß bil(e)che^b thůne und stilt das zu recht. Henne von
Eltvjl als vo(n) Jeckels wegen gestett Clasen nit daß die dinge also
abe gerett(en) sihen / und sagt neyn dar zů. Und hait verbot daß Ancze
als vo(n) sins heiptma(n)s wegen selbst erkant(en) hait daß das gericht
zu Crucze(n)nach zům czweyten male^c gewisten hait daß Clas Jeckeln
kosten und schaden widder geb(e)n soll / und hőfft er soll eß auch
thůn. Und was Clas bij brenge als recht sij / das woll Jeckel

i(n) j(ure)

laißen gescheen. Ancze als vo(n) Clasen wegen hofft eß bij zu brenge(n)

---

a Zwischen Marginalie und Text verläuft entlang der folgenden 12 Zeilen ein senkrechter Strich.
b Das »e« [?] ist über der Zeile beigefügt.
c Das Wort ist über der Zeile beigefügt.

Gericht beide Seiten gehört und habe sich an seinen Oberhof gewandt nach Kreuznach. Als sie vom Oberhof kamen, hat das Gericht Sprendlingen geurteilt, dass Clas Faut Jeckel die Kosten und den Schaden erstatten solle. Das hat er nicht getan und ihm nichts wiedergegeben. Wegen dieser Sache sind sie erneut zu ihrem Oberhof nach Kreuznach gefahren. Diese haben wiederum geurteilt wie zuvor. Dass nun Clas dem Jeckel die Kosten und den Schaden, auch nachdem Kreuznach geurteilt hat, nicht erstatte, das schade ihm 100 Gulden. Und bevor Clas dazu Nein sage, beruft sich Jeckel deswegen auf das Gericht zu Sprendlingen und behält sich eine Entgegnung auf die Aussage von Clas vor.

Darauf hat sich Antz Duppengießer verpflichtet, Clas vor Gericht zu vertreten und hat seine Anwaltschaft festhalten lassen. Er sagt, es möge sein, dass sie zu Sprendlingen miteinander vor Gericht gestritten haben und dieser Fall sei weiter gekommen nach Kreuznach wegen einer Bezahlung, die Jeckel gemacht haben sollte und man habe sich auf einige Beweismittel bezogen. Die Beweise habe das Gericht auch gehört und in Kreuznach vorgelegt. Gegen die Beweismittel habe Clas eingewandt, dass ihm schien, er sei durch ihre Aussagen belastet worden. Das Gericht Kreuznach habe die Beweise aber doch zugelassen. Clas ist durch das Gericht Kreuznach zu den Kosten verurteilt worden. Doch meinte er, diese nicht zahlen zu müssen, bis sie zum zweiten Mal nach Kreuznach gezogen sind. Die von Kreuznach haben Clas beim zweiten Mal wieder zu den Kosten verurteilt. Da hat Clas gegen das Urteil an das Pfalzgräfliche Hofgericht appelliert. Ob Jeckel diese Angelegenheit an die Räte der Herren gebracht habe, wisse Clas nicht. Doch die Amtleute beider Herren haben entschieden, dass die Appellation und auch die Gerichtskosten und der Gerichtsschaden, die in Kreuznach verhandelt wurden, nichtig sein sollen. Und sie haben sie beschieden, hierher nach Ingelheim an das Kaiserrecht zu kommen. Was dann Jeckel scheine, dass Clas ihm schuldig sei, das möge er hier erklagen wegen der Hauptklagesache. Darauf wolle er ihm antworten.

Und er hofft, er werde es wie es billig und recht ist tun und legt dies dem Gericht vor. Henne von Eltville als Vertreter Jeckels gesteht Clas nicht zu, dass die Dinge so beredet worden seien und sagt Nein dazu. Und er hat festhalten lassen, dass Antz als Vertreter selbst zugegeben habe, dass das Gericht zu Kreuznach zwei Mal ein Urteil gefällt habe, dass Clas Jeckel die Gerichtskosten und den Schaden zahlen solle, und er hofft, er solle es auch tun. Was Clas an weiteren Beweisen beibringe, das werde Jakob zulassen. Antz als Vertreter von Clas hofft Beweise beizubringen

fol. 4 — Samßtag nach sant Severus tage

	myt den amptluden zu Crucze(n)nach die dan(n) solichs beretten haint / Das hait Henne von Eltvjl als vo(n) sins heiptma(n)s wegen verbot und myt recht begert jn welcher zijt / Clas das bij brengen soll. Dar off s(en)(tent)ia jn XIIII tagen. Bedarffe er dan(n) siner tage furte und heist die als recht ist so sall ma(n) yme die furt(er) stillen noch zu czweyen XIIII tag(en). Und so die amptlude verhort(en) werden beheltlich Jeckeln syn jnsage und geschee furt(er) sovjl als recht ist. Das haint sie beide verbot.
3 h	Jt(em) Winßhenne als vo(n) sins jonck(er)n wegen dut sin 3 h off Jeckel Rauben ut p(ri)ma.
no(n) reveni(r)e	Jt(em) zůschen Ped(er)n dem smede und Hansen dem hoffma(n) sall nit widd(er) an gerichte kom(m)en.
gelengt	Jt(em) zusch(e)n Beyer Hen(ne) und Henne Stopen ist gelengt bijß off den nehste(n) Dinstag nach dem Achzehesten Tage sic hodie.
erk(annt)	Jt(em) Henne Rieße erk(ennt) Beyerhen(ne) I g(ulden) off rechnu(n)ge zu geb(e)n in XIIII tagen. Si no(n) p erf(olgt).
	Actu(m) off Samßtag nach sant Sever(us) tage.
lip vor sin gut gestalt	Jt(em) Hengin Melman hait syne(n) lijp vor sin gut gestalt(en) nach dem Clese Raůp unser mit scheffen geselle off yne geheisch(e)n hait und wijl recht geb(e)n und neme(n) etc. Deß ist yme tag gestalt(en) an das nehste gerichte.
2 h	Jt(em) her Jacob zynßmeist(er) zu den Augstynern zu Mencze als vo(n) der selben syner her(e)n wegen dut sin 2 h off Jeckel Stam(m)en ut p(ri)ma.
2 h IIII	Jt(em) her Heinrich Nickel als vo(n) der p(rese)ncze wegen dut sin 2 h off Frederichs Henne(n) frauwe Henne Yetten Mertins Lÿsen / Dieln von Steynfart und Herma(n) Bend(er)n ut p(ri)ma.
1 h	Jt(em) Henne Kocher der alde dut 1 h vor ey(n) l(i)b(ram) gelt(s) off Hansen den keßler et sup(ra) pingn(or)a.
1 h	Jt(em) Kiczhans dut 1 h vor II l(i)b(ras) und XV hell(er) gelt(s) off Philips Henne(n) selige(n) witwen et sup(ra) pingn(or)a.
	Actu(m) off Dinstag nach Symo(n)is und Jude.
erk(annt)	Jt(em) Hengin Melma(n) erk(ennt) Clese Rauben uns(er)m myt scheffen

durch die Aussagen der Amtleute von Kreuznach, die solches beredet hatten. Dem hat Henne von Eltville für seinen Mandanten vor Gericht zugestimmt und das Gericht gefragt, in welcher Zeit Clas die Beweise beibringen müsse. Darauf urteilt das Gericht: in 14 Tagen. Bedürfe er eine Verlängerung der Frist und beantrage sie wie es rechtmäßig ist, so solle man ihm noch zweimal 14 Tagen zugestehen. Und wenn die Amtmänner verhört werden, vorbehaltlich Jeckels Entgegnung, so solle das Recht seinen Lauf nehmen. Dem haben sie beide zugestimmt.
Henne Winß bringt für seinen Junker die dritte Klage vor gegen Jeckel Raub.

Der Streitfall zwischen Peter dem Schmied und Hans dem Hofmann soll nicht wieder vor das Gericht kommen.
Der Streitfall zwischen Henne Beyer und Henne Stop ist verschoben worden bis auf Dienstag, den 14. Januar 1477
Henne Rieß verpflichtet sich, Henne Beyer einen Gulden gegen Rechnung zahlen zu müssen binnen 14 Tagen. Wenn nicht erfolgt die Pfändung.

26. Oktober 1476
Hengin Melman hat seinen Leib vor sein Gut gestellt (und das Klageverfahren stoppen lassen), nachdem Cles Raub, unser Mitschöffe, gegen ihn geklagt hat, und er will persönlich vor Gericht erscheinen und Recht geben und nehmen. Dafür wurde ihm ein Termin am nächsten Gerichtstag gesetzt.
Herr Jakob, Zinsmeister bei den Augustinern in Mainz, erhebt für seine Herren die zweite Klage gegen Jeckel Stamm.

Herr Heinrich Nickel erhebt für die Dompräsenz seine zweite Klage gegen Johann Friedrichs Frau, Henne Yett, Lyse Martin, Diel von Steinfart und Hermann Bender.
Henne Kocher der Alte erhebt die erste Klage gegen Hans den Kessler wegen eines Pfundes Geld.
Hans Kitz erhebt die erste Klage gegen die Witwe Henne Philips wegen 2 Pfund und 15 Heller auf die Pfänder.

29. Oktober 1476
Hengin Melman erkennt an, Cles Raub, unserem Mitschöffen,

Samßtag nach Omnium Sanctorum

gesellen / sin gulte und den gerichts schaden zu geb(e)n in XIIII
tagen. Deth er des nit / so solt Clese zu den und(er)phande(n) gehen
nach lude syner heischunge. Das hait Clese verbot.

Jt(em) zusch(e)n Emeln von Appinheim und Gerhart(en) dem bender

no(n) reveni(r)e der unschulde halb(e)n sall nit widder an gerichte kom(m)en.

Jte(m) Hans Snyder als vo(n) mo(m)perschafft wegen Heinrich Wolffs
hait Kyczgin zu gesprochen wie daß sin here selige / Fyntgin
und yme samethafft und unv(er)scheidelich / schaiffe und he(m)mel

Hans Snyd(er) verkaůfft(en) habe vor ey(n) som(m)e gelts / Der stehe noch uß X g(ulden).
Daß Kiczgin die nit bezale das schade yme als vo(n) joncker Hey(n)-

Kyczgin richs wegen X g(ulden). Dar off sagt Kyczgin er habe salp ander
um(m)b h(er)n Heinrich seligen kaufft(en) und sagt ney(n) dar zu daß
menlich vor alle sihe. Dan(n) her Heynrich selige habe vo(n) dem
jhene(n) gelt geno(m)men. Davo(n) so erkenne er vor sin anczale
III g(ulden) off rechnů(n)ge zu geb(e)n in XIIII tagen. Und wijl yne Hans
da bij nit laißen wes er yne dan(n) wider anlange des sihe
er unschuldijg. Hans hait verbot daß Kiczgin III g(ulden) off rechnů(n)ge
erkant(en) hait und begert mit recht / wan(n) er die geb(e)n und mit
syme jonck(er)n rechen soll. Dar off s(e)n(tent)ia in XIIII tag(en) rechen und
bezalen. Daß hait Hans auch verbot.

Jt(em) Jeckel Stam(m)e als vo(n) mo(m)perschafft wegen der her(e)n vo(n) Erbach

offgeholt(en) hait off geholt(en) off Henne(n) von Sweden soliche gude und und(er)phan-
Erbach de den her(e)n ligent vor XVII ß gelts nach lude des gerichts
bůch und hait das verbot.

Jt(em) Kycz Anne sagt sie habe H(er)man Scher(er)n erfolgt und phande
berett(en) und wiße des syne(n) nit. Und begert furt(er) zu bescheid(en) etc.
Dar off s(e)n(tent)ia sie sall dem scholteß(e)n eyn heymberge(n) heisch(e)n

ober nacht der sall yre yne mit dem gheren geb(e)n und ober nacht halt(en)
halten und dan(n) an gerichte brengen. Und furt(er) fragen was dan(n) recht
ist das geschee.

Jt(em) Peder Wolenbere ist dißs gebots halb(e)n von Elsen Hengin

entbroche(n) von Berges dochter.

Actu(m) off Samßtag nach O(mn)i(u)m S(anc)tor(um).

2 h Jt(em) Philips Důchscher(er) dut sin 2 h off Kyczgin ut p(ri)ma.

2. November 1476

seine Gülte und die Gerichtskosten zahlen zu müssen binnen 14 Tagen. Tut er das nicht, so soll Cles auf die Pfänder zugreifen gemäß seiner Klage. Das hat Cles festhalten lassen.

Der Streitfall zwischen Emmel von Appenheim und Gerhard dem Bender soll nicht wieder vor das Gericht kommen.

Hans Snider als Vertreter von Heinrich Wolff hat Kitzgin angeklagt, dass sein verstorbener Herr dem Fyntgin und ihm gemeinschaftlich Schafe und Hammel verkauft habe für eine Summe Geld. Davon stünden noch 10 Gulden aus. Dass Kitzgin diese nicht bezahle, schade ihm, als Vertreter des Junker Heinrich, 10 Gulden. Darauf sagt Kitzgin, er selbst habe mit einem Zweiten von dem verstorbenen Herrn Heinrich gekauft und sagt Nein dazu, dass er für alles hafte. Denn der verstorbene Herr Heinrich habe von jenem Geld genommen. Für seinen Anteil erkenne er an, 3 Gulden gegen Rechung zahlen zu müssen binnen 14 Tagen. Will ihn Hans nicht dabei lassen, wessen er ihn darüber hinaus anklage, dessen sei er unschuldig.

Hans hat festhalten lassen, dass Kitzgin anerkennt, 3 Gulden gegen Rechnung zu zahlen und fragt, wann er die geben und mit seinem Junker abrechnen soll. Darauf urteilt das Gericht: in 14 Tagen soll er abrechnen und bezahlen. Das hat Hans festhalten lassen.

Jeckel Stamm als Vertreter der Herren von Eberbach hat von Henne von Sweden die Güter und Pfänder eingezogen, auf denen die 17 Schilling Geld liegen nach Aussage des Gerichtsbuchs und hat dies festhalten lassen.

Anne Kitz sagt, sie habe die Pfändung von Hermann Scherer erklagt, aber sie wisse nicht, was er besitze. Daher erbittet sie einen weiteren Bescheid. Darauf urteilt das Gericht: Sie soll vom Schultheißen einen Heimbürgen fordern, der soll den Schuldner am Rockschoß nach sich ziehen und über Nacht verwahren. Dann soll sie ihn vor Gericht bringen und fragen, was Recht ist.

Peter Wolenber ist wegen der Forderung von Else, Tochter von Hengin von Berge, freigesprochen worden.

2. November 1476
Philipp Duchscherer erhebt seine 2. Klage gegen Kitzgin.

fol. 5 — Dinstag nach Aller Heilgen tage

	Actu(m) off Dinstag nach Aller Heilgen tage.
2 tag	Jt(em) Faůts Claß von Sprendlinge(n) hait sin 2 tag furt(er) geheisch(e)n konde
	zu brengen geigen Jeckeln von Sprendlingen. Und sie hant das beide
	verbot.
4 [8/2] h	Jt(em) Wynßhen(ne) als vo(n) syns jonck(er)n wegen dut sin 4 [8/2] h off Jeckel
	Rauben ut p(ri)ma.
1 h	Jt(em) Henne Ruße dut sin 1 h vor ey(n) l(i)b(ram) gelts off Kiczhenne(n) et om(n)ia.
1 h	Jt(em) Clese Raůp n(oste)r soci(us) dut 1 h vor ey(n) l(i)b(ram) gelts off Ped(er)n von Baden-
	heim et sup(ra) pingn(or)a.
1 h	Jt(em) Ancze Drappe n(oste)r soci(us) dut 1 h vor V ß gelts off Hengin Drubey(n)
	et om(n)ia.
1 h[c]	Jt(em) Flucken Clese dut 1 h vor I guld(e)n gelts off Hengin Prassen et
1 h	supra pingn(or)a.
1 h	Jd(em) dut 1 h vor funffe guld(e)n gelts off Hengin Kiczen et sup(ra) ping(nora).
	Jt(em) Enders Kocher dut 1 h vor II g(ulden) gelts off Peder Beck(er)n et sup(ra) p.
	Jt(em)[a] Barts Henne als vo(n) der kyrchen wegen dut 1 h vor III tornes
	gelts off Henne Hilczen et sup(ra) ping(nora).
	Jd(em) dut 1 h vor XVIII ß off Rudolff Snyd(er)n et sup(ra) ping(nora).
	Jd(em) dut 1 h vor ey(n) l(i)b(ram) gelts off Jeckel Drappen et supra ping(nora).
	Jd(em) dut 1 h vor X ß gelts off Jeckel Rauben et sup(ra) ping(nora).
1 h XVI	Jd(em) dut 1 h vor ey(n) l(i)b(ram) gelts off Enders Drappen et sup(ra) ping(nora).
	Jd(em) dut 1 h vor III l(i)b(ras) gelts off Clese Fieln et sup(ra) ping(nora).
	Jd(em) dut 1 h vor IX ß gelts off Heppenhen(ne) et sup(ra) ping(nora).
	Jd(em) dut 1 h vor XXII ß gelts off Henne Fynne(n) et sup(ra) ping(nora).
	Jd(em) dut 1 h vor ½ [I/2] guld(e)n off Jeckel von Průmbaums seligen
	witwen et supra pingn(or)a.
	Jd(em) dut 1 h vor XIII ß III hell(er) off Hen(ne) Basenheym(er) et sup(ra) ping(nora).
	Jd(em) dut 1 h vor ey(n) l(i)b(ram) gelts off Hen(ne) Bůlen eyden et sup(ra) ping(nora).
	Jd(em) dut 1 h vor ey(n) l(i)b(ram) gelts off Conczgin Dincklern et[b] o(mn)ia.
	Jd(em) dut 1 h vor ½ [I/2] g(ulden) gelts off Jeckel Carppen et om(n)ia.
	Jd(em) dut 1 h vor XIII ß VII hell(er) off Hengin Drubein et sup(ra) ping(nora).
	Jd(em) dut 1 h vor XXX phondt oleys off Cleßgin Carppen et sup(ra) p.
	Jd(em) dut 1 h vor ey(n) ewijg liecht off Clesen von Brechen et sup(ra) p.
1 h	Actu(m) off Samßtag vor sant Martins tage.
	Jt(em) her Clas Kocher dut 1 h vor III guld(e)n gelts off Henne Erken und
	Jeckel Drappen ut p(ri)ma.

[a] Diese und die folgenden 17 Zeilen sind mit einer runden Klammer verbunden. Die sieben Zeilen später folgende Marginalie gilt somit für die 16 enthaltenen Heischungen.
[b] Es folgt durchgestrichen: »sup(ra) ping(nora)«.
[c] Diese und die folgende Marginalie sind durch eine einfache runde Klammer miteinander verbunden.

5. November 1476

Clas Faut von Sprendlingen hat seinen zweiten Tag gefordert, die Beweise beizubringen gegen Jeckel von Sprendlingen. Sie haben dem beide zugestimmt.

Henne Winß erhebt für seinen Junker die 4. Klage gegen Jeckel Raub.

Henne Ruß erhebt seine 1. Klage wegen 1 Pfund Geld gegen Henne Kitz auf alles.

Cles Raub, unser Mitschöffe, erhebt die 1. Klage wegen 1 Pfund Geld gegen Peter von Badenheim auf die Pfänder.

Antz Drapp, unser Mitschöffe, erhebt seine 1. Klage wegen 5 Schilling Geld gegen Hengin Drubein auf alles.

Cles Fluck erhebt seine 1. Klage wegen eines Gulden gegen Hengin Prass auf die Pfänder.

Derselbe erhebt die 1. Klage wegen 5 Gulden gegen Hengin Kitz auf die Pfänder.

Enders Kocher erhebt seine 1. Klage wegen 2 Gulden Geld gegen Peter Becker auf die Pfänder.

Henne Bart erhebt für die Kirche die 1. Klage wegen 3 Tournosen Geld gegen Henne Hiltz auf die Pfänder. Derselbe erhebt die 1. Klage wegen 18 Schilling gegen Rudolf Snider auf die Pfänder.

Derselbe erhebt die 1. Klage wegen eines Pfundes Geld gegen Jeckel Drapp auf die Pfänder. Derselbe erhebt die 1. Klage wegen 10 Schilling Geld gegen Jeckel Raub auf die Pfänder.

Derselbe erhebt die 1. Klage wegen eines Pfundes Geld gegen Enders Drapp auf die Pfänder. Derselbe erhebt die 1. Klage wegen 3 Pfund Geld gegen Cles Fiel auf die Pfänder.

Derselbe erhebt die 1. Klage wegen 9 Schilling gegen Henne Hepp auf die Pfänder.

Derselbe erhebt die 1. Klage wegen 22 Schilling gegen Henne Fynne auf die Pfänder.

Derselbe erhebt die 1. Klage wegen eines halben Gulden gegen die Witwe Jeckels von Prumbaum auf die Pfänder.

Derselbe erhebt die 1. Klage wegen 13 Schilling und 3 Heller gegen Henne Basenheimer auf die Pfänder.

Derselbe erhebt die 1. Klage wegen 1 Pfund Geld gegen den Schwiegersohn des Henne Bul auf die Pfänder. Derselbe erhebt die 1. Klage wegen 1 Pfund Geld gegen Contzgin Dinckler auf alles.

Derselbe erhebt die 1. Klage wegen eines halben Gulden gegen Jeckel Carpp auf alles.

Derselbe erhebt die 1. Klage wegen 13 Schilling 7 Heller gegen Hengin Drubein auf die Pfänder.

Derselbe erhebt die 1. Klage wegen 30 Pfund Öl gegen Clesgin Carpp auf die Pfänder.

Derselbe erhebt die 1. Klage wegen eines ewigen Lichts gegen Cles von Brechen auf die Pfänder.

9. November 1476

Ebenso erhebt Clas Kocher die 1. Klage wegen 3 Gulden gegen Henne Erk und Jeckel Drapp.

fol. 5v — Samßtag vor sant Martins tage

2 h	Jt(em) Hen(ne) Kocher dut sin 2 h off Hansen den keßl(er) ut p(ri)ma.
1 h^a	Jt(em) jonffrauwe Fiel ym(m) closter dut 1 h vor fůnffe phondt gelts off h(er)n Heinrich Wolffs seligen erb(e)n nemlich yre fyer und alleß daß her Heinrich Wolff selige gelaißen hait.
1 h	Jt(em) jonffr(au) Fiel vorg(e)n(an)t(en) dut 1 h vor XV thornes gelts off Hen(ne) Gyckysen und alleß das Henne Goest gelaißen hait.
1 h	Jt(em) Konne(n) Peder als vo(n) der von Wingart(en) wegen dut 1 h vor II l(i)b(ras) gelts off den Hyssen et om(n)ia.
1 h II	Jt(em) Hen(ne) von Eltvjl dut 1 h vor III l(i)b(ras) gelts als vo(n) wegen h(er)n Hanse(n) von Jng(elheim) uns(er)s mit scheffen gesellen off Henne Randeck(er)n und Prassen Conczgin et om(n)ia.
1 h^b	Jt(em) Barts Henne als vo(n) der kyrchen wegen dut 1 h von I g(ulden) gelts off Woberhenne(n) und Hans Rampfußen et sup(ra) ping(nora).
1 h	Jd(em) dut 1 l(i)b(ram) vor ey(n) l(i)b(ram) gelts off Henne Soden et supra ping(nora).
3 h	Jt(em) her Jacob zynßmeister als vo(n) der her(e)n wegen zu den Aůgstynern zu Mencze dut sin 3 h off Jeckel Stam(m)en ut p(ri)ma.
p b	Ite(m) Henne Kocher hait p b an Cleßgin Sydendisteln.
erk(annt)	Jt(em) Melma(n)s Hengin erk(ennt) Henne Erken II l(i)b(ras) III ß zu geben in XIIII tagen. Si no(n) p erf(olgt).
erk(annt)^c	Jt(em) Drubeyn erk(ennt) Henne(n) von Eltvjl VI guld(e)n zu geb(e)n zusch(e)n Wynachten. Si no(n) p erf(olgt).
erk(annt)	Jt(em) Ebert Haubor erk(ennt) Henne(n) von Eltvjl VI½ [VII/2] guld(e)n zu geben in XIIII tagen. Si no(n) p erf(olgt).
Hen(ne) Stope / Stern Clese	Jt(em) Henne Stope hait Stern Clesen zu gesproch(e)n wie daß er vor zyden off Philips Henne(n) geheisch(e)n und habe auch alleß das her heisch(e)n das Philips Henne gehabt / Nů habe er jn Jngelnheym(er) felde ligen / do duhe yme Clese ynlegůnge. Das schade yme XL guld(e)n. Und obe Clese ney(n) sagen wolt daß er die gude nyt also her heisch(e)n hette so beziege er sich des off das gerichts bůch. Dar off sagt Clese Philips Henne sij yme zu thůn gewest. Dem nach habe er yme ey(n) gifft gethan nach lude des buchs. Davo(n) so hoff er Henne(n) nyt schuldig zu sin / Fůnde sich aber daß er nyt recht darzu hette so woll er laißen gescheen was recht

a Diese und die folgende Marginalie sind durch eine einfache runde Klammer miteinander verbunden.
b Diese und die folgende Marginalie sind durch eine einfache runde Klammer miteinander verbunden.
c Diese und die folgende Marginalie sind durch eine einfache runde Klammer miteinander verbunden

9. November 1476

fol. 5v

Henne Kocher erhebt seine 2. Klage gegen Hans den Kessler.

Jungfrau Fiel im Kloster erhebt die 1. Klage wegen 5 Pfund Geld gegen die Erben des verstorbenen Heinrich Wolff, nämlich ihrer 4 und auf alles, was der verstorbene Heinrich Wolf hinterlassen hat.

Die genannte Jungfrau Fiel erhebt die 1. Klage wegen 15 Tournosen gegen Henne Gickysen und auf alles was Henne Goest hinterlassen hat.

Peter Konne erhebt für die von Weingarten die 1. Klage wegen 2 Pfund Geld gegen Hysse auf alles.

Henne von Eltville erhebt die 1. Klage wegen 3 Pfund Geld für Herrn Hans von Ingelheim, unseren Mitschöffen, gegen Henne Randecker und Conzgin Prass auf alles.

Henne Bart erhebt für die Kirche die 1. Klage wegen 1 Guld Geld gegen Henne Weber und Hans Rampusch auf die Pfänder.

Derselbe erhebt die 1. Klage wegen 1 Pfund Geld gegen Henne Soden auf die Pfänder.

Herr Jakob, Zinsmeister, erhebt für die Herren des Augustinerklosters zu Mainz die 3. Klage gegen Jeckel Stamm.

Henne Kocher hat Pfändung gefordert gegen Cleßgin Sidendistel.

Hengin Melman erkennt an, Henne Erk binnen 14 Tagen 2 Pfund 3 Schilling zahlen zu müssen. Wenn nicht erfolgt die Pfändung.

Drubein erkennt an, Henne von Eltville 6 Gulden bis Weihnachten zahlen zu müssen. Wenn nicht erfolgt die Pfändung.

Ebert Haubor erkennt an, Henne von Eltville binnen 14 Tagen 6½ Gulden zahlen zu müssen. Wenn nicht erfolgt die Pfändung.

Henne Stop hat Cles Stern beschuldigt, dass er vor einiger Zeit gegen Henne Philip geklagt habe, und er habe auch all den Besitz erklagt, den Henne Philip hatte. Nun habe er Besitz im Ingelheimer Feld, daran hindere ihn Cles. Sein Schaden belaufe sich auf 40 Gulden. Wenn Cles nun vor Gericht Nein sagen wolle, das Gut habe Johann nicht erklagt, so berufe er sich auf das Gerichtsbuch. Darauf sagt Cles, Henne Philip sei ihm verpflichtet gewesen. Deshalb habe er ihm ein Geschenk gemacht gemäß dem Eintrag im Gerichtsbuch. Von diesem Besitz, so hoffe er, sei er Johann nichts schuldig. Zeige sich aber, dass er damit nicht Recht habe, so will er das geschehen lassen, was rechtmäßig

Samßtag vor sant Martins tage

ist. Henne hofft die gifft solle yne nyt hind(er)n dan(n) sin heischůnge
sihe ee und zuvor gescheen / dan(n) die gifft und zugt sich des
auch offs bůche. Dar off ist mit recht gewist(en) dwile sie von beyden theiln offs bůch ziegen / so sollen sie eß auch brenge(n) und das
thůn in XIIII tagen. Bedorffen sie dan(n) yre tage furte und heiße(n)
die als recht ist so sall ma(n) yne die furt(er) stillen noch zu czweyen
XIIII tage(n). Und so das bůch verhort(en) wyrt geschee als dan(n) furte
so vjl und recht ist. Das haint sie beyde verbot.

erk(annt)	Jt(em) Cleßgin Carppe erk(ennt) Drubeyns Wilhelm(e)n als vo(n) Rynge(r)henne(n) wegen XI alb(us) zu geb(e)n in XIIII tag(en). Si no(n) p erf(olgt).
1 h	Jt(em) jonffr(au) Fiel ym(m) closter dut 1 h vor ey(n) l(i)b(ram) gelts off Bußers Micheln zu Winterheim et sup(ra) ping(nora).
erk(annt)	Ite(m) Ebert Snade erk(ennt) Kycz Hansen I g(ulden) XV alb(us) zu geben in XIIII tagen. Si no(n) p erf(olgt).
erk(annt)	Jt(em) Cleßgin Unglich erk(ennt) Wineosen I g(ulden) IX alb(us) off rechnů(n)ge zu geben in XIIII tagen. Si no(n) p erf(olgt).
	Jt(em) Cristma(n)s Cleßgin hait Ebert Snaden zu gesproch(e)n wie daß er yme vor dryen jaren III ayme winß gelůhen / Do habe yme Ebert gerett drůhe legeln wins zům nehsten herbt[!] dar nach
Clesgin	vor solichen win zu geb(e)n / Des habe er nit gethan das schade
Ebert	yme ey(n) guld(e)n / Ebert hait eß erkant. Das hait Cleßgin verbot
erk(annt)	und mit recht begert / wan(n) Ebert yne bezalen soll. Dar off s(en)(tent)ia jn XIIII tag(en). Das hait Cleßgin auch verbot.
	Jt(em) Clese Maise sagt Jeckel Winßbach der jonge habe yme ey(n) erde gelůhen jars vor ey(n) guld(e)n / Die habe er gerotten / Nů habe er yme den guld(e)n gebott(en) den hait er nit wollen neme(n). Davo(n)
Clese Maise	so lege er XXIIII alb(us) hind(er) gericht geige(n) dem b(e)n(ann)t(en) Jeckel
offgesagt	und offent yme die auch und sagt yme das felt do mit off.
et posuit	Und hait das alleß verbot als recht ist. Das hait das gericht laiß(e)n gescheen off recht.
	Jt(em) nach dem Winßhen(ne) als vo(n) mo(m)p(ar)schafft sins jonck(er)n sin fierde heischůnge off Jeckel Rauben gethan jnhalt des
offgeholt	buchs also hait er die und(er)phande nach syn(er) h offgeholt(en) und verbot als recht ist.

9. November 1476

ÜBERTRAGUNG

ist. Henne hofft, das Geschenk solle ihn nicht hindern, denn seine Klage sei vor der Schenkung erfolgt, und er beruft sich auf das Gerichtsbuch. Daraufhin ist das Urteil gefällt worden: Weil beide Seiten sich auf das Buch berufen, sollen sie es auch beibringen binnen 14 Tagen. Benötigten sie eine längere Frist und fordern sie diese wie es rechtmäßig ist, so soll man sie ihnen weiter verlängern um zweimal 14 Tage. Und wenn das Gerichtsbuch verlesen wird, geschehe es weiter, wie es rechtmäßig ist. Dem haben sie beide zugestimmt.

Clesgin Carpp erkennt gegenüber Wilhelm Drubein an, für Henne Ringer 11 Albus binnen 14 Tagen zahlen zu müssen. Wenn nicht erfolgt die Pfändung.
Jungfrau Fiel im Kloster erhebt die 1. Klage wegen 1 Pfund Geld gegen Michel Bußer zu Winternheim auf die Pfänder.
Ebert Snade erkennt an, Hans Kitz 1 Gulden 15 Albus zahlen zu müssen binnen 14 Tagen. Wenn nicht erfolgt die Pfändung.
Cleßgin Unglich erkennt an, Wineosen 1 Gulden 10 Albus gegen Rechnung zahlen zu müssen binnen 14 Tagen. Wenn nicht erfolgt die Pfändung.
Clesgin Christman hat Ebert Snade beschuldigt, dass er ihm vor 3 Jahren 3 Ohm Wein geliehen habe. Da habe Ebert ihm versprochen, für diesen Wein 3 Fässchen Wein im nächsten Herbst zu geben. Das habe er nicht getan, was ihm einen Gulden Gerichtskosten verursache. Ebert hat das zugegeben. Das hat Clesgin festhalten lassen und gefragt, wann Ebert ihn bezahlen solle. Darauf ergeht das Urteil: binnen 14 Tagen. Das hat Clesgin festhalten lassen.

Clese Mayse sagt, Jeckel Winsbach der Junge habe ihm ein Stück Land verpachtet für einen Gulden jährlich. Das habe er gerodet. Nun habe er ihm den Gulden geboten, den habe er nicht nehmen wollen. Deshalb hinterlege er 24 Albus beim Gericht für den genannten Jeckel und öffne ihm diese auch und lässt ihm das Feld damit auf. Er hat alles festhalten lassen. Das hat das Gericht als Recht zugelassen.

Nachdem Henne Winß als Vertreter seines Junkers seine 4. Klage gegen Jeckel Raub getan hat nach Ausweis des Gerichtsbuchs, hat er die Pfänder gemäß seiner Klage eingezogen und dies festhalten lassen.

Samßtag vor sant Martins tage

Jeckel Prasse vo(n) Gyrnßhei(m) et alij no(ta)	Jt(em) Jeckel Prasse von Gyrnßheim hait zu gesproch(e)n Heyncze Snydern von Gyrnßheim Peder Korppern Conczgin Prassen Hengin Prassen Jeckel Prassen Weber Henne(n) und Wilhelme(n) von Sobernheim wie daß sie do bij gewest sihen daß er myt Clas Kysseln von Oppinheim ober kom(m)en sihe XXI guld(e)n scholt off den Prassen und etlichen mehe / ynne zu gewynne(n) so f(er)re man(n) yme das vor gerichte off gebe als recht sihe. So woll er yme zu Gyrnßheim ader Oppinheim widder eyn genůgen thůn vor soliche XXI g(ulden). Daß sie bij solicher bereddůnge gewesten sint und sagen nit wie eß geluten hait. Das schade yme von yr yglichen X g(ulden) und heist yne des eyn ja ader ney(n) obe sie do bij gewest sihen ader nyt. Dar off sagen sie alle ey(n)m(u)dijg wie daß Jeckel obg(ena)nt(en) myt Clas Kysseln sihe kom(m)en / und Jeckel habe Clasen XXI g(ulden) scholt off yren eynßs theyls benant(en). Do sagt Clas mochte yme eyn genůgen vor solich gelt gescheen so wolt er Jeckeln zu Gyrnß[-]heim oder Oppinheim widder ey(n) genůgen vor die XXI g(ulden) thůn. Dem nach sihe Clasen eyn wingart word(e)n vor solich gelt von Hengin Prassen dochter und sihe yme auch myt gerichte off geb(e)n als recht ist. Clas hait auch off die zijt eyne(n) genůgen do an gehabt(en). Do bij sint sie gewest(en) daß soliche bereddůnge gescheen sin und wollen dar zu thun so vjl yne myt recht geburte. Die sage hait Jeckel obg(ena)nt(en) verbot und myt recht begert jn welch(er) zijt sie soliche yre sage beweren sollen. Dar off ist myt recht gewist in XIIII tagen. Das hait Jeckel auch verbot.
erk(ennen) II	Jt(em) Holczhusers Wilhelm und Monchs Clese erk(ennen) Philips Důchscher(er)n von schaden zu thůn in XIIII tagen geigen Emeriche(n) von Engelstadt. Si no(n) p erf(olgt) off yre yglichen vor X g(ulden).
1 h	Jt(em) Henne Erken(n) dut 1 h vor ½ [1/2] guld(e)n gelts off Byngeln Cleßgin et om(n)ia.
3 h III	Jt(em) her Heynrich Nyckel als vo(n) der p(rese)ncze wegen dut sin 3 h off Henne Yetten Mertins Lysen und H(er)ma(n) Bend(er)n ut p(ri)ma.
1 clage	Jt(em) Peder Růpel dut 1 clage vor VI guld(e)n heiptgelt und XX g(ulden) schad(e)n off synß bruder Hen(ne) Rupels selig(en) kynt et om(n)ia

Jeckel Prass von Gernsheim hat Heinze Snider von Gernsheim, Peter Korper, Contzgin Prass, Hengin Prass, Jeckel Prass, Henne Weber und Wilhelm von Sobernheim angeklagt, dass sie dabei gewesen waren, als er mit Clas Kissel von Oppenheim übereingekommen sei, 21 Gulden Schulden von den Prass und etlichen anderen einzutreiben, so fern man ihn in die Schuld vor Gericht einsetze.

Dann wolle er ihm zu Gernsheim oder Oppenheim für diese 21 Gulden Genüge tun. Die Genannten waren bei dieser Beredung und sagen nicht, wie es gewesen sei. Dies schade ihm von einem jeden 10 Gulden, und er fordert von ihnen ein Ja oder Nein, ob sie dabei gewesen sind oder nicht. Darauf sagten alle einmütig, dass der genannte Jeckel mit Clas Kissel gekommen sei und Jeckel habe Clas 21 Gulden Schulden, die sie bei ihm hatten, benannt. Da sagte Clas, werde ihm ein Genüge für dieses Geld getan, so wolle er Jeckel zu Gernsheim oder Oppenheim wieder ein Genügen für die 21 Gulden tun.

Danach habe Clas einen Weinberg für dieses Geld von der Tochter von Hengin Prass erhalten und dieser sei ihm auch vor Gericht übertragen worden wie rechtmäßig ist. Clas hatte auch damals ein Genügen daran gehabt. Dabei waren sie anwesend, als diese Absprache geschah und sie wollen sich verhalten, wie ihnen nach dem Recht gebühre. Diese Aussage hat der genannte Jeckel festhalten lassen und gefragt, binnen welcher Zeit sie ihre Aussage bekräftigen sollen. Darauf urteilt das Gericht: in 14 Tagen. Dies hat Jeckel festhalten lassen.

Wilhelm Holzhusen und Cles Monch erkennen an, binnen 14 Tagen Philipp Duchscherer den Schaden zu ersetzen wegen Emmerich von Engelstadt. Wenn nicht erfolgt die Pfändung bei jedem für 10 Gulden.
Henne Erk erhebt die 1. Klage wegen ½ Gulden Geld gegen Clesgin Bingel auf alles.

Herr Heinrich Nickel erhebt für die Präsenz seine 3. Klage gegen Henne Yett, Mertin Lyse und Hermann Bender.
Peter Rupel erhebt die 1. Klage wegen 6 Gulden Klagesumme und 20 Gulden Gerichtskosten gegen das Kind seines verstorbenen Bruders Henne Rupel auf alles.

fol. 7 — Dinstag nach sant Martins tage

posuit	Jt(em) Pet(er) unser gericht schryb(er) posuit II g(ulden) geyge(n) den jonffr(auen) zu Aldemonst(er) zu Mencze und hait yne die auch geoffent.
1 h[b]	Jt(em) Clese Fiele als vo(n) des Heilgen Cruczeß wegen dut 1 h vor ey(n) guld(e)n gelts off Kycz Anne(n) et sup(ra) ping(nora).
1 h	Jd(em) dut 1 h vor ey(n) guld(e)n gelts off Jamer Henne(n) et sup(ra) ping(nora).
	Jt(em)[a] her Heynrich Nyckel als vo(n) der p(resen)ncze wegen dut 1 h off Kycz Anne(n) vor ey(n) l(i)b(ram) gelts et sup(ra) ping(nora).
	Jd(em) dut 1 h vor XV ß gelts off Kycz Anne(n) et sup(ra) ping(nora).
	Jd(em) dut 1 h vor II l(i)b(ras) gelts off Gerhart Bend(er)n et sup(ra) ping(nora).
	Jd(em) dut 1 h vor XXXIII ß off Jeckel Rauben et sup(ra) ping(nora).
	Jd(em) dut 1 h vor XII ß off Henne Gut Gesellen et sup(ra) ping(nora).
1 h	Jd(em) dut 1 h vor IX ß gelts off Henne Storczkoppen et sup(ra) ping(nora).
ecc(les)ia	Jd(em) dut 1 h vor II l(i)b(ras) XIII ß III hell(er) et sup(ra) ping(nora).
	Jd(em) dut 1 h vor V ß gelts off Cleßgin Drappen et sup(ra) ping(nora).
	Jd(em) dut 1 h vor VII ß gelts off Conczgin Dincklern et sup(ra) ping(nora).
	Jd(em) dut 1 h vor funffe ß gelts off den jonge(n) Gertener et sup(ra) p.
	Jd(em) dut 1 h off Peder Dressern zu Swabenheim et sup(ra) ping(nora).
erf(olgt)	Jt(em) Hans von Castel erf(olgt) Peder Swinden vor II g(ulden).
erf(olgt)	Jt(em) Diemen Jeckel erf(olgt) Peder Snaden vor funffe guld(e)n.
	Jt(em) Henne von Eltvjl erf(olgt) Hans Blancken vor III guld(e)n.
erf(olgt)	Jt(em) der Hysse erf(olgt) Concze Yetten vor III guld(e)n.
entbroche(n)	Jt(em) Elsgin Hengin Bergens dochter ist diß gebots halb(e)n von Peder Wolenbern und er sall yr / yren gerichts schaden widder geb(e)n. Das hait Elsgin verbot.

Actu(m) off Dinstag nach sant Martins tage.

	Jt(em) zuschen den her(re)n zu sant Vichtor Hengin Melma(n) und
gelengt	Wolffs Henne(n) auch myt der konde jst alleß gelengt noch
tag v(er)hůt(en)	hude zu XIIII tagen sic hodie. Das haint sie alle verbot.

Actu(m) off Samßtag nach Martini.

3 h	Jt(em) Philips Duchscher(er) dut sin 3 h off Kyczgin ut p(ri)ma.

a Ab hier zeigt eine runde Klammer an, dass die 7 Zeilen später folgende Marginalie für die folgenden 10 Einträge mit gilt.
b Diese und die folgende Marginalie sind durch eine einfache runde Klammer miteinander verbunden.

12. November 1476 fol. 7

Peter, unser Gerichtsschreiber, hinterlegt 2 Gulden für die Nonnen zu Altmünster in Mainz und hat ihnen die auch geöffnet.

Cles Fiel erhebt für Heilig Kreuz die 1. Klage wegen 1 Gulden Geld gegen Anne Kitz auf die Pfänder.
Derselbe erhebt die 1. Klage wegen einem Gulden gegen Henne Jamer auf die Pfänder.
Herr Heinrich Nickel erhebt für die Präsenz die 1. Klage gegen Anne Kitz wegen 1 Pfund Geld auf die Pfänder.
Derselbe erhebt die 1. Klage wegen 15 Schilling Geld gegen Anne Kitz auf die Pfänder.
Er erhebt die 1. Klage wegen 2 Pfund Geld gegen Gerhard Bender auf die Pfänder.
Er erhebt die 1. Klage wegen 33 Schilling gegen Jeckel Raub auf die Pfänder.
Er erhebt die 1. Klage wegen 12 Schilling gegen Henne Gutgesell auf die Pfänder.
Er erhebt die 1. Klage wegen 9 Schilling Geld gegen Henne Stortzkopp auf die Pfänder.
Er erhebt die 1. Klage wegen 2 Pfund 13 Schilling 3 Heller auf die Pfänder.
Er erhebt die 1. Klage wegen 5 Schilling Geld gegen Clesgin Drapp auf die Pfänder.
Er erhebt die 1. Klage wegen 7 Schilling gegen Contzgin Dinckler auf die Pfänder.
Er erhebt die 1. Klage wegen 5 Schilling Geld gegen den jungen Gertener auf die Pfänder.
Er erhebt die 1. Klage gegen Peter Dresser zu Schwabenheim auf die Pfänder.
Hans von Castel verklagt Peter Swinde wegen 2 Gulden auf die Pfänder.
Jeckel Diem verklagt Peter Snade wegen 5 Gulden auf die Pfänder.
Henne von Eltville verklagt Hans Blanck wegen 3 Gulden auf die Pfänder.
Hysse verklagt Conze Yett wegen 3 Gulden auf die Pfänder.
Elsgin, die Tochter von Hengin Berg, ist durch diesen Entscheid freigesprochen worden von der Anklage Peter Wolenbers, und er soll ihr ihre Gerichtskosten wiedergeben. Das hat Elsgin festhalten lassen.

12. November 1476
Zwischen den Herren zu St. Viktor, Hengin Melman und Johann Wolf auch mit den Beweismitteln ist alles verlängert worden um 14 Tage von heute an. Dem haben sie alle zugestimmt.

16. November 1476
Philipp Duchscherer erhebt seine 3. Klage gegen Kitzgin.

fol. 7v — Dinstag sant Elyzabetten tag

Actu(m) off Dinstag sant Elyzabett(en) tag.

2 h	Jt(em) Clese Raůp unser myt scheffen geselle dut sin 2 h off Pedern von Badenheim ut p(ri)ma.
2 h	Jt(em) Henne Ruße dut sin 2 h off Kycz Henne(n) ut p(ri)ma.
2 h II	Jt(em) Flucken Clese dut sin 2 h off Kyczgin und Hengin Prassen ut p(ri)ma.
tag v(er)hůt(en)	Jt(em) Philips Důchscher(er) Henne von Hoestadt und yre konde haben alle yre tage verhůten. Des ist yne tag gestalt(en) an das nehste gericht.
3 tag	Jt(em) Clas Faut von Sprendlingen hait syne(n) 3 tag furt(er) geheischen konde zu brengen geigen Jeckeln von Sprendlinge(n). Und sie hant das beide verbot.
2 h	Jt(em)[a] Barts Henne als vo(n) der kyrchen wegen dut sin 2 h off Henne Hylczen Jeckel Raůben / Enders Drappen Clese Fieln / Jeckel von Průmbaůms witwen / Henne Basenheymern Rulgin / Conczgin Dincklern / Jeckel Carppen / Hengin Drubeyn / Cleßgin Carppe(n) und Clesen von Brechen ut p(ri)ma.

Actu(m) off Samßtag nach sant Elyzabett(en) tage.

2 h	Jt(em) Henne von Eltvjl als vo(n) h(er)n Hansen wegen dut sin 2 h off Henne Randeck(er)n und Prassen Conczgin ut p(ri)ma.
2 h	Jt(em) Konne(n) Peder als vo(n) syner frauwen der von Wingart(en) wegen dut sin 2 h off den Hyssen ut p(ri)ma.
2 h II	Jt(em) her Clas Kocher dut sin 2 h off Henne Ercken und Jeckel Drappen ut p(ri)ma.
2 h III	Jt(em) Barts Henne als vo(n) der kyrchen wegen dut sin 2 h off Hen(ne) von Soden Woberhenne(n) und Hans Rampfußen ut p(ri)ma.
2 h	Jt(em) Henne Erken(n) dut sin 2 h off Bingeln Cleßgin ut p(ri)ma.
lijp vor sin gut gestalt	Jt(em) Jeckel Stam(m)e hait sin lijp vor sin gůt gestalt(en) nach dem her Jacob zynßmeister als vo(n) der her(e)n wegen zu den Augstynern zu Mencze off yne geheischen hait und wijl recht geb(e)n und neme(n) etc. Des ist yme tag gestalt an das nehste gerichte.
3 h	Jt(em) Henne Kocher dut sin 3 h off den kyßler ut p(ri)ma.
2 clage	Jt(em) Peder Růpel dut sin 2 clage off sins brůd(er) selig(en) kint ut p(ri)ma.
2 h IIII	Jt(em) her Heinrich Nickel als vo(n) der p(rese)ncze wegen dut sin 2 h off Jeckel Rauben Henne Gutgesellen Meczelhenne(n) Cleßgin Drappe(n) und Conczgin Dincklern ut p(ri)ma.

[a] Eine runde Klammer am linken Seitenrand zeigt an, dass die zwei Zeilen später folgende Marginalie für die folgenden 4 Zeilen mit gilt.

19. November 1476

Cles Raub, unser Mitschöffe, erhebt seine 2. Klage gegen Peter von Badenheim.

Henne Ruß erhebt seine 2. Klage gegen Henne Kitz.
Cles Fluck erhebt seine 2. Klage gegen Kitzgin und Hengin Prass.

Philipp Duchscherer, Henne von Hoestadt und ihre Zeugen haben alle ihren Gerichtstag gewahrt. Es wurde ihnen ein Termin gesetzt am nächsten Gerichtstag.
Clas Faut von Sprendlingen hat seinen 3. Tag erbeten, Beweise beizubringen gegen Jeckel von Sprendlingen. Sie haben dem beide zugestimmt.

Henne Bart erhebt für die Kirche die 2. Klage gegen Henne Hiltz, Jeckel Raub, Enders Drapp, Cles Fiel, die Witwe Jeckels von Prumbaum, Henne Bassenheimer, Rulgin, Contzgin Dinckler, Jeckel Carpp, Hengin Drubein, Clesgin Carpp und Cles von Brechen.

23. November 1476

Henne von Eltville erhebt für Herrn Hans seine 2. Klage gegen Henne Randecker und Contzgin Prass.
Peter Konne erhebt für die Nonnen von Weingarten seine 2. Klage gegen Hysse.

Herr Clas Kocher erhebt seine 2. Klage gegen Henne Erk und Jeckel Drapp.
Henne Bart erhebt für die Kirche seine 2. Klage gegen Henne von Soden, Henne Weber und Hans Rampusch.

Henne Erk erhebt seine 2. Klage gegen Clesgin Bingel.
Jeckel Stamm hat seinen Leib vor sein Gut gestellt, nachdem Herr Jakob, Zinsmeister des Augustinerklosters zu Mainz, gegen ihn geklagt hat und will Recht geben und nehmen. Es ist ihm ein Termin gesetzt worden am nächsten Gerichtstag.

Henne Kocher erhebt seine 3. Klage gegen den Kessler.
Peter Rupel erhebt seine 2. Klage gegen das Kind seines verstorbenen Bruders.
Herr Heinrich Nickel erhebt für die Präsenz seine 2. Klage gegen Jeckel Raub, Henne Gutgesell, Henne Metzel, Clesgin Drapp und Contzgin Dinckler.

fol. 8 — Dinstag nach sant Katherynen tage

TRANSKRIPTION

2 h	Jt(em) Clese Fiele als vo(n) des Heilgen Crůczeß wegen dut sin 2 h off Kycz Anne(n) ut p(ri)ma.
tag v(er)hut(en)	Actu(m) off Dinstag nach sant Katheryne(n) tage. Jt(em) zuschen den her(e)n zu sant Vichtor Hengin Melman und Wolffs Henne(n) auch der konde halb(e)n ist gelengt noch hude zu echtagen sic hodie. Daß haint sie alle verbot.
3 h	Actu(m) off Dinstag vor sant Barbeln tage. Jt(em) Barts Henne als vo(n) der kyrch(e)n wegen dut sin 3 h off Jeckel Rauben Enders Drappen / Jeckel von Průmbaůms frauwe(n) Hengin Drubeyn und Cleßgin Drappen ut p(ri)ma.
3 h	Jt(em) Clese Raup unser myt scheffen geselle dut sin 3 h off Ped(er)n von Badenheim ut p(ri)ma.
widd(er) ge-no(m)men	Jt(em) Dho(m)m(us) Hengin sagt er habe dem jonge(n) Henne(n) vo(n) Rodenbach ey(n) husche geluhen jars vor ey(n) guld(e)n. Nů habe er yme syn(er) gulte nit geb(en). So stehe das husche noch zu syne(n) handen. Davo(n) so begere er myt recht zu bescheid(e)n obe erß nit moge widd(er) neme(n). S(e)n(tent)ia ja si ita est.
3 h	Jt(em) Flucken Clese dut sin 3 h off Kiczgin ut p(ri)ma[a] und Hen[-]gin Prassen.
3 h	Jt(em) Henne Riße dut sin 3 h off Kiczhenne(n) ut p(ri)ma.
erk(annt)	Jt(em) Knodenhen(ne) erk(ennt) jonffr(au) Fieln ym(m) closter III guld(e)n zu geb(e)n in XIIII tagen. Si no(n) p erf(olgt).
erkant burge(n)recht zu thůn[b]	Jt(em) Cleßgin Lorche erk(ennt) Cleßgin Beck(er)n noch daling burgen[-]recht zu thůn will erß nit enbere(n).
v(er)noitbot[c]	Jt(em) Anne Peder Wolenbers hußf(rau) vernoithbott yren ma(n) und wijl das recht dar zu thůn etc.
erf(olgt)	Jt(em) Henne Ercken erf(olgt) Melma(n)s Hengin offs bůch.
p b	Jt(em) Hans von Castel hait p b an Ped(er) Swinden.
erk(annt)	Jt(em) Drubein erk(ennt) der Kremerßen XIII alb(us) zu geb(e)n in XIIII tagen. Si no[n] […].

a Die Worte „ut p(ri)ma" sind durch zwei Rautenzeichen (#) eingerahmt.
b Diese und die folgende Marginalie sind unterstrichen.
c Die Marginalie ist oben und unten von zwei waagerechten Strichen eingerahmt.

Das Oberingelheimer Haderbuch 1476–1485

24. November 1476 fol. 8

ÜBERTRAGUNG

Cles Fiel erhebt für das Heiligkreuz-Stift seine 2. Klage gegen Anne Kitz.

26. November 1476
Zwischen den Herren von St. Viktor, Hengin Melman und Henne Wolf ist der Termin der Beweise wegen verlängert worden auf heute in 8 Tagen. Dem haben sie alle zugestimmt.

3. Dezember 1476
Henne Bart hat für die Kirche seine 3. Klage erhoben gegen Jeckel Raub, Enders Drapp, die Frau Jeckels von Prumbaum, Hengin Drubein und Clesgin Drapp.

Cles Raub, unser Mitschöffe, erhebt seine 3. Klage gegen Peter von Badenheim.

Henne Dhommus sagt aus, er habe dem jungen Henne von Rodenbach vor einem Jahr ein Haus vermietet für 1 Gulden. Nun habe er ihm die Miete nicht gegeben. Das Haus stehe noch in seinem Besitz. Deshalb fordert er ein Gerichtsurteil, ob er es nicht wieder an sich nehmen könne. Urteil: Ja, wenn es so ist.

Cles Fluck erhebt seine 3. Klage gegen Kitzgin und Hengin Prass.

Henne Rieß erhebt seine 3. Klage gegen Henne Kitz.
Henne Knode erkennt an, Jungfrau Fiel im Kloster 3 Gulden binnen 14 Tagen zahlen zu müssen. Wenn nicht erfolgt die Pfändung.
Clesgin Lorch erkennt an, gegenüber Clesgin Becker noch heute gemäß Bürgenrecht handeln zu müssen, will jener es ihm nicht erlassen.
Anne, Ehefrau Peter Wolenbers, entschuldigt ihren Mann wegen Krankheit und will wie es Recht ist handeln.
Henne Erk hat seinen Anspruch ins Gerichtsbuch eintragen lassen gegen Hengin Melman.
Hans von Castel hat Pfändung gefordert gegen Peter Swinde.
Drubein erkennt an, der Krämerin 13 Albus binnen 14 Tagen zahlen zu müssen. Wenn nicht erfolgt die Pfändung.

fol. 8v — Dinstag vor sant Barbeln tage

erk(annt)	Jt(em) Cleßgin Beck(er) erk(ennt) Wigandt Storczkoppen III g(ulden) off rechnů(n)g zu geb(e)n in XIIII tagen. Si no(n) p erf(olgt).
erk(annt)	Jt(em) Heincze der kobeler erk(ennt) Ulrich Bend(er)n VI alb(us) off rechnun(n)ge zu geb(e)n in XIIII tagen. Si no(n) p erf(olgt).
sant Vichtor Hengin Melma(ns) Wolffs Hen(ne) s(e)n(tent)ia	Nach ansprache antwort und rechtseczůnge so zusch(e)n h(er)n Joha(n) Slyddorn als vo(n) syner her(e)n wegen und Ancze Duppengieß(er)n als vo(n) wegen Hengin Melma(n)s und Wolfs Henne(n) gescheen jnhalt das gerichts buch / sprech(e)n wir zům rechten daß die ynsage die Ancze von der gemelt(en) syner heiptlude gethan h(er)n Johan an syner konde nit bynden sal. Das hait her Joha(n) verbot.
feceru(n)t iusticiam	Jt(em) Drubein hait sich verdingt Hen(ne) Ercken(n) Liebhen(ne) Conczen und Henne(n) von Eltvjl zu den heilgen zu geleid(e)n und hait sin und(er)tinge v(er)bot als recht ist. Und hait das bůch wie dan(n) her Johan Sliddorn^a sie geschuldiget / laißen offen und das verbot. Und die dryhe haint^b das recht gethan nach lude des buchs^c als recht ist. Das hait Drubey(n) vor yrentwegen verbot.
	Jt(em)^d Henne von Eltvjl hait sich verdingt h(er)n Johan Slyddorn sin wort zu thůn und hait sin und(er)tinge v(er)bot als recht ist und sagt nach lude des ortels / auch der bewerunge nach / so die drijhe gethain / so hoffe her Johan als vo(n) siner her(e)n wegen / Hengin Melman erfolgt zu hain nach lude siner ansprache und stilt das zu recht. Ancze als vo(n) Hengins wegen begert mit recht zu bescheid(e)n wie wijt und f(er)re yne soliche bereddůnge nach lude des zittels binden soll / so er sin hußfr(au) nit bij yme gehabt(en) hait. Ffůrter sagt Ancze als vo(n) Wolfs Henne(n) wegen yme sihe eyn unscholt gestalt zu tragen jnhalt des buchs. Nach dem nů die konde zu gelaiß(e)n yre sage zu beweren / das sie auch gethan haint dem nach so begere er mit recht zu bescheid(e)n obe Wolfs Hen(ne) die unscholt auch thun soll ader nit / Hen(ne) von Eltvjl als vo(n) h(er)n Johan wegen begert eß auch jn der selb(e)n maiße mit recht zu bescheid(e)n. Das und auch mit Hengin Melma(n) ist alleß gelengt bijß off Dinstag nach dem Achzehesten Tage sic hodie. Das haint sie^e alle verbot.

a Die zweite Silbe des Wortes ist am linken Rand hinzugeschrieben.
b Es folgt nochmals das Wort »haint«.
c Das Wort ist über der Zeile beigefügt.
d Ab hier bis zum Ende der Seite befindet sich am linken Seitenrand ein geschweifter Strich.
e Das Wort ist über der Zeile beigefügt.

3. Dezember 1476

ÜBERTRAGUNG

Clesgin Becker erkennt an, Wigand Stortkopp 3 Gulden gegen Rechnung zahlen zu müssen binnen 14 Tagen. Wenn nicht erfolgt die Pfändung.

Heinz der Kobeler erkennt an, Ulrich Bender 6 Albus gegen Rechnung zahlen zu müssen binnen 14 Tagen. Wenn nicht erfolgt die Pfändung.

Nachdem Anklage, Entgegnung und Rechtsetzung zwischen Johann Sliddorn als Vertreter seiner Herren und Antz Duppengießer als Vertreter von Hengin Melman und Henne Wolf geschehen sind nach Aussage des Gerichtsbuchs urteilen wir: Dass die Klage, die Antz für seine Mandanten getan hat, Herrn Johann in seinen Beweismitteln nicht binden soll. Das hat Herr Johann festhalten lassen.

Drubein hat sich verpflichtet, Henne Erk, Contz Liebhenne und Henne von Eltville zur Eidleistung zu geleiten und hat sein Anstellung festhalten lassen, wie es rechtmäßig ist. Er hat das Gerichtsbuch öffnen lassen an der Stelle, wo Johann Sliddorn sie beschuldigt hatte und hat das vom Gericht festhalten lassen. Und die 3 haben gehandelt wie es das Recht fordert nach Aussage des Buches. Dies hat Drubein für sie festhalten lassen.

Henne von Eltville hat sich verpflichtet, Herrn Johann Sliddorn zu vertreten und hat seine Gerichtsvertretung festhalten lassen, und sagt: Nach Aussage des Urteils und auch der Eidleistung, welche die drei getan haben, so hoffe Herr Johann von seiner Herren wegen gegen Hengin Melman gewonnen zu haben gemäß seiner Anklage und legt das dem Gericht vor. Antz begehrt für Johann einen gerichtlichen Bescheid, wie weit ihn diese Beredung nach Aussage des Zettels binden soll, da seine Ehefrau nicht dabei war.

Weiter sagt Antz für Henne Wolff, er sei verpflichtet worden, seine Unschuld zu beweisen nach der Aussage des Buches. Nachdem die Zeugen zugelassen worden sind, um ihre Aussage zu bestätigen, was sie auch getan haben, fordere er ein Urteil, ob Henne Wolf die Unschuldsbezeugung auch tun soll oder nicht. Henne von Eltville begehrt für Herrn Johann ebenfalls ein solches Urteil. Dies und auch der Streitfall mit Hengin Melman ist verschoben worden bis auf Dienstag nach dem 18. Tag, dem 14. Januar 1477. Dem haben sie alle zugestimmt.

fol. 9 — Samßtag nach sant Niclas tage

erk(annt)	Jt(em) Heppenhen(ne) erk(ennt) Henne(n) von Eltvjl IIII l(i)b(ras) hell(er) off rechnu(n)ge zu geb(e)n in XIIII tag(en). Si no(n) p erf(olgt).
erf(olgt)	Jt(em) Henne Stope erf(olgt) Heppenhen(ne) offs buch.
erk(annt)	Jt(em) Hengin Rûts erk(ennt) Henne(n) von Eltvjl dem jongen eyn kowe zu geb(e)n in XIIII tag(en). Si no(n) p erf(olgt) vor III g(ulden).
Henne vo(n) Hoestadt	Jt(em) Henne von Hoestadt hait das bůch / wie dan(n) ansprache und antwort zusch(e)n Philips Duchscher(er)n und yme ergange(n) auch wie die konde gesagt laißen offen und das verbot und begert mit recht zu bescheid(e)n dwile Philips sin konde jnhalt des buchs nit follenfurten habe als recht ist / obe er nit dieser ansprache halben von yme entbrochen sihe. Dar off ist mit recht gewisten ja.
Philips[b] Duchscher(er)	Das hait Henne verbot.
s(e)n(tent)ia s(e)n(tent)ia	Jt(em) Philips Duchscher(er) begert mit recht zu bescheid(e)n nach dem er Meczelhenne(n) Enders Koch(er)n und Wolfs Henne(n) geschuldiget zuschen Henne(n) von Hoestadt und yme konde zu geb(e)n eynßs malt(er) weyßs halb(e)n / deshalb(e)n yne dan(n) von gerichts wegen yre tage geseczt jnhalt des buchs etc. und den selben yren tag nit verhůt(en) sond(er)n sich gesûmt(en) obe er sie nit erfolgten habe. Dar off ist mit recht gewisten ja doch nit hoer dan(n) nach lude des buchs. Das hait Philips verbot und hait Liebhen(ne) Conczen des rechten erlaiß(e)n dwile er syne tage v(er)hut(en) hait / Das hait Concze auch verbot.
kleid(er) duch und gelt halten.	Jt(em) meister Joste der smett sall das duch kleider und gelt / so yme Clese von Brechen versaczt(en) hait / XIIII tage halten.
1 h	Jt(em)[a] Conczgin Dinckler dut 1 h vor III tornes gelts off Jeckel Branden und Ebert Snaden und alleß das der alde Jeckel Brandt gelaß(e)n hait.
erf(olgt)	Ite(m) Henne von Eltvjl erf(olgt) Monchs Clesen vor XXIX guld(e)n und eyn orte.
erf(olgt)	Jt(em) Bůln Henne erf(olgt) Joh(ann)es Fauten vor IIII g(ulden).
erf(olgt)	Jt(em) Knodenhen(ne) erf(olgt) Peder Swinden vor II g(ulden).
3 h	Actu(m) off Samßtag nach sant Niclas tage. Jt(em) Henne von Eltvjl als vo(n) h(er)n Hansen wegen dut sin 3 h off Hengin Prassen und Randeck(er)n ut p(ri)ma.

a Unterhalb der Marginalie befindet sich ein waagerechter, zum vorstehenden Abschnitt weisender Strich.
b Am linken Seitenrand verläuft entlang der folgenden elf Zeilen ein senkrechter geschweifter Strich.

7. Dezember 1476

Henne Hepp erkennt an, Henne von Eltville 4 Pfund Heller gegen Rechnung zahlen zu müssen binnen 14 Tagen. Wenn nicht erfolgt die Pfändung.
Henne Stop hat seinen Anspruch ins Gerichtsbuch eintragen lassen gegen Henne Hepp.
Hengin Ruts erkennt an, Henne von Eltville dem Jungen eine Kuh zahlen zu müssen binnen 14 Tagen. Wenn nicht erfolgt die Pfändung für 3 Gulden.
Henne von Hoestadt hat das Gerichtsbuch öffnen lassen und festhalten lassen, wie Klage und Entgegnung zwischen ihm und Philipp Duchscherer und wie die Beweise waren und fordert einen Bescheid, ob er nicht von der Anklage freigesprochen ist, weil Philipp seine Beweise gemäß dem Buch nicht beibringen konnte. Darauf urteilte das Gericht: Ja. Das hat Henne festhalten lassen.

Philipp Duchscherer fragt, ob er nicht, nachdem er Henne Metzel, Enders Kocher und Henne Wolf beschuldigte, im Streit zwischen Henne von Hoestadt und ihm Zeugen zu sein wegen eines Malter Weizens, wofür ihnen dann ein Gerichtstag festgesetzt wurde nach Aussage des Gerichtsbuch etc. und sie nicht vor Gericht erschienen, deswegen gegen sie gewonnen habe. Darauf wurde vom Gericht geurteilt: Ja, doch nicht höher als nach Angabe des Gerichtsbuchs. Das hat Philipp festhalten lassen, und er hat Contz Liebhenne dies erlassen, da er am Gerichtstag erschien. Das hat Contz festhalten lassen.

Meister Jost der Schmied soll das Kleid, das Tuch und das Geld, die ihm Cles von Brechen versetzt hat, 14 Tage behalten.
Contzgin Dinckler erhebt seine 1. Klage wegen 3 Tournosen Geld gegen Jeckel Brand und Ebert Snade und auf alles, was der alte Jakob Brand hinterlassen hat.

Henne von Eltville verklagt Cles Monch auf 29 Gulden und einem Ort.

Henne Bul verklagt Johannes Faut auf 4 Gulden.
Henne Knod verklagt Peter Swinde auf 2 Gulden.

7. Dezember 1476
Henne von Eltville erhebt als Vertreter von Herrn Hans seine 3. Klage gegen Hengin Prass und Randecker.

fol. 9v — Dinstag vor sant Thomas tage

3 h	Jt(em) Konne(n) Ped(er) als vo(n) syn(er) frauw(e)n wegen dut sin 3 h off den Hyssen ut p(ri)ma.
	Jt(em) Barts Henne als vo(n) der kirchen wegen dut sin 3 h off
3 h	Henne von Soden Wober Henne(n) und Hans Rampfuß(e)n ut p(ri)ma.
	Jt(em) her Heinrich Nickel als vo(n) der p(rese)ncze wegen dut sin 3 h
3 h	off Jeckel Rauben Meczelhenne(n) Cleßgin Drappe(n) und Conczgin Dincklern ut p(ri)ma.
	Jt(em) Hans der kyßler hait syne(n) lijp vor sin gut gestalt(en) nach
lip vor sin	dem Henne Kocher off yne geheisch(e)n hait und wijl recht
gut gestalt(en)	geb(e)n und neme(n) etc. Des ist yme tag gestalt(en) an das nehste gerichte.

Actu(m) off Dinstag vor sant Thomas tage.

4 h [8/2]	Jt(em) Barts Henne als vo(n) der kyrchen wegen dut sin 4 [8/2] h off Jeckel Raůben Enders Drappen und Cleßgin Carppen ut p(ri)ma.
4 h [8/2]	Jt(em) Clese Raup unser mit scheffen geselle dut sin 4 [8/2] h off Ped(er)n von Badenheim ut p(ri)ma.
4 h [8/2]	Jt(em) Flucken Clese dut sin 4 [8/2] h off Kiczgin ut p(ri)ma.
4 h [8/2]	Jt(em) Henne Ruße dut sin 4 [8/2] h off Kyczhenne(n) ut p(ri)ma.
2 h	Jt(em) Conczgin Dinckler dut sin 2 h off Jeckel Branden und Ebert Snaden ut p(ri)ma.

Actu(m) off Samßtag sant Thomas tage.

4 h [8/2]	Jt(em) her Heinrich Nickel dut sin 4 [8/2] h off Meczelhen(ne) ut p(ri)ma.
	Jt(em) Jeckel Raůp hain syne(n) lijp vor sin gut gestalt(en) nach dem
lip vor sin	her Heinrich Nickel off yne geheisch(e)n hait und wijl recht geb(e)n
gut gestalt(en)	und neme(n) etc. Des ist yme tag gestalt an das nehste gerichte.
4 h [8/2]	Jt(em) Barts Henne als vo(n) der kirchen wegen dut sin 4 [8/2] h off Hans Rampfußen und Weber Henne(n) ut p(ri)ma.
4 h [8/2]	Jt(em) Konne(n) Ped(er) als vo(n) der von Wingarten wegen dut sin 4 [8/2] h off[a] den Hyssen ut p(ri)ma.

[a] Beginnend mit einem zweiten »off« ist der Text ab hier bis zum Ende des Satzes über der Zeile beigefügt.

Peter Konne erhebt für die Frauen die 3. Klage gegen Hysse.
Henne Bart erhebt für die Kirche seine 3. Klage gegen Henne von Soden, Henne Weber und Hans Rampusch.

Herr Heinrich Nickel erhebt für die Präsenz seine 3. Klage gegen Jeckel Raub, Henne Metzel, Clesgin Drapp und Contzgin Dinckler.

Hans der Kessler hat seinen Leib vor sein Gut gestellt, nachdem Henne Kocher gegen ihn geklagt hat und will Recht geben und nehmen, etc. Es ist ihm ein Termin gesetzt worden am nächsten Gerichtstag.

17. Dezember 1476
Henne Bart erhebt für die Kirche seine 4. Klage gegen Jeckel Raub, Enders Drapp und Clesgin Carpp.
Cles Raub, unser Mitschöffe, erhebt seine 4. Klage gegen Peter von Badenheim.

Cles Fluck erhebt seine 4. Klage gegen Kitzgin.
Henne Ruß erhebt seine 4. Klage gegen Henne Kitz.
Contzgin Dinckler erhebt seine 2. Klage gegen Jeckel Brand und Ebert Snade.

21. Dezember 1476
Herr Heinrich Nickel erhebt seine 4. Klage gegen Henne Metzel.
Jeckel Raub hat seinen Leib vor sein Gut gestellt, nachdem Heinrich Nickel gegen ihn geklagt hat und will Recht geben und nehmen, etc. Es ist ihm ein Termin gesetzt worden am nächsten Gerichtstag.
Henne Bart erhebt für die Kirche seine 4. Klage gegen Hans Rampusch und Henne Weber.
Peter Konne erhebt für die von Weingarten seine 4. Klage gegen Hysse.

fol. 10 — Anno LXXVII

Anno LXXVII

1 h Jt(em) Henne Bocke als vo(n) mo(m)perschafft wegen der her(e)n zům Heilgen Grabe zu Mencze dut 1 h vor XXV ß gelts off Clas Man(n) von Erbaiß Bůdesßheim et sup(ra) pingn(or)a.

Actu(m) off Dinstag vor dem Jars Tag.

3 h Jt(em) Conczgin Dinckler dut sin 3 h off Jeckel Branden und Ebert Snaden ut p(ri)ma.

Actu(m) off Samsßtag nach dem Jars Tag.

2 h Jt(em) Henne Bocke uns(er) mit scheffen geselle dut sin 2 h off Clas Man(n) ut p(ri)ma.

Actu(m) off Dinstag vor Anthonij.

sant Vichtor / Melmans / Hengin[a] / s(e)n(tent)ia Jt(em) zusch(e)n h(er)n Johan Slyddorn und Melma(n)s Hengin der fragen nach so dan(n) Henne von Eltvjl als vo(n) wegen h(er)n Johan Slyddorn lestmals an gerichte Hengin Melma(n) berore(n) gethan. Dar geig(e)n Ancze als vo(n) Hengins wegen gefragt und myt recht begert wie wijt und f(er)re yne soliche bereddůnge nach lude des zittels binden solle so er sin hußfrauwe nit bij yme gehabt(en) hait wie dan(n) beid(er)theile furneme(n) davo(n) geluten sprech(e)n wir zu(m) rechten daß her Johan Slyddorn als vo(n) siner her(e)n wegen erfolgt den gemelt(en) Hengin Melma(n) nach lude des verlesen zyttels und besage der kontschafft. Das ortel haint sie von beidentheiln verbot.

p b Jt(em) her Johan Slyddorn als vo(n) syn(er) her(e)n wegen hait p b an Hengin Melman(n).

erk(annt) Jt(em) Wolffs Henne erk(ennt) h(er)n Johan Slyddorn als vo(n) syn(er) her(e)n wege(n) zu stehen und zu thun jn aller maiße / wie Hengin Melma(n) und myt nam(en) zu den her(e)n ko(m)men und sich gutlich myt yne v(er)trage(n). Das hait her Johan verbot.

erk(annt) Jt(em) Hengin Prasse erk(ennt) h(er)n Johan Sulczen IIII l(i)b(ras) hell(er) zu geben in XIIII tag(en). Si no(n) p erf(olgt).

erf(olgt) p b Jt(em) Ped(er) Bend(er) von Wint(er)nhey(m) erf(olgt) Joh(anne)s Faut(en) offs buch und hait p b.

---

a Unterhalb der Marginalie befindet sich ein über die folgenden 12 Zeilen verlaufender senkrechter geschweifter Strich.

Im Jahr 1477   fol. 10

Im Jahr 1477
Henne Bock erhebt als Vertreter der Herren zum Heiligen Grab in Mainz seine 1. Klage wegen 25 Schilling gegen Clas Mann von Erbes-Büdesheim.

31. Dezember 1476
Contzgin Dinckler erhebt seine 3. Klage gegen Jeckel Brand und Ebert Snade.

4. Januar 1477
Henne Bock, unser Mitschöffe, erhebt seine 2. Klage gegen Clas Mann.

14. Januar 1477
Zwischen Herrn Johann Sliddorn und Hengin Melman betreffend der Fragen, die Henne von Eltville für Herrn Johann Sliddorn das letzte Mal vor Gericht gegenüber Hengin Melman gestellt hat. Dagegen hatte Antz als Vertreter von Hengin gefragt und vom Gericht ein Urteil gefordert, wie weit und ob eine solche Beredung nach der Auskunft des Zettels binden soll, wo er seine Ehefrau doch nicht dabei hatte. Nachdem nun beide Aussagen gehört wurden, sprechen wir als Recht: Dass Herr Johann Sliddorn für seine Herren den Prozess gegen den genannten Hengin Melman nach Aussage der verlesenen Urkunde und der Zeugen gewonnen hat. Dem Urteil haben sie beide zugestimmt.
Herr Johann Sliddorn hat für seine Herren Pfändung gefordert gegen Hengin Melman. Henne Wolf erkennt an, gegenüber Herrn Johann Sliddorn für seine Herren in der Schuld zu stehen und seinen Anteil zu leisten in dem Maße wie Hengin Melman und die anderen sich mit den Herren von Sankt Viktor gütlich vertragen. Das hat Herr Johann festhalten lassen.
Hengin Prass erkennt an, Herrn Johann Sultz 4 Pfund Heller zahlen zu müssen binnen 14 Tagen. Wenn nicht erfolgt die Pfändung.
Peter Bender von Winternheim hat seinen Anspruch ins Gerichtsbuch eintragen lassen gegen Johannes Faut und hat Pfändung gefordert.

fol. 10v — Dinstag vor Anthonij

	Jt(em) zusch(e)n dem bicht(er) als vo(n) der p(rese)ncze wegen und Kycze Anne(n).
d(er) bicht(er)	Nach ansprache antwort und beidertheile furbrengu(n)ge / brengt
Kycz Anne	Anne bij als recht ist daß die und(er)phande dar off der bichter
s(e)n(tent)ia	geheisch(e)n zu yren handen nit stehen / jn maiß(e)n sie das yn yren
	nach redden furgewant. S(e)n(tent)ia / daß sie dem bichter dieser zijt
	um(m)b sin furderunge entbroch(e)n und nit schuldijg ist. Das ortel
	hait Anne verbot. Her Johan Sulczen als vo(n) der p(rese)ncze wege(n) hait
	eß auch verbot. Furt(er) begert Anne mit recht / wie / mit weme
	und jn welcher zijt sie eß bij brenge(n) soll. Dar off s(e)n(tent)ia sie sall
	eß bij brenge(n) mit gericht(en) und das thun jn XIIII tag(en). Bedarff
	sie dan(n) yre tage furte und heist die als recht ist so sall man(n)
	yre die furt(er) stillen noch zu czweien XIIII tagen. Das haint sie
	beide verbot.
	Jt(em) zusch(e)n Enderß(e)n von Swabenheim und Henne Bußern von Hyl-
End(er)s von	berßheim. Nach ansprach antwort und beid(er)theile furbrengu(n)ge
Swabenheim	und dwile Enders jn syme zusproche nit furbracht des zu recht
Hen(ne) Bußer	genug ist daß er der worte halber / Henne Bußer mit Goczen
s(e)n(tent)ia	Pedergin gehabt eynchen schaden gelytten. S(e)n(tent)ia // swert Henne
	Bußer off den heilgen als recht ist daß er soliche worte jnne
	keyn(er) and(er)n meynu(n)ge / dan(n) Pedergin dar zu[a] zu reißen yme beza-
	lunge zu thun jn maiß(e)n er das yn syner antwort furgewant
	hait so ist er Enderß(e)n um(m)b diese sin furderu(n)ge entbrochen
	und nit schuldijg. Das ortel haint sie beide verbot. Furt(er) so hait
	Henne Bußer gefragt wan(n) ee / und jn welcher zijt er das recht
gelengt	thun solle. S(e)n(tent)ia dwile er fremde ist so mag erßs yeczunt thune.
	Doch ist dar yme gerett und ist gelengt bijß off Dinstag nach
	Halp Fast(en) sic hodie. Das hant sie beide verbot.
	Jt(em) zusch(e)n Muderhen(ne) als vo(n) sins jonck(er)n wegen und Liebhen(ne) Concze(n).
	nach dem Mud(er)henne als vo(n) mo(m)perschafft wegen Erharts von Ramb(er)g
	vor II guld(e)n gelts off Liebhen(ne) Conczen geheisch(e)n. Dar entgeigen
Mud(er)hen(ne)	der b(e)n(ann)t(e) Concze / syne(n) lijp vor sin gude gestelt und dem gemelt(en)
Liebhenne	Mud(er)henne sin heischunge gebroch(e)n und sich furt(er) off des gerichts
Concze	buch bezogen wie daß Mud(er)henne die gulte / nemlich off Philips Duch-
	scher(n) herheisch(e)n und herwonne(n) habe wie recht sij. Und doch
s(e)n(tent)ia	myt dem buche jn maiß(e)n er sich vermeß(e)n nit bij bracht. Auch
	nit abreddijg ist daß sin altern die gulte gegeb(e)n hab(e)n. So spreche(n)
	wir zu(m) rechten daß Liebhen(ne) Concze / Mud(er)henne(n) als vo(n) sins jonck(er)n
	wegen die gulte ußrichten ader yne zu syner heischunge ko(m)me(n)

a Das Wort ist über der Zeile beigefügt.

14. Januar 1477

Zwischen dem Beichtvater für die Präsenz und Anne Kitz. Nach Anklage, Entgegnung und beiderseitiger Vorbringungen führt Anne an, dass die Pfänder, auf welche der Beichtvater geklagt habe, nicht in ihrem Besitz seien, wie sie das in ihrer Gegenrede vorgebracht habe. Urteil: Sie ist dem Beichtvater gegenüber zurzeit von den Forderungen enthoben und nichts schuldig. Das Urteil hat Anne festhalten lassen. Herr Johann Sultz hat für die Präsenz dem auch zugestimmt. Weiter fragt Anne das Gericht, wie, mit wem und in welcher Zeit sie das beweisen soll. Darauf ergeht das Urteil: Sie soll das tun durch Gerichtsbeweis in 14 Tagen. Bedürfe sie dann Verlängerung und fordere diese wie es rechtmäßig ist, so soll man ihr die Frist noch zweimal um 14 Tage verlängern. Dem haben sie beide zugestimmt.

Zwischen Enders von Schwabenheim und Henne Bußer von Hilbersheim. Nach Klage, Entgegnung und den Vorbringungen beider Seiten und weil Enders in seiner Aussage nichts vorgebracht hat, was rechtlich genügsam beweise, dass er wegen der Worte, die Henne Bußer mit Petergin Gotze hatte, einen Schaden erlitten hatte, ergeht das Urteil: Schwört Henne Bußer auf die Heiligen wie es rechtmäßig ist, dass er solche Worte in keiner anderen Absicht geäußert habe, als Pedergin dazu zu bringen, ihn zu bezahlen, wie er das in seiner Gegenrede vorgebracht hat, so ist er Enders gegenüber von dessen Forderung freigesprochen und nichts schuldig. Dem Urteil haben sie beide zugestimmt. Weiter hat Henne Bußer gefragt, wann und in welcher Zeit er das tun solle. Urteil: Weil er fremd ist, so kann er es gleich tun. Doch ist darüber geredet und der Termin verschoben worden auf Dienstag nach Halbfasten. Dem haben sie beide zugestimmt.

Zwischen Henne Muder für seinen Junker und Contz Liebhenne. Nachdem Henne Muder als Vertreter Erharts von Ramberg wegen 2 Gulden gegen Contz Liebhenne geklagt hat. Contz hat seinen Leib vor sein Gut gestellt und Henne Muder sein Klageverfahren unterbrochen und sich auf das Gerichtsbuch berufen, dass Henne Muder die Gülte von Philipp Duchscherer erklagt und gewonnen habe wie rechtmäßig ist. Und doch hat er, Contz, den Beweis nicht durch das Gerichtsbuch erbracht, wie er es behauptet hat. Auch leugnet er nicht, dass seine Eltern die Gülte gegeben haben. Daher urteilen wir: Dass Contz Liebhenne dem Henne Muder für seinen Junker die Gülte ausrichte müsse oder ihn zu seiner Klage kommen

fol. 11 — Dinstag vor Anthonij

erk(annt)	laißen. Das ortel hait Mud(er)hen(ne) als vo(n) sins jonck(er)n wegen v(er)bot. Furt(er) so hait Liebhen(ne) Concze yme erkant(en) die gulte uß zu riechten zusch(e)n Halp Fast(en). Si no(n) p erf(olgt).
	Jt(em) zusch(e)n Sneln Henne(n) und Beyer Hen(ne) von Algeßheim. Nach ansprach
Sneln Hen(ne) Beierhen(ne)	antwort und besage des winkauffs sprech(e)n wir zům rechten daß Beierhen(ne) von Algeßheim / Sneln Henne schadenloiß halten soll. Daß ortel hait Sneln Hen(ne) verbot und gefragt wan(n) erßs thůn sall.
s(e)n(tent)ia	S(e)n(tent)ia in XIIII tag(en). Das hait Sneln Hen(ne) auch verbot.
	Jt(em) zusch(e)n Peder Maczkuchen und Jeckel Beck(er)n. Nach ansprach und antwort sich lestmals zusch(e)n Ped(er) Maczkůchen und Jeckel Beck(er)n an gericht verhandelt und sich Jeckel Becker off erber lude / die
Ped(er) Macz- kůch Jeckel Beck(er) s(e)n(tent)ia	bij den dingen gewest jnhalt des bůchs bezogen etc. S(e)n(tent)ia daß er die vor gericht brengen sall und das thůn in XIIII tag(en). Bedarff der dan(n) syn(er) tage furte und heist die als recht ist so sall ma(n) yme die furt(er) stillen noch zu czweien XIIII tag(en). Und so die lude verhort(en) werden beheltlich Ped(er)n syner jnsage und geschee furt(er) sovjl als recht ist. Das ortel haint sie beide verbot.
	Jt(em) nach dem Barts Henne als vo(n) der kyrchen wegen sin fierde heischunge off Hans Rampfußen Woberhenne(n) / Enders Drappen
off geholt ecc(les)ia	Cleßgin Carppen und Jeckel Rauben gethan jn maiß(e)n die erste gelut(en) hait / also hait er die gude und und(er)phande nach lude syn(er) heischunge off geholt(en) und das verbot. Und der scholtes hait yme ban(n) und freden dar ober gethan. Das hait er auch verbot.
	Jt(em) nach dem her Heinrich Nickel als vo(n) der p(rese)ncze wegen sin fierde heischunge off Meczelhen gethan jn maiß(e)n die erste ge[-]
offgeholt(en) p(rese)ncze	lut(en) hait // also hait er die gude und und(er)phande nach lude syn(er) heischunge off geholt(en) und das verbot. Und der scholtes hait yme ban(n) und freden gethan dar ober / Das hait er auch verbot.
	Jt(em) nach dem Henne Ruße sin fierde heischunge off Kyczhenne(n) gethan jn maiß(e)n die erßte gelut(en) hait / Also hait er die gude
offgeholt(en)	und und(er)phande nach lude syner heischůnge off geholt(en) und das verbot. Und der scholtes hait yme ban(n) und freden dar ober gethan. Das hait er auch verbot.
	Jt(em) nach dem Flucken Clese sin fierde heischunge off Kiczgin ge- than jn maißen die erste gelut(en) hait / Also hait er die gude und
offgeholt(en)	und(er)phande nach lude syner heischunge offgeholt(en) und das v(er)bot. Und der scholtes hait yme ban(n) und freden dar ober gethan. Das hait er auch verbot.

lassen müsse. Das Urteil hat Henne Muder für seinen Junker festhalten lassen. Weiter hat Contz Liebhenne anerkannt, dass er die Gülte ausrichten werde bis Halbfasten. Wenn nicht erfolgt die Pfändung.

Zwischen Henne Snel und Henne Beyer von Algesheim. Nach Anklage, Entgegnung und Hörung der Zeugen des Vertrags fällen wir das Urteil: Dass Henne Beyer von Algesheim den Henne Snel schadlos halten soll. Das Urteil hat Henne Snel festhalten lassen und gefragt, wann er es tun solle. Urteil: in 14 Tagen. Das hat Henne Snel auch festhalten lassen.

Zwischen Peter Matzkuch und Jeckel Becker. Nach Anklage und Entgegnung, die vor dem Gericht verhandelt wurden und bei der sich Jeckel Becker auf ehrbare Leute, die bei der Angelegenheit anwesend waren, bezog, wie das Gerichtsbuch aussagt etc. Urteil: Er soll diese Leute vor Gericht bringen in 14 Tagen. Bedarf er Verlängerung und beantragt sie wie rechtmäßig ist, so soll man ihm noch zweimal 14 Tag geben. Und wenn die Leute verhört werden, vorbehaltlich Peters Entgegnung, geschehe es weiter, wie es rechtmäßig ist. Dem Urteil haben sie beide zugestimmt.

Nachdem Henne Bart für die Kirche seine 4. Klage gegen Hans Rampusch, Henne Weber, Enders Drapp, Clesgin Carpp und Jeckel Raub getan hat, hat er die Güter und Pfänder gemäß seiner Klage eingezogen und dies festhalten lassen. Der Schultheiß hat ihm Bann und Frieden darüber gemacht. Das hat er auch festhalten lassen.

Nachdem Herr Heinrich Nickel für die Präsenz seine 4. Klage gegen Henne Metzel getan hat, hat er die Güter und Pfänder gemäß seiner Klage eingezogen und dies festhalten lassen. Der Schultheiß hat ihm Bann und Frieden darüber gemacht. Das hat er auch festhalten lassen.

Nachdem Henne Ruß seine 4. Klage gegen Henne Kitz erhoben hat, hat er die Güter und Unterpfänder gemäß seiner Klage eingezogen und dies festhalten lassen. Der Schultheiß hat ihm Bann und Frieden darüber gemacht. Das hat er auch festhalten lassen.

Nachdem Cles Fluck seine 4. Klage gegen Kitzgin erhoben hat, hat er die Güter und Pfänder gemäß seiner Klage eingezogen und dies festhalten lassen. Der Schultheiß hat ihm Bann und Frieden darüber gemacht. Das hat er auch festhalten lassen.

fol. 11v — Dinstag vor Anthonij

	Jt(em) her Conrat Kyrpperg vica(r)i(us) und zinßmeist(er) zu sant Alban
	ußwendijg Mencze gelegen hait off geholt(en) off Joh(ann)es Faut(en)
offgeholt(en)	soliche gude und und(er)phande yne ligent vor VI l(i)b(ras) gelts frij
	gulte nach lude eynßs gerichts briffs dar ober sagende und
	hait das verbot. Und der scholtes hait yme ban(n) und freden dar
	ober gethan. Das hait er auch verbot.
p b	Jt(em) Philips Duchscher(er) hait p b an Wolffs Henne(n).
pande	Jt(em) Henne Gickysen sall die pande nemlich die fleschen
halt(en)	XIIII tage halt(en).
	Jt(em) meist(er) Joste der smett sall das důch kleid(er) und gelt XIIII
	tage halten.
	Jt(em) Conczgin Dinckler dut sin 4 [8/2] h off off Jeckel Brande(n) und
	Ebert Snade jn maiß(e)n die erste gelut(en) hait und begert die
	gude off zu holen. Dar jnne rette Ebert Snade und sagt er habe
widd(er) ge-	in den guden ligen / und begert mit recht obe er nit moge die
no(m)me(n)	gulte dar legen und ey(n) gut mit dem and(er)n[a] zu yme
	neme(n). Dar off sagt Conczgin so f(er)re yme sin gulte werde und
ey(n) frage	der gerichts schaden do mit / so laiß erßs geschee / Des hait yme
	Ebert erkant solichs uß zu rechten / Furt(er) ist mit recht gewist(en)
	so f(er)re Ebert jn den guden ligen hait so mag erßs zu yme
	neme(n) doch one ober geb(e)n eyme iglichen syn(er) gerechtekeit. Das
	hait Ebert verbot.
erk(annt)	Jt(em) Herma(n) Bend(er) erk(ennt) Ped(er) Bend(er)n zu Wint(er)nheim II guld(e)n zu
	geb(e)n in XIIII tag(en). Si no(n) p erf(olgt).
	Jt(em) Peder Bend(er) von Wint(er)nheim sagt er habe Joh(ann)es Faut(en) erfolgt
	und phande berett(en). Und wuße des syne(r) nit. Jn der selb(e)n maiße
	hait Lisen Hen auch mit yme gerett(en). Und sint beide gewisten
phande(n)	word(e)n. Sie solle(n) dem scholteß(e)n eyne(n) heymberge(n) heisch(e)n der
ob(er) nacht	sall yne / yne mit dem jheren geb(e)n und yne ober nacht
halt(en)	halt(en) und dan(n) an gerichte brenge(n) und furt(er) fragen. Was
	dan(n) furt(er) recht sij das geschee.
erf(olgt)	Jt(em) die Kremerß(e)n erf(olgt) Drubein offs buch.
erk(annt)	Jt(em) der keßler erk(ennt) Henne Koch(er)n dem alden 1 l(i)b(ram) hell(er) zu geben
	in XIIII tag(en) sin no(n) p erf(olgt).
erf(olgt)	Jt(em) Beyer Hen erf(olgt) Henne Rießen offs bůch.
p b	Jt(em) Henne Stope hait p b an Heppenhenne(n).

a Es folgt durchgestrichen: »dar legen«.

14. Januar 1477 — fol. 11v

ÜBERTRAGUNG

Herr Konrad Kyrpperg, Vikar und Zinsmeister zu St. Alban außerhalb von Mainz hat von Johannes Faut solche Güter und Pfänder, die ihm für 6 Pfund Geld freie Gülte nach Aussage einer Gerichtsurkunde zustehen, eingezogen und hat dies festhalten lassen. Der Schultheiß hat ihm Bann und Frieden darüber gemacht. Das hat er auch festhalten lassen.

Philipp Duchscherer hat Pfändung gefordert gegen Henne Wolff.

Henne Gickysen soll die Pfänder, nämlich die Flaschen, 14 Tage behalten.

Meister Jost der Schmied soll das Tuch, Kleider und Geld 14 Tage behalten.

Contzgin Dinckler erhebt seine 4. Klage gegen Jeckel Brand und Ebert Snade und fordert die Güter einzuziehen. Dagegen redet Ebert Snade und sagt, er habe in den Gütern noch Besitz liegen und fragt, ob er nicht darauf die Gülte legen könne und ein Gut mit dem anderen tauschen könne. Darauf sagte Contzgin, wenn ihm seine Gülte werde und die Gerichtskosten ebenfalls, so sei er einverstanden. Ebert erkennt an, diese zu zahlen. Weiter wurde das Urteil gesprochen: Wenn Ebert in den Gütern Besitz habe, so könne er ihn Konrad geben, doch ohne dass eine Partei damit auf ihr Recht verzichte. Das hat Ebert festhalten lassen.

Hermann Bender erkennt an, Peter Bender von Winternheim 2 Gulden in 14 Tagen zahlen zu müssen. Wenn nicht erfolgt die Pfändung.

Peter Bender von Winternheim sagt, er habe seinen Anspruch gegen Johannes Faut eigeklagt und Pfändung gefordert. Er kenne aber seinen Besitz nicht. In gleicher Weise hat Henne Lyse auch geredet. Ihnen wurde das Urteil gesprochen: Sie sollen von dem Schultheißen einen Heimbürgen fordern, der soll den Schuldner am Rockschoß nach sich ziehen und über Nacht verwahren. Dann sollen sie ihn vor Gericht bringen und fragen, was Recht ist, das geschehe.

Die Krämerin hat ihren Anspruch eingeklagt gegen Drubein.

Der Kessler erkennt an, Henne Kocher dem Alten 1 Pfund Heller zahlen zu müssen binnen 14 Tagen. Wenn nicht erfolgt die Pfändung.

Henne Beyer hat seinen Anspruch ins Gerichtsbuch eintragen lassen gegen Henne Rieß.

Henne Stop hat Pfändung gefordert gegen Henne Hepp.

fol. 12 — Dinstag vor Anthonij

TRANSKRIPTION

1 clage	Jt(em) Henne Ruße dut 1 clage vor XXVIII g(ulden) heipt gelt und XXVIII g(ulden) schaden off die jonffr(au) zu sant Klaeren zu Mencze et om(n)ia.
erf(olgt)	Jt(em) Henne von Eltvjl erf(olgt) Drubein und Heppenhen(ne) offs buch.
erf(olgt)	Jt(em) Hans Snyder erf(olgt) Jeckeln von Siemern offs bůch.
gelengt	Jt(em) Beyerhen(ne) und Henne Stopen ist gelengt bijß off Dinstag nach Halp Fasten sic hodie.
Jeckel Monst(er) Beyerhen(ne)	Jt(em) Jeckel Monster hait Beierhen(ne) von Algeßheim zu gesproch(e)n wie daß er ey(n) felt jnhabe das sij yme von syn altern word(e)n und habe das XL jare lang ungev(er)lich jn gehabt(en) und nye keyn gulte davo(n) geb(e)n oder geheisch(e)n worden / Solich felt habe Beyerhen(ne) ynne / und sich des gebrucht one erwonne(n) alleß rechten. Daß er das gethain hait das schade yme hondert guld(e)n und obe er dar zu ney(n) sagen wolt so sij eß kontlich daß er sich des gebrucht und genoiß(e)n habe. Die ansprache hait der scholtes von unß(er)s gnedige(n) her(e)n und des gerichts wegen verbot. Furt(er) antwort Beierhen(ne) und sagt der probst[a] habe eyn felt daß heiße der Honde Garten / Den habe er furmals und auch yeczůnt yn der korcze off geholt(en) vor sin gulte / des er dan(n) briffe und register hait / die dan(n) klerlich bestym(m)en / wie wijt und f(er)re der selbe flecke / do man(n) die selbe gulte von gebe / gehe / Das selbe felt habe yme der probst geluhen um(m)b ey(n) zinßs. Do lige des selbe flecke / do yme Jeckel um(m)b zu spricht / jn dem selben begriffe / Und begert dwile er eyne(n) anwalt habe / regist(er) briffe ader anders zu brenge(n) und hofft er soll eß bilch thůn. Und stilt das zu recht. Jeckel sagt nach lude siner ansprach / das laiße er gescheen dan(n) er habe eyn felt gehabt jn maiß(e)n er vor gerett(en) hait / das sihe yme entweldiget und gescharen / Das habe Beyerhen(ne) gethan und hofft er habe eß unbillich gethan nach dem er nye keyn gulte davo(n) geb(e)n / ader geheisch(e)n sij. Und stylt das zu recht. Beyerhen(ne) sagt Jeckels felt lyge yn syme flecken. Wan(n) er das bij brenge so hoffe er / daß er Jeckeln nůste schuldijg sij / Und als Jeckel sagt daß er keyn gůlte geb(e)n habe / das clage der probst dan(n) habe yme yemant syne(n) flecken frij gehalten. Das laiße er gescheen und hofft man(n) solle sin konde horen und yme sin tage dar zu stillen / nach dem er dan(n) off briffe und register gezogen. Dar off ist mit recht gewist(en) dwile sich Beyerhen off briffe und regist(er) bezogen daß er die auch vor gericht brenge(n)

a Am linken Seitenrand verläuft ein senkrechter über drei Zielen reichender Strich.

14. Januar 1477 — fol. 12

Henne Ruß erhebt seine 1. Klage wegen 28 Gulden Klagesumme und 28 Gulden Gerichtskosten gegen die Nonnen von St. Klara zu Mainz auf alles.

Henne von Eltville hat seinen Anspruch ins Gerichtsbuch eintragen lassen gegen Drubein und Henne Hepp.

Hans Snider hat seinen Anspruch ins Gerichtsbuch eintragen lassen gegen Jeckel von Simmern.

Zwischen Henne Beyer und Henne Stop ist der Termin verschoben worden bis auf Dienstag nach Halbfasten.

Jeckel Monster hat Henne Beyer von Algesheim angeklagt, dass er, Jeckel, ein Feld in seinem Besitz habe, das er von seinen Eltern erhalten habe und das habe er ungefähr seit 40 Jahren in seinem Besitz und habe nie eine Gülte davon gegeben, noch sei eine von ihm gefordert worden. Dieses Feld habe nun Henne Beyer in seinem Besitz und nutze es, ohne dass es ihm vom Gericht zugesprochen worden sei. Dass er das getan habe, schade ihm 100 Gulden und wenn er Nein dazu sage, so sei es doch bekannt, dass er das Feld nutze und genutzt habe. Diese Anklage hat der Schultheiß als Vertreter des Herrn und des Gerichts festhalten lassen. Henne Beyer antwortet und sagt, der Probst habe ein Feld, das heißt der Hundegarten. Das habe er einst und auch vor kurzen eingezogen für seine Gülte, worüber er auch eine Urkunde und ein Register habe, die eindeutig aussagen, wie weit das Feld reiche, von dem man die Gülte gebe. Dieses Feld habe ihm der Probst geliehen für einen Zins. Das Stück, weshalb ihn Jeckel anklage, liege in demselben Bereich. Er fordere daher, weil er einen Anwalt habe, Jeckel auf, Register oder Urkunden oder anderes beizubringen und hofft, er soll es tun, wie es recht und billig ist. Das legt er dem Gericht vor. Jeckel antwortet gemäß seiner Anklage: Dies lasse er zu, denn er habe ein Feld gehabt wie berichtet, dies sei ihm entwendet worden. Das habe Henne Beyer getan, und er meint, er habe es widerrechtlich getan, da Jeckel nie Gülte davon gezahlt habe noch dazu aufgefordert worden sei. Das legt er dem Gericht vor. Henne Beyer sagt: Jeckels Feld liege in seinem Feld. Wenn er dieses beweisen könne, so sei er, wie er hoffe, Jeckel nichts schuldig. Und wenn Jeckel sagt, dass er keine Gülte gegeben habe, das beklage der Probst, dann habe ihm jemand sein Land frei von Abgaben gehalten. Das lasse er zu, und er hofft, man werde seine Beweise hören und ihm dafür einen Gerichtstag geben, nachdem er sich auf seine Urkunde und sein Register berufen hat. Darauf ergeht das Urteil: Weil Henne Beyer sich auf Urkunde und Register beruft, soll er diese auch vor das Gericht bringen

fol. 12v — Samßtag nach Anthonij

brengen sall und das thůn in XIIII tag(en). Bedarff er dan(n) syner
tage furte und heist die als recht ist so sall ma(n) yme die
furt(er) stillen noch zu czweien XIIII tag(en). Und so die briffe ad(er)
register verhort(en) werd(e)n beheltlich Jeckeln syn(er) jnsage und
geschee dan(n) furte so vjl als recht ist.

Actu(m) off Samßtag nach Anthonii.
Jt(em) Henne Bocke unßer mit scheffen geselle als vo(n) der her(e)n
3 h   wegen zum Heilgen Grabe zu Mencze dut sin 3 h off Clas
Man(n) ut p(ri)ma.

Actu(m) off Dinstag nach Sebestianj.
erk(annt)   Jt(em) Ebert Kycze erk(ennt) Mencz(er)henne(n) zu Jngelnheim II g(ulden) IIII alb(us)
zu gebe(n) in XIIII tagen. Si no(n) p erf(olgt).
erk(annt)   Jt(em) Joh(ann)es Faut erk(ennt) Ebert Kiczen XIIII g(ulden) mi(nus) III alb(us) off rechnu(n)ge
zu geb(e)n in XIIII tag(en). Si no(n) p erf(olgt).
erk(annt)   Jt(em) Prassen Jeckel erk(ennt) Kicze Anne(n) I g(ulden) III alb(us) zu geb(e)n in XIIII
tag(en). Si no(n) p erf(olgt).
Jt(em) Kycz Anne hait Ulrichen von Rodenbach zu gesproch(e)n wie daß
er yre IX½ [X/2] alb(us) gerechenter scholt schuldijg. Daß er yre die nit
gebe / das schade yr X g(ulden) und heist yme des ey(n) ja ader ney(n). Ul-
Kicz Anne   rich sagt er erkenne IX½ [X/2] alb(us) / Do soll er yre an arbeiden. Des habe
Ulrich von   er yre IIII tage gearbeit(en) und das ander woll er yre auch abe ver-
Rodenbach   diene(n) und wes sie yne wider anlange des sihe er unschuldijg.
Anne hait verbot daß Ulrich der scholt erkent und hofft er soll
sie auch ußriechten dan(n) sie gestehe yme keyn(er) arbeit. Und stilt
das zu recht. Nach dem Ulrich des geldes nit abreddijg ist so
sprech(e)n wyr zům rechten daß er Anne(n) ußrachtunge davo(n)
thun salt und das thun in XIIII tag(en). Bedůnckt yne daß yme
die frauwe etwas zu thůn sij do mag er yre um(m)b zu sprech(e)n.
Das hait Anne verbot.
Jt(em) Dornhenne erk(ennt) Vinczen dem kyst(er) soliche schrifft Holczenhen(ne)
erk(annt)   selige / an syme lesten abescheide hait machen laiß(e)n auch die uß-
gesnytten zyttel Vinczen berorende jn XIIII tagen yn ey(n) gemeyne

in 14 Tagen. Bedürfe er Verlängerung und fordere diese wie es rechtmäßig ist, solle man ihm noch zweimal 14 Tage geben. Und wenn die Urkunden oder das Register gehört werden, Jeckels Entgegnung vorbehalten, geschehe es weiter, wie es Recht ist.

18. Januar 1477
Henne Bock, unser Mitschöffe, erhebt für die Herren zum Heiligen Grab in Mainz die 3. Klage gegen Clas Mann.

21. Januar 1477
Ebert Kitz erkennt an, Henne Mentzer zu Ingelheim 2 Gulden 4 Albus in 14 Tagen zahlen zu müssen. Wenn nicht erfolgt die Pfändung.
Johannes Faut erkennt an Ebert Kitz 14 Gulden weniger 3 Albus zahlen zu müssen gegen Rechnung in 14 Tagen. Wenn nicht erfolgt die Pfändung.
Jeckel Prass erkennt an, Anne Kitz 1 Gulden 3 Albus zahlen zu müssen binnen 14 Tagen. Wenn nicht erfolgt die Pfändung.
Anne Kitz hat Ulrich von Rodenbach angeklagt, dass er ihr 9½ Albus abgerechnete Schuld schuldig sei. Dass er ihr die nicht gebe, das schade ihr 10 Gulden und sie fordert von ihm ein Ja oder Nein. Ulrich sagt, er erkenne die 9½ Albus an. Diese sollte er bei ihr abarbeiten. Da habe er für sie 4 Tage gearbeitet und das andere wolle er auch abarbeiten und wessen sie ihn darüber hinaus anklage, dessen sei er unschuldig. Anne lässt vom Gericht festhalten, dass Ulrich die Schuld anerkenne und hofft, er solle sie auch ausrichten, denn sie erkenne keine Arbeitsleistung dafür an. Das legt sie dem Gericht vor. Nachdem Ulrich das Geld nicht leugnet, urteilen wir: Dass er Anne einen Ausgleich dafür tun soll binnen 14 Tagen. Scheint ihm, dass die Frau ihm verpflichtet sei, so soll er sie deswegen belangen. Das hat Anne festhalten lassen.
Henne Dorn erkennt gegenüber Vincz dem Schreiner an, die Aufzeichnungen, die der verstorbene Henne Holtz auf dem Totenbett gemacht hat und auch die Kerbzettel Vincz betreffend in 14 Tagen in die öffentliche

fol. 13 — Dinstag nach Sebestianj

gelengt	handt zu gelegen. Das hait Vincze v(er)bot / Und hait Henne(n) furt(er) wollen zu sprech(e)n. Das ist gelengt XIIII tage sic hodie.
erk(annt)	Jt(em) Heincze Driele erk(ennt) W(er)nh(er)n Knobeloch XXX ß off rechnu(n)ge zu geb(e)n in XIIII tag(en). Si no(n) p erf(olgt).
erk(annt)	Jt(em) Hans Flucke erk(ennt) Kettern Ped(er)gin IIII g(ulden) XIII½ [XIIII/2] alb(us) zu geb(e)n in XIIII tag(en). Si no(n) p erf(olgt).
Vincze H(er)man Bend(er)	Jt(em) Vincze der kystener hait H(er)man(n) Bend(er)n zu gesproch(e)n wie daß er yme gelt schuldijg sij / Do habe er yme gerett(en) I g(ulden) zu Wynacht(en) zu geb(e)n / Des habe er nit gethan das schade yme I g(ulden) und heist yme des ey(n) ja ader ney(n) / obe er yme solichs gerette(n) habe ader nit. H(er)man sagt er habe yme nuste gerett(en) und wes er yne wid(er) anlange / des sij er unschuldijg. Die unscholt ist gestalt(en) noch hude zu XIIII tag(en).
1 h	Jt(em) Hans Flucke dut 1 h vor II g(ulden) gelts off Kicz Anne(n) et sup(ra) p.
erk(annt)	Jt(em) H(er)man Bend(er) erk(ennt) Dho(m)m(us) Henne(n) VI g(ulden) und X alb(us) off rechnu(n)ge zu geb(e)n in XIIII tag(en). Si no(n) p erf(olgt).
peccavit	Jt(em) Herma(n) Bender hait dem scholteß(e)n gelobt(en) mit genad(en) zu detyngen nach dem er Vinczen vor gerichte frevelich gelogen strafft(en) hait.
erk(annt)	Jt(em) Herma(n) Bend(er) erk(ennt) Dho(m)m(us) Henne(n) X guld(e)n zu geb(e)n / nemlich yeczůnt zu Fastnacht funffe g(ulden) und furt(er) zu Fastnacht auch funffe g(ulden). Si no(n) p erf(olgt) zu eyner iglichen zijt.
offgeholt	Jt(em) Philips Důchscherer hait offgeholt(en) off Ped(er) Maczkuchen soliche gude und und(er)phande yme ligent vor II guld(e)n gelts frijhe gulte nach lude eynßs gericht briffs und hait das verbot. Und der scholtes hait yme ban(n) und freden dar ober gethan. Das hait er auch verbot.
erk(annt)	Jt(em) Peder Snade erk(ennt) Scher(er)henne(n) myt syme liebe zu detynge(n) jn XIIII tagen. Si no(n) p erf(olgt).
erk(annt)	Jt(em) Wilhelm von Sobernhey(m) erk(ennt) Clese Storczkoppen dem jongen IX guld(e)n IIII alb(us) zu geb(e)n zusch(e)n Halp Fast(en). Si no(n) p erf(olgt).
offgeholt(en)	Jt(em) nach dem Clese Raůp unser myt scheffen geselle sin 4 [8/2] h yn maiß(e)n die erßte gelut(en) hait off Ped(er)n von Badenhey(m) gethan also hait er die gude und und(er)phande nach lude syn(er) heischunge off geholt(en) und das verbot. Und der scholtes hait yme ban(n) und freden dar ober gethan. Das hait er auch verbot.
	Jt(em) Wilhelm von Sobernhey(m) sagt Jeckel Raůp habe Ancze Duppe(n)gieß(er)n ey(n) gifft gethan und gebrůche sich doch der gude glicher

21. Januar 1477

Hand geben zu müssen. Das hat Vincz festhalten lassen. Und er hat Henne weiter anklagen wollen. Das ist verschoben worden auf in 14 Tagen.

Heinz Driel erkennt an, Werner Knobeloch 30 Schilling gegen Rechnung zahlen zu müssen binnen 14 Tagen. Wenn nicht erfolgt die Pfändung.

Hans Fluck erkennt an, Petergin Ketter 4 Gulden 13½ Albus zahlen zu müssen binnen 14 Tagen. Wenn nicht erfolgt die Pfändung.

Vincz der Schreiner hat Hermann Bender angeklagt, dass er ihm Geld schuldig sei. Da habe er ihm versprochen, 1 Gulden zu Weihnachten zu geben. Das habe er nicht getan, das schade ihm einen Gulden, und er fordert von ihm ein Ja oder Nein, ob er solches versprochen habe oder nicht. Hermann sagt, er habe ihm nichts versprochen und wessen er ihn darüber hinaus anklage, dessen sei er unschuldig. Die Unschuld wird festgesetzt von heute an für 14 Tage.

Hans Fluck erhebt seine 1. Klage wegen 2 Gulden Geld gegen Anne Kitz auf die Pfänder.

Hermann Bender erkennt an, Henne Dhommus 6 Gulden und 10 Albus gegen Rechnung zahlen zu müssen binnen 14 Tagen. Wenn nicht erfolgt die Pfändung.

Hermann Bender hat dem Schultheißen gelobt, sich der Gnade zu stellen, nachdem er Vincz vor Gericht frevelhaft Lügen gestraft habe.

Hermann Bender erkennt an, Henne Dhommus 10 Gulden zahlen zu müssen, nämlich jetzt zu Fastnacht 5 Gulden, zur nächsten Fastnacht auch 5 Gulden. Wenn nicht erfolgt die Pfändung zu jeder Zeit.

Philipp Duchscherer hat von Peter Matzkuch die Güter und Pfänder eingezogen, auf denen 2 Gulden freie Gülte nach dem Wortlaut der Gerichtsurkunde liegen und hat das festhalten lassen. Der Schultheiß hat ihm Bann und Frieden darüber gemacht. Das hat er auch festhalten lassen.

Peter Snade erkennt gegenüber Henne Scherer an, mit seinem Leib zu verhandeln in 14 Tagen. Wenn nicht erfolgt die Pfändung.

Wilhelm von Sobernheim erkennt an, Cles Stortzkopp dem Jungen 9 Gulden 4 Albus zahlen zu müssen bis Halbfasten. Wenn nicht erfolgt die Pfändung.

Nachdem Cles Raub, unser Mitschöffe, seine 4. Klage getan hat gegen Peter von Badenheim, hat er die Güter und Pfänder gemäß seiner Klage eingezogen und das festhalten lassen. Der Schultheiß hat ihm Bann und Frieden darüber getan. Das hat er auch festhalten lassen.

Wilhelm von Sobernheim sagt, Jeckel Raub habe Antz Duppengießer ein Geschenk gegeben und nutze das Gut doch in der Weise,

fol. 13v — Samßtag nach sant Pauwels tage Conversionis

ey(n) frage	wyse als were die gifft nit gescheen. Davo(n) so hoffe er / daß die
ad soicios [!]	gifft nit macht habe und stilt das zu recht. Das ist gelengt
	ad socios.
	Jt(em) jonffr(au) Fiel ym(m) clost(er) dut 1 h vor funffe phondt hell(er) gelts
	und dan(n) vor XVIII ß hell(er) gelts off h(er)n Heinrich Wolffs selig(en)
1 h IIII	erb(e)n nemlich(e)n frauwe Lysen Heinrich(e)n von der Staffen / Heyn-
	rich und Hans Wolffen gebruder und off alles das her Heinrich
	obg(genan)nt gelaiß(e)n hait.
erf(olgt)	Jt(em) Schererhenne erf(olgt) Dieme(n) Henne(n) vor IIII g(ulden).
erf(olgt)	Jt(em) Scher(er)hen(ne) erf(olgt) Heppenhen(ne) vor III g(ulden).
erf(olgt)	Jt(em) Johan der pollerer erf(olgt) Greden Schoßports selig(en) witwen
	vor XV g(ulden) off rechnu(n)ge.
entbroche(n)	Jt(em) Hengin Melma(n) ist diß gebots halb(e)n von Bartolme(us) dem medd(er)
	entbroch(e)n.
	Actu(m) off Dinßtag nach^a sant Pauwels tage (Con)v(er)sionis.
2 tag	Jt(em) Jeckel Beck(er) hait sin 2 tag furt(er) geheisch(e)n konde zu brenge(n)
	geigen Ped(er) Maczkuchen.
	Jt(em) Beierhen(ne) von Algeßheim hait sin 2 tag(e) furt(er) geheisch(e)n
2 tag	konde zu brenge(n) geigen Jeckel Monst(er)n. Jeckel hait sin tag
	auch verbot.
2 tag	Jt(em) Kycz Anne hait yren 2 tag(e) furt(er) geheisch(e)n konde zu brenge(n)
	geigen h(er)n Johan Sulczen.
tag v(er)hůt(en)	Jt(em) Snelnhenne hait sin tag(e) v(er)hůten geigen Beierhen(ne) von
	Algeßheim.
důch halt(en)	Jt(em) Jost der smett ist zům czweiten male gewist(en) das důche
	kleider und gelt noch XIIII tage zu halten.
2 clage	Jt(em) Henne Ruße dut sin 2 clage off die nonne(n) zu sant Klaeren
	zu Mencze ut p(ri)ma.
	Actu(m) off Samßtag vor Pu(r)ificat(i)o(n)is Ma(r)ie.
4 [8/2] h	Jt(em) Hen(ne) Bocke uns(er) mit scheffen geselle als vo(n) syn(er) her(re)n wegen
	dut sin 4 [8/2] h off Clas Man(n) ut p(ri)ma.

a Das letzte Wort ist über der Zeile beigefügt.

28. Januar 1477 — fol. 13v

als sei die Gabe nicht geschehen. Deshalb hoffe er, dass die Gabe keine Macht hat und legt das dem Gericht vor. Das ist verschoben worden bis zum Zusammentreten des Vollgerichts.

Jungfrau Fiel im Kloster erhebt die 1. Klage wegen 5 Pfund Heller Geld und dann wegen 18 Schilling Heller Geld gegen die Erben des verstorbenen Herrn Heinrich Wolff, nämlich Frau Lyse, Heinrich von der Staffen, Heinrich und Hans Wolff, Brüder und auf alles, das der genannte Herr Heinrich hinterlassen hat.

Henne Scherer verklagt Henne Diem auf 4 Gulden.

Henne Scherer verklagt Henne Hepp auf 3 Gulden.

Johann der Pollerer verklagt Grede, Witwe des verstorbenen Schoßport, auf 15 Gulden gegen Rechnung.

Hengin Melman wurde wegen der Forderung von Bartholomäus dem Medder freigesprochen.

28. Januar 1477

Jeckel Becker hat seinen 2. Tag erbeten um Beweise beizubringen gegen Peter Matzkuch.

Henne Beyer von Algesheim hat seinen 2. Tag erbeten um Beweise beizubringen gegen Jeckel Monster. Jeckel hat den Termin auch gewahrt.

Anne Kitz hat ihren 2. Tag erbeten um Beweise beizubringen gegen Herrn Johann Sultz.

Henne Snel hat seinen Tag gewahrt gegenüber Henne Beyer von Algesheim.

Jost der Schmied ist zum zweiten Mal angewiesen worden, Tuch, Kleider und Geld noch 14 Tage zu halten.

Henne Ruß erhebt seine 2. Klage gegen die Nonnen von St. Klara zu Mainz.

1. Februar 1477

Henne Bock, unser Mitschöffe, erhebt für seine Herren die 4. Klage gegen Clas Mann.

fol. 14 — Dinstag nach Purificationis Marie

TRANSKRIPTION

	Actu(m) off Dinstag nach Pu(r)ificat(i)o(n)is Ma(r)ie.
2 h IIII	Jt(em) jonffrauwe Fiel ym(m) closter dut yre 2 h off h(er)n Heinrich Wolfs
	selig(en) erb(e)n ut p(ri)ma.
	Actu(m) off Samßtag vor Appolonie.
	Jt(em) Clese Raup unß(er) mit scheffen geselle sagt er habe Cleßgin
	Baldemarn ey(n) wingart oben aym Frongart(en)ᵃ geluhen jars
widd(er) ge[-]	vor V ß. Nu habe er yme sins zinßs nit geb(e)n. So stehe der
no(m)men	wingart auch noch zu syne(n) handen und begert mit recht
	obe ern nit moge widder neme(n). S(e)n(tent)ia ja si ita est.
erf(olgt) p b	Jt(em) her Johan Sulczen erf(olgt) Prassen Hengin offs buch und
	hait an yme phande berett.
1 h	Jt(em) Mud(d)erhen(ne) dut 1 h vor XVIII ß hell(er) gelts off Monchs Clesen
	et sup(ra) ping(nora).
phande halt(en)	Ite(m) Henne Gickysen sall zum erßten male die czwo$he fleschen
	XIIII tage halt(en).
erf(olgt) p b	Jt(em) Dhom(m)(us) Hen(ne) erf(olgt) H(er)man Bend(er)n offs buch und hait p b.
p b	Jt(em) Ped(er) Bend(er) hait p b an Jeckel Rauben.
p b	Jt(em) Bingeln Cleßgin hait p b an Snelnhenne(n).
p b	Jt(em) Clesenhen(ne) hait p b an Cleßgin Lorchen.
erf(olgt) p b	Jt(em) Ped(er) Bend(er) von Wint(er)heimᵇ erf(olgt) H(er)man Bend(er)n
	offs bůch und hait an ym p b.
erf(olgt) p b	Jt(em) Snelnhen(ne) erf(olgt) Beierhen von Algesheim offs buch und hait
	an yme phande berett(en).
erf(olgt)	Jt(em) Ebert Kicze erf(olgt) Joh(annn)es Faut(en) offs bůch.
erf(olgt)	Jt(em) Beierhen(ne) erf(olgt) Swinde(n) frauwe offs bůch.
erf(olgt)	Jt(em) Kicze Anne erf(olgt) Jeckel Prassen offs bůch.
erk(annt)	Jt(em) Prassen Hengin erk(ennt) Hans Flucken II g(ulden) off rechnu(n)ge zů
	geb(e)n in XIIII tag(en). Si no(n) p erf(olgt).
	Jt(em) nach dem Clas Raůp unser mit scheffen geselle sin 4 [8/2] h
	in maiß(e)n die erste gelut(en) / off Ped(er)n von Badenheim gethan
off geholten	also hait er die gude offgeholt(en) und das verbot. Und der
	scholtes hait yme ban(n) und freden dar ober getan. Das hait
	er auch verbot und hait Ped(er)n von Badenheim furt(er) zu ge[-]
erk(annt) no(ta)	sproch(e)n wie daß er yme schuldig sij / zehen jare lang / alle

---

a Die letzten vier Worte sind mit einem anderem Stift unterstrichen. Am linken Seitenrand befindet sich zwischen Marginalie und Text ein senkrechter über die ersten vier Zeilen des Abschnittes reichender Strich.

b Es folgt durchgestrichen: »hait p b«.

4. Februar 1477
Jungfrau Fiel im Kloster erhebt ihre 2. Klage gegen die Erben des verstorbenen Heinrich Wolff.

8. Februar 1477
Cles Raub, unser Mitschöffe, sagt, er habe Clesgin Baldemar einen Weinberg oben am Frongarten geliehen für jährlich 5 Schilling. Nun habe er ihm den Zins nicht gegeben. Der Weinberg stehe noch in seinem Besitz und er fragt, ob er ihn wieder an sich nehmen könne. Urteil: Ja, wenn es so ist.
Herr Johann Sultz hat seinen Anspruch ins Gerichtsbuch eintragen lassen gegen Hengin Prass und hat Pfändung gefordert.
Henne Muder erhebt die 1. Klage wegen 18 Schilling Heller Geld gegen Cles Monch auf die Pfänder.
Henne Gickysen soll zum 1. Mal die 2 Flaschen 14 Tage halten.
Henne Dhommus hat seinen Anspruch ins Gerichtsbuch eintragen lassen gegen Hermann Bender und hat Pfändung gefordert.
Peter Bender hat Pfändung gefordert gegen Jeckel Raub.
Clesgin Bingel hat Pfändung gefordert gegen Henne Snel.
Henne Cles hat Pfändung gefordert gegen Clesgin Lorch.
Peter Bender von Winternheim hat seinen Anspruch ins Gerichtsbuch eintragen lassen gegen Hermann Bender und hat Pfändung gefordert.
Henne Snel hat seinen Anspruch ins Gerichtsbuch eintragen lassen gegen Henne Beyer von Algesheim und hat Pfändung gefordert.
Ebert Kitz hat seinen Anspruch ins Gerichtsbuch eintragen lassen gegen Johannes Faut.
Henne Beyer hat seinen Anspruch ins Gerichtsbuch eintragen lassen gegen die Frau des Swinde.
Anne Kitz hat ihren Anspruch ins Gerichtsbuch eintragen lassen gegen Jeckel Prass.
Hengin Prass erkennt an Hans Fluck 2 Gulden gegen Rechnung zahlen zu müssen binnen 14 Tagen. Wenn nicht erfolgt die Pfändung.
Nachdem Cles Raub, unser Mitschöffe, seine 4. Klage gegen Peter von Badenheim erhoben hat, hat er die Güter eingezogen und das festhalten lassen. Der Schultheiß hat ihm Bann und Frieden gemacht. Das hat er auch festhalten lassen und hat Peter von Badenheim weiter angeklagt, dass er ihm schuldig sei, 10 Jahre lang jedes

fol. 14v — Dinstag nach Appollonie

erk(annt)	jare ey(n) phondt gelts v(er)seßens zinßs. Daß er yme die nit gebe das schade yme alsvjl dar zu. Dar off hait yme Ped(er) VI l(i)b(ras) erkant(en) off rechnu(n)ge zu geb(e)n zusch(e)n Halp Fasten. Si no(n) p erk(ennt).
1 h	Jt(em) Hans Flucke dut 1 h vor II g(ulden) gelts off Kycz Anne(n) et sup(ra) ping(nora).
offgeholten	Jt(em) nach dem Philips Důchscher(er) sin 4 [8/2] h in maiß(e)n die erste gelut(en) off Kiczgin gethan also hait er die gude und und(er)phande nach lude siner heischunge off gehol(en) und das verbot. Und der scholtes hait yme ban(n) und freden dar ober gethan. Das hait er auch v(er)bot.
erk(annt)	Jt(em) Winworm erk(ennt) Johan dem poller(er) soliche scholt sie mit and(er)n Clese Storczkoppen schuldig sint helffen yn zu gewynne(n) zusche(n) Pinxsten. Si no(n) p erf(olgt) vor XX guld(e)n.
erk(annt)	Jt(em) Erbachs Hengin erk(ennt) Henne(n) von Eltvjl als vo(n) h(er)n Hansen wege(n) myt syme her(e)n ader der frauw(e)n zu rechen zusch(e)n Halp Fasten. Si no(n) p erf(olgt) vor X guld(e)n.
ober nacht halt(en)	Jt(em) Wilhelm von Sobernheim sagt er habe Jeckel Rauben erfolgt(en) und phande berett(en) und wiße das syne(n) nit und begert wie er furt(er) thun soll. S(e)n(tent)ia er sall dem scholteß(e)n ey(n) heymberge(n) heisch(e)n der sall yne yme mit dem gheren und ober nacht halt(en) / und sall yne dan(n) an gericht brenge(n) und furt(er) fragen was dan recht ist das sall gescheen.
erf(olgt)	Jt(em) jonffr(au) Fiel ym(m) closter erf(olgt) H(er)man Bend(er)n vor X g(ulden)

Actu(m) off Dinstag nach Appolonie.

3 tag furt(er)	Jt(em) Beierhen(ne) von Algeßheim Jeckel Beck(er) und Kicze Anne haint yren dritten tag furt(er) geheischen konde zu brenge(n) und haint das verbot.
duch halt(en)	Jt(em) Joste der smett hait zum dritten maile die kleid(er) důch und gelt hie gehabt und begert furt(er) zu bescheid(e)n. Des ist yme tag gestalt an das nehste gericht(en).

Actu(m) off Samßtag vor Invocavit.

2 h	Jt(em) Flucken Hans dut sin 2 h off Kycze Anne(n) ut p(ri)ma.

Actu(m) off Dinstag nach Invocavit.

11. Februar 1477

Jahr ein Pfund Geld nicht gezahlten Zins. Dass er ihm die nicht gebe, schade ihm ebensoviel dazu. Darauf hat Peter 6 Pfund anerkannt gegen Rechnung zahlen zu müssen bis Halbfasten. Wenn nicht erfolgt die Pfändung.
Hans Fluck erhebt seine 1. Klage wegen 2 Gulden gegen Anne Kitz auf die Pfänder.
Nachdem Philipp Duchscherer seine 4. Klage gegen Kitzgin getan hat, hat er die Güter und Unterpfänder gemäß seiner Klage eingezogen und dies vom Gericht festhalten lassen. Der Schultheiß hat ihm Bann und Frieden darüber gemacht. Das hat er auch festhalten lassen.
Winworm erkennt gegenüber Johann dem Pollerer an, dass er ihm helfen muss, die Schuld, welche sie mit anderen Klaus Stortzkopp schuldig sind, abzuleisten bis Pfingsten. Wenn nicht erfolgt die Pfändung wegen 20 Gulden.
Hengin Erbach erkennt gegenüber Henne von Eltville als Vertreter von Herrn Hans an, dass er mit Herrn Hans oder dessen Frau abrechnen muss bis Halbfasten. Wenn nicht erfolgt die Pfändung wegen 10 Gulden.
Wilhelm von Sobernheim sagt, er habe seinen Anspruch gegen Jeckel Raub eingeklagt und Pfändung gefordert und kenne dessen Besitz nicht, was er nun weiter tun solle. Urteil: Er soll von dem Schultheißen einen Heimbürgen fordern, der soll den Schuldner am Rockschoß nach sich ziehen und über Nacht verwahren. Dann soll er ihn vor Gericht bringen und fragen, was Recht ist, das geschehe.
Jungfrau Fiel im Kloster verklagt Hermann Bender auf 10 Gulden.

11. Februar 1477
Henne Beyer von Algesheim, Jeckel Becker und Anne Kitz haben ihren dritten Gerichtstag erbeten um Beweise beizubringen und haben das vom Gericht festhalten lassen.
Jost der Schmied hat zum 3. Mal Kleider, Tuch und Geld hierher gebracht und fragt nach dem weiteren Urteil. Deswegen ist ihm ein Termin am nächsten Gerichtstag bestimmt worden.

22. Februar 1477
Hans Fluck erhebt seine 2. Klage gegen Anne Kitz.

25. Februar 1477

fol. 15 — Dinstag nach Invocavit

TRANSKRIPTION

erf(olgt)	Jt(em) W(er)nher Knobeloch erf(olgt) Heincze Drieln offs buch.
	Jt(em) Drubein hait sich verdingt Jeckel Beckern sin wort zu thůn und
	hait sin und(er)tinge verbot als recht ist. Und hait das bůche zusch(e)n Ped(er)
	Maczkuchen und yme laißen offen und das verbot / Und hait Hans
Jeckel Beck(er)	Kleen Jeckeln von Siemern und Eßijg Hengin zu gesproch(e)n wie
Ped(er) Macz[-]	daß sie bij eyner sachen gewest sihen zusch(e)n Cleßgin Maczkuchen
kůche	und yme und sagen nit wie eß gelůt(en) hait. Das schade yme von
	yre iglichem X guld(e)n. Dar off sagen sie alle drij wie daß sie do
	bij gewest sihen daß Cleßgin Maczkůch selige gesagt(en) habe wie
konde	daß er Jeckel Beckern XVIII g(ulden) schuldijg sij / Dar fure so habe er
	yme auch geb(e)n alle sin farnde habe der sij wenig ader vijl. Do
	bij sihen sie gewest(en) und wollen dar zu thůn was yne mit recht
	geburt. Das hait Drubein als vo(n) Jeckels wegen verbot und gefragt
	wan(n) sie eß thůn soll(en). S(e)n(tent)ia in XIIII tag(en). Das hait Drubey(n) auch v(er)bot.
	Dar off hait sich Hans Snid(er) verdingt Ped(er) Maczkuchen sin wort
	zu thůn und hait sin und(er)tinge verbot als recht ist und hait eyne(n)
	ußgesnytt(en) zittel laißen lesen alsus ludende[:]
	Wir diese her nachgeschr(iebenen) mit name(n) Clesen Maczkuch Ped(er) Macz-
	kuch und Konne(n) Peder bekenne(n) uns offintlich mit diesem briff
	same(n)tlich u(n)v(er)scheidlich und menlich vor alle daß wir recht(er) und
	redlicher scholt schuldig sin und gelt(en) sollen / Frolichen h(er)n Hanse(n)
ußgesnede(n)	knecht von Jngelnheim / sine(n) erb(e)n ader jnheld(er) diß briffs mit
zittel	syme gutte(n) wiß(e)n und willen XX guld(e)n die er uns dan(n) gutlich
	geluhen hait. Davo(n) geredden und versprech(e)n wir obg(e)n(ann)t(en) persone(n)
	seme(n)tlich unv(er)scheidlich und menlich vor alle dem b(e)n(ann)t(en) Froliche(n) sine(n)
	erb(e)n ader jnheld(er) diß briffs die obgemelt som(m)e gelts gutlich uß
	zu richten und zu bezalen zu dem nehsten herbst ader unv(er)zoge-
	lich zu sant Martins tage nehst kom(m)et. Und obe wir b(e)n(ann)t(en) p(er)sone(n)
	an der bezalunge sůmyg word(e)n und dem nit nach qwem(m)en yn
	maiß(e)n und wie hie vor von uns geschr(ieben) steet des doch nit sin sall
	so sall und mag der obg(e)n(ann)t(e) Frolich sin erb(e)n ader jnhelder diß br(iffs)
	hie yn eyn offen herberge gehen wo yme eben ist und off uns
	leisten bijß so lange wir soliche obgemelt som(m)e gelts myt allem
	offgehende(n) schaden ußgeracht und bezalt hab(e)n. Wir ensolle(n) und
	enwollen uns auch widder diß alleß und iglichs besond(er) nit seczen
	ader behelffen mit keyn(er)ley dingen die herdacht sin ader werd(e)n
	mochten geverde und argelist genczlich her yn(n) abegescheid(e)n. Des
	zu ork(unde) so sint dieser zittel czwene uß eyn ander gesnytt(en) die

Werner Knobeloch hat seinen Anspruch ins Gerichtsbuch eintragen lassen gegen Heinz Driel.

Drubein hat sich verpflichtet, Jeckel Becker vor Gericht zu vertreten und hat seine Vertretung festhalten lassen. Und er hat das Buch in der Klage zwischen Peter Matzkuch und ihm öffnen lassen und das festhalten lassen. Und er hat Hans Klee, Jeckel von Simmern und Hengin Essig angeklagt, dass sie bei der Sache zwischen Clesgin Matzkuch und ihm gewesen seien und sie sagen nicht, was gesprochen worden sei. Das schade ihm von jedem von ihnen 10 Gulden. Daraufhin sagen sie alle 3, dass sie dabei gewesen sind, als der verstorbenen Clesgin Matzkuch gesagt habe, dass er Jeckel Becker 18 Gulden schuldig sei. Dafür habe er ihm alle seine fahrende Habe gegeben, es sei wenig oder viel. Dabei waren sie und wollen tun, was ihnen dem Recht nach zu tun gebührt. Das hat Drubein für Jeckel festhalten lassen und gefragt, wann sie es tun sollen. Urteil: in 14 Tagen. Das hat Drubein auch festhalten lassen. Darauf hat sich Hans Snider verpflichtet, Peter Matzkuch vor Gericht zu vertreten und hat seine Vertretung festhalten lassen, und er hat einen Kerbzettel lesen lassen, der wie folgt lautet:

„Wir, die folgenden Clesgin Matzkuch, Peter Matzkuch und Peter Konne erkennen hiermit öffentlich an, dass wir gemeinsam rechtmäßig schuldig sind Frolich, dem Knecht von Herrn Hans von Ingelheim, seinen Erben oder den Inhabern dieses Briefes mit seinem Willen und Wissen 20 Gulden, die er uns geliehen hat. Deshalb versprechen wir die Genannten gemeinsam, dem genannten Frolich, seinen Erben oder Besitzern dieser Urkunde die genannte Summe zu bezahlen bis zum nächsten Herbst oder unverzüglich zum nächsten St. Martinstag. Und wenn wir, die genannten Personen, säumig würden und dem nicht nachkämen, wie es hier beschrieben ist, was aber nicht sein soll, so kann der genannte Frolich, seine Erben oder der Besitzer dieser Urkunde in eine Herberge gehen, wo er will und auf unsere Kosten dort bleiben, bis wir die genannte Summe Geld mit allen angefallenen Gerichtskosten bezahlt haben. Wir sollen und wollen uns auch nicht gegen dieses alles oder ein Teil davon wenden oder in irgendeiner Weise dagegen behelfen, vielmehr soll dies gelten ohne alle Gefährdung oder Arglist. Deshalb ist der Text dieser Urkunde zweimal untereinander geschrieben und der Zettel durchgeschnitten worden,

fol. 15v — Dinstag nach Invocavit

dan(n) glich ludende und igliche parthij hait eyne(n) yn(n). Dat(um) off
Dinstag nehst nach dem Sontage Letare anno etc. LXnono.
Hans Snyder als vo(n) Peders wegen hait den zittel verbot und sagt
Cleßgin Maczkůch habe den zittel hinder yme gehabt(en) und sij auch
der som(m)en XIII g(ulden) schuldijg. Und do er gestorben ist / do hait Jeckel
yne den zittel geb(e)n und meynt do mit davo(n) zu gehen. Des sie doch
nit hoffen / Obe nů der zittel ader der gerichts briff den Drubeyn
als vo(n) Jeckels wegen hait lesen laiß(e)n alder sij das stille er zu dem
gericht / Furt(er) so steet aym lesten ym(m) zittel alle argelist und gev(er)de
uß gescheid(e)n die herdacht weren ader word(e)n / Nů beduncke Ped(er)n
Jeckel suche geferde und furtel yn der bezalůnge. Als dar um(m)b hoff
er eß soll nit macht han / nach dem Jeckel eyn erbe sij von sins wibes
wegen. Und off die konde sage Peder wie daß Hans Klee sij Jeckels

vo(n) Siemern

vatt(er) und Jeckel sin sone dar zu sij yr eyn(er) Jeckel Beckers gefatt(er)
so sij Eßijg Hengin sin naher mag(en). Als dar um(m)b achte sie Peder
von parthien und hofft daß yne die sage ym(m) rechten nit yrren
sall. Und obe sie ye zu gelaiß(e)n word(e)n / nach dem sie dan(n) gesagt(en) haint
nach lude des buchs so achte Peder daß die XVIII g(ulden) die scholt sihe
dar zu sij die scholt auch farnde habe und als Ped(er)n beduncke so
sůche Jeckel geferde und hofft eß soll nit macht han. Und den gerichts
briff do habeª Jeckel vor nit off gezogen. Doch so hoff Peder / dwile Cleßgin Maczkuch Jeckeln eyn und ander geb(e)n habe so habe er yme auch
die scholt geb(e)n. Als dar um(m)b hofft Peder daß Jeckel solich gelt ußricht(en)
solle / ader er soll yne erf(olgt) hain nach lude sins zusprochs / und stilt das

i(n) j(ure)

zu recht. Drubein als vo(n) Jeckels wegen sagt er habe eyn briff fonde(n)
in sins swehers hůsche. Do wuße er nit was do ynne stehe / Den habe

ad socios

er yne auch geb(e)n und hofft yne wider nit schuldig zu sin und Peder
soll yme sin konde laißen geh(e)n und der zittel soll yne nit yrren
das gericht erkenne eß dan(n) / Und stillt eß auch zu recht. Das ist
gelengt ad socios. Das haint sie beide verbot.

gelengt

Jt(em) zusch(e)n Jeckel Monstern und Beierhen(ne) von Algeßheim ist gelengt
noch hude zu XIIII tag(en) sic hodie.
Jt(em) der fragen nach so Joste der smett lestmals gethan / ist myt
recht gewist(en) daß er das důch und cleider verkeiffen sall myt

Jost Smett
s(e)n(tent)ia

kontschafft des gerichtes und sall sin heiptgelt und gerichts schad(e)n
davo(n) neme(n). Hait er oberijg so sall erßs dem jhene(n) her uß geb(e)n
gebrist(et) yme so mag er yne mit recht dar um(m)b sůchen. Das
hait meist(er) Jost(en) verbot.

---

a Der erste Buchstabe des Wortes scheint aus »J« verbessert worden zu sein.

so dass jede Partei einen gleichlautenden Zettel hat. Gegeben am Dienstag nach dem Sonntag Letare 1469 (14. März)."

Hans Snider als Vertreter Peters hat den Kerbzettel festhalten lassen und sagt, Clesgin Matzkuch habe den Zettel gehabt und sei an der Summe 13 Gulden schuldig. Und als er gestorben ist, da hat Jeckel ihm den Zettel gegeben und meinte, damit sei die Sache erledigt. Dies sei nicht zu hoffen. Er legt nun dem Gericht zur Entscheidung vor, ob der Zettel oder der Gerichtsbrief, den Drubein von Jeckels wegen hat lesen lassen, älter sei. Weiter stehe im Zettel, dass alle Arglist oder Gefährdung ausgeschlossen sein solle. Nun scheine Peter, Jeckel suche Gefährdung und Vorteil in der Bezahlung. Daher hoffe er, es solle keine Macht habe, nachdem Jeckel ein Erbe sei von der Seite seiner Frau her. Bezüglich der Beweismittel sage Peter, dass Hans Klee der Vater Jeckels von Simmern sei und Jeckel sein Sohn. Darüber hinaus sei einer von ihnen Jeckel Beckers Gevatter, und Hengin Essig sei sein naher Verwandter. Daher erachte Peter sie als Partei und hoffe, dass ihre Aussage ihn an seinem Recht nicht irre machen solle. Und wenn sie zugelassen würde, gemäß dem, was sie nach Aussage des Gerichtsbuchs sagten, so meine Peter, dass die 18 Gulden die Schuld seien; zudem sei die Schuld auch fahrende Habe. Und Peter scheine es so, als suche Jeckel Einwände gegen den Vertrag, und er hofft, er solle diese Macht nicht haben. Und bezüglich des Gerichtsbriefs, darauf habe Jakob zuvor nicht geklagt. So hofft Peter, weil Clesgin Matzkuch Jeckel das eine und das andere gegeben habe, so habe er ihm auch die Schulden gegeben. Darum hofft Peter, dass Jeckel das Geld bezahlen solle oder er soll gegen ihn gewonnen haben gemäß seiner Anklage. Das legt er dem Gericht vor.

Drubein antwortet für Jeckel, er habe eine Urkunde gefunden im Haus seines Schwagers. Da wusste er nicht, was darin stand. Die habe er ihm gegeben und hofft, ihm weiter nichts schuldig zu sein. Und Peter soll ihn seine Beweise in Ruhe beibringen lassen und der Zettel soll ihn nicht irre machen, es sei denn, das Gericht erkenne ihn an. Das legt er dem Gericht zur Entscheidung vor. Die Sache ist verschoben worden bis zum Zusammentreten des Vollgerichts. Dem haben sie beide zugestimmt.

Zwischen Jeckel Monster und Henne Beyer von Algesheim ist der Termin verschoben worden auf in 14 Tagen.

Bezüglich der Frage, die Jost der Schmied das letzte Mal gestellt hat, ist geurteilt worden: Dass er das Tuch und die Kleider verkaufen soll mit Wissen des Gerichts und soll die Klagesumme und die Gerichtskosten davon begleichen. Hat er Geld übrig, so soll er es demjenigen herausgeben; fehlt ihm noch Geld, so kann er ihn weiter vor Gericht deshalb verfolgen. Das hat Meister Jost festhalten lassen.

fol. 16 — Samßtag nach Invocavit

erf(olgt) p b	Jt(em) Ped(er) von Badenhe(i)m erf(olgt) Hyrtenhen(ne) offs bůch und hait p b.
1 h	Jt(em) her Johan Sulczen als vo(n) der p(rese)ncze wegen dut 1 h vor XIIII ß und XXI ß gelts off Kicz Anne(n) et sup(ra) ping(nora).
1 h	Jd(em) dut 1 h vor XVIII ß gelts off Dieme(n) Clasen et sup(ra) ping(nora).
1 h p(rese)ncze	Jd(em) dut 1 h vor IV½ [V/2] ß off Snid(er)hen Jeckeln et sup(ra) ping(nora).
1 h	Jd(em) dut 1 h vor VIII ß gelts off Jeckel Drappen et sup(ra) ping(nora).
1 h	Jd(em) dut 1 h vor I g(ulden) gelts off Jeckel Carppen et sup(ra) ping(nora).
erk(annt)	Jt(em) Drubein erk(ennt) Adam Peffern unß(er)m heimberge(n) II alb(us) off rechnu(n)g zu geb(e)n in XIIII tag(en). Si no(n) p erf(olgt).
p b	Jt(em) Johan der poller(er) hait p b an Greden Jeckel Schoßports selig(en) witwen.
p b	Jt(em) Ulrich von Rodenbach hait p b an Heinrich Soden.
p b ego	Jt(em) Pet(er) unser gericht schriber hait p b an Bingeln Cleßgin.
erf(olgt) IIII	Jt(em) Philips Duchscherer erf(olgt) Conczgin Dincklern Hen(ne) Englend(er)n Holczhusers Wilhelme(n) Monchs Clesen und Heincze Drieln offs bůch.
erk(annt)	Jt(em) Drubein erk(ennt) Hengin Růtßen ½ [I/2] guld(e)n off rechnů(n)ge zu geb(e)n in XIIII tage(n). Si no(n) p erf(olgt).
win halt(en)	Jt(em) Cleßgin Swencke sall den win noch XIIII tage halt(en).
entbrochen	Jt(em) die Leyendeckerß(e)n von Mencze ist diß gebots halb(e)n von Clas Backen entbrochen.
	Actu(m) off Samßtag nach Invocavit.
erk(annt)	Jt(em) Hans Blancke erk(ennt) Ped(er) Fieln XXIII [gulden] zu geb(e)n zusch(e)n Oist(er). Si no(n) p erf(olgt).
erk(annt)	Jt(em) Henne von Fynten erk(ennt) Peder Bend(er)n 1½ [II/2] guld(e)n zu geben in XIIII tage(n). Si no(n) p erf(olgt).
erk(annt)	Jt(em) Conczgin Dinckler erk(ennt) Hansen von Mertloch I g(ulden) und XX alb(us) zu geb(e)n in XIIII tagen. Si no(n) p erf(olgt).
gelengt	Jt(em) zusch(e)n Johan dem pollerer und Hans von Jsennach ist gelengt bijß off Dinstag nach der Oister wochen sic hodie.
erf(olgt) p b	Jt(em) Karlen Meczler von Jngelnhey(m) erf(olgt) Kiczgin offs buch und hait an yme phande berett(en).
erf(olgt) p b	Jt(em) her Philips der phern(er) von Elscheim erf(olgt) Knodenhen offs bůch und hait an yme phande berett(en).
erf(olgt)	Jt(em) Jeckel Winßbach der alde erf(olgt) Kochers Kett(er)n offs bůch.
erf(olgt)	Jt(em) Hans von Worms erf(olgt) Peder Snaden offs bůch und hait p b.
1 h	Jt(em) Mud(er)hen(ne) dut 1 h vor XVIII ß gelts off Monchs Clesen et sup(ra) pingn(or)a.

Peter von Badenheim hat seinen Anspruch ins Gerichtsbuch eintragen lassen gegen Henne Hirt und hat Pfändung gefordert.

Herr Johann Sultz erhebt für die Präsenz seine 1. Klage wegen 14 Schilling und 21 Schilling Geld gegen Anne Kitz auf die Pfänder.

Derselbe erhebt seine 1. Klage wegen 18 Schilling Geld gegen Clas Diem auf die Pfänder.

Er erhebt seine 1. Klage wegen 4½ Schilling gegen Jeckel Sniderhen auf die Pfänder.

Er erhebt seine 1. Klage wegen 8 Schilling Geld gegen Jeckel Drapp auf die Pfänder.

Er erhebt seine 1. Klage wegen 1 Gulden Geld gegen Jeckel Carpp auf die Pfänder.

Drubein erkennt an, Adam Peffer, unserem Heimbürgen, 2 Albus gegen Rechnung zahlen zu müssen binnen 14 Tagen. Wenn nicht erfolgt die Pfändung.

Johann der Pollerer hat Pfändung gefordert gegen Grede, die Witwe Jeckel Schoßports.

Ulrich von Rodenbach hat Pfändung gefordert gegen Heinrich Soden.

Peter, unser Gerichtsschreiber, hat Pfändung gefordert gegen Clesgin Bingel.

Philipp Duchscherer hat seinen Anspruch ins Gerichtsbuch eintragen lassen gegen Contzgin Dinckler, Henne Englender, Wilhelm Holzhusen, Cles Monch und Heinz Driel.

Drubein erkennt an, Hengin Ruts einen halben Gulden gegen Rechnung zahlen zu müssen binnen 14 Tagen. Wenn nicht erfolgt die Pfändung.

Clesgin Swencke soll den Wein noch 14 Tage behalten.

Die Leyendeckerin von Mainz ist von der Forderung von Cles Back freigesprochen worden.

1. März 1477

Hans Blanck erkennt an, Peter Fiel 23 zahlen zu müssen bis Ostern. Wenn nicht erfolgt die Pfändung.

Henne von Finthen erkennt an, Peter Bender 1½ Gulden zahlen zu müssen binnen 14 Tagen. Wenn nicht erfolgt die Pfändung.

Contzgin Dinckler erkennt an, Hans von Mertloch 1 Gulden und 20 Albus zahlen zu müssen binnen 14 Tagen. Wenn nicht erfolgt die Pfändung.

Zwischen Johann dem Pollerer und Hans von Isenach ist der Termin verschoben worden auf Dienstag nach der Osterwoche.

Karl Metzler von Ingelheim hat seinen Anspruch ins Gerichtsbuch eintragen lassen gegen Kitzgin und hat die Pfändung gefordert.

Herr Philipp, der Pfarrer von Elsheim, hat seinen Anspruch ins Gerichtsbuch eintragen lassen gegen Henne Knode und hat die Pfändung gefordert.

Jeckel Winsbach der Alte hat seinen Anspruch ins Gerichtsbuch eintragen lassen gegen Ketter Kocher.

Hans von Worms hat seinen Anspruch ins Gerichtsbuch eintragen lassen gegen Peter Snade und hat Pfändung gefordert.

Henne Muder erhebt seine 1. Klage wegen 18 Schilling Geld gegen Cles Monch auf die Pfänder.

fol. 16v — Dinstag nach Reminiscere

erk(annt)	Jt(em) Clese Harwil(er) erk(ennt) Enders Drappen dem jonge(n) XXII alb(us) zu geb(e)n in XIIII tag(en). Si no(n) p erf(olgt).
erk(annt)	Jt(em) Fyncze der kistener erk(ennt) id(em) XVI½ [XVII/2] alb(us) zu gebe(n) in XIIII tagen si [non] p erf(olgt).
erk(annt)	Jt(em) Ebert Kicze erk(ennt) Conczgin Dincklern I guld(e)n off rechnu(n)g zu geb(e)n in XIIII tag(en). Si no(n) p erf(olgt).
win hald(e)n	Jt(em) Holczen Peder sall den win XIIII tage halt(en).
p b	Jt(em) Ebert Kicze hait p b an Joh(ann)es Fauten.
p b	Jt(em) Schererhen(ne) hait p b an^a Heppenhen(ne).
v(er)noitbott	Jt(em) Cristin Conczgin von Geilnhusen hußfr(au) hait den b(e)n(ann)t(en) Conczgin yren hußwert vernoitbot und wijl das recht dar zu thůn. Des ist yr tag gestalt(en) noch hude zu XIIII tag(en) geig(en) Lysenhen(ne).
Hans Klee / Kicz Anne	Jt(em) Hans von Klee hait Kicze Anne(n) zu gesproch(e)n wie daß sie ym(e) schuldig sij I guld(e)n und IX alb(us). Die habe er yre abe verdient(en). Daß Anne yme solich gelt nit gibt das schade yme als vijl dar zu und heist yr des ey(n) ja ader ney(n). Dar off sagt Anne eß moge sin daß Hans yrem hußwert selige(n) gearbeit habe. Dar geigen habe sin hußfrauwe eyn und ander geholt(en) und wiße nůste das sie Hansen schuldig sij. Und wes er sie wid(er) anlange des sihe sie unschuldig. Die unscholt ist gestalt noch hude zu XIIII tag(en). Das hant sie beide verbot.
erk(annt)	Jt(em) Peder Ducze erk(ennt) Winworme(n) I½ [II/2] g(ulden) zu geb(e)n in XIIII tag(en). Si no(n) p erf(olgt).
erk(annt)	Jt(em) Meczelhenne erk(ennt) Ebert Snaden II g(ulden) off rechnu(n)ge zů geb(e)n in XIIII tag(en). Si no(n) p erf(olgt).
p b	Jt(em) Jeckel Carppe hait p b an Drůbein.
I clage	Jt(em) Bernhart der bender dut I clage vor X g(ulden) heiptgelt und X guld(e)n schad(e)n off Peder Dieme(n) und alleß das er hait in des richs gericht(en).
erk(annt)	Jt(em) Donczelhen(ne) erk(ennt) Ped(er) Fieln X alb(us) zu geb(e)n zuschen Oist(er)n. Si no(n) p erf(olgt).
erf(olgt)	Jeckel Carppe erf(olgt) Stern Clesen vor III g(ulden).
erf(olgt)	Jt(em) Schonwedder erf(olgt) Kiczgin vor X guld(e)n.
erf(olgt)	Jt(em) Schonwedder erf(olgt) Ackerhenne(n) vor II g(ulden).
erf(olgt)	Jt(em) Dornhen(ne) erf(olgt) Jeckel Rauben vor ½ [I/2] g(ulden).
gelengt	Jt(em) zusch(e)n Holczen Ped(er)n und Jeckel Carppe(n) gelengt an das nehst gericht.

Actu(m) off Dinstag nach Remi(ni)sce(re).

a Es folgt durchgestrichen: »Peder Snaden«.

Cles Harwiler erkennt an, Enders Drapp dem Jungen 22 Albus zahlen zu müssen binnen 14 Tagen. Wenn nicht erfolgt die Pfändung.
Vincz der Schreiner erkennt an, demselben 16½ Albus zahlen zu müssen binnen 14 Tagen. Wenn nicht erfolgt die Pfändung.
Ebert Kitz erkennt an, Contzgin Dinckler einen Gulden gegen Rechnung zahlen zu müssen binnen 14 Tagen. Wenn nicht erfolgt die Pfändung.
Peter Holtz soll den Wein 14 Tage behalten.
Ebert Kitz hat Pfändung gefordert gegenüber Johannes Faut.
Henne Scherer hat Pfändung gefordert gegenüber Henne Hepp.
Cristin, die Ehefrau von Contzgin von Gelnhausen, hat den genannten Contzgin, ihren Ehemann, wegen Krankheit entschuldigt und will für ihn tun, was ihr von Rechts wegen gebührt. Dafür wurde ihr ein Gerichtstag gesetzt in 14 Tagen gegen Henne Lyse.
Hans von Klee hat Anne Kitz angeklagt, dass sie ihm schuldig sei 1 Gulden und 9 Albus. Die habe er von ihr verdient. Dass ihm Anne das Geld nicht gebe, das schade ihm ebenso viel dazu, und er fordert von ihr ein Ja oder Nein. Darauf sagt Anne, es möge sein, dass Hans für ihren verstorbenen Mann gearbeitet habe. Dafür habe seine Frau das eine oder andere geholt und sie wisse nicht, dass sie Hans etwas schuldig sei. Und wessen er sie darüber hinaus anklage, dessen sei sie unschuldig. Diese Unschuld gilt von heute an 14 Tage. Dem haben sie beide zugestimmt.
Peter Dutz erkennt an, Winworm 1½ Gulden zahlen zu müssen binnen 14 Tagen. Wenn nicht erfolgt die Pfändung.
Henne Metzel erkennt an, Ebert Snade 2 Gulden gegen Rechnung zahlen zu müssen binnen 14 Tagen. Wenn nicht erfolgt die Pfändung.
Jeckel Carpp hat Pfändung gefordert gegen Drubein.
Bernhard der Bender erhebt seine 1. Klage wegen 10 Gulden Klagesumme und 10 Gulden Gerichtskosten gegen Peter Diem und auf alles, was er im Reichsgericht hat.
Henne Dontzel erkennt an, Peter Fiel 10 Albus bis Ostern zahlen zu müssen. Wenn nicht erfolgt die Pfändung.
Jeckel Carpp verklagt Cles Stern auf 3 Gulden.
Schonwedder verklagt Kitzgin auf 10 Gulden.
Schonwedder verklagt Henne Acker auf 2 Gulden.
Henne Dorn verklagt Jeckel Raub auf ½ Gulden.
Zwischen Peter Holtz und Jeckel Carpp ist der Termin verschoben worden auf den nächsten Gerichtstag.

4. März 1477

fol. 17 — Dinstag nach Reminiscere

TRANSKRIPTION

Scher(er)hen(ne) End(er)s Drapp	Jt(em)ª Scher(er)hen(ne) hait End(er)s Drappen zu gesproch(e)n wie daß er off eyn zijt eyn schulder beyne uß der stadt gefallen und habe yne gebett(en) zu heilen. Das habe er gethan / Daß yme Enders nu nit lonet das schade yme X guld(e)n. Und heist yme des ey(n) ja ader ney(n) / obe er yne also geheilt(en) und auch gebett(en) habe. Das ist gelengt noch hude zu XIIII tag(en) sic hodie. Das hait Scher(er)hen verbot.
erf(olgt) p b	Jt(em) Menczerhen(ne) von Jngelnheim erf(olgt) Ebert Kiczen offs būch und hait auch an yme phande berett(en).
p b	Jt(em) Jeckel Winßbach der alde hait p b an Koch(er)s Kettern.
erk(annt)	Jt(em) Wigant Storczkopp erk(ennt) Gredgin Diele Snyders selig(en) witwe(n) XIII alb(us) zu geben in XIIII tag(en). Si no(n) p erf(olgt).
erk(annt)	Jt(em) Gerhart Brandt erk(ennt) Wigant Storczkoppen XIII alb(us) zu geb(e)n in XIIII tag(en). Si no(n) p erf(olgt).
erf(olgt)	Jt(em) Schererhenne erf(olgt) Ped(er) Snaden offs būech.
erk(annt)	Jt(em) Clese Harwiler erk(ennt) Wigant Storczkoppen II g(ulden) zu geb(e)n in XIIII tagen. Si no(n) p erf(olgt).
erk(annt)	Jt(em) Peder Wolenbere erk(ennt) Harnes Henne(n) zu Oisterich I guld(e)n zu geb(e)n noch dalijg bij sonne(n)schin. Si no(n) p erf(olgt).
erk(annt)	Jt(em) Peder Wolenbere erk(ennt) Jeckel Drappen VII g(ulden) zu geben jn XIIII tagen. Si no(n) p erf(olgt).
Knodenhen(ne) Ped(er) Wolenb(er)	Jt(em) Knodenhen(ne) hait Peder Wolenbern zu gesproch(e)n wie daß er yme verkaufft(en) habe III stucke wins ye das fuder vor VI g(ulden) my(n)ner ey(n) orte sonder alle furwort. Daß er yme die win nit bezale das schade yme XX guld(e)n und heist yme das ey(n) ja ader ney(n). Dar off sagt Peder er erkenne des kāuffs auch sihen czwene ma(n) do bij gewest(en) an den soll yme wole genūgen / Dar zu woll er yme geb(e)n ye XXIIII alb(us) vor ey(n) guld(e)n woll er die neme(n). Knode(n) Hen(ne) hait verbot daß Ped(er) des kauffs erkent(en) und hofft nach dem^b er in synem zusproche guld(e)n bestympt(en) habe sond(er) alle furworte daß Peder yme auch nach goldes werunge bezalunge thūn solle. Und stilt das zu recht. Peder sagt nach dem lentlich und gewon- lich sij ye XXIIII alb(us) vor eyn guld(e)n und key(n) golte bestympten
ad socios	ist so hoff er Henne(n) nit wider schuldig zu sin dan(n) ye XXIIII alb(us) vor ey(n) guld(e)n und stilt eß auch zu recht. Das ist gelengt ad socios. Das haint sie beide verbot.
p b	Jt(em) Beierhen(ne) hait p(hande) b(eretten) an Rießen.

a   Zwischen Text und Marginalien verläuft eine senkrechte, über 6 Zeilen reichende Schlangenlinie.
b   Das Wort ist über der Zeile beigefügt.

Henne Scherer hat Enders Drapp angeklagt, dass er vor einiger Zeit seine Schulter ausgerenkt hatte, und er habe ihn gebeten, das zu heilen. Das habe er getan. Dass ihm Enders nun nicht bezahlt, das schade ihm 10 Gulden. Und er fordert von ihm ein Ja oder Nein, ob er ihn geheilt habe und jener ihn darum gebeten habe. Der Termin ist verschoben worden auf in 14 Tagen. Das hat Henne Scherer festhalten lassen.

Henne Mentzer von Ingelheim hat seinen Anspruch ins Gerichtsbuch eintragen lassen gegen Ebert Kitz und hat auch Pfändung gefordert.

Jeckel Winsbach der Alte hat Pfändung gefordert gegen Ketter Kocher.

Wigand Stortzkopp erkennt an, Gredgin, der Witwe Diele Sniders, 13 Albus zahlen zu müssen binnen 14 Tagen. Wenn nicht erfolgt die Pfändung.

Gerhart Brand erkennt an, Wigand Stortzkopp 13 Albus zahlen zu müssen binnen 14 Tagen. Wenn nicht erfolgt die Pfändung.

Henne Scherer hat seinen Anspruch ins Gerichtsbuch eintragen lassen gegen Peter Snade.

Cles Harwiler erkennt an, Wigand Stortzkopp 2 Gulden zahlen zu müssen binnen 14 Tagen. Wenn nicht erfolgt die Pfändung.

Peter Wolenber erkennt an, Henne Harnes zu Östrich einen Gulden zahlen zu müssen noch heute bei Sonnenschein. Wenn nicht erfolgt die Pfändung.

Peter Wolenber erkennt an, Jeckel Drapp 7 Gulden zahlen zu müssen binnen 14 Tagen. Wenn nicht erfolgt die Pfändung.

Henne Knode hat Peter Wolenber angeklagt, dass er ihm verkauft habe 3 Stück Wein, je das Fuder für 6 Gulden weniger ein Ort ohne alle Einschränkungen. Dass er ihm den Wein nicht bezahle, das schade ihm 20 Gulden, und er fordert von ihm ein Ja oder Nein. Darauf sagt Peter, er erkenne den Kauf an, auch seien zwei Mann dabei gewesen, deren Aussagen genügen ihm. Er wolle ihm je 24 Albus geben für einen Gulden. Henne Knode hat vom Gericht festhalten lassen, dass Peter den Kauf anerkenne und hofft, nachdem er ihm die versprochenen Gulden bestimmt habe ohne Einschränkungen, dass Peter ihn auch nach Goldwährung bezahlen soll. Das legt er dem Gericht vor. Peter sagt, nachdem landesüblich sei, je 24 Albus für einen Gulden zu rechnen und kein Gold bestimmt ist, hofft er, Henne nichts weiter schuldig zu sei als je 24 Albus für einen Gulden und legt es auch dem Gericht vor. Das ist verschoben worden bis zum Zusammentreten des Vollgerichts. Dem haben sie beide zugestimmt.

Henne Beyer hat Pfändung gefordert gegen Rieß.

Samßtag nach Reminiscere

fol. 17v

Actu(m) off Samßtag nach Remi(ni)sce(re).

Jt(em) W(er)nhers Hen(ne) von Wint(er)heim als vo(n) mo(m)p(ar)schafft wegen sins swehers Hasen Cleßgins von Gügenheim hait Dornhen(ne) zu gesproch(e)nª wie daß sin sweher Holczen Hen(ne) selig(e) vor IX½ [X/2] g(ulden) faße gegeb(e)n habe. Nach dem er nů sin erbe geno(m)men hait und bezalt yme der faße nit / Das schade yme X g(ulden) und heist yme des ey(n) ja ader ney(n) obe Holczenhen(ne) die faße also word(e)n sihen ader nit. Dar off sagt Dornhenne eß moge sin daß sie etliche spenne gehabt hab(e)n um(m)b faße vor VIII½ [IX/2] guld(e)n. Der habe sin sweher selige / Hasen Cleßgin zu Frankffurt vernugt(en) III g(ulden) und um(m)b das ander gelt habe er in syme doit bette gesagt(en) das soll Drubein bezalen dem sihen auch die faße word(e)n / An dem allen habe Cleßgin auch eyne(n) genůgen gehabt(en) und wijl mit recht dar zu thůn was yme geburt(en). Und wes Henne yne wider anlange des sihe er unschuldijg. Die unscholt ist gestalt noch hude zu XIIII tag(en). Das haint sie beide verbot.

W(er)nhers Hen(ne) Dornhen(ne)

Jt(em) Hans Klee Jeckel Symern und Eßijg Heng(in) hab(e)n yre(n) tag ver[-]hůt(en) der bewerůnge halb(e)n geigen Jeckel Beckern und ist yne tag gestalt(en) bijß ma(n) des ortels ober kom(m)et etc.

tag v(er)hůt(en)

Jt(em) Dieme(n) Clas erk(ennt) Josten dem smedde I g(ulden) und ÍX alb(us) zu geb(e)n in XIIII tag(en). Si no(n) p erf(olgt).

erk(annt)

Jt(em) Peder Hiltwin erk(ennt) Gerhart Bend(er)n II g(ulden) und ey(n) orte zu geb(e)n in XIIII tag(en). Si no(n) p erf(olgt).

erk(annt)

Jt(em) Cleßgin Carppe erk(ennt) Beyerhen(ne) II g(ulden) und III alb(us) off rechnu(n)ge zu geb(e)n in XIIII tag(en). Si no(n) p erf(olgt).

erk(annt)

Jt(em) Scher(er)hen hait p b an Peder Snaden.

p b

Jt(em) Drubein hait Elsen / Philips Henne(n) selig(en) witwen zu gesp(r)och(e)nᵇ wie daß Heppgin von Bubenheim / yre hußwert selige / eyn phert gekaufft(en) habe um(m)b den schriber zu Od(er)nheim vor XVI guld(e)n. Also habe yre bruder Kloppel und sie / yne off die zijt gebett(en) bůrge zu werd(e)n / Sie wollen yne losen sonder allen schad(e)n. Daß sie yne nů nit von schad(e)n doint das schade yme XX g(ulden) und heist yre des ey(n) ja ader ney(n) obe sie solichs gerett(en) habe ader nit / Dar off sagt Else des offgemeß(e)n schadens sij sie zuvor abe unschuldijg sie worde sin dan(n) erzugt als recht were / Furt(er) so sij yre hůßwert selige XX jare doit gewest(en). Also habe sie off die zijt den ma(n)tel off dem grabe laiß(e)n ligen. Auch habe sie Drubein nůste gerett und wes er sie wider anlange des sij sie unschuldijg. Die unscholt ist gestalt(en) noch hude zu XIIII tag(en). Das haint sie beide verbot.

Drubein Else

---

a Es folgt durchgestrichen: »Dornhenne(n)«.
b Das »o« ist nachträglich über der Zeile beigefügt.

8. März 1477
Johann Wernher von Winternheim als Vertreter seines Schwagers, Clesgin Hase von Gugenheim, hat Henne Dorn angeklagt, dass sein Schwager dem verstorbenen Henne Holtz für 9½ Gulden Fässer gegeben habe. Nachdem er nun sein Erbe geworden sei, bezahle er ihm die Fässer nicht. Das schade ihm 10 Gulden, und er fordert von ihm ein Ja oder Nein, ob Henne Holtz die Fässer erhalten habe oder nicht. Darauf sagt Henne Dorn, es möge sein, dass sie einigen Zwist hatten wegen Fässern für 8½ Gulden. Davon habe sein verstorbener Schwager Clesgin Hase zu Frankfurt 3 Gulden bezahlt und wegen des anderen Geldes habe er auf dem Totenbett gesagt, das solle Drubein bezahlen, der habe die Fässer auch erhalten. Damit war Clesgin auch zufrieden und will tun, was ihm von Rechts wegen gebührt. Und wessen ihn Henne darüber hinaus anklage, dessen sei er unschuldig. Die Unschuld ist festgesetzt worden von heute an 14 Tage. Dem haben sie beide zugestimmt.

Hans Klee, Jeckel Simmern und Hengin Essig haben ihren Gerichtstermin gegen Jeckel Becker wegen der Beeidung gewahrt. Der Termin ist verschoben worden, bis das Gericht wegen des Urteils zusammenkommt etc.

Clas Diem erkennt an, Jost dem Schmied 1 Gulden und 9 Albus zahlen zu müssen binnen 14 Tagen. Wenn nicht erfolgt die Pfändung.

Peter Hiltwin erkennt an, Gerhard Bender 2 Gulden und 1 Ort zahlen zu müssen binnen 14 Tagen. Wenn nicht erfolgt die Pfändung.

Clesgin Carpp erkennt an, Henne Beyer 2 Gulden und 3 Albus gegen Rechnung zahlen zu müssen binnen 14 Tagen. Wenn nicht erfolgt die Pfändung.

Henne Scherer hat Pfändung gefordert gegen Peter Snade.

Drubein hat Else, die Witwe Henne Philips, angeklagt, dass Heppgin von Bubenheim, ihr verstorbener Ehemann, ein Pferd gekauft habe vom Schreiber zu Odernheim für 16 Gulden. Ihr Bruder Kloppel und sie hatten ihn damals gebeten Bürge zu werden; Sie würden ihn auch aus der Bürgschaft lösen ohne jeden Schaden. Dass sie ihn nun aber nicht schadlos halten, das schade ihm 20 Gulden, und er fordert von ihr ein Ja oder Nein, ob sie solches versprochen hätten oder nicht. Darauf sagt Else, des angelaufenen Schadens sei sie unschuldig, sie sei denn deswegen verklagt worden, wie es rechtmäßig ist. Außerdem sei ihr verstorbener Mann 20 Jahre tot gewesen. Sie habe damals den Mantel auf dem Grab liegen lassen. Auch habe sie Drubein nichts versprochen und wessen er sie darüber hinaus anklage, dessen sei sie unschuldig. Die Unschuld ist festgesetzt worden von heute an 14 Tage. Dem haben sie beide zugestimmt.

fol. 18 — Dinstag nach Oculi

TRANSKRIPTION

erk(annt)	Jt(em) Ebert Haubor erk(ennt) Cleßgin Drappen I½ [II/2] g(ulden) off rechnu(n)ge zu geb(e)n in XIIII tag(en). Si no(n) p erf(olgt).
erf(olgt)	Jt(em) Benders Joh(ann)es als vo(n) sins vader wegen erf(olgt) Jeckel vo(n) Siemern off b.
	Jt(em) Ebert Kicze sagt er habe Joh(ann)es Faut(en) erfolgt und ergange(n) / Nů habe er nehstmals hie an gericht gestand(e)n und gerett yne des syne(n) zu
ey(n) frage	wisen nemlich etliche wingart / Die sihen vergult(en) und verlacht(en) daß
Ebert Kicze	er sie nit verkeiffen kan(n) / Und nach dem er syner dochter das sin gegeb(e)n hait / und sie noch unverandert und er yre mo(m)per ist / dar zu schalt
ad socios	und walt und macht des syne(n) mehe ader myn(n)er / so hoff er daß solich gifft undogelich und nit macht hain sall. Und stilt das zu recht.
p b	Jt(em) Winworm hait p b Monchs Clesen.
erk(annt)	Jt(em) Gerhart Bender erk(ennt) Beyer[a] Henne(n) I g(ulden) off rechnu(n)ge zu geb(e)n in XIIII tag(en). Si no(n) p erf(olgt).
erk(annt)	Jt(em) Clese Harwiler erk(ennt) Cleßgin Drappen VII alb(us) zu geben in XIIII tagen. Si no(n) p erf(olgt).
	Jt(em) Philips Důchscher(er) hait Ped(er) Wolenb(er)n zu gesproch(e)n wie daß er yme verkaufft(en) habe III½ [IIII/2] ayme my(n)n(er) II fertel wins das fuder vor fünff g(ulden) und eyn orte / Daß er yme den nit bezale[b]
Philips Duch[-]	das schade yme IIII g(ulden). Und obe Ped(er) dar zu ney(n) sage(n)
scherer	wolt so beziege er sich des off Jeckel Beddern der dan(n) den mart
Ped(er) Wolenb(er)	zusch(e)n yne gemacht(en) hait. Dar off sagt Peder was Jeckel sage do bij woll erß auch laißen. Und was er yme dan(n) noch oberijg schůl- dig sij das woll er yme auch geb(e)n. Das hait Philips verbot und gefragt wan(n) er Jeckeln brengen soll. S(e)n(tent)ia in XIIII tag(en) bedarff er dan(n) syner tage furte und heist die als recht ist so sall ma(n) yme die furt(er) stillen noch zu czweien XIIII tag(en). Und so Jeckel verhort(en) wirt geschee alsdan(n) furt(er) sovil und recht ist. Das haint sie beide v(er)bot.
	Jt(em) Benders Joh(ann)es hait Knybißen zu gesproch(e)n wie daß er yme
Bend(er)s Joh(ann)es	ey(n) borde reyff geb(e)n habe vor IIII alb(us) und eyn donne vor VII alb(us). Dar zu habe er yme ey(n) tag gearbeit das sint III ß. Daß Knybijß
Knybijß	yme solich scholt nit ußriecht das schade yme IIII g(ulden) und heist yme des ey(n) ja ad(er) ney(n). Dar off sagt Knybijß vor die donne habe er Joh(ann)es ey(n) wa(m)mes gemacht(en) und das ander habe er mit yme gerechent und abe geslag(en). Und wyße nůste das er yme schuldijg sij. Und wes Joh(ann)es yne wider anlange des sij er unschuldig. Die unscholt ist gestalt noch hude zu XIIII tag(en). Das haint sie beide v(er)bot.

Actu(m) off Dinstag nach Ocůli.

a Verbessert aus »Beyder« [?].
b Es folgt wohl irrtümlich: »daß er yme« und dann in der nächsten Zeile durchgestrichen »den nit bezale«.

11. März 1477

Ebert Haubor erkennt an, Clesgin Drapp 1½ Gulden gegen Rechnung zahlen zu müssen binnen 14 Tagen. Wenn nicht erfolgt die Pfändung.

Johannes Bender hat für seinen Vater seinen Anspruch ins Gerichtsbuch eintragen lassen gegen Jeckel von Simmern.

Ebert Kitz sagt, er habe gegen Johannes Faut geklagt und gewonnen. Nun habe er das letzte Mal hier vor Gericht gestanden und geredet, man möge ihm das Seinige zusprechen, nämlich einige Weingärten. Die seien mit Gülten beschwert und verliehen, so dass er sie nicht verkaufen könne. Und nachdem er seiner Tochter ihren Anteil gegeben habe und sie noch unverheiratet und er ihr Vormund ist, der zu schalten und walten habe und Macht habe, das Seine zu mehren und zu mindern, so hoffe er, dass die Schenkung an seine Tochter ungültig sein soll und nicht gelten soll. Das legt er dem Gericht vor.

Winworm hat Pfändung gefordert gegen Cles Monch.

Gerhard Bender erkennt an, Henne Beyer einen Gulden gegen Rechnung zahlen zu müssen binnen 14 Tagen. Wenn nicht erfolgt die Pfändung.

Cles Harwiler erkennt an, Clesgin Drapp 7 Albus zahlen zu müssen binnen 14 Tagen. Wenn nicht erfolgt die Pfändung.

Philipp Duchscherer hat Peter Wolenber angeklagt, dass er ihm verkauft habe 3½ Ohm weniger 2 Viertel Wein, das Fuder für 5 Gulden und ein Ort. Dass er ihm den Wein nicht bezahle, das schade ihm 4 Gulden. Und wenn Peter dazu Nein sagen wolle, so berufe er sich deswegen auf Jeckel Beder, der den Vertrag zwischen ihnen gemacht hat. Darauf sagt Peter, was Jeckel sage, dabei wolle er es auch lassen. Und was er ihm dann noch darüber hinaus schuldig sei, das wolle er ihm auch geben. Das hat Philipp festhalten lassen und gefragt, wann er Jeckel beibringen solle. Urteil: in 14 Tagen, benötige er Verlängerung und fordere die wie rechtmäßig ist, so soll man ihm noch zweimal 14 Tage geben. Und wenn Jeckel verhört wird, dann geschehe es weiter, wie es Recht sei. Dem haben sie beide zugestimmt.

Johann Bender hat Knybiß angeklagt, dass er ihm einen Bürde Reifen gegeben habe für 4 Albus und einen Tonne für 7 Albus. Dazu habe er für ihn einen Tag gearbeitet, das sind 3 Schilling. Dass Knybiß das Geld nicht zahle, das schade ihm 4 Gulden, und er fordert von ihm ein Ja oder Nein. Darauf sagt Knybiß, für die Tonne habe er Johann ein Wams gemacht und das andere habe er mit ihm abgerechnet und er wisse nicht, dass er ihm etwas schuldig sei. Und wessen ihn Johann darüber hinaus anklage, dessen sei er unschuldig. Die Unschuld gilt von heute an 14 Tage. Dem haben sie beide zugestimmt.

11. März 1477

fol. 18v — Samßtag nach Oculi

TRANSKRIPTION

2 h	Jt(em) her Johan Sulczen als vo(n) der p(rese)ncze wegen dut sin 2 h off Kicze Anne(n) ut p(ri)ma.
2 h	Jd(em) dut sin 2 h off Jeckel Drappen ut p(ri)ma.
1 h	Jt(em) her Johan Beynling dut 1ᵃ clage vor III malt(er) korns heiptgelt und 10 g(ulden) schaden off Ebert Feczern von Od(er)nhey(m) et om(n)ia.

Actu(m) off Samßtag nach Oculi.

erk(annt)	Jt(em) Diele von Steynfart erk(ennt) Hans Snyd(er)n XII ß zu geb(e)n zuschen Oist(er)n. Si no(n) p erf(olgt).
erf(olgt)	Jt(em) Peder Winworm erf(olgt) Ped(er) Duczen offs bůch.
erf(olgt) p b	Jt(em) Hengin Růts erf(olgt) Drubein offs buch und hait an yme p b.
erf(olgt)	Jt(em) Ebert Snade erf(olgt) Meczelhenne(n) offs buch.
2 h	Jt(em) Můderhenne dut sin 2 h off Monchs Clesen ut p(ri)ma.
erk(annt)	Jt(em) Stern Jeckel erk(ennt) Concze Yetten XXVII ß off rechnu(n)ge zu geben in XIIII tag(en). Si no(n) p erf(olgt).
Ped(er) Snade Heppenhey(mer)	Jt(em) Peder Snade hait Heppenheime(r) zu gesproch(e)n wie daß er yme X alb(us) geluhen habe und gebe yme die nit / Das schade yme alsvil dar zu und heist yme des ey(n) ja ader ney(n). Heppenhen(ne) sagt er sij Ped(er)n nye heller schuldijg word(e)n auch so habe er yme nůste geluhen und wes Peder yne wider anlange des sihe er unschuldijg. Die unscholt ist gestalt noch hude zu XIIII tag(en).
erk(annt)	Jt(em) Kicze Anne erk(ennt) Hans Kleen I g(ulden) zu geb(e)n zusch(e)n Dinstage. Si no(n) p erf(olgt).
gelengt	Jt(em) Cristine(n) Conczgin Geilnhusens hußfr(au) ist yre tag gelengt noch hude zu XIIII tag(en) geigen Lysen Hen(ne).
p b	Jt(em) Joh(ann)es Benderhen(ne) sone hait p b an Klees Jeckeln.
Vincze ego	Jt(em) Vincze der kystener hait Pet(er)n uns(er)m gericht schryber zů gesproch(e)n wie daß er yme czwohe haecken boschen jn laden gefaßten habe als ma(n) plege hantbogschen zu faßen. Dar zů habe er yme drij sloßhafftiger laden gemacht(en). Des habe yme Peter IIII alb(us) geb(e)n und daß er yme nit furt(er) sine(n) lone gybt das schade yme I g(ulden) und heist Pet(er)n des ey(n) ja ader ney(n). Dar off sagt Peter eß moge sin daß yme Vincze off ey(n) zijt czwohe

a Es folgt durchgestrichen: »h«.

Herr Johann Sultz erhebt für die Präsenz seine 2. Klage gegen Anne Kitz.
Derselbe erhebt seine 2. Klage gegen Jeckel Drapp.
Herr Johann Beinling erhebt seine 1. Klage wegen 3 Malter Korn Klagesumme und 10 Gulden Gerichtskosten gegen Ebert Fetzer von Odernheim auf alles.

15. März 1477
Diel von Steinfart erkennt an, Hans Snider 12 Schilling zahlen zu müssen bis Ostern. Wenn nicht erfolgt die Pfändung.
Peter Winworm hat seinen Anspruch ins Gerichtsbuch eintragen lassen gegen Peter Dutz.
Hengin Ruts hat seinen Anspruch ins Gerichtsbuch eintragen lassen gegen Drubein und hat Pfändung gefordert.
Ebert Snade hat seinen Anspruch ins Gerichtsbuch eintragen lassen gegen Henne Metzel.
Henne Muder erhebt seine 2. Klage gegen Cles Monch.
Jeckel Stern erkennt an, Conze Yett 27 Schilling gegen Rechnung zahlen zu müssen binnen 14 Tagen. Wenn nicht erfolgt die Pfändung.
Peter Snade hat Henne Hepp angeklagt, dass er ihm 10 Albus geliehen habe und er gebe ihm die nicht wieder. Das schade ihm ebensoviel und er fordert von ihm ein Ja oder Nein. Henne Hepp sagt, er sei Peter nie einen Heller schuldig gewesen und Peter habe ihm nichts geliehen und wessen ihn Peter weiter anklage, dessen sei er unschuldig. Die Unschuld gilt von heute an 14 Tage.
Anne Kitz erkennt an, Hans Klee einen Gulden zahlen zu müssen bis Dienstag. Wenn nicht erfolgt die Pfändung.
Cristin, der Frau von Contzgin Gelnhausen, ist ihr Gerichtstermin gegen Henne Lyse verschoben worden auf in 14 Tagen.
Johannes, der Sohn Henne Benders, hat Pfändung gefordert gegen Jeckel Klee.
Vincz der Schreiner hat Peter, unseren Gerichtsschreiber, angeklagt, dass er ihm zwei Hakenbüchsen in Holz gefasst habe, so wie man Handbüchsen einzufassen pflegt. Zudem habe er ihm 3 verschließbare Kisten gemacht. Dafür habe ihm Peter 4 Albus gegeben. Dass er ihm nicht weiter seinen Lohn gibt, das schade ihm einen Gulden und er fordert von Peter ein Ja oder Nein. Darauf sagt Peter, es möge sein, dass ihm Vincz vor einiger Zeit zwei

fol. 19 — Dinstag nach dem Sontage Letare

	halbe[a] haicken bogschen in czwey holcz(er) gesenckt(en) habe / Do sij das holcze sin
	gewest(en) auch habe er sie nit uß bereit(en). Dar zu habe er yme
	drůhe ledgin gemacht(en) auch von synem holcze / Des habe er
	Vinczen die koste geb(e)n und VI alb(us). So habe er yme dar nach I alb(us)
	geluhen off dem scheffen huse. Vincze habe yme auch off das
	maile / ader sijthere nye heller ader phennyg deshalb(e)n mehe
	geheiß(e)n. Und wes yne Vincze wider anlange des sy er un-
	schuldijg. Die unscholt ist gestalt noch hude zu XIIII tag(en). Das
	haint sie beide verbot
erf(olgt)	Jt(em) Cleßgin Beck(er) erf(olgt) Kiczgin vor X guld(e)n.
erf(olgt)	Jt(em) Heng(in) Můr(er) von Jngelnhey(m) erf(olgt) Kiczgin vor I g(ulden).
	Actu(m) off Dinstag nach dem Sontage Letare.
	Jt(em) Ped(er) Henne Bußers knecht zu Hilberßheim hait den b(e)n(ann)t(en) Henne
	Bußers synen meister vernoitbott und gesagt(en) er konne her(e)n
v(er)noitbott	noide halb(e)n hude zu tage nit hie gesin / und wijl dar zu thůn
gelengt	was yme mit recht geburt(en). Dar off sagt Enders von Swa-
	benheim er laiße gescheen was recht sijhe. Des halb(e)n ist yne
	allen tag gesectz noch hude zu XIIII tag(en).
	Jt(em) Barts Henne als vo(n) der kyrchen wegen dut 1 h vor eyn
1 h	guld(e)n gelts off Dieme(n) Gretgin Jeckel Reyern und Kycze Hansen
	et supra pingn(or)a.
p b	Jt(em) Ebert Snade hait p b an Meczelhenne(n).
erf(olgt)	Jt(em) Hans Klee erf(olgt) Kicze Anne(n) offs bůch.
	Jt(em) Hans Klee erk(ennt) Henne Erken solichen guld(e)n Kicze Anne yme
erk(annt)	erkant(en) hait zu geb(e)n / daß Hen(ne) Erken den neme(n) soll. Das hait
	Henne Erken verbot.
	Jt(em) Enders Drappe d(er) jonge sagt nach dem Scher(er)hen(ne) yne lestmals
Scher(er)hen(ne)	geschuldiget do habe sich begeb(e)n daß er vor sechzeh(e)n ader XVIII
End(er)s Drappe	jaren eyn schuld(er)n uß der stadt gefallen / Also habe yne Schererhen(ne)
	geheilt(en) / Dar nach habe sich gefůgt(en) daß yme sin swest(er) word(e)n
	sij / Do habe Scher(er)hen(ne) in syns vater husche geseßen und gesagt
	er důhe manchem dinste do yme wenig um(m)b werde / Nů habe er
	Enderß(e)n eyne(n) arme / und syn(er) swester eyne(n) fuße geheilt(en) / Do sij
	eß nů und(er) yne also gestalt daß er nuste davo(n) haben woll. Als

a Das letzte Wort ist am linken Seitenrand beigefügt.

halbe Hakenbüchsen in zwei Hölzer gesenkt habe. Da sei das Holz aber seines gewesen, auch habe er sie nicht aufbereitet. Dazu habe er ihm drei Kistchen gemacht, auch von seinem Holz. Dafür habe er Vincz die Verpflegung gegeben und 6 Albus. Auch habe er ihm danach 1 Albus geliehen auf dem Schöffenhaus. Vincz habe auch weder damals noch später je einen Heller oder Pfennig mehr deshalb gefordert. Und wessen Vincz ihn darüber hinaus anklage, dessen sei er unschuldig. Seine Unschuld gilt von heute an 14 Tage. Dem haben sie beide zugestimmt.
Clesgin Becker verklagt Kitzgin auf 10 Gulden.
Hengin Murer von Ingelheim verklagt Kitzgin auf 1 Gulden.

18. März 1477
Peter, der Knecht von Henne Bußer zu Hilbersheim, hat Henne, seinen Meister, vor Gericht entschuldigt und gesagt, er können wegen Herrennot heute nicht hier sein, und er will an seiner Statt tun, was ihm von Rechts wegen gebührt. Darauf sagt Enders von Schwabenheim, er lasse es geschehen, wie es Recht sei. Deswegen ist ihnen der Gerichtstermin auf heute in 14 Tagen festgesetzt worden.
Henne Bart erhebt für die Kirche die 1. Klage wegen 1 Gulden Geld gegen Gredgin Diem, Jeckel Reyer und Hans Kitz.
Ebert Snade hat die Pfändung gefordert gegen Henne Metzel.
Hans Klee hat seinen Anspruch ins Gerichtsbuch eintragen lassen gegen Anne Kitz.
Hans Klee erkennt an, dass Henne Erk den Gulden erhalten soll, von dem Anne Kitz zugestanden hat, sie müsse ihn geben. Das hat Henne Erk festhalten lassen.
Enders Drapp der Junge sagt, nachdem ihn neulich Henne Scherer beschuldigte: Es habe sich einst begeben, dass er vor 16 oder 18 Jahren eine Schulter ausgerenkt hatte. Die habe Henne Scherer geheilt. Danach sei seine Schwester geboren worden. Da habe Henne Scherer in seines Vaters Haus gesessen und gesagt, er tue manche Dienste, auch wenn er wenig dafür erhalte. Nun habe er Enders einen Arm und seiner Schwester einen Fuß geheilt. Da sei von ihnen angenommen worden, dass er nichts dafür haben wolle. Deshalb

fol. 19v — Samßtag nach Letare

dar um(m)b so hoff er dwile Scher(er)hen(ne) die wort / off die zijt also
gerett / er soll yme nůste schuldijg sin. Scher(er)hen(ne) hait v(er)bot
daß Enderß erkent daß er yne geheilt(en) habe / Und als End(er)s
furt(er) rette wie daß er yme furwort(en) gethain soll hain do sage
er ney(n) zu. Und hofft dwile Enders[a] selbest erkent daß
er yne geheilt(en) habe / er soll yme auch lone(n) und stilt das zu
recht. Das ist gelengt an das nehste gericht nach der Oister
wochen sic hodie ambo verbot.

Actu(m) off Samßtag nach Leta(r)e.

nota
tag v(er)hůt(en)
Jt(em)[b] W(er)nhers Henne von Wint(er)heim / Dornhen(ne) / Drubey(n) Else
Philips Henne(n) selig(en) witwen Benders Joh(ann)es und Knybijß
haint alle yren tag verhůt(en). Des ist yne tag gestalt(en) an das
nehste gericht.

Jt(em) Henne von Eltvjl hait syne(n) lijp vor sin gut gestalt(en) nach
dem Philips Důchscher(er) off yne geheisch(e)n hait und wijl

lip vor sin
gut gestalt(en)
recht geb(e)n und neme(n) als der scheffen hie vor ey(n) recht
wiset. Des ist yme tag gestalt(en) an das nehste gericht(en).

Actu(m) off Dinstag nach Judica.

3 h[d] Jt(em) her Johan Sulczen als vo(n) der p(rese)ncze wege(n) dut sin 3 h
off Kycze Anne(n) und Jeckel Drappen ut p(ri)ma.

1 h Jd(em) dut 1 h vor XXXIII ß gelts off Jeckel Rauben et
supra pingn(or)a.

1 h Jd(em) dut 1 h vor IX ß gelts off Cleßgin Beck(er)n bij dem
scheffen huse et sup(ra) pingn(or)a.

Actu(m) off Samßtag nach Judica.
Jt(em)[c] Pet(er) unser gericht schryber Vyncze Ped(er) Snade Heppenhe(nne)

tag v(er)hůt(en) Conczgin Geylnhusen und Heppenhen(ne) hab(e)n alle yren tag
verhůt(en) etc. Des ist yne tag gestalt an das nehste gericht.

lip vor sin Jt(em) Jeckel Drappe hait syne(n) lijp vor sin gut gestalt(en) nach dem
gut gestalt(en) h(er) Johan Sulcze(n) off yne geheisch(e)n hait etc. An das nehste gericht etc.

---

a Es folgt durchgestrichen: »erkent«.
b Das Wort ist von anderer Hand geschrieben.
c Zwischen Marginalie und Text verläuft ein über drei Zeilen reichender senkrechter Strich. Der Satz bis »schryber« ist unterstrichen.
d Eine einfache runde Klammer umschließt auch die beiden folgenden Marginalien.

hoffe er, weil Henne Scherer einst diese Worte sprach, er sei ihm nichts schuldig. Henne Scherer hat festhalten lassen, dass Enders anerkannt habe, dass er ihn geheilt habe. Und was Enders darüber hinaus rede, dass er ihm ein Versprechen gemacht habe, dazu sage er Nein. Und er hofft, dass, weil Enders selbst zugebe, dass er ihn geheilt habe, er ihn auch bezahlen solle und legt das dem Gericht vor. Das ist verschoben worden bis zum nächsten Gerichtstag nach Ostern. Dem haben sie beide zugestimmt.

22. März 1477
Henne Werner von Winternheim, Henne Dorn, Drubein, Else, die Witwe Henne Philips, Johannes Bender und Knybiß haben alle ihren Gerichtstag gewahrt. Es ist ihnen ein Termin gesetzt worden am nächsten Gerichtstag.
Henne von Eltville hat seinen Leib vor sein Gut gestellt, nachdem Philipp Duchscherer gegen ihn geklagt hat und will Recht geben und nehmen wie die Schöffen es hier weisen. Es ist ihm ein Termin gesetzt worden am nächsten Gerichtstag.

25. März 1477
Herr Johann Sultz erhebt für die Präsenz seine 3. Klage gegen Anne Kitz und Jeckel Drapp.
Derselbe erhebt seine 1. Klage wegen 33 Schilling Geld gegen Jeckel Raub.
Derselbe erhebt seine 1. Klage wegen 9 Schilling Geld gegen Clesgin Becker bei dem Schöffenhaus.

29. März 1477
Peter, unser Gerichtsschreiber, Vincz, Peter Snade, Henne Hepp, Contzgin Gelnhausen und Henne Hepp haben ihren Tag gewahrt. Es wurde ihnen ein Termin gesetzt am nächsten Gerichtstag.
Jeckel Drapp hat seinen Leib vor sein Gut gestellt, nachdem Herr Johann Sultz gegen ihn geklagt hat, etc. Bis zum nächsten Gerichtstag verschoben, etc.

fol. 20 — Dinstag nach dem Palm tage

TRANSKRIPTION

3 h	Jt(em)ᵃ Můd(er)henne dut sin 3 h off Monchs Clesen ut p(ri)ma.
1 h	Jt(em) Hengin der dhomhern hoffmannᵇ als vo(n) der selb(e)n syner her(e)n wegen dut 1 h vor VII ß gelts off Rodwin et sup(ra) p.
1 h	Jt(em) her Johan Sůlczen als vo(n) der p(rese)ncze wegen dut 1 h vor ey(n) l(i)b(ram) gelts off Peder Wolenbern et sup(ra) pingn(or)a.
	Actu(m) off Dinstag nach dem Palm tage.
	Jte(m) Henne Bußer von Hylberßheim und Enders von Swabenhey(m) haint beyde yren tag verhůt(en). Des ist yne tag gestalt an
tag v(er)hůt(en)	das nehste gericht / Das haint sie verbot(en) / Enders hait auch verbot daß Peder / des b(e)n(ann)t(en) Henne Bußers knecht der yne dan(n) lestmals vernoitbott hait / nyt zu geigen ist.
2 h III	Jt(em) Barts Henne als vo(n) der kyrchen wegen dut sin 2 h off Diemen Gredgin Jeckel Reyern und Kyczhansen ut p(ri)ma.
	Actu(m) off Dinstag nach dem heilgen Oist(er) tage.ᶜ
4 [8/2] h II	Jt(em) her Johan Sulczen als vo(n) der p(rese)ncze wegen dut sin 4 [8/2] h off Kycze Anne(n)ᵈ ut p(ri)ma.
2 h	Jd(em) dut sin 2 h off Jeckel Rauben ut p(ri)ma.
	Actu(m) off Samßtag nach dem Oist(er) tage.
4 [8/2] h	Jt(em) Můd(er)hen(ne) dut sin 4 [8/2] h off Monchs Clesen ut p(ri)ma.
2 h	Jt(em) Hengin der dhomhern hoffma(n) als vo(n) syner her(re)n wege(n) dut sin 2 h off Rodwin ut p(ri)ma.
	Actu(m) off Dinstag nach Quasimodage(n)iti.
offgeholt(en)	Jt(em) nach dem Můd(er)hen(ne) sin fierde heischůnge jn maiß(e)n die erßte gelůt / off Monchs Clesen gethan also hait er die und(er)phande

---

a Zwischen Marginalie und Text verläuft entlang des ganzen Absatzes ein senkrechter Strich.
b Die letzten vier Worte sind mit einem anderen Stift unterstrichen.
c Die Datumszeile ist unterstrichen (mit Verzierungen).
d Es folgt durchgestrichen: »und Jeckel Rauben«.

Henne Muder erhebt seine 3. Klage gegen Cles Monch.

Hengin, der Hofmann der Domherren, erhebt für seine Herren seine 1. Klage wegen 7 Schilling Geld gegen Rodwin Hose auf die Pfänder.

Herr Johann Sultz erhebt für die Präsenz seine 1. Klage wegen 1 Pfund Geld gegen Peter Wolenber auf die Pfänder.

1. April 1477

Henne Bußer von Hilbersheim und Enders von Schwabenheim haben beide ihre Gerichtstage gewahrt. Es ist ihnen ein Termin gesetzt worden am nächsten Gerichtstag. Dem haben sie beide zugestimmt. Enders hat auch festhalten lassen, dass Peter, der Knecht des genannten Henne Bußer, der ihn das letzte Mal vor Gericht entschuldigt hat, nicht anwesend ist.

Henne Bart erhebt für die Kirche die 2. Klage gegen Gredgin Diem, Jeckel Reyer und Hans Kitz.

8. April 1477

Herr Johann Sultz erhebt für die Präsenz seine 4. Klage gegen Anne Kitz.

Derselbe erhebt seine 2. Klage gegen Jeckel Raub.

12. April 1477

Henne Muder erhebt seine 4. Klage gegen Cles Monch.

Hengin, der Hofmann der Domherren, erhebt für seine Herren seine 2. Klage gegen Rodwin Hose.

15. April 1477

Nachdem Henne Muder seine 4. Klage gegen Cles Monch getan hat, hat er die Pfänder

fol. 20v — Dinstag nach Quasimodageniti

h(er) Johan Sulczen Jeckel Drappe	nach lude syn(er) heischůnge off geholt(en) und das verbot. Und der scholtes hait yme ban(n) und freden dar ober gethan. Das hait er auch verbot. Jt(em) her Johan Sůlczen als vo(n) der p(rese)ncze wegen hait Jeckel Drappen zu gesprochen wie daß er eyne(n) flecken zu syne(n) hande(n) habe stehen / Den gebruche sich Kycze Anne / Do habe die p(rese)ncze VIII ß gelts off / Daß Jeckel die nit ußrichte das schade yme als vo(n) der p(rese)ncze wegen XX guld(e)n. Und obe Jeckel dar zu ney(n) sagen wolt wijl er sich dan(n) laißen wisen / so wolle er yne myt etlichen wisen wie dan(n) die gulte dar off ko(m)men ist / Dar zu so wollen sie myt recht behalt(en) daß sie solich VIII ß gelts off dem flecke(n) hab(e)n. Und heist des Jeckeln ey(n) antwort. Dar off hait sich Hans Snyder verdingt Jeckeln sin wort zu thůne und hait sin und(er)tynge verbot als recht ist. Und sagt des off gemeß(e)n schadens sij Jeckel zuvor abe unschuldijg er worde sin dan(n) erzůgt als recht ist / Furt(er) so habe yme Hans Fladenbecker von Franckffůrt eyn hůsche verkaufft / yme das auch vergifft und off geb(e)n als recht ist und der gulte nit benant(en) / Dar zu habe er yme ey(n) orsaißu(n)ge erkant(en) alleß nach lude des gerichtsbůch / und obe erkant(en) worde daß er die gulte geb(e)n solle / so hoffe er doch eß soll yme gekarten werd(e)n dan(n) das husche sihe důrch den rait und um(m)b eynß gemeyne(n) noczes willen abe gebrochen. Deßhalb(e)n so hoffe Jeckel daß sie die gůlte aůch abe stillen sollen / Und soll yne ym(m) rechten nit schůldijg sin und stilt das zu recht. Her Johan sagt nach dem Hans Snyder als vo(n) Jeckels wegen gerett wie yme ey(n) kaůffe und orsaißunge gescheen / das krode sie nyt / und des abe brechens halb(e)n do sij nye keyn mensche zu yne ko(m)men, das eynch(er) genad(e)n begerten habe / Dan(n) Kicze Anne gebrůche sich des flecken / davo(n) so hoff er daß sie bilche die gulte geben und er woll auch die gulte von dem flecken geb(e)n. Hans Snyder als vo(n) Jeckels wegen sagt. Nach dem das hůsche als vo(n) der gemeynden wegen abe gebrochen sij jn maiß(e)n er dan(n) vorgerett(en) hait so hoff er h(er)n Johan nůste schuldijg zu sin und stilt das zu recht in maiß(e)n als vor / Her Johan sagt er und sin myt her(e)n wollen mit recht behalt(en) daß sie die gulte off dem b(e)n(ann)t(en) flecken hab(e)n und begert mit recht wie und yn(n) welcher zijt sie yr gulte behalt(en) sollen.

gemäß seiner Klage eingezogen und das vom Gericht festhalten lassen. Der Schultheiß hat ihm Bann und Frieden darüber gemacht. Das hat er auch festhalten lassen.

Herr Johann Sultz hat für die Präsenz Jeckel Drapp angeklagt, dass er ein Stück Land in seinen Händen habe. Dies nutze Anne Kitz. Daran habe die Präsenz 8 Schilling Geld. Dass Jeckel die nicht zahle, das schade ihm für die Präsenz 20 Gulden. Und wenn Jeckel dazu Nein sage und sich das beweisen lassen wolle, so wolle er ihm mit etlichem vor Gericht nachweisen, wie die Gülte auf das Land gekommen sei. Dazu wollen sie vom Gericht festschreiben lassen, dass sie solche 8 Schilling Geld auf dem Land haben. Und er fordert hierzu eine Antwort von Jeckel. Darauf hat sich Hans Snider verpflichtet, Jeckel vor Gericht zu vertreten, und er hat seine Anwaltschaft vom Gericht festhalten lassen. Er sagt: Wegen des angelaufenen Schadens sei Jeckel zunächst einmal unschuldig, es werde dieser denn erklagt wie es rechtmäßig ist. Weiter habe Hans Fladenbecker von Frankfurt ihm ein Häuschen verkauft, ihm das auch gegeben und aufgelassen wie es rechtmäßig ist und die Gülte nicht benannt. Dazu habe er ihm die Auftragung anerkannt; alles gemäß dem Gerichtsbuch. Und wenn erkannt werde, dass er die Gülte geben solle, so hoffe er doch, dies möge abgewendet werden, denn das Häuschen sei durch den Rat und wegen des Gemeinen Nutzens abgerissen worden. Deshalb, so hoffe Jeckel, dass sie die Gülte auch aufheben, und er solle ihm rechtmäßig nichts schuldig sein, und er legt dies dem Gericht vor. Herr Johann sagt: Nachdem Hans Snider für Jeckel geredet hat, wie der Kauf und die Auftragung geschehen sei, das kümmere sie nicht und wegen des Abbruchs sei kein Mensch zu ihnen gekommen, der dieses erbeten hätte. Anne Kitz nutze das Land, dafür, so hoffe er, solle sie billigerweise die Gülte geben, und er solle auch die Gülte von dem Land geben. Hans Snider sagt für Jeckel: Nachdem das Häuschen wegen der Gemeinde abgerissen worden sei, wie er angeführt habe, so hoffe er, Herrn Johann nichts schuldig zu sein und legt dies dem Gericht vor. Herr Johann sagt: Er und seine Mitherren wollen vom Gericht festschreiben lassen, dass sie die Gülte auf dem genannten Land haben, und er fragt das Gericht, wie und in welcher Zeit sie ihre Gülte festschreiben sollen.

Dinstag nach Quasimodageniti

Dar off ist mit recht gewist(en) daß her Johan salp drytte syn(er) mit her(e)n
die theile und gemeyne an der p(rese)ncze hab(e)n die scheffen ober halp
hain sollen und den yre recht geben. Und das thůn bynne(n) jars frist
welche zijt sie wollen. Und alsdan(n) vor gericht ko(m)men myt yren
korůcken und stailen dar zu ey(n) mesbůch hain und eyne(n) priest(er)
der yne den eydt stabe / Obe sie den nit gehab(e)n // so moge(n) sie eyne(n)
werntlich(e)n neme(n) doch also daß yre yglicher jn eyme ewa(n)-
gelio drůhe ader mehe worte lese und dar off zu Got und de(n)
heilige(n) sweren daß sie als vo(n) yre p(rese)ncze wegen die VIII ß gelts
off dem obg(enan)nt(en) flecken nach lude syns zůsprochs hab(e)n und yne
die bynne(n) drißijg jaren davo(n) gehantreicht auch nit abe gekaufft ader verglichen sihent / Und wan(n) sie solichs thůn wolle(n)t
so sollen sie eß den widd(er)theile zuvor wiß(e)n laiß(e)n. Das haint
sie von beider theiln verbot als recht ist.

3 h III	Jt(em) Barts Henne als vo(n) der kyrchen wegen důt sin 3 h off Kiczhansen Diemen Gredgin und Jeckel Reyern ut p(ri)ma.
erf(olgt)	Jt(em) Clese Storczkoppe der jonge erf(olgt) Wilhelme(n) von Sob(er)hey(m) offs bůch.
1 h	Jt(em) her Johan Sulczen als vo(n) der p(rese)ncze wegen dut 1 h vor XV ß gelts off Drůbein et sup(ra) ping(nora).
Scher(er)hen(ne) End(er)s Drappe s(en)(tent)ia	Jt(em) Scher(er)hen(ne) hait das bůche zusch(e)n End(er)s Drappen laiß(e)n offen und das verbot. Und hofft nach dem Enders selbest erkant daß er yne geheilt(en) habe so soll er yme auch lone(n). Und haint eß beide zu recht gestalt(en) nach dem Enders selbest erkant daß yne Scher(er)hen(ne) geheilt(en). So sprech(e)n wir zu(r) rechten daß er yme auch lonen sall und das thůne in XIIII tagen. Das hait Scher(er)- henne verbot als recht ist.
p b	Jt(em) Schonwedder hait p b an Ackerhenne(n).
p b	Jt(em) Jeckel Carpe hait p b an Stern Clesen.
	Jt(em) Hans Snyder hait sich verdingt Enderß(e)n von Swabenhey(m) sin worte zu thůn und hait sin und(er)tinge verbot als recht ist. Und hait das bůch wie dan(n) ansprache und antwort auch das ortel zusch(e)n Henne Bůßern und yme gelut(en) laiß(e)n offen und das v(er)bot. Und sagt nach dem Henne Bůßer eyne(n) gebroten knecht hie ge- habt / der yne vernoitbott / dem dan(n) sin tag gesaczt / und den selb(e)n

15. April 1477

Darauf ist das Urteil gefällt worden: Dass Herr Johann selbst mit zwei weiteren Herren, die Anteil und Gemeinschaft an der Präsenz haben, die Schöffen oberhalb aufsuchen und von diesem Recht sprechen lassen soll. Das sollen sie tun binnen eines Jahres zu welcher Zeit sie wollen. Dann sollen sie in ihren Meßgewändern vor das Gericht kommen, dazu ein Messbuch haben und einen Priester, der ihnen den Eid abnehme. Wenn sie den nicht haben, so können sie einen Weltlichen nehmen, doch ebenso, dass ein jeglicher von ihnen in einem Evangelium 3 oder mehr Worte lese und darauf zu Gott und den Heiligen schwöre, dass sie von ihrer Präsenz wegen die 8 Schilling Geld auf dem genannten Land gemäß der Klage haben und ihnen diese 30 Jahren lang davon gegeben wurden und auch nicht verkauft oder abgeglichen worden sind. Und wenn sie solches tun wollen, so sollen sie es die Gegenseite zuvor wissen lassen. Dem haben beide Seiten zugestimmt.

Henne Bart erhebt für die Kirche seine 3. Klage gegen Hans Kitz, Gredgin Diem und Jeckel Reyer.

Cles Stortzkopp der Junge hat seinen Anspruch ins Gerichtsbuch eintragen lassen gegen Wilhelm von Sobernheim.

Herr Johann Sultz erhebt für die Präsenz seine 1. Klage wegen 15 Schilling Geld gegen Drubein auf die Pfänder.

Henne Scherer hat das Gerichtsbuch in der Klagesache zwischen ihm und Enders Drapp öffnen lassen und das vom Gericht festhalten lassen. Er hofft, nachdem Enders selbst zugebe, dass er ihn geheilt habe, so solle er ihn auch bezahlen. Und er hat dies dem Gericht vorgelegt. Wir urteilen: Dass er ihn auch bezahlen soll und das soll er binnen 14 Tagen tun. Das hat Henne Scherer festhalten lassen.

Schonwedder hat Pfändung gefordert gegen Henne Acker.

Jeckel Carpp hat Pfändung gefordert gegen Cles Stern.

Hans Snider hat sich verpflichtet, Enders von Schwabenheim vor Gericht zu vertreten und hat seine Anwaltschaft festhalten lassen. Und er hat das Gerichtsbuch öffnen lassen und das festhalten lassen, wie die Anklage und Entgegnung und das Urteil zwischen Henne Bußer und ihm gelautet habe. Und er sagt: Nachdem Henne Bußer einen Knecht hier hatte, der ihn wegen Not vertreten habe, dem dann sein Gerichtstag gesetzt wurde und der diesen

Dinstag nach Quasimodageniti

fol. 21v

Hen(ne) Bůßer
Enders vo(n)
Swabenhey(m)

ad socios

syne(n) gesaczten tag nyt v(er)hůt(en) als recht ist / da hoffe Enders
Henne Bůßer habe sich gesůmt(en) und er soll yne erfolgt(en) hain
nach lude sins zu sprochs und stilt das zu recht. Dar off hait
sich Henne von Eltvjl verdingt Hen(ne) Bůßern sin wort zu thun
und hait sin und(er)thinge verbot als recht ist. Und sagt als dem
knecht sin tag gesaczten sij / do sihe er selbest hie geweste(n). Und
off den tag / als der knecht yne vernoitbott habe / do kondt er
her(e)n noide halb(e)n nit hie gesin und bezugt sich des off erber lůde
und hofft deshalb(e)n / so der knecht nit hie sij gewest(en) unerfolgt
zu sin und soll sich auch nit gesůmpt(en) hain und stylt eß auch
zů recht. Das ist gelengt ad socios. Das haint sie beide v(er)bot.

Heynrich
Smett
Vyncze

Jt(em) Henne von Eltvjl hait sich verdingt Heynrichen dem smede
sin wort zu thůn und hait sin und(er)thinge verbot als recht ist.
Und hait Vynczen zu gesproch(e)n und sagt Heinrich[a] habe eyn
hůsche kaůfft um(m)b[b] Hans Fladenbeckern von Frankffurt das
habe er yme auch bezalt. Und das husche sihe yme auch vergifft und off gegeb(e)n als recht sij. Daß yme nů Vyncze das
husche nit[b] rumet und handt davo(n) abe důth das schade Heinriche(n)
hondert guld(e)n. Und obe Vyncze ney(n) sagen wolt so beziege sich
Heinrich off das gerichts bůch daß yme das husche vergifft
und gegeb(e)n sij als recht ist / und heist das ey(n) antwort. Dar off
hait sich Hans Snyder verdingt Vynczen sin wort zu thůn und
hait sin und(er)thinge verbot als recht ist / Und sagt des offgemeß(e)n
schadens sij Vincze zuvor abe unschuldig er worde sin dan(n) er zugt
als recht were. Furt(er) so wiße er von syner giffte nuste dan(n) der
Fladenbeck(er) habe yme off ey(n) zijt ey(n) hůsche feile gebotten / des
word(e)n sie doch nit eynßs / Dar nach sihe zusch(e)n yne[c] gerett(en) daß er
das hůsche um(m)b den Fladenbecker zu erbe bestand(e)n habe. Do
hab(e)n sie auch eyne(n) winkaůff bij gehabt / und bezugt sich des
off die selb(e)n die er dan(n) off syner sytten do bij gehabt(en) hait / Der
Fladenbecker habe yme auch sins winkaůffs nůste widd(er) geb(e)n
ader auch das bestentnyß nyt off gesagt und hofft Heinriche(n)
nuste schuldig zu sin / Hen(ne) von Eltvjl als vo(n) Heinrichs wegen
sagt den winkaůff den Hans Snyder melde / der krode Heynrichen nit / dan(n) er habe das husche kaůfft und bezalt und sij
yme auch off gegebe(n) als recht sij / und zugt sich des off das

a Der Anfangsbuchstabe ist über ein »v« geschrieben.
b Das letzte Wort ist über der Zeile beigefügt.
c Das letzte Wort ist über der Zeile beigefügt.

15. April 1477

ÜBERTRAGUNG

gesetzten Tag nicht eingehalten habe, wie es Recht ist, da hoffe Enders, Henne Bußer habe sich versäumt, und er solle gegen ihn gewonnen haben gemäß seiner Anklage und legt das dem Gericht vor. Darauf hat sich Henne von Eltville verpflichtet, Henne Bußer vor Gericht zu vertreten und hat seine Anwaltschaft festhalten lassen, wie rechtmäßig ist. Und er sagt, als dem Knecht sein Gerichtstag gesetzt worden sei, da sei er selbst hier gewesen. Und an dem Tag, als der Knecht ihn wegen Not vertreten habe, da konnte er wegen Herrennot nicht hier sein und beruft sich auf ehrbare Leute und hofft deswegen, weil der Knecht nicht hier gewesen sei, nicht verloren zu haben und dass er auch nicht säumig gewesen sei, und er legt dies auch dem Gericht vor. Das ist vertagt worden bis zum Zusammentreten des Vollgerichts. Dem haben beide zugestimmt.

Ebenso hat Henne von Eltville sich verpflichtet, Heinrich den Schmied vor Gericht zu vertreten, und er hat seine Anwaltschaft festhalten lassen. Und er hat Vincz angeklagt und sagt, Heinrich habe ein Haus gekauft von Hans Fladenbecker von Frankfurt, das habe er ihm auch bezahlt. Und das Haus sei ihm auch übertragen und aufgegeben worden, wie es rechtmäßig ist. Dass ihm nun Vincz das Haus nicht räumt und es nicht herausgebe, das schade Heinrich 100 Gulden. Und wenn Vincz dazu Nein sage, so berufe sich Heinrich auf das Gerichtsbuch, dass ihm das Haus verkauft und übergeben sei, wie es rechtmäßig ist und er fordert darauf eine Antwort. Darauf hat sich Hans Snider verpflichtet, Vincz vor Gericht zu vertreten und hat seine Anwaltschaft festhalten lassen. Und er sagt: Des inzwischen angelaufenen Schadens sei Vincz zunächst unschuldig, er werde denn deswegen vor Gericht beklagt, wie es Recht ist. Weiter so wisse er von einer Übertragung nichts, als dass Fladenbecker ihm vor einiger Zeit ein Häuschen feilgeboten habe, dessen wurden sie aber nicht einig. Danach sei zwischen ihnen beredet worden, dass er das Häuschen von Fladenbecker in Erbbestand nehme. Da haben sie auch einen Vertrag geschlossen, und er beruft sich deswegen auf dieselben, die er damals auf seiner Seite dabei hatte. Der Fladenbecker habe ihm auch die Vertragsabschlusskosten nicht wieder gegeben oder auch das Mietverhältnis nicht aufgesagt. Daher hofft Heinrich nichts schuldig zu sein. Henne von Eltville sagt als Vertreter Heinrichs, den Vertragsabschluss, den Hans Snider nenne, der kümmere Heinrich nicht, denn er habe das Haus gekauft und bezahlt und es sei ihm auch übertragen worden, wie es Recht ist, und er berufe sich auf das

fol. 22 — Donerstag nach Quasimodageniti

gerichts bůch und hofft Vyncze sall yme das husche růme(n) und
und habe nit geantwort. Auch begere Heinrich syn(er) tage das bůch
zu brenge(n) und hait^a eynßs mit dem and(er)n zu recht gestalt(en). Hans Snyd(er)
als vo(n) Vinczen wegen sagt / nach dem er off eyne(n) winkaůff ge[-]
zogen / so hoffe er / er habe geantwort und Vincze begere auch
syner tage den winkaůff zu brenge(n) und hofft ma(n) sall den hore(n)
und stilt eß auch zu recht / Nach dem Heinrich Smett off das gerichts buche / und Vincze off eyne(n) winkaůffe sich bezogen / s(e)n(tent)ia /
daß sie von beidentheiln yre konde vor gericht brenge(n) solle(n)
und das thun in XIIII tagen. Bedorffen sie dan(n) yre tage furte
und heisch(e)n die als recht ist / so sall ma(n) yne die furt(er) stillen
noch zu czweyen XIIII tag(en). Und so das buch und winkauff ver-
hort(en) werd(e)n beheltlich yglichem jn des and(er)n konde zu redde(n)
syne gerechtekeit und geschee dan(n) furte sovjl und recht ist.
Das haint sie beide verbot.

1 h ^b	Jt(em) Lupis Cleßgin dut 1 h vor VII ß gelts off Ped(er) Meczlern et o(mn)ia.
1 h	Jt(em) Lupis Cleßgin dut 1 h vor I g(ulden) gelts off Kyczgin et sup(ra) p nach lude eynßs gericht briffs.
gelengt	Jt(em) zusch(e)n Johan dem poller(er) und Hansen von Ysennach ist gelengt noch hude zu fier woche(n) und obe Hans nit hie gesin mochte / so solt yne meist(er) Johan nyt faren. Das haint sie v(er)bot.
gelengt	Jt(em) zusch(e)n W[er]nh(er)s Henne(n) und Dornhen(ne) ist gelengt off den nehsten Dinstag nach sant Johans tage sic hodie. A(m)bo v(er)bot.
no(n) reveni(r)e	Jt(em) zusch(e)n Drubein Elsen Philips Hen(ne) selig(en) witwen auch zusch(e)n Heppenhen(ne) und Ped(er) Snade(n) sall nit widd(er) an gericht ko(m)men. Verbott.

Actu(m) off Donerstag nach Quasimodageniti.
Jt(em) nach dem Cleßgin Bette / Kyle Henne / und Cleßgin Drappe vor
etlicher zijt dem spittel zu Oppinheim etliche underphande

erk(annt) no(tandum) spittel zu Oppinhey(m)	vor hondert guld(e)n heiptgelts verlacht(en) nach lude des gerichts bůche / also hab(e)n sie die selbe som(m)e bezalt bijß off XX guld(e)n etc. und habe(n) samenthafft erkant / Hengin Crafft(en) dem spittelmeist(er) des obg(enan)nt(en) spittels von den gemelt(en) XX g(ulden) jerlichs eyne(n)

---

a Das letzte Wort ist über der Zeile beigefügt.
b Die Marginalie ist mit der folgenden durch eine einfache Klammer verbunden

Gerichtsbuch und hofft, Vincz soll ihm das Häuschen räumen und habe nicht geantwortet. Auch forderte Heinrich das Buch beizubringen und hat das eine mit dem anderen dem Gericht vorgelegt. Hans Snider sagt als Vertreter von Vincz: Nachdem er auf einen Vertragsabschluss geklagt habe, so hoffe er, er habe geantwortet und Vincz begehrt auch Gerichtstermine, den Vertragsabschluss zu beweisen und hofft, man soll die Zeugen hören und legt es ebenfalls dem Gericht vor. Nachdem Heinrich Schmied auf das Gerichtsbuch und Vincz auf einen Vertragsabschluss sich berufen, ergeht das Urteil: Dass sie von beiden Seiten ihre Beweise vor Gericht bringen sollen und das binnen 14 Tagen. Bedürfen sie mehr Zeit und fordern diese wie rechtmäßig ist, so soll man ihnen noch zweimal 14 Tage geben. Und wenn das Buch und die Zeugen des Vertragsabschlusses gehört werden, vorbehaltlich des Rechts jeder Partei gegen die Beweismittel des anderen zu reden, dann geschehe weiter wie Recht ist. Dem haben sie beide zugestimmt.

Clesgin Lupis erhebt seine 1. Klage wegen 7 Schilling Geld gegen Peter Metzler auf alles.

Clesgin Lupis erhebt seine 1. Klage wegen 1 Gulden Geld gegen Kitzgin auf die Pfänder nach Aussage einer Gerichtsurkunde.

Zwischen Johann dem Pollerer und Hans von Isenach ist der Termin verschoben worden von heute an auf in 4 Wochen und wenn Hans nicht hier sein könnte, so solle ihn Meister Johann nicht fahren. Dem haben sie zugestimmt.

Im Streit zwischen Henne Werner und Henne Dorn ist der Termin verschoben worden auf den nächsten Dienstag nach St. Johannes. Dem haben sie zugestimmt.

Die Streitigkeiten zwischen Drubein [und] Else, Henne Philips Witwe, und zwischen Henne Hepp und Peter Snade sollen nicht wieder vor Gericht kommen. Zugestimmt.

17. April 1477
Nachdem Clesgin Bett, Henne Kyl und Klaus Drapp vor einiger Zeit dem Spital zu Oppenheim etliche Pfänder für 100 Gulden Hauptschuld hinterlegt haben nach Aussage des Gerichtsbuch, haben sie die genannte Summe bezahlt bis auf 20 Gulden und haben gemeinsam anerkannt, Hengin Krafft, dem Spitalmeister des oben genannten Spitals, für die genannten 20 Gulden jährlich einen

fol. 22v — Samßtag nach dem Sontage Quasimodageniti

guld(e)n gelts zu geb(e)n und sollen die und(er) phandt dar vor bliben
ligen bijß der abe gelost(en) wyrt. Dar geige(n) hait der b(e)n(ann)t(e)
Hengin als vo(n) des spittels wegen den obg(enan)nt(en)e p(er)sone(n) die ge-
nade und frŭntschafft gethan welche zijt / sie ader yr erb(e)n
ko(m)men und brenge(n) dem spittel X gulde(n) und die gulte nach
anczale des jars do myt / mogen sie ye ey(n) halb(e)n guld(e)n abe lose(n).
Und wan(n) die XX g(ulden) bezalt(en) sint / als dan(n) sall der spittel dŭrch
eyne(n) gewische(n) mo(m)per ader spittel meist(er) den vorgeschreb(e)n
p(er)sone(n) ader yre(n) erb(e)n die und(er)phande widd(er) zu yren hande(n)
stillen und vor gericht off geb(e)n als recht ist. Das alleß hant
sie von beiden theiln verbot.

Jt(em) Hengin Crafft der spittelmeist(er) zu Oppinheim als vo(n) des
selb(e)n spittels wegen hait offgeholt(en) off Cleßgin Knŭßen
und Karlen von Prŭmbaŭm soliche gude und und(er)phande
yne ligent vor III guld(e)n gelts[a] frij gulte nach lude ey(n)s

off geholt(en)   gericht briffs dar ober sagende und hait das verbot. Und
hait dem obg(enan)nt(en) Karlen[b] die selb(e)n gude und und(er)phande

spittel zu   widder geluhen und off geb(e)n als recht ist / als er des auch
Oppinhey(m)   gancze macht hatte / myt solichem gedynge und furworten
daß der b(e)n(ann)t(e) Karlen ader syne(n) erb(e)n dem obg(enan)nt(en) spittel dar
vor geb(e)n und bezalen sall XLIIII guld(e)n an golde ader ye

Karlen von(n)   XXV alb(us) vor ey(n) guld(e)n nemlich IIII guld(e)n zu Wynacht(en) nehst
Prŭmbau(m)   ko(m)ment ader XIIII tage dar nach ungeverlich und dar nach
alle Wynachten IIII guld(e)n bijß so lange die ferczijg und fyer g(ulden)
bezalt(en) und ußgerachte(n) synt. Und das gelt zu eyner yglichen zijt
lybbern ge(e)n Oppinheim one des spittels schaden / und ist berett obe
Karlen ader sin erben der ziele eynß ader mehe nit hielden yn(n)
maiß(e)n vorgeschreb(e)n alsdan(n) mochte eyn spittel meister der zu zide(n)
were von des spittels wegen die obgemelt(en) gude und und(er)phande
nach besage des gericht briffs off holen mit VI hell(er) vor gericht
als recht ist. Und wan(n) die ferczijg und fier guld(e)n bezalt(en) sint so
sall der spittel durch eyne(n) gewischen mo(m)per ader spittelmeist(er)
dem obg(ena)nt(en) Karlen ader syne(n) erb(e)n gemelt(en) gerichts briffe
myt sampt den und(er)phand(e)n vor gerichte widder zu styllen und off
geben als recht ist. Das haint beide parthien verbot.

Actu(m) off Samßtag nach dem Sontage Quasimodage(n)iti.

---

a   Es folgt durchgestrichen: »nach«.
b   Es folgt durchgestrichen: »foln« [?].

Gulden Geld zahlen zu müssen und sollen die Pfänder dafür bleiben, bis das abgelöst wird. Dafür hat der genannten Hengin für das Spital den genannten Personen die Gnade und Freundschaft getan, wenn sie oder ihre Erben kommen und bringen dem Spital 10 Gulden und die Gülte nach Anzahl des Jahres, damit mögen sie einen halben Gulden ablösen. Und wenn die 20 Gulden bezahlt sind, dann soll das Spital durch einen gerichtlich eingesetzten Vertreter oder den Spitalmeister den genannten Personen oder ihren Erben die Pfänder wieder zu ihren Händen stellen und sie vor Gericht übertragen, wie es rechtmäßig ist. Dem allen haben sie von beiden Seiten zugestimmt.

Hengin Krafft, der Spitalmeister zu Oppenheim, hat für das Spital eingezogen von Clesgin Knuß und Karl von Prumbaum solche Güter und Pfänder, die für 3 Gulden Geld freie Gülte nach Aussage einer Gerichtsurkunde als Sicherheit liegen und hat das festhalten lassen. Und er hat dem genannten Karl die selben Güter und Pfänder wieder geliehen und aufgegeben wie rechtmäßig ist, wie er es auch machen darf unter der Bedingung, dass der genannte Karl oder seine Erben dem Spital davon geben und bezahlen sollen 44 Gulden an Gold oder je 25 Albus für einen Gulden, nämlich 4 Gulden zum nächsten Weihnachtsfest und danach alle Weihnachten 4 Gulden, bis die 44 Gulden bezahlt und ausgerichtet sind. Und das Geld soll er jeweils nach Oppenheim liefern ohne den Schaden des Spitals. Und es ist beredet worden, wenn Karl oder seine Erben einen der Termine oder mehrere nicht hielten in der Form wie hier beschrieben, dann könne derjenige, der gerade Spitalmeister sei, die genannten Güter und Unterpfänder nach Aussage der Gerichtsurkunde einziehen mit 6 Heller vor Gericht, wie es Recht ist. Und wenn die 44 Gulden bezahlt sind, so soll das Spital durch einen gewiesenen Vertreter oder Spitalmeister dem genannten Karl oder seinen Erben den besagten Gerichtsbrief mitsamt den Pfändern vor Gericht wieder zustellen und übertragen, wie es rechtmäßig ist. Dem haben beide Seiten zugestimmt.

19. April 1477

Samßtag nach dem Sontage Quasimodageniti

erk(annt)	Jt(em) Rytt(er) Hengin erk(ennt) Byczeln Joh(ann)es II guld(e)nᵃ zu geb(e)n in XIIII t(agen). Si no(n) p erf(olgt).
erf(olgt) p b	Jt(em) Peder Bender von Ingelnheimᵇ erf(olgt) Henne Heßlichen offs buch und hait auch an yme pande berett(en).
erk(annt)	Jt(em) Kochers Kett(er)n erk(ennt) Rytter Hengin XIX ß off rechnu(n)ge zu gebe(n) in XIIII tag(en). Si no(n) p erf(olgt).
erf(olgt)	Jt(em) Rytter Hengin erf(olgt) Hansen von Klee offs bůch.
p b	Jt(em) W(er)nher Knobeloch hait p b an Heincze Drieln.
erk(annt) nyt v(er)yeren	Jt(em) Cleßgin Berkorn erk(ennt) Hans Snyd(er)n als vo(n) mo(m)perschafft wege(n) Adam Wolffs unsers mit scheffen gesellen daß solich erkentniße er yme lestmals gethan nach lude des buchs nit v(er)jheren sall.
erk(annt)	Jt(em) Hengin Rauch erk(ennt) Wigandt Storczkoppen IIII g(ulden) off rechnů(n)ge zu geb(e)n in XIIII tagen. Si no(n) p erf(olgt).
erk(annt)	Jt(em) Hengin Rauch erk(ennt) Winworme(n) II g(ulden) zu geb(e)n in XIIII t(agen). Si no(n) p e(r)f(olgt).
Hans Rampůßs Hans Snyd(er)	Jt(em) Hans Rampfůß hait Hans Snydern zu gesproch(en) wie daß sin hůßfrauwe yme versaczten habe I guld(e)n vor XVI alb(us). Dar nach habe sie geholt(en) III alb(us). Daß er yme nů den gulden nit widd(er) zu losen gebe / das schade yme ey(n) guld(e)n und heist yme des eyn ja ader ney(n). Dar off sagt Hans Snyder des off gemeß(e)n schadens sij er zuvor abe unschuldijg er worde sin dan(n) er zugt als recht ist / Dan(n) eß sij wol sehs jare als Hans Rampůsche enweg was / do habe sin husfrauwe yme ey(n) guld(e)n bracht(en) und hette gerne gelt dar off gelůhen gehabt / Do sagt er widd(er) die frauwe / er wult yr den guld(e)n wesseln / Ye doch so habe er yre dar off gelůhen und gegeb(e)n daß der guld(e)n oberijg bezalt(en) ist. Und wes yne Hans wider anlange des sihe er unschuldijg. Die unscholt ist gestalt(en) noch hude zu XIIII tag(en). Das haint die beide verbot.
erk(annt)	Jt(em) Ebert Haůber erk(ennt) Conczgin Dinckler XVIII alb(us) zu geben in XIIII tag(en). Si no(n) p erf(olgt).
erk(annt)	Jt(em) Hen(ne) Rieße erk(ennt) Conczgin Dincklern X alb(us) off rechnu(n)ge zu geb(e)n in XIIII tag(en). Si no(n) p erf(olgt).
erk(annt)	Jt(em) Conczgin Dinckler erk(ennt) Clesen von Sprendlinge(n) I½ [II/2] guld(e)n off rechnů(n)ge zu geb(e)n in XIIII tag(en). Si no(n) p erf(olgt).
erk(annt)	Jt(em) Conczgin Dinckler erk(ennt) Hans Synd(er)n exp(ar)te Adam Wolffs n(oste)r soci(us) VI guld(e)n zu geben in XIIII tagen. Si no(n) pingn(or)a erfolgt(en).

a Das letzte Wort ist über der Zeile beigefügt.
b Die beiden letzten Worte sind von einem Viereck umrahmt.

19. April 1477 — fol. 23

ÜBERTRAGUNG

Hengin Ritter erkennt an, Johannes Bitzel 2 Gulden binnen 14 Tagen zahlen zu müssen. Wenn nicht erfolgt die Pfändung.

Peter Bender von Ingelheim hat seinen Anspruch ins Gerichtsbuch eintragen lassen gegen Henne Heßlich und hat Pfändung gefordert.

Ketter Kocher erkennt an, Hengin Ritter 19 Schilling gegen Rechnung zahlen zu müssen binnen 14 Tagen. Wenn nicht erfolgt die Pfändung.

Hengin Ritter hat seinen Anspruch ins Gerichtsbuch eintragen lassen gegen Hans von Klee.

Werner Knobeloch hat Pfändung gefordert gegen Heinz Driel.

Clesgin Berkorn erkennt gegenüber Hans Snider als Vertreter von Adam Wolff, unseres Mitschöffen, an, dass das Geständnis, das er ihm zuletzt gemacht habe nach Aussage des Gerichtsbuchs nicht verjähren soll.

Hengin Rauch erkennt an, Wigand Stortzkopp 4 Gulden gegen Rechnung zahlen zu müssen binnen 14 Tagen. Wenn nicht erfolgt die Pfändung.

Hengin Rauch erkennt an, Winworm 2 Gulden zahlen zu müssen binnen 14 Tagen. Wenn nicht erfolgt die Pfändung.

Hans Rampusch hat Hans Snider angeklagt, dass seine Ehefrau ihm versetzt habe 1 Gulden für 16 Albus. Danach habe sie 3 Albus geholt. Dass er ihm nun den Gulden nicht wieder zu lösen gebe, das schade ihm einen Gulden, und er fordert von ihm ein Ja oder Nein. Darauf sagt Hans Snider, des angelaufenen Schadens sei er zunächst unschuldig, er werde denn deswegen vor Gericht gezogen, wie es rechtmäßig ist. Denn es sei wohl 6 Jahre her, als Hans Rampusch weg war, da habe seine Ehefrau ihm einen Gulden gebracht und hätte gerne Geld darauf geliehen. Da sagt er gegenüber der Frau, er wolle ihr den Gulden wechseln. Jedoch habe er ihr darauf geliehen und gegeben, dass der Gulden über bezahlt ist. Und wessen ihn Hans darüber hinaus anklage, dessen sei er unschuldig. Die Unschuld gilt für 14 Tage. Dem haben sie beide zugestimmt.

Ebert Haubor erkennt an, Contzgin Dinckler 10 Albus zahlen zu müssen binnen 14 Tagen. Wenn nicht erfolgt die Pfändung.

Henne Rieß erkennt an, Contzgin Dinckler 10 Albus gegen Rechnung zahlen zu müssen binnen 14 Tagen. Wenn nicht erfolgt die Pfändung.

Contzgin Dinckler erkennt an, Cles von Sprendlingen 1½ Gulden gegen Rechnung zahlen zu müssen binnen 14 Tagen. Wenn nicht erfolgt die Pfändung.

Contzgin Dinckler erkennt an, Hans Snider als Vertreter von Adam Wolff, unseres Mitschöffen, 6 Gulden zahlen zu müssen binnen 14 Tagen. Wenn nicht erfolgt die Pfändung.

fol. 23v — Dinstag nach Misericordia Domini

TRANSKRIPTION

I clage	Jt(em) Ped(er) Dresser von Swabenheim dut I clage vor II g(ulden) heipt-gelt und X guld(e)n schaden off Peder Dieme(n) zu Wolffsheim et om(n)ia.
3 h	Actu(m) off Dinstag nach Mi(sericordi)a D(omi)nj. Jt(em) h(er) Johan Sulczen als vo(n) der p(rese)ncze wegen dut sin 3 h off Jeckel Rauben ut p(ri)ma.
Clese Raůp Ped(er) Wol- enbere	Actu(m) off Samßtag nach Mi(sericordi)a D(omi)nj. Jt(em) Clese Raůp unser mit scheffen geselle hait Ped(er) Wolenbern zu gesprochen wij daß er eyne(n) garten bij Peders husche ligen habe / do habe Peder yme krut ader kole[a] yn gesaczten sonder syne(n) wiß(e)n und willen. Daß Peder solichs gethan hait das schade yme X g(ulden) und obe Peder dar zu ney(n) sagen wolt so beziege er sich des off Růln Henne den heymbergen den er dem scholteß(e)n auch geheische(n) und zu yme geschickten hait / der das krut gesehen / Obe er das nu enweg gethan habe des wiße er nit / Dar off sagt Peder er habe ey(n) hoffreide kaůfft um(m)b E(m)meln jn der Offhoben / do ligen alde můern bij / Also habe er E(m)meln gefragt / obe die můern auch zu der hoffreide gehoren. Do sagt er ney(n) dan(n) er habs ey(n) jare ader XX jngehabt(en) und nyema(n)t habe sich der můern an geno(m)-men. Auch vermeßen sich die jonffr(rauen) ym(m) closter / Drubeyn und and(er)n gerechtekeit dar zu / Drubein habe yme auch syns deyls gegontte(n) und wiße nůste das Raůp do habe gehabt[b]. Brenge erßs aber bij was dan(n) ey(n) gericht erkennet / daß er yme geschatt(en) habe das woll er yme naher thůn / ober das. So haint sie czwene man(n) do bij gehabt(en) die sie vereynt und geracht(en) haint und haint aůch zusch(e)n yne gestackt und gesteynt(en).[c] Do habe er auch von stůndt sin kole ůß Clesen flecken gethan / und hofft Raůben nůste dar um(m)b schuldijg zu sin. Und wes er yne wider anlange der sij er unschuldig / Clese Raup hait verbot daß Peder ge-retten hait / habe er do / was dan(n) das gericht erkenne das woll er yme naher thůn / Davo(n) so begere er siner tage konde zu brenge(n). Eß sy auch kontlich daß Peder kole do gehabt(en) habe. Dar off ist mit recht gewist(en). Dwile Clese Raup off konde

a Die beiden letzten Worte sind über der Zeile beigefügt.
b Das letzte Wort ist über der Zeile beigefügt.
c Die letzten drei Worte sind schwach unterstrichen.

Peter Dresser von Schwabenheim erhebt seine 1. Klage wegen 2 Gulden Klagesumme und 10 Gulden Gerichtskosten gegen Peter Diem zu Wolfsheim auf alles.

22. April 1477
Herr Johann Sultz erhebt für die Präsenz seine 3. Klage gegen Jeckel Raub.

26. April 1477
Cles Raub, unser Mitschöffe, hat Peter Wolenber angeklagt, dass er einen Garten bei Peters Haus liegen habe, da habe Peter ihm Kraut oder Kohl eingesetzt ohne sein Wissen und Wollen. Dass Peter solches getan habe, das schade ihm 10 Gulden und wenn Peter dazu Nein sage, so berufe er sich deswegen auf Henne Rule, den Heimbürgen, den er von dem Schultheißen auch gefordert und zu ihm geschickt hatte, der das Kraut gesehen habe. Ob er das nun weg gemacht habe, das wisse er nicht. Darauf sagt Peter: Er habe eine Hofstätte von Emmel in der Uffhub gekauft, daneben liegen alte Mauern. Da habe er Emmel gefragt, ob die Mauern auch zu der Hofstätte gehören. Das verneinte Emmel, denn er habe sie ein oder 20 Jahre innegehabt und niemand habe sich der Mauern angenommen. Auch beanspruchen die Nonnen im Kloster, Drubein und die anderen, die Gerechtigkeit darüber. Drubein habe ihm auch seinen Teil gegönnt, und er wisse nicht, dass Raub dort Besitz gehabt habe. Beweise er es aber, so werde er, was ein Gericht erkennt, das er ihm geschadet habe, ersetzen. Darauf hatten sie zwei Mann dabei gehabt, die sie verglichen hatten und sie haben auch zwischen ihnen abgegrenzt. Da habe er auch von der Stunde an seinen Kohl aus Cleses Land getan und hoffe, Raub nichts mehr schuldig zu sein. Und wessen er ihn darüber hinaus anklage, dessen sei er unschuldig. Cles Raub hat festhalten lassen, dass Peter gesagt habe, habe er dort Besitz, was dann das Gericht erkenne, das wolle er ihm an Ersatz leisten. Deshalb fordert er die Gerichtstage, um Beweise beizubringen. Es sei auch bekannt, dass Peter Kohl dort hatte. Darauf wurde als Recht gewiesen: Weil Cles Raub auf Beweismittel

fol. 24 — Samßtag nach Misericordia Domini

	zugt so sall er die auch vor gericht brenge(n) und das thůn in
	XIIII tag(en). Bedarff er dan(n) siner tage furte und heist die als
	recht ist so sall ma(n) yme die furt(er) stille(n) noch zu zweyen XIIII
	tagen. Und so die konde verhort(en) wirt beheltlich Ped(er)n syn(er)
	ynsage und geschee dan(n) furt(er) sovjl als recht ist. A(m)bo v(er)bot.
erk(annt)	Jt(em) Henne von Soden erk(ennt) Henne Aczelnkragen IX alb(us) zu geb(e)n
	in XIIII tag(en). Si no(n) p erf(olgt).
erk(annt)	Jt(em) Henne von Nůwendorff erk(ennt) Steffan dem beder XVIII alb(us)
	zu geb(e)n zusch(e)n Pinxsten. Si no(n) p erf(olgt).
p b	Jt(em) Ritter Hengin hait p b an Hansen von Klee.
erk(annt)	Jt(em) Peder Raůp erk(ennt) Peder Snyd(er)n von Winkel II½ [III/2] guld(e)n zů
	geben in XIIII tagen. Si no(n) p erf(olgt).
erk(annt)	Jt(em) Ulrich Bender erk(ennt) Jeckel Monstern IIII g(ulden) off rechnu(n)ge
	zu geb(e)n in XIIII tage(n). Si no(n) p erf(olgt).
	Jt(em) Concze von Bellerßheim hait Hengin Melma(n) zu gesproch(e)n
	wie daß er yme gerett(en) habe ½ [I/2] g(ulden) zu geb(e)n von Drubeins
Concze vo(n)	Philipsen wegen und gebe yme den nit. Das schade yme alsvjl
Bellerßhey(m)	dar zu / Und wijl er sich laiß(e)n wisen so wijl er yne des wisen
	mit Conczgin Dincklern / Ist des nit / so heist er yme ey(n) ja ader
Hengin	ney(n). Dar off sagt Hengin er sij Drubein ½ [I/2] guld(e)n schuldig ge-
Melma(n)	westen do habe er gesagt(en) sij eß dem selben liep so woll erßs
	thun und gebe yme das gelt als mere als Drubein / Also sihe er
	zu Drubey(n) gange(n) und yne gefragt(en). Der habe yne bescheyden
	er soll yme das gelt geb(e)n und nyema(n)t anders. Das habe er
	auch gethan und wes yne Concze wider anlange des sij er
	unschuldig. Die unscholt ist gestalt noch hude zu XIIII tag(en). Das
	haint sie beide verbot.
	Jt(em) zusch(e)n Wolfs Henne(n) Jeckel Borkart(en) Hengin Melma(n) und
gelengt	Liebhenne(n) Conczen ist gelengt bijß off Dinstag nach sant
	Johans tage sic hodie.
	Jt(em) Henne von Eltvijl erk(ennt) Clesen / Bartolme(us) seligen son zů
erk(annt)	Winheim wan(n) er yne mit den monde mane so woll er yme
	burgen recht thůn. Das hait Clese verbot.
gelengt	Jt(em) zusch(e)n Peder Bend(er)n und Liebhen(ne) Concz(en) ist gelengt bijß
	off Dinstag nach des Heilgen Cruczes tage sic hodie. Das
	haint sie beide verbot.
1 h	Jt(em) Jeckel Carppe dut 1 h vor I g(ulden) gelts off Cleßgin Swencke(n) et o(mn)ia.

26. April 1477 fol. 24

klagt, so soll er die auch vor Gericht bringen und das tun in 14 Tagen. Bedürfe er Verlängerung und fordere die, wie es rechtmäßig ist, so soll man ihm noch zweimal 14 Tage geben. Und wenn die Beweismittel verhört werden, vorbehaltlich der Entgegnung Peters, dann geschehe weiter, wie es Recht ist. Dem haben beide zugestimmt.
Henne von Soden erkennt an, Henne Atzelkragen 9 Albus zahlen zu müssen binnen 14 Tagen. Wenn nicht erfolgt die Pfändung.
Henne von Nuwendorf erkennt an, Steffan dem Bader 18 Albus zahlen zu müssen bis Pfingsten. Wenn nicht erfolgt die Pfändung.
Hengin Ritter hat Pfändung gefordert gegen Hans von Klee.
Peter Raub erkennt an, Peter Snider von Winkel 2½ Gulden zahlen zu müssen binnen 14 Tagen. Wenn nicht erfolgt die Pfändung.

Ulrich Bender erkennt an, Jeckel Monster 4 Gulden gegen Rechnung zahlen zu müssen binnen 14 Tagen. Wenn nicht erfolgt die Pfändung.
Contz von Bellersheim hat Hengin Melman angeklagt, dass er ihm ½ Gulden versprochen habe wegen Philipp Drubein und gebe ihm den nicht. Das schade ihm ebensoviel dazu. Und will er sich das vor Gericht weisen lassen, so will er ihm das beweisen mit Contzgin Dinckler. Ist dem nicht so, so fordere er von ihm ein Ja oder Nein. Darauf sagt Hengin: Er sei Drubein ½ Gulden schuldig gewesen, da habe er gesagt, wenn es demselben lieb sei, so wolle er es tun und gebe ihm das Geld lieber als Drubein. Er sei zu Drubein gegangen und habe ihn gefragt. Der habe ihn beschieden, er solle ihm das Geld geben und niemand sonst. Das habe er auch getan und wessen ihn Contz darüber hinaus anklage, dessen sei er unschuldig. Die Unschuld gilt von heute an 14 Tage. Dem haben sie beide zugestimmt.

Zwischen Henne Wolff, Jeckel Borkart, Hengin Melman und Contz Liebhenne ist der Termin verschoben worden bis auf Dienstag nach St. Johannistag.
Henne von Eltville erkennt gegenüber Cles, dem Sohn des verstorbenen Bartholmäus von Weinheim, an, wenn er ihn mündlich mahne, so wolle er ihm gemäß Bürgenrecht tun. Das hat Cles festhalten lassen.
Zwischen Peter Bender und Contz Liebhenne ist der Termin verschoben worden bis auf Dienstag nach dem Heilig Kreuztag. Dem haben sie beide zugestimmt.
Jeckel Carpp erhebt seine 1. Klage wegen 1 Gulden Geld gegen Clesgin Swencke auf alles.

fol. 24v — Dinstag nach dem Sontage Jubilate

Knodenhe(ne) Ped(er) Wol[-]enbere s(e)n(tent)ia	Jt(em) zusch(e)n Knoden Hen(ne) und Ped(er) Wolenbern. Nach ansprach antwort und beidertheile furbrengůnge / dwile Knodenhen(ne) yn syme zusproche furgewant / daß der kauffe sonder alle furworte gescheen und nit gancze golt bestympt(en) ist. So spreche(n) wir zum recht(en). Daß Peder Wolenbere / Knoden Henne(n) ye eyne(n) guld(e)n mit XXIIII alb(us) bezalen sall. Das ortel hait Ped(er) verbot.
Hengin Melma(n) Knode(n)hen(ne)	Jt(em) Hengin Melma(n) hait Knoden Henne(n) zu gesproch(e)n wie daß er und sin myt erben / syme bruder selig(en) IIII g(ulden) schuldig gewest sihen / Die sint bezalt bijß off ey(n) g(ulden) und VI alb(us) / Die sij er schuldig und gebe yme des nit. Das schade yme alsvjl dar zu und heist yme des ey(n) ja ader ney(n). Dar off sagt Knode(n) Henne er sij yme / ader syme bruder nuste schuldig gewest(en) dan(n) er sij salp dritte an syme bruder selig(en) burge gewest(en). Und wes yne Hengin wider anlange des sij er unschuldijg. Die unscholt ist gestalt noch hude zu XIIII tag(en). A(m)bo v(er)bot.
erk(annt)	Jt(em) Dieme(n) Clas erk(ennt) Henne(n) von Eltvjl yn eyme maende werschafft zu thůn XI alb(us) gůlt(en). Si no(n) p erf(olgt).

Actu(m) off Dinstag nach dem Sontage Jubilate.

4 [8/2] h lip vor sin gut gestalt(en)	Jt(em) Barts Henne als vo(n) der kyrchen wegen dut sin 4 [8/2] h off Kycze Hansen Dieme(n) Gredgin und Jeckel Reyern ut p(ri)ma. Dar ynne rette Bußers Michel und sagt die gude stehen[a] zu syne(n) handen und yme sihe nuste verkůnt(en) word(e)n / Und hait syne(n) lijp vor sin gut gestalt(en). Des ist yne(n) beiden tag gestalt(en) an das nehste ge[-]richte. Das haint sie verbot.
2 tag	Jt(em) Heinrich Smett und Vincze hab(e)n beide yren 2 tag furt(er) geheisch(e)n das buch und winkauff zu brenge(n) und das verbot.
2 h	Jt(em) her Johan(n) Sulczen dut sin 2 h off Drubein ut p(ri)ma.
2 h	Jt(em) Lupis Cleßgin dut sin 2 h off Peder Meczlern und Kyczgin ut p(ri)ma.

Actu(m) off Samßtag nach dem Sontage Jubilate.

tag v(er)hut(en)	Jt(em) Hans Snid(er) hait sine(n) tag v(er)huten geigen Hans Ramppusch(e)n der unschulde halb(e)n. Des ist yme tag gestalt an das nehste gericht.
2 clage	Jt(em) Ped(er) Dresser dut sin 2 clage off Peder Diemen ut p(ri)ma.

a Das letzte Wort ist über der Zeile beigefügt.

29. April 1477 — fol. 24v

Zwischen Henne Knode und Peter Wolenber. Nach Anklage, Entgegnung und beiderseitigem Vorbringen, weil Henne Knode in seiner Anklage vorgebracht hat, dass der Kauf ohne alle Widerworte geschehen sei und nicht Gold bestimmt wurde, sprechen wir als Recht: Dass Peter Wolbenber Henne Knode je einen Gulden mit 24 Albus bezahlen soll. Das hat Peter festhalten lassen.

Hengin Melman hat Henne Knode angeklagt, dass er und seine Miterben seinem verstorbenen Bruder 4 Gulden schuldig waren. Die sind bezahlt bis auf einen Gulden und 6 Albus. Die sei er schuldig und gebe ihm das nicht. Das schade ihm ebensoviel, und er fordert ein Ja oder Nein. Darauf sagt Henne Knode, er sei ihm oder seinem Bruder nichts schuldig gewesen, denn er sei als Dritter bei seinem verstorbenen Bruder Bürge gewesen. Und wessen ihn Hengin darüber hinaus anklage, dessen sei er unschuldig. Die Unschuld gilt von heute an 14 Tage. Dem haben beide zugestimmt.

Clas Diem erkennt an, Henne von Eltville binnen eines Monats eine Sicherheit zu leisten wegen 11 Albus Gülte. Wenn nicht erfolgt die Pfändung.

29. April 1477

Henne Bart erhebt für die Kirche seine 4. Klage gegen Hans Kitz, Gredgin Diem und Jeckel Reyer. In dieser Sache redet Michel Bußer und sagt: Die Güter seien in seinem Besitz und ihm sei nichts verkündet worden. Und er hat seinen Leib vor sein Gut gestellt. Deswegen ist ihnen beiden ein Termin gesetzt worden am nächsten Gerichtstag. Dem haben sie zugestimmt.

Heinrich Smett und Vincz haben beide ihren 2. Tag gefordert, das Buch und die Zeugen des Vertragsabschlusses beizubringen und haben das festhalten lassen.

Herr Johann Sultz erhebt seine 2. Klage gegen Drubein.

Clesgin Lupis erhebt seine 2. Klage gegen Peter Metzler und Kitzgin.

3. Mai 1477

Hans Snider hat seinen Gerichtstag gewahrt gegenüber Hans Rampusch wegen der Unschuldsvermutung. Deshalb ist ihm ein Termin gesetzt worden am nächsten Gerichtstag.

Peter Dresser erhebt seine 2. Klage gegen Peter Diem.

fol. 25 — Dinstage nach dem Sontage Cantate

TRANSKRIPTION

Actu(m) off Dinstage nach dem Sontage Cantate.

erk(annt)	Jt(em) Cleßgin Drappe erk(ennt) Hans Snyd(er)n als vo(n) mo(m)perschafft wegen Heinrichs Wolffs III g(ulden) off rechnu(n)ge zu geb(e)n in XIIII tag(en). Si no(n) p er[folgt].
erf(olgt)	Jt(em) Beyerhen(ne) erf(olgt) Gerhart Bendern und Carppen Cleßgin offs bůch.
erf(olgt) p b	Jt(em) Henne Englender erf(olgt) Prassen Hengin offs bůch und hait p b.
erf(olgt) p b	Jt(em) Philips Důchscherer hait p b an Holczhusers Wilhe[l]me(n) und Conczgin Dinckler.
erk(annt)	Jt(em) Prassen Hengin erk(ennt) der Kremerßen X alb(us) zu geb(e)n in XIIII tagen. Si no(n) p erf(olgt).
erf(olgt) p b	Jt(em) Biczeln Joh(ann)es erf(olgt) Rytt(er) Hengin offs bůch und hait pande berett.
erk(annt)	Jt(em) Vincze erk(ennt) Clese Raůben uns(er)m mit scheffen gesellen I guld(e)n und XI ß zu geb(e)n in XIIII tag(en). Si no(n) p erf(olgt).
	Jt(em) Vincze der kystener hait das bůche wie dan(n) ansprache und antwort zusch(e)n Heinrichen dem smede und yme gelut(en) laißen
Vincze	offen und das verbot / Und hait zu gesprochen Hansen von Wormßs
Heynrich	Conradt Sloßern und Hengin von Rambach wie daß sie bij solichem
Smett	bestentnyß nach lude des buchs gewest sihen / und sagen nit wie eß berett(en) sij. Das schade yme von yre yglichem X g(ulden) und heist yne des eyn ja ader ney(n) obe sie da bij gewest sihen ader nyt. Dar off hait Heinrich der smett das gerichts bůch wie yme dan(n) Hans der fladenbeck(er) das husche verkaůfft und off gegeb(e)n hait
winkauff	laißen offen und das verbot / Und hofft nach dem er sich off das bůch bezogen er habe bij bracht / Und begert mit recht wie wijt er des genyßen soll und stilt das zu recht / Furt(er) sagen die obg(enan)nt(en) drij mit sampt Ancze Duppengießern und Henne Bocken uns(er)m mit scheffen gesellen / die dan(n) auch do bij gewest sint wie daß der Fladenbecker und Vincze / off eyn zijt zu sam(m)en ko(m)men sihen und Vyncze wolt das husche um(m)b yne keyffen. Do beducht Vinczen die bezalunge villicht zu swere sin / und rette als um(m)b eyn bestentnyß / Do sagt der Fladenbecker / was do berett(en) ader gemacht(en) worde / wereß siner hußfrauwen nit liep so solt eß abe sin / Dan(n) das husche sij von siner hußfr(au) off yne ko(m)men. Bij den worten ist Hans von Wormßs nit gewest(en). Also retten sie furt(er) daß Vincze das husche bestunde jars um(m)b II g(ulden) und III alb(us). Dar vor solt er yme eyn wingart zu und(er)phande legen und wan(n) er X guld(e)n gebe / so solt eyn halp gulden gelts abe sin und der wingart auch widder ledijg sin. Do bij sihen

6. Mai 1477
Clesgin Drapp erkennt an, Hans Snider als Vertreter Heinrich Wolffs 3 Gulden gegen Rechnung zahlen zu müssen binnen 14 Tagen. Wenn nicht erfolgt die Pfändung.
Henne Beyer hat seinen Anspruch ins Gerichtsbuch eintragen lassen gegen Gerhard Bender und Clesgin Carpp.
Henne Englender hat seinen Anspruch ins Gerichtsbuch eintragen lassen gegen Hengin Prass und hat Pfändung gefordert.
Philipp Duchscherer hat Pfändung gefordert gegen Wilhelm Holzhusen und Contzgin Dinckler.
Hengin Prass erkennt an, der Krämerin 10 Albus zahlen zu müssen binnen 14 Tagen. Wenn nicht erfolgt die Pfändung.
Johannes Bitzel hat seinen Anspruch ins Gerichtsbuch eintragen lassen gegen Hengin Ritter und hat Pfändung gefordert.
Vincz erkennt an, Cles Raub, unserem Mitschöffen, 1 Gulden und 11 Schilling zahlen zu müssen binnen 14 Tagen. Wenn nicht erfolgt die Pfändung.
Vincz der Schreiner hat das Buch öffnen lassen und das festhalten lassen, wie die Klage und die Entgegnung zwischen ihm und Heinrich dem Schmied lauteten. Und er hat Hans von Worms, Konrad Sloßer und Hengin von Rambach angeklagt, dass sie bei solchem Vertrag dabei gewesen seien nach Aussage des Buchs und sagen nicht, was geredet worden sei. Das schade ihm von einem jeden 10 Gulden und er fordert von ihnen ein Ja oder Nein, ob sie dabei gewesen seien oder nicht. Darauf hat Heinrich der Schmied das Gerichtsbuch wie ihm Hans der Fladenbecker das Haus verkauft und aufgegeben hat öffnen und das festhalten lassen. Und er hofft, nachdem er sich auf das Buch berufen hatte, er habe alles beigebracht. Er fordert daher das Urteil, wie weit er das nutzen kann und legt das dem Gericht vor. Weiter sagen die oben genannten drei mitsamt Antz Duppengießer und Henne Bock, unserem Mitschöffen, die damals auch dabei gewesen sind, dass der Fladenbecker und Vincz einst zusammen gekommen sind und Vincz wollte das Haus von ihm kaufen. Da schien Vincz die Bezahlung vielleicht zu hoch zu sein und er verhandelte wegen eines Mietvertrags. Da sagte der Fladenbecker, was dort beredet oder gemacht werde, wäre dies seiner Ehefrau nicht lieb, so solle es ungültig sein. Denn das Häuschen sei von seiner Ehefrau auf ihn gekommen. Bei diesen Worten ist Hans von Worms nicht gewesen. Also sagen sie weiter, dass Vincz das Häuschen jährlich inne habe gegen 2 Gulden und 3 Albus. Dafür soll er ihm einen Weinberg als Pfand setzen und wenn er 10 Gulden gebe, so solle ein halber Gulden Geld an der Schuld weg sein und der Weinberg auch wieder frei. Dabei seien

fol. 25v — Samßtag nach Cantate

	sie gewesten. Die sage hait Vincze v(er)bot / Heynrich hait v(er)bot daß
	der winkaůff gesagt(en) hait / was do berett(en) werde sij eß der
	frauw(e)n nit lieb / so solle eß abe sin / Und hait eyne(n) genůgen
	an der sage gehabt(en). Das hait Vincze verbot und rette furt(er)
	nach dem der winkaůffe gesagt hait / so habe der Fladenbeck(er)
	ader sin hußfr(au) yme nůste off gesagt(en) auch den winkauff ader
	Gotsphennig nit widder geb(e)n. Und hofft dwile das bestentnyß
	ee und zuvor gescheen sij / dan(n)ᵃ der kauff beretten ist
	so soll er Heinrich(e)n nůste schuldig sin. Und stilt das zu recht.
	Heinrich sagt habe der Fladenbeck(er) Vincze(n) vijl gerett. Do moge
ad socios	er yne um(m)b sůchen / Das yrre yne nyt dan(n) er hoeffe Vincze
	soll yme sin husche růmen. Und stylt eynßs mit dem andern
	zu recht. Das ist gelengt ad socios. Das haint sie beide v(er)bot.
erf(olgt)	Jt(em) Gerhart Bender erf(olgt) Peder Hiltwin offs buch.
win halt(en)	Jt(em) Mathis yn der Rynderbach sall das grahe důch yme vor
	syne(n) win v(er)saczten ist / 14 tage halten p(ri)mo.
erk(annt)	Jt(em) Ebert Kicze erk(ennt) Winshenne(n) V½ [VI/2] g(ulden) zu geb(e)n in XIIII tag(en).
	Si no(n) p erf(olgt).
erk(annt)	Jt(em) Herma(n) Scher(er) erk(ennt) Jeckel Winßbach dem alten XXII alb(us)
	zu geb(e)n in XIIII tagen. Si no(n) p erf(olgt).
erk(annt)	Jt(em) Conczgin Dinckler erk(ennt) jd(em) XII ß off rechnu(n)ge zu
	geb(e)n in XIIII tag(en). Si no(n) p erf(olgt).
erk(annt)	Jt(em) Clese von Brechen erk(ennt) Josten dem smede ½ [I/2] guld(e)n zu
	geben in XIIII tag(en). Si no(n) p erf(olgt).
erf(olgt)	Jt(em) Peder Bender erf(olgt) Liebhen(ne) Conczen vor XL g(ulden).
erf(olgt)	Jt(em) Myerß Karlen erf(olgt) Niclas Schůmech(er)n vor ½ [I/2] guld(e)n.
	Jt(em) Barts Henne als vo(n) der kyrchen wegen erf(olgt) Bußers Michels
	von Wint(er)nheim vor XX g(ulden) nach dem er yme nehstmals sin
erf(olgt) ecc(les)ia	heischůnge gebroch(e)n und sin lijp vor sine gude gestalt(en) / und
	off hudebetage nit herschiene(n) und zu geige(n) gewest(en) ist.
	Actu(m) off Samßtag nach Cantate.
erk(annt)	Jt(em) Clese von Breithart erk(ennt) Hanss Kandeln von Grieße VIII g(ulden)
	zu geben nemlich IIII guld(e)n zu Winachten nehst ko(m)ment und
	die and(er)n IIII guld(e)n zu Winacht(en) ober ey(n) jare und weches ziele

a Es folgt durchgestrichen: »das be«.

sie gewesen. Diese Aussage hat Vincz festhalten lassen. Heinrich hat festhalten lassen, dass die Zeugen des Vertragsabschlusses aussagten, wie dort beredet wurde, wenn es seiner Frau nicht lieb sei, soll es ungültig sein. Und er hatte ein Genügen an der Aussage. Das hat Vincz festhalten lassen und redet weiter: Nachdem der Vertragsabschluss geschehen sei, haben der Fladenbecker oder seine Ehefrau ihm den Vertrag nicht aufgekündigt, auch die Kosten des Vertragsabschlusses oder den Gottespfennig nicht zurückgegeben. Und er hoffe, weil der Mietvertrag vorher geschah, bevor der Kauf beredet wurde, er solle Heinrich nichts schuldig sein. Das legt er dem Gericht vor. Heinrich sagt, der Fladenbecker habe mit Vincz viel geredet. Er möge ihn vor Gericht belangen. Das mache ihn nicht irre in seiner Aussage, denn er hoffe, Vincz solle ihm sein Häuschen räumen. Und er legt das eine wie das andere dem Gericht vor. Das ist verschoben worden bis zum Zusammentreten des Vollgerichts. Dem haben sie beide zugestimmt.

Gerhard Bender hat seinen Anspruch ins Gerichtsbuch eintragen lassen gegen Peter Hiltwin.

Mathis in der Rinderbach soll das Grabtuch, das ihm für seinen Wein versetzt wurde, für 14 Tage halten.

Ebert Kitz erkennt an, Henne Winß 5½ Gulden zahlen zu müssen binnen 14 Tagen. Wenn nicht erfolgt die Pfändung.

Hermann Scherer erkennt an, Jeckel Winsbach dem Alten 22 Albus zahlen zu müssen binnen 14 Tagen. Wenn nicht erfolgt die Pfändung.

Contzgin Dinckler erkennt an, demselben 12 Schilling gegen Rechnung zahlen zu müssen binnen 14 Tagen. Wenn nicht erfolgt die Pfändung.

Cles von Brechen erkennt an, Jost dem Schmied ½ Gulden zahlen zu müssen binnen 14 Tagen. Wenn nicht erfolgt die Pfändung.

Peter Bender verklagt Contz Liebhenne auf 40 Gulden.

Karl Myer verklagt Nikolaus Schuhmacher auf ½ Gulden.

Henne Bart hat für die Kirche Michel Bußer von Winternheim auf 20 Gulden verklagt, nachdem er ihm das letzte Mal seine Klage gebrochen hat und seinen Leib vor sein Gut gestellt hat und auf dem heutigen Gerichtstag nicht erschienen und zugegen gewesen ist.

10. Mai 1477
Cles von Breithart erkennt an, Hans Kandel von Grieße 8 Gulden zahlen zu müssen, nämlich 4 Gulden zu den nächsten Weihnachten, die anderen 4 Gulden an Weihnachten im folgenden Jahr und wenn

fol. 26 — Samßtag nach Cantate

	Clese nit enhilt so sall Hans phande an yme erfolgt(en) hain.
erk(annt) ego	Jt(em) Cleßgin Unglich erk(ennt) Petern unse(r)m gericht schryber XX alb(us) zu geb(e)n in XIIII tag(en). Si no(n) p erf(olgt).
1 h	Jt(em) Henne Stope dut 1 h vor II guld(e)n gelts off Kremers Else(n) und alles daß Concze Kremer gelaiß(e)n hait.
erk(annt)	Jt(em) Winworm erk(ennt) Henne Rauben XXII½ [XIII/2] alb(us) zu geben in XIIII tag(en). Si no(n) p erf(olgt).
p b	Jt(em) jonffr(au) Fiel ym(m) closter hait p b an H(er)man Bend(er)n.
2 tag	Jt(em) Clese Raup unser mit scheffen geselle hait sin 2 tag furt(er) geheisch(e)n konde zu brengen geigen Ped(er) Wolenbern. A(m)bo v(er)bot.
erk(annt)	Jt(em) Clese Harwiler erk(ennt) Adam von Winheim X ß off rechnu(n)ge zu geb(e)n in XIIII tag(en). Si no(n) p erf(olgt).
Adam von Winheim Cleßgin Berkorn	Jt(em) Adam von Winheim hait Cleßgin Berkorn zu gesproch(e)n wie daß er yme eyn husche hoeff und wingart verkaufft(en) habe. Des sihe er yme noch schuldig VI guld(e)n und VII alb(us). Daß er yme die nit gebe ader erkenne das schade yme alsvjl dar zu. Dar off sagt Cleßgin eß moge sin daß Adam yme ey(n) husch und wingart(en) verkaufft(en) habe / Do habe er yme win und anders geb(e)n daß er yne bezalt(en) und ußgeracht(en) hait und wijl gern mit Adam rechen / Kan(n) er yne dan(n) etwas berechen das wijl er yme geb(e)n. Und ist berett daß sie in XIIII tagen mit ey(n) rechen sollen. Das hait Adam verbot.
erk(annt)	Jt(em) Ebert Hauber erk(ennt) Adam von Winheim XX alb(us) off rechnu(n)ge zu geb(e)n in XIIII tag(en). Si no(n) p erf(olgt).
1 h	Jt(em) Rußen Clese als vo(n) mo(m)perschafft wegen h(er)n Conrat Ybchs zu Mencze dut 1 h vor II g(ulden) und VIII ß gelts off Philips Hyrtt uns(er)n mit scheffen gesellen et sup(ra) ping(er)nora.
erf(olgt)	Jt(em) Wigant Storczkoppe erf(olgt) Hengin Rauchen und Clese Harwil(er)n offs buch.
erf(olgt)	Jt(em) Peder Snyd(er) von Winckel erf(olgt) Ped(er) Rauben offs bůch.
erf(olgt)	Jt(em) Enders von Winheim als vo(n) der kirchen wegen do selbest erf(olgt) Kiczgin vor VI guld(e)n.
erf(olgt)	Jt(em) Henne Erken erf(olgt) Hengin Mollern jn frauwe Margret(en) mole vor II g(ulden).
erk(annt)	Jt(em) Dornhenne erk(ennt) W(er)nh(er)n von Wint(er)nheim I g(ulden) und XV alb(us) zu geb(e)n in XIIII tag(en). Si no(n) p erf(olgt).

10. Mai 1470 — fol. 26

ÜBERTRAGUNG

Cles einen Termin nicht einhält, dann soll Hans die Pfänder einziehen dürfen.

Clesgin Unglich erkennt an, Peter, unserem Gerichtsschreiber, 20 Albus zahlen zu müssen binnen 14 Tagen. Wenn nicht erfolgt die Pfändung.

Henne Stop erhebt seine 1. Klage wegen 2 Gulden Geld gegen Else Kremer und auf alles, was Contz Kremer hinterlassen hat.

Winworm erkennt an, Johann Raub 22½ Albus zahlen zu müssen binnen 14 Tagen. Wenn nicht erfolgt die Pfändung.

Jungfrau Fiel im Kloster hat Pfändung gefordert gegen Hermann Bender.

Cles Raub, unser Mitschöffe, hat seinen 2. Tag gefordert, Beweismittel beizubringen gegen Peter Wolenber. Dem haben beide zugestimmt.

Cles Harwiler erkennt an, Adam von Weinheim 10 Schilling gegen Rechnung zahlen zu müssen binnen 14 Tagen. Wenn nicht erfolgt die Pfändung.

Adam von Weinheim hat Clesgin Berkorn angeklagt, dass er ihm ein Haus, Hof und Weinberg verkauft habe. Davon sei er ihm noch 6 Gulden und 7 Albus schuldig. Dass er ihm die nicht gebe oder anerkenne, das schade ihm ebensoviel dazu. Darauf sagt Clesgin, es möge sein, dass ihm Adam ein Haus und einen Weinberg verkauft habe. Da habe er ihm Wein und anderes gegeben, so dass er ihn bezahlt hat, und er will gern mit Adam abrechnen. Kann er ihm etwas berechnen, das will er ihm geben. Und es wurde beredet, dass sie in 14 Tagen miteinander abrechnen sollen. Das hat Adam festhalten lassen.

Ebert Haubor erkennt an, Adam von Weinheim 20 Albus gegen Rechnung zahlen zu müssen binnen 14 Tagen. Wenn nicht erfolgt die Pfändung.

Cles Ruß als Vertreter für Herrn Konrad Ybch zu Mainz erhebt seine 1. Klage wegen 2 Gulden und 8 Schilling Geld gegen Philipp Hirt, unseren Mitschöffen, auf die Pfänder.

Wigand Stortzkopp hat seinen Anspruch ins Gerichtsbuch eintragen lassen gegen Hengin Rauch und Cles Harwiler.

Peter Snider von Winkel hat seinen Anspruch ins Gerichtsbuch eintragen lassen gegen Peter Raub.

Enders von Weinheim verklagt für die Kirche ebenda Kitzgin auf 6 Gulden.

Henne Erk verklagt Hengin Moller in Frau Margrets Mühle auf 2 Gulden.

Henne Dorn erkennt an, Werner von Winternheim 1 Gulden und 15 Albus zahlen zu müssen binnen 14 Tagen. Wenn nicht erfolgt die Pfändung.

fol. 26v — Dinstag nach dem Sontage Vocem Jocunditatis

erk(annt)	Jt(em) Joh(ann)es Faut erk(ennt) Enders Harwylern III g(ulden) zu geben zusch(e)n uns(er)s hern Lichams tage. Si no(n) p erf(olgt).
erk(annt)	Jt(em) Conczgin Dinckler erk(ennt) Enderß(e)n von Winhey(m) ex p(ar)te ecc(les)ie ey(n) guld(e)n zu geb(e)n in XIIII tag(en). Si no(n) p erf(olgt).
1 h	Jt(em) jonffr(au) Fiel ym(m) closter dut 1 h vor XXII malt(er) korns und II malt(er) weiß off Hengin Mollern jn der Oren brucken et sup(ra) ping(nora).
erk(annt)	Jt(em) Conczgin Dinckler erk(ennt) Henne Erken(n) V l(i)b(ras) VI ß hell(er) zu geb(e)n in XIIII tag(en). Si no(n) p erf(olgt).

Actu(m) off Dinstag nach dem Sontage Vocem Jocunditat(is).

3 h	Jt(em) her Johan Sulczen dut sin 3 h off Drubein ut p(ri)ma.
3 h	Jt(em) Lupis Cleßgin dut sin 3 h off Peder Meczlern und Kiczgin ut p(ri)ma.

Actu(m) off Samsßtag nach dem Sontage Vocem Jocunditat(is).

win halt(en)	Jt(em) Henne Ruße sall den win zum erßten maile XIIII tage halt(en).
erk(annt)	Jt(em) Ulrich Bender erk(ennt) Hengin Roden IX g(ulden) und ey(n) orte zu geb(e)n in XIIII tag(en). Si no(n) p erf(olgt).
erk(annt)	Jt(em) Jeckel von Siemern erk(ennt) Hengin Roden III guld(e)n off rechnu(n)g zu geb(e)n in XIIII tag(en). Si no(n) p erf(olgt).
erf(olgt)	Jt(em) Hans Snyder als vo(n) mo(m)perschafft wegen Heinrich Wolffs erf(olgt) Conczgin Dincklern offs bůch.
	Jt(em) her Johan Sulczen sagt er habe Prassen Hengin erfolgt(en) und pande berett(en) und wůße des syne(n) nit. Und begert zu bescheid(e)n wie er mit yme thun soll daß yme recht geschee und nyema(n)t
ober nacht halten	unrecht. S(en)tent(ent)ia er sall dem scholteß(e)n eyne(n) heymbergen heischen. Der sall yne yme ober nacht halten und sall yne dan an gericht brenge(n) und furt(er) fragen was dan(n) furte recht ist das geschee.
Hen(ne) Gicke Jam(er) Hen(ne)	Jt(em) Henne Gickysen hait Jamer Henne(n) zu gesproch(e)n wie daß er yme ey(n) wingart verkaufft(en) habe. Des sihe er yme noch V g(ulden) schuldig. Daß er yme die nit gebe ader erkenne das schade

13. Mai 1477

Johannes Faut erkennt an, Enders Harwiler 3 Gulden zahlen zu müssen bis Fronleichnam. Wenn nicht erfolgt die Pfändung.
Contzgin Dinckler erkennt an, Enders von Weinheim wegen der Kirche einen Gulden zahlen zu müssen binnen 14 Tagen. Wenn nicht erfolgt die Pfändung.
Jungfrau Fiel im Kloster erhebt die 1. Klage wegen 22 Malter Korn und 2 Malter Weizen gegen Hengin Moller in der Ohrenbrücke auf die Pfänder.
Contzgin Dinckler erkennt an, Henne Erk 5 Pfund 6 Schilling Heller zahlen zu müssen binnen 14 Tagen. Wenn nicht erfolgt die Pfändung.

13. Mai 1477
Herr Johann Sultz erhebt seine 3. Klage gegen Drubein.
Clesgin Lupis erhebt seine 3. Klage gegen Peter Metzler und Kitzgin.

17. Mai 1477
Henne Ruß soll den Wein zum ersten Mal 14 Tage halten.
Ulrich Bender erkennt an, Hengin Rode 9 Gulden und 1 Ort zahlen zu müssen binnen 14 Tagen. Wenn nicht erfolgt die Pfändung.
Jeckel von Simmern erkennt an, Hengin Rode 3 Gulden gegen Rechnung zahlen zu müssen binnen 14 Tagen. Wenn nicht erfolgt die Pfändung.
Hans Snider als Vertreter von Heinrich Wolf hat seinen Anspruch ins Gerichtsbuch eintragen lassen gegen Contzgin Dinckler.
Herr Johann Sultz sagt, er habe gegen Hengin Prass geklagt und Pfändung gefordert und wüsste nicht, was dieser besitze. Daher erbitte er einen Bescheid, was er tun solle, damit ihm Recht geschehe und niemand Unrecht. Urteil: Er soll vom Schultheiß einen Heimbürgen fordern. Der soll den Schuldner am Rockschoß nach sich ziehen und über Nacht verwahren. Dann sollen sie ihn vor Gericht bringen und fragen, was Recht ist.
Henne Gickysen hat Henne Jamer angeklagt, dass er ihm einen Weinberg verkauft habe. Davon sei er ihm noch 5 Gulden schuldig. Dass er ihm die nicht gebe oder anerkenne, das schade

Samßtag nach dem Sontage Vocem Jocunditatis

yme X guld(e)n und obe er dar zu neyn sagen wolt so beziege er
sich des off eyn winkaůff. Jamer Henne sagt / Henne sihe do
bij gewest(en) daß er den wingart furter verkaůfft(en) habe. Also
daß er yme XVIII alb(us) geben solle / der sij er yme gehorsam
und bezugt sich des auch off eyne(n) winkauffe und begere(n) beide
dar um(m)b rechts. Dar off ist mit recht gewist(en) dwile sie von
beidentheiln off eyne(n) winkaůff ziegen so sollen sie den auch
vor gerichte brenge(n) und das thun in XIIII tagen. Bedorffen sie
dan(n) yre tage furte und heischen die als recht ist / so sall man(n)
yne die furt(er) seczen noch zu czweien XIIII tag(en) und so iglichs
winkauff verhort(en) wirt / beheltlich dem and(er)n dar ynne zu
redden sin gerechtekeit und[a] geschee dan(n) furte sovjl als
recht ist. Das haint sie beide verbot.

erf(olgt)	Jt(em) Kiczhans erf(olgt) Ebert Snaden offs buch.
	Jt(em) Peder Raůp und Winßhen(ne) haint Conczgin von Geilnhusen[b]
	zu geproch(e)n wie daß sie sich mit eyn vertragen haben wyne
Ped(er) Raup	halb(e)n in eyner geselschafft. Der selben win haben sie eynßteils
Winßhen(ne)	bezalt(en) und yr gelt ußgeben. Also habe sich Conczgin v(er)meßen
Conczgin vo(n)	er wůße die lande daß sie yme der win getruwen. Er woll das
Geilnhusen	beste thůn und yn[c] eyn gleiplich enßschafft brengen was die

win golden haben / Also haben sie yme der win getruwet und
laißen enweg fůren / Daß er yne nů nit ey(n) gleiplich rechenschafft dut das schadt yre yglichem XL guld(e)n. Und sie hoffen
eß sall mit recht erkant(en) werden er soll yne biliche rechenschafft thůn und stillen das zu recht. Dar off sagt Conczgin des off
gemeß(e)n schadens sihe er zuvor abe unschuldijg dan(n) sie sihen
in eyner gemeynschafft zu sa(m)men ko(m)men daß ir yglicher ey(n)
stucke wins uß syme kyller geben hait dar zu habe er eyn
stucke kaufft(en) um(m)b sin gelt und habe vijl an den wyne(n) verloren / Er habe yne auch das gelt / das er uß den wine(n) gelost(en)
her uß geschickt(en) und yne eyn gutlich rechenschafft gebotten
an gewynne und verlost / Und habe yne auch dar um(m)b an gerichte gebott(en) und habe den tag nye gesehen. Er hette gerne
mit yne gerechent. Das haint Peder und Henne beide v(er)bot.
Furt(er) sagt Conczgin obe sie yme siner rechenschafft nit gleiben
wollen daß sie dan(n) mit yme ziegen an die ende / do er die win

---

a Es folgt durchgestrichen: »dan«.
b Verbessert aus »Gealnhusen« [?].
c Ein »e« vor dem Wort ist radiert, aber noch erkennbar.

ihm 10 Gulden und wenn er dazu Nein sagen wolle, so berufe er sich auf einen Vertragsabschluss. Henne Jamer sagt: Henne sei dabei gewesen, als er den Weinberg weiter verkauft habe. Dass er ihm 18 Albus geben solle, das gebe er zu und beruft sich auch auf den Vertragsabschluss und beide begehren deshalb Recht. Darauf weist das Gericht: Weil sie von beiden Seiten sich auf den Vertragsabschluss berufen, so sollen sie die Zeugen auch vor Gericht bringen und das tun in 14 Tagen. Bedürfen sie weitere Zeit und fordern sie diese, wie es rechtmäßig ist, so soll man ihnen noch zweimal 14 Tagen geben und wenn die Zeugen des Vertragsabschlusses verhört werden, vorbehaltlich der Entgegnung der Gegenpartei, dann geschehe weiter, wie es rechtmäßig ist. Dem haben sie beide zugestimmt.

Hans Kitz hat seinen Anspruch ins Gerichtsbuch eintragen lassen gegen Ebert Snade. Peter Raub und Henne Winß haben Contzgin von Gelnhausen angeklagt, dass sie sich mit ihm wegen Weinhandels zu einer Gesellschaft verbunden haben. Denselben Wein haben zu einem Teil sie bezahlt und ihr Geld ausgegeben. Contzgin habe behauptet, er kenne die Lande, dass sie ihm den Wein anvertrauen. Er wolle das Beste tun und ihnen eine gute Rechenschaft leisten, was der Wein gebracht habe. Daher haben sie ihm den Wein anvertraut und ihn haben hinweg bringen lassen. Dass er ihnen nun nicht eine gute Rechenschaft leiste, das schade jedem von ihnen 40 Gulden. Und sie hoffen, es soll mit Recht erkannt werden, er solle ihnen billig Rechenschaft tun und legen das dem Gericht vor. Darauf sagt Contzgin: Des angelaufenen Schadens sei er zuvor unschuldig, denn sie seien in einer Gemeinschaft zusammen gekommen, dass ein jeder ein Stückfass Wein aus seinem Keller gegeben hat. Dazu habe er ein Stück gekauft für sein Geld und habe viel an den Weinen verloren. Er habe ihnen auch das Geld, das er aus den Weinen erlöste, herausgegeben und ihnen eine Rechenschaft angeboten zu Gewinn und Verlust. Er habe ihnen deswegen auch einen Gerichtstag angeboten, doch es sei nie dazu gekommen. Er hätte gerne mit ihnen abgerechnet. Das haben Peter und Henne beide festhalten lassen. Weiter sagt Contzgin, wenn sie ihm seine Rechenschaft nicht glauben wollen, dass sie dann mit ihm dorthin gehen, wo er die Weine

fol. 27v — Dinstag nach Exaudi

	verdreben hait. Finde sich dan(n) als er sage daß sie den kosten
	gelden. Finde eß sich aber nit so woll er den kosten gelden.
	Das biede er yne hie vor gericht. Peder und Winßhenne
	begeren mit recht / nach de(m)ª sie dan(n) vor v(er)bott(en) haint / jn welch(er)
	zijt Conczgin mit yne rechen solle. Dar off ist mit recht ge[-]
	wisten in XIIII tagen. Das haint sie auch verbott.
gelengt	Jt(em) zusch(e)n Johan dem poller(er) und Hansen von Jsennach ist
	gelengt bijß off Samßtag nach Corp(or)is Christiᵇ.
p b	Jt(em) Peder Snyder von Winckel hait p b an Ped(er) Raůben.
erk(annt)	Jt(em) Clese Důerman(n) erk(ennt) Wipprecht Kerchern von Jngelnhey(m)
	XXI alb(us) zu geb(e)n in XIIII tagen. Si no(n) p erf(olgt).
	Jt(em) Hengin der dhomhern hoffma(n) als vo(n) mo(m)p(ar)schafft wege(n)
1 h	der selb(e)n syn(er) her(e)n dut 1 h vor ey(n) marg geldes off her
	Johan Sulczen und Hansen den wegen(er) et sup(ra) pingn(or)a.
3 clage	Jt(em) Peder Dreßer dut sin 3 clage off Peder Dieme(n) von
	Wolffsheim ut p(ri)ma.
erf(olgt)	Jt(em) Hans Flucke erf(olgt) Prassen Hengin offs bůch.
erf(olgt)	Jt(em) Hans Win Ose / erf(olgt) Cleßgin Unglich offs buch.
	Jt(em) Cleßgin Heinrich Wolffs beckerᶜ erk(ennt) Schonwedd(er)n
erk(annt)	dem snyder funff guld(e)n off rechnu(n)g zu geben in XIIII
	tagen. Si no(n) p erf(olgt).
	Actu(m) off Dinstag nach Exaudi.
duch halt(en)	Jt(em) Mathis in der Rinderbach sall das důch zum czweit(en)
	maile noch XIIII tage halt(en).
	Actu(m) off Donerstag nach Exaudi.
	Jt(em) zuschen Heinrichen dem smede und Vinczen / nach beider-
Hey(n)rich Smet	theile furbrengůnge und besage des winkauffs auch jnhalt
	des gifft bůchs. So sprech(e)n wir zum rechten dwile das be-
Vincze	stentniße myt furwort(en) nemlich obe eß der frauwen nit liep
s(e)n(tent)ia	were / gescheen etc. daß solich bestentniße nit macht hait
	und sall Vincze handt von dem huse abe thůn und Heinriche(n)
	bij siner gifft laiß(e)n. Das ortel hait Heinrich verbot und be-
	gert mit recht jn welcher zijt Vincze yme das husche růme(n)

a Das letzte Wort ist über der Zeile beigefügt.
b Ausgeschrieben steht »xpi«.
c Die ungewöhnliche Wortstellung erlaubt es nicht, hier den im Haderbuch erwähnten Cleßgin Becker zu identifizieren.

vertrieben hat. Finde es sich dann wie er sage, sollen sie die Kosten begleichen. Finde es sich aber nicht, so wolle er die Kosten bezahlen. Das biete er ihnen hier vor Gericht an. Peter und Henne Winß lassen das festhalten und fragen das Gericht, wann Konrad mit ihnen abrechnen soll. Darauf wurde als Recht gesprochen: in 14 Tagen. Das haben sie festhalten lassen.

Zwischen Johann dem Pollerer und Hans von Isenach ist der Termin verschoben worden bis Samstag nach Corpus Christi.

Peter Snider von Winkel hat Pfändung gefordert gegen Peter Raub.

Cles Duherman erkennt an, Wipprecht Kercher von Ingelheim 21 Albus zahlen zu müssen binnen 14 Tagen. Wenn nicht erfolgt die Pfändung.

Hengin der Hofmann der Domherren erhebt als Vertreter seiner Herren die 1. Klage wegen einer Mark Geld gegen Herrn Johann Sultz und Hans den Wagner auf die Pfänder.

Peter Dresser erhebt seine 3. Klage gegen Peter Diem von Wolfsheim.

Hans Fluck hat seinen Anspruch ins Gerichtsbuch eintragen lassen gegen Hengin Prass.

Hans Winose hat seinen Anspruch ins Gerichtsbuch eintragen lassen gegen Clesgin Unglich.

Cleßgin, Heinrich Wolffs Bäcker, erkennt an, Schonwedder dem Schneider 5 Gulden gegen Rechnung zahlen zu müssen binnen 14 Tagen. Wenn nicht erfolgt die Pfändung.

20. Mai 1477
Mathis in der Rinderbach soll das Tuch zum zweiten Mal 14 Tage halten.

22. Mai 1477
Zwischen Heinrich dem Schmied und Vincz nach beiderseitiger Vorbringung und Verhörung der Zeugen des Vertragsabschlusses, auch des Inhalts des Güterbuchs sprechen wir als Recht: Weil der Vertrag die Klausel enthält, nämlich wenn es der Frau nicht lieb wäre etc., ist der Vertrag nicht gültig. Und Vincz soll seine Hände von dem Haus tun und Heinrich bei seinem Besitz lassen. Das Urteil hat Heinrich vom Gericht festhalten lassen und fragt das Gericht, in welcher Zeit Vincz ihm das Häuschen räumen

Donerstag nach Exaudi

	solle. S(e)n(tent)ia in XIIII tagen. Das hait Heinrich auch verbot.
Hen(ne) Bußer	Jt(em) zusch(e)n Henne Bußern und Enderß(e)n von Swabenheim
	nach dem Henne Bußer als eyn heiptsecher off den gesaczten
Enders vo(n)	tag der noitbottschafft nach jn eigener p(er)sone vor gerichte
Swabenhey(m)	erschiene(n) sprech(e)n wir zům rechten daß er unerfolgten ist
s(e)n(tent)ia	und geschee furt(er) jn der heiptsache jnhalt unsers furgewist(en)
	ortels sovijl als recht ist. Das ortel haint sie beide verbot.
gelengt	Und ist furter gelengt bijß off Dinstag nehst^a nach sant Johans tag
	sic hodie. Das haint sie auch beide verbot.
	Jt(em) zusch(e)n meist(er) Leben und Conczgin Dincklern nach ansprache
	antwort und beid(er)theyl furbrengu(n)ge. S(e)n(tent)ia brengt Conczgin
	bij daß sie meister Leben nach dem erkentniße eyne(n) genů[-]
	gen gethan hab(e)n jn maiß(e)n er das yn siner nachredde furgewa(n)t(en)
meist(er) Lebe	hait / so ist er meist(er) Leben um(m)b diese sin furderůnge entbroche(n)
Conczgin	und nit schuldig. Dett er des aber nit / so sall er meist(er) Leben uß-
Dinckler	rachtunge thun nach lude sins zusprochs. Das ortel haint sie
s(e)n(tent)ia	beide verbot. Furt(er) begert Conczgin / wie / mit weme und ynne
	welcher zijt er eß bij brenge(n) solle / S(e)n(tent)ia / mit den gesellen die
	des zu thun gehabt so vijl der noch jn leben ist und das besagen
	und furt(er) off den heilge(n) beweren als recht ist jnhalt des obge-
	melt(en) ortels / Und sall eß thun in XIIII tag(en). Bedarff er dan(n) syner
	tage furte und heist die als recht ist / so sall ma(n) yre die furt(er)
	stillen noch zu zweien XIIII tag(en). Und so die gesellen v(er)hort(en)
	werd(en) beheltlich meist(er) Leben sin jnsage und geschee dan(n)
	furt(er) sovjl als recht ist. Das haint sie beide verbot.
	Jt(em) zusch(e)n Stern Clesen und Henne(n) von Eltvjl etc. Der fragen
Stern Clese	nach so Stern Clese als vo(n) siner můder wegen lestmals an ge-
Hen(ne) von	richte gethan / Henne(n) von Eltvjl beroren etc. So sprach(e)n wyr
Eltvjl	zum rechten daß Henne von Eltvjl unerfolgten ist und sall
s(e)n(tent)ia	Clesen als vo(n) siner můder wegen die gulte geb(e)n nach lude des
	furgewist(en) ortels. Das ortel hait Hen(ne) von Eltvjl verbot.
	Jt(em) zusch(e)n jonffr(au) Fieln ym(m) closter und Ped(er)n von Badenheim.
	Nach beidertheile furbrengů(n)ge und handel der sachen s(e)n(tent)ia
jonff(rau) Fiel	daß Ped(er) von Badenhey(m) jonffr(au) Fieln als vo(n) yrßs closters und
Peder von	co[n]vents wege(n) um(m)b den verseße ee und zůvor die gulte off
Badenheim	syme huse herwonne(n) nit schuldig ist. Das hait Ped(er) verbot.
s(e)n(tent)ia	

a Das letzte Wort ist über der Zeile beigefügt.

solle. Urteil: In 14 Tagen. Das hat Heinrich auch festhalten lassen.

Zwischen Henne Bußer und Enders von Schwabenheim: Nachdem Henne Bußer als ein Hauptbeteiligter auf dem angesetzten Gerichtstag nach der Entschuldigung wegen Not in eigener Person vor Gericht erschienen ist, sprechen wir als Recht: Dass er nicht deshalb vor Gericht unterlegen ist und es geschehe weiter in der Hauptsache gemäß unserem zuvor gewiesenen Urteil, so wie es Recht ist. Dem Urteil haben sie beide zugestimmt. Und der Termin ist weiter verschoben worden auf Dienstag nach St. Johannistag. Dem haben sie auch beide zugestimmt.

Zwischen Meister Lebe und Contzgin Dinckler: Nach Anklage, Gegenrede und Vorbringungen beider Parteien, Urteil: Kann Contzgin beweisen, dass sie Meister Lebe Genüge getan haben, wie er das in seiner Entgegnung eingewandt hat, dann ist er gegenüber Meister Lebe von dieser Forderung freigesprochen und nicht schuldig. Täte er dies aber nicht, so soll er Meister Lebe einen Ausgleich leisten gemäß seiner Forderung. Dem Urteil haben sie beide zugestimmt. Weiter begehrt Contzgin zu wissen, wie, mit wem und in welcher Zeit er den Beweis führen solle. Urteil: Mit den Gesellen, die damit zu tun hatten, so viele von denen noch leben und das aussagen und weiter auf die Heiligen schwören, wie es Recht ist, gemäß dem oben genannten Urteils. Und er soll es tun in 14 Tagen. Bedürfe er Verlängerung und fordere diese, wie es Recht ist, so soll man ihm diese noch zweimal 14 Tage geben. Und wenn die Gesellen verhört werden, vorbehaltlich Meister Lebes Entgegnung, geschehe es dann weiter, wie es rechtmäßig ist. Dem haben sie beide zugestimmt.

Zwischen Cles Stern und Henne von Eltville. Der Fragen wegen, die Cles Stern für seine Mutter letztmals an das Gericht gestellt hatte, Henne von Eltville berührend etc. So sprechen wir als Recht: Dass Henne von Eltville nicht vor Gericht unterlegen ist und Cles soll für seine Mutter die Gülte geben nach Aussage des vorgewiesenen Urteils. Das Urteil hat Henne von Eltville festhalten lassen.

Zwischen Jungfrau Fiel im Kloster und Peter von Badenheim. Nach beiderseitiger Vorbringungen und Behandlung der Sachen, Urteil: Dass Peter von Badenheim Jungfrau Fiel für ihr Kloster und ihren Konvent wegen der Außenstände, bevor er die Gülte auf seinem Haus hatte, nichts schuldig ist. Das hat Peter festhalten lassen.

Donerstag nach Exaudi

Clese Raup
Ped(er) Wolenb

Jt(em) Ancze Duppengieß(er) hait sich v(er)dingt Clese Rauben uns(er)m myt scheffen sin wort zu thun und hait sin und(er)thinge verbot als recht. Und hait eyne(n) gerichts briff der dan(n) besage(n) ist ob(er) gelts des dat(ums) steet XIIII jare etc. / Und hait auch das buch wie ansprache und antwort zusch(e)n Peder Wolenb(er)n und yme ge[-]lut(en) laiß(e)n offen und die beide verbot. Und sagt das sihe die hoff[-]stadt. Myt and(er)m furt(er) sij er / Jeckel und Henne Mospecher und Peder Raup // Peder Emerzals erben gewest(en). Die selb(e)n dryhe hab(e)n yme / yre theile mit dem briffe zu gestalt(en). Und dwile er den briff ynnehabe / so sihe er des gůts eyn erbe und habe bij bracht(en) und obe es noit were so woll erßs bij brenge(n) mit den jhene(n) die noch in leben sint / daß eß also ist / Er habe eß auch ey(n) lange zijt jngehabt one yntrag allermenlichs. Dem allen nach so hoff Clese das gericht soll erkenne(n) / daß er bij bracht(en) habe und begert furt(er) den heimberg(en) zuv(er)horen. Also sagt Růlnhen(ne) der heymberge wie daß Clese Raup zu yme ko(m)men sij / und ge[-]sagt er soll ey(n) flecken zusch(e)n Ped(er)n Wolenber und yme beseh(e)n. Also sij er mit yme gangen und yne ey(n) felt gewist(en) und sagt das felt sij sin. Do habe er geseh(e)n daß villicht ey(n) duch ader I½ [I/2] foll kruts jn das felt gelacht(en) was / Obe das Peder dar yn(n) gelacht(en) habe / das sage er nit. Die sage hait Ancze als vo(n) Clese(n) wegen verbot und hofft er habe bij bracht und soll Ped(er)n er-folgt(en) hain nach lude sins zusprochs. Und als der heimb(er)ge ge[-]rett(en) er wiße nit obe Ped(er) das krut jn den flecke(n) gelacht(en) habe / do sij Peder anfangs nit abreddig gewest(en) daß das crut sin sij / Dar off sagt Peder nach lude des briffs und als Ancze als vo(n) Clesen wegen etliche erb(e)n und ey(n) flecken bestympt/

ad socios

do ligen vijl flecken jn der Jůdden Gaßen / Obe nů das der selbe flecke sij das stille er zu dem gericht und laiße gescheen was recht sij. Und sie haint eß do mit von beidentheiln zu recht gestalt(en). Das ist gelengt ad socios. Ambo v(er)bot.

p b

Jt(em) Barts Hen(ne) als vo(n) der kyrchen wegen hait p b an Bußers Micheln.

lip vor sin
gut gestalt(en)

Jt(em) Kiczgin hait sin lijp vor sin gut gestalt(en) nach dem Lupis Cleßg(in) off yne geheisch(e)n hait und wil recht geb(e)n und neme(n) etc. Des ist yme tag gestalt an das nehste gericht.

22. Mai 1477 — fol. 28v

ÜBERTRAGUNG

Antz Duppengießer hat sich verpflichtet, Cles Raub, unseren Mitschöffen, vor Gericht zu vertreten und hat seiner Anwaltschaft vor Gericht festhalten lassen, wie es Recht ist. Und er hat eine Gerichtsurkunde über Geld mit dem Datum 14 Jahre. Und er hat auch das Buch öffnen lassen, wie Anklage und Entgegnung zwischen Peter Wolenber und ihm gelautet habe, und er hat beides vom Gericht festhalten lassen. Und er sagt, das sei die Hofstätte. Weiter seien er, Jeckel und Henne Mospecher und Peter Raub Peter Emerzals Erben gewesen. Dieselben drei haben ihm ihren Teil mit der Urkunde zukommen lassen. Und weil er die Urkunde innehabe, so sei er ein Erbe des Gutes. Und er habe den Beweis beigebracht und wenn es notwendig wäre, so wolle er es weiter beweisen mit denjenigen, die noch am Leben sind, dass es ebenso ist. Er habe es auch eine lange Zeit inne gehabt ohne Beeinträchtigung von irgendjemand. Nach alledem hoffe Cles, das Gericht solle erkennen, dass er es bewiesen habe und forderte weiter, den Heimbürgen zu verhören. Henne Rule, der Heimbürge, sagt aus, dass Cles Raub zu ihm gekommen sei und gesagt habe, er solle ein Stück Land zwischen Peter Wolenber und ihm besehen. Also sei er mit ihm gegangen, und er habe ihm ein Feld gewiesen und gesagt, das Feld sei sein. Da habe er gesehen, dass vielleicht ein Tuch oder 1½ voll Kraut in dem Feld gesetzt waren. Ob Peter das gesetzt habe, das könne er nicht aussagen. Die Aussage hat Antz für Cles festhalten lassen und hofft, er habe es bewiesen und seinen Anspruch gegen Peter erklagt gemäß seiner Anklage. Und wie der Heimbürge geredet habe, er wisse nicht, ob Peter das Kraut in den Flecken gesetzt habe, da habe Peter anfangs nicht geleugnet, dass das Kraut seins sei. Darauf sagt Peter: Nach Aussage der Urkunde und wie Antz für Cles etliche Erben und ein Stück Land bestimmt hat, da liegen viele Flecken in der Judengasse. Ob das nun derselbe Flecken sei, das legt er dem Gericht zur Entscheidung vor und er lasse geschehen, was Recht ist. Und sie habe es von beiden Seiten dem Gericht vorgelegt. Das ist verschoben worden bis zum Zusammentreten des Vollgerichts. Beide haben zugestimmt.

Henne Bart hat für die Kirche Pfändung gefordert gegen Michel Bußer.

Kitzgin hat seinen Leib vor sein Gut gestellt, nachdem Clesgin Lupis gegen ihn geklagt hat und will Recht geben und nehmen. Dafür ist ihm ein Termin gesetzt am nächsten Gerichtstag.

fol. 29 — Samßtag nach Exaudi

TRANSKRIPTION

p b	Jt(em)ᵃ Henne Erken(n) hait p b an Hengin Mollern.
gelengt	Jt(em) zusch(e)n Snyderhen(ne) Hans Flucken und Clesen von Sprendlinge(n) ist gelengt bijß off Dinstag nach sant Johans tage.
erf(olgt)	Jt(em) Snyderhen(ne) erf(olgt) Hengin Moll(er)n vor I g(ulden).

Actu(m) off Samßtag nach Exaudi.

2 h	Jt(em) Rußen Clese als vo(n) mo(m)p(ar)schafft wegen h(er)n Conrat Ybichs dut sin 2 h off Philips Hyrten unß(er)n mit scheffen gesellen ut p(ri)ma.
2 h	Jt(em) jonffr(au) Fiel ym(m) closter dut yre 2 h off Hengin Mollern ut p(ri)ma.
1 h	Jt(em) Hengin der dhomh(er)n hoffman als vo(n) mo(m)p(ar)schafft wegen der selb(e)n syner her(re)n dût 1 h vor VI ß gelts und II cappen off Henne(n) von Echzel et sup(ra) pingn(or)a.
tag v(er)hůt(en)	Jt(em) Adam von Winheim und Cleßgin Berkorn haint beide yren tag v(er)hůten. Des ist yne tag gestalt an das nehste gerichte.

Actu(m) off Dinstag nach dem heilgen Pinxstage.

lip vor yre gude gestalt(en)	Jt(em) Drubein hait syne(n) lijp vor sine gude gestalt(en) nach dem her Johan Sulczen off yne geheisch(e)n hait. So hait Peder Meczler auch syne(n) lip vor sin gude gestalt(en) nach dem Lupis Cleßgin off yne geheisch(e)n hait und wollen beide recht geb(e)n und neme(n) etc. Des ist yne tag gestalt(en) an das nehste gericht. Das haint sie alle verbot.

Actu(m) off Samßtag nach dem heilge(n) Pinxstage.

2 tag	Jt(em) Henne Gickysen hait sin 2 tag furt(er) geheisch(e)n eyne(n) winkauffe zu brengen geigen Jamerhenne(n).
2 h	Jt(em) Hengin der dhomher(e)n hoeffma(n) als vo(n) syn(er) her(e)n wegen dut sin 2 h off h(er)n Johan Sulczen und Hansen den wegen(er) ut p(ri)ma.
tag v(er)hůt(en)	Jt(em) Winßhen(ne) Ped(er) Raup und Conczgin von Geylnhusen haint alle yren tag verhůten. Des ist yne tag gestalt(en) an das nehst(e) gericht.

a Am oberen linken Seitenrand befindet sich ein Kreuz.

24. Mai 1477　　　　　　　　　　　　　　　　　　　　fol. 29

Henne Erk hat Pfändung gefordert gegen Hengin Moller.
Zwischen Henne Snider, Hans Fluck und Cles von Sprendlingen ist der Termin verschoben worden auf Dienstag nach St. Johannistag.
Henne Snider verklagt Hengin Moller auf 1 Gulden.

24. Mai 1477
Cles Ruß erhebt als Vertreter für Herrn Konrad Ybch seine 2. Klage gegen Philipp Hirt, unsern Mitschöffen.
Jungfrau Fiel im Kloster erhebt ihre 2. Klage gegen Hengin Moller.
Hengin, der Hofmann der Domherren, erhebt als Vertreter seiner Herren seine 1. Klage wegen 6 Schilling Geld und 2 Kappaune gegen Henne von Echzell auf die Pfänder.
Adam von Weinheim und Clesgin Berkorn haben beide ihren Gerichtstag gewahrt. Es ist ihnen ein Termin gesetzt an dem nächsten Gerichtstag.

27. Mai. 1477
Drubein hat seinen Leib vor sein Gut gestellt, nachdem Herr Johann Sultz gegen ihn geklagt hat. Ebenso hat Peter Metzler seinen Leib vor sein Gut gestellt, nachdem Clesgin Lupis gegen ihn geklagt hat und sie wollen beide Recht geben und nehmen. Dafür ist ihnen ein Termin gesetzt am nächsten Gericht. Dem haben sie beide zugestimmt.

31. Mai 1477
Henne Gickysen hat seinen 2. Tag erbeten, die Zeugen des Vertragsabschlusses beizubringen gegen Henne Jamer.
Hengin, der Hofmann der Domherren, hat für seine Herren die 2. Klage erhoben gegen Johann Sultz und Hans den Wagner.
Henne Winß, Peter Raub und Contzgin von Gelnhausen haben alle ihren Gerichtstag gewahrt. Es ist ihnen ein Termin gesetzt am nächsten Gerichtstag.

fol. 29v — Dinstag nach dem Sontage Trinitatis

Actu(m) off Dinstag nach dem Sontage Trinitat(is).

duch halt(en) — Jt(em) Mathis jn der Rynderbach hait das důch zu(m) drytten maile fur gericht gehabt(en) und ist gewist(en) ut mor(is) est.

erf(olgt) p b e(g)o — Jt(em) Peter unser gericht schryber erf(olgt) Cleßgin Unglichen offs buch und hait auch an yme phande berett(en).

Jt(em) nach dem Barts Henne als vo(n) der kyrchen wegen sin fierde heischůnge jn maiß(e)n die erßte gelut(en) off Kiczhanse(n) Diemen Gredgin und Jeckel Reyern gethan / also hait er die

offgeholt(en) — gude und und(er)phande offgeholt(en) und das verbot. Und der

ban(n) und frede(n)d — scholtes hait yme ban(n) und freden dar ober gethan als recht

ecc(les)ia — ist. Das hait er auch verbot // und sagt furter nach lude syn(er)

i(n) j(ure) — heischůnge do sij Bußers Michel ko(m)men und habe syne(n) lijp vor sin gut gestalt(en) und yme sin heischunge gebroch(e)n. Des-

ey(n) frage — halb(e)n yne auch tag gesaczt(en) sihe an das nehste gericht. Dar

nota — nach jnhalt des buchs alsoa sij Michel ußbleben und nyt vor gericht erschiene(n). Als dar umbe so habe er yne als vo(n) der kyrchen wegen erfolgt(en) vor XX guld(e)n / Nů habe Michel

ad socios — eyne(n) wingart ynne der / der kyrchen underphandt sihe. Do begere er myt recht zu bescheid(e)n obe er bij dem selb(e)n wingart bliben sall ader furter an sin eigen gut griffen. Das ist gelengt ad socios.

erf(olgt) p b — Jt(em) Wernher von Wint(er)nheim erf(olgt) Dornhen(ne) offs buch und hait auch an yme p b.

1 h — Jt(em) Henne Ruße dut 1 h vor ßb gelts off Wißhengin und alleß das Antes jn der Orenbrucke(n) gelaißen hait.

erf(olgt) — Jt(em) Clese Raůp unser mit scheffen gesellec erf(olgt) Vincze(n) off b[uch].

erf(olgt) — Jt(em) Hen(ne) von Eltvjl als vo(n) mo(m)perschafft h(er)n Hansen unsers mit scheffen gesellen erf(olgt) Hengin Erbach offs bůch.

erk(annt) — Jt(em) Drubein erk(ennt) h(er)n Johan Sulczen I l(i)b(ram) hell(er) off rechnu(n)ge zu geb(e)n in XIIII tage(n). Si no(n) p erf(olgt).

erk(annt) — Jt(em) Jamerhen(ne) erk(ennt) Henne Gickysen III guld(e)n und ey(n) orte zu geb(e)n zusch(e)n sant Martins tage. Si no(n) p erf(olgt).

erk(annt) — Jt(em) Sniderhen(ne) Jeckel erk(ennt) Hilczen Ketten VII alb(us) zu geb(e)n in XIIII tag(en). Si no(n) p erf(olgt).

Jt(em) Peder von Badenheim sagt er habe Ped(er) Rait seligen

widd(er) geno(m)[-]men — czwene flecken geluhen die ligen jn der Bosen Gewande(n) jars vor III ß gelts. Die habe nů Conczgin Dinckler ynne

---

a Der erste Buchstabe ist mit zwei Strichen der zweite mit einem senkrechten Strich schwach durchgestrichen.
b Es ist kein Betrag genannt.
c Es folgt durchgestrichen: »du«.
d Links der Marginalie zieht sich über die folgenden 5 Zeilen ein senkrechter Strich.

3. Juni 1477
Mathis in der Rinderbach hat das Tuch zum dritten Mal vor Gericht gehabt und es wurde gewiesen, wie es üblich ist.
Peter, unser Gerichtsschreiber, hat seinen Anspruch ins Gerichtsbuch eintragen lassen gegen Clesgin Unglich und hat auch Pfändung gefordert.
Nachdem Henne Bart für die Kirche seine 4. Heischung gegen Hans Kitz, Gredgin Diem und Jeckel Reyer getan hat, hat er die Güter und Unterpfänder eingezogen und das festhalten lassen. Der Schultheiß hat ihm Bann und Frieden darüber gemacht, wie es rechtmäßig ist. Das hat er auch festhalten lassen und sagt weiter: Nach seiner Klage sei Michel Bußer gekommen und habe seinen Leib vor sein Gut gestellt und ihm seine Klage gebrochen. Deswegen wurde ihm ein Termin gesetzt am nächsten Gerichtstag. Dann sein Michel nicht vor Gericht erschienen. Deshalb habe er gegen ihn für die Kirche vor Gericht gewonnen wegen 20 Gulden. Nun habe Michel einen Weinberg inne, der Pfand der Kirche sei. Nun fordert er ein Urteil, ob er bei diesem Weinberg bleiben soll oder darüber hinaus an sein Eigengut greifen soll. Das wurde verschoben bis zum Zusammentreten des Vollgerichts.

Werner von Winternheim hat seinen Anspruch ins Gerichtsbuch eintragen lassen gegen Henne Dorn und hat Pfändung gefordert.

Henne Ruß erhebt seine 1. Klage wegen [] Schilling Geld gegen Henne Winß und alles, das Antes in der Ohrenbrücke hinterlassen hat.

Cles Raub, unser Mitschöffe, hat seinen Anspruch ins Gerichtsbuch eintragen lassen gegen Vincz.

Henne von Eltville als Vertreter von Herrn Hans, unseres Mitschöffen, hat seinen Anspruch ins Gerichtsbuch eintragen lassen gegen Hengin Erbach.
Drubein erkennt an, Herrn Johann Sultz 1 Pfund Heller gegen Rechnung zahlen zu müssen binnen 14 Tagen. Wenn nicht erfolgt die Pfändung.
Henne Jamer erkennt an, Henne Gickysen 3 Gulden und einen Ort zahlen zu müssen bis St. Martin. Wenn nicht erfolgt die Pfändung.
Jeckel Sniderhenne erkennt an, Kett Hiltz 7 Albus zahlen zu müssen binnen 14 Tagen. Wenn nicht erfolgt die Pfändung.
Peter von Badenheim sagt, er habe dem verstorbenen Peter Rait zwei Stück Land geliehen, die liegen in der bösen Gewann, für 3 Schilling jährlich. Die habe nun Contzgin Dinckler inne.

Dinstag nach dem Sontage Trinitatis

	Und sij yme sin zynß nit word(e)n / So steh(e)n die flecken auch noch zu syne(n) hande(n). Als dar um(m)b begere er mit recht zu bescheid(e)n obe er sie nit moge widd(er) neme(n). S(e)n(tent)ia ja si ita est.
	Jt(em) Jeckel Stam(m) sagt er habe Godfart Mollern ey(n) flecke(n) bij der
widder geno(m)me(n)	Grießmolen geluhen jars um(m)b IIII ß gelts. Nů habe er yme sins zynß nit geb(e)n. So stehe der flecke noch zu syne(n) hande(n). Davo(n) so begere er mit recht zu bescheid(e)n obe er yne nit moge widder neme(n). S(e)n(tent)ia ja si ita est.
	Jt(em) Adam von Winheim hait das bůche wie dan(n) ansprache und antwort zusch(e)n Cleßgin Berkorn und yme gelut(en) laiß(e)n offen und
Adam von Winheim	das verbot und sagt sie hab(e)n mit ey(n) gerechent abe(r) Cleßgin habe yme nuste wollen erkenne(n). Nů begere er mit recht nach lude sins zusprochs obe Cleßgin yme nit ußrachtunge ader ey(n)a ja ader ney(n)
Cleßgin Berkorn	thůn solle / Cleßgin hait das buch auch verbot und sagt er habe mit Adam gerechent. Und als Adam selbest erkant(en) hait wie daß er yme ey(n) phert geb(e)n habe / So habe er yne bezalt(en) und ußgeracht. Und wes yne Adam wider anlange des sij er unschuldig. Die unscholt ist gestalt noch hude zu XIIII tag(en). Das haint sie v(er)bot.
p b	Jt(em) Hans Snider als vo(n) mo(m)perschafft wegen Heinrich Wolffs hait phande berett(en) an Conczgin Dinckler.
p b	Jt(em) meister Lebe hait p b an Heincze Drieln.
erk(annt)	Jt(em) Donczelhen(ne) erk(ennt) Henne(n) von Sprendlinge(n) IIII½ [V/2] guld(e)n zu geb(e)n in XIIII tag(en). Si no(n) p erf(olgt).
erf(olgt)	Jt(em) Henne Erken(n) erf(olgt) Conczgin Dinckl(er)n offs buch.
	Jt(em) Conczgin von Geilnhusen hait das bůch geigen Winßhenne(n) und Peder Rauben laißen offen und das verbot und sagt er
Winßhen(ne) Ped(er) Raup	habe mit yne gerechent yn(n) bijwesen Hen(ne) Erkens Clese Storczkops des alten und Starken Heynrichs. Also sihen sie yme an der reche(n)[-]schafft schuldig bleben VIII g(ulden). Dar zu sij er von yre aller we-
Conczgin vo(n) Geilnhuse(n)	gen X wochen uß gewest(en) / achte er an X guld(e)n und beziege sich solicher rechenschafft off die b(e)n(ann)t(en) drij. Dar zu so erbiede er sich aber als fůre / nach siner antwort zu thůn wie dan(n) das buch ynhelt. Und obe do mit nit genůg were / so wjl er solichs mit dem rechten beweren wie das gericht erkent(en) // Peder und Henne haint das buch auch verbot. Und sagen nach de(m) Conczgin gerett(en) hait er habe myt yne gerechent jn bij wesen der dryer / nů sij key(n) bottel do bij gewest(en) und die drij sint do bij ge-

a Das letzte Wort ist über der Zeile beigefügt.

3. Juni 1477　　　　　　　　　　　　　　　　　　　　fol. 30

ÜBERTRAGUNG

Und er habe den Zins von jenen nicht erhalten. Das Land gehöre noch ihm. Daher erbittet er einen Rechtsbescheid, ob er die beiden Stücke Land nicht zurücknehmen könne. Urteil: Ja, wenn es so ist.

Jeckel Stamm sagt, er habe Godfart Moller ein Stück Land bei der Grießmühle geliehen, jährlich für 4 Schilling Geld. Nun habe er ihm seinen Zins nicht gegeben. Das Stück Land gehöre noch ihm. Deshalb erbittet er einen Rechtsbescheid, ob er es nicht zurücknehmen könne. Urteil: Ja, wenn es so ist.

Adam von Weinheim hat das Gerichtsbuch, wie die Anklage und die Entgegnung zwischen Clesgin Berkorn und ihm gelautet hat, öffnen lassen und das festhalten lassen und sagt: Sie haben miteinander abgerechnet, aber Clesgin wollte ihm nichts anerkennen. Daher begehrt er ein Urteil gemäß seiner Klage, ob Clesgin ihm nicht einen Ausgleich oder ein Ja oder Nein tun müsse. Clesgin hat das Buch auch als Beweis anerkannt und sagt: Er habe mit Adam abgerechnet. Adam selbst habe zugegeben, dass er ihm ein Pferd gegeben habe. Daher habe er ihn bezahlt und ihm einen Ausgleich gegeben. Und wessen ihn Adam darüber hinaus anklage, dessen sei er unschuldig. Die Unschuld gilt von heute an 14 Tage. Dem haben sie beide zugestimmt.

Hans Snider hat als Vertreter von Heinrich Wolff Pfändung gefordert gegen Contzgin Dinckler.

Meister Lebe hat Pfändung gefordert gegen Heinz Driel.

Henne Dontzel erkennt an, Henne von Sprendlingen 4½ Gulden zahlen zu müssen binnen 14 Tagen. Wenn nicht erfolgt die Pfändung.

Henne Erk hat seinen Anspruch ins Gerichtsbuch eintragen lassen gegen Contzgin Dinckler.

Contzgin von Gelnhausen hat das Buch gegen Henne Winß und Peter Raub öffnen lassen und das festhalten lassen und sagt: Er habe mit ihnen abgerechnet in Anwesenheit von Henne Erk, Cles Stortzkopp des Alten und Heinrich Stark. Sie seien ihm an der Rechenschaft schuldig geblieben 8 Gulden. Zudem sei er wegen ihnen 10 Wochen unterwegs gewesen, das erachte er für 10 Gulden und er berufe sich für diese Rechenschaft auf die benannten drei. Zudem biete er wie zuvor an, gemäß seiner Aussage zu handeln, wie es das Gerichtsbuch aussagt. Und wenn damit nicht genug wäre, so will er solches vor Gericht bekräftigen, wie das Gericht es fordert. Peter und Henne haben die Aussagen des Buches auch festhalten lassen. Und sie sagen: Nachdem was Contzgin gesagt hat, er habe mit ihnen abgerechnet in Anwesenheit der drei, dabei sei kein Büttel gewesen und die drei waren daran beteiligt,

Dinstag nach dem Sontage Trinitatis

westen sie zu v(er)eyngen / Erkenne(n) sie aber / daß sie eyne(n) genůge(n)
an der rechenschafft gehabt / und Conczgin VIII g(ulden) schuldijg
sihen bleben / sie wollen sich dar yn(n) halten als erbar lude / Er[-]
kenne(n) sie aber solichs nit / so hoffen sie Conczgin soll yne eyn
gleiplich rechenschafft thůn nach dem er dan(n) selbest gerett(en)
hait und begeren dar um(m)b rechts / Conczgin sagt nach dem
die czwene und auch er / off die drij ziegen so begere er myt
recht zu bescheid(e)n / obe sie / sie nit brenge(n) sollen. Dar off s(e)n(tent)ia
dwile sie von beidentheil(e)n off die drij ziegen so sollen sie
sie auch vor gericht brenge(n) und das thůn in XIIII tag(en). Bedorff(en)
sie dan(n) yre tage furte und heisch(e)n die als recht ist so sall
ma(n) yne die furt(er) stillen noch zu czweyen XIIII tag(en). Und so die
drij verhort(en) werd(e)n geschee dan(n) furt(er) sovijl als recht ist. Das
haint sie alle verbot.

gelengt — Jt(em) zusch(e)n Hansen von Klee und Ritt(er) Hengin ist gelengt noch
hude zu XIIII tag(en) sic hodie.

p b — Jt(em) Hans Osewin hait p b an Cleßgin Unglichen.

erf(olgt) — Jt(em) Johan der poller(er) erf(olgt) Winworme(n) offs buch.

Lupis Clesg(in) / **Ped(er) Meczl(er)** — Jt(em) Lupis Cleßgin hait Ped(er) Meczlern zu gesprochen nach dem
er yme sin heischunge gebroch(e)n und yme die gulte nyt
gybt. Das schade yme IIII g(ulden). Und hofft er soll yme sin gulte
geb(e)n ader sin heischu(n)ge laiße(n) gehen und stilt das zu recht.
Dar off sagt Peder er habe eyn hußfr(au) gehabt(en) / die habe
yme gude und auch kunde zu bracht(en). Nů habe er der gud(er) nit
davo(n) ma(n) soliche gulte gebe und begert mit recht obe Cleßgin
nit bij brengen soll daß er die gulte off syme gude habe.
Cleßgin sagt die gulte ko(m)me von Clese Gickysen here / und
Ped(er) habe yme die auch gutlich geb(e)n und ußgeracht bijß
off IIII jare. Und wijl mit recht behalt(en) daß er die gulte off
Clese Gickysens selig(en) guden habe und yme die Peder auch
gutlich geb(e)n hait. Peder hait verbot daß Cleßgin erkant(en)
hait daß die gulte von Clese Gickysen herko(m)me / Nů sij yme
die frauwe word(e)n mit czweien kinde(n). Den habe er auch des
guts eynßstheils geb(e)n und hofft er solle die selb(e)n auch sůche(n)
ader mit recht bij breng(en) daß er die gulte off syme gude
habe. Cleßgin hofft nach dem er sich erbott(en) sin gulte zu
behalt(en) so begere mit recht / obe erßs nit thun soll / Peder

sie zu der Gesellschaft zusammen zu bringen. Erkennen jene, dass sie ein Genügen an der Abrechnung hatten und Contzgin 8 Gulden schuldig seien, wollen sie sich in dieser Sache verhalten wie ehrbare Leute. Erkennen sie aber solches nicht, so hoffen sie, Contzgin soll ihnen eine glaubhafte Abrechnung tun, nachdem er selbst davon geredet hat und fordern hierzu einen Rechtsbescheid. Contzgin sagt: Nachdem die zwei und er auf die 3 als Zeugen sich berufen, so begehrt er den Rechtsbescheid, ob er oder sie diese nicht vor Gericht bringen sollen. Darauf ergeht das Urteil: Weil sie sich von beiden Seiten auf die 3 berufen, sollen sie diese vor Gericht bringen in 14 Tagen. Bedürfen sie Verlängerung und fordern sie diese wie es rechtmäßig ist, so soll man sie ihnen noch zweimal 14 Tage geben. Und wenn die 3 verhört werden, dann geschehe weiter, wie es rechtmäßig ist. Dem haben alle zugestimmt.

Zwischen Hans von Klee und Hengin Ritter ist der Termin verschoben worden auf heute in 14 Tagen.

Hans Osewin hat Pfändung gefordert gegen Clesgin Unglich.

Johann der Pollerer hat seinen Anspruch ins Gerichtsbuch eintragen lassen gegen Winworm.

Clesgin Lupis hat Peter Metzler angeklagt, nachdem er ihm seine Klage gebrochen hat und ihm die Gülte nicht gibt. Das schade ihm 4 Gulden. Und er hofft, er solle ihm seine Gülte geben oder seine Klage zulassen und legt das dem Gericht vor. Darauf sagt Peter: Er hatte eine Ehefrau, die habe ihm Güter und auch Rechtsansprüche zugebracht. Nun habe er die Güter nicht, von denen man die Gülte gebe, und er fordert einen Rechtsbescheid, ob Clesgin nicht den Beweis erbringen solle, dass er die Gülte auf seinem Gut habe. Clesgin sagt, die Gülte komme von Cles Gickysen her und Peter habe ihm die auch gütlich gegeben und ausgerichtet bis auf 4 Jahre. Und er will vom Gericht festhalten lassen, dass er die Gülte auf die Güter des verstorbenen Cles Gickysen habe und ihm Peter die auch gütlich gegeben hat. Peter hat festhalten lassen, dass Clesgin anerkennt, dass die Gülte von Cles Gickysen herkomme. Nun sei die Frau mit 2 Kindern in die Ehe gekommen. Diesen habe er auch das Gut zu einem Teil gegeben, und er hofft, er solle die auch verfolgen oder den Beweis erbringen, dass er die Gülte auf seinem Gut habe. Clesgin hofft, nachdem er angeboten habe, seine Gülte vom Gericht festhalten zu lassen, dass er es auch tun soll. Peter

fol. 31 — Dinstag nach dem Sontage Trinitatis

s(e)n(tent)ia	hofft er solle die and(er)n auch suchen und die haint eß beide zu-
	recht gestalt(en). Nach dem und dwile Peder Meczler / Lupis Cleßg(in)
	sin heischunge gebrochen und nit abereddig ist daß er yme
	die gulte gegeb(e)n habe so sprech(e)n wir zu(m) recht(en) daß Peder /
	Cleßgin sin gulte geb(e)n sall und beduncke yne daß yme yema(n)t
	sin gude frij halten solle / den mag er myt um(m)be suchen. Das
s(e)n(tent)ia	hait Cleßgin verbot und begert mit recht wan(n) yme Peder sin
	gulte geb(e)n solle. S(e)n(tent)ia in XIIII tag(en). Das hait Cleßgin auch v(er)bot.
	Jt(em) Hans Snyder hait sich verdingt(en) Henne Stopen sin worte zu
	thun und hait sin und(er)tinge verbot als recht ist. Und hait Arnolts
Hen(ne) Stope	Elsen zu gesproch(e)n wie daß sie yme jars II guld(e)n gelts geben
Arnolts Else	soll. Der steh(e)n yme noch üß XX g(ulden) ungeverlich verseßner
	gult(en). Daß sie yme die nit gebe ader erkenne das schade yme
	alsvjl dar zu und obe sie ney(n) dar zu sagen wollt / so woll er mit
	recht dar zu thůn wie das gericht erkennet als recht ist daß
	yre man(n) selige und sie yme die gulte gutlich gegeb(e)n haint.
	Dar off hait sich Hen(ne) von Eltvjl verdingt Elsen yre wort zu
	thůn und hait sin und(er)tinge verbot als recht ist und sagt Else
	sij Hen(ne) Stopen keyner gulte bekentlich / Sie ader yr hußwert
	selige hab(e)n yme ader syme vad(er) selig(en) auch nye key(n) gulte
	geb(e)n auch nuste um(m)b sie entlehent. Und als Concze Kremer
	yr hußwert selige gestorben sij / do habe sie mit yren kynden
	gestockt und gesteynt. Do ist Wolffs Henne die zijt yre eiden
	gewest(en) und sie ist yme XXXIIII guld(e)n off der theylunge schuldig
	bleben. Do ist Stope ko(m)men und gesagt sie soll yme II gulden
	gelts jars geben bijß so lange die XXXIIII g(ulden) bezalt(en) werden.
ad socios	Das habe sie auch gethan und habe Wolffs Henne(n) bezalt(en) und wolt
	Stopen auch do nuste mehe geb(e)n. Und wes er sie wider anlange
	i(n) j(ure) | des sy sie unschuldijg. Hans Snider als vo(n) Stopen wegen sagt er
	heische yre die gulte / Stille sie yme aber yema(n)t dar / der yme
	die gulte gebe / er neme sie / Und nach dem er sie geschuldi-
	get und sich do mit erbotten sin gulte zu behalt(en) das wijl er
	auch thun nemlich off allen den guden die Concze Kremer ge-
	habt(en) hait auch daß yme die bynne(n) rechten jaren worden sij.
	Und hofft er solle dar zu gewist(en) werd(e)n und stilt das zu recht.
i(n) j(ure)	Henne von Eltvjl als vo(n) Elsen wegen sagt was Stope bij bre(n)ge

hofft, er solle auch an die anderen gehen. Und sie haben es beide dem Gericht zur Entscheidung vorgelegt. Urteil: Nachdem und weil Peter Metzler Clesgin Lupis sein Klageverfahren gebrochen hat und nicht leugnet, dass er ihm die Gülte gegeben hat, so sprechen wir als Recht: Dass Peter Clesgin seine Gülte geben soll und scheine ihm, dass jemand ihm sein Gut frei halten soll, kann er den vor Gericht ziehen. Das hat Clesgin festhalten lassen, und er fordert den Bescheid, wann ihm Peter seine Gülte geben solle. Urteil: in 14 Tagen. Das hat Clesgin auch festhalten lassen.

Hans Snider hat sich verpflichtet, Henne Stop vor Gericht zu vertreten und hat seine Anwaltschaft festhalten lassen. Und er hat Else Arnold angeklagt, dass sie ihm jährlich 2 Gulden Geld geben soll. Davon stehen noch ungefähr 20 Gulden ausstehende Gülte aus. Dass sie ihm die nicht gebe oder anerkenne, das schade ihm ebensoviel dazu und wenn sie Nein dazu sage, so wolle er es beweisen wie das Gericht es fordert, dass ihr verstorbener Mann und sie ihm die Gülte gütlich gegeben haben. Darauf hat sich Henne von Eltville verpflichtet, Else vor Gericht zu vertreten und hat seine Anwaltschaft festhalten lassen und sagt: Else gebe gegenüber Henne Stop keine Gülte zu. Sie oder ihr verstorbener Ehemann haben ihm oder seinem verstorbenen Vater auch nie eine Gülte gegeben, auch nichts von ihm geliehen. Und als Contz Kremer, ihr Mann, gestorben sei, da habe sie mit ihren Kindern ihr Land vermessen lassen. Da sei Henne Wolf zu der Zeit ihr Schwiegersohn gewesen und sie ist ihm 34 Gulden wegen der Teilung schuldig geblieben. Da ist Stop gekommen und hat gesagt, sie solle ihm jährlich 2 Gulden geben bis die 34 Gulden bezahlt seien. Das habe sie auch getan und habe Henne Wolf bezahlt und wolle Stop auch nichts mehr geben. Und wessen er sie darüber hinaus anklage, dessen sei sie unschuldig. Hans Snider sagt für Stop: Er fordere die Gülte. Nenne sie ihm aber jemand, der ihm die Gülte gebe, er nehme sie. Und nachdem er sie angeklagt hat und sich damit anerboten hat, seine Gülte festzuschreiben, das will er auch tun, nämlich auf allen Gütern, die Contz Kremer hatte, auch dass ihm diese rechte Jahre lang bezahlt worden seien. Und er hofft, die Gülte werde ihm zugesprochen, und er legt das dem Gericht vor. Henne von Eltville sagt für Else, was Stop vorbringe,

fol. 31v — Donerstag nach Trinitatis

als recht sij das wolle sie laiß(e)n gescheen und hait eß auch
zu recht gestalt(en). Das ist gelengt ad socios. Das haint
sie beide verbot.

1 h III — Jt(em) Winßhen(ne) als vo(n) mo(m)perschafft wegen Philips Hyrten
unß(er)s mit scheffen gesellen dut 1 h vor XVIII alb(us) off Ebert
Feczern / die frauwe von Engaß und Godfart(en) von Randeck
et sup(ra) ping(nora).

Actu(m) off Donerstag nach Trinitat(is).

2 tag — Jt(em) Concze Dinckler hait sin 2 tag furt(er) geheisch(e)n konde
zu brenge(n) geigen meist(er) Leben und hait das verbot.

2 h II — Jt(em) her Johan Sulczen dut sin 2 h off off Rudolff Snyd(er)n
und Peder Duczen ut p(ri)ma.

Actu(m) off Samßtag nach Trinitat(is).

1 clage — Jt(em) Heinrich Beck(er) von Eltvjl dut 1 clage vor XXIIII l(i)b(ras) heipt
gelt und XX l(i)b(ras) schaden off Cleßgin Murern vo(n) Gauwelshey(m)
und alleß das er hait jn des richs gericht(en).

2 h — Jt(em) Hengin d(er) dhomhern hoffma(n) als vo(n) siner her(e)n wegen
dut sin 2 h off Wißhengin ut p(ri)ma.

erk(annt) — Ite(m) Stern Clese[a] erk(ennt) Henne(n) von Eltvjl als vo(n) mo(m)p(ar)[-]
schafft wegen h(er)n Hansen unß(er)s mit scheffen gesellen
III g(ulden) und XVIII alb(us) off rechnu(n)ge zu geb(e)n in XIIII tage(n).
Si no(n) ping(nora) erf(olgt).

3 h — Jt(em) Rußen Clese als vo(n) mo(m)p(ar)schafft wegen h(er)n Conrat Ybchs
dut sin 3 h off Philips Hyrten ut p(ri)ma.

Jt(em) Ancze Duppengießer hait sich verdingt(en) Johan dem
pollerer sin worte zu thun und hait sin und(er)tinge verbot

Joha(n) poller(er) / Hans von Jsennach — als recht ist. Und hait Hansen von Jsennach zu gesproch(e)n
wie daß sie off eyn zijt orten bij eyn gedroncken hab(e)n
und wůste nit anders dan(n) gůt mit Hansen zu schicken hain.
Dar ober habe yne Hans geschediget und gestochen bijß
off den doit also daß er ey(n) große merglich gelt v(er)zerten
und großen schaden gelytten habe. Das schade yme I$^{c(entum)}$ guld(e)n

---

[a] Es folgt durchgestrichen: »als vo(n) mo(m)p[erschafft]«.

wie es rechtmäßig ist, das wolle sie geschehen lassen und hat es auch dem Gericht vorgelegt. Das ist verschoben bis zum Zusammentreten des Vollgerichts. Dem haben sie beide zugestimmt.

Henne Winß erhebt als Vertreter von Philipp Hirt, unseres Mitschöffen, seine 1. Klage wegen 18 Albus gegen Ebert Fetzer, die Frau von Engassen und Godfart von Randeck auf die Pfänder.

5. Juni 1477

Contz Dinckler hat seinen 2. Tag gefordert, Beweise zu bringen gegen Meister Lebe und hat das festhalten lassen.

Herr Johann Sultz erhebt seine 2. Klage gegen Rudolf Snider und Peter Dutz.

7. Juni 1477

Heinrich Becker von Eltville erhebt seine 1. Klage wegen 24 Pfund Klagesumme und 20 Pfund Gerichtskosten gegen Clesgin Murer von Gaulsheim auf alles, was er in dem Reichsgericht hat.

Hengin, der Hofmann der Domherren, erhebt seine 2. Klage für seine Herren gegen Hengin Wiß.

Cles Stern erkennt an, Henne von Eltville als Vertreter von Herrn Hans, unseres Mitschöffen, 3 Gulden und 18 Albus gegen Rechnung zahlen zu müssen binnen 14 Tagen. Wenn nicht erfolgt die Pfändung.

Cles Ruß als Vertreter von Herrn Konrad Ybch erhebt seine 3. Klage gegen Philipp Hirt.

Antz Duppengießer hat sich verpflichtet, Johann den Pollerer vor Gericht zu vertreten und hat seine Anwaltschaft festhalten lassen. Und er hat Hans von Isenach angeklagt, dass sie vor einiger Zeit zusammen getrunken haben, und er wusste nichts anderes als Gutes mit Hans zu tun gehabt zu haben. Da aber habe Hans ihn geschädigt und verletzt bis auf den Tod, so dass es ihn eine große Summe Geld gekostet und er einen großen Schaden erlitten habe. Das schade ihm 100 Gulden.

fol. 32 — Samßtag nach Trinitatis

und heist Hansen dar um(m)b eyn recht antwort und behylt yme
sin nachredde. Dar off sagt Hans durch sine(n) vorsprech(e)n nach
dem yne der poller(er)n geschuldiget wie daß er yne jn der orten
geschediget habe des gestee er yme nit. Dan(n) eß habe sich be-
geb(e)n daß sie orten gehabt(en) haben jn des bichters husche in gud(er)
geselschafft. Do habe der poller(er) zorns worte mit yme an gehaben und yme bose worte gethan / die er um(m)b yne nit v(er)schulten
hatte. Do habe er gesproch(e)n liebe meister erlaißet mich boser
worte und kraits / Das hait nit mogen helffen. Do er das v(er)merckt
daß ey(n) unwijll wolt entsteh(e)n do hait er den bosen wort(en) ent-
wichen und hait Hansen von Wormßs bescheid(e)n yme sin orten
zu bezalen. Eß soll key(n) unwijll durch yne entsteh(e)n und ist zu der
dhore ußgang(e)n und dem pollerer den rucke gekert(en) und die
flocht von yme geb(e)n um(m)b fredlebens willen. Und hait den pol[-]
lerer hinder yme in der stoben gelaiß(e)n jn der meynu(n)ge er wolt
den abent von yme entronne(n) sin. Und ist die rechten wege
zu d(er) dhore h(er)ußer gange(n) jn bij sin des bichters der die zijt was.
Und als er in die dhore ist kom(m)en die jn den weg ginge do ist
der poller(er) uß der orten yme nach gebroch(e)n und ander wege
gegange(n) ader gelauffen und hait yme die verstand(e)n. Und hait
sine(n) mantel off geworffen und gesagt Hensel du ko(m)mest myr
hie recht. Doch in der flocht als er gern von yme were gewest(en)
do habe er sich von noide wegen mußen wenden und sin erwe-
ren sin lijp und gut entrett / Des er hofft bilch schuldijg sij zů
thun und das hait thun mußen von noit und nit von willen. Als
sich bescheynt daß er uß der orten off gestande(n) und yme wolle(n)
růmen. Obe dem poller(er) davo(n) schade entstande(n) ist yme leit. Und
hofft so eß durch yne selbest gesucht und die orsach sin sihe
er soll dem poller(er) um(m)b sin ansprache nit schuldig sin und stilt
eß zu recht. Und wer eß daß er yne wider anzoge dan(n) sin antwort gelut(en) sij er unschuldijg. Aber die unscholt zuv(er)myden will
sich dan(n) der poller(er) laiße(n) wisen mit czweien geselle(n) die do
bij gewest(en) sint / so genuge yme an den selb(e)n / Ist des nit so blibe
er bij siner antwort. Ancze als vo(n) Johans wegen hait verbot
i(n) j(ure) nach lude syn(er) schuldigů(n)ge / daß Hans nit abreddijg ist der dait
daß er yne gestochen hait. Und als Hans gerett(en) er sij in gezem[-]
cke mit yme ko(m)men so wijt daß Johan yme die wege ver[-]

7. Juni 1477 — fol. 32

Und er fordert von Hans deswegen eine Antwort und behält sich die Entgegnung vor. Darauf sagt Hans durch seinen Fürsprecher: Nachdem ihn der Pollerer beschuldigt habe, dass er ihn in der Schankstube geschädigt habe, das gestehe er nicht. Denn es habe sich begeben, dass sie miteinander getrunken haben im Haus des Beichtvaters in guter Gesellschaft. Da habe der Pollerer ihn mit zornigen Worten bedacht, die er nicht verschuldet habe. Da habe er gesprochen: „Lieber Meister, erlasst mir die bösen Worte und Beschimpfungen." Das hat nicht geholfen. Als er merkte, dass ein Unwillen entstehen wollte, da ist er den bösen Worten ausgewichen und hat Hans von Worms bedeutet, ihm seine Rechnung zu bezahlen. Es sollte kein Unwillen durch ihn entstehen, und er ist zur Tür hinausgegangen und hat dem Pollerer den Rücken zugekehrt und die Flucht vor ihm ergriffen um des lieben Friedens willen. Und er hat den Pollerer in der Schankstube zurückgelassen in der Meinung, er sei ihm diesen Abend entronnen. Und er ist den rechten Weg zu der Tür hinausgegangen in Anwesenheit des damaligen Beichtvaters. Und als er zu der Tür gekommen ist, die hinaus auf die Straße geht, da ist der Pollerer ihm aus der Schankstube nachgekommen und ist einen anderen Weg gegangen oder gelaufen und hat ihm den Weg verstellt. Und er hat seinen Mantel abgeworfen und gesagt: „Hänschen, du kommst mir gerade recht!" Wenn auch auf der Flucht, da er gerne von ihm weg gewesen wäre, habe er sich doch aus Not umdrehen und sich wehren müssen um Leben und Gut zu retten. Deshalb hofft er billiger Weise nichts schuldig zu sein. Er habe so handeln müssen aus Not und nicht aus Mutwillen. Es sei offensichtlich, dass er aus der Schankstube aufgestanden sei und sie habe räumen wollen. Wenn dem Pollerer dann ein Schaden entstanden sei, tut ihm das leid. Er hofft aber, da es durch jenen selbst verursacht wurde, er solle dem Pollerer wegen seiner Klage nichts schuldig sein und legt das dem Gericht vor. Wäre es aber, dass er weiter gegen ihn vor Gericht ziehe, dann sei seine Antwort, er sei unschuldig. Will der Pollerer, um die Unschulderklärung zu vermeiden, zwei Zeugen vorbringen, die dabei waren, so genüge ihm das. Ist dem nicht so, so bleibt er bei seiner Antwort. Antz als Vertreter Johanns lässt festhalten, dass auf seine Anklage hin Hans nicht die Tat leugnet, dass er ihn gestochen hat. Und was Hans geredet habe, er sei in solche Zankerei mit ihm gekommen, dass Johann ihm den Weg

	lauffen habe und sine(n) ma(n)tel off geworffen und gesagt du
	ko(m)mest mir hie recht mit viln mehe wort(en) do sage Johan
	ney(n) zu dan(n) er hatte widder degen ader brotmeßer ad(er) nůste
	bij yme da vor sich Hans gefocht mocht hain / Auch focht er
	sich vor Hansen nit nach dem er sin schuler was und yme
	gelobt(en) hatte. Und er wolt widder zu der dhore ynne gehen
	do stache Hans under Hansen von Wormß here und stach yne.
	Davo(n) hoffe Johan daß yne alle jn redde nit hind(er)n sollen
	dwile Hans der dait erkent und auch kontlich ist allen den vo(n)
	Jngelnhey(m). Und soll yme allen kosten und schaden naher thůn
	und myt keyner unschulde dar vor steh(e)n. Und als Hans ge-
	rett(en) hait der czweyer halb(e)n / do sij eß kontlich daß er yne
i(n) j(ure)	gestochen hait. Und stilt eynß mit dem and(er)n zu recht.
	Hans als durch syne(n) fursprech(e)n sagt / nach dem Ancze als vo(n)
	des pollerers wegen gerett und verbott(en) hait daß er der dait
	nit abereddijg sij etc. und nit abereddijg ist daß Hans ee uß
	der stoben gewest(en) ist dan(n) der poller(er) und auch erkant(en) daß sie
	yn der dhore zu sam(m)en kom(m)en sihen und daß Hans die dhore
	habe yn gehabt(en) das hait er verbot. Und sagt das gebe anzeige
	und selbest kontschafft daß der poller(er) umb wege gesůcht und yme
	begegent sihe ym(m) besten nit gescheen. Dan(n) hette er wollen yn
	gůdem myt yme redden / er hette yne off den nehsten wegen
	gesucht(en) und yme nach gange(n). Und blibt off syner antwort wie
	vor gelut(en) und hofft die solle yme gebůren zu bekrefftigen daß
	die also sij. Und wes yme der poller(er) abreddig ist das soll yne
ad socios	an syme rechten nit hind(er)n so er eyn antwort(er) ist und stilt
	eß auch zu recht.ª Ancze als vo(n) Johans wegen sagt nach allen
	hendeln wie vor gerett / hette er dan(n) Hansen gethan was er
	wolt / so solt er yne doch nit bestanden hain also lybloiß zů
	machen und hait eß zu recht gestalt jn maiß(e)n als vor. Das ist
	gelengt ad socios. Das haint sie beide v(er)bot.
	Jt(em) Conczgin Dinckler hait das bůch geigen meist(er)n Leben laißen
Conczg(in) Dinckl[-]	offen und das verbot und hait Heincze Drieln Hen(ne) Englend(er)n
ler	Heiden Cleßgin und Peder Mandelma(n) zu gesproch(e)n daß sie
	nit sagen nach lude des buchs und auch des ortels meister
konde	Leben und yne beroren sovjl yne davo(n) kondt und wißen ist.
	Das schade yne von yre yglichen X g(ulden). Dar off sagen sie alle

a Es folgt durchgestrichen: »das«.

verstellt habe und seinen Mantel abgeworfen habe und gesagt habe „Du kommst mir gerade Recht" und anderes mehr, darauf sagt Johann Nein, denn er hatte weder einen Degen noch ein Brotmesser noch etwas anderes bei sich, wovor Hans sich hätte fürchten müssen. Auch fürchtete er sich nicht vor Hans, da Hans sein Schüler war und ihm Gehorsam versprochen hat. Und er wollte wieder zu der Tür hinein gehen, da stach Hans zu, verdeckt von Hans von Worms, und stach ihn. Deshalb hofft Johann, dass alle Gegenrede ihn nicht hindern solle, weil Hans die Tat zugegeben hat und sie auch allen Ingelheimern bekannt ist. Und er soll ihm die Kosten und den Schaden erstatten und nicht als unschuldig gelten. Und was Hans geredet hat über die zwei, die Zeugen seien, da sei es bekannt, dass er ihn gestochen habe. Das eine wie das andere legt er dem Gericht vor. Hans sagt durch seinen Vertreter: Nachdem Antz für den Pollerer geredet hat und hat festhalten lassen, dass er die Tat nicht leugne und auch nicht leugne, dass Hans vor dem Pollerer aus der Stube gewesen ist und dass sie in der Tür zusammengestoßen sind und dass Hans die Tür in der Hand hatte, das lasse er festhalten. Und er sagt, dies beweise, dass der Pollerer Umwege gesucht habe und als er ihm begegnet sei, sei dies nicht zu seinem Besten geschehen. Denn wenn er hätte mit ihm im Guten reden wollen, dann wäre er ihm auf dem nächsten Weg nachgegangen. Und er bleibe bei seiner Antwort und hofft, er könne diese beeiden. Und was der Pollerer leugnet, das soll ihn an seinem Recht nicht hindern in seiner Aussage und legt dies dem Gericht zur Entscheidung vor. Antz sagt für Johann. Nach allen vorgenannten Streitigkeiten, hätte Hans auch getan was er wolle, so hätte er ihm nicht nach dem Leben trachten sollen, und er legt dies dem Gericht wie zuvor zur Entscheidung vor. Das ist verschoben worden bis zum Zusammentreten des Vollgerichts. Dem haben beide zugestimmt.

Contzgin Dinckler hat das Buch gegen Meister Lebe öffnen lassen und das festhalten lassen und hat Heinz Driel, Henne Englender, Clesgin Heide und Peter Mandelmann angeklagt, dass sie nichts sagen zur Aussage des Buchs und auch wegen des Urteils in der Streitsache zwischen Meister Lebe und ihm, was sie davon wissen. Das schade ihm von jedem 10 Gulden. Darauf sagen sie alle

fol. 33 — Samßtag vor sant Vitus tage

TRANSKRIPTION

fier / sie sihen nach dem erkentniß myt meist(er) Leben / als vor syne(n)
schad(e)n oberkom(m)en nemlich daß sie yme ey(n) l(i)b(ram) hell(er) geb(e)n solt(en) des
habe yre iglicher yme II alb(us) geb(e)n. Die sage hait Conczgin verbot
und yne furt(er) zu gesproch(e)n daß sie die selbe yre sage nit beweren das schade yme von yre iglichen X g(ulden). Dar off sagen sie
alle fier was sie gesagt hab(e)n das wollen sie auch mit recht beweren wan(n) des noit ist. Das hait Conczgin verbot und gefragten
wan(n) sie eß thun sollen. Dar off ist myt recht gewist(en) in XIIII
tagen. Das hai(n)t sie alle verbot.

erf(olgt)	Jt(em) Hans Snyder als vo(n) mo(m)perschafft wegen Frolichs h(er)n Hansen knecht erf(olgt) Konne(n) Peder(n) offs bůche.
erk(annt)	Jt(em) Peder von Gůgeßheim erk(ennt) Henne Koch(er)n I guld(e)n zu geb(e)n in XIIII tagen. Si no(n) p erf(olgt).
erk(annt)	Jt(em) Ebert Snade erk(ennt) Drubeins Wilhelme(n) als vo(n) mo(m)p(ar)schafft Wegelhens XV alb(us) zu geb(e)n in XIIII tag(en). Si no(n) p erf(olgt).
erf(olgt)	Jt(em) Wipprecht Ducze erf(olgt) Clese Důerma(n) offs buch.
erf(olgt)	Jt(em) Henne Gickysen erf(olgt) Peder Sidendisteln vor II½ [III/2[] g(ulden).

Actu(m) off Samßtag vor sant Vit(us) tage.
Jt(em) Joh(ann)es Lůher als vo(n) mo(m)perschafft wegen der jonffr(auen) zu sant

1 h	Klaern zu Mencze dut I h vor II½ [III/2] guld(e)n gelts off Johan von Richenstein et sup(ra) ping(nora).
erk(annt)	Jt(em) Winworm erk(ennt) Ha(n)man von Rudesheim XII gulde(n) zu geben in XIIII tagen. Si no(n) p erf(olgt).
2 tag	Jt(em) Conczgin von Geilnhusen hait sin 2 tag furt(er) geheisch(e)n konde zu brenge(n) geigen Winßhen(ne) und Peder Rauben.
	Jt(em) Hengin der dhomh(er)n hoffma(n) als vo(n) der selb(e)n syn(er) heren
3 h	wegen dut sin 3 h off h(er)n Johan Sulczen und Hanse(n) den we[-]gener ut p(ri)ma.
erk(annt)	Jt(em) Bernhart Bender erk(ennt) Ped(er) Hane(n) von Jngelnhei(m) II½ [III/2] l(i)b(ras) hell(er) zu geb(e)n in XIIII tagen. Si no(n) p erf(olgt).
Ped(er) Snade Hans von Worms	Jt(em) Peder Snade hait Hansen von^a Wormßs zu gesproch(e)n wie daß Hans yne gebett(en) habe um(m)b eyn kyller win dar ynne zu legen / er wolle yme wole lone(n). Das habe er nů gethan / also habe Hans den win villicht verkaufft ader anderßwo hyne gethan / und lonet yme

a Das letzte Wort ist über der Zeile beigefügt.

4: Sie seien mit Meister Lebe wegen seines Schadens übereingekommen, nämlich dass sie ihm ein Pfund Heller geben sollen und ein jeder habe ihm 2 Albus gegeben. Die Aussage hat Contzgin festhalten lassen und sie weiter angeklagt, dass sie ihre Aussage nicht beeiden, das schade ihm von jedem 10 Gulden. Darauf sagen alle 4, dass sie das, was sie gesagt haben, auch bezeugen wollen, wenn das notwendig sei. Das hat Contzgin festhalten lassen und das Gericht gefragt, wann sie das tun sollen. Darauf ergeht das Urteil: in 14 Tagen. Dem haben sie alle zugestimmt.

Hans Snider hat als Vertreter von Frolich, dem Knecht von Herrn Hans, seinen Anspruch ins Gerichtsbuch eintragen lassen gegen Peter Konne.

Peter von Jügesheim erkennt an, Henne Kocher 1 Gulden binnen 14 Tagen zahlen zu müssen. Wenn nicht erfolgt die Pfändung.

Ebert Snade erkennt an, Wilhelm Drubein als Vertreter von Hen Wegel 15 Albus zahlen zu müssen binnen 14 Tagen. Wenn nicht erfolgt die Pfändung.

Wipprecht Dutz hat seinen Anspruch ins Gerichtsbuch eintragen lassen gegen Cles Duherman.

Henne Gickysen verklagt Peter Sidendistel auf 2½ Gulden.

14. Juni 1477

Johannes Luher als Vertreter der Nonnen von St. Clara zu Mainz erhebt seine 1. Klage wegen 2½ Gulden Geld gegen Johann von Richenstein auf die Pfänder.

Winworm erkennt an, Hanman von Rüdesheim 12 Gulden zahlen zu müssen binnen 14 Tagen. Wenn nicht erfolgt die Pfändung.

Contzgin von Gelnhausen hat seinen 2. Tag beantragt, Beweise beizubringen gegen Henne Winß und Peter Raub.

Hengin, der Hofmann der Domherren, erhebt für seine Herren seine 2. Klage gegen Johann Sultz und Hans den Wegener.

Bernhard Bender erkennt an, Peter Hane von Ingelheim 2½ Pfund Heller zahlen zu müssen binnen 14 Tagen. Wenn nicht erfolgt die Pfändung.

Peter Snade hat Hans von Worms angeklagt, dass Hans ihn gebeten habe, ihm einen Keller zu geben um Wein dort zu lagern. Er wollte ihn gut bezahlen. Das habe er nun getan. Hans habe den Wein nun vielleicht verkauft oder anderswo hin getan und bezahlt ihn

Samßtag vor sant Vitus tage

nit jn maiß(e)n er yme zu gesagt. Das schade yme IIII guld(e)n
und heist Hansen ey(n) ja ader ney(n) obe er yme also geretten
habe zu lonen ader nit. Dar off sagt Hans er habe off ey(n) zijt
eynßs kyllers bedorffen und habe Stern frauw(e)n um(m)b eynen
gebett(en). Die habe des kyllers auch die zijt macht gehabt(en). Dar
zu habe Niclas sin knecht die zijt yn dem huse geseßen den
habe er auch um(m)b den kyll(er) gebett(en). Also habe sie yme den
kyller geluhen und er habe nůste um(m)b Peder(n) bestanden / ader
yme gerett(en) zu geb(e)n. Und wes er yne wider anlange des
sij er unschuldig. Die unscholt ist gestalt nach hude zu XIIII
tagen. Das haint sie beide verbot.

Ped(er) Snade
Barbel

Jt(em) Peder Snade hait Hans von Wormßs frauwe(n) Barbeln zu ge-
sproch(e)n wie daß sie um(m)b yne kauftt(en) habe III fertel eyer ye
das fertel um(m)b IX d und ey(n) fiermaß botter um(m)b eyn thornes
und bezale yme des nit. Das schade yme I guld(e)n und heist yr
des ey(n) ja ader ney(n). Dar off sagt Hans als vo(n) siner hußfr(au) wege(n)
eß sihen wole sehß jare daß Peder yme schuldig gewest(en) sij
ey(n) g(ulden) und IIII alb(us) also hab(e)n sie mit Ped(er)n gerechent und die
eyer und botter abe geslagen daß er yne schuldig bleyp XVII
alb(us) und V d. Die sihen bezalt(en). Und wes Peder sin hußfrauwe
wider anlange des sij sie unschuldig. Die unscholt ist gestalten
nach hude zu XIIII tagen. Das haint sie beide verbot.

i(n) j(ure)

Wolffs Hen(ne)

Arnolts Else

Jt(em) Hans Snyder hait sich verdingt Wolfs Henne(n) sin wort zu thůn
und hait sin und(er)tinge verbot als recht ist. Und hait Arnolts
Elsen zu gesproch(e)n wie daß die her(e)n off sant Vichtors berg ey(n)
gulte off yme und Melma(n)s Hengin herwonne(n) haint / nach lude
des gerichts bůch / Die dan(n) her ko(m)men ist von Concze Kremers
wegen / der yre hußwert gewest(en) sij.ᵃ Nů ist sie ey(n) heiptstam(m) an
solicher gult(en) als wole als er / So hait sie auch die gulte den her(e)n
gereicht und helffen geb(e)n dar zu habe sie noch der und(er)phande
ynne / und auch bynne korczen jaren der selb(e)n gulten von ander
luden offgehab(e)n. Daß sie nů geige(n) den her(e)n soliche gulte nit
hulffet tragen ader ußriecht(en) nach dem sie ey(n) heipt stam(m) ist
das schade Henne(n) I$^{c(entum)}$ guld(e)n. Und obe sie dar zu ney(n) sagen wolt
so hoffe Henne sie zu zugen myt des gerichts bůchᵇ alsdan(n) die konde

i(n) j(ure)

ober die sache gesagt(en) hait. Dar off sagt Else eß moge sin daß
sie vor ziden jn der gemey(n) den her(e)n gulte gehab(e)n hab(e)n. Dem

---

a Das letzte Wort ist über der Zeile beigefügt.
b Das letzte Wort ist über der Zeile beigefügt.

nicht in dem Maß, in dem er es ihm zugesagt hat. Das schade ihm 4 Gulden, und er fordert von Hans ein Ja oder Nein, ob er ihm versprochen habe ihn zu bezahlen oder nicht. Darauf sagt Hans: Er habe vor einiger Zeit einen Keller benötigt und habe Sterns Frau um einen gebeten. Die habe zu der Zeit über die Keller verfügt. Zudem habe Niclas, sein Knecht, zu der Zeit in dem Haus gewohnt, den habe er auch um einen Keller gebeten. So haben sie ihm den Keller geliehen. Und er wüsste nichts von Peter gepachtet zu haben oder ihm versprochen zu haben, ihm etwas zu geben. Und wessen er ihn darüber hinaus anklage, dessen sei er unschuldig. Die Unschuld gilt von heute an 14 Tage. Dem haben sie beide zugestimmt.

Peter Snade hat Bärbel, die Frau von Hans von Worms, angeklagt, dass sie von ihm gekauft habe 3 Viertel Eier, das Viertel je für 9 Pfennig und ein Viermaß Butter für einen Tournosen und bezahle ihm das nicht. Das schade ihm einen Gulden, und er fordert von ihr ein Ja oder Nein. Darauf sagt Hans für seine Ehefrau: Es sei wohl 6 Jahre her, dass Peter ihm einen Gulden und 4 Albus schuldig gewesen sei. Daher hatten sie mit Peter abgerechnet und die Eier und die Butter abgeschlagen, so dass er ihm 17 Albus und 5 Pfennig schuldig blieb. Die seien bezahlt. Und wessen Peter seine Ehefrau darüber hinaus anklage, dessen sei sie unschuldig. Die Unschuld gilt von heute an 14 Tage. Dem haben sie beide zugestimmt.

Hans Snider hat sich verpflichtet, Henne Wolff zu vertreten und hat seine Anwaltschaft festhalten lassen, wie es Recht ist. Und er hat Else Arnold angeklagt, dass die Herren von St. Viktor eine Gülte von ihr und Hengin Melman erworben hatten nach Aussage des Gerichtsbuchs. Die rühre von Contz Kremer, der ihr Ehemann war, her. Damit ist sie nun ein Hauptschuldiger dieser Gülte ebenso wie er. Sie hat sich auch beteiligt, den Herren von St. Viktor die Gülte zu zahlen, zudem haben diese auch Pfänder inne und vor wenigen Jahren gleiche Gülten von anderen Leuten eingezogen. Dass sie nun nicht mehr hilft, die Gülte den Herren zu bezahlen und auszurichten, obwohl sie doch ein Hauptschuldiger ist, das schade Henne 100 Gulden. Und wenn sie dazu vor Gericht Nein sagen wolle, so hoffe Henne ihr das zu beweisen durch das Gerichtsbuch, wo sich die Beweismittel in dieser Sache finden. Darauf sagt Else: Es möge sein, dass sie vor einiger Zeit in der Gemeinde von den Herren Gülten hatte. Damals

fol. 34 — Samßtag vor sant Vitus tage

nach / sihen Wolffs Hen(ne) und Melma(n)s Heng(in) ko(m)men zu den heren
und myt yne ober ko(m)men und sich dar gestalt(en) als vor heiptlude.
Und haint sie zu den selb(e)n sachen nit zu raide geno(m)men / sondern
sie abegestalt(en). Die her(e)n haint sie auch sijt here gesucht(en) vor heipt
lude und sie auch mit recht dar vor erwonne(n) / Sie hab(e)n auch den
luden verbott(en) yre key(n) gulte mehe zu geb(e)n / die sie dan(n) vor gemeyn gehaben hab(e)n. Dem nach so hoffe sie Henne(n) nuste schuldig
zu sin. Dan(n) sij sie den her(e)n etwas schuldijg den woll sie rechts
gehorsam sin. Und als Hans Snyd(er) gerett(en) hait als vo(n) Wolfs Henne(n)
wegen wie daß sie der und(er)phande ynne habe / den moge er nach
gehen do laiße sie um(m)b gescheen sovjl als recht ist. Und hofft dwile
sie sich den her(e)n vor heiptlude dar gestalt(en) haint und mit recht

i(n) j(ure)   dar vor erwonne(n) sint so sij sie Henne(n) nuste schuldig. Hans Snid(er)
als vo(n) Henne(n) wegen hait verbot daß Else nit abreddijg ist^a daß sie
die gůlte habe helffen geb(e)n auch daß sie von Concze Kremern
ko(m)men sij auch daß sie nit abreddig ist daß sie die gulte jn korcze
habe helffen geb(e)n. Und als Else gerett(en) hait daß die her(e)n sie
erwonne(n) hab(e)n vor heiptlude / do sage Wolfs Henne er meyne
daß die gulte ey(n) unverscheidlich gulte sij / und sihe menlich fure
alle. Deshalb(e)n so hoffe er daß sich Else do mit nit soll abeslagen.
Und als er sich erbott(en)^b hait sie^c zu zůgen mit dem buch da hoff er ma(n)
soll das horen und begert dar um(m)b rechts / Else sagt nach dem

i(n) j(ure)   Hans Snid(er) verbott(en) daß sie nit abreddig sij daß sie die gulte
bynne eyner zijt gehaben habe / do moge er solich zijt nenne(n).
Sie sij sin abreddig und hofft daß sie solichs nit yrren solle. Und
nach dem sie dan(n) solicher bereddůnge / sie den her(e)n gethan / abreddig
gewesten und doch mit recht erzugt sint word(e)n so hoffe sie Henne(n)
um(m)b den selb(e)n kosten nuste schuldig zu sin und stilt eß auch zu
recht. Nach dem Hans Snid(er) als von Wolffs Henne(n) wegen off das ge[-]
richts bůch zůgt so sprech(e)n wir zům rechte(n) daß er das auch vor
gericht brengen sall und das thůn in XIIII tagen. Bedarff er
dan(n) siner tage furte und heist die als recht ist so sall ma(n) yme
die furt(er) stillen noch zu czweien XIIII tagen. Und so das buch ver-
horten wirt beheltlich Elsen yre jnsage und geschee dan(n) furt(er)
sovjl^d als recht ist. Das haint sie beide verbot.

erf(olgt)   Jt(em) Henne Alczelnkrag erf(olgt) Grede Gertenerß(e)n vor ½ [1/2] g(ulden).
Jt(em)^e Philips Hyrte unser myt scheffen geselle hait syne(n) lijp

---

a Das letzte Wort ist über der Zeile beigefügt.
b Verbessert aus »gebott(en)«, die Anfangssilbe »er« ist dabei über der Zeile geschrieben.
c Das letzte Wort ist über der Zeile beigefügt.
d Am linken Seitenrand befindet sich ein kleines Kreuz.
e Am linken Seitenrand befindet sich ein kleines Kreuz.

sind Henne Wolff und Hengin Melman zu den Herren gegangen und mit ihnen übereingekommen und haben sich als Hauptschuldiger verpflichtet. Sie haben sich damals mit ihr nicht beraten, sondern sie herausgenommen. Die Herren haben sie [Henne Wolff und Hengin Melman] seitdem auch als Hauptschuldiger behandelt und sie als solche vor Gericht bestimmt. Sie haben auch den Leuten verboten, ihr weiter Gülte zu geben, die sie der Gemeinde zu leisten haben. Daher hofft sie, Henne nichts schuldig zu sein. Sei sie den Herren etwas schuldig, wolle sie ihnen gehorsam sein. Und was Hans Snider weiter geredet hat von Henne Wolfs wegen, dass sie die Pfänder innehabe; dem möge er nachgehen, in dieser Sache lasse sie es geschehen, wie es rechtmäßig ist. Und sie hofft, weil sie sich den Herren als Hauptschuldiger angeboten haben und als solche vor Gericht bestimmt wurden, so sei sie Henne nichts schuldig. Hans Snider hat für Henne festhalten lassen, dass Else nicht abstreitet, dass sie geholfen habe, die Gülte zu geben, auch dass sie von Contz Kremer herrühre; auch dass sie nicht leugnet, dass sie die Gülte vor kurzem mit den anderen bezahlt habe. Und was Else gesagt hat, dass die Herren sie als Hauptschuldiger gewonnen haben, da sagt Henne Wolff, er meine, dass die Gülte eine unaufteilbare Gülte sei und gleichermaßen für alle gelte. Er hoffe deshalb, dass sich Else damit nicht herausnehmen könne. Und als er anbot, ihr das mit dem Gerichtsbuch zu beweisen, da hoffe er, man solle das hören und fordert das vom Gericht. Else sagt: Nachdem Hans Snider hat festhalten lassen, dass sie nicht leugnet, die Gülte einige Zeit erhalten zu haben, da solle er die Zeit nennen. Sie leugne dies und hofft, dass sie dies nicht irre machen soll. Und nachdem sie [Henne Wolff und Hengin Melman] eine Absprache, die sie mit den Herren von St. Viktor getan haben, leugneten und ihnen diese Absprache vor Gericht bewiesen wurde, so hoffe sie Henne wegen den Kosten nichts schuldig zu sein und legt dies auch dem Gericht vor. Nachdem Hans Snider für Henne Wolff sich auf das Gerichtsbuch beruft, so sprechen wir als Recht: Er soll es vor das Gericht bringen in 14 Tagen. Bedürfe er Verlängerung und fordere sie wie es rechtmäßig ist, so soll man ihm noch zweimal 14 Tage gewähren. Und wenn das Buch als Beweismittel gehört wird, vorbehaltlich der Gegenrede Elses, geschehe es weiter, wie es rechtmäßig ist. Dem haben beide zugestimmt.

Henne Atzelkragen verklagt Grede Gertener auf ½ Gulden.

Philipp Hirt, unser Mitschöffe, hat seinen Leib

fol. 34v — Dinstag nach sant Vitus tage

TRANSKRIPTION

lyp vor sin gut gestalt(en)	vor sin gut gestalt(en) nach dem Rußen Clese als von h(er)n Conrat Ybchs wegen off yne geheisch(e)n hait und wijl recht geb(e)n und neme(n) etc. Des ist yne beide tag gestalt(en) bijß off Dinstag nach sant Jacobs tage sic hodie. Das haint sie beide verbot.
	Actu(m) off Dinstag nach sant Vit(us) tage.
tag v(er)hut(en)	Jt(em) Adam von Winheim Cleßgin Berkorn / Hans von Klee und Rytter Hengin haint alle yren tag verhuten. Des ist yne tag gestalt an das nehste gericht.
2 tag	Jt(em) Winßhen(ne) Peder Raup und Conczgin von Geylnhusen haint yren 2 tag furt(er) geheisch(e)n konde zu brengen.
2 h	Jt(em) Winßhen(ne) als vo(n) sins jonck(er)n wegen dut sin 2 h off Ebert Feczern und Gotfart(en) von Randecke ut p(ri)ma.
	Actu(m) off Donerstag nach sant Vit(us) tage.
3 h	Jt(em) h(er) Johan Sulczen dut sin 3 h off Rudolff Snyd(er)n und Peder Duczen ut p(ri)ma.
	Actu(m) off off Samßtag vor^a sant Pet(er) und Pauwels tage.
erk(annt)	Jt(em) Conczgin Dinckler erk(ennt) Clese Rauben uns(er)m myt scheffen gesellen XX guld(e)n off rechnu(n)ge zu geben in XIIII tag(en). Si no(n) p erf(olgt).
i(n) j(ure)	Jt(em) Wolfs Henne hait das buche wie dan(n) ansprache und antwort zusch(e)n Arnolts Elsen und yme geluten auch wie die konde zusch(e)n den her(e)n zu sant Vichtor / Melma(n)s Hengin und yme gesagten laißen offen und das verbot. Und sagt nach
Wolffs Hen(ne) Arnolts Else	lude des buchs das dan(n) clerlich jnhalde / daß die frauwe eß habe helffen vertedinge(n) / und als die konde bewerten haint daß er und Melma(n)s Hengin heiptlude sihent / Do mit sij die
ad socios	frauwe nit abe gescheiden. Und er hoffe nach dem sie eyn heiptstam(m)e ist / so solle sie auch als dieffe do ynne stecken als er und mit keyne(n) rechten rechten [!] dar vor stehen. Und er solle sie erzugten hain und stilt das zu recht. Dar off sagt

a Die letzten drei Worte sind über der Zeile beigefügt, darunter durchgestrichen: »Dinstag nach«.

vor sei Gut gestellt, nachdem Cles Ruß für Herrn Konrad Ybch gegen ihn geklagt hat und will Recht geben und nehmen. Dafür ist ihnen ein Termin gesetzt am Dienstag nach St. Jakob. Dem haben beide zugestimmt.

17. Juni 1477
Adam von Weinheim, Clesgin Berkorn, Hans von Klee und Hengin Ritter haben alle ihren Gerichtstag gewahrt. Es wurde ihnen ein Termin gesetzt am nächsten Gerichtstag.

Henne Winß, Peter Raub und Contzgin von Gelnhausen haben ihren 2. Tag gefordert um Beweismittel beizubringen.
Henne Winß erhebt für seinen Junker seine 2. Klage gegen Ebert Fetzer und Gotfart von Randeck.

19. Juni 1477
Herr Johann Sultz erhebt seine 2. Klage gegen Rudolf Snider und Peter Dutz.

28. Juni 1477
Contzgin Dinckler erkennt an, Cles Raub, unserem Mitschöffen, 20 Gulden zahlen zu müssen gegen Rechnung binnen 14 Tagen. Wenn nicht erfolgt die Pfändung.
Henne Wolff hat das Buch, wie die Anklage und die Gegenrede zwischen Else Arnold und ihm gelautet habe, auch wie die Beweise zwischen den Herren zu St. Viktor, Hengin Melman und ihm gelautet haben, öffnen lassen und hat das festhalten lassen. Und er sagt: Das Buch beweise klar, dass die Frau geholfen habe zu verhandeln. Und da die Beweise bekräftigen, dass er und Hengin Melman Hauptgläubiger sind, damit sei die Frau nicht ausgeschieden. Und er hofft, weil sie ein Hauptgläubiger ist, sie soll ebenso tief darin stecken wie er und mit keinem Recht sich daraus ziehen. Und er hofft, er habe den Beweis erbracht und legt das dem Gericht vor. Darauf sagt

Samßtag vor sant Peter und Pauwels tage

Else sie hoffe unerzugt(en) zu sin / Und moge wole sin[a] daß die gulte lange
zijt gegeben sij worden / Nů ligen und(er)phande dar vor / da hoffe
sie wan(n) yne yre gulte nit werde / daß sie den nach gehen sollen.
Und als sie myt recht vor heiptlude erlangt(en) han,[b] des sie dan(n) abreddig
waren / do hoffe sie yne um(m)b den selben kosten auch nuste schuldig
zu sin und stilt eß zu recht / Henne sagt er hoffe daß yne die jn[-]
sage nit yrren solle dan(n) er schuldige sie als vor eyne(n) heipt
stam(m) und hofft er habe bij brachten und solle sie erfolgt(en) hain.
Und stilt das zu recht / Else hofft unerfolgt(en) zu sin und hait eß
auch zu recht gestalt(en) jn maißen als vor. Das ist gelengt ad socios.
Das haint sie beide verbot.

erf(olgt)	Jt(em) Henne von Eltvjl als vo(n) h(er)n Hansen unß(er)s mit scheffen gesellen wegen erf(olgt) Stern Clesen offs bůch.
erf(olgt)	Jt(em) Winßhenne erf(olgt) Ebert Kyczen offs bůch.
erk(annt)	Jt(em) Woberhenne erk(ennt) Henne(n) von Eltvjl als vo(n) h(er)n Ebalts wegen XII alb(us) zu geb(e)n in XIIII tagen. Si no(n) p erf(olgt).
erk(annt)	Jt(em) Peder Ducze erk(ennt) her Johan Slyddorn vica(r)i(us) zu sant Vichtors berg IX jare v(er)seßner zinße off rechnu(n)ge / nemlich alle jars XII ß / zu geb(e)n zusch(e)n sant Bartolme(us) tage. Si no(n) p erf(olgt).
1 h	Jt(em) Jeckel Carppe dut 1 h vor XV ß und III hell(er) off Henne(n) von Echzel et om(n)ia.
Snyd(er)henne Clese von Sprendlinge(n)	Jt(em) Snyderhen(ne) hait Clesen von Sprendlinge(n) zu gesproch(e)n wie daß sin hußfrauwe jn Cleßgin Scherers bestentniß gange(n) sij ne(m)lich des huschs halben alle jars III g(ulden) davo(n) zu geb(e)n. Daß er yme nů sin anczale nit ußriecht das schade yme III g(ulden). Dar off sagt Clese er ader sin hußfr(au) sihen in Cleßgin Scherers bestentniße nit gange(n) und wes er yne wider anlange des sihe er unschuldig. Die unscholt ist gestalt noch hude zu XIIII tag(en). Ambo v(er)bot.
erk(annt) recht thun	Jt(em) Henne Raůp Peder Raup und Winßhen(ne) erkenne(n) Wigant Storcz[-]burge(r)[-] | koppen noch daling burge(r)recht zu thun vor Ebert Kiczen vor funffe gulden.
p b II	Jt(em) Wigant Storczkopp hait p b an Clese Harwilern und Hengin Rauchen.
p b	Jt(em) Henne Erken(n) hait p b an Conczgin Dincklern.
p b	Jt(em) Johan der poller(er) hait p b an Winworme(n).
erf(olgt)	Jt(em) die Kremerße(n) erf(olgt) H(er)man Styffen vor I ort(en) off rechnu(n)g(e).
erf(olgt)	Jt(em) Benderhen(ne) erf(olgt) Hengin Rauchen vor I g(ulden) und XVI alb(us).
erf(olgt)	Jt(em) Bend(er)hen(ne) erf(olgt) Herma(n) Bendern vor I guld(e)n.

a Das letzte Wort ist über der Zeile beigefügt.
b Das letzte Wort ist über der Zeile beigefügt.

28. Juni 1477 — fol. 35

ÜBERTRAGUNG

Else, sie hofft, dass er nicht gegen sie gewonnen habe. Es könne wohl sein, dass die Gülte lange Zeit gegeben worden sei. Nun liegen Pfänder dafür fest, daher hoffe sie, wenn ihnen ihre Gülte nicht würde, dass sie an diese gehen, und weil sie vom Gericht als Hauptgläubiger erklärt wurden, was sie geleugnet haben, hoffe sie an den Kosten nichts schuldig zu sein und legt dies dem Gericht vor. Henne sagt, er hoffe, dass ihn dieser Einspruch nicht in der Sache irre mache, denn er klage sie an als ein Hauptgläubiger und hofft, er habe den Beweis erbracht und gegen sie gewonnen. Das legt er dem Gericht vor. Else hofft, dass er nicht gegen sie gewonnen habe und legt dies dem Gericht vor wie zuvor. Das ist verschoben worden bis zum Zusammentreten des Vollgerichts. Dem haben sie beide zugestimmt.

Henne von Eltville hat als Vertreter von Herrn Hans, unseres Mitschöffen, seinen Anspruch ins Gerichtsbuch eintragen lassen gegen Cles Stern.

Henne Winß hat seinen Anspruch ins Gerichtsbuch eintragen lassen gegen Ebert Kitz.

Henne Weber erkennt an, Henne von Eltville für Herrn Ebalt 12 Albus zahlen zu müssen binnen 14 Tagen. Wenn nicht erfolgt die Pfändung.

Peter Dutz erkennt an, Herrn Johann Sliddorn, Vikar zu St. Viktor, 9 Jahre lang ausstehende Zinsen gegen Rechnung zahlen zu müssen, nämlich jedes Jahr 12 Schilling zu St. Bartholomäus. Wenn nicht erfolgt die Pfändung.

Jeckel Carpp erhebt seine 1. Klage wegen 15 Schilling und 3 Heller gegen Henne von Echzell auf alles.

Henne Snider hat Cles von Sprendlingen angeklagt, dass seine Ehefrau den Bestandsbrief von Clesgin Scherer übernommen habe, nämlich für ein Häuschen jedes Jahr 3 Gulden zu geben. Dass er ihm nun seinen Anteil nicht auszahle, das schade ihm 3 Gulden. Darauf sagt Clesgin, er oder seine Frau hätten nicht die Verpflichtungen von Clesgin Scherer übernommen und wessen er ihn anklage, dessen sei er unschuldig. Die Unschuld gilt von heute an 14 Tage. Dem haben beide zugestimmt.

Henne Raub, Peter Raub und Henne Winß erkennen an, noch heute für Wigand Stortzkopp Bürgen zu sein gegenüber Ebert Kitz für 5 Gulden.

Wigand Stortzkopp hat Pfändung gefordert gegen Cles Harwiler und Hengin Rauch.

Henne Erk hat Pfändung gefordert gegen Contzgin Dinckler.

Johann der Pollerer hat Pfändung gefordert gegen Winworm.

Die Krämerin verklagt Hermann Stiffe auf 1 Ort gegen Rechnung.

Henne Bender verklagt Hengin Rauch auf 1 Gulden und 16 Albus.

Henne Bender verklagt Hermann Bender auf 1 Gulden.

fol. 35v — Dinstag nach Peter und Pauli appostolorum

Actu(m) off Dinstag nach Pet(er) und Pauli app(osto)lor(um).
Jt(em) Dornhen(ne) / Hen(ne) Bußer / Enders von Swabenheim / Wolffs Henne
tag v(er)huten — Melma(n)s Hengin und Liebhen(ne) Concze haint alle yren tag verhuten. Des ist yne tag gestalt an das nehste gericht nemlich
off Dinstag nehst nach sant Jacobs tage.

3 tag — Jt(em) Conczgin Geilnhusen Peder Raup und Winßhen(ne) haint yren
3 tag furt(er) geheisch(e)n konde zu brenge(n) und das verbott.

3 h — Jt(em) Winßhen(ne) als vo(n) sins jonckern wegen dut sin 3 h off
Ebert Feczern ut p(ri)ma.

Actu(m) off Donerstag nach Visitat(i)o(n)is Ma(r)ie.
Jt(em) Rudolff Snyder hait syne(n) lijp vor sin gut gestalt(en) nach dem
lip vor sin gut gestalt(en) — her Johan Sulczen off yne geheisch(e)n hait und wil recht geben und neme(n) etc. Des ist yme tag gestalt(en) an das nehste
gerichte.

Actu(m) off Samßtag nach Visitat(i)o(n)is Ma(r)ie.
Jt(em) Joh(ann)es Luher als vo(n) mo(m)perschafft wegen der aptischen
und covent zu sant Klaern zu Mencze dut 1 clage vor
1 clage — funffzijg guld(e)n heiptgelt gerichts kosten und XX guld(e)n
schaden off Greden von Oisterich Hengin Enders seligen
witwen et om(n)ia.

4 [8/2] h — Jt(em) Hengin der dhomher(e)n hoffma(n) als vo(n) syn(er) her(e)n wegen
dut sin 4 [8/2] h off Henne(n) von Echzel ut p(ri)ma.

Actu(m) off Mytwoch nach sant Kilians tage.
Jt(em) Henne Erken(n) Clese Storczkopp der alte und Starcken Heynrich
tag v(er)hût(en) — haint sich erbotten konde zu geben zuschen Peder Rauben
Winßhenne(n) und Conczgin von Geilnhusen. Des ist yne tag
gestalt(en) an das nehste gerichte.

Actu(m) off Samßtag nach sant Kilians tage.
2 h — Jt(em) Jeckel Carppe dut sin 2 h off Henne(n) von Echzel ut p(ri)ma.

1. Juli 1477

Henne Dorn, Henne Bußer, Enders von Schwabenheim, Henne Wolff, Hengin Melman und Contz Liebhenne haben alle ihren Gerichtstag gewahrt. Es ist ihnen ein Termin gesetzt worden am nächsten Gerichtstag, nämlich am Dienstag nach St. Jakob.

Contzgin Gelnhausen, Peter Raub und Henne Winß haben ihren 3. Tag erbeten, Beweise beizubringen und haben das festhalten lassen.

Henne Winß erhebt für seinen Junker seine 3. Klage gegen Ebert Fetzer.

3. Juli 1477

Rudolf Snider hat seinen Leib vor sein Gut gestellt, nachdem Johann Sultz gegen ihn geklagt hat und will Recht geben und nehmen. Es ist ihm ein Termin gesetzt worden am nächsten Gerichtstag.

5. Juli 1477

Johannes Luher erhebt als Vertreter von Abt und Konvent von St. Klara, Mainz seine 1. Klage wegen 50 Gulden Klagesumme, Gerichtskosten und 20 Gulden Schaden gegen Grede von Östrich, Witwe von Hengin Enders auf alles.

Hengin, der Hofmann der Domherren, erhebt für seine Herren die 4. Klage gegen Henne von Echzell.

9. Juli 1477

Henne Erk, Cles Stortzkopp der Alte und Heinrich Stark haben angeboten, Zeugenaussagen zu machen im Streit zwischen Peter Raub, Henne Winß und Contzgin von Gelnhausen. Dafür ist ihnen ein Termin gesetzt worden am nächsten Gerichtstag.

12. Juli 1477

Jeckel Carpp erhebt seine 2. Klage gegen Johann von Echzel.

fol. 36 — Dinstag Divisionis Appostolorum

TRANSKRIPTION

tag v(er)hut(en)	Jt(em) Clese von Sprendlingen hait syne(n) tag v(er)huten der unschulde halb(e)n geigen Snyder Henne(n). Des ist yme tag gestalt(en) an das nehste gerichte.
1 h	Jt(em) Ancze Duppengießer als vo(n) mo(m)perschafft wegen Wilhelms von Swalbach dut 1 h vor XV guld(e)n gelts off Johan von Richenstein et supra ping(nora).
	Actu(m) off Dinstag Division(is) App(osto)lor(um).
1 h	Jt(em) Henne von Sweden dut 1 h vor II guld(e)n gelts off Benderhenne(n) et sup(ra) ping(nora).
	Actu(m) off Samßtag nach Divisio(n)is App(osto)lor(um)
2 clage	Jt(em) Joh(ann)es Luher als vo(n) mo(m)perschafft wegen der aptische(n) und covent zu sant Klaern zu Mencze dut sin 2 clage off Greden von Oisterich Hengin Enders selig(en) witwe(n) ut p(ri)ma.
	Actu(m) off Samßtag nach sant Jacobs tage.
2 h	Jt(em) Ancze Duppengießer als vo(n) mo(m)perschafft wegen Wilhelms von Swalbach dut sin 2 h off Johan von Richensteyn ut p(ri)ma.
3 h	Jt(em) Jeckel Carppe dut sin 3 h off Henne(n) von Echzel ut p(ri)ma.
	Actu(m) off Dinstag vor Adv(i)n(c)ula Pet(ri).
s(e)n(tent)ia	Jt(em) Henne von Eltvjl als vo(n) mo(m)p(ar)erschafft wegen h(er)n Hanse(n) etc. sagt er habe Stern Clesen erf(olgt) und ergange(n). Nu habe er
phande	key(n) ligen gude und wuße nit wo er yne phenden solle.
aym libe	S(e)n(tent)ia er sall yme phande an syme lybe heiß(e)n geben.
gelengt	Jt(em) zuschen Philips Hyrten unß(er)m mit scheffen und Rußen Clesen ist gelengt noch hude zu XIIII tag(en).
erk(annt)	Jt(em) Rudolff Snyder erk(ennt) her Johan Sulczen XVI ß und IIII engels zu geb(e)n in XIIII tag(en). Si no(n) ping(nora) erfolgten.

15. Juli 1477

ÜBERTRAGUNG

Cles von Sprendlingen hat seinen Gerichtstag gewahrt, seine Unschuld gegenüber Hans Snider zu beweisen. Dafür ist ihm ein Termin gesetzt worden am nächsten Gerichtstag.
Antz Duppengießer hat als Vertreter Wilhelms von Schwalbach seine 1. Klage erhoben wegen 15 Gulden gegen Johann von Richenstein auf die Pfänder.

15. Juli 1477
Henne von Sweden erhebt seine 1. Klage wegen 2 Gulden Geld gegen Henne Bender auf die Pfänder.

19. Juli 1477
Johannes Luher erhebt als Vertreter von Abt und Konvent zu St. Klara, Mainz seine 2. Klage gegen Grede von Östrich, die Witwe Hengin Enders.

26. Juli 1477
Antz Duppengießer erhebt als Vertreter Wilhelms von Schwalbach seine 2. Klage gegen Johann von Reichstein.
Jeckel Carpp erhebt seine 3. Klage gegen Henne von Echzell.

29. Juli 1477
Henne von Eltville sagt als Vertreter von Herrn Hans, er habe Cles Stern vor Gericht gebracht und gegen ihn gewonnen. Nun habe dieser keine liegenden Güter, und er wüsste nicht, wo er ihn pfänden solle. Urteil: Er soll ihm Pfänder an seinem Leib geben.
Zwischen Philipp Hirt, unserem Mitschöffen und Cles Ruß ist der Termin verschoben worden auf heute in 14 Tagen.
Rudolf Snider erkennt an, Johann Sultz 16 Schilling und 4 Englische zahlen zu müssen binnen 14 Tagen. Wenn nicht erfolgt die Pfändung.

fol. 36v — Dinstag vor Advincula Petri

	Jt(em) zusch(e)n Henne Bůß(er)n von Hilberßhey(m) und Enderß(e)n von
	Swabenhey(m) sall nit widd(er) an gericht ko(m)men. Und was sie
	bijß off diesen tag myt eyne zu thůn gehabt / sall yr yg-
no(n) reveni(r)e^b	licher syner frunde czwene zu geb(e)n und obe die fier
nota	nit ober ko(m)men sollen sie eyne(n) funfften kiesen und
	wie sie die fier mytsampt dem funfften entscheid(e)n do
	sall eß bij blyben. Das hait der scholtes als vo(n) des gerichts
	wegen verbot.
erf(olgt)	Jt(em) die Kremerß(e)n erf(olgt) Drubein offs bůch.
1 h	Jt(em) Henne von Sweden dut 1 h vor II guld(e)n gelts off
	Benderhenne(n) et sup(ra) ping(nora).
	Jt(em) Hans Snyd(er) hait sich verdingt Wolffs Henne(n) sin wort
	zu thůn und hait sin und(er)tinge verbot als recht ist. Und
	hait Liebhen(ne) Conczen zu gesproch(e)n wie daß die heren
no(ta)	zu sant Vichtor zu Mencze off Hengin Melma(n) und yme
Melman^c	gulte erwonne(n) haben nach lude des gerichts buch. Die dan(n)
	herko(m)men ist von Concze Kremern / der dan(n) ey(n) recht heipt[-]
Wolfs Hen(ne)	stam(m) der selben gulten gewest(en) ist / Nů ist Melma(n)s Hens
	frauwe selige Margrett Concze Kremers dochter gewest(en).
Liebhenne	Melma(n)s Hengins furfare. Concze Dinckler selige hait syn(er)
Concze	dochter auch eyn gehabt(en) gena(n)t Nese / Wolfs Henne hait
	syn(er) dochter auch eyn gehabt(en) gena(n)t Else / Peter Franczi(us)
ad socios	selige Conczgins furfare ist auch sin sone gewest(en) und sint
	alle geswister von eyme stam(m)e gewest(en) / Nů der lyngen
	und dem geblude nach bedůncke Henne(n) / daß Conczgin als
	nahe sij als er nach dem er Ped(er) Franczius gude ynne habe.
	Und Conczgin soll an der gult(en) als wole geburen zu neme(n)
	und zu geb(e)n als yme. Und daß er yme nů nit hilffet solich
	gulte ynne zu^a gewynne(n) und ußgeb(e)n das schade yme 1^c(entum) g(ulden).
	Und obe er ney(n) sagen wolt daß er nit Ped(er) Franczius erbe
	sij so woll er yne des zugen mit des gerichts bůch. Dar
i(n) j(ure)	off hait sich Henne von Eltvjl verdingt Conczen sin wort
	zu thůn und hait sin und(er)tynge verbot als recht ist und
	sagt eß moge sin daß Conczen furfare Concze Kremers
	sone gewest(en) sij / Der habe sin hußfr(au) gehabt(en) fier ader
	funffe und czwenczijg jare lang und die gulte sij nye

a Das Wort ist mit zwei senkrechten Strichen schwach durchgestrichen.
b Über und unter der Marginalie befinden zwei klammerartige Striche, die diesen achtzeiligen Absatz umschließen.
c Die zweizeilige Marginalie ist von anderer Hand und mit schwarzer Tinte hinzugefügt.

29. Juli 1477 — fol. 36v

ÜBERTRAGUNG

Zwischen Henne Bußer von Hilbersheim und Enders von Schwabenheim soll die Sache nicht wieder vor Gericht kommen. Und in der Sache, um die sie bis heute gestritten haben, soll jeder zwei Freunde nennen und wenn die 4 sich treffen, sollen sie einen Fünften wählen und wie die 5 entscheiden, so soll es sein. Das hat der Schultheiß für das Gericht festhalten lassen.

Die Krämerin hat ihren Anspruch eingeklagt gegen Drubein.

Henne von Sweden erhebt seine 1. Klage wegen 2 Gulden Geld gegen Henne Bender auf die Pfänder.

Hans Snider hat sich verpflichtet, Henne Wolff vor Gericht zu vertreten und hat seine Anwaltschaft festhalten lassen. Und er hat Contz Liebhenne angeklagt, dass die Herren von St. Viktor zu Mainz von Hengin Melman und ihm Gülten erworben haben nach Aussage des Gerichtsbuchs. Diese stammen von Contz Kremer, der Hauptgläubiger der Gülte gewesen sei. Nun ist die verstorbene Frau von Hen Melman, Margarethe, die Tochter von Contz Kremer gewesen. Contzgin Dinckler, der verstorbene Vorfahre von Hengin Melman, hatte unter seinen Töchtern eine, die Nese genannt wurde. Henne Wolff hatte unter seinen Töchtern eine, die Else genannt wurde. Peter Frantzius, der verstorbene Vorfahre von Contzgin ist auch sein Sohn [des älteren Contzgin Dinckler] gewesen und sie sind alle Geschwister von einem Stamm gewesen. Nach der Linie und dem Blut ist Contzgin – so scheine es Henne – ebenso nahe wie er, da er Peter Frantzius Güter innehabe. Daher solle Contzgin an der Gülte ebenso viel tragen wie er. Und dass er ihm nicht hilft, solche Gülten aufzubringen und zu geben, das schade ihm 100 Gulden. Und wenn er dazu Nein sagen wolle, dass er nicht Peter Frantzius Erbe sei, so wolle er ihm das beweisen durch das Gerichtsbuch. Darauf hat sich Henne von Eltville verpflichtet, Contz vor Gericht zu vertreten und hat seine Anwaltschaft festhalten lassen und sagt: Es möge sein, dass Contzes Vorfahre Contz Kremers Sohn gewesen sei. Der habe 24 oder 25 Jahre lang seine Ehefrau gehabt und die Gülte sei nie

fol. 36*

TRANSKRIPTION

erf(olgt)	Jt(em)[a] die Kremerßen erf(olgt) Prassen Hengin offs bůch.
	Jt(em) her Johan Sulczen als vo(n) der p(rese)ncze wegen dut
1 h[b]	1 h vor XVI ß gelts off Rudolff Snyd(er)n et sup(ra) ping(nora).
1 h	Jt(em) jd(em) dut 1 h vor XII ß gelts off Henne Gut Geselle(n) et sup(ra) ping(nora).
1 h	Jt(em) dut 1 h vor X ß gelts off Ped(er) Duczen et sup(ra) p.

[a] Der auf einem Beizettel festgehaltene Text mit der nachträglich vorgenommenen Standortangabe »zw. Fol. 35/36« gehört inhaltlich zu fol. 37, und wurde an dieser Stelle eingereiht.
[b] Diese und die beiden folgenden Marginalien sind durch zwei einfache Klammern miteinander verbunden.

Die Krämerin hat ihren Anspruch eingeklagt gegen Hengin Prass.
Herr Johann Sultz erhebt für die Präsenz die 1. Klage wegen 16 Schilling Geld gegen Rudolf Snider auf die Pfänder.
Derselbe erhebt die 1. Klage wegen 12 Schilling Geld gegen Henne Gutgesell auf die Pfänder.
Derselbe erhebt die 1. Klage wegen 10 Schilling Geld gegen Peter Dutz auf die Pfänder.

fol. 37 — Dinstag vor Advincula Petri

zu yne gefurd(er)t ader geheisch(e)n word(e)n. Darzu habe er die
frauwe auch sehs ader sieben jare gehabt(en) yme sij auch
nuste geheisch(e)n word(e)n. Und hofft dwile yn solicher lange(n)
zijt das doch aber eyne(n) beseße ist nuste zu syme furfare(n)
ader yme gefurdert und sie auch nuste an der gult(en) geb(e)n
hab(e)n / so sall er Henne(n) ym(m) rechten nuste schuldig sin. Und
wes er yne wider anlange des sij er unschuldig. Hans

i(n) j(ure) — Snid(er) als vo(n) Henne(n) wegen hait verbot daß Hen(ne) von Eltvjl
als vo(n) Concze(n) wegen nit abreddig ist daß die gult(en) vo(n) Concze
Kremern hereko(m)me der dan(n) ey(n) heiptstam(m) gewesten ist
auch daß sin furfare sin sone gewest(en) sij. Ffurter so gestee
yme Henne keynßs beseßs nit und sagt sie hab(e)n auch nůste
geb(e)n bijß eß yne nů an gewonne(n) sij. Deshalb(e)n so hoffe er
daß Concze zu keyn(er) unschulde solle geh(e)n dan(n) sin furfare
habe Concze Dincklern gebuttelt an dem selben gude do die
gulte herko(m)met nemlich von Concze Kremern / So hebet er
auch noch hutbetage gulte zu Furfelt und anderßwo die auch
von Concze Kremern ko(m)men ist. Her um(m)b so hoffe Henne daß
Concze myt keyn(er) unschulde dar vor steh(e)n soll. Er brecht dan(n)
bij mit des gerichts buch / ader do das gericht mochte sin
glauben off geseczen daß sie yne geqwytert und er yne
eyne(n) geigen wessel do sie eyne(n) genugen an gehabt(en) gethan
hetten / Dwile er des nit důt so hofft Henne daß Concze myt
yme an der gult(en) zu gewynne und verlost steh(e)n sall ader
yne erfolgt zu hain nach lude syner ansprache. Und sol mit
keyn(er) unschulde dar vor steh(e)n. Und stilt das zu recht. Hen(ne)

i(n) j(ure) — von Eltvjl als vo(n) Conczen wegen hofft solichs beseßs jn maiß(e)n
er dan(n) vor gerett zu genyß(e)n daß er Henne(n) nuste schuldig
sij / Er brecht eß dan(n) bij als recht ist. Und hait eß auch zu
recht gestalt jn maiß(e)n als vor. Das ist gelengt ad socios.
Das haint sie beide verbot.[a]

Conczgin — Jt(em) Conczgin von Geilnhusen hait Henne Erken(n) Starken Heyn-
rich(e)n und Clese Storczkoppen zu gesproch(e)n wie dass sie bij
eyner rechenschafft zusch(e)n Peder Raůben Winßhenne(n)

Ped(er) Raup Winßhen(ne) — und yme gewest sihen und sagen nit wie eß gelut(en) habe.
Das schade yme von yr yglichem X guld(e)n. Dar off sagen
sie alle drij wie daß sie da bij gewest(en) und dar zu[b]

---

[a] An dieser Stelle ist der Text von fol. 36* inhaltlich wohl einzufügen.
[b] Es folgt durchgestrichen: »sihen«.

von ihm gefordert worden. Zudem habe er seine Frau 6 oder 7 Jahre gehabt und auch von ihm sei nichts gefordert worden. Und er hofft, weil in einer solch langen Zeit, die doch einen Besitz begründet, nichts von seinem Vorfahren oder ihm gefordert wurde und sie auch nichts an der Gülte gegeben haben, er solle Henne rechtmäßig nichts schuldig sein. Und wessen er ihn weiter anklage, dessen sei er unschuldig. Hans Snider hat für Henne festhalten lassen, dass Henne von Eltville als Vertreter von Contz nicht leugnet, dass die Gülte von Contz Kremer herrühren der Hauptgläubiger gewesen sei und auch dass sein Vorfahre dessen Sohn gewesen sei. Weiter gestehe ihm Henne keinen Besitz zu und sagt, sie haben ihm auch nichts gegeben, bis es nun erklagt wurde. Deshalb hoffe er, dass Contz hier nicht als unschuldig davon komme, denn sein Vorfahre habe Contz Dinckler durch den Büttel in diese Güter mit eingesetzt, von denen die Gülte herrührt, nämlich von Contz Kremer her. Auch erhebe er noch heute Gülten aus Fürfeld und anderswo her, die auch von Contz Kremer herrühren. Daher hoffe Henne, dass Contz nicht als unschuldig davon komme. Es sei denn, er brächte durch das Gerichtsbuch oder durch einen anderen gerichtlichen Beweis ein Zeugnis bei, dass sie ihm quittiert haben und er ihnen einen Gegenwechsel, an dem sie ein Genügen hatten, getan habe. Weil er das nicht tut, so hofft Henne, dass Contz mit ihm in Gewinn und Verlust der Gülte stehen soll oder er gegen ihn gewonnen habe gemäß seiner Anklage. Und er soll mit keiner Unschuld davon kommen. Dies legt er dem Gericht vor. Henne von Eltville hofft als Vertreter von Contz, den Besitz in dem Maße, wie er ihn zuvor geschildert hat, zu genießen und dass er Johann nichts schuldig sei. Es sei denn, er brächte Beweise bei, wie es rechtmäßig ist. Dies legt er dem Gericht vor. Die Sache ist verschoben worden bis zum Zusammentreten des Vollgerichts. Dem haben sie beide zugestimmt.

Contzgin von Gelnhausen hat Henne Erk, Heinrich Stark und Cles Stortzkopp angeklagt, dass sie bei der Abrechnung zwischen Peter Raub, Henne Winß und ihm gewesen seien und sagen nicht, was damals gesprochen worden sei. Das schade ihm von jedem von ihnen 10 Gulden. Darauf sagen sie alle 3, dass sie dabei gewesen und dazu

fol. 37v — Dinstag vor Advincula Petri

gebett(en) word(e)n daß Conzgin myt Henne(n) und Ped(er)n gereche(n)t
habe um(m)b yn(n)name und ußgabe ey(n) merglich so(m)me das
dan(n) den czweyen nit gancze gefallen wolt. Also meynt
Conczgin yme gebreste noch etwas das yme ußstunde. Do
hetten sie gerne ynne gerett do hatten sie key(n) folge / Do
bode yne Conczgin soliche sin rechenschafft zu bewere(n) mit
recht jn welchem stucke sie nit genugen hetten / Genůgt
yne aber do mit nit so wolt er myt yne geh(e)n an die ende
do solicher koste offgange(n) were / Erfinde sich dan(n) nit als er
sage / so woll er den kosten geld(e)n / Finde eß sich aber daß sie
dan(n) den kosten geld(e)n. Die sage haint sie alle v(er)bot und auch
eyne(n) genuge(n) an der sage gehabt(en). Ffurt(er) haint Hen(ne) und
Peder verbot daß die konde erkant(en) hait daß sie keyne(n)
genuge(n) an der rechenschafft gehabt haben und haint das
buch wie dan(n) ansprach und antwort zusch(e)n yne gelut(en)
laiß(e)n offen. Und das verbot und sagen nach dem die drij
erkant(en) daß sie keyne(n) genuge(n) gehabt haben und sich
Conczgin v(er)meß(e)n sie solichs zu zugen und doch nit gethan

ad socios   hait so sollen sie yne erfolgt(en) hain ader er soll yne eyn
gleiplich rechnu(n)ge thůn. Und stillen eynß myt dem and(er)n
zu recht. Conczgin hofft ney(n) dan(n) nach lude des buchs auch
als die drij erkant(en) haint wie er sich erbott(en) hait / do hoff
er sie sollen mit yme dar ziegen / ader den glauben hie vo(n)
yme neme(n) und stilt eß auch zu recht. Das ist gelengt ad
socios. Das haint sie alle[a] verbot.

Hans Snyd(er)   Jt(em) Hans Snyder als vo(n) mo(m)perschafft wegen des compters
Hen(ne) Eltvjl   und syner myt her(e)n zu Meysenheim hait Henne(n) vo(n) Eltvjl
zu gesproch(e)n wie daß er vor Joh(ann)es Faut(en) vor II½ [III/2] g(ulden) burge
sij und duhe yme nit burgen recht. Das schade yme X g(ulden).
Henne von Eltvjl hait sin erkant. Das hait Hans Snyder
verbot und gefragt wan(n) er yme burgen recht thůn soll.
S(e)n(tent)ia nach talyng wijl erßs nyt enberen. Das hait Hans
auch verbot.

Jt(em) Cleßgin Beck(er) hait das bůch wie er dan(n) Joh(ann)es Faut(en) eyn
husche verkaufft und off gegeb(e)n hait laißen offen und
offgeholt(en)   das verbot und sagt Joh(ann)es habe yme nit ußrachtunge
gethan nach lude des buchs. Und begert myt recht obe

---

[a] Verbessert aus: »be[ide]« [?].

gebeten worden seien, als Contzgin mit Henne und Peter abgerechnet habe um Einnahmen und Ausgaben einer gewissen Summe Geldes und dass die zwei mit der Abrechnung nicht zufrieden waren. Contzgin meinte, ihm stehe noch Geld zu. Da hatten sie erfolglos versucht ihn zu überzeugen. Da bot Contzgin ihnen an, die Abrechnung in den Punkten, an denen sie kein Genüge hatten, durch Eid zu bekräftigen. Genüge ihnen das aber nicht, so wolle er mit ihnen dorthin gehen, wo die Kosten verursacht wurden. Finde es sich dort nicht wie er sage, so wolle er das Geld zahlen. Finde es sich aber wie er es behaupte, dann müssten sie die Kosten tragen. Dem hatten sie alle zugestimmt und waren damit zufrieden. Weiter haben Henne und Peter festhalten lassen, dass die Aussage bewiesen hat, dass sie mit der Abrechnung nicht zufrieden waren und sie haben das Gerichtsbuch öffnen lassen, wie damals Anklage und Entgegnung lauteten. Und sie haben das festhalten lassen und sagen: Nachdem die 3 zugegeben haben, dass sie mit der Abrechnung nicht einverstanden waren und da Contzgin behaupte, ihnen das zu beweisen, was er nicht getan habe, hätten sie ihm gegenüber vor Gericht obsiegt, und er soll ihnen eine glaubhafte Abrechnung liefern. Das eine mit dem anderen legen sie dem Gericht zur Entscheidung vor. Contzgin hofft Nein, denn nach Aussage des Gerichtsbuchs und wie die 3 bekannt haben, dass er dies angeboten habe, hoffe er, sie sollen mit ihm dorthin gehen oder aber die Eid-Aussage annehmen. Das legt er ebenfalls dem Gericht vor. Die Sache wird verschoben bis zum Zusammentreten des Vollgerichts. Dem stimmen alle zu.

Hans Snider hat als Vertreter des Komturs von Meisenheim und seiner Mitherren Henne von Eltville angeklagt, dass er Bürge für Johannes Faut für die Summe von 2½ Gulden sei und leiste nicht sein Bürgenrecht. Das schade ihm 10 Gulden. Henne von Eltville hat seine Bürgschaft zugestanden. Das hat Hans Snider festhalten lassen und das Gericht gefragt, wann er ihm Bürgenrecht leisten solle. Urteil: Noch heute, wenn er nicht darauf verzichten will. Das hat Hans festhalten lassen.

Clesgin Becker hat das Gerichtsbuch öffnen lassen, wie er Johannes Faut ein Haus verkauft und aufgetragen und das festhalten lassen habe und sagt, Johannes habe ihm nicht den Ausgleich geleistet nach Aussage des Buchs. Und er fragt daher, ob er

fol. 38 — Samßtag nach Ad Vincula Petri

er nit das husche moge widd(er) neme(n). Dar off ist myt recht
gewist(en) er moge eß widd(er) neme(n) nach lude des buchs.
Jt(em) nach dem Hengin der dhomher(e)n hoffma(n) sin 4 [8/2] h off

offgeholt(en) — Henne Gutgesellen jn maißen die erste gelut(en) gethan. Also
hait er von syner her(e)n wegen die gude und und(er)phande
nach lude syner heischůnge offgeholt(en) und das verbot.
Jt(em) Wißhen(ne) hait syne(n) lijp vor sin gut gestalt(en) nach dem

lip vor sin — Jeckel Carppe off yne geheisch(e)n hait und wijl recht
gut gestalt(en) — geb(e)n und neme(n) etc. Das ist yme tag gestalt an das nehste
gerichte. Das hait er verbot.
Jt(em) Winßhen(ne) als vo(n) mo(m)perschafft wegen Philips Hyrten uns(er)s
myt scheffen gesellen hait Jeckel Winßbachen dem alten und
Hyrten Henne(n) zu gesproch(e)n wie daß yne wißentlich(e)n sij

Winßhen(ne) — wie daß her Hyrte selige syns jonck(er)n vatt(er) und die von
Jeckel Winß[-] — Fengin gegeben hab(e)n II g(ulden) und VIII ß nach lude des gerichts
bach — buch zu eyme geluchte gen(n) Mencze zu sant Steffan. Und
Hyrtenhen(ne) — Jeckel habe von der von Fengin wegen eyn fertel der gult(en)
jars ußgeracht(en) von h(er)n Symon Brendels gůden. Und Hyrten-
hen(ne) habe jars ußgeracht(en) druhe theyle an der gult(en) von
h(er)n Hyrten selig(en) wegen. Und erkenne(n) yme des nit. Das
schade yme als vo(n) sins jonck(er)n wegen von yre yglichem
X guld(e)n. Dar off sagen die czwene eß sij also gescheen und
wollen myt recht dar zu thůn was yne gebure. Das hait
Henne v(er)bot. Und ist gelengt. Wan(n) Henne sie mant(en) myt
dem bottel so sollen sie ko(m)men vor gericht und yre sage
beweren. Das hait Henne auch verbot. Ffurt(er) ist Philips
Hyrte zu geige(n) gestand(e)n und hait gesagt er woll myt
recht behalt(en) und beweren daß die gulte yn maiß(e)n wie[a]
obgemelt von yne beiden also gegeb(e)n sij.
Jt(em) Clese von Sprendlingen ist der unschulde halb(e)n von
Snyd(er)hen(ne) entbroch(e)n und er sall yme noch daling syne(n)

entbroche(n) — gerichts kosten widder geben.

Actu(m) off Samßtag nach Ad Vinc(u)la Pet(ri).

3 clage — Jt(em) Joh(ann)es Lůher als vo(n) mo(m)perschafft wegen der aptischen

---

[a] Es folgt am rechten Seitenrand ein kleines Kreuz.

2. August 1477

das Haus nicht wieder in Besitz nehmen könne. Darauf wurde geurteilt: Er könne es wieder in Besitz nehmen nach Aussage des Buches.

Hengin, der Hofmann der Domherren, erhebt seine 4. Klage gegen Henne Gutgesell. Daher hat er für seine Herren die Güter und die Pfänder gemäß seiner Klage eingezogen und hat das festhalten lassen.

Henne Wiß hat seinen Leib vor sein Gut gestellt, nachdem Jeckel Carpp gegen ihn geklagt hat und will Recht geben und nehmen. Es wird ihm ein Termin am nächsten Gerichtstag bestimmt. Das hat er festhalten lassen.

Henne Winß hat als Vertreter von Philipp Hirt, unseres Mitschöffen, Jeckel Winsbach den Alten und Henne Hirt angeklagt, dass sie wissen, dass der verstorbene Herr Hirt, der Vater seines Junkers und die von Venningen 2 Gulden und 8 Schilling für ein ewiges Licht nach Mainz zum Stift St. Stephan gegeben haben. Und Jeckel habe für die Venningen ein Viertel der Gülte ausgerichtet von Herrn Simon Brendels Gütern. Und Henne Hirt habe wegen des verstorbenen Herrn Hirt jährlich drei Teile an der Gülte ausgerichtet. Dies erkennen jene nicht an. Dies schade ihm – als Vertreter seines Junkers – von einem jeden 10 Gulden. Darauf sage die zwei: So sei es gewesen und sie wollen rechtmäßig tun, wie ihnen gebühre. Das hat Henne festhalten lassen. Und es ist verschoben worden. Wenn Henne sie durch den Büttel mahne, so sollen sie vor das Gericht kommen und ihre Aussage festhalten lassen. Dem hat Henne zugestimmt. Außerdem stand Philipp Hirt dabei und hat gesagt, er wolle es durch das Gericht sichern lassen, dass die Gülte in der Weise wie genannt von den beiden gegeben werde. Cles von Sprendlingen ist von der befristeten Unschuld freigesprochen worden; Henne Snider soll ihm noch heute die Gerichtskosten geben.

2. August 1477
Johannes Luher erhebt als Vertreter von Äbtissin

fol. 38v — Samßtag vor Laurencij

und covent zu sant Klaern zu Mencze důt sin 3 clage off
Greden von Oisterich Hengin Enders selig(en) witwen ut
p(ri)ma.

Actu(m) off Samßtag vor Laurencij.
Jt(em) Ancze Duppengießer als vo(n) mo(m)perschafft wegen Wilhelm
3 h   von Swalbachs dut sin 3 h off Johan von Richensteyn ut
p(ri)ma.

Actu(m) off Dinstag nach Laurencii.
důch halt(en)   Jt(em) Hilczenkett sall das grahe důche zu(m) ersten male XIIII
tage halten.
2 h   Jt(em) Henne von Sweden dut sin 2 h off Bend(er)hen(ne) ut p(ri)ma.
erk(annt)   Jt(em) Peder Bender erk(ennt) Konne(n) Ped(er)n als vo(n) der fr(au) von Wingart(en)
wegen II g(ulden) IIII alb(us) zu geb(e)n in XIII tag(en). Si n(on) p erf(olgt).
erk(annt)   Jt(em) Wolffshenne erk(ennt) Peder Bend(er)n IIII g(ulden) in eyme maende
zu geb(e)n. Si n(on) p erf(olgt).
Jt(em) Hans Snid(er) hait sich v(er)dingt Vinczen sin wort zu thůn und hait
sin und(er)tinge verbot als recht ist. Und hait Hansen vo(n) Worms
zu gesproch(e)n wie daß er sin yn syn(er) groß(e)n kranckeit ne(m)lich
Vincze   do er synloiß was gewart(en) habe mehe wan(n) echtage lang. Dar
Hans von   zu sij er druhe male myt yme zu Ybyngen gewest / Also sihe
Worms   yme zu sage gescheen zu lone(n). Daß er yme nů nit lonet das
schadt yme XX guld(e)n. Und obe Hans dar zu ney(n) sagen wolt so
beziege er sich des off den scholteß(e)n und heymbergen daß
er dar zu gebett(en) und fast arbeit myt yme gehabt(en) habe.
Dar off sagt Hans Vincze sij ey(n) male ader czwey myt yme zu
Ybingen gewest(en). Dar nach habe er yne heiß(e)n heyme geh(e)n.
Er habe auch sin hußfr(au) gefragt obe sie yme gerett(en) habe
zu lone(n). Do habe sie ney(n) gesagt. Dar zu habe er myt Vincze(n)
gerechent und yme eyn par schůge vor sin arbeit geb(e)n. Do
habe er auch eyne(n) genügen an gehabt(en). Und hofft yme wid(er)
nit schuldig zu sin. Hans Snyder als vo(n) Vinczen wegen hait
verbot daß Hans nit abreddig ist / daß er synlois gewest(en) und
er sin gewart(en) habe / Auch gestee er yme nit daß er an

und Konvent von St. Clara zu Mainz seine 3. Klage gegen Grede von Östrich, die Witwe Hengin Enders.

9. August 1477
Antz Duppengießer erhebt als Vertreter Wilhelms von Schwalbach seine 3. Klage gegen Johann von Richenstein.

12. August 1477
Kett Hiltz soll das Grabtuch zum ersten Mal 14 Tage halten.
Henne von Sweden erhebt seine 2. Klage gegen Henne Bender.
Peter Bender erkennt an, Peter Konne für die Frau von Weingarten 2 Gulden 4 Albus binnen 14 Tagen zahlen zu müssen. Wenn nicht erfolgt die Pfändung.
Henne Wolf erkennt an, Peter Bender 4 Gulden in einem Monat zu zahlen. Tut er dies nicht, erfolgt die Pfändung.
Hans Snider hat sich verpflichtet, Vincz vor Gericht zu vertreten und hat die Anwaltschaft festhalten lassen, wie es Recht ist. Und er hat Hans von Worms angeklagt, dass er zur Zeit seiner schweren Krankheit, nämlich als er von Sinnen war, von ihm gepflegt wurde, länger als 8 Tage. So sei er dreimal mit ihm in Eibingen gewesen. Dafür sei ihm ein Lohn versprochen worden. Dass er ihn nun nicht bezahle, das schade ihm 20 Gulden. Und wenn Hans dazu Nein sagen wolle, so berufe er sich auf den Schultheißen und den Heimbürgen, dass er darum gebeten worden sei und viel Mühe mit ihm hatte. Darauf sagt Hans, Vincz sei ein- oder zweimal mit ihm in Eibingen gewesen. Danach habe er ihm befohlen, heim zu gehen. Er habe auch seine Frau gefragt, ob sie ihm versprochen habe, ihn zu belohnen. Da habe sie Nein gesagt. Außerdem habe er mit Vincz abgerechnet und ihm ein paar Schuhe für seine Mühe gegeben. Das habe ihm auch genügt. Und er hofft, er sei ihm nichts weiter schuldig. Hans Snider hat für Vincz festhalten lassen, dass Hans nicht leugnet, dass er von Sinnen war und er ihn gepflegt habe. Auch stimme er dem nicht zu, dass er mit

fol. 39 — Dinstag nach Laurencii

den schůgen eyne(n) genůge(n) gehabt(en) habe. Und als er off den scholteß(e)n
und heymberge(n) gezogen habe do hoffe er eß soll er soll erkant
werd(e)n daß yme Hans bilche lone(n) soll und stilt das zu recht. Hans
sagt erkenne der heymberge daß sin hußfr(au) Vinczen gewonne(n)
habe so woll er yme lone(n). Dar off sagt der scholt(eiß) er habe
von sin und des raits wegen Vinczen bescheid(e)n und gebetten
Hansen zu warten und zu sehen / daß keyn schade synthalben
geschee. Furt(er) sagt Růlnhen(ne) daß Hansen frauwe Vynczen
gebett(en) habe sin zu warten etc. Nach ansprach antwort und
clage und verhörunge des scholteß(e)n und heymberge(n) s(e)n(tent)ia
daß Hans Vinczen nach erkentniß des scholteß(e)n und des raits
lone(n) sall. Das hait Hans Snyd(er) als vo(n) Vinczen wegen verbot.

2 h	Jt(em) Henne Erken(n) dut sin 2 h off Bingeln Cleßgin ut p(ri)ma.
1 h	Jt(em) Henne Erken(n) dut sin 1 h vor I g(ulden) XV ß off Jeckel Carppen et om(n)ia.
erk(annt)	Jt(em) Peder Hiltwin erk(ennt) h(er)n Johan(n) dem frůhern zu Wint(er)nheim als vo(n) yrß testame(n)ts wegen II g(ulden) und I orte zu geb(e)n yn(n) eyme maende. Si no(n) p erf(olgt).
p b	Jt(em) die Kremerß(e)n hait p b an H(er)man Holczhusern.
erf(olgt)	Jt(em) die Kremerß(e)n erf(olgt) Prassen Hengin offs bůch.
erk(annt)	Jt(em) Peder Smett erk(ennt) Enders Drappen dem jongen I g(ulden) IX alb(us) zu geb(e)n in XIIII tage(n). Si no(n) p erf(olgt).
erk(annt)	Jt(em) Clese Důherman(n) erk(ennt) jd(em) XXII alb(us) zu geb(e)n in XIIII tagen. Si no(n) p erf(olgt).
erk(annt)	Jt(em) Peder Hiltwin erk(ennt) jd(em) I g(ulden) IX alb(us) zu geb(e)n in XIIII tag(en). Si no(n) p erf(olgt).
erk(annt)	Jt(em) Henne Gicke erk(ennt) jd(em) XX alb(us) zu geb(e)n in XIIII tag(en). Si no(n) p.
erk(annt)	Jt(em) Peder Swinde erk(ennt) Hansen von Wormßs XVI alb(us) zu geb(e)n in XIIII tagen. Si no(n) p erf(olgt).
	Jt(em) Philips von Olmen hait off geholt(en) als vo(n) mo(m)perschafft wege(n) der her(e)n zu sant Mauriczien zu Mencze off Byngeln Cleßgin soliche gude und und(er)phande den her(e)n ligent vor XXI ß gelts
offgeholt(en) sant Maů[-] riczien	frij gulte nach lude der briffe dar ober sagen und hait das verbot. Und d(er) scholtes hait yme ban(n) und freden dar ober ge-than. Das hait er auch verbot.
offgeholt(en)	Jd(em) hait off geholt(en) off Carppen Cleßgin soliche gude und und(er)-phande sin her(e)n ligent vor I l(i)b(ram) gelts nach lude der briffe dar ober sagende und hait das verbot. Und der scholtes hait

12. August 1477   fol. 39

ÜBERTRAGUNG

den Schuhen zufrieden gewesen sei. Und da er sich auf Schultheiß und Heimbürge berufe, so hoffe er, es werde erkannt, dass ihn Hans billiger Weise bezahlen solle und legt das dem Gericht vor. Hans sagt, erkenne der Heimbürge, dass seine Frau Vincz angeworben habe, so wolle er ihn bezahlen. Darauf sagt der Schultheiß, er habe in seinem und des Rates Namen Vincz beschieden und ihn gebeten, Hans zu pflegen und darauf zu achten, dass wegen ihm kein Schaden geschehe. Weiter sagt Henne Rule, dass die Frau von Hans Vincz gebeten habe, ihn zu pflegen. Nach Anklage, Entgegnung und der Aussagen von Schultheiß und Heimbürgen ergeht das Urteil: Hans soll Vincz nach dem Entscheid des Schultheißen und des Rats bezahlen. Das hat Hans Snider für Vincz festhalten lassen.
Henne Erk erhebt seine 2. Klage gegen Clesgin Bingel.
Henne Erk erhebt seine 1. Klage wegen 1 Gulden 15 Schilling gegen Jeckel Carpp auf alles.
Peter Hilwin erkennt an, Johann dem Frühmesser zu Winternheim wegen des Testaments 2 Gulden und 1 Ort zahlen zu müssen binnen eines Monats. Wenn nicht erfolgt die Pfändung.
Die Krämerin hat Pfändung gefordert gegen Hermann Holzhuser.
Die Krämerin hat ihren Anspruch eingeklagt gegen Hengin Prass.
Peter Schmied erkennt an, Enders Drapp dem Jungen 1 Gulden 9 Albus zahlen zu müssen binnen 14 Tagen. Wenn nicht erfolgt die Pfändung.
Cles Duherman erkennt an, demselben 22 Albus zahlen zu müssen binnen 14 Tagen. Wenn nicht erfolgt die Pfändung.
Peter Hiltwin erkennt an, demselben 1 Gulden 9 Albus zahlen zu müssen binnen 14 Tagen. Wenn nicht erfolgt die Pfändung.
Henne Gick erkennt an, demselben 20 Albus zahlen zu müssen binnen 14 Tagen. Wenn nicht erfolgt die Pfändung.
Peter Swinde erkennt an, Hans von Worms 16 Albus zahlen zu müssen binnen 14 Tagen. Wenn nicht erfolgt die Pfändung.
Philipp von Olm hat als Vertreter der Herren von St. Mauritius in Mainz von Clesgin Bingel solche Güter und Unterpfänder eingezogen, die Pfand für 21 Schilling Geld freie Gülte waren nach Aussage der Urkunde und hat das festhalten lassen. Und der Schultheiß hat ihm Bann und Frieden darüber gemacht. Das hat er auch festhalten lassen.
Ebenso hat er die Güter und Pfänder seiner Herren, die nach Aussage der Urkunde für 1 Pfund Geld Pfand sind, von Clesgin Carpp eingezogen und das festhalten lassen. Der Schultheiß hat

fol. 39v — Samßtag nach Laurencii

	yme ban(n) und freden dar ober gethan. Das hait er auch v(er)bot.
	Jd(em) hait off geholt(en) off Drubein soliche gude und und(er)pha(nde)
	de sin her(e)n ligent vor XVI ß gelts nach lude der briffe
offgeholt	dar ober sagende und hait das verbot. Und der scholtes
	hait yme ban(n) und freden dar ober gethan. Das hait er
	auch verbot.
	Jd(em) hait offgeholt(en) off Karlen von Sweden soliche gude und
	und(er)phande sin her(e)n obg(enan)nt(en) ligent vor funffe gulde(n) gelts
offgeholt(en)	frij gulte nach lude eynßs gericht briffs dar ober sagen
	und hait das verbot. Und der scholtes hait yme ban(n) und
	freden dar ober gethan. Das hait er auch verbot.
erf(olgt)	Jt(em) Jeckel Drappe erf(olgt) Peder Wolenbern offs bůch.
erf(olgt)	Jt(em) Enders Drappe erf(olgt) den moller jn der Orenbrucke(n)
	vor XVI alb(us).

Actu(m) off Samßtag nach Laurencii.
Jt(em) Joh(ann)es Luher als vo(n) mo(m)perschafft wegen der aptischen
4 [8/2] clage — und covent zu sant Klaern zu Mencze dut sin 4 [8/2] clage
off Greden von Oisterich Hengin Enders selig(en) witwen
ut p(ri)ma.

Actu(m) off Samßtag vor Bartholmei.
1 clage — Jt(em) her Johan Beynling dut 1 clage vor III malt(er) korns
heiptgelt und X guld(e)n schaden off Ebert Feczern et om(n)ia.
Jt(em) Ancze Duppengießer als vo(n) mo(m)perschafft wegen Wilhelm von Swalbachs dut sin fierde heischunge off Johan
4 [8/2] h — von Richenstein jn maiß(e)n die erste gelut(en) hait und
hait die gude und und(er)phande nach lude syner heischůnge
offgeholt — offgeholt(en) und das verbot / Und der scholtes hait yme ban(n)
ban(n) und — und freden dar ober gethan. Das hait er auch verbot.
freden — Jt(em) nach dem Joh(ann)es Luher als vo(n) mo(m)perschafft wegen d(er)
aptischen und covent zu sant Klaern zu Mencze sin fierde

16. August 1477

ihm Bann und Frieden darüber gemacht. Das hat er auch festhalten lassen.
Ebenso hat er von Drubein die Güter und Pfänder eingezogen, die seinen Herren nach Aussage der Urkunde für 16 Schilling Geld zustehen und hat das festhalten lassen. Der Schultheiß hat ihm Bann und Frieden darüber gemacht. Das hat er auch festhalten lassen.

Ebenso hat er eingezogen von Karl von Sweden solche Güter und Pfänder, die seinen Herren für 5 Gulden freie Gülte nach Aussage der entsprechenden Gerichtsurkunde zustehen und hat das festhalten lassen. Der Schultheiß hat ihm Bann und Frieden darüber gemacht. Das hat er auch festhalten lassen.

Jeckel Drapp hat seinen Anspruch ins Gerichtsbuch eintragen lassen gegen Peter Wolenber.
Enders Drapp verklagt den Müller in der Ohrenbrücke auf 16 Albus.

16. August 1477
Johannes Luher erhebt als Vertreter der Äbtissin und des Konvents von St. Klara zu Mainz seine 4. Klage gegen Grede von Östrich, die Witwe Hengin Enders.

23. August 1477
Herr Johann Beinling erhebt seine 1. Klage wegen 3 Malter Korn Hauptschuld und 10 Gulden Gerichtskosten gegen Ebert Fetzer auf alles.
Antz Duppengießer erhebt als Vertreter Wilhelms von Schwalbach seine 4. Klage gegen Johann von Richenstein und hat die Güter und Pfänder gemäß seiner Klage eingezogen und das festhalten lassen. Der Schultheiß hat ihm Bann und Frieden darüber gemacht. Das hat er auch festhalten lassen.
Nachdem Johannes Luher als Vertreter der Äbtissin und des Konvents von St. Klara zu Mainz seine 4.

Samßtag vor Bartholmei

sant Klaern
ey(n) frage
s(e)ntent(ia)

clage jn maiß(e)n die erßte gelut(en) off Greden von Oisterich Hen[-]
gin Enders selig(en) wytwen gethan also begert er furt(er) zů
bescheid(e)n daß yme recht geschee und nyema(n)t unrecht
nach dem er dan(n) syne(n) schaden off ey(n) gerichts kosten geseczt(en)
hait. Dar off s(e)n(tent)ia wes die die frauwe jn des richs gericht
gehabt / und noch hait das hait er erlangt nach lude syner
clagen.

Hen(ne) Rieße
Hans von
Wormßs

Jt(em) Henne Rieße hait Hansen von Wormßs zu gesproch(e)n wie daß
er syme furfarn VI l(i)b(ras) mi[n](us) I ß zu thůn gewest(en) sij / des habe
er dem selben syme furfarn gegeb(e)n I guld(e)n / und habe yme
gegeb(e)n I g(ulden) und ey(n) halbe ayme wins das fud(er) vor XII g(ulden)
und II malter korns^a vor XX alb(us) / Nů habe Hans yne
erfolgt gehabt(en) do habe er yme geb(e)n I g(ulden) und XIIII alb(us).
Nach dem er nu Hansen schuldig gewest(en) und er yme gereicht und geb(e)n hait / so hait Hans yne ober no(m)men. Daß er
das gethan hait das schadt yme XX guld(e)n und heist yme
des ey(n) ja ader ney(n) obe er yme solich gelt und win gegeb(e)n
habe ader nit. Dar off sagt Hans do er zu syner frauw(e)n
ko(m)men sij do habe er ey(n) kerbe fonden an dreffen Rießen.
Das habe er Rießen gesagt / Rieße habe auch der kerben er-
kant(en). Das habe ey(n) jare ader czwey gestand(en) daß Rieße nye
gesagt(en) hait daß er syme furfarn etwas geb(e)n habe. Dan(n)
Ryeße sij yme auch XV ß schuldig word(e)n. Do habe er yme
die halbe ayme wins geb(e)n und habe myt yme gerechent
daß Rieße yme schuldig bleben ist III g(ulden) und XI alb(us). Dar
vor habe er yme an gericht(en) gebott(en) und Rieße habe yme
erkant(en) II g(ulden) und XI alb(us) und habe yme auch nůst mehe
dan(n) den win geb(e)n von sintweg(en). Furt(er) so habe er yme I g(ulden)
von Hans Korsners wegen geb(e)n und bezugt sich des off Hans
Korßnern. Und wes yne Rieße wider anlange des sihe er
unschuldig. Rieße hait verbot daß Hans vo(n) Worms uff
Hansen den korßner zůgt und begert obe er den nyt
brenge(n) soll. Dar off s(e)n(tent)ia dwile Hans uff konde zugt
so sall er die auch vor gericht brenge(n) und das thůn in
XIIII tag(en). Bedarff er dan(n) syner tage furte und heist die

a Es folgt durchgestrichen: »das f[uder].

23. August 1477 — fol. 40

Klage gegen Grede von Östrich, die Witwe Hengin Enders, erhoben hat, erbittet er vom Gericht einen weiteren Bescheid, damit ihm Recht geschehe und niemandem Unrecht, nachdem er dann auch die Gerichtskosten gefordert habe. Darauf ergeht das Urteil: Was die Frau im Reichsgericht hatte und noch hat, das hat er erklagt.

Henne Rieß hat Hans von Worms angeklagt, dass er seinem Vorfahren 6 Pfund weniger 1 Schilling geschuldet habe. Nun habe er diesem Vorfahren 1 Gulden gegeben und ihm einen Gulden und ein halbes Ohm Wein – das Fuder für 12 Gulden – und 2 Malter Korn für 20 Albus. Nun habe Hans gegen ihn geklagt, darauf habe er ihm einen Gulden und 14 Albus gegeben. Nachdem er Hans gegenüber eine Schuld hatte und ihm diese bezahlt habe, da habe Hans von ihm zuviel genommen. Dass er dies getan habe, das schade ihm 20 Gulden, und er fordert von ihm ein Ja oder ein Nein, ob er ihm das Geld und den Wein gegeben habe. Darauf sagt Hans: Als er seine Frau heiratete, da habe er ein Kerbholz von Rieß gefunden. Das habe er Rieß gesagt. Rieß habe das Kerbholz auch anerkannt. Das sei vor ein oder zwei Jahre gewesen und Rieß habe nie gesagt, dass er seinem Vorfahren etwas gegeben habe. Dann sei Rieß ihm 15 Schilling schuldig geworden. Dafür habe er ihm ein halbes Ohm Wein gegeben und hat mit ihm abgerechnet, dass Rieß ihm 3 Gulden und 11 Albus schuldig blieb. Deswegen habe er ihn vor Gericht gezogen und Rieß habe 2 Gulden und 11 Albus anerkannt und habe ihm nichts mehr gegeben als den Wein. Weiter habe er ihm einen Gulden von Hans Korsners wegen gegeben, und er beruft sich in dieser Sache auf Hans Korsner. Und wessen ihn Rieß weiter anklage, dessen sei er unschuldig. Rieß hat festhalten lassen, dass Hans von Worms sich auf Hans Korsner beruft und fordert vom Gericht, dass er ihn beibringen soll. Darauf ergeht das Urteil: Weil Hans sich auf Beweise beruft, soll er die auch vor Gericht bringen in 14 Tagen. Bedürfe er Verlängerung und fordere sie,

fol. 40v — Samßtag vor Bartholmei

                als recht ist so sall ma(n) yme die furt(er) stillen noch zu czweye(n)
                XIIII tag(en). Und so die konde verhort(en) wyrt beheltlich
                Rießen syn(er) jnsage und geschee dan(n) furte sovjl als
                recht ist. Das haint sie beide verbot.

                Jt(em) Henne Rieße hait Barbeln Hanse(n) von Wormße(n) frauw(e)n
Hen(ne) Rieße   zu gesproch(e)n wie daß er yrem hußwert selig(en) und yre
Barbel   ey(n) ayme und II½ [III/2] fertel wins gegeb(e)n habe. Daß sie nů
                nyt schaffe daß eß an syner scholt abe gehe das schade
                yme X g(ulden). Und heist yre des ey(n) ja ader ney(n). Dar off
                sagt Barbel sie wÿße von keyme win den Rieße yrem
                hußwert selig(en) ader yre gegeb(e)n habe und wes er sie
                wider anlange des sij sie unschuldig / er brecht eß dan(n)
                bij als off eyn doite handt recht ist. Die unscholt ist yr
                gestalt nach hude zu XIIII tag(en). Das haint sie beide v(er)bot.

erk(annt)   Jt(em) Clese Duherma(n) erk(ennt) Peder Lichtschyden III guld(en) off
                rechnu(n)ge zu geb(e)n in XIIII tag(en). Si no(n) p erf(olgt).

erk(annt)   Jt(em) Dieme(n) Clas erk(ennt) Conrat Bendern VIII alb(us) zu geb(e)n
                in XIIII tag(en). Si no(n) p erf(olgt).

erk(annt)   Jt(em) Hans der keßler erk(ennt) Jeckel Bedern als vo(n) mo(m)per-
                schafft wegen h(er)n Heinrich Nickels II g(ulden) und VII alb(us)
                zu geb(e)n in XIIII tag(en). Si no(n) p erf(olgt).

                Jt(em) Peder Bender hait Henne Gickysen zu gesproch(e)n wie
                daß er yme als vo(n) sins furfarn wegen I g(ulden) und XXII alb(us)
Ped(er) Bend(er)   schuldig sij und gebe yme die nit. Das schade yme alsvjl
Hen(ne) Gickyse(n) dar zu. Und obe er dar zu ney(n) sagen wolt so beziege er
                sich des off das buch daß er yme solich scholt erkant(en)
                hait. Dar off sagt Hen(ne) dwile Peder offs bůch ziege so
                begere er / obe Ped(er) das buch nit breng(en) soll. Dar off s(e)n(tent)ia
                dwile Ped(er) offs buch zůgt so soll erß auch brengen und
                das thun in XIIII tag(en). Bedarff er dan(n) syner tage furte
                und heist die als recht ist / so sall ma(n) yme die furter
                styllen noch zu czweyen XIIII tagen. Und so das buch
                verhort(en) wyrt beheltlich Henne(n) syn jnsage und geschee
                dan(n) furt(er) sovjl als recht ist. Das haint sie beide v(er)bot.

erk(annt)   Jt(em) Kicz Henne erk(ennt) E(m)meln von Appinheim I g(ulden) zu geb(e)n
                in XIIII tag(en). Si no(n) p erf(olgt).

23. August 1477

ÜBERTRAGUNG

wie es Recht ist, so soll man die ihm noch zweimal 14 Tage gewähren. Wenn die Aussage gehört werde, vorbehaltlich Rieß Entgegnung, dann geschehe es weiter, wie es rechtmäßig ist. Dem haben sie beide zugestimmt.

Henne Rieß hat Barbel, die Frau von Hans von Worms, angeklagt, dass er ihrem verstorbenen Mann und ihr ein Ohm und 2½ Viertel Wein gegeben habe. Dass sie nun nicht dafür sorge, dass dies von seiner Schuld abgezogen werde, das schade ihm 10 Gulden. Und er fordert von ihr ein Ja oder Nein. Darauf sagt Barbel, sie wüsste von keinem Wein, den Rieß ihrem verstorbenen Mann gegeben habe und wessen er sie darüber hinaus anklage, dessen sei sie unschuldig; er brächte denn den Beweis bei, wie es Recht der toten Hand ist. Die Unschuld gilt von heute an 14 Tage. Dem haben sie beide zugestimmt.

Cles Duherman erkennt an, Peter Lichtschid 3 Gulden gegen Rechnung zahlen zu müssen binnen 14 Tagen. Wenn nicht erfolgt die Pfändung.

Clas Diem erkennt an, Konrad Bender 8 Albus gegen Rechnung zahlen zu müssen binnen 14 Tagen. Wenn nicht erfolgt die Pfändung.

Hans der Kessler erkennt an, Jeckel Beder als Vertreter von Herrn Heinrich Nickel 2 Gulden und 7 Albus zahlen zu müssen binnen 14 Tagen. Wenn nicht erfolgt die Pfändung.

Peter Bender hat Henne Gickysen angeklagt, dass er ihm von seinem Vorfahren her 1 Gulden und 22 Albus schuldig sei und gebe ihm die nicht. Das schade ihm ebensoviel dazu. Und wenn er dazu Nein sagen wolle, so berufe er sich auf das Gerichtsbuch, dass er ihm solche Schuld anerkannt habe. Darauf sagt Henne: Weil Peter sich auf das Buch berufe, ob er es nicht beibringen solle. Darauf ergeht das Urteil: Weil Peter sich auf das Buch beruft, soll er es auch beibringen binnen 14 Tagen. Bedürfe er Verlängerung und fordere diese, wie es rechtmäßig ist, soll man sie ihm noch zweimal gewähren. Und wenn das Buch gehört wird, vorbehaltlich Hennes Entgegnung, geschehe es weiter, wie es rechtmäßig ist. Dem haben sie beide zugestimmt.

Henne Kitz erkennt an, Emmel von Appenheim einen Gulden zahlen zu müssen binnen 14 Tagen. Wenn nicht erfolgt die Pfändung.

fol. 41 — Samßtag vor Bartholmei

erk(annt)	Jt(em) Henne Gickysen erk(ennt) Steffen dem bedd(er) III g(ulden) zu geben in XIIII tag(en). Si no(n) p erf(olgt).
erk(annt)	Jt(em) Peder Bender erk(ennt) Dieme(n) Clasen als vo(n) mo(m)perschafft wege(n) h(er)n Conrat Lange(n) XV ß off rechnu(n)ge. Si no(n) in XIIII p erf(olgt).
Cleßgin Becker Hen(ne) Gick[-]ysen	Jt(em) Cleßgin Becker hait Henne Gickysen zu gesproch(e)n wie daß er yme schuldig sij III g(ulden) und VII alb(us) vor broit nach lude eyner kerben. Daß er yme das nit gebe ader erken(n)e das schade yme alsvjl dar zů. Dar off hait Henne Cleßgin erkant(en) in XIIII tag(en) myt yme zu rechen. Si no(n) p erf(olgt).
erk(annt)	Jt(em) Clese Suffůß erk(ennt) Henne Gickysen VII alb(us) und VIII h(e)l(ler) zu geb(e)n in XIIII tag(en). Si no(n) p erf(olgt).
erk(annt)	Jt(em) Peder Sidendistel erk(ennt) Bernhart Bend(er)n XVIII alb(us) zu geben in XIIII tag(en). Si no(n) p erf(olgt).
erk(annt)	Jt(em) Prassen Hengin erk(ennt) Conrat Bend(er)n XXII alb(us) zu geben in XIIII tag(en). Si no(n) p erf(olgt).
erk(annt) no(tandum) Joh(ann)es Faůt	Jt(em) den redden nach so dan(n) zusch(e)n Ebert Kyczen und Joh(ann)es Faut(en) vor gericht gescheen dar off hait Joh(ann)es erkant(en) Ebert(en) mehe phande zu wisen. Das hait Eber[t] verbot und mit recht begert wan(n) erß thůn soll. S(e)n(tent)ia in XIIII tag(en). Das hait Ebert auch verbot.
End(er)s Bart(en) Johan d(er) poller(er)	Jt(em) Hen(ne) von Eltvjl hait sich verdingt End(er)s Bart(en) sin wort zu thůn und hait sin und(er)tinge verbot als recht ist. Und hait Johan dem pollerer zu gesproch(e)n wie daß er yne vor etlich(er) zijt erfolgt und ergange(n) habe gehabt(en). Do habe er doch und(er)stande(n) yme sin gut widd(er) zu geben / uß ge[-]scheid(e)n den Gobel Garten und die farnde habe / Dar nach sij d(er) burg(er)meist(er) zu Johan ko(m)men und die bedde an yne gefurd(er)t. Do habe er gesagt daß er zu Enderße(n) gehe und heiße yme die bedde geb(e)n dan(n) er habe yme sin gut widd(er) geb(e)n dan(n) von dem eyne(n) flecken do woll er yme von geb(e)n was yme gebure / Und gebe yme End(er)s d(er) bedde nyt so woll er sie yme geben. Dar nach sij Bock auch bur[-]g(er)meist(er) gewest(en) den habe er auch jn der selb(e)n maiße zů yme geschickt und gesagt er habe yme sin gut widder geb(e)n. Der habe yme verkaufft(en) ey(n) morg(en) korns vor die selbe bedde. Peder Antes sij dar nach burg(er)meist(er) word(e)n

23. August 1477 — fol. 41

Henne Gickysen erkennt an, Stefan dem Beder 3 Gulden zahlen zu müssen binnen 14 Tagen. Wenn nicht erfolgt die Pfändung.

Peter Bender erkennt an, Clas Diem als Vertreter von Herrn Konrad Lange 15 Schilling gegen Rechnung zahlen zu müssen binnen 14 Tagen. Wenn nicht erfolgt die Pfändung.

Clesgin Becker hat Henne Gickysen angeklagt, dass er ihm 3 Gulden 7 Albus schuldig sei für Brot nach Aussage der Kerben. Dass er ihm die nicht gebe oder anerkenne, das schade ihm ebenso viel dazu. Darauf hat Henne gegenüber Clesgin anerkannt, in 14 Tagen mit ihm abzurechnen. Wenn nicht erfolgt die Pfändung.

Cles Suffuß erkennt an, Henne Gickysen 7 Albus und 8 Gulden zahlen zu müssen binnen 14 Tagen. Wenn nicht erfolgt die Pfändung.

Peter Sidendistel erkennt an Bernhard Bender 18 Albus zahlen zu müssen binnen 14 Tagen. Wenn nicht erfolgt die Pfändung.

Hengin Prass erkennt an, Konrad Bender 22 Albus zahlen zu müssen binnen 14 Tagen. Wenn nicht erfolgt die Pfändung.

Nach den Reden, die zwischen Ebert Kitz und Johannes Faut vor Gericht geschehen sind, hat Johannes anerkannt, Ebert mehr Pfänder anzuweisen. Das hat Ebert festhalten lassen und das Gericht gefragt, wann er es tun soll. Urteil: in 14 Tagen. Das hat Ebert auch festhalten lassen.

Henne von Eltville hat sich verpflichtet, Enders Bart vor Gericht sein Wort zu tun und hat seine Anwaltschaft festhalten lassen. Und er hat Johann den Pollerer angeklagt, dass er gegen ihn geklagt und gewonnen habe. Da habe er ihm seine Güter zurückgegeben, ausgenommen den Gobelgarten und die fahrende Habe. Danach sei der Bürgermeister zu Johann gekommen und habe die Bede von ihm gefordert. Da habe er gesagt, dass er zu Enders gehen und von ihm die Bede fordern solle, denn er habe ihm sein Gut zurückgegeben außer dem einen Stück, davon wolle er ihm geben, was ihm gebühre. Und gebe ihm Enders die Bede nicht, so wolle er sie ihm geben. Danach war Bock Bürgermeister, den habe er in der gleichen Weise zu ihm geschickt und gesagt, er habe ihm sein Gut zurückgegeben. Der habe ihm einen Morgen Korn für die Bede verkauft. Peter Antes sei danach Bürgermeister geworden,

Samßtag vor Bartholmei

dem habe er auch die bedde geb(e)n. Daß Johan nů der gude
eynßstheyls enweg gegeb(e)n hait ober soliche zu sage
er widd(er) die burg(er)meist(er) und yme gethan hait das schat
Enderß(e)n XL g(ulden). Und obe Johan dar zu ney(n) sagen wolt
so beziege er sich d(er) zu sage halb(e)n off die obg(enan)nt(en) drij
burg(er)meist(er) und daß er die gude vergeb(e)n hait bezugt
Enders sich off das gerichtsbůch. Dar off sagt Johan
er habe etliche guder nach gerichts ordenu(n)ge gehabt(en)
die Enderß(e)n gewest(en) sihen / Also habe yne Enders ge[-]
bett(en) yme der eynßtheils widd(er) zu laiß(e)n off daß er sich
und sin kinde do baße ernere(n) moge. Und die gude solle(n)
doch in syne(n) hande(n) blyben steh(e)n / Solichs habe er Enderse(n)
zu gesagt doch mit dem gedinge / daß er die gude zů
syne(n) hande(n) behalt(en) woll. Do habe Enders yne furt(er)
gebett(en) woll er die gůde verkeyffen daß er sie syme
sone verkeiffe. Also habe er yne syner bedde ge-
wert(en) und habe eß syme sone verkaufft(en) und off
geb(e)n nach lude des gerichts buch. Und wes Enders
yne wider anlange des sij er unschuldijg. Hen(ne) von
Eltvjl als vo(n) Enderß(e)n wegen sagt er habe yne nyt ge-
bett(en) das gut zuv(er)keyffen. Und nach dem er off konde gezogen do hoffe er ma(n) soll die hore(n) und begert syn(er) tage
dar zu und Johan soll myt keynem neyn dar vor stehen.
Und stilt das zu recht. Dar off s(en)(tent)ia dwile Hen(ne) von Eltvjl
als vo(n) Enderß(e)n wegen off konde zugt so sall er die auch
vor gericht brenge(n) und das thůn in XIIII tagen. Bedarff
er dan(n) syner tage furte und heist die als recht ist so
sall man(n) yme die furt(er) styllen noch zu czweyen XIIII
tagen. Und so die konde verhort(en) wyrt beheltlich Johan
sin jnsage und geschee dan(n)ª furte sovyl als recht ist. Das haint
sie beide verbot.

erk(annt)   Jt(em) Swinden Else erk(ennt) Henne Stopen eyne(n) guld(e)n gelts zuv(er)-
legen in XIIII tag(en). Si no(n) p erf(olgt) vor XL g(ulden).
Jt(em) Henne Blutworßt von Algeßheim hait Swinde(n) Elsen

a   Das letzte Wort ist über der Zeile beigefügt.

23. August 1477 — fol. 41v

ÜBERTRAGUNG

dem habe er auch die Bede wieder gegeben. Dass Johann nun das Gut zum Teil hinweggegeben habe, damit hat er gegen die Absprache mit ihm und dem Bürgermeister gehandelt. Das schade Enders 40 Gulden. Und wenn Johann dazu Nein sagen wolle, so berufe er sich bezüglich der Zusage auf die genannten 3 Bürgermeister und dass er die Güter weitergegeben habe, berufe er [Enders] sich auf das Gerichtsbuch. Darauf sagt Johann: Er habe etliche Güter gemäß der Ordnung des Gerichts innegehabt, die Enders gewesen seien. Daher habe Enders ihn gebeten, ihm den einen Teil zurückzugeben, damit er sich und seine Kinder besser ernähren könne. Und die Güter sollten doch in seinem Besitz bleiben. Solches habe er Enders zugesagt, doch mit der Bedingung, dass er die Güter behalten wolle. Da habe Enders ihn weiter gebeten, wolle er die Güter verkaufen, dass er sie seinem Sohn verkaufe. Er habe ihm seine Bitte gewährt und habe sie seinem Sohn verkauft und übertragen, wie im Gerichtsbuch verzeichnet. Und wessen ihn Enders darüber hinaus anklage, dessen sei er unschuldig. Henne von Eltville sagt für Enders: Er habe ihn nicht gebeten, das Gut zu verkaufen. Und nachdem er sich auf Beweise berufe, hoffe er, man solle die hören und begehrt die Gerichtstage hierfür und Johann soll das nicht mit einem Nein verhindern. Dies legt er dem Gericht vor. Darauf ergeht das Urteil: Weil sich Henne von Eltville für Enders auf Beweismittel beruft, soll er diese auch vor das Gericht bringen in 14 Tagen. Bedürfe er Verlängerung und fordere diese, wie es rechtmäßig ist, so soll man ihm noch zweimal 14 Tage geben. Wenn die Beweismittel verhört werden, vorbehaltlich Johanns Entgegnung, geschehe dann weiter, wie es rechtmäßig ist. Dem haben sie beide zugestimmt.

Else Swinde erkennt an, Henne Stop einen Gulden Geld hinterlegen zu müssen binnen 14 Tagen. Wenn nicht erfolgt die Pfändung.

Henne Blutworst von Algesheim hat Else Swinde

Dinstag nach Bartolmei

Hen(ne) Blût[-] worst Swinde(n) Else	zu gesproch(e)n wie daß sie yme als vo(n) yrs ma(n)nes wegen schuldig sij II g(ulden) mi[n](us) II alb(us) und gebe yme der nit. Das schade yme alsvjl dar zu und heist yr des ey(n) ja ader ney(n). Dar off sagt Else sie{a} wiße von keyner scholt die yre hußwert selige ad(er) sie Henne(n) schuldig sihen und wes er sie wider anlange des sij sie unschuldig. Die unscholt ist gestalt(en) nach hude zu{b} XIIII tag(en). Das haint sie beide verbot.
erf(olgt)	Jt(em) Henne Stope erf(olgt) Ulrich Bend(er)n vor X g(ulden).
	Actu(m) off Dinstag nach Bartolmei.
erf(olgt)	Jt(em) Hans Snyd(er) erf(olgt) Clese Důherman(n) offs bůch.
3 h	Jt(em) Henne Erken(n) dut sin 3 h off Bingeln Cleßgin ut p(ri)ma.
erf(olgt)	Jt(em) Clese Raup n(oste)r soci(us) erf(olgt) Conczgin Dincklern offs buch.
důch halt(en)	Jt(em) Hilczenkett sall das důch zu(m) czweiten male noch XIIII tage halten.
3 h	Jt(em) Henne von Sweden dut sin 3 h off Bend(er)hen(ne) ut p(ri)ma.
1 h	Jt(em) her Johan Sulczen als vo(n) der p(resen)ncze wegen dut 1 h vor II l(i)b(ras) gelts off Gerhart Bend(er)n et sup(ra) ping(nora).
1 h	Jd(em) dut 1 h vor XXII ß gelts off Henne Yetten et sup(ra) ping(nora).
	Actu(m) off Samßtag nach Bartolmei.
1 h III	Jt(em) Clese Raup unser myt scheffen geselle dut 1 h vor I g(ulden) zynßs off Hylczenketten Bernhart Bend(er)n und Snyderheng(in) et sup(ra) pingn(ora)a.
Ped(er) Maczkuch Myczen Hen(ne)	Jt(em) Peder Maczkůch hait Myczen Henne(n) zu gesproch(e)n wie daß er yme verkaufft(en) habe hauwe vor XII alb(us) III hell(er) und soll den meder lone auch ußriechten. Daß er yme solich gelt nit gebe das schade yme alsvjl dar zů. Dar off sagt Henne er erkenne des heiptgelts / aber den mederlone habe er Ped(er)n nit gerett(en) uß zu riecht(en). Und wes Peder yne wyd(er)

a Verbessert aus: »die«.
b Die letzten drei Worte sind über der Zeile beigefügt.

angeklagt, dass sie ihm von ihrem Mann her 2 Gulden weniger 2 Albus schuldig sei und gebe sie ihm nicht. Das schade ihm ebensoviel dazu, und er fordert von ihr ein Ja der Nein. Darauf sagt Else, sie wisse von keiner Schuld, die ihr verstorbener Mann oder sie Henne schuldig seien und wessen er sie darüber hinaus anklage, dessen sei sie unschuldig. Die Unschuld gilt von heute an für 14 Tage. Dem haben sie beide zugestimmt.
Henne Stop verklagt Ulrich Bender auf 10 Gulden.

2. August 1477
Hans Snider hat seinen Anspruch ins Gerichtsbuch eintragen lassen gegen Cles Duhermann.
Henne Erk erhebt seine 3. Klage gegen Clesgin Bingel.
Cles Raub, unser Mitschöffe, hat seinen Anspruch ins Gerichtsbuch eintragen lassen gegen Contzgin Dinckler.
Kett Hiltz soll das Tuch zum zweiten Mal für 14 Tage behalten.
Henne von Sweden erhebt seine 3. Klage gegen Henne Bender.
Herr Johann Sultz erhebt für die Präsenz seine 1. Klage wegen 2 Pfund Geld gegen Gerhard Bender auf die Pfänder.
Derselbe erhebt seine 1. Klage wegen 22 Schilling Geld gegen Henne Yett auf die Pfänder.

30. August 1477
Cles Raub, unser Mitschöffe, erhebt seine 1. Klage wegen 1 Gulden Zins gegen Kett Hiltz, Bernhard Bender und Hengin Snider auf die Pfänder.
Peter Matzkuch hat Henne Mytz angeklagt, dass er ihm Heu verkauft habe für 12 Albus 3 Heller und soll den Mählohn auch bezahlen. Dass er ihm das Geld nicht gebe, das schade ihm ebensoviel dazu. Darauf sagt Henne, er erkenne die Klagesumme an, aber er habe Peter nicht versprochen, den Mählohn zu entrichten. Und wessen Peter ihn weiter

fol. 42v — Samßtag nach Egidij

	anlange des sij er unschuldig. Ped(er) hait v(er)bot daß Henne
	yme der heiptsom(m)e erkennet und begert wan(n) er yme
	die geb(e)n soll. S(e)n(tent)ia in XIIII tagen. Das hait^a Ped(er) auch verbot. Furt(er)
	ist Henne(n) sin unscholt gestalt nach hude zu XIIII tag(en). Das
	haint sie beide verbot.
1 h	Jt(em) der bichter ym(m) closter dut 1 h vor I l(i)b(ram) gelts off Meczel-
	henne(n) et sup(ra) pingn(or)a.
	Jt(em) Hengin Enders als vo(n) mo(m)perschafft wegen Henne Růße(n)
	ist zum rechten gewist(en) hait Henne Rieße / Henne Rußen
widd(er) geno(m)[-]	sins zinßs nyt geb(e)n von ½ [I/2] morg(en) felts ym(m) Sole gefor Hen(ne)
men	Yette naher Jngelnheim zu und stett das felt noch zu syne(n)
	handen so mag erßs zu yme neme(n) si ita est.
erk(annt)	Jt(em) Henne Rieße erk(ennt) Jeckel Winßbachen dem alten 1½ [II/2] g(ulden)
	zu geb(e)n in XIIII tag(en). Si no(n) p erf(olgt).
erk(annt)	Jt(em) Ebert Snade erk(ennt) Herynge(n) III ß zu geb(e)n in XIIII t(agen) si p.
erf(olgt)	Jt(em) Enders Harwyler erf(olgt) Joh(ann)es Faut(en) offs bůch.
erf(olgt)	Jt(em) Cleßgin Lorche erf(olgt) Herma(n) Bend(er)n vor X guld(e)n.
	Actu(m) off Samßtag nach Egidij.
2 clage	Jt(em) her Johan Beynling dut sin 2 clage off Ebert Feczern
	ut p(ri)ma.
	Jt(em) Clese Raůp unser mit scheffen geselle ist zům rechten
	gewist(en) hait yme Cleßgin Baldmar sins zinßs nit geb(e)n von
widder ge[-]	dem feldgin oben aym Fronborn und stett das feldgin noch
no(m)men	zu syne(n) handen so mag erßs widder neme(n) si ita est.
	Jt(em) Peder Meczler erk(ennt) Hans Snyd(er)n als vo(n) mo(m)perschafft
erk(annt)	wegen Heinrich Wolffs VI guld(e)n off rechnu(n)ge zu geb(e)n
	in XIIII tage(n). Si no(n) p erf(olgt).
erf(olgt)	Jt(em) Steffan der bedder erf(olgt) Henne Gickysen offs bůch.
2 tag	Jt(em) Enders Barte hait sin 2 tag furt(er) geheisch(e)n konde zů
	brenge(n) geige(n) Johan dem poller(er).
erf(olgt)	Jt(em) Peder Lichtschijt erf(olgt) Clese Duherma(n) offs bůch.
i(n) j(ure)	Jt(em) Hans von Wormß hait Vinczen zu gesproch(e)n wie daß
	Vincze zu yme jn sin husche kom(m)en sihe und yne gebett(en)

a Das letzte Wort ist über der Zeile beigefügt.

6. September 1477

anklage, dessen sei er unschuldig. Peter hat festhalten lassen, dass Henne die Klagesumme zugebe und erfragt vom Gericht, wann er ihm die bezahlen soll. Urteil: in 14 Tagen. Das hat Peter auch festhalten lassen. Weiter gilt Hennes Unschuld von heute an für 14 Tage. Dem haben sie beide zugestimmt.

Der Beichtvater im Kloster erhebt seine 1. Klage wegen 1 Pfund Geld gegen Henne Metzel auf die Pfänder.

Hengin Enders ist als Vertreter von Henne Ruß das Urteil gesprochen worden: Hat Henne Rieß Henne Ruß seinen Zins nicht bezahlt für den halben Morgen Feld im Sole gegenüber von Henne Yett nach Ingelheim zu und ist das Feld noch in seinem Besitz, so kann er es zurücknehmen, wenn es so ist.

Henne Rieß erkennt an, Jeckel Winsbach dem Alten 1½ Gulden zahlen zu müssen binnen 14 Tagen. Wenn nicht erfolgt die Pfändung.

Ebert Snade erkennt an, Hering 3 Schilling zahlen zu müssen binnen 14 Tagen. Wenn nicht erfolgt die Pfändung.

Enders Harwiler hat seinen Anspruch ins Gerichtsbuch eintragen lassen gegen Johannes Faut.

Clesgin Lorch verklagt Hermann Bender auf 10 Gulden.

6. September 1477

Herr Johann Beinling erhebt seine 2. Klage gegen Ebert Fetzer.

Cles Raub, unser Mitschöffe, hat das Urteil erlangt, hat ihm Clesgin Baldmar seinen Zins nicht gegeben von dem Feldchen oben am Fronborn und hat er das Feldchen noch in seinem Besitz, so kann er es zurücknehmen, wenn es so ist.

Peter Metzler erkennt an, Hans Snider als Vertreter von Heinrich Wolff 6 Gulden gegen Rechnung zahlen zu müssen binnen 14 Tagen. Wenn nicht erfolgt die Pfändung.

Steffan der Beder hat seinen Anspruch ins Gerichtsbuch eintragen lassen gegen Henne Gickysen.

Enders Bart hat seinen 2. Tag erbeten, Beweise beizubringen gegen Johann den Pollerer.

Peter Lichtschid hat seinen Anspruch ins Gerichtsbuch eintragen lassen gegen Cles Duherman.

Hans von Worms hat Vincz angeklagt, dass Vincz zu ihm in sein Haus gekommen sei und ihn gebeten habe,

fol. 43 — Samßtag nach Egidij

	er habe anderß wohe zu arbeiden eyn zijtlang / Duhe syne(er) frauwen
	do zusch(e)n etwas noit / eß sij gelt / eßen ader dryncke(n) daß erßs
Hans von	yre gebe / Er woll yme solichs gutlich bezalen und widder geb(e)n.
Wormßs	Nu habe er syner frauwen zu eßen und drincke(n) geb(e)n. Daß Vincze
	yme nů dar vor nyt eyne(n) genůgen und ußrachtunge důt das
Vincze	schat yme XX guld(e)n und heist Vinczen ey(n) ja ader ney(n) obe er
	yne solichs gebett(en) und er syn(er) frauw(e)n also habe zeß(e)n geb(e)n ad(er)
	nyt. Dar off sagt Vincze eß moge sin daß er Hanse(n) gebetten
	habe syn(er) frauw(e)n I alb(us) ader drij zu lyhen. Also habe er sie ge-
	fragt. Do habe sie gesagt er habe yre nůste gelůhen / auch nit
	zeßen ader drincken geb(e)n das sie yme bezalen solle. Und wes
	Hans yne wider anlange des sij er unschuldig. Die unscholt
	ist gestalt noch hude zu XIIII tagen. Das haint sie beide v(er)bot.
	Jt(em) Hans von Wormß hait Vinczen zu gesproch(e)n wie daß er
	yme schuldig sij III alb(us) vor ey(n) pare schůge und gebe yme d(er)
Hans vo(n)	nyt das schade yme alsvjl dar zu. Und heist yme das ey(n) ja
Wormß	ader ney(n). Vincze hait die ansprache verbot. Und als sie lestmals
Vincze	myt eyne getedingt haint hie ayme gerichte do sihen die
	schuge auch in redden gewest(en) off behalt des bůchs. Als dar um(m)b
	hoffe er nach bescheit des scholteß(e)n und auch des burg(er)meist(er)s
	daß eß eyn vertedingt sache sihe und er soll Hansen dar um(m)b
	nuste schuldig sin und stilt das zu recht. Hans sagt das sihen
	die schuge und hofft Vincze soll sie yme auch bezalen nach de(m)
ad socios	er yme dan(n) ußrachtunge gethan hait wie yne dan(n) der
	scholtes und burg(er)meist(er) bescheid(e)n haint und stilt eß auch
	zu recht. Das ist gelengt ad socios.
p b	Jt(em) Enders Harwyler hait p b an Joh(ann)es Fauten.
erk(annt)	Jt(em) Bernhart Bender erk(ennt) Hilczen Ketten VIII guld(e)n zu geb(e)n
	zusch(e)n sant Martins tage. Si no(n) p erf(olgt).
erk(annt)	Jt(em) Henne von Soden erk(ennt) Hilczen Ketten II g(ulden) und IIII alb(us)
	zu geb(e)n zusch(e)n sant Martins tage. Si no(n) p erf(olgt).
erk(annt)	Jt(em) Henne von Soden erk(ennt) Henne(n) von Eltvjl III g(ulden) zu geb(e)n
	in XIIII tagen. Si no(n) p erf(olgt).
erk(annt)	Jt(em) Henne von Soden erk(ennt) Jeckel Winßbach dem alt(en) XV alb(us)
	zu geb(e)n in XIIII tag(en). Si no(n) p erf(olgt).
erf(olgt)	Jt(em) Bernhart Bender erf(olgt) Peder Sidendisteln offs bůch.

er habe anderswo eine Zeit lang Arbeit. Fehle seiner Frau inzwischen etwas, es sei Geld, Essen oder Trinken, möge er ihr es geben. Er wolle ihm das gütlich bezahlen und ihm wieder geben. Nun habe er seiner Frau zu essen und zu trinken gegeben. Dass Vincz ihm dafür nicht ein Genügen tue und ihn entschädige, das schade ihm 20 Gulden. Und er fordert von Vincz ein Ja oder Nein, ob er ihn um solches gebeten habe und er seiner Frau dann habe zu essen gegeben oder nicht. Darauf sagt Vincz: Es möge sein, dass er Hans gebeten habe, seiner Frau 1 oder 3 Albus zu leihen. Deswegen habe er sie gefragt. Da habe sie gesagt, er habe ihr nichts geliehen, ihr auch kein Essen oder Trinken gegeben, das sie ihm bezahlen solle. Und wessen ihn Hans darüber hinaus anklage, dessen sei er unschuldig. Die Unschuld gilt von heute an für 14 Tage. Dem haben sie beide zugestimmt.

Hans von Worms hat Vincz angeklagt, dass er ihm 3 Albus schuldig sei für ein paar Schuhe, und er gebe ihm die nicht; das schade ihm ebensoviel dazu. Und er fordert von ihm ein Ja oder Nein. Vincz hat die Anklage festhalten lassen. Und als sie das letzte Mal vor Gericht miteinander gestritten haben, da sei auch von den Schuhen die Rede gewesen, nach Aussage des Buchs. Daher hoffe er, da es nach dem Urteil des Schultheißen und auch des Bürgermeisters ein verglichener Streit sei, er sei Hans deswegen nichts schuldig und legt dies dem Gericht vor. Hans sagt, das seien die Schuhe, und er hofft, Vincz solle ihm die auch bezahlen, nachdem er ihn entschädigt habe gemäß dem Urteil von Schultheiß und Bürgermeistern und legt dies dem Gericht vor. Das wurde verschoben bis zum Zusammentreten des Vollgerichts.
Enders Harwiler hat Pfändung gefordert gegen Johannes Faut.

Bernhard Bender erkennt an, Kett Hiltz 8 Gulden zahlen zu müssen bis St. Martin. Wenn nicht erfolgt die Pfändung.
Henne von Soden erkennt an, Kett Hiltz 2 Gulden und 4 Albus zahlen zu müssen bis St. Martin. Wenn nicht erfolgt die Pfändung.

Henne von Soden erkennt an, Henne von Eltville 3 Gulden zahlen zu müssen binnen 14 Tagen. Wenn nicht erfolgt die Pfändung.
Henne von Soden erkennt an, Jeckel Winsbach dem Alten 15 Albus zahlen zu müssen binnen 14 Tagen. Wenn nicht erfolgt die Pfändung.
Bernhard Bender hat seinen Anspruch ins Gerichtsbuch eintragen lassen gegen Peter Sidendistel.

fol. 43v — Samßtag nach Egidij

erk(annt)	Jt(em) Winworm erk(ennt) Holczen Ped(er)n XXV alb(us) zu geb(e)n in XIIII tagen. Si no(n) p erf(olgt).
erk(annt)	Jt(em) Ebert Kycze erk(ennt) Heng(in) Zorne II g(ulden) und XV alb(us) zu geb(e)n in XIIII tag(en). Si no(n) p erf(olgt).
erk(annt)	Jt(em) Cleßgin Suffüß erk(ennt) Scher(er)hen(ne) myt yme gutlich zu oberko(m)men nach dem er yne geheilt(en) hait zusch(e)n sant Michels tag. Si no(n) p erf(olgt) vor IIII g(ulden).
erk(annt)	Jt(em) Hengin Rauche erk(ennt) Zorn Hengin II½ [III/2] g(ulden) off rechnů(n)g zu geb(e)n in XIIII tag(en). Si no(n) p erf(olgt).
erf(olgt)	Jt(em) Cleßgin Becker erf(olgt) Hen(ne) Gickysen offs bůch.
i(n) j(ure)	Jt(em) Bingeln Cleßgin hait Peder Yetten zu gesprochen wie daß sin vatter selige myt Peder Ruppeln selige syme vatt(er) eyne(n) kůtt gethan habe myt czweyen felden ne(m)-
Byngeln Cleßgin Peder Yett	lich eynßs ym(m) Brůhel und das ander ym(m) Sole. Und yre yglicher soll dem and(er)n sin felt eigen halten / Nů habe der probst yme sin felt offgeholt(en) und auch verbotten. Solichs habe er Pedern gesagt / Do habe Peder yme ge- antwort so můßen sie yme eyn karůnge dar vor thůn. Daß Peder yme nů solicher worte nit erkennet das schade yme XX g(ulden). Und heist yme des ey(n) ja ader ney(n) obe er soliche worte widd(er) yne gerett(en) habe ader nyt. Das ist gelengt noch hude zu XIIII tag(en) sic hodie. Das haint sie verbot.
gelengt	Jt(em) Peder Bender hait das bůch wie yme dan(n) Hen(ne) Gyck- ysen vor etlicher zijt erkant(en) hait gehabt(en) und yme ist sin tag gestalt an das nehste gerichte. Das hait er v(er)bot.
1 h [a]	Jt(em) her Johan(n) Sulcze als vo(n) der p(rese)ncze wegen dut 1 h vor XXXIIII ß gelts off H(er)man Bend(er)n et sup(ra) ping(nora).
1 h	id(em) dut 1 h off Clese Wißen vor XV ß et sup(ra) ping(nora).
1 h	Jd(em) dut 1 h vor XXI ß off Wintern et sup(ra) ping(nora).
1 h	Jd(em) dut 1 h vor XVIII ß off Wolffs Henne(n) et sup(ra) p(ingnora).
1 h	Jd(em) dut 1 h vor VII alb(us) off Concze Ytten et sup(ra) ping(nora).
gelengt	Jt(em) zusch(e)n Hansen von Wormßs und Henne Rießen ist gelengt bijß off Dinstag nach sant Michels tage sic hodie. Das haint sie beide verbot.

[a] Die Marginalie ist mit den folgenden vier durch eine Klammer verbunden.

6. September 1477 — fol. 43v

Winworm erkennt an, Peter Holtz 15 Albus zahlen zu müssen binnen 14 Tagen. Wenn nicht erfolgt die Pfändung.

Ebert Kitz erkennt an, Hengin Zorn 2 Gulden und 15 Albus zahlen zu müssen binnen 14 Tagen. Wenn nicht erfolgt die Pfändung.

Clesgin Suffuß erkennt an, dass Henne Scherer mit ihm gütlich übereingekommen ist, nachdem er ihn geheilt hat, zu zahlen bis St. Michaelstag. Wenn nicht erfolgt die Pfändung für 4 Gulden.

Hengin Rauch erkennt an, Hengin Zorn 2½ Gulden gegen Rechnung zahlen zu müssen binnen 14 Tagen. Wenn nicht erfolgt die Pfändung.

Clesgin Becker hat seinen Anspruch ins Gerichtsbuch eintragen lassen gegen Henne Gickysen.

Clesgin Bingel hat Peter Yett angeklagt, dass dessen verstorbener Vater mit Peter Ruppel, seinem verstorbenen Vater, einen Tausch gemacht hat mit 2 Felder, nämlich eines im Brühel und das andere im Sole. Ein jeder sollte das Feld des anderen wie sein Eigentum behandeln. Nun habe der Probst ihm sein Feld eingezogen und das auch festhalten lassen. Das habe er Peter gesagt. Da habe Peter ihm geantwortet, dann müssen sie ihm einen Ersatz dafür geben. Das Peter nicht gestehe, so etwas gesagt zu haben, das schade ihm 20 Gulden. Und er fordert von ihm ein Ja oder Nein, ob er das gesagt habe oder nicht. Das ist verschoben worden auf in 14 Tagen. Dem haben sie zugestimmt.

Peter Bender hat das Buch vorgelegt, was Henne Gickysen ihm vor einiger Zeit zugestanden hat und es ist ihm ein Termin gesetzt worden am nächsten Gerichtstag. Das hat er festhalten lassen.

Herr Johann Sultz erhebt für die Präsenz seine 1. Klage wegen 34 Schilling Geld gegen Hermann Bender auf die Pfänder.

Derselbe erhebt seine 1. Klage gegen Cles Wiß wegen 15 Schilling auf die Pfänder.

Derselbe erhebt seine 1. Klage wegen 21 Schilling gegen Winter auf die Pfänder.

Derselbe erhebt seine 1. Klage wegen 18 Schilling gegen Henne Wolf auf die Pfänder.

Derselbe erhebt seine 1. Klage wegen 7 Albus gegen Conze Yett auf die Pfänder.

Zwischen Hans von Worms und Henne Rieß ist die Sache verschoben worden auf Dienstag nach St. Michael. Dem haben sie beide zugestimmt.

fol. 44 — Samßtag nach Nativitatis Marie

Hen(ne) Blůt[-] worst Ped(er) Swinde	Jt(em) Hans Snyd(er) hait sich v(er)dingt Henne Blutworsten von Algeßhey(m) sin worte zu thůn und hait sin und(er)tinge verbot als recht ist. Und hait Peder Swinden zu gesproch(e)n wie daß er yme bose schendige worte gethan habe nemlich yne eyne(n) bosewycht geheißen. Daß er yme soliche worte gethan hait das schadt yme alsvjl das gericht[a] erkennet / obe das den lijp an dreff ader das gůt. Das stille er zu dem gerichte und heist yme des eyn antwort. Der scholtes hait die ansprache von unß(er)s gnedigen her(e)n und auch des gerichts wegen verbot. Dar off sagt Peder sie haben syn(er) můder halb(e)n redde myt eyn gehabt(en) daß Henne yne habe heißen liegen / Do habe er wydd(er) Henne(n) gesagt er liege als eyn lecker. Und wes er yne wider anlange des sij er unschuldig. Die unscholt ist gestalt noch hude zu XIIII tag(en). Das haint sie beide verbot.

Actu(m) off Samßtag nach Nativitat(is) Ma(r)ie.

duch halt(en) erk(annt)	Jt(em) Hilczen Kette sall das duch zum drytte(n) male noch XIIII tag(en) halt(en) act(um) off Dinstag nehst vergange(n).
erk(annt)	Jt(em) Clese Myer erk(ennt) Philips Busern unß(er)m scholteß(e)n myt syme liebe zu detynge(n) um(m)b eyn freffel.
erk(annt)	Jt(em) Peder Stromberg erk(ennt) jd(em) VI g(ulden) zu geb(e)n in XIIII t(agen). Si no(n) p erf(olgt).
1 h	Jt(em) Clese Raup unser myt scheffen gesellen dut 1 h vor XV ß gelts off Hengin Melma(n) et om(n)ia.
1 h	Jt(em) Ancze Drappe unser myt scheffen geselle dut 1 h vor V ß gelts off Drubein et om(n)ia.
2 h	Jt(em) der bichter ym(m) closter dut sin 2 h off Meczelhenne(n) ut p(ri)ma.
erk(annt)	Jt(em) Heinrich Soden erk(ennt) Wigant Snyrn dem moller XI alb(us) zu geb(e)n in XIIII tag(en). Si no(n) p erf(olgt).
d(er) lame Henne Ped(er) Snade	Jt(em) der lame Henne hait Snaden Ped(er)n zu gesproch(e)n wie daß er yme schuldig sij I alb(us) heiptgelt und IIII d schad(e)n. Daß er yme des nit gebe das schade yme ½ [I/2] g(ulden) und heist yme des ey(n) ja ader ney(n). Dar off hait yme Ped(er) I d(enar) erkant(en) und den auch vor schad(e)n dar gelacht(en) und den gebots hell(er) do myt und sagte wes yne[b] Hen(ne) wider anlange des sij er unschuldig.

a Es folgt durchgestrichen: »obe«.
b Es folgt durchgestrichen: »Ped[er]«.

Hans Snider hat sich verpflichtet, Henne Blutworst von Algesheim vor Gericht zu vertreten und hat seine Anwaltschaft festhalten lassen. Und er hat Peter Swinde angeklagt, dass er ihn mit bösen, schändlichen Worten beschimpft habe, nämlich ihn einen Bösewicht genannt habe. Dass er ihn so beschimpft habe, das schade ihm nach Ermessen des Gerichts, ob dies den Leib betreffe oder das Gut. Das legt er dem Gericht zur Entscheidung vor und fordert von ihm eine Antwort. Der Schultheiß hat die Anklage für unseren Herrn und das Gericht festhalten lassen. Darauf sagt Peter: Sie hätten wegen seiner Mutter miteinander geredet. Da habe Henne ihn als Lügner beschimpft. Da habe er zu Henne gesagt, er lüge wie ein Lecker. Und wessen er ihn darüber hinaus anklage, dessen sei er unschuldig. Die Unschuld gilt von heute an 14 Tage. Dem haben sie beide zugestimmt.

13. September 1477
Kett Hiltz soll das Tuch zum dritten Mal 14 Tage halten, geschehen am vergangenen Dienstag (9. September).
Cles Myer erkennt an, Philipp Bußer, unserem Schultheißen, einen Frevel mit seinem Leib zu büßen.
Peter Stromberg erkennt an, demselben 6 Gulden zahlen zu müssen binnen 14 Tagen. Wenn nicht erfolgt die Pfändung.
Cles Raub, unser Mitschöffe, erhebt seine 1. Klage wegen 15 Schilling Geld gegen Hengin Melman auf alles.
Antz Drapp, unser Mitschöffe, erhebt seine 1. Klage wegen 5 Schilling Geld gegen Drubein auf alles.
Der Beichtvater im Kloster erhebt seine 2. Klage gegen Henne Metzel.
Heinrich Soden erkennt an, Wigand Snyr dem Müller 11 Albus zahlen zu müssen binnen 14 Tagen. Wenn nicht erfolgt die Pfändung.
Der lahme Henne hat Peter Snade angeklagt, dass er ihm schuldig sei 1 Albus Klagesumme und 4 Pfennig Gerichtskosten. Dass er ihm das nicht gebe, das schade ihm ½ Gulden, und er fordert von ihm ein Ja oder Nein. Darauf hat Peter 1 Pfennig anerkannt und den auch für den Schaden hinterlegt und den Gebotsheller mit dazu und sagt, wessen Henne ihn darüber hinaus anklage, dessen sei er unschuldig.

fol. 44v — Samstag nach des Heilgen Cruczes tage Exaltacionis

	Die unscholt ist gestalt noch hude zu XIIII tag(en). Das haint die v(er)bot.
p b II	Jt(em) Bender Henne hait p b an Hengin Rauchen und H(er)man Bend(er)n.
erf(olgt)	Jt(em) Jeckel Bedder als vo(n) mo(m)perschafft wegen h(er)n Heinrich Nickels erf(olgt) Hansen den keßler offs bůch.
erk(annt)	Jt(em) Henne Gickysen erk(ennt) Peder Bend(er)n I g(ulden) und den gerichts schaden off rechnů(n)ge zu geb(e)n zusch(e)n Wynacht(en). Si no(n) p erf(olgt).
1 clage IIII	Jt(em) Rußen Clese als vo(n) mo(m)perschafft wegen h(er)n Conrat Ybichs dut 1 clage vor XX guld(e)n heiptgelt und achzijg guld(e)n schaden off Ebert Feczern Philipsen von Gerßsteyn frauwe Hebeln von Engaßen und Clas Man(n) et om(n)ia que her Symont Brendel gelaiß(e)n hait do er doit und lebendig gewesten ist.
erf(olgt)	Jt(em) Jeckle Winßbach der alde erf(olgt) Jeckel Gyppelhorn vor 1½ [II/2] guld(e)n.
erf(olgt)	Jt(em) Beyerhen(ne) erf(olgt) H(er)man Bend(er)n vor IIII guld(e)n.
erf(olgt)	Jt(em) Holczen Peder[a] erf(olgt) Herma(n) Bendern vor III g(ulden).
	Actu(m) off Samßtag nach des Heilg(en) Cruczes tage Exaltac(i)on(i)s.
3 tag	Jt(em) Enders Bart von Jngelnheim hait sin(en) 3 tag furt(er) geheisch(e)n konde zu brenge(n) geigen Johan de(n) poller(er).
tag v(er)hůt(en)	Jt(em) Henne Blutworst Peder Swinde Vincze und Hans von Wormßs haint alle yren tag verhůt(en). Des ist yne tag gestalt an das nehste gericht.
3 clage	Jt(em) her Johan Beynling dut sin 3 clage off Ebert Feczern ut p(ri)ma.
2 h	Jt(em) her Johan Sulczen dut sin[b] 2 h off Concze Yetten und Wolffs Henne(n) ut p(ri)ma.
	Actu(m) off Samßtag nach Mathei.
důch v(er) keiffen	Jt(em) Hilczen Kette sall das důche verkeiffen myt kontschafft des gerichts ut mor(is) est.
erf(olgt)	Jt(em) Peder von Badenheim erf(olgt) Cleßgin Yetten offs bůch.

a Es folgt durchgestrichen [?]: »p«.
b Es folgt erneut: »dut sin«.

20. September 1477

Die Unschuld gilt von heute an 14 Tage. Dem haben sie beide zugestimmt.
Henne Bender hat Pfändung gefordert gegen Hengin Rauch und Herman Bender.
Jeckel Beder hat als Anwalt von Herrn Heinrich Nickel seinen Anspruch ins Gerichtsbuch eintragen lassen gegen Hans den Kessler.
Henne Gickysen erkennt an, Peter Bender 1 Gulden und die Gerichtskosten gegen Rechnung zahlen zu müssen bis Weihnachten. Wenn nicht erfolgt die Pfändung.
Cles Ruß hat als Vertreter von Herrn Conrad Ybich seine 1. Klage erhoben wegen 20 Gulden Klagesumme und 80 Gulden Kosten gegen Ebert Fetzer, Philipp von Gierstein, Frau Hebel von Engassen und Clas Mann und auf alles, das Herr Simon Brendel hinterlassen hat zu Lebzeiten und nach seinem Tod.
Jeckel Winsbach der Alte verklagt Jeckel Gippelhorn auf 1½ Gulden.
Henne Beyer verklagt Hermann Bender auf 4 Gulden.
Peter Holtz verklagt Hermann Bender auf 3 Gulden.

20. September 1477

Enders Bart von Ingelheim hat seinen 3. Tag erbeten, Beweise beizubringen gegen Johann den Pollerer.
Henne Blutworst, Peter Swinde, Vincz und Hans von Worms haben alle ihren Gerichtstag gewahrt. Es ist ihnen ein Termin gesetzt worden am nächsten Gerichtstag.
Herr Johann Beinling erhebt seine 3. Klage gegen Ebert Fetzer.
Herr Johann Sultz erhebt seine 2. Klage gegen Conze Yett und Henne Wolff.

27. September 1477

Kett Hiltz soll das Tuch verkaufen mit Wissen des Gerichts, wie es Gewohnheit ist.
Peter von Badenheim hat seinen Anspruch ins Gerichtsbuch eintragen lassen gegen Clesgin Yett.

fol. 45 — Samßtag nach Mathei

	Jt(em) Jeckel Winßbach der alde hait p b an Jeckel Gyppelhorn und sagt
	er wůße des syne(n) nyt und begert furt(er) zu bescheid(e)n etc. Dar off
p b ober	s(e)n(tent)ia er sall dem scholteß(e)n eyne(n) heymberge(n) heisch(e)n dem sall ern
nacht halt(en)	myt dem jheren geb(e)n und d(er) heymb(er)ge sall yne yme ober nacht
nota	halt(en) und sall yne dan(n) an gerichte brengen und furt(er) fragen. Was
	dan(n) recht ist das geschee.
p b	Jt(em) Jeckel Bedder als vo(n) mo(m)perschafft wegen h(er)n Heinrich Nyckels
	hait p b an Hans Keßlern.
2 h	Jt(em) Clese Raup unser myt scheffen geselle dut sin 2 h off Hengin
	Melman(n) ut p(ri)ma.
	Jt(em) Ancze Drappe unser myt scheffen geselle als vo(n) mo(m)perschafft
1 h	wegen synß sones dut 1 h vor III l(i)b(ras) gelts off Lupis Cleßgin und
	Jeckeln gebruder et supra pingn(or)a.
erk(annt)	Jt(em) Diemen Clas erk(ennt) Schonweddern I g(ulden) off rechnu(n)ge zu geb(e)n
	in XIIII tagen. Si no(n) p erf(olgt).
	Jt(em) Rußen Clese als vo(n) mo(m)perschafft wegen h(er)n Conrat Ybichs dut
2 clage	sin 2 clage off Ebert Feczern Philipsen von Gerßsteyn frauwe
	Hebeln von Engaßen und Clas Man(n) ut p(ri)ma.
erf(olgt) p b	Jt(em) Wigant Snyrre der moller erf(olgt) Heinrich Soden offs bůche
	und hait auch an yme phande berett(en).
	Jt(em) Gerhart Brant erk(ennt) h(er)n Johan Sulczen als vo(n) der p(rese)ncze wegen
	IX guld(e)n zu bezalen nemlich yeczůnt zu Fastnacht nehst ko(m)me(n)t
	III guld(e)n und furt(er) alle Fastnacht III g(ulden) bijß die obgemelt som(m)e
erk(annt) p(rese)ncze	gancze bezalt(en) ist. Und welches ziele Gerhart nyt hielde / so solt
	h(er) Johan obg(enan)nt(en) ader ey(n) p(rese)ncze meist(er) der dan(n) zu zyden were
	phande an yme erfolgt(en) hain.
erk(annt)	Jt(em) Ha(n)man von Rudeßheim erk(ennt) Clese Raube(n) n(ost)ro socio IX alb(us)
	zu geb(e)n in XIIII tag(en). Si no(n) p erf(olgt).
	Jt(em) als ansprache und antwort zusch(e)n Hen(ne) Blůtworßt(en) von Al-
	geßheim und Peder Swinden ergange(n) / deshalb(e)n sie dan(n) beide
erk(annt) schade(n)	dem scholteß(e)n gelobt(en) abe trag zu thůn etc. Dem nach so hait
loiß zu halt(en)	Ped(er) Swinde / Hen(ne) Blutworßt(en) erkant(en) yne der gemelt(en) sachen
	halb(e)n schadenloiß zu halten. Das hait Hen(ne) verbot als recht ist.
erf(olgt) p b	Jt(em) Ha(n)man von Růdeßheim erf(olgt) Winworme(n) offs bůch und hait p b.
lip vor sin	Jt(em) Ebert Feczer hait syne(n) lijp vor sin gut gestalt(en) nach dem her
gut gestalt(en)	Johan Beynling off yne geclagt(en) hait und wil recht geb(e)n und
erf(olgt)[a]	neme(n) etc. Des ist yme tag gestalt an das nehste gericht(en).
	Jt(em) Schonwedder erf(olgt) Rytter Hengin vor I g(ulden).
	Jd(em) erf(olgt) Hengin Rauchen vor eyn gulden.

[a] Zwei waagerechte Striche rechts der Marginalie zeigen an, dass diese auch für die folgende Zeile gilt.

27. September 1477

ÜBERTRAGUNG

Jeckel Winsbach der Alte hat Pfändung gefordert gegen Jeckel Gippelhorn und sagt, er wüsste nicht, was dieser besäße und begehrt einen Bescheid des Gerichts. Darauf ergeht das Urteil: Er soll den Schuldner am Rockschoß nach sich ziehen und über Nacht verwahren. Dann soll er ihn vor Gericht bringen und fragen, was Recht ist, das geschehe.

Jeckel Beder hat als Vertreter von Herrn Heinrich Nickel Pfändung gefordert gegen Hans Kessler.

Cles Raub, unser Mitschöffe, erhebt seine 2. Klage gegen Hengin Melman.

Antz Drapp, unser Mitschöffe, erhebt als Vertreter seines Sohnes die 1. Klage wegen 3 Pfund Geld gegen die Brüder Cleßgin und Jeckel Lupis auf die Pfänder.

Clas Diem erkennt an, Schonwedder einen Gulden gegen Rechnung zahlen zu müssen binnen 14 Tagen. Wenn nicht erfolgt die Pfändung.

Cles Ruß erhebt als Vertreter von Herrn Konrad Ybich seine 2. Klage gegen Ebert Fetzer, Philipp von Gierstein, Frau Hebel von Engassen und Clas Mann.

Wigand Snyr der Müller hat seinen Anspruch ins Gerichtsbuch eintragen lassen gegen Heinrich Soden und hat auch Pfändung gefordert.

Gerhart Brand erkennt an, Herrn Johann Sultz für die Präsenz 9 Gulden zahlen zu müssen, nämlich jetzt zu Fastnacht 3 Gulden und in den folgenden Jahren zu Fastnacht jeweils 3 Gulden, bis die Summe bezahlt ist. Und wenn Gerhard einen Termin nicht einhält, so soll Herr Johann oder derjenige, der gerade Präsenzmeister ist, ihn pfänden.

Hanman von Rüdesheim erkennt an, Cles Raub, unserem Mitschöffen, 9 Albus zahlen zu müssen binnen 14 Tagen. Wenn nicht erfolgt die Pfändung.

Nachdem Anklage und Entgegnung zwischen Henne Blutworst von Algesheim und Peter Swinde geschehen, haben sie beide dem Schultheißen gelobt sich zu vergleichen. Peter Swinde hat anerkannt, Henne Blutworst in der genannten Sache schadlos zu halten. Das hat Henne festhalten lassen, wie es Recht ist.

Hanman von Rüdesheim hat seinen Anspruch ins Gerichtsbuch eintragen lassen gegen Winworm und hat Pfändung gefordert.

Ebert Fetzer hat seinen Leib vor sein Gut gestellt, nachdem Herr Johann Beinling gegen ihn geklagt hat, und er will Recht geben und nehmen. Es ist ihm ein Termin gesetzt worden am nächsten Gerichtstag.

Schonwedder verklagt Hengin Ritter auf 1 Gulden.

Derselbe verklagt Hengin Rauch auf 1 Gulden.

fol. 45v — Dinstag nach Michelis

	Actu(m) off Dinstag nach Michelis.
	Jt(em) Henne Rieße Hans von Wormßs und sin hußfrauwe
tag v(er)hůt(en)	haint yren tag verhůten. Des ist yne tag gestalt an das
	nehste gerichte.
	Actu(m) off Samßtag nach Michelis.
	Jt(em) Hans Snyder als vo(n) mo(m)perschafft wegen des compters
1 h	und syner myt her(e)n zu Meysenheim dut 1 h vor funffe
	guld(e)n gelts off Joh(ann)es Faut(en) und Ped(er) Rauben et sup(ra) ping(nora).
1 h[b]	Jt(em) her Johan Sulczen als vo(n) der p(rese)ncze wegen dut 1 h vor
	XVI ß gelts off Ebert Snaden et sup(ra) ping(nora).
1 h	Jd(em) dut 1 h vor XII ß off Henne Soden et sup(ra) ping(nora).
1 h	Jd(em) dut 1 h vor ey(n) gulden gelts et[a] off Henne
	Duherman(n) et sup(ra) ping(nora).
erk(annt)	Jt(em) Henne Aczelnkrag erk(ennt) Clese Rauben unß(er)m myt scheffen
	gesellen I g(ulden) und XIIII alb(us) zu geb(e)n in XIIII tag(en). Si no(n) p erf(olgt).
	Jt(em) zusch(e)n Enders Barten und Johan dem poller(er) ist gelengt
gelengt	bijß off Samßtag nach sant Martins tage sic hodie.
erk(annt)	Jt(em) Drubeyn erk(ennt) Conczen Cleßgin II g(ulden) zu geben zusch(e)n
	sant Martins tage. Si no(n) p erf(olgt).
erk(annt)	Jt(em) Hengin Raůch erk(ennt) Jeckel Drappen als vo(n) mo(m)perschafft
	wegen Kyczhansen II g(ulden) zu geb(e)n in XIIII tag(en). Si no(n) p erf(olgt).
erk(annt)	Jt(em) Hengin Růtsche erk(ennt) Cleßgin Albrecht(en) III g(ulden) mi[n](us) III alb(us)
	zu geb(e)n in XIIII tag(en). Si no(n) p erf(olgt).
erk(annt)	Jt(em) Ebert Kicze erk(ennt) Cleßgin Albrecht(en) X alb(us) zu geb(e)n in
	XIIII tagen. Si no(n) p erf(olgt).
erk(annt)	Jt(em) Hengin Rutsche erk(ennt) Winworme(n) II g(ulden) zu gebe(n) in
	XIIII tag(en). Si no(n) p erf(olgt).
	Ite(m) zusch(e)n Hansen von Wormßs syn(er) hußfr(au) und Henne
gelengt	Rießen ist gelengt bijß off Samßtag nach sant Martins
	tage sic hodie.
erf(olgt) p b	Jt(em) Hengin Zorne erf(olgt) Hengin Rauchen und Ebert Kiczen
	offs buch und hait auch an yne phande berett(en).

[a] Es folgt durchgestrichen: »et sup(ra) ping(nora)«.
[b] Diese und die beiden folgenden Marginalien sind durch eine einfache runde Klammer miteinander verbunden.

30. September 1477 — fol. 45v

30. September 1477
Henne Rieß, Hans von Worms und seine Frau haben ihren Gerichtstag gewahrt. Es ist ihnen ein Termin am nächsten Gerichtstag gesetzt worden.

4. Oktober 1477
Hans Snider hat als Vertreter des Kompturs und seiner Mitherren zu Meisenheim seine 1. Klage erhoben wegen 5 Gulden Geld gegen Johannes Faut und Peter Raub auf die Pfänder.
Herr Johann Sultz hat für die Präsenz seine 1. Klage erhoben wegen 16 Schilling Geld gegen Ebert Snade auf die Pfänder.
Derselbe erhebt er seine 1. Klage wegen 12 Schilling gegen Henne Soden auf die Pfänder.
Derselbe erhebt er seine 1. Klage wegen einem Gulden Geld gegen Henne Duherman auf die Pfänder.
Henne Atzelkragen erkennt an, Cles Raub, unserem Mitschöffen, 1 Gulden und 14 Albus zahlen zu müssen binnen 14 Tagen. Wenn nicht erfolgt die Pfändung.
Zwischen Enders Bart und Johann dem Pollerer ist der Termin verschoben worden auf Samstag nach St. Martin.
Drubein erkennt an, Clesgin Concze 2 Gulden zahlen zu müssen bis St. Martin. Wenn nicht erfolgt die Pfändung.
Hengin Rauch erkennt gegenüber Jeckel Drapp als Vertreter von Hans Kitz an, 2 Gulden zahlen zu müssen binnen 14 Tagen. Wenn nicht erfolgt die Pfändung.
Hengin Ruts erkennt an, Clesgin Albrecht 3 Gulden weniger 3 Albus zahlen zu müssen binnen 14 Tagen. Wenn nicht erfolgt die Pfändung.
Ebert Kitz erkennt an, Clesgin Albrecht 10 Albus zahlen zu müssen binnen 14 Tagen. Wenn nicht erfolgt die Pfändung.
Hengin Ruts erkennt an, Winworm 2 Gulden zahlen zu müssen binnen 14 Tagen. Wenn nicht erfolgt die Pfändung.
Zwischen Hans von Worms, seiner Frau und Henne Rieß ist der Termin verschoben worden bis auf Samstag nach St. Martin.
Hengin Zorn hat seinen Anspruch ins Gerichtsbuch eintragen lassen gegen Hengin Rauch und Ebert Kitz und hat auch Pfändung gefordert.

fol. 46 — Samßtag nach Dionisij

erk(annt)	Jt(em) Ebert Kicze erk(ennt) Hengin Růtschen IIII guld(e)n und IX alb(us) uß zu riechten an enden do er vor yne stett in XIIII tag(en). Si no(n) p erf(olgt).
erf(olgt)	Jt(em) Peder von Badenheim erf(olgt) Wolfs Gredgin vor 1½ [II/2] guld(e)n.
erf(olgt)	Jt(em) Winworm erf(olgt) Prassen Hengin vor VIII guld(e)n.

Actu(m) off Samßtag nach Dionisij.

3 h	Jt(em) Clese Raup unß(er) myt scheffen geselle dut sin 3 h off Hengin Melma(n) ut p(ri)ma.
2 h	Jt(em) Ancze Drappe unser myt scheffen geselle als vo(n) mo(m)per-schafft wegen syns sons dut sin 2 h off Lupis Cleßgin und Jeckeln sin bruder ut p(ri)ma.
lip vor yr gut gestalt(en)	Jt(em) Ebert Feczer Philips von Gerßstein und Ped(er)gin d(er) frauw(e)n von Engaßen mo(m)per haint alle drij yren lip vor yre gut gestalt / nach dem Clese Ruße als vo(n) mo(m)perschafft wegen h(er)n Conrat Ybchs zu Mencze off sie geclagt(en) hait und wollen recht geb(e)n und neme(n) als der scheffen hie vor ey(n) recht wiset etc. Des ist yne allen tag gestalt(en) an das nehst gericht(en).
3 clage	Jt(em) Rußen Clese als vo(n) mo(m)perschafft wegen h(er) Conrat Ybchs dut sin 3 clage off Clas Man(n) ut p(ri)ma.

Actu(m) off Samßtag nach sant Gallen tage.

2 h	Jt(em) Hans Snyd(er) als vo(n) mo(m)perschafft des compters und syn(er) myt her(e)n zu Meysenheim dut sin 2 h off Joh(ann)es Faůt(en) und Peder Rauben ut p(ri)ma.
1 h	Jt(em) Hans Snyder als vo(n) mo(m)perschafft wegen h(er)n Künen Winters amptma(n) zu sant Peder zu Mencze dut 1 h vor ey(n) l(i)b(ram) gelts off Heincze Drieln et sup(ra) ping(nora).
2 h	Jt(em) her Johan Sulczen als vo(n) der p(rese)ncze wegen dut sin 2 h off Ebert Snaden ut p(ri)ma.

Actu(m) off Samßtag nach der Eylff Dusent Jonffrauwen tage.

11. Oktober 1477 fol. 46

Ebert Kitz erkennt an, Hengin Ruts 4 Gulden und 9 Albus zahlen zu müssen, wenn er vor ihm steht binnen 14 Tagen. Wenn nicht erfolgt die Pfändung.
Peter von Badenheim verklagt Gredgin Wolf auf 1½ Gulden.
Winworm verklagt Hengin Prass auf 8 Gulden.

11. Oktober 1477
Cles Raub, unser Mitschöffe, erhebt seine 3. Klage gegen Hengin Melman.
Antz Drapp, unser Mitschöffe, erhebt als Vormund seines Sohnes seine 2. Klage gegen die Brüder Clesgin und Jeckel Lupis.
Ebert Fetzer, Philipp von Gierstein und Pedergin, der Vertreter der Frau von Engassen, haben alle 3 ihren Leib vor ihr Gut gestellt, nachdem Cles Ruß als Vertreter von Herrn Konrad Ybich zu Mainz gegen sie geklagt hat und wollen Recht geben und nehmen, wie es die Schöffen hier am Gericht weisen. Dazu ist ihnen ein Termin gesetzt worden am nächsten Gerichtstag.
Cles Ruß erhebt als Vertreter von Herrn Konrad Ybich seine 3. Klage gegen Clas Mann.

18. Oktober 1477
Hans Snider erhebt als Vertreter des Komturs und dessen Mitherren zu Meisenheim seine 2. Klage gegen Johannes Faut und Peter Raub.
Hans Snider erhebt als Vertreter von Herrn Kune Winter, Amtmann von St. Peter zu Mainz, seine 1. Klage wegen einem Pfund Geld gegen Heinz Driel auf die Pfänder.
Herr Johann Sultz erhebt für die Präsenz die 2. Klage gegen Ebert Snade.

25. Oktober 1477

fol. 46v — Samßtag nach der Eylff Dusent Jonffrauwen tage

1 h c	Jt(em) Clese Raup unß(er) myt scheffen geselle dut 1 h vor II l(i)b(ras) gelts off Jost(en) den smett et sup(ra) pingn(or)a.
1 h	Jd(em) dut 1 h vor ey(n) l(i)b(ram) gelts off Hansen den keßler et sup(ra) ping(nora).
1 h	Jt(em) Adam Wolff unser myt scheffen geselle dut 1 h vor ey(n) cappen und czwohe gense off Ped(er) Hiltwin et sup(ra) ping(nora).
erf(olgt) p b	Jt(em) Hengin Růtßs erf(olgt) Ebert Kyczen offs bůch und hait p b.
erf(olgt)	Jt(em) Henne Stope erf(olgt) des alden Swinden frauwe offs bůch.
offgesagt(en) d	Jt(em) Clese Sidendistel sagt er habe jars den jonffrauw(e)n zů sant Agnesen zu Mencze III tornes gelts von eyme felde geb(e)n / Soliche gulte hait er Henne(n) von Eltvjl der benant(en) jonffr(au) mo(m)per dar gelacht(en) und hait das felt do myt off gesagt(en) und das verbot.
3 h II	Jt(em) Ancze Drappe unser myt scheffen geselle dut sin 3 h off Lupis Cleßgin und Jeckeln sin bruder ut p(ri)ma.
p b	Jt(em) Jeckel Drappe hait p b an Peder Wolenbern.
erf(olgt) p b	Jt(em) Rytter Hengin a erf(olgt) Kochers Kettern offs bůch und hait phande berett(en).
erk(annt)	Jt(em) Jeckel Drappe erk(ennt) Meckeln Schonwed(er)s swester ey(n) guld(e)n und ey(n) orte off rechnů(n)ge zu geb(e)n in XIIII tag(en). Si no(n) p erf(olgt).
1 h	Jt(em) Flucken Clese dut 1 h vor ey(n) guld(e)n gelts off Prassen Hengin et sup(ra) ping(nora).
1 h e	Jt(em) her Johan Sulczen als vo(n) der p(rese)ncze wegen dut 1 h vor ey(n) l(i)b(ram) gelts off Peder Dressern zu Swabenheim et sup(ra) ping(nora).
1 h	Jd(em) dut 1 h vor XIII ß gelts off Dieln von Steynfart et sup(ra) pi(n)g(nora).
erf(olgt)	Jt(em) Enders von Winheim erf(olgt) Conczgin Dincklern offs buch.
erf(olgt)	Jt(em) Clese Raup unser myt scheffen geselle erf(olgt) Conczgin Dincklern offs buch.
offgeholt(en) sant Steffan	Jt(em) her Johan Bůker p(rese)ncze meist(er) zu sant Steffan zu Mencze als vo(n) der selb(e)n siner her(e)n wegen hait off geholt(en) off Philipsen von Gersteyn Ebert Feczern Clas Man(n) und der frauw(e)n von Engaßen soliche gude und und(er)phande yne ligent vor 7½ [VIII/2] guld(e)n gelts frij gulte nach lude eynßs gericht briffs dar ober sagende und hait das verbot.
lip vor sin gut gestalt(en)	Jt(em) Clas Man(n) hait syne(n) lijp vor sin gut gestalt(en) nach dem Rußen Clese als vo(n) mo(m)p(ar)schafft wegen h(er)n Conrat Ybchs off yne geclagt(en) hait und wijl recht geb(e)n und neme(n) etc.
	Jt(em) zusch(e)n b Rußen Clesen als vo(n) mo(m)p(ar)schafft wegen h(er)n Conrat Ybschs zu Mencze Ebert Feczern Philipsen

a Es folgt durchgestrichen: »hait p b«.
b Es folgt nochmals: »zusch(e)n«.
c Diese und die folgende Marginalie sind durch einer eine einfache runde Klammer miteinander verbunden.
d Zwei Striche am linken Seitenrand zeigen an, dass die Marginalie für den Abschnitt ab »Jt(em) Clese« bis »das verbot« 4 Zeilen später gilt.
e Diese und die folgende Marginalie sind durch eine einfache runde Klammer miteinander verbunden.

25. Oktober 1477 — fol. 46v

Cles Raub, unser Mitschöffe, erhebt seine 1. Klage wegen 2 Pfund Geld gegen Jost den Schmied auf die Pfänder.

Derselbe erhebt seine 1. Klage wegen 1 Pfund Geld gegen Hans den Kessler auf die Pfänder.

Adam Wolff, unser Mitschöffe, erhebt seine 1. Klage wegen einem Kappaunen und 2 Gänsen gegen Peter Hiltwin auf die Pfänder.

Hengin Ruts hat seinen Anspruch ins Gerichtsbuch eintragen lassen gegen Ebert Kitz und hat Pfändung gefordert.

Henne Stop hat seinen Anspruch ins Gerichtsbuch eintragen lassen gegen die Frau des alten Swinde.

Cles Sidendistel sagt, er habe vor Jahren den Nonnen von St. Agnes zu Mainz 3 Tournosen Geld für ein Feld gegeben. Diese Gülte hat er Henne von Eltville, dem Vertreter der Nonnen, übergeben und hat das Feld damit aufgetragen und lässt das festhalten.

Antz Drapp, unser Mitschöffe, erhebt seine 3. Klage gegen die Brüder Clesgin und Jeckel Lupis.

Jeckel Drapp hat Pfändung gefordert gegen Peter Wolenber.

Hengin Ritter hat seinen Anspruch ins Gerichtsbuch eintragen lassen gegen Ketter Kocher und hat Pfändung gefordert.

Jeckel Drapp erkennt an, der Schwester von Meckel Schonwedder einen Gulden und 1 Ort gegen Rechnung zahlen zu müssen binnen 14 Tagen. Wenn nicht erfolgt die Pfändung.

Cles Fluck erhebt seine 1. Klage wegen 1 Gulden Geld gegen Hengin Prass auf die Pfänder.

Herr Johann Sultz erhebt für die Präsenz seine 1. Klage wegen 1 Pfund Geld gegen Peter Dresser zu Schwabenheim auf die Pfänder.

Derselbe erhebt seine 1. Klage wegen 13 Schilling Geld gegen Diele von Steinfurt auf die Pfänder.

Enders von Weinheim hat seinen Anspruch ins Gerichtsbuch eintragen lassen gegen Contzgin Dinckler.

Cles Raub, unser Mitschöffe, hat seinen Anspruch ins Gerichtsbuch eintragen lassen gegen Contzgin Dinckler.

Johann Buker, Präsenzmeister von St. Stefan zu Mainz, hat für seine Herren eingezogen von Philipp von Gierstein, Ebert Fetzer, Clas Mann und der Frau von Engassen die Güter und Pfänder, auf denen 7½ Gulden freie Gülte liegen, wie es die Urkunde aussagt und hat das festhalten lassen.

Clas Mann hat seinen Leib vor sein Gut gestellt, nachdem Cles Ruß als Vertreter von Herrn Konrad Ybich gegen ihn geklagt hat und will Recht geben und nehmen usw.

Zwischen Cles Ruß als Vertreter von Herrn Konrad Ybich zu Mainz und Ebert Fetzer, Philipp

fol. 47 — Samßtag Allerheilgen tage

TRANSKRIPTION

gelengt	von Gerßstein Clas Man(n) und Ped(er)gin der frauw(e)n von Engaßen mo(m)per ist gelengt noch hude zu fier wochen sic hodie.
erf(olgt)	Jt(em) Arnolts Henne von Ingelnheim erf(olgt) Suffuß Angnese(n) offs bůch.
erf(olgt)	Jt(em) Ulrich Bender erf(olgt) Peder Swinden offs buch.

Actu(m) off Samßtag Allerheilgen tage.

3 h	Jt(em) Hans Snid(er) als vo(n) mo(m)p(ar)schafft wegen des compt(er)s und syner myt her(e)n zu Meysenheim dut sin 3 h off Joh(ann)es Faut(en) und Peder Rauben ut p(ri)ma.
2 h	Jt(em) Hans Snyder als vo(n) mo(m)p(ar)schafft wegen h(er)n Cůnen Winters amptma(n) der her(e)n zu sant Peder zu Mencze dut sin 2 h off Heincze Drieln ut p(ri)ma.

Actu(m) off Samßtag nach All(er)selen tage.

2 h	Jt(em) Clese Raup unser myt scheffen geselle dut sin 2 h off Hans Keßlern und Josten den smett ut p(ri)ma.
2 h	Jt(em) Adam Wolff unser mit scheffen geselle dut sin 2 h off Peder Hiltwin ut p(ri)ma.
1 h	Jt(em) Enders Kocher dut sin 1 h vor ey(n) l(i)b(ram) gelts off meister Josten den smett et sup(ra) ping(nora).
1 h	Jt(em) Stern Clese dut 1 h vor VIII ß gelts off Růlgin den kelner et[a] om(n)ia.
1 h	Jd(em) dut 1 h vor ey(n) l(i)b(ram) gelts off Scholteß(e)n Elsen et om(n)ia.
1 h	Jd(em) dut 1 h vor ey(n) l(i)b(ram) gelts off Cleßgin Smeden et om(n)ia.
1 h	Jd(em) als vo(n) siner můder wegen dut 1 h vor VIII ß gelts off Kycze Anne(n) et sup(ra) ping(nora).
	Jt(em) Peder Mospecher als vo(n) der kyrchen wegen dut 1 h vor XXXIII ß gelts off Kochers Kettern et sup(ra) ping(nora).
	Jd(em) dut 1 h vor X ß gelts off Ancze Duppengieß(er)n et sup(ra) p.
1 h ecc(les)ia[b]	Jd(em) dut 1 h vor IIII ß gelts off Kicze Anne(n) et sup(ra) p.
	Jd(em) dut 1 h vor IX ß gelts off Heppenhen(ne) et sup(ra) p.
	Jd(em) dut 1 h vor ½ [I/2] guld(e)n off Peder Duczen et sup(ra) ping(nora).

a Es folgt durchgestrichen: »sup(ra) ping(nora)«.
b Zwei Striche am linken Seitenrand zeigen an, dass die Marginalie für den Abschnitt ab: »Jt(em) Peder« bis zum Seitenende gilt.

von Gierstein, Clas Mann und Pedergin, dem Vertreter der Frau von Engassen ist der Termin verschoben worden auf heute in 4 Wochen.

Henne Arnold von Ingelheim hat seinen Anspruch ins Gerichtsbuch eintragen lassen gegen Angnese Suffuß.

Ulrich Bender hat seinen Anspruch ins Gerichtsbuch eintragen lassen gegen Peter Swinde.

1. November 1477
Hans Snider erhebt als Verteter des Kompturs und seiner Mitherren zu Meisenheim seine 3. Klage gegen Johannes Faut und Peter Raub.

Hans Snider erhebt als Vertreter von Herrn Kune Winter, Amtmann der Herren von St. Peter zu Mainz, seine 2. Klage gegen Heinz Driel.

8. November 1477
Cles Raub, unser Mitschöffe, erhebt seine 2. Klage gegen Hans Kessler und Jost den Schmied.

Adam Wolff, unser Mitschöffe, erhebt seine 2. Klage gegen Peter Hiltwin.

Enders Kocher erhebt seine 1. Klage wegen 1 Pfund Geld gegen Meister Jost den Schmied auf die Pfänder.

Cles Stern erhebt seine 1. Klage wegen 8 Schilling Geld gegen Rulgin den Keller auf alles.

Derselbe erhebt seine 1. Klage wegen 1 Pfund Geld gegen Else Scholteßen auf alles.

Derselbe erhebt seine 1. Klage wegen 1 Pfund Geld gegen Clesgin Smede auf alles.

Derselbe erhebt für seine Mutter seine 1. Klage wegen 8 Schilling gegen Anne Kitz auf die Pfänder.

Peter Mospecher erhebt für die Kirche seine 1. Klage wegen 33 Schilling Geld gegen Ketter Kocher auf die Pfänder.

Derselbe erhebt seine 1. Klage wegen 10 Schilling Geld gegen Antz Duppengießer auf die Pfänder.

Derselbe erhebt seine 1 Klage wegen 4 Schilling Geld gegen Anne Kitz auf die Pfänder.

Derselbe erhebt seine 1. Klage wegen 9 Schilling Geld gegen Henne Hepp auf die Pfänder.

Derselbe erhebt seine 1. Klage wegen ½ Gulden gegen Peter Dutz auf die Pfänder.

fol. 47v — Samßtag nach Allerselen tage

1 h ecc(les)ia	Jd(em) dut 1 h vor X ß gelts off Frederichs Elen et sup(ra) ping(nora).
	Jd(em) dut 1 h vor XV ß gelts off Jeckel Drappe(n) et sup(ra) p.
i(n) j(ure)	Jt(em) Henne von Eltvjl als vo(n) mo(m)p(ar)schafft wegen h(er)n Hansen
1 h	unsers mit scheffen geselle(n) dut 1 h vor III l(i)b(ras) gelts off
	Conczgin Prassen und Hen(ne) Randeck(er)n et om(n)ia.
	Jt(em) Stoln Joh(ann)es von Appinheim als vo(n) mo(m)p(ar)schafft wegen Clas
1 h	Man(n) dut 1 h vor II l(i)b(ras) und funffe ß gelts off Hans Blancke(n)
	et supra ping(nora).
1 h^c	Jt(em) Melma(n)s Hengin dut 1 h vor I g(ulden) und XVIII alb(us) gelts off
	Jeckeln von Siemern et om(n)ia.
1 h	Jd(em) dut 1 h vor XVIII ß gelts off Ped(er)n von Gugeßhey(m) et om(nia).
	Jt(em) Mŭd(er)henne als vo(n) mo(m)p(ar)schafft wegen sins jonck(er)n Er-
1 h	harts von Ramberg dut 1 h vor VI ß gelts off Cleßgin
	Suffußen et sup(ra) ping(nora).
	Jt(em) jonfrauwe Fiel ym(m) closter dut 1 h vor I l(i)b(ram) gelts off Hen(ne)
1 h^d	Gickysen und alleß das Hen(ne) Goest gelaiß(e)n hait.
1 h	Jd(em) dut 1 h vor I l(i)b(ram) gelts off Bußers Micheln zu Wint(er)-
	heim et sup(ra) ping(nora).
2 h	Jt(em) Flucken Clese dut sin 2 h off Heng(in) Prassen ut p(ri)ma.
i(n) j(ure)	Jt(em)^a h(er) Johan Sulczen als vo(n) der p(rese)ncze wegen dut 1 h vor
	½ [I/2] guld(e)n gelts off Lupis Jeckeln et sup(ra) ping(nora).
p(rese)nze 1 h	Jd(em) dut 1 h vor VI ß gelts off Erbachs Hengin et sup(ra) p.
	Jd(em) dut 1 h vor IX ß gelts off Arnolts Elsen et sup(ra) p
	Jd(em) dut 1 h vor VII ß gelts off Conczgin Dincklern et sup(ra) p
	Jd(em) dut 1 h vor V ß gelts off Ped(er) Beck(er)n et sup(ra) p
	Jd(em) dut 1 h vor I guld(e)n gelts off Beck(er) Hen(ne) et sup(ra) ping(nora).
2 h	Jd(em) dut^b sin 2 h off Ped(er) Dressern ut p(ri)ma.
	Jt(em) E(m)mel von Appinheim ist zům recht(en) gewist(en) hait yme
	Krem(er) sins zinß nit geb(e)n von eym felde kyrßgart(en) aym
widder ge[-]	Binger wege und stett das felt noch zu syne(n) handen
no(m)men	so mag erß widder neme(n) si ita est.
	Jt(em) E(m)mel von Appinheim sagt er gebe den her(e)n zu sant
	Steffan zu Mencze jars fünffthalp phondt gelts vo(n) etliche(n)
offgesagt(en)	gůden und und(er)phanden / Soliche IIII½ [V/2] l(i)b(ras) hait er hind(er) ge-
Emmel von	richt gelacht(en) und den gemelt(en) her(e)n die geoffent und
Appenh(ei)m^e	hait auch domyt die gude und und(er)phande und nemlich
	das fertel aym Dusers Phade off gesagt(en) und das v(er)bot.
	Das hait das gericht laißen gescheen off recht.

a Ab hier sind die folgenden 8 Zeilen am linken Seitenrand durch eine Klammer miteinander verbunden.
b Es folgt durchgestrichen: »1 h«, dann nochmals: »dut«.
c Diese und die folgende Marginalie sind durch eine einfache runde Klammer miteinander verbunden.
d Diese und die folgende Marginalie sind durch eine einfache runde Klammer miteinander verbunden.
e Ein runde Klammer am linken Seitenrand zeigt an, dass die Marginalie für den gesamten Abschnitt gilt.

8. November 1477　　fol. 47v

Derselbe erhebt seine 1. Klage wegen 10 Schilling Geld gegen Ele Frederich auf die Pfänder.

Derselbe erhebt seine 1. Klage wegen 15 Schilling Geld gegen Jeckel Drapp auf die Pfänder.

Henne von Eltville erhebt als Vertreter von Herrn Hans, unseres Mitschöffen, seine 1. Klage wegen 3 Pfund Geld gegen Conzgin Prass und Henne Randecker auf alles.

Johannes Stol von Appenheim erhebt als Vertreter von Clas Mann seine 1. Klage wegen 2 Pfund und 5 Schilling Geld gegen Hans Blanck auf die Pfänder.

Hengin Melman erhebt seine 1. Klage wegen 1 Gulden und 18 Albus Geld gegen Jeckel von Simmern auf alles.

Derselbe erhebt seine 1. Klage wegen 18 Schilling Geld gegen Peter von Jügesheim auf alles.

Henne Muder erhebt als Vertreter seines Junkers Erhard von Ramberg seine 1. Klage wegen 6 Schilling Geld gegen Clesgin Suffuß auf die Pfänder.

Jungfrau Fiel im Kloster erhebt die 1. Klage wegen 1 Pfund Geld gegen Henne Gickysen und auf alles, was Henne Goest hinterlassen hat.

Dieselbe erhebt die 1. Klage wegen 1 Pfund Geld gegen Michel Bußer zu Winternheim auf die Pfänder.

Cles Fluck erhebt seine 2. Klage gegen Hengin Prass.

Herr Johann Sultz erhebt für die Präsenz seine 1. Klage wegen ½ Gulden Geld gegen Jeckel Lupis auf die Pfänder.

Derselbe erhebt seine 1. Klage wegen 6 Schilling Geld gegen Hengin Erbach auf die Pfänder.

Derselbe erhebt seine 1. Klage wegen 9 Schilling Geld gegen Else Arnold auf die Pfänder.

Derselbe erhebt seine 1. Klage wegen 7 Schilling Geld gegen Contzgin Dinckler auf die Pfänder.

Derselbe erhebt seine 1. Klage wegen 5 Schilling Geld gegen Peter Becker auf die Pfänder.

Derselbe erhebt seine 1. Klage wegen 1 Gulden Geld gegen Henne Becker auf die Pfänder.

Derselbe erhebt seine 2. Klage gegen Peter Dresser.

Emmel von Appenheim wurde das Urteil gefällt: Hat ihm Kremer seinen Zins nicht gegeben von einem Feld Kirschgarten am Binger Weg und ist das Feld noch in seinem Besitz, kann er es wiedernehmen, wenn es so ist.

Emmel von Appenheim sagt: Er gebe den Herren von St. Stephan zu Mainz jährlich viereinhalb Pfund Geld für etliche Güter und Pfänder. Diese 4½ Pfund hat er bei Gericht hinterlegt und den genannten Herren die geöffnet und damit die Güter und Pfänder, nämlich das Viertel am Duserpfad aufgesagt und hat das festhalten lassen. Das hat das Gericht geschehen lassen als Recht.

fol. 48 — Samßtag nach Allerselen tage

offgesagt	Jt(em) Wißhenne sagt er gebe Concze Storczkoppen XIX ß vo(n) eyme felde die hait er hind(er) gericht gelacht und yme die auch geoffent und hait das felt do myt off gesagt und das v(er)bot. Das hait das gericht laiß(e)n gescheen off recht.
offgesagt(en)	Jt(em) Henne Maůchenheym(er) sagt er habe E(m)meln von Appinhey(m) gegeb(e)n ey(n) halbe ayme wins von etliche(n) guden und und(er)phande(n). Soliche gulte habe er yme ußgeracht(en) und sagt yme do myt gude und und(er)phande off / und hait das verbot. Das hait das gericht laiß(e)n gescheen off recht.
widder geno(m)[-]men	Jt(em) Melma(n)s Hengin ist zu(m) rechten gewist(en) hait yme Peder Swinde sins zynßs nit geb(e)n von eyme fleckelgin aym Algeß-heym(er) wege und stett noch zu syne(n) handen so mage erß widd(er) neme(n) si ita est.
erk(annt)	Jt(em) Heinrich Soden erk(ennt) Ped(er) Lichtschiden VI ß zu geben in XIIII tagen. Si no(n) p erf(olgt).
erk(annt)	Jt(em) Heincze Driele erk(ennt) dem Hyssen XXI alb(us) off rechnu(n)ge zu geb(e)n in XIIII tag(en). Si no(n) p erf(olgt).
erk(annt)	Jt(em) Jt(em) Ebert Haubor erk(ennt) Hilczen Ketten XVIII alb(us) off rechnů(n)ge zu geb(e)n in XIIII tag(en). Si no(n) p erf(olgt).
erf(olgt)	Jt(em) Henne Gickysen erf(olgt) Henne Heßlichen offs bůch.
erf(olgt)	Jt(em) h(er) Johan der frijhehere zu Wint(er)nheim als vo(n) des testame(n)ts wegen^a W[i]nßs Phern(er)s selig(en) weg(en) erf(olgt) Ped(er) Hiltwin offs b[uch].
erf(olgt)	Jt(em) Ulrich Bender erf(olgt) Heincze Kobelern offs bůch.
1 h	Jt(em) Dieme(n) Clas als vo(n) mo(m)perschafft wegen h(er)n Conrats důt 1 h vor XIIII ß gelts off Clas Kysseln zu Oppinhey(m) et sup(ra) p.
erk(annt)	Jt(em) Ebert Kicze erk(ennt) Nyclasen von Swabenheim 1½ [II/2] zu geben in XIIII tag(en). Si no(n) p erf(olgt).
posuit	Jt(em) Hengin von Rambach hait hind(er) gericht gelacht(en) ey(n) guld(e)n an golde zu gult(en) und XX guldenwert wißphenny(n)ge heypt[-]gelt nach dem er ey(n) husche um(m)b Henne(n) von Sweden kaufft(en) hait nach lude eynßs winkauffs.
phande aym libe	Jt(em) Scher(er)hen(ne) sagt er habe Diemen [?] Henne erf(olgt) und ergange(n) und wuße des syne(n) und begert wie er furt(er) myt yme thůn solle daß yme recht geschee etc. S(en)tent(ia) er sall dem scholteß(e)n eyne(n) hey(m)berge(n) heisch(e)n d(er) sall yme phande an syme libe geb(e)n.
erk(annt)	Jt(em) Ebert Haubor erk(ennt) Ebert Kiczen I g(ulden) zu geb(e)n in XIIII tag(en). Si no(n) p erf(olgt).
erk(annt)	Jt(em) Ebert Haubor erk(ennt) Henne(n) von Eltvjl 1½ [II/2] g(ulden) zu geb(e)n in XIIII tag(en). Si no(n) p erf(olgt).

a Es folgt durchgestrichen: »zu«.

8. November 1477 — fol. 48

ÜBERTRAGUNG

Henne Wiß sagt, er gebe Contz Stortzkopp 19 Schilling von einem Feld, die hat er bei Gericht hinterlegt und ihm die auch geöffnet und hat damit das Feld aufgesagt und das festhalten lassen. Das hat das Gericht geschehen lassen als Recht.

Henne Mauchenheimer sagt, er habe Emmel von Appenheim ein halbes Ohm Wein für etliche Güter und Pfänder gegeben. Diese Gülte habe er ihm bezahlt und sagt ihm damit diese Güter und Pfänder auf und hat das festhalten lassen. Das hat das Gericht geschehen lassen als Recht.

Hengin Melman wird als Urteil gewiesen: Wenn ihm Peter Swinde seinen Zins nicht gegeben hat von einem Stückchen Land am Algesheimer Wege und der ist noch in seinem Besitz, so kann er das Land zurücknehmen, wenn es so ist.

Heinrich Soden erkennt an, Peter Lichtschid 6 Schilling zahlen zu müssen binnen 14 Tagen. Wenn nicht erfolgt die Pfändung.

Heinz Driel erkennt an, Hysse 21 Albus gegen Rechnung zahlen zu müssen binnen 14 Tagen. Wenn nicht erfolgt die Pfändung.

Ebert Haubor erkennt an, Kett Hiltz 18 Albus gegen Rechnung zahlen zu müssen binnen 14 Tagen. Wenn nicht erfolgt die Pfändung.

Henne Gickysen hat seinen Anspruch ins Gerichtsbuch eintragen lassen gegen Henne Heßlich.

Herr Johann der Frühmesser zu Winternheim hat seinen Anspruch ins Gerichtsbuch eintragen lassen gegen Peter Hiltwin aufgrund des Testaments des verstorbenen Pfarrers Winß.

Ulrich Bender hat seinen Anspruch ins Gerichtsbuch eintragen lassen gegen Heinz Kobeler.

Clas Diem erhebt als Vertreter von Herr Konrad seine 1. Klage wegen 14 Schilling Geld gegen Clas Kissel von Oppenheim auf die Pfänder.

Ebert Kitz erkennt an, Niklas von Schwabenheim 1½ zahlen zu müssen binnen 14 Tagen. Wenn nicht erfolgt die Pfändung.

Hengin von Rambach hat bei Gericht einen Gulden hinterlegt an Gold und Weißpfennige im Wert von 20 Gulden für die Klagesumme, nachdem er ein Haus von Henne von Sweden gekauft hat nach Aussage der Zeugen des Vertragsabschlusses.

Henne Scherer sagt, er habe gegen Henne Diem geklagt und gewonnen und wüsste nicht, was diese besäße. Er fragt, wie er weiter vorgehen solle, damit ihm Recht geschehe. Urteil: Er soll von dem Schultheißen einen Heimbürgen fordern. Der soll ihm Pfänder an seinem Leib geben.

Ebert Haubor erkennt an, Ebert Kitz einen Gulden zahlen zu müssen binnen 14 Tagen. Wenn nicht erfolgt die Pfändung.

Ebert Haubor erkennt an, Henne von Eltville 1½ Gulden zahlen zu müssen binnen 14 Tagen. Wenn nicht erfolgt die Pfändung.

fol. 48v — Donerstage nach Martini

	Jt(em) Ped(er) Smett sagt er habe um(m)b Heincze Drieln ey(n) husche ge-
	kaufft(en) myt II l(i)b(ras) gelts. Solich gelt hait er hind(er) gericht ge-
offgesagt	lacht(en) und das auch geoffent wer gerechtekeit dar zu hait.
	Und hait do myt das husche off gesagt[a] und das verbot.
	Das hait das gericht laiß(e)n gescheen off recht.
erk(annt)	Jt(em) Hengin Rûts erk(ennt) Cleßgin Carppen III guld(e)n zu geb(e)n
	in XIIII tag(en). Si no(n) p erf(olgt).
p b	Jt(em) Ulrich Bender hait p b an Peder Swinden.
p b	Jt(em) Beierhen(ne) hait p b an Herma(n) Bendern.
p b	Jt(em) Clese Raûp unser mit scheffen hait p b an Conczg(in) Dinckl(er)n.
erk(annt)	Jt(em) Ebert Haubor erk(ennt) Enderßen von Winheim IX alb(us) zu
	geb(e)n in XIIII tagen. Si no(n) p erf(olgt).
	Jt(em) Clese Raup unser myt scheffen geselle hait offgeholt(en)
offgeholt(en)	off Clas Kysseln zu Oppinheim soliche gude und und(er)phande
	yme ligent vor I ß gelts frij gulte und hait das v(er)bot.
erf(olgt)	Jt(em) Diemen Clas erf(olgt) Jeckeln von Siemern offs buch.
erf(olgt)	Jt(em) Henne von Sprendlingen erf(olgt) Donczelhen(ne) offs bûch.
	Jt(em) Joste der smett erk(ennt) Conrat Sloß(er)n ey(n) 3½ [IIII/2] emyg faße
erk(annt)	an Peder Bend(er)n / one syne(n) schaden in XIIII tagen uß zu
	riechten. Si no(n) p erf(olgt).
gelengt	Jt(em) zuschen Clese Wißen und Ped(er) Lichtschiden ist gelengt(en)
	noch hude zu fier wochen sic hodie.
erf(olgt)	Jt(em) Enders von Winheim als vo(n) der kirchen wegen do selbest
	erfolgt Henne Englend(er)n vor IIII g(ulden).
erf(olgt)	Jt(em) Clese Wiße erf(olgt) Hengin Raûchen vor ½ [I/2] g(ulden).
erf(olgt)	Jt(em) Joste der smett erf(olgt) Enders Drappen den jongen
	vor IIII guld(e)n.
erf(olgt)	Jt(em) Erbachs Hengin erf(olgt) Kiczgin vor ½ [I/2] g(ulden) mi[n](us) III hell(er).
erf(olgt)	Jt(em) E(m)mel jn der Off Hoben erf(olgt) Clese Dûherma(n) vor 1½ [II/2] g(ulden).
erf(olgt)	Jt(em) Ebert Kicze erf(olgt) Jeckel Prassen vor I g(ulden).
erf(olgt)	Jt(em) Henne Aczelnkragen erf(olgt) Hengin Mollern vor I g(ulden).

Actu(m) off Donerstag nach Martini.
Jt(em) Pet(er) von Olmen unß(er) gericht schriber sagt wie daß sin h(e)re d(er)[b] apt
und dechant des stiffs von Herßfelden yme[c] etliche som(m)e gelts
schuldig sihen. Deshalb(e)n er dan(n) yre briffe und segel

---

a Es folgt durchgestrichen: »wer«.
b Die letzten drei Worte sind über der Zeile beigefügt.
c Das Wort ist über der Zeile beigefügt.

13. November 1477

Peter Smett sagt, er habe von Heinz Driel ein Haus gekauft mit 2 Pfund Geld. Dieses Geld habe er bei Gericht hinterlegt und das auch für den, der ein Anrecht darauf hat, geöffnet. Und er hat damit das Haus aufgesagt und das festhalten lassen. Das hat das Gericht geschehen lassen als Recht.

Hengin Ruts erkennt an, Clesgin Carpp 3 Gulden zahlen zu müssen binnen 14 Tagen. Wenn nicht erfolgt die Pfändung.

Ulrich Bender hat Pfändung gefordert gegen Peter Swinde.

Henne Beyer hat Pfändung gefordert gegen Hermann Bender.

Cles Raub, unser Mitschöffe, hat Pfändung gefordert gegen Contzgin Dinckler.

Ebert Haubor erkennt an, Enders von Weinheim 9 Albus zahlen zu müssen binnen 14 Tagen. Wenn nicht erfolgt die Pfändung.

Cles Raub, unser Mitschöffe, hat von Clas Kissel zu Oppenheim solche Güter und Pfänder eingezogen, auf denen 1 Schilling Geld freie Gülte liegen und hat das festhalten lassen.

Clas Diem hat seinen Anspruch ins Gerichtsbuch eintragen lassen gegen Jeckel von Simmern.

Henne von Sprendlingen hat seinen Anspruch ins Gerichtsbuch eintragen lassen gegen Henne Dontzel.

Jost der Schmied erkennt gegenüber Konrad Sloßer an, ein 3½ Ohm Faß an Peter Bender ohne seinen Schaden zahlen zu müssen binnen 14 Tagen. Wenn nicht erfolgt die Pfändung.

Zwischen Cles Wiß und Peter Lichtschid ist der Termin verschoben worden auf heute in 4 Wochen.

Enders von Weinheim verklagt für die Kirche ebenda Henne Englender auf 4 Gulden.

Cles Wiß verklagt Hengin Rauch auf ½ Gulden.

Jost der Schmied verklagt Enders Drapp den Jungen auf 4 Gulden.

Hengin Erbach verklagt Kitzgin auf ½ Gulden weniger 3 Heller.

Emmel in der Uffhub verklagt Cles Duhermann auf 1½ Gulden.

Ebert Kitz verklagt Jeckel Prass auf 1 Gulden.

Henne Atzelkragen verklagt Hengin Moller auf 1 Gulden.

13. November 1477

Peter von Olm, unser Gerichtsschreiber, sagt, dass ihm seine Herren, der Abt und Dekan des Stifts von Hersfeld, eine erhebliche Summe Geld schuldig seien. Darüber habe er Brief und Siegel.

fol. 49 — Samßtag nach Martini

TRANSKRIPTION

davo(n) ynnehabe dar zu so habe er um(m)b sie kaufft(en) yren theyle
win und frůcht zehenden und was sie die^a zu Jngelnheim haint
1 clage nůste ußgescheid(e)n nemlich fier jare lang / Der sihen czwey
ego jare verschiene(n). Dar aber habe er auch yre briffe und
siegel / Nů verstehe er wie daß die b(e)n(ann)t(en) her(e)n soliche zehende(n)
verkaůfft und and(er)n luden zu gesagt hab(e)n. Deshalb(e)n yme
dan(n) abbroche an syn(er) bezalůnge und kauffe widd(er) faren mochte.
Dem allen nach so důt der obgemelt Peter ey(n) erste clage
off alleß das die gemelt(en) her(e)n // sie und yre stifft hie haint
nuste uß gescheid(e)n vor LXX guld(e)n heiptgelt und IIc(entum) schad(e)n.

Actu(m) off Samßtag nach Martini.
Jt(em) Heincze Driele hait syne(n) lijp vor sin gut gestalt(en) nach
dem Hans Snyd(er) als vo(n) mo(m)perschafft wegen meist(er) Cůnen
lip vor sin amptma(n) der her(e)n zu sant Peder zu Mencze off yne ge[-]
gut gestalt(en) heisch(e)n hait und wijl recht geb(e)n und neme(n) etc. Des ist
yme tag gestalt an das nehste gericht. Das haint sie beide
verbot.
Jt(em) Hans Snyd(er) als vo(n) mo(m)p(ar)schafft wegen des compt(er)s und syn(er)
4 [8/2] h myt her(e)n zu Meysenheim dut sin 4 [8/2] h off Joh(ann)es Fauten
und Ped(er) Raůben ut p(ri)ma.
Jt(em) Johan der pollerer und Enders Barte haint yren tag
tag v(er)hůt(en)^b verhůt(en). Des ist yne tag gestalt(en) an das nehste gericht. Das
haint sie verbot.
Jt(em) Henne Rieße hait sine(n) tag v(er)hůt(en) geigen Hanse(n) von
Wormßs und sin(e) hußfr(au).

Actu(m) off Samßtag nach Elyzabett.
2 h Jt(em) Stern Clese dut sin 2 h off Růlgin den kelner Cleßgin Smeden
und Kicz Anne(n) ut p(ri)ma.
Jt(em) Peder Mospecher als vo(n) der kyrchen wegen dut sin 2 h
2 h off Ancze Duppengieß(er)n Kicz Anne(n) Heppenhenne(n) Peder Důczen
und Frederichs Elen ut p(ri)ma.

a Das Wort ist über der Zeile beigefügt.
b Ein Strich verweist von dieser Marginalie auch auf den darauffolgenden Satz.

Dazu habe er ihren Teil am Wein- und Fruchtzehnten und was sie zu Ingelheim haben – nichts ausgenommen – für 4 Jahre gekauft. Davon sind 2 Jahre verstrichen. Er habe aber auch ihre Briefe und Siegel. Nun verstehe er nicht, dass die genannten Herren die Zehnten verkauft und anderen Leuten versprochen haben. Deswegen könnte ihm ein Mangel an seiner Bezahlung und seinem Kauf geschehen. Wegen diesem allen erhebt Peter eine erste Klage auf alles, was die genannten Herren und ihr Stift hier haben, nichts ausgenommen, wegen 70 Gulden Klagesumme und 200 Gulden Gerichtskosten.

15. November 1477
Heinz Driel hat seinen Leib vor sein Gut gestellt, nachdem Hans Snider als Vertreter von Meister Kune, Amtmann der Herren von St. Peter zu Mainz, gegen ihn geklagt hat und will Recht geben und nehmen. Dafür ist ihm ein Termin gesetzt am nächsten Gerichtstag. Dem haben sie beide zugestimmt.
Hans Snider erhebt als Vertreter des Komturs und seiner Mitherren zu Meisenheim seine 4. Klage gegen Johannes Faut und Peter Raub.
Johann der Pollerer und Enders Bart haben ihren Gerichtstag gewahrt. Es ist ihnen ein Termin gesetzt worden am nächsten Gerichtstag. Dem haben sie zugestimmt.
Henne Rieß hat seinen Tag gewahrt gegenüber Hans von Worms und seine Frau.

22. November 1477
Cles Stern erhebt seine 2. Klage gegen Rulgin den Keller, Clesgin Smede und Anne Kitz.
Peter Mospecher erhebt für die Kirche seine 2. Klage gegen Antz Duppengießer, Anne Kitz, Henne Hepp, Peter Dutz und Ele Frederich.

fol. 49v — Donerstag nach Katherine

2 h	Jt(em) Henne von Eltvjl als vo(n) h(er)n Hansen wegen dut sin 2 h off Conczgin Prassen ut p(ri)ma.
2 h	Jt(em) Enders Kocher dut sin 2 h off meist(er) Jost(en) den smett ut p(rim)a.
2 h	Jt(em) Můd(er)henne als vo(n) sins jonck(er)n wegen dut sin 2 h off Clese Suffußen ut p(ri)ma.
2 h	Jt(em) jonffrauwen Fyel ym(m) closter dut yre 2 h off Bußers Mycheln ut p(ri)ma.
3 h	Jt(em) Flucken Clese dut sin 3 h off Hengin Prassen ut p(ri)ma.
2 h	Jt(em) her Johan Sulczen dut sin 2 h off Conczgin Dinckl(er)n ut p(ri)ma.
3 h	Jt(em) Adam Wolff dut sin 3 h off Ped(er) Hiltwin ut p(ri)ma.
2 h	Jt(em) Diemen Clas als vo(n) h(er)n Conrat Langen wegen dut sin 2 h off Clas Kisseln zu Oppinheim ut p(ri)ma.
1 h	Jt(em) Albrecht Gerten(er) dut 1 h vor 1 l(i)b(ram) gelts off Cleßgin Carppen et om(n)ia.
tag verhut(en)	Jt(em) Cleßgin Carppe und der Hysse haint yren tag verhůten. Des ist yne tag gestalt(en) an das nehste gericht.

Actu(m) off Donerstag nach Katherine.

2 clage[a]	Jt(em) Peter unser gericht schryber dut sin 2 clage off den apt und dechandt zu Herßfelden ut p(ri)ma.

Actu(m) off Samßtag nach Katheryne.

erf(olgt) p b	Jt(em) Niclae von Swabenheim erf(olgt) Ebert Kyczen offs buch und hait auch an yme phande berett(en).
erf(olgt)	Jt(em) Peder Lichtschijt erf(olgt) Heinrich Soden offs buch.
gelengt	Jt(em) zusch(e)n Johan dem pollerer und Enders Barten ist gelengt bijß off Samßtag nach dem achzehest(en) tag sic.
Schonwedd(er) Ped(er) Wolenb(er)	Jt(em) Schonwedder hait Peder Wolenbern zu gesproch(e)n wie daß er yme eyn grahe důch brachten habe und yne gebetten das ůß zu meßen / Nach dem d(er) raitt yne nů dar ober gesaßt(en) / so habe erßs gethan. Und daß yme Ped(er) syns lones nit gibt das schade yme I g(ulden). Dar off hait Ped(er) erk(annt) yme sin lone zu geb(e)n. Das hait Schonwedd(er) verbot

[a] Am linken Seitenrand befindet sich zwischen Marginalie und Text ein senkrechter Strich.

27. November 1477 fol. 49v

Henne von Eltville erhebt für Herrn Hans seine 2. Klage gegen Contzgin Prass.
Enders Kocher erhebt seine 2. Klage gegen Meister Jost den Schmied.
Henne Muder erhebt für seinen Junker seine 2. Klage gegen Cles Suffuß.
Jungfrau Fiel im Kloster erhebt ihre 2. Klage gegen Michel Bußer.
Cles Fluck erhebt seine 3. Klage gegen Hengin Prass.
Herr Johann Sultz erhebt seine 2. Klage gegen Contzgin Dinckler.
Adam Wolff erhebt seine 3. Klage gegen Peter Hiltwin.
Clas Diem erhebt für seinen Herrn Konrad Lange seine 2. Klage gegen Clas Kissel zu Oppenheim.
Albrecht Gertener erhebt seine 1. Klage wegen 1 Pfund Geld gegen Clesgin Carpp auf alles.
Clesgin Carpp und der Hysse haben ihren Gerichtstag gewahrt. Es ist ihnen ein Termin gesetzt worden am nächsten Gerichtstag.

27. November 1477
Peter, unser Gerichtsschreiber, erhebt seine 2. Klage gegen Abt und Dekan zu Hersfeld.

29. November 1477
Niklas von Schwabenheim hat seinen Anspruch ins Gerichtsbuch eintragen lassen gegen Ebert Kitz und hat Pfändung gefordert.
Peter Lichtschid hat seinen Anspruch ins Gerichtsbuch eintragen lassen gegen Heinrich Soden.
Zwischen Johann dem Pollerer und Enders Bart ist der Gerichtstermin verschoben worden bis Samstag, den 17. Januar.
Schonwedder hat Peter Wolenber angeklagt, dass er ihm ein Leichentuch gebracht habe und ihn gebeten habe, dies auszumessen. Nachdem der Rat ihn eingesetzt, hat er das getan. Dass Peter ihm nun seinen Lohn nicht gibt, das schade ihm einen Gulden. Darauf hat Peter anerkannt, dass er Schonwedder bezahlen müsse. Das hat Schonwedder festhalten lassen

fol. 50 — Samßtag nach Katheryne

und gefragt wan(n) erßs thun salle. S(e)n(tent)ia in XIIII tagen etc. V(er)bot.
Jt(em) Schonwedd(er) hait Ped(er)n furt(er) zu gesprochen wie daß er
yme das obgemelt důche bracht(en) und yne gebett(en) das
zuv(er)keiffen. Er wolle yme wole lonen und myt syme liebe
oberko(m)men. Daß Ped(er) das nit duhe das schade yme IIII g(ulden)
und heist yme des ey(n) ja ader ney(n). Dar off sagt Peder er
habe Schonwedd(er)n nit gerett(en) zu lone(n) und wes er yne wider
anlange des sij er unschuldig. Die unscholt ist gestalt noch
hude zu XIIII tag(en). Das haint sie beide verbot

erf(olgt) p b   Jt(em) Scher(er)hen(ne) erf(olgt) Ebert Hauborn offs buch und hait p b.
           Jt(em) nach dem Hans von Wormß lestmåls syne(n) gesaczten ge-
erf(olgt)   richts tag geigen Henne Rießen nit verhůt(en) alsdar um(m)b
           so erfolgt yne Henne Rieße nach lude des buchs.
           Jt(em) Heincze Driele erk(ennt) Hans Snyd(er)n als vo(n) mo(m)perschafft
           wegen meist(er) Kůnen Wint(er)s etc. I l(i)b(ram) hell(er) zu geb(e)n zuschen
erk(annt) no(tandum)   Winacht(en) ader mit dem b(e)n(ann)t(en) meist(er) Kůne(n) zu ober kom(m)en
           si no(n) so mocht(en) er zu den guden geh(e)n jn maiß(e)n als hette
           er die herheisch(e)n.
p b   Jt(em) Enders von Winheim hait p b an Conczgin Dincklern
           und Henne Englend(er)n.
erf(olgt)   Jt(em) Enders Drappe der jonge erf(olgt) Clese Harwyl(er)n offs buch.
1 h   Jt(em) Johan der poller(er) dut 1 h vor VI ß gelts off Beckerhen(ne)
           et sup(ra) pingn(or)a.
p b   Jt(em) Henne Rieße hait p b an Hansen von Wormßs.
erf(olgt)   Jt(em) Hilczenkette erf(olgt) Bernhart Bend(er)n und Ebert Haů-
           born offs bůch.
erf(olgt)   Jt(em) Hans der hysse erf(olgt) Heincze Drieln offs buch.
           Jt(em) Jeckel Carppe sagt er habe Stern Clesen erfolgt(en) und
           und phande[a] berett(en) und wuße des syne(n) nit und begert
           furt(er) zu bescheid(e)n wie er myt yme thun solle etc. S(e)n(tent)ia
ob(er) nacht   er sall dem scholteß(e)n eyne(n) heymberge(n) heisch(e)n. D(er) sall
halt(en)   yne yme ober nacht halt(en) und yne yme vor myt dem
           jhere(n) geb(e)n und dan(n) an gericht brenge(n). Und furt(er) frage(n).
erf(olgt)   Jt(em) Cleßgin Carppe erf(olgt) Hengin Rutßen offs bůch.
1 h   Jt(em) Jeckel Carppe dut 1 h vor XXVIII ß gelts off Heincze
           Drieln et om(n)ia.

[a]   Vor dem Wort steht, wohl irrtümlich, ein zweites »und«.

29. November 1477 — fol. 50

und gefragt, wann er ihn bezahlen solle. Urteil: in 14 Tagen. Das wurde festgehalten. Schonwedder hat Peter weiter angeklagt, dass er ihm das genannte Tuch gebracht habe und ihn gebeten habe, es zu verkaufen. Er wolle ihn dafür bezahlen nach Einvernehmen. Dass Peter das nicht tue, das schade ihm 4 Gulden, und er fordert von ihm ein Ja oder Nein. Darauf sagt Peter, er habe Schonwedder nicht versprochen, ihn zu bezahlen und wessen er ihn darüber hinaus anklage, dessen sei er unschuldig. Die Unschuld gilt von heute an 14 Tage. Dem haben sie beide zugestimmt.

Henne Scherer hat seinen Anspruch ins Gerichtsbuch eintragen lassen gegen Ebert Haubor und hat Pfändung gefordert.

Nachdem Hans von Worms den letzten Gerichtstermin in der Sache mit Henne Rieß nicht gewahrt hat, hat Henne Rieß gegen ihn gewonnen gemäß dem Eintrag im Gerichtsbuch.

Heinz Driel erkennt an, Hans Snider wegen der Vormundschaft von Meister Kune Winter 1 Pfund Heller zahlen zu müssen bis Weihnachten oder sich mit dem genannten Meister Kune zu einigen. Tut er das nicht, so kann dieser auf seinen Besitz zugreifen, als ob er dies erklagt hätte.

Enders von Weinheim hat Pfändung gefordert gegen Contzgin Dinckler und Henne Englender.

Enders Drapp der Junge hat seinen Anspruch ins Gerichtsbuch eintragen lassen gegen Cles Harwiler.

Johann der Pollerer erhebt seine 1. Klage wegen 6 Schilling Geld gegen Henne Becker und auf die Pfänder.

Henne Rieß hat Pfändung gefordert gegen Hans von Worms.

Kett Hiltz hat ihren Anspruch eingeklagt gegen Bernhard Bender und Ebert Haubor.

Hans der Hysse hat seinen Anspruch ins Gerichtsbuch eintragen lassen gegen Heinz Driel.

Jeckel Carpp sagt, er habe seinen Anspruch gegen Cles Stern eingeklagt und Pfändung gefordert und er wisse nicht, was dieser besitze. Daher erbittet er einen weiteren Bescheid, wie er nun handeln solle. Urteil: Er soll vom Schultheißen einen Heimbürgen fordern. Der soll den Schuldner am Rockschoß nach sich ziehen und über Nacht verwahren. Dann soll er ihn vor Gericht bringen und fragen, was Recht ist.

Clesgin Carpp hat seinen Anspruch ins Gerichtsbuch eintragen lassen gegen Hengin Ruts.

Jeckel Carpp erhebt seine 1. Klage wegen 28 Schillingen Geld gegen Heinz Driel auf alles.

fol. 50v — Samßtag sant Niclas tage

Bußers Michel Carppen Cleßgin	Jt(em) Buß(er)s Michel hait Carppen Cleßgin zu gesproch(e)n wie daß er yme als vor sin anczale von her Peter Flucken seligen wegen schuldig sij ey(n) g(ulden) und V alb(us). Daß er yme die nit gebe das schade yme alsvjl dar zu und heist yme des ey(n) ja ader ney(n). Dar off sagt Cleßgin er woll Micheln wysen myt den schüczen die dan(n) gewest(en) sint daß er yme nůste schuldig sij / Michel hait verbot daß Cleßgin off konde zugt und begert mit recht obe er die nit brenge(n) solle. Dar off s(e)n(tent)ia ja / und sall es thůn in XIIII tagen. Bedarff er dan(n) syn(er) tage furte und heist die als recht ist so sall ma(n) yme die furt(er) stillen noch zu czweien XIIII tag(en) und so die konde verhort(en) wirt beheltlich Micheln sin ynsage und geschee dan(n) furt(er) sovjl als recht ist. Ambo verbot.
Scher(er)hen(ne) Carppen Cleßgin	Jt(em) Scher(er)hen(ne) hait Carppen Cleßgin zu gesproch(e)n wie daß er yme gulte gebe von eyme wingart / Also habe er yme vor gericht erkant(en) II guld(e)n zu und(er)phande zu legen. Daß Cleßgin solichs nit gethan hait ader důth / das schade yme IIII g(ulden) und obe er dar zu ney(n) sagen wolt so solle sichs ym(m) bůch finden. / Dar off sagt Cleßgin yme soll auch myt dem buch genůge(n). Das hait Scher(er)henne verbot und begert in welcher zijt erßs brenge(n) soll. S(e)n(tent)ia in XIIII tage(n). Bedarff er dan(n) sin(er) tage furte und heist die als recht ist etc. Ambo verbot.
p b	Jt(em) Cleßgin Beck(er) hait p b an Kyczgin.
erf(olgt)	Jt(em) Hengin Melma(n) erf(olgt) Jeckel Borkart(en) vor Ic(entum) g(ulden).
erf(olgt)	Jt(em) Ped(er) Lichtschijt erf(olgt) Hen(ne) Englend(er)n vor I g(ulden).
erf(olgt)	Jt(em) Kiczgin erf(olgt) W(er)nh(er)n den krem(er) vor III g(ulden).
erf(olgt)	Jt(em) Schonwedder erf(olgt) Ebert Kiczen vor II g(ulden).
	Actu(m) off Samßtag sant Niclas tage.
3 h	Jt(em) Stern Clese dut sin 3 h off Růlgin den kelner und Kicze Anne(n) ut p(ri)ma.
3 h	Jt(em) Peder Mospech(er) als vo(n) der kirchen wegen dut sin 3 h off Ancze Duppengieß(er)n ut p(ri)ma.

6. Dezember 1477 — fol. 50v

Michel Bußer hat Clesgin Carpp angeklagt, dass er ihm von seinem Anteil vom verstorbenen Herrn Peter Fluck her 1 Gulden und 5 Albus schuldig sei. Dass er ihm die nicht gebe, das schade ihm ebenso viel, und er fordert von ihm ein Ja oder Nein. Darauf sagt Clesgin: Er wolle Michel mit den damaligen Flurschützen beweisen, dass er ihm nichts schuldig sei. Michel hat festhalten lassen, dass Clesgin sich auf Zeugen beruft und erfragt vom Gericht, ob er die nicht beibringen solle. Darauf erfolgt das Urteil: Ja, und er soll es in 14 Tagen tun. Bedürfe er Verlängerung und fordere diese, wie es rechtmäßig ist, so soll man ihm noch zweimal 14 Tage gewähren und wenn die Beweise gehört werden, vorbehaltlich Michels Entgegnung, dann geschehe es weiter, wie es rechtmäßig ist. Dem haben beide zugestimmt.

Henne Scherer hat Clesgin Carpp angeklagt, dass er ihm Gülte gebe von einem Weinberg. Das Gericht habe entschieden, dass er 2 Gulden als Pfand hinterlegen müsse. Dass Clesgin solches nicht getan habe oder tut, das schade ihm 4 Gulden und wenn er dazu Nein sagen wolle, so werde es sich im Gerichtsbuch finden. Darauf sagt Clesgin, ihm genüge der Nachweis im Gerichtsbuch. Das hat Henne Scherer festhalten lassen und das Gericht gefragt, in welcher Zeit er den Beweis erbringen soll. Urteil: in 14 Tagen. Bedürfe er Verlängerung und fordere die, wie Recht ist etc. Dem haben beide zugestimmt.

Clesgin Becker hat Pfändung gefordert gegen Kitzgin.
Hengin Melman verklagt Jeckel Borkart auf 100 Gulden.
Peter Lichtschid verklagt Henne Englender auf 1 Gulden.
Kitzgin verklagt Werner den Krämer auf 3 Gulden.
Schonwedder verklagt Ebert Kitz auf 2 Gulden.

6. Dezember 1477
Cles Stern erhebt seine 3. Klage gegen Rulgin den Keller und Anne Kitz.
Peter Mospecher erhebt für die Kirche seine 3. Klage gegen Antz Duppengießer.

fol. 51 — Dinstag nach Conceptionis Marie

lip vor yre gut gestalt(en)	Jt(em) Heppenhen(ne) hait sine(n) lijp vor sin gut gestalt(en) nach dem Peder Mospech(er) als vo(n) der kirch(e)n wegen off yne geheisch(e)n hait / So hait meist(er) Joste d(er) smett sine(n) lip vor sin gut gestalt(en) nach dem Enders Kocher off yne geheisch(e)n hait. Ffurt(er) so hait Cleßgin Carppe sine(n) lip vor sin gut gestalt(en) nach dem Albrecht Gerten(er) off yne geheisch(e)n hait. Und wollen alle recht geb(e)n und neme(n) als der[a] scheffen hie vor eyn recht wiset etc. Des ist yne tag gestalt(en) an das nehste gericht.
3 h	Jt(em) Henne von Eltvjl als vo(n) h(er)n Hansen wegen dut sin 3 h off Conczgin Prassen ut p(ri)ma.
4 [8/2] h	Jt(em) Flucken Clese dut sin 4 [8/2] h off Hengin Prassen ut p(ri)ma.
4 h [8/2]	Jt(em) Adam Wolff unser mit scheffen geselle dut sin 4 [8/2] h off Peder Hiltwin ut p(ri)ma.
3 h	Jt(em) Dieme(n) Clas als vo(n) h(er)n Conrats wegen dut sin 3 h off Clas Kysseln von Oppinheim ut p(ri)ma.
tag v(er)hut(en)	Jt(em) Peder Lichtschijt hait sin(en) tag v(er)hut(en) geigen Clese Wiße(n). Des ist yme tag gestalt(en) an das nehste gericht.
	Actu(m) off Dinstag nach C(on)cept(i)o(n)is Ma(r)ie.
erf(olgt) p b	Jt(em) Cleßgin Gertn(er) der beck(er) erf(olgt) Hengin Rutßen offs bůch und hait an yme pande berett(en).
offgeholt(en)	Jt(em) nach dem Adam Wolff unser mit scheffen geselle sin 4 [8/2] h in maiß(e)n die erßte gelut(en) off Peder Hiltwin gethan also hait er die gude nach lude siner heischu(n)ge off geholt(en) und das verbot.
widder geno(m)me(n)	Jt(em) Clese Raup unß(er) mit geselle ist zum rechten gewist(en) hait yme meist(er) Jost der smett sins zinßs nit geb(e)n von dem huse do er ynne siczet und stett das husche noch zu syne(n) handen so mag erß widder neme(n) si ita est.
erk(annt)	Jt(em) Peder Becker erk(ennt) Dielnhen(ne) von Jngelnhey(m) VIII guld(e)n off rechnu(n)ge zu geb(e)n in eyme maende. Si no(n) p erf(olgt).
erk(annt)	Jt(em) Knůßen Cleßgin erk(ennt) Henne Rauben VI malt(er) korns zu geb(e)n in XIIII tag(en). Si no(n) p erf(olgt).
erk(annt)	Jt(em) Lupis Hengin erk(ennt) Hengin Schůmech(er)n XI alb(us) zu geb(e)n in XIIII tag(en). Si no(n) p erf(olgt).
erk(annt)	Jt(em) Dieme(n) Clas erk(ennt) Clese Storczkoppen dem jonge(n) als vo(n) des Heilgen Cruczes wegen III guld(e)n so erk(ennt) yme Hey(n) [-]

[a] Das Wort ist über der Zeile beigefügt.

9. Dezember 1477 — fol. 51

Henne Hepp hat seinen Leib vor sein Gut gestellt, nachdem Peter Mospecher für die Kirche gegen ihn geklagt hat. Ebenso hat Meister Jost der Schmied seinen Leib vor sein Gut gestellt, nachdem Enders Kocher gegen ihn geklagt hat. Weiter hat Clesgin Carpp seinen Leib vor sein Gut gestellt, nachdem Albrecht Gertener gegen ihn geklagt hat. Und sie wollen alle Recht geben und nehmen, wie die Schöffen es hier weisen. Es ist ihnen ein Termin gesetzt worden am nächsten Gerichtstag.

Henne von Eltville erhebt für Herrn Hans seine 3. Klage gegen Contzgin Prass.
Cles Fluck erhebt seine 4. Klage gegen Hengin Prass.

Adam Wolff, unser Mitschöffe, erhebt seine 4. Klage gegen Peter Hiltwin.
Clas Diem erhebt für Herrn Konrad seine 3. Klage gegen Clas Kissel von Oppenheim.
Peter Lichschid hat seinen Tag gewahrt gegen Cles Wiß. Es ist ihm ein Termin gesetzt am nächsten Gerichtstag.

9. Dezember 1477
Klaus Gertner der Bäcker hat seinen Anspruch ins Gerichtsbuch eintragen lassen gegen Hengin Ruts und hat Pfändung gefordert.

Adam Wolff, unser Mitschöffe, erhebt seine 4. Klage gegen Peter Hiltwin und hat die Güter gemäß seiner Klage eingezogen und das festhalten lassen.

Cles Raub, unser Mitschöffe, hat das Urteil erlangt: Wenn ihm Meister Jost der Schmied den Zins nicht gegeben hat von dem Haus, in dem er sitzt und das Haus noch in seinem Besitz ist, kann er es wieder an sich nehmen, wenn es so ist.

Peter Becker erkennt an, Henne Diel von Ingelheim 8 Gulden gegen Rechnung zahlen zu müssen in einem Monat. Wenn nicht erfolgt die Pfändung.

Clesgin Knuß erkennt an, Henne Raub 6 Malter Korn zahlen zu müssen binnen 14 Tagen. Wenn nicht erfolgt die Pfändung.

Hengin Lupis erkennt an, Hengin Schuhmacher 11 Albus zahlen zu müssen binnen 14 Tagen. Wenn nicht erfolgt die Pfändung.

Clas Diem erkennt an, Cles Stortzkopp dem Jungen für Heilig Kreuz 3 Gulden zahlen zu müssen. Ebenso erkennt Hein-

fol. 51v — Dinstag nach Conceptionis Marie

erk(annt)	rich Soden VI guld(e)n so erk(ennt) yme Ebert Kicze von syn(er) muder wegen IIII guld(e)n. Sie alle zu geben in XIIII tagen. Si no(n) p erf(olgt).
erk(annt)	Jt(em) Heincze Kobeler erk(ennt) Johan dem poller(er) XII alb(us) zu geb(e)n in XIIII tag(en). Si no(n) p erf(olgt).
p b	Jt(em) Hilczenkett hait p b an Bernhart Bendern und Ebert Hauborn.
p b	Jt(em) Carppen Cleßgin hait p b an Hengin Rutßen.
p b	Jt(em) Hans der hysse hait p b an Heincze Drieln.
i(n) j(ure)	Jt(em) Peder Mospecher als vo(n) der kirchen wegen hait Heppenhenne(n) zu gesproch(e)n wie daß sin vader selige
ecc(les)ia	der kirchen jerlichs gegeb(e)n habe IX ß gelts von dem huse und hoeff do er ynne sicze / und die auch vor syme
Heppenhen(ne)	doite / der kirchen gutlich ußgeracht(en) echte ader IX jare ungev(er)lich. Und daß Henne soliche gult(en) nit ußricht nach
ad socios	dem er sins vad(er) erbe ist / und yn dem huse siczet / das schade yme als vo(n) der kirchen wegen XX guld(e)n. Und obe er ney(n) dar zu sagen wolt so beziege er sich des off Hen(ne) von Rodenbach der dan(n) soliche gulte von sins vatter selig(en) wegen / nach syme doite v(er)rechent und ußgeracht(en) hait dar zu off der kirchen bůch(er) und regist(er). Dar off sagt
i(n) j(ure)	Henne die hoffreide sij nit sin dan(n) sin vatt(er) selige habe yme an syme doitbette gesagt daß soliche hoffreide gebeª jars II guld(e)n gelts W(er)nher Huts erb(e)n. Und yme auch nůste mehe benant(en). Und was sie furt(er) mit der kirchen buch bij brenge(n) als recht ist do mit soll yme wole genüge(n). Das hait Ped(er) verbot und begert myt recht als vo(n) der kirchen wege(n) wie und jn wech(er) zijt sie eß bij brenge(n) sollen. Das ist gelengt ad socios.
i(n) j(ure) Joh(anne)s Faut mee phande wisen	Jt(em) Enders Harwiler sagt er habe Joh(annes) Faût(en) erf(olgt) und phande berett(en). Nů wiße er des sine(n) nit etc. Dar off sagt Joh(ann)es er woll yne des sine(n) wisen / habe er do mit nyt genůg / so woll er yne mehe wisen. Das hait End(er)s v(er)bot und begert mit recht wan(n) erß doinᵇ soll. S(e)n(tent)ia noch daling. Das hait End(er)s auch verbot.
	Jt(em) Conczgin von Geilnhusen erk(ennt) Wigant Storczkoppen den karne er um(m)b yne entlehent hait widd(er) zu geb(e)n.
erk(annt) no(tandum)	Und ist mit recht gewist(en) daß erß in XIIII tagen

---

a Es folgt durchgestrichen: »II«.
b Der erste Buchstabe des Wortes ist über ein »w« geschrieben.

9. Dezember 1477 — fol. 51v

rich Soden 6 Gulden an, Ebert Kitz von seiner Mutter her 4 Gulden. Sie alle müssen binnen 14 Tagen zahlen. Wenn nicht erfolgt die Pfändung.

Heinz Kobeler erkennt an, Johann dem Pollerer 12 Albus zahlen zu müssen binnen 14 Tagen. Wenn nicht erfolgt die Pfändung.

Kett Hiltz hat Pfändung gefordert gegen Bernhard Bender und Ebert Haubor.

Clesgin Carpp hat Pfändung gefordert gegen Hengin Ruts.
Hans der Hysse hat Pfändung gefordert gegen Heinz Driel.

Peter Mospecher hat für die Kirche Henne Hepp angeklagt, dass sein verstorbener Vater der Kirche jährlich 9 Schilling Geld von Haus und Hof gegeben habe, in dem er sitze, die auch vor seinem Tod 8 oder 9 Jahre ungefähr der Kirche gezahlt wurden. Dass Henne diese Gülte nicht ausrichte, obwohl er seines Vaters Erbe ist und in dem Haus sitzt, das schade ihm für die Kirche 20 Gulden. Und wenn er dazu Nein sagen wolle, so berufe er sich auf Henne von Rodenbach, der diese Gülte nach dem Tod seines Vaters verrechnet und bezahlt hat und auf die Kirchenbücher und Register. Darauf sagt Henne: Die Hofstätte sei nicht sein, denn sein verstorbener Vater habe ihm auf seinem Totenbett gesagt, dass diese Hofstätte jährlich 2 Gulden Geld gebe an die Erben von Werner Hut. Und darüber hinaus hat er nichts genannt. Und was sie darüber hinaus beweisen durch das Kirchenbuch, wie es rechtmäßig ist, damit werde er zufrieden sein. Das hat Peter festhalten lassen und fragt für die Kirche das Gericht, in welcher Zeit er das Kirchenbuch vor Gericht bringen soll. Das wurde vertagt bis zum Zusammentreten des Vollgerichts.

Enders Harwiler sagt, er habe seinen Anspruch ins Gerichtsbuch eintragen lassen gegen Johannes Faut und habe Pfändung gefordert. Nun wisse er nicht, was dieser besitze. Darauf sagt Johannes: Er wolle ihm Besitz vor Gericht zuweisen lasse. Genüge ihm der nicht, so wolle er ihm darüber hinaus geben. Das hat Enders festhalten lassen und das Gericht gefragt, wann er es tun solle. Urteil: noch heute. Das hat Enders auch festhalten lassen.

Contzgin von Gelnhausen erkennt an, dass er Wigand Stortzkopp den Karren, den er von ihm geliehen hat, zurückgeben müsse. Das Gericht urteilt: Dass er es in 14 Tagen

fol. 52 — Dinstag nach Conceptionis Marie

TRANSKRIPTION

        thun sall. Das hait Wigant verbot als recht ist.

1 h   Jt(em) Jeckel Carppe dut 1 h vor XV ß und II hell(er) gelts off
    Wißhengin et om(n)ia.

Jt(em) Clas Kanne(n)gießer hait Ped(er) Hiltwin zu gesproch(e)n wie
daß er off eyn zijt mit andern^a bij dem hinlich zůschen yme und Fihen

Clas Kanne(n)[-]   syner hußfrauw(e)n gewest(en) sihe daß Herma(n) Orte sin swag(er)
gieß(er)   yme zu gesagt und geb(e)n habe zu der b(e)n(ann)t(en) Fihen / solich erb-
Ped(er) Hiltwin   theile yme off erstorben ist von Conczgin Gysen von Steynbach.

Daß Ped(er) nů nit erkent(en) obe eß also berett(en) und er do bij
gewest(en) sij das schade yme XX guld(e)n und heist yme des
ey(n) ja ader ney(n). Dar off sagt Peder er erkenne daß er
myt and(er)n aber die selb(e)n sint alle doites halb(e)n v(er)faren und
abe gegange(n) / do bij gewest(en)^b sij daß H(er)man Orte dem obg(enan)nt(en)
Clasen off dem hinlich zu syn(er) swester Fihen gerett(en) hait
zu geb(e)n solich erbtheil yme von Conczgin Gysen vo(n) Stey(n)bach
off erstorben ist. Die sage hait Clas verbot. Und hait Ped(er)n
furt(er) zu gesproch(e)n daß er die selbe sin sage nit bewere
als recht ist das schade yme X g(ulden). Dar off sagt Ped(er) was
er gesagt(en) habe das woll er auch mit recht beweren wan(n)
des noit ist. Das hait Clas auch verbot und begert mit recht
wan(n) eß Peder thun soll. Dar off S(e)n(tent)ia in XIIII tag(en). Doch dwile
Clasen belang dar an lijt / so hait das gericht zu gelaißen
daß Peder sin sage yeczunt beweren mag. Und hait sich
Hen(ne) von Eltvjl verdingt Ped(er)n zu den heilg(en) zu geleide(n)
und hait sin und(er)tinge v(er)bot als recht ist. Und Peder hait
sin sage wie obgemelt off den heilgen bewert(en) als recht
ist. Das hait Hen(ne) Eltvjl als vo(n) sinetwege(n) verbot.

Jt(em) Albrecht Gerten(er) hait Cleßgin Carppen zu gesprochen
wie das er yme ey(n) l(i)b(ram) gelts schuldijg sij. Das habe er yme

Albrecht   auch jare und jare gutlich gereicht und ußgeracht und
Gertener   daß er yme das nit furt(er) gebe das schade yme XL guld(e)n.
Cleßg(in) Carpp   Und obe Cleßgin dar zu ney(n) sagen wollt / so woll er sin gult(en)
behalt(en) als recht ist daß yme Cleßgin die gutlich ußgerach[-]
ten hait. Dar off sagt Cleßgin er sicze yn eyme huse das
moge wole gulte geb(e)n nemlich den her(e)n zu sant Mauriczie(n)
zu Mencze. Die selb(e)n her(e)n haben das husche auch vor yre
gulte offgeholt(en) / Das husche sij yme auch nye vergyfft
ad(er) gegeb(e)n als recht ist / als dar um(m)b brengt Albrecht bij
als recht ist daß er soliche gulte / off yme und allem dem

---

a Die letzten beiden Worte sind über der Zeile beigefügt.
b Es folgt durchgestrichen: »ist«.

9. Dezember 1477 fol. 52

ÜBERTRAGUNG

tun soll. Das hat Wigand festhalten lassen, wie es rechtmäßig ist.
Jeckel Carpp erhebt seine 1. Klage wegen 15 Schilling und 3 Heller Geld gegen Hengin Wiß auf alles.

Clas Kannengießer hat Peter Hiltwin angeklagt, dass er vor einiger Zeit mit anderen bei der Beredung zwischen ihm und Fihe, seiner Ehefrau, gewesen sei, bei der Hermann Ort, sein Schwager, ihm den Erbteil zugesagt habe, den Fihe von Konrad Gyse von Steinbach geerbt habe. Dass Peter nun kein Aussage macht, ob es so beredet wurde und er dabei gewesen sei, das schade ihm 20 Gulden und er fordert von ihm ein Ja oder Nein. Darauf sagt Peter: Er gebe zu, dass er mit anderen, die aber alle tot sind, dabei gewesen sei, als Hermann Ort auf einem Treffen mit seiner Schwester Fihe dem genannten Clas versprochen hat, ihm den Erbteil zu geben, der von Contzgin Gyse von Steinbach herrührt. Diese Aussage hat Clas festhalten lassen. Und er hat Peter weiter angeklagt, dass er diese Aussage nicht vor Gericht bezeuge, wie es rechtmäßig ist, das schade ihm 10 Gulden. Darauf sagt Peter: Was er gesagt habe, das wolle er auch vor Gericht bezeugen, wenn das notwendig ist. Das hat Clas auch festhalten lassen und gefragt, wann Peter das tun soll. Darauf erfolgt das Urteil: in 14 Tagen. Doch weil Clas darum bat, hat das Gericht zugelassen, dass er seine Aussage jetzt bezeugen könne. Und Henne von Eltville hat sich verpflichtet, Peter zum Schwur zu geleiten und hat seine Vertretung festhalten lassen, wie es rechtmäßig ist. Und Peter hat seine Aussage auf die Heiligen beschworen, wie es rechtmäßig ist. Das hat Henne von Eltville für ihn festhalten lassen.

Albrecht Gertener hat Clesgin Carpp angeklagt, dass er ihm ein Pfund Geld schuldig sei. Das habe er ihm auch Jahr für Jahr gütlich gegeben und dass er ihm das nicht weiter gebe, das schade ihm 40 Gulden. Und wenn Clesgin Nein dazu sage, so wolle er beweisen, wie es Recht ist, dass Clesgin ihm die Gülte gütlich ausgerichtet hat. Darauf sagt Clesgin: Er sitze in einem Haus, das möge wohl Gülte geben, nämlich den Herren von St. Mauritius zu Mainz. Dieselben Herren haben das Haus auch für ihre Gülte eingezogen. Das Haus sei ihm auch nicht rechtmäßig übertragen oder wiedergegeben worden. Bringe Albrecht aber Beweise bei, dass er eine Gülte auf ihn und all dem

fol. 52v — Dinstag nach Conceptionis Marie

s(e)n(tent)ia	syne(n) habe so muße er laiß(e)n gescheen was recht ist. Albrecht hait verbot daß sich Cleßgin wijl wisen laiß(e)n und beg(er)t mit recht wie er yne wisen soll. Dar off s(e)n(tent)ia daß Albrecht / Cleßgin des wisen sall myt gerichts kontschafft. Hait er der nit / so sall er off den heilgen sweren als recht ist daß er soliche gülte nach lude siner heischu(n)ge off
beheltniß gulte nota	Cleßgin habe und yme die auch bynne(n) dryßijg jaren gehantreicht und nit abe gekaufft(en) sijhe und von keynem nemlich(e)n und(er)phande vor die gulte verlacht nit wiße und sall die scheffen ober halpp hain und den yre recht geb(e)n und das thůn bynne(n) jars frijst wan(n) er wijl. Und sall eß Cleßgin myt dem bottel zuvor wiß(e)n laiß(e)n. Das hait Albrecht auch v(er)bot.
	Jt(em)ᵃ nach dem Hans Snyd(er) als vo(n) mo(m)perschafft wegen des compters und siner myt her(e)n zu Meisenheim sin
offgeholt(en) Meisenhey(m)	4 [8/2] h jn maißen die erßte gelut(en) off Peder Rauben und Joh(ann)es Fauten gethan / also hait er die gude und und(er)phande nach lude siner heischunge offgeholt(en) und hait das verbot.
erf(olgt)	Jt(em) Peder Raůp erf(olgt) Henne Mauchenheym(er) ofs buch.
erk(annt)	Jt(em) Dieme(n) Clas erk(ennt) Henne Ercken(n) XVI ß zu geb(e)n in XIIII tag(en). Si no(n) p erf(olgt).
erf(olgt)	Jt(em) Conczen Cleßgin erf(olgt) Drubein offs bůch.
p b	Jt(em) Winworm hait p b an Prassen Hengin.
erk(annt)	Jt(em) Winworm erk(ennt) Philips Busern unß(er)m scholteß(e)n als vo(n) sant Jostes wegen III l(i)b(ras) hell(er) zu geben in XIIII tagen. Si no(n) p erf(olgt).
erk(annt) no(tandum)ᵇ	Jt(em) Jeckel Stam(m) erk(ennt) Clese Raůben unß(er)m mit scheffen gesellen daß er yme XXX jare lang gegeb(e)n habe ey(n) ß gelts frij gulte von ½ [I/2] morge(n) wingarts aym Salczborn gefor Flucken Clese oben zu. Das hait Clese Raup verbot.
Hirtenhe(ne) Stam(m)	Jt(em) Hyrtenhen(ne) hait Jeckel Stam(m)en zu gesproch(e)n wie daß er yme VI guld(e)n gerechent(er) scholt schuldig sij. Und gebe yme der nit das schade yme alsvjl dar zů. Und obe Jeckel ney(n) sagen wolt so beziege er sich des off Concze Storczkoppen. Dar off sagt Jeckel yme

a Zwischen nebenstehender Marginalie und Text verläuft ein über vier Zeilen reichender senkrechter Strich.
b Zwei klammerartige Striche zeigen an, dass die Marginalie für den ganzen Absatz gilt.

Seinigen habe, so müsse er es geschehen lassen, wie es rechtmäßig ist. Albrecht hat festhalten lassen, dass Clesgin es sich vor Gericht beweisen lassen will, und fragt, wie er das beweisen soll. Darauf ergeht das Urteil: Dass Albrecht das Clesgin beweisen soll mit Gerichtsbeweis. Hat er den nicht, so soll er, Albrecht, zu den Heiligen schwören, dass er diese Gülte gemäß seiner Klage von Clesgin habe und ihm die auch in den letzten 30 Jahren gereicht worden sei und sie nicht abgekauft sei und er von keiner Pfandschaft, die für die Gülte festgesetzt sei, wisse. Und er soll sich von den Schöffen von oberhalb das Recht weisen lassen und das tun in Jahresfrist, wann er will, und er soll es durch den Büttel Clesgin vorher wissen lassen. Das hat Albrecht auch festhalten lassen.

Nachdem Hans Snider als Vertreter des Kompturs und seiner Mitherren zu Meisenheim seine 4. Klage gegen Peter Raub und Johannes Faut erhoben hat, hat er die Güter und Pfänder gemäß seiner Klage eingezogen und das festhalten lassen.

Peter Raub hat seinen Anspruch ins Gerichtsbuch eintragen lassen gegen Henne Mauchenheimer.

Clas Diem erkennt an, Henne Erk 16 Schilling zahlen zu müssen binnen 14 Tagen. Wenn nicht erfolgt die Pfändung.

Clesgin Concze hat seinen Anspruch ins Gerichtsbuch eintragen lassen gegen Drubein. Winworm hat Pfändung gefordert gegen Hengin Prass.

Winworm erkennt an, Philipp Bußer, unserem Schultheißen, für St. Johann 3 Pfund Heller zahlen zu müssen binnen 14 Tagen. Wenn nicht erfolgt die Pfändung.
Jeckel Stamm erkennt an, Cles Raub, unserem Mitschöffen, 30 Jahre lang einen Schilling Geld freie Gülte für einen Weinberg von ½ Morgen am Saltzborn zu Cles Fluck hin gegeben zu haben. Das hat Cles Raub festhalten lassen.

Henne Hirt hat Jeckel Stamm angeklagt, dass er ihm 6 Gulden abgerechneter Schuld schuldig sei. Und er gebe sie ihm nicht, das schade ihm ebenso viel dazu. Und wenn Jeckel Nein sagen wolle, so berufe er sich auf Contz Stortzkopp. Darauf sagt Jeckel, ihm

fol. 53 — Samßtag sant Lucien tage

TRANSKRIPTION

soll auch mit Conczen genüge(n). Das hait Hen(ne) v(er)bot und
begert wan(n) ern brenge(n). Dar off s(e)n(tent)ia in XIIII tag(en). Bedarff er dan(n) siner tage furte und heist die als recht
ist so soll ma(n) yme die furt(er) stillen noch zu czweyen
XIIII. Und so Concze verhort(en) wirt beheltlich Sta(m)men
syn(er) jnsage und geschee dan(n) furt(er) sovyl als recht ist.

Actu(m) off Samßtag sant Lucien tage.
Jt(em) Clese Storczkoppe der jonge als vo(n) des Heilgen Cruczes

1 clage	wegen dut 1 clage vor VIII guld(e)n heiptgelt und X g(ulden) schad(e)n off Heinrich von Staffel et om(n)ia.
1 clage	Jt(em) id(em) dut 1 clage vor funffe guld(e)n heiptgelt und X g(ulden) schaden off Hanma(n) von^a Růdesheim^b et om(n)ia.
1 h	Jt(em) Stolhans von Hilberßheim als vo(n) mo(m)p(ar)schafft wegen Clas Man(n) dut 1 h vor II guld(e)n gelts off Jeckeln Winßbach den alten et supra ping(nora).
p b	Jt(em) Conczen Cleßgin hait p b an Hengin Drubein.
	Jt(em) Dornhen(ne) erk(ennt) Henne Kochern dem alten ½ [I/2] morgen wingarts aym Slochter Wege off zu geb(e)n und zu weren
erk(annt) zu weren	zusch(e)n dem nehst(en) gerichts tage nach dem Achzehest(en) Tage. Si no(n) p erf(olgt) vor XXIIII guld(e)n.
	Jt(em) Hans der hysse sagt er habe Heincze Drieln erf(olgt) und phande berett(en). Nů drage yme Peder Korpper dar ynne etc. und wůße des syne(n) nit / Dar off sagt Heincze Driele er Hanse(n) des syne(n) wisen etc. Furt(er) ist mit recht gewist(en) weiße
ob(er) nacht halten	Hans nuste / das Heincze habe / so sall er dem scholteß(e)n eyne(n) heymberge(n) heiß(e)n dem sall ern mit dem jheren geb(e)n. Der sall yne yme ober nacht halt(en) und dan(n) an gericht brenge(n) und furt(er) frage(n) etc.
1 clage	Jt(em) Peder Dresser von Swabenheim dut 1 clage vor 3½ [IIII/2] g(ulden) heiptgelt und X g(ulden) schad(e)n off Cleßgin Maczkuchs seligen eiden zu Winckel et om(n)ia.
1 h	Jd(em) dut 1 h vor XIIII ß gelts off Stern Cristin et^c sup(ra) p.

---

a   Es folgt durchgestrichen: »Erbeß«.
b   Verbessert aus: »Bůdesheim«.
c   Es folgt durchgestrichen: »om(n)ia«.

13. Dezember 1477   fol. 53

werde auch die Aussage von Contz genügen. Das hat Henne festhalten lassen und fragt, wann er den Beweis erbringen soll. Darauf ergeht das Urteil: in 14 Tagen. Bedürfe er Verlängerung und fordere sie wie es rechtmäßig ist, so soll man ihm noch zweimal 14 Tage geben. Und wenn die Aussage von Contz gehört wird, vorbehaltlich der Gegenrede von Stamm, geschehe es weiter, wie es rechtmäßig ist.

13. Dezember 1477
Cles Stortzkopp der Junge erhebt für Heiligkreuz seine 1. Klage wegen 8 Gulden Klagesumme und 10 Gulden Gerichtskosten gegen Heinrich von Staffel auf alles.
Derselbe erhebt seine 1. Klage wegen 5 Gulden Klagesumme und 10 Gulden Gerichtskosten gegen Hanman von Rüdesheim auf alles.

Hans Stol von Hilbersheim erhebt als Vertreter von Clas Mann seine 1. Klage wegen 2 Gulden Geld gegen Jeckel Winsbach den Alten auf die Pfänder.
Clesgin Concze hat Pfändung gefordert gegen Hengin Drubein.

Henne Dorn bekennt Henne Kocher dem Alten ½ Morgen Weinberg am Schlüchter Weg geben zu müssen bis zum nächsten Gerichtstag nach dem 18. Tag. Wenn nicht erfolgt die Pfändung für 24 Gulden.

Hans der Hysse sagt, er habe seinen Anspruch gegen Heinz Driel erklagt und Pfändung gefordert. Nun trage er es weiter an Peter Korper etc. und er wüsste nicht, was dieser besäße. Darauf sagte Heinz Driel, er werde Hans das seinige vor Gericht weisen etc. Daher wurde als Recht gesprochen: Wisse Hans nicht, was Heinz habe, so soll er vom Schultheißen einen Heimbürgen fordern, der soll ihn am Rockschoß nehmen und der Heimbürge soll ihn über Nacht halten und ihn dann vor Gericht bringen und dann weiter fragen. Was dann weiter Recht ist, das geschehe.
Peter Dresser von Schwabenheim erhebt seine 1. Klage wegen 3½ Gulden Klagesumme und 10 Gulden Gerichtskosten gegen des verstorbenen Clesgin Matzkuchs Schwager von Winkel auf alles.
Derselbe erhebt seine 1. Klage wegen 14 Schilling Geld gegen Cristin Stern auf die Pfänder.

fol. 53v — Samßtag vor sant Thomas tage

2 tag	Jt(em) Conczen Cleßgin hait sin 2 tag furt(er) geheisch(e)n konde zu breng(e)n geigen Buß(er)s Micheln und hait das verbot. Michel hait eß auch verbot.
1 h	Jt(em) Diemen Clas dut 1 h vor II l(i)b(ras) und XIIII ß gelts off Busen Ped(er)n et sup(ra) pingn(or)a.
erk(annt)	Jt(em) Melma(n)s Hengin erk(ennt) Stern Clesen I g(ulden) zu geben in XIIII tag(en). Das hait Clese verbot.
erk(annt) zu recht steh(e)n	Jt(em) Clese Backe erk(ennt) W(er)nhern von Wint(er)nheim myt and(er)n winkaůffs luden yme zu recht steh(e)n aym nehsten gericht zu Wint(er)nheim. Das hait W(er)nher verbot.
erk(annt)	Jt(em) Clas von Brechen erk(ennt) Jeckel Carppen XXV fertel wins zu geb(e)n zusch(e)n Fastnacht. Si no(n) p erf(olgt).
widder geno(m)men	Jt(em) Clas von Brechen ist zům rechten gewist(en) hait yme Henne von Soden sins zynßs nit geb(e)n von dem huse do er ynne siczet und steht das husche noch zu syne(n) hande(n) so mag erßs widder neme(n) si ita est.
2 h	Jt(em) Johan der poller(er) dut sin 2 h off Beck(er)hen(ne) ut p(ri)ma.

Actu(m) off Samßtag vor sant Thomas tage.

4 [8/2] h	Jt(em) Henne von Eltvjl als vo(n) h(er)n Hansen wegen dut sin 4 [8/2] h off Conczgin Prassen ut p(ri)ma.
4 [8/2] h	Jt(em) Stern Clese dut sin 4 [8/2] h off Rulgin den kelner und Kicze Anne(n) ut p(ri)ma.
4 [8/2] h	Jt(em) Dieme(n) Clas als vo(n) h(er)n Conrats wegen dut sin 4 [8/2] h off Clas Kysseln zu Oppinheim ut p(ri)ma.

Actu(m) off Samßtag sant Johans tage.

2 clage	Jt(em) Clese Storczkoppe d(er) jonge dut sin 2 clage off Ha(n)man zu Rudeßheim ut p(ri)ma.
2 h	Jt(em) Stolnhans von Hilberßhey(m) als vo(n) mo(m)p(ar)schafft wegen Clas Man(n) dut sin 2 h off Jeckel Winßpache(n) ut p(ri)ma.

19. Dezember 1477

Clesgin Conze hat seinen 2. Tag erbeten, Beweise beizubringen gegen Michel Bußer und hat das festhalten lassen. Michel hat dem auch zugestimmt.

Clas Diem erhebt seine 1. Klage wegen 2 Pfund und 14 Schilling Geld gegen Peter Buse auf die Pfänder.

Hengin Melman erkennt an, Cles Stern einen Gulden zahlen zu müssen binnen 14 Tagen. Das hat Cles festhalten lassen.

Cles Back erkennt an, Werner von Winternheim mit den anderen Zeugen des Vertragsabschlusses beim nächsten Gericht zu Winternheim als Zeuge vor Gericht zu dienen. Das hat Werner festhalten lassen.

Clas von Brechen erkennt an, Jeckel Carpp 25 Viertel Wein zahlen zu müssen bis Fastnacht. Wenn nicht erfolgt die Pfändung.

Clas von Brechen wurde vom Gericht das Urteil gewiesen: Hat ihm Henne von Soden seinen Zins nicht gegeben von dem Haus, in dem er sitzt und ist das Haus noch in seinen Besitz, so kann er es wieder zurücknehmen, wenn es so ist.

Johann der Pollerer erhebt seine 2. Klage gegen Henne Becker.

19. Dezember 1477
Henne von Eltville erhebt für Herrn Hans seine 4. Klage gegen Contzgin Prass.
Cles Stern erhebt seine 4. Klage gegen Rulgin den Keller und Anne Kitz.
Clas Diem erhebt für Herrn Konrad seine 4. Klage gegen Clas Kissel zu Oppenheim.

27. Dezember 1477
Cles Stortzkopp der Junge erhebt seine 2. Klage gegen Hanman zu Rüdesheim.
Hans Stol von Hilbersheim als Vertreter von Clas Mann erhebt seine 2. Klage gegen Jeckel Winsbach.

Anno LXX octavo

Anno etc. LXX octavo.

2 clage	Jt(em) Ped(er) Dresser dut sin 2 clage off Maczkuchs eiden ut p(ri)ma
2 tag	Jt(em) Conczen Cleßgin hat^a sin 2 tag furt(er) geheisch(e)n konde zu brenge(n) geige(n) Bußers Micheln ut p(ri)ma.
2 h	Jt(em) Diem(en) Clas dut sin 2 h off Busen Ped(er)n ut p(ri)ma.

Actu(m) off Samßtag nach Ep(i)h(an)ia D(omi)nj.

3 clage	Jt(em) Clese Storczkoppe der jonge dut sin 3 clage off Hanman(n) zu Rudeßheim ut p(ri)ma.
3 h	Jt(em) Stolnhans von Hilberßheim als vo(n) mo(m)p(ar)schafft wegen Clas Man(n) dut sin 3 h off Jeckel Winßbachen den alten ut p(ri)ma.
3 clage	Jt(em) Peder Dresser von Swabenheim dut sin 3 clage off Maczkůchs eiden ut p(ri)ma.
3 h	Jt(em) Dieme(n) Clas dut sin 3 h off Bůsen Ped(er)n ut p(ri)ma.
1 clage	Jt(em) Jeckel Monster dut 1 clage vor funffzijg guld(e)n heiptgelt und XX guld(e)n schaden off Beyerhen(ne) zu Algeßheim et o(mn)ia.
lip vor sin gut gestalt(en)	Jt(em) Peder Snyder hait syne(n) lijp vor sin gut gestalt(en) nach dem Peder Dresser off yne geclagten hait und wijl recht geb(e)n und neme(n) als der scheffen dan(n) hie vor ey(n) recht wyset etc. Des ist yme tag gestalt(en) an das nehste gericht.

Actu(m) off Samßtag nach dem Achzehest(en) Tage.

tag v(er)hůt(en)	Jt(em) Johan der poller(er) und Enders Barte haint beide yren tag verhůt(en). Des ist yne tag gestalt an das nehste gericht.

Actu(m) off Dinstag sant Sebastian(us) tage.

	Jt(em) Bußers Michel von Wint(er)heim erf(olgt) Carppen Cleßgin offs bůch und hait phande an yme berett(en) nach dem sich der
erf(olgt) p b	b(e)n(ann)t(e) Cleßgin off konde bezogen und die nit gefurten als recht ist.
no(n) reveni(r)e	Jt(em) zusch(e)n Johan dem poller(er) und End(er)s Bart(en) sall nit widd(er) an gerichte ko(m)men.

---

a Unter dem ersten Buchstabe ist ein »d« überschrieben.

Im Jahr 1478 — fol. 54

Anno etc. 78.
Peter Dresser erhebt seine 2. Klage gegen den Schwager von Matzkuch.
Clesgin Concze hat seinen 2. Tag erbeten um Beweise beizubringen gegen Michel Bußer.
Clas Diem erhebt seine 2. Klage gegen Peter Buse.

10. Januar 1478
Cles Stortzkopp der Junge erhebt seine 3. Klage gegen Hanman zu Rüdesheim.
Hans Stol von Hilbersheim erhebt als Vertreter von Clas Mann seine 3. Klage gegen Jeckel Winsbach den Alten.
Peter Dresser von Schwabenheim erhebt seine 3. Klage gegen Matzkuchs Schwager.
Clas Diem erhebt seine 3. Klage gegen Peter Buse.
Jeckel Monster erhebt seine 1. Klage wegen 50 Gulden Klagesumme und 20 Gulden Gerichtskosten gegen Henne Beyer von Algesheim auf alles.
Peter Schneider hat seinen Leib vor sein Gut gestellt, nachdem Peter Dresser gegen ihn geklagt hat und will Recht geben und nehmen, wie es die Schöffen hier weisen. Dafür ist ihm ein Termin gesetzt am nächsten Gerichtstag.

7. Januar 1478
Johann der Pollerer und Enders Bart haben beide ihren Gerichtstermin gewahrt. Es ist ihnen ein Termin gesetzt worden am nächsten Gerichtstag.

20. Januar 1478
Michel Bußer von Winternheim hat seinen Anspruch ins Gerichtsbuch eintragen lassen gegen Clesgin Carpp und hat Pfändung gefordert, nachdem sich der genannte Clesgin auf Beweise berufen hat und die nicht beigebracht hat, wie es rechtmäßig ist.
Zwischen Johann dem Pollerer und Enders Bart soll die Sache nicht wieder vor Gericht kommen.

fol. 54v — Dinstag sant Sebastianus tage

TRANSKRIPTION

ban(n) und freden	Jt(em) nach dem Hans Snyd(er) als vo(n) mo(m)p(ar)schafft wegen des compt(er)s und siner myt her(e)n zu Meisenheim / offholůnge off Joh(ann)es Faůt(en) und Peder Rauben jnhalt des buchs gethan also hait yme der scholtes ban(n) und freden dar ober gethan als recht ist. Das hat Hans Snider als vo(n) siner her(e)n wegen v(er)bot.
1 h	Jt(em) Peder Mospecher als vo(n) der kirchen wegen dut 1 h vor ey(n) phondt wagsche off Clesen von Sprendlingen et sup(ra) ping(nora).
1 h	Jd(em) dut 1 h vor X ß gelts off Snaden Hengin et sup(ra) ping(nora).
erf(olgt)	Jt(em) Wigant Storczkoppe erf(olgt) Conczgin von Geilnhusen offs bůch.
erf(olgt) p b	Jt(em) Hengin Schůmecher erf(olgt) Lupis Hengin offs buch und hait an yme p b.
erf(olgt) p b	Jt(em) Henne Gickysen erf(olgt) Henne(n) von Sprendlingen offs buch und hait an yme p b.
offgeholt ban(n) und frede(n)	Jt(em) nach dem Stern Clese als vo(n) syn(er) mud(er) wegen sin 4 [8/2] h in maißen die erst(en) gelut(en) off Kicz Anne(n) gethain / also hait er die gude und und(er)phande nach lude siner heischunge off[-]geholt(en) und das verbot. Und der scholtes hait yme ban(n) und freden dar ober gethan als recht ist. Das hait Clese auch verbot.
offgeholt(en) ban(n) und frede(n)	Jt(em) nach dem Dieme(n) Clas als vo(n) h(er)n Conrats wegen sin 4 [8/2] h in maiß(e)n die erste gelut(en) off Clas Kisseln von Oppinheim gethain / also hait er die gude und und(er)phande nach lude siner heischunge offgeholt(en) und das verbot. Und der schol[-]tes hait yme ban(n) und freden dar ober gethan sic h(odie).ª Das hait Clas als vo(n) h(er)n Conrats wegen auch verbot.
offgeholt ban(n) und frede(n)	Jt(em) nach dem Hen(ne) von Eltvjl als vo(n) h(er)n Hansen unsers mit scheffen gesellen sin 4 [8/2] h jn maißen die erste gelut(en) off Conczgin Prassen gethain / also hait er gude und und(er)-phande nach lude siner heischůnge off geholt(en) und das verbot. Und der scholtes hait yme ban(n) und freden dar ober gethain als recht ist. Das hait Hen(ne) von Eltvjl als vo(n) h(er)n Hansen wegen auch verbot.
	Jt(em) Peder Dreßer von Swabenheim hait Ped(er) Snyd(er)n von Winkel zu gesprochen wie daß er yme 2½ [III/2] guld(e)n off

---

a Die beiden Worte sind über der Zeile beigefügt.

20. Januar 1478 — fol. 54v

Nachdem Hans Snider als Vertreter des Kompturs und seiner Mitherren zu Meisenheim die Gütereinziehung von Johannes Faut und Peter Raub gemäß dem Gerichtsbuch getan hat, hat der Schultheiß ihm Bann und Frieden darüber gemacht, wie es rechtmäßig ist. Das hat Hans Snider für seine Herren festhalten lassen.

Peter Mospecher erhebt für die Kirche seine 1. Klage wegen einem Pfund Wachs gegen Cles von Sprendlingen auf die Pfänder.
Derselbe erhebt seine 1. Klage wegen 10 Schilling Geld gegen Hengin Snade auf die Pfänder.

Wigand Stortzkopp hat seinen Anspruch ins Gerichtsbuch eintragen lassen gegen Contzgin von Gelnhausen.

Hengin Schumacher hat seinen Anspruch ins Gerichtsbuch eintragen lassen gegen Hengin Lupis und hat Pfändung gefordert.

Henne Gickysen hat seinen Anspruch ins Gerichtsbuch eintragen lassen gegen Henne von Sprendlingen und hat Pfändung gefordert.

Nachdem Cles Stern für seine Mutter seine 4. Klage gegen Anne Kitz erhoben hat, hat er die Güter und Pfänder gemäß seiner Klage eingezogen und das festhalten lassen. Und der Schultheiß hat ihm Bann und Frieden darüber gemacht wie es rechtmäßig ist. Das hat Cles auch festhalten lassen.

Nachdem Clas Diem für Herrn Konrad seine 4. Klage geführt hat gegen Clas Kissel von Oppenheim, hat er die Güter und Pfänder gemäß seiner Klage eingezogen und das festhalten lassen. Und der Schultheiß hat ihm Bann und Frieden darüber gemacht. Das hat Clas für Herrn Konrad festhalten lassen.
Nachdem Henne von Eltville für Herrn Hans, unseren Mitschöffen, seine 4. Klage gegen Contzgin Prass getan hat, hat er die Güter und Pfänder gemäß seiner Klage eingezogen und das festhalten lassen. Und der Schultheiß hat ihm Bann und Frieden darüber gemacht, wie es rechtmäßig ist. Das hat Henne von Eltville für Herrn Hans festhalten lassen.
Peter Dresser von Schwabenheim hat Peter Snider von Winkel angeklagt, dass er ihm 2½ Gulden gegen

fol. 55 — Dinstag sant Sebastianus tage

Ped(er) Dreß(er)	rechnu(n)ge schuldig sij / vor zynße die er dan(n) jerlichs gebe / Und gebe yme der nit das schade yme alsvjl dar zu und heist
Ped(er) Snyd(er)	yme des eyn ja ader neyn. Dar off sagt Ped(er) Snyder er wůße keyn gulte / die er yme ader yemant anders hie ye gegeb(e)n habe / dan(n) sin sweher Cleßgin Maczkuch selige wolt yme eyn felt off dem hinlich geb(e)n hain / und benant yme gulte do off / Do wolt er des feldes nit neme(n) und bezugt sich des off der hinlichs lude sovjl er der hain mag auch so habe er sich des feldes nye wollen an neme(n) und wuße auch nit wo eß lige. Und sie haint eß do mit beide zu recht gestalt. Dar off s(e)n(tent)ia dwile Ped(er) Snider off hinlichs lude zugt so sall er die auch vor gericht brengen und das thůn in XIIII tagen. Bedarff er dan(n) siner tage furte und heist die als recht ist / so sall ma(n) yme die furt(er) stillen noch zu czweien XIIII tagen. Und so der winkauff verhort(en) wirt beheltlich Peder Dreßern sin(er) jnsage und geschee dan(n) furt(er) sovjl als recht ist. Das haint sie beide v(er)bot.
Johan Pol[-]lerer Hans von Jsennach s(e)n(tent)ia[a]	Jt(em) zuschen Johan dem poller(er) und Hansen von Jsen(n)ach nach clage antwort und hergange(n) dingen und sich Hans von Jsennach jn siner antwort bezůgt off czwene / den von den dingen wißen sin solle / s(e)n(tent)ia / daß Hans die selben vor gerichte brengen sall und das thůn bynne(n) XIIII tagen. Bedarff er dan(n) siner tage furte und heist die als recht ist / so sall ma(n) yme die furt(er) stillen noch zu czweien XIIII tag(en). Und so die czwene v(er)hort(en) werden beheltlich Johan dem pollerer syn(er) jnsage und geschee dan(n) furt(er) sovjl als recht ist. Das haint sie beide verbot.
ban(n) und freden	Jt(em) nach dem her Johan Bůker amptma(n) der her(e)n zu sant Steffan zu Mencze lestmals offholůnge off Philipsen von Gerßstein Ebert Feczern / Clas Man(n) und die frauwe von Engaßen jnhalt des buchs gethan / also hait er ban(n) und freden dar ober begert(en) etc. Dem nach so hait der scholtes yme ban(n) und freden dar ober gethan als recht ist. Das hait her Johan verbot.
erf(olgt)	Jt(em) Hans von Wormßs erf(olgt) Ped(er) Swinden offs buch.

[a] Eine geschweifte Klammer zeigt an, dass die Marginalie für diesen Absatz gilt.

Rechnung schuldig sei für Zins, den er ihm jährlich gebe. Und er gebe ihm die nicht. Das schade ihm ebenso viel, und er fordert von ihm ein Ja oder Nein. Darauf sagt Peter Snider, er wüsste von keiner Gülte, die er oder jemand anderes gegeben habe, als dass sein Schwager, der verstorbene Clesgin Matzkuch, ihm ein Feld bei einer Absprache gegeben habe und benannte ihm auch eine Gülte dazu. Da wollte er das Feld nicht nehmen und beruft sich auf die Zeugen, wie viele er hören wolle. Auch habe er das Feld nie annehmen wollen und wisse auch nicht, wo es liege. Und sie haben es beide dem Gericht vorgelegt. Darauf erfolgt das Urteil: Weil Peter Snider sich auf die Zeugen beruft, so soll er die auch vor Gericht bringen und das tun in 14 Tagen. Bedürfe er Verlängerung und fordere diese, wie es rechtmäßig ist, so soll man sie ihm noch zweimal geben. Und wenn die Zeugen des Vertragsabschlusses verhört werden, vorbehaltlich der Entgegnung von Peter Dresser, geschehe es weiter, wie es rechtmäßig ist. Dem haben sie beide zugestimmt.

Zwischen Johann dem Pollerer und Hans von Isenach: Nach Klage, Entgegnung und geschehenen Sachen und weil sich Hans von Isenach in seiner Antwort auf zwei beruft, die von den Dingen wissen sollen, ergeht das Urteil: Dass Hans diese vor das Gericht bringen soll und das soll er tun in 14 Tagen. Bedürfe er Verlängerung und fordere diese wie es rechtmäßig ist, so soll man ihm noch zweimal 14 Tage geben. Und wenn die zwei verhört werden, vorbehaltlich der Entgegnung Johanns des Pollerers, geschehe es weiter, wie es rechtmäßig ist. Dem haben sie beide zugestimmt.

Nachdem Herr Johann Buker, Amtmann der Herren von St. Stephan zu Mainz, die Einziehung gegen Philipp von Gierstein, Ebert Fetzer, Clas Mann und die Frau von Engassen gemäß der Aussage des Gerichtsbuchs vorgenommen hat, hat er Bann und Frieden darüber begehrt. Darauf hat der Schultheiß ihm Bann und Frieden darüber gemacht, wie es Recht ist. Das hat Herr Johann festhalten lassen.

Hans von Worms hat seinen Anspruch ins Gerichtsbuch eintragen lassen gegen Peter Swinde.

fol. 55v — Samßtag nach sant Sebastianus tage

	Actu(m) off Samßtag nach^a sant Sebastian(us) tage.
2 clage	Jt(em) Jeckel Monst(er) dut sin 2 clage off Beyerhenne(n) zu Algeßhey(m) ut p(ri)ma.
4 h [8/2]	Jt(em) Stoln Hans als vo(n) mo(m)p(ar)schafft wegen Clas Man(n) dut sin fierde heischůnge off^b Jeckel Winßbach(e)n ut p(ri)ma.
Philips Hirte Hirtenhen(ne)	Jt(em) Philips Hyrte unser mit scheffen geselle hait Hyrtenhenne(n) zu gesproch(e)n. Nach dem er sins vatt(er) selig(en) und sin mo(m)per gewest(en) sij und habe als vo(n) yrentwegen jars off gehab(en) X ß gelts von dem huse in der Offhoben / das dan(n) h(er)n Niclas seligen gewest(en) ist. Und sagt nit obe er das also gethan habe. Das schade yme XX g(ulden). Dar off sagt Hirtenhen(ne) und hait erkant wie daß er die X ß gelts von h(er)n Johan und h(er)n Niclas selig(en) gehab(e)n und yme auch gutlich word(e)n sihen und wijl mit recht dar zu thůn was yme geburte. Das hait Philips verbot und mit recht begert wan(n) erßs thůn soll. S(e)n(tent)ia in XIIII tag(en). Das hait Philps v(er)bot.
erk(annt)	Jt(em) Hengin Luterwin erk(ennt) Beierhen(ne) eyn guld(e)n und eyn orte zu geb(e)n in XIIII tagen. Si no(n) p erf(olgt).
Hengin Kercher Bingeln Clesgin	Jt(em) Hengin Kercher hait Bingeln Cleßgin zu gesprochen wie das er yme eyn guld(e)n und eyn orte schuldig sij und gebe yme des nit. Das schade yme alsvjl dar zů und heist yme des ey(n) ja ader ney(n) / Dar off sagt Cleßgin er habe yme geb(e)n win / holcze hauwe und anders das er meyn Hengin sij yme schuldig / Wijl Hengin aber myt yme rechen so wijl erßs gerne thůn / Ist des nit / so ist er yme nůste schuldig. Und wes Hengin yne wid(er) anlange des sij er unschuldig. Die unscholt ist gestalt noch hude zu XIIII tag(en). Das haint sie verbot.
1 clage	Jt(em) Mathis Bůle von Dramerßheim dut 1 clage vor IIII g(ulden) und IIII alb(us) heiptgelt und XX guld(e)n schaden off Yden Henne(n) von Wolffsheim et om(n)ia.
p b	Jt(em) Hans Snider als vo(n) mo(m)p(ar)schafft wegen Frolichs h(er)n Hanse(n) knecht hait p b an Konnen Ped(er)n.
f(re)f(el)	Jt(em) Erkens Cleßgin erk(ennt) dem scholteß(e)n ey(n) freffel mit syme liebe zu detynge(n). Das hait der scholtes v(er)bot.
erk(annt)	Jt(em) Hans von Mertloch erk(ennt) Ped(er)n von Badenhey(m) 1½ [II/2] g(ulden) off rechnu(n)g zu geb(e)n in XIIII tag(en). Si no(n) p erf(olgt).

a Das Wort ist über der Zeile beigefügt.
b Es folgt nochmals: »off«.

24. Januar 1478
Jeckel Monster erhebt seine 2. Klage gegen Henne Beyer zu Algesheim.

Hans Stol erhebt als Vertreter von Clas Mann seine 4. Klage gegen Jeckel Winsbach. Philipp Hirt, unser Mitschöffe, hat Henne Hirt angeklagt: Nachdem er seines verstorbenen Vaters und sein Vertreter gewesen sei, habe er von ihretwegen jährlich 10 Schilling Geld eingezogen von dem Haus in der Uffhube, das dem verstorbenen Nikolaus gewesen sei. Und er sagt nicht, ob er das getan habe. Das schade ihm 20 Gulden. Darauf antwortet Henne Hirt und erkennt an, dass er die 10 Schilling Geld von Herrn Johann und dem verstorbenen Herrn Niklas erhalten habe, und er will tun, was ihm von Rechts wegen gebührt. Das hat Philipp festhalten lassen und das Gericht gefragt, wann er es tun soll. Urteil: in 14 Tagen. Das hat Philipp festhalten lassen.

Hengin Luterwin erkennt an, Henne Beyer einen Gulden und einen Ort zahlen zu müssen binnen 14 Tagen. Wenn nicht erfolgt die Pfändung.

Hengin Kercher hat Clesgin Bingel angeklagt, dass er ihm einen Gulden und einen Ort schuldig sei und gebe sie ihm nicht. Das schade ihm ebenso viel dazu, und er fordert von ihm ein Ja oder Nein. Darauf sagt Clesgin: Er habe ihm Wein, Holz, Heu und anderes gegeben, so dass er meine, Hengin sei ihm etwas schuldig. Will Hengin aber mit ihm abrechnen, so will er es gerne tun. Ist dem nicht so, so ist er ihm nichts schuldig. Und wessen ihn Hengin darüber hinaus anklage, dessen sei er unschuldig. Die Unschuld gilt von heute an für 14 Tage. Dem haben sie beide zugestimmt.

Mathis Bul von Dromersheim erhebt seine 1. Klage wegen 4 Gulden und 4 Albus Klagesumme und 20 Gulden Kosten gegen Henne Yde von Wolfsheim auf alles.

Hans Snider als Vertreter von Frolich, dem Knecht von Herrn Hans, hat Pfändung gefordert gegenüber Peter Konne.

Clesgin Erk erkennt an, dem Schultheiß einen Frevel mit seinem Leib zu verhandeln. Das hat der Schultheiß festhalten lassen.

Hans von Mertloch erkennt an, Peter von Badenheim 1½ Gulden gegen Rechnung zahlen zu müssen binnen 14 Tagen. Wenn nicht erfolgt die Pfändung.

fol. 56 — Samßtag nach sant Sebastianus tage

ecc(les)ia
Hen(ne) von
Rodenbach
Otylge
	Jt(em) Ped(er) Mospecher als vo(n) der kyrchen wegen hait Henne(n) von
	Rodenbach und Otylgen Henne(n) von Hoestadts hußfraůw(e)n zů
	gesproch(e)n wie daß Heppen Clas selige der kyrchen gegeb(e)n
	habe jars IX ß gelts ende sins lebens. Nů sihen sie die jhene
	die sin gůt gedeilt und geno(m)men haben / und sagen nit obe
	sie die selbe gulte d(er) kyrchen gegeb(e)n und v(er)rechentt haben
	ader wo off sie stehe. Das schade yme als vo(n) der kyrchen
	wegen von yre yglichem XL guld(e)n. Dar off sagt^a Henne / wie daß
	sin sweher selige off eyn zijt widder gesagt(en) habe / sin geseße
	gebe jars IX ß gelts der kyrchen / zu der and(er)n gulte die do off
	stehe / Dan(n) das gertgin drage eß uß // Furt(er) so sagt Odilge / sie
	hab(e)n Heppenhen(ne) yrem bruder das husche gegeb(e)n mit II g(ulden)
	gelts W(er)nher Hüden und IX ß gelts der kirchen. Die beide
	sagen hait Peder Mospech(er) als vo(n) der kyrchen wegen v(er)bot
	und yne furt(er) zu gesproch(e)n daß sie die selbe ir^b sage nit be-
	weren als recht ist das schade yme als vo(n) der kyrche(n) weg(en)
	von yre iglichem XL g(ulden). Dar off sagen sie alle beide was sie
	gesagt hab(e)n das wollen sie auch mit recht beweren
	wan(n) des noit sij. Das hait Peder verbot und mit recht beg(er)t
	wan(n) sie eß thůn sollen. S(en)tent(ent)ia in XIIII tag(en). Doch ist dar yn(e) gerett
	und ist gelengt eynß mit dem and(er)n bijß off Dinstag nach
	Halp Fasten sic hodie. Das hait Ped(er) auch verbot.

erk(annt)	Jt(em) Cleßgin Unglich erk(ennt) Jeckel Drappen als vo(n) mo(m)p(ar)schafft wegen Kiczhansen III g(ulden) und X ß off rechnu(n)ge zu geben in XIIII tag(en). Si no(n) p erf(olgt).
4 [8/2] h offgeholt(en)	Jt(em) Diemen Clas dut sin 4 [8/2] h off Peder Smeden ut p(ri)ma und hait die gude und und(er)phande nach luder siner heischůnge offgeholt(en) und das verbot. Und der scholtes hait yme ban(n) und freden dar ober gethan als recht ist. Das hait Clas auch verbot.
erk(annt)	Jt(em) Philips des Boeßen hoffman(n) erk(ennt) Adam Wolffen uns(er)n mit scheffen gesellen IIII g(ulden) off rechnů(n)g zu geb(e)n in XIIII t(agen). Si no(n) p erf(olgt).
Jeckel Winßbach Mathis	Jt(em) Jeckel Winßbach der alde hait Mathis in der Rinderbach zu gesproch(e)n wie daß er yme ey(n) auwe und ey(n) wiese gegeb(e)n habe daß er jars sonder syne(n) schad(e)n eyn guld(e)n gelts davo(n)

a Das Wort ist über der Zeile beigefügt.
b Das Wort ist über der Zeile beigefügt.

24. Januar 1478 — fol. 56

Peter Mospecher hat für die Kirche Henne von Rodenbach und Odilge, die Frau von Henne von Hoestadt, angeklagt, dass der verstorbene Clas Hepp der Kirche jährlich 9 Schilling Geld gegeben habe bis zum Ende seines Lebens. Nun seien sie diejenigen, die sein Gut geteilt und in Besitz genommen haben und sagen nicht, ob sie diese Gülte der Kirche gegeben und verrechnet haben oder worauf sie liege. Das schade ihm für die Kirche von jedem 40 Gulden. Darauf sagt Henne, dass sein verstorbener Schwager ihm vor einiger Zeit gesagt habe, sein Besitz gebe jährlich 9 Schilling Geld der Kirche zu den anderen Gülten, die darauf liegen. Das Gärtchen trage diese. Weiter sagt Odilge, sie habe Henne Hepp, ihrem Bruder, das Haus gegeben mit 2 Gulden Geld Werner Hut zu zahlen und 9 Schilling Geld der Kirche. Die beiden Aussagen hat Peter Mospecher für die Kirche festhalten lassen und sie weiter angeklagt, dass sie ihre Aussagen nicht bezeugen, wie es Recht ist, das schade ihm für die Kirche von jedem 40 Gulden. Darauf sagen sie alle beide, was sie gesagt haben, das wollen sie auch vor Gericht bezeugen, wenn es nötig ist. Das hat Peter festhalten lassen und fragt das Gericht, wann sie es tun sollen. Urteil: in 14 Tagen. Doch wurde darüber geredet und der Termin ist verschoben worden auf Dienstag nach Halbfasten. Das hat Peter festhalten lassen.

Clesgin Unglich erkennt an, Jeckel Drapp als Vertreter von Hans Kitz 3 Gulden und 10 Schilling gegen Rechnung zahlen zu müssen binnen 14 Tagen. Wenn nicht erfolgt die Pfändung.

Clas Diem erhebt seine 4. Klage gegen Peter Smede und hat die Güter und Pfänder gemäß seiner Klage eingezogen und das festhalten lassen. Der Schultheiß hat ihm Bann und Frieden darüber gemacht, wie es rechtmäßig ist. Das hat Clas auch festhalten lassen.

Philipp, Hofmann des Boos von Waldeck, erkennt an, Adam Wolff, unserem Mitschöffen, 4 Gulden gegen Rechnung zahlen zu müssen binnen 14 Tagen. Wenn nicht erfolgt die Pfändung.

Jeckel Winsbach der Alte hat Mathis in der Rinderbach angeklagt, dass er ihm eine Au und einige Wiesen gegeben habe, für die er jährlich frei Haus einen Gulden Geld

fol. 56v — Samßtag nach sant Sebastianus tage

	geb(e)n und ußrichten solle und heist yme des ey(n) ja ad(er) neyn.
	Mathis hait erkant(en) daß er die wiese und acker also be-
	standen habe. Das hait Jeckel verbot und mit recht begert
	wan(n) Mathis soliche ußrachtůnge sond(er) syne(n) schaden thůn
	soll. S(e)n(tent)ia in XIIII tag(en). Das hait Jeckel auch verbot.
erk(annt)	Jt(em) Mathis jn der Rinderbach erk(ennt) Jeckel Winßbachen dem
	alden ½ [1/2] g(ulden) off rechnu(n)ge zu geb(e)n in XIIII tagen.
	Jt(em) nach dem Adam Wolff unser mit scheffen geselle lest
	mals offholunge off Peder Hiltwin gethan etc. Also hait
ban(n) und	der scholtes yme ban(n) und freden dar ober gethan als recht
freden	ist. Das hait Adam verbot.
p b	Jt(em) Hans von Wormßs hait p b an Peder Swinden.
p b	Jt(em) Gerhart Bender hait p b an Peder Hiltwin.
	Jt(em) Hengin der dhomh(er)n hoffman als vo(n) der selb(e)n syn(er) her(e)n
1 h	wegen dut 1 h vor eyn marg geldes off h(er)n Johan Sůlcze(n)
	und Hosen Rudwin zu Wint(er)nheim et sup(ra) ping(nora).
erf(olgt)	Jt(em) Konne(n) Peder als vo(n) mo(m)p(ar)schafft wegen syn(er) frauw(e)n von
	Wingart(en) erf(olgt) Peder Bend(er)n offs buch.
erf(olgt)	Jt(em) Ebert Kicze erf(olgt) Ebert Hauborn offs buch.
erk(annt)	Jt(em) Peder Swinde erk(ennt) Henne(n) von Eltvjl II ayme wins zů
	geb(e)n in XIIII tagen. Si no(n) p erf(olgt) vor IIII guld(e)n.
	Jt(em) Snyd(er)henne hait offgeholt(en) off Conczgin Dinkl(er)n solich
	gude und und(er)phande yme ligent vor drißjg ß gelts frij
offgeholt(en)	gulte nach lude eynß gerichts briff dar ober sagende
ban(n) und	und hait das verbot. Und d(er) scholtes hait yme ban(n) und
freden	freden dar ober gethan als recht ist. Das hait er auch
	verbot.
erk(annt)	Jt(em) Jeckel von Siemern erk(ennt) Philipsen des Boeßen hoffma(n)
	XXX ß hell(er) zu geb(e)n in XIIII tag(en). Si no(n) p erf(olgt).
	Jt(em) Bingeln Cleßgin ist zům rechten gewist(en). Hait yme Hans
widd(er) ge-	Wolenbere sins zinßs nit geb(e)n von eyme felde an der
nom(m)en	Rinhylten und stett noch zu syne(n) handen so mag erßs
	widd(er) neme(n) si ita est.

24. Januar 1478 — fol. 56v

ÜBERTRAGUNG

zahlen solle und fordert von ihm ein Ja oder Nein. Mathis hat anerkannt, dass er die Wiese und den Acker in dieser Form innehabe. Das hat Jeckel festhalten lassen, und fragt, wann Mathis den Ausgleich ohne seinen Schaden tun soll. Urteil: in 14 Tagen. Das hat Jeckel auch festhalten lassen.

Mathis in der Rinderbach erkennt an, Jeckel Winsbach dem Alten ½ Gulden gegen Rechnung zahlen zu müssen binnen 14 Tagen. Wenn nicht erfolgt die Pfändung.
Nachdem Adam Wolff, unser Mitschöffe, kürzlich seine Einziehung gegen Peter Hiltwin durchgeführt hat, hat der Schultheiß ihm Bann und Frieden darüber gegeben, wie es rechtmäßig ist. Das hat Adam festhalten lassen.
Hans von Worms hat Pfändung gefordert gegen Peter Swinde.
Gerhard Bender hat Pfändung gefordert gegen Peter Hiltwin.
Hengin, der Hofmann der Domherren, erhebt für seine Herren die 1. Klage wegen einer Mark Geld gegen Herrn Johann Sultz und Rodwin Hose zu Winternheim auf die Pfänder.

Peter Konne hat als Vertreter der Frau von Weingarten seinen Anspruch ins Gerichtsbuch eintragen lassen gegen Peter Bender.

Ebert Kitz hat seinen Anspruch ins Gerichtsbuch eintragen lassen gegen Ebert Haubor.
Peter Swinde erkennt an, Henne von Eltville 2 Ohm Wein zahlen zu müssen binnen 14 Tagen. Wenn nicht erfolgt die Pfändung.

Hans Snider hat von Contzgin Dinckler die Güter und Pfänder eingezogen, auf welchen die 30 Schilling Geld freie Gülte liegen gemäß einer Gerichtsurkunde und hat das festhalten lassen. Und der Schultheiß hat ihm Bann und Frieden darüber gegeben, wie es rechtmäßig ist. Das hat er auch festhalten lassen.

Jeckel von Simmern erkennt an, Philipp, dem Hofmann des Boos von Waldeck, 30 Schilling Heller zahlen zu müssen binnen 14 Tagen. Wenn nicht erfolgt die Pfändung.
Clesgin Bingel hat das Urteil erlangt: Wenn Hans Wolenbere ihm seinen Zins nicht gegeben hat von einem Feld an der Rheinhylte und es noch in seinem Besitz ist, kann er es wieder an sich nehmen, wenn es so ist.

fol. 57 — Samßtag nach sant Pauwels tage Conversionis

erf(olgt)	Jt(em) Clese Raůp unß(er) mit scheffen geselle erf(olgt) Cleßgin / Flucken Clesen knecht vor I g(ulden).
erf(olgt)	Jt(em) Philips des Boeßen hoffma(n) erf(olgt) Hengin Rutßen vor 1½ [II/2] g(ulden).
erf(olgt)	Jt(em) Hans von Mertloch erf(olgt) Jeckel Borkart(en) vor I g(ulden).
erf(olgt)	Jt(em) Diemen Clas als vo(n) h(er)n Conrats wegen erf(olgt) Clese Suffuße(n) vor I guld(e)n.
erf(olgt)	Jt(em) Beyerhen(ne) erf(olgt) Ped(er) Swinde(n) selig(en) witwen vor I g(ulden).
	Actu(m) off Samßtag nach sant Pauwels tage C(on)versionis.
erk(annt)	Jt(em) Drubein erk(ennt) Johan dem poller(er) XVIII alb(us) zu geben in XIIII tagen. Si no(n) p erf(olgt)
erk(annt)	Jt(em) Henne vom(m) Nůwendorff erk(ennt) Clese Rauben unß(er)m myt scheffen gesellen II ß versessens zinßs frij gult(en) zu geben in XIIII tagen. Si no(n) p erf(olgt).
erf(olgt)	Jt(em) Philips Buser unser scholtes und mit scheffen geselle als vo(n) des spittels wegen erf(olgt) Winworme(n) offs buch.
erf(olgt) p b	Jt(em) Henne vom(m) Grieße erf(olgt) Clesen von Brechen offs buch und hait auch an yme phande berett(en).
widd(er) ge-nom(m)en	Jt(em) Eßijg Hengin ist zům rechten gewist(en) haint yme Hengin von Bergens selig(en) erben sins zynßs nit geb(e)n von eym halb(e)n morgen wingarts gelegen aym Nůwen Berge und stett der wingart noch zu sinen handen so mag er yne widd(er) neme(n) si ita est.
erf(olgt)	Jt(em) Ped(er) Bender erf(olgt) Wolffs Henne(n) und Hen(ne) Gickysen offs b(uch).
gelengt	Jt(em) zusch(e)n Conczgin Dincklern und Snyd(er)henne(n) ist gelengt bijß off Dinstag nach Halpfast(en) sic hodie.
Joh(anne)s Bend(er) Ritt(er) Heng(in)	Jt(em) Joh(ann)es Bend(er)hen(ne) sone als vo(n) mo(m)p(ar)schafft wegen sins vader hait Ritter Hengin zu gesproch(e)n wie daß er yme verkaufften habe IIII ayme wins^a das fuder vor VII g(ulden). Nů habe er den win villicht halp enweg gefurt(en). Und daß er den and(er)n nit auch holt und gibt yme sin gelt das schadt yme X g(ulden) und heist

a Es folgt durchgestrichen: »ye«.

31. Januar 1478

Cles Raub, unser Mitschöffe, verklagt Clesgin, den Knecht von Cles Fluck, auf 1 Gulden.
Philipp, der Hofmann des Boos von Waldeck, verklagt Hengin Ruts auf 1½ Gulden.
Hans von Mertloch verklagt Jeckel Borkart auf 1 Gulden.
Clas Diem verklagt für Herrn Konrad den Cles Suffuß auf 1 Gulden.
Henne Beyer verklagt die Witwe von Peter Swinde auf 1 Gulden.

31. Januar 1478
Drubein erkennt an, Johann dem Pollerer 18 Albus zahlen zu müssen binnen 14 Tagen. Wenn nicht erfolgt die Pfändung.
Johann vom Nuwendorf erkennt an, Cles Raub, unserem Mitschöffen, 2 Schilling angefallenen Zins zahlen zu müssen binnen 14 Tagen. Wenn nicht erfolgt die Pfändung.
Philipp Bußer, unser Schultheiß und Mitschöffe, hat für das Spital gegenüber Winworm seinen Anspruch ins Gerichtsbuch eintragen lassen.
Henne vom Grieße hat seinen Anspruch ins Gerichtsbuch eintragen lassen gegen Cles von Brechen und hat Pfändung gefordert.

Hengin Essig hat das Urteil erlangt: Wenn die Erben des verstorbenen Hengin von Berge ihm seinen Zins nicht gegeben haben von einem halben Morgen Weinberg gelegen am Neuenberg und der Weinberg noch in seinem Besitz ist, so kann er ihn wieder an sich nehmen, wenn es so ist.
Peter Bender hat seinen Anspruch ins Gerichtsbuch eintragen lassen gegen Henne Wolf und Henne Gickysen.

Zwischen Contzgin Dinckler und Hans Snider ist der Termin verschoben worden auf Dienstag nach Halbfasten.
Johannes, der Sohn Henne Benders, hat als Vertreter seines Vaters Hengin Ritter angeklagt, dass er ihm 4 Ohm Wein verkauft habe, das Fuder für 7 Gulden. Nun habe er den Wein zur Hälfte weggefahren. Dass er den anderen nicht auch holt und ihm sein Geld gibt, das schade ihm 10 Gulden, und er fordert

Samßtag nach sant Pauwels tage Conversionis

yme des eyn ja ader ney(n) obe er den win also kaufft und eynßs
theils geholt(en) habe ader nit / Das und auch mit Bend(er)henne
welicher myt dem gebodde vor sij / ist gelengt bijß off
Dinstag nach Halp Fast(en) sic hodie. Das haint sie v(er)bot.
Jt(em) Hans Ramppůsche hait Cleßgin Beck(er)n zu gesproch(e)n wie
daß er yme schuldig sij III g(ulden) myner ey(n) orte und gebe

Hans Ramp[-] yme der nit. Das schade yme als vjl dar zu und heist
půsche yme des ey(n) ja ader ney(n). Dar off sagt Cleßgin er sij yme
Cleßg(in) Beck(er) noch zur zijt nůste schuldig und wes Hans yne wider anlange des sij er unschuldig. Die unscholt ist gestalt noch
hude zu XIIII tag(en). Das haint sie verbot.
Jt(em) Johan der poller(er) hait Henne(n) vom(m) Nůwendorff zu ge-
sproch(e)n wie daß er yme schuldig sij sehs jare lang / alle

Johan Poller(er) jare VI ß versessens zinßs und gebe yme der nit. Das
Hen(ne) vom(m) schade yme alsvjl dar zu. Dar off hait Henne yme erkant
Nůwedorf XII ß off rechnu(n)ge. Das hait Johan verbot und begert mit
recht wan(n) er myt yme rechen und die XII ß geben solle.
S(e)n(tent)ia in XIIII tag(en).

erk(annt) Jt(em) Concze von Byllerßheim erk(ennt) Wigant Storczkoppen I g(ulden)
zu geben zusch(e)n sant Jacobs tage. Si no(n) p erf(olgt).
i(n) j(ure) Jt(em) Hen(ne) von Eltvjl hait sich verdingt Hansen von[a] Jsennach sin wort zu thůn und hait sin und(er)tinge v(er)bot als
recht ist. Und hait das bůch wie dan(n) ansprache und antwort zusch(e)n Johan dem poller(er) und yme gelut(en) laißen offe(n)
Hans vo(n) und das verbot. Und hait Hansen von Wormßs und Heng(in)
Jsennach Moll(er)n jn d(er) Orenbrůcken[b] zu gesproch(e)n wie daß sie bij solichem handel jnhalt des buchs gewest(en) sihen / und sagen
konde nit wie eß zu gangen ader gescheen sij. Das schade yme von
yre yglichem XX g(ulden) und heist yne des eyn ja ader ney(n)
Joha(n) Poller(er) obe sy do bij gewest sihen ader nit. Dar off sagt Hans von
Wormßs vor sich und and(er)n worten wie daß off die zijt Jo[-]
han der poller(er) Hans von Jsennach Hengin Moller und er
yn des bichters husche kom(m)en sihen und mit eyn orten ge[-]
droncke(n). Also habe sich begeb(e)n daß meist(er) Johan und Hans mit

---

a Es folgt durchgestrichen: »s«.
b Der Name ist unterstrichen. Zwischen Marginalie und Text verläuft ein über drei Zeilen reichender (schwacher) senkrechter Strich.

von ihm ein Ja oder Nein, ob er den Wein gekauft und einen Teil bereits abgeholt habe oder nicht. Diese Sache und auch die mit Henne Bender, welche zuvor war wegen des Gebots ist verschoben worden bis auf Dienstag nach Halbfasten. Dem haben sie beide zugestimmt.

Hans Rampusch hat Clesgin Becker angeklagt, dass er ihm 3 Gulden weniger 1 Ort schuldig sei und gebe ihm die nicht. Das schade ihm ebenso viel dazu, und er fordert von ihm ein Ja oder Nein. Darauf sagt Clesgin, er sei ihm nichts schuldig und wessen Hans ihn weiter anklage, dessen sei er unschuldig. Die Unschuld gilt von heute an 14 Tage. Dem haben sie beide zugestimmt.

Johann der Pollerer hat Henne von Nuwendorf angeklagt, dass er ihm schuldig sei 6 Jahre lang jährlich 6 Schilling Zins und gebe sie ihm nicht. Das schade ihm ebenso viel. Darauf hat Henne 12 Schilling gegen Rechnung anerkannt. Das hat Johann festhalten lassen und das Gericht gefragt, wann er mit ihm abrechnen und die 12 Schilling zahlen solle. Urteil: in 14 Tagen.

Contz von Bellersheim erkennt an, Wigand Stortzkopp einen Gulden zahlen zu müssen bis St. Jakobstag. Wenn nicht erfolgt die Pfändung.

Henne von Eltville hat sich verpflichtet, Hans von Isenach vor Gericht zu vertreten und hat seine Anwaltschaft festhalten lassen, wie es rechtmäßig ist. Und er hat das Buch, wie denn die Klage und Entgegnung zwischen Johann dem Pollerer und ihm gelautet habe, öffnen lassen und das festhalten lassen. Und er hat Hans von Worms und Hengin Moller in der Ohrenbrücke angeklagt, dass sie bei dem Streit nach Aussage des Gerichtsbuches dabei gewesen sind und sagen nicht, wie es dabei zugegangen sei. Das schade ihm von jedem 20 Gulden, und er fordert von ihnen ein Ja oder Nein, ob sie dabei waren oder nicht. Darauf sagt Hans von Worms für sich und die anderen, dass vor einiger Zeit Johann der Pollerer, Hans von Isenach, Hengin Moller und er in des Beichtvaters Haus gekommen seien und einen Krug getrunken haben. Dabei redeten Meister Johann und Hans

Samßtag nach sant Pauwels tage Conversionis

eyn[a] redde gehabt(en) / eynßs halb(e)n den Johan habe[b] gelert(en) fechten und
yme den lone enttragen habe / Den worten nach sagt Johan
eyner ist nit fro(m)me / der eyme das sin entrett // Do antwort
yme Hans und fragt yne wen er meynt // Sagt Johan[c] aber
ey(n) male / eyner ist nit fro(m)me und ist dar zu ey(n) schalcke d(er)
eyme das sine enweg drett / Do sij Hans off gestand(e)n und
yne gebett(en) yme sin orten zu[d] bezalen und enweg gange(n) und
habe sich in der dhore um(m)b gewant und Johan widd(er) gefluchten / Do habe Johan gesagt(en) war um(m)b hait mir Hans
so obel gefluchten / Und yme wollen nach / Do habe er yne
besteh(e)n zu halt(en). Also zockt Johan yne off den tysche und
wolt ober den gancke zu der dhore uß gehen. Do was die
dhore zu / Dem nach lieffe Johan die stegen abe jn den gart(en)
und hinden her um(m)be ober den stiegel vor[e] die dhore / Also
lieffe er myt Johan und batt yne faste / keyn gezencke zu
machen. Do sagt Johan er wolt yne fragen war um(m)be er
yme also geflucht(en) und yne sins eyts ermane(n) dan(n) er wolt
yme nuste thůn / so begierte er yme auch nůste zu thůn / Do
wolt Johan / zu Hansen zu der dhore ynne // do woste er vor yne
und sagt meister Johan beidet eß sall nit so sin / Also stunde
er zusch(e)n der dhore / Do sagt Johan / Hensel ich h(er)mane(n) dich
dyner gelobde / und sagt do aber eynßs Hensel horestu eß auch.
Jn dem stache Hans yme under syme arme heruß und stach
Johan daß er sin nye geware wart und sach auch den degen
ader meßer nye do er yne mit stache. Do ging die dhore zů.
Do saß[f] Hans ym(m) huse und Johan hie uß. Do sagt Johan ůwe
er hait mich gestochen. Also wolt erßs nit gleiben bijß er
das blut sach. Do name er yne off syne(n) halb und hett yme
gerne das beste gethan.
Jt(em) Hengin Moller sagt bij der geschicht die sie hie uß gehabt
haben / sij yme nit wisen von dan(n) er sij hie uß nit do bij
gewest(en). Ffurt(er) haint beide parthien eyne(n) genuge(n) an d(er) sage
gehabt(en) doch one ober geb(e)n yne beiden in der heiptsache
was recht ist. Und ist furt(er) gelengt biß off Dinstag nach Halp
Fast(en) sic hodie. Das haint sie beide verbot.

a   Am linken Seitenrand zieht sich über die folgenden 12 Zeilen ein geschwungener Strich.
b   Das vorstehende Wort ist über der Zeile beigefügt.
c   Es folgt wohl verschrieben: »b«.
d   Die Worte sind vom Zeilenanfang an bis hier unterstrichen.
e   Die Worte sind vom Zeilenanfang an bis hier unterstrichen.
f   Mit dem ersten Buchstaben wurde ein »w« überschrieben.

31. Januar 1478

von einem, den Johann fechten lehrte und der ihm den Lohn vorenthalten habe. Den Worten nach sagte Johann, derjenige sei nicht gut, der jemandem das Seine vorenthalte. Da antwortete ihm Hans und fragte ihn, wen er meine. Darauf sagte Johann noch einmal: "Derjenige ist nicht gut und ist dazu ein Schalk, der einem das Seine hinweg trägt." Da sei Hans aufgestanden und habe ihm gebeten, ihm seinen Krug zu bezahlen, und er sei hinweg gegangen und habe sich in der Tür umgewandt und Johann ebenfalls beschimpft. Da habe Johann gesagt: „Warum hat mich Hans so übel beschimpft?" Und wollte ihm nach. Da habe er versucht, ihn zurückzuhalten. Da zog Johann ihn auf den Tisch und wollte über den Gang zu der Tür hinausgehen. Da war die Tür zu. Darauf lief Johann die Treppe hinab in den Garten und hinten herum über die Treppe vor die Tür. Da lief er Johann hinterher und bat ihn sehr, keinen Streit anzufangen. Da sagte Johann, er wollte Hans fragen, warum er ihn so beschimpft habe und ihn an seinen Eid erinnern, denn er wolle ihm nichts tun, deshalb fordere er, dass man ihm auch nichts tue. Da wollte Johann zu Hans zu der Tür hinein, da war er vor ihm da und sagte: „Meister Johann, bitte, es soll nicht so sein." So stand er in der Tür. Da sagte Johann: „Hänschen, erinnere dich an deinen Eid" und sagte weiter, „Hänschen, hörst Du es auch!". Während dessen stach Hans unter seinem [Hans von Worms] Arm, und er stach Johann so, dass er es nicht mitbekommen habe, und er sah auch den Degen oder das Messer nicht, mit dem er ihn stach. Das ging die Tür zu. Da saß Hans im Haus und Johann draußen. Da sagte Johann: „Er hat mich gestochen." Das wollte er erst nicht glauben, bis er das Blut sah. Da zog er ihn hoch und er hätte ihm gerne Gutes getan. Hengin Moller sagt, von der Geschichte, die sie hier draußen hatten, wisse er nichts, denn er sei nicht dabei gewesen. Weiter hatten beide Parteien an der Aussage ein Genügen gehabt, doch ohne Verzicht auf weitere Schritte in der Klagesache. Diese Sache ist verschoben worden bis Dienstag nach Halbfasten. Dem haben sie beide zugestimmt.

fol. 58v — Samßtag nach sant Pauwels tage Conversionis

p b	Jt(em) Ulrich Bend(er) hait p b an Heincze Kobelern.
erk(annt)	Jt(em) Peder Swinde erk(ennt) Hans Ramppusch(e)n XX g(ulden) zu geb(e)n in XIIII tag(en). Si no(n) p erf(olgt).
erk(annt)	Jt(em) Ebert Haubor erk(ennt) Hans Ramppusch(e)n I g(ulden) off rech-nu(n)ge zu geb(e)n in XIIII tag(en). Si no(n) p erf(olgt).
Hans von Worms Concz Storcz[-] koppe	Jt(em) Hans von Wormßs hait Concze Storczkoppe(n) zu gesproch(e)n wie daß Concze yme ey(n) felt off der Bůnden verkaufft habe vor I g(ulden) und IX alb(us). Do sij berett(en) obe Concze eynchen ver[-] seße schuldig were den solt er ußricht(en). Solichs habe er nit gethan. Das schade yme I g(ulden) dan(n) der probst habe yme das felt genom(m)en und obe Concze ney(n) dar zu sagen wolt so beziege er sich des off ey(n) winkauff. Dar off sagt Concze er habe Hansen das felt geben jn der gestalt daß erßs scheren solt und die hůerge gult(en) davo(n) geb(e)n. Doch wes yne der winkauff besage do bij woll erßs laiß(e)n. Das hait Hans verbot und begert mit recht wan(n) er den winkauff brenge(n) soll. S(e)n(tent)ia in XIIII tagen. Bedarff er dan(n) syn(er) tage furte und heist die als recht ist so sall ma(n) yme die furt(er) stillen noch zu czweien XIIII tag(en). Und so der winkauff verhort(en) wirt / beheltlich Conczen sin jnsage und ge- schee dan(n) furt(er) sovjl als recht ist. Das haint sie beide verbot.
erk(annt)	Jt(em) Henne Gut Geselle erk(ennt) Hengin Snaden mit yme zu rechen in XIIII tagen um(m)b echte jare verseßner zynße alle jare XV ß. Si no(n) p erf(olgt).
erk(annt)	Jt(em) Peder Wolenbere erk(ennt) Ped(er) Bend(er)n 1½ [II/2] off rechnu(n)ge zu geb(e)n in XIIII tagen. Si no(n) p erf(olgt).
Hans Hoff[-] man Ped(er) Bend(er)	Jt(em) Hans Hoffma(n) hait Peder Bend(er)n zu gesproch(e)n wie daß er yme schuldig sij II guld(e)n und eyn orte / und gebe yme der nit. Das schade yme alsvjl dar zu und heist yme des eyn ja ader ney(n). Dar off sagt Peder[a] syne joncke(r) sij yme[b] vor echte jaren II g(ulden) und ey(n) orte schuldig gewest(en). Do habe Hans als vo(n) sins jonck(er)n wege(n) yme holcze an geb(e)n und wes Hans yne wid(er) anlange

[a] Es folgt durchgestrichen: »er [und, in der folgende Zeile] sihe«.
[b] Die beiden letzten Worte sind über der Zeile beigefügt.

Ulrich Bender hat Pfändung gefordert gegen Heinz Kobeler.

Peter Swinde erkennt an, Hans Rampusch 20 Gulden zahlen zu müssen binnen 14 Tagen. Wenn nicht erfolgt die Pfändung.

Ebert Haubor erkennt an, Hans Rampusch einen Gulden gegen Rechnung zahlen zu müssen binnen 14 Tagen. Wenn nicht erfolgt die Pfändung.

Hans von Worms hat Contz Stortzkopp angeklagt, dass Contz ihm ein Feld auf der Beunde verkauft habe für 1 Gulden und 9 Albus. Dabei sei beredet worden, wenn darauf noch alte Zinsen lasteten, solle Contz diese bezahlen. Das habe er nicht getan. Das schade ihm einen Gulden, denn der Probst habe ihm das Feld abgenommen und wenn Contz dazu Nein sagen wolle, so berufe er sich auf den Vertragsabschluss. Darauf sagt Contz, er habe Hans das Feld gegeben in der Form, dass er es mähen solle und die Heugülte davon geben solle. Doch was der Vertragsabschluss aussage, das wolle er anerkennen. Das hat Hans festhalten lassen, und fragt, wann er den Vertragsabschluss beibringen solle. Urteil: in 14 Tagen. Bedürfe er Verlängerung und fordere diese wie es rechtmäßig sei, so soll man sie ihm noch zweimal 14 Tage geben. Und wenn der Vertragsabschluss gehört wird, vorbehaltlich Contzes Entgegnung, geschehe es weiter, wie es rechtmäßig ist. Dem haben sie beide zugestimmt.

Henne Gutgesell erkennt an, mit Hengin Snade abzurechnen in 14 Tagen wegen 8 Jahre lang nicht gezahlter Zinsen und jedes Jahr 15 Schilling zu zahlen. Wenn nicht erfolgt die Pfändung.

Peter Wolenber erkennt an, Peter Bender 1½ gegen Rechnung zahlen zu müssen binnen 14 Tagen. Wenn nicht erfolgt die Pfändung.

Hans Hoffmann hat Peter Bender angeklagt, dass er ihm 2 Gulden und ein Ort schuldig sei und gebe ihm die nicht. Das schade ihm ebenso viel dazu und er fordert von ihm ein Ja oder Nein. Darauf sagt Peter, sein Junker sei ihm vor 8 Jahren 2 Gulden und 1 Ort schuldig gewesen. Da habe Hans für seinen Junker ihm Holz gegeben und wessen ihn Hans darüber hinaus anklage,

fol. 59 — Dinstag nach Purificacionis Marie

	des sij er unschuldig. Die unscholt ist gestalt noch hude zu
	XIIII tag(en). Das haint sie beide verbot.
erf(olgt)	Jt(em) Ha(n)mans Peder erf(olgt) Clese Suffußen vor X guld(e)n.
erf(olgt)	Jt(em) Ha(n)mans Ped(er) erf(olgt) Hengin Raůchen vor II g(ulden).
erf(olgt)	Jt(em) Dieme(n) Clas als vo(n) mo(m)p(ar)schafft wegen h(er)n Conrat Lange(n)
	erf(olgt) Hengin Mollern vor I g(ulden).
erf(olgt)	Jt(em) Wigant Storczkoppe erf(olgt) Hengin Růtßen vor VII g(ulden).
	Jd(em) erf(olgt) Clese Suffußen vor ½ [I/2] g(ulden).
erf(olgt)	Jt(em) Johan der poller(er) erf(olgt) Jeckel Carppen vor I g(ulden) und I ort.
erf(olgt)	Jt(em) Hilczen Kette erf(olgt) Winworme(n) vor I guld(e)n.
	Actu(m) off Dinstag nach Pu(r)ificac(i)o(n)is Ma(r)ie.
2 h	Jt(em) Peder Mospech(er) als vo(n) der kyrchen wegen dut sin 2 h
	off Clesen von Sprendlinge(n) ut p(ri)ma.
2 tag	Jt(em) Peder Snyder von Winckel hait sin 2 tag furt(er) ge-
	heisch(e)n den hinlich zu brenge(n) geige(n) Peder Dressern.
	Actu(m) off Samßtag nach sant Dorotheen tage.
2 clage	Jt(em) Mathis Bůle von Dramerßheim dut sin 2 clage off
	Yden Henne(n) von Wolfßheim ut p(ri)ma.
2 h	Jt(em) Hengin der dhomher(e)n hoffman dut sin 2 h off hern
	Johan Sulczen und Hosen Rodwin ut p(ri)ma.
3 clage	Jt(em) Jeckel Monster dut sin 3 clage off Beyerhenne(n) zu
	Algeßheim ut p(ri)ma.
	Actu(m) off Samßtag nach Invocavit.
erk(annt)	Jt(em) Drubein erk(ennt) Ancze Drappen unß(er)m mit scheffen gesellen
	III l(i)b(ras) off rechnu(n)ge zu geb(e)n in XIIII tag(en). Si no(n) p erf(olgt).
p b	Jt(em) Wigant Storczkoppe hait p b an Conczgin von Geilnhusen
	und Hengin Růtßen.

3. Februar 1378

ÜBERTRAGUNG

dessen sei er unschuldig. Die Unschuld gilt von heute an für 14 Tage. Dem haben sie beide zugestimmt.
Peter Hanman verklagt Cles Suffuß auf 10 Gulden.
Peter Hanman verklagt Hengin Rauch auf 2 Gulden.
Clas Diem verklagt als Vertreter von Herrn Konrad Lange den Johann Moller auf 1 Gulden.
Wigand Stortzkopp verklagt Hengin Ruts auf 7 Gulden.
Derselbe verklagt Cles Suffuß auf ½ Gulden.
Johann der Pollerer verklagt Jeckel Carpp auf 1 Gulden und 1 Ort.
Kett Hiltz verklagt Winworm auf 1 Gulden.

3. Februar 1478
Peter Mospecher erhebt für die Kirche seine 2. Klage gegen Cles von Sprendlingen.
Peter Snider von Winkel hat seinen zweiten Tag erbeten, die Vertragszeugen beizubringen gegen Peter Dresser.

7. Februar 1478
Mathis Bul von Dromersheim erhebt seine 2. Klage gegen Henne Yde von Wolfsheim.
Hengin, Hofmann der Domherren, erhebt seine 2. Klage gegen Johann Sultz und Rodwin Hose.
Jeckel Monster erhebt seine 3. Klage gegen Henne Beyer von Algesheim.

14. Februar 1478
Drubein erkennt an, Antz Drapp, unserem Mitschöffen, 3 Pfund gegen Rechnung zahlen zu müssen binnen 14 Tagen. Wenn nicht erfolgt die Pfändung.
Wigand Stortzkopp hat Pfändung gefordert gegen Conzgin von Gelnhausen und Hengin Ruts.

fol. 59v — Samßtag nach Invocavit

pl(e)b(an)ucz in Ingelnh(eim) Snyd(er)henne	Jt(em) h(er) Johan der phern(er) zu Jngelnheim hait Snyd(er)henne(n) zu ge-sproch(e)n wie daß her Peter Flucke selig(en) / h(er)n Peter Husen von Partenheim XII guld(e)n liedlone schuldig bleben sij. Nů habe h(er) Peter Huse yme soliche scholt hie off geb(e)n vor sin eigen gůt. Nach dem nů Snyd(er)henne h(er)n Peter Flucke(n) selig(en) gůt geno(m)men und auch sin erbe sihe / und yme nit uß-rachtůnge důhe / das schade yme XX g(ulden) und obe Snyd(er)hen(ne) dar zu ney(n) sagen wolt / so woll er sin scholt behalt(en) als off eyn doite handt recht ist / Das ist gelengt bijß off Dinstag nach der Oister wochen sic hodie. Das hait der phern(er) v(er)bot.
erf(olgt)	Jt(em) Snaden Hengin erf(olgt) Henne Gutgesellen offs bůch.
lip vor sin gut gestalt(en)	Jt(em) Beierhen(ne) von Algeßheim hait syne(n) lijp vor sin gut gestalt(en) nach dem Jeckel Monster off yne geclagt(en) hait und wijll recht geb(e)n und neme(n) nach dem der scheffen hie vor eyn recht wiset etc. Des ist yme tag gestalt an das nehste ge[-]richt. Das hait er verbot.
offgeholt(en) anlenses	Jt(em) Peder Fiele als vo(n) mo(m)p(ar)schafft wegen des probst(es) ym(m) Sale hait off geholt(en) vor I l(i)b(ram) gelts[a] off Melma(n)s Hengin soliche und(er)phande die er ynne hait und syne(n) heren myt and(er)n und(er)phande(n) verlacht(en) sint vor sehs phondt gelts frij gulte nach lude eynßs ge-richt briffs dar ober sagende und hait das verbot. Und der scholtes hait yme ban(n) und freden dar ober gethan sic h(odie) Das hait er auch verbot.
erk(annt)	Jt(em) Winworm erk(ennt) Henne Rußen IIII guld(e)n zu geben in XIIII tagen. Si no(n) p erf(olgt).
Carppen Cleßgin Snyd(er)hen(ne) Flucke(n) Clese	Jt(em) Carppen Cleßgin hait Snyd(er)hen(ne) und Flucke(n) Clese zu gespr(ochen) wie daß er myt yne als vo(n) h(er)n Peter Flucken selig(en) wegen ge-rechent habe als um(m)b IX g(ulden) die er schuldig were / Dar vor habe er yne auch eyne(n) genůge(n) off die zijt gethan daß sie off yne v(er)ziegen hab(e)n // Daß sie yme solichs nit erkenne(n) das schade yme von yre yglichem X g(ulden) / Dar off hab(e)n sie beide der rechenschafft erkant(en) und sagen do mit sie furd(er)n als vor yre anczal nuste an Cleßgin // Dan(n) habe er den and(er)n etwas geb(e)n do wůßen sie nit von / Cleßgin hait die antwort verbot.
offgeholt	Jt(em) Dornhen(ne) als vo(n) mo(m)p(ar)schafft wegen Joh(ann)es / Philips Duchscher(er)s sone hait offgeholt(en) off Peder Maczkůchen soliche gude und

a Der Satz ab »vor« bis hier ist am Seitenrand beigefügt.

14. Februar 1478 fol. 59v

Herr Johann, der Pfarrer zu Ingelheim, hat Hans Snider angeklagt, dass der verstorbene Peter Fluck Herrn Peter Huse von Partenheim 12 Gulden Gesindelohn schuldig geblieben sei. Nun habe Herr Peter Huse ihm die Schuld hier aufgetragen auf seinen Eigenbesitz. Nachdem Henne Snider das Gut des verstorbenen Peter Fluck übernommen habe und auch sein Erbe sei, wolle er mit ihm nicht abrechnen, das schade ihm 20 Gulden und wenn Henne Snider Nein dazu sagen wolle, so wolle er seine Schuld behalten, wie es gemäß der toten Hand rechtmäßig ist. Das ist verschoben worden bis auf Dienstag nach Ostern. Dem hat der Pfarrer zugestimmt.
Hengin Snade hat seinen Anspruch ins Gerichtsbuch eintragen lassen gegen Henne Gutgesell.

Henne Beyer von Algesheim hat seinen Leib vor sein Gut gestellt, nachdem Jeckel Monster gegen ihn geklagt hat und will Recht geben und nehmen, wie es die Schöffen hier als Recht weisen. Es ist ihm ein Termin gesetzt worden am nächsten Gerichtstag. Dem hat er zugestimmt.

Peter Fiel hat als Vertreter des Probstes im Sale für 1 Pfund Geld von Hengin Melman die Pfänder eingezogen, die jener innehat und die Teil der Pfänder sind, auf denen 6 Pfund Geld freie Gülte gemäß der Gerichtsurkunde als Pfand liegen, und er hat das festhalten lassen. Der Schultheiß hat ihm Bann und Frieden darüber gemacht. Das hat er auch festhalten lassen.

Winworm erkennt an, Henne Ruß 4 Gulden zahlen zu müssen binnen 14 Tagen. Wenn nicht erfolgt die Pfändung.

Clesgin Carpp hat Henne Snider und Cles Fluck angeklagt, dass er mit ihnen wegen des verstorbenen Herrn Peter Fluck abgerechnet habe wegen 9 Gulden, die er schuldig war. Damit habe er ihnen auch Genüge getan, so dass sie auf die Schuld verzichtet haben. Dass sie dies nicht anerkennen, das schade ihm von jedem 10 Gulden. Darauf haben sie beide seine Abrechnung anerkannt und sagen, sie fordern nun für ihren Teil nichts von Clesgin. Habe er den anderen etwas gegeben, davon wüssten sie nichts. Clesgin hat die Antwort festhalten lassen.

Henne Dorn hat als Vormund von Johannes, des Sohnes von Philipp Duchscherer, die Güter und Pfänder von Peter Matzkuch eingezogen,

fol. 60 — Samßtag nach Invocavit

TRANSKRIPTION

	und(er)phande yme ligent vor III g(ulden) gelts frij gulte nach lude eyns
	gericht briffs dar ober sagende und hait das verbot. Und
	der scholtes hait yme ban(n) und freden dar ober gethan als
	recht ist. Das hait Hen(ne) auch verbot.
erf(olgt)	Jt(em) Jeckel Winßbach der alde erf(olgt) Mathisen in d(er) Rinderbach
	offs bůch.
erf(olgt)	Jt(em) Peder von Badenheim erf(olgt) Hanse(n) vo(n) Mertloch offs buch.
erk(annt)	Jt(em) Hengin Berckorn erk(ennt) Carppen Cleßgin V l(i)b(ras) und III ß
	off rechnu(n)ge zu geb(e)n in XIIII tag(en). Si no(n) p erf(olgt).
	Jt(em) nach dem Stern Clese sin fierde heischunge jn maißen
	die erste gelut(en) off Růlgin den kelner gethan / also hait er
offgeholt(en)	die gude und und(er)phande nach lude siner heischůnge off ge-
	holt(en) und das verbot. Und der scholtes hait yme ban(n) und fre-
	den dar ober gethan als recht ist. Das hait Clese auch v(er)bot.
p b II	Jt(em) Ha(n)mans Peder hait p b an Clese Suffußen und Heng(in) Rauche(n).
p b	Jt(em) Dieme(n) Clas als vo(n) mo(m)p(ar)schafft wegen h(er)n Conrat Langen
	hait p b an Hengin Mollern.
erk(annt)	Jt(em) Baldmars Ketgin erk(ennt) Enderß(e)n von Winheim ey(n) aůwe ym(m)
	Wirde off zu geb(e)n in XIIII tag(e)n. Si no(n) p erf(olgt) vor XVI guld(e)n.
	Jt(em) Hans Snider als vo(n) mo(m)p(ar)schafft wegen der her(e)n von Mey-
	senheim hait Henne(n) von Eltvjl zu gesproch(e)n wie daß er syn(er)
	her(e)n burge sij word(e)n vor II½ [III/2]ᵃ guld(e)n.ᵇ
Hans Snyd(er)	Desselben gelts halb(e)n habe er yme furmals zů-
Hen(ne) Eltvjl	gesproch(e)n hie vor gerichte. Also habe Hen(ne) von Eltvjl yme
	erkant burge(n)rechtᶜ zu thun nach lude des bůchsᵈ
	und auch dasᵉ heiptgelt ußgeracht / Daß er yme
	nů den gerichts schad(e)n nit auch ußriecht das schadt yme
	X g(ulden) / und obe Hen(ne) ney(n) sagen wolt daß er yme solichsᶠ nit erkant(en)
	habe so beziege er sich des offs bůch / Hen(ne) von Eltvjl sagt
	yme soll auch mit dem bůch genůgen. Das hait Hans Snyder
	verbot und begert mit recht jn welcher zijt er das buch bren-
	gen(n) soll. S(en)(tent)ia in XIIII tagen. Bedarff er dan(n) siner tage furte
	und heist die als recht ist so sall ma(n) yme die furt(er) styllen
	noch zu czweihen XIIII tag(en). Und so das buch verhort(en) wyrt
	beheltlich Henne(n) von Eltvjl syn(er) jnsage und geschee dan(n) furt(er)
	sovjl als recht ist. Das hain sie von beidentheiln verbot
	als recht ist.

a Die Zahl ist über der Zeile beigefügt, darunter durchgestrichen: »X«.
b Es folgt durchgestrichen: »nemlich die zu bezalen [und in der folgenden Zeile] alle jars II½ [III/2] g(ulden)«. Über den durchgestrichenen Worten dieser Zeile befindet sich ein verschnörkelter waagerechter Strich.
c Das Wort ist anstelle des durchgestrichenen »ußrachtunge« durch Einsetzungszeichen am Seitenrand beigefügt.
d Es folgt durchgestrichen: »de(m) nach«.
e Es folgt durchgestrichen: »verschene(n)«.
f Das Wort ist über der Zeile beigefügt.

auf denen 3 Gulden freie Gülte liegen gemäß einer Urkunde und hat das festhalten lassen. Und der Schultheiß hat ihm Bann und Frieden darüber gemacht, wie es rechtmäßig ist. Das hat Henne auch festhalten lassen.

Jeckel Winsbach der Alte hat seinen Anspruch ins Gerichtsbuch eintragen lassen gegen Mathis in der Rinderbach.
Peter von Badenheim hat seinen Anspruch ins Gerichtsbuch eintragen lassen gegen Hans von Mertloch.
Hengin Berkorn erkennt an, Clesgin Carpp 5 Pfund und 3 Schilling gegen Rechnung zahlen zu müssen binnen 14 Tagen. Wenn nicht erfolgt die Pfändung.
Nachdem Cles Stern seine 4. Klage gegen Rulgin den Keller erhoben hat, hat er die Güter und Pfänder gemäß seiner Klage eingezogen und das festhalten lassen. Und der Schultheiß hat ihm Bann und Frieden darüber gemacht, wie es rechtmäßig ist. Das hat Cles auch festhalten lassen.
Peter Hanman hat Pfändung gefordert gegen Cles Suffuß und Hengin Rauch.
Clas Diem hat als Vertreter von Herrn Konrad Lange Pfändung gefordert gegen Hengin Moller.
Ketgin Baldemar erkennt an, Enders von Weinheim eine Aue im Wirde geben zu müssen binnen 14 Tagen. Wenn nicht erfolgt die Pfändung für 16 Gulden.
Hans Snider hat als Vertreter der Herren von Meisenheim Henne von Eltville angeklagt, dass er seiner Herren Bürge geworden sei für 2½ Gulden. Das Geld habe er von ihm einst erklagt hier vor dem Gericht. Da habe Henne von Eltville anerkannt, gemäß Bürgenrecht zu handeln nach Inhalt des Buchs und hat auch die Klagesumme erstattet. Dass er ihm nun die Gerichtskosten nicht auch ausrichte, das schade ihm 10 Gulden und wenn Henne Nein dazu sagen wolle, dass er das nicht anerkannt habe, so berufe er sich auf das Gerichtsbuch. Henne von Eltville sagt, ihm werde auch die Aussage des Buches genügen. Das hat Hans Snider festhalten lassen und das Gericht gefragt, in welcher Zeit er das Buch beibringen soll. Urteil: in 14 Tagen. Bedürfe er Verlängerung und fordere sie, wie es Recht ist, so soll man ihm noch zweimal 14 Tage geben. Und wenn das Buch verhört wird, vorbehaltlich der Entgegnung Hennes von Eltville, geschehe es weiter, wie es rechtmäßig ist. Dem haben sie von beiden Seiten zugestimmt, wie es Recht ist.

fol. 60v — Dinstag nach Reminiscere

TRANSKRIPTION

erf(olgt)	Jt(em) Hans Rampůsche erf(olgt) Ped(er) Swind(e)n und Ebert Hauborn afs [!] bůch.
2 tag	Jt(em) Hans von Wormßs hait sin 2 tag furt(er) geheischen den winkauff zu brengen geigen Concze Storczkoppe(n).
gelengt	Jt(em) die unscholt zusch(e)n Hans Hoffma(n) und Ped(er) Bend(er)n ist gelengt bijß off Dinstag nach der Oister wochen sic hodie.
erk(annt)	Jt(em) Hengin Berkorn erk(ennt) Adam Wolffen unß(er)m mit scheffen gesellen II g(ulden) zu geb(e)n zusch(e)n sant Johans tage. Si no(n) p erf(olgt).
1 h a	Jt(em) jonffr(au) Fiel ym(m) closter dut 1 h vor ey(n) halb(e)n guld(e)n gelts off Heppenhen(ne) et sup(ra) ping(nora).
1 h	Jd(em) jonffr(au) Fiel dut 1 h vor X ß gelts auch off Heppenhen(ne) et sup(ra) pingn(or)a.
erf(olgt)	Jt(em) Enders Drappe der jonge erf(olgt) Diemen Henne(n) vor II g(ulden) myn(n)er eyn orte.
	Actu(m) off Dinstag nach Remi(ni)sc(er)e.
3 h	Jt(em) Peder Mospech(er) als vo(n) der kyrchen wegen dut sin 3 h off Clesen von Sprendlingen ut p(ri)ma.
	Actu(m) off Samßtag nach Remi(ni)sc(er)e.
erk(annt)	Jt(em) Kiczgin erk(ennt) Em(m)eln von Appinheim XIX alb(us) zu geben in XIIII tag(en). Si no(n)m p erf(olgt).
gelengt	Jt(em) zusch(e)n Clas Můr(er)n von Gauwelßheim und Winßhen(ne) ist gelengt bijß off Dinstag nach der Oister wochen sic hodie.
erk(annt)	Jt(em) Ebert Kicze erk(ennt) Peder Snaden XI alb(us) zu geben in XIIII tagen. Si no(n) p erf(olgt).
erk(annt)	Jt(em) Peder Gutgeselle erk(ennt) Clas Můr(er)n von Gaůwelschey(m) I g(ulden) und IX alb(us) uff werschafft zu geb(e)n zusch(e)n Oist(er)n. Si no(n) p erf(olgt).
lip vor sin gut gestalt(en)	Jt(em) Yden Henne von Wolffsheim hait syne(n) lijp vor sin gut gestalt(en) nach dem Mathis Bůle von Dramerßhey(m) off yne geclagt(en) hait und wijl recht geb(e)n und neme(n) nach dem der scheffen hie vor ey(n) recht wiset etc. Des ist yne beiden yr tag gestalt(en) bijß Dinstag nach der Oister wochen.

a Diese und die folgende Marginalie sind durch eine einfache runde Klammer miteinander verbunden.

17. Februar 1478

Hans Rampusch hat seinen Anspruch ins Gerichtsbuch eintragen lassen gegen Peter Swinde und Ebert Haubor.

Hans von Worms hat seinen 2. Tag erbeten, die Zeugen des Vertragsabschlusses beizubringen gegen Contz Stortzkopp.

Die Unschuld zwischen Hans Hoffmann und Peter Bender ist verlängert worden bis auf Dienstag nach der Osterwoche.

Hengin Berkorn erkennt an, Adam Wolff, unserem Mitschöffen, 2 Gulden zahlen zu müssen bis St. Johanns Tag. Wenn nicht erfolgt die Pfändung.

Jungfrau Fiel im Kloster erhebt ihre 1. Klage wegen einem halben Gulden Geld gegen Henne Hepp auf die Pfänder.

Dieselbe Jungfrau Fiel erhebt die 1. Klage wegen 10 Schilling Geld auch gegen Henne Hepp auf die Pfänder.

Enders Drapp der Junge verklagt Henne Diem auf 2 Gulden weniger 1 Ort.

17. Februar 1478

Peter Mospecher erhebt für die Kirche seine 3. Klage gegen Cles von Sprendlingen.

21. Februar 1478

Kitzgin erkennt an, Emmel von Appenheim 19 Albus zahlen zu müssen binnen 14 Tagen. Wenn nicht erfolgt die Pfändung.

Zwischen Clas Murer von Gaulsheim und Henne Winß ist der Termin verschoben worden auf Dienstag nach der Osterwoche.

Ebert Kitz erkennt an, Peter Snade 11 Albus zahlen zu müssen binnen 14 Tagen. Wenn nicht erfolgt die Pfändung.

Peter Gutgesell erkennt an, Clas Murer von Gaulsheim 1 Gulden und 9 Albus mit Bürgschaft zahlen zu müssen bis Ostern.

Yde Henne von Wolfsheim hat seinen Leib vor sein Gut gestellt, nachdem Mathis Bul von Dromersheim gegen ihn geklagt hat und will Recht geben und nehmen, wie die Schöffen hier das Recht weisen. Dafür ist ihnen beiden ein Termin gesetzt worden bis Dienstag nach Ostern.

fol. 61 — Samßtag nach Reminiscere

erk(annt)	Jt(em) Winworm erk(ennt) Jeckel Stam(m)en VII g(ulden) und V alb(us) ußzuricht(en) in XIIII tag(en). Si no(n) p erf(olgt) vor X guld(e)n.
erk(annt)	Jt(em) Jeckel Carppe erk(ennt) Jeckel Stam(m)en II borden reyffe zu bezalen vor XII alb(us) in XIIII tag(en). Si no(n) p erf(olgt).
erk(annt)	Jt(em) meister Lebe der kurßner erk(ennt) Hans Wolmarn als vo(n) mo(m)p(ar)schafft wegen Ha(n)mans von Rudeßheim fůnff guldenwert alb(us) myn(n)er IX ß zu geb(e)n in XIIII tag(en). Si no(n) p erf(olgt).
3 h	Jt(em) Hengin der dhomh(er)n hoffma(n) dut sin 3 h off h(er)n Johan Sulczen und Hosen Rodwin ut p(ri)ma.
p b	Jt(em) Peder von Badenheim hait p b an Hansen vo(n) Mertloch.
i(n) j(ure)	Jt(em) Hen(ne) von Eltvjl hait sich verdingt Jeckel Monst(er)n sin wort zu thůn und hait sin und(er)tinge verbot als recht ist. Und hait Beierhen(ne) von Algeßheim zu gesproch(e)n nach dem sie hie an gericht mit ey(n) getedingt / da sij zusch(e)n yne^a berett(en) daß yr yglicher siner frunde czwene darzu geb(e)n soll / Sij gescheen und eynß
Jeckel Monst(er)	tages ober ko(m)men off dem selb(e)n tage mocht(en) sie nit eynß w(er)den. Und hab(e)n furt(er) eyne(n) and(er)n tag bestympt(en). Bynne(n) dem selben
Beierhenne	bestympt(en) tage / habe Beyerhen(ne) / Jeckeln syne(n) wingart drůhe male off eyner stadt verbiett(en) laiß(e)n. Daß er solichs gethan hait das schade Jeckeln XL guld(e)n / Und obe Beierhen(ne) des tages halb(e)n ney(n) sagen wolt / so beziege sich Jeckel das off die rachtungs lude / und des verbots halb(e)n beziege er sich off den bottel / der yme das v(er)bot gethan hait vor dem herbst. So was der tag gesaczt off der Eylff Dusent Mede tage davo(n) so hoff Jeckel daß Beyerhen(ne) eß unbilche gethan habe / Dar off hait sich Ancze Duppengieß(er) v(er)dingt Beierhen(ne) sin wort zu thůn und hait sin und(er)tinge auch v(er)bot als recht ist und hait die ansprache verbot. Furt(er) so moge sin daß eß also verlaiß(e)n und ey(n) tag bestympt(en). Nů sihen sie bij ey(n) gewesten do habe Jeckel czwey felde in des probstes gult(en) ligen / Der wolt er eynß vor eygen dar ußziegen. Deshalb(e)n sihen sie auch off die zijt gescheid(e)n und der probst hatte sich verwilliget ey(n) funffter zu sin. Und als er solichs vermerckt do wolt erßs nit thun / Dem nach mag villicht ey(n) ander tag gen(e) Jngelnhey(m) yn Sale bestympt(en) sin / Des habe Beierhen(ne) gewart und bezugt sich des off den probst. Und als er horte daß Jeckel den eyne(n) flecken vor eige(n) ußziegen wolt do habe er dem scholteß(e)n eyne(n) heymbergen ge-

a Das Wort ist über der Zeile beigefügt.

21. Februar 1478 — fol. 61

ÜBERTRAGUNG

Winworm erkennt an, Jeckel Stamm 7 Gulden und 5 Albus ausrichten zu müssen binnen 14 Tagen. Wenn nicht erfolgt die Pfändung.

Jeckel Carpp erkennt an, Jeckel Stamm 2 Bürde Reifen bezahlen zu müssen für 12 Albus binnen 14 Tagen. Wenn nicht erfolgt die Pfändung.

Meister Lebe der Kürschner erkennt an, Hans Wolmar als Vertreter Hanmans von Rüdesheim den Wert von 5 Gulden weniger 9 Schilling zahlen zu müssen binnen 14 Tagen. Wenn nicht erfolgt die Pfändung.

Hengin, der Hofmann der Domherren, erhebt seine 3. Klage gegen Johann Sultz und Rodwin Hose.

Peter von Badenheim hat Pfändung gefordert gegen Hans von Mertloch.

Henne von Eltville hat sich verpflichtet, Jeckel Monster vor Gericht zu vertreten und hat seine Anwaltschaft festhalten lassen, wie es rechtmäßig ist. Und er hat Henne Beyer von Algesheim angeklagt: Nachdem sie hier vor Gericht miteinander verhandelt hatten, da sei zwischen ihnen beredet worden, dass jeder von ihnen 2 Freunde zu einem Schiedstermin geben solle. Das sei geschehen und sie hätten sich zu einem Tag getroffen, da konnten sie nicht einig werden. Da hätten sie einen neuen Tag bestimmt. Vor diesem festgelegten Tag habe Henne Beyer Jeckel seinen Weinberg vor Gericht dreimal verbieten lassen [und sich damit in dessen Besitz gesetzt]. Dass er solches getan habe, das schade Jeckel 40 Gulden. Und wenn Henne Beyer wegen des Tages Nein sagen wolle, so berufe sich Jeckel auf die Schiedsleute und wegen des Verbots berufe er sich auf den Büttel, der ihm das Verbot getan habe vor dem Herbst. Der Tag war angesetzt auf 11000 Mägdetag, deshalb hofft Jeckel, dass Henne Beyer unbillig gehandelt habe. Darauf hat sich Antz Duppengießer verpflichtet, Henne Beyer vor Gericht zu vertreten, und er hat seine Anwaltschaft festhalten lassen und hat die Anklage festhalten lassen. Es könne sein, dass es so geschehen sei und sie einen Schiedstag bestimmt hätten. Nun hätten sie sich getroffen, da habe Jeckel 2 Felder gehabt, auf denen Gülten lagen, welche der Probst erhalte. Eines wollte er davon befreien und als Eigenbesitz gewinnen. Deshalb seien sie auch damals zusammengekommen und der Probst habe zugestimmt, Schiedsmann zu sein. Und als er das merkte, da wollte er das nicht. Danach könne vielleicht ein anderer Schiedstag zu Ingelheim in Sale bestimmt worden sein. Dort habe Henne Beyer gewartet und beruft sich auf den Probst. Und als er hörte, dass Jeckel ein Stück Land als Eigen herausziehen wollte, da habe er von dem Schultheiß einen Heimbergen ge-

Fritag nach Oculi

                    heisch(e)n und yme das felt off recht v(er)bieden laiß(e)n. Und hofft dwile
er das off recht gethan und Jeckel nit bij bracht(en) daß das felt
sin sij so soll erßs auch nim(m)ermehe bij brenge(n) und soll yme
nůste schuldig sin / er brecht eß dan(n) bij als recht ist. Und soll
yme auch wider nit schuldig sin zu antwort(en). Und stilt das zu

i(n) j(ure)   recht / Hen(ne) von Eltvjl als vo(n) Jeckels wegen hait verbot daß
ad socios   Ancze als vo(n) Beierhen(ne) wegen erkennet des gesaczt(en) tages auch
daß er Jeckeln den wingart verbott(en) habe und sagt furt(er) dwile
Beierhen(ne) yme das sin // ee und zuvor der gesaczt tag ko(m)men
sij verbott(en) so soll erßs unbilche gethan hain / Und als Ancze von
Beierhen(ne) wegen gerett(en) hait daß Jeckel nit bij bracht habe
daß das felt sin sij do hoff er daß eß Jeckel nit schuldig sij
zu thůn dan(n) sin altern hab(e)n eß lange zijt jare und jare jn
gehabt und beseßen und sij yme auch von yne word(e)n und
sie hab(e)n nye nůste davo(n) geb(e)n. Als dar um(m)b hoff er auch nyemant nuste davo(n) schuldig zu sin eß worde dan(n) bij bracht als

i(n) j(ure)   recht ist. Ancze als vo(n) Beyerhen(ne) wegen hait verbot daß Hen(ne)
von Eltvjl als vo(n) Jeckels wegen gerett(en) daß Beyerhen(ne) yme
das sin verbott(en) habe und furt(er) eyne(n) beseße yngezogen / des
gesteet yme Beierhen(ne) nit. Dan(n) do sicze ey(n) erber gericht / Wes
Jeckel do ynne bij brenge als recht ist / do geschee um(m)b sovjl
als recht sij. Furt(er) so sij yme das felt mit and(er)n feld(er)n vergifft
und lige auch in dem gezyrcke das yme also gegeb(e)n sij / nach
lude des buchs. Davo(n) so hoff er Jeckel soll eß bij brenge(n). Und
Beierhen(ne) soll yme um(m)b sin zusproche nuste schuldig sin und

i(n) j(ure)   stilt eß zu recht. Hen(ne) von Eltvjl als vo(n) Jeckels wegen hofft
daß nyema(n)t macht soll hain yme das sine zuv(er)geb(e)n und
stilt es auch zu recht. Das ist gelengt ad socios. Das haint
sie beide verbot.

erf(olgt)   Jt(em) Ebert Snade erf(olgt) Hengin Melma(n) vor XL g(ulden).

Actu(m) off Fritag nach Oculi.
Jt(em) Heppenhen(ne) hait syne(n) lip vor sin gut gestalt(en) nach dem
lip vor sin   jonffr(au) Fiel ym(m) closter off yne geheisch(e)n hait und wijl
gut gestalt(en)   recht geb(e)n und neme(n). Des ist yne beiden tag gestalt an
das nehste gerichte.

27. Februar 1478

fordert und ihn das Feld rechtmäßig verbieten [entziehen] lassen. Und er hofft, weil er es nach dem Recht tat und Jeckel keine Beweise beibrachte, dass das Feld ihm sei, so dürfe er sie auch nicht mehr beibringen, und er solle ihm nichts schuldig sein, es sei denn, er brächte Beweise bei, wie es rechtmäßig ist. Und er soll auch nicht mehr schuldig sein, ihm vor Gericht zu antworten. Das legt er dem Gericht vor. Henne von Eltville hat als Vertreter Jeckels festhalten lassen, dass Antz als Vertreter Henne Beyers den festgesetzten Schiedstag anerkenne, auch dass er Jeckel den Weinberg verbotet habe und sagt weiter: Weil Henne Beyer ihm das Seinige, bevor der gesetzte Tag gekommen sei, verboten [entzogen] habe, solle er es unbillig getan habe. Und was Antz für Henne Beyer weiter rede, dass Jeckel nicht den Beweis beigebracht habe, dass das Feld sein sei, so hoffe er, dass er dazu nicht verpflichtet sei, Jeckel das zu tun, denn seine Eltern haben es seit langer Zeit, Jahr um Jahr inne gehabt und besessen und es sei ihm auch von ihnen vererbt worden und sie haben nie etwas davon gegeben. Darum hoffe er auch, niemand etwas davon schuldig zu sein, es sei denn eine Abgabepflicht werde rechtmäßig bewiesen. Antz hat für Henne Beyer festhalten lassen, dass Henne von Eltville für Jeckel geredet habe, dass Henne Beyer ihm das Seine verboten haben und weiter einen Besitz eingezogen habe, das gesteht Henne Beyer nicht. Denn da sitzt ein ehrbares Gericht. Was Jeckel dem Gericht vorlege, wie es Recht ist, das geschehe, wie es Recht ist. Weiter so sei ihm das Feld mit anderen Feldern aufgetragen worden und liege auch in dem Bezirk, der ihm gegeben worden sei gemäß der Aussage des Gerichtsbuchs. Deshalb hoffe er, Jeckel soll den Beweis erbringen. Henne Beyer soll ihm wegen seiner Klage nichts schuldig sei und das legt er dem Gericht vor. Henne von Eltville hofft für Jeckel, dass niemand die Macht haben solle, seinen Besitz weiter zu geben und legt das auch dem Gericht vor. Das wurde verschoben bis zum Zusammentreten des Vollgerichts. Dem haben sie beide zugestimmt.
Ebert Snade verklagt Hengin Melman auf 40 Gulden.

27. Februar 1478
Henne Hepp hat seinen Leib vor sein Gut gestellt, nachdem Jungfrau Fiel im Kloster gegen ihn geklagt hatte und will Recht geben und nehmen. Dafür wurde ihnen beiden ein Termin gesetzt am nächsten Gerichtstag.

fol. 62 — Samßtag nach Oculi

TRANSKRIPTION

	Actu(m) off Samßtag nach Oculi.
2 tag	Jt(em) Hans Snyd(er) hait sin 2 tag furt(er) geheisch(e)n das buch zu brenge(n) geigen Henne(n) von Eltvjl.
	Actu(m) off Dinstag nach Leta(r)e.
4 [8/2] h	Jt(em) Peder Mospech(er) als vo(n) der kyrchen wegen dut sin 4 [8/2]ᵃ h off Clesen von Sprendlinge(n) ut p(ri)ma.
tag v(er)hut(en)	Jt(em) Johan der pollerer Hans von Jsennach Hans von Wormß und Hengin Moller haint alle yren tag verhut(en). Des ist yne tag gestalt(en) an das nehste gericht.
	Actu(m) off Samßtag nach Leta(r)e.
lip vor yre gut gestalt(en)	Jt(em) h(er) Johan Sulczen und Rodwin haint beide yren lip vor yre gut gestalt(en) nach dem Hengin der dhomh(er)n hoffma(n) uff sie geheisch(e)n hait und sie wollen recht geb(e)n und neme(n) etc. Des ist yne allen tag gestalt(en) an das nehste gericht.
tag v(er)huten	Jt(em) Peder Mospech(er) als vo(n) der kyrchen wegen / Henne vo(n) Rodenbach und Odilge Hen(ne) von Hoestadts hußfr(au) haint alle yren tag verhut(en). Des ist yne tag gestalt(en) an das nehste gericht.
	Actu(m) off Samßtag nach Judica.
3 tag	Jt(em) Hans Snyd(er) hait sin 3 tag furt(er) geheisch(e)n das buch zu brengen geigen Henne(n) von Eltvjl.
	Actu(m) off Dinstag nach Quasimodoge(n)iti.
erf(olgt)	Jt(em) Peder Bender erf(olgt) Peder Wolenbern offs buch.
erf(olgt)	Jt(em) Snaden Peder erf(olgt) Ebert Kyczen offs buch.
erf(olgt)	Jt(em) E(m)mel von Appinheim erf(olgt) Kyczgin offs buch.
erk(annt) ecc(les)ia	Jt(em) Heppenhen(ne) erk(ennt) Peder Mospechern als vo(n) der kyrchen wegen hynefure jerlichs IX ß gelts zu geb(e)n nach lude syner heischůnge.

a Die Zahl ist über ein verschriebenes und durchgestrichenes Zahlzeichen gesetzt.

28. Februar 1478
Hans Snider hat seinen 2. Tag erbeten, das Buch beizubringen gegen Henne von Eltville.

3. März 1478
Peter Mospecher erhebt für die Kirche seine 4. Klage gegen Cles von Sprendlingen. Johann der Pollerer, Hans von Isenach, Hans von Worms und Hengin Moller haben alle ihre Tag gewahrt. Es ist ihnen ein Termin gesetzt am nächsten Gerichtstag.

7. März 1478
Herr Johann Sultz und Rodwin haben beide ihren Leib vor ihr Gut gestellt, nachdem Hengin, der Hofmann der Domherren, gegen sie geklagt hat und sie wollen Recht geben und nehmen usw. Hierfür ist ihnen ein Termin gesetzt am nächsten Gerichtstag. Peter Mospecher für die Kirche, Henne von Rodenbach und Odilge, die Frau des Henne von Hoestadt, haben alle ihren Tag gewahrt. Es ist ihnen ein Termin gesetzt worden am nächsten Gerichtstag.

14. März 1478
Hans Snider hat seinen 3. Tag erbeten, das Buch beizubringen gegen Henne von Eltville.

31. März 1478
Peter Bender hat seinen Anspruch ins Gerichtsbuch eintragen lassen gegen Peter Wolenber.
Peter Snade hat seinen Anspruch ins Gerichtsbuch eintragen lassen gegen Ebert Kitz.
Emmel von Appenheim hat seinen Anspruch ins Gerichtsbuch eintragen lassen gegen Kitzgin.
Henne Hepp erkennt an, Peter Mospecher für die Kirche in Zukunft jährlich 9 Schilling Geld zu geben gemäß seiner Klage.

fol. 62v — Dinstag nach Quasimodogeniti

erk(annt)[c]	Jt(em) Heppenhen(ne) erk(ennt) Peder Mospech(er)n als vo(n) der kyrchen wegen IIII l(i)b(ras) hell(er) verseßner gulten off rechnů(n)ge zu geb(e)n in XIIII tagen. Si no(n) pingn(or)a erf(olgt).
	Jt(em) nach dem Peder Mospech(er) als vo(n) der kyrchen wegen sin fierde heischunge jn maiß(e)n die erßte gelut(en) / off Clesen von Sprendlingen gethain also hait er die gude und und(er)phande
offgeholt(en)	nach lude siner heischunge offgeholt(en) und das verbot. Und
ecc(les)ia	der scholtes hait yme ban(n) und freden dar ober gethan als recht ist. Das hait er auch verbot.
i(n) j(ure)	Jt(em) jonffrauwe Fiel ym(m) closter hait Heppenhenne(n) zu gesproch(e)n daß er yre soliche gulte nach lude yre heischůnge nit uß-
jonffr(au)	richt ader yre die heischůnge leßet gehen. Das schade yr
Fiel	X guld(e)n. Und hofft er soll der eynß thůn und stilt das zu recht. Und hait das buch wie sie dan(n) off yne geheisch(e)n laiß(e)n
Heppenhe(ne)	offen und das v(er)bot und bestympt nemlich ½ [1/2] guld(e)n gelts und dan(n) X ß gelts. Dar off hait Heppenhen(ne) die X ß erkant(en). Das hait jonffr(au) Fiel verbot und begert mit recht wan(n) er yre die geb(e)n solle. S(en)(tent)ia in XIIII tag(en). Ffurt(er) sagt Heppenhen(ne) er habe um(m)b die jonffr(au) bestanden villicht vor XX jaren eyne(n) halb(e)n morgen wingarts und eyn fertel wingarts / Nů habe er den halb(e)n morgen do gebe er[a] yne VIII alb(us). Von / aber des fert(el) hab(e)n sie yne nye gewist(en) so habe erßs auch nyt ynne. Und wes jonffr(au) Fiel yne wider anlange des sihe er unschul- dig. Das ist gelengt XIIII tage sic hodie. A(m)bo v(er)bot.
i(n) j(ure)	Jt(em) Hengin der dhomher(e)n hoffma(n) als vo(n) der selb(en) syn(er) her(e)n wegen hait h(er) Johan Sulczen und Hosen Rodwin zu gesp[r]och(e)n
Hengin	wie daß er off sie[b] geheisch(e)n habe vor ey(n) marg gelts die
hoffma(n)	sij bezalt(en) bijß off VI ß. Daß sie die selben nit auch ußricht(en) das schade yme XL guld(e)n. Und obe sie zu der gulte neyn
h(er) Joha(n) Sulcze(n)	sagen wollten / so wollen sin her(e)n solich gulte behalt(en) als recht ist. Auch daß sie yne bynne(n) rechten jaren worden
Rodwin	sij. Dar off haint her Johan und Rodwin das buch / wie
ad socios	dan(n) Hengin off sie geheisch(e)n laiß(e)n offen und das v(er)bot

a Das Wort ist über der Zeile beigefügt.
b Verbessert aus: »die«.
c Diese und die beiden folgenden Marginalien sind durch eine einfache runde Klammer miteinander verbunden.

31. März 1478 — fol. 62v

Henne Hepp erkennt an, Peter Mospecher für die Kirche 4 Pfund angelaufener Gülte gegen Rechnung zahlen zu müssen binnen 14 Tagen. Wenn nicht erfolgt die Pfändung.

Nachdem Peter Mospecher für die Kirche seine 4. Klage gegen Cles von Sprendlingen getan hat, hat er die Güter und Pfänder gemäß seiner Klage eingezogen und das festhalten lassen. Und der Schultheiß hat ihm Bann und Frieden darüber gemacht, wie es rechtmäßig ist. Das hat er auch festhalten lassen.

Jungfrau Fiel im Kloster hat Henne Hepp angeklagt, dass er ihr nicht die Gülte gemäß ihrer Klage ausrichtet oder ihre Klage zulässt. Das schade ihr 10 Gulden. Und sie hofft, er solle eines davon tun und legt das dem Gericht vor. Und sie hat das Gerichtsbuch öffnen lassen, wie sie geklagt hat und hat das festhalten lassen, nämlich ½ Gulden Geld und dann 10 Schilling Geld. Darauf hat Henne Hepp die 10 Schilling anerkannt. Das hat Jungfrau Fiel festhalten lassen und gefragt, wann er ihr die geben soll. Urteil: in 14 Tagen. Weiter sagt Henne Hepp, er habe von der Jungfrau vielleicht vor 20 Jahren einen halben Morgen Weinberg und ein Viertel Weinberg in Bestand genommen. Nun habe er den halben Morgen, davon gebe er 8 Albus. Aber von dem Viertel haben sie nie etwas vor Gericht bewiesen, er habe es auch nicht inne. Und wessen ihn Jungfrau Fiel darüber hinaus anklage, dessen sei er unschuldig. Das ist verschoben worden auf in 14 Tagen. Dem haben sie beide zugestimmt.

Hengin, der Hofmann der Domherren, hat für seine Herren Johann Sultz und Rodwin Hose angeklagt, dass er gegen sie geklagt habe wegen einer Mark Geld, die sie bezahlten bis auf 6 Schilling. Dass sie ihm die nicht auch bezahlen, das schade ihm 40 Gulden. Und wenn sie zu der Gülte Nein sagen wollen, so wollen seine Herren solche Gülte behalten, wie es rechtmäßig ist. Auch sei sie ihnen jahrelang gezahlt worden. Darauf haben Johann und Rodwin das Gerichtsbuch, wie Hengin gegen sie geklagt hat, öffnen lassen und das festhalten lassen

und sagent furt(er) wie daß sie der her(e)n scheffn(er) die gulte ge-
reicht(en) hab(e)n nemlich her Johan IX ß von syme huse
das zům elter gehoret und IX ß von eyme flecken den
er haufft(en) habe. So habe Rodwin geb(e)n XII ß von syme huse.
Die selbe gulte hab(e)n sie auch ußgeracht(en) und bezalt(en) und yre
furfaren hab(e)n auch gar in eyner merglich(e)n langen zijt
von den selb(e)n husern die sie ynne hain nye mehe[a] gegeb(e)n.
Dar off hab(e)n sie auch die VI ß hinder gericht gelacht(en). Obe
die her(e)n die gulte gewonne(n) / daß sie doch bij yren under-
phanden bleben. Und hoffen dwile Hengin off und(er)phande ge-
heisch(e)n habe / er solle sie nenne(n) daß sie horen obe mehe
oder myn(n)er do ynne lige daß yne beiden recht geschee.
Und dwile sie ader yre furfaren nit mehe gegeb(e)n haben
so soll Hengin sie auch do bij laiß(e)n / Eß were dan(n) sache
daß er als vo(n) siner her(e)n wegen bij brechte als recht ist
daß nit mehe und(er)phande dan(n) sie ynne hab(e)n / vor die gulte
lige auch daß yne die selbe gulte nach lude yre heischunge
bynne(n) rechten jaren davo(n) word(e)n sij / So ligen die VI ß
hinder gericht und haint eyne(n) gerichts briff ober die gemelt marg gelts besagende laiß(e)n lesen und den verbot. Und
hoffen so der underphande mehe sin so soll Hengin den nach
gehen. Und stillent do mit eyn und and(er)n zu recht / Hengin
hait den briff auch verbot und hait eß auch zu recht gestalt jn maiß(e)n als vor / Das ist gelengt ad socios.
Jt(em) Henne von Eltvjl als vo(n) mo(m)perschafft wegen der her(e)n
zům dhome zu Mencze dechandt und cappittel dut 1 h
vor I marg geldes off Philips Busern unsern scholteßen

1 h[b]   und mit scheffen gesellen Erharden von Ramberg Johan
Boeßen von Waldecke und off alleß das Karlen Buser selige gelaiß(e)n hait do er doit und lebendig gewesten ist.
Jt(em) Ancze Duppengießer als vo(n) Johan des pollererß wegen
hait das buch zusch(e)n Hansen von Jsennach und yme laiß(e)n
offen und das verbot und sagt nach lude des buchs und

a   Verbessert aus: »mege«.
b   Ein Strich verweist von der Marginalie zu dem einleitenden »Jt(em)« drei Zeilen höher.

und sagen weiter, dass sie dem Schaffner der Herren die Gülte gezahlt haben, nämlich Herr Johann 9 Schilling von seinem Haus, das zum Elter gehört und 9 Schilling von einem Stück Land, das er gekauft habe. Ebenso habe Rodwin 12 Schilling von seinem Haus gegeben. Dieselbe Gülte haben sie auch ausgerichtet und bezahlt und ihre Vorfahren haben auch lange Zeit von diesen Häusern, die sie innehaben, nie mehr gegeben. Danach haben sie auch die 6 Schilling bei Gericht hinterlegt. Wenn die Herren die Gülte gewonnen haben, sollen sie doch bei ihren Pfändern bleiben. Und sie hoffen, weil Hengin auf ihr Pfänder geklagt habe, er solle sie nennen, damit sie hören, ob mehr oder weniger an Belastung darauf liege, damit ihnen beiden Recht geschehe. Weil sie oder ihre Vorfahren aber nie mehr gegeben haben, soll Hengin sie auch dabei lassen. Es sei denn, er brächte für seine Herren den Beweis bei, dass nicht mehr als die Pfänder, welche sie innehaben, für die Gülte hinterlegt sind und dass ihnen die Gülte gemäß ihrer Klage lange Zeit zugekommen sei. So liegen die 6 Schilling bei Gericht und sie haben eine Urkunde über die genannte Mark Geld lesen lassen und das festhalten lassen. Und sie hoffen, wenn es mehr Pfänder seien, so soll Hengin diesen nachgehen. Dies legen sie dem Gericht vor. Hengin hat den Brief auch anerkannt und hat es dem Gericht vorgelegt wie zuvor. Das ist verschoben worden bis zum Zusammentreten des Vollgerichts.

Henne von Eltville erhebt als Vertreter der Domherren zu Mainz, Dekan und Kapitel, seine 1. Klage wegen einer Mark Geld gegen Philipp Bußer, unseren Schultheiß und Mitschöffen, Erhard von Ramberg, Johann Boos von Waldeck und auf alles, das der verstorbene Karl Bußer hinterlassen hat zu Lebzeiten oder nach dem Tod.

Antz Duppengießer hat für Johann den Pollerer das Buch in der Sache zwischen Hans von Isenach und ihm öffnen lassen und das festhalten lassen und sagt: Nach Aussage des Buches und

fol. 63v — Samßtag nach Quasimodogeniti

TRANSKRIPTION

Johan Poller(er)	auch besage der konde so verstehe das gericht wole daß
Hans Jse(n)nach	Hans yne sonder orsache bestanden habe lybeloißs zu mach(e)n.
	Deshalb(e)n er dan(n) zu großem verderplichem schad(e)n kom(m)en
	sij und hofft eyn und ander sovjl zu genyßen / er solle
ad socios	Hansen erfolgt hain nach lude syn(er) ansprache und
	stilt das zu recht. Henne von Eltvjl als vo(n) Hansen wege(n)
	sagt er hoffe nach lude siner antwort auch besage der^a
	kontschafft jnhalt des buchs unerfolgt zu sin
	und stilt eß auch zu recht. Das ist gelengt ad socios.
	Das haint sie beide verbot.
gelengt	Jt(em) zusch(e)n dem phern(er) von Jngelnhey(m) und Snyd(er)henne(n) ist
	gelengt noch hude zu XIIII tag(en) sic hodie.
	Jt(em) Cleßgin Carppe als vo(n) mo(m)perschafft wegen h(er)n Enderß(e)n
	alta(r)ißt zu sant Mauriczien zu Mencze ist zům rechten ge-
widder	wist(en) hait yme Joh(ann)es Faut sins zynßs nemlich eyn phondt
genom(m)e(n)	gelts von eyme czweitel wingarts gelegen aym Horeyn
	gefor Dyne(n) von Wolffsheim nit geb(e)n und stedt noch zů
	h(er)n Enderß(e)n handen / so mag erßs widder neme(n) si ita est.
	Jt(em) die unscholt zusch(e)n Hans Hoffma(n) und Peder Bendern
gelengt	ist gelengt bijß off Dinstag nach der Oist(er) woch(e)n sic hodie.
entbroche(n)	Jt(em) Johan der poller(er) ist diß gebots von Clasema(n) von Jng(elheim)
	entbrochen.
	Actu(m) off Samßtag nach Quasimodoge(n)iti.
erk(annt)	Jt(em) Monchs Clese erk(ennt) Wigant Storczkoppen I g(ulden) zu geb(e)n
	in XIIII tagen. Si no(n) p erf(olgt).
	Jt(em) Henne Erken(n) Hans Snyd(er) meist(er) Joste Diecze vom(m) Walde
	Peder Rupel und Maig der snyder erkenne(n) Adam Wolffe(n)
	unß(er)m mit scheffen gesellen wan(n) er yne myt eyme heym-
erk(annt) no(tandum)^b	bergen verkonde an das nehste gerichte dar nach zů ko(m)-
	men / Der worte halb(e)n so dan(n) Philips Buser unser scholtes
	und er mit gehabt(en) sollen hain.
erf(olgt)	Jt(em) Henne Ruße erf(olgt) Winworme(n) offs buch.

---

a Es folgt wohl irrtümlich ein weiteres »der«.
b Eine Klammer (zwei Striche) am Rand zeigt an, dass diese Marginalie für den ganzen Satz (Abschnitt) gilt.

der Beweismittel verstehe das Gericht wohl, dass Hans ihn ohne Grund ermorden wollte. Deshalb sei er zu großem Schaden gekommen, und er hoffe auf ausgleichende Gerechtigkeit; er solle seinen Anspruch gegen Hans vor Gericht eingeklagt haben und er legt das dem Gericht vor gemäß seiner Anklage. Henne von Eltville sagt für Hans: Er hoffe gemäß seiner Gegenrede und auch nach Aussage der Beweise gemäß dem Gerichtsbuch, dass dem nicht so sei und legt dies auch dem Gericht vor. Das ist verschoben worden bis zum Zusammentreten des Vollgerichts. Dem haben sie beide zugestimmt.

Zwischen dem Pfarrer von Ingelheim und Henne Snider ist der Termin verschoben worden auf heute in 14 Tagen.
Clesgin Carpp als Vertreter von Herrn Enders, Altarist von St. Mauritius in Mainz, wird als Urteil gewiesen: Hat ihm Johannes Faut seinen Zins, nämlich 1 Pfund Geld von einer Hälfte Weinberg gelegen am Horeyn bei Dyne von Wolfsheim, nicht gegeben und steht dieser noch in Herrn Enders Besitz, so mag er ihn wieder an sich nehmen, wenn es so ist.

Die Unschuld zwischen Hans Hoffmann und Peter Bender ist verlängert worden bis auf Dienstag nach Ostern.

Johann der Pollerer ist vom Gebot Clas Manns von Ingelheim freigesprochen.

4. April 1478
Cles Monch erkennt an, Wigand Stortzkopp einen Gulden zahlen zu müssen binnen 14 Tagen. Wenn nicht erfolgt die Pfändung.

Henne Erk, Hans Snider, Meister Jost, Ditze vom Wald, Peter Rupel und Maig der Schneider erkennen gegenüber Adam Wolff, unserem Mitschöffen, an: Wenn er ihnen durch einen Heimbürgen den nächsten Gerichtstag verkünde, dem nachzukommen wegen des Wortwechsels, den Philipp Bußer, unser Schultheiß und er miteinander hatten. Henne Ruße hat seinen Anspruch ins Gerichtsbuch eintragen lassen gegen Winworm.

fol. 64 — Samßtag nach Quasimodogeniti

Winßhen(ne) Ped(er) Raůp Conczgin s(e)n(tent)ia	Jt(em) zuschen Peder Rauben Winßhenne(n) und Conczgin von Geilnhuse(n) nach ansprache antwort und besage der konde // s(e)n(tent)ia daß Peder Raůp und Winßhenne / Conczgin Bend(er)n an die ende sich der verkaůffe der wyne halb(e)n jnhalt des buchs begeb(e)n folgen sollen da uß fondijg werden zu laißen wie do ynne ge-handelt sihe / Obe aber das yre meynů(n)ge zu thun nit sin wolt wes dan(n) Conzgin mit syme eide off den heilgen bewert als recht ist / er des verkauffs halb(e)n schaden gelytten / sollen sie yme nach anczale yre gebůrnyß ußrachtu(n)ge thůn doch nit hoer dan(n) vor den dryhen die yn der konde gesagt ynne rechenschafft wise / herlut(en) hait. Das ortel haint sie alle v(er)bot. Furt(er) sagen Peder und Henne sie wollen Conczgin folgen an die ende do der verkauffe der wine gescheen sij etc. Und begeren
s(e)n(tent)ia	myt recht jn welcher zijt yne Conczgin nach folgen solle. S(e)n(tent)ia in XIIII tag(en). Das haint sie auch alle verbot. Jt(em) zusch(e)n Wolfs Henne(n) und Arnolts Elsen nach ansprache antwort widder[-] und nachredde dwile dan(n) Wolfs Henne vo(n)
Wolfshen(ne)ᵃ Arnolts Else	den her(e)n zu sant Vichtor jn den sachen vor eyne(n) heiptma(n) herlangt(en). S(e)n(tent)ia daß Arnolts Else dem b(e)n(ann)t(en) Wolffs Henne(n) um(m)b diesen syne(n) zu sproche nyt schuldig ist. Dan(n) bedůncke yne daß sie etliche gude und und(er)phande yn die gulte gehorig
s(e)n(tent)ia	ynne habe dem mag er nach gehen als recht ist. Das ortel hait Else verbot. Jt(em) Wigant Storczkoppe hait Brůne Ped(er)n von Werstat zu ge-sproch(e)n wie daß er sins swehers selig(en) mo(m)per gewest(en) sij und Ped(er)n off eyn zijt wollen ko(m)mern daß er vor eyne(n) gut sij word(e)n vor I g(ulden) / Also sij der selbe heymberge yeczunt nit
Wigant Storczkoppe Brůn Ped(er)	hie davo(n) so heische er yme eyn ja ader ney(n) obe er vor den guld(e)n sij gut word(e)n ader nit / Dar off sagt Peder under viln worten er sij widder gut ader burge vor den gulden worden und wes Wigant yne wider anlange des sij er unschuldig. Die unscholt ist gestalt(en) noch hude zu XIIII tag(en). Das haint sie beide verbot.
p b	Jt(em) Schonwedder hait p b an Ebert Kyczen.
p b	Jt(em) Henne Stope hait p b an Ulrich Bend(er)n.
p b	Jt(em) Ebert Kicze hait p b an Ebert Hauborn.

a Vor dem Anfangsbuchstaben der Marginalie steht undeutlich (verschrieben ?): »sf«.

4. April 1478 — fol. 64

Zwischen Peter Raub, Henne Winß und Contzgin von Gelnhausen ergeht nach Klage, Antwort und Hörung der Beweismittel das Urteil: Dass Peter Raub und Henne Winß Contzgin Bender dorthin folgen sollen, wo der Wein verkauft wurde nach Ausweis des Gerichtsbuchs um ausfindig zu machen, wie dort gehandelt wurde. Wenn sie das nicht tun wollen, dann sollen sie das, was Contzgin auf die Heiligen geschworen hat an Schaden erlitten zu haben, ihm anteilig entrichten, doch nicht höher als die Abrechnung der drei Zeugen lautete. Dem Urteil haben sie alle zugestimmt. Weiter sagen Peter und Henne, sie wollen Contzgin dorthin folgen, wo er den Wein verkauft hat. Und sie fragen, in welcher Zeit sie das tun sollen. Urteil: in 14 Tagen. Dem haben sie auch alle zugestimmt.

Zwischen Henne Wolf und Else Arnold nach Klage, Antwort, Entgegnung und Nachrede, weil Henne Wolf für die Herren von St. Viktor in der Sache ein Hauptmann ist. Urteil: Dass Else Arnold dem genannten Henne Wolf auf seine Klage nichts schuldig ist. Wenn er meine, dass sie Güter und Pfänder, die zur Gülte gehören, innehabe, so mag er diesen nachgehen, wie es rechtmäßig ist. Das Urteil hat Else festhalten lassen.

Wigand Stortzkopp hat Peter Brun von Werstadt angeklagt, dass er Vertreter seines verstorbenen Schwagers gewesen sei und wollte Peter vor einiger Zeit belangen, da er jemandes Bürge für einen Gulden geworden sei. Da der Heimbürge nicht hier sei, fordere er von ihm ein Ja oder Nein, ob er für den Gulden sein Gut erhalten habe oder nicht. Darauf sagt Peter mit vielen Worten: Er sei kein Bürge geworden für den Gulden und wessen ihn Wigand weiter anklage, dessen sei er unschuldig. Die Unschuld gilt von heute an 14 Tage. Dem haben sie beide zugestimmt.

Schonwedder hat Pfändung gefordert gegen Ebert Kitz.

Henne Stopp hat Pfändung gefordert gegen Ulrich Bender.

Ebert Kitz hat Pfändung gefordert gegen Ebert Haubor.

fol. 64v — Samßtag nach Misericordia Dominj

p b	Jt(em) Jeckel Sta(m)me hait p b an Winwormen.
erk(annt)	Jt(em) Knodenhen(ne) erk(ennt) Vinczen VII alb(us) zu geb(e)n in XIIII tag(en).
	Si no(n) ping(nora) erf(olgt).
erf(olgt)	Jt(em) Adam Wolff erf(olgt) Philipsen des Boeßen hoffma(n) offs buch.
erk(annt)	Jt(em) Suffuß Angnese erk(ennt) Hengin Rambachen X alb(us) zu
	geb(e)n in XIIII tag(en). Si no(n) p erf(olgt).
1 h	Jt(em) Concze Storczkoppe dut 1 h vor XIX ß gelts off Wißen
	Henne(n) Clese Wißen stieffsone et om(ni)a.
	Jt(em) Diemen Clas als vo(n) mo(m)p(ar)schafft wegen h(er)n Conrat Langen
1 h	dut 1 h vor III guld(e)n gelts off Heinrichen den smett
	et om(n)ia.
	Jt(em) Joh(ann)es Faut hait Ebert Kyczen zu gesproch(e)n wie daß er
	funffe fertel jars bij yme zu schulen gangen habe und
Joh(ann)es Faŭt	lone yme nit. Das schade yme XX guld(e)n. Dar off sagt Ebert
Ebert Kycze	Joh(ann)es habe yne nŭste gelart(en) so habe er yme auch nŭste
	gerett(en). Auch so wŭße er von keynem gedingß ader schŭle-
	gange nit // Sij aber ymant da bij gewest(en) / ader wuße davo(n)
	so woll er sich gerne laiß(e)n wissen / Wijl aber Joh(ann)es yne do
	bij nit laiß(e)n wes er yne dan(n) wider anlange des sij er
	unschuldig. Die unscholt ist gestalt noch hude zu XIIII
	tagen. Das haint sie beide verbot.
erf(olgt)	Jt(em) Johan der pollerer erf(olgt) Ped(er) Swinden vor I g(ulden) VI alb(us).
	Actu(m) off Samßtag nach Mi(sericordi)a D(omi)nj.
erk(annt)[a]	Jt(em) Drubein erk(ennt) Clese Breitharden von Jngelnheim
	VII g(ulden) und XV alb(us) zu geb(e)n zusch(e)n hie und sant Johans
	tage nativitat(is). Si no(n) p erf(olgt).
erk(annt)	Jt(em) Ritter Hengin erk(ennt) jd(em) Clese Breithart(en) X ß mi(n)(us) III hell(er)
	zu geb(en) in eyme maende / ader yme abe zuv(er)diene(n). Si no(n) p erf(olgt).
erk(annt)	Jt(em) Clese Harwyler erk(ennt) Adam von Winheim ½ [I/2] guld(e)n zŭ
	geb(e)n in XIIII tag(en). Si no(n) p erf(olgt).
	Jt(em) Jeckel Winßbach der alde hait Jeckel Drappen zu ge-
	sproch(e)n wie daß er yme gerett(en) habe III g(ulden) zu geben
	als vo(n) Kochers Kett(er)n wegen und dŭhe des nit. Das schade

a Diese und die folgende Marginalie sind durch eine einfache runde Klammer miteinander verbunden.

Jeckel Stamm hat Pfändung gefordert gegen Winworm.
Henne Knode erkennt an, Vincz 7 Albus zahlen zu müssen binnen 14 Tagen. Wenn nicht erfolgt die Pfändung.
Adam Wolff hat seinen Anspruch ins Gerichtsbuch eintragen lassen gegen Philipp, den Hofmann des Boos von Waldeck.
Angnese Suffuß erkennt an, Hengin Rambach 10 Albus zahlen zu müssen binnen 14 Tagen. Wenn nicht erfolgt die Pfändung.
Contz Stortzkopp erhebt seine 1. Klage wegen 19 Schilling Geld gegen Henne Wiß, den Stiefsohn von Cles Wiß, auf alles.
Clas Diem erhebt als Vertreter von Herrn Konrad Lange seine 1. Klage wegen 3 Gulden Geld gegen Heinrich den Schmied auf alles.
Johannes Faut hat Ebert Kitz angeklagt, dass er fünf viertel Jahre bei ihm zur Schule gegangen sei und bezahle ihn nicht. Das schade ihm 20 Gulden. Darauf sagt Ebert, Johannes habe ihm nichts beigebracht, er habe mit ihm auch nichts beredet. Er wüsste auch von keine Anstellung oder Schülerschaft. Sei aber jemand dabei gewesen oder wüsste davon, so wolle er sich gerne dies weisen lassen. Will Johannes ihn aber nicht dabei lassen, wessen er ihn weiter anklage, dessen sei er unschuldig. Die Unschuld gilt von heute an 14 Tage. Dem haben sie beide zugestimmt.
Johann der Pollerer verklagt Peter Swinde auf 1 Gulden 6 Albus.

10. April 1478
Drubein erkennt an, Cles Breithard von Ingelheim 7 Gulden und 15 Albus zahlen zu müssen bis St. Johann. Wenn nicht erfolgt die Pfändung.
Hengin Ritter erkennt an, demselben Cles Breithard 10 Schilling weniger 3 Heller zahlen zu müssen in einem Monat oder es abzuarbeiten. Wenn nicht erfolgt die Pfändung.
Cles Harwiler erkennt an, Adam von Weinheim ½ Gulden zahlen zu müssen binnen 14 Tagen. Wenn nicht erfolgt die Pfändung.
Jeckel Winsbach der Alte hat Jeckel Drapp angeklagt, dass er versprochen habe, er gebe ihm 3 Gulden von Ketter Kochers wegen und tue es nicht. Das schade

fol. 65 — Samßtag nach Misericordia Dominj

TRANSKRIPTION

Jeckel Winß[-]bach Jeckel Drapp	yme alsvjl dar zu und heist yme des ey(n) ja ader ney(n). Dar off sagt Jeckel Drappe was er Jeckeln gerett(en) habe das habe er yme auch ußgeracht(en) und wes er yne wider anlange des sij er unschuldig. Die unscholt ist gestalt noch hude zu XIIII tag(en). Das haint sie verbot.
erk(annt)	Jt(em) Kochers Kettern erk(ennt) Jeckel Winßbachen dem alten III guld(e)n zu geb(e)n in XIIII tag(en). Si no(n) p erf(olgt).
erk(annt)	Jt(em) Jeckel Drappe erk(ennt) Kochers Kettern VII g(ulden) und VIII alb(us) off rechnů(n)ge zu geb(e)n in XIIII. Si no(n) p erf(olgt).
Joh(ann)es Faut Ebert Snade	Jt(em) Joh(ann)es Faut hait Ebert Snaden zugesproch(e)n wie daß er yme als vo(n) wegen Heinczen von Halle / der yme dan(n) sin scholt die er hie hait gegeb(e)n habe vor sin eigen gůt schuldig sihe IX g(ulden) und eyn orte. Daß er yme die nit gebe das schade yme als vijl dar zu und heist yme des eyn ja ader ney(n). Dar off sagt Ebert Heincze von Halle sij yme schuldig und er habe yne auch erfolgt und ergange(n) und bezugt sich des off das gerichts bůch. Dar off s(e)n(tent)ia dwile Ebert off das buch zugt so sall er das auch brengen und das thůn in XIIII tagen. Bedarff er dan(n) siner tage furte und heist die als recht ist so sall ma(n) yme die furt(er) styllen noch zu czweien XIIII tag(en). Und so das buch verhort(en) wyrt beheltlich Joh(ann)es sin jnsage und geschee dan(n) furt(er) sovjl als recht ist. Das haint sie beide v(er)bot.
erk(annt)	Jt(em) Diemen Clas erk(ennt) Henne Gontrům VI guld(e)n off rechnů(n)ge zu geb(e)n[a] zusch(e)n Pinxsten. Si no(n) p erf(olgt).
Michel Snid(er)hen(ne) Flucken Clese	Jt(em) Bußers Michel von Wint(er)nheim hait Snyd(er)henne(n) und Flucke(n) Clesen zu gesproch(e)n wie daß sie yme eyn fertel wingarts vor eigen gegeb(e)n hab(e)n. Das sij yme als vo(n) der kyrchen wegen hie vor gulte an gewonne(n) word(e)n. Daß sie yme den wingart nů nit eigen halt(en) das schade XX g(ulden) und heist yne des eyn ja ader ney(n) obe sie yme den wingart also vor eigen geb(e)n haben ad(er) nit / Dar off sagen Hen(ne) und Clese und haint verbot daß Michel gerett(en) hait daß der wingart yme von der kyrchen wegen an gewonne(n) sij word(e)n und begerent das buch zu horen wie er yme dan(n) sij an gewonne(n) word(e)n. Michel sagt nach dem er yne ey(n) ja ader ney(n) geheisch(e)n so hoffe er sie sollen yme eß auch

a   Es folgt durchgestrichen: »in XIIII tag(en)«.

10. April 1478

fol. 65

ÜBERTRAGUNG

ihm ebensoviel dazu und er fordert von ihm ein Ja oder Nein. Darauf sagt Jeckel Drapp: Was er mit Jeckel beredet habe, das habe er auch geleistet. Und wessen er ihn darüber hinaus anklage, dessen sei er unschuldig. Die Unschuld gilt von heute an 14 Tage. Dem haben sie beide zugestimmt.

Ketter Kocher erkennt an, Jeckel Winsbach dem Alten 3 Gulden zahlen zu müssen binnen 14 Tagen. Wenn nicht erfolgt die Pfändung.

Jeckel Drapp erkennt an, Ketter Kocher 7 Gulden und 8 Albus gegen Rechnung zahlen zu müssen binnen 14 Tagen. Wenn nicht erfolgt die Pfändung.
Johannes Faut hat Ebert Snade angeklagt, dass er ihm von Heinz von Halle her, der ihm seine Schulden übertragen hat, 9 Gulden und 1 Ort als Schulden von seinem Eigengut schuldig sei. Dass er ihm die nicht gebe, das schade ihm ebenso viel dazu und er fordert von ihm ein Ja oder Nein. Darauf sagt Ebert, Heinz von Halle sei ihm schuldig, und er habe dies auch erklagt und gewonnen, und er beruft sich auf das Gerichtsbuch. Darauf ergeht das Urteil: Weil Ebert sich auf das Buch beruft, soll er das beibringen in 14 Tagen. Bedürfe er Verlängerung und fordere diese, wie es Recht ist, so soll man ihm noch zweimal 14 Tage geben. Und wenn das Buch gehört wird, vorbehaltlich Johannes Gegenrede, geschehe es weiter, wie es rechtmäßig ist. Dem haben sie beide zugestimmt.

Clas Diem erkennt an, Henne Gontrum 6 Gulden gegen Rechnung zahlen zu müssen bis Pfingsten. Wenn nicht erfolgt die Pfändung.

Michel Bußer von Winternheim hat Henne Snider und Cles Fluck angeklagt, dass sie ihm einen Viertel Weinberg als Eigen übergeben haben. Diesen habe aber die Kirche wegen 1 Gulden Gülte erklagt. Dass sie ihm den Weinberg nicht als Eigenbesitz gehalten haben, das schade ihm 20 Gulden, und er fordert von ihnen ein Ja oder Nein, ob sie ihm den Weinberg als Eigen übergeben haben oder nicht. Darauf sagen Henne und Cles und haben festhalten lassen, dass Michel gesagt habe, der Weinberg sei von der Kirche erklagt worden und sie fordern das Gerichtsbuch zu hören, wie er erklagt worden sei. Michel sagt, nachdem er von ihnen ein Ja oder Nein gefordert habe, hoffe er, sie sollen es ihm auch

fol. 65v — Samßtag nach Misericordia Dominj

	thun[a] und stilt das zu recht. Hen(ne) und Clese hoffen ney(n) dan(n) man(n) soll das buch horen / So das gehort(en) werde / geschee dan(n) furt(er) was recht sij. Und sie haint eß auch zu recht gestalt(en). Dar off s(e)n(tent)ia dwile Henne und Clese offs bůch ziegen sollen sie eß auch brengen und das thun in XIIII tag(en). Bedorffen sie dan(n) yre tage furte und heisch(e)n die als recht ist so sall ma(n) yne die furt(er) stillen noch zu czweien XIIII tag(en) und so das buch verhort(en) wirt geschee dan(n) furt(er) sovjl als recht ist. Das haint
s(e)n(tent)ia	sie von beidentheiln verbot. Furt(er) so hab(e)n Henne und Clese
s(e)n(tent)ia	mit recht begert(en) obe Michel yne nit yne gerichts schad(e)n widd(er) geb(e)n sall. S(e)n(tent)ia ja. Das haint sie v(er)bot und mit recht begert in welcher zijt erß thůn s(e)n(tent)ia noch daling. Das haint sie auch verbot.
erk(annt)	Jt(em) Winworme erk(ennt) Osewyn III guld(e)n und XIIII alb(us)[b] off rechnu(n)ge zu geb(e)n in XIIII tag(en). Si no(n) p erf(olgt).
	Jt(em) Stern Clese ist zům rechten gewist(en) hait yme H(er)man von Holczhusen sins zynßs von dem huse da er yn(ne) sizzet
widd(er) ge-no(m)men	nit geb(e)n und stett das husche noch zu syne(n) handen so mag erßs widder neme(n) si ita est.
	Jt(em) Adam Wolff unser mit scheffen geselle hait zu gesproche(n) Henne Erken(n) Hans Snyd(er)n Peder Ruppeln Josten de(m) smede Maigen[c] dem snyder Dieczen vom(m) Walde und Hans Ruttern [!]
Adam Wolff VII =	wie daß sie off eyn zijt do bij gewesten und off dem scheffe(n) huse myt eyn orten gedroncken hab(e)n. Do sij der scholteß ko(m)men und gesagt(en) er halde syne(n) kelner dar zu daß er die ringe drage. Dem nach so wollen sie and(er) lude auch drage(n). Die worte habe er yn(ne) gůffe offgenom(m)en und dar off gesagt(en)
ad socios	zu Oppinheim Od(er)nheim und Alczey drage ma(n) sie auch. Furt(er) so habe der scholtes widd(er) yne gesagt er konne nůste mehe dan(n) swaczen und thůssen und sihe auch nůste mehe do hinde(n). Do habe er yme geantwort / obe er yme / ader yemant and(er)s auch ye keyne(n) phennyg abe geswaczt ader gethusten habe. Auch wenne er etwas zu gesagt und nit gehalt(en) habe daß er das doch sage. Do habe der scholtes gesproch(e)n er habe dem raide gerett(en) und nit gehalten / Daß sie nů bij solichen redden gewest(en) und nit sagen obe der mehe ader myn(n)er ge-

a Über der Zeile, mit anderem Stift geschrieben, steht die Jahreszahl »1478«.
b Es folgt durchgestrichen: »zu geben«.
c Am linken Seitenrand, zwischen Marginalen und Text, befindet sich ein senkrechter Strich, der ab hier über die nächsten 9 Zeilen reicht.

geben und legt dies dem Gericht vor. Henne und Cles hoffen Nein, denn man solle das Buch hören. Wenn das gehört werde, dann geschehe es weiter, wie es rechtmäßig ist. Und sie haben dies dem Gericht vorgelegt. Darauf ergeht das Urteil: Weil Henne und Cles sich auf das Gerichtsbuch berufen, sollen sie es beibringen in 14 Tagen. Bedürfen sie Verlängerung und fordern diese, wie es rechtmäßig ist, so soll man ihnen noch zweimal 14 Tage geben und wenn das Buch verhört wird, geschehe weiter wie es rechtmäßig ist. Dem haben sie von beiden Seiten zugestimmt. Weiter haben Henne und Cles gefragt, ob ihnen Michel die Gerichtskosten nicht wiedergeben soll. Urteil: Ja. Das haben sie festhalten lassen und fragen, wann er es tun soll. Urteil: noch heute. Das haben sie auch festhalten lassen.

Winworm erkennt an, Osewyn 3 Gulden und 14 Albus gegen Rechnung zahlen zu müssen binnen 14 Tagen. Wenn nicht erfolgt die Pfändung.

Cles Stern ist als Recht gewiesen worden: Hat ihm Hermann von Holzhausen seinen Zins von dem Haus in dem er sitzt nicht gegeben und hat er das Haus noch im Besitz, so kann er es zurücknehmen, wenn es so ist.

Adam Wolff, unser Mitschöffe, hat Henne Erk, Hans Snider, Peter Rupel, Jost den Schmied, Maig den Schneider, Dietz vom Wald und Hans Ritter angeklagt, dass sie vor einiger Zeit dabei gewesen seien und im Schöffenhaus mit ihm einen Krug getrunken haben. Da sei der Schultheiß gekommen und habe gesagt: Er halte seinen Keller dazu an, dass er Ringe trage. Deshalb wollen sie andere Leute auch tragen. Die Worte habe er übel aufgenommen und darauf gesagt, zu Oppenheim, Odernheim und Alzey trage man sie auch. Weiter habe der Schultheiß zu ihm gesagt, er könne nichts als schwätzen und groß tun und es sei auch nichts dahinter. Da habe er ihm geantwortet, ob er ihm oder jemand anderes je einen Pfennig abgeschwätzt habe. Und wenn er etwas zugesagt habe und dann nicht gehalten habe, dass er das doch sage. Da habe der Schultheiß gesagt, er habe dem Rat etwas versprochen und habe es nicht gehalten. Dass sie bei diesem Gerede dabei gewesen sind und nicht sagen, ob es mehr oder weniger so

Dinstag nach Jubilate

scheen[a] / und gelut(en) hab(e)n das schade yme von yre yglichem hond(er)t
guld(e)n. Und obe sie abe reddig sin wolten daß sie bij den redde(n)
nit gewest(en) sihen so woll er sie des zugen als recht sihe und
i(n) j(ure)   heist[b] yne des eyn ja ader ney(n). Dar off sagen sie alle eyn-
mu(n)dig eß moge sin daß sie also bij yne yn(ne) der orten gewest
sihen / Nů haben sie alwege gehort(en) und sihe yne auch vor ge-
halt(en) von den edeln welcher zu yne yn(ne) yre orten off das husche
gehe / obe sich do eynch(er)ley myt worten ad(er) and(er)s zusch(e)n yne be-
gebe / das sollen sie nit furt(er) sagen ad(er) brenge(n). Und getruw(e)n
die her(e)n und jonck(er)n sollen yne solichs gesteh(e)n. Dar zu so habe
das husche mehe fryheit dan(n) and(er) hůser / Auch hab(e)n die jonck(er)n
und(er) eyn ander gerett(en) eyts und phlicht halber sie und(er) eyne
beroren dem nach so gebůre yne dar ynne nit zu redden. Yre
keyner habe sie auch off die zijt nye h(er)mant(en) etwas dar ob(er)
zu sagen ader zu behalt(en). Dar zu so sihe her Hans Joncker Hein[-]
rich Wolff Joncker Hans Wolff Frederich h(er)n Hansen knecht und
and(er)n mehe der sie yeczůnt nit genenne(n) konne(n) do bij gewest(en).
Dem allen nach so hoffen sie jonck(er) Adam off diese zijt nit wider[c] schuldig sin zu antwort(en) sie weren dan(n) alle bij eyn ander.

i(n) j(ure)   Adam hait v(er)bot daß sie alle erkenne(n) daß sie do bij gewest sihen.
Und als sie h(er)n Hansen und and(er)n yn(e) ziegen / habe er nit wollen
recht fertigen syppschafft halb(e)n / auch daß yre eynßstheyls
wegefertijg sint. Und hofft sie sollen sagen sovjl sie der
sachen halb(e)n gehort(en) hab(e)n und stilt das zu recht. Dar off sage(n)
sie alle sieben dwile joncker Adam die and(er)n bij yne off die
zijt gewest(en) / nit myt ersucht(en) so hoffen sie eyn und ander
sovjl zu genyeß(e)n daß sie yme yeczůnt nit wider[d] schuldig sihen
zu antwort(en) und stillen eß auch zu recht. Das ist gelengt ad
socios. Das haynt sie alle verbot.

Actu(m) off Dinstag nach Jubilate.
2 h[e]   Jt(em) Henne von Eltvjl als vo(n) mo(m)p(ar)schafft wegen der heren zum
dhome zu Mencze dut sin 2 h off Philips Busern unsern
scholteß(e)n und myt scheffen gesellen Erharden von Ramb(er)g
und Johan Boeßen ut p(ri)ma.

---

a   Über der Zeile, mit anderem Stift geschrieben, steht die Jahreszahl »1478«.
b   Am linken Seitenrand, zwischen Marginalie und Text, befindet sich ein senkrechter Strich, der bis zum Ende des Tageseintrages reicht.
c   Das Wort ist über der Zeile beigefügt.
d   Das Wort ist über der Zeile beigefügt.
e   Zwei Striche zeigen an, dass die Marginalie für den gesamten Eintrag gilt.

14. April 1478

geschehen sei und gelautet habe, das schade ihm von jedem von ihnen 100 Gulden. Und wenn sie das leugnen wollen, dass sie bei dem Gespräch dabei waren, so wolle er es ihnen beweisen, wie es rechtmäßig ist und er fordert von ihnen ein Ja oder Nein. Darauf sagen sie alle einmütig: Es könne sein, dass sie beieinander in der Schankstube gewesen seien. Nun haben sie immer wieder gehört und sei ihnen auch von den Adeligen, welche zu ihnen in ihre Schankstube gehen, gesagt worden, wenn sich dort irgendwelche Dinge mit Worten oder anders zwischen ihnen ereigneten, dann sollen sie es nicht weiter sagen. Und sie vertrauen darauf, die Herren und Junker gestehen ihnen solches zu. Zudem habe das Haus eine größere Freiheit als andere Häuser. Auch haben die Junker untereinander beredet wegen des Eides und der Verpflichtung, die sie untereinander haben, gebühre es ihnen nicht hineinzureden. Und keiner habe sie bisher auch jemals ermahnt, etwas darüber zu sagen oder für sich zu behalten. Außerdem seien Herr Hans, Junker Heinrich Wolff, Junker Hans Wolff und Frederich, der Knecht von Herrn Hans und andere mehr, die sie jetzt nicht benennen könnten, dabei gewesen. Nach alledem hoffen sie, sie seien nicht schuldig, Junker Adam diesmal zu antworten, sie wären denn alle beieinander. Adam hat festhalten lassen, dass sie zugestehen, dass sie dabei gewesen seien. Und weil sie sich auf Herrn Hans und andere berufen, die habe er wegen Verwandtschaft und weil sie zum Teil abwesend sind, nicht zur Rechtfertigung einberufen wollen. Er hofft, sie sollen so viel sagen, wie sie in dieser Sache gehört haben und legt dies dem Gericht vor. Darauf sagen sie alle 7: Weil Junker Adam die anderen, die damals dabei waren, nicht vorgeladen hat, so hoffen sie gleich behandelt zu werden, so dass sie ihm jetzt nicht schuldig seien zu antworten und sie legen das auch dem Gericht vor. Das ist verschoben worden bis zum Zusammentreten des Vollgerichts. Dem haben sie alle zugestimmt.

14. April 1478
Henne von Eltville erhebt als Vertreter der Domherren zu Mainz seine 2. Klage gegen Philipp Bußer, unseren Schultheißen und Mitschöffen, Erhard von Ramberg und Johann Boos.

fol. 66v — Smßtag nach Jubilate

TRANSKRIPTION

tag v(er)hut(en)	Jt(em) jonffr(au) Fiel ym(m) closter und Heppenhen(ne) haint yren tag verhůt(en). Des ist yne tag gestalt(en) an das nehste gericht(e).
	Actu(m) off Samßtag nach Jubilate.
tag v(er)hut(en)	Jt(em) Ebert Kicze und Joh(ann)es Faut haint yren tag v(er)hůt(en). Des ist yne tag gestalt(en) an das nehste gericht(e).
1 h	Jt(em) Peder Dreßer von Swabenheim dut 1 h vor IIII guld(e)n gelts unv(er)scheidlich off Ebert Kiczen und Jeckel Sta(m)men et sup(ra) ping(nora) nach lude eynß gerichts briff.
1 h[b]	Jt(em) Můderhen(ne) als vo(n) mo(m)p(ar)schafft wegen Erharts vo(n) Ramb(er)g sins jonck(er)n dut 1 h vor VI ß gelts off Cleßgin Suffůßen den jongen et om(n)ia.
1 h	Jd(em) dut 1 h vor VII ß gelts off Knůßen Cleßgin et om(n)ia.
1 h[c]	Jt(em) her Jacob zynßmeist(er) zu den Augustynern zu Mencze als vo(n) der selb(e)n syner her(e)n wegen dut 1 h vor ey(n) guld(e)n gelts unverscheidlich off Myczenhenne(n) Hengin Bere Hen[-]gin und Cleßgin Berkorn et sup(ra) pingn(or)a.
1 h	Jd(em) dut 1 h vor XXIIII gelts off Henne Storczkoppen Dornhenne(n) und Růlnhen(ne) et sup(ra) pingn(or)a.
2 h	Jt(em) Concze Storczkoppe dut sin 2 h off Henne(n) Clese Wißen stieffsone ut p(ri)ma.
	Actu(m) off Dinstag nach[a] Cantate.
gelengt	Jt(em) zusch(e)n jonffrauwe Fieln ym(m) clost(er) und Heppenhenne(n) ist gelengt noch hude zu XIIII tag(en) sic hodie.
	Jt(em) zusch(e)n Jeckel Monstern und Beierhen(ne) von Algeßheim nach ansprache antwort widder[-] und nachredde und sich Bey-
Jeckel Monst(er)	erhenne der gifft / der probst ym(m) Sale / yme nach lude syner
Beierhen(ne)	offhoľunge gethain / geigen Jeckel Monst(er)n gebrůcht. S(e)n(tent)ia brengt Beierhen(ne) bij myt dem probst als dem grůnt heren
s(e)n(tent)ia	mit brieffen ader registern und bewerůnge der zu recht ge[-]

a Es folgt durchgestrichen: »Jubilate«.
b Diese und die folgende Marginalie sind durch eine einfache runde Klammer miteinander verbunden.
c Diese und die folgende Marginalie sind durch eine einfache runde Klammer miteinander verbunden.

Jungfrau Fiel im Kloster und Henne Hepp haben ihren Tag gewahrt. Es ist ihnen ein Termin gesetzt worden am nächsten Gerichtstag.

18. April 1478
Ebert Kitz und Johannes Faut haben ihren Tag gewahrt. Es ist ihnen ein Termin gesetzt worden am nächsten Gerichtstag.
Peter Dresser von Schwabenheim erhebt seine 1. Klage wegen 4 Gulden Geld gegen Ebert Kitz und Jeckel Stamm gemeinsam auf die Pfänder nach Aussage einer Gerichtsurkunde.
Henne Muder erhebt als Vertreter Erhards von Ramberg, seines Junkers, seine 1. Klage wegen 6 Schilling Geld gegen Clesgin Suffuß den Jungen auf alles.
Derselbe erhebt seine 1. Klage wegen 7 Schilling Geld gegen Clesgin Knuß auf alles.
Herr Jacob, Zinsmeister der Augustiner zu Mainz, erhebt für seine Herren seine 1. Klage wegen einem Gulden gegen Henne Mytz, Hengin Ber, Hengin und Clesgin Berkorn gemeinsam auf die Pfänder.
Derselbe erhebt seine 1. Klage wegen 24 Schilling Geld gegen Henne Stortzkopp, Henne Dorn und Johann Rul auf die Pfänder.
Contz Stortzkopp erhebt seine 2. Klage gegen Henne, Cles Wißens Stiefsohn.

21. April 1478
Zwischen Jungfrau Fiel im Kloster und Henne Hepp ist der Termin verschoben worden auf heute in 14 Tagen.
Zwischen Jeckel Monster und Henne Beyer von Algesheim nach Klage, Antwort, Gegen- und Nachrede in der Sache, dass Henne Beyer die Gabe, die der Probst im Sale ihm nach Aussage seiner Einziehung getan hat gegen Jeckel Monster gebrauche. Urteil: Henne Beyer soll rechtsgenügsame Urkunden oder Register und Beweise vom Probst als Grundherrn beibringen,

fol. 67 — Dinstag nach Cantate

nůg ist daß der wingart in dem bezyrcke jnhalt der offholůnge lige //
und in die funffe phondt gelts gehorijg doch mit beheltniße
Jeckeln siner ynredde yn(ne) die konde obe Beierhen(ne) die fůren worde
so die von beidentheiln verhort(en) werd(e)n / geschee dan(n) furt(er) was
recht ist. Das ortel haint sie von beidentheiln verbot. Furt(er) beg(er)t
Ancze als vo(n) Beierhen(ne) wegen jn welcher zijt er solich bij breng(en)
thun soll. S(e)n(tent)ia in XIIII tag(en). Bedarff er dan(n) siner tage furte und
heist die als recht ist so sall ma(n) yme die furt(er) stillen noch zů
czweien XIIII tagen. Das haint sie von beidentheiln auch verbot
als recht ist.

erk(annt)	Jt(em) Conczgin Dinckler erk(ennt) Clese Breitharden von Jngelnhey(m) XXII alb(us) zu geb(e)n zusch(e)n sant Johans tage. Si no(n) p erf(olgt).
erk(annt)	Jt(em) Conczgin Dinckler erk(ennt) Hans Snyd(er)n I l(i)b(ram) hell(er) off rechnu(n)ge zu geb(e)n zusch(e)n Pinxsten. Si no(n) p erf(olgt).
erk(annt)	It(em) Hengin Raůche erk(ennt) meist(er) Josten dem smede II g(ulden) und I tornes zu geb(e)n zusch(e)n Pinxsten. Si no(n) p erf(olgt).
1 h	Jt(em) Snelnhen(ne) dut 1 h vor funffe ß gelts off Ped(er) Swinden et sup(ra) p.
	Jt(em) Ritter Hengin erk(ennt) Wigant Storczkoppen II g(ulden) zu geb(e)n zusch(e)n Johans tage. Deth er des nit / so mag Wigant griffen an das phert er yme verkaůfft(en) / den karn und ey(n) bett / one gericht und sin
erk(annt) no(tandum)	gelt davo(n) machen. Das hait Wigant verbot und das gericht hait eß laiß(e)n gescheen off recht.
erk(annt)	Jt(em) Dho(m)m(us) Henne erkent Henne Erken(n) obe yme VIII malt(er) korns in XIIII tag(en) nit ußgeracht word(e)n alsdan(n) burge(n)recht zu thůn. Si no(n) ping(nora) erf(olgt).
	Jt(em) Enders Harwiler sagt er habe Joh(ann)es Faut(en) erfolgt ergangen und phande berett. Nů wůße er des syne(n) nit und begert furt(er) zu bescheid(e)n daß yme recht geschee und nyemant unrecht. S(e)n(tent)ia
ober nacht halten	er sall dem scholteß(e)n eyne(n) heimbergen heisch(e)n dem sall ern myt dem jheren geben und der heimberge sall yne yme ober nacht halt(en) und dan(n) an gericht breng(en) und furt(er) fragen. Was dan(n) furt(er) recht ist das geschee.
erk(annt)	Jt(em) Heincze Kobeler erk(ennt) Clese Storczkoppen dem alten VII alb(us) zu geb(e)n in XIIII tagen. Si no(n) p erf(olgt).
	Jt(em) Wipprecht Ducze von Jngelnheim hait Cleßgin Berkorn zu gesprochen wie daß er yme IX alb(us) schuldig sij und gebe yme

21. April 1478 — fol. 67

ÜBERTRAGUNG

dass der Weinberg in dem Bezirk liege, der eingezogen wurde und zu dem die 5 Pfund Geld gehören, vorbehaltlich Jeckels Widerrede in die Beweise, wenn Henne Beyer diese Beweise führe. Nachdem beide Seiten gehört wurden, geschehe es weiter, wie es Recht ist. Dem Urteil haben sie beide zugestimmt. Weiter fragt Antz für Henne Beyer, in welcher Zeit er die beibringen soll. Urteil: In 14 Tagen. Bedürfe er Verlängerung und fordere sie, wie es Recht ist, so soll man sie ihm noch zweimal 14 Tage geben. Dem haben sie beide zugestimmt, wie es Recht ist.

Contzgin Dinckler erkennt an, Cles Breithard von Ingelheim 2 Albus zahlen zu müssen bis St. Johannestag. Wenn nicht erfolgt die Pfändung.

Contzgin Dinckler erkennt an, Hans Snider 1 Pfund Heller gegen Rechnung zahlen zu müssen bis Pfingsten. Wenn nicht erfolgt die Pfändung.
Hengin Rauch erkennt an, Meister Jost dem Schmied 2 Gulden und 1 Tournosen zahlen zu müssen bis Pfingsten. Wenn nicht erfolgt die Pfändung.
Henne Snel erhebt seine 1. Klage für 5 Schilling Geld gegen Peter Swinde auf die Pfänder.

Hengin Ritter erkennt an, Wigand Stortzkopp 2 Gulden zahlen zu müssen bis St. Johannestag. Tue er das nicht, so kann Wigand das Pferd, das er ihm verkauft hat, den Karren und ein Bett zu Geld machen, ohne dass er noch einmal an das Gericht muss. Das hat Wigand festhalten lassen und das Gericht hat es geschehen lassen als Recht.
Henne Dhommus erkennt gegenüber Henne Erk an, wenn ihm 8 Malter Korn in 14 Tagen gezahlt werden, muss er gemäß dem Bürgenrecht handeln. Wenn nicht erfolgt die Pfändung.
Enders Harwiler sagt, er habe gegen Johannes Faut geklagt und gewonnen und Pfändung gefordert. Nun wüsste er nicht, was dieser habe und begehrt einen Gerichtsbecheid, wie es weiter geschehen solle, damit ihm Recht geschehe und niemand Unrecht. Urteil: Er soll vom Schultheißen einen Heimbürgen fordern, der soll den Schuldner am Rockschoß nach sich ziehen und über Nacht verwahren. Dann soll er ihn vor Gericht bringen und fragen, was Recht ist, das geschehe.
Heinz Kobeler erkennt an, Cles Stortzkopp dem Alten 7 Albus zahlen zu müssen binnen 14 Tagen. Wenn nicht erfolgt die Pfändung.
Wipprecht Dutz von Ingelheim hat Clesgin Berkorn angeklagt, dass er ihm 9 Albus schuldig sei und gebe sie ihm

fol. 67v — Samßtag nach Cantate

Wipprecht	der nit. Das schade yme alsvjl darzu. Dar off sagt Cleßgin er
Cleßg(in) Berkorn	habe Wipprecht(en) III alb(us) geb(e)n. Do habe er yme zu gesagt zu
	beiden bijß zu sant Johans tage und bezůgt sich des off Wyp-
	prechts brůder. Wijl yne Wipprecht do bij nit laiß(e)n wes
	er yne dan(n) wider anlange des sij er unschuldig. Die unscholt
	ist gestalt noch hude zu XIIII tag(en). Das haint sie verbot.
erf(olgt)	Jt(em) Hen(ne) von Eltvjl erf(olgt) Joh(ann)es Faut(en) vor XX guld(e)n und
	Hengin Mollern vor I g(ulden) und I orte.
erf(olgt)	Jt(em) meist(er) Jost der smett erf(olgt) Bingeln Cleßgin vor II g(ulden) off r(echnung).
erf(olgt)	Jt(em) Clese Storczkoppe der alde erf(olgt) Ebert Kiczen vor I g(ulden).
erf(olgt)	Jt(em) Knůßen Cleßgin erf(olgt) Peder Swinden vor X g(ulden).
erf(olgt)	Jt(em) Clesenhen(ne) erf(olgt) Kicz Anne(n) vor II g(ulden).
erf(olgt)	Jt(em) Henne Gontrům von Jngelnheim erf(olgt) Cleßgin Unglich
	vor I guld(e)n.
erf(olgt)	Jt(em) Jeckel Bedder erf(olgt) Conczgin Prassen vor VI g(ulden) off r(echnung).

Actu(m) off Samßtag nach Cantate.

2 tag	Jt(em) Flucken Clese und S[n]yd(er)hen haint yren czweiten tag
	furt(er) geheisch(e)n das bůch zu brenge(n) geigen Buß(er)s Micheln.
	Jt(em) Jeckel Winßbach der alde und Jeckel Drappe haint
tag v(er)hut(en)	beide yren tag verhůt(en). Des ist yne tag gestalt an das
	nehste gericht.
2 tag	Jt(em) Ebert Snade hait sin 2 tag furt(er) geheisch(e)n das bůch
	zu brenge(n) geigen Joh(ann)es Faut(en).

Actu(m) off Dinstag nach Vocem Jocunditat(is).

	Jt(em) Henne von Eltvjl als vo(n) mo(m)perschafft wegen der heren
3 h	zům dhome zu Mencze dut sin 3 h off Johan Boeß(e)n von
	Waldeck Erhart(en) von Ramberg und Philips Buß(er)n unß(er)n
	mit scheffen gesellen ut p(ri)ma.

Actu(m) off Donerstag nach Vocem Jocunditat(is).

nicht. Das schade ihm ebensoviel dazu. Darauf sagt Clesgin: Er habe Wipprecht 3 Albus gegeben. Da habe er ihm den Rest zugesagt zu den beiden Johannistagen und er beruft sich auf Wipprechts Bruder. Will ihn Wipprecht dabei nicht lassen, wessen er ihn darüber hinaus anklage, dessen sei er unschuldig. Die Unschuld gilt von heute an 14 Tage. Dem haben sie beide zugestimmt.

Henne von Eltville verklagt Johannes Faut auf 20 Gulden und Hengin Moller auf 1 Gulden und 1 Ort.

Meister Jost der Schmied verklagt Clesgin Bingel auf 2 Gulden gegen Rechnung.

Cles Stortzkopp der Alte verklagt Ebert Kitz auf 1 Gulden.

Cleßgin Knuße verklagt Peter Swinde auf 10 Gulden.

Henne Cles verklagt Anne Kitz auf 2 Gulden.

Johann Gontrum von Ingelheim verklagt Clesgin Unglich auf 1 Gulden.

Jeckel Beder verklagt Contzgin Prass auf 6 Gulden gegen Rechnung.

25. April 1478
Cles Fluck und Henne Snider haben ihren 2. Tag beantragt, das Buch beizubringen gegen Michel Bußer.

Jeckel Winsbach der Alte und Jeckel Drapp haben beide ihren Gerichtstag gewahrt. Es ist ihnen ein Termin gesetzt worden am nächsten Gerichtstag.

Ebert Snade hat seinen 2. Tag beantragt, das Buch beizubringen gegen Johannes Faut.

28. April 1478
Henne von Eltville erhebt als Vertreter der Domherren zu Mainz seine 3. Klage gegen Johann Boos von Waldeck, Erhard von Ramberg und Philipp Bußer, unseren Mitschöffen.

30. April 1478

fol. 68 — Samßtag nach Vocem Jocunditatis

TRANSKRIPTION

lip vor sin gut gestalten	Jt(em) Henne Wiße hait sine(n) lijp vor sin gut gestalt(en) nach dem Concze Storczkoppe off yne geheisch(e)n hait und wil recht geb(e)n und neme(n) als der scheffen hie vor ey(n) recht wiset etc. Des ist yme tag gestalt(en) an das nehste gericht.

Actu(m) off Samßtag nach Vocem Jocunditat(is).

2 h	Jt(em) Peder Dreßer von Swabenheim dut sin 2 h off Ebert Kiczen und Jeckel Sta(m)men ut p(ri)ma.
2 h	Jt(em) Můderhen(ne) als vo(n) sins jonck(er)n wegen Erharts von Ramberg dut sin 2 h off Cleßgin Suffußen und Knußen Cleßgin ut p(ri)ma.
2 h	Jt(em) her Jacob zy(n)ßmeyst(er) zu den Augustynern zu Mencze dut sin 2 h off Myczenhenne(n) Hengin Bern Cleßgin und Hengin Berkorn ut p(ri)ma.

Actu(m) off Dinstag nach Exaudi.

tag v(er)hut(en)	Jt(em) jonffrauwe Fiel ym(m) closter und Heppenhen(ne) haint yren tag v(er)hut(en). Des ist yne tag gestalt an das nehste gericht(e).
2 tag	Jt(em) Beierhen von Algeßheim hait sin 2 tag furt(er) geheisch(e)n sin bij brenge(n) zu thun geigen Jeckel Monst(er)n.
2 tag	Jt(em) Snelnhen(ne) dut sin 2 h off Peder Swinden ut p(ri)ma.

Actu(m) off Samßtag nach Exaudi.

3 tag	Jt(em) Flucken Clese und Snyd(er)henne haint yren dritten tag furt(er) geheisch(e)n das buch zu brengen geigen Buß(er)s Micheln. Jt(em) Ebert Snade hait sin 3 tag furt(er) geheisch(e)n das buch zu brengen geigen Joh(ann)es Faut(en).

Actu(m) off Dinstag nach dem Pinxstage.

Henne Wiß hat seinen Leib vor sein Gut gestellt, nachdem Contz Stortzkopp gegen ihn geklagt hat und will Recht geben und nehmen wie es die Schöffen hier weisen. Es ist ihm ein Termin gesetzt worden am nächsten Gerichtstag.

2. Mai 1478
Peter Dresser von Schwabenheim erhebt seine 2. Klage gegen Ebert Kitz und Jeckel Stamm.
Henne Muder erhebt für seinen Junker Erhard von Ramberg seine 2. Klage gegen Clesgin Suffuß und Clesgin Knuß.
Herr Jakob, Zinsmeister der Augustiner zu Mainz, erhebt seine 2. Klage gegen Henne Mytz, Hengin Ber, Clesgin und Hengin Berkorn.

5. Mai 1478
Jungfrau Fiel im Kloster und Henne Hepp haben ihren Tag gewahrt. Es ist ihnen ein Termin gesetzt worden am nächsten Gerichtstag.
Henne Beyer von Algesheim hat seinen 2. Tag erbeten, Beweise beizubringen gegen Jeckel Monster.
Henne Snel erhebt seine 2. Klage gegen Peter Swinde.

9. Mai 1478
Cles Fluck und Hans Snider haben ihren 3. Tag erbeten, das Buch beizubringen gegen Michel Bußer.
Ebert Snade hat seinen 3. Tag erbeten, das Buch beizubringen gegen Johannes Faut.

12. Mai 1478

fol. 68v — Samßtag nach dem Pinxstage

lip vor yre gut gestalt(en)	Jt(em) Philips Buser unser scholtes und mit scheffen geselle und Erhardt von Ramberg(en) haint yren lip vor yr gut ge-stalt(en) nach dem Henne von Eltvjl als vo(n) mo(m)p(ar)schafft wegen der her(e)n zu Mencze ym(m) dhome off sie geheisch(e)n hait und sie wollen recht geb(e)n und neme(n) als der scheffen hie vor ey(n) recht wiset etc. Des ist yne tag gestalt(en) an das nehste gerichte. Ffurt(er) so hait Erhart obg(ena)nt(en) Můd(er)henne(n)
mo(m)per	mo(m)per gemacht yne yn(n) der selb(e)n sachen zůvergehen und versteh(e)n zu thůn und zu laiß(e)n jn maiß(e)n er selbest zu geigen were und thůn mochte.
4 [8/2] h	Jt(em) Henne von Eltvjl als vo(n) mo(m)p(ar)schafft wegen der heren zu(m) dhome zu Mencze dut sin 4 [8/2] h off Johan Boeßen ut p(ri)ma.

Actu(m) off Samßtag nach dem Pinxstage.

3 h	Jt(em) Peder Dreßer dut sin 3 h off Ebert Kiczen und Jeckel Stam(m)en ut p(ri)ma.
3 h IIII	Jt(em) her Jacob zinßmeist(er) zu den Augustynern zu Mencze dut sin 3 h off Myczenhenne(n) Hengin Bern / Cleßgin und Hengin Berkorn ut p(ri)ma.

Actu(m) off Dinstag nach Trinitat(is).

3 tag	Jt(em) Beierhenne von Algeßheim hait sine(n) 3 tag furt(er) geheisch(e)n sin bij brengen zu thun geigen Jeckeln Monster.
tag v(er)hut(en)	Jt(em) Hans d(er) hoffma(n) und Peder Bender haint yren tag verhůt(en). Des ist yne tag gestalt an das nehste gericht.

Actu(m) off Samßtag nach Trinitat(is).

gelengt	Jt(em) zusch(e)n Philips Busern uns(er)m scholteß(e)n Mud(er)henne(n) als vo(n) sins jonck(er)n wegen und Henne(n) von Eltvjl als vo(n) wegen der her(e)n zům dhome zu Mencze ist gelengt noch hude zu XIIII tag(en) sic hodie. Das haint sie alle verbot.

16. Mai 1478

Philipp Bußer, unser Schultheiß und Mitschöffe und Erhard von Ramberg haben ihren Leib vor ihr Gut gestellt, nachdem Henne von Eltville als Vertreter der Domherren zu Mainz gegen sie geklagt hat und wollen Recht geben und nehmen, wie es die Schöffen hier weisen. Es ist ihnen ein Termin gesetzt worden am nächsten Gericht. Weiter hat Erhard Henne Muder zu seinem Vertreter in dieser Sache gemacht, der für ihn handeln könne, wie wenn er selbst anwesend wäre.

Henne von Eltville erhebt als Vertreter der Domherren zu Mainz seine 4. Klage gegen Johann Boos von Waldeck.

16. Mai 1478

Peter Dresser erhebt seine 3. Klage gegen Ebert Kitz und Jeckel Stamm.

Herr Jakob, Zinsmeister der Augustiner zu Mainz, erhebt seine 3. Klage gegen Johann Mytz, Hengin Ber, Clesgin und Hengin Berkorn.

19. Mai 1478

Henne Beyer von Algesheim hat seinen 3. Tag erbeten, Beweise beizubringen gegen Jeckel Monster.

Hans der Hofmann und Peter Bender haben ihren Tag gewahrt. Es ist ihnen ein Termin gesetzt worden am nächsten Gerichtstag.

23. Mai 1478

Zwischen Philipp Bußer, unserem Schultheißen, Henne Muder für seinen Junker und Henne von Eltville für die Domherren zu Mainz ist der Termin verschoben worden auf heute in 14 Tagen. Dem haben sie alle zugestimmt.

fol. 69 — Samßtag nach Trinitatis

er(kannt) bur- gen recht zu thůn	Jt(em) Hen(ne) von Eltvjl erk(ennt) Henne(n) von Wieseborn und Leben vo(n) Dasbach burgen recht zu thůn zuschen hie und sant Johans tage so f(er)re sie yne manen / beroren Hengin Rutßen. Si no(n) p erf(olgt) vor X guld(e)n.
widd(er) ge- no(m)men	Jt(em) Hen(ne) von Eltvjl als vo(n) mo(m)p(ar)schafft wegen Johan vo(n) Richensteins ist zům rechten gewist(en) hait yme Hengin Raůch syn(er) gulte nit geb(e)n von VII½ [VIII/2] morg(en) ackers und stehent sie noch zu sin(en) hand(e)n so mag er sie widd(er) nemen si ita est.
erf(olgt)	Jt(em) jonffr(au) Fiel ym(m) closter erf(olgt) Heppenhen(ne) offs buch.
erk(annt)	Jt(em) Heppenhen(ne) erk(ennt) jonffr(au) Fieln ym(m) closter ½ [I/2] guld(e)n gulte zu geb(e)n in XIIII tag(en). Si no(n) so sall sie zu den gud(e)n und und(er)phand(e)n gehen jn maiß(e)n als obe sie die mit recht her heischen hette.
p b	Jt(em) Hans Snyder hait p b an Clese Důherman(n).
erf(olgt)	Jt(em) meist(er) Joste der smett erf(olgt) Hengin Raůchen offs bůch.
erk(annt)	Jt(em) Lupis Henne erk(ennt) Henne(n) von Eltvjl I g(ulden) off rechnů(n)ge zu geb(e)n in XIIII tag(en). Si no(n) p erf(olgt).
Beierhen(ne) Jeckel Monst(er) i(n) j(ure)	Jt(em) Ancze Duppengießer hait sich verdingt Beierhenne(n) von Algeßheim sin wort zu thůn und hait sin und(er)tinge verbot als recht ist. Und sagt nach lude des ortels zusch(e)n Jeckel Monst(er)n und yme hergange(n) / so sij der probst ym(m) Sale do mit briffen und regist(er)n / Die begere er zuv(er)horen. Und sint auch verlesen word(e)n. Und hofft nach lude des gemelt(en) ortels er habe bij bracht als recht ist / und des feldes halb(e)n das Jeckel Monst(er) vor eigen ußziegen wijl // Do mogen sie vijl yn redden / Jeckel des selb(e)n glichen / das sij ey(n) redde // Dan(n) so f(er)re eß ym(m) rechten sin mag so begere und heische Beyer[-]hen(ne) das gericht dar zu besehen den augen schin / Do woll er dem gericht um(m)b thůn was recht ist. Alsdan(n) soll Jeckel wole und(er)racht(en) werd(e)n daß dem probst das sin blibe. Und stilt das zu recht. Dar off hait sich Hen(ne) von Eltvjl vertingt Jeckeln sin wort zu thůn und hait sin und(er)tinge verbot als recht ist. Und sagt Beierhen(ne) habe vijl laißen lesen regist(er) und briffe. Do hoffe Jeckel daß yne das alleß nit yrre(n) sall

Henne von Eltville erkennt an, gegenüber Henne von Wieseborn und Lebe von Dasbach gemäß Bürgenrecht zu handeln bis zu St. Johannestag, wenn sie ihn mahnen Hengin Ruts betreffend. Wenn nicht erfolgt die Pfändung für 10 Gulden.
Henne von Eltville ist als Vertreter Johanns von Richenstein als Recht gewiesen worden: Hat ihm Hengin Rauch die Gülte nicht gegeben von 7½ Morgen Acker und ist dieser noch in seinem Besitz, so kann er ihn einziehen, wenn es so ist.
Jungfrau Fiel im Kloster hat ihren Anspruch ins Gerichtsbuch eintragen lassen gegen Henne Hepp.
Henne Hepp erkennt an, Jungfrau Fiel im Kloster ½ Gulden Gülte zahlen zu müssen binnen 14 Tagen. Wenn nicht, so soll sie an die Güter und Pfänder greifen können, als hätte sie diese vor Gericht erklagt.

Hans Snider hat Pfändung gefordert gegen Cles Druhermann.
Meister Jost der Schmied hat seinen Anspruch ins Gerichtsbuch eintragen lassen gegen Hengin Rauch.
Henne Lupis erkennt an, Henne von Eltville einen Gulden gegen Rechnung zahlen zu müssen binnen 14 Tagen. Wenn nicht erfolgt die Pfändung.

Antz Duppengießer hat sich verpflichtet, Henne Beyer von Algesheim vor Gericht zu vertreten und hat seine Anwaltschaft festhalten lassen, wie es rechtmäßig ist. Und er sagt: Nach dem Wortlaut des Urteils, das zwischen Jeckel Monster und ihm ergangen sei, habe der Probst im Sale Urkunden und Register. Die möchte er hören. Sie sind verlesen worden. Und er hofft nach dem Wortlauf des Urteils, dass er die Beweise erbracht habe, wie es Recht ist, wegen des Feldes, das Jeckel Monster als Eigenbesitz herausziehen will. Deswegen können sie viel reden, auch Jeckel, das sei nichts als Gerede. Denn so weit das von Rechts wegen sein könne, so fordere Henne Beyer das Gericht auf, den Augenschein zu besehen. Da wolle er dem Gericht zeigen, was Recht ist. Dann solle Jeckel unterrichtet werden, dass der Probst bei seinem Besitz bleibe. Das legt er dem Gericht vor. Darauf hat Henne von Eltville sich verpflichtet, Jeckel vor Gericht zu vertreten und hat seine Anwaltschaft festhalten lassen, wie es rechtmäßig ist. Und er sagt: Henne Beyer habe viele Register und Urkunden vorlesen lassen. Da hoffe Jeckel, dass ihn das alles nicht irre machen solle

Samßtag nach Trinitatis

                    und den eyne(n) briff habe er nye v(er)williget / So habe er die
                    X ß geb(e)n von and(er)n feldern und von dem felde habe er nye
                    keyn gulte geb(e)n. Und dwile Beierhen(ne) nit bij brengt nach
                    lude des ortels. So hoffe Jeckel daß yne alle jnredde
                    nit hind(er)n sollen und stilt das zu recht. Ancze als vo(n)

i(n) j(ure)   Beierhen(ne) wegen sagt nach lude der alden regist(er) so sij
                    kontlich daß Jeckel des selb(e)n stamßs sij die dan(n) den her(e)n
                    die gulte gegeb(e)n haint. Und nach dem den her(e)n yre gůt
                    von kon(n)igen und keisern gefrijt(en) und auch frij ist / so
                    begere Beier noch als vor daß das gericht(en) den augen[-]
                    schin besehe. Alsdan(n) soll sich wole erfinden wem das
                    felt zu stehe. Und sie haint eß do mit von beidentheiln
                    zu recht gestalt. Dar off hait das gericht yne das or-
                    tel laiß(e)n lesen und do mit gerett(en) obe sie eß nit recht
                    verstand(e)n hetten daß sie noch zu horen. Furt(er) so dan(n)
                    Ancze als vo(n) Beierhen wegen / ye eyn anleide heische.
                    So f(er)re er dem nach ko(m)me // wollen sie ey(n) frist nehmen

ad socios   sich dar off zu bedencke(n) und alsdan(n) gescheen laiß(e)n
                    was recht ist. Dar off sagt Ancze als vo(n) Beierhen(ne) wege(n)
                    er woll yme nach kom(m)en. Und ist gelengt ad socios.
                    Das haint sie beide verbot.

gelengt   Jt(em) zusch(e)n Jeckel Winßbach(e)n und Jeckel Drappen der
                    unschulde halb(e)n ist gelengt ey(n) manet sic hodie.
                    Jt(em) Knodenhen(ne) erk(ennt) Hansen dem wegen(er) I guld(e)n
                    zu geb(e)n in XIIII tag(en). Si no(n) p erf(olgt).

erk(annt)   Jt(em) Gerhart Brant erk(ennt) dem lamen Henne(n) VIII alb(us)
                    zu geb(e)n in XIIII tag(en). Si no(n) p erf(olgt).

erk(annt)   Jt(em) Ped(er) Snade erk(ennt)[a] Enders Drappen dem jonge(n)
                    XI alb(us) zu geb(e)n in XIIII tagen. Si no(n) p erf(olgt).
                    Jt(em) Flucken Clese und Snyderhen(ne) haint das bůch dar off

geoffent   sie sich dann geigen Bůßers Micheln bezogen off hude
das bůch   hie gehabt und laiß(e)n lesen das auch verbot als recht
                    ist und sin furt(er) gewart(en).
                    Jt(em) Clese Raup unser myt scheffen geselle hait Ped(er)

---

a   Es folgt nochmals: »erk(ent)«.

23. Mai 1478 — fol. 69v

und der Urkunde habe er nie zugestimmt. Er habe die 10 Schilling gegeben von andern Feldern und von dem Feld habe er nie eine Gülte gegeben. Nun will Henne Beyer nicht gemäß dem Urteil Beweise beibringen. Daher hoffe Jeckel, dass ihn die ganze Gegenrede nicht hindern solle und legt dies dem Gericht vor. Antz sagt für Henne Beyer, in den alten Register sei erkennbar, dass Jeckel vom selben Stamm sei, der die Herrengülte gegeben haben. Und nachdem den Herren ihr Gut von Königen und Kaisern gefreit wurde und auch frei ist, begehre Beyer wie zuvor, dass das Gericht den Augenschein besehe. Dann werde sich wohl zeigen, wem das Feld zu stehe. Und sie haben es beide dem Gericht vorgelegt. Darauf hat das Gericht ihnen das Urteil vorgelesen und sie ermahnt, wenn sie es nicht recht verstanden hätten, dass sie zuhören. Weiter, dass Antz für Henne Beyer eine Begehung fordere. Wenn er dem nachkomme, wollen sie eine Frist nennen, sich deswegen zu bedenken und es dann geschehen lassen, wie es Recht ist. Darauf sagt Antz für Henne Beyer, er wolle dem nachkommen. Es ist verschoben worden bis zum Zusammentreten des Vollgerichts. Dem haben sie beide zugestimmt.

Zwischen Jeckel Winsbach und Jeckel Drapp ist der Termin wegen der Unschuld um einen Monat verschoben worden.

Henne Knode erkennt an, Hans dem Wagner einen Gulden zahlen zu müssen binnen 14 Tagen. Wenn nicht erfolgt die Pfändung.

Gerhart Brand erkennt an, dem lahmen Henne 8 Albus zahlen zu müssen binnen 14 Tagen. Wenn nicht erfolgt die Pfändung.

Peter Snade erkennt an, Enders Drapp dem Jungen 11 Albus zahlen zu müssen binnen 14 Tagen. Wenn nicht erfolgt die Pfändung.

Cles Fluck und Henne Snider haben das Buch, auf das sie sich gegen Michel Bußer beriefen, heute hier gehabt und verlesen lassen, das auch festhalten lassen, wie es Recht ist, und erwarten Weiteres.

Cles Raub, unser Mitschöffe, hat Peter

Samßtag nach Trinitatis

Clese Raup Peder Wol- enbere	Wolenbern zu gesproch(e)n wie daß sie vor ziden ey(n) geschicke myt eyn gehabt(en). Do sij durch Jeckel Schoßport seligen Hans Wolenb(er)n und Jeckel Suffuß seligen zusch(e)n yne berett(en) daß Peder yme III g(ulden) geb(e)n solt / Der habe er yme 1½ [II/2] g(ulden) geb(e)n. Daß Peder yme das and(er) nit auch gibt das schade yme IIII g(ulden) und heist yme des eyn ja ader ney(n). Dar off sagt Peder under and(er)n worten wo und an welchen enden er Clesen die III g(ulden) geb(e)n und bezalt(en) habe und sij yme deshalp nůste schuldig / Woll Clese yne aber do bij nit laiß(e)n wes er yne dan(n) wider anlange des sihe er unschuldig. Die unscholt ist gestalt noch hude zu XIIII tag(en). A(m)bo verbot

Jt(em) Clese Raůp hait Ped(er)n furt(er) zu gesproch(e)n wie daß er ey(n) alde hoffreide bij yme ligen habe. Do habe ey(n) große dhore her uß gangen yn Peders hoffe und stehe auch noch eyn spynt do / Also

| Clese Raup
Peder | daß er recht dar uß gehabt(en) habe / Em(m)el in der Offhoben habe Ped(er)n auch sin hoff verkaufft(en) und off geb(e)n mit aller gerechte-keit er dar zu gehabt(en) und nemlich daß er recht dar uß han soll. Daß Peder yme solichs nit erkent das schade yme XX g(ulden). Und obe er ney(n) dar zu sagen wolt so beziege er sich des off |
| i(n) j(ure) | des gerichts buch. Dar off sagt Peder er habe ey(n) kauffe um(m)b Em(m)eln gethan. Der habe yme zu gesagt wan(n) ey(n) hůsche und hoff[-]reide do stehe so soll er yme ym(m) herbst und sost nit dar durch gonne(n) zu faren und bezugt sich des off eyne(n) winkaůff. Und sie hab(e)n von beidentheiln zu recht gestalt welches fure solle gehen. Dar off s(e)n(tent)ia dwile Clese ankleger und off das bůch zugt so sall er das auch vor gericht brenge(n) und das thůn in XIIII tagen. Bedarff er dan(n) siner tage furte und heist die als recht ist so sall ma(n) yme die furt(er) stillen noch zu czweien XIIII tagen. Und so das buch verhort(en) wirt beheltlich Ped(er)n sin jnsage und geschee dan(n) furt(er) was recht ist. Das haint sie beide verbot. |

Jt(em) Grede Gertnerß(e)n hait Johan dem poller(er) zu gesproch(e)n wie daß sie win yn yrem kyller gehabt(en) den habe Johan yre dar

| Grede Ger-
tenern
Joha(n) Poller(er) | uß genom(m)en sond(er) yren wißen und willen und den win in syne(n) nocze gekerten. Daß er solichs gethain hait das schade yre dusent gůlde(e)n und den schaden der dar off gehen mag und heist yme des ey(n) ja ader ney(n). Der scholtes als vo(n) unsers |

Wolenber angeklagt, dass sie vor einiger Zeit einen Handel miteinander hatten. Da sei durch den verstorbenen Jeckel Schoßport, Hans Wolenber und den verstorbenen Jeckel Suffuß zwischen ihnen beredet worden, dass Peter ihm 3 Gulden geben solle. Da habe er ihm 1½ Gulden gegeben. Dass Peter ihm den Rest nicht auch gibt, das schade ihm 4 Gulden, und er fordert von ihm ein Ja oder Nein. Darauf sagt Peter unter anderem, wo und wie er Cles die 3 Gulden gegeben und bezahlt habe und dass er ihm deshalb nichts schuldig sei. Will ihn Cles aber nicht dabei lassen, wessen er ihn darüber anklage, dessen sei er unschuldig. Die Unschuld gilt von heute an 14 Tage. Dem haben sie beide zugestimmt.

Cles Raub hat Peter weiter angeklagt, dass er eine alte Hofstätte bei ihm liegen habe. Da habe er eine große Tür, die auf Peters Hof führe und da steht auch noch ein Spind. Das Tor habe er mit Recht benutzt. Emmel in der Uffhub habe Peter auch seinen Hof verkauft und übertragen mit allen Rechten, die er dort hatte, auch habe er das Recht daraus zu erfahren. Dass Peter dies nicht anerkenne, das schade ihm 20 Gulden. Und wenn er Nein dazu sagen wolle, so berufe er sich auf das Gerichtsbuch. Darauf sagt Peter: Er habe von Emmel gekauft. Der habe ihm zugesagt, wenn das Haus und die Hofstätte da stehen, so soll er ihm im Herbst und sonst nicht gönnen durchzufahren, und er beruft sich auf den Vertragsabschluss. Und sie haben es von beiden Seiten dem Gericht vorgelegt, welches Recht vorgehen solle. Darauf ergeht das Urteil: Weil Cles der Ankläger ist und sich auf das Buch beruft, so soll er es auch vor Gericht bringen in 14 Tagen. Bedürfe er Verlängerung und fordere sie, wie es rechtmäßig ist, so soll man sie ihm noch zweimal 14 Tage geben. Und wenn das Buch verhört wird, vorbehaltlich Peters Gegenrede, geschehe es weiter, wie es rechtmäßig ist. Dem haben sie beide zugestimmt.

Grede Gertener hat Johann den Pollerer angeklagt, dass sie Wein in ihrem Keller hatte, den habe Johann ihr daraus genommen ohne ihr Wissen und Wollen und den Wein zu seinem Nutzen verwandt. Dass er dies getan habe, das schade ihr 1000 Gulden und die Gerichtskosten und sie fordert von ihm ein Ja oder Nein. Der Schultheiß hat für unseren

Samßtag nach Trinitatis

fol. 70v

gnedige(n) her(e)n und des gerichts wegen hait die ansprache
verbot. Dar off sagt Johan eß sij von bescheit des amptma(n)s
durch das gericht und andern des raits eyn entscheit zusch(e)n
yne abe gerett und gemacht // Dem sihe er nach ko(m)men
und wider nit gehandelt / Dan(n) nach lude des selb(e)n bescheits
soll er etwas dar zu mit recht thun / Des woll er gehorsam
sin. Und das stucke wins lige noch do. Auch daß der entscheit
also gescheen / beziege er sich off das gericht und die jhene
do bij gewest(en) / Grede hait verbot daß Johan gerett(en) hait
der win lige noch do^a wie erßs bij brengen soll und
begert mit recht obe Johan sie den win nit wisen soll / Dar
off s(e)n(tent)ia / ja und sall eß thun in XIIII tag(en). Das hait Grede
auch verbot.

Jt(em) Adam von Winheim hait Cleßgin Berkorn zu gesproch(e)n
wie daß yme eyn erbtheil von Ebert Snad(e)n dochter word(e)n
sij. Das habe villicht II ader drij guld(e)n gelts jars gegeb(e)n.
Das selbe erbtheil habe er Cleßgin verkaufft(en) und Cleßgin
habe yme zu gesagt die vorgeschreb(e)n gulte uß zu rechten
sonder sine(n) schad(e)n. Daß er des nit gethain hait ader noch
dut das schadt yme XL guld(e)n. Und obe Cleßgin dar zu ney(n)
sagen wolt so beziege er sich des off die jhene / sovjl der
noch in leben und do bij gewesten sint daß Cleßgin solichs
gerett(en) hait. Dar off sagt Cleßgin des offgemeß(e)n schade(n)s
sij er zuvor abe unschuldig er werde sin dan(n) er zugt als
recht were. Furt(er) so erkenne er daß er ey(n) husche und etliche flecken um(m)b Adam vor XIII guld(e)n gekaufft habe. Die
habe er yme auch v(er)nůgt und ußgeracht und sij berett(en)
daß Adam yne weren soll / Des habe er nit gethan und sihe
yn(n) Adams handt verloren word(e)n / Er habe auch die gulte
geb(e)n und die gude do mit off gesagt und hofft er sij yme
nuste schuldig. Adam begert sin konde zu horen. Und sie
haint eß beide zu recht gestalt(en). Dar off s(e)n(tent)ia dwile Ada(m)
off konde zugt so sall er sie auch vor gericht brenge(n) und
das thůn in XIIII tagen. Bedarff er dan(n) syner tage furte
und heiste die als recht ist so sall ma(n) yme die furt(er) stillen
noch zu czweien XIIII tag(en). Und so die konde verhort(en) wirt

Adam von Winheim Cleßgin Ber[-]korn

a Es folgt durchgestrichen: »und«.

gnädigen Herrn und das Gericht die Anklage festhalten lassen. Darauf sagt Johann: Es sei auf Entscheid des Amtmanns durch das Gericht und andere des Rats ein Entscheid zwischen ihnen beredet und gefällt worden. Dem sei er nachgekommen, und er habe nicht gegen ihn gehandelt. Gemäß dem Wortlaut des Entscheids solle er handeln. Dem wolle er gehorsam sein. Und das Stück Wein liege noch da. Dass ein Entscheid ergangen sei, da berufe er sich auf das Gericht und diejenigen, die dabei waren. Grede hat festhalten lassen, dass Johann gesagt hat, der Wein liege noch da. Und sie fragt das Gericht, wie er das bezeugen soll und ob Johann ihr den Wein nicht vor Gericht zuweisen soll. Darauf ergeht das Urteil: Ja, und er soll es tun in 14 Tagen. Das hat Grede festhalten lassen.

Adam von Weinheim hat Clesgin Berkorn angeklagt, dass er von Ebert Snades Tochter geerbt habe. Das Erbe habe vielleicht 2 oder 3 Gulden jährlich an Gülte gegeben. Dieses Erbe habe er Clesgin verkauft und Clesgin habe ihm zugesagt, die genannte Gülte zu bezahlen ohne seine Kosten. Dass er das nicht getan hat oder tut, das schade ihm 40 Gulden. Und wenn Clesgin dazu Nein sagen wolle, so berufe er sich auf diejenigen, die noch leben und dabei waren, als Clesgin solches versprochen habe. Darauf sagt Clesgin: Des angelaufenen Schadens sei er unschuldig, es sei denn dieser werde vor Gericht erklagt, wie es rechtmäßig ist. Weiter erkenne er an, dass er ein Haus und etliche Felder von Adam für 13 Gulden gekauft habe. Die habe er ihm auch bezahlt und es sei beredet worden, dass Adam sie ihm verbürgen soll. Das habe er nicht getan und sie in Adams Hand verloren. Er habe die Gülte auch gegeben und die Güter damit aufgesagt und hofft, er sei ihm sonst nicht schuldig. Adam fordert, seine Beweise zu hören. Und sie haben es beide dem Gericht vorgelegt. Darauf ergeht das Urteil: Weil Adam sich auf Beweise beruft, so soll er sie auch vor Gericht bringen in 14 Tagen. Bedürfe er Verlängerung und fordere sie, wie es rechtmäßig sei, so soll man sie ihm noch zweimal 14 Tage geben. Und wenn die Beweise verhört werden,

fol. 71 — Samßtag nach sant Urbans tage

	beheltlich Cleßgin syn(er) jnsage und geschee dan(n) furt(er) was
	recht ist. Das haint sie beide verbot.
erf(olgt)	Jt(em) Knodenhen(ne) erf(olgt) Herma(n) Bend(er)n vor III g(ulden).
	Jt(em) Johan von Richenstein dut 1 h vor II cappen off Swinden
1 h	Elsen und alleß das Peder Swinde selige gelaiß(e)n hait do
	er doit und lebendig gewest(en) ist.
	Actu(m) off Samßtag nach sant Urbans tag.
1 h	Jt(em) her Clas Kocher dut 1 h vor I½ [II/2] guld(e)n gelts off Henne
	Ercken und Jeckel Drappen et supra ping(nora).
	Jt(em) Jeckel Monster hait Snelnhenne(n) / Henne Aczeln-
	kragen und Kylers Enderß(e)n zu gesproch(e)n / wie daß sie
Jeckel Monst(er)	jars funffe phondt gelts off gehaben und den her(e)n ym(m)
	Sale die furter gereicht(en). Und sie hab(e)n auch yren folle(n)
Snelhen(ne)	dar vor gehabt(en) daß sin ald(er)n ader er / yne nye keyn
Aczelnkrag	gulte dar ynne gegeb(e)n haint. Daß sie yme solichs nit
Enders	erkenne(n) das schade yme von yre yglichem X guld(e)n
	und heist yne des eyn ja ader neyn. Dar off sagen sie
	alle drij sie hab(e)n von dem Frone Garten gulte gehaben
	nemlich jars funffe l(i)b(ras) gelts von etlichen die dan(n) do yn(ne)
	gehabt haint ligen und die selbe gulte den her(e)n ym(m) Sale
	ader yrem mo(m)per die zijt furt(er) gereicht / Myt zu leste //
	hab(e)n sie die gulte nit mogen off heben. Do haint die her(e)n
	ym(m) Sale ader yre mo(m)per yren guden nach gange(n) und die
	off geholt(en). Dan(n) Jeckel Monster habe yne nye keyn gulte
	davo(n) geb(e)n so wiß(e)n sie auch nit obe er do ynne ligen
	habe ader nit. Und was yne mit recht her zu geburt zu
	thůn wollen sie gern thůn. Die sage hait Jeckel verbot.
	Jt(em) zusch(e)n Swarcze Cleßgin von Jngelnheim Heincze Drieln
gelengt	und Conczgin Dincklern ist gelengt noch hude zu XIIII t(agen).
1 h	Jt(em) Ha(n)ma(n)s Ped(er) dut 1 h vor I g(ulden) und IX alb(us) gelts off
	Clese Harwiler et sup(ra) ping(nora).

30. Mai 1478 — fol. 71

ÜBERTRAGUNG

vorbehaltlich Clesgins Gegenrede, geschehe es weiter, wie es rechtmäßig ist. Dem haben sie beide zugestimmt.
Henne Knode verklagt Hermann Bender auf 3 Gulden.
Johann von Richenstein erhebt seine 1. Klage wegen 2 Kapaunen gegen Else Swinde und alles, was der verstorbene Peter Swinde hinterlassen hatte zu Lebzeiten oder nach seinem Tod.

30. Mai 1478
Herr Clas Kocher erhebt seine 1. Klage wegen 1½ Gulden Geld gegen Henne Erk und Jeckel Drapp auf die Pfänder.
Jeckel Monster hat Henne Snel, Henne Atzelkragen und Enders Kyler angeklagt, dass sie jährlich 5 Pfund Geld einziehen und den Herren im Saal weiter geben. Und sie waren damit zufrieden, dass seine Eltern oder er ihnen nie eine Gülte darin gegeben haben. Dass sie ihm das nicht anerkennen, das schade ihm von jedem 10 Gulden, und er fordert von ihnen ein Ja oder Nein. Darauf sagen sie alle 3: Sie hatten von einem Frongarten eine Gülte, nämlich 5 Pfund Geld von etlichen, die dort etwas hatten und diese Gülte den Herren im Saal oder ihrem Vertreter weiter gereicht. Zuletzt haben sie die Gülte nicht mehr einziehen mögen. Da seien die Herren im Saal oder ihr Vertreter ihren Gütern nachgegangen und haben die eingezogen. Denn Jeckel Monster habe nie ein Gülte dort gegeben, also wüssten sie auch nicht, ob er dort etwas liegen habe oder nicht. Und was ihnen mit Recht hierin gebührt zu tun, das wollen sie gerne tun. Diese Aussage hat Jeckel festhalten lassen.

Zwischen Clesgin Swartz von Ingelheim, Heinz Driel und Contzgin Dinckler ist der Termin verschoben worden auf heute in 14 Tagen.
Peter Hanmann erhebt seine 1. Klage wegen 1 Gulden und 9 Albus Geld gegen Cles Harwiler auf die Pfänder.

fol. 71v — Samßtag nach sant Urbans tag

erk(annt)	Jt(em) Gerhart Brandt erk(ennt) Hansen dem wegen(er) als eyme meist(er) man(n) der snyder brud(er)schafft II phondt wachs und II fertel wins zu geb(e)n in XIIII tag(en). Si no(n) p erf(olgt).
p b	Jt(em) Henne Ruße hait p b an Winworme(n).
erk(annt)	Jt(em) Johan der poller(er) erk(ennt) Hilczenkett(en) I g(ulden) und ey(n) ort(en) zu geb(e)n in XIIII tag(en)ᵃ off rechnu(n)ge. Si no(n) p erf(olgt).
erk(annt)	Jt(em) Cleßgin Unglich erk(ennt) Enderß(e)n von Winhey(m) I½ [II/2] g(ulden) zu geb(e)n in XIIII tag(en). Si no(n) p erf(olgt).
erk(annt)	Jt(em) Hengin Berkorn erk(ennt) h(er)n Jacoben zinßmeist(er) zu den Augustynern zu Mencze 1½ [II/2] g(ulden) zu geb(e)n in XIIII t(agen). Si no(n) p erf(olgt).
Clese Raup ey(n) frage	Jt(em) Clese Raup unser mit scheffen geselle sagt er habe Conczgin Dincklern erf(olgt) und ergange(n). Nů habe Philips Duchscher(er) ad(er) sin sone yme verkaufft(en) was er hie habe und wuße des syne(n) hie nit / Nů habe er gude in Jngeln[-]heym(er) felde ligen. Do begere er mit recht / obe er die selb(e)n gude moge an griffen und verkeiffen / S(e)n(tent)ia / ja si ita est.
erk(annt)	Jt(em) Ritter Hengin erk(ennt) Bend(er)henne(n) III g(ulden) off rechnů(n)ge zu geben yn(ne) XIIII tag(en). Si no(n) p erf(olgt).
erk(annt)	Jt(em) Conczgin Dinckler erk(ennt) Stolnhansen vo(n) Appinheim als vo(n) Clas Man(n) wegen III l(i)b(ras) zu geb(e)n in 14 t(agen). Si no(n) p.
4 [8/2] h	Jt(em) Peder Dresser von Swabenheim dut sin 4 [8/2] h off Jeckel Sta(m)mn und Ebert Kiczen ut p(ri)ma.
1 h	Jt(em) Stolhans von Appinheim als vo(n) mo(m)p(ar)schafft wegen Clas Man(n) dut 1 h vor funff ß gelts off Johan von Richenstein et sup(ra) ping(nora).
1 h	Jt(em) Winßhen(ne) als vo(n) mo(m)p(ar)schafft wegen Philips Hyrten unsers mit scheffen gesellen dut 1 h vor III ß gelts off Johan von Richenstein und alleß das Hans Swicker selige gelaiß(e)n hait.
1 h	Jt(em) Hilczenkette dut 1 h vor X ß gelts off Clese Suffuß(e)n et supra ping(nora).
erf(olgt)	Jt(em) E(m)mel von Appinheim erf(olgt) Heincze Drieln offs buch.
	Jt(em) Pauwels Clesenhen(ne) knecht hait zu gesproch(e)n

ᵃ Es folgt ein durchgestrichen: »s«.

30. Mai 1478 fol. 71v

Gerhart Brand erkennt an, Hans dem Wagner als Meister der Schneiderbruderschaft 2 Pfund Wachs und 2 Viertel Wein zahlen zu müssen binnen 14 Tagen. Wenn nicht erfolgt die Pfändung.
Henne Ruße hat Pfändung gefordert gegen Winworm.
Johann der Pollerer erkennt an, Kett Hiltz 1 Gulden und 1 Ort zahlen zu müssen binnen 14 Tagen. Wenn nicht erfolgt die Pfändung.
Clesgin Unglich erkennt an, Enders von Weinheim 1½ Gulden zahlen zu müssen binnen 14 Tagen. Wenn nicht erfolgt die Pfändung.

Hengin Berkorn erkennt an, Herrn Jakob, Zinsmeister der Augustiner zu Mainz, 1½ Gulden zahlen zu müssen binnen 14 Tagen. Wenn nicht erfolgt die Pfändung.
Cles Raub, unser Mitschöffe, sagt: Er habe gegen Contzgin Dinckler geklagt und gewonnen. Nun haben Philipp Duchscherer oder sein Sohn ihm verkauft, was er hier habe, und er kenne seinen Besitz nicht. Nun habe er Güter im Ingelheimer Feld liege. Daher begehrt er vom Gericht, dass er an die Güter greifen und sie verkaufen könne. Urteil: Ja, wenn es so ist.

Hengin Ritter erkennt an, Henne Bender 3 Gulden gegen Rechnung zahlen zu müssen binnen 14 Tagen. Wenn nicht erfolgt die Pfändung.
Contzgin Dinckler erkennt an, Hans Stol von Appenheim von Clas Mann wegen 3 Pfund zahlen zu müssen binnen 14 Tagen. Wenn nicht erfolgt die Pfändung.
Peter Dresser von Schwabenheim erhebt seine 4. Klage gegen Jeckel Stamm und Ebert Kitz.

Hans Stol von Appenheim erhebt als Vertreter von Clas Mann seine 1. Klage wegen 5 Schilling Geld gegen Johann von Richenstein auf die Pfänder.
Henne Winß als Vertreter von Philipp Hirt, unseres Mitschöffen, erhebt seine 1. Klage wegen 3 Schilling Geld gegen Johann von Richenstein auf alles, das der verstorbene Hans Swicker hinterlassen hat.
Kett Hiltz erhebt ihre 1. Klage wegen 10 Schilling Geld gegen Cles Suffuß auf die Pfänder.
Emmel von Appenheim hat seinen Anspruch ins Gerichtsbuch eintragen lassen gegen Heinz Driel.
Pauwel, der Knecht von Henne Cles, hat

fol. 72 — Samßtag nach sant Urbans tag

TRANSKRIPTION

Pauwels Winßhen(ne) Clese Back	Winßhen(ne) und Clese Backen wie daß sie bij eyme gedyngß zusch(e)n Scher(er)hen(ne) und yme gewest sihen und sagen nit wie eß berett(en) ist. Das schade yme von yre iglichem IIII guld(en) und heist yne des ey(n) ja ader ney(n) obe sie do bij gewest(en) sihen ader nit. Das ist gelengt noch hude zu XIIII tag(en) sic.
fecit justi[-] ciam Ped(er) Bend(er)	Jt(em) Hans Snyder hait sich verdingt Ped(er) Bend(er)n zu den heilg(en) zu geleid(e)n und hait das bůche wie dan(n) ansprache und antwort zusch(e)n Hans Hoffman(n) und yme gelut(en) laiß(e)n offen und das alleß verbot als recht ist. Und Peder Bender hait das recht gethain nach lude des buchs wie recht ist.
Appinhey(m) Hilberßhey(m) i(n) j(ure) ad socios	Jt(em)ᵃ Henne Schaicke von Appinhey(m) als vo(n) der kirchen wegen do selbest hait Wilhelme(n) dem scholteß(e)n zu Hilberßhey(m) und Clasᵇ Knybßen zu gesproch(e)n wie daß sie der kirchen bij yne // schuldig sihen verseßner gult(en) V ß und II hell(er). Die hab(e)n uß gestand(e)n X ader XII jare ungeverlich und der scholteß habe sie selbest uß geracht(en) und gegeb(e)n // Nů neme er fure eß gehoren mehe erb(e)n dar zu / der wuß(e)n sie nit. Dan(n) dwile er die gulte fůre geb(e)n hait und den verseße nit ußricht, das schade yme als vo(n) der kirch(e)n wegen X guld(e)n und hofft er soll eß thůn und die gulte auch furt(er) geb(e)n und heist dem scholteß(e)n ey(n) ja ader ney(n) obe er die gulte also gegeb(e)n habe ader nit. Dar off sagt der scholtes sin vatt(er) selige sij gestorb(e)n und fier erben gelaiß(e)n. Also hab(e)n die kirchen gesworne zu Appinheim yne geko(m)mert gehabt / und off yr sele bůch ey(n) merglich som(m)e gefurdert / die sin vatter selige yne schuldig sij // Do habe er begert daß sy yme das sele bůch lesen wer dan(n) und(er) yne das selbe erbe und und(er)phande ynnehabe / sij bilche daß der selbe / der kirche(n) ußrachtůnge důhe // Aber daß sie alle dar vor verhafft sollen sin hoffe er ney(n) zu / dwile die gult(en) verlacht(en) ist. Dem nach so soll(e)n yre and(er) gude noch yre lijp dar vor nit verhafft(en) sin sonder sie sollen yrem sele buch nach geh(e)n vor den huergen zinßs. Nů hait der pastore syne(n) swegern und yme das sele bůche gelesen und stunde do ynne daß

a Am linken Seitenrand entlang der folgenden 5 Zeilen befindet sich ein dünner schräger Strich.
b Das Wort ist am Rand vor dem Zeilenanfang beigefügt. Das vorausgehende »und« ist aus »mid« [?] verbessert.

30. Mai 1478 — fol. 72

Henne Winß und Cles Back angeklagt, dass sie bei der Verabredung zwischen Henne Scherer und ihm gewesen seien und sagen nicht, wie es geredet worden sei. Das schade ihm von jedem 4 Gulden und er fordert von ihnen ein Ja oder Nein, ob sie dabei gewesen seien oder nicht. Das ist verschoben worden auf heute in 14 Tagen.

Hans Snider hat sich verpflichtet, Peter Bender zur Eidleistung zu geleiten und hat das Gerichtsbuch öffnen lassen, wie die Klage und die Gegenrede zwischen Hans Hofmann und ihm gelautet haben und das festhalten lassen, wie es Recht ist. Und Peter Bender hat den Eid geleistet, wie es Recht ist, gemäß dem Gerichtsbuch.

Henne Schacke von Appenheim hat für die Kirche ebenda Wilhelm den Schultheiß zu Hilbersheim und Clas Knybiß angeklagt, dass sie der Kirche schuldig seien 5 Schilling und 2 Heller ausstehende Gülte. Die haben ungefähr 10 oder 12 Jahre ausgestanden und der Schultheiß habe sie selbst ausgerichtet und gegeben. Nun sagt er, es gehörten mehr Erben dazu, von denen wüssten sie nichts. Weil der Schultheiß die Gülte zuvor gegeben habe und das ausstehende Geld nicht zahle, schade es ihm für die Kirche 10 Gulden, und er hoffe, er soll es tun und die Gülte auch weiter geben und fordert vom Schultheißen ein Ja oder Nein, ob er die Gülte gegeben habe oder nicht. Darauf sagt der Schultheiß: Sein Vater sei gestorben und habe 4 Erben hinterlassen. Danach hätten die Kirchengeschworenen zu Appenheim ihn belangt und auf ihr Seelbuch eine beachtliche Summe gefordert, die sein verstorbener Vater ihnen schuldig sei. Da habe er gefordert, dass sie ihm das Seelbuch vorlesen, wer denn unter ihnen das Feld geerbt und die Pfänder innehabe, es sei nur billig, dass jener der Kirche das ausrichte. Dass sie aber alle dafür haftbar sein sollen, hoffe er nicht, weil die Gülte auf einem Feld liegt. Demnach sollen weder ihre anderen Güter noch ihr Leib dafür haften, sondern sie sollen ihrem Seelbuch nachgehen für den Mietzins. Nun hat der Pastor seinem Schwager und ihm das Seelbuch vorgelesen und darin stand, dass

fol. 72v — Samßtag nach sant Urbans tag

ey(n) man(n) sin testament gemacht(en) habe mit funff ß und
II hell(er)n off II morgen ackers ym(m) Dorckheim und eym(e)
fertel wingarts. Das gebe Heincze Snid(er) nů furt(er) // also
habe erß die zijt gelesen. Do sagt er / den acker hab(e)n
sie nit. Und beduncke yne unbilche sin daß sie yrem
sele buch nit nachgeh(e)n und do sie yren anher(e)n hort(en)
lesen do hab(e)n sie den verseß(e)n off die zijt ußgeracht(en)
und furt(er) widd(er) die kirchen gesworn gesagt sie wollen
keyne(n) zinßs mehe geb(e)n / sie gehen dan(n) yrem sele buch
nach. Was yne dan(n) gebure / das wollen sie thůn / Sijt h(er)re
hab(e)n sie deshalp nye keyne(n) zinßs an yne gefurd(er)t den er
wiße / biß off yeczůnt und meynt sie hetten den zinßs
bilche fůre[a] an yne gefůrdert // Nů habe er das buche aber begert zu lesen / sihe gescheen. Do habe sin brud(er) bij ge-
stand(e)n. Der konne auch schriben und lesen / Der sagt
h(er)re eß stett doch auch eyner yn(ne) dem buch der heißet
Wencze Breder und geben sament hafft. Do sagt der
pastore der selbe sij radert und uß gethan / Antwort sin
bruder eß ist nit[b] radert(en) / Dwile nů yre altern eyne(n) mit
gesellen hab(e)n gehabt so lege er eyne(n) guld(e)n an golde
dar vor allem schad(e)n. Und yne gebott(en) nach geburniße
an 2½ [III/2] ß sin anczale und hofft yne wider nit schuldig
zu sin. Und hofft das sele buch soll alhie gehort(en) w(er)d(e)n
off daß nyema(n)t unrecht geschee. Und wan(n) das v(er)hort(en)
wirt alsdan(n) geschee furt(er) was recht ist. Und hofft
ee und zuvor eynche ortel gehe / ma(n) soll das sele bůch
horen und stilt do mit eyn und ander zu recht. Hen(ne) hait
verbot daß der scholteß erkant(en) daß er die gulte gegeb(e)n
und furmals den verseße ußgeracht(en) habe / Dwile eß dan(n)
eyn unv(er)theilt gulte ist so hoffe er / daß der scholtes diese(n)
verseße auch ußriechten soll und hait eß auch zu recht
gestalt(en). Das ist gelengt ad socios. Das haint sie beide
verbot. Furt(er) hait Clas Knybßs erkandt was dem scholteß(e)n
erkant und hertheilt(en) werde / dem woll er auch nach

a Das Wort ist über der Zeile beigefügt.
b Das Wort ist über der Zeile beigefügt.

ein Mann sein Testament gemacht habe mit 5 Schilling 2 Heller auf 2 Morgen Acker in Dorckheim und einen Viertel Weinberg. Das gebe Heinz Snider nun weiter, so habe er es zu der Zeit gelesen. Da sagte er, den Acker haben sie nicht. Und es scheine ihm unbillig, dass sie ihrem Seelbuch nicht nachgehen. Und als sie ihren Ahnherrn hörten, da haben sie den damals ausstehenden Zins gezahlt und gegenüber den Kirchengeschworenen gesagt, sie wollen keinen Zins mehr geben, sie gingen denn ihrem Seelbuch nach. Was ihnen dann gebühre, das wollten sie tun. Seither haben sie deshalb nie einen Zins von ihnen gefordert, von dem er bis heute weiß, und er meint, sie hätten den Zins billig bisher von ihm gefordert. Nun habe er erneut gefordert das Buch zu lesen. Das sei geschehen. Da habe sein Bruder dabeigestanden. Der könne auch schreiben und lesen. Der sagte: Hier, es steht doch noch einer in dem Buch, der heißt Wentz Breder und sie geben es gemeinsam. Da sagte der Pastor, das sei radiert und herausgestrichen. Da antwortete sein Bruder: Es ist nicht radiert. Weil nun ihre Eltern einen Mitgesellen hatten, so lege er einen Goldgulden für allen Schaden. Er sei verpflichtet zu 2½ Schilling als seinen Anteil, und er hofft, nichts weiter schuldig zu sein. Und er hofft, das Seelbuch soll hier gehört werden, damit niemand Unrecht geschehe. Und wenn es verhört wird, dann geschehe es weiter, wie es rechtmäßig ist. Und er hofft, man werde das Seelbuch hören, bevor ein Urteil ergehe und legt dies dem Gericht vor. Henne hat festhalten lassen, dass der Schultheiß anerkannt hat, dass er die Gülte gegeben und einst den Rückstand ausgerichtet habe. Weil es eine unzerteilte Gülte ist, so hoffe er, dass der Schultheiß diesen Rückstand auch ausrichten soll und hat es auch dem Gericht vorgelegt. Das ist verschoben worden bis zum Zusammentreten des Vollgerichts. Dem haben sie beide zugestimmt. Weiter hat Clas Knybiß anerkannt, was dem Schultheißen zuerkannt und als Urteil gesprochen werde, dem wolle er auch nachkommen.

fol. 73 — Samßtag nach sant Bonifacius tage

TRANSKRIPTION

	kom(m)en. Das hait Henne obg(enan)nt(en) auch v(er)bot als recht ist.
erf(olgt)	Jt(em) E(m)mel von Appinheim erf(olgt) Hengin[a] vor IIII guld(e)n.
erf(olgt)	Jt(em) Peder von Badenheim erf(olgt) End(er)s Duh(er)man vor IIII ß.
erf(olgt)	Jt(em) Henne Stope erf(olgt) Ebert Kiczen vor II guld(e)n.
erf(olgt)	Jt(em) Peder von Gůgeßheim erf(olgt) Kycze Anne(n) vor II guld(e)n.
	Actu(m) off Samßtag nach sant Bonifaci(us) tage.
	Jt(em)[b] zusch(e)n Philips Busern uns(er)m scholteß(e)n / Můd(er)henne(n) / Johan
	Boeßen und Henne(n) von Eltvjl als vo(n) mo(m)p(ar)schafft wegen der
gelengt	zu(m) dhome zu Mencze ist gelengt biß off Dinstag nach sant
	Jacobs tage sic hodie.
erk(annt)	Jt(em) Hengin Rauch erk(ennt) Vinczen XII ß zu geb(e)n in XIIII t(agen). Si no(n) p erf(olgt).
p b	Jt(em) Peder von Badenheim hait p b an Cleßgin Yetten.
erf(olgt) p b	Jt(em) der lame Henne erf(olgt) Gerhart Brand(e)n offs buch und hait
	auch an yme phande berett(en).
	Jt(em) Peder Bender hait Hansen / Godfarts von Stockheim hoffman(n)
	gewest zu gesproch(e)n wie daß er yme habe reyffe geben
	myt dem gedinge / daß Hans yme III malt(er) korns dar vor
Ped(er) Bender	geb(e)n solt. Daß Hans solichs nit gethain habe das schade yme
Hans Hoffman(n)	alsvjl dar zu und heist yme des eyn ja ader ney(n) obe er yme
	solichs gerett(en) habe ader nit. Dar off hait sich Henne von
	Eltvjl verdingt Hansen sin wort zu thun und hait sin under-
	tinge verbot als recht ist. Und sagt Hans habe um(m)b Pedern //
	syme jonck(er)n funffe borden reiffe haufft(en) ye die borde vor
	3½ [IIII/2] alb(us) und gesagt sihe eß syme jonckern liep / so woll er
	yme korne dar vor geb(e)n / Solichs habe er syme jonck(er)n vor
	gehalt(en). Der sagt er woll yme gelt geb(e)n und keyne korne
	und wes Peder yne deshalp wider anlange sij er unschuldig.
	Die unscholt ist gestalt noch hude zu XIIII. Das haint sie beide
	verbot.
	Jt(em) Ped(er) Bend(er) sagt nach dem er Hansen ey(n) recht getrage(n) also
Ped(er) Bend(er)	stehe yme noch gerichts schade uß / begere er mit recht wan(n)[c]
ey(n) frage	er yme den geb(e)n soll. S(e)n(tent)ia noch daling.

a Der Zuname fehlt, stattdessen blieb eine Lücke im Text.
b Entlang der ersten drei Zeilen verläuft am linken Seitenrand ein leicht geschwungener Strich.
c Es folgt in der folgenden Zeile nochmals: »wan(n)«.

Das hat Henne auch festhalten lassen, wie es Recht ist.
Emmel von Appenheim verklagt Hengin auf 4 Gulden.
Peter von Badenheim verklagt Enders Duherman auf 4 Schilling.
Henne Stop verklagt Ebert Kitz auf 2 Gulden.
Peter von Jügesheim verklagt Anne Kitz auf 2 Gulden.

6. Juni 1478
Zwischen Philipp Bußer, unserem Schultheiß, Henne Muder, Johann Boos von Waldeck und Henne von Eltville für die Domherren zu Mainz ist der Termin verschoben worden auf Dienstag nach St. Jakob.
Hengin Rauch erkennt an, Vincz 12 Schilling zahlen zu müssen binnen 14 Tagen. Wenn nicht erfolgt die Pfändung.
Peter von Badenheim hat Pfändung gefordert gegen Clesgin Yett.
Der lahme Henne hat seinen Anspruch ins Gerichtsbuch eintragen lassen gegen Gerhart Brand und hat Pfändung gefordert.
Peter Bender hat Hans, den ehemaligen Hofmann Godfarts von Stockheim, angeklagt, dass er ihm Reifen gegeben habe unter der Bedingung, dass Hans 3 Malter Korn geben solle. Dass Hans solches nicht getan habe, das schade ihm ebensoviel dazu, und er fordert von ihm ein Ja oder Nein, ob er ihm solches versprochen habe oder nicht. Darauf hat sich Henne von Eltville verpflichtet, Hans vor Gericht zu vertreten und hat seine Anwaltschaft festhalten lassen, wie es Recht ist. Und er sagt: Hans habe von Peter für seinen Junker 5 Bürde Reifen gekauft, die Bürde für 3½ Albus und gesagt, wenn es seinem Junker lieb sei, so werde er ihm Korn dafür geben. Das habe er seinem Junker vorgeschlagen. Der sagte, er soll ihm Geld geben und kein Korn. Und wessen ihn Peter darüber hinaus anklage, dessen sei er unschuldig. Die Unschuld gilt von heute an 14 Tage. Dem haben sie beide zugestimmt.

Peter Bender sagt, nachdem er gegen Hans Recht erhalten habe, stehen ihm noch die Gerichtskosten aus, und er fragt das Gericht, wann er ihm die geben soll. Urteil: noch heute.

fol. 73v — Samßtag nach Medhardi

Raup pe(r) l(itte)ras erk(annt)	Jt(em) Ped(er) Wolenbere erk(ennt) Clese Rauben uns(er)m mit scheffen ge-sellen solich husche und hoffe er um(m)b E(m)meln jn der Off[-]hoben kaufft(en) / yme dar dorch gonne(n) zu faren ader zu geh(e)n sond(er) syne(n) schad(e)n wan(n) Clesen noit ist / Das hait Clese v(er)bot.
gelengt	Jt(em) die unscholt zusch(e)n Clese Rauben unß(er)m mit scheffen ge-sellen und Peder Wolenbern ist gelengt bijß off Samßtag nach sant Bartolome(us) tage sic hodie.
erk(annt)	Jt(em) Lupis Henne erk(ennt) Snyderhenne(n) IIII g(ulden) my(n)ner ey(n) orte zu geb(e)n zusch(e)n sant Martins tage. Si no(n) p erf(olgt).
Adam Aczelnkrag Jeckel Stam(m)	Jt(em) Adam von Winheim hait Henne Aczelnkragen und Jeckel Sta(m)men zu gesproch(e)n wie daß sie bij eyme kauffe und winkauffe zusch(e)n Cleßgin Berkorn und yme gewest sihen nach lude des buchs daß er dan(n) hait laiß(e)n lesen und auch verbot als recht ist / Und sagen nit wie eß beretten sihe. Das schade yme von yre yglichem X guld(e)n und heist yne des ey(n) ja ader ney(n) obe sie da bij gewest sihen ader nit / Das und auch die heiptsach mit Cleßgin Berkorn ist gelengt bijß off Samßtag nach sant Jacobs tage sic hodie.
erf(olgt)	Jt(em) Jeckel Carppe erf(olgt) Clesen von Brechen offs bůch.
widd(er) ge[-]no(m)men	Jt(em) Peder Dresser von Swabenheim ist zu(m) rechten gewist(en) hait yme Donczel Henne sins zynßs nit geb(e)n von ½ [I/2] czweit(el) kyrßgart(en) jn der Bosen gewand(e)n gefor Enders Kocher und stett noch zu syne(n) hand(e)n so mag erßs widd(er) neme(n) si ita est.
	Actu(m) off Samßtag nach[a] Medhardi.
erk(annt)	Jt(em) Hans Wint(er) erk(ennt) Hans Snyd(er)n XXIIII ß off rechnů(n)ge zu geb(e)n in XIIII tag(en). Si no(n) p erf(olgt)
1 h	Jt(em) her Johan Beynling dut 1 h vor I guld(e)n gelts off Jeckel Carppen et sup(ra) ping(nora).
erf(olgt) p b	Jt(em) Hilczenkette erf(olgt) Johan den poller(er) offs buch und hait auch an yme phande berett(en).
p b	Jt(em) Schonwedder hait p b an Hengin Raůchen.

[a] Es folgt durchgestrichen; »Vincentii«.

13. Juni 1478

Peter Wolenber erkennt gegenüber Cles Raub, unserem Mitschöffen, an, dass er durch Haus und Hof, die er von Emmel in der Offhube gekauft hatte, fahren oder gehen könne ohne seinen Schaden, wenn dies für Cles notwendig sei. Das hat Cles festhalten lassen.

Die Unschuld zwischen Cles Raub, unserem Mitschöffen und Peter Wolenber ist verlängert worden bis Samstag nach St. Bartholomäus.

Henne Lupis erkennt an, Henne Snider 4 Gulden weniger 1 Ort zahlen zu müssen bis St. Martin. Wenn nicht erfolgt die Pfändung.

Adam von Weinheim hat Henne Atzelkragen und Jeckel Stamm angeklagt, dass sie bei dem Kauf und dem Vertragsabschluss zwischen Clesgin Berkorn und ihm gewesen seien nach Aussage des Buches, das er hat vorlesen lassen und das auch festhalten lassen, wie es Recht ist. Und sie sagen nicht, was gesprochen worden sei. Das schade ihm von jedem 10 Gulden und er fordert von ihnen ein Ja oder Nein, ob sie dabei waren oder nicht. Das und auch die Hauptsache mit Clesgin Berkorn ist verschoben worden auf Samstag nach St. Jakob.

Jeckel Carpp hat seinen Anspruch ins Gerichtsbuch eintragen lassen gegen Cles von Brechen.

Peter Dresser von Schwabenheim ist als Recht gewiesen worden: Hat ihm Johann Duntzel seinen Zins nicht gegeben von ½ Zweiteln Kirschgarten in der Bösen Gewann vor Enders Kocher und hat er das noch in seinem Besitz, so kann er es zurücknehmen, wenn es so ist.

13. Juni 1478

Hans Winter erkennt an, Hans Snider 24 Schilling gegen Rechnung zahlen zu müssen binnen 14 Tagen. Wenn nicht erfolgt die Pfändung.

Herr Johann Beinling erhebt seine 1. Klage wegen 1 Gulden Geld gegen Jeckel Carpp auf die Pfänder.

Kett Hiltz hat ihren Anspruch eingeklagt gegen Johann den Pollerer und hat Pfändung gefordert.

Schonwedder hat Pfändung gefordert gegen Hengin Rauch.

fol. 74 — Samßtag vor sant Albanus tage

TRANSKRIPTION

2 h	Jt(em) Stolhans als vo(n) mo(m)p(ar)schafft wegen Clas Man(n) dut sin 2 h off Johan von Richenstein ut p(ri)ma.
1 h	Jt(em) Dho(m)m(us) Henne von Jngelnheim dut 1 h vor XXI ß gelts off Lisen Henne(n) et om(n)ia.
2 h	Jt(em) Ha(n)mans Peder dut sin 2 h off Clese Harwil(er)n ut p(ri)ma.
erk(annt)	Jt(em) Joh(ann)es Faůt erk(ennt) Lisen Henne(n) I g(ulden) und XIII alb(us) off rechnů(n)ge zu geb(e)n in XIIII tagen. Si no(n) p erf(olgt).
1 clage	Jt(em) Henne von Eltvjl als vo(n) mo(m)p(ar)schafft wegen h(er)n Ebalts dut 1 clage vor XL guld(e)n heiptgelt und XX g(ulden) schad(e)n off Ha(n)man von Růdeßheim et om(n)ia.
p b	Jt(em) Peder Bender hait p b an Wolffs Henne(n).
erf(olgt) p b	Jt(em) Enders von Winheim erf(olgt) Cleßgin Unglichen off bůch und hait auch an yme p b.
erk(annt)	Jt(em) Ebert Haůbor und Michels Hengin erkenne(n) Knodenhen(ne) als vo(n) frauwe Margrett Winterbech(er)n wegen III g(ulden) zu geb(e)n in XIIII tag(en). Si no(n) p erf(olgt).
erk(annt)	Jt(em) Erbin der leiendeck(er) erk(ennt) Niclasen syme knaben gewest(en) / was der winkauffe der dan(n) bij yrem gedincks gewest(en) ist / erkennet dem wolle er nach ko(m)men. Das hait Niclas verbot.
erk(annt)	Jt(em) Jacob der leiendeck(er) erk(ennt) Dieme(n) Clasen III alb(us) off r(echnung) zu geb(e)n in XIIII tag(en). Si no(n) p erf(olgt).
	Jt(em) Heincze Driele / Hen(ne) von Soden / Lebe der korßn(er) / Hen(ne) Englend(er) mit yren mit gesellen erkenne(n) Swarcz Cleßgin off Samßtag nach Jacobi widder zu recht stehen sic hodie und ist gelengt bijß off den selb(e)n tag.[a]
	Actu(m) off Samßtag vor sant Alban(us) tage.
tag v(er)hut(en)	Jt(em) Jeckel Drappe Jeckel Winßbach Peder Bend(er) und Hans der hoffma(n) haint yren tag v(er)hut(en). Des ist yne tag gestalt an das nehste gerichte.
1 clage	Jt(em) Rußen Clese als vo(n) mo(m)p(ar)schafft wegen h(er)n Wilhelm Hoden zu Mencze dut 1 clage vor XL g(ulden) heiptgelt und[b] XX g(ulden) schaden off Ebert Feczern frauwe Hebeln vo(n)

a Die letzten drei Worte sind nachträglich über der folgenden Datumszeile eingefügt worden.
b Es folgt in der folgenden Zeile nochmals: »und«.

Hans Stol erhebt als Vertreter Clas Manns seine 2. Klage gegen Johann von Richenstein.

Johann Dhommus von Ingelheim erhebt seine 1. Klage wegen 21 Schilling Geld gegen Henne Lyse auf alles.

Peter Hanman erhebt seine 2. Klage gegen Cles Harwiler.

Johannes Faut erkennt an, Henne Lyse 1 Gulden und 13 Albus gegen Rechnung zahlen zu müssen binnen 14 Tagen. Wenn nicht erfolgt die Pfändung.

Henne von Eltville erhebt als Vertreter Herrn Ebalds seine 1. Klage wegen 40 Gulden Klagesumme und 20 Gulden Gerichtskosten gegen Hanman von Rüdesheim auf alles.

Peter Bender hat Pfändung gefordert gegen Henne Wolff.

Enders von Weinheim hat seinen Anspruch ins Gerichtsbuch eintragen lassen gegen Clesgin Unglich und hat auch Pfänder gegen ihn benannt.

Ebert Haubor und Hengin Michel erkennen an, Henne Knode für Frau Margret Winterbecher 3 Gulden zahlen zu müssen binnen 14 Tagen. Wenn nicht erfolgt die Pfändung.

Erwin der Leyendecker erkennt gegenüber Niklas seinem Knaben an, was im Vertragsabschluss festgelegt war, dem werde er nachkommen. Das hat Niklas festhalten lassen.

Jakob der Leyendecker erkennt an, Clas Diem 3 Albus gegen Rechnung zahlen zu müssen binnen 14 Tagen. Wenn nicht erfolgt die Pfändung.

Heinz Driel, Henne von Soden, Lebe der Kürschner, Henne Englender mit ihren Gesellen erkennen an, Clesgin Swartz am Samstag nach Jakobi wieder zum rechtlichen Austrag bereit zu stehen; der Termin wurde verschoben bis auf diesen Tag.

20. Juni 1478

Jeckel Drapp, Jeckel Winsbach, Peter Bender und Hans der Hofmann haben ihren Tag gewahrt. Es ist Ihnen ein Termin gesetzt worden am nächsten Gerichtstag.

Cles Ruß erhebt als Vertreter von Herrn Wilhelm Hoden zu Mainz seine 1. Klage wegen 40 Gulden Klagesumme und 20 Gulden Gerichtskosten gegen Ebert Fetzer, Frau Hebel von

fol. 74v — Samßtag nach sant Johans tage

                 Engaßen und Clas Man(n) von Erbeiß Budeßheim et om(n)ia.

                 Actu(m) off Samßtag nach sant Johans tage.
2 clage   Jt(em) Henne von Eltvjl als vo(n) h(er)n Ebalts wegen dut sin 2 clage
                 off Ha(n)man zu Růdeßheim ut p(ri)ma.
2 h   Jt(em) Ha(n)mans Peder dut sin 2 h off Clese Harwylern ut p(rim)a.
3 h   Jt(em)[a] Stolhans von Appinheim als vo(n) mo(m)perschafft wegen
                 Clas Man(n) dut sin 3 h off Johan von Richenstein ut p(ri)ma.
1 h   Jd(em) dut 1 h vor X ß gelts off Conczgin Dincklern et sup(ra) ping(nora).

                 Actu(m) off Samßtag sant Ulrichs tage.
                 Jt(em) Rußen Clese als vo(n) mo(m)perschafft wegen h(er)n Wilhelm
2 clage   Hoden dut sin[b] 2 clage off Ebert Feczern frauwe Hebeln
                 von Engaßen und Clas Man(n) ut p(ri)ma.

                 Actu(m) off Samßtag nach sant Kylians tage.
2 h   Jt(em) Stolhans von Appinheim als vo(n) mo(m)p(ar)schafft wegen Clas
                 Man(n) dut sin 2 h off Conczgin Dincklern ut p(ri)ma.

                 Actu(m) off Samßtag nach Marga(r)ete.
                 Jt(em) Rußen Clese als vo(n) mo(m)perschafft wegen h(er)n Wilhelm
3 clage   Hoden dut sin 3 clage off Ebert Feczern frauwe Hebeln
                 von Engaßen und Clas Man(n) ut p(ri)ma.

                 Actu(m) off Samßtag sant Jacobs tage.
3 h   Jt(em) Stolhans von Appinheim als vo(n) mo(m)p(ar)schafft wegen
                 Clas Man(n) dut sin 3 h off Conczgin Dincklern ut p(ri)ma.

[a] Die vorstehende und die folgende Marginalie sind durch einen einfachen Bogenstrich miteinander verbunden.
[b] Der Anfangsbuchstabe ist über ein »d« geschrieben.

Engassen und Clas Mann von Erbes-Büdesheim auf alles.

27. Juni 1478
Henne von Eltville erhebt für Herrn Ebald seine 2. Klage gegen Hanman zu Rüdesheim.
Peter Hanman erhebt seine 2. Klage gegen Cles Harwiler.
Hans Stol von Appenheim erhebt als Vertreter von Clas Mann seine 3. Klage gegen Johann von Richenstein.
Derselbe erhebt seine 1. Klage wegen 10 Schilling Geld gegen Contzgin Dinckler auf die Pfänder.

4. Juli 1478
Cles Ruß erhebt als Vertreter von Herrn Wilhelm Hoden seine 3. Klage gegen Ebert Fetzer, Frau Hebel von Engassen und Clas Mann.

11. Juli 1478
Hans Stol von Appenheim erhebt als Vertreter von Clas Mann seine 2. Klage gegen Contzgin Dinckler.

18. Juli 1478
Cles Ruß erhebt als Vertreter von Herrn Wilhelm Hoden seine 3. Klage gegen Ebert Fetzer, Frau Hebel von Engassen und Clas Mann.

25. Juli 1478
Hans Stol von Appenheim erhebt als Vertreter von Clas Mann seine 3. Klage gegen Contzgin Dinckler.

fol. 75 — Dinstag nach sant Jacobs tage

TRANSKRIPTION

Actu(m) off Dinstag nach sant Jacobs tage.
Jt(em) Philips Buser unser scholteß und mit scheffen geselle

tag v(er)hůt(en) Můd(er)hen(ne) als vo(n) sins jonck(er)n wegen Hen(ne) von Eltvjl als von
der her(e)n zům dhome wegen und Jeckel Drappe haint alle
yren tag v(er)hůt(en). Und ist gelengt noch hude zu XIIII tagen.
Ußgescheid(e)n Jeckel Drappen dem ist sin tag gestalt an das
nehste gericht.

Actu(m) off Samßtag sant Pet(er)s tage advinc(u)la.
Jt(em) Hans Snyd(er) als vo(n) mo(m)perschafft wegen Ebert Veczers
von Od(er)nheim hait sine(n) lip vor sins jonck(er)n gude gestalt(en)
nach dem Clese Růße als vo(n) h(er)n Wilhelm Hoden wegen off

lip vor sin yne geclagt(en). Und begert mit recht dwile er jn den sache(n)
gut gestalt soll mechtig mo(m)per gemacht / obe sins jonck(er)n gude nyt
ledig sihen. Dar off s(en)t(ent)ia woll er recht geb(e)n und neme(n)
nach ansprache und antwort alsdan(n) der scheffen hie vor
eyn recht wise so sihen sie ledig. Hait[a] er ja geantwort
und das verbot.

Ffurt(er) hait Clese Ruße sin fierde clage gethain off frauwe

4 [8/2] clage Hebeln von Engaß(e)n und Clas Man(n) ut p(ri)ma. Dar off sagt
Hans Snid(er) als vo(n) sins jonck(er)n wegen obg(enan)nt(en) / er habe dar yn(ne)

jnredde zu redden nach dem sin jonck(er) yn den guden ligen habe.
gelengt Deshalp ist yne tag gestalt mit allen sachen biß Dinstag
ober XIIII tage. Und hait Clese Ruße gerett(en) / Ebert Fecz(er)n
nit zu faren // und so f(er)re er die gulte ußrichte / soll er bij
den guden blyben. Das hait Hans Snid(er) als vo(n) sins jonckern
wegen auch verbot als recht ist.

Jt(em) Swarcze Cleßgin als vo(n) mo(m)p(ar)schafft wegen Swarcze Conczen
Hen(ne) von Soden / meist(er) Lebe(n) / Hen(ne) Englend(er) Conczgin Dinckler

tag v(er)hut(en) Hengin Berkorn Heincze Driele Jeckel Prasse / Scheffers Cleß[-]
gin Albrecht Gertner / Henne Hilcze / Cleßgin Berkorn / Henne
Schaůpdeck(er) Prassen Hengin Clese Harwyler Jeckel von

---

a Der erste Buchstabe ist über ein »d« geschrieben.

28. Juli 1478
Philipp Bußer, unser Schultheiß und Mitschöffe, Henne Muder für seinen Junker, Henne von Eltville für die Domherren und Jeckel Drapp haben ihren Gerichtstermin gewahrt. Er ist verschoben worden auf heute in 14 Tagen. Ausgenommen für Jeckel Drapp, der hat seinen Termin am nächsten Gerichtstag.

1. August 1478
Hans Snider hat als Vertreter von Ebert Fetzer von Odernheim seinen Leib vor seines Junkern Gut gestellt, nachdem Cles Ruß für Herrn Wilhelm Hoden gegen ihn geklagt hat. Er erfragt bei Gericht, ob – weil er in der Sache Vertreter mit Vollmacht ist – das Gut seines Junkers nicht frei sei. Darauf ergeht das Urteil: Wolle er Recht geben und nehmen nach Klage und Widerrede, wie es die Schöffen hier weisen, so sei sein Gut frei. Er hat mit Ja geantwortet und hat das festhalten lassen.
Weiter hat Cles Ruß seine 4. Klage erhoben gegen Frau Hebel von Engassen und Clas Mann. Darauf sagt Hans Snider für seinen Junker, er habe hier zu reden, nachdem sein Junker Güter im Land habe. Dafür ist ihnen ein Gerichtstermin gesetzt worden in allen Dingen auf Dienstag in 14 Tagen. Cles Ruß hat versprochen, an Ebert Fetzers Besitz nicht zu greifen. Und wenn er die Gülte ausrichtet, soll er bei den Gütern bleiben. Das hat Hans Snider für seinen Junker festhalten lassen, wie es rechtmäßig ist.
Clesgin Swartz als Vertreter von Contz Swartz, Henne von Soden, Meister Lebe, Henne Englender, Contzgin Dinckler, Hengin Berkorn, Heinz Driel, Jeckel Prass, Clesgin Scheffer, Albrecht Gertener, Henne Hiltz, Clesgin Berkorn, Henne Schaubdecker, Hengin Prass, Cles Harwiler, Jeckel von

fol. 75v — Dinstag vor sant Zyriacus tage

Symern[a] haint alle yren tag v(er)hut(en). Des ist yne tag gestalt bijß Dinstag
ober XIIII tage sic hodie.

Actu(m) off Dinstag vor sant Zyriac(us) tage.
Jt(em) Hans Snyd(er) als vo(n) mo(m)p(ar)schafft wegen Frolichs h(er)n

erf(olgt) p b — Hansen knecht erf(olgt) Peder Hiltwin offs buch und
hait auch p b.
Jt(em) her Conrat Kyrpperg vica(r)i(us) zu sant Alban zu Mencze
hait off geholt off Cleßgin Beckern soliche gude und

offgeholt / sant Alban — und(er)phande yme als vo(n) siner vicarij und fier ewigen
messen halb(e)n ligent vor VI l(i)b(ras) gelts nach lude eynß
gericht briffs dar ober sagen und hait die offholu(n)ge
verbot. Und der scholteß hait yme ban(n) und freden dar
ober gethan als recht ist. Das hait er auch verbot.

1 h — Jt(em) Cleßgin Swert von Jngelnheim dut 1 h vor ey(n) g(ulden)
gelts off Jeckel Sta(m)men et om(n)ia.

i(n) j(ure) — Jt(em) Adam Wolff unser mitsch(effen)geselle[b] hait Ebalden vo(n) Geraůwe
zu gesproch(e)n wie daß Ebalt zu yme jn sine(n) hoffe ko(m)me(n)
sij und mit yme redde gehabt um(m)b II fuder wins / zu
keiffen / die er auch also bedroncken. Also habe er yme

Adam Wolff / Ebalt von / Geraůwe — die II fud(er) gelaiß(e)n vor XX guld(e)n. Do wolt Ebalt yme
nit mehe dan(n) XIX g(ulden) geb(e)n. Und sihent off das maile
also gescheid(e)n / mit so lange daß Ebalt den bend(er) gebetten / mit yme zu redden / daß er yme den win laiße
vor die XX g(ulden) jn maiß(e)n er dan(n) vor gethan hait / Also
habe er Ebalden die wine gelaißen[c] vor die XX guld(e)n.
Daß er nů der win nit holt und gibt yme sin gelt das
schadt yme XL guld(e)n. Und obe Ebalt dar zu ney(n) sagen
wolt daß er den bend(er) also zu yme geschickt und yne
gebett(en) die win zu laißen / so woll er yne des wisen
mit erb(er)n luden der zu recht genůg sij. Und heist yme
ey(n) antwort. Dar off sagt Ebalt er sij mit Starcken

---

a Das Wort ist am linken Seitenrand beigefügt.
b Das »sch(öffen)« ist über der Zeile beigefügt.
c Das Wort ist über der Zeile beigefügt, darunter durchgestrichen: »dar geslagen«.

Simmern haben alle ihren Tag gewahrt. Es ist ihnen ein Termin gesetzt worden auf Dienstag in 14 Tagen.

4. August 1478
Hans Snider hat als Vertreter von Frolich, des Knechts von Herrn Hans, seinen Anspruch ins Gerichtsbuch eintragen lassen gegen Peter Hiltwin und Pfändung gefordert. Herr Konrad Kyrpperg, Vikar von St. Alban zu Mainz, hat von Clesgin Becker die Güter und Pfänder eingezogen, auf denen für seine Vikarie und 4 ewige Messen 6 Pfund Geld liegen gemäß der betreffenden Urkunde und hat die Einziehung festhalten lassen. Und der Schultheiß hat ihm Bann und Frieden darüber gemacht, wie es rechtmäßig ist. Das hat er auch festhalten lassen.

Clesgin Swert von Ingelheim erhebt seine 1. Klage wegen 1 Gulden Geld gegen Jeckel Stamm auf alles.

Adam Wolff, unser Mitschöffe, hat Ebald von Gerau angeklagt, dass Ebald zu seinem Hof gekommen sei und habe mit ihm geredet, 2 Fuder Wein zu kaufen, die er auch betrunken hat. Er habe ihm die 2 Fuder überlassen für 20 Gulden. Da wollte Ebald ihm nicht mehr als 19 Gulden geben. Und sie sind dann auseinander gegangen damit, dass Ebald den Bender gebeten hat, mit ihm zu reden, dass er ihm den Wein überlasse für die 20 Gulden wie er es davor tat. Er habe Ebald dann den Wein überlassen für die 20 Gulden. Dass er nun den Wein nicht abholt und ihm sein Geld gibt, das schade ihm 40 Gulden. Und wenn Ebald dazu Nein sagen wolle, dass er den Bender zu ihm geschickt habe und ihn gebeten habe, ihm den Wein zu überlassen, so wolle er es ihm mit ehrenwerten Leuten beweisen, wie sie dem Gericht genügen. Und er fordert von ihm eine Antwort. Darauf sagt Ebald: Er sei mit

fol. 76 — Dinstag vor sant Zyriacus tage

TRANSKRIPTION

Heinrich(e)n dem offstoß(er) in jonck(er) Adams husche ko(m)men und die
II stucke wins besteh(e)n um(m)b yne zu keiffen / Do wolt jonck(er)
Adam sie yme nit naher laiß(e)n dan(n) XX g(ulden). Do wolt er yme
XVIII g(ulden) geb(e)n und sint also gescheid(e)n / Des abents sij der
bend(er) kom(m)en und gesagt war um(m)b er die wine nit neme.
Da habe er gesagt gang und besehe.[a] Wijl jonck(er) Adam myr
die wine laiß(e)n vor XIX g(ulden) so wijl ich sie neme(n) ader das
eyne stucke vor X g(ulden). Des sihe nit gescheen. Und der kauffe
sihe auch nit besloß(e)n ader vergotsgelt word(e)n / sond(er) der
portn(er) habe des morgens fruhe als er faren wolt / widder
yne gesagt der bend(er) habe yme sagen laiß(e)n woll er die
wine hain so werd(e)n sie yme vor die XX g(ulden) / Habe er geantwort hett ich sie also wollen neme(n) / ich hette eß nicht-
then gethan / Dan(n) wolle er yme das eyn stucke laiß(e)n um(m)b
X guld(e)n so woll erß nehmen. Doch also hole erß nit jn
XIIII tag(en) so soll eß abe sin / Und wes yne joncker Adam wid(er)
anlange / sihe er unschuldig. Aber wes er yne erzuge als
recht sihe das woll er laiß(e)n gescheen. Adam hait verbot
daß Ebalt eß bij der konde laiß(e)n wil und begert mit recht
wan(n) er die brenge(n) sall. Dar off s(e)n(tent)ia dwile Adam off konde
zügt so sall er die auch vor gericht brengen und das
thun in XIIII tag(en). Bedarff er dan(n) siner tage furte und
heist die als recht ist so sall ma(n) yme die furt(er) styllen
noch zu czweien XIIII tagen. Und so die konde verhort
werd(e)n beheltlich Ebalt(en) sin jnsage und geschee dan(n) furt(er)
was recht ist.

p b   Jt(em) Henne von Eltvjl hait p b an Hengin Moll(er)n.

Jt(em) der bicht(er) ym(m) closter hait offgeholt(en) off Kylhenne(n) und
Ebert Snaden soliche gude und und(er)phande yne ligent

offgeholt   vor VI l(i)b(ras) gelts frij gulte nach lude des gericht buchs
und hait das verbot.

gelengt   Jt(em) zusch(e)n jonffr(au) Fieln und Heppenhen(ne) ist gelengt noch
hude zu echtagen sic.

Jt(em) die unscholt zusch(e)n Ped(er) Bend(er)n und Hansen dem hoffman

---

[a] Die letzte Silbe ist über einen unleserlichen Buchstaben geschrieben.

4. August 1478 — fol. 76

Heinrick Starck, dem Aufstoßer, in Junker Adams Haus gekommen und habe die 2 Stück Wein besehen um sie zu kaufen. Da wollte Junker Adam sie ihm nicht billiger überlassen als für 20 Gulden. Da wollte er ihm 19 Gulden geben und so sind sie auseinander gegangen. Am Abend sei der Bender gekommen und habe gefragt, warum er den Wein nicht nehme. Da habe er gesagt: „Geh und schaue. Will Junker Adam mir den Wein für 19 Gulden überlassen, will ich ihn nehmen oder ein Stück für 10 Gulden." Das sei nicht geschehen. Und der Kauf sei auch nicht geschlossen oder der Gottespfennig bezahlt worden, sondern der Pförtner habe früh am Morgen, als er fahren wollte, zu ihm gesagt, der Bender habe ihm sagen lassen, wolle er die Weine haben, so bekomme er sie für die 20 Gulden. Da habe er geantwortet: „Hätte ich sie dafür nehmen wollen, hätte ich es bereits gestern Nacht getan". Aber wolle er ihm das Stück lassen für 10 Gulden, so wolle er es nehmen. Doch hole er es nicht in 14 Tagen, so solle die Absprache ungültig sein. Und wessen ihn Junker Adam darüber hinaus anklage, dessen sei er unschuldig. Wenn er aber Beweise gegen ihn vor Gericht bringt, wie es Recht sei, so wolle er es geschehen lassen. Adam hat festhalten lassen, dass es Ebald bei den Beweisen lassen will und fragt das Gericht, wann er die beibringen soll. Darauf ergeht das Urteil: Weil Adam sich auf die Beweise beruft, so soll er die auch vor Gericht bringen und das tun in 14 Tagen. Bedürfe er Verlängerung und fordere sie, wie es rechtmäßig ist, so soll man sie ihm noch zweimal 14 Tage geben. Und wenn die Beweise gehört werden, vorbehaltlich Eberts Gegenrede, geschehe es weiter, wie es rechtmäßig ist.

Henne von Eltville hat Pfändung gefordert gegen Hengin Moller.

Der Beichtvater im Kloster hat von Henne Kyl und Ebert Snade die Güter und Pfänder, auf denen 6 Pfund Geld freie Gülte liegen, gemäß dem Gerichtsbuch eingezogen und hat das festhalten lassen.

Zwischen Jungfrau Fiel und Henne Hepp ist der Termin verschoben worden auf heute in 8 Tagen.

Die Unschuld zwischen Peter Bender und Hans dem Hofmann

fol. 76v — Dinstag nach Laurencij

gelengt II	ist gelengt
II	biß off Dinstag nach sant Michels tage sic hodie.
erf(olgt) p b	Jt(em) Bůln Henne erf(olgt) Joh(ann)es Faut(en) offs buch und hait p b.
p b	Jt(em) Henne von Eltvjl hait p b an Joh(ann)es Faut(en).
	Jt(em) die unscholt zusch(e)n Jeckel Winßbach(e)n und Jeckel
gelengt	Drappen ist gelengt bijß off Dinstag nach sant Bartolme(us) tage sic hodie.
1 h	Jt(em) Henne Erken(n) dut 1 h vor ½ [I/2] guld(e)n^a gelts off Bingeln Cleßgin et om(n)ia.
	Actu(m) off Dinstag nach Laurencij.
	Jt(em) zusch(e)n Henne(n) von Eltvjl als vo(n) mo(m)p(ar)schafft wegen d(er) her(e)n zům dhome zu Mencze / Philips Busern uns(er)m myt
gelengt	scheffen gesellen Můd(er)henne(n) als vo(n) sins jonck(er)n wegen und Johan Boeßen ist gelengt bijß off Dinstag nach sant Martins tage sic hodie.
	Jt(em) Ebalt von Gerauwe erk(ennt) Adam Wolffen unß(er)m mit scheffe(n) gesellen nach dem sie mit eyne getedingt der II fud(er) wins
erk(annt) no(tandum)^b	halb(e)n / was dan(n) die funffe den Adam kontschafft zu sagen gebott(en) mit sampt Henne Erken(n) und Ancze Duppengieß(er)n erkenne(n) und sprechen werd(e)n dem woll er nach ko(m)men. Das hait Adam verbot.
erk(annt)	Jt(em) Hengin Rauch erk(ennt) Henne Rußen 2½ [III/2] guld(e)n zu geben in XIIII tagen. Si no(n) p erf(olgt).
	Jt(em) Conczgin von Geilnhusen hait Hengin Raůchen zu gesproch(e)n wie daß er yme schuldig sihe VI guld(e)n off rechnů(n)ge und gebe yme der nit. Das schade yme alsvjl dar[-]
Conczgin vo(n) Geilnhusen Heng(in) Rauch	zu. Dar off hait Hengin yme I alb(us) off rechnu(n)ge erkant(en). Das hait Conczgin verbot und begert wan(n) er mit yme rechen und yne bezalen solle. S(e)n(tent)ia in XIIII tag(en) rechen und bezalen.
erk(annt)	Jt(em) Hans Blancke erk(ennt) Wigand(e)n Storczkopp I guld(e)n und IX alb(us) zu geb(e)n in XIIII tagen. Si no(n) p erf(olgt).
erk(annt)	Jt(em) Jeckel Drappe erk(ennt) Peder Mospech(er)n als vo(n) der kyrchen wegen X guld(e)n in eyme jare zu geb(e)n von Kochers Kett(er)n wegen. Si no(n) p erf(olgt).

a Das Wort ist über der Zeile beigefügt.
b Zwei klammerartige Striche zeigen an, dass die Marginalie für den ganzen Absatz gilt.

ist verlängert worden bis auf Dienstag nach St. Michael.
Henne Bul hat seinen Anspruch ins Gerichtsbuch eintragen lassen gegen Johannes Faut und hat Pfändung gefordert.
Henne von Eltville hat Pfändung gefordert gegen Johannes Faut.
Die Unschuld zwischen Jeckel Winsbach und Jeckel Drapp ist verlängert worden bis auf Dienstag nach St. Bartholomäus.
Henne Erk erhebt seine 1. Klage wegen ½ Gulden Geld gegen Clesgin Bingel auf alles.

11. August 1478
Zwischen Henne von Eltville als Vertreter der Domherren zu Mainz, Philipp Bußer, unserem Mitschöffen, Henne Muder für seinen Junker und Johann Boos von Waldeck ist der Termin verschoben worden auf Dienstag nach St. Martin.

Ebald von Gerau erkennt gegenüber Adam Wolff, unserem Mitschöffen, an, nachdem was sie verhandelt haben über die 2 Fuder Wein, was dann die fünf, die Adam als Zeugen verhören lässt und was sie zusammen mit Henne Erk und Antz Duppengießer erkennen und sprechen, dem wolle er nachkommen. Das hat Adam festhalten lassen.
Hengin Rauch erkennt an, Henne Ruß 2½ Gulden zahlen zu müssen binnen 14 Tagen. Wenn nicht erfolgt die Pfändung.

Contzgin von Gelnhausen hat Hengin Rauch angeklagt, dass er ihm schuldig sei, 6 Gulden gegen Rechnung zu zahlen und gebe ihm die nicht. Das schade ihm ebensoviel dazu. Darauf hat Hengin ihm 1 Albus gegen Rechnung anerkannt. Das hat Contzgin festhalten lassen, und fragt, wann er mit ihm abrechnen und zahlen solle. Urteil: in 14 Tagen abrechnen und bezahlen.

Hans Blanck erkennt an, Wigand Stortzkopp 1 Gulden 9 Albus zahlen zu müssen binnen 14 Tagen. Wenn nicht erfolgt die Pfändung.

Jeckel Drapp erkennt an, Peter Mospecher für die Kirche 10 Gulden binnen eines Jahres zahlen zu müssen für Ketter Kocher. Wenn nicht erfolgt die Pfändung.

fol. 77 — Dinstag nach Laurencij

erk(annt) ecc(les)ia	Jt(em) Hengin Basema(n) erk(ennt) jd(em) XIIII guld(e)n die zu bezalen ne(m)lich alle jars 1½ [II/2] ayme wins off den myttel mart. Si no(n) p erf(olgt) zu eyner iglich(e)n zijt.
erk(annt)	Jt(em) Henne Duherma(n) erk(ennt) h(er)n Heinrich Nickeln als vo(n) der p(rese)ncze wegen I g(ulden) zu geb(e)n in XIIII tag(en). Si no(n) p erf(olgt).
er(kannt)	Jt(em) Henne Englender erk(ennt) Schonwedd(er)n I g(ulden) off rechnů(n)ge zu geb(e)n in XIIII tag(en). Si no(n) p erf(olgt).
erk(annt)	Jt(em) Henne Rudiger erk(ennt) jd(em) X alb(us) zu geb(e)n in XIIII tag(en). Si no(n) p erf(olgt).
erk(annt)	Jt(em) Peder Hiltwin erk(ennt) Knybißen IX alb(us) zu geben in XIIII tagen. Si no(n) p erf(olgt).
erk(annt)	Jt(em) Johan der poller(er) erk(ennt) Diemen Henne VI guld(e)n zu geb(e)n in XIIII tagen. Si no(n) p erf(olgt).
erk(annt)	Jt(em) Ebert Meczler erk(ennt) Conczgin von Geilnhusen I guld(e)n zu geb(e)n in XIIII tag(en). Si no(n) p erf(olgt).
1 clage	Jt(em) Nese Dielgin Sniders seligen witwen dut 1 clage vor II g(ulden) heiptgelt und X guld(e)n schad(e)n off Ha(n)man zu Rudeßheim et om(n)ia.
erf(olgt)	Jt(em) Knodenhen(ne) als vo(n) frauwe Margret(en) Wint(er)bech(er)n wegen erf(olgt) Ebert Hauborn offs bůch.
erf(olgt)ᵃ	Jt(em) Wigant Storczkoppe erf(olgt) Concze(n) von Bellerßheim offs bůch.
p b	Jt(em) jd(em) hait p b an Monchs Clesen.
erf(olgt)	erf(olgt)	Jt(em) Adam von Winheim erf(olgt) Clese Harwil(er)n offs bůch.
p b	Jt(em) Scher(er)hen(ne) hait p b an Clese Suffußen.
Adam von Winhey(m) Clesgin Berkorn	Jt(em) Adam von Winheim hait Cleßgin Berkorn zu gesproch(e)n wie daß Cleßgin ey(n) kauffe um(m)b yne gethain deshalp er yne furmals auch geschuldigt hait nach lude des buchs. Und dut yme nit ußrachtunge nach lude der selb(e)n schuldigů(n)ge. Das schade yme alsvjl er vor dar off v(er)meß(e)n hait / Dar off sagt Cleßgin wie er yme vor geantwort habe nach lude des buchs do bij woll erßs laiß(e)n. Das hait Adam verbot und begert mit recht wan(n) er sin konde brengen soll. S(e)n(tent)ia in XIIII tagen. Bedarff er dan(n) sin(er) tage furte und heist die als recht ist so sal ma(n) yme die furt(er) stillen noch zu czweien XIIII tag(en). Und so die konde verhort(en) wirt beheltlich Cleßgin sin jnsage und geschee dan(n) furt(er) was

---

a Diese und die folgende Marginalie sind durch eine einfache runde Klammer miteinander verbunden.

11. August 1478 fol. 77

ÜBERTRAGUNG

Hengin Basemann erkennt an, demselben 14 Gulden zu bezahlen, nämlich jedes Jahr 1½ Ohm Wein auf dem Mittelmarkt. Wenn nicht erfolgt die Pfändung zu jeder Zeit.
Henne Duherman erkennt an, Herrn Heinrich Nickel für die Präsenz einen Gulden zahlen zu müssen binnen 14 Tagen. Wenn nicht erfolgt die Pfändung.
Henne Englender erkennt an, Schonwedder einen Gulden gegen Rechnung zahlen zu müssen binnen 14 Tagen. Wenn nicht erfolgt die Pfändung.
Henne Rudiger erkennt an, demselben 10 Albus zahlen zu müssen binnen 14 Tagen. Wenn nicht erfolgt die Pfändung.
Peter Hiltwin erkennt an, Knybiß 9 Albus zahlen zu müssen binnen 14 Tagen. Wenn nicht erfolgt die Pfändung.
Johann der Pollerer erkennt an, Henne Dieme 6 Gulden zahlen zu müssen binnen 14 Tagen. Wenn nicht erfolgt die Pfändung.
Ebert Metzler erkennt an, Contzgin von Gelnhausen einen Gulden zahlen zu müssen binnen 14 Tagen. Wenn nicht erfolgt die Pfändung.
Nese, die Witwe Dielgin Sniders, erhebt ihre 1. Klage wegen 2 Gulden Klagesumme und 10 Gulden Gerichtskosten gegen Hanman zu Rüdesheim auf alles.
Henne Knode hat für Frau Margret Winterbecher den Anspruch ins Gerichtsbuch eintragen lassen gegen Ebert Haubor.
Wigand Stortzkopp hat seinen Anspruch ins Gerichtsbuch eintragen lassen gegen Contz von Bellersheim.
Derselbe hat Pfändung gefordert gegen Cles Monch.
Adam von Weinheim hat seinen Anspruch ins Gerichtsbuch eintragen lassen gegen Cles Harwiler.
Henne Scherer hat Pfändung gefordert gegen Cles Suffuß.
Adam von Weinheim hat Clesgin Berkorn angeklagt, dass Clesgin etwas von ihm gekauft habe, weshalb er ihn auch zuvor gemäß dem Gerichtsbuch beschuldigt hat. Und er leistet nun nicht den Ausgleich gemäß dem Wortlaut der Schuld. Das schade ihm ebensoviel wie als Schuld angelaufen ist. Darauf sagt Clesgin, wie er ihm davor geantwortet habe gemäß dem Gerichtsbuch, dabei wolle er es lassen. Das hat Adam festhalten lassen und fragt, wann er seine Beweise beibringen soll. Urteil: in 14 Tagen. Bedürfe er Verlängerung und fordere sie, wie es Recht ist, so soll man sie ihm noch zweimal 14 Tage gewähren. Und wenn seine Beweise verhört werden, vorbehaltlich Clesgin Gegenrede, geschehe es weiter, wie es

fol. 77v — Dinstag nach Laurencij

i(n) j(ure)	recht sij. Das ortel haint von beidentheiln verbot sic / i(n) j(ure). Ffurt(er) hait Adam das bůch wie dan(n) ansprache und antwort zusch(e)n Cleßgin und yme gelut(en) laißen offen und hait Hen(ne)
konde	Aczelnkragen Henne(n) von Eltvjl und Jeckel Sta(m)men zu gesproch(e)n wie daß sie bij solichem kauffe und winkauff nach lude des bůchs gewest sihen und sagen nit wie eß berett(en) ist. Daß schade yme von yre yglichem X guld(e)n und heist yne des ey(n) ja ader ney(n) obe eß also wie dan(n) das bůch jn[-] halde gelůt(en) habe ader nit. Dar off sagen sie alle dryhe eynm(u)dig sie sihen do bij gewest(en) daß der kaůffe myt der
gelengt	gůlten wie dan(n) das bůch jnhelt / also berett und gemacht sij / daß Cleßgin die gulte geb(e)n solle. Die sage hait Adam verbot. Und ist furt(er) mit yne allen gelengt noch hude zu fier wochen sic hodie.
	Jt(em) zusch(e)n hern Leo amptma(n) der her(e)n zum dhome zu Me(n)cze und Můd(er)henne(n) jst berett und betedingt daß der kandel zusch(e)n yren beiden husen / der yeczůnt do lijt // sall durch
erkentniß[a] rachtu(n)ge nota	frůntschafft und nit yn(ne) recht bliben ligen. Und wan(n) dan(n) der selbe kandel verfulet // wijl dan(n) Můd(er)hen(ne) eyne(n) and(er)n do hain / mag er machen laiß(e)n und dar legen / doch one schad(e)n der obemelt(en) her(e)n / Solichs haint sie beide ne(m)lich her Leo von der b(enan)nt(en) siner her(e)n wegen und Mud(er)hen(ne) vor sich und sin erb(e)n erkant und v(er)williget und auch verbot als recht ist.
	Jt(em) zusch(e)n Ebert Hauborn und Hengin Erbach / nach clage antwort und beid(en)theil furbrengu(n)ge s(e)n(tent)ia daß Hengin
Eb(er)t Haubor Heng(in) Erbach s(e)n(tent)ia	Erbach noch zur zijt unerfolgt ist. Dan(n) brengt Eberhart bij jn maiß(e)n er sich yn syme zusproche vermeßen und erbott(en) hait geschee furter sovjl als recht ist. Das ortel haint sie beide verbot.
	Jt(em) Cleßgin Carppe als vo(n) mo(m)p(ar)schafft wegen Jeckel Carppen sagt sin vett(er) habe Hengin Bergen seligen eyne(n) wing(art)
widder[-][b] geno(m)ne(n)	gelegen aym Nůwen berge gefor Maysen Hen(ne) / geluhen vor XI ß jars. Nů habe Heng(in) Luterwin den wingart ynne und habe yme sins zinßs nit geb(e)n davo(n) so begere

a Ein Strich verweist von der Marginalie auf das einleitende »Jt(em)« dieses Abschnitts.
b Unter dem Anfangsbuchstaben überschrieben: »off«.

rechtmäßig ist. Dem Urteil haben sie von beiden Seiten zugestimmt. Weiter hat Adam das Buch öffnen lassen, wie die Klage und Antwort zwischen Clesgin und ihm gelautet habe und hat Henne Atzelkragen, Henne von Eltville und Jeckel Stamm angeklagt, dass sie bei diesem Kauf und Vertragsabschluss dabei gewesen seien nach Aussage des Buches und sagen nicht, was beredet wurde. Das schade ihm von jedem von ihn 10 Gulden und er fordert von ihnen ein Ja oder Nein, ob es so gewesen sei, wie das Buch aussage oder nicht. Darauf sagen alle 3 einmütig: Sie seien dabei gewesen, als der Kauf mit den Gülten beredet und gemacht wurde, wie das Buch aussage, dass Clesgin die Gülte geben solle. Diese Aussage hat Adam festhalten lassen. Alles Weitere ist verschoben worden auf heute in 4 Wochen.

Zwischen Herrn Leo, dem Amtmann der Domherren zu Mainz und Henne Muder ist beredet und verhandelt worden: Dass der Regenablauf zwischen ihren beiden Häusern, der jetzt dort liegt, dort bleiben soll gemäß einer freundschaftlichen Abrede, nicht aufgrund eines Rechtsanspruchs. Und wenn der Ablauf verfault, kann Henne Muder, wenn er will, dort einen anderen hinmachen, doch ohne den Schaden der Domherren. Dem haben sie beide, Herr Leo für die Domherren, Henne Muder für sich und seine Erben, zugestimmt und das festhalten lassen, wie es Recht ist.

Zwischen Ebert Haubor und Hengin Erbach nach Klage, Antwort und beiderseitiger Vorbringung von Beweismitteln. Urteil: Hengin Erbach ist bisher unschuldig. Wenn Ebert Beweise für seine Klage beibringe, wie er es behauptet habe, dann geschehe es weiter, wie es Recht ist. Dem haben sie beide zugestimmt.

Clesgin Carpp sagt als Vertreter für Jeckel Carpp: Sein Vetter habe dem verstorbenen Hengin Berge einen Weinberg gelegen am Neuen Berg vor Henne Mayse geliehen für 11 Schilling jährlich. Nun habe Hengin Luterwin den Weinberg inne und habe ihm seinen Zins nicht gegeben. Deshalb begehre

Dinstag vor sant Bartolomeus tage

TRANSKRIPTION

	er mit recht zu bescheid(e)n obe er den wingart nit moge
	widd(er) neme(n). S(e)n(tent)ia ja si ita est
1 h	Jd(em) dut 1 h vor ey(n) gulden gelts off Cleßgin Betten et om(n)ia.
1 h	Jd(em) dut 1 h vor X ß gelts off Wißhengin et om(n)ia.
	Actu(m) off Dinstag vor sant Bartolome(us) tage.
	Jt(em) Ped(er) Meczler erk(ennt) h(er)n Hanma(n) Smelczen vica(r)i(us) zu sant
erk(annt)	Vichtor zu Mencze 2½ [III/2] l(i)b(ras) hell(er) zu geb(e)n zusch(e)n sant Martins
	tage. Si no(n) p erf(olgt).
erk(annt)	Jt(em) H(er)man von Holczhusen erk(ennt) Mud(er)hen(ne) I guld(e)n und VII alb(us)
	zu geb(e)n in XIIII tagen. Si no(n) perf(olgt).
erf(olgt)	Jt(em) Winß Jeckel der alde erf(olgt) Conczgin Dinckl(er)n offs bůch.
	Jt(em) Jeckel Sidendistel hait Schonwedd(er)n zu gesproch(e)n wie
	daß er yme VIII alb(us) schuldig sihe und gebe yme der nit.
Jeckel Si-	Das schade yme alsvjl dar zu und heist yme des ey(n) ja
dendistel	ader ney(n). Dar off sagt Schonwedder er habe Jeckeln
Schonwedd(er)	czwilche geb(e)n daß er yme nuste schuldig sij.ᵃ Und wes er
	yne wider anlange des sihe er unschuldig. Die unscholt
	ist gestalt noch hude zu XIIII tag(en). Das haint sie beide v(er)bot.
2 hᶜ	Jt(em) Henne Ercken dut sin 2 h off Bingeln Cleßgin ut p(ri)ma.
1 h	Jd(em) dut 1 h vor ey(n) guld(e)n und XV ß gelts off Jeckel Car-
	pen et om(n)ia.
1 h	Jd(em) dut 1 h vor Iᵇ guld(e)n off Clese Harwilern et sup(ra) pi(n)g(nora).
win hald(e)n	Jt(em) Snelnhen(ne) sall den win zu(m) ersten maile XIIII tage halt(en).
	Jt(em) Ebert Kicze hait Peder Snaden zu gesproch(e)n wie daß er
	Ped(er)n verkaufft und off gegeb(e)n habe vor phandt gut II wing(art)
	vor IIII guld(e)n. Die habe Peder auch geschoren und bezale yne
Eb(er)t Kicze	nit. Das schade yme X guld(e)n. Peder sagt er habe Ebert(en)
	erfolgt und ergang(en) und beziege sich des off das gerichts buch
Ped(er) Snade	und habe yme sine(n) gerichts schaden noch nit widd(er) geb(e)n. Des[-]
	halp stehe Ebert noch jn syme rechten und hofft yme nit
	schuldig sin zu antworten. Ebert sagt er habe Ped(er)n wole

a Das Wort ist über der Zeile beigefügt.
b Es folgt durchgestrichen: »gel[d]«.
c Diese und die beiden folgenden Marginalien sind durch eine Klammer miteinander verbunden.

er ein Urteil, ob er den Weinberg wieder an sich nehmen könne. Urteil: Ja, wenn es so ist.

Derselbe erhebt seine 1. Klage wegen 1 Gulden Geld gegen Clesgin Bett auf alles.

Derselbe erhebt seine 1. Klage wegen 10 Schilling Geld gegen Hengin Wiß auf alles.

18. August 1478

Peter Metzler erkennt an, Hanman Smelcz, dem Vikar von St. Viktor zu Mainz, 2 ½ Pfund Heller zahlen zu müssen bis St. Martin. Wenn nicht erfolgt die Pfändung.

Hermann von Holzhausen erkennt an, Henne Muder 1 Gulden und 7 Albus zahlen zu müssen binnen 14 Tagen. Wenn nicht erfolgt die Pfändung.

Jeckel Winß der Alte hat seinen Anspruch ins Gerichtsbuch eintragen lassen gegen Contzgin Dinckler.

Jeckel Sidendistel hat Schonwedder angeklagt, dass er ihm jährlich 8 Albus schuldig sei und gebe sie ihm nicht. Das schade ihm ebenso viel dazu, und er fordert von ihm ein Ja oder Nein. Darauf sagt Schonwedder: Er habe Jeckel Zwillich gegeben, so dass er ihm nichts mehr schuldig sei. Und wessen er ihn darüber hinaus anklage, dessen sei er unschuldig. Die Unschuld gilt von heute an für 14 Tage. Dem haben sie beide zugestimmt.

Henne Erk erhebt seine 2. Klage gegen Clesgin Bingel.

Derselbe erhebt die 1. Klage wegen 1 Gulden und 15 Schilling gegen Jeckel Carpp auf alles.

Derselbe erhebt die 1. Klage wegen 1 Gulden gegen Cles Harwiler auf die Pfänder.

Henne Snel soll den Wein zum ersten Mal 14 Tage halten.

Ebert Kitz hat Peter Snade angeklagt, dass er Peter 2 verpfändete Weingärten für 4 Gulden übertragen und verkauft habe. Die habe Peter auch genutzt und bezahle ihn nicht. Das schade ihm 10 Gulden. Peter sagt: Er habe gegen Ebert geklagt und gewonnen und beruft sich auf das Gerichtsbuch, und er habe ihm seine Gerichtskosten noch nicht wieder gegeben. Deshalb steht Ebert noch in seinem Recht, und er hofft, ihm nicht schuldig zu sein zu antworten. Ebert sagt: Er habe Peter sehr wohl

fol. 78v — Dinstag vor sant Bartolomeus tage

bezalt und sihe yme nuste schuldig und wes er yne wider
anlange des sihe er unschuldig. Und hofft Peder soll yme
antwort(en). Die unscholt ist Eberten gestalt noch hude zů
XIIII tagen. Das hant sie beide verbot.

erk(annt) — Jt(em) Jeckel von Siemern erk(ennt) Peder Fieln als vo(n) mo(m)p(ar)schafft
wegen des probst ym(m) Sale III l(i)b(ras) h(e)l(ler) off rechnu(n)ge zu geb(e)n
in XIIII tag(en). Si no(n) p erf(olgt).

Jt(em) Swarcze Cleßgin von Jngelnheim als vo(n) mo(m)p(ar)schafft wege(n)
erf(olgt) VII c — Swarcze Conczen von ᵃ Oisterich erfolgt Carppen Cleßgin / Henne
Gutgesellen / Kicze Henne(n) / Henne von Fynten / Donczelhen(ne)
Henne(n) von Hoestadt und Contzgin Prassen ᵇ ne(m)lich

gelengt — iglichen vor XX guld(e)n. Und ist furt(er) mit den and(er)n allen
gelengt noch hude zu fier wochen sic hodie.

i(n) j(ure) — Jt(em) nach dem Rußen Clese als vo(n) mo(m)p(ar)schafft wegen hern
Wilhelm Hoden vica(r)i(us) zu sant Steffan zu Mencze sin fierde
heischunge jn maiß(e)n die erste gelute off Clas Man(n) und
frauwe Hebeln von Engaß(e)n gethan und Hans Snid(er)n als vo(n)

offgeholt — mo(m)p(ar)schafft wegen Ebert Feczers / die zijt sin jnsage jn[-]
jnredde — halt des buchs behalt(en) ist etc. Also hait Rußen Clese die
gude und und(er)phande nach lude siner heischůnge off-
geholt(en). Dar ynne rette Hans Snider als vo(n) sins jonck(er)n
wegen und sagt sin joncker habe in den guden ligen. Da
von so begere er mit recht zu bescheid(e)n obe er nit moge
die gulte dar legen und sin gude beschudden / und die and(er)n
zu yme neme(n). Daroff s(e)n(tent)ia hait er jn den guden ligen
und wijl den her(e)n yre gulte furt(er) geb(e)n mit sampt dem

ban(n) und — verseße und gerichts schad(e)n so mag erß thun. Dar off
freden — hait er ja geantwort(en) und das verbot. Und der scholteß
hait yme ban(n) und freden dar ober gethan als recht ist.
Das hait er auch verbot.

p b — Jt(em) Wigant Storczkoppe hait p b an Concze Bellerßheim.
win halt(en) — Jt(em) Dho(m)m(us) Henne sall den win XIIII tage halten.
p b — Jt(em) Winßhen(ne) hait p b an Ebert Kiczen.
erf(olgt) — Jt(em) Konne(n) Peder erf(olgt) Peder Maczkůchen vor X guld(e)n
entbrochen — Jt(em) Peder Wolenber ist diß gebots vo(n) Mathisen entbrochen et redde(re) da(m)pnu(m) judicii noch daling.

---

a Das Wort ist über die Zeile geschrieben.
b Es folgt durchgestrichen: »offs buch«.
c Diese und die folgende Marginalie sind durch eine einfache runde Klammer miteinander verbunden.

bezahlt und sei ihm nichts schuldig und wessen er ihn darüber hinaus anklage, dessen sei er unschuldig. Und er hofft, Peter soll ihm antworten. Eberts Unschuld gilt von heute an für 14 Tage. Dem haben sie beide zugestimmt.

Jeckel von Simmern erkennt an, Peter Fiel als Vertreter des Propstes im Sale 3 Pfund Heller gegen Rechnung zahlen zu müssen binnen 14 Tagen. Wenn nicht erfolgt die Pfändung.

Clesgin Swartz von Ingelheim als Vertreter von Contz Swartz von Östrich verklagt Clesgin Carpp, Henne Gutgesell, Henne Kitz, Henne von Finthen, Henne Dontzel, Henne von Hoestadt und Contzgin Prass, nämlich jeden auf 20 Gulden. Diese Angelegenheit und die anderen Sachen sind verschoben worden auf heute in 4 Wochen.

Nachdem Cles Ruß als Vertreter von Herrn Wilhelm Hoden, Vikar von St. Stephan zu Mainz, seine 4. Klage erhoben hat gegen Clas Mann und Frau Hebel von Engassen und Hans Snider als Vertreter von Ebert Fetzer, dessen Widerspruch gemäß dem Eintrag im Gerichtsbuch davon unberührt ist, etc. Also hat Cles Ruß die Güter und Pfänder gemäß seiner Klage eingezogen. Dagegen wandte sich Hans Snider für seinen Junker und sagte: Sein Junker habe dort Güter liegen. Daher begehre er einen Rechtsbescheid, ob er nicht die Gülte bezahlen, seine Güter benennen und die anderen an sich nehmen könne. Darauf ergeht das Urteil: Hat er Besitz in den Gütern und will den Herren ihre Gülte weiter geben mitsamt der Ausstände und den Gerichtskosten, so könne er es tun. Darauf hat er Ja geantwortet und das festhalten lassen. Und der Schultheiß hat ihm Bann und Frieden darüber gemacht, wie es Recht ist. Das hat er auch festhalten lassen. Wigand Stortzkopp hat Pfändung gefordert gegen Contz Bellersheim.

Henne Dhommus soll den Wein 14 Tage behalten.

Henne Winß hat Pfändung gefordert gegen Ebert Kitz.

Peter Konne verklagt Peter Matzkuch auf 10 Gulden.

Peter Wolenber ist von den Forderungen von Mathis freigesprochen worden und er soll die Gerichtskosten noch heute zurückgeben.

fol. 79 — Samßtag vor Bartholmei

	Actu(m) off Samßtag vor Bartholomei.
1 hª	Jt(em) Peder Mospech(er) als vo(n) der kyrchen wegen dut 1 h vor
	ey(n) phondt wachs off Jeckel Basenheymern et sup(ra) ping(nora).
1 h	Jd(em) dut 1 h vor eyn halp phondt wachs off E(m)meln von
	Jngelnheim et sup(ra) ping(nora).
	Actu(m) off Dinstag nach Bartolomei.
erf(olgt) p b	Jt(em) Bend(er)henne erf(olgt) Rytt(er)hengin offs buch und hait p b.
erf(olgt)	Jt(em) her Heinrich Nickel erf(olgt) Henne Duherma(n) offs bůch.
2 clage	Jt(em) Nese Dielgin Sniders seligen witwen dut yre 2 clage
	off Ha(n)man von Rudeßheim ut p(ri)ma.
2 h	Jt(em) Cleßgin Carppe als vo(n) mo(m)p(ar)schafft wegen Jeckel Carppen
	dut sin 2 h off Wißhengin ut p(ri)ma.
erk(annt)	Jt(em) Peder Bender erk(ennt) Henne Stopen IX guld(e)n zu geben
	in XIIII tagen. Si no(n) p erf(olgt).
1 h	Jt(em) Adam Hase als vo(n) mo(m)p(ar)schafft wegen Gotfarts vo(n) Stockheim
	dut 1 h vor VIII ß gelts off Rudolff Snyd(er)n et sup(ra) p.
	Jt(em) Klees Karlen und Myer Hen(ne) Erkens knecht erkenne(n)
f(re)f(el) f(re)f(el)	yr iglicher dem scholteß(e)n ey(n) f(re)f(el) mit syme liebe dar
	um(m)b zu leben.
	Jt(em) Scher(er)hen(ne) hait Joh(ann)es Faut(en) zu gesproch(e)n wie daß er eyn
	felt habe ynne gehabt(en) das sihe yme von syme vater
	seligen off erstorben. Und lige jn d(er) her(e)n gulte vo(n) Mey-
Scher(er)hen(ne)	senheim also daß er jars funffe ß davo(n) gegeb(e)n habe / Solich
Joh(ann)es Faůt	funffe ß habe er Joh(ann)es abe kaufft vor III g(ulden). Joh(ann)es habe
	yme auch zu gesagt bij dem felde zu behalden und obe
	yme etwas do oben an gewonne(n) worde / das wolle er
	yme orsaiß(e)n / Nů sihe yme das felt mit recht an gewonne(n)
	word(e)n. Daß Joh(ann)es nů yne bij dem felde nit behylt jn maiß(e)n
	er yme zu gesagt das schade yme X guld(e)n. Und obe Joh(anne)s
	ney(n) sagen wolt daß eß nit also berett(en) sihe so beziege
	er sich des off jonck(er) Philipsen den scholteß(e)n. Joh(ann)es sagt

a Diese und die folgende Marginalie sind durch eine einfache runde Klammer miteinander verbunden

22. August 1478

Peter Mospecher erhebt für die Kirche seine 1. Klage wegen einem Pfund Wachs gegen Jakob Basenheimer auf die Pfänder.

Derselbe erhebt seine 1. Klage wegen eines halben Pfundes Wachs gegen Emmel von Ingelheim auf die Pfänder.

25. August 1478

Henne Bender hat seinen Anspruch ins Gerichtsbuch eintragen lassen gegen Hengin Ritter und hat Pfändung gefordert.

Heinrich Nickel hat seinen Anspruch ins Gerichtsbuch eintragen lassen gegen Henne Duherman.

Nese, die Witwe Diele Sniders, erhebt ihre 2. Klage gegen Hanmann von Rüdesheim.

Clesgin Carpp erhebt als Vertreter von Jeckel Carpp seine 2. Klage gegen Hengin Wiß.

Peter Bender erkennt an, Henne Stop 9 Gulden zahlen zu müssen binnen 14 Tagen. Wenn nicht erfolgt die Pfändung.

Adam Hase erhebt als Vertreter Gotfarts von Stockheim seine 1. Klage wegen 7½ Schilling Geld gegen Rudolf Snider auf die Pfänder.

Karl Klee und Myer, der Knecht von Henne Erk, erkennen jeder an, dem Schultheißen einen Frevel zu leisten.

Henne Scherer hat Johannes Faut angeklagt, dass er ein Feld innehatte, das ihm von seinem verstorbenen Vater vererbt worden sei. Das leistet den Herren von Meisenheim Gülte, jährlich 5 Schilling. Solche 5 Schilling habe er Johannes für 3 Gulden abgekauft. Johannes habe ihm auch zugesagt, ihn in dessen Besitz zu setzen und wenn er etwas daran verlieren werde, dann wolle er ihm das an der Kaufsumme erlassen. Nun sei das Feld vor Gericht erklagt worden. Dass Johannes ihn nun nicht bei dem Feld beließ, wie er ihm zusagte, das schade ihm 10 Gulden. Und wenn Johannes Nein sagen wolle, dass es nicht so beredet worden sei, so berufe er sich auf Junker Philipp den Schultheißen. Johannes sagt,

fol. 79v — Dinstag nach Bartolomei

Scher(er)hen(ne) habe yme funff ß gelts gegeb(e)n und den her(e)n
zu Meysenheim nit / Des sij er yme III g(ulden) schuldig ge[-]
westen. Do sihe berett(en) word(e)n daß Scher(er)hen(ne) yme die
V ß nit geb(e)n soll bijß so lange er yme die III guld(e)n
bezale. Doch was der scholtes dar ynne erkenne do
bij woll erßs auch laiß(e)n. Das hait Scher(er)hen(ne) verbot
und begert mit recht wan(n) er den scholteß(e)n brengen
solle. S(e)n(tent)ia in XIIII tag(en). Bedarff er dan(n) siner tage furte
und heist die als recht ist so sall ma(n) yme die furter
seczen noch zu czweien XIIII tag(en). Und so der scholtes
verhort(en) wirt beheltlich Joh(ann)es sin jnsage und geschee
dan(n) furt(er) was recht ist.

p b	Jt(em) Jeckel Winßbach der alde hait p b an Conczgin Dincklern.
p b	Jt(em) Philips des Boeßen hoeffma(n) hait p b an Hengin Rŭtßen.
p b	Jt(em) Knod(e)nhen(ne) als vo(n) wegen frauwe Margrett Wint(er)[-]bech(er)n hait p b an Ebert Haŭborn.
p b	Jt(em) Henne Stope hait p b an Ebert Kyczen.
erf(olgt) p b	Jt(em) Dieme(n) Henne erf(olgt) Johan den poller(er) offs bŭch und hait an yme p b.
phande halden	Jt(em) Hilczenkett sall die phande / die Ped(er) Lŭff selige yre gegeb(e)n / zu(m) ersten maile XIIII tage halden.
	Jt(em) Kicze An(ne) hait Kiczgin zu gesproch(e)n wie daß sie eyn husche und hoeff mit syme begriffe / das sie dan(n) swerlich vergult(en) muße // bij Kiczgin ligen habe.ᵃ Also ge-
Kicz Anne Kiczgin	bruche sich Kiczgin und die syne(n) yrßs theils daß yre schade davo(n) entstehe. Daß sie solichs dŭnt das schade yre hond(er)t g(ulden) und heist yme des ey(n) ja ader ney(n) obe er und dieᵇ syne(n) sich solichs yrßs theils gebrucht hab(e)n ader nit. Das ist gelengt noch hude zu fier woch(e)n sic hodie.
erk(annt)	Jt(em) Conczgin Dinckl(er) erk(ennt) Stolhansen als vo(n) mo(m)p(ar)schafft

a Das Wort ist über der Zeile beigefügt.
b Das Wort ist über der Zeile beigefügt.

25. August 1478 — fol. 79v

ÜBERTRAGUNG

Henne Scherer habe ihm 5 Schilling Geld gegeben und den Herren von Meisenheim nicht. Er sei ihm 3 Gulden schuldig gewesen. Da sei beredet worden, dass Henne Scherer ihm die 5 Schilling so lange nicht geben solle, bis er ihm die 3 Gulden bezahlt habe. Doch was der Schultheiß in dieser Sache erkenne, dabei wolle er es auch lassen. Das hat Henne Scherer festhalten lassen und das Gericht gefragt, wann er den Schultheißen vor Gericht bringen solle. Urteil: in 14 Tagen. Bedürfe er Verlängerung und fordere er sie, wie es Recht ist, so soll man ihm noch zweimal 14 Tage geben. Und wenn der Schultheiß verhört werde, vorbehaltlich Johannes Gegenrede, dann geschehe es weiter, wie es rechtmäßig ist.

Jeckel Winsbach der Alte hat Pfändung gefordert gegen Contzgin Dinckler.

Philipp, der Hofmann des Boos von Waldeck, hat Pfändung gefordert gegen Hengin Ruts.

Henne Knode hat für Frau Margrete Winterbecher Pfändung gefordert gegen Ebert Haubor.

Henne Stop hat Pfändung gefordert gegen Ebert Kitz.

Henne Diem hat seinen Anspruch ins Gerichtsbuch eintragen lassen gegen Johann den Pollerer und hat Pfändung gefordert.

Kett Hiltz soll die Pfänder, die ihr der verstorbene Peter Luff gegeben hat, zum ersten Mal 14 Tage halten.

Anne Kitz hat Kitzgin angeklagt, dass sie ein Haus und Hof mit Zubehör, für das sie hohe Gülte zahlen müsse, habe. Dieses nutzten Kitzgin und die seinen, so dass ihr Schaden davon entstehe. Dass sie solches tun, das schade ihr 100 Gulden und sie fordert von ihnen ein Ja oder Nein, ob er und die seinen ihren Besitz genutzt hätten oder nicht. Das ist verschoben worden auf heute in 4 Wochen.
Contzgin Dinckler erkennt an, Hans Stol als Vertreter

fol. 80 — DInstag nach Bartolomei

	wegen Clas Man(n) 2½ [III/2] l(i)b(ras) hell(er) zu geb(e)n in XIIII t(agen). Si no(n) p erf(olgt).
erk(annt)	Jt(em) Herma(n) von Holczhusen erk(ennt) jd(em) I l(i)b(ram) hell(er) zu geb(e)n in XIIII tag(en). Si no(n) p erf(olgt).
erk(annt)	Jt(em) Peder Wolenber erk(ennt) dem scholteß(e)n Philips Bus(er)n ůß- rachtu(n)ge zu thůn in XIIII tag(en) nach besage der offstoßer.
Ebert Hau[-] bor Clese Back Eb(er)t Kicze	Jt(em) Ebert Haubor hait Clese Backen und Ebert Kiczen zu gesproch(e)n wie daß sie off eyn zijt in Cleßgin Beckers husche do bij gewest sihen daß Hengin von Erbach yne gehaůwen habe / und sagen nit wie eß zu gange und sich der handel begeb(e)n habe. Das schade yme von yre iglichem X guld(e)n. Das ist gelengt noch hude zu XIIII tagen sic hodie.
erk(annt)	Jt(em) Kicze Anne erk(ennt) Steffen Bedd(er)n III guld(e)n off rechnu(n)ge zu geb(e)n in XIIII tag(en). Si no(n) p erf(olgt).
erk(annt)	Jt(em) Clese Wiße erk(ennt) jonffrauwe Fieln ym(m) clost(er) XVIII ß zu geb(e)n in XIIII tagen. Si no(n) p erf(olgt).
Mathis Ped(er) Wol[-] enbere H(er)ma(n) Bend(er)	Jt(em) Mathis in der Rynd(er)bach hait Ped(er) Wolenb(er)n und H(er)man(n) Bend(er)n zu gesproch(e)nn wie daß sie yme 2½ [III/2] stucke wins abe gekaufft hab(e)n / ye das fůd(er) vor VI g(ulden) und III alb(us). Und sie solten yme den win vom(m) halse fůren zu Pinxsten nehst v(er)gangen und in XIIII tagen nach den Pinxsten yme uß- rachtůnge thůn mit gelde das dan(n) genge und gebe were. Der hab(e)n sie keynßs gethan jn maiß(e)n eß dan(n) berett(en) ist. Das schade yme von yre iglichem XL guld(e)n. Und obe sie dar zu ney(n) sagen wolten so beziege er sich des off Concze Storczkoppen der den besloße gemacht und eyn detingsma(n) zusch(e)n yne gwest(en) ist und obe der mehe ader my(n)ner segt so wolten sie eß auch do bij laißen. Das ist gelengt noch hude zu XIIII tag(en) sic hodie.
i(n) j(ure) Cleßgin Drappe H(er)ma(n) Bend(er)	Jt(em) Cleßgin Drappe hait Herma(n) Bend(er)n zu gesprochen wie daß H(er)man yme II faße schuldig gewest(en) sij / Die solt er yme fernet zu herbst bezalt(en) hain / Nů habe er yme eynßs geb(e)n und eynßs heiß(e)n neme(n)ᵃ Conczgin Bend(er)n / er

---

a Es folgt ein unleserliches Wort [Über ein »umb« ist ein »jn« geschrieben ?].

25. August 1478

ÜBERTRAGUNG

von Clas Mann 2½ Pfund Heller zahlen zu müssen binnen 14 Tagen. Wenn nicht erfolgt die Pfändung.

Hermann von Holzhausen erkennt an, demselben 1 Pfund Heller zahlen zu müssen binnen 14 Tagen. Wenn nicht erfolgt die Pfändung.

Peter Wolenber erkennt an, sich mit dem Schultheißen Philipp Bußer gütlich zu einigen in 14 Tagen nach der Aussage der Aufstoßer.

Ebert Haubor hat Cles Back und Ebert Kitz angeklagt, dass sie vor einiger Zeit im Haus von Clesgin Becker dabei gewesen seien, als Hengin von Erbach ihn geschlagen habe und sagen nicht, wie es zugegangen sei und wie der Streit entstanden sei. Das schade ihm von jedem 10 Gulden. Das ist verschoben worden um 14 Tage.

Anne Kitz erkennt an, Steffen Beder 3 Gulden gegen Rechnung zahlen zu müssen binnen 14 Tagen. Wenn nicht erfolgt die Pfändung.

Cles Wiß erkennt an, Jungfrau Fiel im Kloster 18 Schilling zahlen zu müssen binnen 14 Tagen. Wenn nicht erfolgt die Pfändung.

Mathis in der Rinderbach hat Peter Wolbenber und Hermann Bender angeklagt, dass sie von ihm 3 Stück Wein gekauft haben, das Fuder für 6 Gulden und 3 Albus. Und sie sollten den Wein abholen an Pfingsten und ihn dann mit dem gängigen Geld bezahlen 14 Tage nach Pfingsten. Davon haben sie nichts in der Form getan, wie es beredet war. Das schade ihm von jedem 40 Gulden. Und wenn sie Nein dazu sagen wollen, so berufe er sich auf Contz Stortzkopp, der den Vertragsabschluss herbeigeführt habe und Verhandlungsführer zwischen ihnen gewesen sei. Und wenn dieser etwas anderes aussage, wollen sie es auch akzeptieren. Das ist verschoben worden um 14 Tage.

Clesgin Drapp hat Hermann Bender angeklagt, dass Hermann ihm 2 Fässer schuldig gewesen sei. Die sollte er ihm vergangenen Herbst bezahlt haben. Nun habe er ihm eines gegeben und habe gesagt, er solle das andere nehmen. Darauf sagt Contzgin Bender, er

fol. 80v — Dinstag nach Bartolomei

woll eß bezalen. Daß er Conczgin daß nit bezalt das schadt
yme X g(ulden) und heist yme des ey(n) ja ader ney(n). Dar
off sagt H(er)ma(n) des off gemeß(e)n schadens sij er zůvor
abe unschuldig etc. Und erkent daß Cleßgin yme II faße
geluhen habe / Der habe er yme eynßs widd(er) geben
und Cleßgin off die zijt gebett(en) daß er beide bijß off
den and(er)n tag so woll er yme das and(er) faße auch geb(e)n.
Und gestett Cleßgin nit daß er yne eynßs habe heiß(e)n
neme(n). Dan(n) er erkent yme ey(n) faße zu geb(e)n und
wes Cleßgin yne wider anlangt des ist er unschuldig.
Cleßgin hait verbot daß H(er)ma(n) yme ey(n) faße erkennet
und begert mit recht wan(n) erßs yme geb(e)n soll. S(e)n(tent)ia
in XIIII tag(en). Das hait Cleßgin verbot. Furt(er) ist die unscholt gestalt noch hude zu XIIII tag(en). Das haint sie
beide verbot.

erf(olgt)   Jt(em) Hans von Jsennach erf(olgt) Hengin Rauchen vor I g(ulden)
off rechnů(n)ge.

erf(olgt)   Jt(em) Henne Stope erf(olgt) Heryngen vor X guld(e)n.

Actu(m) off Samßtag nach Bartolomei.
tag v(er)hut(en)   Jt(em) Clese Raup unser mit scheffen geselle und Peder
Wolenber haint yren tag verhůt(en). Des ist yne tag ge-
stalt an das nehste gericht.

Actu(m) off Dinstag nach Decollac(i)o(n)is Joh(ann)is.
erk(annt)   Jt(em) Kicze Henne erk(ennt) Philips Busern unß(er)m scholteß(e)n
hinfure jerlichs eyne(n) cappen zu geb(e)n und den ver-
seße myt syme liebe zuv(er)tedingen. Das hait Philips
verbot.

erf(olgt)   Jt(em) Muderhen(ne) erf(olgt) Herma(n) Styffen offs bůch.
erf(olgt)   Jt(em) Henne Ruße erf(olgt) Hengin Raůchen offs bůch.

25. August 1478 — fol. 80v

wolle es bezahlen. Dass Contzgin das nicht bezahlt, das schade ihm 10 Gulden und er fordert von ihm ein Ja oder Nein. Darauf sagt Hermann, des angelaufenen Schadens sei er zunächst unschuldig. Er erkennt an, dass Clesgin ihm 2 Fässer geliehen habe. Davon habe er ihm eines wiedergegeben und Clesgin damals gebeten, dass er beide bis zum nächsten Tag behalten könne, dann wolle er ihm das andere Fass auch geben. Und er gesteht nicht, dass er Clesgin gesagt habe, er soll das eine Fass nehmen. Er erkennt an, dass er ihm ein Fass zu geben habe. Wessen er ihn darüber hinaus anklage, dessen sei er unschuldig. Clesgin hat festhalten lassen, dass Hermann anerkannt hat, ihm ein Fass geben zu müssen und fragt das Gericht, wann er es ihm geben soll. Urteil: in 14 Tagen. Dem hat Clesgin zugestimmt. Weiter gilt die Unschuld noch 14 Tage. Dem haben sie beide zugestimmt.

Hans von Isenach verklagt Hengin Rauch auf 1 Gulden gegen Rechnung.

Henne Stopp verklagt Hering auf 10 Gulden.

29. August 1478

Cles Raub, unser Mitschöffe und Peter Wolenber haben ihren Gerichtstermin gewahrt. Es wurde ihnen ein Termin gesetzt am nächsten Gerichtstag.

1. September 1478

Henne Kitz erkennt an, Philipp Bußer, unserem Schultheißen, in Zukunft jedes Jahr einen Kappaunen zu geben und die angelaufene Schuld gütlich zu begleichen. Das hat Philipp festhalten lassen.

Henne Muder hat seinen Anspruch ins Gerichtsbuch eintragen lassen gegen Hermann Styffe.

Henne Ruß hat seinen Anspruch ins Gerichtsbuch eintragen lassen gegen Hengin Rauch.

fol. 81 — Dinstag unßer lieben Frauwen tag Nativitatis

win halt(en)	Jt(em) Dho(m)m(us) Henne und Snelnhenne sollen den win zu(m) czweit(en) maile XIIII tage halten.
erk(annt)	Jt(em) Cleßgin Suffuße erk(ennt) Hengin Melma(n) XI guld(e)n off rechnů(n)ge zu geb(e)n in XIIII tag(en). Si no(n) p erf(olgt).
Clese Suffuß Ped(er) Man[-]delman	Jt(em) Clese Suffuße hait Peder Mandelma(n) zu gesprochen wie daß er yme XII alb(us) schuldig sij und gebe yme der nit. Das schade yme alsvjl dar zu // Des habe er III cope(n) erbeiß geb(e)n. Dar off hait Ped(er) / Clesen II alb(us) und den gebots hell(er) geb(e)n und sagt wes^a yne Clese^b wider anlange des sihe er unschuldig. Die unscholt ist gestalt noch hude zu XIIII tag(en).
erk(annt)	Jt(em) Peder Swinde erk(ennt) Clese Storczkoppen XVIII alb(us) zů geb(e)n in XIIII tag(en). Si no(n) p erf(olgt)
erk(annt)	Jt(em) Peder Swinde erk(ennt) Hengin Hilczen IIII alb(us) zu geben in XIIII tagen. Si no(n) p erf(olgt).
erk(annt)	Jt(em) Sniderhen(ne) Jeckel erk(ennt) Henne(n) von Eltvjl II guld(e)n off rechnu(n)ge zu geb(e)n in XIIII tagen. Si no(n) p erf(olgt).
fr(ef)f(el) fr(ef)f(el)	Jt(em) Erkens Cleßgin erk(ennt) dem scholteß(e)n II fr(ef)f(el).
2 h	Jt(em) Henne Erken(n) dut sin 2 h off Jeckel Carppen ut p(ri)ma.
erk(annt)	Jt(em) Diemen Henne erk(ennt) Steffan Beddern XVII alb(us) zu geb(e)n in XIIII tagen. Si no(n) p erf(olgt).
1 clage	Jt(em) Ancze Duppengießer dut 1 clage vor X g(ulden) heiptgelt. und XX guld(e)n schaden off die jonffr(au) zu Sant Klaern zu Mencze ut om(n)ia.
erf(olgt)	Jt(em) Hengin Melma(n) erf(olgt) Kicze Anne(n) vor VII guld(e)n.
	Actu(m) off Dinstag unß(er) lieb(e)n Frauw(e)n tag Nati(vi)t(atis)
phande halt(en)	Jt(em) Hilczenkette sall die phande zu(m) czweiten maile XIIII tage halten.
2 tag	Jt(em) Schererhen(ne) hait sin 2 tag furt(er) geheisch(e)n konde zu brenge(n) geigen Joh(ann)es Fauten.
tag v(er)hut(en)	Jt(em) Adam von Winheim Cleßgin Berkorn Jeckel Stam(m) Henne von Eltvjl Cleßgin Drappe Herma(n) Bender Peder Wolenb(er)

a Es folgt durchgestrichen: »er«.
b Das Wort ist über der Zeile beigefügt.

8. September 1478 fol. 81

Henne Dhommus und Henne Snel sollen den Wein zum zweiten Mal 14 Tage behalten.
Clesgin Suffuß erkennt an, Hengin Melman einen Gulden gegen Rechnung zahlen zu müssen binnen 14 Tagen. Wenn nicht erfolgt die Pfändung.
Clesgin Suffuß hat Peter Mandelman angeklagt, dass er ihm 12 Albus schuldig sei und gebe ihm diese nicht. Das schade ihm ebensoviel. Dafür hatte er 3 Becher Erbsen gegeben. Darauf hat Peter Cles 2 Albus und den Gebotsheller gegeben und sagt, wessen ihn Cles darüber hinaus anklage, dessen sei er unschuldig. Die Unschuld gilt von heute an 14 Tage.
Peter Swinde erkennt an, Cles Stortzkopp 18 Albus zahlen zu müssen binnen 14 Tagen. Wenn nicht erfolgt die Pfändung.
Peter Swinde erkennt an, Hengin Hiltz 4 Albus zahlen zu müssen binnen 14 Tagen. Wenn nicht erfolgt die Pfändung.
Jeckel Sniderhen erkennt an, Henne von Eltville 2 Gulden gegen Rechnung zahlen zu müssen binnen 14 Tagen. Wenn nicht erfolgt die Pfändung.
Clesgin Erk erkennt an, dem Schultheißen 2 Frevel leisten zu müssen.
Henne Erk erhebt seine 2. Klage gegen Jeckel Carpp.
Henne Diem erkennt an, Steffan Beder 17 Albus zahlen zu müssen binnen 14 Tagen. Wenn nicht erfolgt die Pfändung.
Antz Duppengießer erhebt seine 1. Klage wegen 10 Gulden Klagesumme und 20 Gulden Gerichtskosten gegen die Nonnen von St. Klara zu Mainz auf alles.
Johann Melman verklagt Anne Kitz auf 7 Gulden.

8. September 1478
Kett Hiltz soll die Pfänder zum zweiten Mal 14 Tage behalten.
Henne Scherer hat seinen 2. Tag erbeten, Beweise beizubringen gegen Johannes Faut.
Adam von Weinheim, Clesgin Berkorn, Jeckel Stamm, Henne von Eltville, Clesgin Drapp, Hermann Bender, Peter Wolenber

fol. 81v — Samßtag nach Nativitatis Marie

und Mathis jn d(er) Rind(er)bach haint alle yre tage v(er)hut(en). Des ist yne tag gestalt an das nehste gericht.

Actu(m) off Samßtag nach Nativitat(is) Ma(r)ie.

erk(annt) no(tandum)	Jt(em) Jeckel Stam(m) erk(ennt) Jeckel Moren als vo(n) mo(m)perschafft wegen der jonffrauw(e)n zu den Wißen Frauwen zu Mencze // siner dochter halb(e)n; LX guld(e)n zuv(er)můgen zusch(e)n Winacht(en) nehst kom(m)ent. Si no(n) p erf(olgt).
p b	Jt(em) Můd(er)hen(ne) hait p b an Herma(n) von Holczhusen.
p b	Jt(em) Peder Lichtschijt hait p b an Clese Duherma(n).
p b	Jt(em) E(m)mel von Appinheim hait p b an Heincze Drieln.
erf(olgt) p b	Jt(em) Steffan der beder erf(olgt) Kicze Anne(n) und Diemen Henne(n) offs bůch und hait p b.
erk(annt)	Jt(em) Winworm erk(ennt) Wigant Storczkoppen XVI alb(us) zu geb(e)n in XIIII tag(en). Si no(n) p erf(olgt).
Hans Moll(er) Winßhen(ne)	Jt(em) Ancze Duppengießer hait sich v(er)dingt Hans Moll(er)n von Genczungen sin worte zu thůn und hait sin under[-]tinge verbot als recht ist. Und hait Winßhen(ne) zu ge-gesproch(e)n wie daß er zu Conczen Hengin von konde des mo(m)per er sihe / kom(m)en ist und yme verdingt(en) etliche win off die Mossel zu fůren. Und gesagt(en) habe er nit geschyrre daß sin wine gefertiget werd(e)n daß erßs bestille wo er konne // Und sie sihent yn bijwesen erber lude yrßs marteß eynßs word(e)n mit name(n) ist eyner do bij gewest der dan(n) Winßhen(ne) zu horet / Also habe Conczen Hengin ander lude gewonne(n) und die wine off geladen und gefurten an die ende als sie dan(n) gedingt(en) waren. Nů stett syme heiptma(n) noch uß an der

und Mathis in der Rinderbach haben alle ihren Gerichtstag gewahrt. Es ist ihnen ein Termin gesetzt worden am nächsten Gerichtstag.

12. September 1478
Jeckel Stamm erkennt gegenüber Jeckel Mor als Vertreter der Nonnen im Weißfrauenkloster zu Mainz an, wegen seiner Tochter 40 Gulden anlegen zu müssen bis Weihnachten. Wenn nicht erfolgt die Pfändung.

Henne Muder hat Pfändung gefordert gegen Hermann von Holzhausen.
Peter Lichtschid hat Pfändung gefordert gegen Cles Duherman.

Emmel von Appenheim hat Pfändung gefordert gegen Heinz Driel.
Steffan der Beder hat seinen Anspruch ins Gerichtsbuch eintragen lassen gegen Anne Kitz und Henne Diem und hat Pfändung gefordert.

Winworm erkennt an, Wigand Stortzkopp 16 Albus zahlen zu müssen binnen 14 Tagen. Wenn nicht erfolgt die Pfändung.

Antz Duppengießer hat sich verpflichtet, Hans Moller von Gensingen vor Gericht zu vertreten und hat seine Anwaltschaft festhalten lassen, wie es rechtmäßig ist. Und er hat Henne Winß angeklagt, dass er zu Johann Kunz nach Aussage dessen, dessen Vertreter er sei, gekommen sei und sich verpflichtet habe, Wein an der Mosel zu verkaufen. Und er habe gesagt, habe er kein Geschirr, um seinen Wein zu verladen, so wolle er das besorgen, wo er könne. Und es waren ehrbare Leute anwesend, als sie handelseinig wurden, darunter einer, der zu Henne Winß gehört. Darauf habe Hengin Contz andere Leute gewonnen und die Weine aufgeladen und sie dorthin geführt, wo sie verkauft wurden. Nun stehen dem Vorsitzenden der Handelsgesellschaft noch 13 Gulden aus der

fol. 82 — Samßtag nach Nativitatis Marie

heiptsom(m)en XIII g(ulden) und VII guld(e)n schad(e)n / Dwile
sie nu die wine gelybbert jn maiß(e)n berett(en) ist
und Winßhen(ne) yne nit davo(n) ußrachtu(n)ge dut das
schade Hansen als vo(n) sins heiptma(n)s wegen XL g(ulden).
Und obe Winßhen(ne) dar zu ney(n) sagen wolt / so erbůt
sich Hans yne des zu zugen mit erb(er)n luden der zu
recht genůg ist daß er zu Conzen Hengin kom(m)en
sihe und yme zu gesagt(en) er wolle yne von kosten
und schad(e)n thůn. Dar off hait sich Hen(ne) Erken(n) v(er)dingt

i(n) j(ure)   Winßhen(ne) sin wort zu thůn und hait sin und(er)tinge
verbot als recht ist. Und hait VII guld(e)n vor schad(e)n
dar gelacht(en). Die hait Hans obg(enan)nt(en) auch geno(m)men
aber one ober sust sins rechten etc. Furt(er) sagt Erken(n)
als vo(n) Winßhen(ne) wegen eß moge sin daß suste redde
zusch(e)n yne gewest(en) und mit eyn getedingt haben
nemlich zu Bingen und zu Stromb(er)g und sint furt(er)
ko(m)men gen(e) Sy(m)mern vor den amptma(n) jonck(er) Johan
von Permont und Cristma(n) den alten scholteß(e)n von
Stromberg und von beiden theyln yre sache gancze
an sie verlaiß(e)n und gestalt(en) / Sie hab(e)n sich der sach(e)n
auch an geno(m)men und sie gutlich entscheiden und
geracht(en) also daß Winßhen(ne) / Conczen Hengin geb(e)n solt
VII guldenwert alb(us) / Der sihe er yme alwege gehor[-]
sam gewest(en) und habe sie auch hind(er) gericht gelacht
vor schaden und bezugt des off die rachtungs lude
und hofft Hansen wider nit schuldig zu sin und

i(n) j(ure)   stilt das zu recht. Ancze als vo(n) Hansen wegen hait
v(er)bot daß Erken(n) als vo(n) Winßhen(ne) wegen gerett(en) hait
wie daß die sache geracht und geslacht sihe / und
sagt nach dem sin heiptma(n) sich vor erbott(en) Winßhen(ne)

12. September 1478 — fol. 82

Klagesumme sowie 7 Gulden Gerichtskosten aus. Weil sie nun die Weine geliefert haben, wie es beredet worden ist und Henne Winß ihnen dafür keine Rechenschaft leistet, schade das Hans als Vertreter seines Hauptmanns 40 Gulden. Und wenn Henne Winß dazu Nein sagen wolle, so bietet Hans an, ihm das zu beweisen mit ehrbaren Leuten, wie sie dem Gericht genügen, dass er zu Hengin Contz gekommen sei und ihm versprochen habe, er werde ihm Kosten und Schaden erstatten. Darauf hat sich Henne Erk verpflichtet, Henne Winß vor Gericht zu vertreten und hat seine Anwaltschaft festhalten lassen, wie es rechtmäßig ist. Und er hat 7 Gulden für die Gerichtskosten hinterlegt. Die hat der genannte Hans auch genommen, aber ohne Verzicht auf seinen Rechtsanspruch. Weiter sagt Erk für Henne Winß: Es könne sein, dass sie miteinander geredet und mit einander gehandelt hätten, nämlich zu Bingen und zu Stromberg und sie sind weiter gekommen nach Simmern vor den Amtmann Junker Johann von Pyrmont und Christman den alten Schultheißen von Stromberg und beide Parteien hätten diesen die Angelegenheit vorgelegt. Diese hätten sich der Sache auch angenommen und sie gütlich miteinander verglichen und entschieden, dass Henne Winß Hengin Contz 7 Gulden in Albus zahlen solle. Dem sei er gefolgt und habe das Geld bei Gericht hinterlegt für den Schaden, und er beruft sich auf die Vermittler und hofft, er sei Hans weiter nichts schuldig und legt dies dem Gericht vor. Antz hat als Vertreter von Hans festhalten lassen, dass Erk für Henne Winß gesagt hat, dass die Sache verglichen worden sei und sagt: Nachdem sein Vorsitzender angeboten habe, Henne Winß

fol. 82v — Samßtag nach Nativitatis Marie

s(e)n(tent)ia	zu zugen daß er Conczen Hengin von schad(e)n zu thůn etc. Brenge Winßhen(ne) nů bij als recht ist daß die rach[-]tůnge nach der selb(e)n bereddu(n)ge gescheen sij / so laiße er gescheen was recht ist. Und die haint eß beide zu recht gestalt. S(e)n(tent)ia dwile sie von beidentheiln off konde ziegen so sollen sie die auch vor gericht brengen und das thůn in XIIII tagen. Bedorffen sie dan(n) yre tage furte und heisch(e)n die als recht ist / so sall ma(n) yne die furt(er) stillen noch zu czweien XIIII tag(en). Und so die konden verhort(en) werd(e)n beheltlich iglichem theile sin yn(ne)redde und geschee dan(n) furt(er) so vjl und recht ist. Das haint sie beide verbot.
erf(olgt)	Jt(em) Hans der wegener als vo(n) der brud(er)schafft wegen erf(olgt) Brants Gerhart(en) offs buch.
Adam von Winheim Cleßgin Berkorn ad socios	Jt(em) Adam von Winheym hait das bůch wie dan(n) der winkauff nemlich Henne Aczelnkrag Jeckel Stam(m) und Henne von Eltvjl zusch(e)n yne gesagt laiß(e)n offen und das verbot. Dar off sagt Cleßgin Hen(ne) Aczelkrag(en) habe sine(n) gesacz[-]ten tag nit verhůt(en). Dem nach so hoeff er eß soll eyn gebroch(e)n konde sin und stilt zu recht wes er des genyßen ader engelden solle // Adam sagt dwile eß ey(n) winkauffe und kauffe sihe hette er dan(n) nit mehe dan(n) eyne(n) man(n) der do bij gewest(en) so soll er genůg hain. Auch dwile daß Aczelkrag eyn gesworn(er) bodde / und nit jnheyms gewest(en) sihe und off den tag nit gericht gewest(en) ist. Dwile sie dan(n) alle drij hie stehent vor siczendem gericht yre sage zu beweren als recht ist / so solle yne Cleßgins jnsage nit yrren. Und stilt das zu recht // Clesgin sagt Adam habe dryhen zu gesproch(e)n nach lude des bůchs. Den sij auch yre tag gesaczt(en). Den selb(en) tag habe Aczelnkrag nit v(er)hůten. Stille er zu recht wes er des genißen ader engelde(n) solle.

12. September 1478 — fol. 82v

zu beweisen, dass er Hengin Contz geschadet habe etc., bringe Henne Winß nun vor Gericht den Beweis bei, dass sie nach der Beredung verglichen worden waren, so lasse er das geschehen, wie es rechtmäßig ist. Das haben beide dem Gericht vorgelegt. Urteil: Weil sie sich beide auf Beweise berufen, sollen sie die auch vor das Gericht bringen und das tun in 14 Tagen. Bedürfen sie Verlängerung und fordern diese, wie es rechtmäßig ist, soll man ihnen noch zweimal 14 Tage geben. Und wenn dann die Beweise gehört werden, vorbehaltlich der Gegenrede jeder Partei, dann geschehe es weiter, wie es Recht ist. Dem haben sie beide zugestimmt.

Hans der Wagner hat für die Bruderschaft seinen Anspruch ins Gerichtsbuch eintragen lassen gegen Gerhart Brand.

Adam von Weinheim hat das Buch öffnen lassen, wie der Vertragsabschluss geschehen sei zwischen ihm, Henne Atzelkragen, Jeckel Stamm und Henne von Eltville und hat das festhalten lassen. Darauf sagt Clesgin, Henne Atzelkragen habe seinen anberaumten Gerichtstag nicht rechtmäßig gewahrt. Deshalb hoffe er, der Beweis sei ungültig und fragt das Gericht, ob er davon Nutzen oder Nachteil haben solle. Adam sagt, weil es ein Vertragsabschluss und Kauf gewesen sei, hatte er nicht mehr als einen Mann, der dabei war, das sollte genügen. Auch sei Atzelkragen ein geschworener Bote und nicht im Ort gewesen, als der Gerichtstag gewesen sei. Weil sie jetzt alle drei hier stehen vor sitzendem Gericht, ihre Aussagen zu bezeugen, wie es Recht ist, soll Clesgins Einwand ihn nicht irre machen. Das legt er dem Gericht vor. Clesgin sagt, Adam habe drei Leute angeklagt nach Aussage des Gerichtsbuchs. Denen sei ihr Gerichtstag gesetzt worden. Den habe Atzelkragen nicht gewahrt. Deshalb fragt er das Gericht, ob er davon Nutzen oder Nachteil haben solle.

fol. 83 — Dinstag nach des Heilgen Cruczes tage Exaltacionis

	Adam hait eß auch zu recht gestalt(en). Das ist gelengt ad socios. Das haint sie beide verbot.
	Jt(em) zusch(e)n Peder Maczkůchen und Jeckel Beck(er)n s(e)n(tent)ia.
Ped(er) Macz[-]kůch Jeckel Beck(er) s(e)n(tent)ia	swert Jeckel Becker off den heilgen als recht ist daß er Cleßgin Maczkůchs sins swehers selig(en) gude nit wider geno(m)men und ynne habe dan(n) lude siner antwort jnhalt des buchs so ist er Peder Maczkůchen um(m)b diese sin ansprache entbroch(e)n und nit schuldig. Das ortel haint sie beide v(er)bot.
	Furt(er) begert Jeckel jn welcher zijt er das recht thůn sall. S(e)n(tent)ia in XIIII tag(en). Das hait Jeckel auch verbot.
erk(annt)	Jt(em) Osewin erk(ennt) Clesen von Sprendlingen V guld(e)n off rech[-]nu(n)ge zu geb(e)n in XIIII tag(en). Si no(n) p erf(olgt).
1 h	Jt(em) her Conrat der phern(er) zu Swabenheim dut 1 h vor VIII ß gelts off Ped(er) Mandelma(n) et sup(ra) ping(nora).
1 h	Jt(em) Hen(ne) Bocke unser mit scheffen geselle als vo(n) mo(m)p(ar)schafft wegen des compt(er)s zům Heilgen Grabe zu Mencze dut 1 h vor XXV ß gelts off Philipsen von Gerstein et sup(ra) pi(n)g(nora).
1 h	Jt(em) her Heinrich Hůlle altarist zu Swabenheim dut 1 h vor II g(ulden) gelts off Knodenhen(ne) et sup(ra) ping(nora).
erf(olgt)	Jt(em) Henne Raůp erf(olgt) Hengin Erbach vor XX guld(e)n.
erf(olgt)	Jt(em) Ped(er) Fiele erf(olgt) Peder Wolenb(er)n vor I guld(e)n.
	Actu(m) off Dinstag nach des Heilgen Cruczes tage Exaltac(i)o(n)is.
erk(annt)	Jt(em) Peder Meczler erk(ennt) Ped(er)n von Badenheim als vo(n) der keßlerß(e)n wegen zu Mencze I guld(e)n zu geben in XIIII tagen. Si no(n) ping(nora) erf(olgt).
3 h	Jt(em) Henne Erken dut sin 3 h off Jeckel Carpp(en) ut p(ri)ma.
erk(annt)	Jt(em) Joh(ann)es Luher als vo(n) der jonffrauw(e)n wegen zu Sant Klaern zu Mencze erk(ennt) Ancze Duppengieß(er)n X guld(e)n zu geb(e)n zusch(e)n Sant Gallen tage. Si no(n) p erf(olgt).

15. September 1478

Adam hat es auch dem Gericht vorgelegt. Das ist verschoben worden bis zum Zusammentreten des Vollgerichts. Dem haben sie beide zugestimmt.
Zwischen Peter Matzkuch und Jeckel Becker ergeht das Urteil: Schwört Jeckel Becker zu den Heiligen, wie es rechtmäßig ist, dass er das Gut seines verstorbenen Schwagers Clesgin Matzkuch nicht an sich genommen und inne hat, wie er erklärte nach Aussage des Buches, dann wird er von der Anklage freigesprochen. Dem Urteil haben sie beide zugestimmt. Weiter wollte Jeckel wissen, wann er das tun soll. Urteil: in 14 Tagen. Dem hat Jeckel auch zugestimmt.
Osewin erkennt an, Cles von Sprendlingen 5 Gulden gegen Rechnung zahlen zu müssen. Wenn nicht erfolgt die Pfändung.
Herr Konrad, Pfarrer zu Schwabenheim, erhebt seine 1. Klage wegen 8 Schilling Geld gegen Peter Mandelman auf die Pfänder.
Henne Bock, unser Mitschöffe, erhebt als Vertreter des Komturs zum Heiligen Grab zu Mainz seine 1. Klage wegen 25 Schilling Geld gegen Philipp von Gierstein auf die Pfänder.
Herr Heinrich Hulle, Altarist zu Schwabenheim, erhebt seine 1. Klage wegen 2 Gulden Geld gegen Henne Knode auf die Pfänder.
Johann Raub verklagt Hengin Erbach auf 20 Gulden.
Peter Fiel verklagt Peter Wolenber auf 1 Gulden.

15. September 1478

Peter Metzler erkennt an, Peter von Badenheim wegen der Kesseler zu Mainz einen Gulden zahlen zu müssen binnen 14 Tagen. Wenn nicht erfolgt die Pfändung.
Henne Erk erhebt seine 3. Klage gegen Jeckel Carpp.
Johannes Luher erkennt für die Nonnen zu St. Klara in Mainz an, Antz Duppengießer 10 Gulden zahlen zu müssen bis St. Galli. Wenn nicht erfolgt die Pfändung.

fol. 83v — Dinstag nach des Heilgen Cruczes tage Exaltacionis

ober nacht halten	Winworm sagt er habe Prassen Hengin erf(olgt) und phande berett(en). Nů werde yme dar ynne getragen / von den jhene(n) die yne vor yme erfolgt(en) haint / und wuße des sine(n) nit. Davo(n) so begere er mit recht zu bescheid(e)n wie er thůn soll daß yme recht geschee und nyemant unrecht. S(e)n(tent)ia er sall dem scholteß(e)n eyne(n) hey(m)berge(n) heisch(e)n des sall er{a} yne mit dem jheren / Und d(er) hey(m)berge sall yne yme ober nacht halten und dan(n) widder an gerichte brenge(n) und furt(er) fragen was dan(n) recht ist das geschee.
win ver[-] keiffen{d}	Jt(em) Dho(m)m(us) Henne sall den win mit kontschafft ver[-]keiffen gilt er yme mehe etc.
erf(olgt)	Jt(em) jonffrauwe Fiel ym(m) closter erf(olgt) Clese Wiß(e)n offs bůch.
erf(olgt)	Jt(em) Hans von Melpach erf(olgt) Winworme(n) offs buch.
i(n) j(ure)	Jt(em) Wiß Hengin hait Henne(n) von Lintheim zu gesp[r]och(e)n{b} wie daß er yme eyn husche verkaufft(en) habe ne(m)lich sin gerechtekeit dar an / mit der gulte die off dem
Wißheng(in) Henne vo(n) Lintheim	huse stehe vor eyn som(m)e gelts. Die habe er yme bezalt bijß off ein orte / Er habe Henne(n) auch die gulte ge-nant(en) weme die gefalle und er salle sie ußrichte(n) one sine(n) schad(e)n. Des habe Henne nit gethan und doch die gulte jare und jare ußgeracht(en). Daß Hen(ne) nů solich gulte one sine(n) schad(e)n{c} ußgeracht(en) hait und yme / auch das orte nit engibt das schade yme XX guld(e)n. Und obe Henne ney(n) sagen wolt daß eß nit also berett(en) sij so beziege er sich des off eyn winkauff die do bij gewest(en) sovjl der noch ynne leben ist und die er hain kan(n). Das ist gelengt noch hude zu fier wochen sic hodie. Ambo v(er)bot.

a Das Wort ist über der Zeile beigefügt.
b Das »o« steht über dem »p«.
c Es folgt durchgestrichen: »nit«.
d Dieser Teil der Marginalie ist unterstrichen.

15. September 1478 — fol. 83v

Winworm sagt, er habe gegen Hengin Prass geklagt und Pfändung gefordert. Nun werde er daran gehindert von denen, die vor ihm gegen jenen klagten, und er wüsste nicht, was nun sein sei. Daher begehre er einen Gerichtsentscheid, was er tun solle, damit ihm Recht geschehe und niemandem Unrecht. Urteil: Er soll vom Schultheißen einen Heimbürgen fordern, der soll den Schuldner am Rockschoß nach sich ziehen und über Nacht verwahren. Dann soll er ihn vor Gericht bringen und fragen, was Recht ist, das geschehe.

Henne Dhommus soll den Wein unter Zeugen verkaufen, erzielt er mehr, etc.

Jungfrau Fiel im Kloster hat ihren Anspruch ins Gerichtsbuch eintragen lassen gegen Cles Wiß.

Hans von Melpach hat seinen Anspruch ins Gerichtsbuch eintragen lassen gegen Winworm.

Hengin Wiß hat Henne von Lintheim angeklagt, dass er ihm ein Häuschen verkauft habe, nämlich sein Recht daran mit der Gülte, die auf dem Haus für eine Summe Geld lastet. Die habe er ihm bezahlt bis auf ein Ort. Er habe Henne auch die Gülte genannt, wem die zu zahlen sei, und er solle sie bezahlen ohne seinen Schaden. Das habe Henne nicht getan, und er habe doch die Gülte jahrelang gezahlt. Dass Henne nun diese Gülte nicht ohne seinen Schaden gezahlt habe und ihm auch den Ort nicht gibt, das schade ihm 20 Gulden. Und wenn Henne Nein sagen wolle, dass es nicht so beredet worden sei, so berufe er sich auf den Vertragsabschluss und diejenigen, die dabei waren, sofern sie noch leben und er sie beibringen könne. Das ist verschoben worden auf heute in 4 Wochen. Dem haben sie beide zugestimmt.

fol. 84 — Samßtag vor Mathei

TRANSKRIPTION

Englend(er) Rotfosche	Jt(em) Hen(ne) Englend(er) hait Rotfoschen zu gesproch(e)n wie daß er eyne(n) briff der dan(n) etliche scholt berore yn gehabt ader villicht noch yn(ne) habe. Nů habe er des heiptgelts villicht auch etlichen schad(e)n jn- geno(m)men und der briffe gehe noch umbe off sine(n) schad(e)n / Nů habe er Rotfoschen gebett(en) mit yme zu rechen / off daß er von schad(e)n ko(m)me. Des habe er nit wollen thun. Das schade yme LX gulden und hofft er soll yme eyn gleiplich rechenschafft thun und stilt das zu recht. Das ist gelengt nach hude zu fier woch(e)n sic hodie / Da zusch(e)n sall Rotfoß besteh(e)n gutlich myt Henne(n) zu rechen. Das haint sie beide verbot.
erk(annt) no(tandum)	Jt(em) Conczgin Dinckler erk(ennt) Ped(er) Maczkuchen II guld(e)n als vo(n) Jeckel Beckers wegen zu geb(e)n nemlich eyne(n) g(ulden) zu Winacht(en) nehst und den and(er)n g(ulden) zu Winacht(en) ober ey(n) jare. Das hait Peder verbot.
erk(annt) no(tandum)	Jt(em) als Albrecht Gerten(er) und Cleßgin Carpe lestmals mit eyn an gericht getedingt eynßs phondt gelts halb(e)n etc. also hait d(er) b(e)n(ann)t(e) Cleßgin Albrecht(en) erkant werde yme das selbe phondt gelts mit recht an[-] gewonne(n) / so woll erßs yme naher thůn und ůß riecht(en). Das hait Albrecht v(er)bot.
	Actu(m) off Samßtag vor Mathei.
konde Scher(er)hen(ne)	Jt(em) nach dem Scher(er)henne sich off konde geigen Joh(ann)es Faût(en) bezogen / die hait er off hutbetage zu geigen gehabt(en) und yme ist tag gestalt(en) an das nehste gerichte.

19. September 1478 — fol. 84

Henne Englender hat Rotfosch angeklagt, dass er einen Schuldbrief inne hatte oder vielleicht noch innehabe. Nun habe Rotfosch die Klagesumme, vielleicht auch einiges von dem Schaden eingenommen, der Brief aber laute immer noch zu seinem, Johanns, Schaden. Nun habe er Rotfosch gebeten mit ihm abzurechnen, damit er entlastet werde. Das habe er nicht tun wollen. Das schade ihm 40 Gulden, und er hofft, er solle ihm eine glaubhafte Abrechnung leisten und legt das dem Gericht vor. Das ist verschoben worden auf heute in 4 Wochen. Bis dahin soll Rotfosch gütlich mit Henne abrechnen. Dem haben sie beide zugestimmt.

Contzgin Dinckler erkennt an, Peter Matzkuch 2 Gulden wegen Jeckel Becker zahlen zu müssen, nämlich einen Gulden zu Weihnachten und den zweiten Gulden an Weihnachten darauf. Das hat Peter festhalten lassen.

Als Albrecht Gertener und Clesgin Carpp zuletzt miteinander am Gericht verhandelten wegen 1 Pfund Geld, hat der genannte Clesgin gegenüber Albrecht anerkannt, dass er, wenn er vor Gericht zur Zahlung verpflichtet werde, dies auch zahlen wolle. Das hat Albrecht festhalten lassen.

19. September 1478
Nachdem Henne Scherer sich auf die Zeugen gegen Johannes Faut berief, die hatte er heute da und es ist ihm ein Termin gesetzt worden am nächsten Gerichtstag.

fol. 84v — Samßtag nach Mathei

	Actu(m) off Samßtag nach Mathei.
2 tag	Jt(em) Hans Moller hait sin 2 tag furt(er) geheischen
	konde zu brenge(n) geigen Winßhen(ne) und Winßhen(ne)
	hait auch sin(en) 2 tag furt(er) geheisch(e)n etc.
2 h 2 h	Jt(em) h(er) Conrat d(er) phern(er) zu Swabenhey(m) und h(er) Heinrich Hůlle
	alta(r)ist da selbest důnt yre 2 h ut p(ri)ma off Ma(n)delman
	und Knodenh(enne).ᵃ
	Actu(m) off Dinstag Sant Michels tage.
4 [8/2] h	Jt(em) Hen(ne) Erken(n) hait sin 4 [8/2] h gethan off Jeckel Carppe(n)
	ut p(ri)ma.
	Actu(m) off Samßtag nach Michelis.
	Jt(em) Hen(ne) Bocke unser mit scheffen gesell als vo(n) mo(m)p(ar)schafft
1 h	wegen des compters zu(m) Heilgen Grabe zu Mencze dut
	1 h vor XXV ß gelts off Philipsen von Gerßstein et
	supra pingn(or)a.
	Actu(m) off Dinstag vor Dionisij.
	Jt(em) Peder Bend(er) hait sin tag v(er)hůt der unschulde halb(e)n
tag v(er)hůt(en)	geigen Hans Hoffma(n). Des ist yme tag gestalt an das
	nehste gericht.
	Actu(m) off Samßtag nach Dionisij.
3 tag	Jt(em) Hans Moller und Winßhen(ne) haint yren 3 tag furt(er)
	geheisch(e)n konde zu brengen etc.
3 h II	Jt(em) her Conrat der pherner zu Swabenheim und h(er) Heyn-
	rich Hůlle alta(r)ist do selbest haint gethan yre 3 h ut
	p(ri)ma off Ped(er) Ma(n)delman und Knodenhen(ne).
	Actu(m) off Dinstag vor Sant Gallen tage.

ᵃ Die letzten beiden Worte sind wohl nachträglich vor die folgende Datumszeile gesetzt worden.

26. September 1478
Hans Moller hat seinen zweiten Tag erbeten, Beweise beizubringen gegen Henne Winß und auch Henne Winß hat seinen zweiten Tag beantragt.
Herr Konrad, der Pfarrer zu Schwabenheim und Herr Heinrich Hulle, Altarist ebenda, erheben ihre 2. Klage gegen Mandelman und Henne Knode.

29. September 1478
Henne Erk hat seine 4. Klage gegen Jeckel Carpp erhoben.

3. Oktober 1478
Henne Bock, unser Mitschöffe, erhebt als Vertreter des Komturs vom Heiligen Grab zu Mainz seine 1. Klage wegen 25 Schilling gegen Philipp von Gierstein auf die Pfänder.

6. Oktober 1478
Peter Bender hat seinen Tag gewahrt wegen der Unschuld gegenüber Hans Hofmann. Es ist ihm ein Termin gesetzt worden am nächsten Gerichtstag.

10. Oktober 1478
Hans Moller und Henne Winß haben ihren 3. Termin erbeten, um die Beweise beizubringen.
Herr Konrad, der Pfarrer zu Schwabenheim und Herr Heinrich Hulle, Altarist ebenda, haben ihre 3. Klage erhoben gegen Peter Mandelman und Henne Knode.

13. Oktober 1478

fol. 85 — Samßtag nach Galli

tag v(er)hut(en)	Jt(em) Kruche von Heiseßheim Mertin von Engelstat Hen(ne) von Lintheim Wißhengin und Stoln Joh(ann)es haint yren tag ver-hut(en). Des ist yne tag gestalt an das nehste gericht.
tag v(er)hut(en)	Jt(em) Hen(ne) Englender und Rotfosche haint yren tage v(er)hut(en). Des ist yne tag gestalt noch hude zu XIIII tag(en) sic hodie.

Actu(m) off Samßtag nach Galli.

lyp vor sin gut gestalt(en)	Jt(em) Knodenhen(ne) hait sine(n) lip vor sin gut gestalt(en) nach dem her Heinrich Hulle alta(r)ist zu Swabenheim off yne geheisch(e)n hait und wijl recht geb(e)n und neme(n) etc. Des ist yme tag gestalt(en) an das nehste gericht.
2 h[a]	Jt(em) Henne Bocke unser mit scheffen geselle als vo(n) des compt(er)s wegen zu(m) Heilg(en) Grabe zu Mencze dut sin 2 h of Philipsen von Gersstein ut p(ri)ma.

Actu(m) off Dinstag nach sant Lucas tage.

Hans von Wormß Vincze s(e)n(tent)ia	Jt(em) zusch(e)n Hansen von Wormßs und Vinczen dwile der scholteß mitsampt den burg(er)meist(er)n vor entscheit zusch(e)n yne gethain s(e)n(tent)ia daß sie vor den gemelt(en) scholteß(e)n und burg(er)meist(er) kom(m)en sollen / erklerůnge zu thůn der schůge halb(e)n. Und wie sie die entscheid(e)n do bij sall eß bliben. Das ortel haint sie beide verbot.
p b	Jt(em) E(m)mel von Appinheim hait p b an Hengin Moll(er)n.
p b	Jt(em) Rabens Henne von Jngelnheim hait p b an Angnesen Henne Suffuß selig(en) hußfrauwe.
erf(olgt)	Jt(em) Wigant Storczkoppe erf(olgt) Hans Blancken und Winworme(n) offs bůch.

[a] Vor der Marginalie steht ein nicht zu identifizierendes Zeichen.

17. Oktober 1478 fol. 85

Kruche von Heidesheim, Mertin von Engelstadt, Henne von Lintheim, Hengin Wiß und Johannes Stol haben ihren Gerichtstag gewahrt. Es ist ihnen ein Termin gesetzt worden am nächsten Gerichtstag.

Henne Englender und Rotfosch haben ihren Gerichtstag gewahrt. Es ist ihnen ein Termin gesetzt worden heute in 14 Tagen.

17. Oktober 1478

Henne Knode hat seinen Leib vor sein Gut gestellt, nachdem Herr Heinrich Hulle, Altarist zu Schwabenheim, gegen ihn geklagt hat und will Recht geben und nehmen. Es ist ihm ein Termin gesetzt worden am nächsten Gerichtstag.

Henne Bock, unser Mitschöffe, erhebt für den Komtur vom Heiligen Grab zu Mainz seine 2. Klage gegen Philipp von Gierstein.

20. Oktober 1478

Zwischen Hans von Worms und Vincz, weil der Schultheiß mitsamt den Bürgermeistern zuvor zwischen ihnen entschieden hat, ergeht das Urteil: Dass sie vor die genannten Schultheiß und Bürgermeister kommen sollen und eine Erklärung leisten sollen wegen der Schuhe. Und wie diese entscheiden, dabei solle es bleiben. Dem Urteil haben sie beide zugestimmt.

Emmel von Appenheim hat Pfändung gefordert gegen Hengin Moller.

Henne Rabe von Ingelheim hat Pfändung gefordert gegen Angnese, die Frau des verstorbenen Henne Suffuß.

Wigand Stortzkopp hat seinen Anspruch ins Gerichtsbuch eintragen lassen gegen Hans Blanck und Winworm.

fol. 85v — Samßtag nach sant Lucas tage

1 h	Jt(em) Henne Erken(n) dut 1 h vor II g(ulden) gelts off Jeckel Stam[-] men und Snyd(er)hen(ne) Jeckeln den jongen et om(n)ia.
/p/ v(er)keiffe(n)	Jt(em) Hilczenkett sall die phande mit kontschafft des ge- richts verkeiffen ut mor(is) est.
erk(annt)	Jt(em) Hans / Godtfarts von Stockheimß hoffman(n) erk(ennt) Ped(er) Bend(er)n XXV alb(us) und den gerichts schad(e)n dar off gang(e)n / uß zů[-] riechten zusch(e)n Sant Martins tage. Si no(n) p erf(olgt).
	Jt(em) nach dem Henne Erken(n) sin fierde heischůnge jn maiß(e)n die erste gelut / off Jeckel Carppen gethan / also
offgeholt(en)	hait er die gude und und(er)phande nach lude siner heischu(n)ge off geholt(en) und das verbot. Und der scholteß hait yme ban(n) und freden dar ober gethan. Das hait er auch verbot.
1 h	Jt(em) Clese Storczkoppe der alde dut 1 h vor I½ [II/2] guld(e)n gelts off Hengin Melma(n) et om(n)ia.
erf(olgt)	Jt(em) Clese von Sprendlingen erf(olgt) Hansen vo(n) Melpach offs b[uch].
	Jt(em) nach dem sich Scher(er)hen(ne) lestmals vor gericht / geigen Joh(ann)es Faut(en) off konde / nemlich Philips Busern unsern
Scher(er)hen(ne) konde	scholteß(e)n und mit scheffen gesellen bezogen // Den hait er vor den dryhern myt recht erlangt. Und ist diß sin sage wie daß er mitsampt Paůwels Beck(er)n selig(en) do bij gewest(en) / daß sie die b(e)n(ann)t(en) Scher(er)hen(ne) und Joh(ann)es Faůten vereynt(en) / also / daß Joh(ann)es und sin husfrauwe vor gericht gehen solten und Scher(er)hen(ne) erkenne(n) / das felt do die funffe ß gelts jnhalt ansprache und antwort off stehent der selb(en) gulte zu entledigen und frij zinsen [?]ᵃ zu machen. Die sage hait Scher(er)hen(ne) verbot.
	Actu(m) off Samßtag nach sant Lucas tage.
4 [8/2] h	Jt(em) her Conrat der phern(er) zu Swabenheim dut sin fierde heischu(n)ge off Peder Ma(n)delman ut p(ri)ma.
	Act(um) off Samßtag vor Om(nium) S(anc)tor(um).

a Das Wort ist über der Zeile beigefügt.

24. Oktober 1478

Henne Erk erhebt seine 1. Klage wegen 2 Gulden Geld gegen Jeckel Stamm und Jeckel Sniderhen den Jungen auf alles.
Kett Hiltz soll die Pfänder mit Wissen des Gerichts verkaufen, wie es üblich ist.
Hans, der Hofmann Godtfarts von Stockheim, erkennt an, Peter Bender 25 Albus und die Gerichtskosten, die davon rühren, bis St. Martin zu zahlen. Wenn nicht erfolgt die Pfändung.

Nachdem Henne Erk seine 4. Klage gegen Jeckel Carpp getan hat, hat er die Gülte und die Pfänder gemäß seiner Klage eingezogen und das festhalten lassen. Der Schultheiß hat ihm Bann und Frieden darüber gemacht. Das hat er auch festhalten lassen.
Cles Stortzkopp der Alte erhebt seine 1. Klage wegen 1½ Gulden Geld gegen Hengin Melman auf alles.

Cles von Sprendlingen hat seinen Anspruch ins Gerichtsbuch eintragen lassen gegen Hans von Melpach.

Henne Scherer berief sich zuletzt vor Gericht gegen Johannes Faut auf Zeugen, nämlich auf Philipp Bußer, unseren Schultheißen und Mitschöffen. Diesen ließen die Dreier zu. Und dies ist seine Aussage, wie er mitsamt dem verstorbenen Paul Becker dabei gewesen sei, als die genannten Henne Scherer und Johannes Faut sich einigten, dass Johannes und seine Frau vor Gericht gehen sollten und gegenüber Henne Scherer anerkennen, dass sie das Feld, auf dem die 5 Schilling Geld liegen, frei von der Gülte machen sollen. Das hat Henne Scherer festhalten lassen.

24. Oktober 1478
Herr Konrad, der Pfarrer zu Schwabenheim, erhebt seine 4. Klage gegen Peter Mandelman.

31. Oktober 1478

Samßtag vor Omnium Sanctorum

3 h	Jt(em) Henne Bocke unser mit scheffen geselle als vo(n) mo(m)[-] perschafft wegen des compt(er)s zum Heilgen Grabe zu Mencze dut sin 3 h off Philipsen von Gerstey(n) ut p(ri)ma.
	Jt(em) Ancze Duppengießer hait sich verdingt Hen(ne) Englend(er)n sin wort zu thůn. So hait sich Hen(ne) von Eltvjl verdingt Rot[-]
Henne Englend(er) Rotfosche	foschen sin wort zu thůn und haint beide ire und(er)tinge verbot als recht ist und haint das bůch wie dan(n) ansprache und antwort zuschen yne gelut(en) laiß(e)n offen und das v(er)bot. Furt(er) sagt Henne von Eltvjl als vo(n) Rotfoß wegen er stehe do und erbiede sich mit Hen(ne) Englend(er)n zu rechen so f(er)re er die rechenschafft nemen wolle // Dar off sagt Ancze als vo(n) Englend(er)s wegen yne sihe tag gestalt(en) fier woche(n) lang jnhalt des buchs da bynne(n) soll Rotfosche myt Englend(er)n rechen / Nů sihe er bynne(n) der selb(e)n zijt ad(er) auch dar nach nye kom(m)en eynche rechenschafft mit yme zu thůn ußgescheid(e)n yeczůnt. Dem nach so hoffe Eng- lender nach lude des buchs Rotfoschen erfolgt zu hain und stilt das zu recht. Hen(ne) von Eltvjl als vo(n) Rotfoß wegen sagt er habe syne(m) her(e)n bynne(n) der obgemelt(en) zijt nit mo- gen her bij brengen der dan(n) die regist(er) ober die sache sage(n) ynne habe dan(n) er wuße eß nit eigentlich / Dem nach so hoffe er unerfolgt zu sin und hait eß auch zu recht gestalt. Das ist gelengt noch hude zu XIIII tagen zu alle dem rechte(n) als hutbetage doch also daß Rotfoiß / Henne Englend(er)n noch hude zu echtagen eyn gleiplich rechenschafft thůn sall. Das haint sie beide verbot.
erk(annt)	Jt(em) Dyne Sidendistels seligen witwen erk(ennt) Clesen yrem stieff[-] sone ½ [I/2] malter korns zu geb(e)n in XIIII tag(en).
erk(annt)	Jt(em) Peder Yett erk(ennt) Bingeln Cleßgin eyn guld(e)n und I ort zu geb(e)n in XIIII tagen. Si no(n) p erf(olgt).
erk(annt)	Jt(em) Henne Hilcze erk(ennt) Clese Rauben unß(er)m mit scheffen

31. Oktober 1478 — fol. 86

Henne Bock, unser Mitschöffe, erhebt als Vertreter des Komturs vom Heiligen Grab zu Mainz seine 3. Klage gegen Philipp von Gierstein.

Antz Duppengießer hat sich verpflichtet, Henne Englender vor Gericht zu vertreten. Henne von Eltville hat sich verpflichtet, Rotfosch zu vertreten und sie haben beide ihre Anwaltschaft festhalten lassen, wie es rechtmäßig ist und sie haben das Buch öffnen lassen, wie denn die Klage und die Antwort zwischen ihnen gelautet haben. Weiter sagt Henne von Eltville für Rotfosch: Er stehe da und biete an, mit Henne Englender abzurechnen, wenn er die Abrechnung annehmen wolle. Darauf sagt Antz für Englender: Ihm sei ein Termin gesetzt worden in 4 Wochen nach Aussage des Gerichtsbuchs, während dessen solle Rotfosch mit Englender rechnen. Nun sei er in derselben Zeit oder auch danach nie gekommen, um Rechenschaft zu leisten außer jetzt. Deshalb hofft Englender, nach Aussage des Buchs gegen Rotfosch obsiegt zu haben und legt das dem Gericht vor. Henne von Eltville sagt für Rotfosch: Er habe seinen Herrn in der genannten Zeit nicht herbringen können, der die Register habe, denn er wüsste in der Angelegenheit eigentlich nicht Bescheid. Demnach so hoffe er, Englender habe nicht gegen ihn gewonnen und legt das dem Gericht auch vor. Das ist verlängert worden auf heute in 14 Tagen zu allen Rechten wie heute, doch soll Rotfosch Henne Englender bis in 8 Tagen eine glaubwürdige Abrechnung tun. Dem haben sie beide zugestimmt.

Die Witwe von Dyne Sidendistel erkennt an, Cles, ihrem Stiefsohn, ½ Malter Korn zahlen zu müssen binnen 14 Tagen. Wenn nicht erfolgt die Pfändung.

Henne Hiltz erkennt an, Cles Raub, unserem Mit-

fol. 86v   **Samßtag vor Omnium Sanctorum**

TRANSKRIPTION

                       gesellen XX g(ulden) off rechnu(n)ge zu geb(e)n zusch(e)n Winacht(en). Si no(n) p erf(olgt).
                       Jt(em) Hengin Moller von Wack(er)nheim hait Cleßgin von Lorche de(n)
Hengin   becker zu gesproch(e)n wie daß er yme II malt(er) meles verkauft
Moller   und die auch geliwert[a] habe nemlich ye das malt(er) vor XII
                       alb(us) und sall sin halp klein gelt. Daß Cleßgin yme solich
Cleßgin   mele nit bezale schade yme alvjl dar zu und heist yme
Lorche   des eyn ja ader ney(n). Dar off sagt Cleßgin er wuße nuste
                       da von dan(n) Hengin habe yme brachten II malt(er) meles
                       vor Lorcher kyrbe und II malt(er) dar nach do er von Lorche
                       kom(m)en sihe / das sihent fier malt(er). Die habe er Hengin
                       auch bezalt(en). Bezuge yne Hengin aber mit eynchen sy-
                       me gesinde daß eß mehe sij / so woll er gehorsam sin.
                       Und wes Hengin yne wider anlange des sij er unschul[-]
                       dig. Die unscholt ist gestalt noch hude zu XIIII tagen.
                       Das haint sie beide verbot.
burgen   Jt(em) Henne von Eltvjl erk(ennt) Adam Wolffen unß(er)m myt
recht thůn   scheffen gesellen noch daling burgen recht zu thůn
                       vor II½ [III/2] guld(e)n so f(er)re erßs nit enberen wijl.
erk(annt)   Jt(em) Prassen Hengin erk(ennt) Wigant Storczkoppen I guld(e)n und
                       IIII alb(us) zu geb(e)n in XIIII tag(en). Si no(n) p erf(olgt).
p b II   Jt(em) Wigant Storczkoppe hait p b an Winworme(n) und
                       Hans Blancken.
erk(annt) miehi [!]   Jt(em) Peder Sidendistel erk(ennt) Pet(er)n unß(er)m schriber IIII alb(us)
                       zu geb(e)n zusch(e)n Winacht(en). Si no(n) p erf(olgt).
                       Jt(em) Jeckel Stam(m) und Winßhen(ne) erkenne(n) Dornhen(ne) als vo(n)
                       mo(m)p(ar)schafft wegen Philips Duchscher(er)s sone des moncheß
erk(annt) burg(en)   burgen recht zu thůn in XIIII tagen welche zijt er sie
recht zu thu(n)   mane. Si no(n) ping(nora) erf(olgt) vor sehs guld(e)n.
erk(annt)   Jt(em) Knodenhen(ne) erk(ennt) her Heinrich Hulle alta(r)ist zu
                       Swabenhey(m) II g(ulden) zu geb(e)n in XIIII tagen. Si no(n) p erf(olgt).

       a   Das Wort ist auch als »gelibbert« zu lesen.

schöffen, 20 Gulden gegen Rechnung zahlen zu müssen bis Weihnachten. Wenn nicht erfolgt die Pfändung.

Hengin Moller von Wackernheim hat Clesgin von Lorch, den Bäcker, angeklagt, dass er ihm 2 Malter Mehl verkauft und die auch geliefert habe, nämlich je das Malter für 12 Albus und es sollte zur Hälfte Kleingeld sein. Dass Clesgin ihm das Mehl nicht bezahle, das schade ihm ebensoviel dazu, und er fordert von ihm ein Ja oder Nein. Darauf sagt Clesgin, er wüsste nichts davon, denn Hengin habe ihm 2 Malter Mehl vor der Lorcher Kerb und 2 Malter danach, als er von Lorch gekommen sei, gegeben. Das seien 4 Malter. Die habe er Hengin auch bezahlt. Beweise ihm Hengin aber mit Leuten aus seinem Gesinde, dass es mehr seien, so wolle er gehorsam sein. Und wessen ihn Hengin darüber hinaus anklage, dessen sei er unschuldig. Die Unschuld gilt von heute an 14 Tage. Dem haben sie beide zugestimmt.

Henne von Eltville erkennt an, Adam Wolff, unserem Mitschöffen, gütlich Bürgschaft zu tun für 2½ Gulden, wenn er nicht darauf verzichte.

Hengin Prass erkennt an, Wigand Stortzkopp 1 Gulden und 4 Albus zahlen zu müssen binnen 14 Tagen. Wenn nicht erfolgt die Pfändung.

Wigand Stotzkopp hat Pfändung gefordert gegen Winworm und Hans Blanck.
Peter Sidendistel erkennt an, Peter, unserem Schreiber, 4 Albus zahlen zu müssen bis Weihnachten. Wenn nicht erfolgt die Pfändung.

Jeckel Stamm und Henne Winß erkennen an, gegenüber Henne Dorn als Vormund von Philipp Duchscherers Sohn, des Mönchs, gemäß Bürgenrecht zu handeln binnen 14 Tagen, wenn er sie mahne. Wenn nicht erfolgt die Pfändung für sechs Gulden.
Henne Knode erkennt an, Heinrich Hulle, dem Altarist zu Schwabenheim, 2 Gulden zahlen zu müssen binnen 14 Tagen. Wenn nicht erfolgt die Pfändung.

Samßtag vor Omnium Sanctorum

erk(annt) zů gifften	Jt(em) Meckel Henne Důczen hußfr(auwe) von Algeßheim erkent dem b(e)n(ann)t(en) Henne(n) yrem hußwert was er hie gifft ader vergebe daß sall von yrentwegen gancze macht hain. Das hait Henne verbot.
erk(annt)	Jt(em) Hengin Rutße erk(ennt) Heinczen von Halle ½ [I/2] guld(e)n off rechnů(n)ge zu geb(e)n in XIIII tagen. Doch also obe sich mehe erfůnde sall er auch bynne(n) der gemelt(en) zijt auch ußricht(en). Si no(n) pingn(or)a erfolgt(en).
erf(olgt)ᵃ p b erk(annt)	Jt(em) Enders Drappe erf(olgt) Ped(er) Hiltwin offs bůch. Jt(em) Enders Drappen hait p b an Clese Harwilern. Jt(em) Herma(n) von Holczhusen erk(ennt) Kiczgin I½ [II/2] guld(e)n zu geb(e)n in XIIII tag(en). Si no(n) p erf(olgt).
posuit off[-] gesagt	Jt(em) Kylhenne sagt er habe eyn felt kaufft(en) um(m)b Henne Manbachen das sij als gut / als do erßs kaufft / Das gebe den Diemen jars XIIII ß hell(er) gelts. Die lege er dar / und sage das felt auch do mit off / Dar zu offen er yne die gulte und hofft er habe mit dem kauffe genůg verloren daß erßs wole thůn moge. Dar off s(e)n(tent)ia ist eß als er sagt so mag erßs thůn. Si no(n) so geschee was recht sij.
Conczgin vo(n) Geilnhuße(n) Ped(er) Wol[-] enbere	Jt(em) Conczgin von Geilnhusen hait Peder Wolenb(er)n zu gesproch(e)n wie daß er yme und Herma(n) Bend(er)n win verkaufft(en) habe / Er habe auch theile und gemeyn mit Herma(n) gehabt und yme gerett(en) solichen win zu bezalen. Des stehe yme noch uß IX guld(e)n und III alb(us). Daß er yme nů nit ußrachtůnge dut das schade yme alsvjl dar zu und heist yme der wort aller ey(n) ja ader ney(n). Dar off sagt Ped(er) er habe um(m)b Conczgin nuste kaufft(en) und sihe yme auch nůste schuldig sond(er) H(er)man habe den win kaufft(en). Dem habe er auch sin anczal ußgeracht(en). Und wes Conczgin yne wider anlange des sihe er unschuldig. Die unscholt ist gestalt noch hude zu XIIII tagen. Das haint sie beide verbot.

ᵃ Diese und die folgende Marginalie sind durch eine einfache runde Klammer miteinander verbunden.

31. Oktober 1478

ÜBERTRAGUNG

Meckel, Ehefrau des Henne Dutz von Algesheim erkennt an, was ihr Ehemann Henne hier aufgebe oder auftrage, das soll auch von ihretwegen volle Gewalt haben. Das hat Henne festhalten lassen.

Hengin Ruts erkennt an, Heinz von Halle ½ Gulden gegen Rechnung zahlen zu müssen binnen 14 Tagen. Doch wenn sich noch mehr finde, soll er dass auch in der genannten Zeit bezahlen. Wenn nicht erfolgt die Pfändung.

Enders Drapp hat seinen Anspruch ins Gerichtsbuch eintragen lassen gegen Peter Hitwin.

Enders Drapp hat Pfändung gefordert gegen Cles Harwiler.

Hermann von Holzhausen erkennt an, Kitzgin 1½ Gulden zahlen zu müssen binnen 14 Tagen. Wenn nicht erfolgt die Pfändung.

Henne Kyl sagt, er habe ein Feld gekauft von Henne Manbach, das sei so gut wie als er es kaufte. Das gebe den Diem jährlich 14 Schilling Heller Geld. Die hinterlege er hier und sage das Feld damit auf. Dazu öffne er ihnen die Gülte und hofft, er habe mit dem Kauf genügend gezahlt, so dass er es so tun könne. Darauf ergeht das Urteil: Ist es so wie er es sagt, so kann er es tun. Wenn nicht so geschehe was Recht ist.
Contzgin von Gelnhausen hat Peter Wolenber angeklagt, dass er ihm und Hermann Bender Wein verkauft habe. Er habe auch eine Gesellschaft mit Hermann gehabt und mit ihm beredet, solchen Wein zu bezahlen. Davon stehen ihm noch 9 Gulden und 3 Albus aus. Dass er ihm die nun nicht ausrichte, das schade ihm ebensoviel dazu. Und er fordert im Namen aller von ihm ein Ja oder Nein. Darauf sagt Peter: Er habe von Contzgin nichts gekauft, und er sei ihm auch nichts schuldig, sondern Hermann habe den Wein gekauft. Dem habe er auch seinen Anteil entrichtet. Und wessen ihn Contzgin anklage, dessen sei er unschuldig. Die Unschuld gilt von heute an 14 Tage. Dem haben sie beide zugestimmt.

fol. 87v — Samßtag nach Aller Heilgen tage

erf(olgt)	Jt(em) Adam Wollf unß(er) mit scheffen erf(olgt) Hengin Bern offs buch.
1 hᵃ	Jt(em) Clese Raup unß(er) mit scheffen geselle dut 1 h vor XV ß gelts off Hengin Melman et om(n)ia.
1 h	Jd(em) dut 1 h vor ey(n) guld(e)n gelts off B(er)nhart Bend(er)n Michels Hengin und Hilczenketten unv(er)scheidlich et sup(ra) ping(nora).
1 h	Jd(em) dut 1 h vor X ß gelts off Henne(n) von Sprendlingen et supra pingn(or)a.
erf(olgt)	Jt(em) Hengin Rode erf(olgt) Jeckel von Siemern offs bůch.
1 h	Jt(em) Scher(er)hen(ne) dut 1 h vor XII ß gelts off Conczgin Prassen et om(n)ia.
erf(olgt)	Jt(em) Kiczgin erf(olgt) Joh(ann)es Faůt(en) vor X g(ulden).
erf(olgt)	Jt(em) Schonwedder erf(olgt) Joh(ann)es Faůt(en) vor XX guld(e)n.
erf(olgt)	Jt(em) Scher(er)hen(ne) erf(olgt) Joh(ann)es Faůt(en) offs bůch nach dem und dwile er sine(n) gesaczt(en) tag nit verhut(en) etc.
erf(olgt)	Jt(em) Gerßten Elßgin von Jngelnheim erf(olgt) Joh(ann)es Faůt(en) vor ey(n) guld(e)n und funffe alb(us).
erf(olgt)	Jt(em) die Kremerßen erf(olgt) Jeckeln von Siemern vor II g(ulden).
erf(olgt)	Jt(em) Jeckel Stam(m) erf(olgt) Carppen Cleßgin vor X g(ulden).
	Actu(m) off Samßtag nach Aller Heilgen tage.
1 h	Jt(em) Henne von Eltvjl als vo(n) mo(m)p(ar)schafft wegen der her(e)n zům dhome zu Mencze dut 1 h vor XXXI ß gelts off Henne Kremern et supra pingn(or)a.
1 hᵇ	Jt(em) Clese Storczkoppe der jonge als vo(n) des Heilgen Cruczes wegen dut 1 h vor I guld(e)n gelts off Brants Greden et supra pingn(or)a.
erf(olgt)	Jd(em) erfolgt Ebert Kiczen und Dieme(n) Clasen offs bůch.
1 h	Jt(em) Cleßgin Mospecher dut 1 h vor ½ [1/2] guld(e)n gelts off Hen(ne) Stopen und alleß das Philips Henne gelaiße(n) hait

a Diese und die beiden folgenden Marginalien sind durch eine einfache runde Klammer miteinander verbunden.
b Diese und die folgende Marginalie sind durch eine einfache runde Klammer miteinander verbunden.

7. November 1478

Adam Wolff, unser Mitschöffe, hat seinen Anspruch ins Gerichtsbuch eintragen lassen gegen Hengin Ber.

Cles Raub, unser Mitschöffe, erhebt seine 1. Klage wegen 15 Schilling Geld gegen Hengin Melman auf alles.

Derselbe erhebt seine 1. Klage wegen 1 Gulden Geld gegen Bernhard Bender, Hengin Michel und Kett Hiltz gemeinsam auf die Pfänder.

Derselbe erhebt seine 1. Klage wegen 10 Schilling Geld gegen Henne von Sprendlingen auf die Pfänder.

Hengin Rode hat seinen Anspruch ins Gerichtsbuch eintragen lassen gegen Jeckel von Simmern.

Henne Scherer erhebt seine 1. Klage wegen 12 Schilling Geld gegen Contzgin Prass auf alles.

Kitzgin verklagt Johannes Faut auf 10 Gulden.

Schonwedder verklagt Johannes Faut auf 20 Gulden.

Henne Scherer hat seinen Anspruch ins Gerichtsbuch eintragen lassen gegen Johannes Faut, nachdem er den angesetzten Gerichtstag nicht gewahrt hat.

Elßgin Gerßt von Ingelheim verklagt Johannes Faut auf 1 Gulden und 5 Albus.

Die Krämerin verklagt Jeckel von Simmern auf 2 Gulden.

Jeckel Stamm verklagt Clesgin Carpp auf 10 Gulden.

7. November 1478

Henne von Eltville erhebt als Vertreter der Domherren zu Mainz seine 1. Klage wegen 31 Schilling gegen Henne Kremer auf die Pfänder.

Cles Stortzkopp der Junge erhebt für die vom Heiligen Kreuz seine 1. Klage wegen 1 Gulden Geld gegen Grede Brand auf die Pfänder.

Derselbe hat seinen Anspruch ins Gerichtsbuch eintragen lassen gegen Ebert Kitz und Clas Diem.

Clesgin Mospecher erhebt seine 1. Klage wegen ½ Gulden Geld gegen Henne Stop und auf alles, was Henne Philip hinterlassen hat.

fol. 88 — Samßtag nach sant Martins tage

p b	Jt(em) Hengin Rode hait p b an Jeckel von Siemern.
p b	Jt(em) Adam Wolff n(oste)r soci(us) hait p b an Hengin Berne.
p b	Jt(em) Hans von Melpach hait p b an Winwormen.
erf(olgt)	Jt(em) Carppen Cleßgin erf(olgt) Hengin Berne offs bůch.
	Jt(em) Windrůt Peder Buln seligen witwen sagt sie habe der
	kyrchen jars XIII ß und III hell(er) gelts gegeb(e)n von eyme[a] fer-
offgesagt	tel wingarts ungev(er)lich gelegen aym Nonne(n) Phade gefor
	Hengin Růtßs und(e)n zů der weg ob(e)n zu. Soliche gůlte hait
	sie hinder gericht gelacht und auch geoffent der kyrchen.
	Und hait do myt den vorgeschr(iben) wingart off gesagt(en)
	und das verbot. Das hait das gericht laiß(e)n gescheen
	off recht.
erk(annt)	Jt(em) Heincze Driele erk(ennt) Bůerhenne(n) von Wack(er)nheim I g(ulden)
	zu geb(e)n in XIIII tag(en). Si no(n) p erf(olgt).
1 h	Jt(em) Diemen Henne dut 1 h vor XIIII ß gelts off Cristin
	Henne Manbachs selig(en) witwen et om(n)ia.
1 h	Jt(em) Clese Storczkoppe der alde dut 1 h vor ey(n) l(i)b(ram) gelts
	off Conczgin Dincklern et om(n)ia.
erk(annt)	Jt(em) Conczgin Dinckler erk(ennt) Hans Flůcken XXIIII ß zu
	geb(e)n in eyme maende. Si no(n) p erf(olgt).
gelengt	Jt(em) zusch(e)n Henne Hauborn von Jngelnhey(m) und Stern Clesen
	ist gelengt noch hude zu fier wochen sic hodie.
erf(olgt)	Jt(em) Brantßs Gerhart er(olgt) Fauts Dynen vor II guld(e)n.
	Actu(m) off Samßtag nach sant Martins tage.
2 h	Jt(em) Clese Raůp unser mit scheffen geselle dut sin 2 h
	off Hengin Melma(n) ut p(ri)ma.
erk(annt)	Jt(em) Conczgin von Geilnhusen erk(ennt) E(m)meln jn der Offhoben
	IIII guld(e)n off rechnu(n)ge zu geb(e)n in XIIII tag(en). Si no(n) p erf(olgt).

[a] Zwischen Text und Marginalie verläuft ein über vier Zeilen reichender senkrechter Strich. Der Text von »eyme« bis »Nonne(n)« ist mit demselben Stift unterstrichen.

14. November 1478

Hengin Rode hat Pfändung gefordert gegen Jeckel von Simmern.
Adam Wolff, unser Mitschöffe, hat Pfändung gefordert gegen Hengin Ber.
Hans von Melpach hat Pfändung gefordert gegen Winworm.
Clesgin Carpp hat seinen Anspruch ins Gerichtsbuch eintragen lassen gegen Hengin Ber.
Windrut, die Witwe Peter Buls sagt, sie habe der Kirche jährlich 13 Schilling und 3 Heller Geld gegeben von einem Viertel Weinberg gelegen am Nonnenpfad, oberhalb von Hengin Ruts, unterhalb des Weges. Diese Gülte hat sie am Gericht hinterlegt und der Kirche geöffnet. Damit hat sie den Weinberg aufgesagt und das festhalten lassen. Das hat das Gericht geschehen lassen, wie es Recht ist.
Heinz Driel erkennt an, Henne Buer von Wackernheim einen Gulden zahlen zu müssen binnen 14 Tagen. Wenn nicht erfolgt die Pfändung.
Henne Diem erhebt seine 1. Klage wegen 14 Schilling Geld gegen Cristin, die Witwe Henne Manbachs, auf alles.
Cles Stortzkopp der Alte erhebt seine 1. Klage wegen 1 Pfund Geld gegen Contzgin Dinckler auf alles.
Contzgin Dinckler erkennt an, Hans Fluck 24 Schilling zahlen zu müssen in einem Monat. Wenn nicht erfolgt die Pfändung.
Zwischen Henne Haubor von Ingelheim und Cles Stern ist der Termin verschoben worden auf heute in 4 Wochen.
Gerhart Brand verklagt Dyne Faut auf 2 Gulden.

14. November 1478

Cles Raub, unser Mitschöffe, erhebt seine 2. Klage gegen Hengin Melman.
Contzgin von Gelnhausen erkennt an, Emmel in der Uffhub 4 Gulden gegen Rechnung zahlen zu müssen binnen 14 Tagen. Wenn nicht erfolgt die Pfändung.

fol. 88v — Samßtag nach sant Martins tage

gelengt	Jt(em) zusch(e)n Henne Englend(er)n und Roitfoschen ist gelengt bijß off Samßtag nach dem Achzehest(en) Tage sic hodie.
erk(annt)	Jt(em) Lebe der kurßner erk(ennt) Kiczgin II guld(e)n und X alb(us) an Wißphengen [!] zu geben in XIIII tagen. Si no(n) p erf(olgt).
phande aym libe	Jt(em) Scher(er)hen(ne) sagt er habe Joh(ann)es Faut(en) erfolgt nů sol er yne phenden so wůße er des syne(n) nit. Und begert mit recht wie er furt(er) thun solle daß yme recht geschee. S(e)n(tent)ia er sall dem scholteß(en) eyn heymberge(n) heischen der sall yme phande an Joh(ann)es lybe geben.
2 h	Jt(em) Scher(er)hen(ne) dut sin 2 h off Conczgin Prassen ut p(ri)ma.
4 h [8/2]	Jt(em) Henne Bocke unser mit scheffen geselle als vo(n) mo(m)p(ar)[-]schafft wegen des compt(er)s zům Heilgen Grabe zu Mencze dut sin fierde heischunge off Philipsen von Gerß- steyn ut p(ri)ma.
f(re)f(el) f(re)f(el)	Jt(em) Heppenhen(ne) und Hans Gotfart von Stockheyms hoffma(n) erk(ennt) Clese Rauben dem under scholteß(e)n yglicher vor eyn freffel mit syme liebe zu detyngen.
erk(annt)	Jt(em) Heppenhen erk(ennt) Knodenhen XIII alb(us) zu geben zusch(e)n Wynachten.
Heppenhen(ne) Hans hoffma(n) s(e)n(tent)ia	Jt(em) zusch(e)n Hansen dem hoffman und Heppenhen(ne) etc. dwyle Hans nit abreddig ist der dait / daß er sich mit Heppenhe(nne) geslag(en) und erkent daß er yne geraufft(en) und sich Hepp(en)[-]hen(ne) erbott(en) so f(er)re Hans yme den freffel abe lege woll erßs do bij laiß(e)n. S(e)n(tent)ia daß Hans // Heppenhen(ne) den freffel geigen dem scholteß(e)n abe thun sall.
	Jt(em) Knodenhen(ne) als vo(n) mo(m)p(ar)schafft wegen frauwe Mar- grett(en) Winterbech(er)n hait Hans Wolenbern / Peder Harwil(er)n Henne Yetten und Jeckel Drappen zu gesprochen

14. November 1478 — fol. 88v

Zwischen Henne Englender und Rotfosch ist der Termin verschoben worden auf Samstag nach dem 18. Tag.

Lebe der Kürschner erkennt an, Kitzgin 2 Gulden und 10 Albus an Weißpfennigen zahlen zu müssen binnen 14 Tagen. Wenn nicht erfolgt die Pfändung.

Henne Scherer sagt, er habe gegen Johannes Faut geklagt, nun soll er ihn pfänden und wüsste nicht, was er habe. Daher fragt er das Gericht, was er weiter tun solle, damit ihm Recht geschehe. Urteil: Er soll von dem Schultheißen einen Heimbergen fordern. Der soll ihm Pfänder an Johannes Leib geben.

Henne Scherer erhebt seine 2. Klage gegen Contzgin Prass.

Henne Bock, unser Mitschöffe, erhebt als Vertreter des Komturs vom Heiligen Grab zu Mainz seine 4. Klage gegen Philipp von Gierstein.

Henne Hepp und Hans, Gotfart von Stockheims Hofmann, erkennen gegenüber Cles Raub, dem Unterschultheißen, an, dass ein jeder von ihnen einen Frevel mit seinem Leib büßen werde.

Henne Hepp erkennt an, Henne Knode 13 Albus zahlen zu müssen bis Weihnachten.

Zwischen Hans dem Hofmann und Henne Hepp: Weil Hans nicht die Tat leugnet, dass er sich mit Henne Hepp geschlagen hat und zugibt, dass er ihn verprügelt hat und weil Henne Hepp anbot, wenn Hans auch seinen Frevel leisten werde, dann wolle er es dabei lassen, ergeht das Urteil: Hans soll für Henne Hepp seinen Frevel gegenüber dem Schultheißen leisten.

Henne Knode hat als Vertreter von Frau Margret Winterbecher Hans Wolenber, Peter Harwiler, Henne Yett und Jeckel Drapp angeklagt,

Dinstag vor Elyzabeth

Knodenhen(ne) et quatůor gelengt	wie daß sie yre fehe durch syn(er) frauw(e)n hoff / nemlich Breitschyts hoffe getreben / ader hab(e)n laißen dryben und eyne(n) gemeyne(n) weg der durch gemacht(en) dar zu yn yre wiesen gefaren und yre schad(e)n gethan[a] // Daß sie solichs gethan haint das schade yme als vo(n) siner frauw(e)n wegen von yre yglichem IIII guld(e)n und heist yne des eyn ja ader ney(n) obe yre fehe durch den hoeff und jn siner frauwen wiese(n) also gangen sihe ader nit. Das ist gelengt noch hude zu XIIII tag(en) sic hodie.
Heinrich Smett Hans Klee gelengt	Jt(em) Heinrich der smett hait Hansen von Klee zu gesproch(e)n wie daß Hans yme eyn kelter seczen solt daß sie recht und als sich gebure stehen solle und habe auch eyn großen lone nemlich ½ [I/2] guld(e)n davo(n) geno(m)men / Nů habe Hans die kelt(er) nit gestalt als sich geburt und stehen solle. Das schade yme eyn guld(e)n und obe Hans dar zu neyn sagen wolt so woll er das wisen mit der kelt(er)n. Das ist gelengt bijß off Samßtag nach dem Achzehesten Tage sic hodie.
Konne(n) Ped(er) Ped(er) Macz[-] kůch	Jt(em) Konne(n) Peder hait Ped(er) Maczkuchen zu gesprochen wie daß sie sich vor zyden geigen Frolichen hern Hansen knecht verschreb(e)n hab(e)n menlich vor alle. Also hab(e)n sie můßen vor Cleßgin Maczkuch seligen bezalen. Daß Peder nů sin anczale nit bezalt das schade yme XX guld(e)n und hofft er soll eß bilche thůn. Und obe Peder dar zu ney(n) sagen wolt so beziege er sich des off den heipt briff. Das ist gelengt noch hude zu fier wochen sic hodie.
erf(olgt)	Jt(em) Bingeln Cleßgin erf(olgt) Peder Yetten offs buch.

Actu(m) off Dinstag vor Elyzabeth.

---

[a] Die letzen vier Worte sind über der Zeile beigefügt.

17. November 1478

dass sie ihr Vieh durch den Hof seiner Herrin, nämlich den Breitscheyt Hof getrieben haben oder haben treiben lassen und einen öffentlichen Weg dadurch gemacht haben und durch ihre Wiesen gefahren sind und ihr Schaden zugefügt haben. Dass sie dies getan haben, das schade ihm für seine Herrin von jedem von ihnen 4 Gulden, und er fordert von ihnen ein Ja oder Nein, ob ihr Vieh durch den Hof und in die Wiesen seiner Herrin gegangen sei oder nicht. Das ist verschoben worden auf heute in 14 Tagen.

Heinrich der Schmied hat Hans von Klee angeklagt, dass Hans ihm eine Kelter setzen sollte, wie sie richtig stehen soll, und er habe auch einen großen Lohn, nämlich ½ Gulden, dafür genommen. Nun habe Hans die Kelter nicht so gemacht, wie es sich gebührt. Das schade ihm einen Gulden und wenn Hans Nein dazu sage, so wolle er das beweisen mit der Kelter. Das ist verschoben worden bis auf Samstag nach dem 18. Tag.

Peter Konne hat Peter Matzkuch angeklagt, dass sie sich vor Zeiten gegenüber Frolich, dem Knecht von Herrn Hans, gemeinsam verschuldet haben. Daher mussten sie für den verstorbenen Clesgin Matzkuch bezahlen. Dass Peter seien Anteil nun nicht bezahlt, das schade ihm 20 Gulden, und er hofft, dies solle jener billiger Weise zahlen. Und wenn Peter dazu Nein sagen wolle, so bezeuge dies der Schuldbrief. Das ist verschoben worden auf heute in 4 Wochen.

Clesgin Bingel hat seinen Anspruch ins Gerichtsbuch eintragen lassen gegen Peter Yett.

17. November 1478

fol. 89v

Dinstag vor Elyzabeth

TRANSKRIPTION

Jt(em) zusch(e)n Henne(n) von Eltvjl als vo(n) mo(m)p(ar)schafft wegen
gelengt   der her(e)n zům dhome zu Mencze Philips Busern unß(er)m
scholteß(e)n und Můd(er)henne(n) als vo(n) sins jonckern wegen
ist gelengt noch hude zu fier wochen sic hodie.
Jt(em)ᵃ Ancze Důppengießer hait sich verdingt h(er)n Hansen
von Kronb(er)g rytter unß(er)m amptma(n)ᵇ als an stadt und von
wegen unsers gnedigen her(e)n des pfalczgraffen sin
wort zu thůn und hait sin und(er)tinge verbot als recht ist.
Und hait zu gesproch(e)n Drubeyns Wilhelme(n) Hen(ne) Ma(n)bachen
her Hans   Knůßen Cleßgin und Dornhenne(n) dem jongen wie daß
vo(n) Kronb(er)g   sich zu zyden begeb(e)n habe daß sie eyn rehe gefange(n)
rytter   hab(e)n. Des sie dan(n) nit abreddig gesin mogen dan(n) eß
sijhe kontlich. Und daß sie das also gethan haint sond(er)
die rehe   wiß(e)n und willen unsers gnedigen her(e)n / ader der syne(n)
fenger   die des macht gehabt // ober das / daß sin gnade eyn
loblicher kurfurste des Heilgen Richs ist und dar zu
myt aller oberkeyt syner regalien von unß(er)m aller
gnedigesten heren dem romischen keyser versehen
und gegonnet ist und dar nach syner gnad(e)n fursten-
thům in dem selben kreiße und bezyrcke enden und
gebietten eygent / alle und iglich hochwylt des wylperts
und wylpende fyscherijᶜ geleyde und anders jn-
halte siner gnaden regalien. Dwile nů Jngelnheim
mit siner termenyhe mitsampt andern sloßen stetten
und gebiett(en) syner gnad(e)n mit aller oberkeit und
von dem Heilgen Riche yme verschafft und zu stett und
ynne hait / so were soliche dait von den obgemelten
persone(n) bilche vermydden bleben. Und off daß das ge[-]
richt und alle umstender eygentlich bericht werden
wie furt(er) dar ynne gehandelt ist. So hait Philips Bus(er)

    a Zwischen Marginalie und Text verläuft entlang der folgenden fünf Zeilen ein senkrechter Strich.
    b Vom Zeilenanfang bis hier ist der Text mit anderem Stift unterstrichen.
    c Es folgt durchgestrichen: »und«.

17. November 1478

Zwischen Henne von Eltville als Vertreter der Domherren zu Mainz und Philipp Bußer, unserem Schultheiß und Henne Muder für seinen Junker ist der Termin verschoben worden auf in 4 Wochen.

Antz Duppengießer hat sich verpflichtet, Herrn Hans von Kronberg, Ritter, unseren Amtmann als Vertreter unseres gnädigen Herrn des Pfalzgrafen vor Gericht zu vertreten und hat seine Anwaltschaft festhalten lassen, wie es rechtmäßig ist. Und er hat angeklagt Wilhelm Drubein, Henne Manbach, Clesgin Knuß und Henne Dorn den Jungen, dass es sich vor einiger Zeit begeben habe, dass sie ein Reh fingen. Das sollten sie nicht leugnen, denn es sei allgemein bekannt. Und dass sie das getan haben ohne Wissen und Willen unseres gnädigen Herrn oder seiner Befehlshaber und das obwohl ihre Gnaden ein ehrenwerter Kurfürst des Heiligen Reiches ist und von unserem allergnädigsten Herrn, dem römischen Kaiser mit aller Oberherrschaft seiner Regalien bedacht wurde und obwohl seiner Gnaden Fürstentum sich bis hierhin erstreckt und er darin gebietet über alles und jedes Hochwild und den Wildbann, über die Fischerei, das Geleit und die anderen Rechte seiner Regalien. Weil nun Ingelheim mit seinen Grenzen mitsamt den anderen Schlössern, Städten und Gebieten ihrer Gnaden [dem Pfalzgrafen] mit aller Oberherrschaft vom Heiligen Reich übertragen wurden und zustehen, und er es innehat, so wäre diese Tat der genannten Personen besser unterblieben. Es sei dem Gericht und allen Umstehenden berichtet, wie es weiter in der Sache ging. Philipp Bußer,

Dinstag vor Elyzabeth

         der scholteß als an stadt uns(er)s gnedigen her(e)n off frischer
         dait so balde er des sij ynne(n) word(e)n den bottel zu yren
         eynßs theils geschickt und an sie gefurd(er)t und begert
         das rehe jn sin gewalt zů schicken. So woll erßs furter
         schaffen do eß hyne gehore. Der bottel habe auch sin
         werben an yre eyntheyle gethain das jhene yme der
         scholteß befolen hait. Jme ist aber das rehe verhalten
         und nůste wor(e)n sonder oppige und verechtlich worte / Be-
         gert dar umbe den bottel zuv(er)horen was dem zu antwort
d(er) bottel   word(e)n sij. Dar off sagt Adam der heymb(er)ge wie daß d(er)
sage   scholteß off eyn zijt mit yme gerett und gesagt yme sihe
         kunt gethan wie daß die obgemelt(en) fier gesellen eyn
         rehe off dem berge gefangen hab(e)n. Daß er zu yne gehe
         und sage yne / daß sie yme das rehe antwort(en) // So woll
         erßs furt(er) schicken an die ende do eß hyne gehore / Dem[-]
         nach sihe er zu Wilhelme(n) kom(m)en und yme die meynů(n)ge
         vorgehalt(en). Da sagt Wilhelm / obe ma(n) ey(n) arme(n) man also
         schrecken wolle / Und finge er eyne(n) hasen ader etwas
         so hofft er doch nach dem waßer und weide frij sihi [!]
         ungefreffelt dar an zu hain. Und furt(er) gesagt das rehe
         sihe verkaufft(en). Dar nach sij er ko(m)men zu Hen(ne) Ma(n)bache(n)
         und yme die sache und bescheit vom(m) scholteß(e)n auch vor
         gehalt(en). Der habe yme geantwort / er wůße nit obe
         das rehe verkaufft(en) sihe ad(er) nit. Dan(n) Drubeyns Wilhelm
         habe eß do heyme / Obe der eß verkaufft(en) habe wuße
i(n) j(ure)   er nit. Ffurt(er) sagt Růln Henne der heymberge wie
         daß er zu Wilhelme(n) kom(m)en sij und yme die meynu(n)ge
         auch vor gehalt(en) habe. Wilhelm geantwort das rehe
         sij verkaufft(en) obe ma(n) eyne(n) armen man(n) also schreck(e)n
         wolle. Dan(n) er hoffte / fynge er noch morne ey(n) rehe
i(n) j(ure)   er solt eß macht hain // Ancze als vo(n) wegen hern

17. November 1478

fol. 90

der Schultheiß für unseren gnädigen Herrn, hat auf die frische Tat reagiert und so bald er von ihr hörte, den Büttel zu einem Teil von ihnen geschickt und von ihnen gefordert und begehrt, das Reh in seine Gewalt zu geben. Er wolle es dorthin schaffen, wo es hin gehöre. Der Büttel habe das auch einem Teil von ihnen ausgerichtet, wie ihm der Schultheiß befahl. Doch es wurde ihm das Reh vorenthalten, dafür wurden ihm verächtliche Worte zuteil. Deshalb begehrt er den Büttel zu verhören, was ihm geantwortet worden sei. Darauf sagt Adam der Heimbürge, dass der Schultheiß vor einiger Zeit mit ihm geredet habe und sagte, ihm sei bekannt gemacht worden, dass die genannten 4 Gesellen ein Reh auf dem Berg gefangen hätten. Er solle zu ihnen gehen und sagen, dass sie das Reh ihm übergeben sollten. Er wolle es dorthin schicken, wo es hin gehöre. Darauf sei er zu Wilhelm gekommen und habe ihm diese Forderung des Schultheißen mitgeteilt. Da sagte Wilhelm, ob man denn einen armen Mann so erschrecken wolle. Und finge er einen Hasen oder etwas anderes, so hoffe er doch, nachdem Wasser und Weide frei sind, hier nicht frevelhaft gehandelt zu haben. Weiter sagte er, das Reh sei verkauft. Danach sei er zu Henne Manbach gekommen und habe ihm die Sache und die Anweisung des Schultheißen mitgeteilt. Der habe ihm geantwortet, er wisse nicht, ob das Reh verkauft sei oder nicht. Denn Wilhelm Drubein habe es daheim. Ob er es verkauft habe, wisse er nicht. Weiter sagte Henne Rule der Heimbürge, dass er zu Wilhelm gekommen sei und ihm diese Forderung auch mitgeteilt habe. Da habe Wilhelm geantwortet, das Reh sei verkauft, ob man einen armen Mann denn so schrecken wolle. Denn er hofft, finge er noch morgen ein Reh, er solle das tun dürfen. Antz hat für Herrn

fol. 90v — Dinstag vor Elyzabeth

Hansen unß(er)s amptma(n)s an stadt unß(er)s gnedigen her(e)n
hait die beide sage der heymbergen verbot und sagt
das gericht und and(er)n hab(e)n wole verstand(e)n der heym[-]
bergen sage. Daß die fier / er geschuldigt nit abreddijg gesin konne(n) / daß sie das rehe gefangen und verhalten sihe ober des scholteß(e)n gesynne(n) und furderů(n)ge
myt yren mutwilligen worten. Dwile sie das also
frefflich gethan und veracht haint das schade unß(er)m
gnedigen her(e)n so hoch und fiele yre lijp und gut
gereichen mag. Und hofft nach aller verhandelunge
daß sie das unbilche gethan hab(e)n und sollen unß(er)m
gnedigen her(e)n yre lijp und gut jn hafft erkant w(er)d(e)n.

i(n) j(ure)   Und begert des eyner antwort. Dar off hait
sich Hans Snider verdingt Knůßen Cleßgin sin wort
zu thůn und hait sin und(er)tinge verbot als recht ist.
Und sagt nach dem Cleßgin geschuldiget sij als der
fyer(er) eyner so sij er des off gemeß(e)n schadens zuvor
abe unschuldig er worde sin dan(n) er zugt als recht
ist. Und sagt furt(er) sie sihen yn eyner geselschafft
zu^a sa(m)men ko(m)men und wollen hasen lußen da sie
nů geracht(en) hatten / Do sint die and(er)n dry bij eyn ge-
stand(e)n und er alleyne / und sint des wylts nit wart(en)
gewest(en) / sonder hasen / dar off hab(e)n sie auch geracht.
Also ist ey(n) rehe ko(m)men und yn(ne) das garne gelauffen.
Do sint die and(er)n dry zům erßten zu ko(m)men und
yme gerůffen als sie nů ober dem rehe gelegen
haint und das brydelten. Do sagt er widder sie
alle drij jr gesellen wollet yr myr folgen ich wijl
uns eyn guden rait geb(e)n. Dwile uns Got berad(e)n hait

a Am linken Seitenrand verläuft entlang der folgenden vier Zeilen ein senkrechter Strich.

17. November 1478

fol. 90v

ÜBERTRAGUNG

Hans, unseren Amtmann anstatt unseres gnädigen Herrn, die Aussage der Heimbürgen festhalten lassen und sagt: Das Gericht und die andern haben die Aussage des Heimbürgen wohl verstanden. Dass die 4, die er beschuldigte, nicht leugnen können, dass sie das Reh gefangen haben und dass sie es dem Schultheißen trotz seines Ansinnens und seiner Aufforderung mit mutwilligen Worten vorenthielten. Weil sie das so frevelhaft getan und die Aufforderung des Schultheißen als Vertreter des Pfalzgrafen verachtet haben, schade dies unserem gnädigen Herrn so viel wie er an Leib und Gut fordern mag. Und er hofft nach der Darstellung, dass sie das unbilliger Weise getan haben und unserem gnädigen Herrn soll vor Gericht ihr Leib und ihr Gut in seine Haft zuerkannt werden. Darauf begehrt er eine Antwort.

Darauf hat sich Hans Snider verpflichtet, Clesgin Knuß vor Gericht zu vertreten und hat seine Anwaltschaft festhalten lassen, wie es Recht ist. Und er sagt: Nachdem Clesgin beschuldigt worden sei als einer der vier, so sei er des angelaufenen Schadens zunächst unschuldig, er werde ihm denn vor Gericht bewiesen wie es rechtmäßig ist. Und er sagt weiter: Sie seien zu einer Gesellschaft zusammen gekommen und wollten Hasen fangen. Da haben die anderen 3 beieinander gestanden und er alleine und sie haben nicht das Wild erwartet, sondern Hasen, dafür hatten sie sich auch zusammengefunden. Da sei ein Reh gekommen und in das Garn gelaufen. Da sind die anderen 3 als erste hingekommen und haben ihn gerufen, als sie sich über das Reh beugten und das zerlegten. Da sagte er zu ihnen: „Ihr Gesellen, wollt ihr mir folgen, ich will euch einen guten Rat geben. Weil uns Gott geholfen hat,

fol. 91 — Dinstag vor Elyzabeth

so wollen myr das rehe h(er)n Hansen und dem scholteß(e)n zu
eyme nůwen jare schencken(n) / Do ist eß yren eyn theyle
nit liep gewest(en). Do hab(e)n sie das rehe her heyme getragen / Habe er ab(er)mals begert h(er)n Hansen und dem
scholteß(e)n das rehe zu schenken / mocht nit sin / Do beg(er)t
er daß sie eß jn fier theyle deylten / so wolt er sin deyle
geb(e)n weme er wolle. Das wart yme aber verslagen
und mocht nit sin. Do hab(e)n sie das rehe enweg getrage(n)
und entußert sonder syne(n) wiß(e)n und willen und ist
yme auch nit liep gewest(en). Dar zu sij yme widder
phen(n)yg ader hell(er) zu theyle word(e)n / auch wolt er sin
nit dan(n) eß sij yme nit liep gewest(en). Und ist auch kůnt[-]
lich daß yme sin theile nit werd(e)n mochte. Und was
yme ynne recht geburt zu thůn daß sich diese dinge
also begeb(e)n haint wijl er nit weyern und erbůtt sich
do mit jnne gnade unß(er)s gnedigen her(e)n.

i(n) j(ure)   Jt(em) Wilhelm und Henne Manbach sagent beide ey(n)mů(n)-
dig wie daß Wigant Storczkoppe sie gebett(en) yme eyne(n)
hasen zu fangen. Er soll die her(e)n hain etc. Das haben
sie besteh(e)n zu thůn. Also sihe das dier ko(m)men das ha[-]
ben sie behalt(en). Und hetten sie gewußten daß eß nyt
hette[a] sollen sin / sie wolten eß node gethan hain. Dan(n)
yne sihe deshalp nůste v(er)bott(en) word(e)n // Uns(er) gnedig(er)
h(er)re sij auch d(er) gemeynd(e)n hie so gnedig gewest(en) und
yne offentlich gerett und zu gesagt bij altem h(er)ko(m)me(n)
und fryheit zu laiß(e)n / die zu beßern und nit zu myn(n)ern.
Dem nach dwile yne dan(n) nuste verbott(en) so sihen
sie des offgemeß(e)n schadens unschuldig und hoffen
daß sie widder unß(er)s her(e)n gnade nit gethan haben.

a Am linken Seitenrand verläuft bis zum Seitenende ein senkrechter Strich.

17. November 1478

so wollen wir das Reh Herrn Hans und dem Schultheiß zu Neujahr schenken." Das war einem Teil von ihnen nicht lieb. Da haben sie das Reh nach Hause getragen. Da habe er wiederum gefordert, Herrn Hans und dem Schultheiß das Reh zu schenken, doch er konnte sich nicht durchsetzen. Da forderte er von ihnen, dass sie es in 4 Teile teilten, dann könne er seinen Teil geben, wem er wolle. Das wurde ihm aber abgeschlagen, und er konnte sich nicht durchsetzen. Da haben sie das Reh weggetragen und verkauft ohne sein Wissen und Wollen und es ist ihm auch nicht lieb gewesen. Er habe auch weder Pfennig noch Heller erhalten, auch wollte er nichts, denn es sei ihm nicht lieb gewesen. Und es ist auch bekannt, dass er seinen Anteil nicht genommen habe. Und was ihm mit Recht gebührt zu tun, weil sich diese Dinge ereigneten, das will er nicht verweigern, und er begibt sich in die Gnade unseres gnädigen Herrn.

Wilhelm und Henne Manbach sagen beide einmütig, dass Wigand Stortzkopp sie gebeten habe, einen Hasen zu fangen. Er solle für die Herren sein. Dazu haben sie sich zusammengeschlossen. Da sei das Tier gekommen, das haben sie behalten. Und hätten sie gewusst, dass sie es nicht tun sollten, dann hätten sie es nicht getan. Doch sei ihnen deshalb nichts verboten worden. Unser gnädiger Herr sei auch der Gemeinde hier so gnädig gewesen und habe ihnen öffentlich versprochen, sie bei ihrem alten Herkommen und ihrer Freiheit zu lassen, die zu bessern und nicht zu vermindern. Weil ihnen nun nichts verboten worden sei, so seien sie des aufgerechneten Schadens unschuldig und hoffen, sie haben nicht gegen unseren Herrn gehandelt.

fol. 91v — Dinstag vor Elyzabeth

i(n) j(ure)   Und genugt yne des mit recht. Ancze von wegen h(er)n
Hansen an stadt unß(er)s gnedige(n) her(e)n sagt nach dem
er die fier geschuldiget und die bottel auch gesagt(en)
haint // so besteh(e)n sie sich nů zu theylen yn yrer antwort und ziegent eyne(n) beseße an / als hetten sie
gerechtekeit zu jegerij und fischerij / Sie ziegen auch
an fryheit die sie hab(e)n von unß(er)m gnedigen heren
auch wie sin gnade yne zu gesagt die zu[a] mer(er)n und
nit zu my(n)nern auch daß unser gnedig(er) h(er)re das
nit verbott(en) habe. Do sihe sins her(e)n meynun(g)e daß
unß(er)m gnedigen her(e)n nit noit sihe das hohe wilt
zuv(er)biett(en). Dan(n) eß sij wissentlich als wijt syn(er) gnad(e)n
lande[b] und gebiedde gehent daß eyme iglichen
verbotten sihe hochwylt zu fahen ußgescheiden
daß sin gnade etlicher rytterschafft gonnet eyne(n)
hasen zu fange(n) / Das hab(e)n sie von syne(n) gnad(e)n // Ffurt(er)
so gestehe sin h(er)re yne keynß beseß auch nit jege-
rijhe ader fischerij und obe sie ader yema(n)t anderß
des in eynchen weg gefrijt solten sin. Des hab(e)n sie
unß(er)n gnedigen her(e)n nit zu ermane(n) sond(er)n die
redde und and(er)n die des zu thůn haint und sie nit.
Und hofft daß sie ad(er) and(er)n die das brechen ober unß(er)s
gnedigen her(e)n regalia eynche fryheit hain sollen.
Sie mogen auch nu(m)mer bij brenge(n) des zu recht ge
nůg ist daß sie eynche fryheit ader gerechtekeit
jegerij fischerij ader der glichen zu thůn. Alsdan(n)
ym(m) zu sproche gelut(en) hait und unß(er)m gnedige(n) her(e)n
alle sin regalia zu gestalt sint daß sin gnade alle

a Das Wort ist über der Zeile beigefügt.
b Am linken Seitenrand verläuft entlang der folgenden sechs Zeilen ein senkrechter Strich.

17. November 1478 — fol. 91v

ÜBERTRAGUNG

Das legen sie dem Gericht vor. Antz sagt für Herrn Hans als Vertreter unseres gnädigen Herrn: Nachdem er die 4 angeklagt habe und die Büttel auch ausgesagt haben, machen sie in ihrer Antwort Behauptungen und maßen sich einen Besitz an, als hätten sie die Gerechtigkeit zum Jagen und Fischen. Sie berufen sich auf die Freiheit, die sie von unserem gnädigen Herrn haben, dass unser gnädiger Herr ihnen zugesagt habe, diese zu mehren und nicht zu mindern und dass unser gnädiger Herr [die Jagd] nicht verboten habe. Da sei seines Herrn Meinung, dass es unser gnädiger Herr nicht nötig habe, ihnen das Hochwild zu verbieten. Denn es ist allgemein bekannt soweit die Länder und Gebiete seiner Gnade gehen, dass es einem jeden verboten sei, Hochwild zu fangen, ausgenommen dass es ihre Gnade einigen aus der Ritterschaft gönne, einen Hasen zu fangen. Dieses Recht haben sie von dem Pfalzgrafen erhalten. Weiter gestehe sein Herr ihnen keinen Besitz zu, auch nicht Jägerei oder Fischerei oder dass sie oder jemand anderes in irgendeiner Weise gefreit sein sollten. Auch haben sie unseren gnädigen Herr nicht zu ermahnen, sondern die Räte und andere, die das zu tun haben und sie nicht. Und er hofft, dass sie oder andere, die das brechen und über unseres gnädigen Herrn Regalien Freiheit haben wollen, dass sie den Beweis niemals beibrächten, der für das Recht genügt, dass sie Freiheit oder Gerechtigkeit an Jägerei, Fischerei oder dergleichen hätten, so wie auch seine Anklage lautete und dass unserem gnädigen Herrn alle seine Regalien zustehen und dass ihre Gnade all

fol. 92 — Dinstag vor Elyzabeth

TRANSKRIPTION

    yre jnsage nit yrren soll. Nach dem Jngelnheim myt
    aller siner zu gehorde syne(n) gnad(e)n zu stett // myt eiden
    bewant und gelobt haint. So hab(e)n sie die jnsage un-
    bilche gethan und sollen synen gnad(e)n zu gewisten
    werd(e)n. Und stilt das zu recht.

i(n) j(ure)   Dar off sagen Wilhelm und Henne Ma(n)bach nach lude
    yr furdergen antwort so hoffen sie / daß sie widder
    unß(er)n gnedigen her(e)n nit gethan hab(e)n und wolten eß
    auch node thůn. Dar zu sihe yne auch nůste v(er)botten.

i(n) j(ure)   Ancze als vo(n) wegen h(er)n Hansen an stadt unß(er)s gnedig(en)
    her(e)n sagt nach dem Wilhelm und Henne unß(er)m
    gnedige(n) her(e)n mit eyden bewant und gelobt haint
    so důhen sie das unbilche / daß sie unß(er)n gnedige(n) her(e)n
    syn(er) gnad(e)n regalien und fryheit(en) herman(e)n auch daß
    sie des scholteß(e)n gebot veracht(en) hai(n)t // Bergert sin h(er)re
    mit recht wes sie des mit and(er)m zu entgelt(en) ader zů
    genyßen hab(e)n.

i(n) j(ure)   Hans Snyder als vo(n) Cleßgins wegen sagt nach dem Ancze
    als vo(n) unß(er)s gnedig(en) her(e)n wegen gerett(en) hait daß
    sie sich theylen. Do hoffe er[a] nach lude siner antwort daß
    erß wole thůn moge dan(n) hetten sie yme gefolget
    so wereß so f(er)re nit kom(m)en. Dar zu habe er widder
    theile ader gemey(n) dar an geno(m)men. Und nach dem er
    sich furmals erbott(en) jn unß(er)s her(e)n gnade / do soll yme
    sin gnade do[b] gnedig(er) sin / dwile er sich so gutlich er-
    bůtte. Das ist gelengt ad socios.

i(n) j(ure)   Ffurt(er) begert Ancze als vo(n) Hanse(n) wegen an stadt unß(er)s
    gnedigen her(e)n nach lude ansprache antwort und recht
    seczen / an die fieer[!] / die sache zuv(er)bůrgen mit recht uß

i(n) j(ure)   zu tragen. Dar off ist Kylhenne / Henne Manbachs syns

---

a Das Wort ist über der Zeile beigefügt.
b Das Wort ist über ein »s« [?] geschrieben.

ihre Gegenrede in seinem Recht nicht irre machen soll. Denn Ingelheim mit all seinem Zubehör steht ihren Gnaden zu und ist ihm mit Eiden und Gelübden verpflichtet. Daher haben sie ihre Einrede unbilliger Weise getan und es soll zugunsten ihrer Gnaden entschieden werden. Das legt er dem Gericht vor.
Darauf sagen Wilhelm und Henne Manbach gemäß ihrer vorherigen Antwort, sie hoffen, dass sie nicht gegen unseren gnädigen Herrn gehandelt haben und wollen es auch nicht tun. Doch in dieser Sache sei ihnen nichts verboten worden. Antz für Herrn Hans anstatt unseres gnädigen Herrn sagt: Nachdem Wilhelm und Johann unserem gnädigen Herrn mit Eiden verpflichtet sind und ihm Gehorsam gelobt haben, tun sie das unbillig, dass sie unseren gnädigen Herren in seinen Regalien und Freiheiten ermahnen und das Gebot des Schultheißen verachten. Daher begehrt sein Herr vom Gericht, was sie und die anderen zu genießen und zu büßen haben.

Hans Snider sagt für Clesgin: Nachdem Antz für unseren gnädigen Herrn geredet hat, dass sie sich teilen. Da hoffe er gemäß seiner Antwort, dass sie das tun können; denn hätten sie auf ihn gehört, dann wäre es nicht so weit gekommen. Zudem habe er weder einen Teil daran genommen noch Gemeinschaft daran gehabt. Und nachdem er sich mehrmals erboten hat, sich in die Gnade unseres Herrn zu begeben, da solle ihm ihre Gnade umso gnädiger sein, weil er sich gütlich in die Gnade begibt. Das ist verschoben worden bis zum Zusammentreten des Vollgerichts.

Weiter begehrt Antz für Hans anstatt unseres gnädigen Herrn gemäß seiner Anklage und Antwort, dass sie 4 Bürgen stellen müssen, dass sie die Sache vor Gericht austragen. Darauf ist Henne Kyl, Henne Manbachs

fol. 92v — Samßtag nach sant Elyzabeth tage

                swag(er)s burge word(e)n vor lip und gut und hab(e)n beide
                h(er)n Hansen dem amptma(n) gelopt und zu den heilg(en)
                gesworen yre libe und gůt nit zu entußern, die sache
                sij dan(n) myt recht ußgetragen.

i(n) j(ure)   Jt(em) Henne Bocke unser mit scheffen geselle ist gut
                word(e)n vor Knůßen Cleßgin syne(n) eyden yn maißen
                er dan(n) vor / fure yne gesproch(e)n hait.

i(n) j(ure)   Jt(em) Dornhen(ne) jst vor Henne(n) sine(n) sone[a] gut word(e)n. Und sint
                in gnade gangen / Sie hab(e)n auch h(er)n Hansen obg(enan)nt(en)
                gelobt und zu den heilgen gesworen yre libe ader gut
                nit zu entußern, Die sach sij dan(n) mit gnad(e)n v(er)tedingt.
                Und obe unser gnediger here diese sache / jn genad(e)n
                also nit off nemen wolt so solt sich der jonge Hen(ne) dort
                gen(e) Oppinheim jn uns(er)s gnedige(n) her(e)n handt styllen
                und nit von danne(n) kom(m)en bijß zu ußtrage d(er) sachen.

                Actu(m) off Samßtag nach sant Elyzabeth tag(e).

2 h   Jt(em) Clesen Storczkoppe d(er) jonge als vo(n) des Heilg(en) Cruczes wegen
                dut sin 2 h off Brants Greden ut p(ri)ma.

2 h   Jt(em) Clese Storczkoppe der alde dut sin 2 h off Conczgin
                Dincklern ut p(ri)ma.

2 h   Jt(em) Diemen Henne dut sin 2 h off Cristin Hen(ne) Ma(n)bachs
                selig(en) witwen ut p(ri)ma.

                Jt(em) Henne Kremer hait sine(n) lip vor sin gut gestalt(en) nach
lip vor sin   dem Henne von Eltvjl off yne geheisch(e)n hait und wijl
gut gestalt(en)   recht geb(e)n und nemen etc. Des ist yme tag gestalt(en) an
                das nehste gericht.

                Actu(m) off Samßtag nach sant Katheryne(n) tage.

---

[a] Das Wort ist über der Zeile beigefügt.

Schwager, sein Bürge geworden für sein Leib und Gut und sie haben beide dem Amtmann Herrn Hans gelobt und zu den Heiligen geschworen, Leib und Gut nicht zu entäußern, bevor die Sache vor Gericht ausgetragen worden sei. Henne Bock, unser Mitschöffe, ist Bürge geworden für Clesgin Knuß, seinen Schwager, in dem Maße wie es zuvor besprochen wurde. Henne Dorn ist für Johann, seinen Sohn, Bürge geworden. Und sie sind in Gnade gegangen. Sie haben auch dem genannten Herrn Hans gelobt und zu den Heiligen geschworen, Leib oder Gut nicht zu entäußern, die Sache sei denn verglichen. Und wenn unser gnädiger Herr diese Sache nicht in Gnaden hinnehmen wolle, so solle sich der junge Henne dorthin nach Oppenheim in unseres gnädigen Herrn Hand begeben und soll nicht von dort weg kommen bis zum Austrag der Angelegenheit.

21. November 1478
Cles Stortzkopp der Junge erhebt für Heilig Kreuz seine 2. Klage gegen Grede Brand.
Cles Stortzkopp der Alte erhebt seine 2. Klage gegen Contzgin Dinckler.
Henne Diem erhebt seine 2. Klage gegen Cristin, die Witwe Henne Manbachs.
Henne Kremer hat seinen Leib vor sein Gut gestellt, nachdem Henne von Eltville gegen ihn geklagt hat, und er will Recht geben und nehmen. Es ist ihm ein Termin gesetzt worden am nächsten Gerichtstag.

28. November 1478

fol. 93 — Samßtag nach sant Katherynen tage

lip vor yr gut gestalt	Jt(em) Brants Grede hait yren lip vor yre gut gestalt(en) nach dem Clese Storczkoppe d(er) jonge als vo(n) des Heilgen Cruczes[a] wegen off sie geheisch(e)n hait und wijl recht geb(e)n und neme(n) etc. Des ist yr tag gestalt[b] off Samßtag nach dem achzehest(en) tage und sint yre gude ledig. Das hait sie v(er)bot.
3 h	Jt(em) Scher(er)hen(ne) dut sin 3 h off Conczgin Prassen ut p(ri)ma.
p b	Jt(em) Clese von Sprendlinge(n) hait p b an Hanse(n) vo(n) Melpach.
erf(olgt) p b	Jt(em) Bůerhenne von Wack(er)nheim erf(olgt) Heincze Drieln offs bůch und hait an yme pande berett.
erk(annt)	Jt(em) Bernhart Bend(er) erk(ennt) Ped(er)n vo(n)[c] als vo(n) mo(m)p(ar)schafft wegen Heinrich Wegenerß von Mencze X guld(e)n zu geben zusch(e)n Oist(er)n. Si no(n) p erf(olgt).
Hen(ne) Ruße Ped(er) Swinde	Jt(em) Henne Ruße hait Peder Swinden zu gesproch(e)n wie daß er salp dritte win um(m)b yne haufft(en) habe und sihe menlich vor alle des stehe yme noch uß XI g(ulden) und ey(n) orte. Daß Peder yme solich gelt nit gebe das schade yme alsvjl dar zu und obe er dar zu ney(n) sagen wolt so beziege er sich des off die mechler // Peder sagt yme soll auch genůgen was die mechler sagen / Das hait Hen(ne) Ruße verbot und begert mit recht obe er sie nit brenge(n) soll. S(e)n(tent)ia ja und sall eß thůn in XIIII tag(en). Bedarff er dan(n) siner tage furte und heist die als recht ist so sall ma(n) yme die furt(er) stillen noch zu czweien XIIII tag(en). Das haint sie beide verbot.
erk(annt)	Jt(em) Clese Myer erk(ennt) Remßen Clasen von Wack(er)nheim XV alb(us) off rechnů(n)ge zu geb(e)n in XIIII tag(en). Si no(n) p erf(olgt).
erf(olgt)	Jt(em) Clese Raůp n(oste)r soci(us) erf(olgt) Vinczen offs bůch.
lip vor yr gut gestalt(en)	Jt(em) Cristin Hen(ne) Ma(n)bachs selig(en) witwen sagt Diemen Henne habe off sie geheisch(e)n. Nů stehe sie do und stille yren lip vor yr gut und begert mit recht obe yr gut nit ledig sihe // Dar off s(e)n(tent)ia woll sie recht

---

a Die letzten drei Worte sind mit anderem Stift unterstrichen. Am linken Seitenrand befindet sich zwischen Marginalie und Text ebenfalls ein senkrechter Strich.
b Es folgt durchgestrichen: »an das nehste gericht«. Die folgende Datumsangabe (»nach dem Achzehest(en) Tage«) ist durch Einfügungszeichen hinzugesetzt.
c Für den nicht genannten Herkunftsort Peters ist im Text ein Freiraum gelassen worden.

28. November 1478

ÜBERTRAGUNG

Grede Brand hat ihren Leib vor ihr Gut gestellt, nachdem Cles Stortzkopp der Junge für Heilig Kreuz gegen sie geklagt hat und sie will Recht geben und nehmen. Es ist ihr ein Termin gesetzt worden auf Samstag nach dem 18. Tag und ihre Güter sind frei. Das hat sie festhalten lassen.

Henne Scherer erhebt seine 3. Klage gegen Contzgin Prass.

Cles von Sprendlingen hat Pfändung gefordert gegen Hans von Melpach.
Johann Buer von Wackernheim hat seinen Anspruch ins Gerichtsbuch eintragen lassen gegen Heinz Driel und hat Pfändung gefordert.

Bernhard Bender erkennt an, Peter von [] als Vertreter von Heinrich Wegener von Mainz 10 Gulden zahlen zu müssen bis Ostern. Wenn nicht erfolgt die Pfändung.

Henne Ruß hat Peter Swinde angeklagt, dass er für sich und zwei andere Wein von ihm gekauft habe und es stehen ihm noch 11 Gulden und 1 Ort aus. Dass Peter ihm das Geld nicht gebe, das schade ihm ebensoviel dazu und wenn er dazu Nein sagen wolle, so berufe er sich auf die Unterkäufer. Peter sagt, ihm werde auch genügen, was die Unterkäufer sagen. Das hat Henne Ruß festhalten lassen und er fragt, ob er sie nicht vor Gericht bringen soll. Urteil: Ja, und er soll es tun binnen 14 Tagen. Bedürfe er Verlängerung und fordere sie, wie es rechtmäßig ist, soll man ihm die noch zweimal 14 Tage geben. Dem haben sie beide zugestimmt.

Cles Myer erkennt an, Clas Remß von Wackernheim 14 Albus gegen Rechnung zahlen zu müssen binnen 14 Tagen. Wenn nicht erfolgt die Pfändung.

Cles Raub, unser Mitschöffe, hat seinen Anspruch ins Gerichtsbuch eintragen lassen gegen Vincz.

Cristin, die Witwe Henne Manbachs, sagt, Henne Diem habe gegen sie geklagt. Nun stehe sie da und stelle ihren Leib vor ihr Gut und fordert vom Gericht, ob ihre Güter nicht frei seien. Darauf ergeht das Urteil: Wolle sie Recht

fol. 93v — Samßtag nach sant Barbeln tage

geb(e)n und neme(n) als d(er) scheffen hie vor ey(n) recht wise
so sihent sie ledig. Dar off hait sie ja geantwort
und das verbot. Des ist yre tag gestalt an das nehste
gericht(e).

Jt(em) Enders Kocher hait Prassen Conczgin zu gesprochen
wie daß er yme jerlichs VIII ß gelts gegeb(e)n habe / Die
habe er yme gelichtiget an IIII ß / Die selben steh(e)n yme

*erk(annt) no(tandum)*ᵃ noch uß bij XIII jare lang. Daß Conczgin yme der nit
gebe das schade yme alsvjl dar zu. Dar off hait Concz[-]
gin / Enderß(e)n erkant(en) eyn genůge(n) zu thůn jn eyme
maende. Si no(n) p erf(olgt).

Jt(em) Ebert Snade erk(ennt) dem bicht(er) ym(m) clost(er) V l(i)b(ras) VII ß
*erk(annt)*ᵇ zu geb(e)n. Das hait d(er) bicht(er) verbot und mit recht
begert wan(n) er yme die geb(e)n soll. S(e)n(tent)ia in XIIII tag(en).
Das hait d(er) bicht(er) auch verbot.

erk(annt) Jt(em) Clese Duerma(n) erk(ennt) auch dem bicht(er) ym(m) clost(er)
XVI½ [XVII/2] alb(us) zu geb(en) in XIIII tag(en). Si no(n) p erf(olgt).

Jt(em) Henne Randeck(er) hait Prassen Conczgin zu gesproche(n)
Hen(ne) Randeck(er) wie daß er ey(n) wiese ynne habe. Die sihe yme von syn(er)
můt(er) selig(en) word(e)n und er sij ey(n) erbe dar an. Daß Conczg(in)
Conczgin yne zu syme anczal nit ko(m)men leßt und handt davo(n)
Prasse abe důth das schade yme X g(ulden) und heist yme des ey(n)
ja ader ney(n) / obe er die wiese also ynne habe ad(er) nit.
Das ist gelengt bijß off Samßtag nach dem Achzest(en)
Tage sic hodie. Das haint sie beide verbot.

Jt(em) H(er)man Bend(er)s frauwe ist diß gebots von Conczgin
entbroch(e)n Geilnhusers sone entbroch(e)n und er sall yr nach daling yren gerichts schad(e)n widd(er) geben.

Actu(m) off Samßtag nach sant
Barbeln tage.

---

a Zwei klammerartige Striche zeigen an, dass die Marginalie für den ganzen Absatz gilt.
b Zwei klammerartige Striche zeigen an, dass die Marginalie für den ganzen Absatz gilt.

5. Dezember 1478

geben und nehmen, wie die Schöffen es hier weisen, seien sie frei. Darauf hat sie Ja geantwortet und das festhalten lassen. Es ist ihr ein Termin gesetzt worden am nächsten Gerichtstag.

Enders Kocher hat Contzgin Prass angeklagt, dass er ihm jährlich 8 Schilling Geld gegeben habe. Die habe er ihm erleichtert auf 4 Schilling. Diese stehen ihm noch für 13 Jahre aus. Dass Contzgin ihm die nicht gebe, das schade ihm ebensoviel dazu. Darauf hat Contzgin gegenüber Enders anerkannt, dass er ihm Genugtuung leisten müsse binnen eines Monats. Wenn nicht erfolgt die Pfändung.

Ebert Snade erkennt an, dem Beichtvater im Kloster 5 Pfund 7 Schilling zahlen zu müssen. Das hat der Beichtvater festhalten lassen und das Gericht gefragt, wann er ihm die zahlen soll. Urteil: in 14 Tagen. Das hat der Beichtvater auch festhalten lassen. Cles Duerman erkennt auch an, dem Beichtvater im Kloster 16½ Albus zahlen zu müssen binnen 14 Tagen. Wenn nicht erfolgt die Pfändung.

Henne Randecker hat Contzgin Prass angeklagt, dass er eine Wiese innehabe. Die sei ihm von seiner verstorbenen Mutter vererbt worden, und er sei der Erbe. Dass Contzgin ihn nun nicht zu seinem Besitz kommen lässt und die Hand davon tue, das schade ihm 10 Gulden und er fordert von ihm ein Ja oder Nein, ob er die Wiese innehabe oder nicht. Das ist verlängert worden bis auf Samstag nach dem 18. Tag. Dem haben sie beide zugestimmt.

Hermann Benders Frau ist von der Klage von Contzgin Gelnhausens Sohn freigesprochen worden, und er soll ihr noch heute die Gerichtskosten zurückgeben.

5. Dezember 1478

fol. 94 — Samßtag nach sant Barbeln tage

3 h	Jt(em) Clese Storczkopp dut sin 3 h off Concze Dinckl(er)n ut p(ri)ma.
	Jt(em) Clese Storczkoppe der jonge hait[a] Benderhen(ne)
	zu gesproch(e)n wie daß er sin burge word(e)n sihe vor IIII ayme
Clese Storcz[-]	wins. Dar vor solt er yme korne gegeb(e)n hain zusch(e)n den
koppe	czweien unß(er)n lieb(e)n Frauw(e)n tagen nehst vergange(n). Des
Bend(er)hen(ne)	sihe nit gescheen. Daß Henne yme nŭ nit hilffet zu bezalu(n)ge
	und dut yme auch nit burgen recht das schadt yme IIII g(ulden)
	und heist yme das ey(n) ja ader ney(n) // Henne erkent daß er sin
	burge sihe. Das hait Clese verbot und begert mit recht
	wan(n) ee Henne yme burge(n) recht thŭn soll. S(e)n(tent)ia noch daling
	wijl erßs nit erberen.
erf(olgt)	Jt(em) Clese Raup unser myt scheffen geselle erf(olgt) Henne Hilcze(n)
	offs bŭch.
erk(annt)	Jt(em) Hengin Rutße erk(ennt) Emerich(e)n von Engelstadt unß(er)m mit
	scheffen geselle(n) III g(ulden) und IX alb(us) zu geb(e)n in XIIII tag(en). Si no(n) p er erf[olgt].
	Jt(em) Henne Rieße erk(ennt) h(er)n Johan Beynlinge(n) 1 orte vor v(er)seß(e)n
erk(annt)[c]	zinße off rechnu(n)ge zu geb(e)n in XIIII tag(en). Das hait her
	Johan verbot.
	Jt(em) Henne Rieße erk(ennt) h(er)n Johan Beynlinge(n) als vo(n) der frŭhmesse
erk(annt)	wegen XV fert(el) wins und ½ [I/2] malt(er) korns off rechnu(n)ge zu
	geb(e)n zusch(e)n Oist(er)n. Si no(n) p erf(olgt).
f(re)f(el) f(re)f(el)	Jt(em) Hen(ne) und Jeckel Dieme(n) gebrud(er) erk(ennen) Emerich(e)n von Engel-
	stadt unß(er)m mit scheffen gesellen / iglicher ey(n) f(re)f(el).
	Jt(em) Henne Ruße hait Henne(n) Raŭp und Jeckel Monst(er)n zu ge-
	sproch(e)n wie daß sie bij eyme kauffe gewest sihen beroren
Hen(ne) Ruße	Ped(er) Swinde(n) eyne(n) von Eltvjl und eyne(n) von[b] Waldaff
Hen(ne) Raup	die dan(n) win um(m)b yne gekaufft(en) haint und sagen nit wie
Jeckel Monst(er)	der kauffe berett(en) sij. Das schade yme von yr igliche(n) X g(ulden).
	Dar off sagen sie alle beide // daß die obg(enan)nt(en) dryhe menlich
	vor alle sihe und wollen dar zu thŭn was yne mit recht
	geburt. Das hait Hen(ne) Ruße verbot und begert mit recht
	wan(n) sie eß thŭn soll(e)n. S(e)n(tent)ia so f(er)re der widdertheyle sie

a Es folgt durchgestrichen: »Heppenhen(ne)«.
b Es folgt durchgestrichen: »Eltvjl«.
c Diese und die folgende Marginalie sind durch eine einfache runde Klammer miteinander verbunden.

5. Dezember 1478

Cles Stortzkopp erhebt seine 3. Klage gegen Contzgin Dinckler.
Cles Stortzkopp der Junge hat Henne Bender angeklagt, dass er sein Bürge geworden sei für 4 Ohmfässer Wein. Dafür sollte er ihm Korn geben zwischen den zwei Liebfrauentagen. Das ist nicht geschehen. Dass Henne ihm nun nicht zur Bezahlung hilft und nach Bürgenrecht nicht handele, das schade ihm 4 Gulden, und er fordert von ihm ein Ja oder Nein. Henne erkennt an, dass er sein Bürge sei. Das hat Cles festhalten lassen und vom Gericht erfragt, wann Henne ihm gegenüber gemäß Bürgenrecht handeln soll. Urteil: noch heute, will er nicht darauf verzichten.

Cles Raub, unser Mitschöffe, hat seinen Anspruch ins Gerichtsbuch eintragen lassen gegen Henne Hiltz.

Hengin Ruts erkennt an, Emmerich von Engelstadt, unserem Mitschöffen, 3 Gulden und 9 Albus zahlen zu müssen binnen 14 Tagen. Wenn nicht erfolgt die Pfändung.
Henne Rieß erkennt an, Herrn Johann Beinling 1 Ort für säumige Zinsen gegen Rechnung zahlen zu müssen binnen 14 Tagen. Das hat Herr Johann festhalten lassen.
Henne Rieß erkennt an, Herrn Johann Beinling für die Frühmesse 15 Viertel Wein und ½ Malter Korn gegen Rechnung zahlen zu müssen. Wenn nicht erfolgt die Pfändung.

Henne und Jeckel Diem, Brüder, erkennen an, Emmerich von Engelstadt, unserem Mitschöffen, jeder einen Frevel leisten zu müssen.

Henne Ruß hat Henne Raub und Jeckel Monster angeklagt, dass sie bei einem Kauf dabei waren, der Peter Swinde, einen von Eltville und einen von Walluf betraf, die Wein von ihnen kauften und sie sagen nicht, was dabei beredet wurde. Das schade ihm von jedem 10 Gulden. Darauf sagen sie alle beide, dass sie Bürgen der genannten drei sind und sie beide wollten tun, was ihnen rechtmäßig gebührt. Das hat Henne Ruß festhalten lassen und fragt das Gericht, wann sie es tun sollen. Urteil: Sofern die Gegenpartei ihnen

Samßtag vor sant Lucien tage

	d(er) bewerunge nit erlaiß(e)n wijl // Beneme(n) sie sich dan(n) off
	den eydt sie dem raide gethain etc. so haint sie bewert
	und sollen eß thůn in XIIII tag(en).
erk(annt)	Jt(em) Henne von Eltvjl erk(ennt) Dieme(n)henne(n) II g(ulden) zu geben
	zusch(e)n Fastnacht. Si no(n) p erf(olgt).
	Jt(em) Schererhen(ne) hait p b an Joh(ann)es Faut(en) und sagt furt(er)
p b	er wuße des syne(n) nit und begert furt(er) wie er mit yme
ob(er) nacht	thůn soll daß yme recht geschee und nyema(n)t unrecht.
halt(en)[a]	S(en)(tent)ia er sall den scholteß(e)n biett(en) um(m)b eyn heymberg(en)
	der sall yne ober nacht halt(en) und dan(n) an gericht bre(n)g(en)
	und furt(er) fragen, was dan(n) recht sij das geschee.
	Jt(em) Emerich von Engelstat unser mit scheffen geselle
	hait Henne Erken(n) zu gesproch(e)n wie daß er villicht vor
Engelstat	czweien ader dryhen jaren widder yne gesagt daß Ped(er)
Hen(ne) Erken(n)	Hane mit syme liebe leben solle. Auch daß er gehorten
	hait daß Peder Hane solichs gerett habe zu thůne / Und
	erkenne yme des nit, obe die worte also gelut haben.
	Das schade yme XL g(ulden) und heist yme des eyn ja ader
	ney(n). Das ist gelengt noch hude zu XIIII tag(en) sic hodie.
erk(annt)	Jt(em) Heppenhen(ne) erk(ennt) Philips Busern uns(er)m scholteß(e)n
	als vo(n) Sant Jostes wegen vor sin anczale I g(ulden) off rech-
	nu(n)ge zu geb(e)n zusch(e)n Oist(er)n. Si no(n) p erf(olgt).
erf(olgt)	Jt(em) Henne von Rodenbach erf(olgt) Angnesen Ped(er) Beckers
	mayt vor IIII guld(e)n.
erf(olgt)	Jt(em) Jeckel Winßbach d(er) alde erf(olgt) Snyd(er)henne(n) Jeckeln
	den alden vor XX guld(e)n.
	Actu(m) off Samßtag vor sant Lucien tage.
p b	Jt(em) Jeckel Winßbach d(er) alde hait p b an Snyd(er)hen(ne) Jeckel
p b	Jt(em) Henne Ruße hait p b an Hengin Rauchen.
	Jt(em) Henne Kocher erk(ennt) Clese Rauben uns(er)m mit scheffen

---

[a] Die drei letzten Marginalien sind durch eine einfache runde Klammer miteinander verbunden.

den Eid nicht erlassen will. Berufen sie sich dann auf den Eid, den sie dem Rat getan haben, so gilt das als eidliche Aussage und das sollen sie tun in 14 Tagen.
Henne von Eltville erkennt an, Henne Diem 2 Gulden zahlen zu müssen bis Fastnacht. Wenn nicht erfolgt die Pfändung.

Henne Scherer hat Pfändung gefordert gegen Johannes Faut und sagt weiter, er wisse nicht, was dieser habe und begehrt zu wissen, wie er weiter handeln soll, damit ihm Recht geschehe und niemandem Unrecht. Urteil: Er soll den Schultheißen um einen Heimbürgen bitten, der soll den Schuldner über Nacht verwahren. Dann soll sie ihn vor Gericht bringen und fragen, was Recht ist, das geschehe.

Emmerich von Engelstadt, unser Mitschöffe, hat Henne Erk angeklagt, dass er vielleicht vor 2 oder 3 Jahren zu ihm gesagt hat, dass er Peter Hane und ihn gütlich einigen wolle. Auch hat er gehört, dass Peter Hane versprochen hat solches zu tun. Und Erk gibt nicht zu, dass die Worte so gelautet haben. Das schade ihm 40 Gulden, und er fordert von ihm ein Ja oder Nein. Das ist verschoben worden auf heute in 14 Tagen.

Henne Hepp erkennt an, Philipp Bußer, unserem Schultheißen, für St. Johann als seinen Anteil einen Gulden gegen Rechnung zahlen zu müssen bis Ostern. Wenn nicht erfolgt die Pfändung.

Henne von Rodenbach verklagt Agnes, Peter Beckers Magd, auf 4 Gulden.
Jeckel Winsbach der Alte verklagt Jeckel Sniderhen den Alten auf 20 Gulden.

12. Dezember 1478
Jeckel Winsbach der Alte hat Pfändung gefordert gegen Jeckel Sniderhen.
Henne Ruß hat Pfändung gefordert gegen Hengin Rauch.
Henne Kocher erkennt an, Cles Raub, unserem Mitschöffen,

fol. 95 — Samßtag vor sant Lucien tage

erk(annt)	gesellen XI l(i)b(ras) hell(er) zu geb(e)n wan(n) er win v(er)keifft. Das hait Clese Raup verbot.
4 [8/2] h	Jt(em) Scher(er)hen(ne) dut sin 4 [8/2] h off Prassen Conczgin ut p(ri)ma.
erk(annt)	Jt(em) Peder Sidendistel erk(ennt) Henne Stopen X alb(us) off rechn(un)g zu geben in XIIII tag(en). Si no(n) p erf(olgt).
Ped(er) Swinde	Jt(em) Peder Swinde erk(ennt) Henne Rußen nach dem die mechler ey(n) sage zusch(e)n Hen(ne) Rußen / yme und syne(n) mit gesellen jn halt des buchs gethain haint, daß erß bij solicher sage laißen wolle. Das hait Henne Ruße verbot und begert
Henne Ruße s(e)n(tent)ia	mit recht obe er Ped(er)n nit erfolgt(en) habe / S(e)n(tent)ia / ja doch nit hoer dan(n) sin ansprache vor gericht gelut(en) hait. Das hait Hen Ruße auch verbot.
erf(olgt)	Jt(em) Konne(n) Peder erf(olgt) Peder Maczkuchen offs bůch.
erk(annt)	It(em Peder Swinde erk(ennt) Hengin Rambach(e)n I guld(e)n zu geb(e)n in XIIII tagen. Si no(n) p erf(olgt).
	Jt(em) Hengin Rambach hait Hen(ne) Schaůpdeck(er)n zu gesproch(e)n wie daß er yme schuldig sij III g(ulden) und III alb(us) und gebe yme der nit. Das schade yme alsvjl dar zu und heist yme des eyn ja ader ney(n). Dar off Henne er erkenne Hengin ey(n) g(ulden)
Hengin Rambach Hen(ne) Schaup[-] decker	und IX ß. Und wes er yne wider anlange des sij er unschuldig / Hengin hait verbot die scholt yme Henne erka(n)t hait und begert mit recht wan(n) er yme die geb(e)n soll. S(e)n(tent)ia in XIIII tagen. Furt(er) so ist Henne(n) sin unscholt ge[-] stalt noch hude zu XIIII tagen. Das haint sie beide v(er)bot.
gelengt	Jt(em) zusch(e)n Diemen Henne(n) und Cristine(n) Hen(ne) Manbachs seligen witwen ist gelengt bijß off Samßtag nach dem Achzehest(en) Tage der XIIII ß gelts halb(e)n sic hodie.
Adam Hase Mathis	Jt(em) Adam Hase hait Mathisen jn der Rinderbach zu ge[-] sproch(e)n wie daß Mathis yme III ß zynßs schuldig sihe als er jonck(er) Gotfarts knecht gewest(en) ist. Daß er yme die nit gebe das schade yme I g(ulden).[a] Und obe er dar zu ney(n) sagen wolt so beziege er sich des off Petern den schriber der do bij gewest(en) ist daß sin jonck(er) yme

[a] Der Geldbetrag ist über der Zeile beigefügt. Es folgt durchgestrichen: »alsvjl dar zu«.

12. Dezember 1478 — fol. 95

ÜBERTRAGUNG

11 Pfund Heller zu zahlen, wenn er Wein verkauft. Das hat Cles Raub festhalten lassen. Peter Sidendistel erkennt an, Henne Stop 10 Albus gegen Rechnung zahlen zu müssen binnen 14 Tagen. Wenn nicht erfolgt die Pfändung.

Peter Swinde erkennt gegenüber Henne Ruß an, dass, nachdem die Mechler eine Aussage in der Sache zwischen Henne Ruß, ihm und seinen Kompagnons, wie im Gerichtsbuch notiert, gemacht haben, er diese Aussage gelten lasse. Das hat Henne Ruß festhalten lassen und begehrt vom Gericht zu wissen, ob er damit gegen Peter gewonnen habe. Urteil: Ja, doch nicht höher als seine Anklage vor Gericht gelautet habe. Das hat Henne Ruß auch festhalten lassen.

Peter Konne hat seinen Anspruch ins Gerichtsbuch eintragen lassen gegen Peter Matzkuch.

Peter Swinde erkennt an, Hengin Rambach einen Gulden zahlen zu müssen binnen 14 Tagen. Wenn nicht erfolgt die Pfändung.

Hengin Rambach hat Henne Schaubdecker angeklagt, dass er ihm schuldig sei 3 Gulden und 2 Albus und gebe ihm die nicht. Das schade ihm ebensoviel dazu, und er fordert von ihm ein Ja oder Nein. Darauf sagt Henne, er erkenne an, Hengin 1 Gulden und 9 Schilling schuldig zu sein. Wessen er ihn darüber hinaus anklage, dessen sei er unschuldig. Hengin hat festhalten lassen, dass Henne Schulden in der genannten Höhe zugegeben habe und erfragt vom Gericht, wann er ihm die geben solle. Urteil: in 14 Tagen. Weiter wird Hennes Unschuld um 14 Tage von heute an verlängert. Dem haben sie beide zugestimmt.

Zwischen Henne Diem und Cristine, Henne Manbachs Witwe, ist der Termin wegen der 14 Schilling Geld verschoben worden bis auf Samstag nach dem 18. Tag.
Adam Hase hat Mathis in der Rinderbach angeklagt, dass Mathis ihm 3 Schilling Zins schuldig wurde, als er Junker Gotfarts Knecht gewesen sei. Dass er ihm die nicht gebe, das schade ihm einen Gulden. Und wenn er dazu Nein sagen wolle, so berufe er sich in der Sache auf Peter den Schreiber, der dabei war, als sein Junker ihm

fol. 95v — Samßtag nach Lucie

soliche III ß off gerechent und an syme lone abegeslage(n)
hait. Mathis sagt er habe Hansen dem hoffma(n) allen
verseße ußgeracht(en) und bezugt sich des auch off Hanse(n).
Adam sagt Mathis yme nůste dan(n) habe er Hansen vijl
geb(e)n. Das gehe yne nit an und hofft daß Mathis eyme
and(er)n sin scholt die yme zu stehe und v(er)rechent habe
nit geb(e)n soll sonder yme und stilt das zu recht. S(e)n(tent)ia
dwile sie von beidentheiln off konde ziegen so solle(n) sie
die auch vor gericht brengen und das thůn in XIIII
tage(n). Bedorffen sie dan(n) yre tage furte und heisch(e)n die
als recht ist so sall ma(n) yne die furt(er) stillen noch zu
czweien XIIII tag(en) und so die kond(e)n verhort(en) werd(e)n
geschee dan(n) furt(er) was recht ist. Ambo verbot.

p b	Jt(em) Henne Raup hait p b an Hengin Erbach(e)n.
p b	Jt(em) Henne Růße hait p b an Peder Swinden.
	Jt(em) Schonwedder hait Erwin dem leyendecker zu ge-
	sproch(e)n wie daß er yme schuldig sij II g(ulden) off rechnu(n)ge
	und II malt(er) korns. Daß er yme der nit gebe das schade
Schonwedd(er)	yme alsvjl dar zu // Dar off erkent yme Erwin I guld(e)n
	und wes er mit yme zu thun hait^a off rech[-]
Erwin	nů(n)ge. Das hait Schonwedd(er) verbot und mit recht begert
erk(annt)	wan(n) ee Erwin yme den guld(e)n geb(e)n und mit yme reche(n)
	soll. S(e)n(tent)ia in XIIII tag(en) rechen und bezalen.
erf(olgt)	Jt(em) der bichter ym(m) closter erf(olgt) Ebert Snaden offs buch.

Actu(m) off Samßtag nach Lucie.

4 [8/2] h	Jt(em) Clese Storczkoppe der alde dut sin fierde heischunge
	off Conczgin Dincklern ut p(ri)ma.
	Jt(em) Emerich von Engelstat unser mit scheffen geselle
tag v(er)hut(en)	und Hen(ne) Erken(n) haint yren tag v(er)huten. Des ist

a Es folgt durchgestrichen: »in XIIII tag(en)«.

3 Schilling abgerechnet und diese von seinem Lohn abgeschlagen hat. Mathis sagt, er habe Hans dem Hofmann alles ausstehende Geld bezahlt und beruft sich auch auf Hans. Adam sagt, es nütze ihm nichts, wenn Mathis Hans viel gegeben habe. Das gehe ihn nichts an, und er hofft, dass Mathis nicht einem anderen seine Schulden, welche ihm zustehen und die mit ihm verrechnet wurden, geben soll sondern ihm und legt das dem Gericht vor. Urteil: Weil sie sich beide auf Zeugen berufen, sollen sie die auch vor Gericht bringen und das tun in 14 Tagen. Bedürfen sie Verlängerung und fordern sie, wie es Recht ist, so soll man sie ihnen noch zweimal 14 Tage geben. Und wenn die Beweise verhört werden, geschehe es weiter, wie es rechtmäßig ist. Dem haben sie beide zugestimmt.

Henne Raub hat Pfändung gefordert gegen Hengin Erbach.
Henne Ruß hat Pfändung gefordert gegen Peter Swinde.
Schonwedder hat Erwin den Leyendecker angeklagt, dass er ihm 2 Gulden gegen Rechnung schuldig sei und 2 Malter Korn. Dass er ihm die nicht gebe, das schade ihm ebensoviel dazu. Darauf erkennt Erwin an, ihm einen Gulden und was er mit ihm zu tun hat gegen Rechnung zu zahlen. Das hat Schonwedder festhalten lassen und fragt das Gericht, wann Erwin ihm die Gulden zahlen und mit ihm abrechnen soll. Urteil: in 14 Tagen abrechnen und bezahlen.

Der Beichtvater im Kloster hat seinen Anspruch ins Gerichtsbuch eintragen lassen gegen Ebert Snade.

19. Dezember 1478
Cles Stortzkopp der Alte erhebt seine 4. Klage gegen Contzgin Dinckler.
Emmerich von Engelstadt, unser Mitschöffe und Henne Erk haben ihren Tag gewahrt. Es ist ihnen

fol. 96 — Anno LXX nono

Anno etc. LXX nono.
yne tag gestalt an das nehst(e) gericht. Das haint sie v(er)bot.

Actu(m) off Samßtag sant Steffans tage.

tag v(er)hůt(en) — Jt(em) Hengin von Rambach und Henne Schaůpdeck(er) haint yren tag verhuten. Des ist yne tag gestalt an das nehste gerichte.

2 tag — Jt(em) Adam Hase und Mathis jn der Rinderbach haint yren 2 tag furt(er) geheisch(e)n konde zu brengen.

Actu(m) off Samßtag nach dem Achzehest(en) Tage.

gelengt — Jt(em) zusch(e)n Clese Storczkoppen dem jongen und Brants Greden ist gelengt bijß off Dinstag nach der Oister wochen sic hodie.

erk(annt) — Jt(em) Frederichs Ele erk(ennt) Clese Rauben unß(er)m mit scheffen ge[-]sellen II guld(e)n und LIII l(i)b(ras) hell(er) als vo(n) mo(m)p(ar)schafft wegen syner dochter zu geb(e)n zusch(e)n Fastnacht. Si no(n) p erf(olgt).
Und ist der huerge zinß nit dar ynne gerechent.

1 h — Jt(em) her Johan Beynling als vo(n) der frůhmesse wegen dut 1 h vor eyn malt(er) korns off Godfarten von Randecke(n) et om(n)ia.

Engelstat — Jt(em) Emerich von Engelstadt hait das buch wie er dan(n) Henne Erken(n) nehstmails geschuldiget laißen offen[a] und eyn(er) antwort vo(n) yme begerten // Dar off sagt Erken(n) wie daß Ped(er) Hane eyne

Hen(ne) Erken — hoffstadt ynne habe die dan(n) den her(e)n von Erbach gulte gebe. Also habe sich jonck(er) Emerich die zijt auch v(er)meß(e)n gulte off der selb(e)n hoffstadt zu hain. Nů habe er besteh(e)n gutlich zusch(e)n yne zu detingen // aber Peder Hane habe yme nye nůste wolle(n) zu laiß(e)n / Anderß dan(n) er sagt die gulte die er den her(e)n gebe gebure yme die jonck(er) Emerichen zu geb(e)n // woll er als mere thůn als den her(e)n / Nů sij der sachen halb(e)n ansprach antwort ortel und recht zusch(e)n yne ergange(n) jnhalt des buchs und jonck(er) Emerich habe yne nye dar um(m)b ersůcht ader angezogen. Dem nach getruwe er yme nit wid(er) schuldig sin zu antwort(en). Und stilt das zu recht. Ermerich sagt er habe

---

a Das letzte Wort ist über der Zeile beigefügt.

Im Jahr 1479

ein Termin gesetzt worden am nächsten Gerichtstag. Dem haben sie beide zugestimmt.

1479

26. Dezember 1478
Hengin von Rambach und Henne Schaubdecker haben ihren Tag gewahrt. Es ist ihnen ein Termin gesetzt worden am nächsten Gerichtstag.
Adam Hase und Mathis in der Rinderbach haben ihren 2. Tag erbeten, die Beweise beizubringen.

16. Januar 1479
Zwischen Cles Stortzkopp dem Jungen und Grede Brand ist der Termin verschoben worden bis auf Dienstag nach Ostern.
Ele Frederich erkennt an, Cles Raub, unserem Mitschöffen, 2 Gulden und 53 Pfund Heller als Vormund seiner Tochter zahlen zu müssen bis Fastnacht. Wenn nicht erfolgt die Pfändung. Der Mietzins ist darin nicht verrechnet.
Herr Johann Beinling erhebt für die Frühmesse seine 1. Klage wegen 1 Malter Korn gegen Godtfart von Randeck auf alles.

Emmerich von Engelstadt hat das Buch öffnen lassen, wie er zuletzt Henne Erk beschuldigt hat und eine Antwort von ihm gefordert. Darauf sagt Erk, dass Peter Hane eine Hofstelle innehabe, die den Mönchen von Eberbach Gülte gebe. Junker Emmerich behaupte, nicht gezahlte Gülte auf dieser Hofstelle zu haben. Nun habe er angeboten, gütlich mit ihm zu verhandeln, aber Peter Hane habe das nicht zulassen wollen. Denn er sagt, die Gülte, die er den Mönchen gebe, müsse er die Junker Emmerich geben, wolle er ihm ebensoviel geben wie den Mönchen. Nun sei in der Sache Klage, Antwort und Urteilsspruch zwischen ihnen ergangen nach Aussage des Buches und Junker Emmerich habe sich deshalb nie an ihn gewandt. Deshalb glaube er nicht, dass er ihm antworten müsse. Das legt er dem Gericht vor. Emmerich sagt: Er habe

fol. 96v — Samßtag nach sant Sebastianus tage

Erken(n) ey(n) ja ad(er) ney(n) geheisch(e)n. Do hoffe er / er soll yme das
auch thůn und stilt eß auch zu recht // S(e)n(tent)ia daß Hen(ne) Ercken(n)
Emerichen nach lude siner schuldegunge / eyn ja ader ney(n)
thun sall. Das hait Emerich verbot // Antwort Erken(n) und sagt
Peder Hane habe yme keyne wider zu sage gethan / auch and(er)s
nit von yme verstand(e)n dan(n) wie er vor gerett(en) hait. Erfinde
sich die gulte die er gebe daß der die jonck(er) Emerich(e)n geb(e)n soll
woll er als lieb thůn als den her(e)n. Und wes yne jonck(er) Emerich
wid(er) anlange des sihe er unschuldig. Die unscholt ist gestalt
noch hude zu XIIII tagen. Das haint sie beide verbot.

Jt(em) Emerich von Engelstat unser mit scheffen geselle erf(olgt)
Hengin Rutßen offs buch und hait phande an yme berett(en).

Hen(ne) Randeck(er) / **Conczgin Praß**
Jt(em) Henne Randeck(er) hait das bůch wie dan(n) ansprach und antw(or)t
zůsch(e)n Conczgin Prassen und yme gelut(en) laiß(e)n offen und begert
eyner antwort. Dar off sagt Conczgin sin altern und er haben
die wiese jngehabt XL jare und lenger und Henne(n) sihe off
dem hinlich word(e)n VI guld(e)n. So habe man(n) yme VI gulden
und(er) den judden abe gethan. Dar zu sihe yme word(e)n ey(n) fertel
wingarts gelegen aym Wint(er)heym(er) wege und sihen der sachen
halb(e)n vereynt(en). Und die selben die do bij gewest(en) / sihent alle
v(or)faren. Dan(n) lebten sie noch so woll er off sie ziegen. Dwile
des nit ist / so hoffe er sins langen beseß zu genyeßen daß
er Henne(n) nuste schuldig sihe. Und wes er yne wider a(n)lange
des sihe er unschuldig. Die unscholt ist gestalt noch hude
zu XIIII tagen.

p b
Jt(em) Hans Rampusche hait p b an Ped(er) Swinden.

erk(annt)
Jt(em) Clese von Brechen erk(ennt) meist(er) Leben dem korßn(er) XXVI
alb(us) off rechnů(n)ge zu geb(e)n in XIIII tag(en). Si no(n) p erf(olgt).

Actu(m) off Samßtag nach sant Sebastian(us) tage.

erf(olgt) p b
Jt(em) Enderß Kocher erf(olgt) Conczgin Prassen offs buch und hait p b.
Jt(em) Herma(n) Bender hait Philipsen des Boeßen hoffma(n) zu ge-

23. Januar 1479

von Erk ein Ja oder Nein gefordert. Da hoffe er, dieser solle ihm auch antworten und legt das dem Gericht vor. Urteil: Henne Erk soll Emmerich gemäß seiner Anklage mit Ja oder Nein antworten. Das hat Emmerich festhalten lassen. Erk antwortet und sagt: Peter Hane habe ihm keine erneute Zusage gemacht, auch habe er nichts anderes verstanden, als er zuvor geredet hat. Finde sich, dass er die Gülte, die er gebe, Junker Emmerich zahlen solle, so wolle er es ebenso gern ihm geben wie den Mönchen. Und weswegen ihn Junker Emmerich darüber hinaus anklage, dessen sei er unschuldig. Die Unschuld ist festgesetzt von heute an für 14 Tage. Dem haben sie beide zugestimmt. Emmerich von Engelstadt, unser Mitschöffe, hat seinen Anspruch ins Gerichtsbuch eintragen lassen gegen Hengin Ruts und hat Pfändung gefordert.

Henne Randecker hat das Buch öffnen lassen, wie Klage und Antwort zwischen Contzgin Prass und ihm gelautet habe und begehrt eine Antwort. Darauf sagt Contzgin: Seine Eltern und er haben die Wiese 40 Jahre und länger innegehabt und Johann seien in der Absprache 6 Gulden zugesprochen worden. Man habe ihm die 6 Gulden bei den Juden gezahlt. Außerdem habe er ein Viertel Weinberg am Winterheimer Weg erhalten und sie seien in der Sache geeinigt worden. Und diejenigen, die bei der Einigung dabei waren, sind alle bereits verstorben. Denn lebten sie noch, würde er sie als Zeugen heranziehen. Weil dem nicht so ist, hoffe er, dass er Henne nichts schuldig ist, weil er die Wiese schon so lange besitze. Und wessen ihn Henne darüber hinaus anklage, dessen sei er unschuldig. Die Unschuld gilt von heute an 14 Tage.

Hans Rampusch hat Pfändung gefordert gegen Peter Swinde.

Cles von Brechen erkennt an, Meister Lebe dem Kürschner 26 Albus gegen Rechnung zahlen zu müssen binnen 14 Tagen. Wenn nicht erfolgt die Pfändung.

23. Januar 1479
Enders Kocher hat seinen Anspruch ins Gerichtsbuch eintragen lassen gegen Contzgin Prass und hat Pfändung gefordert.
Hermann Bender hat Philipp, den Hofmann des Boos von Waldeck, ange-

Samßtag nach sant Sebastianus tage

fol. 97

H(er)ma(n) Bend(er) Philips der hoffman	sproch(e)n wie daß er mit Rulgin dem keln(er) gekut(en) und habe yme geb(e)n eyn fier emyg faße um(m)b ey(n) fuderig faße das habe Philips hind(er) yme gehabt(en). Nu habe Rulgin Philipsen bescheid(e)n yme das faße zu geb(e)n // Habe er verachten und win dar ynne gethain. Daß Philips solichs gethan hait das schade yme I g(ulden). Und obe er ney(n) dar zu sagen wolt so beziege er sich des off Růlgin. Das ist gelengt noch hude zu fier wochen sic hodie.
Beck(er)s Hiseln Ped(er) Swinde	Jt(em) Beckers Hyseln zu Wint(er)heim hait Peder Swinden zu gesproch(e)n wie daß gesellen von Fredberg off eyn zijt win um(m)b yne kaůfft hab(e)n. Also gebrache yne an der bezalůnge VII guld(e)n. Vor die selbe som(m)e sihe Peder off die zijt gut word(e)n bynne(n) eyner zijt uß zu richten / Sihe nit geschehen und stehe yme noch uß II g(ulden). Daß Peder yme die nit ußricht jn maiß(e)n er dan(n) geretten hait das schade yme IIII guld(e)n. Und obe er ney(n) dar zu sage(n) wolt so beziege er sich des off die offstoßer die dan(n) die zijt do bij gewest(en) sint / Dar off sagt Peder yme soll auch an den offstoß(er)n genůgen. Das hait Hyseln^a verbot und mit recht be[-]gert bynne(n) welcher zijt er die brenge(n) soll. S(e)n(tent)ia in XIIII tag(en). Bedarff er dan(n) siner tage furte und heist die als recht ist so sall ma(n) yme die furt(er) stillen noch zu czweien XIIII tag(en). Und so die offstoßer verhort(en) werd(e)n geschee dan(n) furt(er) was recht sij. Das haint sie beide verbot.
erk(annt)	Jt(em) Kycze Anne erk(ennt) Dho(m)m(us) Henne(n) X guld(e)n zu geb(e)n in XIIII tagen. Si no(n) pingn(or)a erfolgt(en).
erk(annt)	Jt(em) Jeckel von Siemern erk(ennt) Henne Helffrich(e)n von Jngelnhey(m) als vo(n) mo(m)p(ar)schafft wegen W(er)nher Feczers III guld(e)n off rechnu(n)ge zu geben in XIIII tagen. Si no(n) p erf(olgt).
erk(annt)	Jt(em) Ebert Kicze erk(ennt) Můderhenne(n) VIII guld(e)n und VIII alb(us) zu geb(e)n in XIIII tagen. Si no(n) p erf(olgt).
erk(annt)	Jt(em) Henne Luterwin erk(ennt) Hengin Hilczen II guld(e)n zu geben in XIIII tag(en). Si no(n) p erf(olgt).
offgeholt anlenses	Jt(em) Peder Fiele als vo(n) mo(m)p(ar)schafft wegen des probsts ym(m) Sale hait off geholt(e) off Drubein soliche gude und und(er)phande dem b(e)n(ann)t(en) probst und syne(n) mit her(e)n ligent vor II gulden gelts nach besage eynßs gericht briffs und hait die off[-]

---

a Das »H« wurde über ein »s« geschrieben.

23. Januar 1479 — fol. 97

ÜBERTRAGUNG

klagt, dass er mit Rulgin dem Keller getauscht habe und habe ihm ein 4-Ohm-Fass und 1 Fuderfass gegeben, das habe Philipp inne gehabt. Nun habe Rulgin Philipp aufgefordert, ihm das Fass zu geben. Das habe er ignoriert und Wein eingefüllt. Dass Philipp das getan hat, das schade ihm einen Gulden. Und wenn er Nein dazu sagen wolle, so berufe er sich auf Rulgin. Das ist verschoben worden auf heute in 4 Wochen.

Hisel Becker zu Winternheim hat Peter Swinde angeklagt, dass eine Gesellschaft von Friedberg vor einiger Zeit Wein von ihnen gekauft habe. Da fehlten an der Bezahlung noch 7 Gulden. Für diese Summe sei Peter bestimmt worden, diese in einer gewissen Zeit zu bezahlen. Das sei nicht geschehen und ihm stehen noch 2 Gulden aus. Dass Peter ihm die nicht bezahle in dem Maß wie er das zuvor versprochen habe, das schade ihm 4 Gulden. Und wenn er Nein dazu sagen wolle, so berufe er sich in der Sache auf die Aufstoßer, die damals dabei waren. Darauf sagt Peter, auch ihm genügen die Aufstoßer. Das hat Hisel festhalten lassen und gefragt, bis wann er die vor Gericht bringen soll. Urteil: in 14 Tagen. Bedürfe er Verlängerung und fordere sie, wie es Recht ist, so soll man ihm die noch zweimal 14 Tage geben. Und wenn die Aufstoßer verhört werden, dann geschehe es weiter, wie es Recht ist. Dem haben sie beide zugestimmt. Anne Kitz erkennt an, Henne Dhommus 10 Gulden zahlen zu müssen binnen 14 Tagen. Wenn nicht erfolgt die Pfändung.

Jeckel von Simmern erkennt an, Henne Helffrich von Ingelheim als Vertreter von Werner Fetzer 3 Gulden gegen Rechnung zahlen zu müssen binnen 14 Tagen. Wenn nicht erfolgt die Pfändung.

Ebert Kitz erkennt an, Henne Muder 8 Gulden und 8 Albus zahlen zu müssen binnen 14 Tagen. Wenn nicht erfolgt die Pfändung.

Henne Luterwin erkennt an, Hengin Hiltz 2 Gulden zahlen zu müssen binnen 14 Tagen. Wenn nicht erfolgt die Pfändung.

Peter Fiel hat als Vertreter des Propstes im Sale von Drubein solche Güter und Pfänder eingezogen, die dem Propst und seinen Mitherren für 2 Gulden hinterlegt sind gemäß einer Gerichtsurkunde und hat die Einziehung

fol. 97v — Samßtag nach sant Sebastianus tage

holunge verbot. Und der scholtes hait yme ban(n) und freden dar
ober gethan wie recht ist. Das hait er auch verbot.

Ped(er) Storczkopp
Ped(er) Wolenber
Jt(em) Peder Storczkopp als vo(n) mo(m)p(ar)schafft wegen Steffan Bederß
sins swager hait Peder Wolenbern zu gesproch(e)n wie daß er
yme eyn fier emyg faße schuldig sihe. Das habe er yme sond(er)
allen schaden gerett widder zu geb(e)n und habe des nit gethan.
Das schade yme X guld(e)n und heist yme des eyn ja ad(er) ney(n).
Dar off sagt Peder Wolenber des offgemeß(e)n schadens sij
er unschuldig befur abe etc. Und gestett daß Steffan yme das
faße geluhen habe / Nů habe er Peder Bend(er)n und and(er)n gefragt
was alsolich faße plege zu gelden // sihe er bescheid(e)n word(e)n eynß
gelde XVIII alb(us) / Die habe er yme gebott(en) aber Steffan hait sie
nit wollen nem(e)n / Und villicht den engels do mit er Ped(er)n mo(m)p(ar)
gemacht wollen mit hain. Den hoeff er nit schuldig zu sin
und erbiedde sich yme die XVIII alb(us) aber zu geb(e)n und hait sie
auch vor schad(e)n dar gelacht. Furter so habe er yme nit gerett(en)
eynchen schaden uß zu richten. Und wes Ped(er) als vo(n) Steffans weg(en)
yne wider anlange des sij er unschuldig. Die unscholt ist gestalt
noch hude zu XIIII tag(en). Das haint sie beide v(er)bot.

erk(annt)[c]
Jt(em) Peder Swinde erk(ennt) Peder Bend(er)n II g(ulden) und eyn orte zu geb(e)n
in XIIII tagen. Si no(n) p erf(olgt).

erk(annt)
Jt(em) Jeckel Sidendistel erk(ennt) Peder Bend(er)n XVIII alb(us) off rechn(un)g
zu geb(e)n in XIIII tag(en). Si no(n) p erf(olgt).

erk(annt)[d]
Jt(em) Peder Gut Geselle erk(ennt) Rußen Clesen als vo(n) mo(m)p(ar)schafft wege(n)
der her(e)n zu Sant Steffan zu Mencze II l(i)b(ras) XV ß off rechnů(n)ge
zu geb(e)n[a] zuschen Oistern[b]. Si no(n) p erf(olgt).

erk(annt)
Jt(em) Henne Gutgeselle erk(ennt) jd(em) III l(i)b(ras) XV ß off rechnu(n)ge zu
geb(e)n zusch(e)n Oistern. Si no(n) p erf(olgt).

erk(annt)
Jt(em) E(m)mel von Appinheim erk (ent) jd(em) VII½ [VIII/2] l(i)b(ras) zu geben zusch(e)n
Oistern. Si no(n) pingn(or)a erf(olgt).

erk(annt)
Jt(em) Peder Hiltwin erk(ennt) Adam Wolffen unß(er)m mit scheffen
gesellen II guld(e)n nemlich eyne(n) g(ulden) zu geb(e)n zu Halpfast
nehst ko(m)met und den and(er)n guld(e)n dar nach ober ey(n) jare.
Und welches ziele er nit hielde / so solt Ada(m) an yme p b ha(n).

---

a Es folgt durchgestrichen: »in XIIII tagen«.
b Die beiden letzten Worte sind am rechten Zeilenrand beigefügt.
c Diese und die folgende Marginalie sind durch eine einfache runde Klammer miteinander verbunden.
d Diese und die beiden folgenden Marginalien sind jeweils mit einer einfachen Klammer miteinander verbunden.

23. Januar 1479

fol. 97v

festhalten lassen. Und der Schultheiß hat ihm Bann und Frieden darüber gemacht, wie es rechtmäßig ist. Das hat er auch festhalten lassen.

Peter Stortzkopp hat als Vertreter Steffan Beders, seines Schwagers, Peter Wolenber angeklagt, dass er ihm ein 4-Ohm-Fass schuldig sei. Das habe er ihm ohne allen Schaden zurückzugeben versprochen und habe es nicht getan. Das schade ihm 10 Gulden, und er fordert von ihm ein Ja oder Nein. Darauf sagt Peter Wolenber: Er sei des angelaufenen Schadens zunächst unschuldig, es sei denn etc. Und er gesteht, dass Steffan ihm das Fass geliehen habe. Nun habe er Peter Bender und andere gefragt, was ein solches Fass koste und man habe ihm gesagt, eines koste 18 Albus. Die habe er ihm angeboten, aber Steffan habe sie nicht nehmen wollen. Vielleicht wolle er den Englischen, mit dem er Peter zu seinen Vertreter gemacht habe, auch haben. Er hoffe nicht schuldig zu sein und biete abermals an, die 18 Albus zu zahlen und hat sie auch bei Gericht hinterlegt. Und wessen ihn Peter für Steffan darüber hinaus anklage, dessen sei er unschuldig. Die Unschuld gilt von heute an für 14 Tage. Dem haben sie beide zugestimmt.

Peter Swinde erkennt an, Peter Bender 2 Gulden und 1 Ort zahlen zu müssen binnen 14 Tagen. Wenn nicht erfolgt die Pfändung.

Jeckel Sidendistel erkennt an, Peter Bender 18 Albus gegen Rechnung zahlen zu müssen binnen 14 Tagen. Wenn nicht erfolgt die Pfändung.

Peter Gutgesell erkennt an, Cles Ruß als Vertreter der Herren von St. Stephan zu Mainz 2 Pfund 15 Schilling gegen Rechnung zahlen zu müssen bis Ostern. Wenn nicht erfolgt die Pfändung.

Henne Gutgesell erkennt an, demselben 3 Pfund 15 Schilling gegen Rechnung zahlen zu müssen bis Ostern. Wenn nicht erfolgt die Pfändung.

Emmel von Appenheim erkennt an, demselben 7½ Pfund zahlen zu müssen bis Ostern. Wenn nicht erfolgt die Pfändung.

Peter Hiltwin erkennt an, Adam Wolff, unserem Mitschöffen, 2 Gulden – nämlich 1 Gulden bis Halbfasten, den anderen am gleichen Termin ein Jahr später – zahlen zu müssen. Wenn er die Termine nicht einhält, soll Adam von ihm die Pfänder einziehen.

fol. 98 — Samßtag nach Conversionis sancti Pauli

gelengt	Jt(em) zusch(e)n Melma(n)s Hengin und Snid(er)hen(ne) Jeckeln dem jongen ist gelengt noch hude zu XIIII tag(en) sic.
	Jt(em) Snid(er)hen(ne) Jeckel der jonge hait Lupis Henne(n) zu gesproch(e)n wie daß er yme schuldig sihe I g(ulden) und II alb(us) und gebe yme
Snid(er)henne	der nit. Das schade yme alsvjl dar zu // Henne hait sin erka(n)t.
Jeckel	Das hait Jeckel verbot und mit recht begert wan(n) er yme so[-]
Lupis Hen(ne)	lich gelt geb(e)n soll. S(e)n(tent)ia in XIIII tag(en). Das hait Jeckel auch verbot.
1 h	Jt(em) Jeckel Sta(m)me als vo(n) mo(m)p(ar)schafft wegen der her(e)n von Erbach dut 1 h vor XII ß gelts off Henne Yetten et sup(ra) pingn(or)a.
erf(olgt)	Jt(em) Heinrich der smett erf(olgt) Hansen von Klee vor II guld(en).
	Jt(em) Henne Ruße erf(olgt) Cleßgin Unglichen vor III guld(en).
	Jt(em) Heincze Zy(m)merma(n) von Ockenheim erf(olgt) Ferberhenne(n) vor
erf(olgt)	VIII g(ulden) doch mit dem gedinge obe er sich beneme off den eydt als recht were daß yme die gebodde nit wißen sihen / alsdan(n) solt gescheen was recht ist.
erf(olgt)	Jt(em) Harnes Clas von Wint(er)heim erf(olgt) Hengin moll(er)n jn frauwe Margred(e)n molen vor X guld(e)n.
	Actu(m) off Samßtag nach C(on)v(er)sionis s(anc)ti Pauli.
erk(annt)	Jt(em) Ebert Haubor erk(ennt) Adam Wolffen von Spanheim unß(er)m mit scheffen gesellen I g(ulden) XI alb(us) zu geb(e)n in XIIII t(agen). Si no(n) p erf(olgt).
2 h	Jt(em) her Johan Beinling dut sin 2 h off Gotfart(en) vo(n) Randeck ut p(ri)ma.
	Jt(em) die unscholt zusch(e)n Emerich(e)n von Engelstadt unß(er)m mit scheffen gesellen und Henne Erken(n) ist gelengt bijß off Dinstag
gelengt	nach der Oist(er) wochen sic hodie. Und habe(n) beide erkant yr keyn(er) den and(er)n zu faren.
erk(annt)	Jt(em) Cleßgin Unglich erk(ennt) Ancze Duppengieß(er)n XXI alb(us) zu geb(e)n in XIIII tagen. Si no(n) p erf(olgt).
p b	Jt(em) Melmans Hengin hait p b an Kicz Anne(n).
p b	Jt(em) Henne Ruße hait p b an Cleßgin Unglichen.

30. Januar 1479 — fol. 98

Zwischen Hengin Melman und Jeckel Sniderhen dem Jungen ist der Termin verschoben worden um 14 Tage.

Jeckel Sniderhen der Junge hat Henne Lupis angeklagt, dass er ihm einen Gulden und 2 Albus schuldig ist und gebe sie ihm nicht. Das schade ihm ebensoviel dazu. Henne hat die Schuld anerkannt. Das hat Jeckel festhalten lassen und gefragt, wann er ihm das Geld zahlen soll. Urteil: in 14 Tagen. Das hat Jeckel festhalten lassen.

Jeckel Stamm als Vertreter der Mönche von Eberbach erhebt seine 1. Klage wegen 12 Schilling Geld gegen Henne Yett auf die Pfänder.

Heinrich der Schmied verklagt Hans von Klee auf 2 Gulden.

Henne Ruß verklagt Clesgin Unglich auf 3 Gulden.

Heinz Zimmermann von Ockenheim verklagt Henne Ferber auf 8 Gulden; doch mit der Bedingung, wenn er sich unter Eid, wie es rechtmäßig ist, darauf beruft, dass er von dem Gebote nichts wusste, dann soll es geschehen, wie es rechtmäßig ist.

Clas Harnes von Winternheim verklagt Hengin Moller in Frau Margreden Mühle auf 10 Gulden.

30. Januar 1479

Ebert Haubor erkennt an, Adam Wolff von Sponheim, unserem Mitschöffen, 1 Gulden 11 Albus zahlen zu müssen binnen 14 Tagen. Wenn nicht erfolgt die Pfändung.

Herr Johann Beinling erhebt seine 2. Klage gegen Gotfart von Randeck.

Die Unschuld zwischen Emmerich von Engelstadt, unserem Mitschöffen und Henne Erk ist verlängert worden bis Dienstag nach Ostern. Und sie haben beide zugestanden, dass keiner den anderen beeinträchtige.

Clesgin Unglich erkennt an, Antz Duppengießer 21 Albus zahlen zu müssen binnen 14 Tagen. Wenn nicht erfolgt die Pfändung.

Hengin Melman hat Pfändung gefordert gegen Anne Kitz.

Henne Ruß hat Pfändung gefordert gegen Clesgin Unglich.

fol. 98v — Samßtag nach Conversionis sancti Pauli

Knodenhen(ne)

Dhom(m)(us) Hen(ne)

Jt(em) Knodenhen(ne) als vo(n) frauwe Margret(en) Wint(er)bech(er)n wegen hait
Dhom(m)(us) Henne(n) zu gesproch(e)n wie daß er syn(er) frauw(e)n schuldig
sihe XXIII l(i)b(ras) hell(er) gerechent scholt und gebe ir die nit. Das
schade yme als vo(n) yrentwegen alsvjl dar zu und heist yme
des eyn ja ader ney(n). Dar off sagt Dhom(m)(us) Henne eß moge sin
daß sie mit eyn gerechent hab(e)n jn bijwesen h(er)n Heinrich
Nickels Clese Raůps und Mathis in der Rind(er)bach / So sihe Kno-
denhen(ne) auch do bij gewest(en). Und sij berett(en) word(e)n / als er dan(n)
die zijt sin win verkaufft(en) hatte // worde der win geholt(en) so
solt er sich mit der frauw(e)n gutlich vertragen // Worde der
win aber nit geholt(en) / so solt die frauwe der stucke winßs
eynßs neme(n) jn abslag der heiptsom(m)e. Und bezugt sich des
off die selb(e)n er vorg(enan)nt(en) hait und begert sin(er) tage sie zu
brenge(n). Dar off s(en)(tent)ia dwile Dhom(m)(us) Henne off konde zugt
so sall er die auch vor gericht brenge(n) und das thůn in
XIIII tagen. Bedarff er dan(n) siner tage furte und heist die
als recht ist so sall ma(n) yme die furt(er) stillen noch zu czweien
XIIII tagen. Und so die konde verhort werd(e)n beheltlich
Knodenden(n) als vo(n) sin(er) frauw(e)n wegen sin jnredde und ge[-]
schee dan(n) furt(er) was recht ist. Ambo verbot.

Beckers
Hiseln

konde

Jt(em) Beckers Hiseln von Wint(er)heim hait das buch wie dan(n)
ansprache und antwort zusch(e)n Peder Swinden und yme ge-
lut(en) laiß(e)n offen und das verbot. Und hait Snyd(er)henne(n) und
Oykels Henne(n) zu gesproch(e)n wie daß sie off die zijt / als
offstoßer bij dem kauffe jnhalt des buchs gewest sihen und
sagen nit wie eß berett(en) ist. Das schade yme von ir igliche(n)
IIII g(ulden) und heist yne des eyn ja ader ney(n). Dar off sagen sie
alle beide nach jnhalt des buchs so sihen sie als offstoßer off
die zijt[a] bij dem kauff gewest(en) und sij Peder Swinde / Hyseln gut und
burge word(e)n vor das gelt yme dan(n) die zijt ußstunde / Obe
das bezalt(en) sij ad(er) nit konne(n) sie nit wiß(e)n. Die sage hait Hiseln
verbot und furt(er) zu dem gericht gestalt / obe sie die selbe ir sage
sich off den eidt / den sie dem raide gethan beneme(n) sollen ad(er)
furt(er) off den heilgen beweren // S(en)(tent)ia so f(er)re sie dem riechter
und(er) augen steh(e)n und benem(e)n sich off den eidt / sie de(m) raide
zu Winterheim gethan / daß solich ire sage ware / und also
ergangen sihe / so haint sie an dem ende bewert(en). Das hait

---

a Die beiden letzten Worte sind am linken Rand vor dem Zeilenanfang beigefügt.

30. Januar 1479

fol. 98v

ÜBERTRAGUNG

Henne Knode hat für Frau Margret Winterbecher Henne Dhommus angeklagt, dass er seiner Herrin 23 Pfund Heller abgerechneter Schuld schuldig sei und gebe ihr die nicht. Das schade ihm von ihretwegen ebensoviel dazu und er fordert von ihm ein Ja oder Nein. Darauf sagt Henne Dhommus: Es möge sein, dass sie miteinander gerechnet hätten in Anwesenheit von Herrn Heinrich Nickel, Cles Raub und Mathis in der Rinderbach. Da sei auch Henne Knode dabeigewesen. Und es sei beredet worden, wenn er seinen Wein verkauft hätte, würde der Wein dann abgeholt, so solle er sich mit der Herrin gütlich vertragen. Werde der Wein aber nicht geholt, so solle die Frau ein Stück Wein nehmen als Abschlag auf die Klagesumme. Und er beruft sich in dieser Sache auf die Vorgenannten und fordert seine Gerichtstermine, um diese als Zeugen vorzuladen. Darauf ergeht das Urteil: Weil Henne Dhommus sich auf Zeugen beruft, soll er die auch vor das Gericht bringen und soll das in 14 Tagen tun. Bedürfe er Verlängerung und fordere sie, wie es rechtmäßig ist, so soll man ihm die noch zweimal 14 Tage geben. Und wenn die Zeugen gehört werden, vorbehaltlich der Gegenrede von Henne Knode für seine Herrin, dann geschehe es weiter, wie es rechtmäßig ist. Dem haben sie beide zugestimmt.

Hisel Becker von Winternheim hat das Gerichtsbuch öffnen lassen, wie Anklage und Antwort zwischen Peter Swinde und ihm gelautet haben und hat das festhalten lassen. Und er hat Henne Snider und Henne Oykel angeklagt, dass sie damals Aufstoßer bei dem Kauf gewesen seien und sagen nicht, wie es beredet wurde. Das schade ihm von jedem 4 Gulden, und er fordert von ihnen ein Ja oder Nein. Darauf sagen sie alle beide, nach Aussage des Buchs seien sie damals Aufstoßer bei dem Kauf gewesen und Peter Swinde sei Bürge für Hisel geworden für das Geld, das ihm damals ausstand. Ob das bezahlt worden sei oder nicht, wüssten sie nicht. Die Aussage hat Hisel festhalten lassen und vom Gericht erfragt, wann sie die Aussage auf den Eid, den sie dem Rat getan haben, bestätigen sollen oder weiter bei den Heiligen schwören. Urteil: Wenn sie dem Richter vor den Augen stehen und berufen sich auf den Eid, den sie dem Rat zu Winternheim getan haben, dass dies ihre Aussage wäre und es so geschehen sei, so haben sie diese bestätigt. Das hat

fol. 99 — Samßtag sant Dorotheen tage

Hiseln v(er)bot. Furt(er) haint sich die czwene yre sage beno(m)men off den
eidt sie dem raide zu Wint(er)heim gethan daß eß also gescheen
und ergange(n) sihe. Das hait Hiseln auch verbot.

erk(annt)	Jt(em) Ferberhenne erk(ennt) Hans Snyd(er)n als vo(n) mo(m)perschafft wegen Peders von Meisenheim VII guld(e)n zu geb(e)n in XIIII t(agen). Si no(n) p erf(olgt).
erk(annt)	Jt(em) Cleßgin Lorche erk(ennt) Knodenhen(ne) als vo(n) frauwe Margret Wint(er)[-]bech(er)n wegen VIII guld(e)n myn(n)er VII alb(us) zu geb(e)n in XIIII tagen. Si no(n) p erf(olgt).
erk(annt)	Jt(em) Johan der poller(er) erk(ennt) Kiczgin I g(ulden) zu geb(e)n in XIIII t(agen). Si no(n) p erf(olgt).
erk(annt)	Jt(em) Ferberhenne erk(ennt) Heincze Zy(m)merman von Ockenhey(m) IIII g(ulden) und XI alb(us) off rechnů(n)ge zu geb(e)n in XIIII tag(en). Si no(n) p erf(olgt).
nescit Engelstat	Jt(em) Emerich von Engelstat unser mit scheffen geselle sagt er habe Hengin Rutßen erfolgt und ergange(n) und wuße des syne(n) nit. Und begert wie er furt(er) thun soll etc. S(en)(tent)ia er sall dem scholteß(e)n ey(n) hey(m)bergen heisch(e)n / Dem sall ern mit dem jgheren geb(e)n und der hey(m)berge sall yne yme ober nacht halten und dan(n) an gericht brengen und furt(er) fragen / Wie dan(n) furt(er) recht ist / sall gescheen.
p b	Jt(em) Emerichs Clas vo(n) Wint(er)heim hait p b an Hengin Mollern.
erk(annt)	Jt(em) Conrat der wober erk(ennt) Schonwedd(er)n I g(ulden) und XVIII alb(us) zu geb(e)n in XIIII tage(n). Si no(n) p erf(olgt).
erk(annt)	Jt(em) Winworm erk(ennt) Heinrich(e)n dem smede[a] I½ [II/2] g(ulden) off rechnu(n)ge zů geb(e)n in XIIII tag(en). Si no(n) p erf(olgt).
erk(annt)	Jt(em) Ritt(er) Henne erk(ennt) Schonwedd(er)n X alb(us) off rechnu(n)ge zu geb(e)n in XIIII tag(en). Si no(n) p erf(olgt).
erf(olgt)	Jt(em) Winßhenne als vo(n) sins jonck(er)n wegen erf(olgt) Bengins Jeckeln offs bůch.
erf(olgt)	Jt(em) Jeckel Drappe erf(olgt) Prassen Hengin offs buch.
erf(olgt)	Jt(em) Schonwedder erf(olgt) Cleßgin / Hans Schumechers sone vor IIII guld(e)n.

Actu(m) off Samßtag sant Dorotheen tage.

erf(olgt) p b	Jt(em) Lebe der korßner erf(olgt) Clas von Brechen offs bůch und hait p b.
erk(annt)	Jt(em) Conczgin Dinckler erk(ennt) Cleßgin Unglichen I½ [II/2] guld(e)n zu geb(e)n in eyme mende. Si no(n) p erf(olgt).
p b	Jt(em) Jeckel Drappe hait p b an Hengin Prassen.

---

[a] Die letzte Silbe des Wortes ist über der Zeile beigefügt.

Hisel festhalten lassen. Weiter haben diese ihre Aussage gemacht auf den Eid, den sie dem Rat zu Winternheim taten, dass es so geschehen sei. Das hat Hisel auch festhalten lassen.

Henne Ferber erkennt an, Hans Snider als Vertreter Peters von Meisenheim 7 Gulden zahlen zu müssen binnen 14 Tagen. Wenn nicht erfolgt die Pfändung.

Clesgin Lorch erkennt an, Henne Knode für Frau Margret Winterbecher 8 Gulden weniger 7 Albus zahlen zu müssen binnen 14 Tagen. Wenn nicht erfolgt die Pfändung.

Johann der Pollerer erkennt an, Kitzgin einen Gulden zahlen zu müssen binnen 14 Tagen. Wenn nicht erfolgt die Pfändung.

Henne Ferber erkennt an, Heinz Zimmerman von Ockenheim 4 Gulden und 11 Albus gegen Rechnung zahlen zu müssen binnen 14 Tagen. Wenn nicht erfolgt die Pfändung.

Emmerich von Engelstadt, unser Mitschöffe, sagt, er habe gegen Hengin Ruts geklagt und gewonnen und wüsste das Seine nicht. Daher befragt er das Gericht, wie er weiter handeln soll etc. Urteil: Er soll von dem Schultheißen einen Heimbürgen fordern, der soll den Schuldner am Rockschoß nach sich ziehen und über Nacht verwahren. Dann soll er ihn vor Gericht bringen und fragen, was Recht ist, das geschehe.

Clas Emmerich von Winternheim hat Pfändung gefordert gegen Hengin Moller.

Konrad der Weber erkennt an, Schonwedder 1 Gulden und 18 Albus zahlen zu müssen binnen 14 Tagen. Wenn nicht erfolgt die Pfändung.

Winworm erkennt an, Heinrich dem Schmied 1½ Gulden gegen Rechnung zahlen zu müssen binnen 14 Tagen. Wenn nicht erfolgt die Pfändung.

Henne Ritter erkennt an, Schonwedder 10 Albus gegen Rechnung zahlen zu müssen binnen 14 Tagen. Wenn nicht erfolgt die Pfändung.

Henne Winß hat seinen Anspruch ins Gerichtsbuch eintragen lassen für seinen Junker gegen Jeckel Bengin.

Jeckel Drapp hat seinen Anspruch ins Gerichtsbuch eintragen lassen gegen Hengin Prass.

Schonwedder verklagt Clesgin, Hans Schumachers Sohn, auf 4 Gulden.

6. Februar 1479

Lebe der Kürschner hat seinen Anspruch ins Gerichtsbuch eintragen lassen gegen Clas von Brechen und hat Pfändung gefordert.

Contzgin Dinckler erkennt an, Clesgin Unglich 1½ Gulden zahlen zu müssen in einem Monat. Wenn nicht erfolgt die Pfändung.

Jeckel Drapp hat Pfändung gefordert gegen Hengin Prass.

fol. 99v — Samßtag vor Valentini

erk(annt)	Jt(em) Wilhelm Scharppenstein erk(ennt) Cleßgin Lorchen XXV alb(us) zu geb(e)n in XIIII tagen. Si no(n) p erf(olgt).
	Jt(em) H(er)man Stiffe hait Gerhusen Henne Kochers selige(n) witwen zu gesproch(e)n wie daß Jeckel Suffuße yre hußwert selige eyne(n) wingart yngehabt(en). Do sij siner hußfrauw(e)n und den andern
H(er)ma(n) Stiffe Gerhuse	kinden iglichem gebůrt(en) XVI fertel wins / Nů hab(e)n sie sich mit den and(er)n kinden vertragen und yne eyne(n) genuge(n) gethan. Daß sie yme nů als vo(n) siner frauw(e)n wegen nit aůch ußrachtunge dut das schade yme IIII g(ulden) und heist ir eyn ja ader ney(n) obe sie den wine also ynne und geno(m)men habe ader nit. Dar off sagt Gerhuse / eß sihent briffe zusch(e)n yne gemacht gewest(en) deshalp sie dan(n) faste geschicks mit eyne gehabt(en). Nů haben etliche lude zusch(e)n yne getedingt / und sie um(m)b diese sache und was dan(n) die zijt mit eyn zu schicken haint gehabt nuste ußgescheid(e)n vereynt(en) und geracht / Und bezugt sich des off die selb(e)n do bij gewest(en) sint / H(er)man hait verbot daß Gerhuse off konde zugt und begert mit recht obe sie die konde nit brengen. Dar off ist mit recht gewist(en) ja und sall eß thůn in XIIII tagen. Bedarff sie dan(n) yre tage furt(er) und heist die als recht ist / so sall ma(n) yre die furt(er) stillen noch zu czweien XIIII tagen. Und so die konde verhort(en) wirt beheltlich H(er)man sin jnsage und geschee dan(n) furt(er) was recht ist. Das haint sie beide verbot.
offgeholt	Jt(em) nach dem Scher(er)henne sin fierde heischůnge jn maiß(e)n die erßte gelut(en) off Conczgin Prassen gethan / also hait er die gude nach lude sin(er) heischůnge offgeholt(en) und das v(er)bot. Und der scholteß hait yme banne und freden dar ober gethan dar ober gethan als recht ist. Das hait er auch verbot.
1 h[a]	Jt(em) Jeckel Stam(m)e als vo(n) mo(m)perschafft wegen der her(e)n von Erbach dut 1 h vor I guld(e)n gelts off Hansen den keßler et sup(ra) pingn(or)a nach lude siner her(e)n bucher und register.
2 h	Jt(em) jd(em) dut sin 2 h off Henne Yetten ut p(ri)ma.
erf(olgt)	Jt(em) Schelnhen(ne) von Mencze erf(olgt) Drubein vor XXX guld(e)n.
erf(olgt)	Jt(em) Beckerß Hiseln erf(olgt) Peder Swinden offs buch nach dem Peder syne(n) tag nit v(er)hůt(en) hait.

Actu(m) off Samßtag vor Valentini.

[a] Diese und die folgende Marginalie sind durch eine einfache runde Klammer miteinander verbunden.

13. Februar 1479

Wilhelm Scharfenstein erkennt an, Clesgin Lorch 25 Albus zahlen zu müssen binnen 14 Tagen. Wenn nicht erfolgt die Pfändung.

Hermann Stiffe hat Gerhuse, Henne Kochers Witwe, angeklagt, dass Jeckel Suffuß, ihr verstorbener Mann, einen Weinberg hatte. Von dem gebühren seiner Frau und den anderen Kindern einem jeden 16 Viertel Wein. Nun habe sie sich mit den anderen Kindern geeinigt und ihnen Genüge getan. Dass sie nun ihm für seine Frau nicht auch Genüge tue, das schade ihm 4 Gulden, und er fordert von ihr ein Ja oder Nein, ob sie den Wein besitze und genommen habe oder nicht. Darauf sagt Gerhuse: Es seien Urkunden zwischen ihnen gefertigt worden wegen denen sie viel Streit miteinander hatten. Nun haben etliche Leute zwischen ihnen geschlichtet und sie in dieser Sache und was sie in der Zwischenzeit miteinander hatten ohne Ausnahme geeinigt. Dafür beruft sie sich auf die, die dabei waren. Hermann hat festhalten lassen, dass Gerhuse sich auf Zeugen beruft und fragt das Gericht, ob sie die Zeugen beibringen soll. Darauf ergeht das Urteil: Ja, und sie soll es tun in 14 Tagen. Und nachdem die Zeugen verhört werden, vorbehaltlich Hermanns Gegenrede, geschehe es weiter, wie es rechtmäßig ist. Dem haben sie beide zugestimmt.

Nachdem Henne Scherer seine 4. Klage gegen Contzgin Prass getan hat, hat er die Güter eingezogen und das festhalten lassen. Der Schultheiß hat ihm Bann und Frieden darüber gemacht, wie es rechtmäßig ist. Das hat er auch festhalten lassen.

Jeckel Stamm erhebt als Vertreter der Mönche zu Eberbach seine 1. Klage wegen 1 Gulden Geld gegen Hans den Kessler und auf die Pfänder nach Auskunft seiner Herren Bücher und Register.

Derselbe erhebt seine 2. Klage gegen Henne Yett.

Henne Scheln von Mainz verklagt Drubein auf 30 Gulden.

Hisel Becker hat seinen Anspruch ins Gerichtsbuch eintragen lassen gegen Peter Swinde, nachdem Peter seinen Gerichtstermin nicht wahrgenommen hat.

13. Februar 1479

fol. 100 — Samßtag nach Valentini

2 tag	Jt(em) Dhom(m)(us) Henne hait sin 2 tag furt(er) geheisch(e)n konde zu brengen geigen Knodenhen(ne). Knodenhen(ne) hait den tag auch verhut(en).
	Jt(em) Peder Dresser von Swabenheim dut 1 h vor IIII guld(e)n gelts
1 h	off Kicz Anne(n) und Ped(er)n von Badenheim nach lude eynßs versiegelt(en) gerichts briffs.
	Actu(m) off Samßtag nach Valentini.
2 h	Jt(em) Jeckel Stam(m) als vo(n) mo(m)perschafft wegen der her(e)n von Erbach dut sin 2 h off Hansen den keßler ut p(ri)ma.
3 h	Jd(em) dut sin 3 h off Henne Yetten ut p(ri)ma.
	Actu(m) off Samßtag vor Invocavit.
3 tag	Jt(em) Dhom(m)(us) Henne hait sin 3 tag furt(er) geheisch(e)n konde zu brenge(n) geigen Knodenhen(ne).
	Actu(m) off Dinstag nach Invocavit.
erf(olgt) p b	Jt(em) Peder Bend(er) erf(olgt) Jeckel Sidendisteln und Ped(er) Swinden offs buch und hait auch phande an yne berett(en).
erf(olgt) p. b	Jt(em) Hans Snyder als vo(n) mo(m)perschafft wegen Peders von Meysenheim erf(olgt) Ferberhenne(n) offs buch und hait p b.
erf(olgt) p b	Jt(em) Henne Hëlffrich als vo(n) mo(m)perschafft wegen W(er)nher Feczers erf(olgt) Jeckeln von Siemern offs buch und hait p b.
erf(olgt)	Jt(em) Ancze Duppengießer erf(olgt) Cleßgin Unglich(e)n offs buch.
erk(annt)	Jt(em) Henne von Eltvjl erk(ennt) Emerich(e)n von Engelstadt unß(er)m mit scheffen gesellen VI guld(e)n zu geb(e)n zusch(e)n sant Johans tage. Si no(n) p erf(olgt).
p b	Jt(em) Schelnhen(ne) von Mencze hait p b an Drubein.
	Actu(m) off Samßtag nach Invocavit.

Henne Dhommus hat seinen 2. Tag erbeten, Beweise beizubringen gegen Henne Knode. Henne Knode hat auch den Gerichtstag gewahrt.

Peter Dresser von Schwabenheim erhebt seine 1. Klage wegen 4 Gulden Geld gegen Anne Kitz und Peter von Badenheim nach Aussage einer versiegelten Gerichtsurkunde.

20. Februar 1479

Jeckel Stamm erhebt als Vertreter der Herren von Eberbach seine 2. Klage gegen Hans den Kessler.

Derselbe erhebt seine 3. Klage gegen Henne Yett.

27. Februar 1479

Henne Dhommus hat seinen 3. Tag erbeten, Beweise beizubringen gegen Henne Knode.

2. März 1479

Peter Bender hat seinen Anspruch ins Gerichtsbuch eintragen lassen gegen Jeckel Sidendistel und Peter Swinde und hat Pfändung gefordert.

Hans Snider als Vertreter Peters von Meisenheim hat seinen Anspruch ins Gerichtsbuch eintragen lassen gegen Henne Ferber und hat Pfändung gefordert.

Henne Helffrich hat seinen Anspruch ins Gerichtsbuch eintragen lassen als Vertreter von Wernher Fetzer gegen Jeckel von Simmern und hat Pfändung gefordert.

Antz Duppengießer hat seinen Anspruch ins Gerichtsbuch eintragen lassen gegen Clesgin Unglich.

Henne von Eltville erkennt an, Emmerich von Engelstadt, unserem Mitschöffen, 6 Gulden zahlen zu müssen bis St. Johann. Wenn nicht erfolgt die Pfändung.

Henne Scheln von Mainz hat Pfändung gefordert gegen Drubein.

6. März 1479

fol. 100v — Dinstag nach Reminiscere

3 h	Jt(em) Jeckel Stam(m) als vo(n) mo(m)p(ar)schafft wegen der her(e)n von Erbach dut sin 3 h off Hansen den keßler ut p(ri)ma.
	Jt(em) Clese Fiele als vo(n) wegen sant Kathryne(n) elt(er) hie jn
1 h[a]	der kirchen dut 1 h vor ey(n) malt(er) korns off Johan den poller(er) et sup(ra) pingn(or)a.
1 h	Jd(em) dut 1 h vor ½ [1/2] malt(er) korns off Meczelhen(ne) et sup(ra) ping(nora).
1 h	Jd(em) dut 1 h vor ½ [1/2] malt(er) korns off Peder Fieln et sup(ra) ping(nora).
1 h	Jd(em) dut 1 h vor II malt(er) korns off Godtfart von Stockeym et supra pingn(or)a.

Actu(m) off Dinstag nach Remi(ni)sc(er)e.

Jt(em) Clese Raŭp unser mit scheffen geselle als vo(n) mo(m)perschafft wegen Dynen syner dochter // hait Em(m)eln von Jngelnhey(m)

Clese Raup / E(m)mel — zu gesproch(e)n wie daß er vor zyden ey(n) wingart kaufften habe um(m)b Henne Mospech(er)n seligen sinen eyden vor XC guld(e)n. Des solt er alle jare X guld(e)n geb(e)n bijß er solich som(m)e bezalt / Nŭ habe er nit mehe dan(n) XX guld(e)n bezalt. Und daß er die and(er)n LXX guld(e)n nit auch bezalt das schade yme von siner dochter wegen I^c(entum) guld(e)n und heist yme des ey(n) ja ader ney(n) // Dar off hait E(m)mel des kaŭffs erkant jn maißen Clese Raŭp gerett(en) hait. Und sagt er habe der so(m)men LX guld(e)n bezalt und sihe noch XXX guld(e)n schuldig. Der erkenne er. Und wes Clese yne wider anlange des sihe er unschuldig / Clese hait verbot daß E(m)mel XXX guld(e)n erkent und begert mit recht jn welcher zijt er yme die geb(e)n solle. S(e)n(tent)ia in XIIII tagen. Das hait Clese verbot. Furt(er) so ist Em(m)eln sin unscholt gestalt noch hude zu XIIII tagen. Das haint sie beide verbot.

erk(annt) — Jt(em) Sniderhen(ne) Jeckel der jonge erk(ennt) Wigeln dem moller IIII malt(er) und eyne(n) kompe korns zu geb(e)n in XIIII tag(en). Si no(n) p erf(olgt).

---

[a] Die Marginalie ist mit den folgenden drei durch eine einfache runde Klammer verbunden.

Jeckel Stamm erhebt als Vertreter der Mönche zu Eberbach seine 3. Klage gegen Hans den Kessler.

Cles Fiel erhebt für den Katherinenaltar hier in der Kirche die 1. Klage wegen eines Malters Korn gegen Johann den Pollerer auf die Pfänder.

Derselbe erhebt die 1. Klage wegen ½ Malter Korn gegen Henne Metzel auf die Pfänder.

Derselbe erhebt die 1. Klage wegen ½ Malter Korn gegen Peter Fiel auf die Pfänder.

Derselbe erhebt die 1. Klage wegen 2 Malter Korn gegen Godtfart von Stockheim auf die Pfänder.

9. März 1479

Cles Raub, unser Mitschöffe, hat als Vertreter seine Tochter Dyne Emmel von Ingelheim angeklagt, dass er vor einiger Zeit einen Weinberg vom verstorbenen Henne Mospecher gekauft habe für 90 Gulden. Dafür sollte er jährlich 10 Gulden zahlen, bis die Summe bezahlt sei. Nun habe er nicht mehr als 20 Gulden bezahlt. Und dass er die anderen 70 Gulden nicht auch bezahle, das schade ihm für seine Tochter 100 Gulden, und er fordert von ihm ein Ja oder Nein. Darauf sagt Emmel, den Kauf erkenne er an in der Form, in der Cles Raub geredet habe. Und er sagt, er habe von der Summe 60 Gulden bezahlt und sei noch 30 Gulden schuldig. Die erkenne er an. Und wessen ihn Cles darüber hinaus anklage, dessen sei er unschuldig. Cles hat festhalten lassen, dass Emmel 30 Gulden Schuld anerkennt und fragt das Gericht, wann er ihm die zahlen soll. Urteil: in 14 Tagen. Das hat Cles festhalten lassen. Weiter gilt Emmels Unschuld von heute an 14 Tage. Dem haben sie beide zugestimmt.

Jeckel Sniderhen der Junge erkennt an, Wigel dem Müller 4 Malter und 1 Kumb Korn zahlen zu müssen binnen 14 Tagen. Wenn nicht erfolgt die Pfändung.

Dinstag nach Reminiscere

erk(annt)	Jt(em) Hengin Raůch erk(ennt) Smets Karlen von Jngelnhey(m) V½ [VI/2] gulden off rechnu(n)ge zu geb(e)n in XIIII tagen. Si no(n) p erf(olgt).
erk(annt)	Jt(em) Stern Jeckel erk(ennt) Ped(er) Bend(er)n X alb(us) zu geb(e)n in XIIII tagen. Si no(n) p erf(olgt).[a]
Adam von Winheim Cleßgin Berkorn	Jt(em) Adam von Winheim hait Cleßgin Berkorn zu gesproch(e)n wie daß sie czwene Concze Storczkoppen XV g(ulden) antheißijg worden sint. Der selb(e)n som(m)en sollen sie yme alle jare geb(e)n nemlich Cleßgin II guld(e)n und er eyne(n) guld(e)n. Und wolle er sin theyle vernůgen. Daß Clesgin sin theyle nit auch v(er)nůgt und yne von schaden důt dan(n) Concze habe yme dar um(m)b gebien laiß(e)n. Das schade yme XX guld(e)n. Und heist yme des eyn ja ader ney(n). Dar off sagt Cleßgin eß sij eyn rachtunge zusch(e)n yne gemacht daß yme ½ [I/2] morge felts werd(e)n solt und bezůgt sich des off die rachtu(n)gs lude / Wan(n) yme solich felt werde so woll er thůn was yme gebůre. Adam hait verbot daß Cleßgin off rachtůngs lude zugt und begert mit recht obe er sie nit brengen solle. S(e)n(tent)ia ja / und sall eß thůn in XIIII tagen. Bedarff er dan(n) siner tage furte und heist die als recht ist so sall ma(n) yme die furt(er) stillen noch zu czweien XIIII tag(en). Und so die rachtu(n)gs lude verhort w(er)den beheltlich Adame(n) sin jnredde und geschee dan(n) furt(er) was recht ist. Das haint sie beide verbot.
gelengt	Jt(em) zuschen Henne Gicken und Ped(er) Meczl(er)n syme stieffader ist gelengt noch hude zu XIIII tag(en) sic hodie.
Ebalt Mathis	Jt(em) Ebalt W(er)nher Knobelochs sone hait Mathisen jn d(er) Rynd(er)bach zu gesproch(e)n wie daß er yme noch schuldig sij sins liedlons XI alb(us) und eyn hempt und gebe yme des nit / Das schade yme alsvjl dar zů // Mathis sagt sie sihen mit eyn v(er)eynt(en) und geracht word(e)n und bezugt sich des off die rachtu(n)gs lude. Ebalt hait verbot daß Mathis off rachtu(n)gs lude zugt und begert myt recht obe er die nit brengen solle / S(e)n(tent)ia ja und sall eß thůn in XIIII tagen. Bedarff er dan(n) syner tage furte und heist die als recht ist so sall ma(n) yme die furt(er) stillen noch zu czweien XIIII tagen. Und so die rachtu(n)gs lude verhort werd(e)n beheltlich Ebalt(en) sin jnredde und geschee dan(n) furt(er) was recht. Ist v(er)bot.
erk(annt)	Jt(em) Herma(n) Bender erk(ennt) Vinczen I g(ulden) zu geb(e)n in XIIII tag(en). Si no(n) ping(nora) erf(olgt).

[a] Die letzten vier Worte sind nachträglich am rechten Seitenrand beigefügt.

9. März 1479 — fol. 101

Hengin Rauch erkennt an, Karl Smet von Ingelheim 5½ Gulden gegen Rechnung zahlen zu müssen binnen 14 Tagen. Wenn nicht erfolgt die Pfändung.

Jeckel Stern erkennt an, Peter Bender 10 Albus zahlen zu müssen binnen 14 Tagen. Wenn nicht erfolgt die Pfändung.

Adam von Weinheim hat Clesgin Berkorn angeklagt, dass sie zwei Contz Stortzkopp 15 Gulden schuldig seien. Dafür sollten sie ihm jährlich anteilig das Geld geben, Contz 2 Gulden und er 1 Gulden. Und er wolle seinen Anteil nun ableisten. Dass Contz das nicht auch tue und ihn aus dem Schuldvertrag nehme, das schade ihm 20 Gulden. Und er fordert von ihm ein Ja oder Nein. Darauf sagt Contz: Es sei ein Vergleich zwischen ihnen geschlossen worden, dass er ½ Morgen Feld erhalten solle, und er beruft sich deshalb auf die Vermittler. Wenn er dieses Feld erhalte, wolle er tun, was ihm gebühre. Adam hat festhalten lassen, dass Cleßgin sich auf die Schlichter beruft, und fragt das Gericht, ob er sie nicht vorbringen soll. Urteil: Ja, und er soll es tun in 14 Tagen. Bedürfe er Verlängerung und fordere sie, wie es rechtmäßig ist, so soll man sie ihm noch zweimal 14 Tage geben. Und wenn die Schlichter verhört werden, vorbehaltlich Adams Gegenrede, dann geschehe es weiter, wie es rechtmäßig ist. Dem haben sie beide zugestimmt.

Zwischen Henne Gick und Peter Metzler, seinem Stiefvater, ist die Sache verschoben worden auf heute in 14 Tagen.

Ebalt, der Sohn Werner Knobelochs, hat Mathis in der Rinderbach angeklagt, dass er ihm an Tageslohn noch 11 Albus und ein Hemd schuldig sei und gebe es ihm nicht. Das schade ihm ebensoviel dazu. Mathis sagt, sie seien miteinander verglichen worden und beruft sich auf die Schlichter. Ebalt lässt festhalten, dass Mathis sich auf die Schlichter beruft, und fragt das Gericht, ob er die nicht vorbringen soll. Urteil: Ja, und er soll es tun in 14 Tagen. Bedürfe er Verlängerung und fordere sie, wie es rechtmäßig ist, so soll man sie ihm noch zweimal 14 Tage geben. Und wenn die Schlichter verhört werden, vorbehaltlich Ebalts Gegenrede, geschehe es weiter, wie es Recht ist. Dem haben sie beide zugestimmt.

Hermann Bender erkennt an, Vincz einen Gulden zahlen zu müssen binnen 14 Tagen. Wenn nicht erfolgt die Pfändung.

fol. 101v — Samßtag nach dem Sontage Reminiscere

erf(olgt)	Jt(em) Hilczenkett erf(olgt) Bernhart Bend(er)n offs bůch.
erf(olgt)	Jt(em) Henne Gicke erf(olgt) Cleßgin Suffußen offs bůch.
	Jt(em) Stoln Hans von Appinheim als vo(n) mo(m)p(ar)schafft wegen
1 h[a]	Gotfarts von Randecke dut 1 h vor X ß gelts off Conczgin
	Dincklern et sup(ra) ping(nora).
1 h	Jd(em) dut 1 h vor X alb(us) off H(er)man von Holczhusen et sup(ra) ping(nora).
	Jt(em) Schererhenne hait Diemen Clasen zu gesprochen wie
	daß Clas yme geretten habe XIIII alb(us) zu geb(e)n von Grey-
Scher(er)henne[b]	ben wegen und důhe des nit. Das schade yme alsvjl dar
Dieme(n) Clas	zu und heist yme des ey(n) ja ader ney(n) / Clas sagt er habe yme
	XVI ß gerett. Das hait Scher(er)hen(ne) verbot und begert mit recht
	wan(n) Clas yme die geb(e)n soll. S(e)n(tent)ia in XIIII tagen v(er)bot.
	Jt(em) Scher(er)hen(ne) hait Clase furt(er) zu gesproch(e)n wie daß Clas
	von eyn(er) kelt(er)n gefallen habe / Do habe er yne geheilt(en). Daß
	Clas yme nit lonet das schade yme IIII g(ulden) und heist yme
	des ey(n) ja ader ney(n). Das ist gelengt noch hude zu XIIII tage(n).
	Das hait Scher(er)hen v(er)bot.
	Actu(m) off Samßtag nach dem Sontage Remi(ni)sc(er)e.
erk(annt)	Jt(em) Hengin Rode erk(ennt) Konne(n) Ped(er)n als vo(n) syn(er) frauw(e)n der
	von Wingart(en) wegen X guld(e)n zu geb(e)n zusch(e)n sant Johans
	tage. Das hait Peder verbot.
erk(annt)[c]	Jt(em) Schonwedd(er) erk(ennt) Jeckel Drappen als vo(n) mo(m)p(ar)schafft wegen.
	Kicz Hansen ½ [I/2] guld(e)n off rechnu(n)ge zu geb(e)n in XIIII tagen
	Si no(n) pingn(or)a erf(olgten).
erk(annt)	Jt(em) Clese Duherman(n) erk(ennt) jd(em) I g(ulden) zu geb(e)n in XIIII t(agen). Si no(n) p erf(olgt).
erk(annt)[d]	Jt(em) Henne Englender erk(ennt) Schonwedd(er)n ½ [I/2] guld(e)n off rech-
	nů(n)ge zu geb(e)n in XIIII tagen. Si no(n) p erf(olgt).
erk(annt)	Jt(em) Snyderhen(ne) Jeckel der jonge erk(ennt) jd(em) I guld(e)n zu geb(e)n
	in XIIII tagen. Si no(n) p erf(olgt).
erk(annt)	Jt(em) Hans von Melpach erk(ennt) jd(em) I g(ulden) off rechnu(n)ge zu geb(e)n
	in XIIII tagen. Si no(n) p erf(olgt).

a Diese und die folgende Marginalie sind durch eine einfache runde Klammer miteinander verbunden.
b Von dieser Marginalie ausgehend verläuft ein Klammerstrich bis zum Ende des Absatzes.
c Diese und die folgende Marginalie sind durch eine einfache runde Klammer miteinander verbunden.
d Diese und die folgende Marginalie sind durch eine einfache runde Klammer miteinander verbunden.

Kett Hiltz hat ihren Anspruch eingeklagt gegen Bernhard Bender.
Henne Gick hat seinen Anspruch ins Gerichtsbuch eintragen lassen gegen Clesgin Suffuß.
Hans Stol von Appenheim erhebt als Vertreter Gotfarts von Randeck seine 1. Klage wegen 10 Schilling Geld gegen Contzgin Dinckler auf die Pfänder.
Derselbe erhebt seine 1. Klage wegen 10 Albus gegen Hermann von Holzhausen auf die Pfänder.
Henne Scherer hat Clas Diem angeklagt, dass Clas ihm versprochen habe 14 Albus zu geben wegen Greybe und tue es nicht. Das schade ihm ebensoviel dazu, und er fordert ein Ja oder Nein. Clas sagt, er habe ihm 16 Schilling versprochen. Das hat Henne Scherer festhalten lassen und das Gericht gefragt, wann Clas ihm die zahlen soll. Urteil: in 14 Tagen. Dem haben beide zugestimmt.
Johann Scherer hat Clas weiter angeklagt, dass Clas von einer Kelter gefallen sei. Da habe er ihn geheilt. Dass Clas ihm seinen Lohn nicht gebe, das schade ihm 4 Gulden, und er fordert von ihm ein Ja oder Nein. Das ist verschoben worden auf in 14 Tagen. Dem hat Henne Scherer zugestimmt.

13. März 1479
Hengin Rode erkennt an, Peter Konne für seine Herrinnen, die Nonnen von Weingarten, 10 Gulden zahlen zu müssen bis St. Johannestag. Das hat Peter festhalten lassen.
Schonwedder erkennt an, Jeckel Drapp als Vertreter von Hans Kitz ½ Gulden gegen Rechnung zahlen zu müssen binnen 14 Tagen. Wenn nicht erfolgt die Pfändung.
Cles Duherman erkennt an, demselben einen Gulden zahlen zu müssen binnen 14 Tagen. Wenn nicht erfolgt die Pfändung.
Henne Englender erkennt an, Schonwedder ½ Gulden gegen Rechnung zahlen zu müssen binnen 14 Tagen. Wenn nicht erfolgt die Pfändung.
Jeckel Sniderhen der Junge erkennt an, demselben einen Gulden zahlen zu müssen binnen 14 Tagen. Wenn nicht erfolgt die Pfändung.
Hans von Melpach erkennt an, demselben einen Gulden gegen Rechnung zahlen zu müssen binnen 14 Tagen. Wenn nicht erfolgt die Pfändung.

fol. 102 — Samßtag nach dem Sontage Reminiscere

	Jt(em) Ped(er) Fiele als vo(n) mo(m)p(ar)schafft wegen des probst und syn(en) myt her(e)n
offgeholt anlenses	ym(m) Sale hait offgeholt(en) off Peder Diemen / soliche gude und und(er)[-]phande yne ligent vor eyn guld(e)n gelts nach lude eynßs gericht briffs dar ober sagende und hait die offholunge verbot. Und der scholteß hait yme ban(n) und freden dar ober gethan als recht ist. Das Peder auch verbot.
offgeholt anlenses	Jt(em) der obg(enan)nt(e) Peder als vo(n) syn(en) her(e)n wegen hait auch off ge[-]holt off Conczgin Dincklern Clese Sidendisteln Peder Loiczen Hen(ne) Storczkoppen Cleßgin von Lorche und Hengin Melman soliche gude und underphande yne ligent vor VI l(i)b(ras) gelts nach lude eynßs gericht briffs dar ober sagende und hait die offholunge verbot. Und der scholteß hait yme ban(n) und freden dar ober gethan als recht ist. Das hait Ped(er) auch verbot.
offgeholt(en)	Jt(em) Concze Storczkoppe hait off geholt(en) off Henne Randeck(er)n Karlen des Großen Jeckels sone und Knodenhenne(n) soliche gude und und(er)phande yme ligent vor I guld(e)n gelts nach lude eynßs gericht briffs dar ober sagende und hait die offholunge verbot.
erk(annt)	Jt(em) Cleßgin Berkorn erk(ennt) Wigant Storczkoppen XX alb(us) zů geb(e)n in XIIII tagen. Si no(n) p erf(olgt).
E(m)mel Ped(er) Fiele Clese Fiele	Jt(em) E(m)mel von Jngelnheim hait[a] Peder Fieln und Clesen syme bruder zu gesproch(e)n wie daß sie yme schuldig sihen IIII l(i)b(ras) myn(n)er funffe ß verseßner gulte. Daß sie yme die nit geb(e)n ader erkenne(n) das schade yme alsvjl dar zu. Dar off hait Ped(er) yme erkant das halptheyl zu geb(e)n in XIIII tagen. Si no(n) p erf(olgt) so hait Clese yme ½ [I/2] guld(e)n off rechnu(n)ge erk(ennt) zu geb(e)n in XIIII tag(en). Si no(n) p erf(olgt).
erk(annt) no(tandum)	Jt(em) Dhom(m)(us) Henne erk(ennt) Knodenhenne als vo(n) mo(m)p(ar)schafft wege(n) frauwe Margret(en) Wint(er)bech(er)n und(er) III stucke wins eynßs zu geb(e)n welcheß er wijl off der offstoßer sage jn(ne) abslag der schulde / so der b(e)n(ann)t(e) Dhom(m)(us) Henne frauwe Margret(en) schuldig ist. Das hait Knodenhen(ne) verbot.
erk(annt)	Jt(em) Ha(n)mans Peder erk(ennt) Maisenhen(ne) I g(ulden) und eyn ort zu geb(e)n in XIIII tag(en). Si no(n) p erf(olgt).
erk(annt)	Jt(em) Ha(n)mans Ped(er) erk(ennt) Holczen Ped(er)n I g(ulden) XVI alb(us) zu geb(e)n in XIIII t(agen). Si no(n) p e[rfolgt].[b]
p b	Jt(em) Schonwedder hait p b an Schumechers Cleßgin.

a Das Wort steht teilweise über der Zeile, darunter durchgestrichen: »erk[ennt]«.
b Die Zeile ab »XIIII« ist nachträglich über der Zeile beigefügt.

13. März 1479

ÜBERTRAGUNG

Peter Fiel als Vertreter des Propstes und seiner Mitherren im Saal hat von Peter Diem die Güter und Pfänder eingezogen, die als Pfand liegen für einen Gulden Geld gemäß der Gerichtsurkunde und hat die Einziehung festhalten lassen. Und der Schultheiß hat ihm Bann und Frieden darüber gemacht, wie es rechtmäßig ist. Das hat Peter auch festhalten lassen.

Der genannte Peter hat für seine Herren auch eingezogen von Contzgin Dinckler, Cles Sidendistel, Peter Lotz, Henne Stortzkopp, Clesgin von Lorch und Hengin Melman die Güter und Pfänder, die als Pfänder für 6 Pfund Geld liegen gemäß der Gerichtsurkunde und hat die Einziehung festhalten lassen. Der Schultheiß hat ihm Bann und Frieden darüber gemacht, wie es rechtmäßig ist. Das hat Peter auch festhalten lassen.
Contz Stortzkopp hat von Henne Randecker, Karl dem Sohn des Jeckel Groß und Henne Knode die Güter und Pfänder eingezogen, die als Pfand liegen für einen Gulden Geld nach Aussage der Gerichtsurkunde und hat die Einziehung festhalten lassen.
Clesgin Berkorn erkennt an, Wigand Stortzkopp 20 Albus zahlen zu müssen binnen 14 Tagen. Wenn nicht erfolgt die Pfändung.

Emmel von Ingelheim hat Peter Fiel und Cles, seinen Bruder, angeklagt, dass sie ihm 4 Pfund weniger 5 Schilling versessene Gülte schuldig seien. Dass sie ihm die nicht zahlen, das schade ihm ebensoviel dazu. Darauf hat Peter anerkannt, die Hälfte in 14 Tagen zu zahlen. Wenn nicht erfolgt die Pfändung. Ebenso hat Cles anerkannt, ½ Gulden gegen Rechnung zahlen zu müssen binnen 14 Tagen. Wenn nicht erfolgt die Pfändung.

Henne Dhommus erkennt gegenüber Henne Knode als Vertreter von Frau Margret Winterbecher an, von 3 Stückfass Wein eines zu geben, welches er will, auf Aufforderung der Aufstoßer im Abschlag auf die Schulden, die der genannte Henne Dhommus Frau Margret schuldig ist. Das hat Henne Knode festhalten lassen.

Peter Hanman erkennt an, Henne Mayse 1 Gulden und 1 Ort zahlen zu müssen binnen 14 Tagen. Wenn nicht erfolgt die Pfändung.

Peter Hanman erkennt an, Peter Holtz 1 Gulden 16 Albus zahlen zu müssen binnen 14 Tagen. Wenn nicht erfolgt die Pfändung.

Schonwedder hat Pfändung gefordert gegen Clesgin Schumacher.

fol. 102v — Samßtag nach Oculi

	Actu(m) off Samßtag nach Oculi.
erk(annt)	Jt(em) Peder Důcze[a] erk(ennt) Clese Rauben unß(er)m mit scheffen ge-
	sellen XV guld(e)n ye den guld(e)n zu bezalen mit XXIIII alb(us)
	ader XXXII ß in XIIII tagen. Si no(n) p erf(olgt).
p b	Jt(em) Hilczen Kette hait p b an Bernhart Bendern
	Jt(em)[b]
erk(annt)	Jt(em) Clese Sidendistel erk(ennt) Clese Rauben unß(er)m mit scheffen
	gesellen XXVIII ß zu geb(e)n in XIIII tag(en). Si no(n) p erf(olgt).
	Jt(em) Diemen Clas hait Cleßgin Schůmechern zu gesprochen
	wie daß er czwey faße um(m)b synen sweher kaufft und die
	auch bezalt(en) habe / sijt der zijt syner hußfrauw(e)n die gifft
Dieme(n) Clas	von yme word(e)n ist. Daß Cleßgin yme soliche faße nit leßt
Cleßgin	folgen schade yme IIII guld(e)n und heist Cleßgin eyn ja ader
Schumech(er)	neyn obe die faße vor der giffte so sin(er) hußfrauw(e)n ge-
	scheen do gewest sihen ader nit. Cleßgin sagt do sin huß[-]
	frauwe v(er)stunde daß Clas die faße neme(n) wolt // habe sie
	yme off die gifft / so ir vatter yr gethan mit recht v(er)bieden
	laiß(e)n die faße nit zu neme(n) dan(n) sie sihen off die zijt als
	yr die gifft gescheen yrßs vatt(er) gewesen // Und habe auch
	die selben faße jn yrs vatter scholt gekart(en) und ne(m)lich(e)n
	Brants Gerhart(en) geb(e)n. Und hofft der gifft so vjl zu genieß(e)n
	daß er[c] Clasen nit schuldig sihe und wijl[d] Clas yne do
	bij nit laißen wes er yne dan(n) wider anlange sihe er
	unschuldig. Die unscholt ist gestalt noch hude zu 14
	tagen. Das haint sie verbot.
1 h	Jt(em) jonffraue Fiel ym(m) closter dut 1 h vor eyn marg
	gelts off Jeckeln Winßbach den alten und Wintern
	et supra ping(nora).
erf(olgt)	Jt(em) E(m)mel von Appinheim erf(olgt) Kicz Henne(n) offs bůch.
erf(olgt)	Jt(em) Peder von Badenheim erf(olgt) Ebert Hauborn vor I½ [II/2] g(ulden).
erf(olgt)	Jt(em) Clese Raůp unser mit scheffen geselle erf(olgt) Hengin
	Melman vor IIII guld(e)n.
	Jt(em) Jost von Olmen Friczen seligen sone erf(olgt) Bend(er)henne(n)
erf(olgt) no(tandum)	vor XL guld(e)n. Eß were dan(n) sache daß sich Bend(er)henne
	beneme und bewert(en) off den heilgen als recht ist daß
	yme von dem gebodde nit wißen were etc.

a Der Name ist über der Zeile beigefügt, darunter durchgestrichen: »Clese Sidendistel«.
b Es folgt durchgestrichen: »Peder Důcze erk(ennt)«.
c Das Wort ist über der Zeile beigefügt, darunter durchgestrichen: »sie«.
d Es folgt durchgestrichen: »sie«.

20. März 1479
Peter Dutz erkennt an, Cles Raub, unserem Mitschöffen, 15 Gulden – jeden Gulden zu bezahlen mit 24 Albus oder 32 Schilling – zahlen zu müssen binnen 14 Tagen. Wenn nicht erfolgt die Pfändung.

Kett Hiltz hat Pfändung gefordert gegen Bernhard Bender.
Cles Sidendistel erkennt an, Cles Raub, unserem Mitschöffen, 28 Schilling zahlen zu müssen binnen 14 Tagen. Wenn nicht erfolgt die Pfändung.

Clas Diem hat Clesgin Schumacher angeklagt, dass er 2 Fässer von seinem Schwager gekauft und die auch bezahlt habe, als seine Frau die Ausstattung erhielt. Dass Klaus ihm diese Fässer nicht folgen lässt, das schade ihm 4 Gulden und er fordert von ihm ein Ja oder Nein, ob diese Fässer ein Teil der Ausstattung seiner Frau seien oder nicht. Clesgin sagt, als sein Frau verstand, dass Clas die Fässer nehmen wolle, so habe sie ihm rechtmäßig verbieten lassen, die Fässer als Teil ihrer Mitgift zu nehmen. Denn sie seien damals, als sie ihr gegeben worden seien, ihrem Vater gewesen. Und diese Fässer hätte sie verwandt, um ihres Vaters Schulden zu bezahlen und habe sie Gerhart Brand gegeben. Und er hofft, dass er Clas nichts schuldig sei und will dieser es nicht dabei lassen, wessen er ihn darüber hinaus anklage, dessen sei er unschuldig. Die Unschuld gilt von heute an 14 Tage. Dem haben sie beide zugestimmt.

Jungfrau Fiel im Kloster erhebt ihre 1. Klage wegen einer Mark Geld gegen Jeckel Winsbach den Alten und Winter auf die Pfänder.

Emmel von Appinheim hat seinen Anspruch ins Gerichtsbuch eintragen lassen gegen Henne Kitz.

Peter von Badenheim verklagt Ebert Haubor auf 1½ Gulden.

Cles Raub, unser Mitschöffe, verklagt Hengin Melman auf 4 Gulden.

Jost von Olm, der Sohn des verstorbenen Fritz, hat Henne Bender wegen 40 Gulden verklagt. Es sei denn, dass Henne Bender auf die Heiligen schwört, wie es rechtmäßig ist, dass er von dem Gebot nichts wusste.

fol. 103 — Dinstag nach dem Sontage Letare

1 clage	Jt(em) Hans Snyd(er) von Karben als vo(n) mo(m)p(ar)schafft wegen Hans Loczen von Wormßs dut 1 clage vor funffe guld(e)n heiptgelt und XX guld(e)n schaden off frauwe Madalene(n) von Fengin witwen Symont von Molhofen seligen et om(n)ia.
	Actu(m) off Dinstag nach dem Sontage Leta(r)e.
tag v(er)hůt(en)	Jt(em) Clese Raůp unser mit geselle E(m)mel von Jngelhey(m) und Schererhen(ne) haint yren tag v(er)hut(en) etc. Des ist yne tag gestalt an das nehste gericht.
2 tag	Jt(em) Cleßgin Berkorn hait sin 2 tag furt(er) geheisch(e)n konde zu brengen geigen^a Adam von Winheim.
2 tag	Jt(em) Mathis jn der Rinderbach hait sin 2 tag furt(er) geheisch(e)n konde zu brengen geigen Ebalt(en).
2 h	Jt(em) Stoln Hans als vo(n) mo(m)p(ar)schafft wegen Godfarts von Randeck dut sin 2 h off Conczgin Dincklern ut p(ri)ma.
	Actu(m) off Samßtag nach Judica.
tag v(er)hůt(en)	Jt(em) Cleßgin Schůmech(er) hait syne(n) tag v(er)huten der unschulde halb(e)n geigen Dieme(n) Clasen. Des ist yme tag gestalt an das nehste gerichte.
	Actu(m) off Dinstag nach dem Palmtage.
3 h	Jt(em) Stoln Hans als vo(n) mo(m)p(ar)schafft wegen Gotfarts von Randeck dut sin 3 h off Conczgin Dincklern ut p(ri)ma.
3 tag	Jt(em) Mathis in der Rinderbach hait sin 3 tag furt(er) geheische(n) konde zu brenge(n) geigen Ebalt(en).
	Actu(m) off Samßtag nach dem heilgen Oist(er)tage.
konde	Jt(em) nach dem Mathis in Rind(er)bach sich off konde geigen Ebalden bezogen jnhalt des bůchs. Also hait er off hůde

a Es folgt durchgestrichen: »Ebalt(en)«.

23. März 1479

Hans Snider von Karben erhebt als Vertreter von Hans Lotz von Worms seine 1. Klage wegen 5 Gulden Klagesumme und 20 Gulden Gerichtskosten gegen Frau Madlene von Venningen, Witwe Simonts von Molhofen auf alles.

23. März 1479
Cles Raub, unser Mitschöffe, Emmel von Ingelheim und Henne Scherer haben ihren Tag gewahrt. Es ist ihnen ein Termin gesetzt worden am nächsten Gerichtstag.
Clesgin Berkorn hat seinen 2. Tag erbeten, Beweise beizubringen gegen Adam von Weinheim.
Mathis in der Rinderbach hat seinen 2. Tag erbeten, Beweise beizubringen gegen Ebalt.
Hans Stol erhebt als Vertreter Godtfarts von Randeck seine 2. Klage gegen Contzgin Dinckler.

3. April 1479
Clesgin Schuhmacher hat seinen Tag gewahrt wegen seiner Unschuld gegen Clas Diem. Es ist ihm ein Termin gesetzt am nächsten Gerichtstag.

6. April 1479
Hans Stol erhebt als Vertreter von Gotfart von Randeck seine 3. Klage gegen Contzgin Dinckler.
Mathis in der Rinderbach hat seinen 3. Tag beantragt, Beweise beizubringen gegen Ebalt.

17. April 1479
Mathis in der Rinderbach hat sich auf Zeugen gegen Ebalt berufen nach Aussage des Buches. Also hat er heute

fol. 103v — Dinstag nach Quasimodageniti

Liebhenne Conczen / Ped(er)n und Clese Fieln zůgeigen gehabt
und yne ist allen tag gestalt an das nehste gericht.

Actu(m) off Dinstag nach Quasimodage(ni)ti.

erf(olgt) p b	Jt(em) Wigel Moller jn der Alden Gaßen erf(olgt) Snyd(er)hen(ne) Jeckeln dem jongen offs bůch und hait an yme p b.
erk(annt)	Jt(em) Benderhen(ne) erk(ennt) Josten von Olmen I alb(us) off rech-nu(n)ge zu geben in XIIII tagen. Si no(n) p erf(olgt).
	Jt(em) Henne Rudiger hait sich verdingt Em(m)eln von Jn-gelnheim zu den heilgen zu geleiden und hait das bůch wie dan(n) ansprache und antwort zusch(e)n Clese
E(m)mel	Rauben unß(er)m mit scheffen gesellen als vo(n) mo(m)p(ar)schafft
Clese Raup	wegen syner dochter geluten und hait das verbot
fecit justicia(m)	Und E(m)mel hait das recht gethan nach lude des bůchs als recht ist.
erf(olgt) p b	Jt(em) Holczen Ped(er) erf(olgt) Ha(n)mans Ped(er)n offs bůch und hait auch an yme phande berett(en).
	Jt(em) zusch(e)n Peder Snaden und Mathisen syme swager
gelengt	ist gelengt noch hude zu XIIII tagen sic hodie und Mathis hait dem scholtß(e)n handt gelobde gethan solichen tag zuverhůden.
	Jt(em) Mathis jn der Rinderbach hait das bůch wie dan(n) ansprache und antwort zusch(e)n Ebalt(en) und yme gelut(en) laiß(e)n offen und hait zu gesproch(e)n Liebhen(ne) Conczen Ped(er)n und Clese Fielen wie daß sie bij solicher rach-
Mathis	tunge nach lude des buchs gewest sihen und sagen
Ebalt	nit wie eß berett(en) ist. Das schade yme von ir ygliche(n) X guld(e)n und heist yne des eyn ja ader ney(n) obe sie
konde	da bij gewest sihen ader nit. Dar off sagen sie alle drij / eß sihent bij XIII ader XIIII jare do sij Ebalt bij syme vatter und yn(n) syme brode gewest(en) und habe ey(n) geschicke mit Mathisen gehabt. Do habe sich Wernh(er) Knobeloch Ebalts sins sons gemechtiget / Ebalt sij auch off die zijt enweg gangen // Also hab(e)n sie W(er)nh(er)n als vo(n)

Contz Liebhenne, Peter und Cles Fiel zugegen gehabt und ihnen ist ein Termin gesetzt worden am nächsten Gerichtstag.

20. April 1479

Wigel Moller in der alten Gasse hat seinen Anspruch ins Gerichtsbuch eintragen lassen gegen Jeckel Sniderhen den Jungen und hat Pfändung gefordert.
Henne Bender erkennt an, Jost von Olm 1 Albus gegen Rechnung zahlen zu müssen binnen 14 Tagen. Wenn nicht erfolgt die Pfändung.

Henne Rudiger hat sich verpflichtet, Emmel von Ingelheim zur Eidleistung zu geleiten und hat das Gerichtsbuch öffnen lassen, wie Klage und Antwort zwischen Cles Raub, unserem Mitschöffen, für seine Tochter und ihm gelautet hat und das festhalten lassen. Und Emmel hat nach dem Recht gehandelt gemäß dem Gerichtsbuch.

Peter Holtz hat seinen Anspruch ins Gerichtsbuch eintragen lassen gegen Peter Hanman und hat gegen ihn auch Pfändung gefordert.

Zwischen Peter Snade und Mathis, seinem Schwager, ist der Termin verschoben worden auf heute in 14 Tagen.

Mathis hat dem Schultheißen Handgelübde getan, den Gerichtstag zu halten.

Mathis in der Rinderbach hat das Buch öffnen lassen, wie Klage und Antwort zwischen Ebalt und ihm gelautet haben und Contze Liebhenne, Peter und Cles Fiel angeklagt, dass sie bei dem Vergleich nach Aussage des Gerichtsbuchs gewesen seien und sagen nicht, wie es beredet worden sei. Das schade ihm von jedem von ihnen 10 Gulden und er fordert von ihnen ein Ja oder Nein, ob sie dabei waren. Darauf sagen sie alle drei: Es sei 13 oder 14 Jahre her, da sei Ebalt bei seinem Vater und seinem Bruder gewesen und habe einen Streit mit Mathis gehabt. Da habe Werner Knobeloch für seinen Sohn Ebalt gehandelt. Ebalt sei weggegangen. Also haben sie Werner für

fol. 104 — Donerstag nach Quasimodageniti

sins sons wegen und Mathisen v(er)eynten und W(er)nher habe
offᵃ die zijt die XI alb(us) und das hemdt an Clese Fieln abe
geslagen. Die sage hait Mathis verbot und yne furt(er) zů
gesproch(e)n daß sie die selbe yre sage nit beweren als
recht ist. Das schade yme von yre yglichem X guld(e)n.
Dar off sagen sie alle drij was sie gesagt hab(e)n das wolle(n)
sie auch mit recht beweren wan(n) des noit ist. Das hait
Mathis verbot und mit recht begert wan(n) sie eß thůne
sollen. S(e)n(tent)ia in XIIII tagen. Dar ynne rett Ebalt und sagt
nach lude des buchs und auch der kontschafft sage / so habe
er syme vatter yn den dingen nye macht gegeb(e)n / So habe
eß die konde auch nit erkant. Dar zu sij er off die zijt bij
Wiganden gewest(en) und hofft daß yne die sage nit yrren
solle sonder Mathis solle yme ußrachtunge thůn und stilt
das zu recht. Mathis hofft der kontschafft sage soll fure
gehen und stilt eß auch zu recht. Das alleß mit der konde
und and(er)s ist gelengt noch hude zu XIIII tagen sic hodie.
Das haint sie alle verbot.

tag v(er)hut(en) — Jt(em) Emerich von Engelstat unß(er) mit scheffen geselle hait
sin tag v(er)hut(en) geigen Henne Ercken.

Actu(m) off Donerstag nach Quasimodage(ni)ti.
Jt(em) Ancze Duppengießer als vo(n) mo(m)perschafft wegen W(er)nhers
Henne(n) von Cruczen(n)ach dut 1 clage vor XIX guld(e)n und
1 clage — XIIII alb(us) heiptgelt und funffzijg guld(e)n schad(e)n off alleß
das Wilhelm selige von Jngelnhey(m) etc. und frauwe Margret
sin hußfrauwe selige gelaiß(e)n haint.
Jt(em) her Heinrich Nickel dut 1 clage vor XIII guld(e)n heipt[-]
gelt und XIII guld(e)n schad(e)n off frauwe Madalen von Fen[-]
nygen Johan Knebeln von Kaczenelnbogen Philipsen
1 clage — und Hans Flachen von Swarczenb(er)g gebruder und off
alleß das die obg(enan)nt(en) elude Wilhelm und frauwe Margret
selig(en) gelaiß(e)n haint.

a Über dem Wort befinden sich unleserliche Zeichen.

seinen Sohn und Mathis verglichen und Werner habe damals 11 Albus und das Hemd Cles Fiel angeboten. Diese Aussage hat Mathis festhalten lassen und sie weiter angeklagt, dass sie diese Aussage nicht beeiden, wie es Recht ist. Das schade ihm von jedem von ihnen 10 Gulden. Darauf sagen sie alle drei: Was sie gesagt haben, das wollen sie auch rechtmäßig bestätigen, wenn das nötig ist. Das hat Mathis festhalten lassen und das Gericht gefragt, wann sie es tun sollen. Urteil: in 14 Tagen. Dagegen redete Ebalt und sagte: Nach Aussage des Gerichtsbuchs und auch der Zeugenaussagen habe er seinem Vater in diesen Dingen keine Vollmacht gegeben. Das hätten die Zeugen auch nicht ausgesagt. Er sei zu dieser Zeit bei Wigand gewesen und hoffe, dass ihn die Aussage nicht irre machen soll, sondern Mathis sich mit ihm vergleichen soll und legt das dem Gericht vor. Mathis hofft, die Aussage der Zeugen soll mehr gelten und legt das auch dem Gericht vor. Das alles ist verschoben worden auf heute in 14 Tagen. Dem haben sie beide zugestimmt.

Emmerich von Engelstadt, unser Mitschöffe, hat seinen Tag gewahrt gegenüber Henne Erk.

22. April 1479
Antz Duppengießer erhebt als Vertreter Johann Werners von Kreuznach seine 1. Klage wegen 19 Gulden und 14 Albus Klagesumme und 50 Gulden Gerichtskosten auf alles, das der verstorbene Wilhelm von Ingelheim und seine verstorbene Frau Margret hinterlassen haben.

Herr Heinrich Nickel erhebt seine 1. Klage wegen 13 Gulden Klagesumme und 13 Gulden Gerichtskosten gegen Frau Madlene von Venningen, Johann Knebel von Katzenelnbogen, Philipp und Hans Flach von Schwarzenberg, Brüder und auf alles, was die genannten Eheleute Wilhelm und Margret hinterlassen haben.

fol. 104v — Fritag nach Quasimodageniti

TRANSKRIPTION

1 clage	Jt(em) frauwe Madlene von Fenny(n)gen dut 1 clage vor XVI^c(entum) guld(e)n heiptgelt und funffhond(er)t guld(e)n schad(e)n off h(er)n Jorgen von Fennynge(n) yren bruder und off alleß das er hait jn des richs gericht.

Actu(m) off Fritag nach Quasimodagen(ni)ti.

1 clage	Jt(em) Henne Rudig(er) als vo(n) mo(m)perschafft wegen meist(er) Folpprechts burg(er) zu Wormßs dut 1 clage vor XI g(ulden) heiptgelt und funffzijg guld(e)n schad(e)n off hern Jorgen von Fennynge(n) und off alleß das er hait und jn der richs gericht off erstorben ist.
1 clage	Jt(em) Henne Rudiger als vo(n) mo(m)p(ar)schafft wegen h(er)n Adams Guldenrinck vica(r)i(us) zu Wormße zu(m) dhome dut 1 clage vor I^c(entum) guld(e)n heiptgelt und I^c(entum) guld(e)n schad(e)n off h(er)n Jorgen von Fennynge(n) und alleß das er hait und off erstorb(e)n ist jn des richs gericht.
1 clage	Jt(em) Henne Rudiger als vo(n) mo(m)p(ar)schafft wegen Clas Wyncze burg(er) zu Wormße dut 1 clage vor XII guld(e)n heiptgelt und funffzijg guld(e)n schad(e)n off h(er)n Jorgen von Fennynge(n) und alleß das er^a hait und off erstorben ist jn des richs gericht.
1 clage	Jt(em) Henne Rudiger als vo(n) mo(m)p(ar)schafft wegen Wendels von Wißloch burger zu Wormße dut 1 clage vor X g(ulden) heiptgelt und funffzijg guld(e)n schad(e)n off h(er)n Jorgen von Fennynge(n) und alleß das er hait und off erstorben ist jn des richs gericht.

Actu(m) off Samßtag nach Quasimododage(ni)ti.

1 h	Jt(em) End(er)s Kocher als vo(n) mo(m)perschafft wegen h(er)n Clas Kochers sins bruder dut 1 h vor II fertel wins

a Das letzte Wort ist über der Zeile beigefügt.

Frau Madlene von Venningen erhebt ihre 1. Klage wegen 1600 Gulden Klagesumme und 500 Gulden Gerichtskosten gegen ihren Bruder Jorge von Venningen auf alles, was er im Reichsgericht hat.

23. April 1479
Henne Rudiger als Vertreter Meister Folpprechts, Bürger zu Worms, erhebt seine 1. Klage wegen 11 Gulden Klagesumme und 50 Gulden Gerichtskosten gegen Herrn Jorge von Venningen auf alles, was er hat und im Reichsgericht besitzt.

Henne Rudiger als Vertreter von Herrn Adam Guldenring, Vikar am Dom zu Worms, erhebt seine 1. Klage wegen 100 Gulden Klagesumme und 100 Gulden Gerichtskosten gegen Herrn Jorge von Venningen auf alles, was er hat im Reichsgericht.

Henne Rudiger als Vertreter von Clas Wyncz, Bürger zu Worms, erhebt seine 1. Klage wegen 12 Gulden Klagesumme und 50 Gulden Gerichtskosten gegen Herrn Jorge von Venningen auf alles, was er hat im Reichsgericht.

Henne Rudiger als Vertreter von Wendel von Wißloch, Bürger zu Worms erhebt seine 1. Klage wegen 10 Gulden Klagesumme und 50 Gulden Gerichtskosten gegen Herrn Jorge von Venningen auf alles, was er hat im Reichsgericht.

24. April 1479
Enders Kocher erhebt als Vertreter von Clas Kocher, seinem Bruder, seine 1. Klage wegen 2 Viertel Wein

fol. 105 — Samßtag nach Quasimodageniti

jerlicher gult(en) off Hanma(n) zu Rudesheim und alleß daß
Peder Hertwin selige gelaiß(e)n hait do er doit und lebendig gewest(en) ist.

Jt(em) her Heinrich Nickel als vo(n) sins elters wegen dut
 1 h 1 h vor ey(n) l(i)b(ram) gelts und Conczgin und Hengin Prassen
et supra pingn(or)a.ª

erf(olgt) p b Jt(em) Heincze Zy(m)merma(n) von Ockenheim erf(olgt) Ferber-
henne(n) offs bůch und hait an yme phande berett(en).

p b Jt(em) Henne Gickysen hait p b an Cleßgin Suffußen.

erk(annt) Jt(em) Peder Wolenber erk(ennt) Mathisen in der Rind(er)bach
I½ [II/2] guld(e)n off rechnu(n)ge zu geben in XIIII tag(en). Si no(n) p erf(olgt).

erk(annt) Jt(em) Heinrich Soden erk(ennt) Henne(n) von Eltvjl XXIIII l(i)b(ras)
hell(er) und I alb(us) zu geb(e)n in XIIII tagen. Si no(n) p erf(olgt).

erk(annt) Jt(em) Ebert Kicze erk(ennt) Konne(n) Ped(er)n XXII alb(us) zu geben
in XIIII tagen. Si no(n) p erf(olgt).

Jt(em) zusch(e)n Clese Storczkoppen dem jongen als vo(n) des Heilge(n)
gelengt Cruczes wegen und Brants Greden ist gelengt bijß off
Dinstag nach der Pinxstwochen sic hodie.

Jt(em) nach dem sich Cleßgin Berkorn off konde geigen
Adam von Winheim jnhalt des bůchs bezogen und die
erf(olgt) selbe sin konde nit gefurt(en) und sin tage dar zu geheisch(e)n
als recht ist davo(n) so erfolgt Adam / Cleßgin offs buch.

erf(olgt) Jt(em) Henne von Eltvjl erf(olgt) Prassen Hengin vor ½ [I/2] guld(e)n
und XXV fertel wins.

erf(olgt) Jt(em) Peder Bůle erf(olgt) Kicze Annen vor X guld(e)n.

Jt(em) Barts Henne der burg(er)meister als vo(n) des raits und
der gemeynden wegen dut 1 clage vor drůhe hondert
guld(e)n heiptgelt und czwey hondert guld(e)n schaden off
fraůwe Madalene(n) von Fenny(n)gen Philips Flachen unß(er)n
1 clage mit scheffen gesellen Hans Flachen Johan Knebeln
von Kaczenelnbogen und off alleß daß / das Wilhelm selig(en)
von Ockenhey(m) g(enan)nt(en) von Jngelnhey(m) und frauwe Margret
Wint(er)bech(er)n sin hußfrauwe seligeᵇ gelaißen haint.

---

a Der Anfangsbuchstabe des Wortes ist über einen unleserlichen Buchstaben [»j«?] geschrieben.
b Die letzten drei Worte sind am rechten Seitenrand beigefügt.

jährliche Gülte gegen Hanman zu Rüdesheim auf alles, was der verstorbene Peter Hertwin hinterlassen hat.

Herr Heinrich Nickel erhebt für seine Eltern seine 1. Klage wegen 1 Pfund Geld gegen Contzgin und Hengin Prass auf die Pfänder.

Heinz Zimmermann von Ockenheim hat seinen Anspruch ins Gerichtsbuch eintragen lassen gegen Henne Ferber und hat Pfändung gefordert.

Henne Gickysen hat Pfändung gefordert gegen Clesgin Suffuß.

Peter Wolenber erkennt an, Mathis in der Rinderbach 1½ Gulden zahlen zu müssen gegen Rechnung in 14 Tagen. Wenn nicht erfolgt die Pfändung.
Heinrich Soden erkennt an, Henne von Eltville 24 Pfund Heller und 1 Albus zahlen zu müssen gegen Rechnung in 14 Tagen. Wenn nicht erfolgt die Pfändung.
Ebert Kitz erkennt an Peter Konne 22 Albus zahlen zu müssen gegen Rechnung in 14 Tagen. Wenn nicht erfolgt die Pfändung.
Zwischen Cles Stortzkopp dem Jungen für Heilig Kreuz und Grede Brand ist der Termin verschoben worden auf Dienstag nach Pfingsten.
Nachdem sich Clesgin Berkorn auf Beweise gegen Adam von Weinheim berufen hat nach Aussage des Gerichtsbuch und diese Beweise nicht geführt hat und nicht Verlängerung erbeten hat, wie es rechtmäßig ist, hat Adam gegen Clesgin gewonnen.
Henne von Eltville verklagt Hengin Prass auf ½ Gulden 25 Viertel Wein.

Peter Bul verklagt Anne Kitz auf 10 Gulden.

Henne Bart, der Bürgermeister, erhebt für Rat und Gemeinde seine 1. Klage wegen 300 Gulden Klagesumme und 200 Gulden Gerichtskosten gegen Frau Madlene von Venningen, Philipp Flach, unseren Mitschöffen, Hans Flach und Johann Knebel von Katzenelnbogen auf alles, das die verstorbenen Wilhelm von Ockenheim genannt von Ingelheim und Frau Margret Winterbecher, seine Ehefrau, hinterlassen haben.

fol. 105v — Montag nach Misericordia Domini

	Actu(m) off Montag nach M(isericord)ia D(omi)nj.
1 clage	Jt(em) Diemen Clas als vo(n) mo(m)p(ar)schafft wegen h(er)n Johan Hûmbrechts vica(r)i(us) zu Sant Enders zu Wormßs dut sin 1 clage vor X guld(e)n heiptgelt und XX gulden schaden off h(er)n Jorgen von Fennynge(n) und alleß das er hait und off erstorben ist jn des richs gericht.
	Actu(m) off Dinstag nach Jubilate.
End(er)s Kocher	Jt(em) Enders Kocher hait Ped(er) Lichtschiden zu gesprochen wie daß er yme schuldig sihe VI½ [VII/2] guld(e)n gerechenter
Lichtschijt	scholt und gebe yme der nit. Das schade yme alsvjl dar zu und heist yme des eyn ja ader ney(n). Dar sagt Peder und(er) andern worten wie daß Enders yne zu eyme heipt[-]man(n) nye off geneme(n) wolt dar zu so habe er Enderßen auch nûste gerett zu geb(e)n, Und wes er yne wider an-lange sihe er unschuldig. Die unscholt ist gestalt noch hude zu XIIII tagen. Das haint sie verbot.
erk(annt)	Jt(em) Jeckel Drappe erk(ennt) Riesch Heinczen II l(i)b(ras) hell(er) zu geb(e)n in XIIII tagen. Si no(n) p erf(olgt).
erk(annt)	Jt(em) Gerhart Brant erk(ennt) h(er)n Conrat Lange(n) als vo(n) d(er) p(rese)ncze wegen II l(i)b(ras) hell(er) zu geb(e)n in XIIII tag(en). Si no(n) p erf(olgt).
erk(annt)	Jt(em) Heinrich Soden erk(ennt) Ebalt(en) Knobeloch(e)n XVIII alb(us) zu geb(e)n in XIIII tag(en). Si no(n) p erf(olgt).
erf(olgt) p b	Jt(em) Kiczgin erf(olgt) Johan den poller(er) offs buch und hait an yme phande berett(en).
erf(olgt)	Jt(em) Peder Bender erf(olgt) Stern[a] Jeckeln offs bûch.
Mathis Ebalt ad socios	Jt(em) Mathis in der Rinderbach und Ebalt W(er)nher Kno-belochs sone haint das buch / wie dan(n) ansprache ant-wart auch der kontschafft zusch(e)n yne gelut(en) laiß(e)n und haint von beidenteiln die konde der eyde er-laiß(e)n und eyne(n) genûgen an yre sage gehabt(en) und eß beide zu recht gestalt jn maißen als vor. Das ist gelengt ad socios.
p b	Jt(em) Peder Bule hait p b an Kicze Anne(n).

a Es folgt durchgestrichen: »Clesen«.

26. April 1479
Clas Diem erhebt als Vertreter von Herr Johann Humbrecht, Vikar zu St. Andreas in Worms seine 1. Klage wegen 10 Gulden Hautpgeld und 20 Gulden Gerichtskosten gegen Herrn Jorge von Venningen auf alles, was er im Reichsgericht hat.

4. Mai 1479
Enders Kocher hat Peter Lichtschid angeklagt, dass er ihm schuldig sei 6½ Gulden abgerechneter Schuld und gebe ihm die nicht. Das schade ihm ebensoviel dazu, und er fordert von ihm ein Ja oder Nein. Darauf sagt Peter mit anderen Worten, dass Enders ihn zu einem Hauptman nie aufnehmen wollte, also habe er Enders auch nichts versprochen zu geben. Und wessen er ihn darüber hinaus anklage, dessen sei er unschuldig. Die Unschuld gilt von heute an 14 Tage. Dem haben sie zugestimmt.

Jeckel Drapp erkennt an, Heinz Riesch 2 Pfund Heller zahlen zu müssen gegen Rechnung in 14 Tagen. Wenn nicht erfolgt die Pfändung.

Gerhart Brand erkennt an Herrn Konrad Lange für die Präsenz 2 Pfund Heller zahlen zu müssen gegen Rechnung in 14 Tagen. Wenn nicht erfolgt die Pfändung.
Heinrich Soden erkennt an, Ebalt Knobeloch 18 Albus zahlen zu müssen gegen Rechnung in 14 Tagen. Wenn nicht erfolgt die Pfändung.

Kitzgin hat seinen Anspruch ins Gerichtsbuch eintragen lassen gegen Johann den Pollerer und hat Pfändung gefordert.
Peter Bender hat seinen Anspruch ins Gerichtsbuch eintragen lassen gegen Jeckel Stern.
Mathis in der Rinderbach und Ebalt, Werner Knobelochs Sohn, haben das Buch öffnen lassen, wie Anklage, Gegenrede und die Beweise zwischen ihnen gelautet haben und sie haben beide den Zeugen die Eide erlassen und ein Genügen an ihren Aussagen gehabt und das festhalten lassen. Die Sache ist verschoben worden bis zum Zusammentreten des Vollgerichts.
Peter Bul hat Pfändung gefordert gegen Anne Kitz.

fol. 106 — Donerstag nach Jubilate

erf(olgt)	Jt(em) Hans Snyder erf(olgt) Henne(n) mit der Busen offs buch.
	Act(um) off Donerstag nach Jubilate.
2 clage	Jt(em) frauwe Madalen von Fennynge(n) dut ire 2 clage off hern Jorgen von Fenny(n)gen yren brůder ut p(ri)ma.
	Jt(em) her Heinrich Nickel dut sin 2 clage off frauwe Madalen von Fenny(n)gen Johan Knebeln von Kaczeneln-
2 clage	bogen Philipsen und Hans Flachen von Swarczenberg gebruder ut p(ri)ma.
	Actu(m) off Fritag nach Jubilate.
	Jt(em) Růdig(er) als vo(n) mo(m)perschafft wegen h(er) Adam Gulden- ryngs vica(r)i(us) zům dhome zu Wormßs meister Folpprechts
2 clage	Clas Wynczen und Wendels von Wißloch alle drijhe burger zu Wormßs důt sin 2 clage off h(er)n Jorgen von Fennyngen ut p(ri)ma.
	Actu(m) off Samßtag nach Jubilate.
	Jt(em)ª Barts Henne yeczůnt burg(er)meist(er) als vo(n) des raits und
2 clage	gemeynd(e)n wegen dut sin 2 clage off frauwe Magdlene(n) von Fennynge(n) Johan Knebeln von Kaczenelnboge Philipse(n) und Hans Flachen von Swarczenberg gebrud(er) ut p(ri)ma.
	Jt(em) Enders Kocher als vo(n) mo(m)p(ar)schafft wegen h(er)n Clas
2 h	Kochers sins bruder dut sin 2 h off Ha(n)man zu Rudeß- heim ut p(ri)ma.
1 h	Jt(em) Clese Raup unßer mit scheffen geselle dut 1 h vor II fertel win gulte off Henne(n) von Rodenbach

a Am linken Seitenrand verläuft zwischen Marginalie und Text entlang der folgenden fünf Zeilen ein senkrechter Strich.

Hans Snider hat seinen Anspruch ins Gerichtsbuch eintragen lassen gegen Henne mit der Busen.

6. Mai 1479
Frau Madlene von Venningen erhebt ihre 2. Klage gegen Jorge von Venningen, ihren Bruder.
Herr Heinrich Nickel erhebt seine 2. Klage gegen Frau Madlene von Venningen, Johann Knebel von Katzenelnbogen, Philipp und Hans Flach von Schwarzenberg, Brüder.

7. Mai 1479
Rudiger erhebt als Vertreter von Herrn Adam Guldenring, Vikar am Dom zu Worms, Meister Volprecht, Clas Wyncz und Wendel von Wißloch, alle 3 Bürger zu Worms seine 2. Klage gegen Jorge von Venningen.

8. Mai 1479
Henne Bart, zur Zeit Bürgermeister, erhebt für Rat und Gemeinde seine 2. Klage gegen Frau Madlene von Venningen, Johann Knebel von Katzenelnbogen, Philipp und Hans Flach von Schwarzenberg, Brüder.
Enders Kocher als Vertreter von Herrn Clas Kocher, seines Bruders, erhebt seine 2. Klage gegen Hanman von Rüdesheim.
Cles Raub, unser Mitschöffe, erhebt seine 1. Klage wegen 2 Viertel Weingülte gegen Henne von Rodenbach,

fol. 106v — Montag nach Cantate

	Clesen von Sprendlingen und Clese Wißen und off alleß das Peder von Rodenbach selige do er doit und lebendig gewest(en) ist gelaiß(e)n hait.
erk(annt)	Jt(em) Ebert Kicze erk(ennt) Peder Snaden X alb(us) zu geb(e)n in XIIII tag(en). Si no(n) p erf(olgt).
2 h	Jt(em) her Heinrich Nickel důt sin 2 h off Conczgin und Hengin Prassen ut p(ri)ma.
erk(annt)[a]	Jt(em) Ferferhenne erk(ennt) Schonwedd(er)n I½ [II/2] gulden off rechnu(n)ge zu geb(e)n in XIIII tag(en). Si no(n) p erf(olgt).
erk(annt)	Jt(em) Herma(n) von Holczhusen erk(ennt) jd(em) I gulden off rechnu(n)g zu geb(e)n in XIIII tag(en). Si no(n) p erf(olgt).
erk(annt)	Jt(em) Diemen Clas erk(ennt) jd(em) IX alb(us) zu geb(e)n in XIIII tag(en). Si no(n) p erf(olgt).
erk(annt)	Jt(em) Peder Hiltwin erk(ennt) Dornhen(ne) XI alb(us) zu geben zuschen Pinxsten.
gelengt	Jt(em) zusch(e)n Dornhen(ne) und Vinczen ist gelengt noch hude zu XIIII tag(en) sic hodie.
erf(olgt)	Jt(em) Vyncze erf(olgt) Herma(n) Bend(er)n offs bůch.
erf(olgt)	Jt(em) Schonwedder erf(olgt) Blancken Henne(n) vor II½ [III/2] guld(e)n.

Actu(m) off Montag nach Cantate.

2 clage	Jt(em) Diemen Clas als vo(n) mo(m)p(ar)schafft wegen h(er)n Johan Hůmbrechts vica(r)i(us) zu Sant Endree zu Wormßs dut sin 2 clage off h(er)n Jorgen von Fennyngen ut p(ri)ma.

Actu(m) off Samßtag nach Cantate.

---

a Diese und die beiden folgenden Marginalien sind durch eine einfache runde Klammer miteinander verbunden.

10. Mai 1479

Cles von Sprendlingen und Cles Wiß auf alles, was der verstorbene Peter von Rodenbach hinterlassen hat.
Ebert Kitz erkennt an, Peter Snade 10 Albus zahlen zu müssen binnen 14 Tagen. Wenn nicht erfolgt die Pfändung.
Herr Heinrich Nickel erhebt seine 2. Klage gegen Contzgin und Hengin Prass.
Henne Ferber erkennt an, Schonwedder 1½ Gulden gegen Rechnung zahlen zu müssen binnen 14 Tagen. Wenn nicht erfolgt die Pfändung.
Hermann von Holzhausen erkennt an, demselben einen Gulden gegen Rechnung zahlen zu müssen binnen 14 Tagen. Wenn nicht erfolgt die Pfändung.
Clas Diem erkennt an, demselben 9 Albus zahlen zu müssen binnen 14 Tagen. Wenn nicht erfolgt die Pfändung.
Peter Hiltwin erkennt an, Henne Dorn 11 Albus zahlen zu müssen bis Pfingsten.
Zwischen Henne Dorn und Vincz ist der Termin verschoben worden um 14 Tage.
Vincz hat seinen Anspruch ins Gerichtsbuch eintragen lassen gegen Hermann Bender.
Schonwedder verklagt Henne Blanck auf 2½ Gulden.

10. Mai 1479
Clas Diem erhebt als Vertreter von Herrn Johann Humbrecht, Vikar von St. Andreas zu Worms, seine 2. Klage gegen Herrn Jorge von Venningen.

15. Mai 1479

fol. 107 — Samßtag nach Cantate

TRANSKRIPTION

p b	Jt(em) Vincze hait p b an Herma(n) Bend(er)n.
erk(annt) no(tandum)	Jt(em) Prassen Hengin erk(ennt) Peder Snaden III alb(us) off rechnů(n)ge. Das hait Peder verbot.
1 h	Jt(em) Henne Stope dut 1 h vor funffe guld(e)n gelts off fr(au) Barbeln von Sickingen Heinrich Wingarts seligen witwen et supra pingn(or)a.
	Jt(em) Clese Hocheymer hait Henne Stopen syme sweher zu gesproch(e)n wie daß er yne fernet [!] vor diesem nehste(n) herbst um(m)b eyn faße gebetten habe und was yme eyn ander dar um(m)b důhe / das woll er auch thůn. Jn der ge-
Clese Hoch[-]heymer	stalt und off solichs habe er yme das faße zu gesagt und auch geb(e)n. Nů habe er sine(n) win gelesen und ynne
Hen(ne) Stope	das faße gethan / Also ist das faße nit gut gewest(en) und der win ist yme zu schand(e)n word(e)n daß er den win nit verkeiffen konne. Daß yme nů sin sweher solich undogelich faße gegeb(e)n hait daß schade yme XX gulden. Und ob er dar zu ney(n) sagen wolt so beziege er sich des off den win und auch off die offstoßer. Hen(ne) Stope sagt Clese sij zu yme ko(m)men und yne um(m)b eyn faße gebett(en). Also habe er yne eynßs gewist(en) und gesagt Songinßs Cleßgin hait eß gebond(e)n / Besehe eß / daůge eß dir so neme eß / Wider furredde habe er yme nit gethan. Und wes Clese yne wider anlangt des ist er unschuldig / Clese hait v(er)bot daß sin sweher doch erkent daß er yme das faße geb(e)n habe. Furt(er) ist Hen(ne) Stopen sin unscholt gestalt noch hude zu XIIII tagen. A(m)bo v(er)bot.
Hans Gerhart	Jt(em) Hans von Hirgern Fricze Scherers knecht hait Gerhart Bend(er)n zu gesproch(e)n wie daß Gerhart und Schonwedders knecht sich mit eyn slagen wollten. Do hette er sie gerne gescheid(e)n und dar ynne gerett und gesagt a / schona / Do habe sich Gerhart um(m)b gewant und yne gehauwen jn dem daß er gutlich dar ynne gerett(en) und scheiden wolt.[a] Daß Gerhart yme solichs ge[-]

a Das letzte Wort ist über der Zeile beigefügt.

15. Mai 1479 — fol. 107

Vincz hat Pfändung gefordert gegen Hermann Bender.

Hengin Prass erkennt an, Peter Snade 3 Albus gegen Rechnung zahlen zu müssen. Das hat Peter festhalten lassen.

Henne Stop erhebt seine 1. Klage wegen 5 Gulden Geld gegen Frau Barbel von Sickingen, die Witwe Heinrich Wingarts, auf die Pfänder.

Cles Hocheymer hat Henne Stop, seinen Schwager, angeklagt, dass er ihn vor dem vergangenen Herbst um ein Fass gebeten haben und was ihm ein anderer tue, das wolle er ihm auch tun. Er habe ihm das Fass dann zugesagt und auch gegeben. Nun habe er seinen Wein gelesen und in das Fass getan. Doch das Fass ist nicht gut gewesen und der Wein ist schlecht geworden, so dass er ihn nicht verkaufen konnte. Dass nun sein Schwager ihm diese untaugliche Fass gegeben habe, das schade ihm 20 Gulden. Und wenn er dazu Nein sagen wolle, so berufe er sich auf den Wein als Beweis und auf die Aufstoßer. Henne Stop sagt, Cles sei zu ihm gekommen und habe ihn um ein Fass gebeten. Da habe er ihm eins gezeigt und gesagt: „Clesgin Songin hat es gebunden. Schaue es dir an, taugt es dir, so nimm es." Eine weitere Zusage habe er ihm nicht gemacht. Und wessen ihn Cles weiter anklage, dessen ist er unschuldig. Cles hat festhalten lassen, dass sein Schwager zugegeben hat, dass er ihm das Fass gegeben habe. Henne Stops Unschuld ist verlängert um 14 Tage. Dem haben sie beide zugestimmt.

Hans von Hirgern, Fritz Scherers Knecht, hat Gerhard Bender angeklagt, dass Gerhard und der Knecht Schonwedders sich miteinander schlagen wollten. Da wollte er sie trennen und habe zu ihnen gesagt „Hört auf!" Da habe sich Gerhard umgedreht und ihn gehauen, der doch gütlich auf sie eingeredet habe und sie trennen wollte. Dass Gerhard dies

fol. 107v — Samßtag nach Cantate

	gethanª das schat yme XX guld(e)n. Und obe Ger[-]
	hart dar zu ney(n) sagen wolt so woll er yne des
	zugen als eyn gericht erkent. Der scholteß hait
	die ansprache verbot und ist furt(er) gelengt bijß off
	Dinstag nach der Pinxst wochen sic hodie.
f(re)f(fel) f(re)f(fel)	Jt(em) Gerhart Bender und Friczen knecht Hans erk(ennen)
	Clese Rauben dem und(er)scholteß(e)n yglicher mit syme
	liebe zu detingen um(m)b ey(n) freffel.
erk(annt)	Jt(em) Herman Bender erk(ennt) Beyerß Ketten I gulden
	zu geb(e)n in dryhen wochen. Si no(n) p erf(olgt).
erk(annt)	Jt(em) Clese Harwiler erk(ennt) Wigant Storczkoppen
	1 g(ulden) off rechnu(n)ge zu geb(e)n in eyme maende. Si no(n) p erf(olgt).
erk(annt)	Jt(em) Peder Raůp erk(ennt) Peder Snyd(er)n von Winckel
	ey(n) guld(e)n zu geb(e)n in XIIII tagen. Si no(n) p erf(olgt).
	Jt(em) Brants Gerhart hait Heppenhen(ne) zu gesproch(e)n
	wie daß er yme schuldig sij funffe guld(e)n uff rech-
	nů(n)ge. Daß Hen(ne) yme der nit gebe ader erkenne
Gerhart	das schade yme alsvjl dar zů. Und heist yme eyn
Brant	recht antwort. Dar off sagt Heppenhen(ne) / er habe
Heppe(n)hen(ne)	um(m)b Růppeln eyn wingart aufft den habe er auch
	mit gelde und win bezalt. Dar zu habe Růppel yme
	zu gesagt II guld(e)n an der lesten som(m)en zu schenke(n)
	und abe zu stillen ye doch so woll er myt Gerhart(en)
	rechen / Sihe er yme dan(n) etwas schuldig so woll erßs
	yme geben. Wijl Gerhart yne aber do bij nit laiß(e)n
	wes er yne dan(n) wider anlange sij er unschuldig.
	Gerhart hait verbot daß sich Heppenhen(ne) erbodd(e)n hait
	mit yme zu rechen. Und obe sich erfunde daß Heppen[-]
	hen(ne) yme schuldig were bynne(n) welcher zijt er
	yme das geb(e)n solle. S(e)n(tent)ia in XIIII tagen.
erf(olgt)	Jt(em) Hengin Schumecher erf(olgt) den lynen wober
	von Oppinheim.

a Vor diesem Wort steht durchgestrichen: »rett«.

getan hat, das schade ihm 20 Gulden. Und wenn Gerhard dazu Nein sagen wolle, so wolle er ihm das mit Gerichtsbeweis beweisen. Der Schultheiß hat die Anklage festhalten lassen und die Angelegenheit ist verschoben worden bis Dienstag nach Pfingsten.

Gerhard Bender und Hans der Knecht von Fritz erkennen gegenüber Cles Raub, dem Unterschultheiß, an, ein jeder einen Frevel mit seinem Leib zu verhandeln.

Hermann Bender erkennt an, Ketten Beyer einen Gulden zahlen zu müssen binnen 14 Tagen. Wenn nicht erfolgt die Pfändung.

Cles Harwiler erkennt an, Wigand Stortzkopp einen Gulden gegen Rechnung zahlen zu müssen in einem Monat. Wenn nicht erfolgt die Pfändung.

Peter Raub erkennt an, Peter Snider von Winkel einen Gulden zahlen zu müssen binnen 14 Tagen. Wenn nicht erfolgt die Pfändung.

Gerhart Brand hat Henne Hepp angeklagt, dass er ihm 5 Gulden gegen Rechnung schuldig sei. Dass Johann ihm die nicht gebe oder die Schuld anerkenne, das schade ihm ebensoviel dazu. Und er fordert von ihm eine rechte Antwort. Darauf sagt Henne Hepp, er habe von Ruppel einen Weinberg gekauft, den habe er auch mit Geld und Wein bezahlt. Da habe ihm Ruppel zugesagt, ihm 2 Gulden an der Schlusssumme zu schenken, doch wolle er mit Gerhard abrechnen. Sei er ihm noch etwas schuldig, so wolle er es ihm geben. Will ihn Gerhard aber dabei nicht lassen, wessen er ihn darüber hinaus anklage, dessen sei er unschuldig. Gerhard hat festhalten lassen, dass Henne Hepp angeboten hat, mit ihm abzurechnen. Und wenn sich herausstelle, das Henne Hepp ihm etwas schuldig wäre, bis wann er ihm das geben solle. Urteil: in 14 Tagen. Hengin Schumacher hat seinen Anspruch ins Gerichtsbuch eintragen lassen gegen den Leinenweber von Oppenheim.

fol. 108 — Dinstag nach Vocem Jocunditatis

erf(olgt)	Jt(em) Ped(er) Snade erf(olgt) Ped(er) Swinden vor eyn gulden.
erf(olgt)	Jt(em) Cleßgin Lorche erf(olgt) Hengin Moll(er)n vor II guld(e)n.
tag v(er)hut(en)	Actu(m) off Dinstag nach Vocem Jocunditat(is). Jt(em) End(er)s Kocher hait sine(n) tag verhut(en) geigen Peder Lichtschiden und ist yme tag gestalt an das nehste gericht. Peder hait auch sin tag verhüten.
3 clage	Actu(m) off Donerstag nach Vocem Jocunditat(is). Jt(em) her Heinrich Nickel dut sin 3 clage off frauwe Madalene(n) von Fennynge(n) Johan Knebeln von Kaczen-elnbogen Philipsen und Hans Flachen von Swarczenb(er)g gebruder ut p(ri)ma.
3 clage	Jt(em) frauwe Madalen von Fennynge(n) dut yre 3 clage off h(er)n Jorgen von Fennynge(n) yren bruder ut p(ri)ma.
3 clage	Actu(m) off Fritag nach Vocem Jocunditat(is). Jt(em) Rudig(er) als vo(n) mo(m)p(ar)schafft wegen h(er)n Adam Gulden-ryncks vica(r)i(us) zu(m) dhome zu Wormß Clas Wyenczen und Wendels von Wyßloch dut sin 3 clage off hern Jorgen von Fennynge(n) ut p(ri)ma.
3 h	Actu(m) off Samßtag nach Vocem Jocunditat(is). Jt(em) Enderß Koch(er) als vo(n) mo(m)p(ar)schafft wegen hern Clas Koch(er)s sins brud(er) dut[a] sin 3 h off Ha(n)ma(n) zu Rudeßheim ut p(ri)ma.

[a] Es folgt erneut: »dut«.

Peter Snade verklagt Peter Swinde auf 1 Gulden.
Clesgin Lorch verklagt Hengin Moller auf 2 Gulden.

18. Mai 1479
Enders Kocher hat seinen Termin gewahrt gegenüber Peter Lichtschid und es ist ihm ein Termin gesetzt worden am nächsten Gerichtstag. Peter hat auch seinen Termin gewahrt.

20. Mai 1479
Herr Heinrich Nickel erhebt seine 3. Klage gegen Frau Madlene von Venningen, Johann Knebel von Katzenelnbogen, Philipp und Hans Flach von Schwarzenberg, Brüder.
Frau Madlene von Venningen erhebt ihre 3. Klage gegen Herrn Jorge von Venningen, ihren Bruder.

21. Mai 1479
Rudiger als Vertreter von Herrn Adam Guldenring, Vikar am Dom zu Worms, Clas Wyncz und Wendel von Wyßloch erheben ihre 3. Klage gegen Jorge von Venningen.

22. Mai 1479
Enders Kocher erhebt als Vertreter seines Bruders, Herrn Clas Kocher, seine 3. Klage gegen Hanman zu Rüdesheim.

fol. 108v — Montag nach Exaudi

3 h	It(em) her Heinrich Nickel dut sin 3 h off Conczgin und Hengin Prassen ut p(ri)ma.
2 h	Jt(em) Clese Raup unser mit scheffen geselle dut sin 2 h off Henne(n) von Rodenbach Clesen vo(n) Sprend[-]lingen und Clese Wißen ut p(ri)ma.
tag v(er)hut(en)	Jt(em) Dorn Henne und Vyncze hab(en) yren tag v(er)hut(en). Des ist yne tag gestalt an das nehst(e) gericht.
3 clage	Jt(em) Bartshenne[a] als vo(n) des raits und der gemeynd(e)n wegen dut sin 3 clage off frauwe Madalen von Fennynge(n) Johan Knebeln von Kaczenelnbogen Philipsen und Hans Flachen von Swarczenberg gebruder ut p(ri)ma.
	Actu(m) off Montag nach Exaudi.
3 clage	Jt(em) Diemen Clas als vo(n) mo(m)p(ar)schafft wegen h(er)n Johan Hůmbrechts vica(r)ri(us) zu Sant Andree zu Wormßs dut sin 3 clage off h(er)n Jorgen von Fennynge(n) ut p(ri)ma.
	Actu(m) off Dinstag nach de(m) heilg(en) Pinxstage.
lip vor yr gude gestalt	Jt(em) Philips und Hans Flache gebrud(er) haint yren lijp vor yre gude gestalt(en) nach dem Bartshenne als vo(n) des raits und gemeynd(e)n wegen und her Heinrich Nickel off sie ge-clagt(en) haint und wollent recht geb(e)n und neme(n) wie dan(n) der scheffen hie vor ey(n) recht ist etc. Des ist yne tag gestalt an das nehste gericht.
	Actu(m) off Donerstag nach de(m) Pinxstage.
4 [8/2] clage	Jt(em) fraůwe Madalen von Fennyngen dut yr fierde clage off h(er)n Jorgen von Fennyngen yren bruder ut p(ri)ma.

a In der Vorlage steht »Rartshenne«.

Herr Heinrich Nickel erhebt seine 3. Klage gegen Conzgin und Hengin Prass.

Cles Raub, unser Mitschöffe, erhebt seine 2. Klage gegen Henne von Rodenbach, Cles von Sprendlingen und Cles Wiß.

Henne Dorn und Vincze haben ihren Tag gewahrt. Es ist ihnen ein Termin gesetzt worden am nächsten Gerichtstag.

Henne Bart erhebt für Rat und Gemeinde seine 3. Klage gegen Frau Madlene von Venningen, Johann Knebel von Katzenelnbogen, Philipp und Hans Flach von Schwarzenberg, Brüder.

24. Mai 1479

Clas Diem erhebt als Vertreter von Herrn Johann Humbrecht, Vikar zu St. Andreas zu Worms, seine 3. Klage gegen Herrn Jorge von Venningen.

1. Juni 1479

Philipp und Hans Flach, Brüder, haben ihren Leib vor ihr Gut gestellt, nachdem Henne Bart für den Rat und die Gemeinde und Herr Heinrich Nickel gegen sie geklagt haben und sie wollen Recht geben und nehmen, wie die Schöffen es hier weisen. Es ist ihnen ein Termin gesetzt worden am nächsten Gerichtstag.

3. Juni 1479

Frau Madlene von Venningen erhebt ihre 4. Klage gegen Herrn Jorge von Venningen, ihren Bruder.

Fritag nach Pinxsten

4 [8/2] clage	Jt(em) her Heinrich Nickel dut sin fierde clage off frauwe Mada-lenen von Fennyngen ut p(ri)ma.
	Actu(m) off Fritag nach Pinxsten.
IIIIe	Jt(em) Rudig(er) als vo(n) mo(m)p(ar)schafft wegen h(er)n Adam Guldenringeß Clas Wynczen und Wendels von Wißloch / alle wonhafftijg zu Wormßs dut sin fierde clage off h(er)n Jorgen vo(n) Fenny(n)ge(n) ut p(ri)ma.^a
lip vor sin gut gestalt	Jt(em) her Jorge von Fennyngen sagt yme sihe v(er)kůnt(en) wie daß her Adam Guldenrincke her Johan Hůmbrecht beide vica(r)ien zu Wormßs dar zu Clas Wynczijg und Wendel von^b Wißloch burg(er) zu Wormßs off yne geclagt haben. Nů stehe er do und stille syne(n) lijp vor sin gut und begert mit recht abe sin gude nit ledig sihen / S(e)n(tent)ia / woll er recht geb(e)n und nemen als der scheffen hie vor ey(n) recht wiset / so sint sie ledig. Dar off hait er ja geantwort und das verbot. Des ist yne allen tag gestalt an das nehste gericht.
lip vor yr gut gestalt(en)	Jt(em) frauwe Madalene von Fennynge(n) hait yren lip vor yr gut gestalt(en) nach dem Barts Henne als vo(n) des raits und gemeynd(e)n wegen off sie geclagt(en) hait und wijl recht geb(e)n und neme(n) als der scheffen hie vor eyn recht gewist. Deshalp ist yre tag gestalt an das nehste gericht.
	Actu(m) off Samßtag nach dem heilgen Pinxstage.
lip vor yre gut gestalt(en)	Jt(em) Clese von Sprendlinge(n) und Henne von Rodenbach haint yren lip^c var yr gut gestalt(en) nach dem Clese Raup unser mit scheffen geselle off sie geheisch(e)n hait und^d wollen recht geb(e)n und neme(n) als der scheffen hie vor eyn recht wiset etc. Des ist yne tag gestalt an das nehste gericht.
3 h	Jt(em) Clese Raup unser mit gesell dut sin 3 h off Clese Wissen ut p(ri)ma.
	Actu(m) off Dinstag nach Trinitat(is).

a Der gesamte Absatz ab »4 clage. Jt(em) Rudiger« bis hier ist mit 5 senkrechten, leicht schrägen Linien durchgestrichen.
b Es folgt - in der nächsten Zeile - nochmals: »von«.
c Es folgt durchgestrichen: »nach«.
d Das folgende Wort ist unleserlich, vermutlich durchgestrichen: »will«.
e Davor durchgestrichen: »4 [8/2] clage«.

Herr Heinrich Nickel erhebt seine 4. Klage gegen Frau Madlene von Venningen.

4. Juni 1479
Rüdiger als Vertreter von Herrn Jorge von Venningen sagt, ihm sei verkündet worden, dass Herr Adam Guldenring, Herr Johann Humbrecht, beide Vikare am Dom zu Worms, dazu Clas Wyncz und Wendel von Wißloch, Bürger zu Worms, gegen ihn geklagt hätten. Nun stehe er da und stelle seinen Leib vor sein Gut und fordert vom Gericht, dass sein Gut frei sei. Urteil: Wolle er Recht geben und nehmen, wie es die Schöffen hier weisen, so sind die Güter frei. Darauf hat er Ja geantwortet und das festhalten lassen. Es ist ihnen allen ein Termin gesetzt worden am nächsten Gerichtstag.
Frau Madlene von Venningen hat ihren Leib vor ihr Gut gestellt, nachdem Henne Bart für Rat und Gemeinde gegen sie geklagt hat und will Recht geben und nehmen wie es die Schöffen hier weisen. Dafür ist ihr ein Termin gesetzt worden am nächsten Gerichtstag.

5. Juni 1479
Cles von Sprendlingen und Henne von Rodenbach haben ihren Leib vor ihr Gut gestellt, nachdem Cles Raub, unser Mitschöffe, gegen sie geklagt hat und wollen Recht geben und nehmen wie es die Schöffen hier weisen etc. Es ist ihnen ein Termin gesetzt worden am nächsten Gerichtstag.
Cles Raub, unser Mitschöffe, erhebt seine 3. Klage gegen Cles Wiß.

8. Juni 1479

fol. 109v — Dinstag nach Trinitatis

lip vor sin gut gestalt	Jt(em) Clese Wiße hait sine(n) lip vor sin gut gestalt nach dem her Jorge von Fennyngen yne mo(m)p(ar) gemacht und wijl recht geb(e)n und neme(n) als dan(n) der scheffen hie vor ey(n) recht wiset. Dar off sin yme die gude ledijg gewijst.
gelengt	Jt(em) zusch(e)n Hans Flachen von sin und sins brud(er) wege(n) frauwe Madalen von Fenny(n)gen und h(er)n Heinrich Nickeln ist gelengt bijß off Samßtag nach sant Jacobs tage und auch mit Barts Henne(n) als vo(n) den gemey(n)den wegen.
gelengt	Jt(em) zusch(e)n Henne Rußen und Brantsgreden ist gelengt bijß off Samßtag nach sant Bartolome(us) tage sic hodie.
fr(au) Madalen Clese Wiße erk(annt) no(tandum)	Jt(em) Ancze Duppengießer hait sich verdingt frauwen Madalene(n) von Fenny(n)gen yre worte zu thůn und hait sin und(er)tinge v(er)bot als recht ist und hait Clese Wiß(e)n als vo(n) h(er)n Jorgen vo(n) Fenny(n)g(en) wege(n)ᵃ zu gesproch(e)n wie daß er yre schuldig sihe XXI^c(entum) guld(e)n daß er yre die nit gebe ader erkenne zu geb(e)n das schade yre alsvijl dar zu und heist yme des ey(n) ja ader ney(n). Dar off sagt Clese er wůße so eigentlich von der schulde nit / ye doch so getruwe er sie solle yrem brud(er) nit unrecht thůn und hait solicher schulde erkant. Das hait Ancze als vo(n) der frauw(e)n wegen verbot und mit recht begert bynne(n) welcher zijt Clese soliche scholt bezalen solle. S(en)t(ent)ia in XIIII tagen Ancze auch verbot.
her Adam Clese Wiße	Jt(em) Henne von Eltvjl hait sich verdingt h(er)n Adam Guldenring vica(r)i(us) zu Wormßs sin worte zu thůn und hait sin und(er)tinge v(er)bot als recht ist. Und hait Clese Wißen als vo(n) hern Jorgen vo(n) Fenny(n)ge(n) wegen zu gesproch(e)n wie daß er yme schuldig sihe mit geluhem gelde und schad(e)n hondert guld(e)n off rechnu(n)ge und gebe yme der nit. Das schade yme alsvjl dar zu. Und obe Clese ney(n) dar zu sagen wolle // so wolle er yne des zugen mit h(er)n Jorgen eigen handschrifft // Clese als vo(n) h(er)n Jorgen wegen hait die ansprach v(er)bot nemlich daß er yme als vor ey(n) scholt zu gesproch(e)n hait. Und sagt furt(er)n her Jorge sij geistlich. Dem nach so hoff er daß er yme hie zu antwort(en) nit schuldig sihe // Dan(n) habe er ye an h(er)n Jorgen zusprech(e)n / so solle er yne suchen an den enden do er hyne gehort(en). Und stilt das zu recht. Henne von Eltvjl als vo(n) h(er)n Adams wegen sagt nach dem her Jorge hie gestand(e)n habe und sich werntlich gemacht(en) recht zu geb(e)n und zu neme(n) dar

ᵃ Das Wort ist vor dem Zeilenanfang hinzugefügt.

Cles Wiß hat seinen Leib vor sein Gut gestellt, nachdem Herr Jorge von Venningen ihn als Vertreter eingesetzt hat und will Recht geben und nehmen wie es die Schöffen hier weisen. Darauf sind seine Güter als frei erklärt worden.

Die Streitsache zwischen Hans Flach für sich und seinen Bruder wegen Frau Madlene von Venningen und Herrn Heinrich Nickel ist verschoben worden bis auf Samstag nach St. Jakobstag, ebenso die zwischen jenen und Henne Bart für die Gemeinde.

Antz Duppengießer hat sich verpflichtet, Frau Madlene von Venningen vor Gericht zu vertreten und hat seine Anwaltschaft festhalten lassen, wie es Recht ist. Und er hat Clese Wiß als Vertreter von Herrn Jorge von Venningen angeklagt, dass er ihr schuldig sei 2100 Gulden. Dass er ihr die nicht gebe oder die Schuld anerkenne, das schade ihr ebensoviel. Und sie fordert von ihm ein Ja oder Nein. Darauf sagt Clese: Er wüsste von einer solchen Schuld eigentlich nichts. Doch vertraue er darauf, sie werde ihrem Bruder kein Unrecht tun. Und er hat die Schuld anerkannt. Das hat Antz für die Herrin festhalten lassen und das Gericht gefragt, wann Clese diese Schuld bezahlen solle. Urteil: in 14 Tagen. Das hat Antz auch festhalten lassen.

Henne von Eltville hat sich verpflichtet, Herrn Adam Guldenring, Vikar zu Worms, zu vertreten und hat seine Anwaltschaft festhalten lassen, wie es rechtmäßig ist. Und er hat Cles Wiß für Herrn Jorge von Venningen angeklagt, dass er ihm an geliehenem Geld und Gerichtskosten schuldig sei 100 Gulden gegen Rechnung und gebe die nicht. Das schade ihm ebensoviel. Und wenn Cles dazu Nein sage, so wolle er ihm das beweisen mit Herrn Jorges eigener Handschrift. Cles hat für Herrn Jorge die Anklage festhalten lassen, nämlich dass er ihn wegen einer Schuld angeklagt hat. Und er sagt weiter, Herr Jorge sei Geistlicher. Deshalb hoffe er, dass er hier keine Antwort schuldig sei. Denn habe er eine Klage gegen Herrn Jorge, dann soll er ihn dort vor Gericht anklagen, wo er hingehört. Das legt er dem Gericht vor. Henne von Eltville sagt für Herrn Adam: Nachdem Herr Jorge hier stand und wie ein Weltlicher Recht geben und nehmen wollte, dazu

fol. 110 — Dinstag nach Trinitatis

TRANSKRIPTION

	zu eyne(n) mechtigen mo(m)per onewidd(er)rufflich gemacht und keyne
	geistlichkeit furgezogen / so soll her Adam eyn und and(er) sovyl ge[-]
	nyßen daß Clese ex p(ar)te[a] her Jorgen(n) yme hie antwort(en) solle. Und stilt das auch[b] zu recht.
s(e)n(tent)ia	nach ansprach antwort und beid(er)theyle furbrengu(n)ge dwile dan(n)
	Hen(ne) von Eltvjl als vo(n) h(er)n Adams wegen / Clese Wiß(e)n als vo(n) hern
	Jorgen wegen um(m)b scholt zu gesproch(e)n und Clese Wiße geistlich
	fryheit furgezogen s(e)n(tent)ia daß Clese Wiße als vo(n) h(er)n Jorgen wege(n)
	nach gelegenheit der sach(e)n[c] hie zu antwort(en) nit pflichtig ist.
	Und mag yne suchen an den enden er hyne gehort. Das hait
	Clese verbot.
erf(olgt) p b	Jt(em) Smets Karlen von Jngelhey(m) erf(olgt) Heng(in) Raůchen offs buch
	und hait an yme p b.
erk(annt)	Jt(em) Clese Wiße erk(ennt) Adam Wolffen unß(er)m mit scheffen gesellen
	½ [I/2] guld(e)n off rechnu(n)ge zu geb(e)n in XIIII tagen. Si no(n) p erf(olgt).
	Jt(em) Peder Wolenber[d] hait E(m)meln vo(n) Appinhey(m) zu gesproch(e)n wie daß
	E(m)mel yme verkaufft(en) habe ey(n) husche und hoffe mit syme begriffe
Peder Wol-	und yme das auch off geb(e)n nach lude des gerichtsbůch. Daß E(m)mel
enbere	yne nů bij solichem kauffe nit behilt das schade yme XL guld(e)n.
Em(m)el	E(m)mel sagt er habe Ped(er)n eyn kaůffe geb(e)n / und den auch gewert
	mit der gerechtekeit er dar zu gehabt nach lude des gerichts[-]
	bůch. Nu habe Peder / Clese Raůben hie vor gericht ey(n) erkentniß
	one noit detynge gethan jnhalt des buchs und hofft Ped(er)n nit
	schuldig zu sin / Und sie haint vo(n) beidentheyln begert das buch zu
	verhoren und do mit erkant sie wollen eß bij dem bůche laiß(e)n.
	S(e)n(tent)ia dwile sie von beidentheiln offs buch ziegen so sollen sie eß
	aůch vor gericht brengen und das thun in XIIII tage(n). Bedorffe
	sie dan(n) yre tage furte und heiß(e)n die als recht ist so sall ma(n)
	yne die furt(er) stillen noch zu czweien XIIII tagen. Und so das
	bůch v(er)hort(en) wirt beheltlich yglichem geigen dem and(er)n
	sin gerechtekeit und geschee dan(n) furt(er) was recht ist.
	Jt(em) Vincze hait Dornhen(ne) zu gesproch(e)n wie daß Holczenhen(ne) sin
Vincze	furfare selige / sich mit syner hußfrauw(e)n besaczt(en) habe / also
Dornhen(ne)	daß sie alle ding halp hain solle / ußgescheid(e)n czwene flecke(n)
	do drage er yme nit ynne / Nů sihe noch eyn kolbe do zu deylen
	die habe Dornhen(ne) / Daß er yme sin theyle nit davo(n) gebe das

---

a Die drei letzten Worte sind über der Zeile beigefügt. Die Lesung »ex parte« ist nicht sicher.
b Das letzte Wort ist über der Zeile beigefügt.
c Ein über der Zeile beigefügtes Wort ist unleserlich (»s(er)vat« ?).
d Die letzte Silbe des Wortes ist über der Zeile beigefügt.

einen Vertreter mit Vollmacht habe und nicht die Geistlichkeit vorgezogen habe, so solle Herr Adam das auch genießen können, dass Cles für Herrn Jorge hier antworten soll. Das legt er auch dem Gericht vor. Urteil: Nach Klage und Entgegnung und den Darlegungen beider Seiten, weil Henne von Eltville für Herrn Adam Cles Wiß für Herrn Jorge wegen einer Schuld angeklagt und Cles Wiß sich auf die Freiheit der Geistlichkeit bezogen hat, ergeht das Urteil: Cles Wiß ist für Herrn Jorge in dieser Angelegenheit hier nicht verpflichtet zu antworten. Man soll ihn dort suchen, wo er hingehört. Das hat Cles festhalten lassen.

Karl Smet von Ingelheim hat seinen Anspruch ins Gerichtsbuch eintragen lassen gegen Hengin Rauch und hat Pfändung gefordert.

Cles Wiß erkennt an, Adam Wolff, unserem Mitschöffen, ½ Gulden gegen Rechnung zahlen zu müssen binnen 14 Tagen. Wenn nicht erfolgt die Pfändung.

Peter Wolenber hat Emmel von Appenheim angeklagt, dass Emmel ihm ein Haus und Hof mit Zubehör verkauft habe und das auch vor Gericht aufgegeben habe nach Laut des Gerichtsbuchs. Dass Emmel ihn nun nicht bei diesem Kauf lässt, das schade ihm 40 Gulden. Emmel sagt, er habe Peter verkauft und ihm auch alle Rechte übertragen gemäß dem Gerichtsbuch. Nun habe Peter Cles Raub hier vor Gericht gezogen ohne Notwenigkeit, und er hofft, Peter nichts schuldig zu sein. Und sie haben beide gefordert, das Gerichtsbuch zu hören und gesagt, sie wollen es dann dabei lassen. Urteil: Weil sie sich beide auf das Buch berufen, so sollen sie es vor Gericht bringen und das tun in 14 Tagen. Bedürfen sie Verlängerung und fordern sie diese, wie es rechtmäßig ist, so soll man sie ihnen noch zweimal 14 Tage geben. Und wenn das Buch gehört wird vorbehaltlich einem jeden seine Gegenrede, dann geschehe es weiter, wie es rechtmäßig ist.

Vincz hat Henne Dorn angeklagt, dass Henne Holtz, sein verstorbener Vorfahre, sich mit seiner Ehefrau geeinigt habe, dass sie alle Dinge zur Hälfte teilen sollen außer 2 Flecken, da beanspruche er keinen Anteil. Nun sei noch eine Kuh zu teilen, die habe Henne Dorn inne. Dass er ihm nicht seinen Anteil daran gebe, das

fol. 110v — Samßtag nach Trinitatis

schade yme IIII g(ulden) und heist yme des ey(n) ja ad(er) ney(n). Dar off sagt
Henne do Holczenhen(ne) gestorb(e)n sij do habe er mit Vinczen
frauwe die kolbe und ander gutlich getheilt / also daß er
yme nuste schuldig sij / Do sihe eyn hinlich bij gewest(en) do beziege er sich off sovjl der noch in leben ist / und beg(er)t sin(er) tage
den zu brengen. S(e)n(tent)ia dwile Dornhen(ne) off ey(n) hinlich zugt so
sall er den auch vor gericht brenge(n) und das thůn in XIIII t(agen).
Bedarff er dan(n) sin(er) tage furte und heist die als recht ist / so
sall ma(n) yme die furt(er) stillen noch zu czweien XIIII tage(n). Und
so der hinlich verhort(en) wirt beheltlich Vinczen sin jnsage
und geschee dan(n) furt(er) was recht ist. Ambo v(er)bot.

erk(annt) — Jt(em) Ulrich Bender erk(ennt) Clese Backen 8½ [IX/2] guld(e)n zu geb(e)n in eyme maende. Si no(n) p erf(olgt).

erk(annt) — Jt(em) Concze der wober erk(ennt) jd(em) I g(ulden) IX alb(us) zu geb(e)n ut sup(ra).

erk(annt) — Jt(em) Johan der poller(er) erk(ennt) Hans Osewin I g(ulden) zu geb(e)n jn XIIII tag(en). Si no(n) p erf(olgt).

Jt(em) Jeckel Monster als vo(n) der kirchen wegen sagt Prassen Concz[-]gin habe der kirchen jars I l(i)b(ram) gelts geb(e)n von II morg(en) wing(art)

widd(er) ge[-] / no(m)men / ecc(les)ia — in der Kelen da der weg durchgehet // Nu habe er der gulte nit geb(e)n. So stehe der wingart auch noch zu der kirche(n) handt. Do begere er als ey(n) kirchenmeist(er) aber nit den wingart moge zu yme neme(n). S(e)n(tent)ia ja si ita est.

erk(annt) no(tandum) — Jt(em) Clese Wiße Hen(ne) von Rodenbach Clese vo(n) Sprendlingen erkenne(n) und(er)scheidlich Clese Rauben unß(er)m mit scheffe(n) gesellen hinfure jerlichs II fertel wins zu geb(e)n nach lude siner heischunge.

Actu(m) off Samßtag nach Trinitat(is).

1 h — Jt(em) Clese Raůp unß(er) mit scheffen geselle dut 1 h vor I fertel win gulte off Joh(ann)es Philips Důchscher(er)s sone et sup(ra) ping(nora).

1 h — Jt(em) Philips des Boeßen hoffma(n) als vo(n) sins jonck(er)n wegen dut 1 h vor X ß gelts off Jeckeln vo(n) Siemern et sup(ra) ping(nora).

1 clage — Jt(em) der pherner von Jngelnhey(m) dut 1 clage vor II g(ulden) heipt[-]gelt und X g(ulden) schad(e)n off Hans Flucken et om(n)ia.

schade ihm 4 Gulden, und er fordert von ihm ein Ja oder Nein. Darauf sagt Henne: Als Henne Holtz gestorben war, da habe er mit der Frau von Vincz die Kuh und anderes gütlich geteilt, so dass er ihm nichts schuldig sei. Da gab es eine Absprache unter Zeugen, auf die berufe er sich, sofern sie noch am Leben sind. Daher erbittet er seine Termine, die Zeugen beizubringen. Urteil: Weil Henne Dorn sich auf die Zeugen beruft, so soll er sie auch vor das Gericht bringen und das tun in 14 Tagen. Bedürfe er Verlängerung und erbitte die, wie es rechtmäßig ist, so soll man sie ihm noch zweimal 14 Tage geben. Und wenn die Zeugen verhört werden, vorbehaltlich Vincz' Gegenrede, geschehe es weiter, wie es rechtmäßig ist. Dem haben sie beide zugestimmt.

Ulrich Bender erkennt an, Cles Back 4½ Gulden zahlen zu müssen in einem Monat. Wenn nicht erfolgt die Pfändung.

Concze der Weber erkennt an, demselben 1 Gulden 9 Albus zahlen zu müssen.

Johann der Pollerer erkennt an, Hans Osewin einen Gulden zahlen zu müssen binnen 14 Tagen. Wenn nicht erfolgt die Pfändung.

Jeckel Monster sagt für die Kirche, Contzgin Prass habe der Kirche jährlich 1 Pfund Geld gegeben für 2 Morgen Weinberg in der Kele, wo der Weg durchgeht. Nun habe er die Gülte nicht gegeben. Damit steht der Weinberg in der Hand der Kirche. Daher begehre er als ein Kirchenmeister, ob er den Weinberg nicht an sich nehmen könne. Urteil: Ja, wenn es so ist.

Cles Wiß, Henne von Rodenbach, Cles von Sprendlingen erkennen an, Cles Raub, unserem Mitschöffen, gemeinsam von nun an jährlich 2 Viertel Wein zu geben gemäß seiner Klage.

12. Juni 1479
Cles Raub, unser Mitschöffe, erhebt seine 1. Klage wegen eines Viertels Weingülte gegen Johann, Philipp Duchscherers Sohn, auf die Pfänder.

Philipp, der Hofmann des Boos von Waldeck, erhebt für seinen Junker seine 1. Klage wegen 10 Schilling gegen Jeckel von Simmern auf die Pfänder.

Der Pfarrer von Ingelheim erhebt seine 1. Klage wegen 2 Gulden Klagesumme und 10 Gulden Gerichtskosten gegen Hans Fluck auf alles.

fol. 111 — Samßtag nach Viti

	Actu(m) off Samßtag nach Viti.
erk(annt)ᵃ	Jt(em) Heppenhen(ne) erk(ennt) Jeckel Monst(er)n als vo(n) der kyrchen wegen VI guld(e)n off rechnu(n)ge zu geb(e)n zuschen sant Michels tage. Si no(n) ping(nora) erf(olgt).
erk(annt)	Jt(em) Peder Wolenber erk(ennt) jd(em) IIII guld(e)n zu geb(e)n zusch(e)n sant Michels tage. Si no(n) ping(nora) erf(olgt).
erk(annt)	Jt(em) Meczelhen(ne) erk(ennt) Muderhenne(n) III guld(e)n off rechnu(n)ge zu geb(e)n in XIIII tag(en). Si no(n) p erf(olgt).
erf(olgt) p b	Jt(em) Peder Snade erf(olgt) Prassen Hengin offs buch und hait auch phande an yme berett(en).
erf(olgt)	Jt(em) Hans Snyder erf(olgt) Henne Rießen offs buch.
erf(olgt) p b	Jt(em) Můderhen(ne) erf(olgt) Ebert Kiczen offs buch und hait p b.
1 h	Jt(em) Bartshenne dut 1 h vor II½ [III/2] ß gelts off Henne(n) von Echzel et om(n)ia.
erk(annt)	Jt(em) Drubein erk(ennt) Henne(n) von Eltvjl III guld(e)n off rechnu(n)ge zu geb(e)n in XIIII tag(en). Si no(n) p erf(olgt).
1 h	Jt(em) Nickelhen(ne) als vo(n) mo(m)p(ar)schafft wegen h(er)n Kopparts vica(r)i(us) zu sant Steffan zu Mencze dut 1 h vor X guld(e)n gelts nach lude eynß gericht briffs off Philips und Hans Flachen von Swarczenberg gebrůder.
erf(olgt)	Jt(em) Schonwedder erf(olgt) Ferberhenne(n) offs buch.
erk(annt	Jt(em) Kiczgin erk(ennt) Barts Henne(n) VI guld(e)n zu geb(e)n in XIIII tagen. Si no(n) ping(nora) erf(olgt).
erk(annt)	Jt(em) Kiczgin erk(ennt) Clese Rauben unß(er)m mit scheffen gesellen IIII g(ulden) off rechnu(n)ge zu geb(e)n in XIIII tagen. Si no(n) p erf(olgt).
erk(annt)	Jt(em) Swinden Else erk(ennt) E(m)meln von Jngelnhey(m) XXVI ß zu geb(e)n in XIIII tagen. Si no(n) p erf(olgt).
erk(annt)	Jt(em) Wolffs Jeckel erk(ennt) Kiczgin I g(ulden) off rechnu(n)ge zu geb(e)n in XIIII tag(en). Si no(n) p erf(olgt).
erk(annt)	Jt(em) Henne von Soden erk(ennt) Hansen von Wormßs VII½ [VIII/2] alb(us) zu geb(e)n in XIIII tagen. Si no(n) p erf(olgt).
erf(olgt)	Jt(em) Wigant Storczkopp erf(olgt) Clese Harwil(er)n und Cleßgin Berkorn offs buch.

a Diese und die folgende Marginalie sind durch eine einfache runde Klammer miteinander verbunden.

19. Juni 1479
Henne Hepp erkennt an, Jeckel Monster für die Kirche 6 Gulden gegen Rechnung zahlen zu müssen bis St. Michael. Wenn nicht erfolgt die Pfändung.
Peter Wolenber erkennt an, demselben 4 Gulden zahlen zu müssen bis St. Michael. Wenn nicht erfolgt die Pfändung.
Henne Metzel erkennt an, Henne Muder 3 Gulden gegen Rechnung zahlen zu müssen binnen 14 Tagen. Wenn nicht erfolgt die Pfändung.
Peter Snade hat seinen Anspruch ins Gerichtsbuch eintragen lassen gegen Hengin Prass und hat Pfändung gefordert.
Hans Snider hat seinen Anspruch ins Gerichtsbuch eintragen lassen gegen Henne Rieß.
Henne Muder hat seinen Anspruch ins Gerichtsbuch eintragen lassen gegen Ebert Kitz und hat Pfändung gefordert.
Henne Bart erhebt seine 1. Klage wegen 2½ Schilling Geld gegen Henne von Echzell auf alles.
Drubein erkennt an, Henne von Eltville 2 Gulden gegen Rechnung zahlen zu müssen binnen 14 Tagen. Wenn nicht erfolgt die Pfändung.
Henne Nickel als Vertreter von Herrn Koppart, Vikar von St. Stephan zu Mainz, erhebt seine 1. Klage wegen 10 Gulden Geld gemäß einer Urkunde gegen Philipp und Hans Flach von Schwarzenberg, Brüder.
Schonwedder hat seinen Anspruch ins Gerichtsbuch eintragen lassen gegen Henne Ferber.
Kitzgin erkennt an, Henne Bart 6 Gulden zahlen zu müssen binnen 14 Tagen. Wenn nicht erfolgt die Pfändung.
Kitzgin erkennt an, Cles Raub, unserem Mitschöffen, 4 Gulden gegen Rechnung zahlen zu müssen binnen 14 Tagen. Wenn nicht erfolgt die Pfändung.
Else Swinde erkennt an, Emmel von Ingelheim 26 Schilling zahlen zu müssen binnen 14 Tagen. Wenn nicht erfolgt die Pfändung.
Jeckel Wolf erkennt an, Kitzgin einen Gulden gegen Rechnung zahlen zu müssen binnen 14 Tagen. Wenn nicht erfolgt die Pfändung.
Henne von Soden erkennt an, Hans von Worms 7½ Albus zahlen zu müssen binnen 14 Tagen. Wenn nicht erfolgt die Pfändung.
Wigand Stortzkopp hat seinen Anspruch ins Gerichtsbuch eintragen lassen gegen Cles Harwiler und Clesgin Berkorn.

fol. 111v — Dinstag nach sant Alban tage

erk(annt)	Jt(em) Henne von Soden erk(ennt) Enderß(e)n von Winhey(m) als vo(n) der kyrch(e)n wegen do selbest I guld(e)n off rechnu(n)g(e) zu geb(e)n in XIIII tag(en). Si no(n) p erf(olgt).
1 h	Jt(em) Melma(n)s Hengin dut 1 h vor II g(ulden) myn(n)er ey(n) ort gelts off Jeckeln von Siemern et om(n)ia.
1 h	Jt(em) Dorn Henne als vo(n) mo(m)p(ar)schafft wegen Joh(ann)es / Philips Duchscherers sone zu Mencze dut 1 h vor eyn guld(e)n off Kyczgin et om(n)ia.
erk(annt)	Jt(em) Hans der keßler erk(ennt) Henne Stopen III guld(e)n zu geben in XIIII tag(en). Si no(n) p erf(olgt).
erk(annt) ǀ	Jt(em) Hans der keßler erk(ennt) Hansen dem korßner von Mencze II g(ulden) zu geb(e)n in XIIII tag(en). Si no(n) p erf(olgt).
erk(annt)	Jt(em) Hans der keßler erk(ennt) Clese Raůben etc. als vo(n) syn(er) dochter wegen III l(i)b(ras) off rechn(un)g zu geb(e)n in XIIII tag(en). Si no(n) pingn[or]a erfolgt(en).
erk(annt)	Jt(em) Concze der lynen wober erk(ennt) Jeckel Stam(m)en II g(ulden) off rechnu(n)ge zu geb(e)n in XIIII tag(en). Si no(n) p erf(olgt).
erf(olgt)	Jt(em) Stoln Hans von Appinhey(m) erf(olgt) Clese Sůffußen vor III guld(e)n off rechnů(n)ge.
	Actu(m) off Dinstag nach sant Alban tage.
2 tag	Jt(em) Dornhenne hait sin 2 tag furt(er) geheisch(e)n konde zu brengen geigen Vinczen so hait E(m)mel von Appinheim sin 2 tag furt(er) geheisch(e)n das buch zu brengen geigen Peder Wollenbern.
	Actu(m) off Samßtag nach sant Johans tage Nativitat(is).
erk(annt)	Jt(em) Vincze der kysten(er) erk(ennt) Henne Randeck(er)n ½ [I/2] guld(e)n zů geb(e)n in XIIII tagen. Si no(n) p erf(olgt).
erk(annt)	Jt(em) Peder Hiltwin erk(ennt) h(er)n Johan Kettenbuer von Wint(er)hey(m) XVIII alb(us) zu geb(e)n in XIIII tagen. Si no(n) p erf(olgt).

22. Juni 1479 — fol. 111v

Henne von Soden erkennt an, Enders von Weinheim für die Kirche ebenda einen Gulden gegen Rechnung zahlen zu müssen binnen 14 Tagen. Wenn nicht erfolgt die Pfändung.

Hengin Melman erhebt seine 1. Klage wegen 1 Gulden weniger 1 Ort Geld gegen Jeckel von Simmern auf alles.

Henne Dorn erhebt als Vertreter von Johann, Philipp Duchscherers Sohn zu Mainz, seine 1. Klage wegen 1 Gulden gegen Kitzgin auf alles.

Hans der Kessler erkennt an, Henne Stop 3 Gulden zahlen zu müssen binnen 14 Tagen. Wenn nicht erfolgt die Pfändung.

Hans der Kessler erkennt an, Hans dem Kürschner von Mainz 2 Gulden zahlen zu müssen binnen 14 Tagen. Wenn nicht erfolgt die Pfändung.

Hans der Kessler erkennt an, Cles Raub für seine Tochter 3 Pfund gegen Rechnung zahlen zu müssen binnen 14 Tagen. Wenn nicht erfolgt die Pfändung.

Contze der Leinenweber erkennt an, Jeckel Stamm 2 Gulden gegen Rechnung zahlen zu müssen binnen 14 Tagen. Wenn nicht erfolgt die Pfändung.

Hans Stol von Appenheim verklagt Cles Suffuß auf 3 Gulden gegen Rechnung.

22. Juni 1479
Henne Dorn hat seinen 2. Tag erbeten, Beweise beizubringen gegen Vincz. Ebenso hat Emmel von Appenheim seinen 2. Tag beantragt, das Gerichtsbuch beizubringen gegen Peter Wolenber.

26. Juni 1479
Vincz der Schreiner erkennt an, Henne Randecker ½ Gulden zahlen zu müssen binnen 14 Tagen. Wenn nicht erfolgt die Pfändung.

Peter Hiltwin erkennt an, Herrn Johann Kettenbuer von Winternheim 18 Albus zahlen zu müssen binnen 14 Tagen. Wenn nicht erfolgt die Pfändung.

fol. 112 — Samßtag nach Visitacionis Marie

erk(annt)	Jt(em) Ulrich der bend(er) erk(ennt) Philipsen Johan Boeßen hoffman als vo(n) des selb(e)n sins jonck(er)n wegen III½ [IIII/2] guld(e)n off rechnung(e) zu geb(e)n in XIIII tagen. Si no(n) p erf(olgt).
2 clage	Jt(em) der phern(er) zu Jngelnheim dut sin 2 clage off Hans Flucke(n) ut p(ri)ma.
erf(olgt)	Jt(em) Ancze Duppengießer erf(olgt) Cleßgin Unglichen offs buch.
ober nacht halten	Jt(em) Smets Karlen von Jngelnheim sagt er habe Hengin Rauche(n) erfolgt ergange(n) und phande berett(en). Nů wuße er des synen nit und begert furt(er) zu bescheid(e)n wie er thůn soll daß yme recht geschee und nyemant unrecht. S(e)n(tent)ia er sall dem scholteß(e)n ey(n) heymbergen heisch(e)n. Dem sall ern mit dem jheren geb(e)n und der heymberge sall yne yme ober nacht halten und yne alsdan(n) fur gericht brenge(n) und furt(er) fragen was dan(n) furt(er) recht ist das geschee.
erk(annt)	Jt(em) Donczelhenne erk(ennt) Wolffs Jeckeln yne schadenloiß zu halten eynßs wingarts halb(e)n der b(enan)nt(en) Jeckel um(m)b Kiczgin kaufften hait.
erf(olgt)	Jt(em) Schonwedder erf(olgt) Conczen den lynen wober offs bůch.
erf(olgt)	Jt(em) Peder Gelen Conczgins sone erf(olgt) Kiczgin vor II guld(e)n.
erf(olgt)	Jt(em) Henne von Eltvjl erf(olgt) Monchs Clesen vor VI gulden off rechnů(n)ge.

Actu(m) off Samßtag nach Visitac(i)o(n)is Ma(r)ie.

2 h	Jt(em) Nickelnhen(ne) als vo(n) mo(m)p(ar)schafft wegen h(er)n Copparts vica(r)i(us) zu Sant Steffan zu Mencze dut sin 2 h off Philipsen und Hans Flachen ut p(ri)ma.
2 h	Jt(em) Bartshenne dut sin 2 h off Henne(n) von Echzel ut p(ri)ma.
2 h	Jt(em) Dornhenne dut sin 2 h off Kiczgin ut p(ri)ma.
	Jt(em) Melmans Hengin dut sin 2 h off Jeckeln von Sye[-]mern ut p(ri)ma.
lip vor sin gut gestalt(en)	Jt(em) Hans Flache von sin und mo(m)p(ar)schafft wegen syns bruder hait syne(n) lijp vor yre gut gestalt(en) nach dem Nickelnhen(ne) als vo(n) mo(m)p(ar)schafft wegen h(er)n Copparts vica(r)i(us) zu sant Steffan zu Mencze off sie geheisch(e)n hait und wijl recht geb(e)n und neme(n) als dan(n) der scheffen hie vor ey(n) recht wiset etc. Des ist yme tag gestalt an das nehste gericht. Das haint sie beide verbot.

Ulrich der Bender erkennt an, Philipp, dem Hofmann Johann Boos von Waldeck, für seinen Junker 3½ Gulden gegen Rechnung zahlen zu müssen binnen 14 Tagen. Wenn nicht erfolgt die Pfändung.
Der Pfarrer zu Ingelheim erhebt seine 2. Klage gegen Hans Fluck.
Antz Duppengießer hat seinen Anspruch ins Gerichtsbuch eintragen lassen gegen Clesgin Unglich.
Karl Smet von Ingelheim sagt, er habe gegen Hengin Rauch vor Gericht geklagt, gewonnen und Pfändung gefordert. Nun wüsste er nicht, was sein sei und fragt das Gericht, was er tun soll, damit ihm Recht geschehe und niemandem Unrecht. Urteil: Er soll vom Schultheißen einen Heimbürgen fordern, der soll den Schuldner am Rockschoß nach sich ziehen und über Nacht verwahren. Dann soll er ihn vor Gericht bringen und fragen, was Recht ist, das geschehe.
Henne Dontzel erkennt gegenüber Jeckel Wolf an, ihn schadlos zu halten wegen eines Weinbergs, welchen Jeckel von Kitzgin kaufte.
Schonwedder hat seinen Anspruch ins Gerichtsbuch eintragen lassen gegen Contze den Leinenweber.
Peter Gelen, Contzgins Sohn, verklagt Kitzgin auf 2 Gulden.
Henne von Eltville verklagt Cles Monch auf 6 Gulden gegen Rechnung.

3. Juli 1479
Henne Nickel als Vertreter von Herrn Coppart, Vikar von St. Stephan zu Mainz, erhebt seine 2. Klage gegen Philipp und Hans Flach.

Henne Bart erhebt seine 2. Klage gegen Henne von Echzel.

Henne Dorn erhebt seine 2. Klage gegen Kitzgin.

Hengin Melman erhebt seine 2. Klage gegen Jeckel von Simmern.

Hans Flach hat für sich und als Vertreter seines Bruders seinen Leib vor sein Gut gestellt, nachdem Henne Nickel als Vertreter von Herrn Coppart, Vikar von St. Stephan, gegen sie geklagt hat und will Recht geben und nehmen, wie es die Schöffen hier weisen. Es ist ihm ein Termin gesetzt worden am nächsten Gerichtstag. Dem haben sie beide zugestimmt.

fol. 112v — Dinstag nach sant Ulrichs tage

Actu(m) off Dinstag nach sant Ulrichs tage.

3 tag — Jt(em) Dornhenne hait sin 3 tag furt(er) gescheisch(e)n konde zu brenge(n) geigen Vinczen. So hait E(m)mel von Appinheim sin 3 tag furter geheisch(e)n das bůch zu brenge(n) geige(n) Peder Wolenbern.

Actu(m) off Samßtag nach sant Ulrichs tage.

1 h — Jt(em) Diemen Clas als vo(n) mo(m)perschafft wegen h(er)n Conradt Langen dut 1 h vor X malter korns Bynger maiße off frauwe Madlenen von Fennynge(n) Philips[a] und Hans Flachen von Swarczenberg gebruder und[b] off soliche underphande dar vor ligent.

Actu(m) off Samßtag nach Divisio(n)is App(osto)lor(um).

1 h — Jt(em) Mud(er)henne als vo(n) mo(m)p(ar)schafft wegen Erharts von Ramberg burggraffe zu Alczey dut 1 h vor eyn guld(e)n und XV alb(us) gelts off Liebhenne Conczen et sup(ra) pingn(or)a.

3 h — Jt(em) Bartshenne dut sin 3 h off Henne(n) von Echzel ut p(rim)a.

3 h — Jt(em) Hengin Melma(n) dut sin 3 h off Jeckeln von Sym(m)ern ut p(ri)ma.

Actu(m) off Dinstag vor Ma(r)ie Madalen.

konde tag verhůt(en) — Jt(em) nach dem sich Dornhen(ne) off konde geigen Vinczen inhalt des buchs bezogen etc. also hait er off hutbetage zu geigen gehabt Hengin Rambachen Drubeins Wilhelmen und Henne Manbachen. Und yne ist allen tag gestalt an das nehste gericht.

Actu(m) off Samßtag nach Ma(r)ie Madalene.

Jt(em) Wißhengin sagt yme sihe kondt gethan wie daß Barts

---

a Der Anfangsbuchstabe ist über ein »h« geschrieben.
b Es folgt durchgestrichen: »alleß das sie haint in des richs ge[richts]«.

6. Juli 1479
Henne Dorn hat seinen 3. Tag beantragt, Beweise beizubringen gegen Vincz. Ebenso hat Emmel von Appenheim seinen 3. Tag erbeten, das Buch beizubringen gegen Peter Wolenber.

10. Juli 1479
Clas Diem als Vertreter von Herrn Konrad Lange erhebt seine 1. Klage wegen 10 Malter Korn Binger Maß gegen Frau Madlene von Venningen, Philipp und Hans Flach von Schwarzenberg, Brüder und auf die Pfänder, welche hierfür hinterlegt sind.

17. Juli 1479
Henne Muder erhebt als Vertreter von Erhart von Ramberg, Burggraf zu Alzey, seine 1. Klage wegen 1 Gulden und 15 Albus Geld gegen Contz Liebhenne auf die Pfänder.
Henne Bart erhebt seine 3. Klage gegen Henne von Echzell.
Hengin Melman erhebt seine 3. Klage gegen Jeckel von Simmern.

20. Juli 1479
Nachdem sich Henne Dorn auf Beweise gegen Vincz berief nach Aussage des Buchs, hatte er heute als Zeugen vor Gericht Hengin Rambach, Wilhelm Drubein und Henne Manbach. Und es ist ihm ein Termin am nächsten Gerichtstag gesetzt worden.

24. Juli 1479
Hengin Wiß sagt, ihm sei bekannt geworden, dass Henne Bart

fol. 113 — Samßtag nach sant Jacobs tage

lip vor sin gut gestalt	Henne off yne geheisch(e)n. Nů stehe er do und stille syne(n) lip vor sin gut und begert mit recht obe sin gut nit ledijg sihe. S(e)n(tent)ia woll er recht geb(e)n und neme(n) nach dem der scheffen hie vor eyn recht wiset so sint sie ledijg. Dar off hait er ja geantwort und das verbot. Des ist yme tag gestalt an das nehste gericht.

Actu(m) off Samßtag nach sant Jacobs tage.

2 h	Jt(em) Mud(er)henne als vo(n) sins jonck(er)n Erhart von Rambergs wegen dut sin 2 h off Liebhenne Conczen ut p(ri)ma.
4 [8/2] h	Jt(em) Hengin Melman dut sin fierde heischunge off Jeckeln von Siemern ut p(ri)ma.
tag v(er)hut(en)	Jt(em) Barts Henne hait sin tag v(er)hut und verbot nach dem Henne von Echzel syne(n) lijp vor sin gut gestalt(en) hait und yme ist tag gestalt an das nehste gerichte.
	Jt(em) frauwe Madlene von Fennyngen her Heinrich Nickel.
tag v(er)hut(en)	Bartshenne als vo(n) der gemeynd(e)n und raits wegen / Hans und Philipp Flache haint alle yre tage verhut(en) und yne ist tag gestalt an das nehste gericht.
1 h	Jt(em) her Heinrich Strůde als vo(n) elters wegen dut 1 h vor XVII ß gelts off die spittelmeist(er) hie und zu Jngelnhey(m) und off soliche und(er)phande nemlich die schůle nach lude syner register.
tag gestalt	Jt(em) zuschen Frederich Bliecken von Lichtenb(er)g an eyme und frauwe Madlenen von Fennynge(n) ist tag gestalt off Donerstag nach sant Bartolme(us) tage.

Actu(m) off Dinstag nach Advinc(u)la Pet(ri).

	Jt(em) her Conrat Diecze amptma(n) zu sant Cristofel(us) zu
1 h	Mencze dut 1 h vor eyn phondt gelts off Concze Storcz- koppen und Prassen Hengin et sup(ra) pingn(or)a.

gegen ihn geklagt habe. Nun stehe er da, stelle seinen Leib vor sein Gut und frage das Gericht, ob sein Gut nicht frei sei. Urteil: Wolle er Recht geben und nehmen, wie die Schöffen hier als Recht weisen, so ist es frei. Darauf hat er Ja geantwortet und das festhalten lassen. Es ist ihm ein Termin gesetzt worden am nächsten Gerichtstag.

31. Juli 1479
Henne Muder erhebt für seinen Junker Erhart von Ramberg seine 2. Klage gegen Contz Liebehenne.

Hengin Melman erhebt seine 4. Klage gegen Jeckel von Simmern.
Henne Bart hat seinen Tag gewahrt und festhalten lassen, dass Henne von Echzel seinen Leib vor sein Gut gestellt hat und es ist ihm ein Termin gesetzt worden am nächsten Gerichtstag.

Frau Madlene von Venningen, Herr Heinrich Nickel, Henne Bart für die Gemeinde und den Rat, Hans und Philipp Flach haben alle ihren Gerichtstermin gewahrt und es ist ihnen ein Termin gesetzt worden am nächsten Gerichtstag.

Herr Heinrich Strude erhebt für den Altar seine 1. Klage wegen 17 Schilling Geld gegen die Spitalmeister hier und zu Ingelheim und auf die Pfänder, nämlich die Schule nach Aussage seiner Register.

Zwischen Frederich Bliecke von Lichtenberg auf der einen und Frau Madlene von Venningen auf der anderen Seite ist ein Termin festgesetzt worden auf Donnerstag nach Bartholomäus.

3. August 1479
Herr Konrad Dietze, Amtmann von St. Christoph zu Mainz, erhebt seine 1. Klage wegen 1 Pfund Geld gegen Contz Stortzkopp und Hengin Prass auf die Pfänder.

fol. 113v — Samßtag nach Advincula Petri

Actu(m) off Samßtag nach Advinc(u)la Pet(ri).

f(re)f(fel) — Jt(em) Henne von Soden erk(ennt) dem scholteß(e)n ey(n) freffel.

Jt(em) her Heinrich Nickel hait begert syne(n) tag XIIII tage
gelengt zu lengen der fierden clagen nach / so er lestmals off
frauwe Madlene(n) von Fennynge(n) gethan. Und ist yme
auch also off recht gestalt.

erf(olgt) — Jt(em) her Johan Kettenbuer erf(olgt) Ped(er) Hiltwin offs bůch.

Jt(em) Peder Snade hait Peder Wolenb(er)n zu gesprochen
wie daß er yme IIII d(enar) schuldig sihe und gebe yme der
Ped(er) Snade nit. Das schade yme eyn guld(e)n und heist yme des eyn
ja ader neyn / Peder Wolenber sagt er sihe Ped(er)n XIIII
Ped(er) Wolenb(er) alb(us) schuldig gewest. Die habe er yme an hellern wole
bezalt. Und wes Peder yne wider anlange des sihe er
unschuldig. Die unscholt ist gestalt noch hude XIIII tag(en).
Das haint sie beide verbot.

erk(annt) — Jt(em) Ebert Snade erk(ennt) Ebert Kiczen XVIII alb(us) off rechnu(n)ge
zu geb(e)n in XIIII tagen. Si no(n) ping(nora) erf(olgt).

Jt(em) nach dem Hengin Melman sin fierde heischůnge
jn maiß(e)n die erßte gelut / off Jeckeln von Sym(m)ern
offgeholt gethan also hait er die gude nach lude syner heischu(n)ge
off geholt und das verbot. Und der scholteß hait yme
ban(n) und freden dar ober gethan als recht ist. Das hait
er auch verbot.

erf(olgt) — Jt(em) Barts Henne erf(olgt) Kiczgin offs bůch.

Jt(em) Barts Henne hait Wißhengin zu gesproch(e)n wie daß
Cleßgin sin furfare selige // syme vater seligen bynne(n)
korczen jaren III ß gelts gegeb(e)n habe // Daß Hengin yme
die nit auch gebe das schade yme XX guld(e)n / Und obe er
Barts Henne neyn dar zu sagen wolt so woll er mit recht behalten
Henne von daß syme vatter seligen die gulte bynne(n) drißijg jaren
Echzel gegeb(e)n und worden ist. Dar off sagt Hengin // Barts Henne
sihe zu yme kom(m)en und habe XXX ß gelts geheisch(e)n von
eyme felde an der fehedrifft // Habe er yme geantwort
er sihe zu arme der gemeynd(e)n eyn fehedrifft zuv(er)zynsen.
Dar zu so hab(e)n sin fůrfarn / ader er / yme ader syme [?]ᵃ vatt(er)
seligen nye keyn gulte gegeb(e)n // Das woll er mit recht behalten. Davo(n) so hoffe er Hennen nuste schuldig zu sin.
Barts Henne sagt nach lude siner schuldigunge so wolle

---

a Die zweite Silbe ist durch Verbesserungen unleserlich geworden.

7. August 1479
Henne von Soden erkennt an, dem Schultheißen einen Frevel leisten zu müssen.

Heinrich Nickel hat begehrt nach der vierten Klage, die er gegen Frau Madlene von Venningen tat, seinen Termin um 14 Tage zu verlängern. Dies wurde ihm zugesprochen.

Herr Johann Kettenbuer hat seinen Anspruch ins Gerichtsbuch eintragen lassen gegen Peter Hiltwin.

Peter Snade hat Peter Wolenber angeklagt, dass er ihm 4 Pfennig schuldig sei und gebe ihm die nicht. Das schade ihm einen Gulden, und er fordert von ihm ein Ja oder Nein. Peter Wolenber sagt, er sei Peter 14 Albus schuldig gewesen. Die habe er ihm an Hellern vollständig bezahlt. Und wessen Peter ihn darüber hinaus anklage, dessen sei er unschuldig. Seine Unschuld gilt von heute an 14 Tage. Dem haben sie beide zugestimmt.

Ebert Snade erkennt an, Ebert Kitz 18 Albus gegen Rechnung zahlen zu müssen binnen 14 Tagen. Wenn nicht erfolgt die Pfändung.

Nachdem Hengin Melman seine 4. Klage gegen Jeckel von Simmern tat, hat er die Güter gemäß seiner Klage eingezogen und das festhalten lassen. Und der Schultheiß hat ihm Bann und Frieden darüber gemacht. Das hat er auch festhalten lassen.

Henne Bart hat seinen Anspruch ins Gerichtsbuch eintragen lassen gegen Kitzgin.

Henne Bart hat Hengin Wiß angeklagt, dass Clesgin, dessen verstorbener Vorfahre, seinem verstorbenen Vater vor wenigen Jahren 3 Schilling Geld gegeben habe. Dass Hengin ihm das nicht gebe, das schade ihm 20 Gulden. Und wenn er Nein dazu sagen wolle, so wolle er vor Gericht beweisen, dass seinem verstorbenen Vater die Gülte 30 Jahre lang gegeben worden ist. Darauf sagt Hengin, Henne Bart sei zu ihm gekommen und habe 30 Schilling von einem Feld an der Viehtrift gefordert. Da habe er ihm geantwortet, er sei zu arm um der Gemeinde die Viehtrift zu verzinsen. Außerdem hätten seine Vorfahren oder er ihm oder seinem verstorbenen Vater nie eine Gülte gegeben. Das wolle er vor Gericht bezeugen. Daher hoffe er, Henne nichts schuldig zu sein. Henne Bart sagt: Gemäß seiner Klage wolle

fol. 114 — Samßtag nach Advincula Petri

er sin gulte behalt(en) wie recht ist und hofft er soll dar zu gewist(en)
werd(e)n. Und stilt das zu recht // Antwort Hengin und sagt nach
lude syner furdigen antwort so habe Bartshenne nit ver-
neyntßt daß er yme die XXX ß von eyme nemlich(e)n flecke(n)
an der fehedrifft geheiß(e)n habe // Dar zu so hab(e)n sin furfaren ader er // Henne(n) / ader syme vatt(er) seligen nye keyn
gulte geb(e)n und hofft yme nit schuldig zu sin. Und stilt eß
auch zu recht. Das ist gelengt noch hude zu XIIII tagen
sic hodie. Das haint sie beide verbot.

Jt(em) zusch(e)n h(er)n Johan Bergen als vo(n) der p(re)diger her(e)n wegen

gelengt zu Mencze und Gerhart Branden ist gelengt noch hude
zu III wochen sic hodie.

erf(olgt) p b Jt(em) Clese Backe erf(olgt) Ulrich Bend(er)n offs buch und hait p b.

no(n) reveni(r)e Jt(em) zusch(e)n Dornhen(ne) und Vinczen sall nit widder an ge[-]
richte kom(m)en. Das hait Dornhen(ne) verbot.

erf(olgt) Jt(em) Schonwedder erf(olgt) Ferber Henne(n) offs buch.

erf(olgt) Jt(em) Beckers Hengin von Winterheim erfolgt Peder Swinden
offs bůch.

1 h Jt(em) Concze Storczkappe dut 1 h vor XIIII ß gelts off Henne
Wißen et om(n)ia.

Jt(em) her Coppart vica(r)i(us) zu sant Steffan zu Mencze hait Philips
und Hans Flachen zu gesproch(e)n wie daß sin her(e)n noch uß-
stehe von dem echt und siebiczigesten jare^a X guld(e)n gelts von
Breitschijts hoffe und begert an sie solich gelt uß zu richte(n).
Dar off rette Philips Flache von sin und sins bruder wege(n)
und sagt wie daß her Orte Meyer yre mit vica(r)i(us) die selbe
gulte in dem sieben und siebenczigesten jare entphangen / habe

sant Steffan und des die qwitanczie dar ober sagende dar gelacht // Furter
Philips und in dem echt und siebenczigesten jare do sihen die heren von
Hans Flach(e)n sant Steffan frauwe Margreten yrer wasen seligen XL guld(e)n
schuldijg gewest(en) // Habe sie eyne(n) knecht nemlich Wilhelm
Scharppenstein die zijt dar nach geschickt. Also habe her
Orte Meyer yme gegeb(e)n XXX guld(e)n und die and(er)n X guld(e)n
behalten vor die gulte in dem echte und siebenczigeste(n) jare.
Und beziegen sich des off h(er)n Orten und auch Wilhelmen der
dan(n) solich gelt entphangen hait / und begerent die beyde
zuv(er)horen und hoffen sie sollen auch gehort werd(e)n / Was

---

a Das letzte Wort ist über der Zeile beigefügt.

7. August 1479

fol. 114

er seine Gülte behalten, wie es rechtmäßig ist und hofft, das Gericht werde sie ihm zuweisen. Das legt er dem Gericht vor. Hengin antwortet und sagt: Mit seiner vorherigen Antwort habe er Henne Bart nicht abgesprochen, dass er von ihm die 30 Schilling von einem Flecken an der Viehtrift gefordert habe. Dazu haben seine Vorfahren oder er, Henne oder sein verstorbener Vater nie Gülte gegeben, und er hoffe, sie ihm nicht schuldig zu sein. Das legt er auch dem Gericht vor. Das ist verschoben worden um 14 Tage. Dem haben sie beide zugestimmt.

Zwischen Herrn Johann Bergen für die Predigerherren zu Mainz und Gerhart Brand ist der Termin verschoben worden auf heute in 3 Wochen.

Cles Back hat seinen Anspruch ins Gerichtsbuch eintragen lassen gegen Ulrich Bender und hat Pfändung gefordert.

Zwischen Henne Dorn und Vincz soll die Sache nicht wieder an das Gericht kommen. Das hat Henne Dorn festhalten lassen.
Schonwedder hat seinen Anspruch ins Gerichtsbuch eintragen lassen gegen Henne Ferber.
Hengin Becker von Winternheim hat seinen Anspruch ins Gerichtsbuch eintragen lassen gegen Peter Swinde.
Contz Stortzkopp erhebt seine 1. Klage wegen 14 Schilling Geld gegen Henne Wiß auf alles.
Herr Coppart, Vikar von St. Stephan zu Mainz, hat Philipp und Hans Flach angeklagt, dass seinen Herren noch 10 Gulden Geld aus dem Jahr 78 ausstehen für den Breitschyd-Hof und fordert sie auf, das Geld auszurichten. Darauf sagt Philipp Flach für sich und seinen Bruder, dass Herr Orte Meyer, ihr Mitvikar, diese Gülte im 77. Jahr empfangen habe und dass die Quittung über diese Summe vorliegt. Im 78. Jahr seien die Herren von St. Stephan Frau Margret, ihrer verstorbenen Base, 40 Gulden schuldig gewesen. Und sie haben einen Knecht nämlich Wilhelm Scharfenstein damals dorthin geschickt. Da habe Herr Orte Meyer ihnen 30 Gulden gegeben und die anderen 10 Gulden behalten für die Gülte im 78. Jahr. Zeugen sind Herr Orte und auch Wilhelm, der das Geld entgegen genommen hat und sie begehren, dass sie beide verhört werden und sie hoffen, sie sollen auch gehört werden. Was

fol. 114v — Samßtag nach Advincula Petri

dan(n) recht sij das geschee // Off die antwort hait h(er) Coppart
eyn vidim(us) besagende wie sin her(e)n das bestympt jare
yne zu eyme mo(m)per und amptma(n) gemacht yre zynße
scholt und anders ynne zu furd(er)n // laißen lesen / Und
sagt yme sij nůste word(e)n // Dan(n) mogen die jonck(er)n be-
wisen mit eyncher qwitanczien // hern Orten / ader eynen
mynd(er)n dan(n) er sihe // sin her(e)n sallen genůgen dar an
hain. So des nit geschiet so hoffe er die jonck(er)n sollen yne

i(n) j(ure)   yre gulte geb(e)n // Philips Flach von sin und sins bruder
wegen hait Wilhelm Scharppenstein zu gesprochen
wie daß er jn dem LXXVIII jare von yrer wasen frauwe
Margrett seligen wegen gen(e) Mencze zu den her(e)n zu
sant Steffan geschickt sij word(e)n // die obgemelt(en) XL
guld(e)n zu holen und her Orte Meyer habe yme geb(e)n
XXX guld(e)n und habe die and(er)n X guld(e)n behalten
vor die gulte das selbe jare // Daß er nů nit sage wie
sich die dinge verhandelt hab(e)n das schade yne
XL guld(e)n und heisch(e)n yme des eyn recht antwort.

i(n) j(ure)   Dar off sagt Wilhelm / frauwe Margret selige habe
yne zu sant Martins tage nehst vergangen echtage // XIIII
tage / ader drij wochen nehst dar nach ungeverlich / gen(e)
Mencze zu den her(e)n zu sant Steffan geschickt // die XL
guld(e) zu furd(er)n // Do habe her Orte Meyer yme geb(e)n
drißijg guld(e)n und die and(er)n X guld(e)n abegeslagen
vor die gulte // die^a das selbe jare fellig was // Die sage hait
Philips von sin und sins bruder wegen verbot und yme
furt(er) zu gesproch(e)n daß er die selbe sin sage nit bewere als recht sihe. Das schade yne XL guld(e)n / Wilhelm sagt was er gesagten habe das woll er auch mit
recht beweren wan(n) des noit sij. Das hait Philips verbot und mit recht begert wan(n) erßs thůn solle. S(e)n(tent)ia
in XIIII tagen. Das hait Philips auch verbot und
hait furt(er) h(er)n Orten der dan(n) zu geigen stundt / wolle(n)
zu sprech(e)n // Der hait sin geistlich fryheit furgezogen etc.
Also ist dar zusch(e)n gerett und ist eynßs mit dem and(er)n
gelengt mit off Samßtag nehst nach sant Martins tage
sic hodie doch mit dem gedinge // daß Philips und Hans

---

a Das letzte Wort ist über der Zeile beigefügt.

dann Recht sei, das geschehe. Auf diese Antwort hat Herr Coppart eine Urkunde vorlesen lassen, die aussagt, dass seine Herren ihn in dem bestimmten Jahr zu einem Vertreter und Amtmann gemacht haben, ihre Zinsen, Schulden und anderes einzufordern. Und er sagt, er habe nichts erhalten. Können die Junker aber durch eine Quittung beweisen, dass sie Herrn Orte oder einem anderen Amtsträger das Geld bezahlt haben, so soll es den Mönchen genügen. Wenn das nicht geschieht, hofft er, die Junker sollen ihre Gülte geben. Philipp Flach hat für sich und seinen Bruder Wilhelm Scharfenstein angeklagt, dass er im 78. Jahr für ihre verstorbene Base Frau Margret nach Mainz zu den Herren von St. Stephan geschickt worden sei, um die genannten 40 Gulden zu holen und Herr Orte Meyer habe ihm 30 Gulden gegeben und die anderen 10 Gulden behalten für die Gülte desselben Jahres. Dass er nun nicht sage, wie die Dinge verhandelt wurden, das schade ihnen 40 Gulden und sie fordern von ihm eine rechte Antwort. Darauf sagt Wilhelm: Die verstorbene Frau Margret habe ihn 14 Tage oder 3 Wochen nach dem vergangenen St. Martinstag zum Stift St. Stephan geschickt, um die 40 Gulden zu fordern. Da habe Herr Orte Meyer ihm 30 Gulden gegeben und die anderen 10 Gulden behalten für die Gülte, die im gleichen Jahr fällig war. Diese Aussage hat Philipp für sich und seinen Bruder festhalten lassen und ihn weiter angeklagt, dass er diese Aussage nicht beeidet, wie es rechtmäßig ist. Das schade ihm 40 Gulden. Wilhelm sagt, was er gesagt habe, das wolle er auch beeiden, wenn das notwendig ist. Das hat Philipp festhalten lassen und gefragt, wann er es tun soll. Urteil: in 14 Tagen. Das hat Philipp auch festhalten lassen und hat weiter Herrn Orte, der anwesend war, anklagen wollen. Doch der hat sich auf seine geistliche Freiheit berufen. So haben sie sich besprochen und das eine wie das andere ist verschoben worden auf Samstag nach Martini, doch mit der Bedingung, dass Philipp und Hans

fol. 115 — Samßtag nach Laurenczij

da zusch(e)n h(er)n Orten mit recht ersuchen / zu sagen sovjl yme
in den dingen wißen ist. Das haint sie alle verbot.
Jt(em) zusch(e)n Philips und Hans Flachen von Swarczenberg

gelengt   frauwe Madlene(n) von Fennyngen und Barts Hennen
als vo(n) der gemeynden wegen ist gelengt noch hude
zu IIII wochen sic hodie.

erf(olgt)   Jt(em) Heinrich Smett erf(olgt) Winworme(n) offs bůch.

erf(olgt)   Jt(em) Jeckel Stam(m) erf(olgt) Conczen den linenwob(er) offs buch.

erf(olgt)   Jt(em) Lupis Cleßgin erf(olgt) Kiczgin vor III g(ulden) off rechnů(n)ge.

Actu(m) off Samßtag nach Laurenczij.

erk(annt)[b]   Jt(em) Henne Aczelnkrag erk(ennt) Jeckel Monst(er)n dem kirche(n)meist(er)
als vo(n) der kirchen wegen XX l(i)b(ras) hell(er) zu geben jn fier
wochen off rechnu(n)ge. Si no(n) p erf(olgt).

erk(annt)   Jt(em) Clese Duherman(n) erk(ennt) jd(em) XX l(i)b(ras) hell(er) off rechnů(n)ge
zu geb(e)n in fier wochen / Si no(n) p erf(olgt).

erk(annt)   Jt(em) Woberhenne erk(ennt) jd(em) II guld(e)n off rechnů(n)ge zu geb(e)n
ecc(les)ia[c]   in fier wochen. Si no(n) ping(nora) erf(olgt).

erk(annt)   Jt(em) Herman(n) Bender erk(ennt) jd(em) VI guld(e)n off rechnů(n)ge zu
geb(e)n in XIIII tagen. Si no(n) p erf(olgt).

erk(annt)   Jt(em) Gerhart der bender erk(ennt) jd(em) III l(i)b(ras) heller off rechnu(n)ge
zu geb(e)n in XIIII tagen. Si no(n) p erf(olgt).

erk(annt)   Jt(em) Henne von Soden erk(ennt) jd(em) XIII l(i)b(ras) heller und XL phondt
oley zu geb(e)n in[a] XIIII tagen. Si no(n) p erf(olgt).

Jt(em) frauwe Madalen von Fennyngen erf(olgt) Clese Wißen als vo(n)
erf(olgt) p b   wegen h(er)n Jorgen von Fennynge(n) yrs bruders offs bůch und
hait auch an yme phande berett.

win halt(en)   Jt(em) Ped(er) Bend(er) sall den win zu(m) erßten maile syner fragen
nach XIIII tage halten.

erk(annt)   Jt(em) Heinrich Liebhen(ne) Conczen stieffson erk(ennt) Schonwedd(er)n
XIII alb(us) zu geb(e)n in XIIII tagen. Si no(n) p erf(olgt).

erk(annt)   Jt(em) Lebe der korßn(er) erk(ennt) Hans Wolenb(er)n IIII g(ulden) off rechnu(n)g
zu geb(e)n in XIIII tag(en). Si no(n) p erf(olgt).

---

a   Es folgt durchgestrichen: »XL«.
b   Von der Marginalie zieht sich über die folgenden 4 Zeilen ein zum Text hin schräg verlaufender Strich.
c   Das Wort ist am linken Seitenrand etwas weiter rechts als die üblichen Marginalien beigefügt.

in der Zwischenzeit Herrn Orte vor Gericht befragen sollen, was er in der Sache weiß. Dem haben sie alle zugestimmt.

Zwischen Philipp und Hans Flach von Schwarzenberg, Frau Madlene von Venningen und Henne Bart für die Gemeinde ist der Termin verschoben worden auf heute in 4 Wochen.

Heinrich Smett hat seinen Anspruch ins Gerichtsbuch eintragen lassen gegen Winworm.

Jeckel Stamm hat seinen Anspruch ins Gerichtsbuch eintragen lassen gegen Contze, den Leinenweber.

Clesgin Lupis verklagt Kitzgin auf 3 Gulden gegen Rechnung.

14. August 1479

Henne Atzelkragen erkennt an, Jeckel Monster dem Kirchenmeister für die Kirche 20 Pfund Heller in 4 Wochen zu zahlen gegen Rechnung. Wenn nicht erfolgt die Pfändung.

Cles Duherman erkennt an, demselben 20 Pfund gegen Rechnung zahlen zu müssen in 4 Wochen. Wenn nicht erfolgt die Pfändung.

Henne Weber erkennt an, demselben 2 Gulden gegen Rechnung zahlen zu müssen in 4 Wochen. Wenn nicht erfolgt die Pfändung.

Hermann Bender erkennt an, demselben 6 Gulden gegen Rechnung zahlen zu müssen binnen 14 Tagen. Wenn nicht erfolgt die Pfändung.

Gerhard der Bender erkennt an, demselben 3 Pfund Heller gegen Rechnung zahlen zu müssen binnen 14 Tagen. Wenn nicht erfolgt die Pfändung.

Henne von Soden erkennt an, demselben 13 Pfund Heller und 40 Pfund Öl zahlen zu müssen binnen 14 Tagen. Wenn nicht erfolgt die Pfändung.

Frau Madlene von Venningen hat ihren Anspruch eingeklagt gegen Cles Wiß für Herrn Jorge von Venningen, ihren Bruder und hat Pfändung gefordert.

Peter Bender soll den Wein zum ersten Mal 14 Tage behalten.

Heinrich Liebhenne, der Stiefsohn von Contz, erkennt an, Schonwedder 13 Albus zahlen zu müssen binnen 14 Tagen. Wenn nicht erfolgt die Pfändung.

Lebe der Kürschner erkennt an, Hans Wolenber 4 Gulden gegen Rechnung zahlen zu müssen binnen 14 Tagen. Wenn nicht erfolgt die Pfändung.

fol. 115v — Dinstag nach Assumpcionis Marie

erk(annt)	Jt(em) Drubein erk(ennt) Diemen Clasen als vo(n) mo(m)p(ar)schafft wegen
	h(er)n Conrat Langen XV thornes zu geb(e)n in XIIII t(agen). Si no(n) p.
erf(olgt)	Jt(em) Henne Stope erf(olgt) Hansen den keßlern offs bůch.
	Jt(em) her Heinrich Strůde als vo(n) unser lieb(e)n frauw(e)n altar
1 h	wegen dut 1 h vor XVII ß gelts off den spittel / hie
	und zu Jngelnheim und off solich und(er)phande nemlich
	die schůle nach lude siner register.
erk(annt)	Jt(em) Henne Rieße erk(ennt) Martin dem smede XIIII alb(us)
	off rechnu(n)ge zu geb(e)n in XIIII tagen. Si no(n) p erf(olgt).
	Jt(em) Philips Buser unser scholtes und mit scheffen ge-
1 h	selle als vo(n) des spittels wegen dut 1 h vor ey(n) guld(e)n
	gelts off Herma(n) Scher(er)n und Concze Bellerßheym
	et supra pingn(or)a.
	Jt(em) Jeckel von Siemern erk(ennt) Hengin Roden / solich erkent[-]
nit v(er)jheren	niße er yme furmals jnhalt des buchs gethan / nyt
	verjheren soll / Das hait das gericht laißen gescheen
	off recht.
	Jt(em) Swinden Else erk(ennt) Drubein / yme solich husche / er vor
	yren hußwert seligen verlacht jnhalt des bůchs
erk(annt) nota	ledijg zu machen zusch(e)n sant Martins tage / Dett
	sie des nit / so solt Drubein phande off yre erfolgten
	hain jn maißen vor jn dem buch stett.
erf(olgt)	Jt(em) Peder Snade erf(olgt) Sniderhen(ne) Jeckeln den jongen
	vor XL guld(e)n off rechnů(n)ge.
erf(olgt)	Jt(em) Diemen Clas als vo(n) mo(m)perschafft wegen h(er)n Conrats
	Langen erf(olgt) Kicz Anne(n) vor I guld(e)n.
	Actu(m) off Dinstag nach Assu(m)pc(i)on(is) Ma(r)ie.
	Jt(em) h(er) Conrat Diecze amptma(n) zu sant^a Cristofel(us) zu Mencze
2 h	dut sin 2 h off Concze Storczkoppen und Hengin
	Prassen ut p(ri)ma.
	Actu(m) off Samßtag nach Assu(m)pc(i)o(nis) Ma(r)ie.

a Das letzte Wort ist über der Zeile beigefügt.

17. August 1479

Drubein erkennt an, Clas Diem als Vertreter von Herrn Konrad Lange 15 Tournosen zahlen zu müssen binnen 14 Tagen. Wenn nicht erfolgt die Pfändung.
Henne Stop hat seinen Anspruch ins Gerichtsbuch eintragen lassen gegen Hans den Kessler.
Herr Heinrich Strude erhebt für den Liebfrauenaltar seine 1. Klage wegen 17 Schilling Geld gegen das Spital hier zu Ingelheim und auf die Pfänder, die Schule, gemäß seinem Register.
Heinrich Rieß erkennt an, Martin dem Schmied 14 Albus gegen Rechnung zahlen zu müssen binnen 14 Tagen. Wenn nicht erfolgt die Pfändung.
Philipp Bußer, unser Schultheiß und Mitschöffe, erhebt für das Spital seine 1. Klage wegen 1 Gulden Geld gegen Hermann Scherer und Contz Bellersheim auf die Pfänder.
Jeckel von Simmern erkennt gegenüber Hengin Rode an, dass die Verpflichtungen, die er ihm laut des Gerichtsbuchs anerkannt hat, nicht verjähren sollen. Das hat das Gericht geschehen lassen als Recht.
Else Swinde erkennt gegenüber Drubein an, dass sie das Haus, das ihr verstorbener Ehemann von ihm erhalten habe, frei von Zinsen machen werde bis Martini. Täte sie das nicht, so solle Drubein die Pfänder einziehen, wie es im Gerichtsbuch steht.
Peter Snade verklagt Jeckel Sniderhen den Jungen auf 40 Gulden gegen Rechnung.
Clas Diem als Vertreter von Herrn Konrad Lange erklagt 1 Gulden von Anne Kitz.

17. August 1479

Herr Konrad Dietze, Amtmann von St. Christoph zu Mainz erhebt seine 2. Klage gegen Contz Stortzkopp und Hengin Prass.

21. August 1479

Montag vor Bartolomei

tag v(er)hut(en)	Jt(em) Peder Snade und Ped(er) Wolenber haint yren tag v(er)hut(en). So hait Henne von Echzel syne(n) tag auch verhut(en) geigen Barts Henne(n) und yne ist allen tag gestalt an das nehste gericht. Barts Henne ist auch zu geigen gewest.
1 clage	Actu(m) off Montag vor Bartolomei. Jt(em) Jeckel Monst(er) als vo(n) der kyrchen wegen dut 1 clage vor drißijg guld(e)n heiptgelt und XXX guld(e)n schad(e)n off Karlen von Sweden et om(n)ia. Des ist yme tag geseczt off nehst Dinstag ober XIIII tage sin clage zu follenfuren und zuverbotschafften wie dan(n) das gericht wiset als recht ist.
Frederich Bliecke frauwe Madlene	Actu(m) off Donerstag nach Bartolomei. Jt(em) Wilhelm der scholteß zu Hilberßheim hait sich v(er)dingt Hans Snydern als vo(n) mo(m)perschafft wegen Frederich Bliecken sin worte zu thun und hait sin und(er)tinge v(er)bot als recht ist. Und hait frauwe Madlenen von Fennyngen zu gesproch(e)n wie daß eyn erbfalle zusch(e)n jonck(er) Wilhelm seligen und frauwe Margrett Wint(er)bech(er)n siner hußfrauw(e)n gescheen. Und die b(enan)nt(e) frauwe Margrett seligen[a] yn die gutter von joncker Wilhelm seligen herberoren / geerbt wie dan(n) hie recht ist nach lude des buchs. Und nů nach abgange yrs lebens so underzugt sich frauwe Madlene solicher gutter mit namen eigen gutt(er) farnde habe / gulte und anders hie jn dem gericht nuste ußgeno(m)men und joncker Frederich(e)n als vo(n) siner hußfrauw(e)n wegen / die dan(n) als wole eyn suster kint joncker Wilhelms selige(n) ist als frauwe Madlene // zu glichem theile ko(m)men leßet. Das schade Hans Snydern als vo(n) sins jonckern wegen dusent guld(e)n und heist yr des eyn richtlich antwort und hofft sie solle sin jonck(er)n zu glichem theyle ko(m)men laißen.

[a] Das letzte Wort ist über der Zeile beigefügt.

23. August 1479

ÜBERTRAGUNG

Peter Snade und Peter Wolenber haben ihren Gerichtstermin gewahrt. Ebenso hat Henne von Echzel seinen Tag gegenüber Henne Bart gewahrt und es wurde ihnen ein Termin gesetzt am nächsten Gerichtstag. Henne Bart war anwesend.

23. August 1479

Jeckel Monster erhebt für die Kirche seine 1. Klage wegen 30 Gulden Klagesumme und 30 Gulden Gerichtskosten gegen Karl von Sweden auf alles. Es ist ihm ein Termin gesetzt worden am nächsten Dienstag in 14 Tagen, um seine Klage in der vorgeschriebenen Weise vorzubringen.

26. August 1479

Wilhelm der Schultheiß zu Hilbersheim hat sich verpflichtet, Hans Snider den Vertreter von Friedrich Bliecke vor Gericht zu vertreten und hat seine Anwaltschaft festhalten lassen, wie es rechtmäßig ist. Und er hat Frau Madlene von Venningen angeklagt, dass ein Erbfall zwischen dem verstorbenen Junker Wilhelm und Frau Margret Winterbecher, seiner Ehefrau, geschehen sei.

Und die genannte verstorbene Frau Margret hat ihre Güter vom verstorbenen Junker Wilhelm geerbt, wie es hier Recht ist nach Auskunft des Gerichtsbuchs. Und nun, nach ihrem Tod, ziehe Frau Madlene die Güter an sich, nämlich Eigengüter, Fahrhabe, Gülten und anderes hier im Gericht – nichts ausgenommen – und lässt Junker Friedrich, der über seine Ehefrau ebenso ein Schwesterkind des verstorbenen Junker Wilhelm ist wie die Frau Madlene, nicht zu seinem Anteil kommen. Das schade Hans Snider für seinen Junker 1000 Gulden, und er fordert von ihr eine Antwort vor Gericht und hofft, sie werde seinen Junker zu seinem gleichgroßen Anteil kommen lassen.

fol. 116v — Donerstag nach Bartolomei

Dar off hait sich Henne Erken(n) v(er)dingt frauwe Madlene(n)
yr worte zu thůn und hait sin und(er)tinge auch verbot
als recht ist und sagt nach dem Wilhelm der scholtes
als vo(n) sins heiptmans wegen geretten hait / daß jonck(er)s
Frederichs frauwe / als nahe soll sin / als frauwe Madlen
dar off sij yr antwort / joncker Wilhelm selige sihe
dotes halb(e)n abegangen desselben tages habe er eyn
swester nemlich syner frauwen muter gehabt / und
nit mehe // Do ist joncker Frederich Bliecken swieg(er)-
fraůwe doit gewest / ee und zuvor dan(n) jonck(er) Wilhelm
selige // Und dwile siner frauwen můter selige // jonck(er)
Wilhelms seligen yrs bruder doit erlept // und jonck(er)
Frederichs swegerfrauwe nit / so hoffe sie daß der
kaffe gefallen sij off den tag do joncker Wilhelm selig(en)
doit und lebendijg gewesten ist // und soll auch sie geerbt hain und nyemant anderß // Nů sihe yr muder
von doites wegen abegange(n) und der selbe falle und gerechtekeit / sij off sie erstorben und gefallen. Dar um(m)b
so hoffe sie Hans Snyd(er)n als vo(n) sins jonck(er)n wegen
nuste schuldig zu sin und stilt das zu recht.

i(n) j(ure) Wilhelm als vo(n) sins heiptma(n)s wegen sagt nach dem
Hen(ne) Erken(n) gerett / daß der falle off den tag do
jonck(er) Wilhelm selige gestorben // gescheen soll sin.
Dar widder redde er als vo(n) sins heiptma(n)s wegen
und meynt neyn dar zu // deshalp daß joncker Wilhelm und sin hußfrauwe seligen sich hie geerbt
haint als recht ist nach lude des buchs. Also welches
das ander ober lebe das soll bliben siczen ungeschůpt
allermenlichs. Und wan(n) sie beide nit ensint / alsdan(n)
sollen die gutter gefallen do sie here ko(m)men sin.
Do sij merglich zuverstehen daß das lantrecht
do mit ober geb(e)n sihe / die zijt uß / bijß off abegang
yrer beider leben / Und so eß nů ober geben ist und
ym(m) tage lige so hoffe sin heiptma(n) daß erßte so
das leste abegegangen ist der erbfalle ᵃ gescheen sij /

a Es folgt durchgestrichen: »ge«.

26. August 1479 — fol. 116v

ÜBERTRAGUNG

Darauf hat sich Henne Erk verpflichtet, Frau Madlene vor Gericht zu vertreten und hat seine Anwaltschaft festhalten lassen, wie es rechtmäßig ist und sagt: Nachdem Wilhelm der Schultheiß für seinen Hauptmann geredet hat, dass Junker Friedrichs Frau ebenso nah verwandt sein soll als Frau Madlene, darauf sei ihre Antwort: Als Junker Wilhelm verstorben sei, habe er eine Schwester, nämlich die Mutter seiner Herrin gehabt und nicht mehr. Junker Friedrich Blieckes Schwiegermutter war tot vor Junker Wilhelms Tod. Und weil seiner Herrin verstorbene Mutter Junker Wilhelms, ihres Bruders, Tod erlebt habe und Junker Friedrichs Schwiegermutter nicht, so hoffe sie, dass die Entscheidung gefallen sei, als der Junker starb und sie solle geerbt haben und niemand anders. Nun sei ihre Mutter verstorben und deren Erbe sei an sie gefallen. Darum hoffe sie, Hans Snider für seinen Junker nichts schuldig zu sein und legt das dem Gericht vor. Wilhelm sagt für seinen Hauptmann: Nachdem Henne Erk sagte, dass der Anfall des Erbes an dem Tag als Junker Wilhelm verstarb geschehen sei, dem widerspreche er für seinen Hauptmann und sagt Nein dazu, weil Junker Wilhelm und seine verstorbene Frau geerbt haben, wie es rechtmäßig ist nach Aussage des Buches. Wer den anderen überlebe, der soll in dem Besitz ungehindert sitzen bleiben. Wenn sie beide nicht mehr leben, dann sollen die Güter dorthin fallen, wo sie her kamen. Das sei deutlich so zu verstehen, dass das Landrecht damit ruhe bis zu ihrer beider Tod. Und da es nun offen zu Tage liegt, so hofft sein Hauptmann, da beide verstorben sind, sei der Erbfall eingetreten.

fol. 117 — Donerstag nach Bartolomei

Und so jonck(er) Wilhelms selig(e) swest(er) ne(m)lich der frauwen
mût(er) synen doit nit erlept / sond(er)n die geswistert so
hoffe joncker Frederich daß sin hußfrauwe als wole
zu glichem theyle gehen solle als frauwe Madlen und
stilt das zu recht // Frauwe Margrett selige habe auch yn(n)
den gûden geseßen geschald(e)n und gewalten und der gude
geweldiglich macht gehabt. Dem allen nach getruwe^a
joncker Frederich er soll zu glichem theyle gehen.

i(n) j(ure) Hen(ne) Erken(n) von sin(er) frauwen wegen sagt nach dem
Wilhelm von sins heiptma(n)s wegen geretten hait daß
frauwe Margrett selige der gutter faste mechtijg gewesten sij nach lude der erbûnge jnhalt des gericht buchs
und do sie abegegangen sihe do solle der kaffe von joncker
Wilhelm seligen erßte gefallen sin // Daß sihe siner frau[-]
wen meynu(n)ge gancze nit. Nach lude der besaczûnge die
dan(n) clerlich in dem gerichtsbuch stett dar yn(ne) sich wole
finden sall daß frauwe Margret selige die gutter
nit macht hait gehabt zuv(er)sezen ader verphenden
in keynen weg^b sond(er)n eyn lipzocht ende yrs lebens davo(n)
hain. Dar an man wol mercken mag / daß sie die gutter
nit macht gehabten hait zuverseczen ader verphend(e)n.
Dar zu habe syn(er) frauw(e)n mût(er) den falle erlept und jonck(er)
Frederichs swegerfrauwe nit // Der falle / als sie hoffe / sij
auch gescheen off den tag do joncker Wilhelm selige
doit und lebendig gewesten ist. Ffurt(er) als Wilhelm gerett(en)
hait daß frauwe Margrett selige geschald(e)n / gewalten
gegifft und gegeb(e)n habe // do wuße sin frauwe nit von
und sage neyn dar zu. Dan(n) wuste sie eynche gude von
joncker Wilhelm seligen her kom(m)en // die sie vergifft
und vergeb(e)n hette / do wolt sie recht um(m)b neme(n). Und
hofft eyn und ander sovjl zu genyßen daß sie Hans
Snyd(er)n von sins jonck(er)n wegen nuste schuldig sihe
und stilt das zu recht.

i(n) j(ure) Wilhelm als vo(n) sins heiptma(n)s wegen sagt / als Hen(ne) Erken(n)
von der frauwen wegen geretten habe des lipseßs halb(e)n

---

a Es folgt – teilweise in der nächsten Zeile - nochmals: »getruwe«.
b Das letzte Wort ist über der Zeile beigefügt.

Und wenn die verstorbene Schwester von Junker Wilhelm, nämlich die Mutter seiner Herrin, seinen Tod nicht erlebt sondern die Geschwister, hoffe Junker Friedrich, dass seine Ehefrau zu gleichem Teilen erben solle wie Frau Madlene und legt das dem Gericht vor. Die verstorbene Frau Margret habe auch in den Gütern gesessen, geschaltet und gewaltet und volle Macht über alle Güter gehabt. Deshalb vertraue Junker Friederich darauf, sie werde zu gleichen Teilen erben.

Henne Erk sagt für seine Herrin: Nachdem Wilhelm für seinen Hauptmann geredet hat, dass die verstorbene Frau Margret Vollmacht über die Güter hatte nach Laut der Erbteilung gemäß dem Gerichtsbuch und als sie verstarb soll nichts vom verstorbenen Junker Wilhelm zuerst ihr zugefallen sein. Das sei gar nicht die Meinung seiner Herrin. Gemäß dem Vertrag, der im Gerichtsbuch steht, wo er sich finden werde, hatte die verstorbene Frau Margret nicht die Macht, die Güter zu versetzen oder zu verpfänden, sondern sie hatte eine Leibrente davon. Daran kann man wohl sehen, dass sie nicht die Macht hatte, die Güter zu versetzen oder zu verpfänden. Zudem habe seiner Herrin Mutter den Anfall des Erbes erlebt und Junker Friedrichs Schwiegermutter nicht. Das sei geschehen an dem Tag, als Junker Wilhelm verstarb. Weiter sagte Wilhelm, dass die verstorbene Frau Margret geschaltet und gewaltet und gehandelt habe, davon wüsste seine Herrin nichts und sagt Nein dazu. Denn wüsste seine Herrin von einigen Gütern, die vom verstorbenen Junker Wilhelm herrühren und welche sie weggegeben und verkauft habe, die werde sie wieder zurücknehmen. Sie hofft, dass sie das alles genießen solle und Hans Snider für seinen Junker nichts schuldig sei und legt das dem Gericht vor.

Wilhelm sagt für seinen Hauptmann, was Henne Erk für seine Herrin geredet habe wegen des Rechts auf Lebenszeit,

fol. 117v — Donerstag nach Bartolomei

	daß sie nit macht gehabt(en) habe // etwas zuv(er)geb(e)n etc.
	Do sage sin heiptman(n) joncker Wilhelm selige habe
	sin hußfrauwe geerbt nach lude des buchs als recht
	ist // Sihe wole zuversteh(e)n daß do mit die erben
	enterbt sihen und das lantrecht gebrochen // Dwile
	sie nů geerbt ist / als recht ist // sihe zu mercken daß
	sie mechtiglich auch geseßen hait. Und den erben
	mochte deshalp ye nuste gefallen dan(n) do die frauwe
	doit was // Nů stett gar clerlich in dem bůche wan(n)
	das leste nit ensihe alsdan(n) soll iglichs gefallen do eß
	her ko(m)men sihe. Nach lude des buchs jst zuv(er)stehen
	daß erßte so die frauwe gestorben // der falle gescheen
	sihe. Und hofft joncker Frederich eyn und ander so
	vijl zu genyßen daß frauwe Madlen mit yme
	deylen soll. Und stilt das zu recht.
i(n) j(ure)	Henne Erken(n) als vo(n) siner frauw(e)n wegen hofft der
	falle sihe gefallen off den tag do joncker Wilhelm
	selige doit und lebendig gewesten ist. Und yre můt(er)
	habe den falle erlebt und nyemant anders / Der be-
	saczůnge nach sie beide gethan / jnhalt des bůchs
	das dan(n) nit bestympt daß frauwe Margrett selige
	eynche gutt(er) von joncker Wilhelm seligen her ko(m)men
	macht gehabten habe zuv(er)seczen ader zuv(er)geb(e)n / dan(n)
i(n) j(ure)	ey(n) lipseße do off zu hain. Wilhelm als vo(n) sins heipt[-]
	mans wegen sagt eß stehe auch nit jn dem bůch
	daß yr solichs verbotten sihe. Und sie hab(e)n von
	beidentheiln do mit besloßen und die dinge wie
ad socios	sie vor und nahe gerett(en) gancze zu recht geseczt.
i(n) j(ure)	Das ist gelengt ad socios. Das haint sie verbot.
	Jt(em) Henne von Eltvjl hait Cleßgin Schumech(er)n zu[-]
	gesproch(e)n wie daß Joh(ann)es Faut eyn stucke wins
Henne vo(n)	um(m)b Concze Strangen geburgt(en) habe // Do habe Dyne
Eltvjl	sin hußfrauwe gebetten daß er dar vor spreche
Dyne	sie woll yme vor allen schaden gut sin. Daß sie yne

dass sie keine Macht hatte, etwas wegzugeben usw. Dazu sagt sein Hauptmann: Der verstorbene Junker Wilhelm habe an seine Ehefrau vererbt gemäß den Angaben des Gerichtsbuchs, wie es rechtmäßig ist. Das sei wohl so zu verstehen, dass damit die Erben enterbt sind und das Landrecht gebrochen ist. Weil sie nun geerbt hat, wie es rechtmäßig ist, sei daran zu merken, dass sie auch mit aller Herrschaftsgewalt in dem Besitz gesessen hat. Den Erben konnte deshalb nichts zufallen als die Frau tot war. Nun steht eindeutig im Buch: Wenn das Letzte nicht sei, dann soll alles dorthin fallen, wo es herkomme. Die Aussagen des Gerichtsbuchs sind so zu verstehen, dass erst dann, wenn die Frau gestorben sei, der Anfall des Erbes geschehen sei. Daher hofft Junker Friedrich, dass Frau Madlene mit ihm teilen muss. Das legt er dem Gericht vor. Henne Erk sagt für seine Herrin: Er hoffe, der Anfall [des Erbes] sei eingetreten an dem Tag, an dem Junker Wilhelm verstarb. Die Mutter seiner Herrin habe den Fall erlebt und niemand anderes. Durch den Vertrag, auf den sie sich beide berufen und der im Gerichtsbuch steht, ist nicht bestimmt, dass die verstorbene Frau Margret Güter, die vom verstorbenen Junker Wilhelm herrühren, versetzen oder verkaufen dürfe, sondern dass sie ein lebenslanges Nutzungsrecht dort habe. Wilhelm für seine Hauptmann sagt: Es stehe auch nicht in dem Buch, dass ihr solches verboten sei. Und beide Parteien haben damit geschlossen und es dem Gericht vorgelegt. Das ist verschoben worden bis zum Zusammentreten des Vollgerichts. Dem haben sie beide zugestimmt.

Henne von Eltville hat Clesgin Schuhmacher angeklagt, dass Johannes Faut wegen einem Stückfass Wein gegenüber Contz Strange gebürgt habe. Da habe Dyne, seine Ehefrau, gebeten, dass er dafür eintrete, sie werde ihm allen Schaden ersetzen. Dass sie ihm

fol. 118 — Donerstag nach Bartolomei

nu nit von schad(e)n dut / das schade yme XX guld(e)n. Und
obe sie dar zu neyn sagen wolt // wijl sie dan(n) mit dem
heiptma(n) laiß(e)n wisen so wijl er sie wisen / Ist des nit
so heiße er yr eyn ja ader ney(n). Dar off hait Dyne
geantwort. Das hait Hen(ne) von Eltvjl off geno(m)men und
gescheen laiß(e)n und sagt sie sihen mit eyn zu den bruden
gewest // Do sij Hen(ne) von Eltvjl ko(m)men und gesagt // Din vatt(er)
hait ein stucke wins kaufft um(m)b Concze Strangen do
sollen du und ich burge fure sin // Ist dir das liep // Do habe
sie ja gesagt eß were yr lijp. Und wes er sie wider
anlange des sihe sie unschuldig. Hen(ne) von Eltvjl hait
verbot daß Din erk(ennt) daß sie mit burge sij // Furter
ist Dynen yr unscholt gestalt noch hude zu XIIII tagen.
Das haint sie beide verbot.

erk(annt) — Jt(em) Henne Englend(er) erk(ennt) Ped(er) Lichtschiden IX alb(us) zu
geb(e)n in XIIII tagen. Si no(n) p erf(olgt).

phert halt(en) — Jt(em) Henne Raup sall das pherdt zum erßten maile
XIIII tage halten.

erk(annt) — Jt(em) Concze der lynen wober erk(ennt) Hengin Randeckern
X alb(us) zu geb(e)n in XIIII tagen. Si no(n) p erf(olgt).

erf(olgt) — Jt(em) Hengin Enders erf(olgt) Knodenhen(ne) offs buch.

Heinrich Smett Busen Hen(ne) s(en)(tent)ia — Jt(em) Heinrich der smett hait Henne mit der Busen zu
gesproch(e)n wie daß er yne vor ziden erfolgt und er-
gangen gehabt habe // Do sihe Hen(ne) zu yme ko(m)men
und mit yme gerett(en) daß er yme XII alb(us) und den
schaden geb(e)n woll // Daß Hen(ne) solichs nit dut das schade
yme alsvjl dar zu. Und obe er dar zu ney(n) sagen wolt
so beziege er sich des off den bottel // Henne wijl eß
auch bij dem bottel laiß(e)n. Und ist mit recht gewist(en)
dwile sie von beidentheiln off den bottel ziegen so
sollen sie yne auch vor gericht brenge(n) und das thun
in XIIII tagen. Bedorffen sie dan(n) yre tage furte und
heisch(e)n die als recht ist // so sall ma(n) yne die furt(er) stillen
noch zu czweihen XIIII tagen. Und so der bottel v(er)hort(en)
wyrt geschee dan(n) furt(er) was recht ist / Ambo verbot.

p b — Jt(em) Ancze Duppengießer hait p b an Cleßgin Unglichen.

26. August 1479

den Schaden nun nicht erstatte, das schade ihm 20 Gulden. Und wenn sie Nein dazu sagen wolle, will er es durch die Aussage des Hauptmanns beweisen. Ist dem nicht so, so fordere er von ihr ein Ja oder Nein. Darauf hat Dyne geantwortet. Das hat Henne von Eltville aufgenommen und geschehen lassen und sie sagt: Sie seien zusammen bei den Brüdern gewesen. Da sei Henne von Eltville gekommen und habe gesagt: „Dein Vater hat ein Stückfass Wein von Contz Strange gekauft. Dafür sollen du und ich Bürgen sein. Ist dir das lieb?" Darauf habe sie Ja gesagt, es sei ihr recht. Und wessen er sie darüber hinaus anklage, dessen sei sie unschuldig. Henne von Eltville hat festhalten lassen, dass Dyne zugibt, Mitbürge gewesen zu sein. Weiter gilt Dynes Unschuld von heute an für 14 Tage. Dem haben sie beide zugestimmt.

Henne Englender erkennt an, Peter Lichtschid 9 Albus zahlen zu müssen binnen 14 Tagen. Wenn nicht erfolgt die Pfändung.

Henne Raub soll das Pferd das erste Mal für 14 Tage behalten.

Contze der Leinenweber erkennt an, Hengin Randecker 10 Albus zahlen zu müssen binnen 14 Tagen. Wenn nicht erfolgt die Pfändung.

Hengin Enders hat seinen Anspruch ins Gerichtsbuch eintragen lassen gegen Henne Knode.

Heinrich der Schmied hat Henne mit der Busen angeklagt, dass er gegen ihn vor einiger Zeit vor Gericht gewonnen habe. Da sei Henne zu ihm gekommen und habe mit ihm geredet, dass er ihm 12 Albus und den Schaden zahlen will. Dass Henne das nicht tut, das schade ihm ebensoviel dazu. Und wenn er dazu Nein sagen wolle, so berufe er sich auf den Büttel. Henne will es auch bei dem Büttel lassen. Und es ergeht das Urteil: Weil sie sich beide auf den Büttel berufen, sollen sie ihn vor Gericht bringen in 14 Tagen. Bedürfen sie Verlängerung und forderten diese, wie rechtmäßig ist, soll man sie ihnen noch zweimal 14 Tage geben. Und wenn der Büttel verhört wird, geschehe es weiter, wie es rechtmäßig ist. Dem haben sie beide zugestimmt.

Antz Duppengießer hat Pfändung gefordert gegenüber Clesgin Unglich.

fol. 118v — Samßtag vor Decollacionis sancti Johannis

	Jt(em) zusch(e)n Barts Henne(n) und Henne(n) von Echzel
Barts Hen(ne)	s(e)n(tent)ia // swert Barts Henne off den heilgen als recht
Henne vo(n)	ist daß sin vatter selige die III ß gelts jnhalt
Echzel	siner heischůnge und zusprochs nach lude des
	bůchs / off Hennen von Echzels guden gehabt // und
	yme die bynne(n) drißijg jaren davo(n) gehantreicht
	nit abegekaufft ader verglichen sint // und von
	keynem nemlich(e)n underphande // vor die gulte
	verlacht nit wuße // so geschee furt(er) was recht
	ist. Das ortel haint sie beide verbot. Ffurt(er) begert
	Barts Henne // wie und jn welcher zijt er das recht
no(tandum)	thůn soll // S(e)n(tent)ia er sall eß thůn bynne(n) jars frist
s(e)n(tent)ia[b]	welche zijt er wijl. Und sall die scheffen ober halp
	hain und den yr recht geb(e)n. Und wan(n) erßs thůn wijl
	so sall erßs den widdertheyl zuvor mit dem bottel
	wißen laiß(e)n. So f(er)re er dan(n) solich recht in maiß(e)n
	yme hertheilt dut // sall Henne von Echzel yme
	sin gulte furt(er) geb(e)n // Dett er aber des rechten wie
	obgemelt nit // so were Hen(ne) von Echzel dieser an-
	sprache von yme entbroch(e)n und nuste schuldig.
	Das haint sie auch beide verbot.
	Jt(em) Hans Snyder dut 1 clage vor I guld(e)n heiptgelt
1 clage	und XII guld(e)n schaden off Cleßgin den murer zu
	Gauwelscheim et om(n)ia.
erf(olgt)	Jt(em) Cleßgin von Lorche erf(olgt) H(er)man Bend(er)n vor X g(ulden).
erf(olgt)	Jt(em) Peder Lichschijt erf(olgt) Hiltwins Jeckeln vor VII g(ulden).
erf(olgt)	Jt(em) Hans Snider erf(olgt) Vinczen vor I guld(e)n.
erf(olgt) no(tandum)	Jt(em) Diemen Clas erf(olgt) Herma(n) von Holczhusen vor
	XX guld(e)n. Beneme er sich aber wie recht ist
	daß yme von dem gebodde nit wißen were
	so salt diß erfolgniß abe sin.
	Actu(m) off[a] Samßtag vor Decollac(i)o(n)is s(anc)ti Joh(ann)is.
2 h	Jt(em) Philips Bus(er) uns(er) mit scheffen geselle als vo(n) des spittels

a Es folgt durchgestrichen: »dinst«.
b Der Textbereich vom Seitenanfang »Jt(em) zusch(e)n Barts Henne« an bis unten Zeile 21 »Das haint sie auch beide verbot« wird mittels einer geschweiften Klammer auf die Marginalie verwiesen.

28. August 1479 — fol. 118v

Zwischen Henne Bart und Henne von Echzell ergeht das Urteil: Schwört Henne Bart zu den Heiligen, wie es rechtmäßig ist, dass sein verstorbener Vater die 3 Schilling Geld gemäß seiner Klage nach Aussage des Buchs auf die Güter Hennes von Echzell hatte und ihm die 30 Jahre lang gezahlt wurden und sie nicht verkauft oder verglichen sind oder für einen anderen Pfand für die Gülte getauscht wurden, so geschehe es weiter, wie es rechtmäßig ist. Dem Urteil haben sie beide zugestimmt. Weiter erfragt Henne Bart vom Gericht, wann er das tun soll. Urteil: Er soll es tun binnen Jahresfrist zu welcher Zeit er will. Und er soll die Schöffen von oberhalb haben und vor denen stehen. Und wenn er es tun will, dann soll er es die Gegenpartei zuvor durch den Büttel wissen lassen. Wenn dies in der rechten Form geschehe, soll Henne von Echzel ihm seine Gülte in Zukunft geben. Täte er es aber nicht in der genannten Weise, sei Henne von Echzel von seiner Anklage frei und ihm nichts schuldig. Dem haben sie beide zugestimmt.

Hans Snider erhebt seine 1. Klage wegen 1 Gulden Klagesumme und 12 Gulden Gerichtskosten gegen Clesgin den Maurer zu Gaulsheim auf alles.

Clesgin von Lorch verklagt Hermann Bender auf 10 Gulden.

Peter Lichtschid verklagt Jeckel Hiltwin auf 7 Gulden.

Hans Snider verklagt Vincz auf 1 Gulden.

Clas Diem verklagt Hermann von Holzhausen auf 20 Gulden. Beeide er aber, wie es rechtmäßig ist, dass er von der Forderung nichts wusste, so soll dies nicht gelten.

28. August 1479
Philipp Bußer, unser Mitschöffe, erhebt für das Spital

fol. 119 — Dinstag nach Decollacionis sancti Johannis

wegen dut sin 2 h off H(er)man Scher(er)n und Concze Bellerß[-]
heim ut p(ri)ma.

Actu(m) off Dinstag nach Decollac(i)o(n)is
s(anc)ti Johan(n)is.

3 h Jt(em) her Conrat Diecze amptma(n) zu Sant Cristofel(us) zů
Mencze dut sin 3 h off Concze Storczkoppen und
Hengin Prassen ut p(ri)ma.

Actu(m) off Donerstag nach sant
Johans tage decollac(i)o(n)is.

1 h Jt(em) Henne Bocke unser mit scheffen geselle als vo(n) mo(m)p(ar)schafft
wegen des compters zům Heilgen Grabe zu Mencze dut
1 h vor VII½ [VIII/2] l(i)b(ras) gelts off Philips Hyrten unsern myt
scheffen gesellen et supra pingn(or)a.

Actu(m) off Samßtag nach sant
Johans tage decollac(i)o(n)is.

erk(annt) Jt(em) Henne von Soden erk(ennt) Peder Hanen von Jngelnheim
II½ [III/2] guld(e)n zu geb(e)n jn eyme maende. Si no(n) p erf(olgt).

erk(annt) Jt(em) Henne Duherman(n) erk(ennt) bruder Jacoben eyn converßs[a]
bruder zu Merenthale IX guld(e)n zu geb(e)n zuschen sant
Martins tage. Si no(n) p erf(olgt).

1 h Jt(em) Cristman von Venderßheim důt 1 h vor ½ [I/2] guld(e)n gelts
off Jeckel Beddern et supra pingn(or)a.

erk(annt) Jt(em) Heppen Hen(ne) erk(ennt) Brants Gerharden VI alb(us) zu geben
in XIIII tagen. Si no(n) p erf(olgt).

erf(olgt) Jt(em) Mertin der smett erf(olgt) Henne Rießen offs bůch.

1 h Jt(em) Henne Erken(n) dut 1 h vor II guld(e)n gelts off Jeckel
Stam(m)en und Snyderhen(ne) Jeckeln den jongen et om(n)ia.

erf(olgt) Jt(em) Bingeln Cleßgin erf(olgt) Stern Clesen vor XX guld(e)n.
erf(olgt) Jt(em) Ebert Snade erf(olgt) Busen Hennen vor II gůld(e)n.
erf(olgt) Jt(em) Ped(er) von Badenheim erf(olgt) Hansen von Mertloch vor II g(ulden).

---

[a] Über dem »v« befinden sich zwei kleine senkrechte Striche.

seine 2. Klage gegen Hermann Scherer und Contz Bellersheim.

31. August 1479
Herr Konrad Dietze, Amtmann von St. Christoph zu Mainz, erhebt seine 3. Klage gegen Contz Stortzkopp und Hengin Prass.

2. September 1479
Henne Bock, unser Mitschöffe, erhebt als Vertreter des Komturs zum Heiligen Grab zu Mainz seine 1. Klage wegen 7½ Gulden Geld gegen Philipp Hirt, unseren Mitschöffen, auf die Pfänder.

4. September 1479
Henne von Soden erkennt an, Peter Hane von Ingelheim 2½ Gulden zahlen zu müssen in einem Monat. Wenn nicht erfolgt die Pfändung.
Henne Duherman erkennt an, Bruder Jacob, einem Konversen zu Mergental, 9 Gulden zahlen zu müssen bis Martini. Wenn nicht erfolgt die Pfändung.
Christman von Vendersheim erhebt seine 1. Klage wegen ½ Gulden Geld gegen Jeckel Beder auf die Pfänder.
Henne Hepp erkennt an, Gerhart Brand 6 Albus zahlen zu müssen binnen 14 Tagen. Wenn nicht erfolgt die Pfändung.
Mertin der Schmied hat seinen Anspruch ins Gerichtsbuch eintragen lassen gegen Henne Rieß.
Henne Erk erhebt seine 1. Klage wegen 2 Gulden Geld gegen Jeckel Stamm und Jeckel Sniderhen den Jungen auf alles.
Clesgin Bingel verklagt Cles Stern auf 20 Gulden.
Ebert Snade verklagt Henne Busen auf 2 Gulden.
Peter von Badenheim verklagt Hans von Mertloch auf 2 Gulden.

fol. 119v — Dinstag vor Nativitatis Marie

	Actu(m) off Dinstag vor Nativitat(is) Ma(r)ie.
2 clage	Jt(em) Jeckel Monst(er) als vo(n) der kyrchen wegen dut sin
	2 clage off Karlen von Sweden ut p(ri)ma.
	Actu(m) off Donerstag nach Nativitat(is) Ma(r)ie.
tag v(er)hut(en)	Jt(em) Dyne Cleßgin Schu£mechers hußfrauwe hait yren tag
	verhuten der unschulde halb(e)n geigen Hen(ne) von Eltvjl.
	Des ist yre tag gestalt an das nehste gericht.
2 tag	Jt(em) Heinrich der smett hait sin 2 tag furt(er) geheischen
	konde zu brengen geigen Henne(n) mit der Busen.
pherdt halt(en)	Jt(em) Henne Raup sall das pherdt zům czweiten maile
	XIIII tage halten.
	Actu(m) off Samßtag nach Nativitat(is) Ma(r)ie.
	Jt(em) Rudolf der snyder hait Hengin Enderß(e)n zu gesproch(e)n
Rudolff snyd(er)	wie daß er yme XVIII alb(us) gerechenter scholt schuldig
Heng(in) Enderß	sihe und gebe yme^a der nit. Das schade yme alsvyl dar zu.
	Und heist yme des eyn ja ader neyn. Dar off hait Hen[-]
	gin II½ [III/2] alb(us) heiptgelt und II hell(er) gebots gelt hinder
	gericht gelacht vor schad(e)n und Rudolffen die geoffent.
	Und sagt wes Rudolff yne wider anlange des sihe
	er unschuldig. Die unscholt ist gestalt noch hude zu
	XIIII tagen. Das haint sie beide verbot.
erf(olgt) p b	Jt(em) Dho(m)m(us) Henne erf(olgt) Kicze Anne(n) offs buch und hait p b.
	Jt(em) Henne Stope ist ko(m)men vor gericht und sagt / wie
	daß nach abgange Philips Henne(n) selige // sin erben zu
Hen(ne) Stope	yme kom(m)en sihen / und sich mit yme vertragen um(m)b
eyn frage	soliche scholt der obg(enan)nt(en) Philipshen(ne) yme zu thůn^b gewesten
	off nemliche zijt zu bezalen // Der haben eynß-
	theyls ußgeracht und eynßtheyls nit. Nů stehen
gelengt	die gude noch zu synen handen. Davo(n) begere er
	mit recht zu bescheiden // obe er zu den guden moge
	gehen und die zu yme nemen bijß so lange yme
	ußrachtunge geschee. Das ist gelengt an das nehste
	gericht.

a Das Wort ist über der Zeile beigefügt.
b Das Wort ist über der Zeile beigefügt.

7. September 1479
Jeckel Monster erhebt für die Kirche seine 2. Klage gegen Karl von Sweden.

9. September 1479
Dyne, die Frau von Clesgin Schuhmacher, hat ihren Tag gewahrt wegen der Unschuld gegenüber Henne von Eltville. Es ist ihr ein Termin gesetzt worden am nächsten Gerichtstag.
Heinrich der Schmied hat seinen 2. Tag erbeten um Beweise beizubringen gegen Henne mit der Busen.
Henne Raub soll das Pferd das 2. Mal 14 Tage behalten.

11. September 1479
Rudolf der Schneider hat Hengin Enders angeklagt, dass er ihm 18 Albus abgerechneter Schuld schuldig sei und gebe sie ihm nicht. Das schade ihm ebensoviel dazu. Und er fordert von ihm ein Ja oder Nein. Darauf hat Hengin 2½ Albus Klagesumme und 2 Heller Gebotsgeld bei Gericht für die Kosten hinterlegt und Rudolf die geöffnet. Und er sagt, wessen ihn Rudolf darüber hinaus anklage, dessen sei er unschuldig. Die Unschuld gilt von heute an 14 Tage. Dem haben sie beide zugestimmt.
Henne Dhommus hat seinen Anspruch ins Gerichtsbuch eintragen lassen gegen Anne Kitz und hat Pfändung gefordert.
Henne Stop ist vor das Gericht gekommen und sagt, dass nach dem Tod Henne Philips seine Erben zu ihm gekommen sind und sich mit ihm vergleichen wollten wegen der Schulden, die der genannte Philip bei ihm hatte. Von diesen ist ein Teil nun bezahlt, ein anderer nicht. Nun stehen die Güter noch in seinem Besitz. Daher fragt er das Gericht, ob er an die Güter greifen und die an sich nehmen könne, bis der Vergleich geschehen sei. Das ist verschoben worden auf den nächsten Gerichtstag.

fol. 120 — Montag vor Exaltacionis sancte Cruczis

TRANSKRIPTION

p b	Jt(em) Ped(er) Badenheim hait p b an Hansen von Mertloch.
Hen(ne) Raůp s(e)n(tent)ia mit dem pherde	Jt(em) Henne Raůp hait das pherdt off hude ab(er)mails vor gericht gehabt und mit recht begert wie er furt(er) do mit thůn soll etc. S(e)n(tent)ia er soll dem jhenen der yme das pherdt jngestalt // eynen bottel schicken. Ko(m)met er dan(n) zusch(e)n Donerstag nehst ober echtage und důt yme ußrachtunge / die sall er von yme neme(n). Geschiet des nit / so mag er das pherdt verkeyffen mit kontschafft des gerichts / Gilt es yme mehe dan(n) siner schulde ist so sall erß dem jhene(n) her ußer geben / Gilt eß yme aber my(n)ner // so mag er yne mit recht dar um(m)b suchen. Das hait Hen(ne) Raůp verbot.
1 clage	Jt(em) Clese Storczkoppe der jonge dut 1 clage vor XX g(ulden) heiptgelt und XX guld(e)n schaden off Beyerhenne(n) zu Algesheim et om(n)ia.
3 h	Jt(em) Philips Buser unser mit scheff(en) geselle dut sin 3 h off H(er)man Scher(er)n und Concze Bellerßheim ut p(ri)ma.

Actu(m) off Montag vor Exaltac(i)o(n)is s(anc)te Cruczis.
Jt(em) Concze Storczkoppe und Hengin Prasse sagen wie daß her Conrat Diecze amptma(n) zu sant Cristofel(us) zu Mencze off sie geheisch(e)n habe // Nů stillen sie yre libe vor

lip vor yre gude gestalt(en)	yre gude und begeren mit recht obe yre gude nit ledig sihen. Dar off s(e)n(tent)ia wollen sie recht geben und nemen als der scheffen hie vor eyn recht wiset so sihen sie ledig / Haint sie ja geantwort und das verbot. Des ist yne tag gestalt an das nehst gericht.

Act(um) off Donerstag nach Exaltac(i)o(n)is s(anc)te Cruczis.

2 h	Jt(em) Henne Bocke unser mit scheffen geselle als vo(n) mo(m)per[-]schafft wegen der compters zům Heilgen Grabe zu Mencze dut sin 2 h off Philips Hyrten unß(er)n myt scheffen gesellen ut p(ri)ma.

13. September 1479

Peter Badenheim hat Pfändung gefordert gegen Hans von Mertloch.
Henne Raub hat das Pferd heute erneut vor Gericht gehabt und gefragt, was er weiter tun soll. Urteil: Er soll jenem, der ihm das Pferd gegeben hat, einen Büttel schicken. Kommt er dann bis Donnerstag in 8 Tagen und vergleicht sich mit ihm, dann soll er das Geld nehmen. Geschieht dies nicht, so kann er das Pferd verkaufen mit Wissen des Gerichts. Bringe es mehr als er Schulden ausstehen habe, so soll er das überzählige Geld demjenigen herausgeben. Bringe es weniger, so kann er den Schuldner weiter gerichtlich belangen lassen. Das hat Henne Raub festhalten lassen.
Cles Stortzkopp der Junge erhebt seine 1. Klage wegen 20 Gulden Klagesumme und 20 Gulden Gerichtskosten gegen Henne Beyer zu Algesheim auf alles.
Philipp Bußer, unser Mitschöffe, erhebt seine 3. Klage gegen Hermann Scherer und Contzgin Bellersheim.

13. September 1479
Contz Stortzkopp und Hengin Prass sagen, dass Herr Konrad Dietze, Amtmann zu St. Christoph in Mainz, gegen sie geklagt habe. Nun stellen sie ihren Leib vor ihr Gut und fragen das Gericht, ob ihr Gut nicht frei sei. Darauf ergeht das Urteil: Wollen sie Recht geben und nehmen, wie es die Schöffen hier sprechen, so sei es frei. Sie haben mit Ja geantwortet und das festhalten lassen. Es ist ihnen ein Termin gesetzt worden am nächsten Gerichtstag.

16. September 1479
Henne Bock, unser Mitschöffe, erhebt als Vertreter des Komturs zum Heiligen Grab zu Mainz seine 2. Klage gegen Philipp Hirt, unseren Mitschöffen.

fol. 120v — Samßtag nach Exaltacionis sancti Crucis

Act(um) off Samßtag nach Exaltac(i)o(nis) s(anc)te Crůc(is).
Jt(em) Cleßgin von Schonb(er)g buhemeist(er) der kyrchen zu Spasbrůcke(n)
als vo(n) der selben kirchen wegen hait off geholten off

offgeholt(en) Spasbrůcken — Hanma(n) von Rudeßheim / Kochers Hengin / Pede [!] Fieln / Clese
Fieln Snyderhen(ne) Jeckeln Henne Rauben und Hans Schůch-
mechern soliche gude und und(er)phande / der kirchen ligent
vor X guld(e)n gelts nach lude eyns gericht briffs des datu(m)
steet XIIII^c(entum) und sechzehen etc. Und hait die offholunge
verbot. Und der scholteß hait yme ban(n) und freden dar ober
gethan als recht ist. Das hait er auch verbot.

2 h — Jt(em) Cristman(n) von Venderßheim dut sin 2 h off Jeckel
Beddern ut p(ri)ma.

erk(annt) — Jt(em) Dornhenne erk(ennt) Vinczen I½ [II/2] guld(e)n zu geben in XIIII
tagen. Si no(n) p erf(olgt).

erf(olgt) — Jt(em) Clese Raup n(oste)r soci(us) erf(olgt) Vinczen offs bůch.

p b — Jt(em) Adam von Winheim hait p b an Cleßgin Berkorn.

Jt(em) Heinrich der smett sagt er habe Hennen mit d(er) Busen
nehstmals zu gesprochen und sich off Růlnhenne(n) den bottel
bezogen // Begere er daß der sage / sovjl yme davo(n) wißen

Heinrich Smett konde — sij // Dar off sagt Rulnhen(ne) wie daß er Busen Hennen als vo(n)
Heinrichs / wegen phenden solt // Do habe Henne yme geb(e)n
IX alb(us) und yne gebett(en) daß er sie Heinrichen gebe und
yne biette daß ander an zu stehen laiß(e)n. Dan(n) wan(n) er zu
Winachten widder ko(m)me so woll er mit rechen und was
er yme schuldig sij das woll er yme gutlich ußrichten.
Solichs habe er gethan und zusch(e)n yne gerett(en). Obe^a sie nů
mit eyn gerechent haben des wuße er nit / Die sage
hait Heinrich verbot und ist furt(er) gelengt an das
nehste gericht.

gelengt gericht — Jt(em) das gericht ist offgeslagen bijß off Dinstag vor
sant Symon und Juden tage etc.

Act(um) off Dinstag sant Mathe(us) tage.

lip vor sin gut gestalt(en) — Jt(em) Karlen von Sweden hait syne(n) lip vor sin gut gestalt
nach dem Jeckel Monster als vo(n) der kyrchen wegen off

---

a Das »o« ist aus einem unleserlichen Buchstaben verbessert.

18. September 1479

Clesgin von Schonberg, Baumeister der Kirche zu Spabrücken, hat für die Kirche von Hanman von Rüdesheim, Hengin Kocher, Peter Fiel, Cles Fiel, Jeckel Sniderhen, Henne Raub und Hans Schuhmacher die Güter und Pfänder eingezogen, welche der Kirche für 10 Gulden Geld nach laut einer Urkunde von 1416 liegen. Und er hat die Einziehung festhalten lassen. Und der Schultheiß hat ihm Bann und Frieden darüber gemacht. Das hat er auch festhalten lassen.

Christman von Vendersheim erhebt seine 2. Klage gegen Jeckel Beder.
Henne Dorn erkennt an, Vincz 1½ Gulden zahlen zu müssen binnen 14 Tagen. Wenn nicht erfolgt die Pfändung.

Cles Raub, unser Mitschöffe, hat seinen Anspruch ins Gerichtsbuch eintragen lassen gegen Vincz.

Adam von Weinheim hat Pfändung gefordert gegenüber Clesgin Berkorn.
Heinrich der Schmied sagt, er habe Henne mit der Busen neulich angeklagt und sich auf Henne Rul den Büttel bezogen. Er begehre, dass dieser vor Gericht aussage. Darauf sagt Henne Rul, dass er Henne Busen von Heinrichs wegen pfänden sollte. Da habe Henne ihm 9 Albus gegeben und ihn gebeten, dass er sie Heinrich gebe und ihn bitte, das andere anstehen zu lassen. Wenn er zu Weihnachten wieder komme, so wolle er mit ihm abrechnen und ihm gütlich ausrichten, was er ihm schuldig sei. Solches habe er getan und mit ihm geredet. Ob sie nun miteinander abgerechnet hätten, das wisse er nicht. Die Aussage hat Heinrich festhalten lassen und die Sache ist verschoben worden bis zum nächsten Gerichtstag.

Das Gericht wurde aufgehoben bis Dienstag nach Simon und Juda.

21. September 1479
Karl von Sweden hat seinen Leib vor sein Gut gestellt, nachdem Jeckel Monster für die Kirche gegen

fol. 121 — Samßtag vor sant Michels tage

off yne geclagten hait und begert mit recht obe sin gude
nit ledig sihen. Dar off s(e)n(tent)ia / woll er recht geben und
nemen nach ansprach und antwort als der scheffen hie
vor eyn recht wiset so sihent sie ledig / Hait er ja geantwort und das verbot. Des ist yne beiden tag gestalt
an das nehst gericht. Das haint sie auch verbot.

Actu(m) off Samßtag vor sant Michels tage.
Jt(em) Philips Buser unser scholteß und mit scheffen geselle
    4 [8/2] h   als vo(n) des spittels wegen dut sin fierde heischunge off
H(er)man Scher(er)n und Concze Bellerßheim ut p(ri)ma. Des ist
yme tag gestalt an das nehste gericht.
Jt(em) Rudolff der snyder und Hengin Enders haint beide
tag v(er)hůt(en)   yren tag verhůt(en). Des ist yne tag gestalt an das nehste
gericht.
2 clage   Jt(em) Clese Storczkoppe der jonge dut sin 2 clage off Beyerhen(ne)
von Algeßheim ut p(ri)ma.
1 h[b]   Jt(em) der bichter ym(m) closter dut 1 h vor VIII ß gelts off Peder
Meczlern et sup(ra) pingn(or)a.
1 h   Jt(em) jd(em) dut 1 h vor XII ß gelts off Snyd(er)hen(ne) Jeckeln den
jongen et supra pingn(or)a.
Jt(em) Jeckel Bedder sagt Cristma(n) von Vendersheim habe off
yne geheisch(e)n. Nů stille er syne(n) lip vor sin gut und begert
mit recht obe sin gude nit ledig sihen // S(e)n(tent)ia woll er recht
lip vor sin   geb(e)n und neme(n) als der scheffen hie vor eyn recht wiset
gut gestalt   so sint sie ledig. Dar off hait er ja geantwort und das
verbot. Des ist yme tag gestalt an das nehste gericht.

Actu(m) off Samßtag sant Dionisien tage.
Jt(em) Clese Storczkoppe der jonge dut sin 3 clage off[a]

Actu(m) off Samßtag nach Symo(n)is und Jude.

---

a Der Name fehlt. An seiner Stelle stehen in der nächsten Zeile nebeneinander vier Punkte.
b Diese und die folgende Marginalie sind durch eine Klammer miteinander verbunden.

ihn geklagt hat und erfragt, ob seine Güter nun frei sind. Darauf ergeht das Urteil: Wolle er Recht geben und nehmen nach Anklage und Gegenrede, wie es die Schöffen hier sprechen, so sind sie frei. Da hat er Ja geantwortet und das festhalten lassen. Es ist ihnen beiden ein Termin gesetzt worden am nächsten Gerichtstag.

25. September 1479
Philipp Bußer, unser Schultheiß und Mitschöffe, erhebt seine 4. Klage gegen Hermann Scherer und Konrad Bellersheim. Es ist ihm ein Termin gesetzt worden am nächsten Gerichtstag.
Rudolf der Schneider und Hengin Enders haben beide ihren Tag gewahrt. Es ist ihnen ein Termin gesetzt worden am nächsten Gerichtstag.
Cles Stortzkopp der Junge erhebt seine 2. Klage gegen Henne Beyer von Algesheim.
Der Beichtvater im Kloster erhebt seine 1. Klage wegen 8 Schilling Geld gegen Peter Metzler auf die Pfänder.
Derselbe erhebt seine 1. Klage wegen 7 Schilling Geld gegen Jeckel Sniderhen den Jungen auf die Pfänder.
Jeckel Beder sagt, Christman von Vendersheim habe gegen ihn geklagt. Nun stelle er seinen Leib vor sein Gut und fragt, ob seine Güter nun frei sind. Darauf ergeht das Urteil: Wolle er Recht geben und nehmen, wie es die Schöffen hier sprechen, so sind sie frei. Da hat er Ja geantwortet und das festhalten lassen. Es ist ihm ein Termin gesetzt worden am nächsten Gerichtstag.

9. Oktober 1479
Cles Stortzkopp der Junge erhebt seine 3. Klage [].

30. Oktober 1479

fol. 121v — Samßtag nach Symonis und Jude

gelengt	Jt(em) zusch(e)n Henne Erken(n) als vo(n) der kyrchen wegen und Karlen von Sweden ist gelengt bijß off samstag nach dem Erbeiß Sontage sic hodie.
erf(olgt)	Jt(em) Schonwedder erf(olgt) Ferberhennen offs bůch.
erf(olgt) p b	Jt(em) Vincze erf(olgt) Dornhenne offs bůch und hait p b.
p b	Jt(em) Clese Raůp unser myt geselle hait p b an Vinczen.
p b	Jt(em) Hans Snyder hat p b an Vinczen.
	Jt(em) Cristman Meczler von Venderßheim hait Jeckel Bed(er)n zu gesproch(e)n nach dem Peder Dincklers selig(en)
Cristma(n) von Venderßheim Jeckel Bedd(er)	gude[a] off yne ko(m)men so finde er eyn register do ynne stehe verzeichent ½ [1/2] guld(e)n gelts den er habe off der batstoben. Do spreche er Jeckeln um(m)b zu / und XL guld(e)n verseß und heist yme eyn ja ader neyn obe er die schuldig sij ader nit. Dar off sagt Jeckel er wuße nuste da von dan(n) das husche sij yme v(er)gifft und die gulte nit benant(en). Auch so haben eß furmails Scher(er)hen(ne) Jeckel Stam(m) / Philips Duchscher(er) und and(er)n ynne gehabt(en) und der gulten nye geben. Davo(n) so hoff er Cristman nuste schuldig zu sin er brechte eß dan(n) bij als recht ist. Cristman hait den zittel dar yn(ne) der halbe guld(e)n mit ander(n) gult(en) und scholt verzeichent ist laißen lesen und den verbot. Uund hofft nach lude des zyttels daß Jeckel yme keyn jnlege thůn soll. Und obe mit dem zyttel nit genug were // so leben die jhene noch // die dan(n) die gulte und anders getheylt und zuschen yne gestockt und gesteynt(en) haint. Deshalp so hoffe er daß Jeckel yme die gulte geb(e)n solle // er brecht dan(n) bij daß sie abe gekaufft(en) were. Und stilt das zu recht. Jeckel sagt nach dem der zyttel keyn gerichts siegel habe sond(er)n eyn slechter zyttel sihe so hoffe er Cristman nit schuldig zu sin / Er brecht
s(ente)n(t)ia	dan(n) by als recht ist daß soliche gulte off der batstoben stehe. Und stilt eß auch zu recht. Nach ansprach antwort und beid(er)theil furbrengu(n)ge s(ente)n(t)ia daß Jeckel Bedder

[a] Am linken Seitenrand verläuft entlang der folgenden 7 Zeilen ein senkrechter Strich.

30. Oktober 1479 — fol. 121v

Zwischen Henne Erk für die Kirche und Karl von Sweden ist der Termin verschoben worden auf Samstag nach Erbeißsonntag.

Schonwedder hat seinen Anspruch ins Gerichtsbuch eintragen lassen gegen Henne Ferber.

Vincz hat seinen Anspruch ins Gerichtsbuch eintragen lassen gegen Henne Dorn und hat Pfändung gefordert.

Cles Raub, unser Mitschöffe, hat Pfändung gefordert gegen Vincz.

Hans Snider hat Pfändung gefordert gegen Vincz.

Christman Mezler von Vendersheim hat Jeckel Bender angeklagt, dass, nachdem die Güter des verstorbenen Peter Dinckler an ihn gefallen sein, er ein Register fand, in dem ½ Gulden Geld verzeichnet stehen, die er auf die Badestube habe. Deswegen klage er Jeckel an sowie auf 40 Gulden angelaufene Zinsen und fordert von ihm ein Ja oder Nein, ob er die schuldig sei oder nicht. Darauf sagt Jeckel, er wisse nichts davon, denn das Haus sei ihm verkauft worden und die Gülte nicht genannt worden. Auch hätten es einst Henne Scherer, Jeckel Stamm, Philipp Duchscherer und andere inne gehat und die hätten nie Gülte gegeben. Daher hoffe er, Christman nichts schuldig zu sein, er bringe denn Beweise vor Gericht. Christman hat den Zettel, auf dem der halbe Gulden mit anderen Gülten und Schulden verzeichnet ist, verlesen lassen und das festhalten lassen. Und er hofft, dass gemäß dem Zettel Jeckel ihn nicht beeinträchtigen solle. Und wenn der Zettel nicht genüge, so leben auch noch diejenigen, die die Gülte festlegten und anderes zwischen ihnen geteilt und abgegrenzt haben. Er bringe sie vor Gericht und beweise, dass die Gülte mit gekauft ist. Das legt er dem Gericht vor. Jeckel sagt, da der Zettel kein Gerichtssiegel aufweise sondern ein einfacher Zettel ist, hoffe er Christman nichts schuldig zu sein. Es sei denn, Christman brächte vor Gericht Beweise bei, dass eine Gülte auf der Badestube liege. Das legt er auch dem Gericht vor. Nach Anklage, Gegenrede und beiderseitiger Darlegungen ergeht das Urteil: Jeckel Beder ist

fol. 122 — Samßtag nach Symonis und Jude

Cristman / noch zur zijt nit schuldig ist. Das ortel haint
sie beide verbot.
Jt(em) Peder Snade hait Hans Steche den dufel zu gesp(ro)ch(e)n
wie daß er ynne habe eyne(n) guld(e)n an golde dar stee

Ped(er) Snade yme XXIIII alb(us). Daß Hans yme den nit widder gebe das schade yme IIII guld(e)n. Und obe er dar zu neyn

Hans Steche sagen wolt so woll er yne des zugen mit dryen die
den dufel do bij gewesten sint. Dar off sagt Hans er wuße nůste
das Peder yme versaczten habe. Dan(n) sie hab(e)n off eyn
zijt mit eyn gespilt(en). Do habe yr iglicher eyne(n) guld(e)n
an golde gehabt // und yr eyn(er) dem and(er)n ye eyn orte
dryn geslagen. Also habe yme gegluckt daß er Ped(er)n
fier orte des ganczen guld(e)n an gewonne(n) habe. Und Ped(er)
habe yme den guld(e)n sond(er) jnlege dar geworffen. Und
wes er yne wider anlange des sij er unschuldig.
Peder sagt er habe erßtmals III alb(us) dryn geslagen
und nach dem er off konde gezogen habe da hoff er
man(n) soll die horen und Hans soll zu der unschulde nit
gehen. Und sie haint eß beide zu recht gestalt // S(ente)n(t)ia
dwile Peder off konde zugt so sall er sie auch vor gericht
brengen und das thun in XIIII tagen. Bedarff er dan(n) syn(er)
tage furte und heist die als recht ist so sall man yme
die furt(er) stillen noch zu czweien XIIII tagen. Und so die
konde verhort wirt beheltlich Hansen sin jnsage und
geschee dan(n) furt(er) was recht ist. Das haint sie verbot.

důch halten Jt(em) Konne(n) Pet(er) als vo(n) mo(m)p(ar)schafft wegen syn(er) frauwen der
von Wingarten sall das důch XIIII tage halten p(ri)ma.

erf(olgt) Jt(em) Peder Hane erf(olgt) Henne(n) von Soden offs buch.
Jt(em) Ancze Duppengießer hait sich verdingt Hengin En[-]

Hengin derßen zu den heilgen zu geleiden und hait das buch
Enderß zusch(e)n Rudolff Snyd(er)n und yme laißen offen und das
Rudolff verbot. Und Hengin Enders hait das recht gethan
fecit justicia(m) nach lude des buchs als recht ist.

Christman zur Zeit noch nichts schuldig. Dem haben sie beide zugestimmt.

Peter Snade hat Hans Steche den Dufel angeklagt, dass er einen Goldgulden besitze, davon stehen ihm 24 Albus zu. Dass Hans ihm die nicht gebe, das schade ihm 4 Gulden. Und wenn er Nein dazu sagen wolle, so wolle er ihm das beweisen mit drei Zeugen, die dabei waren. Darauf sagt Hans, er wüsste nicht, dass Peter ihm etwas versetzt habe. Denn sie hätten einst miteinander gespielt. Da habe jeder von ihnen einen Goldgulden gehabt und jeder immer einen Ort gesetzt. Da habe er Glück gehabt und von Peter vier Ort von dem ganzen Gulden gewonnen. Und Peter habe ihm den Gulden ohne Bedingung hingeworfen. Und wessen er ihn darüber hinaus anklage, dessen sei er unschuldig. Peter sagt, er habe zuletzt 3 Albus gesetzt und nachdem er sich auf Zeugen berief, hoffe er, man soll die hören und Hans soll nicht als unschuldig gelten. Und sie haben es beide dem Gericht vorgelegt. Urteil: Weil Peter sich auf Zeugen beruft, soll er sie auch vor Gericht bringen binnen 14 Tagen. Bedürfe er Verlängerung und fordere sie, wie es rechtmäßig ist, so soll man ihm noch zweimal 14 Tage geben. Wenn die Aussagen verhört werden, vorbehaltlich Hans' Gegenrede, geschehe es weiter, wie es rechtmäßig ist. Dem haben sie beide zugestimmt.

Peter Konne soll als Vertreter der Nonnen von Weingarten das Tuch zum ersten Mal 14 Tage behalten.

Peter Hane hat seinen Anspruch ins Gerichtsbuch eintragen lassen gegen Henne von Soden.

Antz Duppengießer hat sich verpflichtet, Hengin Enders zu den Heiligen zu geleiten und hat das Gerichtsbuch öffnen lassen in der Angelegenheit zwischen Rudolf Snider und ihm und hat das festhalten lassen. Und Hengin Enders hat den Eid rechtmäßig geleistet nach Aussage des Buchs.

fol. 122v — Samßtag nach Omnium Sanctorum

1 h	Jt(em) Rudig(er) als vo(n) mo(m)p(ar)schafft wegen Adam Wolffs unß(er)s mit scheffen gesellen dut 1 h vor X ß gelts off Hen(ne) von Rodenbach Clese Wißen und Clesen von Sprendlingen und off alleß das Ped(er) von Rodenbach selig(en) gelaißen hait.
	Actu(m) off Samßtag nach O(mn)i(u)m S(anc)to(rum).
1 h[a]	Jt(em) her Heinrich Strůde als vo(n) sins elters wegen dut 1 h vor 1 l(i)b(ram) gelts off Peder Dreßern zu Swabenheim et sup(ra) p.
1 h	Jd(em) dut 1 h vor XIIII ß gelts off Kycze Anne(n) et sup(ra) p.
1 h	Jd(em) dut 1 h vor XXI ß gelts off Kycze Anne(n) et sup(ra) ping(nora).
1 h	Jd(em) dut 1 h vor VI ß gelts off Drubein et sup(ra) ping(nora).
1 h[b]	Jt(em) frauwe Fiel die aptischen hie ym(m) closter dut 1 h vor ey(n) l(i)b(ram) gelts off Bußers Micheln zu Wint(er)hey(m) et sup(ra) ping(nora).
	Jd(em) dut 1 h vor funffe phondt gelts off Heinrich und Hans Wolffen von Spanheim gebruder und alleß das her Heinrich Wolff selige gelaiß(e)n hait do er doit und lebendig gewesten ist.
1 h	Jd(em) dut 1 h vor XVIII ß gelts off Heinrich und Hans Wolffe(n) von Spanheim gebruder und alleß das her Heinrich Wolff selige gelaißen hait do er doit und lebendig gewest(en) ist.
1 h	Jt(em) Můderhen(ne) dut 1 h vor XVIII ß gelts off Monchs Clesen et sup(ra) ping(nora).
1 h	Jt(em) Ancze Drappe unß(er) mit scheffen geselle dut 1 h vor funffe ß gelts off Drubein et om(n)ia.
1 h[c]	Jt(em) Hans Snider als vo(n) mo(m)p(ar)schafft wegen des dechants zu sant Johan zu Mencze dut 1 h vor fier guld(e)n gelts off Jeckel Stam(m)en et sup(ra) ping(nora).
1 h	Jd(em) dut 1 h vor XV ß gelts off Zorrichs Henne(n) et sup(ra) p.
1 h[d]	Jt(em) Clese Raup unser mit geselle dut 1 h vor XV ß gelts off Hengin Melman et om(n)ia.
	Jd(em) dut 1 h vor I guld(e)n gelts off Stern Cristin et sup(ra) p.
1 clage	Jd(em) dut 1 clage vor X guld(e)n heiptgelt und X guld(e)n schaden off meister Philipsen den wober von Mencze et om(n)ia.

a Diese und die folgenden drei Marginalien sind durch eine einfache runde Klammer miteinander verbunden.
b Diese und die folgenden zwei Marginalien sind durch eine einfache runde Klammer miteinander verbunden.
c Diese und die folgende Marginalie sind durch eine einfache runde Klammer miteinander verbunden.
d Diese und die folgenden zwei Marginalien sind durch eine einfache runde Klammer miteinander verbunden.

6. November 1479

Rudiger erhebt als Vertreter von Adam Wolff, unseres Mitschöffen, seine 1. Klage wegen 10 Schilling Geld gegen Henne von Rodenbach, Cles Wiß und Cles von Sprendlingen und alles, was der verstorbene Peter von Rodenbach hinterlassen hat.

6. November 1479.
Herr Heinrich Strude erhebt für seinen Altar die 1. Klage wegen 1 Pfund Geld gegen Peter Dresser zu Schwabenheim auf die Pfänder.
Derselbe erhebt die 1. Klage wegen 14 Schilling Geld gegen Anne Kitz auf die Pfänder.
Derselbe erhebt die 1. Klage wegen 21 Schilling Geld gegen Anne Kitz auf die Pfänder.
Derselbe erhebt die 1. Klage wegen 6 Schilling Geld gegen Drubein auf die Pfänder.
Frau Fiel, die Äbtssin hier im Kloster, erhebt die 1. Klage wegen 1 Pfund Geld gegen Michel Bußer zu Winternheim auf die Pfänder.
Dieselbe erhebt die 1. Klage wegen 5 Pfund Geld gegen Heinrich und Hans Wolff von Sponheim, Brüder, und auf alles, was der verstorbene Herr Heinrich Wolff hinterlassen hat.
Dieselbe erhebt die 1. Klage wegen 18 Schilling Geld gegen Heinrich und Hans Wolff von Sponheim, Brüder, und auf alles, was der verstorbene Herr Heinrich Wolff hinterlassen hat.
Henne Muder erhebt seine 1. Klage wegen 18 Schilling Geld gegen Cles Monch auf die Pfänder.
Antz Drapp, unser Mitschöffe, erhebt seine 1. Klage wegen 5 Schilling Geld gegen Drubein auf alles.
Hans Snider erhebt als Vertreter des Dekans von St. Johann zu Mainz seine 1. Klage wegen 4 Gulden Geld gegen Jeckel Stamm auf die Pfänder.
Derselbe erhebt seine 1. Klage wegen 15 Schilling Geld gegen Henne Zorich auf die Pfänder.
Cles Raub, unser Mitschöffe, erhebt seine 1. Klage wegen 15 Schilling Geld gegen Hengin Melman auf alles.
Derselbe erhebt seine 1. Klage wegen 1 Gulden Geld gegen Cristin Stern auf die Pfänder.
Derselbe erhebt seine 1. Klage wegen 10 Gulden Klagesumme und 10 Gulden Gerichtskosten gegen Meister Philipp den Weber von Mainz auf alles.

fol. 123 — Samßtag nach Omnium Sanctorum

1 h[a]	Jt(em) her Heinrich Nickel als vo(n) der p(rese)ncze wegen dut 1 h vor XXXIIII ß gelts off Herman Bend(er)n in der Orenbrucken et supra pingn(or)a.
1 h	Jd(em) dut 1 h vor II l(i)b(ras) gelts off Gerhart Branden et sup(ra) ping(nora).
1 h	Jd(em) dut 1 h vor I guld(e)n gelts off Jeckel Carppen et sup(ra) ping(nora).
1 h	Jt(em) Henne von Eltvjl als vo(n) mo(m)p(ar)schafft wegen h(er)n Hansen unß(er)s mit scheffen gesellen dut 1 h vor III l(i)b(ras) gelts off Hen(ne) Randeck(er)n und Conczgin Prassen et om(n)ia.
1 h[b]	Jt(em) Henne Stope dut 1 h vor II l(i)b(ras) und funffe ß gelts off Clese Harwilern et om(n)ia.
1 h	Jd(em) dut 1 h vor eyn orte eynßs guld(e)n off Henne(n) von Hoestat et om(n)ia.
1 h	Jt(em) Hengin der dhomh(er)n hoffman als vo(n) syn(er) her(e)n wegen dut 1 h vor XXXI ß gelts off Kremern jn der Orenbrucken et om(n)ia.
1 h	Jt(em) Ha(n)mans Ped(er) dut 1 h vor I guld(e)n und IX alb(us) gelts off Clese Harwilern et om(n)ia.
1 h	Jt(em) Clese Storczkoppe der alde dut 1 h vor III l(i)b(ras) gelts off Hanmans Pedern et om(n)ia.
1 h[c]	Jt(em) Flucken Clese dut 1 h vor ey(n) guld(e)n gelts off Cleßgin Beck(er)n aym marte et om(n)ia.
1 h	Jd(em) dut 1 h vor funffe guld(e)n off Kiczgin et sup(ra) ping(nora).
1 clage	Jt(em) Henne Ruße dut 1 clage vor XII guld(e)n heiptgelt und XX guld(e)n schad(e)n off die jonffrauw(e)n zu sant Klaern zu Mencze et om(n)ia.
erk(annt)	Jt(em) Clese Duherma(n) erk(ennt) Snid(er)hen(ne) Jeckeln dem alden IX alb(us) zu geb(e)n in XIIII tagen. Si no(n) p erf(olgt).
erk(annt) ecc(les)ia[d]	Jt(em) Henne Englend(er) erk(ennt) Enderß(e)n von Winheim als vo(n) der kyrchen wegen do selbest I guld(e)n zu geb(e)n in XIIII tagen Si no(n) ping(nora) erfolgt(en).
erf(olgt)	Jd(em) erf(olgt) Henne von Soden offs bůch.
erk(annt)	Jt(em) Bingeln Cleßgin erk(ennt) jd(em) II guld(e)n off rechnu(n)ge zu geb(e)n in XIIII tagen. Si no(n) p erf(olgt).
erk(annt)	Jt(em) Ebert Kicze erk(ennt) Schonwedd(er)n dem snyd(er) I guld(e)n zu geb(e)n in XIIII tagen. Si no(n) p erf(olgt).
	Jt(em) Clese Raup unser mit scheffen geselle ist zům rechten

a Diese und die folgenden zwei Marginalien sind durch eine einfache runde Klammer miteinander verbunden.
b Diese und die folgende Marginalie sind durch eine einfache runde Klammer miteinander verbunden.
c Diese und die beiden folgenden Marginalien sind durch eine einfache runde Klammer miteinander verbunden.
d Das Wort ist am linken Seitenrand etwas weiter rechts als die üblichen Marginalien beigefügt und durch Striche mit den beiden vor- bzw. nachstehenden Marginalien verbunden.

6. November 1479

Herr Heinrich Nickel erhebt für die Präsenz seine 1. Klage wegen 34 Schilling Geld gegen Hermann Bender in der Ohrenbrücke auf die Pfänder.
Derselbe erhebt seine 1. Klage wegen 2 Pfund Geld gegen Gerhart Brand auf die Pfänder.
Derselbe erhebt seine 1. Klage wegen 1 Gulden Geld gegen Jeckel Carpp auf die Pfänder.
Henne von Eltville erhebt als Vertreter von Herrn Hans, unseres Mitschöffen, seine 1. Klage wegen 3 Pfund Geld gegen Henne Randecker und Contzgin Prass auf alles.
Henne Stop erhebt seine 1. Klage wegen 2 Pfund und 5 Schilling Geld gegen Cles Harwiler auf alles.
Derselbe erhebt seine 1. Klage wegen einem Ort von einem Gulden gegen Henne von Hoestadt auf alles.
Hengin, der Hofmann der Domherren, erhebt für seine Herren die 1. Klage wegen 31 Schilling Geld gegen den Kremer in der Ohrenbrücke auf alles.
Peter Hanman erhebt seine 1. Klage wegen einem Gulden und 9 Albus Geld gegen Cles Harwiler auf alles.
Cles Stortzkopp der Alte erhebt seine 1. Klage wegen 3 Pfund Geld gegen Peter Hanman auf alles.
Cles Fluck erhebt seine 1. Klage wegen 1 Gulden Geld gegen Clesgin Bäcker am Markt auf alles.
Derselbe erhebt seine 1. Klage wegen 5 Gulden gegen Kitzgin auf die Pfänder.
Henne Ruß erhebt seine 1. Klage wegen 12 Gulden Klagesumme und 20 Gulden Gerichtskosten gegen die Nonnen von St. Klara zu Mainz auf alles.
Cles Duherman erkennt an, Jeckel Sniderhen dem Alten 9 Albus zahlen zu müssen binnen 14 Tagen. Wenn nicht erfolgt die Pfändung.
Henne Englender erkennt an, Enders von Weinheim für die Kirche ebenda einen Gulden zahlen zu müssen binnen 14 Tagen. Wenn nicht erfolgt die Pfändung.
Derselbe hat seinen Anspruch ins Gerichtsbuch eintragen lassen gegen Henne von Soden.
Clesgin Bingel erkennt an, demselben 2 Gulden gegen Rechnung zahlen zu müssen binnen 14 Tagen. Wenn nicht erfolgt die Pfändung.
Ebert Kitz erkennt an, Schonwedder dem Schneider einen Gulden zahlen zu müssen binnen 14 Tagen. Wenn nicht erfolgt die Pfändung.
Cles Raub, unser Mitschöffe, erhält

fol. 123v — Samßtag nach Omnium Sanctorum

widd(er)geno(m)men	gewist(en) ist yme syns zinß nit word(e)n von dem fertel wing(art) gelegen zusch(e)n dem Slochter Wege und dem Bellentale und stett eß noch zu synen handen so mag erß widder nemen si ita est / Si no(n) so geschee was recht sij.
	Jt(em) nach dem Philips Buser unser scholteß und mit scheffe(n) geselle als vo(n) des spittels wegen sin fierde heischunge
offgeholt ban(n) und freden	in maiß(e)n die erßte gelut off H(er)man Scher(er)n und Concze Bellerßheim jnhalt des gerichts buche getan also hait er die gude und und(er)phande offgeholt und das verbot. Und man(n) hait yme ban(n) und freden dar ober gethan als recht ist. Das hait er auch verbot.
erf(olgt)	Jt(em) Philips Buser unser scholtes und mit scheffen geselle erf(olgt) Kiczhennen jn d(er) Offhoben offs bůch.
erf(olgt)	Jt(em) Clese Raup unser mit scheffen geselle als vo(n) mo(m)perschafft wegen siner dochter erf(olgt) Hans Keßlern offs bůch.
	Jt(em) Fulmars Wilhelm hait Hengin Melman zu gesprochen wie daß er yme VI guld(e)n off rechnu(n)ge schuldig sij und gebe
Wilhelm Fulmar	yme der nit. Das schade yme alsvjl dar zu und heist yme des eyn ja ader ney(n). Dar off sagt Hengin eß sij eyn rachtu(n)ge zusch(e)n Wilhelmen und yme gemacht daß er yme II guld(e)n
Hengin Melman	geb(e)n solle wan(n) er sin win verkeiffe. Und hofft daß Wilhelm yne bilche dabij laißen solle und stilt das zu recht. Wilhelm hait verbot daß Hengin off rachtůngs lude zugt und begert myt recht obe er die nit brengen. Dar off ist mit recht gewisten ja und sall eß thun in XIIII tagen. Bedarff er dan(n) syn(er) tage furte und heist die als recht ist so sall man yme die furt(er) stillen noch zu czweien XIIII tagen. Und so die rachtůngs lude verhort(en) werd(e)n beheltlich Wilhelmen sin jnsage und geschee dan(n) furt(er) was recht ist. Ambo verbot.
	Jt(em) zusch(e)n Henne Schaiken als vo(n) der kirchen wegen zu Appinheim und Wilhelme(n) dem scholteß(e)n von Hilberßheim etc. Nach ansprach antwort und beidertheyle furbrengůnge
Appinheim d(er) scholteß s(e)n(tent)ia	s(e)n(tent)ia daß Henne Schaike als vo(n) der kyrchen wegen das sele buch her an gericht brengen sall und das thůn in XIIII tagen. Bedarff er dan(n) siner tage furte und heist die als recht ist so sall ma(n) yme die furter stillen noch zu czwey[-]hen XIIII tagen. Und so das sele[a] buch verhorten wirt behelt[-]

a Das Wort ist über der Zeile beigefügt.

das Urteil: Hat er seinen Zins nicht erhalten von einem Viertel Weingarten zwischen dem Slochter Weg und dem Bellental und hat er den nicht weiter veräußert, so kann er ihn wieder an sich nehmen, wenn es so ist. Wenn das nicht so ist, geschehe, wie es Recht ist.

Nachdem Philipp Bußer, unser Schultheiß und Schöffe, für das Spital seine 4. Klage getan hat gegen Hermann Scherer und Contz Bellersheim gemäß dem Gerichtsbuch, hat er die Güter und Pfänder eingezogen und das festhalten lassen. Und man hat ihm Bann und Frieden darüber gemacht, wie es rechtmäßig ist. Das hat er auch festhalten lassen.

Philipp Bußer, unser Schultheiß und Mitschöffe, hat seinen Anspruch ins Gerichtsbuch eintragen lassen gegen Henne Kitz in der Uffhub.
Cles Raub, unser Mitschöffe, hat seinen Anspruch ins Gerichtsbuch eintragen lassen als Vertreter seiner Tochter gegen Hans Kessler.

Wilhelm Fulmar hat Hengin Melman angeklagt, dass er ihm 6 Gulden gegen Rechnung schuldig sei und gebe ihm die nicht. Das schade ihm ebensoviel dazu und er fordert von ihm ein Ja oder Nein. Darauf sagt Hengin: Es sei ein Vergleich zwischen ihnen gemacht worden, dass er ihm 2 Gulden zahlen soll, wenn er seinen Wein verkauft hat. Er hoffe, Wilhelm lasse ihn dabei und legt das dem Gericht vor. Wilhelm hat festhalten lassen, dass Hengin sich auf die Vermittler beruft und fragt, ob er die nicht vor Gericht bringen soll. Darauf ergeht das Urteil: Ja, er soll es tun binnen 14 Tagen. Bedürfe er Verlängerung und fordere sie, wie es rechtmäßig ist, soll man ihm noch zweimal 14 Tage Verlängerung geben. Und wenn die Vermittler verhört werden, vorbehaltlich Wilhelms Gegenrede, dann geschehe es weiter, wie es rechtmäßig ist. Dem haben beide zugestimmt.

Zwischen Henne Schacke für die Kirche zu Appenheim und Wilhelm, dem Schultheißen von Hilbersheim. Nach Anklage, Gegenrede und beiderseitigen Aussagen ergeht das Urteil: Dass Johann Schacke für die Kirche das Seelbuch an das Gericht bringen soll binnen 14 Tagen. Bedürfe er Verlängerung und fordere sie, wie es Recht ist, soll man sie ihm noch zweimal 14 Tagen geben. Und wenn das Seelbuch gehört wird, vorbehaltlich

fol. 124 — Dinstag vor Martini

	lich Wilhelmen dem scholteß(e)n sin jnsage und geschee dan(n) furt(er)
	was recht ist. Das haint sie beide verbot.
erf(olgt)	Jt(em) Clese Storczkoppe der alde erf(olgt) Drubein vor I guld(e)n.
erf(olgt)	Jt(em) Enders Harwyler erf(olgt) Busen Henne(n) vor ½ [I/2] guld(e)n.
erf(olgt)	Jt(em) Hans von Melpach erf(olgt) Hengin Raůchen vor I l(i)b(ram) hell(er).
	Jt(em) Diemen Clas sagt er habe ½ [I/2] morgen wingarts kaufft(en).
	Der lige off derUßersten Blatten gefor Henne Erken(n) und
	gebe jars I guld(e)n gelts Caspern von Debelich / Den selb(e)n guld(e)n
posuit	hait er hinder gericht gelacht und dem b(enan)nt(en) Caspern den
offgesagt	geoffent und hait yme auch den ½ [I/2] morgen wingarts do
	mit off gesagt und das alleß verbot als recht ist. Das hait
	das gericht laißen gescheen off recht.

Actu(m) off Dinstag vor Martini.
Jt(em)[a] Jonffrauwe Fiel die aptischen hie[b] zu Engelntale
dut 1 h(eischung) vor funffe phondt und 15 ß gelts off Philips und Hans Flachen von Swarczenberg gebruder

1 h	frauwe Madlene(n) von Fennynge(n) Clasen von Hoestadt
	und Cleßgin Mospecher vor eyne(n) unverdeylten[c] ge-
	hantreichten zinßs und off alleß das Emerich selige
	von Ockenheim g(enan)nt(en) von Jngelnheim gelaißen hait
	do er doit und lebendig gewesen ist.

Jt(em) her Heinrich Nickel als vo(n) der frühmeße wegen
dut 1 h vor funffe guld(e)n gelts off Philipsen und Hans

1 h	Flachen von Swarczenberg gebrůder frauwe Madlene(n)
	von Fennyngen und off alleß das Wilhelm von Ockenhey(m)
	g(enan)nt von Jngelnheim und frauwe Margret Wint(er)bech(er)n
	sin hußfrauwe seligen gelaißen haint.
1 h	Jt(em) Clese Fiele als vo(n) sant Katherin altar / wegen dut
	1 h vor VII fernczeln korns off Conczgin Prassen
	et sup(ra) pingn(or)a.[d]

---

a Am linken Seitenrand verläuft entlang der folgenden drei Zeilen ein senkrechter Strich.
b Die beiden letzten Worte sind mit anderem Stift unterstrichen.
c Über dem »v« befinden sich zwei kleine senkrechte Striche.
d Die letzten fünf Worte sind mit anderer Tinte und von anderer Hand geschrieben.

Wilhelms, des Schultheißen, Gegenrede, geschehe es weiter, wie es rechtmäßig ist. Dem haben sie beide zugestimmt.

Cles Stortzkopp der Alte verklagt Drubein auf einen Gulden.

Enders Harwiler verklagt Henne Busen auf ½ Gulden.

Hans von Melpach verklagt Hengin Rauch auf 1 Pfund Heller.

Clas Diem sagt, er habe ½ Morgen Weingarten gekauft. Die liegen auf der äußersten Platte neben Henne Erk und zahlen jährlich einen Gulden Geld an Casper von Debelich. Diesen Gulden hat er bei Gericht hinterlegt und dem genannten Casper geöffnet und er hat damit auch die ½ Morgen Weingarten aufgesagt und das alles festhalten lassen, wie es rechtmäßig ist. Das hat das Gericht geschehen lassen, wie es rechtmäßig ist.

9. November 1479

Jungfrau Fiel, die Äbtissin hier zu Engeltal, erhebt ihre 1. Klage wegen 5 Pfund und 15 Schilling Geld gegen Philipp und Hans Flach von Schwarzenberg, Brüder, Frau Madlene von Venningen, Clas von Hoestadt und Clesgin Mospecher für einen ungetrennten Zins und auf alles, das der verstorbene Emmerich von Ockenheim genannt von Ingelheim hinterlassen hat.

Herr Heinrich Nickel erhebt für die Frühmesse seine 1. Klage wegen 5 Pfund Geld gegen Philipp und Hans Flach von Schwarzenberg, Brüder, Frau Madlene von Venningen, und auf alles, das der verstorbene Wilhelm von Ockenheim genannt von Ingelheim hinterlassen hat.

Cles Fiel erhebt für den St. Katharinenaltar seine 1. Klage wegen 7 Viertel Korn gegen Contzgin Prass auf die Pfänder.

fol. 124v — Samßtag nach Martini

p b	Jt(em) Henne Stope hait p b an Hansen dem keßler.
	Jt(em) Clese Wiße sagt / er habe Concze Storczkoppen jars
	VI ß gelts geben von eyme felde gelegen aym Rin-
posuit	wege gefor her Hansen Hoffman und(e)n zu. Die selbe
offgesagt	gulte hait er hinder gericht gelacht(en) und Conczen die
	geoffent und hait das felt auch do mit off gesagt.
	Und das alleß verbot als recht ist. Das hait das ge-
	richt laißen gescheen off recht.

Actu(m) off Samßtag nach Martini.
Jt(em) zusch(e)n Nickelnhen(ne) als vo(n) mo(m)p(ar)schafft wegen h(er)n Cop-
parts vica(r)i(us) zu sant Steffan zu Mencze // Philipsen und
Hans Flach(e)n von Swarczenb(er)g gebrud(er) ist gelengt bijß off
Samßtag nach dem Achzehest(en) Tage sic hodie.

gelengt

2 tag — Jt(em) Peder Snade hait sin 2 tag furt(er) geheisch(e)n konde zů
brengen geigen Hans Stech den dufel.

erk(annt) — Jt(em) Henne und Heinrich Soden erkenne(n) Hans Hoffma(n) als vo(n)
sins jonck(er)n Godtfart von Stockheims wegen yr iglicher
yme zu geb(e)n VII½ [VIIII/2] ß hell(er) in XIIII tagen. Si no(n) p erf(olgt).

Jt(em) Else Heincze Stůbeß hußfrauwe von Algeßheim hait
Winworme(n) zu gesproch(e)n wie daß er yr schuldig sij III g(ulden)
und eyn orte vor eyn phert das sij yrs mans und yre // Daß
Winworm yr solich gelt nit ußricht das schade yr alsvjl dar

Else — zu. Und obe er dar zu ney(n) sagen wolt / so beziege sie sich des
off eyne(n) winkauff. Dar off sagt Winworm er habe eyn

Winworm — phert kaufft / das habe Mathes yme dar geslagen und ir
man(n) habe yne die zijt bescheid(e)n Mathisen ader yme
das gelt zu geb(e)n. Und bezugt sich des off eyn winkauff.
Dem nach so habe er auch Mathisen ußrachtu(n)ge gethain
bijß off eyn guld(e)n und eyn orte. Else durch yren fursprech(e)n
hait verbot daß Winworm uff ein winkauff zugt und be-

13. November 1479

Henne Stop hat Pfändung gefordert gegen Hans den Kessler.
Cles Wiß sagt, er habe Contz Stortzkopp jährlich 6 Schilling Geld gegeben für ein Feld gelegen am Rinweg neben Herrn Hans Hofmann. Diese Gülte hat er bei Gericht hinterlegt und sie Contz geöffnet und damit das Feld aufgesagt. Das alles hat er festhalten lassen, wie es Recht ist. Das hat das Gericht geschehen lassen als Recht.

13. November 1479
Zwischen Henne Nickel als Vertreter von Herrn Coppart, Vikar von St. Stephan zu Mainz und Philipp und Hans Flach von Schwarzenberg, Brüder, ist der Termin verschoben worden bis auf Samstag nach dem 18. Tag.

Peter Snade hat seinen 2. Tag erbeten, Beweise beizubringen gegen Hans Stech den Dufel.

Henne und Heinrich Soden erkennen an, Hans Hofmann für seinen Junker Godtfart von Stockheim jeder 7½ Heller zahlen zu müssen binnen 14 Tagen. Wenn nicht erfolgt die Pfändung.

Else, die Ehefrau von Heinz Stubeß aus Algesheim, hat Winworm angeklagt, dass er ihr schuldig sei 3 Gulden und einen Ort für ein Pferd, das ihr und ihrem Mann ist. Dass Winworm ihr das Geld nicht bezahle, das schade ihr ebensoviel dazu. Und wenn er dazu Nein sagen wolle, so berufe sie sich auf den Vertragsabschluss. Darauf sagt Winworm, er habe ein Pferd gekauft, das habe Mathis ihm übergeben und ihr Mann habe ihm gesagt, er solle Mathis oder ihm das Geld geben. Und er beruft sich auf den Vertragsabschluss. Danach habe er sich mit Mathis verglichen bis auf einen Gulden und einen Ort. Else hat durch ihren Vertreter festhalten lassen, dass Winworm sich auf den Vertragsabschluss beruft und

fol. 125 — Samßtag nach Elyzabeth

gert mit recht obe er den nit brenge(n) soll. S(e)n(tent)ia // ja / und soll
eß thůn in XIIII tagen. Bedarff er dan(n) siner tage furte und
heist die als recht ist so sall ma(n) ir die furt(er) stillen noch zu
czweien XIIII tag(en). Und so der winkaůff verhort(en) wirt beheltlich Elsen yr jnsage und geschee dan(n) furt(er) was recht ist.
Das haint sie beide verbot.

p b   Jt(em) Beckers Hiseln von Wint(er)heim hait p b an Ped(er) Swinden.

erk(annt) burge(n) / recht thun   Jt(em) Peder Swinde erk(ennt) Wigant Storczkoppen noch daling burgen recht zu thůn vor Geycklern von Appinheim vor funff
guld(e)n ungeverlich.

erk(annt)   Jt(em) Peder Swinde erk(ennt) Hans Rampůsch(e)n von Jngelnheim
X guld(e)n off gude rechnů(n)ge zu geb(e)n in eyme maende.
Si no(n) p erf(olgt).

1 h   Jt(em) Cristma(n) von Venderßheim dut 1 h vor eyn halb(e)n guld(e)n
gelts off Jeckel Beddern et sup(ra) ping(nora).

p b   Jt(em) Wigant Storczkopp hait p b an Clese Harwilern.

erf(olgt)   Jt(em) Winworm erf(olgt) Prassen Hengin vor IIII guld(e)n.

Actu(m) off Samßtag nach Elyzabeth.

2 h   Jt(em) Henne von Eltvjl als vo(n) mo(m)p(ar)schafft wegen h(er)n Hansen unß(er)s
mit scheffen gesellen dut sin II h off Henne Randeck(er)n
und Conczgin Prassen ut p(ri)ma.

2 h   Jt(em) Muderhen(ne) dut sin 2 h off Monchs Clesen ut p(ri)ma.

2 h   Jt(em) Hengin der dhomhern hoffman(n) dut sin 2 h off
Kremern in der Orenbrucken ut p(ri)ma.

2 h   Jt(em) Clese Raup unser mit scheffen gesell dut sin 2 h off
Hengin Melman und Stern Cristin ut p(ri)ma.

2 h   Jt(em) jonffr(auwe) Fiel die aptischen ym(m) closter dut yre 2 h off
Hans Wolffen und Bußers Micheln ut p(ri)ma.

2 h   Jt(em) Hans Snider als vo(n) mo(m)p(ar)schafft wegen des dechants zu
sant Johan zu Mencze dut sin 2 h off Jeckel Stam(m)en
und Zorrichs Henne(n) ut p(ri)ma.

fragt das Gericht, ob er den nicht beibringen soll. Urteil: Ja, binnen 14 Tagen. Bedürfe er Verlängerung und fordere sie, wie rechtmäßig ist, so soll man ihm noch zweimal 14 Tage geben. Und wenn der Vertragsabschluss gehört wird, vorbehaltlich Elses Gegenrede, dann geschehe es weiter, wie es rechtmäßig ist. Dem haben sie beide zugestimmt. Hisel Becker von Winternheim hat Pfändung gefordert gegen Peter Swinde.

Peter Swinde erkennt an, gegenüber Wigand Stortzkopp noch heute gemäß dem Bürgenrecht zu handeln wegen Geyckler von Appenheim für ungefähr 5 Gulden.

Peter Swinde erkennt an, Hans Rampusch von Ingelheim 10 Gulden gegen Rechnung zahlen zu müssen in einem Monat. Wenn nicht erfolgt die Pfändung.

Christman von Vendersheim erhebt seine 1. Klage wegen einem halben Gulden Geld gegen Jeckel Beder auf die Pfänder.

Wigand Stotzkopp hat Pfändung gefordert gegen Cles Harwiler.
Winworm verklagt Hengin Prass auf 4 Gulden.

20. November 1479
Henne von Eltville erhebt als Vertreter von Herrn Hans, unseres Mitschöffen, seine 2. Klage gegen Henne Randecker und Contzgin Prass.
Henne Muder erhebt seine 2. Klage gegen Cles Monch.
Hengin, der Hofmann der Domherren, erhebt seine 2. Klage gegen den Kremer in der Ohrenbrücke.
Cles Raub, unser Mitschöffe, erhebt seine 2. Klage gegen Hengin Melman und Cristin Stern.
Jungfrau Fiel, die Äbtissin im Kloster, erhebt ihre 2. Klage gegen Hans Wolff und Michel Bußer.
Hans Snider erhebt als Vertreter des Dekans von St. Johann zu Mainz seine 2. Klage gegen Jeckel Stamm und Henne Zorrich.

fol. 125v — Samßtag nach Elyzabeth

1 clage	Jt(em) Diele Meyer von Wint(er)nheim dut 1 clage vor funffzijg guld(e)n heiptgelt und funffzijg guld(e)n schad(e)n off Scheln Henne von Mencze et om(n)ia.
2 clage	Jt(em) Henne Ruße dut sin 2 clage off die jonffr(auen) zu sant Klaern zu Mencze ut p(ri)ma.
2 h	Jt(em) Clese Storczkoppe der alde dut sin 2 h off Ha(n)mans Pedern ut p(ri)ma.
2 h	Jt(em) Henne Stope dut sin 2 h off Clese Harwyl(er)n ut p(ri)ma.
2 h	Jt(em) her Heinrich Nickel dut sin 2 h off Herma(n) Bend(er)n ut p(ri)ma.
2 h	Jt(em) her Heinrich Strůde dut sin 2 h off Kicze Annen und Drubeyn ut p(ri)ma.
2 h	Jt(em) Flucken Clese dut sin 2 h off Kiczgin ut p(ri)ma.
1 h[a]	Jt(em) her Johan Beynling als vo(n) der frůhmesse wegen dut 1 h vor II fertel wins off Elsen des langen Conczen selig(en) witwen et om(n)ia.
1 h	Jd(em) dut 1 h vor XXXV ß off Snyd(er)henne(n) und alleß das Ebert Snade gelaißen hait.
1 h	Jd(em) dut 1 h vor ½ [1/2] malt(er) korns off Gotfarten von Randeck(en) et om(n)ia.
Meczelhen(ne) Gerhart	Jt(em) Meczelhen(ne) hait Gerhart(en) dem bend(er) zu gesproch(e)n wie daß er yme verkaufften habe / faße vor funffe guld(e)n. Daß Ger[-]hart yme die nit gebe das schade yme alsvjl dar zu. Und heist yme des eyn ja ader ney(n). Dar off sagt Gerhart er erkenne des kaůffs. Dan(n) sie czwene hab(e)n mit eyn gerett wan(n) sin win verjheren / so moge sie Meczelhen bedrincke(n). Gefallen yme dan(n) die win so mag er ey(n) fuder ad(er) czwey nemen wie der slag gemacht(en) werde // Ist des nit wan(n) er dan(n) sine(n) win verkeiffe so soll er yme ußrachtu(n)ge thůn. Und wes Meczelhen yne wider anlange des sihe er unschuldig. Meczelhen(ne) hait verbot daß Gerhart des kauffs erkennet. Furt(er) ist Gerhart(en) sin unscholt gestalt noch hude zu XIIII tag(en). Das haint sie beide verbot.
	Jt(em) Peder Swinde hait Donczelhenne(n) zu gesproch(e)n wie daß er yme XXI alb(us) schuldig sij und gebe yme der

[a] Diese und die beiden folgenden Marginalien sind durch eine einfache runde Klammer miteinander verbunden.

Diele Meyer von Winternheim erhebt seine 1. Klage wegen 50 Gulden Klagesumme und 50 Gulden Gerichtskosten gegen Henne Schel von Mainz auf alles.

Henne Ruß erhebt seine 2. Klage gegen die Nonnen von St. Klara zu Mainz.

Cles Stortzkopp der Alte erhebt seine 2. Klage gegen Peter Hanman.
Henne Stop erhebt seine 2. Klage gegen Cles Harwiler.

Herr Heinrich Nickel erhebt seine 2. Klage gegen Hermann Bender.

Herr Heinrich Strude erhebt seine 2. Klage gegen Anne Kitz und Drubein.

Cles Fluck erhebt seine 2. Klage gegen Kitzgin.

Herr Johann Beinling erhebt für die Frühmesse seine 1. Klage wegen 2 Viertel Wein gegen Else, die Witwe des langen Contze auf alles.
Derselbe erhebt seine 1. Klage wegen 35 Schilling gegen Henne Snider und alles, was Ebert Snade hinterlassen hat.
Derselbe erhebt seine 1. Klage wegen ½ Malter Korn gegen Godtfart von Randeck auf alles.

Henne Metzel hat Gerhard den Bender angeklagt, dass er ihm ein Fass für 5 Gulden verkauft habe. Dass Gerhard ihm die nicht wiedergebe, das schade ihm ebensoviel. Und er fordert von ihm ein Ja oder Nein. Darauf sagt Gerhard: Er erkenne den Kauf an. Sie zwei haben miteinander abgesprochen, wenn sie Wein verjähren, so könne Henne Metzel ihn probieren. Gefällt ihm der, so könne er ein Fuder oder zwei nehmen, wenn sie verladen würden. Ist dem nicht so, dann werde er sich mit ihm vergleichen, wenn er seinen Wein verkauft habe. Und wessen ihn Henne Metzel darüber hinaus anklage, dessen sei er unschuldig. Henne Metzel hat festhalten lassen, dass Gerhard den Verkauf zugibt. Weiter gilt Gerhards Unschuld von heute an 14 Tage. Dem haben sie beide zugestimmt.

Peter Swinde hat Henne Dontzel angeklagt, dass er ihm 21 Albus schuldig sei und gebe sie ihm

Samßtag nach Elyzabeth

Ped(er) Swinde Donczelhen(ne)	nit das schade yme alsvjl dar zu und heist yme des eyn ja ader ney(n). Dar off hait Hen(ne) yme VI alb(us) erkant zů geb(e)n in XIIII tagen. Si no(n) p erf(olgt). Und wes Peder yne wider anlange des sij er unschuldig. Die unscholt ist yme gestalt noch hude zu XIIII tagen. Das haint sie verbot.

Růbenhen(ne)
Ped(er) Wolen-
bere
	Jt(em) Hen(ne) von Eltvjl hait sich verdingt Rubenhenne(n) sin wort
	zu thůn und hait sin und(er)tinge v(er)bot als recht ist. Und hait
	Peder Wolenbern zu gesproch(e)n wie daß sie mit eyn die
	Offhobe her ynne gangen sihen // Habe er in gůdem widder
	Ped(er)n gesagt // Ped(er) myn swager hait eyme von / Lieche win
	verkaufft(en). Du weist villicht wole wo er zu finden ist.
	Do habe Peder widd(er) yne gesagt er liege als eyn bosewicht.
	Habe er Ped(er)n geantwort wan(n) er yne eyne(n) bosewicht heiße //
	so liege er als eyn bosewicht. Daß Ped(er) yme soliche wort

peccavit	zu vueren gethan hait das schatt yme sovyl das gericht er- kent vor eyn recht und heist yme der wort eyn wandel nach noittorfft siner eren und erkentniß des gerichts. Und obe Peder dar zu ney(n) sagen wolt daß er der worte nit gerett(en) habe so woll er yne des zugen mit h(er)n Hansen und jonck(er) Philips Busern dem scholteß(e)n. Die ansprache hait der scholteß von unß(er)s gnedigen her(e)n und auch des gerichts wegen verbot. Und ist furt(er) gelengt bijß off Samßtag nach dem Achzehesten Tage sic hodie.
erk(annt)	Jt(em) Peder Wolenber erk(ennt) Karlen des großen Jeckels selig(en) sone XIII alb(us) zu geb(e)n in XIII tag(en). Si no(n) p erf(olgt).
widd(er) ge- no(m)men	Jt(em) Jeckel Stam(m) ist zům rechten gewist(en) ist yme sins zinßs nit word(e)n von dem huschgin in der Rinderbach do Elseln ynne siczet und stett noch zu sinen handen so mag erßs widder nemen si ita est.
p b	Jt(em) Schonwedder hait p b an Ferb(er)hennen.
erf(olgt)	Jt(em) Heinrich der smett erf(olgt) Kiczgin vor II g(ulden) mi(n)(us) 1 ort.
erf(olgt)	Jt(em) Enders Drappe erf(olgt) Peder Bend(er)n vor III guld(e)n. No(tandum).[a]

[a] Der Begriff steht unterhalb des Textkorpus.

20. November 1479 — fol. 126

ÜBERTRAGUNG

nicht. Das schade ihm ebensoviel und er fordert von ihm ein Ja oder Nein. Darauf hat Henne anerkannt, ihm 6 Albus in 14 Tagen zu zahlen. Wenn nicht erfolgt die Pfändung. Und wessen Peter ihn darüber hinaus anklage, dessen sei er unschuldig. Die Unschuld gilt von heute an 14 Tage. Dem haben sie beide zugestimmt.

Henne von Eltville hat sich verpflichtet, Henne Ruben vor Gericht zu vertreten und hat seine Anwaltschaft festhalten lassen, wie es rechtmäßig ist. Und er hat Peter Wolenber angeklagt, dass sie miteinander in die Offhube hinein gegangen sind. Da habe er freund-lich zu Peter gesagt: „Peter, mein Schwager hat einem von Lieche Wein verkauft. Du weist vielleicht gut, wo er zu finden ist." Da habe Peter zu ihm gesagt, er lüge wie ein Bösewicht. Da habe er Peter geantwortet, wenn er ihn einen Bösewicht nenne, dann sei er selber einer. Dass Peter ihm Unehre durch ein solches Wort angetan habe, das schade ihm so viel wie das Gericht erkennt und er fordert von ihm die Beschimpfung zurückzunehmen für seine Ehre und nach Entscheid des Gerichts. Und wenn Peter dazu Nein sagen wolle, dass er das Schimpfwort nicht gesagt habe, so will er es beweisen mit Herrn Hans und Junker Philipp Bußer, dem Schultheißen. Die Anklage hat der Schultheiß für unseren gnädigen Herrn und von des Gerichts wegen festhalten lassen. Das ist verschoben worden bis Samstag nach dem 18. Tag.

Peter Wolenber erkennt an, Karl dem Großen, Sohn des verstorbenen Jeckel, 13 Albus zahlen zu müssen binnen 14 Tagen. Wenn nicht erfolgt die Pfändung.

Jeckel Stamm erhält das Urteil: Wenn er seinen Zins nicht erhalten hat vom Haus in der Rinderbach, in dem Elsel sitzt und das Haus gehört ihm noch, so kann er es an sich nehmen, wenn es so ist.

Schonwedder hat Pfändung gefordert gegen Henne Ferber.

Heinrich der Schmied verklagt Kitzgin auf 2 Gulden weniger 1 Ort.

Enders Drapp verklagt Peter Bender auf 3 Gulden.

fol. 126v — Dinstag nach Presentacionis Marie

Actu(m) off Dinstag nach P(rese)ntac(i)o(n)is Ma(r)ie.
Jt(em) jonffrauwe Fiel die aptischen ym(m) closter dut yre
2 h   2 h off Philips und Hans Flachen von Swarczenb(er)g
gebruder frauwe Madlenen von Fenny(n)gen / Clasen
von Hoestadt und Cleßgin Mospech(er)n ut p(ri)ma.

2 h   Jt(em) Clese Fiele dut sin 2 h off Conczgin Prassen
ut p(ri)ma.

Actu(m) off Samßtag nach Katheryne.
Jt(em) Winworm hait sin 2 tag furt(er) geheisch(e)n geigen
2 tag   Elsen von Algesheim.
3 tag   Jt(em) Peder Snade hait sin 3 tag furt(er)geheisch(e)n konde
zu brengen geigen Hans Stech den dufel.
2 h   Jt(em) Cristman von Vendersheim dut sin 2 h off Jeckel
Beddern ut p(ri)ma.

Actu(m) off Donerstag nach Andree.
Jt(em) Clese Harwiler sagt Henne habe off yne geheisch(e)n.
Nů stille er sine(n) lip vor sin gut und begert mit recht
lip vor sin   obe sin gude nit ledig sihen / S(e)n(tent)ia / woll er recht geb(e)n
gut gestalt   und neme(n) als der scheffen hie vor eyn recht wiset so
sij eß ledig. Dar off hait er ja geantwort und das v(er)bot.
Des ist yme tag gestalt an das nehste gericht.
erf(olgt)   Jt(em) Clese Raup unser mit scheffen geselle erf(olgt) Clese
Wißen offs bůch.
erk(annt)   Jt(em) Meczelhen(ne) erk(ennt) Gerhusen Henne Koch(er)s selig(en) witwen
III guld(e)n VIII alb(us) zu geb(e)n in XIIII tagen. Si no(n) p erf(olgt).
Jt(em) Philips Buser unser scholteß und mit scheffen[a]

---

[a] Auf der nachfolgenden Seite hat der Schreiber offensichtlich irrtümlich noch einmal »und mit scheffen« geschrieben.

23. November 1479
Jungfrau Fiel, die Äbtissin im Kloster erhebt ihre 2. Klage gegen Philipp und Hans Flach von Schwarzenberg, Brüder, Frau Madlene von Venningen, Clas von Hoestadt und Cleßgin Mospecher.
Cles Fiel erhebt seine 2. Klage gegen Contzgin Prass.

27. November 1479
Winworm hat seinen 2. Tag erbeten gegen Else von Algesheim.
Peter Snade hat seinen 3. Tag erbeten, Beweise beizubringen gegen Hans Stech den Dufel.
Christman von Vendersheim erhebt seine 2. Klage gegen Jeckel Beder.

2. Dezember 1479
Cles Harwiler sagt, Henne habe gegen ihn geklagt. Nun stelle er seinen Leib vor sein Gut und fragt das Gericht, ob seine Güter nicht frei seien. Urteil: Wolle er Recht geben und nehmen, wie es die Schöffen hier weisen, so sind sie frei. Darauf hat er mit Ja geantwortet und das festhalten lassen. Es ist ihm ein Termin gesetzt worden am nächsten Gerichtstag.
Cles Raub, unser Mitschöffe, hat seinen Anspruch ins Gerichtsbuch eintragen lassen gegen Cles Wiß.
Henne Metzel erkennt an, Gerhuse, Henne Kochers Witwe, 3 Gulden 8 Albus zahlen zu müssen binnen 14 Tagen. Wenn nicht erfolgt die Pfändung.
Philipp Bußer, unser Schultheiß und Mitschöffe

Donerstag nach Andree

d(er) scholtes	geselle hait Jeckel Bedd(er)n zu gesproch(e)n
Jeckel Bedd(er)	wie daß er yme eyn freffel schuldig sij. Und gebe yme
	der nit. Das schade yme alsvjl dar zu. Und heist yme
	des ey(n) ja ader neyn. Dar off sagt Jeckel er sij yme keyn
	freffel schuldig und wes der scholtes yne wider anlange
	des sij er unschuldig. Die unscholt ist gestalt noch hude
	zu XIIII tagen.
	Jt(em) Erkens Cleßgin und Hans Jeckel Bedders knecht erkenne(n)
f(re)f(fel) f(re)f(fel)	yr iglicher dem scholteß(e)n eyn freffel mit syme liebe uß
	zu rechten und Hans hait yme hant gelobde gethan
	solichs zu halten.
	Jt(em) Jeckel Bedder hait Emerich(e)n Enders Koch(er)s knecht zu
	gesproch(e)n / als Erkens Cleßgin off eyn zijt / eyne(n) handel
Jeckel Bedd(er)	yn(n) syme huse begangen // Sihe er jn willen gewest zu dem
	scholteß(e)n und burg(er)meist(er)n zu gehen / und clagen daß er in
Emerich	syme huse ober seßen werde / Do habe Emerich yne ge-
	hempt / Ynne dem sihe die obgemelt geschicht gescheen. Daß
	Emerich solichs gethan hait das schade yme X guld(e)n und
	heist yme des eyn ja ader ney(n). Dar off sagt Emerich nach
	dem Jeckel eyn werte sij so moge sin sie hab(e)n off die zijt
	mit yme geßen. Und do sich der handel begeb(e)n // Habe Jeckel
	gesagt er woll off die gaße gehen und morde schryhen.
	Solichs habe er yme widd(er)raden. Und als Jeckel yne geschul-
	diget habe daß er yne gehempt soll hain do sage er ney(n)
	zu. Und wes Jeckel yne wider anlange des sihe er unschuldig.
	Die unscholt ist gestalt noch hude zu XIIII tagen. Das haint
	sie beide verbot.
erk(annt)	Jt(em) Clese Harwiler erk(ennt) Ha(n)mans Ped(er)n II guld(e)n myn(er) I ort
	zu geb(e)n zusch(e)n Winachten. Si no(n) ping(nora) erf(olgt).
	Jt(em) Clas von Hoestadt und Cleßgin Mospecher sagen wie daß
	die jonffr(auen) ym(m) closter off sie geheisch(e)n hab(e)n. Nů stillen sie
lip vor ir	yre libe vor yr gude und begeren mit obe yre gude nit
gut gestalt	ledig sihen. S(e)n(tent)ia wollen sie recht geb(e)n und nemen als der

hat Jeckel Beder angeklagt, dass er ihm einen Frevel schuldig sei. Und er gebe ihm den nicht. Das schade ihm ebensoviel dazu. Und er fordert von ihm ein Ja oder Nein. Darauf sagt Jeckel, es sei ihm keinen Frevel schuldig und wessen der Schultheiß ihn darüber hinaus anklage, dessen sei er unschuldig. Die Unschuld gilt von heute an für 14 Tage.

Clesgin Erk und Hans, der Knecht Jeckel Beders erkennen jeder an, dem Schultheißen einen Frevel mit ihrem Leib zu entgelten und Hans hat ihm ein Handgelübde getan, solches zu halten.

Jeckel Beder hat Emmerich, den Knecht von Enders Kocher angeklagt, dass Clesgin Erk vor einiger Zeit einen Streit in seinem Haus angefangen habe. Er hatte die Absicht, zu Schultheiß und Bürgermeister zu gehen und zu klagen, dass er in seinem Hause übervorteilt werde. Da habe Emmerich ihn daran gehindert. Da sei die oben genannte Geschichte geschehen. Dass Emmerich das getan hat, das schade ihm 10 Gulden und er fordert von ihm ein Ja oder Nein. Darauf sagt Emmerich: Da Jeckel ein Gastwirt sei, könne es sein, dass sie vor einiger Zeit mit ihm aßen. Als sich der Streit ereignete, habe Jeckel gesagt, er wolle auf die Gasse gehen und ein Mordgeschrei machen. Davon habe er ihm abgeraten. Und da Jeckel ihn beschuldigt, er habe ihn gehindert, dazu sage er Nein. Und wessen Jeckel ihn darüber hinaus anklage, dessen sei er unschuldig. Die Unschuld gilt von heute an für 14 Tage. Dem haben sie beide zugestimmt.

Cles Harwiler erkennt an, Peter Hanman 2 Gulden weniger 1 Ort zahlen zu müssen bis Weihnachten. Wenn nicht erfolgt die Pfändung.

Clas von Hoestadt und Clesgin Mospecher sagen, dass die Nonnen im Kloster gegen sie geklagt haben. Nun stellen sie ihren Leib vor ihr Gut und fragen das Gericht, ob ihr Gut nicht frei sei. Urteil: Wollen sie Recht geben und nehmen, wie

fol. 127v — Samßtag sant Barbeln tage

scheffen hie vor eyn recht wiset so sihent sie ledig. Dar off
hab(e)n sie ja geantwort und das verbot. Des ist yne tag
gestalt an das nehste gericht.

erk(annt) — Jt(em) Peder Hiltwin erk(ennt) Adam Wolffen unß(er)m mit scheffe(n)
gesellen fŭnffe alb(us) vor czwohe gense zu geb(e)n zuschen
dem Achzehesten Tage. Si no(n) p erf(olgt).

erf(olgt) — Jt(em) Schonwedder erf(olgt) Snider Henne Jeckeln den alden
vor eyn guld(e)n.

Actu(m) off Samßtag sant Barbeln tage.

3 h — Jt(em) Henne von Eltvjl als vo(n) mo(m)p(ar)schafft wegen h(er)n[a]
unß(er)s mit scheffen gesellen dut sin 3 h off Henne
Randeckern und Conczgin Prassen ut p(ri)ma.

3 h — Jt(em) Mŭderhenne dut sin 3 h off Monchs Clesen ut p(ri)ma.
Jt(em) Clese Raup unser mit scheffen geselle dut sin 3 h
off Stern Cristin ut p(ri)ma.

3 h — Jt(em) Hans Snider als vo(n) mo(m)p(ar)schafft wegen des dechans
zu sant Johan zu Mencze dut sin 3 h off Jeckel Sta(m)me(n)
und Zorrichs Henne(n) ut p(ri)ma.

3 h — Jt(em) jonffrauwe Fiel die aptisch(e)n ym(m) clost(er) dut yr 3 h
off Bußers Micheln ut p(ri)ma.

3 clage — Jt(em) Henne Ruße dut sin 3 clage off die jonffrauw(e)n
zu sant Klaern zu Mencze ut p(ri)ma.

3 h — Jt(em) Clese Storczkopp dut sin 3 h off Ha(n)ma(n)s Ped(er)n ut p(rim)a.

3 h — Jt(em) her Heinrich Nickel dut sin 3 h off H(er)man Bend(er)n
ut p(ri)ma.

3 h — Jt(em) her Heinrich Strŭde dut sin 3 h off Kicz Anne(n) und
Drubein ut p(ri)ma.

2 h — Jt(em) her Johan Beinling dut sin 2 h off Elsen des Lange(n)
Conczen selig(en) witwen und Gotfart(en) vo(n) Randeck ut p(rim)a.

[a] Der Name ist vom Schreiber wohl vergessen worden.

es die Schöffen hier weisen, so sind sie frei. Darauf haben sie mit Ja geantwortet und das festhalten lassen. Es ist ihnen ein Termin gesetzt worden am nächsten Gerichtstag. Peter Hiltwin erkennt an, Adam Wolff, unserem Mitschöffen, 5 Albus für 2 Gänse zahlen zu müssen bis zum 18. Tag. Wenn nicht erfolgt die Pfändung.

Schonwedder verklagt Jeckel Sniderhen den Alten auf einen Gulden.

4. Dezember 1479
Henne von Eltville erhebt als Vertreter von Herrn [], unseres Mitschöffen, seine 3. Klage gegen Henne Randecker und Contzgin Prass.

Henne Muder erhebt seine 3. Klage gegen Cles Monch.

Cles Raub, unser Mitschöffe, erhebt seine 3. Klage gegen Cristin Stern.

Hans Snider erhebt als Vertreter des Dekans von St. Johann zu Mainz seine 3. Klage gegen Jeckel Stamm und Henne Zorrich.

Jungfrau Fiel, die Äbtissin des Klosters, erhebt ihre 3. Klage gegen Michel Bußer.

Henne Ruß erhebt seine 3. Klage gegen die Nonnen von St. Klara zu Mainz.

Cles Stortzkopp erhebt seine 3. Klage gegen Peter Hanman.
Herr Heinrich Nickel erhebt seine 3. Klage gegen Hermann Bender.

Heinrich Strude erhebt seine 3. Klage gegen Anne Kitz und Drubein.

Herr Johann Beinling erhebt seine 2. Klage gegen Else, Witwe des Langen Contz und Gotfart von Randeck.

fol. 128 — Dinstag nach sant Niclas tage

3 h	Jt(em) Flucken Clese dut sin 3 h off Kiczgin ut p(ri)ma.
1 h	Jt(em) Kiczgin dut 1 h vor eyn guld(e)n und eyn orte off Stern Cristin et om(n)ia.
	Jt(em) nach dem Ped(er) Snade sich lestmals off konde geigen Hans Stech den dufel gezogen jnhalt des bůchs also hait er
konde	off hude zu geigen gehabt Jeckel Sidendisteln / Cleßgin Albrechten und Sy(m)mon des Luten Slegers sone beide von
tag gestalt	Nyed(er) Hilberßheim. Des ist yne allen tag gestalt an das nehste gerichte. Das haint sie verbot.
	Actu(m) off Dinstag nach sant Niclas tage.
3 h	Jt(em) jonffrauwe Fiel die aptisch(e)n ym(m) closter dut yre 3 h off Philipsen und Hans Flachen von Swarczenb(er)g gebruder und frauwe Madlene(n) von Fennyngen ut p(ri)ma.
3 h	Jt(em) Clese Fiele dut sin 3 h off Conczgin Prassen ut p(ri)ma.
	Actu(m) off Samßtag nach C(on)cept(i)o(n)is Ma(r)ie.
	Jt(em) Henne Stope hait Clese Harwilern zu gesproch(e)n nach dem er off Clesen geheisch(e)n habe und Clese syne(n) lijp vor sin gut gestalt // So sihe Clese yme schuldig von Philips Henne wege(n) II lb und funff ß hell(er) jerlicher gulten. Daß er yme die nit
Hen(ne) Stope	gebe das schade yme X guld(e)n. Und heist yme des eyn ja ader ney(n). Dar off sagt Clese er habe gůde ynne die sihen yme
Clese Har- wiler	word(e)n von Concze Hochheymern syme furfarn // Nů habe Hen(ne) Stope geheisch(e)n off alleß das er habe // Befremde yne // dan(n) er habe yme nye keyn gulte geben // Er wuße auch nůste das er ynne habe // davo(n) er yme gult(en) geb(e)n solle / und hofft Henne Stopen nůste schuldig zu sin. Er brechte eß dan(n) bij als recht ist daß er etwas jnhette da off er gulte hab(e)n solt und stilt das zu recht. Henne Stope sagt nach lude siner schuldigů(n)ge

7. Dezember 1479

Cles Fluck erhebt seine 3. Klage gegen Kitzgin.
Kitzgin erhebt seine 1. Klage wegen einem Gulden und einem Ort gegen Cristin Stern auf alles.

Nachdem Peter Snade sich das letzte Mal auf Zeugen gegen Hans Stech den Dufel bezog gemäß dem Gerichtsbuch, hat er heute vor das Gericht gebracht Jeckel Sidendistel, Clesgin Albrecht und Simon, des Lautenschlägers Sohn, beide von Nieder-Hilbersheim. Denen allen ist ein Termin gesetzt worden am nächsten Gerichtstag. Dem haben sie zugestimmt.

7. Dezember 1479

Jungfrau Fiel, die Äbtissin des Klosters, erhebt ihre 3. Klage gegen Philipp und Hans Flach von Schwarzenberg, Brüder und Frau Madlene von Venningen.
Cles Fiel erhebt seine 3. Klage gegen Contzgin Prass.

11. Dezember 1479

Henne Stop hat Cles Harwiler angeklagt, nachdem er gegen Cles geklagt habe und Cles seinen Leib vor sein Gut gestellt habe. So sei Cles ihm schuldig von Henne Philips wegen 2 Pfund und 5 Schilling Heller jährliche Gülte. Dass er ihm die nicht gebe, das schade ihm 10 Gulden. Und er fordert von ihm ein Ja oder Nein. Darauf sagt Cles: Er habe Güter inne, die habe er von Contz Hochheimer, seinem Vorfahren, geerbt. Nun habe Henne Stop geklagt gegen alles, was er habe. Das befremde ihn, denn er habe ihm nie eine Gülte gegeben. Er wüsste auch nicht, dass er etwas innehabe, von dem er ihm Gülte geben solle und hofft, Henne Stop nichts schuldig zu sein. Es sei denn, er brächte Gerichtsbeweise bei, dass er etwas innehätte, auf das er Gülte zu erhalten habe und legt das dem Gericht vor. Henne Stop sagt: Gemäß seiner Klage

fol. 128v — Samßtag nach Concepcionis Marie

	so hoffe er / daß Clese nit geantwort habe und soll yme eyn
	ja ader ney(n) thůn obe er soliche gulte von Philips Henne(n) weg(en)
	schuldig sij ader nit. Und stilt eß auch zu recht.[a] Nach
s(e)n(tent)ia	ansprache antwort und beidertheyl furbrengů(n)ge s(e)n(tent)ia
	daß Clese Harwiler // Henne Stopen geantwort hait.
erk(annt)	Jt(em) Stern Clese erk(ennt) Kyczgin II guld(e)n zu geb(e)n in XIIII tagen.
	Si no(n) ping(nora) erf(olgt).
p b	Jt(em) Clese Raůp unser mit scheffen geselle hait p b an Clese
	Wißen.
	Jt(em) zusch(e)n jonffrauwe Fieln der aptisch(e)n ym(m) closter Clasen
gelengt	von Hoestadt und Cleßgin Mospechern der heischu(n)ge halb(e)n
	ist gelengt an das nehst gericht sic hodie.
	Jt(em) Kicz Anne hait Hengin Rutßen zu gesproch(e)n / wie daß er
	und Ebert ir sone / ochsen zu Mencze gekaufft[b] // Do habe sie vor
	gesproch(e)n // Nů habe Rutße yre geretten sie schadenloiß zu
Kicze Anne	halt(en). Daß er solichs nit dut das schade ir X guld(e)n. Und
Heng(in) Růtße	obe er dar zu ney(n) sagen wolt / so beziege er sich des off erber
	lude. Dar off sagt Růts sie habe das heiptgelt ußgeracht.
erk(annt)	Dan(n) eß sihen II guld(e)n dar off verleist // word(e)n / das sij yme
	eyn guld(e)n. Den erkenne er yre uß zu richten in XIIII tag(en).
	Si no(n) ping(nora) erf(olgt). Das hait Anne verbot.
gelengt	Jt(em) zuschen Elsen von Algeßheim und Winworme(n) ist gelengt
	bijß off Samßtag nach dem Achzehesten auch mit der konde
	die dan(n) Winworm off hude zu geige(n) gehabt(en) hait.
erf(olgt)	Jt(em) Hans Rampůsche von Jngelnheim erf(olgt) Ped(er) Swinden
	offs buch.
	Jt(em) Jeckel Bedd(er) hait sine(n) lip vor sin gut gestalt(en) nach de(m)
	Cristma(n) von Venderßheim off yne geheisch(e)n // So hait Stern
	Cristin yre(n) lip vor yr gut gestalt nach dem Clese Raůp
lip vor ir	unser mit scheffen geselle off sie geheisch(e)n hait und
gut gestalt	begeren beide obe yre gude nit ledig sihen // S(e)n(tent)ia wolle(n)
	sie recht geb(e)n und neme(n) nach ansprache und antwort
	als der scheffen hie vor eyn recht wiset so sint sie ledig.

a Es folgt durchgestrichen: »s(e)n(tent)ia«.
b Die erste Silbe des Wortes ist über der Zeile beigefügt.

hoffe er, dass Cles nicht geantwortet habe und er solle ihm ein Ja oder Nein tun, ob er diese Gülte als Erbe Henne Philips schuldig sei oder nicht. Das legt er auch dem Gericht vor. Urteil: Nach Klage, Antwort und beiderseitigen Darlegungen ergeht das Urteil: Dass Cles Harwiler Henne Stop geantwortet hat.

Cles Stern erkennt an, Kitzgin 2 Gulden zahlen zu müssen binnen 14 Tagen. Wenn nicht erfolgt die Pfändung.

Cles Raub, unser Mitschöffe, hat Pfändung gefordert gegenüber Cles Wiß.
Zwischen Jungfrau Fiel, der Äbtissin des Klosters, Clas von Hoestadt und Clesgin Mospecher ist der Termin wegen der Klage auf den nächsten Gerichtstermin verschoben worden.
Anne Kitz hat Hengin Ruts angeklagt, dass er und Ebert ihr Sohn Ochsen zu Mainz kauften. Das haben sie vorher abgesprochen. Nun habe Ruts versprochen, sie schadlos zu halten. Dass er solches nicht tue, das schade ihr 10 Gulden. Und wenn er dazu Nein sagen wolle, so berufe sie sich in der Sache auf ehrbare Leute. Darauf sagt Ruts, sie hätten sich wegen der Klagesumme verglichen. Denn es seien 2 Gulden deswegen zu zahlen, davon habe er einen als Anteil zu zahlen. Er erkenne an, dass er ihr den binnen 14 Tagen ausrichten müsse. Wenn nicht erfolgt die Pfändung. Das hat Anne festhalten lassen.

Zwischen Else von Algesheim und Winworm ist der Termin verschoben worden auf Samstag nach dem 18. Tag auch mit den Beweisen, die Winworm heute da hatte.
Hans Rampusch von Ingelheim hat seinen Anspruch ins Gerichtsbuch eintragen lassen gegen Peter Swinde.

Jeckel Beder hat seinen Leib vor sein Gut gestellt, nachdem Christman von Vendersheim gegen ihn geklagt hat. Ebenso hat Cristin Stern ihren Leib vor ihr Gut gestellt, nachdem Cles Raub, unser Mitschöffe, gegen sie geklagt hat und sie erfragen beide, ob ihre Güter nun frei seien. Urteil: Wollen sie Recht geben und nehmen mit Klage und Entgegnung, wie es die Schöffen hier weisen, so sind sie frei.

fol. 129 — Dinstag nach Lucie

TRANSKRIPTION

        Dar off haint sie ja geantwort und das v(er)bot. Des ist yne allen
        tag gestalt an das nehste gericht(en).
        Jt(em) jonffrauwe Fiel die aptischen ym(m) clost(er) dut 1 h vor IX
        malter korns off Hengin Mollern jn der Orenbrůcken

1 h   nemlich off yre mole und solich und(er)phande dar vor
        ligent.

erf(olgt)   Jt(em) Schonwedd(er) erf(olgt) Ebert Kiczen offs bůch.
erk(annt) e(g)o   Jt(em) Diemen Clas erk(ennt) Pet(er)n unß(ere)m gericht schrib(er) XIIII alb(us)
        off rechnu(n)ge zu geb(e)n in XIIII tagen. Si no(n) p erf(olgt).

erf(olgt)   Jt(em) Wigant Storczkoppe erf(olgt) Peder Swinden vor X g(ulden).
erf(olgt)   Jt(em) Knybijß erf(olgt) Enders Drappen vor II guld(e)n.

        Actu(m) off Dinstag nach Lucie.
        Jt(em) frauwe Madlene von Fennynge(n) sagt / die aptisch(e)n ym(m)
        closter habe off sie geheisch(e)n // Nů stille sie yren lip vor
lip vor ir   yr gůt und begert myt recht obe yr gut nit ledijg sij.
gut gestalt   S(e)n(tent)ia woll sie recht geb(e)n und neme(n) nach ansprach und ant-
        wort als der scheffen hie vor eyn recht wiset so sint
        sie ledig. Dar off hait sie ja geantwort und das verbot.
        Des ist yr tag gestalt an das nehste gericht.

        Actu(m) off Donestag[!] nach Lucie.
        Jt(em) Kiczgin sagt Flucken Clese habe off yne geheischen.
        Nů stille er syne(n) lip vor sin gut und begert myt
lip vor sin   recht obe sin gut nit ledig sij / S(e)n(tent)ia / woll er recht
gut gestalt   geben und neme(n) als der scheffen hie vor ey(n) recht wiset
        so sint sie ledijg. Dar off hait er ja geantwort und
        das verbot. Des ist yme tag gestalt an das nehste
        gericht.[a]

        Actu(m) off Fritag nach Lucie.

---

[a] An das letzte Wort anschließend folgt ein waagerechter Strich bis an den rechten Seitenrand, im letzten Drittel mit wellenförmigen Verzierungen.

14. Dezember 1479

Darauf haben sie Ja geantwortet und dem zugestimmt. Es ist ihnen allen ein Termin gesetzt worden am nächsten Gerichtstag.
Jungfrau Fiel, die Äbtissin des Klosters, erhebt ihre 1. Klage wegen 9 Malter Korn gegen Hengin Moller in der Ohrenbrücke, nämlich auf ihre Mühle und die Pfänder, die dafür liegen.
Schonwedder hat seinen Anspruch ins Gerichtsbuch eintragen lassen gegen Ebert Kitz.
Clas Diem erkennt an, Peter, unserem Gerichtsschreiber, 14 Albus gegen Rechnung zahlen zu müssen in 14 Tagen. Wenn nicht erfolgt die Pfändung.
Wigand Stortzkopp verklagt Peter Swinde auf 10 Gulden.
Knibiß verklagt Enders Drapp auf 2 Gulden.

14. Dezember 1479

Frau Madlene von Venningen sagt: Die Äbtissin im Kloster habe gegen sie geklagt. Nun stelle sie ihren Leib vor ihr Gut und fragt das Gericht, ob ihr Gut dann nicht frei sei. Urteil: Wolle sie Recht geben und nehmen mit Klage und Antwort, wie es die Schöffen hier weisen, so sind ihre Güter frei. Darauf hat sie mit Ja geantwortet und dem zugestimmt. Es ist ihr ein Termin gesetzt worden am nächsten Gerichtstag.

16. Dezember 1479

Kitzgin sagt, Cles Fluck habe gegen ihn geklagt. Nun stelle er seinen Leib vor sein Gut und erfragt vom Gericht, ob seine Güter frei seien. Urteil: Wolle er Recht geben und nehmen, wie es die Schöffen hier weisen, so sind sie frei. Darauf hat er Ja geantwortet und das festhalten lassen. Es ist ihm ein Termin gesetzt worden am nächsten Gerichtstag.

17. Dezember 1479

fol. 129v — Samßtag nach Lucie

lip vor yre gut gestalt	Jt(em) Kicze Anne sagt her Heinrich Strůde[a] habe off sie geheischen. Nů stille sie yren lip vor yr gut und begert mit recht obe yr gut nit ledig sij // S(e)n(tent)ia / woll sie recht geb(e)n und nemen als der scheffen hie vor eyn recht wiset so sint sie ledig. Dar off hait sie ja geantwort und das verbot. Des ist yr tag gestalt an das nehste gerichte.
	Actu(m) off Samßtag nach Lucie.
lip vor sin gut gestalt(en)	Jt(em) Jeckel Stam(m) sagt Hans Snyd(er) als vo(n) mo(m)p(ar)schafft wegen des dechants zu sant Johan zu Mencze habe off yne geheisch(e)n. Nů stille er syne(n) lip vor sin gut und begert mit recht obe sin gut nit ledig sij // S(e)n(tent)ia woll er recht geb(e)n und neme(n) nach ansprache und antwort als der scheffen hie vor eyn recht wiset so sint sie ledig. Dar off hait er ja geantwort und das verbot. Des ist yme tag gestalt an das nehste gericht.
4 h [8/2]	Jt(em) Hans Snyder als vo(n) mo(m)p(ar)schafft wegen des dechants zu sant Johan zu Mencze dut sin fierde heischunge off Zorrichs Henne(n) ut p(ri)ma.
4 h [8/2]	Jt(em) her Heinrich Nickel dut sin fierde heischůnge off Herma(n) Bendern ut p(ri)ma.
2 h	Jt(em) Kiczgin dut sin 2 h off Stern Cristin ut p(ri)ma.
4 h [8/2]	Jt(em) Henne von Eltvjl als vo(n) mo(m)p(ar)schafft wegen h(er)n Hansen unsers mit scheffen gesellen dut sin fierde heischunge off Conczgin Prassen ut p(ri)ma.
4 h [8/2]	Jt(em) her Heinrich Strude dut sin fierde heischunge off Drubein ut p(ri)ma.

[a] Es folgt durchgestrichen: »sagt«.

18. Dezember 1479

Anne Kitz sagt, Herr Heinrich Strude habe gegen sie geklagt. Nun stelle sie ihren Leib vor ihr Gut und begehrt vom Gericht zu wissen, ob ihre Güter nicht frei seien. Urteil: Wolle sie Recht geben und nehmen, wie es die Schöffen hier weisen, so sind sie frei. Darauf hat sie Ja geantwortet und das festhalten lassen. Es ist ihr ein Termin gesetzt worden am nächsten Gerichtstag.

18. Dezember 1479

Jeckel Stamm sagt, Hans Snider habe als Vertreter des Dekans von St. Johann zu Mainz gegen ihn geklagt. Nun stelle er seinen Leib vor sein Gut und erfragt vom Gericht, ob seine Güter frei seien. Urteil: Wolle er Recht geben und nehmen, wie es die Schöffen hier weisen, so sind sie frei. Darauf hat er Ja geantwortet und das festhalten lassen. Es ist ihm ein Termin gesetzt worden am nächsten Gerichtstag.

Hans Snider erhebt als Vertreter des Dekans von St. Johann zu Mainz seine 4. Klage gegen Henne Zorrich.

Herr Heinrich Nickel erhebt seine 4. Klage gegen Hermann Bender.
Kitzgin erhebt seine 2. Klage gegen Cristin Stern.

Henne von Eltville erhebt als Vertreter von Herrn Hans, unseres Mitschöffen, seine 4. Klage gegen Contzgin Prass.

Herr Heinrich Strude erhebt seine 4. Klage gegen Drubein.

Anno domini M° CCCC° und achzijg jare

fol. 130

                Anno d(omi)nj M(illesim)° CCCC° und achzijg jare.

4 h [8/2]   Jt(em) Clese Storczkopp dut sin 4 [8/2] h off Ha(n)mans Ped(er)n ut p(ri)ma.

3 h   Jt(em) her Johan Beinling dut sin 3 h off Gotfart(en) von Randecke und Elsen h(er)n Conrats mût(ter) ut p(ri)ma.

1 h[b]   Jt(em) Philips / des Boeßen hoeffma(n) als vo(n) mo(m)p(ar)schafft wegen sins jonck(er)n dut 1 h vor I guld(e)n gelts off Kicze Anne(n) et supra ping(nora).

1 h   Jd(em) dut 1 h vor X ß gelts off Jeckeln von Siemern et supra ping(nora).

   Actu(m) off Samßtag des heilgen Cristage.[a]

2 h   Jt(em) jonffrauwe Fiel die aptisch(e)n hie ym(m) clost(er) dut yre 2 h off Hengin Mollern ut p(ri)ma.

   Actu(m) off Samßtag Circu(m)cisionis.

2 h   Jt(em) Philips des Boeßen hoffman(n) dut sin 2 h off Kicze Annen und Jeckeln von Siemern ut p(ri)ma.

3 h   Jt(em) Kiczgin dut sin 3 h off Stern Cristin ut p(ri)ma.

4 [8/2] h   Jt(em) her Johan Beynling dut sin fierde heischûnge off Elsen h(er)n Conrats mûter ut p(ri)ma.

   Actu(m) off Samßtag nach Ep(i)ph(an)ia(m) D(omi)nj.

3 h   Jt(em) jonffrauwe die aptischen ym(m) closter dut yre 3 h off Hengin Mollern ut p(ri)ma.

---

[a] Da in Ingelheim das Jahr am 25. Dezember begann, fällt dieser Tag nach unser heutigen Rechnung noch in das Jahr 1479.
[b] Diese und die folgende Marginalie sind durch eine einfache runde Klammer miteinander verbunden.

Im Jahr 1480

fol. 130

ÜBERTRAGUNG

1480
Cles Stortzkopp erhebt seine 4. Klage gegen Peter Hanman.
Johann Beinling erhebt seine 3. Klage gegen Gotfart von Randeck und Else, Herrn Konrads Mutter.
Philipp, der Hofmann des Boos von Waldeck, erhebt als Vertreter für seinen Junker seine 1. Klage wegen einem Gulden Geld gegen Anne Kitz auf die Pfänder.
Derselbe erhebt seine 1. Klage wegen 10 Schilling Geld gegen Jeckel von Simmern auf die Pfänder.

25. Dezember 1479
Jungfrau Fiel, die Äbtissin des Klosters, erhebt ihre 2. Klage gegen Hengin Moller.

1. Januar 1480
Philipp, der Hofmann des Boos von Waldeck, erhebt seine 2. Klage gegen Anne Kitz und Jeckel von Simmern.
Kitzgin erhebt seine 3. Klage gegen Cristin Stern.
Johann Beinling erhebt seine 4. Klage gegen Else, Herrn Konrads Mutter.

8. Januar 1480
Jungfrau [Fiel], die Äbtissin des Klosters, erhebt die 3. Klage gegen Hengin Moller.

fol. 130v — Samßtag nach dem Achzehesten Tage

Anno etc. LXXX 1480^a
actu(m) off Samßtag nach dem Achzehest(en) Tage.

p b — Jt(em) Wigant Storczkoppe hait p b an Peder Swinden.

Jt(em) nach dem her Johan Beinling sin fierde heischŭnge jn
maißen die erßte gelut(en) off Elsen des Langen Conczen selig(en)
offgeholt — witwen gethan / also hait er die gude und und(er)phande nach
lude siner heischŭnge offgeholt(en) und das verbot. Und
der scholteß hait yme ban(n) und freden dar ober gethan
als recht ist. Das hait her Johan auch verbot.

erk(annt)^b — Jt(em) Henne von Eltvjl erk(ennt) Diemen Henne(n) II guld(e)n zu geb(e)n
zuschen Fastnacht. Si no(n) p erf(olgt).

erk(annt) — Jt(em) Snyderhenne Jeckel der jonge erk(ennt) jd(em) ½ [I/2] guld(e)n off
rechnŭ(n)ge zu geb(e)n in XIIII tagen. Si no(n) p erf(olgt).

erk(annt) — Jt(em) Stern Clese erk(ennt) jd(em) XXII alb(us) zu geben in XIIII tag(en).
Si no(n) pingn(or)a erfolgt(en).

erk(annt) — Jt(em) Drappen Cleßgin erk(ennt) jd(em) VII malt(er) korns zu geb(e)n
in XIIII tagen. Si no(n) p erf(olgt).

erk(annt) — Jt(em) Peder Raup erk(ennt) jd(em) I gulden off rechnu(n)ge zu geb(e)n
in XIIII tagen. Si no(n) p erf(olgt).

erf(olgt) — Jt(em) Emerich von Engelstat unser mit scheffen geselle
erf(olgt) Henne(n) von Eltvjl offs buch.

Jt(em) nach dem her Heinrich Nickel sin fierde heischu(n)ge ynne
maißen die erste gelut off Herman(n) Bendern jnhalt des
offgeholt — buchs gethan also hait er die und(er)phande nach lude syn(er)
heischŭnge off geholt(en) und das verbot. Und der scholteß
hait yme ban(n) und freden dar ober gethan als recht ist.
Das hait her Heinrich auch verbot.

Jt(em) nach dem Hans Snider als vo(n) mo(m)p(ar)schafft wegen des
dechants zu sant Johan zu Mencze sin fierde heischunge
offgeholt — jn maißen die erßte gelut / off Zorrichs Henne(n) gethan
also hait er die underphande nach lude siner heischŭnge
off geholt(en) und das verbot als recht ist.

erf(olgt) — Jt(em) Ha(n)mans Peder erf(olgt) Clese Harwilern offs bŭch.

---

a Die arabisch geschriebene Jahreszahl wurde von anderer Hand hinzugefügt.
b Diese und die nächsten 4 Marginalien sind durch einen einfache runde Klammer miteinander verbunden.

1480

15. Januar 1480
Wigand Stortzkopp hat Pfändung gefordert gegen Peter Swinde.
Nachdem Herr Johann Beinling seine 4. Klage gegen Else, die Witwe des Langen Contz getan hat, hat er die Güter und Pfänder gemäß seiner Klage einziehen lassen und das festhalten lassen. Und der Schultheiß hat ihm Bann und Frieden darüber gemacht, wie es Recht ist. Das hat Herr Johann auch festhalten lassen.
Henne von Eltville erkennt an, Henne Diem 2 Gulden zahlen zu müssen bis Fastnacht. Wenn nicht erfolgt die Pfändung.
Jeckel Sniderhen der Junge erkennt an, demselben ½ Gulden gegen Rechnung zahlen zu müssen binnen 14 Tagen. Wenn nicht erfolgt die Pfändung.
Cles Stern erkennt an, demselben 22 Albus zahlen zu müssen binnen 14 Tagen. Wenn nicht erfolgt die Pfändung.
Clesgin Drapp erkennt an, demselben 7 Malter Korn zahlen zu müssen binnen 14 Tagen. Wenn nicht erfolgt die Pfändung.
Peter Raub erkennt an, demselben einen Gulden gegen Rechnung zahlen zu müssen binnen 14 Tagen. Wenn nicht erfolgt die Pfändung.
Emmerich von Engelstat, unser Mitschöffe, hat seinen Anspruch ins Gerichtsbuch eintragen lassen gegen Henne von Eltville.
Nachdem Herr Heinrich Nickel seine 4. Klage gegen Hermann Bender gemäß dem Gerichtsbuch getan hat, hat er die Pfänder gemäß seiner Klage einziehen lassen und das festhalten lassen. Und der Schultheiß hat ihm Bann und Frieden darüber gemacht, wie es rechtmäßig ist. Das hat Heinrich auch festhalten lassen.
Nachdem Hans Snider als Vertreter des Dekans von St. Johann zu Mainz seine 4. Klage gegen Henne Zorrich getan hat, hat er die Pfänder gemäß seiner Klage eingezogen und das festhalten lassen, wie es Recht ist.
Peter Hanman hat seinen Anspruch ins Gerichtsbuch eintragen lassen gegen Cles Harwiler.

fol. 131 — Samßtag nach dem Achzehesten Tage

TRANSKRIPTION

3 h	Jt(em) Philips des Boeßen hoeffman dut sin 3 h off Kicz Annen und Jeckeln von Siemern ut p(ri)ma.
	Jt(em) Philips und Hans Flache haint das buch wie dan(n) ansprach und antwort zusch(e)n h(er)n Coppart(en) vica(r)i(us) zu sant Steffan zu Mencze und yme gelut(en) laißen offe(n) und sie haint das
sant Steff(an)	von beidentheiln verbot. Furt(er) sagt Philips von sin und sins bruder wegen sie hab(e)n hern Orte Meyern zu Mencze myt
Philips und Hans Flache	recht erlangt // zu sagen jn den dingen sovyl yme kunt und wißende sij und begeren den zuv(er)horen. Dar off sagt her Orte Meyer daß er jn dem LXXVI und LXXVII jare siner her(e)n amptma(n) gewesten sij. Und habe nemlich der gulten czwohe entphangen / Nu hab(e)n sie eyn ordenu(n)ge und(er) yne // welcher yeczunt amptma(n) sij und abekom(m)e / der bezale doch jn das jare / dem / der nach yme kom(m)e // Furt(er) so erkenne er daß er die X guld(e)n in dem LXXVIII jare entphangen habe aber als er bericht(en) werde so gehoren sie jn das LXXVII jare. Und bezugt sich des vom(m) grunde here off siner her(e)n register // Philips Flach von sin und sins brud(er) wegen hait verbot daß her Orte erkent(en) daß^a yme die gulte jn dem LXXVIII jare word(e)n sij / So hab(e)n sie eyn qwitanczie(n) von yme daß solich gulte jn dem LXXVII jare und allen vergange(n) jaren auch bezalt und ußgeracht(en) ist // Do hoffen sie nach lude der selben qwitanczien die dan(n) fur gericht gelesen und nach dem her Orte selbest erkant(en) hait daß yne die gulte die er jn dem LXXVIII jare entphangen hait / bilche abe geslagen solle werd(e)n. Und genugt yne des mit recht. Dar off hait Nickelnhen(ne) als vo(n) mo(m)p(ar)schafft wegen h(er)n Copparts durch sinen fursprechen redden laißen die jonck(er)n hab(e)n off konde gezogen // daß die gulte jn dem LXXVIII jare / uß- geracht und bezalt sij word(e)n. Des er noch zur zijt von der konde nit verstand(e)n. Als dar um(m)b so hoffe her Coppart von syn(er) her(e)n wegen daß die jonck(er)n yme die X guld(e)n geb(e)n sollen und stilt eß auch zu recht // Furt(er) hab(e)n sich her Orte

a Es folgt durchgestrichen: »die«.

15. Januar 1480

fol. 131

ÜBERTRAGUNG

Philipp, der Hofmann des Boos von Waldeck, erhebt seine 3. Klage gegen Anne Kitz und Jeckel von Simmern.

Philipp und Hans Flach haben das Buch öffnen lassen, wie die Klage und Antwort zwischen Herrn Coppart, Vikar von St. Stephan zu Mainz und ihnen gelautet hat und beide Parteien haben dem zugestimmt. Weiter sagt Philipp für sich und seinen Bruder: Sie haben vor Gericht erstritten, Herrn Orte Meyer aus Mainz vorzuladen, damit er über die Dinge soviel sage, wie er wisse und beantragen ihn zu verhören. Darauf sagt Herr Orte Meyer, dass er in dem 76. und 77. Jahr Amtmann seiner Herren gewesen sei. Und er habe zwei Gülten empfangen. Nun hätten sie im Stift eine Regelung, dass derjenige, der Amtmann sei und sein Amt verlasse, doch für das laufend Jahr bezahle für den, der nach ihm komme. Weiter erkenne er an, dass er die 10 Gulden im 78. Jahr empfangen habe, doch sie gehörten in das 77. Jahr. Hierfür bezieht er sich auf die Register seiner Herren. Philipp Flach hat für sich und seinen Bruder festhalten lassen, dass Herr Orte anerkennt, dass er die Gülte für das 78. Jahr empfangen habe. Sie haben eine Quittung von ihm, dass diese Gülte im 77. Jahr und den zuvor vergangenen Jahren immer bezahlt wurde. Daher hoffen sie gemäß der Quittung, die vor Gericht vorgelesen wurde und nach der Aussage von Herrn Orte, dass die Gülte, die er im 78. Jahr empfangen habe, billiger Weise abgezogen werden solle. Das legt er dem Gericht vor.

Darauf hat Henne Nickel als Vertreter von Herrn Coppart durch seinen Vertreter reden lassen: Die Junker haben sich auf den Beweis berufen, dass die Gülte im 78. Jahr bezahlt worden sei. Das habe er in der Zeugenaussage so nicht verstanden. Daher hofft Herr Coppart für seine Herren, dass die Junker ihm die 10 Gulden geben sollen und legt das auch dem Gericht vor. Weiter haben sich Herr Orte

fol. 131v — Samßtag nach dem Achzehesten Tage

Meyer und Wilhelm Scharppenstein beide erbott(en) yre sage
zu bewere(n) wie recht sij so f(er)re ma(n) sie des nit erlaiß(e)n
wijl // Also hab(e)n beide parthien eyne(n) genůgen an yr sage
gehabt und sie des rechten erlaiß(e)n // doch do mit one
ober geb(e)n iglichem theyle sin gerechtkeit jn der heipt[-]
sache. Und ist furt(er) gelengt ad socios. Das haint sie vo(n)
beidentheiln verbot.

erf(olgt)	Jt(em) Henne Stope erf(olgt) Ped(er) Sidendisteln offs bůch.
erf(olgt)	Jt(em) Pet(er) unser gericht schriber erf(olgt) Dieme(n) Clase(n) ofs bůch.
1 h	Jt(em) jonffrauwe Fiel die aptischen ym(m) closter dut 1 h off
	Wigant Storczkoppen nach lude eynß gericht briffs
	et sup(ra) pingn(or)a.
	Jt(em) zusch(e)n Hans Snyd(er)n als vo(n) mo(m)p(ar)schafft wegen des decha(n)ts
	zu sant Johan zu Mencze und Jeckel Sta(m)men ist ge-
gelengt	lengt bijß off Samßtag nach dem Erbeiß Sontage
	sic hodie. Das haint sie verbot.
	Jt(em) zusch(e)n Cristman(n) von Venderßheim und Jeckel Bedd(er)n
gelengt	ist gelengt off den nehsten gerichtstag nach der
	Oister wochen sic hodie.
	Jt(em) zusch(e)n jonffrauwe Fieln der apthischen ym(m) closter
gelengt	frauwe Madlenen von Fennyngen / Clasen vo(n) Hoestat
	und Cleßgin Mospech(er)n ist gelengt noch hude zu 14
	tagen sic hodie.
p b	Jt(em) Clese Storczkoppe der alde hait p b an Drubein.
	Jt(em) Kicze Anne erk(ennt) h(er)n Heinrich Struden XXXV ß
erk(annt)	und den gerichts schaden do mit ußzu richten in
	XIIII tagen. Si no(n) p erf(olgt).
	Jt(em) Stern Cristin erk(ennt) Clese Rauben unß(er)m mit scheffen
	gesellen I guld(e)n und den gerichts schad(e)n do mit uß
erk(annt)	zu richten in XIIII tagen. Obe sie des nit deth so solt
	Clese Raup zu den und(er)phande(n) geh(e)n jn maiß(en) er sie

15. Januar 1480 — fol. 131v

Meyer und Wilhelm Scharfenstein beide anerboten, ihre Aussage zu beeiden, wie es Recht ist, insofern man ihnen das nicht erlassen will. Beide Seiten hatten ein Genügen an der Aussage und ihnen das erlassen, doch ohne Beeinträchtigung in der Hauptsache. Das ist verschoben worden bis zum Zusammentreten des Vollgerichts. Dem haben sie beide zugestimmt.

Henne Stop hat seinen Anspruch ins Gerichtsbuch eintragen lassen gegen Peter Sidendistel.

Peter, unser Gerichtsschreiber, hat seinen Anspruch ins Gerichtsbuch eintragen lassen gegen Clas Diem.

Jungfrau Fiel, die Äbtissin des Klosters, erhebt ihre 1. Klage gegen Wigand Stortzkopp gemäß einer Urkunde auf die Pfänder.

Zwischen Hans Snider als Vertreter des Dekans von St. Johann zu Mainz und Jeckel Stamm ist der Termin verschoben worden bis auf Samstag nach Erbeißsonntag. Dem haben sie zugestimmt.

Zwischen Christman von Vendersheim und Jeckel Beder ist der Termin verschoben worden auf den nächsten Gerichtstag nach der Osterwoche.

Zwischen Jungfrau Fiel, der Äbtissin im Kloster und Frau Madlene von Venningen, Clas von Hoestadt und Clesgin Mospecher ist der Termin verschoben worden auf heute in 14 Tagen.

Cles Stortzkopp der alte hat Pfändung gefordert gegen Drubein.

Anne Kitz erkennt an, Herrn Heinrich Strude 35 Schilling und die Gerichtskosten dazu auszurichten binnen 14 Tagen. Wenn nicht erfolgt die Pfändung.

Cristin Stern erkennt an, Cles Raub, unserem Mitschöffen, einen Gulden und die Gerichtskosten zahlen zu müssen. Täte sie das nicht, so soll Cles Raub auf die Pfänder zugreifen, als ob er sie

fol. 132 — Samßtag nach Sebastiani

	gancze uß her heisch(e)n hette. Das hait Clese Raup v(er)bot.
	Jt(em) nach dem her Heinrich Strůde sin fierde heischůnge
	in maiß(e)n die erßte gelut(en) off Drubein gethan also hait
offgeholt	er die und(er)phande nach lude siner heischůnge offgeholt
	und das verbot. Und der scholteß hait yme ban(n) und fre-
	den dar ober gethan als recht ist / Das hait her Heinrich
	auch verbot.
erf(olgt)	Jt(em) Diemen Henne erf(olgt) H(er)man Bend(er)n vor I guld(e)n.
erf(olgt)	Jt(em) Anczen Henne erf(olgt) Peder Swinden vor IIII guld(e)n.
	Actu(m) off Samßtag nach Sebastiani.
4 [8/2] h	Jt(em) jonffrauwe Fiel die aptischen ym(m) closter dut yr fierde
	heischůnge off Hengin Mollern ut p(ri)ma.
	Actu(m) off Samßtag nach sant^a Pauwels tage C(on)v(er)sionis.
	Jt(em) nach dem jonffrauwe Fiel die aptischen ym(m) closter yre
	fierde heischůnge jn maiß(e)n die erßte geludt off Hengin
offgeholt	Mollern jnhalt des buchs gethan // also hait sie die gude
Engelntale	und underphande nach lude yrer heischunge offgeholt
	und das verbot. Und der scholtes hait yre ban(n) und freden
	dar ober gethan als recht ist. Das hait sie auch verbot.
1 clage	Jt(em) Hengin Enders dut 1 clage vor X guld(e)n heiptgelt und
	X guld(e)n schaden off die jonffrauwen zu sant Klaern zu
	Mencze et om(n)ia.
1 h	Jt(em) her Johan Beinling dut 1 h vor eyn guld(e)n gelts off Jeckel
	Carppen et om(n)ia.
p b	Jt(em) Peder Snade hait p b an Snid(er)hen(ne) Jeckeln dem jongen.
erk(annt)	Jt(em) Hans von Klee erk(ennt) Peder Snaden XVIII alb(us) off rech-
	nu(n)ge zu geben in XIIII tagen. Si no(n) p erf(olgt).
erf(olgt)	Jt(em) Diemen Henne erf(olgt) Drappen Cleßgin offs buch.

a Das Wort ist über der Zeile beigefügt.

22. Januar 1480 fol. 132

erklagt hätte. Das hat Cles Raub festhalten lassen.
Nachdem Herr Heinrich Strude seine 4. Klage gegen Drubein tat, hat er die Pfänder gemäß seiner Klage eingezogen und das festhalten lassen. Der Schultheiß hat ihm Bann und Frieden darüber macht, wie es Recht ist. Das hat Herr Heinrich festhalten lassen.
Henne Diem verklagt Herman Bender auf einen Gulden.
Henne Antz verklagt Peter Swinde auf 4 Gulden.

22. Januar 1480
Jungfrau Fiel, die Äbtissin des Klosters, erhebt ihr 4. Klage gegen Hengin Moller.

29. Januar 1480
Nachdem Jungfrau Fiel, die Äbtissin des Klosters ihre 4. Klage gegen Hengin Moller führte, hat sie die Güter und Pfänder gemäß ihrer Klage einziehen lassen. Der Schultheiß hat ihr Bann und Frieden darüber gemacht, wie es rechtmäßig ist. Das hat sie festhalten lassen.
Hengin Enders erhebt seine 1. Klage wegen 10 Gulden Klagesumme und 10 Gulden Gerichtskosten gegen die Nonnen von St. Klara zu Mainz auf alles.
Herr Johann Beinling erhebt seine 1. Klage wegen einem Gulden Geld gegen Jeckel Carpp auf alles.
Peter Snade hat Pfändung gefordert gegen Jeckel Sniderhen den Jungen.
Hans von Klee erkennt an, Peter Snade 18 Albus gegen Rechnung zahlen zu müssen binnen 14 Tagen. Wenn nicht erfolgt die Pfändung.
Henne Diem hat seinen Anspruch ins Gerichtsbuch eintragen lassen gegen Clesgin Drapp.

fol. 132v — Samßtag nach sant Pauwels tage Conversionis

erk(annt)	Jt(em) Peder Snade erk(ennt) Wißhenne(n) V½ [VI/2] guld(e)n off rechnu(n)ge zu geben in XIIII tagen. Si no(n) p erf(olgt).
	Jt(em) nach dem Philips des Boeßen hoffman sin fierde heischu(n)g in maißen die erßte gelut(en) off Kicze Anne(n) thun wolt. Dar ynne hait Kiczgin gerett und sagt / er habe gude jn den selben guden ligen und begere mit recht zu bescheid(e)n obe er nit moge die gulte mit sampt dem gerichts schaden
Kiczgin ey(n) frage no(tandum)	dar legen und sin gude beschudden und die andern gude zu yme nemen. Dar off s(e)n(tent)ia hait Kiczgin jn den guden ligen / so f(er)re er dan(n) Johan Boeßen sin gulte furter geben wijl so mage erß thůn. Das hait Kiczgin verbot.
	Jt(em) Winter hait Ferberhennen zu gesproch(e)n wie daß yme eyn man(n) win abe gekaufft(en) habe // und sihe yme schuldig bleben V½ [VI/2] guld(e)n und I alb(us). Vor solich gelt sij Ferberhenne
Winter Ferb(er)hen(ne)	yme gut word(e)n zu geben / Nů sij das ziele zu Winachten gewest(en). Daß Ferberhen(ne) yme solich gelt nit ußricht das schade yme XX guld(e)n. Und obe er dar zu ney(n) sagen wolt so beziege er sich des off die und(er)keiffer // Ferberhenne sagt yme soll auch an den underkeiffern genůgen. Dar off s(e)n(tent)ia dwile sie von beidentheiln off die underkeiffer ziegen so sollen sie auch die und(er)keiffer vor gericht brengen^a und das thůn in XIIII tagen. Bedorffen sie dan(n) ire tage furte und heisch(e)n die als recht ist / so sall man(n) yne die furt(er) stillen noch zů czweien XIIII tagen. Und so die underkeiffer verhort w(er)d(e)n geschee dan(n) furt(er) was recht ist. A(m)bo verbot.
4 [8/2] h	Jt(em) Philips des Boeßen hoeffman dut sin 4 [8/2] h off Klees Jeckeln ut p(ri)ma.
gelengt	Jt(em) zuschen jonffrauwe Fieln der aptischen ym(m) closter / frauwe Madlenen von Fennynge(n) / Clasen von Hoestadt und Cleßgin Mospech(er)n ist gelengt noch hude zu echtagen sic hodie. Das haint sie verbot.
1 clage	Jt(em) Joh(ann)es Luher von Mencze dut 1 clage vor hondert guld(e)n heiptgelt und hondert guld(e)n schaden off die jonffrauw(e)n zu sant Klaern zu Mencze et om(n)ia.
	Jt(em) Enders Drappe hait Peder Wolenb(er)n zu gesproch(e)n wie

a Das Wort ist über der Zeile beigefügt.

29. Januar 1480 — fol. 132v

ÜBERTRAGUNG

Peter Snade erkennt an, Henne Wiß 5½ Gulden gegen Rechnung zahlen zu müssen binnen 14 Tagen. Wenn nicht erfolgt die Pfändung.
Nachdem Philipp, der Hofmann des Boos von Waldeck, seine 4. Klage gegen Anne Kitz tun wollte, hat Kitzgin dagegen Einspruch erhoben und sagt: Er habe Güter ebenda liegen und fordert vom Gericht ein Urteil, ob er nicht die Gülte mit den Gerichtskosten entrichten könne, seine Güter benennen und die Güter an sich nehmen könne. Darauf ergeht das Urteil: Hat Kitzgin Besitz an den Gütern und ist bereit, Johann Boos von Waldeck seine Gülte in Zukunft zu geben, so kann er das tun. Das hat Kitzgin festhalten lassen.

Winter hat Henne Ferber angeklagt, dass ihm ein Mann Wein abgekauft habe und er sei ihm schuldig geblieben 5½ Gulden und 1 Albus. Für dieses Geld sollte er Henne Ferber Güter geben. Nun sei der vereinbarte Termin Weihnachten gewesen. Dass Henne Ferber ihm das Geld nicht bezahle, das schade ihm 20 Gulden. Und wenn er dazu Nein sagen wolle, so berufe er sich auf die Unterkäufer. Henne Ferber sagt, ihm genügen auch die Aussagen der Unterkäufer. Darauf ergeht das Urteil: Weil sie von beiden Seiten sich auf die Unterkäufer berufen, so sollen sie die auch vor Gericht bringen und das tun in 14 Tagen. Bedürfen Sie Verlängerung und fordern diese, wie es rechtmäßig ist, so soll man sie ihnen noch zweimal 14 Tage geben. Und wenn die Unterkäufer verhört werden, geschehe es weiter, wie es rechtmäßig ist. Dem haben sie beide zugestimmt.

Philipp, der Hofmann des Boos von Waldeck, erhebt seine 4. Klage gegen Jeckel Klee. Zwischen Jungfrau Fiel, der Äbtissin des Klosters, Frau Madlene von Venningen, Clas von Hoestadt und Clesgin Mospecher ist der Termin verschoben worden auf heute in 8 Tagen. Dem haben sie alle zugestimmt.

Johannes Luher von Mainz erhebt seine 1. Klage wegen 100 Gulden Klagesumme und 100 Gulden Gerichtskosten gegen die Nonnen von St. Klara zu Mainz auf alles.
Enders Drapp hat Peter Wolenber angeklagt,

fol. 133 — Samßtag nach sant Blesius tage

End(er)s Drappe Ped(er) Wolenber	daß sie sam(m)ent hafft XII alb(us) in den Rietdorffern schuldig gewest sihen / Die habe er müßen bezalen. Daß Peder yme sin anczale nit widder gibt das schade yme eyn gulden. Und obe Peder dar zu ney(n) sagen wolt so beziege er sich des off die jhene den er solich gelt gegeb(e)n hait. Dar off sagt Peder was die konde erkenne do bij woll erß laiß(e)n. Das hait Enders verbot und mit recht begert wan(n) er die konde brengen solle // S(e)n(tent)ia in XIIII tagen. Bedarff er dan(n) siner tage furte und heist die als recht ist so sall ma(n) yme die furt(er) stillen noch zu czweien XIIII tagen. Und so die konde verhort(en) wirt beheltlich Ped(er)n sin jnsage und geschee dan(n) furt(er) was recht ist. Das haint sie verbot.
erk(annt)	Jt(em) Peder Wolenber erk(ennt) Enders Drappen eyn sieben emyg faße halp zu geb(e)n in XIIII tagen. Das hait Enders verbot.
erk(annt)	Jt(em) Henne Kremer erk(ennt) Cleßgin von Lorche IIII gulde(e)n zu geb(e)n in XIIII tagen. Si no(n) p erf(olgt).
erk(annt)	Jt(em) Hans von Melpach erk(ennt) Clesen von Sprendlingen II guld(e)n zu geb(e)n in XIIII tagen. Si no(n) p erf(olgt).
meist(er) Joste Schonwedder	Jt(em) meister Jost der smett von Mencze hait Schonwedd(er)n zu gesproch(e)n wie daß er yme IX alb(us) vor ey(n) halbe ele duchs schuldig sij und gebe yme der nit. Das schade yme ey(n) guld(e)n. Und heist yme des eyn ja ader ney(n). Dar off hait Schonwedd(er) yme funffthalb(e)n alb(us) vor eyn fertel duchs vor schaden dar gelacht und den gerichts heller do mit / Und sagt wes meist(er) Joste yne wider anlange des sij er unschuldig. Die unscholt ist gestalt noch hude zu XIIII tagen. Das haint sie beide v(er)bot.
erk(annt)	Jt(em) Hiltwins Jeckel erk(ennt) Hengin Roden III guld(e)n zu geb(e)n in XIIII tagen. Si no(n) p erf(olgt).
erk(annt)	Jt(em) Diemen Clas erk(ennt) Erwin dem leyendeck(er) X alb(us) off rechnů(n)ge zu geb(e)n in XIIII tagen. Das hait Erwin verbot.
erf(olgt)	Jt(em) Erwin der leiendecker erf(olgt) Hosen Rodwin vor I guld(e)n.
erf(olgt)	Jt(em) Clesenhen(ne) erf(olgt) Greden Schoßports selige witwen vor XX gulden.

Actu(m) off Samßtag nach sant Blesi(us) tage.

5. Februar 1480

dass sie zusammen 12 Albus in den Rieddörfern schuldig waren. Die habe er bezahlen müssen. Dass Peter seinen Anteil nicht zahlte, das schade ihm einen Gulden. Und wenn Peter dazu Nein sagen wolle, so berufe er sich auf diejenigen, denen er das Geld gegeben habe. Darauf sagt Peter, was die Zeugen sagen, dabei wolle er es lassen. Das hat Enders festhalten lassen und fragt das Gericht, wann er die Zeugen beibringen soll. Urteil: in 14 Tagen. Bedürfe er Verlängerung und fordere sie, wie es rechtmäßig ist, so soll man sie ihm noch zweimal 14 Tage geben. Und wenn die Zeugen verhört werden vorbehaltlich Peters Gegenrede, dann geschehe es weiter, wie es Recht ist. Dem haben sie beide zugestimmt.

Peter Wolenber erkennt an, Enders Drapp ein 7-Ohm-Faß halb zu geben binnen 14 Tagen. Das hat Enders festhalten lassen.

Henne Kremer erkennt an, Clesgin von Lorch 4 Gulden zahlen zu müssen binnen 14 Tagen. Wenn nicht erfolgt die Pfändung.

Hans von Melpach erkennt an, Cles von Sprendlingen 2 Gulden zahlen zu müssen binnen 14 Tagen. Wenn nicht erfolgt die Pfändung.
Meister Jost der Schmied von Mainz hat Schonwedder angeklagt, dass er ihm 9 Albus für eine halbe Elle Tuch schuldig sei und gebe sie ihm nicht. Das schade ihm einen Gulden. Und er fordert von ihm ein Ja oder Nein. Darauf hat Schonwedder ihm 4½ Albus für ein Viertel Tuch für die Kosten bei Gericht hinterlegt und den Gerichtsheller dazu. Und er sagt, wessen ihn Meister Jost darüber hinaus anklage, dessen sei er unschuldig. Die Unschuld gilt von heute an 14 Tage. Dem haben sie beide zugestimmt.
Jeckel Hiltwin erkennt an, Johann Roden 3 Gulden zahlen zu müssen binnen 14 Tagen. Wenn nicht erfolgt die Pfändung.

Clas Diem erkennt an, Erwin dem Leyendecker 10 Albus gegen Rechnung zahlen zu müssen binnen 14 Tagen. Dem hat Erwin zugestimmt.
Erwin der Leyendecker verklagt Rodwin Hose auf einen Gulden.
Henne Cles verklagt Grede, die Witwe Schoßports, auf 20 Gulden.

5. Februar 1480

fol. 133v — Samßtag nach sant Blesius tage

erk(annt)	Jt(em) Peder Wolenber erk(ennt) Benczen Ped(er)n II guld(e)n und ey(n) orte zu geben zusch(e)n Halp Fasten. Si no(n) p erf(olgt).
f(re)f(fel) f(re)f(fel)	Jt(em) Ha(n)mans Peder erk(ennt) dem scholteßen II freffeln myt syme liebe zuv(er)tedingen.
p b	Jt(em) Ha(n)mans Peder hait p b an Clese Harwilern.
gelengt	Jt(em) zuschen^a jonffr(au) Fieln der aptischen ym(m) closter / frauwe Madlene(n) von Fenny(n)gen / Clase(n)s von Hoestadt und Cleßgin Mospech(er)n ist gelengt bijß off Dinstag nach Halpfasten sic hodie. Das haint sie alle verbot.
Winter Ferberhen(ne) konde	Jt(em) Winter hait das buch geigen Ferberhenne(n) laißen offen. Und hait den und(er)keiffern nemlich Clese Fieln / Enders Koch(er)n und Clese Storczkoppen zu gesproch(e)n wie daß sie bij solichem kauffe jnhalt des buchs gewest(en) sihen und sagen nit wie eß berett(en) sij. Das schade yme von yr iglichem X gulden etc. Dar off sagen sie alle drij sie sihen bij^b dem kauffe gewesten und der man(n) der den win kaufft / der habe Ferberhenne(n) drühe düche geben. Also wereß sache daß Wint(er) zu Winacht(en) nehst vergangen nit uß geracht und bezalt worde // so solt Ferberhenne an die düche griffen und Wintern bezalen jn maißen als were der man(n) selbest hie / Das hait Winter verbot. Und haint von beidentheiln eyne(n) genugen an der sage gehabt. Das hait Winter verbot und mit recht begert jn welcher zijt Ferberhen(ne) yme ußrachtünge thün solle. S(e)n(tent)ia in XIIII tagen. Das hait Winter auch verbot.
gelengt Hilczenkett Ped(er) Raup	Jt(em) Hilczen Kette hait Peder Rauben zu gesproch(e)n wie daß sie yme yre wingart verluhen habe // Also daß er yre jars IIII ayme wins kauffma(n)s gut davo(n) geben solle. Nu habe Ped(er) yre yeczunt IIII ayme geben die sihen nit kauffma(n)s gut. Daß Ped(er) solichs gethan hait das schade yre X guld(e)n // Das ist gelengt^c noch hude zu XIIII tagen sic hodie. Verbot.
erk(annt)	Jt(em) Snyderhenne Jeckel der jonge erk(ennt) Hilczen Ketten VIII g(ulden) und II alb(us) zu geb(e)n in XIIII tag(en). Si no(n) p erf(olgt).
	Jt(em) Clese Storczkoppe der jonge hait Dieme(n) Jeckeln zu gesproche(n) wie daß ey(n) man(n) off ey(n) zijt win um(m)b yne laufften habe / und

a Das Wort ist über der Zeile beigefügt.
b Das Wort ist über der Zeile beigefügt.
c Die letzten drei Worte sind über der Zeile beigefügt.

5. Februar 1480

fol. 133v

Peter Wolenber erkennt an, Peter Bentz 2 Gulden und 1 Ort zahlen zu müssen bis Halbfasten. Wenn nicht erfolgt die Pfändung.

Peter Hanman erkennt an, dem Schultheißen 2 Frevel mit seinem Leib zu büßen.

Peter Hanman hat Pfändung gefordert gegen Cles Harwiler.
Zwischen Jungfrau Fiel, der Äbtissin des Klosters, Frau Madlene von Venningen, Clas von Hoestadt und Clesgin Mospecher ist der Termin verschoben worden auf Dienstag nach Halbfasten. Dem haben sie alle zugestimmt.
Winter hat das Gerichtsbuch öffnen lassen in der Streitsache mit Henne Ferber. Und er hat die Unterkäufer, nämlich Cles Fiel, Enders Kocher und Cles Stortzkopp angeklagt, dass sie bei dem Kauf gewesen seien und sagen nicht, wie es beredet wurde. Das schade ihm von jedem von ihnen 10 Gulden. Darauf sagen sie alle 3, sie seien bei dem Kauf gewesen und der Mann, der den Wein kaufte, der habe Henne Ferber 3 Tücher gegeben. Wäre es, dass Winter bis Weihnachten des vergangenen Jahres nicht vollständig bezahlt worden wäre, so solle Henne Ferber auf die Tücher zugreifen und Winter bezahlen, als wäre der Mann selbst hier. Diese Aussage hat Winter festhalten lassen. Und beide Parteien hatten ein Genügen an der Aussage. Das hat Winter ebenfalls festhalten lassen und das Gericht gefragt, bis wann ihn Henne Ferber bezahlen müsse. Urteil: in 14 Tagen. Das hat Winter auch festhalten lassen.

Kett Hiltz hat Peter Raub angeklagt, dass sie ihm ihren Weingarten verliehen habe, wofür er ihr jährlich 4 Ohm Wein in Kaufmannsqualität geben solle. Nun habe Peter ihr jetzt 4 Ohm gegeben, die nicht Kaufmannsgut sind. Dass Peter dieses getan habe, das schade ihr 10 Gulden. Das ist verschoben worden auf heute in 14 Tagen. Dem haben sie beide zugestimmt.

Jeckel Sniderhen der Junge erkennt an, Kett Hiltz 8 Gulden und 2 Albus zahlen zu müssen binnen 14 Tagen. Wenn nicht erfolgt die Pfändung.

Cles Stortzkopp der Junge hat Jeckel Diem angeklagt, dass ein Mann vor einiger Zeit Wein von ihm gekauft habe und

fol. 134 — Samßtag nach Appolonie

gelengt	sihe yme schuldig bleben XIIII guld(e)n. Vor solich gelt sihe Jeckeln yme gut word(e)n und duhe yme nitußrachtunge. Das schade yme XX guld(e)n. Und heist yme das eyn ja [a]der ney(n). Das ist gelengt bijß off Dinstag nach Halpfasten sic hodie.
erf(olgt)	Jt(em) her Heinrich Strůde erf(olgt) Kicze Annen offs bůch.
Jeckel Bedd(er)	Jt(em) Jeckel Bedder hait Cleßgin von Lorche zu gesproch(e)n wie daß er yme schuldig sij IX guld(e)n gerechents hinlichs gelt und II guld(e)n vor eyn kalbe und gebe yme des nit. Das schade yme alsvjl dar zu und heist yme des eyn ja ader ney(n). Dar off
Cleßgin Lorch	hait Cleßgin yme III guld(e)n off rechnu(n)ge erkant. Und sagt wes der hinlich wider erkenne das wolle er yme van stundt auch thůn. Jeckel verbot daß Cleßgin eyn hinlich melt und begert mit recht obe er den brengen solle // S(e)n(tent)ia ja und sall eß thůn in XIIII tagen. Bedarffe er dan(n) siner tage furte und heist die als recht ist so sall ma(n) yme die furt(er) stillen noch zu czweien XIIII tagen. Und so der hinlich verhort(en) wirt beheltlich Jeckeln sin jnsage und geschee dan(n) furt(er) sovyl und recht ist. V(er)bot.
erf(olgt)	Jt(em) Ha(n)mans Peder erf(olgt) Kicze Ebert(en) vor II guld(e)n nota.
erf(olgt)	Jt(em) Peder Bender erf(olgt) Cleßgin Schůmech(er)n vor XIIII alb(us) und den gerichts schaden nota.
	Actu(m) off Samßtag^a nach Appollonie.
2 clage	Jt(em) Hengin Enders dut sin 2 clage off die jonffrauw(e)n zu sant Klaern zu Mencze ut p(ri)ma.
2 clage	Jt(em) Johan(n)es Luher dut sin 2 clage off die jonffrauw(e)n zu sant Klaern zu Mencze ut p(ri)ma.
2 h	Jt(em) her Johan Beinling dut sin 2 h off Jeckel Carppen ut p(ri)ma.
tag v(er)hut(en)	Jt(em) Diemen Clas hait sin tag verhut(en) geigen Erwin dem leyhendecker. Des ist yme tag gestalt an das nehste gericht.
	Actu(m) off Samßtag nach Invocavit.

a Die letzte Silbe des Wortes ist über der Zeile beigefügt.

12. Februar 1480

ihm 14 Gulden schuldig geblieben sei. Für solches Geld habe Jeckel Gut erhalten und vergleiche sich nicht mit ihm. Das schade ihm 20 Gulden. Und er fordert von ihm ein Ja oder Nein. Das ist verschoben worden auf Dienstag nach Halbfasten.
Heinrich Strude hat seinen Anspruch ins Gerichtsbuch eintragen lassen gegen Anne Kitz.
Jeckel Beder hat Clesgin von Lorch angeklagt, dass er ihm 9 Gulden verrechnetes Vertragsgeld schuldig sei und 2 Gulden für ein Kalb und gebe ihm das nicht. Das schade ihm ebensoviel und er fordert von ihm ein Ja oder Nein. Darauf hat Klaus anerkennt, ihm 3 Gulden gegen Rechnung zu zahlen. Und er sagt, was der Vertrag darüber hinaus erkenne, das wolle er ihm auch zahlen. Jeckel hat festhalten lassen, dass Clesgin sich auf die Vertragsabsprache berufe und fragt das Gericht, ob er die nicht vor Gericht bringen solle. Urteil: Ja und er soll es in 14 Tagen tun. Bedürfe er Verlängerung und fordere sie, wie rechtmäßig ist, so soll man sie ihm noch zweimal 14 Tage geben. Und wenn die Absprache verhört wird, vorbehaltlich Jeckels Gegenrede, dann geschehe es weiter, wie es rechtmäßig ist. Dem haben sie beide zugestimmt.
Peter Hanman verklagt Ebert Kitz auf 2 Gulden.
Peter Bender verklagt Clesgin Schuhmacher auf 14 Albus und die Gerichtskosten.

12. Februar 1480
Hengin Enders erhebt seine 2. Klage gegen die Nonnen von St. Klara zu Mainz.
Johannes Luher erhebt seine 2. Klage gegen die Nonnen von St. Klara zu Mainz.
Herr Johann Beinling erhebt seine 2. Klage gegen Jeckel Carpp.
Clas Diem hat seinen Tag verschoben gegen Erwin den Leyendecker. Es ist ihm ein Termin genannt worden am nächsten Gerichtstag.

26. Februar 1480

fol. 134v — Samßtag nach Invocavit

erf(olgt) p b	Jt(em) Winter erf(olgt) Ferberhenne(n) offs bůch und hait p b.
erk(annt)	Jt(em) Hengin Melman erk(ennt) Clese Storczkoppen dem alten IX gulden verseßner zynße zu geben in XIIII tagen. Si no(n) p erf(olgt).
	Jt(em) nach dem Philips des Boeßen hoffman(n) von sins jonckern wegen sin fierde heischůnge jn maiß(e)n die erßte gelut(en) off
offgeholt(en)	Jeckeln von Sie(m)mern jnhalt des buchs gethan also hait er die gude und und(er)phande nach lude siner heischůnge off geholt(en) und die offholunge verbot. Und der scholtes hait yme ban(n) und freden dar ober gethan als recht ist. Das hait Philips auch verbot.
erk(annt)	Jt(em) Růsche erk(ennt) Schonweddern ½ [I/2] gulden off rechnu(n)ge zu geben in XIIII tagen. Si no(n) p erf(olgt).
3 clage	Jt(em) Johan(n)es Luher dut sin 3 clage off die jonffrauw(e)n zu sant Klaren zu Mencze ut p(ri)ma.
erk(annt) zu losen l(itte)ram	Jt(em) Prassen Hengin erk(ennt) Heiden Cleßgin den briffe ober etlich korn sagen Roitfoschen beroren zu losen in XIIII tag(en). Si no(n) p erf(olgt) vor sehs gulden.
erf(olgt)	Jt(em) Hilczenkette erf(olgt) Snyderhen(ne) Jeckeln den jonge(n) offs bůch.
erk(annt)	Jt(em) Hengin Luterwin erk(ennt) Cristma(n) Snyd(er)n von Jngelnhey(m) ½ [I/2] gulden zu geb(e)n in XIIII tagen. Si no(n) p erf(olgt).
Wilhelm Clese Fiele	Jt(em) Wilhelm von Dramerßheim hait Clese Fieln zu gesproche(n) wie daß Clese yme schuldig sij XXIIII ß hell(er) vor czwey jare verseßner zynße als er kirchenmeist(er) gewest(en). Die habe er mußen verrechen und auch bezalen. Daß Clese yme die nit ußricht das schade yme eyn gulden. Und heist yme des eyn ja ader ney(n). Dar off hait Clese / Wilhelme(n) XII ß vor schaden dar gelacht und sagt wes er yne wider anlange des sij er unschuldig. Die unscholt ist gestalt noch hude zu XIIII tagen. Das haint sie beide verbot.
erk(annt)	Jt(em) Karlen von Průmheim erk(ennt) Henne(n) von Eltvjl XX guld(e)n zu geb(e)n in XIIII tagen. Si no(n) p erf(olgt).
erf(olgt)	Jt(em) Wißen Henne erf(olgt) Peder Snaden offs bůch.
	Jt(em) Henne Stope hait Clese Harwilern zu gesprochen / wie daß Philips Henne selige yme jars II l(i)b(ras) und funffe ß hell(er) gelts gegeben habe. Nu nach[a] abgange des b(enan)nt(en) Philips Hennen

[a] Das Wort ist über der Zeile beigefügt.

26. Februar 1480 — fol. 134v

Winter hat seinen Anspruch ins Gerichtsbuch eintragen lassen gegen Henne Ferber und hat Pfändung gefordert.

Hengin Melman erkennt an, Cles Stortzkopp dem Alten 9 Gulden angelaufenen Zins zahlen zu müssen binnen 14 Tagen. Wenn nicht erfolgt die Pfändung.

Nachdem Philipp, der Hofmann des Boos von Waldeck, für seinen Junker seine 4. Klage gegen Jeckel von Simmern erhoben hat nach Aussage des Buchs, hat er die Güter und Pfänder gemäß seiner Klage eingezogen und dies festhalten lassen. Und der Schultheiß hat ihm Bann und Frieden darüber gemacht, wie es Recht ist. Das hat Philipp auch festhalten lassen.

Ruß erkennt an, Schonwedder ½ Gulden gegen Rechnung zahlen zu müssen binnen 14 Tagen. Wenn nicht erfolgt die Pfändung.

Johannes Luher erhebt seine 3. Klage gegen die Nonnen von St. Klara zu Mainz.

Hengin Prass erkennt gegenüber Clesgin Heide an, den Schuldbrief über etliches an Korn, gegenüber Rotfosch zu zahlen, binnen 14 Tagen zu lösen. Wenn nicht erfolgt die Pfändung für 6 Gulden.

Kett Hiltz hat ihren Anspruch eingeklagt gegen Jeckel Sniderhen den Jungen.

Hengin Luterwin erkennt an, Christman Snider von Ingelheim ½ Gulden zahlen zu müssen binnen 14 Tagen. Wenn nicht erfolgt die Pfändung.

Wilhelm von Dromersheim hat Cles Fiel angeklagt, dass Cles ihm 14 Schilling Heller für 2 Jahre angelaufenen Zins schuldig sei als Wilhelm Kirchenmeister war. Die habe er verrechnen und bezahlen müssen. Dass Klaus ihm die nun nicht gebe, das schade ihm einen Gulden. Und er fordert von ihm ein Ja oder Nein. Darauf hat Cles Wilhelm 12 Schilling für die Kosten bei Gericht hinterlegt und gesagt, wessen er ihn darüber hinaus anklage, dessen sei er unschuldig. Die Unschuld gilt von heute an 14 Tage. Dem haben sie beide zugestimmt.

Karl von Prumheim erkennt an, Henne von Eltville 20 Gulden zahlen zu müssen binnen 14 Tagen. Wenn nicht erfolgt die Pfändung.

Henne Wiß hat seinen Anspruch ins Gerichtsbuch eintragen lassen gegen Peter Snade.

Henne Stop hat Cles Harwiler angeklagt, dass der verstorbene Henne Philip ihm jährlich 2 Pfund und 5 Schilling Heller Geld gegeben habe. Nach dem Tod des genannten Henne Philip

fol. 135 — Samßtag nach Invocavit

Hen(ne) Stope Clese Harwil(er)	selig(en) habe er soliche gulte an Clesen gefurd(er)t. Do habe Clese yne um(m)b ziele gebetten und lichterunge der gulten und habe yme do mit gerett(en) soliche gulte gutlich zu geb(e)n // Daß Clese des nit dut das schade yme XX guld(e)n. Und heist yme eyn ja ader ney(n) obe er yme soliche gulte gerett(en) habe zu geb(e)n ader nit. Dar off sagt Clese er habe Henne Stopen von Philips Henne(n) wegen nye kein gulte geben / ader auch gerett(en) zu geben. Und wes er yne wider anlange des sij er unschuldig. Die unscholt ist gestalt noch hude zu XIIII tagen. Das haint sie beide verbot.
p b	Jt(em) Diemen Henne hait p b an Drappen Cleßgin.
Adam Peff(er) Ped(er) Bend(er)	Jt(em) Adam Peffer der heymberge hait Peder Bend(er)n zu- gesprochen wie daß Hans Blancke und er yme^a eyne(n) lere knaben druhe jare lang verdingt hab(e)n. Und sij berett(en) wan(n) der knabe II jare gediene / woll er dan(n) wand(er)n so sall er yme II guld(e)n geb(e)n / Blibe er aber die druhe jare so soll er yme IIII guld(e)n geb(e)n. Vor solich so(m)me sihen sie czwene yme gut worden. Daß Pede(r) yme nu sin anczale nemlich II guld(e)n nit ußricht das schade yme IIII g(ulden). Und obe Peder dar zu ney(n) sagen wolt so beziege er sich des off eyn winkauffe // Peder sagt yme genuge auch mit dem winkauff. Und ist mit recht gewist(en) dwile sie von beidentheiln off eyn winkauff ziegen so sollen sie den auch vor gericht brengen und das thun in XIIII tagen. Bedorffen sie dan(n) yre tage furte und heischen die als recht ist so sall man(n) yne die furt(er) stillen noch zu czweien XIIII tagen. Und wan(n) der winkauffe verhort(en) wirt ge- schee dan(n) furt(er) sovyl und recht ist. Das haint sie beide verbot.
erk(annt)	Jt(em) Hengin Bere erk(ennt) Carppen Cleßgin III l(i)b(ras) heller zu geben in XIIII tagen so no(n) p erf(olgt).
1 h	Jt(em) Hengin der dhomher(e)n hoffma(n) als vo(n) der selben siner heren wegen dut 1 h vor II fertel wins off Peder Wolenbern et omn(i)a.
1 h	Jt(em) Nickelnhen(ne) als vo(n) mo(m)perschafft wegen h(er)n Copparts

a Das Wort ist über der Zeile beigefügt.

habe er diese Gülte von Cles gefordert. Da habe Cles ihn um Verlängerung und Erleichterung der Gülten gebeten und versprochen, ihm die Gülte gütlich zu geben. Dass Cles das nicht tue, das schade ihm 20 Gulden. Und er fordert von ihm ein Ja oder Nein, ob er versprochen habe, die Gülte gütlich zu geben oder nicht. Darauf sagt Cles: Er habe Henne Stop für Henne Philip nie eine Gülte gegeben oder auch versprochen, sie zu geben. Und wessen er ihn darüber hinaus anklage, dessen sei er unschuldig. Die Unschuld gilt von heute an 14 Tage. Dem haben sie beide zugestimmt.

Henne Diem hat Pfändung gefordert gegen Clesgin Drapp.

Adam Peffer, der Heimbürge, hat Peter Bender angeklagt, dass Hans Blanck und er ihm einen Lehrknaben für 3 Jahre verpflichtet haben. Und es sei beredet worden, wenn der Knabe 2 Jahre gedient habe und er wolle dann wandern, so solle er ihm 2 Gulden geben. Bleibe er aber 3 Jahre, so solle er ihm 4 Gulden geben. Für diese Summe seien sie handelseinig geworden. Dass Peter ihm nun seinen Anteil, nämlich 2 Gulden, nicht zahle, das schade ihm 4 Gulden. Und wenn Peter dazu Nein sagen wolle, so berufe er sich auf den Vertragsabschluss. Peter sagt, ihm genüge auch der Vertragsabschluss. Es ergeht das Urteil: Weil sie sich von beiden Seiten auf den Vertragsabschluss berufen, sollen sie den vor Gericht bringen und das tun binnen 14 Tagen. Bedürfen sie Verlängerung und fordern sie diese, wie es Recht ist, so soll man ihnen die noch zweimal 14 Tage geben. Und wenn der Vertragsabschluss verhört wird, geschehe es weiter, wie es rechtmäßig ist. Dem haben sie beide zugestimmt.

Hengin Ber erkennt an, Clesgin Carpp 3 Pfund Heller zahlen zu müssen binnen 14 Tagen. Wenn nicht erfolgt die Pfändung.

Hengin, der Hofmann der Domherren, erhebt für seine Herren die 1. Klage wegen 2 Viertel Wein gegen Peter Wolenber auf alles.

Henne Nickel erhebt als Vertreter von Herrn Coppart,

fol. 135v — Samßtag nach Reminiscere

	vica(r)i(us) zu sant Steffan zu Mencze dut 1 h vor X guld(e)n
	gelts off Philips und Hans Flachen von Swarczenb(er)g
	gebruder et sup(ra) pingn(or)a.
1 clage	Jt(em) Cleßgin Baldemar dut 1 clage vor funffzijg guld(e)n
	heiptgelt und X guld(e)n schaden off Bingeln Hengin
	zu Mencze et om(n)ia.
	Actu(m) off Samßtag nach Remi(ni)sce(re).
1 h	Jt(em)ᵃ jonffrauwe Fiel die aptischen ym(m) closter dut 1 h
	vor X ß gelts off Wigant Storczkoppen et sup(ra) ping(nora).
	Jt(em) Thymathe(us) yeczůnt meister und scheffner zu sant
	Klaren zu Mencze hait eyne(n) macht briff von den b(enan)nt(en)
	jonffrauw(e)n und covent ußgangen laißen lesen und
lip vor sin	nach lude des selben briffs syne(n) lipp vor des klosters
gut gestalt(en)	gude gestalt nach dem Johan(n)es Luher off sie geclagt(en).
	Und mit recht begert(en) obe die gude nit ledig sihen.
sant Klaern	Dar off s(en)(tent)ia woll er recht geben und nemen nach dem
	der scheffen hie vor eyn recht wiset so sihent sie
	ledig. Dar off hait er ja geantwort und das verbot.
	Des ist yme tag gestalt(en) noch hude zu echtagen. Das
	hait er auch verbot.
erk(annt)	Jt(em) Hengin Moller erk(ennt) Senders Conczgin von Wint(er)heim
	anderhalb(e)n guld(e)n und sin anczale an dem schaden der
	dar off gegangen ist / zu geb(e)n in XIIII tag(en). Si no(n) p erf(olgt).
erf(olgt)	Jt(em) Henne Kremer erf(olgt) Henne Englend(er)n offs bůch.
erk(annt)	Jt(em) Hengin Moller erk(ennt) Henne Erken(n) I gulden zu geb(e)n
	in XIIII tagen. Si no(n) p erf(olgt).
erk(annt)	Jt(em) Peder Bender erk(ennt) Hengin Melman III gulden off
	rechnu(n)ge zu geben in XIIII tagen. Si no(n) p erf(olgt).
erk(annt)	Jt(em) Henne Randecker erk(ennt) Winß Jeckeln dem jongen
	XXV guld(e)n zu geb(e)n in XIIII tagen. Si no(n) p erf(olgt).
p b	Jt(em) Hilczenkette hait p b an Snyderhenne Jeckeln
	dem jongen.

a Von hier verläuft entlang der folgenden 4 Zeilen ein senkrechter Strich.

4. März 1480

ÜBERTRAGUNG

Vikar von St. Stephan zu Mainz, seine 1. Klage wegen 10 Gulden Geld gegen Philipp und Hans Flach von Schwarzenberg, Brüder auf die Pfänder.

Clesgin Baldemar erhebt seine 1. Klage wegen 50 Gulden Klagesumme und 10 Gulden Gerichtskosten gegen Hengin Bingel zu Mainz auf alles.

4. März 1480
Jungfrau Fiel, die Äbtissin des Klosters, erhebt ihre 1. Klage wegen 10 Schilling Geld gegen Wigand Stortzkopp auf die Pfänder.

Thymotheus, zur Zeit Meister und Schaffner von St. Klara zu Mainz, hat eine Vollmacht der genannten Nonnen und des Konvents lesen lassen und gemäß dem Brief seinen Leib vor des Klosters Gut gestellt, nachdem Johannes Luher gegen sie geklagt hat. Und er fordert vom Gericht, ob die Güter nicht frei seien. Darauf ergeht das Urteil: Wolle er Recht geben und nehmen, wie es die Schöffen hier als Recht weisen, so sind sie frei. Darauf hat er Ja geantwortet und das festhalten lassen. Es ist ihm ein Termin gesetzt worden heute in 8 Tagen. Dem hat er auch zugestimmt.

Hengin Moller erkennt an, Contzgin Sender von Winterheim 1½ Gulden zahlen zu müssen binnen 14 Tagen. Wenn nicht erfolgt die Pfändung.

Henne Kremer hat seinen Anspruch ins Gerichtsbuch eintragen lassen gegen Henne Englender.

Hengin Moller erkennt an, Henne Erk einen Gulden zahlen zu müssen binnen 14 Tagen. Wenn nicht erfolgt die Pfändung.

Peter Bender erkennt an, Hengin Melman 3 Gulden gegen Rechnung zahlen zu müssen binnen 14 Tagen. Wenn nicht erfolgt die Pfändung.
Henne Randecker erkennt an, Jeckel Winß dem Jungen 25 Gulden zahlen zu müssen binnen 14 Tagen. Wenn nicht erfolgt die Pfändung.
Kett Hiltz hat Pfändung gefordert gegen Jeckel Sniderhen den Jungen.

fol. 136 — Samßtag nach Reminiscere

erk(annt)	Jt(em) Ebert Kicze erk(ennt) Peder Snaden III guld(e)n off rechnu(n)ge zu geben in XIIII tagen. Si no(n) p erf(olgt).
gelengt	Jt(em) zuschen Růssen und Peder Snaden ist gelengt noch hude zu XIIII tagen sic hodie. Das haint sie beide verbot.
erk(annt)	Jt(em) Kicze Anne und Ebert Kicze yre sone erkenne(n) Henne Rußen VI gulden zu geben in XIIII tagen. Si no(n) p erf(olgt).
erk(annt)	Jt(em) Kicze Anne erk(ennt) Hengin Melman VI gulden zu geben in XIIII tagen. Si no(n) p erf(olgt).
erk(annt)	Jt(em) Ebert Kicze erk(ennt) Adam Wolffen unß(er)m mit scheffen gesellen II guld(e)n IX alb(us) zu geb(e)n in XIIII tag(en). Si no(n) p erf(olgt).
erk(annt)	Jt(em) Ebert Kicze erk(ennt) Henne(n) von Eltvjl I gulden off rechnů(n)g(e) zu geb(e)n in XIIII tagen. Si no(n) p erf(olgt).
p b	Jt(em) Wißen Henne hait p b an Peder Snaden.
i(n) j(ure)	Jt(em) Ebert Kicze als vo(n) mo(m)p(ar)schafft wegen siner můt(er) hait Herma(n) Scher(er)n zu gesprochen wie daß Herma(n) syn(er) můter schuldig sihe gewesten XIX guld(e)n / Also sij zuschen yne be-
Kicz Anne H(er)ma(n) Scher(er)	rett(en) word(e)n daß Herma(n) eyn guld(e)n gelts von den XIX g(ulden) geb(e)n solle und sin můtt(er) habe yme eyne(n) wingart myt eyme gulden gelts geben jn bijwesen erber lude / daß er die selbe gulte sonder yre und yrer erben schaden ußrichten solle. Dar geigen und yn solicher maiße(n) / hait Herman siner můter / eynen wingart geben mit XI alb(us) zinßs // Und yre iglichs sall dem andern sinen wingart frij halten jn maißen vorgeschreb(e)n. Nů v(er)stehe er daß der wingart des spittels halb(e)n offgeholt(en) sij // Daß Herma(n) / sin můtt(er) nit bij dem wingart(en) jn maißen obgemelt behilt und ußrachtunge davo(n) gethan hait / das schade yme als vo(n) siner můter wegen XL guld(e)n. Und obe Herman dar[-] zu ney(n) sagen wolle so beziege er sich des off eyne(n) win- kauffe. Dar off sagt Herma(n) als sie von den dingen redden solten do beduchte yne der wingart zu duher sinn. Und yme wart zu gesagt der wingart solt yme ge[-] lichtiget werd(e)n / Des sij nit gescheen / und dwile Ebert

4. März 1480

fol. 136

ÜBERTRAGUNG

Ebert Kitz erkennt an, Peter Snade 3 Gulden gegen Rechnung zahlen zu müssen binnen 14 Tagen. Wenn nicht erfolgt die Pfändung.
Zwischen Ruß und Peter Snade ist die Sache verschoben worden auf heute in 14 Tagen. Dem haben sie beide zugestimmt.
Anne Kitz und Ebert Kitz, ihr Sohn, erkennen an, Henne Ruß 6 Gulden zahlen zu müssen binnen 14 Tagen. Wenn nicht erfolgt die Pfändung.
Anne Kitz erkennt an, Hengin Melman 6 Gulden zahlen zu müssen binnen 14 Tagen. Wenn nicht erfolgt die Pfändung.
Ebert Kitz erkennt an, Adam Wolff, unserem Mitschöffen, 2 Gulden 9 Albus zahlen zu müssen binnen 14 Tagen. Wenn nicht erfolgt die Pfändung.
Henne Wiß hat Pfändung gefordert gegen Peter Snade.

Ebert Kitz hat als Vertreter seiner Mutter Hermann Scherer angeklagt, dass Hermann seiner Mutter 19 Gulden schuldig gewesen sei. Daher sei zwischen ihnen beredet worden, dass Hermann einen Gulden Geld von den 19 Gulden geben soll und seine Mutter habe ihm einen Weingarten mit dem Gulden in Anwesenheit ehrbarer Leute gegeben, damit er die Gülte ohne ihren oder ihrer Erben Schaden bezahle. Dafür hat Hermann seiner Mutter einen Weingarten gegeben mit 11 Albus Zins. Und jeder von ihnen soll dem anderen seinen Weingarten frei halten. Nun habe er gehört, dass der Weingarten vom Spital eingezogen worden sei. Dass Hermann den Weingarten seiner Mutter veräußerte und sich deshalb nicht mit ihr verglich, das schade ihm für seine Mutter 40 Gulden. Und wenn Hermann dazu Nein sagen wolle, so berufe er sich deswegen auf den Vertragsabschluss. Darauf sagte Hermann: Als sie von den Dingen redeten, da schien ihm der Weingarten zu teuer. Und es wurde ihm zugesagt, die Belastung solle erleichtert werden. Das sei nicht geschehen. Und weil Ebert

fol. 136v — Samßtag nach Reminiscere

selbest gerett(en) er laiße sine(n) wingart verloren w(er)den.
Deshalp so hoffe er yme nit schuldig zu sin. Und furt(er)
als Ebert off eyn winkauff zugt was dar um(m)b recht
sij das geschee. Und sie haint eß beide zu recht gestalt. Dar off s(e)n(tent)ia dwile Ebert off eyn winkauffe
zugt so sall er den auch vor gericht brengen und
das thůn in XIIII tagen. Bedarff er dan(n) siner tage
furte und heist die als recht ist / so sall man(n) yme
die furt(er) stillen noch zu czweien XIIII tagen. Und so
der winkauffe verhort(en) wirt beheltlich Herman
sin jnsage und geschee dan(n) furt(er) sovijl und recht
ist. Das haint sie beide verbot.

1 h — Jt(em) Henne Bocke unser mit scheffen geselle als vo(n)
mo(m)p(ar)schafft wegen des compters zům Heilge(n) Grabe
zu Mencze dut 1 h vor XXV ß gelts off Philipsen
von Gerßsteyn et supra pingn(or)a.

Kremer / Adam Hase — Jt(em) Henne Kremer hait Adam Hasen zu gesproch(e)n
wie daß er yme II guld(e)n schuldig sij / die er yme
dan(n) zu Winacht(en) nehst vergangen gegeb(e)n solt hain.
Das Adam solichs nit gethan hait das schade yme
III guld(e)n und heist yme des eyn ja ader ney(n).
Dar off sagt Adam Kremer habe yme eyne(n) v(er)kauffe
gethan / Wan(n) er sine(n) win verkeiffe / so soll er yme
uß rachtunge thůn. Und wes Kremer yne wider anlange des sij er unschuldig dan(n) er habe synen
win noch bij yme ligen. Die unscholt ist Adam
gestalt noch hude zu XIIII tagen. Das haint sie
beide verbot.

i(n) j(ure) / Ped(er) Raup / Hilczen Kett — Jt(em) Peder Raup hait Hilczenketten zugesprochen wie
daß sie off eyn zijt zu yme ko(m)men / und yne gebett(en)
yr[a] etlichen dinste zu thůn. Und yme do mit gerett(en) und
zu gesagt(en) drij flecken wiesen zu geben jn Winheymer Felde gelegen. Und yme die gerett off zu
geben und sicher machen. Daß Kett solichs nit důth

---

[a] Das Wort ist vor dem Zeilenanfang beigefügt.

selbst gesagt habe, dass er seinen Weingarten verloren habe, so hoffe er, er sei ihm nichts schuldig. Und weil sich weiter Ebert auf den Vertragsabschluss berufe, was deswegen Recht sei, das geschehe. Das haben sie beide dem Gericht vorgelegt. Darauf ergeht das Urteil: Weil Ebert sich auf den Vertragsabschluss beruft, so soll er den auch an das Gericht bringen binnen 14 Tagen. Bedürfe er Verlängerung und fordere sie, wie es rechtmäßig ist, so soll man sie ihm noch zweimal 14 Tage geben. Und wenn der Vertrag gehört wird vorbehaltlich Hermanns Gegenrede, geschehe es weiter, wie es rechtmäßig ist. Dem haben sie beide zugestimmt.

Henne Bock, unser Mitschöffe, erhebt als Vertreter des Komturs zum Heiligen Grab zu Mainz seine 1. Klage wegen 25 Schilling Geld gegen Philipp von Gierstein auf die Pfänder.

Henne Kremer hat Adam Hase angeklagt, dass er ihm 2 Gulden schuldig sei, die er ihm zu vergangenen Weihnachten geben sollte. Dass Adam solches nicht getan habe, das schade ihm 3 Gulden und er fordert von ihm ein Ja oder Nein. Darauf sagt Adam: Kremer habe ihm etwas verkauft. Wenn er seinen Wein verkauft habe, so solle er ihn bezahlen. Und wessen ihn Kremer darüber hinaus anklage, dessen sei er unschuldig, denn er habe seinen Wein noch bei ihm liegen. Die Unschuld Adams gilt von heute an 14 Tage. Dem haben sie beide zugestimmt.

Peter Raub hat Kett Hiltz angeklagt, dass sie vor einiger Zeit zu ihm gekommen sei und ihn gebeten habe, ihr etliche Dienste zu tun. Und sie habe mit ihm geredet und ihm versprochen, ihm 3 Flecken Wiese zu geben im Winterheimer Feld. Diese wolle sie auch vor Gericht aufgeben und ihm sichern. Dass Kett solches nicht tut,

fol. 137 — Samßtag nach Oculi

TRANSKRIPTION

jn maißen sie yme dan(n) gerett(en) hait / das schadt yme XL
guld(e)n. Und heist yr des eyn ja ader neyn. Dar off sagt
Kette Peder habe yn(n) den kriegen vor sie gewachten.
Deshalb(e)n habe sie yme IIII guld(e)n zu gesagt zu geb(e)n // Die
erkenne sie yme auch. Und wes Peder sie wider anlange
des sij sie unschuldig. Peder verbot daß Kette yme IIII g(ulden)
erkennet und begert mit recht wan(n) sie yme die geb(e)n
soll. S(e)n(tent)ia in XIIII tagen / furt(er) ist Ketten die unscholt
gestalt noch hude zu XIIII tag(en). Das haint sie beide
verbot.

erk(annt)	Jt(em) Hengin Randecker erk(ennt) Schonwedd(er)n XXIII alb(us) zu geben in XIIII tagen. Si no(n) p erf(olgt).
erf(olgt)	Jt(em) Henne Erken(n) erf(olgt) Jacoben den leyendeck(er) vor XVI gulden.

Actu(m) off Samßtag nach Oculi.
Jt(em) Wilhelm von Dramerßheim / Clese Fiele / Hen(ne) Stoppe
Clese Harwiler / Thymathe(us) der scheffner zu sant Klaern

tag v(er)hut(en)	zu Mencze und Joha(n)nes Luher haint alle yren tag verhut(en). Des ist yne tag^a gestalt(en) off Samßtag nach der Oisterwochen. Das haint sie verbott(en).
	Jt(em) Nickelnhen(ne) als vo(n) mo(m)perschafft wegen h(er)n Copparts
2 h	vica(r)i(us) zu sant Steffan zu Mencze dut sin 2 h off Philips und Hans Flachen ut p(ri)ma.
2 tag	Jt(em) Adam Peffer unser heymberge hait sin 2 tag furt(er) geheischen konde zu brengen geigen Peder Bendern.
1 clage	Jt(em) Drubein dut 1 clage vor XX guld(e)n heiptgelt und XX guld(e)n schaden off Philips Henne(n) seligen witwen et om(n)ia.

Actům off Dinstag nach Leta(r)e.

tag v(er)hut(en)	Jt(em) Clese Storczkopp d(er) jonge hait sinen tag v(er)huten

a Es folgt durchgestrichen: »verhut(en) des ist yne tag«.

Das Oberingelheimer Haderbuch 1476–1485

wie sie es versprochen hat, das schade ihm 40 Gulden. Und er fordert von ihr ein Ja oder Nein. Darauf sagt Kett, Peter habe in den Kriegen für sie Wache geleistet. Dafür habe sie zugesagt, ihm 4 Gulden zu geben. Diese erkenne sie auch als Schuld an. Und wessen sie Peter darüber hinaus anklage, dessen sei sie unschuldig. Peter hat festhalten lassen, dass Kett anerkenne, ihm 4 Gulden zahlen zu müssen und fragt das Gericht, wann sie ihm die geben soll. Urteil: in 14 Tagen. Weiter gilt Ketts Unschuld von heute an 14 Tage. Dem haben sie beide zugestimmt.

Hengin Randecker erkennt an, Schonwedder 23 Albus zahlen zu müssen in 14 Tagen. Wenn nicht erfolgt die Pfändung.

Henne Erk verklagt Jakob den Leyendecker auf 16 Gulden.

11. März 1480
Wilhelm von Dromersheim, Cles Fiel, Henne Stop, Cles Harwiler, Thymotheus, der Schaffner von St. Klara zu Mainz und Johannes Luher haben alle ihren Tag verschoben. Es ist ihnen ein Termin gesetzt worden am Samstag nach Ostern. Dem haben sie zugestimmt.

Henne Nickel erhebt als Vertreter von Herrn Coppart, Vikar von St. Stephan zu Mainz seine 2. Klage gegen Philipp und Hans Flach.

Adam Peffer, unser Heimbürge, hat seinen 2. Tag erbeten, Beweise beizubringen gegen Peter Bender.

Drubein erhebt seine 1. Klage wegen 20 Gulden Klagesumme und 20 Gulden Gerichtskosten gegen die Witwe von Henne Philip auf alles.

14. März 1480
Cles Stortzkopp der Junge hat seine Tag verschoben

fol. 137v — Samßtag nach Letare

	geigen Diemen Jeckeln und ist yme tag gestalt an das
	nehste gericht.
	Jt(em) zuschen jonffr(au) Fieln der aptischen ym(m) closter und
gelengt	frauwe Madlenen von Fennyngen ist gelengt bijß
	off Samßtag nach dem Sontage Jubilate sic hodie.
	Das haint sie beide verbot.
	Actu(m) off Samßtag nach Letare.
2 h	Jt(em) Henne Bocke unser mit scheffen geselle als vo(n)
	mo(m)p(ar)schafft wegen des compters zum Heilgen
	Grabe zu Mencze dut sin 2 h off Philipsen von
	Gerßsteyn ut p(ri)ma.
tag v(er)hut(en)	Jt(em) Peder Snade und Rußhe haint yren tag v(er)hůt(en).
	Des ist yne tag gestalt an das nehste gericht.
2 h	Jt(em) jonffrauwe Fiel die apthischen ym(m) closter dut
	yre 2 h off Wigant Storczkoppen ut p(ri)ma.
2 tag	Jt(em) Ebert Kicze hait sin 2 tag furt(er) geheischen den
	winkauff zu brengen geige Herman Scher(er)n.
	Actu(m) off Dinstag nach Judica.
	Jt(em) Mathis jn der Rynderbach als vo(n) mo(m)p(ar)schafft
	wegen Hans Wolffen von Spanheim dut 1 h
1 h	vor IIII gulden gelts off Jeckeln und Karlen
	von Siemern und off alleß daß Hans von Klee
	gelaißen hait do er doit und lebendig ge-
	westen ist.
	Actu(m) off Samßtag nach Judica.
lip vor ir gut	Jt(em) Philips Henne seligen witwen sagt Drubein habe
gestalt(en)	off sie geclagt(en). Nu stelle sie yren lip vor yr gut
	und begert mit recht yr gut nit ledig sij / S(e)n(tent)ia

gegen Jeckel Diem und es ist ihm ein Termin gesetzt worden am nächsten Gerichtstag. Zwischen Jungfrau Fiel, der Äbtissin des Klosters und Frau Madlene von Venningen ist die Sache verschoben worden auf Samstag nach Jubilate. Dem haben sie beide zugestimmt.

18. März 1480
Henne Bock, unser Mitschöffe, erhebt als Vertreter des Komturs zum Heiligen Grab zu Mainz seine 2. Klage gegen Philipp von Gierstein.
Peter Snade und Ruß habe ihren Tag verschoben. Es ist ihnen ein Termin am nächsten Gerichtstag gesetzt worden.
Jungfrau Fiel, die Äbtissin des Klosters, erhebt ihre 2. Klage gegen Wigand Stortzkopp.
Ebert Kitz hat seinen 2. Tag erbeten, den Vertragsabschluss beizubringen gegen Herman Scherer.

21. März 1480
Mathis in der Rinderbach erhebt als Vertreter von Hans Wolff von Sponheim seine 1. Klage wegen 4 Gulden Geld gegen Jeckel und Karl von Simmern auf alles, was Hans von Klee hinterlassen hat.

25. März 1480
Henne Philips Witwe sagt, Drubein habe gegen sie geklagt. Nun stelle sie ihren Leib vor ihr Gut und fragt das Gericht, ob ihr Gut frei ist. Urteil:

fol. 138 — Samßtag nach dem Palmtage

wolle sie recht geben und neme(n) nach ansprach und antwort
als der scheffen hie vor eyn recht wiset so ist eß ledig.
Dar off hait sie ja geantwort und das verbot. Des ist yr tag
gestalt an das nehste gericht.

    3 h   Jt(em) Nickelnhenne als vo(n) mo(m)p(ar)schafft wegen h(er)n Copparts
vica(r)i(us) zu sant Steffan zu Mencze dut sin 3 h off Philips
und Hans Flachen ut p(ri)ma.

Actu(m) off Samßtag nach dem Palmtage.

    3 h   Jt(em) Henne Bocke unser mit scheffen geselle als vo(n) mo(m)per-
schafft wegen des compters zům Heilgen Grabe zu Me(n)cze
dut sin 3 h off Philipsen von Gerßsteyn ut p(ri)ma.

    3 h   Jt(em) jonffrauwe Fiel die apthischen ym(m) closter dut yr
3 h off Wigant Storczkoppen ut p(ri)ma.

    3 tag   Jt(em) Ebert Kicze hait sin 3 tag furt(er) geheisch(e)n den winkaůff
zu brengen geigen Herman Scher(er)n.

Actu(m) off Dinstag nach dem heilgen Oist(er)tage.
Jt(em) Jeckel und Karlen von Siemern haint yren lip vor
yr gut gestalt(en) nach dem Mathis jn der Rinderbach
als vo(n) mo(m)p(ar)schafft Hans Wolffen off sie geheischen
hait und begeren mit recht obe yre gude nit ledig

lip vor yre   sihen. S(e)n(tent)ia wollen sie recht geben und nemen nach an-
gut gestalt   sprache und antwort als der scheffen hie vor eyn recht
wiset so sihen sie ledig. Dar off haint sie ja geantw(or)t
und das verbot. Des ist yne tag gestalt an das nehste
gericht(e).

Actu(m) off Dinstag nach dem Sontage
Quasimodageniti.

Wolle sie Recht geben und nehmen mit Klage und Antwort, wie es die Schöffen hier weisen, so ist es frei. Darauf hat sie Ja gesagt und das festhalten lassen. Es ist ihr ein Termin gesetzt worden am nächsten Gerichtstag.
Henne Nickel erhebt als Vertreter von Herrn Coppart, Vikar von St. Stephan zu Mainz, seine 3. Klage gegen Philipp und Hans Flach.

1. April 1480
Henne Bock, unser Mitschöffe, erhebt als Vertreter des Komturs zum Heiligen Grab zu Mainz seine 3. Klage gegen Philipp von Gierstein.
Jungfrau Fiel, die Äbtissin des Klosters, erhebt ihre 3. Klage gegen Wigand Stortzkopp.
Ebert Kitz hat seinen 3. Tag erbeten, den Vertragsabschluss beizubringen gegen Herman Scherer.

4. April 1480
Jeckel und Karl von Simmern haben ihren Leib vor ihr Gut gestellt, nachdem Mathis in der Rinderbach als Vertreter Hans Wolffs gegen sie geklagt hat und fragen das Gericht, ob ihre Güter nicht frei sind. Urteil: Wollen sie Recht geben und nehmen mit Klage und Antwort, wie es die Schöffen hier weisen, so sind sie frei. Darauf haben sie Ja geantwortet und das festhalten lassen. Es ist ihnen ein Termin gesetzt worden am nächsten Gerichtstag.

11. April 1480

fol. 138v — Samßtag nach Quasimodageniti

tag v(er)hut(en)	Jt(em) Jeckel Bedder hait syne(n) tag verhůt(en) geigen Cristman von Venderßheim. Des ist yme tag gestalt an das nehste gericht. Das hait er verbot.
	Actu(m) off Samßtag nach Quasimodage(ni)ti.
erk(annt)	Jt(em) Vincze erk(ennt) Schonwedd(er)n XV alb(us) uff^a rechnů(n)ge zu geb(e)n in XIIII tagen. Si no(n) p erf(olgt).
erk(annt) no(tandum)	Jt(em) Clese Grahe erk(ennt) Peder Wolenb(er)n // die freffel sich zusch(e)n yne begeb(e)n an dem scholteß(e)n ußzu riecht(en). Das hait Peder verbot.
erf(olgt) p b	Jt(em) Henne Ruße erf(olgt) Kicz Annen und Ebert yren sone beide offs bůch und hait an yne phande beretten.
erf(olgt) et neschit des syne(n)	Jt(em) Adam Wolff unser mit scheffen geselle erf(olgt) Philipsen des Boeßen hoffman offs bůch und sagt er wyße des synen nyt und begert furter zu bescheid(e)n. S(ente)n(t)ia er sall dem scholteß(e)n eyne(n) hey(m)bergen heisch(e)n. Der sall yme phande aym Geren geben.
p b	Jt(em) her Heinrich Strude hait p b an Kicz Anne(n).
Beck(er) Hen(ne) Pet(er) Schryb(er)	Jt(em) Becker Henne von Sobernheim hait Pet(er)n unß(er)m gericht schriber zu gesproch(e)n wie daß Peter yme schuldig sij XVI guld(e)n von sins bruder selig(en) wegen. Der habe er yme III gulden geb(e)n und gebe yme das ander nit. Das schade yme hondert guld(e)n. Und heist yme eyn recht antwort. Dar off sagt Peter / er habe off eyn zijt wollen eyn hůsche keiffen / Da^b hatt Wilhelm selig(en) XXIIII guld(e)n off // Also sij er zu Wilhelme(n) ko(m)men und gesagt / Wilhelm du haist sovjl gelts off dem huse // woltestu mir genade thůn. Jch

a Der Anfangsbuchstabe ist über ein »z« geschrieben.
b Der Anfangsbuchstabe ist über ein »w« geschrieben.

Jeckel Beder hat seinen Tag verschoben gegen Christman von Vendersheim. Es ist ihm ein Termin gesetzt worden am nächsten Gerichtstag. Dem hat er zugestimmt.

15. April 1480
Vincz erkennt an, Schonwedder 15 Albus gegen Rechnung zahlen zu müssen binnen 14 Tagen. Wenn nicht erfolgt die Pfändung.

Cles Grahe erkennt gegenüber Peter Wolenber an, die Frevel, die zwischen ihnen anfielen, dem Schultheißen zu leisten. Das hat Peter festhalten lassen.

Henne Ruß hat seinen Anspruch ins Gerichtsbuch eintragen lassen gegen Anne Kitz und Ebert ihren Sohn und hat Pfändung gefordert.

Adam Wolff, unser Mitschöffe, hat seinen Anspruch ins Gerichtsbuch eintragen lassen gegen Philipp, den Hofmann des Boos von Waldeck und sagt, er wisse nicht, was dieser habe und erbitte weiteren Gerichtsbescheid. Urteil: Er soll von dem Schultheißen einen Heimbürgen fordern, der soll ihm Pfänder am Rockschoß geben.

Heinrich Strude hat Pfändung gefordert gegen Anne Kitz.

Henne Becker von Sobernheim hat Peter, unseren Gerichtsschreiber, angeklagt, dass Peter ihm 16 Gulden schuldig sei von seinem verstorbenen Bruder her. Er habe ihm 3 Gulden gegeben und gibt ihm das andere nicht. Das schade ihm 100 Gulden. Und er fordert von ihm eine rechte Antwort. Darauf sagt Peter: Er habe vor einiger Zeit ein Haus kaufen wollen. Darauf hatte der verstorbene Wilhelm 24 Gulden. Da sei er zu Wilhelm gekommen und habe gesagt: „Wilhelm, du hast so viel Geld auf dem Haus. Sei mir gnädig. Ich

fol. 139 — Samßtag nach Quasimodageniti

wolt das husche keiffen dan(n) ich mûße Jeckel Rauben
bargelt geb(e)n // Daß ich dir keynßs gegeb(e)n kan(n) und
woltu myr nit zijt und gewiche zu dem gelde geb(e)n
so wijl ich das husche nit keyffen. Do habe Wilhelm
selige yne gebett(en) das husche zu keyffen dan(n) er sij
als dan(n) syner scholt doch sicher. Und habe yme do
myt zu gesagt er woll yme des gelts halb(e)n keyne(n)
bedrang nit thůn. Dan(n) sovjl er solle Clese Storczkoppen dem jongen funffe guld(e)n geben[a] und das ander jars
eyn guld(e)n ader czwene under der handt wan(n) yne
noide an gehe // Dar off habe er das husche auch kaufft.
Nů nach abgange Wilhelms seligen / sij Becker Henne
zu yme ko(m)men und yne um(m)b gelt gebett(en). Also habe
er yme die sache furgehalt(en) und do mit eyn guld(e)n
geb(e)n. Dar nach sij er aber ko(m)men und yne gebetten
um(m)b czwene ader drij guld(e)n er wolle yme jn eyme
jare keyne(n) heller heisch(e)n. Do habe er Henne(n) II g(ulden)
geb(e)n. Und wes Becker Henne yne wider anlange
des sihe er unschuldig. Doch erkenne er yme der
heipso(m)me[!] nemlich XIII guld(e)n off maiß er vor geretten hait. Das hait Becker Henne verbot. Furter ist
Pet(er)n die unscholt gestalt noch hude zu XIIII tag(en).
Das hait Peter verbot.

1 h[b]	Jt(em) Henne von Eltvjl als vo(n) mo(m)p(ar)schafft wegen der her(e)n zům dhome zu Mencze dut 1 h vor ey(n) marg gelts off Johan Boeßen von Waldeck et sup(ra) ping(nora).
1 h	Jd(em) dut 1 h vor ey(n) marg gelts off Cleßgin den můr(er) zu Gauwelscheim et supra ping(nora).
1 h	Jd(em) dut 1 h vor eyn marg gelts off h(er)n Johan Sulczen et sup(ra) ping(nora).
1 h	Jd(em) dut 1 h vor XXXI ß gelts off Kremern jn der Orenbrucken et supra ping(nora).
1 h	Jd(em) dut 1 h vor III ß gelts off Hen(ne) Storczkoppen et supra ping(nora).
1 h	Jd(em) dut 1 h vor funffthalb(e)n ß gelts off Concze Storcz-koppen et sup(ra) ping(nora).

a Das Wort ist über der Zeile beigefügt.
b Diese und die folgenden Marginalien dieser Seite sind durch eine einfache runde Klammer miteinander verbunden.

15. April 1480 — fol. 139

ÜBERTRAGUNG

wollte das Haus kaufen, aber ich muss Jeckel Raub Bargeld geben, so dass ich dir keines geben kann. Willst du mir nicht Zeit und einen Abschlag geben, so werde ich das Haus nicht kaufen." Da habe der verstorbene Wilhelm ihn gebeten, das Haus zu kaufen, denn er sei sich sicher, dass er die Schulden bezahlen werde. Er habe ihm auch zugesagt, ihn wegen des Geldes nicht zu bedrängen. Er solle Cles Stortzkopp dem Jungen 5 Gulden geben und das nächste Jahr 1 oder 2 Gulden unter der Hand, wenn er es nötig habe. Daraufhin habe er das Haus auch gekauft. Nach dem Tod Wilhelms sei Henne Becker zu ihm gekommen und habe ihn um Geld gebeten. Da habe er ihm von der Abredung berichtet und ihm einen Gulden gegeben. Danach sei er erneut gekommen und habe ihn um 2 oder 3 Gulden gebeten, er wolle dann auch im nächsten Jahr keinen Heller von ihm fordern. Da habe er Henne 2 Gulden gegeben. Und wessen ihn Henne Becker darüber hinaus anklage, dessen sei er unschuldig. Er erkenne ihm an der Klagesumme 13 Gulden an in der Form, in der er es vorher geschildert hat. Das hat Henne Becker festhalten lassen. Weiter gilt Peters Unschuld von heute an für 14 Tage. Das hat Peter festhalten lassen.

Henne von Eltville erhebt als Vertreter der Domherren zu Mainz seine 1. Klage wegen einer Mark Geld gegen Johann Boos von Waldeck auf die Pfänder.

Derselbe erhebt seine 1. Klage wegen einer Mark Geld gegen Clesgin den Maurer von Gaulsheim, auf die Pfänder.

Derselbe erhebt seine 1. Klage wegen 1 Mark Geld gegen Herrn Johann Sultz auf die Pfänder.

Derselbe erhebt seine 1. Klage wegen 31 Schilling Geld gegen den Kremer in der Ohrenbrücke auf die Pfänder.

Derselbe erhebt seine 1. Klage wegen 3 Schilling Geld gegen Henne Stortzkopp auf die Pfänder.

Derselbe erhebt seine 1. Klage wegen 4½ Schilling Geld gegen Contz Stortzkopp auf die Pfänder.

fol. 139v — Samßtag nach Quasimodageniti

1 h[b]	Jd(em) dut 1 h vor VI ß und II cappen off Hennen von Echzel et sup(ra) ping(nora).
1 h	Jd(em) dut 1 h vor IX ß und eyn ganßs off Em(m)eln vo(n) Jngelnheim und Raubs Dynen unverscheidlich[a] et supra ping(nora).
erk(annt)	Jt(em) Yetten Concze erk(ennt) Mŭd(er)henne(n) von sins jonck(er)n wegen I guld(e)n und VIII alb(us) zu geb(e)n in XIIII tag(en). Si no(n) p erf(olgt).
tag gestalt	Jt(em) Russen ist sin tag gestalt geigen Ped(er) Snaden an das nehste gericht.
erk(annt)	Jt(em) Knodenhen(ne) erk(ennt) Adam Wolffen unß(er)m mit scheffe(n) gesellen II½ [III/2] guld(e)n off rechnu(n)ge zu geb(e)n zusch(e)n Pinxsten. Si no(n) p erf(olgt).
Ferb(er) Henne Hans Frŭnt	Jt(em) Henne Dŭcze hait sich verdingt Ferberhenne(n) sin wort zu thŭn und hait sin und(er)tinge verbot als recht ist. Und hait Hans Frunden von Bingen zu gesproch(e)n wie daß er Hansen verdingten habe eyn dŭch zu weben und das zu machen wie recht ist und so eß gemacht(en) sij yme das zu lybbern. Des habe er yme syne(n) lone vor geb(e)n. Daß Hans yme sin duch nit libbert das schade Ferber Henne(n) XX guld(e)n. Dar off hait sich Greben Clas von Bingen verdingt / Hansen sin wort zu thŭn und hait sin und(er)tinge auch verbot als recht ist. Und sagt des off gemeßen schadens sij Hans befur abe unschuldig. Furt(er) moge sin er habe Ferberhenne(n) gearbeit / Er habe yme auch dar um(m)b gelont(en) aber nach lude der schuldigŭnge daß er yme zu gesagt solle hain das duch zu machen und zu lybbern des gestehe yme Hans nit und sagt ney(n) dar zu. Dan(n) ir zonfft habe ey(n) ordenu(n)ge. Was sich da zusch(e)n begeb(e)n habe konne er nit wŭßen. Also daß er das duch hait mußen hinder gericht legen und habe Ferberhenne(n) nuste ge-

a Über dem »v« befinden sich kleine senkrechte Striche.
b Diese und die folgende Marginalie sind durch eine einfache runde Klammer miteinander verbunden.

15. April 1480 — fol. 139v

Derselbe erhebt seine 1. Klage wegen 6 Schilling und 2 Kappaunen gegen Henne von Echzel auf die Pfänder.

Derselbe erhebt seine 1. Klage wegen 9 Schilling und einer Gans gegen Emmel von Ingelheim und Dyne Raub ungeteilt auf die Pfänder.

Contz Yett erkennt an, Henne Muder für seinen Junker einen Gulden und 8 Albus zahlen zu müssen binnen 14 Tagen. Wenn nicht erfolgt die Pfändung.

Ruß ist sein Termin gegen Peter Snade auf den nächsten Gerichtstag gesetzt worden. Henne Knode erkennt an, Adam Wolff, unserem Mitschöffen, 2½ Gulden gegen Rechnung zahlen zu müssen bis Pfingsten. Wenn nicht erfolgt die Pfändung.

Henne Dutz hat sich verpflichtet, Henne Ferber vor Gericht zu vertreten und hat seine Anwaltschaft festhalten lassen, wie es rechtmäßig ist. Und er hat Hans Frund von Bingen angeklagt, dass er Hans verpflichtet habe, ein Tuch zu weben und das zu machen, wie es richtig ist und es ihm zu liefern, wenn es fertig ist. Dafür habe er seinen Lohn im Voraus erhalten. Dass Hans ihm sein Tuch nicht liefert, das schade Henne Ferber 20 Gulden. Darauf hat sich Clas Grebe von Bingen verpflichtet, Hans vor Gericht zu vertreten und hat seine Anwaltschaft festhalten lassen wie es rechtmäßig ist. Und er sagt: Des angelaufenen Schadens sei Hans zuvor unschuldig. Weiter könne es sein, dass er für Henne Ferber gearbeitet habe. Er habe ihn auch dafür bezahlt. Aber dass er ihm gemäß der Beschuldigung zugesagt haben solle, das Tuch zu machen und zu liefern, das gestehe Hans nicht und sagt Nein dazu. Denn ihre Zunft habe eine Ordnung. Was zwischen ihnen abgesprochen sei, dass könne er nicht wissen. So habe er das Tuch bei Gericht hinterlegen müssen und er habe Henne Ferber nicht versprochen

fol. 140 — Samßtag nach Quasimodageniti

rett(en) zu libb(er)n. Und wes er yne wid(er) anlange des sihe
er unschuldig. Die unscholt ist gestalt noch hude zu
XIIII tagen. Das haint sie beide verbot.

1 h — Jt(em) her Conrat Lange dut 1 h vor XII½ [XIII/2] malt(er) korns
off frauwe Madlene(n) von Fenny(n)gen et sup(ra) ping(nora).

erf(olgt) — Jt(em) Cleßgin Lorche erf(olgt) Kremern jn der Orenbrucke(n)
offs bůch.

Jt(em) Jeckel Stam(m) erk(ennt) Emerich(e)n von Engelstadt unß(er)m
erk(annt) burge(n) — mit scheffen gesellen off morn Sontag ober echt
recht zu — tage burgen recht zu thůn vor Philips Duchscher(er)n.
thun — Si no(n) p erf(olgt) vor VII guld(e)n.

Jt(em) Hen(ne) Rudiger hait sich verdingt Clese Fieln zu
den heilgen zu geleiden und hait das buch wie
Wilhelm — dan(n) ansprache und antwort zusch(e)n Wilhelme(n) von
Clese Fiele — Dramerßheim und yme gelut(en) laiß(e)n offen und
fecit justi[-] — die beide verbot // Und Clese hait das recht gethan
ciam — nach lude des buchs als recht ist. Das hait Rudig(er)
von Clesen wegen verbot.

Jt(em) Henne Stope dut 1 h vor funffe guld(e)n gelts off
1 h — Swick(er)n von Sickingen amptma(n) zu Cruczennach
et sup(ra) ping(nora).

Jt(em) Henne von Eltvjl hait sich verdingt Ped(er) Storczkoppen
sin wort zu thůn und hait sin und(er)dinge verbot als
recht ist. Und hait Hansen / Scher(er)henne(n) knecht zu ge-
sproch(e)n wie daß sie under dem marte zu sa(m)men sihen
Ped(er) Storcze- — ko(m)men. Und yme keyn bose worte gethan // Ober das habe
koppe — Hans[a] synen stoczler ußgezogen und yne geslagen und
gelemt(en). Daß er das gethan hait das schade Ped(er)n XL g(ulden).
Hans — Und obe Hans dar zu ney(n) sagen wolt // so woll er das
i(n) j(ure) — zugen myt der wond(e)n. Dar off hait sich Hans Snyder
verdingt // Hansen sin wort zu thůn und hait sin und(er)-
tinge auch verbot als recht ist und sagt des offgemeß(e)n
schadens sij Hans zuvor abe unschuldig. Er worde sin
dan(n) er zugt wie recht were // Furt(er) so sij die sache von
Jeckel Beddern her ko(m)men // Und Peder sihe zu Hansen
under den marte ko(m)men und habe sinen degen geno(m)me(n)

---

a Zwischen Text und Marginalien verläuft ab hier entlang der folgenden 4 Zeilen ein senkrechter Strich.

15. April 1480 — fol. 140

etwas zu liefern. Und wessen er ihn darüber hinaus anklage, dessen sei er unschuldig. Die Unschuld gilt von heute an für 14 Tage. Dem haben sie beide zugestimmt.
Herr Konrad Lange erhebt seine 1. Klage wegen 12½ Malter Korn gegen Frau Madlene von Venningen auf die Pfänder.

Clesgin Lorch hat seinen Anspruch ins Gerichtsbuch eintragen lassen gegen den Kremer in der Ohrenbrücke.

Jeckel Stamm erkennt gegenüber Emmerich von Engelstadt, unseres Mitschöffen, an, ihm bis Sonntag in 8 Tagen Bürgenrecht zu leisten gegenüber Philipp Duchscherer. Wenn nicht erfolgt die Pfändung.

Henne Rudiger hat sich verpflichtet, Cles Fiel zu den Heiligen zu geleiten und hat das Buch öffnen lassen, wie Anklage und Antwort zwischen Wilhelm von Dromersheim und ihm gelautet haben und hat das festhalten lassen. Und Cles hat den Eid geleistet, wie es Recht ist. Das hat Rudiger für Cles festhalten lassen.

Henne Stop hat seine 1. Klage erhoben wegen 5 Gulden Geld gegen Swicker von Sickingen, Amtmann zu Kreuznach, auf die Pfänder.

Henne von Eltville hat sich verpflichtet, Peter Stortzkopp vor Gericht zu vertreten und hat seine Anwaltschaft festhalten lassen, wie es Recht ist. Und er hat Hans, den Knecht Henne Scherers, angeklagt, dass sie unter dem Markt zusammentrafen. Keiner habe ihn beschimpft. Da habe Hans seinen Stock herausgezogen und ihn geschlagen und gelähmt. Dass er das getan hat, das schade Peter 40 Gulden. Und wenn Hans dazu Nein sagen wolle, so wolle er das mit den Wunden beweisen. Darauf hat sich Hans Snider verpflichtet, Hans vor Gericht zu vertreten und hat seine Anwaltschaft festhalten lassen, wie es Recht ist und sagt: Des angelaufenen Schadens sei Hans zuvor unschuldig. Es sei denn, er werde deswegen vor Gericht belangt, wie es Recht ist. Weiter rühre die Sache von Jeckel Beder her. Peter sei zu Hans auf dem Markt gekommen und habe seinen Degen genommen

fol. 140v — Samßtag nach Quasimodageniti

und yme den an syne(n) hals gesaczt(en) / und sagt hettestu
mym(m) bruder Jeckeln etwas gethan jch wolt dyr
dynen hals abe stechen // Do want sich Hans / und
bestunde sich geigen Petern off zu halten / Und bezugt sich des off Schonweddern und Heinrichen
synen knecht // Wijl yne Peder aber do bij nit
laißen wes er yne dan(n) wider anlange des sihe
er unschuldig und hofft yme wider nit schuldig
zu sin. Hen(ne) von Eltvjl als vo(n) Peders wegen sagt
und erkent daß die sache von Jeckel Beders wege(n)
herkom(m)en. Und mogen villicht worte zuschen yne
gescheen sin / Dar um(m)b sihen sie geracht. Dar nach
sihe Hans Ped(er)n nach gelauffen und yne also geslagen und gelemt(en). Und sall yme an Schonwedd(er)n und
Heinrichen syme knecht auch genůgen. Hans Snid(er)
als vo(n) Hansen wegen hait verbot daß Hen(ne) von Eltvjl
als vo(n) Peders wegen erkent daß die sach von Jeckel
Bedders wegen herko(m)men sij. Und hait auch verbot
daß erßs bij den czweien laißen wolle und begert mit
recht[a] obe[b] er sie nit[c] brengen solle. S(e)n(tent)ia[d] ja // und
sall es thůn in XIIII tagen. Bedarff er dan siner tage
furte und heist die als recht ist so sall ma(n) yme die
furt(er) stillen noch zu czweien XIIII tagen. Und so die czwene verhort(en) werd(e)n beheltlich Ped(er)n sin jnsage und
geschee dan(n) furt(er) was recht ist. Das haint sie verbot.

erk(annt)   Jt(em) Peder Storczkoppe erk(ennt) Schererhenne(n) I guld(e)n off rechnů(n)g
zu geb(e)n zusch(e)n Pinxsten. Si no(n) p erf(olgt).

Jt(em) Ancze Duppengießer hait sich verdingt Joh(ann)es Luhern sin
worte zu thun und hait sin undertinge verbot als recht ist

sant Klaern   und hait Thymathe(us) dem scheffner zu[e] sant Klaern zu Mencze
Joh(ann)es Luher   von der apthischen und covents wegen do selbest zu gesp(ro)che(n)
wie daß die frauwe yne vor ziden gedinckt(en) habe // yme eyn
jare zugen X guld(e)n zu lone und II guld(e)n vor eyn rocke.
Des habe sie yme jn sehs jaren nuste geben // Daß die frauwe
yme des selb(e)n liedlons halb(e)n nit ußrachtunge důt das schade Joh(ann)es XL guld(e)n. Dar off hait sich Henne Ercken ver-
dinckt Thymathe(us) sin wort zu thůn und hait sin und(er)-

---

a   Es folgt durchgestrichen: »wan(n)«.
b   Das Wort ist über der Zeile beigefügt.
c   Das Wort ist über der Zeile beigefügt.
d   Es folgt durchgestrichen: »in XIIII«.
e   Das Wort steht über der Zeile, darunter durchgestrichen: »von«.

und ihm den an seinen Hals gesetzt und gesagt: „Hättest du meinem Bruder Jeckel etwas getan, ich würde Dir Deinen Hals durchschneiden!" Da drehte sich Hans um und wandte sich gegen Peter. Hierfür beruft er sich auf Schonwedder und Heinrich, seinen Knecht. Will ihn Peter aber dabei nicht lassen, wessen er ihn darüber hinaus anklage, dessen sei er unschuldig und hoffe, ihm weiter nichts schuldig zu sein. Henne von Eltville sagt für Peter und erkennt an, dass die Sache von Jeckel Beder her herrühre. Es könnten vielleicht Beleidigungen zwischen ihnen geschehen sein. Deswegen seien sie verglichen. Danach sei Hans Peter nachgelaufen, habe ihn ebenso geschlagen und gelähmt. Er habe ein Genügen an den Aussagen von Schonwedder und Heinrich, seinem Knecht. Hans Snider für Hans hat festhalten lassen, dass Henne von Eltville für Peter anerkennt, dass die Sache von Jeckel Beder herrühre. Er hat es auch festhalten lassen, dass er es bei den zweien belassen wolle und fragt das Gericht, ob er sie nicht ans Gericht bringen solle. Urteil: Ja und er soll es binnen 14 Tagen tun. Bedürfe er Verlängerung, so soll man sie ihm noch zweimal 14 Tage geben. Und wenn die zwei verhört werden, vorbehaltlich Peters Gegenrede, geschehe es weiter, wie es rechtmäßig ist. Dem haben sie beide zugestimmt.

Peter Stortzkopp erkennt gegenüber Henne Scherer an, einen Gulden gegen Rechnung zahlen zu müssen bis Pfingsten. Wenn nicht erfolgt die Pfändung.

Antz Duppengießer hat sich verpflichtet, Johannes Luher vor Gericht zu vertreten und hat seine Anwaltschaft festhalten lassen, wie es rechtmäßig ist und hat Thimotheus, den Schaffner von St. Klara zu Mainz, für die Äbtissin und den Konvent angeklagt, dass die Nonnen vor einiger Zeit einen Vertrag mit ihm geschlossen haben, ihm ein Jahr 10 Gulden und 2 Gulden für einen Rock zu zahlen. Das haben sie ihm 6 Jahre lang nicht gegeben. Dass die Nonnen sich mit ihm wegen seines Lohnes nicht vergleichen, das schade Johannes 40 Gulden. Darauf hat sich Henne Erk verpflichtet, Thimotheus vor Gericht zu vertreten und hat seine Anwaltschaft

fol. 141 — Samßtag nach Quasimodageniti

	tynge auch verbot als recht ist. Und sagt die frauwe und yr
	covent^a sihen geistlich / so sihen yre gude auch geistlich.
	Dar zu wiße er davo(n) nit zu sagen und hofft von syner
	frauwen wegen / yme hie zu antworten nit schuldig
	zu sin / sonder an enden sie hyne gehoret. Und stilt das
i(n) j(ure)	zu recht // Ancze von Joh(ann)es wegen sagt eß sij wißentlich
	daß er yne gedient(en) habe // so sij eß liedlone // Dar zu neme(n)
	sie yne zu Oppinheim fure // Deshalp so hoffe Joh(ann)es sie solle(n)
	yme hie zu recht steen. Und sie haint eß beide zu recht
	gestalt und auch eyne(n) genůgen gehabt an den scheffen
s(e)n(tent)ia	die zijt zu geigen gewest(en) sint. S(e)n(tent)ia dwile eß eyn scholt
	an drifft und die jonffrauwen geistlich sint / so ist der
	scheffner von siner jonffr(au) wegen hie zu antwort(en) nit
	schuldig. Das ortel hait der scheffner verbot.
i(n) j(ure)	Jt(em) Ebert Kicze hait das bůch zusch(e)n Herma(n) Scher(er)n
	und yme laißen offen und hait zu gesproch(e)n Henne
	Rauben Peder Mospech(er)n Cleßgin Mospech(er)n und Stern
	Clesen wie daß sie bij solichem winkauff und kauffe
Ebert Kicze	jnhalt des buchs gewest(en) sihen und sagen nit wie eß
H(er)ma(n) Scher(er)	gelut(en) hait. Das schade yme von yre iglichem X guld(e)n.
	Und heist yne des eyn ja ader ney(n) obe sie da bij gewest
	sihen ader nit. Dar off sagen alle ey(n)m(u)dig / sie sihen
winkaůff	do bij gewest(en) und sihe berett(en) word(e)n wie eß in dem
	bůch stehe ußgescheid(e)n der zu sage der lichterunge
	halben sihe yne nit kůnt von / Dan(n) sovjl Ebert moge
	villicht gerett(en) hain /Herma(n) du haist eß gut mit den
	edeln // Dir mag wole lichterunge gescheen / Die sage
	hait Ebert verbot und den fiern furt(er) zů gesproch(e)n
	daß sie die selbe ir sage nit beweren als recht ist.
	Das schade yme XL guld(e)n. Dar off sagen sie alle fier
	was sie gesagt haben das wollen sie auch mit recht
	beweren wan(n) des noit ist. Das hait Ebert auch verbot
	und mit recht begert wan(n) sie eß thůn sollen. S(e)n(tent)ia jn
	XIIII tagen. Das hait Ebert auch verbot.
nescit	Jt(em) Clesen Hen(ne) sagt er habe Greden Schoßports selig(en)

a Über dem »v« befinden sich zwei kleine senkrechte Striche.

festhalten lassen, wie es rechtmäßig ist. Und er sagt: Die Frauen und ihr Konvent sind geistlich, also sind auch ihre Güter geistlich. Zudem wisse er in der Sache nichts und er hofft, hier für die Nonnen nicht zu antworten schuldig zu sein, sondern dort, wo sie als Geistliche hingehören. Das legt er dem Gericht vor. Antz sagt für Johannes, es sei bekannt, dass er ihnen gedient habe, also sei es Gesindelohn. Zudem nahmen sie seine Dienste zu Oppenheim in Anspruch. Deshalb hoffe Johannes, sie sollten sich hier verantworten. Und sie haben das beide dem Gericht vorgelegt und waren einverstanden mit den Schöffen, die zur Zeit da waren. Urteil: Weil es eine Schuld betrifft und die Nonnen geistlich sind, muss der Schaffner hier nicht antworten. Das Urteil hat der Schaffner festhalten lassen.

Ebert Kitz hat das Buch in der Streitsache zwischen Herman Scherer und ihm öffnen lassen und hat Henne Raub, Peter Mospecher, Clesgin Mospecher und Cles Stern angeklagt, dass sie bei dem Vertragsabschluss und dem Kauf gemäß dem Buch anwesend waren und sagen nicht, wie es gewesen sei. Das schade ihm von einem jeden 10 Gulden. Und er fordert von ihnen ein Ja oder Nein, ob sie dabei gewesen seien oder nicht. Darauf sagen sie alle einmütig, sie seien dabei gewesen und es sei so beredet worden, wie es im Buch steht, ausgenommen die Zusage einer Erleichterung, davon wüssten sie nichts. Lediglich könne Ebert vielleicht geredet haben: „Hermann, Du hast es gut mit den Adeligen. Du erhältst wohl eine Erleichterung." Diese Aussage hat Ebert festhalten lassen und hat die 4 weiter angeklagt, dass sie ihre Aussage nicht bezeugen, wie es rechtmäßig ist. Das schade ihm 40 Gulden. Darauf sagen sie alle 4, was sie gesagt haben, dass wollten sie auch beeiden, wenn es notwendig sei. Das hat Ebert auch festhalten lassen und das Gericht gefragt, wann sie es tun sollen. Urteil: in 14 Tagen. Das hat Ebert auch festhalten lassen.

Henne Cles sagt, er habe gegen Grede, die Witwe Schoßports,

fol. 141v — Samßtag nach Misericordia Dominj

witwen erfolgt. Nů soll er sie phend(e)n so wuße er
des yren nit. Und begert mit recht furt(er) zu bescheid(e)n
wie er thůn soll daß yme recht geschee und nyema(n)t
unrecht. S(e)n(tent)ia er sall dem scholteß(e)n eyne(n) heymberge(n)
heischen. Der sall yme phande an yrem jgheren geb(e)n.
Jt(em) Clese Grahe hait Herman Bend(er)n zu gesprochen

Clese Grahe
H(er)ma(n) Bend(er)

wie daß Peder Wolenber und er / eyn geschicke zu
Fastnacht mit eyn gehabt. Also sij Herman hinden
ko(m)men herlauffen und habe yme eyn wonde ader
czwohe gehauwen. Das Herma(n) solichs gethan hait
das schade yme XX guld(e)n und heist yme des eyn
recht antwort. Dar off sagt Herma(n) sie sihe(n) zu Fastnacht bij eyn gewest(en) do wolten Peder Wolenber
und er / sich mit eyn slagen / Also sij er zu gelauffen
und wollen scheiden / Habe sich Clese um(m)b gewant(en)
und yne bestehen zu slagen. Do habe er sich gewert(en).
Und hofft[a] Clesen nit wider schuldig zu sin
dan(n) dem scholteß(e)n ey(n) freffel // Clese hait verbot
daß Herman nit abreddig ist daß er yne geslage(n)
habe. Dar um(m)b so hoffe er daß Herma(n) die freffel

s(e)n(tent)ia

und scherer lone auch uß richten solle. Und sie haint
eß do mit beide zu recht gestalt. Dar off s(e)n(tent)ia dwile
Herma(n) nit abreddig ist daß er Clesen geslage(n) hait
so sall Herma(n) den freffel und scherer lone uß[-]
richten. Das hait Clese verbot und mit recht beg(er)t
wan(n) Herma(n) das thůn solle. S(e)n(tent)ia in XIIII. Das hait
Clese auch verbot.

erf(olgt)

Jt(em) Adam Wolff unser mit scheffen geselle erfolgt
Ped(er) Swinden vor X gulden.
Jt(em) Karlen und Jeckel von Siemern sint der h

entbroch(e)n

halb(e)n so Mathis jn d(er) Rinderbach off sie gethan
dieser zijt entbrochen.

Actu(m) off Samßtag nach M(isericord)ia D(omi)nj.
Jt(em) Schelnhenne von Mencze dut 1 clage vor hond(er)t

1 clage

guld(e)n heiptgelt und XX guld(e)n schaden off Cleß-

---

a Es folgt durchgestrichen: »Ped(er)n«.

vor Gericht gewonnen. Nun soll er sie pfänden und wisse nicht, was sie habe. Deshalb fragt er das Gericht, was er tun solle, damit ihm Recht geschehe und niemandem Unrecht. Urteil: Er soll vom Schultheißen einen Heimbürgen fordern, der soll ihm Pfänder an ihrem Rockschoß geben.

Cles Grahe hat Herman Bender angeklagt, dass Peter Wolenber und er einen Streit an Fastnacht hatten. Da sei Hermann von hinten herangelaufen gekommen und habe ihm eine Wunde oder zwei geschlagen. Dass Herman das getan habe, das schade ihm 20 Gulden und er fordert von ihm eine rechte Antwort. Darauf sagt Hermann: Sie seien an Fastnacht zusammen gewesen, da wollten Peter Wolenber und er sich miteinander schlagen. Da sei er hinzugelaufen und wollte sie trennen. Da habe sich Cles umgedreht und versucht ihn zu schlagen. Da habe er sich gewehrt. Und er hofft, Cles nichts weiter schuldig zu sein als dem Schultheißen einen Frevel. Cles hat festhalten lassen, dass Hermann nicht leugnet, dass er ihn geschlagen habe. Darum hofft er, dass Hermann die Frevel und auch den Schererlohn bezahlen solle. Und beide haben dies dem Gericht vorgelegt. Darauf ergeht das Urteil: Weil Herman nicht geleugnet hat, dass er Cles geschlagen hat, so soll Hermann den Frevel und den Schererlohn bezahlen. Das hat Cles festhalten lassen und das Gericht gefragt, wann Herman das tun solle. Urteil: in 14 Tagen. Das hat Cles auch festhalten lassen.

Adam Wolff, unser Mitschöffe, verklagt Peter Swinde auf 10 Gulden.

Karl und Jeckel von Simmern sind von der Klage, die Mathis in der Rinderbach gegen sie tat, freigesprochen.

22. April 1480
Henne Schel von Mainz erhebt seine 1. Klage wegen 100 Gulden Klagesumme und 20 Gulden Gerichtskosten gegen Clesgin

fol. 142 — Samßtag nach Jubilate

	gin von Schornßheim Drubeins brůd(er) und off alle die gerechtekeit die er hie hait.
p b	Jt(em) Adam Wolff unser mit scheffen geselle hait p b an Philipsen des Boeßen hoffman.
p b	Jt(em) Barts Henne hait p b an Kiczgin.
p b	Jt(em) Erwin der leyendecker hait p b an Rodwin.
erk(annt)	Jt(em) Elseln die a(m)me erk(ennt) Cleßgin Beckern ½ [I/2] guld(e)n. zu geb(e)n in XIIII tagen. Si no(n) p erf(olgt).
1 h gelengt	Jt(em) Cleßgin Lorch hait gethan 1 h vor III ß gelts off Myczenhenne(n) et om(n)ia. Dar off hait Miczenhen(ne) sin lijp vor sin gut gestalt(en) ut mor(is) est // Des ist yne tag gestalt an das nehste gericht.
1 clage	Jt(em) Flucken Clese dut 1 clage vor IIII l(i)b(ras) hell(er) v(er)seßen zinße und IIII l(i)b(ras) schaden off Peder Diemen zu Wolffsheim et om(n)ia.
erk(annt)	Jt(em) Drubein erk(ennt) Carppen Cleßgin II guld(e)n zu geb(e)n in eyme maende. Si no(n) p erf(olgt).
	Jt(em) Herma(n) Scher(er) hait die fier die zusch(e)n Ebert Kiczen und yme konde geb(e)n der eide erlaißen und an yr(er) sage eyne(n) genugen gehabt. Das hait Ebert Kicze
Ebert Kicze H(er)ma(n) Scher(er)	von mo(m)p(ar)schafft wegen syn(er) mut(er) verbot und sagt dwile die konde yne nach lude syns zusprochs gestanden / so hoffe er Herma(n) erfolgt zu hain nach lude sins zusprochs und stilt das zu recht. Das ist gelengt noch hude zu echtagen sic hodie.
erf(olgt)	Jt(em) Henne Raup erf(olgt) Erbachs Hengin vor XX g(ulden).
gelengt	Jt(em) das erfolgniß Drubein off Ritter Hengin meynt zu hain und die jnsage des b(enan)nt(en) Hengins frauwe dar ynne gethan ist gelengt an das nehste gericht.
	Actu(m) off Samßtag nach Jůbilate.
1 h	Jt(em) Peder Dresser von Swabenhey(m) dut 1 h vor II guld(e)n gelts off Pedern von Badenheim et sup(ra) pingn(or)a.

29. April 1480

ÜBERTRAGUNG

von Schornsheim, Drubeins Bruder und auf alles, was er hier hat.

Adam Wolff, unser Mitschöffe, hat Pfändung gefordert gegen Philipp, den Hofmann des Boos von Waldeck.
Henne Bart hat Pfändung gefordert gegen Kitzgin.
Erwin der Leyendecker hat Pfändung gefordert gegen Rodwin.
Elsel die Amme erkennt an, Clesgin Becker ½ Gulden binnen 14 Tagen zahlen zu müssen. Wenn nicht erfolgt die Pfändung.
Clesgin Lorch hat seine 1. Klage erhoben wegen 3 Schilling Geld gegen Henne Mytz auf alles. Darauf hat Henne Mytz seinen Leib vor sein Gut gestellt, wie es üblich ist. Es ist ihnen ein Termin gesetzt worden am nächsten Gerichtstag.

Cles Fluck erhebt seine 1. Klage wegen 4 Pfund Heller angelaufener Zinsen und 4 Pfund Gerichtskosten gegen Peter Diem zu Wolfsheim auf alles.

Drubein erkennt an, Clesgin Carpp 2 Gulden zahlen zu müssen in einem Monat. Wenn nicht erfolgt die Pfändung.

Hermann Scherer hat den 4, die zwischen ihm und Ebert Kitz zeugen, die Eide erlassen und hat an ihren Aussagen ein Genügen. Das hat Ebert Kitz als Vertreter seiner Mutter festhalten lassen und sagt: Weil die Zeugen ihm gemäß seiner Klage zustimmten, hoffe er gegen Hermann gewonnen zu haben gemäß seiner Klage und legt das dem Gericht vor. Das ist verschoben worden auf heute in 8 Tagen.

Henne Raub verklagt Hengin Erbach auf 20 Gulden.
Wegen des Gerichtserfolgs, den Drubein gegen Hengin Ritter meinte davon getragen zu haben und der Aussage der Frau Hengins ist der Termin verschoben worden bis zum nächsten Gerichtstag.

29. April 1480
Peter Dresser von Schwabenheim erhebt seine 1. Klage wegen 2 Gulden Geld gegen Peter von Badenheim auf die Pfänder.

fol. 142v — Samßtag nach Jubilate

2 h	Jt(em) h(er) Conrat Lange dut sin 2 h off frauwe Madlene(n)
	von Fennyngen ut p(ri)ma.
erf(olgt) p b	Jt(em) Peder Snade erf(olgt) Ebert Kiczen offs buch und
	hait auch an yme pande berett(en).
2 h ///	Jt(em) Henne von Eltvjl als vo(n) mo(m)p(ar)schafft wegen der
	her(e)n zu Mencze zům dhome / dut sin 2 h off Johan
	Boeßen / h(er)n Johan Sulczen und Wißhengin ut p(ri)ma.
erk(annt)	Jt(em) Kicze Anne erk(ennt) Philipsen des Boeßen hoffma(n)
	als vo(n) sins jonckern wegen IIII guld(e)n zu geben
	in XIIII tagen. Si no(n) p erf(olgt).
erf(olgt)	Jt(em) Clese Grahe erf(olgt) Herma(n) Bend(er)n offs bůch
erk(annt)	Jt(em) Clese Grahe erk(ennt) Steffan Bedd(er)n als vo(n) mo(m)per-
	schafft wegen Schererhenne(n) II guld(e)n zu geb(e)n
	in XIIII tagen. Si no(n) p erf(olgt).
erk(annt)	Jt(em) Drubein erk(ennt) Peder Bend(er)n I guld(e)n off
	rechnu(n)ge zu geb(e)n zusch(e)n Pinxsten. Si no(n) p erf(olgt).
	Jt(em) zusch(e)n Ebert Kiczen als vo(n) mo(m)p(ar)schafft wege(n)
gelengt	siner můter und Herma(n) Scherern ist gelengt
	bijß off Dinstag nach der Pinxstwochen sic hodie.
	Jt(em)ᵃ Stoln Hans und Henneln von Appinheim erkenne(n)
	Johan von Elcze amptma(n) zu Algeßheim // nach
erk(annt) no(tandum)	besage eynßs versiegelt(en) briffs yme bynnen
	echtagen ußrachtunge thůn // vor heiptgelt und
	schaden. Und haint dem scholteß(e)n hantgelobde
	gethain obe sie dar an sumyg word(e)n sich her
	zu stillen und nit von hynnen ko(m)men dem ob-
	g(enan)nt(en) Johan(n) sij dan(n) jn gemelt(en) maiße v(er)nugůnge
	gescheen. Das alleß hait Johan verbot als recht
	ist.
	Jt(em) Conczgin von Geilnhusen erk(ennt) Clese Rauben
erk(annt)	unß(er)m mit scheffen gesellen X guld(e)n zu geb(e)n
	in XIIII tagen. Si no(n) p erf(olgt).
erk(annt)	Jt(em) Swinden Else erk(ennt) Clasen von Hoestadt XL g(ulden)
	zu geben in XIIII tagen. Si no(n) p erf(olgt).

a Eine Klammer umschließt am linken Seitenrand die folgenden neun Zeilen.

29. April 1480 — fol. 142v

Herr Konrad Lange erhebt seine 2. Klage gegen Frau Madlene von Venningen.
Peter Snade hat seinen Anspruch ins Gerichtsbuch eintragen lassen gegen Ebert Kitz und hat Pfändung gefordert.

Henne von Eltville erhebt als Vertreter der Domherren zu Mainz seine 2. Klage gegen Johann Boos von Waldeck, Herrn Johann Sultz und Henne Wiß.

Anne Kitz erkennt an, Philipp, dem Hofmann der Boos von Waldeck, für seinen Junker 4 Gulden zahlen zu müssen binnen 14 Tagen. Wenn nicht erfolgt die Pfändung.

Cles Grahe hat seinen Anspruch ins Gerichtsbuch eintragen lassen gegen Steffan Beder.
Cles Grahe erkennt an, Steffan Beder als Vertreter Henne Scherers 2 Gulden zahlen zu müssen binnen 14 Tagen. Wenn nicht erfolgt die Pfändung.
Drubein erkennt an, Peter Bender einen Gulden gegen Rechnung zahlen zu müssen bis Pfingsten. Wenn nicht erfolgt die Pfändung.
Zwischen Ebert Kitz als Vertreter seiner Mutter und Hermann Scherer ist der Termin verschoben worden auf Dienstag nach Pfingsten.

Hans Stol und Hennel von Appenheim erkennen an, sich mit Johann von Eltz, Amtmann zu Algesheim, gemäß einer Urkunde binnen 8 Tagen zu vergleichen wegen Klagesumme und Gerichtskosten. Und sie haben dem Schultheißen ein Handgelöbnis geleistet, wenn sie säumig würden, wieder hierher zu kommen und nicht hinwegzugehen, bis dem genannten Johann Genüge geschehen sei. Das hat Johann vom Gericht festhalten lassen.

Contzgin von Gelnhausen erkennt an, Cles Raub, unserem Mitschöffen, 10 Gulden zahlen zu müssen binnen 14 Tagen. Wenn nicht erfolgt die Pfändung.

Else Swinde erkennt an, Clas von Hoestadt 40 Gulden zahlen zu müssen binnen 14 Tagen. Wenn nicht erfolgt die Pfändung.

fol. 143 — Samßtag nach Cantate

ober nacht halten	Jt(em) Hensel Beck(er) sagt er habe Ped(er) Swinden erfolgt und phande berett. Nů wuße er des sinen nit zuv(er)keiffen. Und begert mit recht wie er mit yme thůn solle etc. S(e)n(tent)ia er sall dem scholteß(e)n eyne(n) hey(m)bergen heisch(e)n // dem sall ern mit dem jheren geb(e)n und d(er) heymb(er)g sall yne yme[a] ober nacht halt(en) und fur gericht brenge(n). Was dan(n) furt(er) recht ist das geschee.
erk(annt)	Jt(em) Ritter Hengin erk(ennt) Drubein VI guld(e)n off rechnů(n)g zu geb(e)n in XIIII tagen. Si no(n) p erf(olgt).
1 h	Jt(em) Cleßgin Carppe als vo(n) mo(m)perschafft wegen Jeckel Carppen dut 1 h vor eyn guld(e)n gelts off Cleßgin Bette(n) et om(n)ia.
erk(annt)	Jt(em) Herma(n) Bend(er) erk(ennt) Clese Maysen II guld(e)n und eyn orte zu geben in XIIII tagen. Si no(n) p erf(olgt).
f(re)f(fel)	Jt(em) Herma(n) Bend(er) erk(ennt) dem scholteß(e)n eyn freffel mit syme liebe zuv(er)teding(en) in XIIII tagen.
erf(olgt)	Jt(em) Peder von Gůgeßheim erf(olgt) Jacoben den leyen[-]decker vor X guld(e)n nota.
erf(olgt)	Jt(em) Heinrich der smett erf(olgt) Raůch Heng(in) vor I g(ulden) no(tandum).

Actu(m) off Samßtag nach Cantate.

2 clage	Jt(em) Schelnhenne von Mencze dut sin 2 clage off Cleßgin von Schornßheim ut p(ri)ma.

Actu(m) off Samßtag nach Vocem Jocůnditat(is).

3 h	Jt(em) her Conrat Lange dut sin 3 h off frauwe Madlenen von Fennyngen ut p(ri)ma.
3 h ///	Jt(em) Henne von Eltvjl als vo(n) mo(m)perschafft wegen der her(e)n zum dhome zu Mencze dut sin 3 h off Johan Boeßen von Waldeck / h(er)n Johan Sulczen und Wißhengin ut p(ri)ma.

a Es folgt durchgestrichen: »mit dem«.

6. Mai 1480 — fol. 143

Hensel Becker sagt, er habe gegen Peter Swinde vor Gericht obsiegt und Pfändung gefordert. Nun wüsste er nicht, was dieser habe, das er verkaufen könne. Daher fragt er das Gericht, was er tun solle, etc. Urteil: Er soll von dem Schultheißen einen Heimbürgen fordern, der soll den Schuldner am Rockschoß nach sich ziehen und über Nacht verwahren. Dann soll er ihn vor Gericht bringen und fragen, was Recht ist.

Hengin Ritter erkennt an, Drubein 6 Gulden gegen Rechnung zahlen zu müssen binnen 14 Tagen. Wenn nicht erfolgt die Pfändung.

Clesgin Carpp als Vertreter von Jeckel Carpp erhebt seine 1. Klage wegen einem Gulden Geld gegen Clesgin Bett auf alles.

Herman Bender erkennt an, Cles Mayse 2 Gulden und 1 Ort zahlen zu müssen binnen 14 Tagen. Wenn nicht erfolgt die Pfändung.

Hermann Bender erkennt an, dem Schultheißen einen Frevel mit seinem Leib zu leisten in 14 Tagen.

Peter von Jügesheim verklagt Jakob den Leyendecker auf 10 Gulden.
Heinrich der Schmied verklagt Hengin Rauch auf einen Gulden.

6. Mai 1480
Henne Schel von Mainz erhebt seine 2. Klage gegen Clesgin von Schornsheim.

13. Mai 1480
Herr Konrad Lange erhebt seine 3. Klage gegen Frau Madlene von Venningen.
Henne von Eltville erhebt als Vertreter der Domherren zu Mainz seine 3. Klage gegen Johann Boos von Waldeck, Herrn Johann Sultz und Hengin Wiß.

fol. 143v — Dinstag nach Exaudi

TRANSKRIPTION

1 h	Jt(em) frauwe Fiel die aptischen ym(m) closter dut 1 h vor XXII malter korns II malt(er) weißs und ½ [I/2] gulden off Hengin Moll(er)n jn der Orenbrucken und Heinriche(n) den smett et sup(ra) pingn(or)a.
1 clage	Jt(em) Peder Snade dut 1 clage vor II guld(e)n heiptgelt und X gulden schaden off Becker Henne(n) von Sobern-heim et om(n)ia.
	Actu(m) off Dinstag^a nach Exaudi.
ban(n) und freden^c	Jt(em) nach dem Hans Snyder als vo(n) mo(m)p(ar)schafft wegen des dechants zu Sant Johan zu Mencze eyn off ho-lůnge off Zorrichs Hen(ne)^b gethan // do hait er ban(n) und freden ober die gude begert // Also hait der scholteß yme ban(n) und freden dar ober gethan als recht ist.
erf(olgt)	Jt(em) Clese Mayse erf(olgt) Herman Bend(er)n jn der Oren-brůcken offs bůch.
v(er)noitbot	Jt(em) Dho(m)m(us) Hen(ne) Nese hait yren man(n) vernoitbott geigen Cleßgin Berkorn und wijl das recht dar zu thůn / Des ist yne tag gestalt noch hude zu XIIII tagen.
gelengt	Jt(em) zuschen frauwe Fieln der aptischen ym(m) closter und frauwe Madlenen von Fennyngen ist gelengt bijß Samstag ober fůnffe wochen sic hodie.
Klees Karle(n) und Jeckel Ped(er) Snade	Jt(em) Henne Důcze von Algeßheim hait sich verdingt Karlen und Jeckeln von Siemern yre worte zu thůn und hait sin und(er)tinge verbot als recht ist. Und hait Peder Snaden zu gesprochen wie daß Peder um(m)b yren stieff vader win und holcze kaufften habe um(m)b XXIIII guld(e)n. Und sij berett(en) wan(n) Peder den win lade so solle er II guld(e)n an geben / und die oberge so(m)me zu sant Jacobs tag nehst ko(m)met // Furt(er) sij yre stieff vader villicht echtage bij Pedern krancke gelegen / Do be-geren Karlen und Jeckel daß Peder sage was er

a Verbessert aus: »Fri[tag]«.
b Die beiden letzten Worte sind am linken Seitenrand beigefügt.
c Die Marginalie ist unterstrichen.

16. Mai 1480

Frau Fiel, die Äbtissin im Kloster, erhebt ihre 1. Klage wegen 22 Malter Korn, 2 Malter Weizen und ½ Gulden gegen Hengin Moller in der Ohrenbrücke und Heinrich den Schmied auf die Pfänder.

Peter Snade erhebt seine 1. Klage wegen 2 Gulden Klagesumme und 10 Gulden Gerichtskosten gegen Henne Becker von Sobernheim auf alles.

16. Mai 1480
Nachdem Hans Snider als Vertreter des Dekans von St. Johann zu Mainz die Güter eingezogen hat von Henne Zorrich, hat er Bann und Frieden über die Güter begehrt. Der Schultheiß hat ihm Bann und Frieden darüber gemacht, wie es Recht ist.
Cles Mayse hat seinen Anspruch ins Gerichtsbuch eintragen lassen gegen Herman Bender in der Ohrenbrücke.

Nese, die Frau von Henne Dhommus hat ihren Mann wegen Krankheit in der Streitsache mit Clesgin Berkorn entschuldigt und will für ihn vor Gericht handeln. Es ist ihnen ein Termin gesetzt worden auf heute in 14 Tagen.

Zwischen Frau Fiel, der Äbtissin des Klosters und Frau Madlene von Venningen ist der Termin verschoben worden auf Samstag in 5 Wochen.

Henne Dutz von Algesheim hat sich verpflichtet, Karl und Jeckel von Simmern vor Gericht zu vertreten und hat seine Anwaltschaft festhalten lassen, wie es rechtmäßig ist. Und er hat Peter Snade angeklagt, dass Peter von ihrem Stiefvater Wein und Holz gekauft habe für 24 Gulden. Und es sei beredet worden, dass Peter, wenn er den Wein auflade, 2 Gulden geben solle und die übrige Summe am kommenden Jakobstag. Weiter sei ihr Stiefvater vielleicht 8 Tage lang bei Peter krank gelegen. Da fordern Karl und Jeckel, dass Peter sage, was er

Samßtag nach Exaudi

verzerten habe. Das wollen sie yme geben / Und sie hoffen
er soll eß sagen. Dar off hait sich Rudiger verdingt
Ped(er)n sin worte zu thůn und hait sin und(er)tinge v(er)bot
als recht ist und sagt eß moge sin daß Peder eynen
kauffe um(m)b Hans Kleen seligen gethan habe // Nů
haben sie die zijt mit eyn gerett(en) wes yne noit gewesten ist. Und sint mit eyn eyn geworden / also daß
Hans Klee selige off die scholt // die sie anziegen / yne
geqwidiget und loiß gescholden hait. Do ist Adam Pheff(er)
der heymberge bij gewesten / Dem hait er auch sin recht
dar ober geben. Und so f(er)re yne mit Adam benůgt mag
Peder wole lyden. Jst das aber yre meynů(n)ge nit / wes
sie yne dan(n) wider anlangen des ist er unschuldig.
Ducze als vo(n) der czweier wegen sagt dwile Rudig(er)
von Peders wegen off den heymbergen zůgt den begeren sie zu horen / Was dan(n) recht sij das geschee / Dar
off hait Adam sin fryheit furgezogen sich dar off zu
bedencken. Des ist yme tag gestalt noch hude zu
XIIII tagen. Das haint sie alle verbot.

gelengt	Jt(em) zuschen Johan dem poller(er) Jeckeln von Aspeßheim und Grede Gertnerßen ist gelengt bijß off Samßtag nach der Pinxstwochen sic hodie.
erf(olgt)	Jt(em) Clese Raůp unser mit scheffen geselle erf(olgt) Conczgin von Geilnhusen offs bůch.
erk(annt)	Jt(em) Concze Bellerßheim erk(ennt) Johan dem poller(er) XXIIII ß off rechnu(n)ge zu geben in XIIII tagen. Si no(n) p erf(olgt).
erf(olgt)	Jt(em) Clese Mayse erf(olgt) Hengin Luterwin vor II gulden.
erf(olgt)	Jt(em) Hengin Zorne erf(olgt) Ebert Hauborn vor IIII guld(e)n.
erf(olgt)	Jt(em) Johan der poller(er) erf(olgt) Ha(n)mans Ped(er)n vor II guld(e)n.

Actu(m) off Samßtag nach Exaudi.

3 clage	Jt(em) Schelnhenne von Mencze dut sin 3 clage off Cleßgin von Schornßheim ut p(ri)ma.

verzehrt habe. Das wollen sie ihm geben. Und sie hoffen, er solle es sagen. Darauf hat sich Rudiger verpflichtet, Peter vor Gericht zu vertreten und hat seine Anwaltschaft festhalten lassen, wie es Recht ist und sagt: Es könne sein, dass Peter einen Kauf vom verstorbenen Hans Klee gemacht habe. Da haben sie sich geeinigt und der verstorbene Hans Klee habe ihm die Schuld, wegen der sie klagen, quittiert und ihn von der Schuld befreit. Dabei war Adam Peffer, der Heimbürge. Diesem gegenüber hat er es auch bezeugt. Und wenn sie sich mit der Aussage Adams begnügten, so sei Peter damit einverstanden. Wollten sie das aber nicht, wessen sie ihn darüber hinaus anklagten, dessen sei er unschuldig. Dutz für die zwei sagt, weil Rudiger für Peter sich auf den Heimbürgen berufe, auf den wollen sie auch hören. Was dann Recht sei, das geschehe. Darauf hat Adam sich auf seine Freiheit bezogen, darüber nachzudenken. Es ist ihm ein Termin gesetzt worden in 14 Tagen. Dem haben sie alle zugestimmt.

Zwischen Johann dem Pollerer, Jeckel von Aspisheim und Grede Gertener ist der Termin verschoben worden auf Samstag nach Pfingsten.

Cles Raub, unser Mitschöffe, hat seinen Anspruch ins Gerichtsbuch eintragen lassen gegen Contzgin von Gelnhausen.

Contz Bellerßheim erkennt an, Johann dem Pollerer 24 Schilling gegen Rechnung zahlen zu müssen binnen 14 Tagen. Wenn nicht erfolgt die Pfändung.

Cles Mayse verklagt Hengin Luterwin auf 2 Gulden.

Hengin Zorn verklagt Ebert Hauborn auf 4 Gulden.

Johann der Pollerer verklagt Peter Hanman auf 2 Gulden.

20. Mai 1480
Henne Schel von Mainz erhebt seine 3. Klage gegen Clesgin von Schornsheim.

fol. 144v — Samßtag nach dem Pinxstage

Hengin h(er) Johan Sulcz(en) Rodwin s(e)n(tent)ia	Jt(em) zuschen(n) Hengin der dhomh(ere)n hoffman zu Mencze als vo(n) der selben sin(er) her(e)n wegen an eyme // h(er)n Johan Sulczen und Hosen Rodwin aym and(er)n theyle etc. nach ansprache antwort beidertheyl furbrengů(n)ge und jnhalt des gericht briffs // s(e)n(tent)ia // daß her Johan Sulczen und Hosen Rodwin //Hengin der dhomhern hoffman als vo(n) der selben syner her(e)n wegen // die gulte geben nach lude des obgemelt(en) briffs // ader yne zu den underphanden sallen ko(m)men laißen. Das ortel hait Hengin verbot als recht ist.
lip vor sin gut gestalt(en)	Jt(em) her Johan Sulczen hait syne(n) lip vor sin gut ge- stalt(en) nach dem Hengin der dhomh(ere)n hoffman off yne geheisch(e)n hait und wijl recht geben und ne- men nach ansprache und antwort als der scheffe(n) hie vor eyn recht wiset. Des ist yme tag gestalt an das nehste gericht. Das hait er verbot.
	Actu(m) off Samßtag nach dem Pinxstage.
4 [8/2] h	Jt(em) Henne von Eltvjl als vo(n) mo(m)p(ar)schafft wegen der her(e)n zům dhomo [!] zu Mencze dut sin fierde heischunge off Johan Boeßen und Wißhengin ut p(ri)ma.
4 [8/2] h	Jt(em) her Conrat Lange dut sin fierde heischůnge off frauwe Madlenen von Fennyngen ut p(ri)ma.
2 h	Jt(em) frauwe Fiel die aptischen ym(m) closter dut yr 2 h off Heinrich Smeden ut p(ri)ma.
2 clage	Jt(em) Peder Snade dut sin 2 clage off Beck(er)henne(n) von Sobernheim ut p(ri)ma.
1 h	Jt(em) Můderhen(ne) als vo(n) sins jonck(er)n wegen dut 1 h vor I gulden gelts off Albrecht Gertenern et om(n)ia.
	Actu(m) off Dinstag nach Trinitat(is).

27. Mai 1480 — fol. 144v

Zwischen Hengin, dem Hofmann der Domherren zu Mainz, für seine Herren auf der einen und Herrn Johann Sultz und Rodwin Hose auf der anderen Seite: Nach Anklage, Gegenrede und beiderseitigen Vorbringungen und den Aussagen der Urkunde ergeht folgendes Urteil: Dass Herr Johann Sultz und Rodwin Hose Hengin, dem Hofmann der Domherren, für seine Herren die Gülte geben sollen gemäß der Urkunde oder ihn an die Pfänder greifen lassen sollen. Das Urteil hat Hengin festhalten lassen, wie es Recht ist.

Johann Sultz hat seinen Leib vor sein Gut gestellt, nachdem Hengin, der Hofman der Domherren, gegen ihn geklagt hat und will Recht geben und nehmen nach Klage und Antwort, wie es die Schöffen hier weisen. Es ist ihm ein Termin gesetzt worden am nächsten Gerichtstag. Das hat er festhalten lassen.

27. Mai 1480

Henne von Eltville als Vertreter der Domherren zu Mainz erhebt seine 4. Klage gegen Johann Boos von Waldeck und Henne Wiß.

Herr Konrad Lange erhebt seine 4. Klage gegen Frau Madlene von Venningen.
Frau Fiel, die Äbtissin des Klosters, erhebt ihre 2. Klage gegen Heinrich Schmied.
Peter Snade erhebt seine 2. Klage gegen Henne Becker von Sobernheim.

Henne Muder erhebt für seinen Junker seine 1. Klage wegen einem Gulden Geld gegen Albrecht Gertener auf alles.

30. Mai 1480

fol. 145 — Samßtag nach Trinitatis

tag v(er)hut(en)	Jt(em) Ped(er) Snade / Karlen und Jeckel von Siemern / Dhom(m)(us) Henne und Hengin Berkorn haint alle yren tag ver-hůt(en). Des ist yne tag gestalt an das nehste gericht.
1 h	Jt(em) Rudiger als vo(n) mo(m)p(ar)schafft wegen Hans Wolffen dut 1 h vor VIII ß gelts off Prassen Hengin et om(n)ia.
tag v(er)hut(en)	Jt(em) Herma(n) Scherer und Ebert Kicze haint yren tag verhůt(en). Des ist yne tag gestalt an das nehst gericht.

Actu(m) off Samßtag nach Trinitat(is).

offgeholt(en)	Jt(em) nach dem her Conrat Lange sin fierde heischůnge yn(n) maißen die erßte gelut / off frauwe Madlene(n) von Fennynge(n) gethain // also hait er die underphande nach lude siner heischůnge offgeholt und die offholunge verbot als recht ist.
offgeholt(en)	Jt(em) nach dem Henne von Eltvjl als vo(n) mo(m)p(ar)schafft wegen der her(e)n zům dhome zu Mencze sin fierde heischunge yn(n) maißen die erßte gelut(en) off Johan Boeßen von Waldeck und Wißhengin gethan / also hait er die under-phande nach lude siner heischunge offgeholt(en) und die offholunge verbot als recht ist.
erk(annt)	Jt(em) Hertelns Clese erk(ennt) Clese Rauben uns(er)m mit scheffen gesellen IIII guld(e)n zu geb(e)n in XIIII tag(en). Si no(n) p erf(olgt).
1 h	Jt(em) der bichter ym(m) closter dut 1 h vor ey(n) phondt gelts off Meczelhenne(n) et sup(ra) ping(nora).
lip vor sin gut gestalt	Jt(em) Cleßgin von Schornßheim sagt Schelnhen(ne) von Mencze habe off yne geclagt(en). Nů stille er sine(n) lip vor sin gůt und begert mit recht obe sin gut nit ledig sij // S(e)n(tent)ia / wolle er recht geben und neme(n) nach ansprache und ant-wort als der scheffen hie vor eyn recht wiset so sihen sie ledig. Dar off hait er ja geantwort und das v(er)bot.
Schelnhenne Cleßgin vo(n) Schornßhey(m)	Jt(em) Ancze Duppengießer hait sich verdingt Schelnhenne(n) von Mencze sin worte zu thůn und hait sin und(er)tinge verbot als recht ist. Und hait Cleßgin von Schornßheim zu gesproch(e)n und sagt Schelnhenne habe Drubeyns gůde nach ordenu(n)ge diß gerichts mit recht erlangt und

Peter Snade, Karl und Jeckel von Simmern, Henne Dhomus und Hengin Berkorn haben alle ihren Tag gewahrt. Es ist ihnen ein Termin gesetzt worden am nächsten Gerichtstag.

Rudiger als Vertreter von Hans Wolff erhebt seine 1. Klage wegen 8 Schilling Geld gegen Hengin Prass auf alles.

Hermann Scherer und Ebert Kitz haben ihren Tag gewahrt. Es ist ihnen ein Termin gesetzt worden am nächsten Gerichtstag.

3. Juni 1480
Nachdem Herr Konrad Lange seien 4. Klage geführt hat gegen Frau Madlene von Venningen hat er die Pfänder gemäß seiner Klage eingezogen und die Einziehung festhalten lassen, wie es rechtmäßig ist.

Nachdem Henne von Eltville als Vertreter der Domherren seine 4. Klage gegen Johann Boos von Waldeck und Hengin Wiß erhoben hat, hat er die Pfänder gemäß seiner Klage eingezogen und die Einziehung festhalten lassen, wie es rechtmäßig ist.

Cles Hertel erkennt an, Cles Raub, unserem Mitschöffen, 4 Gulden zahlen zu müssen binnen 14 Tagen. Wenn nicht erfolgt die Pfändung.

Der Beichtvater im Kloster erhebt seine 1. Klage wegen 1 Pfund Geld gegen Henne Metzel auf die Pfänder.

Clesgin von Schornsheim sagt, Henne Schel von Mainz habe gegen ihn geklagt. Nun stelle er seinen Leib vor sein Gut und fragt das Gericht, ob seine Güter nicht frei seien. Urteil: Wolle er Recht geben und nehmen nach Klage und Antwort, wie es die Schöffen hier weisen, so seien sie frei. Darauf hat er Ja geantwortet und das festhalten lassen.

Antz Duppengießer hat sich verpflichtet, Henne Schel von Mainz vor Gericht zu vertreten und hat seine Anwaltschaft festhalten lassen, wie es rechtmäßig ist. Und er hat Clesgin von Schornsheim angeklagt und sagt: Henne Schel habe die Güter Drubeins gemäß der Ordnung dieses Gerichtes rechtmäßig erhalten und

fol. 145v — Samßtag nach Trinitatis

                    auch verkaůfft wie recht ist // Nů hait Cleßgin yme jn die
                    selben gude die er verkaufft jnlege^a gethain und ver-
                    botten. Und hait Drubein czwenczig ader drißijg jare
                    ungeverlich do ynne laißen siczen / schalden und walde(n)
                    gifften und geben // jn aller maiße // er vor der gifft gethan
                    hait // Doch habe er noch keyn gifft gehort(en) und dwile
                    Cleßgin / Drubein so lange hait laißen siczen / schalden
                    und walden // und yme jnlege gethan do hoffe Schelnhen(ne)
                    daß Cleßgin das unbilche gethan habe // Und daß erßs
                    gethan hait und leßt yne nit bij syme verkauffe und
                    erfolgniß das schade yme funffzijg guld(e)n. Und hofft

i(n) j(ure)   Cleßgin soll yne bilche do bij laißen. Dar off hait
                    sich Rudiger verdingt Cleßgin sin wort zu thůn und
                    hait sin und(er)tinge verbot als recht ist. Und sagt Cleß-
                    gin^b habe bedůcht(en) daß Schelnhen(ne) das sin habe
                    an gegriffen nach dem Drubeins gude yme gegifft
                    sint // Dem nach habe er dar zu gethan // Er wuße aůch
                    nůste das der Schelnhen(ne) schuldig sij und hofft daß er
                    das bilche gethan habe. Und mag Schelnhen(ne) yne do bij
                    nit gelaißen wes er yne dan(n) Cleßgin^c wider anlangt des

i(n) j(ure)   ist er unschuldig. Ancze als vo(n) Schelnhenne(n) wegen sagt
                    nach lude des zusprochs dwile Drubein jn den gůden
                    so lange geseß(e)n geschalden und gewalden / bedde und
                    zinßs ußgeracht sich auch geigen Schelnhenne(n) yn(n)
                    recht gestalt und nye gemelt daß die gude nit sin
                    sihen // so hofft Scheln Henne die gifft solle nit macht

ad socios   hain jn maißen er dan(n) vor und nach gerett(en) hait
                    und stilt das zu recht. Rudiger als vo(n) Cleßgins wege(n)
                    hofft Schelnhenne(n) jn maißen er dan(n) vor gerett(en) hait
                    nuste schuldig zu sin und stilt eß auch zu recht. Das
                    ist gelengt ad socios. Das haint sie beide verbot.
                    Jt(em) Meczelhen(ne) erk(ennt) Beckerhenne(n) von Sobernheim
                    II guld(e)n // nemlich eyne(n) guld(e)n zu geben zu sant Johans

erk(annt) no(tandum)   tag und den and(er)n zu sant Bartolme(us) tag. Und obe
                    er das erßte ziele nit hielde / so solt Beckerhen
                    II guld(e)n off yme erfolgt(en) hain.

erf(olgt)   Jt(em) Peder Bender erfolgt Drubein offs bůch.

---

a Verbessert aus »Jng[…]«.
b Es folgt nochmals: »Cleßgin«.
c Das Wort ist über der Zeile beigefügt.

3. Juni 1480 — fol. 145v

ÜBERTRAGUNG

auch verkauft, wie es rechtens ist. Nun hat Clesgin ihn am Besitz dieser Güter, die er verkauft habe, gehindert. Clesgin habe Drubein 20 oder 30 Jahre ungefähr darin sitzen, schalten und walten, schenken und geben lassen in allen Formen vor der Übertragung. Und er habe von keiner Übergabe gehört und weil Clesgin Drubein so lange auf dem Land hat sitzen, schalten und walten lassen und ihn, Henne, dann gehindert habe, hoffe Henne Schel, dass Clesgin das unbillig getan habe. Und dass er dies tat und ihn nicht bei seinem Kauf lässt und der erstrittenen Güterübertragung, das schade ihm 50 Gulden. Und er hofft, dass Clesgin ihn billiger Weise dabei lasse. Darauf hat sich Rudiger verpflichtet, Clesgin vor Gericht zu vertreten und hat seine Anwaltschaft festhalten lassen, wie es rechtmäßig ist. Und er sagt: Clesgin scheine es, als habe Henne Schel ihn in seinem Besitz angegriffen, nachdem Drubeins Güter ihm gegeben worden sind. Danach habe er gehandelt. Er wisse auch nicht, dass dieser Henne Schel etwas schuldig sei und hoffe, dass er billig gehandelt habe. Kann Henne Schel ihn nicht bei dieser Aussage lassen, wessen er ihn darüber hinaus anklage, dessen ist er unschuldig. Antz für Henne Schel sagt: Gemäß der Klage, weil Drubein in den Gütern so lange gesessen, geschaltet und gewaltet, Bede und Zins gezahlt und sich auch gegenüber Henne Schel vor Gericht verantwortet habe und nie gesagt habe, dass die Güter nicht ihm seien, so hoffe Henne Schel, die Übergabe solle keine Macht haben, wie er es hier dargestellt habe und legt das dem Gericht vor. Rudiger hofft für Clesgin, dass er Henne Schel, so wie er es dargestellt habe, nichts schuldig sei und legt das auch dem Gericht vor. Das ist verschoben worden bis zum Zusammentreten des Vollgerichts. Dem haben sie beide zugestimmt.

Henne Metzel erkennt an, Henne Becker von Sobernheim 2 Gulden schuldig zu sein, nämlich einen Gulden zu zahlen an Johannis, den anderen an Bartholomäus. Und wenn er den ersten Termin nicht einhielte, so solle Henne Becker die 2 Gulden gegen ihn erstritten haben.

Peter Bender hat seinen Anspruch ins Gerichtsbuch eintragen lassen gegen Drubein.

fol. 146 — Samßtag nach Trinitatis

TRANSKRIPTION

erk(annt)	Jt(em) Hosen Rodwin erk(ennt) Hansen dem wegen(er) 1 guld(e)n zu geben in eyme maende. Si no(n) p erf(olgt).
erk(annt)	Jt(em) Hincze Driele erk(ennt) Henne Myrrn als vo(n) mo(m)p(ar)schafft wegen sins bruder h(er)n Heinrichs Myrrn II l(i)b(ras) hell(er) zu geben zuschen sant Bartolome(us) tage. Si no(n) p erf(olgt).
erf(olgt)	Jt(em) Carppen Cleßgin erf(olgt) Drubein offs bůch.
	Jt(em) Rudiger hait sich verdingt Peder Snaden sin wort zu thune und hait das buch geigen Karlen und Jeck-
Ped(er) Snade	keln von Siemern laiß(e)n offen und das alleß verbot. Und begert Adam den bottel zůverhoren. Dar off sagt
Jeckel und Karlen von Siemern	Adam wie daß Hans Klee off eyn zijt yn Peders husche krancke gelegen und des selben legers auch gestor- ben // Do sihe Peder kom(m)en und yme in sin husche ge- růffen // Also habe Hans Klee sine(n) bruder und eynen swager bij yme gehabt. Und Hans Klee sagt / wie daß
ad socios	Peder Snade eyne(n) kauffe um(m)b yne gethan hette / und die selbe scholt habe er Ped(er)n mit wißen und willen sins brůder und swagers die zijt geben vor sin eigen gut. Doch also daß er yne den leger halten und yme das beste thůn solle // Do habe er widder Hansen bruder und swager gesagt // kom(m)et Hans nů off sall dan(n) auch die scholt Peders sin ader nit / Haben sie yme geantw(or)t das laißen sie gescheen / Ko(m)me er off er mags Ped(er)n widder geb(e)n ader nit // das krůdde sie nit dan(n). Sie ver- willigen diese gifft do bij sij er gewest. Und was das ym(m) rechten byndt / laiße er gescheen. Rudiger als vo(n) Peders wegen hait die sage verbot und sagt hab(e)n die czwene eyne(n) genůgen dar an das laiße er ge- scheen / Ist des nit / so stehe er do und sihe sins rechte(n)
i(n) j(ure)	bodijg. Dar off hait sich Ancze Duppengießer ver- dingt Karlen und Jeckeln yre worte zu thune und hait sin und(er)tinge verbot als recht ist / Und hait auch verbot daß der bottel erkent daß Hans Klee krancke gelegen der selben kranckheit auch gestor- ben / Dwile dan(n) der bottel von Peders wegen //

3. Juni 1480 — fol. 146

Rodwin Hose erkennt an, Hans dem Wagner einen Gulden in einem Monat zahlen zu müssen. Wenn nicht erfolgt die Pfändung.

Heinz Driel erkennt an, Henne Myrr als Vertreter seines Bruders, Herrn Heinrich Myrr, 2 Pfund Heller zahlen zu müssen bis St. Bartholomäus. Wenn nicht erfolgt die Pfändung.

Clesgin Carpp hat seinen Anspruch ins Gerichtsbuch eintragen lassen gegen Drubein. Rudiger hat sich verpflichtet, Peter Snade vor Gericht zu vertreten und hat das Gerichtsbuch in der Streitsache mit Karl und Jeckel von Simmern öffnen lassen und das alles festhalten lassen. Er fordert vom Gericht, Adam den Büttel zu verhören. Darauf sagt Adam: Hans Klee habe vor einiger Zeit krank in Peters Haus gelegen und sei dort auch gestorben. Da sei Peter gekommen und habe ihn in sein Haus gerufen. Dorthin habe Hans Klee seinen Bruder und einen Schwager geholt. Und Hans Klee sagte, dass Peter Snade von ihm etwas gekauft habe und diese Schuld habe er Peter mit Wissen und Wollen seines Bruders und Schwagers auf sein Eigengut gelegt. Doch als er, Hans, bettlägrig war und Peter ihn pflegte, da habe er zu Bruder und Schwager von Hans gesagt: Werde Hans wieder gesund, so solle Peters Schuld abgelöst sein. Da haben sie ihm geantwortet, damit seien sie einverstanden. Werde er wieder gesund, so könne Peter es wieder geben oder nicht, das kümmere sie nicht. Sie stimmten dieser Schenkung zu, da war er dabei. Und was ihn rechtmäßig in dieser Aussage binde, das lasse er geschehen. Rudiger hat für Peter diese Aussage festhalten lassen und sagt: Genüge den beiden diese Aussage, so sei er damit einverstanden. Ist dem nicht so, stehe er hier und sei zum Rechtbeweis bereit. Darauf hat sich Antz Duppengießer verpflichtet, Karl und Jeckel vor Gericht zu vertreten und hat seine Anwaltschaft festhalten lassen, wie es rechtmäßig ist. Er hat auch festhalten lassen, dass der Büttel aussagt, dass Hans Klee krank gelegen habe und an der Krankheit auch gestorben sei. Da der Büttel wegen Peter

fol. 146v — Samßtag nach Trinitatis

	und nit von bescheit des scholteß(e)n ader gerichts // do
	gewest(en) so hoffen Karlen und Jeckel daß sie die
	sage nit yrren solle // als er sagen wolle // Dan(n)
	Hans Klee sij ir gemachter vatter gewest(en) und
	dar um(m)b[a] soll er yne das ire nit enweg geben dwile
	die handt gebrochen ist // Und hett erßs macht ge-
	habt so solt erßs gethain hain vor scholteß(e)n und
	scheffen alsdan(n) gewonheit ist. Und sund(er)lich dwile
	er yn syme doit bette gelegen hait so soll erßs
i(n) j(ure)	nit macht hain. Und stilt das zu recht // Rudig(er)
	als vo(n) Peders wegen sagt die jnsage Ancze als vo(n)
	der czweier wegen gethain / hoffe Peder daß yne
	die nit yrren solle dan(n) eß finde sich in dem buch
	genuge yne mit des bottels sage nit // So hoffe Ped(er)
	bij syme rechten jn maißen er dan(n) vor geretten
	zu bliben. Und hait eß auch zu recht gestalt.
	Das ist gelengt ad socios. Das haint sie v(er)bot.
	Jt(em) Hengin Moller jn der fr(au) von Fenny(n)ge(n) molen
erk(annt)	erk(ennt) Hengin Zorne III guld(e)n und IIII alb(us) zu geb(e)n
	in XIIII tagen. Si no(n) p erf(olgt).
erk(annt) f(re)f(fel)	Jt(em) Peder Wolenber erk(ennt) Rulnhenne(n) als vo(n) des
	scholteß(e)n wegen / den schrod(er)n eyn freffel uß zu
	riechten in XIIII tagen. Si no(n) p erf(olgt).
erk(annt)	Jt(em) Rûsse erk(ennt) Peder Snaden XVI alb(us) zu geb(e)n
	in eyme maende. Si no(n) p erf(olgt).
	Jt(em) Johan der poller(er) hait Jeckeln von Aspeßheim
	zu gesprochen wie daß vor ziden eyn rachtu(n)ge
	zuschen siner swieger und yme gemacht(en) also
Johan Poller(er)	daß er yre etlichen win / wan(n) eß herbst worde
	geben solle / Do nû der herbst ko(m)men ist // habe
Jeckel	er den win Jeckeln / nach dem er der frauwen
	mo(m)per ist / eyn maile ader fier gebott(en) daß er
	yme das faße bestille // Des habe Jeckel nit gethan
	und doch h(er)n Hansen selig(en) und den scholteßen

a Das Wort ist über der Zeile beigefügt.

und nicht auf den Bescheid des Schultheißen oder des Gerichts da war, so hoffen Karl und Jeckel, dass sie durch die Aussage nicht irre gemacht werden. Denn Hans Klee sei zu ihrem Vater gemacht worden und darum soll er ihnen das Ihrige nicht weg geben, wenn die Hand gebrochen ist. Und hätte er diese Macht gehabt, so hätte er es vor Schultheiß und Schöffen tun müssen, wie es Gewohnheit ist. Und besonders weil er in seinem Totenbett gelegen hat, soll er dessen nicht mächtig sein. Das legen sie dem Gericht vor. Rudiger für Peter sagt: Die Gegenrede, die Antz für die zwei getan hat, die solle ihn, so hofft Peter, nicht irre machen, denn es finde sich in dem Buch ein genügender Beweis mit der Aussage des Büttels. Daher hoffe Peter bei seinem Recht zu bleiben in der Weise, wie er zuvor redete. Das hat er auch dem Gericht vorgelegt. Das ist verschoben worden bis zum Zusammentreten des Vollgerichts. Dem haben sie beide zugestimmt.

Hengin Moller in der Mühle der Frau von Venningen erkennt an, Hengin Zorn 3 Gulden und 4 Albus zahlen zu müssen binnen 14 Tagen. Wenn nicht erfolgt die Pfändung.
Peter Wolenber erkennt gegenüber Henne Rul für den Schultheißen an, den Schrötern einen Frevel zahlen zu müssen binnen 14 Tagen. Wenn nicht erfolgt die Pfändung.
Ruß erkennt an, Peter Snade 16 Albus zahlen zu müssen in einem Monat. Wenn nicht erfolgt die Pfändung.

Johann der Pollerer hat Jeckel von Aspisheim angeklagt, dass sie vor einiger Zeit einen Vergleich zwischen seinem Schwager und ihm gemacht haben, nämlich dass er etlichen Wein, wenn der Herbst kommt, geben solle. Als nun der Herbst kam, habe er Jeckel, der nun der Vertreter der Frauen ist, ein- oder viermal den Wein abgeboten, damit er bei ihm das Fass bestelle. Das habe Jakob nicht getan und habe doch den verstorbenen Herrn Hans und den Schultheißen

fol. 147 — Samßtag nach Trinitatis

gefragt wie er thůn solle. Dar nach sij meist(er) Johan abermals
zu Jeckeln kom(m)en und yme den win gebotten. Do habe Jeckel
gesagt er woll yme eyn faße schicken und doch nit gethan.
Dar nach habe Jeckel widder yne gesagt daß er den win
drincke. Und duhe yne ware er wolle dan(n) er woll des wins
nit und woll sichs auch nit krůdden. Ober soliche zu sage
habe Jeckel meist(er) Johan schaden zufugt und yme sine(n)
hoeff verkaufft. Do er doch hoffe nach lude der zu sage
daß erßs unbilche gethan habe // Und daß erßs gethan hait
das schade meister Johan II$^{c(entum)}$ guld(e)n. Und wijl sich Jeckel
laißen zugen mit erb(er)n luden so wijl Johan yne zugen.
Ist des nit so heist er Jeckel eyn ja ader neyn //

i(n) j(ure) — Dar off sagt Jeckel des offgemeßen schadens sij er unschuldig. Furter gestehe er meist(er) Johan nit daß er
yme den win fier ader funffmaile gebott(en) habe / sonder
er habe gesagt der win stehe in bůdden und er woll ey(n)
faße keiffen und das von der frauw(e)n gelde bezalen.
Do habe er widd(er) meist(er) Johan gesagt er wuße nit wer
das faße geb(e)n solle dan(n) er woll die frauwe fragen.
Sij eß ir liep so habe er faße do heim // so woll er morne
eynßs brenge(n). Also habe die frauwe gesagt sie woll des
wins nit er gebe ir dan(n) eyn faße dar zů // Dar off habe
er widder meist(er) Johan gesagt daß er den win drincke
bijß off eyne(n) ußtrag. Und hofft dwile er nit wider dan(n)
die frauwe yne bescheid(e)n // gerett(en) hait so soll er Johan
nuste schuldig sin. Und genuge yme mit der rachtunge.
Und hofft Johan soll yne auch do bij laißen und stilt das
zu recht //

i(n) j(ure) — Meister Johan hait verbot daß Jeckel der
frauw(e)n mechtig(er) mo(m)per ist. Auch daß er sie gefragt(en) und
yne dar nach des wins ledig gesagt und nit wollen
nemen. So hoffe er daß Jeckel den verkauffe unbilche
gethan. Und soll yme sinen hoeff widder zu sine(n) handen
stillen und stilt das zu recht. Jeckel sagt er habe den
hoeff verkaůfft vor win / strohe und anders / so dan(n) meist(er)
Johan der frauw(e)n schuldig gewest(en) ist / und hofft bij d(er)
rachtu(n)ge zu bliben und begert siner tage die zu horen
und zu brengen. Dar off s(e)n(tent)ia dwile Jeckel off eyn

gefragt, wie er handeln solle. Danach sei Meister Johann erneut zu Jeckel gekommen und habe ihm den Wein angeboten. Da habe Jakob gesagt, er wolle ihm ein Fass schicken und tat es doch nicht. Dann habe Jeckel zu ihm gesagt, dass er den Wein trinke. Und tue er, was er wolle, er wolle den Wein nicht und er wolle sich nicht kümmern. Durch diesen Ausspruch habe Jeckel Meister Johann geschadet und ihm seinen Hof verkauft. Er hoffe, dass Jeckel dies gemäß seiner Klage unbilliger Weise getan habe. Und dass er es getan habe, das schade Meister Johann 200 Gulden. Will Jeckel sich das mit ehrbaren Leuten beweisen lassen, so will Johann sie vor Gericht bringen. Ist dem nicht so, so fordere er von Jeckel ein Ja oder Nein. Darauf sagt Jeckel, des angelaufenen Schadens sei er unschuldig. Weiter gestehe er Meister Johann nicht, dass er ihm den Wein vier- oder fünfmal angeboten habe, sondern er habe gesagt, der Wein stehe in Bütten und er wolle ein Fass kaufen und das vom Geld der Herrin bezahlen. Dann habe er gegenüber Meister Johann gesagt, er wüsste nicht, wer das Fass geben soll, er solle die Herrin fragen. Sei es ihr lieb und habe er Fässer daheim, so könne er morgen eins bringen. Da habe die Herrin gesagt, sie wolle den Wein nicht, es sei denn, er gebe ihr ein Fass dazu. Darauf habe er gegenüber Meister Johann gesagt, dass er den Wein trinke bis zum Vergleich. Und er hofft, dass er, weil er nicht gegen die Anweisung der Herrin geredet hat, Johann gegenüber nichts schuldig sei. Und es genüge ihm die Aussage der Schiedsleute. Und er hofft, Johann soll ihn auch dabei lassen und legt das dem Gericht vor. Meister Johann hat festhalten lassen, dass Jeckel ein Vertreter der Herrin mit Vollmacht ist. Auch habe er sie gefragt und ihn danach gefragt und den Wein nicht nehmen wollen. Daher hoffe er, dass Jeckel den Verkauf unbillig getan habe. Und er soll ihm seinen Hof wieder geben und legt dies dem Gericht vor. Jeckel sagt, er habe den Hof verkauft für Wein, Stroh und anderes, das Meister Johann der Herrin schuldig war. Und er hofft bei dem Entscheid der Schiedsleute zu bleiben und er fordert die Gerichtstage, diese zu verhören und vorzubringen. Darauf ergeht das Urteil: Weil Jeckel sich auf den

fol. 147v — Samßtag nach Bonifacii

rachtunge zugt so soll er sie auch vor gericht brengen
und das thůn in XIIII tagen. Bedarff er dan(n) siner tage
furte und heist die als recht ist so soll ma(n) yme die
furt(er) stillen noch zu czweien XIIII tagen. Und so die
rachtu(n)ge verhort(en) wirt beheltlich Johanne(n) sin
jnsage und geschee dan(n) furt(er) was recht ist. Das haint
sie beide verbot.

Jt(em) meister Johan der poller(er) hait Greden Gertenerß(e)n

Johan der poller(er)

syn(en) swieger zu gesproch(e)n wie daß eyn rachtůnge
zusch(e)n yne gemacht // der halde sie nit. Und sihe
gemacht daß er ire strohe geb(e)n soll / Des soll sie eyn

Grede Gerttenerßen

kolbe halden und yme den myste geben. Und bezugt
sich des off die rachtun(n)gs lude so vijl der noch in leben
ist. Furter lauffe sie yme das sin und schedige yme
das // Dar zu hebe sie yme sin scholt off // zu Algeßheim
und anderßwohe. Daß sie das also gethan hait das
schade yme I^(c(entum)) guld(e)n. Und obe sie dar zu ney(n) sagen
wolt / so sij eß kůntlich. Doch so heische er yre des
alleß eyn ja ader ney(n). Das ist gelengt bijß daß
das buch verhort(en) wirt.

Actu(m) off Samßtag nach Bonifatii.

erk(annt) Jt(em) Donczelhenne erk(ennt) Clese Raůben unß(er)m mit scheffe
gesellen III guld(e)n off rechnů(n)ge zu geben in XIIII
tagen. Si no(n) p erf(olgt).

2 h Jt(em) Můderhen(ne) dut sin 2 h off Albrecht Gerternern
ut p(ri)ma.

erf(olgt) Jt(em) Sniderhen(ne) Jeckel der alde erf(olgt) Hertels Clesen
offs bůch.

erf(olgt) p b Jt(em) Emerich von Engelstadt unser mit scheffen geselle
erf(olgt) Jeckel Sta(m)men offs bůch und hait p b.

Jt(em) zuschen frauwe Fieln der aptisch(e)n ym(m) closter

gelengt und Heinrich(e)n dem smede ist gelengt noch hude
zu drihen wochen sic hodie.

Jt(em) Ebert Kicze als vo(n) mo(m)p(ar)schafft wegen syn(er) muder

Vergleich beruft, soll er ihn auch vor das Gericht bringen in 14 Tagen. Bedürfe er Verlängerung und fordere sie, wie es rechtmäßig ist, so soll man sie ihm noch zweimal 14 Tage geben. Und wenn der Vergleich gehört wird, vorbehaltlich Johanns Gegenrede, geschehe es weiter, wie es Recht ist. Dem haben sie beide zugestimmt.

Meister Johann der Pollerer hat Grede Gertener, seine Schwägerin, angeklagt, dass ein Vergleich zwischen ihnen geschlossen worden sei und den halte sie nicht. Es sei ausgemacht, dass er ihr Stroh geben soll. Sie soll ein Kalb halten und ihm den Mist geben. Und er beruft sich deswegen auf die Vermittler, die noch leben. Weiter laufe sie durch seinen Besitz und schädige ihm den. Dazu ziehe sie seine Schulden zu Algesheim und anderswo ein. Dass sie das getan hat, das schade ihm 100 Gulden. Und wenn sie dazu Nein sage, so sei es doch bekannt. Doch er fordert von ihr zu dem allen ein Ja oder Nein. Das ist verschoben worden, bis das Gerichtsbuch gehört wird.

10. Juni 1480
Henne Dontzel erkennt an, Cles Raub, unserem Mitschöffen, 3 Gulden gegen Rechnung zahlen zu müssen binnen 14 Tagen. Wenn nicht erfolgt die Pfändung.

Henne Muder erhebt seine 2. Klage gegen Albrecht Gertener.

Jeckel Sniderhen der Alte hat seinen Anspruch ins Gerichtsbuch eintragen lassen gegen Cles Hertel.

Emmerich von Engelstadt, unser Mitschöffe, hat seinen Anspruch ins Gerichtsbuch eintragen lassen gegen Jeckel Stamm und hat Pfändung gefordert.

Zwischen Frau Fiel, der Äbtissin des Klosters und Heinrich dem Schmied ist der Termin verschoben worden auf heute in 3 Wochen.

Ebert Kitz hat als Vertreter seiner Mutter

fol. 148 — Dinstag vor sant Vitus tage

Ebert Kicze	hait das buch geigen H(er)man Scher(er)n laißen offen und
H(er)ma(n) Scher(er)	das verbot. Und hofft noch hutbetage jn maißen als vor
	Herma(n) erfolgt zu hain und stilt das zu recht // H(er)man
s(e)n(tent)ia	hait eß auch zu recht gestalt jn maißen als vor.
	Nach ansprache antwort beid(er)theyl furbrengu(n)ge und
	besage der konde // s(e)n(tent)ia // daß Ebert Kicze erfolgt
	Herma(n) Scher(er)n offs bůch // Das hait Ebert verbot.
p b	Jt(em) Ebert Kicze als vo(n) mo(m)p(ar)schafft wegen siner můd(er)
	hait p b an Herma(n) Scherern.
erf(olgt)	Jt(em) Clese Raup unser mit scheffen geselle erf(olgt) Jeckel
	Prassen vor X guld(e)n nota.

Actu(m) off Dinstag vor sant Vit(us) tage.

2 h	Jt(em) Rudiger als vo(n) mo(m)p(ar)schafft wegen Hans Wolffen
	dut sin 2 h off Prassen Hengin ut p(ri)ma.

Actu(m) off Samßtag nach sant Vit(us) tage.

p b	Jt(em) Snyderhen(ne) Jeckel der alde hait p b an Clese Důherma(n).
	Jt(em) Peder Snade sagt er habe Ebert Kiczen erfolgt
	und phande berett(en) und yne wollen phenden // Nů
ober nacht	duhe yme Kicze Anne jnlege // Und weiße des syne(n)
halten	nit. Davo(n) so begere mit recht zu bescheid(e)n wie er
	thůn soll daß yme recht geschee und nyema(n)t un-
	recht / S(e)n(tent)ia // er soll dem scholteß(e)n eyne(n) heymbergen
	heisch(e)n. Dem sall er Eberten mit dem jheren geben
	und der heymberge sall yne ober nacht halten
	und dan(n) an gericht brengen und furter fragen
	was dan(n) furt(er) recht ist das geschee. Das hait Ped(er)
	verbot.
2 h	Jt(em) der bichter ym(m) closter dut sin 2 h off Meczel-
	henne(n) ut p(ri)ma.
	Jt(em) frauwe Madlene von Fennynge(n) erk(ennt) vor sich
	und yre erben frauwe Fieln der aptischen hie

das Gerichtsbuch in der Sache mit Hermann Scherer öffnen lassen und das festhalten lassen. Er hofft noch heute in der Sache gegen Hermann gewonnen zu haben und legt das dem Gericht vor. Hermann hat seine Aussage wie zuvor dem Gericht vorgelegt. Nach Anklage, Gegenrede, beiderseitigen Vorbringungen und dem Hören der Beweise ergeht das Urteil: Ebert Kitz hat gegen Hermann Scherer seinen Anspruch eingeklagt. Das hat Ebert festhalten lassen.

Ebert Kitz hat als Vertreter seiner Mutter Pfändung gefordert gegen Hermann Scherer. Cles Raub, unser Mitschöffe, verklagt Jeckel Prass auf 10 Gulden.

13. Juni 1480
Rudiger erhebt als Vertreter von Hans Wolff seine 2. Klage gegen Hengin Prass.

17. Juni 1480
Jeckel Sniderhen der Alte hat Pfändung gefordert gegen Cles Duherman.

Peter Snade sagt, er habe gegen Ebert Kitz seinen Anspruch ins Gerichtsbuch eintragen lassen und Pfändung gefordert und wolle ihn pfänden. Nun hindere ihn Anne Kitz daran. Und er wisse das Seine nicht. Daher fordert er einen Gerichtsbescheid, was er tun solle, damit ihm Recht geschehe und niemand Unrecht. Urteil: Er soll vom Schultheißen einen Heimbürgen fordern. Dem soll er Ebert mit dem Rockschoß geben und der Heimbürge soll ihn über Nacht verwahren. Dann soll er ihn vor Gericht bringen und fragen, was Recht ist, das geschehe. Das hat Peter festhalten lassen.

Der Beichtvater im Kloster erhebt seine 2. Klage gegen Henne Metzel.

Frau Madlene von Venningen erkennt für sich und ihre Erben an, Frau Fiel, der Äbtissin hier

fol. 148v — Samßtag nach sant Vitus tage

TRANSKRIPTION

ym(m) closter und und yrem covent[a] hynefure jerlichs zu
geb(e)n funffe phondt gelts und die off dem yren
verwisen nach lude eynß rachtunge zittels der
erk(annt) Engeln[-] sich also anhebet.
tale nota Jt(em) diß ist die rachtunge zuschen myn(er) fraůwen der
aptischen und frauwe Madlen von Fenny(n)gen. Aym
erßten so sollent sie geracht sin um(m)b allen verseße
kosten und schaden wie der were // also daß die von
Fennyngen myner frauwen funffe phondt heller
jerlichs zinß zu sant Mertins tage fallende // off
dem yren vergewißen und vernůgen sall alsdan(n) hie
zu Jngelnheim gewonheit und recht ist. Und des
glichen eyn phondt heller jerlichs zinßs off Clese Suffuße(n)
und III l(i)b(ras) hell(er) sall die von Fenny(n)gen in XIIII tagen bare
her uß geben. Und was Clese Suffuße von verseßs wegen
schuldig were dar um(m)b sall er sich mit myn(er) frauw(e)n
der apthissen vertragen. Gescheen off Fritag nach sant
Urbans tage anno etc. LXXX. Das alleß wie obgeschr(ieben)
i(n) j(ure) hait frauwe Fiel die apthisch(e)n v(er)bot als recht ist.
Jt(em) Peder Bender hait Winßhen zu gesproch(e)n wie daß
Henne off eyn zijt widder yne gesagt(en) habe schonet
Ped(er) Bend(er) er sins alders nit. Er wolt yme wole sagen / und her
uß thun / do sie beide wole um(m)b wusten. Und heist yme
Winßhen eyn ja ader ney(n) obe er die worte also geretten habe
ader nit. Dar off sagt Henne eß moge sin daß er die
worte gerett(en) habe // Aber er habe Ped(er)n deshalp nůste
gethan ader zugefugt und hofft Pedern nit schuldig
sin zu sagen das jhene er yn(n) syme synne gehabt(en)
hait // Peder hait verbot daß Winßhen(ne) der worte
bekentlich ist und hofft yne erfolgt zu hain // Winß-
hen(ne) hofft ney(n) jn maiß(e)n er[b] dan(n) vor gerett(en) hait.
s(e)n(tent)ia Und sie haint eß beide zu recht gestalt. Nach
ansprache antwort und beid(er)theyle furbrengunge
dwile dan(n) Peder Bender jn syme zusproche nit
gemelt eynche worte yme sin ere ader gelympe

---

a Über dem »v« befinden sich zwei kleine senkrechte Striche.
b Das Wort ist über der Zeile beigefügt, darunter durchgestrichen: »sie«.

17. Juni 1480 — fol. 148v

im Kloster und ihrem Konvent zukünftig jährlich 5 Pfund Geld zu geben und die auf ihren Besitz anzuweisen gemäß dem Vergleich, der so anfängt: „Dies ist der Vergleich zwischen meiner Herrin der Äbtissin und der Herrin Madlene von Venningen. Sie sollen verglichen sein wegen aller ausstehenden Kosten und allen Gerichtskosten, wie die auch seien, indem die von Venningen meiner Herrin 5 Pfund Heller jährlichen Zins zu Martini anfallend auf ihren Besitz anweist und sichert, wie es hier zu Ingelheim Gewohnheit und Recht ist. Und ebenso soll die von Venningen 1 Pfund Heller jährlichen Zins von Cles Suffuß und 3 Pfund Heller binnen 14 Tagen bar zahlen. Und was Cles Suffuß an angelaufenen Zinsen schuldig sei, darum soll er sich mit meiner Herrin der Äbtissin vertragen. Geschehen am Freitag nach St. Urban 1480." Dies alles, wie oben angeführt, hat Frau Fiel die Äbtissin festhalten lassen, wie es Recht ist.

Peter Bender hat Henne Winß angeklagt, dass Henne vor einiger Zeit ihm gegenüber gesagt hat: „Schont er sein Alter nicht." Er wolle ihm das sagen und das öffentlich machen, da sie beide davon wüssten. Und er fordert von ihm ein Ja oder Nein, ob er die Worte gesagt habe oder nicht. Darauf sagt Henne: Es könne sein, dass er diese Worte gesagt habe. Aber er habe Peter deshalb nichts getan oder zugefügt und er hofft, Peter nicht sagen zu müssen, was er in seinem Sinn hatte. Peter hat festhalten lassen, dass Henne Winß die Worte zugibt und hofft, gegen ihn gewonnen zu haben. Henne Winß hofft, dass er das nicht hat, wie er zuvor sagte. Und sie haben es beide dem Gericht vorgelegt. Nach Anklage, Gegenrede und Vorbringungen beider Seiten, weil Peter Bender ihn angeklagt hat wegen Worte, die seine Ehre

Dinstag vor Petri und Pauli

berorende etc. S(e)n(tent)ia daß Winßhen(ne) / Peder Bend(er)n um(m)b syne(n)
zusproche nit schuldig ist. Das hait Winßhen verbot.
Furt(er) erkent Ped(er) Bender // Winßhenne(n) syne(n) gerichts
schaden noch daling zu geb(e)n. Das hait Winßhen(ne) auch
verbot.
Jt(em) Winßhen(ne) hait Ped(er) Bend(er)n zu gesproch(e)n wie daß er
hůer aym marte habe reyffe feyle gehabt // Also sihen
der selben reiffe drij borden word(e)n abe gestalt doch

Winßhen
Ped(er) Bend(er)

one syne(n) wißen // Er habe auch heische in der kirchen
dar nahe laißen thůn. Also sihen czwene erber man(n)
zu yme kom(m)en und gesagt Peder habe die reiffe abe
gestalt und wolle sie yme bezalen. Daß Peder des nit
gethan hait das schade yme IIII guld(e)n. Und obe Peder
dar zu ney(n) sagen wolt wijl er sich dan(n) mit den czweih(e)n
laißen zugen / so wijl er yne zugen. Ist des nit so heißt
er yme eyn ja ader ney(n). Dar off sagt Peder Bender
er habe reiffe abe gestalt(en) die habe er um(m)b Wolenbers
Hansen kaufft. Doch wes die czwene yne besagen do
mit soll yme wole genůgen. Das hait Winßhen(ne) verbot
und begert siner tage die czwene zu brengen / S(e)n(tent)ia /
dwile Winßhen(ne) off konde zugt / so sall er sie in XIIII tag(en)
vor gericht brengen. Bedarff er dan(n) siner tage furte
und heist die als recht ist / so sall ma(n) yme die furter
stillen noch zu czweien XIIII tag(en). Und so die czwene ver-
hort(en) werden geschee da(n) furter was recht ist. Das
haint sie beide verbot.
Jt(em) Jeckel Stam(m) sagt Diele Gerten(er) selige habe yme jars zehen

loißs ge-
sagt gult(en)

schillinge gelts geb(e)n nach lude eynßs gericht briffs etc.
Solicher X ß gult(en) hait er meister Johan den poller(er)
geqwidiget und loißs gesagt. Das hait meister Johan
verbot.

Actu(m) off Dinstag vor Petri und Pauli.

3 h

Jt(em) Rudig(er) als vo(n) mo(m)p(ar)schafft wegen Hans Wolffen dut
sin 3 h off Prassen Hengin ut p(ri)ma.

berühren, etc. Urteil: Dass Henne Winß Peter Bender wegen seiner Anklage nichts schuldig ist. Das hat Henne Winß festhalten lassen. Weiter erkennt Peter Bender an, Henne Winß seinen Gerichtskosten noch heute zu geben. Das hat Henne Winß auch festhalten lassen.

Henne Winß hat Peter Bender angeklagt, dass er heute am Markt Reifen feil bot. Da seien von den Reifen 3 Bürden verschwunden, doch ohne sein Wissen. Er habe auch gefordert, sie in die Kirchen tun zu lassen. Da seien zwei ehrenwerte Leute zu ihm gekommen und haben gesagt, Peter habe die Reifen absondern lassen und wolle sie ihm bezahlen. Dass Peter das nicht getan hat, das schade ihm 4 Gulden. Und wenn Peter dazu Nein sagen wolle, will er sich das durch die zwei beweisen lasse. Ist dem nicht so, so fordert er von ihm ein Ja oder Nein. Darauf sagt Peter Bender: Er habe die Reifen absondern lassen, die habe er von Hans Wolenber gekauft. Doch was die beiden aussagen, das werde ihm genügen. Das hat Henne Winß festhalten lassen und fordert vom Gericht seine Tage, die zwei beizubringen. Urteil: Weil Henne Winß sich auf Beweise beruft, so soll er sie in 14 Tagen vor Gericht bringen. Bedürfe er Verlängerung und fordere sie, wie es Recht ist, so soll man ihm die noch zweimal 14 Tagen geben. Und wenn die zwei verhört werden, geschehe es weiter, wie es rechtmäßig ist. Dem haben sie beide zugestimmt.

Jeckel Stamm sagt, der verstorbene Diel Gertener habe ihm jährlich 10 Schilling Geld gegeben nach Aussage einer Urkunde. Diese 10 Schilling Gülte habe er Meister Johann dem Pollerer quittiert und los gesagt. Das hat Meister Johann festhalten lassen.

27. Juni 1480
Rudiger als Vertreter von Hans Wolff erhebt seine 3. Klage gegen Hengin Prass.

fol. 149v — Samßtag nach Peter und Pauli appostolorum

	Actu(m) off Samßtag nach Pet(ri) und Pauli app(osto)lo(rum).
3 h	Jt(em) der bichter ym(m) closter dut sin 3 h off Meczelhen(ne) ut p(ri)ma.
	Jt(em) zuschen Schelnhenne von Mencze und Cleßgin von Schornßheim nach ansprache antwort und bei-
Schelnhen	dertheyle furbrengůnge dwile Drubein jn den
Cleßgin von	guden geseßen / sich der gebrucht und genoißen
Schornßhey(m)	da mit geschalten und gewalten / yn(n) maißen er
	vor der gifft gethan so sprech(e)n wir zům rechten
	daß soliche gifft der b(enan)nt(e) Drubein // Cleßgin syme
s(en)(tent)ia	bruder gethan nit macht hait. Das ortel hait
	Schelnhen(ne) verbot und dem rechten gedanckt. So
	ist Cleßgin nit zu geigen gewest. Furt(er) hait Schelnhen(ne)
	mit recht begert obe Cleßgin yme kuntlich(e)n schaden
	nit widder geben und wan(n) erßs soll // S(en)(tent)ia ja und
	sall eß noch daling thůn. Das hait Schelnhen(ne) auch
	verbot.
	Jt(em) Ancze Duppengießer hait sich verdingt Winßhenne(n)
	sin worte zu thůn und hait das bůch wie dan ansp(ra)che
Winßhen(ne)	und antwort zusch(e)n Peder Bend(er)n und yme ge-
Ped(er) Bend(er)	lut(en) laißen offen und die beide verbot als recht
	ist. Und hait Wolenbers Hansen und Niclasen von
konde	Hanbach zu gesprochen wie daß sie gesagt haben
	nach lude des buchs daß sie gesehen haben daß
	Peder Bender die reiffe abe gestalt habe und ge-
	rett(en) er woll yme die bezalen und erkennen
	yme das nit. Das schade yme X gulde(n) und heist yne
	des eyn ja ader ney(n) obe sie solichs gesehen hab(e)n
	ader nit. Dar off sagen Hans und Niclas ey(n)mu(n)dig
	wie daß Winßhenne habe reiffe an dem marte
	stehen gehabt. Do habe Peder bij den reiffen ge-
	standen. Also haben sie widder yne gesagt // Meister
	Peder wolt ir reiffe keiffen // Do sagt meist(er) Peder
	wes sint die reyffe // Haben sie yne bescheid(e)n sie sint
	Winßhenne(n) // Do habe Peder Bender gesagt ich wijl
	drij borden abe stillen und die heyme tragen und
	wijl Winßhenne(n) die auch gutlich bezalen // Also habe
	Ped(er) Bender die zijt die reyffe auch enweg getrage(n).

1. Juli 1480
Der Beichtvater im Kloster erhebt seine 3. Klage gegen Henne Metzel.

Zwischen Henne Schel von Mainz und Clesgin von Schornsheim nach Anklage, Gegenrede und beiderseitigen Vorbringungen, weil Drubein in den Gütern saß und diese nutzte und schaltete und waltete in der Form, wie er es vor der Übergabe getan hat, sprechen wir als Recht: Dass die Schenkung, welche der genannte Clesgin Drubein seinem Bruder machte, keine Gültigkeit hat. Das Urteil hat Henne Schel festhalten lassen und dem Gericht gedankt. Clesgin war nicht anwesend. Weiter hat Henne Schel das Gericht gefragt, ob Clesgin ihm nicht die Gerichtskosten wieder geben soll und wann er es tun soll. Urteil: Ja, und er soll es noch heute tun. Das hat Henne Schel auch festhalten lassen.

Antz Duppengießer hat sich verpflichtet, Henne Winß vor Gericht zu vertreten und hat das Buch öffnen lassen, wie Anklage und Entgegnung zwischen Peter Bender und ihm gelautet habe und hat beides festhalten lassen, wie es Recht ist. Und er hat Hans Wolenber und Niklas von Hanbach angeklagt, dass sie gemäß dem Gerichtsbuch gesagt haben, dass sie gesehen haben, dass Peter Bender die Reifen abgestellt und geredet habe, er wolle ihm das bezahlen und bezeugen dies nicht vor Gericht. Das schade ihm 10 Gulden und er fordert von ihnen ein Ja oder Nein, ob sie dies gesehen haben oder nicht. Darauf sagen Hans und Niklus einmütig: Henne Winß hatte Reifen am Markt stehen. Da habe Peter bei den Reifen gestanden. Da haben sie zu ihm gesagt: „Meister Peter, wollt ihr Reifen kaufen?" Da sagte Meister Peter: „Wem sind die Reifen?" Da haben sie ihm geantwortet: „Sie sind Henne Winß." Da habe Peter Bender gesagt: „Ich will 3 Bürden wegstellen und die heim tragen und will Henne Winß die auch gütlich bezahlen." Darauf habe Peter Bender damals die Reifen auch weggetragen.

fol. 150 — Samßtag nach Peter und Pauli appostolorum

Das haben sie gesehen und was yne mit recht das zu gebore
zu thůn wollen sie nit weigern // Die sage hait Ancze
als vo(n) Winßhenne(n) wegen verbot und den czweyen
furt(er) zu gesproch(e)n daß sie die selbe yre sage nit
beweren als recht ist. Das schade Winßhenne(n) X g(ulden).
Dar off sagen sie alle beide was sie gesagt haben
das wollen sie auch mit recht beweren wan(n) des noit
sij. Das hait Ancze von sins heiptma(n)s wegen auch verbot und mit recht begert jn welcher zijt sie eß thůn
sollen. S(e)n(tent)ia in XIIII tagen. Das hait Ancze ex p(ar)te auch
verbot.

erk(annt)	Jt(em) Peder Hiltwin erk(ennt) Schonwedd(er)n IIII guld(e)n zu geben in XIIII tagen. Si no(n) p erf(olgt).
erk(annt)	Jt(em) Henne von Hoestadt erk(ennt) Henne Aczelkragen als vo(n) mo(m)p(ar)schafft wegen h(er)n Ebalts III½ [IIII/2] guld(e)n off rechnů(n)ge zu geben in XIIII tagen. Si no(n) p erf(olgt).
p b	Jt(em) Peder Bender hait p b an Drubein.
erk(annt) no(tandum)	Jt(em) Peder Wolenber und Herma(n) Bend(er) erkenne(n) / Henne(n) Hartmůden daß sie yme vor II guld(e)n und XI alb(us) gůt sihen word(e)n. Das hait Hen(ne) verbot und mit recht begert wan(n) sie yme die geb(e)n sollen / S(e)n(tent)ia in XIIII tagen. Das hait Henne auch verbot.
erk(annt)	Jt(em) Jeckel von Siemern erk(ennt) Dieme(n) Clasen von der her(e)n von Husen wegen IX ß off rechnu(n)ge zu geben in XIIII tagen. Si no(n) p erf(olgt).
Niclas Ped(er) Bend(er)	Jt(em) Niclas von Hanbach hait Ped(er) Bend(er)n zu gesproche(n) wie daß Ped(er) yme schuldig sij eyn guld(e)n und XVII alb(us) liedlone. Daß er yme die nit gebe ader erkenne das schade yme alsvjl dar zu und heist yme des eyn ja ader ney(n). Dar off hait Peder yme XVIII alb(us) off rechnů(n)ge erkant(en). Das hait Niclas verbot und mit recht begert wan(n) er yme die geben und mit yme rechen solle. S(e)n(tent)ia in XIIII tagen rechen und bezalen. Das hait Niclas auch verbot.
erk(annt) zu weren	Jt(em) Bingeln Cleßgin erk(ennt) Cleßgin Baldemarn / der flecke(n) der b(enan)nt(en) Cleßgin Baldemar // um(m)b sin můt(er) seligen gekaufft werschafft zu thůn in XIIII tagen.

1. Juli 1480 — fol. 150

ÜBERTRAGUNG

Das haben sie gesehen und was ihnen mit Recht gebührt zu tun, das wollen sie nicht verweigern. Die Aussage hat Antz für Henne Winß festhalten lassen und die zwei weiter angeklagt, dass sie ihre Aussage nicht beeiden, wie es Recht ist. Das schade Henne Winß 10 Gulden. Darauf sagen sie alle beide: Was sie gesagt haben, das wollen sie auch rechtmäßig beeiden, wenn das notwendig sei. Dies hat Antz für seinen Mandanten auch festhalten lassen und das Gericht gefragt, bis wann sie es tun sollen. Urteil: in 14 Tagen. Das hat Antz auch festhalten lassen.

Peter Hiltwin erkennt an, Schonwedder 4 Gulden zahlen zu müssen binnen 14 Tagen. Wenn nicht erfolgt die Pfändung.

Henne von Hoestadt erkennt an, Henne Atzelkragen als Vertreter Herrn Ebalts 3½ Gulden gegen Rechnung zahlen zu müssen binnen 14 Tagen. Wenn nicht erfolgt die Pfändung.

Peter Bender hat Pfändung gefordert gegen Drubein.

Peter Wolenber und Hermann Bender erkennen gegenüber Henne Hartmud an, dass sie wegen 2 Gulden und 11 Albus Bürgen sind. Das hat Henne festhalten lassen und das Gericht gefragt, wann sie ihm die geben sollen. Urteil: in 14 Tagen. Das hat Henne auch festhalten lassen.

Jeckel von Simmern erkennt an, Clas Diem für die Herren von Hausen 9 Schilling gegen Rechnung zahlen zu müssen binnen 14 Tagen. Wenn nicht erfolgt die Pfändung. Niklas von Hanbach hat Peter Bender angeklagt, dass Peter ihm einen Gulden und 17 Albus Leiblohn schuldig sei. Dass er ihm die nicht gebe oder das anerkenne, das schade ihm ebensoviel und er fordert von ihm ein Ja oder Nein. Darauf hat Peter 18 Albus gegen Rechnung anerkannt. Das hat Niklas festhalten lassen und das Gericht gefragt, wann er ihm die geben und mit ihm abrechnen solle. Urteil: in 14 Tagen abrechnen und bezahlen. Das hat Niklas auch festhalten lassen.

Clesgin Bingel erkennt an, Clesgin Baldemar für den Flecken, den der genannte Clesgin Baldemar von seiner verstorbenen Mutter gekauft hat, Bürgschaft zu leisten in 14 Tagen.

fol. 150v — Donerstag nach Margarete

erk(annt)	Jt(em) Henne von Soden erk(ennt) Megels Kett(er)n der jongen XIII alb(us) zu geben in XIIII tag(en). Si no(n) p erf(olgt).
erf(olgt) ego	Jt(em) Peter unser gericht schriber erf(olgt) Diemen Clasen und Peder Sidendisteln offs bůch.
1 h	Jt(em) Sniderhen(ne) Jeckel der jonge dut 1 h vor ey(n) l(i)b(ram) gelts off Clese Sidendisteln et om(n)ia.
1 h	Jt(em) Rudiger dut 1 h vor X ß gelts off Wigant Storczkoppen nach lude eynß gericht briffs.

Actu(m) off Donerstag nach Marga(r)ete.[a]

Jt(em) nach dem Hans Wolenber und Niclas von Hanbach nehstmals zusch(e)n[b] Winßhenne(n) und Peder Bend(er)n an gericht yn kontschafft wise gesagt und mit recht gewist(en) die selbe ire sage in XIIII tagen zu beweren etc. Also sint sie off hude zu geigen gewest(en) und sich erbott(en) yre sage zu beweren // Des ist yne alle(n) tag gestalt an das nehst gericht // Winßhen(ne) verbot.

tag v(er)hut(en)

Jt(em) Meczelhen(ne) hait sine(n) lip vor sin gut gestalt(en) nach dem der bichter ym(m) closter off yne geheisch(e)n hait. Des ist yme tag gestalt an das nest gericht.

lip vor sin
gut gestalt

Actu(m) off Samßtag Divisio(n)is App(osto)lo(rum).

2 h	Jt(em) Sniderhen(ne) Jeckel der jonge dut sin 2 h off Clese Sidendisteln ut p(ri)ma.
2 h	Jt(em) Rudiger als vo(n) mo(m)perschafft wegen fraůwe Fieln der aptischen ym(m) closter dut sin 2 h off Wigant Storczkoppen ut p(ri)ma.

Jt(em) Clese Sidendistel hait sine(n) lip vor sin gut gestalt nach dem Snyd(er)hen(ne) Jeckel off yne geheisch(e)n hait und wil recht geb(e)n und nemen etc. Des ist yme tag gestalt an das nehste gericht.

lip vor sin
gut gestalt

---

[a] Das Datum ist vielleicht verschrieben für Donnerstag Margarete [13. Juli].
[b] Es folgt durchgestrichen: »Hans«.

Henne von Soden erkennt an, Kette Megel der Jungen 13 Albus zahlen zu müssen binnen 14 Tagen. Wenn nicht erfolgt die Pfändung.
Peter, unser Gerichtsschreiber, hat seinen Anspruch ins Gerichtsbuch eintragen lassen gegen Clas Diem und Peter Sidendistel.
Jeckel Sniderhen der Junge erhebt seine 1. Klage wegen 1 Pfund Geld gegen Cles Sidendistel auf alles.
Rudiger erhebt seine 1. Klage wegen 10 Schilling Geld gegen Wigand Stortzkopp gemäß einer Urkunde.

13. Juli 1480
Nachdem Hans Wolenber und Niklas von Hanbach zuletzt zwischen Henne Winß und Peter Bender vor Gericht ihre Kundschaft taten und vom Gericht das Urteil erhielten, ihre Aussage in 14 Tagen zu beeiden, etc. Also sind sie heute anwesend gewesen und haben sich erboten, ihre Aussage zu beeiden. Es ist ihnen ein Termin gesetzt worden am nächsten Gerichtstag. Das hat Henne Winß festhalten lassen.
Henne Metzel hat seinen Leib vor sein Gut gestellt, nachdem der Beichtvater im Kloster gegen ihn geklagt hat. Es ist ihm ein Termin gesetzt worden am nächsten Gerichtstag.

17. Juli 1480
Jeckel Sniderhen der Junge erhebt seine 2. Klage gegen Cles Sidendistel.
Rudiger erhebt als Vertreter der Frau Fiel, Äbtissin des Klosters, seine 2. Klage gegen Wigand Stortzkopp.
Cles Sidendistel hat seinen Leib vor sein Gut gestellt, nachdem Jeckel Sniderhen gegen ihn geklagt hat und will Recht geben und nehmen etc. Es ist ihm ein Termin gesetzt worden am nächsten Gerichtstag.

fol. 151 — Samßtag nach Jacobi

                Actu(m) off Samßtag nach Jacobi.
3 h   Jt(em) Rudig(er) als vo(n) mo(m)p(ar)schafft wegen frauwe Fieln der ap-
                thischen ym(m) closter dut sin 3 h off Wigant Storczkoppe(n)
                ut p(ri)ma.

                Actu(m) off Samßtag nach Advinc(u)la s(anc)ti Pet(ri).
erf(olgt)   Jt(em) Hengin Zorne erf(olgt) Hengin Moll(er)n offs buch.
p b   Jt(em) Bingeln Cleßgin hait p b an Stern Clesen.
1 h   Jt(em) Clese Raůp unser mit scheffen geselle dut 1 h
                vor eyn guld(e)n gelts off Stern Cristin et sup(ra) ping(nora).
p b   Jt(em) Anczenhen(ne) hait p b an Peder Swinden.
                Jt(em) das ortel zu geben zuschen Frederich Bliecken
gelengt   und frauwe Madlene(n) von Fennyngen ist gelengt
ortel etc. noch hude zu drihen wochen.

                Actu(m) off Samßtag nach Laurenczij.
4 [8/2] h Jt(em) Rudig(er) als vo(n) mo(m)p(ar)schafft wegen frauwe Fieln der
                aptischen ym(m) closter dut sin fierde heischunge off
                Wigant Storczkoppen ut p(ri)ma.
1 h   Jt(em) Peder Dresser von Swabenheim dut 1 h vor II g(ulden)
                gelts off Ebert Kiczen et sup(ra) ping(nora).

                Actu(m) off Samßtag nach Assu(m)p(t)io(n)is Ma(r)ie.
2 h   Jt(em) Clese Raup unser mit geselle dut sin 2 h off Stern
                Cristin ut p(ri)ma.

                Actu(m) off Samßtag nach Bartolmei.
                Jt(em) Merge die kremerßen erk(ennt) Ped(er)n von Baden-
erk(annt)   heim II guld(e)n off rechnů(n)ge zu geb(e)n zuschen sant
                Michels tage. Si no(n) p erf(olgt).

29. Juli 1480
Rudiger als Vertreter von Frau Fiel, Äbtissin des Klosters, erhebt seine 3. Klage gegen Wigand Stortzkopp.

5. August 1480
Hengin Zorn hat seinen Anspruch ins Gerichtsbuch eintragen lassen gegen Hengin Moller.
Clesgin Bingel hat Pfändung gefordert gegen Cles Stern.
Cles Raub, unser Mitschöffe, erhebt seine 1. Klage wegen 1 Gulden Geld gegen Cristin Stern auf die Pfänder.
Henne Antz hat Pfändung gefordert gegen Peter Swinde.
Das Urteil zu fällen zwischen Friedrich Bliecke und Frau Madlene von Venningen ist verschoben worden auf heute in 3 Wochen.

12. August 1480
Rudiger erhebt als Vertreter von Frau Fiel, der Äbtissin im Kloster, seine 4. Klage gegen Wigand Stortzkopp.
Peter Dresser von Schwabenheim erhebt seine 1. Klage wegen 2 Gulden Geld gegen Ebert Kitz auf die Pfänder.

19. August 1480
Cles Raub, unser Mitschöffe, erhebt seine 2. Klage gegen Cristin Stern.

26. August 1480
Merge die Kremerin erkennt an, Peter von Badenheim 2 Gulden gegen Rechnung zahlen zu müssen bis St. Michael. Wenn nicht erfolgt die Pfändung.

fol. 151v — Samßtag nach Bartolmei

erk(annt)	Jt(em) Meczelhen erk(ennt) Henne(n) von Eltvjl // Emeriche(n) von Engelstadt unß(er)n mit scheffen gesellen uß zu richten in XIIII tagen daß sin der b(enan)nt(e) Henne von Eltvjl keyne(n) schaden habe. Si no(n) p erf(olgt) vor XL guld(e)n.
erk(annt)	Jt(em) Ferberhenne erk(ennt) Peder Snaden von mo(m)p(ar)schafft wegen Henne(n) von Lieche VI guld(e)n off rechnů(n)ge zu geben zuschen sant Martins tage. Si no(n) p erf(olgt).
	Jt(em) Clese Harwiler erk(ennt) Ped(er)n von Badenheim II½ [III/2] g(ulden) zu geben zusch(e)n sant Michels tage. Si no(n) p erf(olgt).
Concze Bel- lerßheim Clas Backe	Jt(em) Concze Bellerßheim hait Clas Backen zu gesproch(e)n wie daß Clas yme eyn wingart verkaufft(en) und etliche gulte benant^a die er der p(rese)ncze hie jn der kirchen gebe und solle furt(er) eigen sin // Nů erfinde sich mehe gulte do off nemlich zu sant Joste und der scholteß von sant Jostes wegen habe den wingart auch off geholt(en). Daß Clas yne nů nit bij dem wingart behilt jn maißen er yme zu gesagt das schade yme XX guld(e)n. Und obe Clas dar zu ney(n) sagen wolt so beziege er sich des off eyne(n) winkauff. Dar off sagt Clas des off gemeßen schadens sij er unschul-dig. Furt(er) solle yme mit dem winkauffe wole ge-nugen. Das hait Concze verbot und mit recht be-gert bynne(n) welcher zijt er den winkauff brenge(n) solle. S(e)n(tent)ia in XIIII tagen. Bedarff er dan(n) syn(er) tage furte und heist die als recht ist so soll ma(n) yme die furt(er) stillen noch zu czweyen XIIII tagen. Und so der winkauffe verhort(en) wirt geschee furter was recht ist.
erk(annt)	Jt(em) Hans Snyder erk(ennt) Henne Bocken unß(er)m myt scheffen gesellen als vo(n) der kirchen wegen zu Jngelnheim funffe guld(e)n zu geben in XIIII tagen. Si no(n) p erf(olgt).
offgeholt(en)	Jt(em) nach dem Rudig(er) als vo(n) mo(m)p(ar)schafft wegen der jonffraůwen zu Engelntale sin fierde heischů(n)ge

a Das Wort ist über der Zeile beigefügt.

Henne Metzel erkennt gegenüber Henne von Eltville an, Emmerich von Engelstadt, unserem Mitschöffen, in 14 Tagen alle Ausstände auszurichten, so dass der genannte Henne von Eltville keinen Schaden habe. Wenn nicht erfolgt die Pfändung für 40 Gulden.
Henne Ferber erkennt an, Peter Snade als Vertreter Hennes von Lieche, 6 Gulden gegen Rechnung zahlen zu müssen bis St. Martin. Wenn nicht erfolgt die Pfändung.
Cles Harwiler erkennt an, Peter von Badenheim 2½ Gulden zahlen zu müssen bis St. Michael. Wenn nicht erfolgt die Pfändung.

Contz Bellersheim hat Clas Back angeklagt, dass Clas einen Weingarten verkauft und etliche Gülten benannt habe, die er der Präsenz hier in der Kirche gebe und die sollten in Zukunft eigen sein. Nun finden sich mehr Gülten dort, nämlich an St. Jost und der Schultheiß von St. Jost haben den Weingarten auch eingezogen. Dass Clas ihn nun nicht bei dem Weingarten hält in der Weise, wie er es ihm versprochen habe, das schade ihm 20 Gulden. Und wenn Clas dazu Nein sagen wolle, so berufe er sich deswegen auf den Vertragsabschluss. Darauf sagt Clas: Des angelaufenen Schadens sei er unschuldig. Weiter genüge ihm der Vertragsabschluss als Beweis. Das hat Contz festhalten lassen und fragt, bis wann er den Vertragsabschluss beibringen solle. Urteil: in 14 Tagen. Bedürfe er Verlängerung und fordere sie, wie es Recht ist, so soll man sie ihm noch zweimal 14 Tage geben. Und wenn der Vertragsabschluss gehört wird, geschehe es weiter, wie es Recht ist.

Hans Snider erkennt an, Henne Bock, unserem Mitschöffen, für die Kirche zu Ingelheim 5 Gulden zahlen zu müssen binnen 14 Tagen. Wenn nicht erfolgt die Pfändung.
Nachdem Rudiger als Vertreter der Nonnen zu Engelthal seine 4. Klage

fol. 152 — Samßtag nach Bartolmei

TRANSKRIPTION

                      jn maißen die erßte gelut(en) off Wigant Storczkoppen gethan
                      also hait er die gude und underphande nach lude siner
                      heischunge off geholt und das verbot. Und der scholteß
                      hait yme ban(n) und freden dar ober gethan als recht
                      ist. Das hait er auch verbot.
                      Jt(em) her Wilhelm Hode vica(r)i(us) zu sant Steffan zu Mencze
                      als vo(n) der selben siner her(e)n dechandt und cappittels
offgeholt   wegen hait off geholt(en) off Gotfart(en) von Randecke(n) und
                      Ebert Feczern soliche gude und underphande yne
                      ligent vor VII½ [VIII/2] guld(e)n gelts frij gulte nach lůde eynßs
                      gericht briffs dar ober sagende und hait die offholu(n)ge
                      verbot. Und der scholteß hait yme ban(n) und freden
                      dar ober gethan als recht ist. Das hait er auch v(er)bot.
                      Jt(em) zuschen Frederich Bliecken und frauwe Madlenen
                      von Fennyngen // nach ansprache antwort und beider-
Frederich   theyle furbrengunge[a] dwile
Bliecke   frauwe Yrmel von Fennynge(n) Wilhelms von Ocken-
frauwe   heim yres bruder seligen doit erlept // und Frederich
Madlen   Bliecken swegerfrauwe nit // so sprechen wir zům
                      rechten daß frauwe Madlen von Fennyngen Hans
s(e)n(tent)ia   Snydern als vo(n) mo(m)p(ar)schafft wegen Frederich Bliecken
                      um(m)b diese sin furderunge nit schuldig ist. Das ortel
                      hait frauwe Madlen verbot und dem rechten gedangt.
erf(olgt)   Jt(em) Megels Kette von Winterheim erf(olgt) Henne(n) von
                      Soden offs bůch.
erk(annt)   Jt(em) Dhom(m)(us) Henne erk(ennt) Cleßgin Berkorn I½ [II/2] guld(e)n zu
                      geb(e)n in XIIII tagen. Si no(n) p erf(olgt).
                      Jt(em) Henne Bocke unser mit scheffen[b] geselle als vo(n) yrer kirchen
Hen(ne) Bocke wegen zu Jngelnheim hait Hen(ne) Rießen zu gesproche(n)
                      wie daß er yrer kirchen schuldig sij XLII½[c] l(i)b(ras) hell(e)r(en)
Hen(ne) Rieße verseßner verrechent(er) gult(e) und gebe yme die nit.
                      Das schade yme als vo(n) der kirchen wegen alsvjl dar
                      zu und heist yme des eyn ja ader ney(n). Dar off sagt
                      Hen(ne) Rieße er sij der schulde nit jngange(n) zu bezalen.
                      Und[d] hait do mit erkant so f(er)re yme sin gelt werde // sie in
                      XIIII tag(en) nit zu farren v(er)bot

    a Es folgt durchgestrichen: »sprechen wir // zum rechten«.
    b Das Wort ist über der Zeile beigefügt.
    c Verbessert aus »XLIII½«.
    d Die beiden letzten Zeilen sind von anderer Hand hinzugefügt.

26. August 1480 — fol. 152

ÜBERTRAGUNG

gegen Wigand Stortzkopp getan hat, hat er die Pfänder gemäß seiner Klage eingezogen und das festhalten lassen. Der Schultheiß hat ihm Bann und Frieden darüber gemacht, wie es Recht ist. Das hat er auch festhalten lassen.

Wilhelm Hode, Vikar von St. Stephan zu Mainz, hat für den Dekan und das Kapitel einziehen lassen von Gotfart von Randeck und Ebert Fetzer die Güter und Pfänder, die als Sicherheit für 7½ Gulden freie Gülte liegen nach Aussage einer Urkunde und hat die Einziehung festhalten lassen. Der Schultheiß hat ihm Bann und Frieden darüber gemacht, wie es Recht ist. Das hat er auch festhalten lassen.

Zwischen Friedrich Bliecke und Frau Madlene von Venningen ergeht nach Anklage, Gegenrede und beiderseitigen Darlegungen, weil Frau Yrmel von Venningen den Tode ihres Bruders Wilhelm von Ockenheim erlebt hat und Friedrich Blieckes Schwiegermutter nicht, das Urteil: Dass Frau Madlene von Venningen Hans Snider als Vertreter von Friedrich Bliecke wegen seiner Forderung nichts schuldig ist. Das Urteil hat Frau Madlene festhalten lassen und dem Gericht gedankt.

Kette Megel von Winternheim hat ihren Anspruch eingeklagt gegen Henne von Soden. Henne Dhommus erkennt an, Clesgin Berkorn 1½ Gulden zahlen zu müssen binnen 14 Tagen. Wenn nicht erfolgt die Pfändung.

Henne Bock, unser Mitschöffe, hat für die Kirche zu Ingelheim Henne Rieß angeklagt, dass er der Kirche 42½ Pfund Heller nicht gezahlte, abgerechnete Gülte schuldig sei und gebe die nicht. Das schade ihm für die Kirche ebensoviel und er fordert von ihm ein Ja oder Nein. Darauf sagt Henne Rieß: Er habe sich nicht verpflichtet, die Schulden zu bezahlen. Und er erkennt an, wenn ihm sein Geld werde und sie ihn in 14 Tagen nicht zu fahren hindern,

fol. 152v — Samßtag nach Decollacionis sancti Johannis

dan(n) er bekenne VI l(i)b(ras) und wes man yne wider anlange des sij er unschuldig // Hen(ne) Bocke hait verbot daß Hen(ne) Rieße VI l(i)b(ras) erkent und begert mit
recht jn welcher zijt er die geben soll // S(e)n(tent)ia
in XIIII tagen. Das hait Henne Bocke auch v(er)bot.
Furt(er) ist Henne Rießen sin unscholt gestalt noch
hude zu XIIII tag(en). Das haint sie beide verbot.

Jt(em) Henne Bocke unser mit scheffen geselle als vo(n)
erf(olgt) — yrer kirchen wegen erf(olgt) Peder Meczlern vor
XII l(i)b(ras) hell(er) off rechnů(n)ge.

erf(olgt) — Jt(em) Vincze erf(olgt) Ped(er) Storczkoppen vor X guld(e)n.

Jt(em) E(m)mel von Appinheim dut 1 clage vor X guld(e)n
1 clage — heiptgelt und hondert guld(e)n schaden off die
her(e)n zu sant Steffan zu Mencze et om(n)ia.

Actu(m) Samßtag nach Decollac(i)o(n)is s(anc)ti Joh(ann)is.
no(tandum)
erk(annt) — Jt(em) Cleßgin Suffuß erk(ennt) Hengin Melman(n) VIII guld(e)n
off rechnu(n)ge zu geb(e)n in XIIII tag(en). Si no(n) p erf(olgt).

Jt(em) Clese Scher(er) der jonge von Oisterich erk(ennt) Hans
Scher(er)n von Swabenheim in XIIII tagen mit der
frauw(e)n // der mo(m)per Hans ist // zu rechen und yr
erk(annt) no(tandum) — ußrachtu(n)ge thun vor heiptgelt und nemlich diesen
schaden // Geschee des nit so sall er noch hude zu XIIII
tagen / Hansen hie widder zu recht stehen // Dar vor
sint gut word(e)n Jacob Fischer und Henne von Heringe(n)
beide von Oisterich. Das hait Hans verbot sic^a.

1 h — Jt(em) Rudiger als vo(n) mo(m)perschafft wegen Hans Wolffen
dut 1 h vor eyn guld(e)n gelts off Kylhenne(n) et om(n)ia.

erf(olgt) p b — Jt(em) Hengin Melma(n) erf(olgt) Kicz Anne(n) offs buch und
hait an yr p b.

erf(olgt) — Jt(em) Clese Raup unser mit scheffen geselle erf(olgt)
Conczgin Geilnhusen offs buch.

---

a Es folgt eine »1« und ein »us-Kürzel« [primus?], zu erwarten wäre ein »hodie«.

2. September 1480

fol. 152v

ÜBERTRAGUNG

dann erkenne er 6 Pfund an und wessen man ihn darüber hinaus anklage, dessen sei er unschuldig. Henne Bock hat festhalten lassen, dass Henne Rieß 6 Pfund anerkennt und begehrt einen Bescheid, wann er sie geben soll. Urteil: in 14 Tagen. Das hat Henne Bock auch festhalten lassen. Weiter gilt die Unschuld von Henne Rieß von heute an für 14 Tage. Dem haben sie beide zugestimmt.

Henne Bock, unser Mitschöffe, erklagt für die Kirche von Peter Metzler 12 Pfund Heller.

Vincz verklagt Peter Stortzkopp auf 10 Gulden.

Emmel von Appenheim erhebt seine 1. Klage wegen 10 Gulden Klagesumme und 100 Gulden Gerichtskosten gegen die Herren von St. Stephan zu Mainz auf alles.

2. September 1480
Clesgin Suffuß erkennt an, Hengin Melmann 13 Gulden gegen Rechnung zahlen zu müssen binnen 14 Tagen. Wenn nicht erfolgt die Pfändung.

Cles Scherer der Junge von Oestrich erkennt gegenüber Hans Scherer von Schwabenheim an, mit der Herrin, deren Vertreter Hans ist, abzurechnen und sich mit ihr zu vergleichen wegen der Klagesumme und den Gerichtskosten. Geschehe das nicht, so soll er in 14 Tagen wieder Hans vor Gericht antworten. Dafür sind Jakob Fischer und Henne von Heringen, beide von Oestrich, Bürgen geworden. Das hat Hans festhalten lassen.

Rudiger erhebt als Vertreter von Hans Wolff seine 1. Klage wegen einem Gulden Geld gegen Henne Kyl auf alles.

Hengin Melman hat seinen Anspruch ins Gerichtsbuch eintragen lassen gegen Anne Kitz und hat Pfändung gefordert.

Cles Raub, unser Mitschöffe, hat seinen Anspruch ins Gerichtsbuch eintragen lassen gegen Contzgin Gelnhausen.

fol. 153 — Samßtag nach Decollacionis sancti Johannis

erf(olgt) p b	Jt(em) Henne Erken(n) als vo(n) der kirchen wegen erf(olgt) Gerhart Branden offs bůch und hait an yme p b.
	Jt(em) Katherin die bedermagt hait Conczen ym(m) scheffen huse zu gesproche(n) wie daß sie in des werteß husche geseßen // also sij Concze kom(m)en n // Do habe sich begeben
Katerin	daß sie gesagt // woll er wußen wer er sij // sie wolßs yme sagen. Jn dem habe Concze sie her uß gezogen
Concze	und geslagen dar zu eyne(n) degen ober sie[a] gezogen. Und hette(n) fro(m)me[b] lude gethan er hette sie erstochen // Dar nach sij er widder an sie gediehen und habe ir yre hůdeln abe gezogen und yren gortel zu zyrten. Do habe sie eyn budel angehabt hangen sihen XX alb(us) jn gewesen. Daß Concze sie also geslagen und zu schaden bracht daß sie das ir verloren hait das schade ir X guld(e)n und heist yme des eyn ja ader ney(n). Dar off sagt Concze / Katherin
i(n) j(ure)	habe yme sovjl boser worte gethan / daß er sie geslagen habe / Und um(m)b das // das sie verloren hait als sie sagt do wuße er nit von. Und habe ir auch nuste geno(m)men und wes sie yne wider anlange des sij er unschuldig // Ka-
i(n) j(ure)	therin hait verbot daß Concze erkent daß er sie geslage(n) habe. Und hofft dwile er solichs erkent und dar důrch das ire verloren hait // er solßs ir keren und mit keyn(er)
ad socios	unschulde dar vor stehen. Concze sagt und erkent aber-
i(n) j(ure)	mails daß er Katherin geslagen habe / Aber er habe yr sost keyne(n) schaden zu gefugt und auch nuste gen(n)omen. Und hofft sie sall yne bij siner antwort laiß(e)n und stilt eß auch zu recht. Das ist gelengt ad socios.
erk(annt)	Jt(em) Stern Clese erk(ennt) Schererhenne(n) VI guld(e)n zu geb(e)n in XIIII tagen. Si no(n) p erf(olgt).
1 h	Jt(em) Cleßgin von Lorche dut 1 h vor eyn guld(e)n gelts off Cleßgin Berkorn et sup(ra) ping(nora).
erk(annt)[c]	Jt(em) Wolffs Henne erk(ennt) h(er)n Johan Bergen IIII guld(e)n zu geb(e)n in eyme maende. Si no(n) p erf(olgt).
erk(annt)	Jt(em) Gerhart Brant erk(ennt) jd(em) III guld(e)n off rechnů(n)g zu geb(e)n in eyme maende. Si no(n) p erf(olgt).

a Das Wort ist über der Zeile beigefügt.
b Zwischen Text und Marginalien verläuft entlang der nächsten vier Zeilen ein senkrechter Strich.
c Diese und die folgende Marginale sind durch eine einfache runde Klammer miteinander verbunden.

2. September 1480 — fol. 153

Henne Erk hat seinen Anspruch ins Gerichtsbuch eintragen lassen für die Kirche gegen Gerhart Brand und hat Pfändung gefordert.

Katherin die Bädermagd hat Contz im Schöffenhaus angeklagt, dass sie im Wirtshaus gesessen habe, da sei Contz gekommen. Da habe sich begeben, dass sie gesagt habe, wolle er wissen, wer er sei, sie wolle es ihm sagen. Darauf habe Contze sie herausgezogen und sie geschlagen, zudem einen Degen auf sie geschlagen. Und wären nicht ehrbare Leute dortgewesen, er hätte sie erstochen. Darauf sei er wieder an sie gegangen und habe ihr ihre Lumpen abgerissen und ihren Gürtel zerrissen. Daran hatte sie einen Beutel hängen, in dem seien 20 Albus gewesen. Dass Contz sie so schlug und schädigte, dass sie ihren Besitz verlor, das schade ihr 10 Gulden und sie fordert von ihm deshalb ein Ja oder Nein. Darauf sagt Contz: Katherin habe ihn so sehr beschimpft, dass er sie geschlagen habe. Und wegen dem, das sie, wie sie sagt, verloren hat, davon wisse er nichts. Er habe ihr auch nichts abgenommen und wessen sie ihn weiter anklage, dessen sei er unschuldig. Katherin hat festhalten lassen, dass Contz zugibt, dass er sie geschlagen hat. Und sie hofft, weil er solches zugibt und sie dadurch ihre Sachen verloren hat, er solle sie ihr ersetzen und nicht als unschuldig gelten. Contz gibt erneut zu, dass er sie geschlagen habe. Aber er habe ihr sonst keinen Schaden zugefügt und auch nichts genommen. Und er hofft, sie soll ihn bei seiner Antwort lassen und legt das dem Gericht vor. Das ist verschoben worden bis zum Zusammentreten des Vollgerichts.

Cles Stern erkennt an, Henne Scherer 6 Gulden zahlen zu müssen binnen 14 Tagen. Wenn nicht erfolgt die Pfändung.

Clesgin von Lorch erhebt seine 1. Klage wegen einem Gulden Geld gegen Clesgin Berkorn auf die Pfänder.

Henne Wolff erkennt an, Johann Bergen 4 Gulden zahlen zu müssen in einem Monat. Wenn nicht erfolgt die Pfändung.

Gerhart Brand erkennt an, demselben 3 Gulden gegen Rechnung zahlen zu müssen in einem Monat. Wenn nicht erfolgt die Pfändung.

fol. 153v — Samßtag nach Nativitatis Marie

1 h	Jt(em) Concze Storczkoppe dut 1 h vor II guld(e)n gelts off Cleßgin Berkorn und Ebert Snaden et sup(ra) ping(nora).
erk(annt)	Jt(em) Hengin Hilcze erk(ennt) Hilczen Ketten XVIII ß zu geben in eyme maende. Si no(n) p erf(olgt).
erk(annt)	Jt(em) Cleßgin Schůmecher erk(ennt) Henne Stopen czwene golt guld(e)n zu geb(e)n in XIIII t(agen). Si no(n) p erf(olgt).
erk(annt)	Jt(em) Henne von Soden erk(ennt) Herma(n) Bend(er)n VIII alb(us) zu geben in XIIII tag(en). Si no(n) p erf(olgt).
erk(annt)	Jt(em) Hans Blancke erk(ennt) Schonwedd(er)n I guld(e)n VII alb(us) zu geb(e)n in XIIII tag(en). Si no(n) p erf(olgt).
erk(annt)	Jt(em) Hans Blancke erk(ennt) Henne Stopen I guld(e)n zu geben in XIIII tag(en). Si no(n) p erf(olgt).
erf(olgt)	Jt(em) Clese Raup unser mit scheffen geselle erf(olgt) Meczelhenne(n) vor VI gulden.

Actu(m) off Samßtag nach Nativitat(is) Ma(r)ie.

p b	Jt(em) Clese Raup unser mit scheffen geselle hait p b an Conczgin von Geilnhusen und Meczelhennen.
gelengt	Jt(em) zuschen Henne Bocken unß(er)m mit scheffen gesellen als vo(n) yrer kirchen wegen und Henne Rießen ist gelengt noch hude zu XIIII tagen sic ho(die).
erk(annt)	Jt(em) Carppen Elßgin erk(ennt) Rudigern als vo(n) mo(m)p(ar)schafft wegen Hans Wolffen eyn guld(e)n off rechnu(n)ge zu geben in XIIII tagen. Si no(n) p erf(olgt).
p b	Jt(em) Cleßgin Carppe hait p b an Drubeyn.
erk(annt)	Jt(em) Herma(n) Bender erk(ennt) frauwe Fieln der aptischen zu Engelntale VIII l(i)b(ras) hell(er) off rechnu(n)ge zu geben in XIIII tagen. Si no(n) pingn[or]a erf(olgt).
entbrochen	Jt(em) Henne Raup ist diß gebots von Hengin Moll(er)n von Wack(er)nheim entbrochen.

Actu(m) off Samßtag nach Exaltac(i)o(n)is s(anc)te Crůc(is).

Contz Stortzkopp erhebt seine 1. Klage wegen 2 Gulden Geld gegen Clesgin Berkorn und Ebert Snade auf die Pfänder.

Hengin Hiltz erkennt an, Kett Hiltz 18 Schilling zahlen zu müssen in einem Monat. Wenn nicht erfolgt die Pfändung.

Clesgin Schuhmacher erkennt an, Henne Stop 2 Goldgulden zahlen zu müssen binnen 14 Tagen. Wenn nicht erfolgt die Pfändung.

Henne von Soden erkennt an, Hermann Bender 8 Gulden zahlen zu müssen binnen 14 Tagen. Wenn nicht erfolgt die Pfändung.

Hans Blanck erkennt an, Schonwedder einen Gulden 7 Albus zahlen zu müssen binnen 14 Tagen. Wenn nicht erfolgt die Pfändung.

Hans Blanck erkennt an, Henne Stopen einen Gulden zahlen zu müssen binnen 14 Tagen. Wenn nicht erfolgt die Pfändung.

Cles Raub, unser Mitschöffe, verklagt Henne Metzel auf 6 Gulden.

9. September 1480

Cles Raub, unser Mitschöffe, hat Pfändung gefordert gegen Contzgin von Gelnhausen und Henne Metzel.

Zwischen Henne Bock, unserem Mitschöffen, für die Kirche und Henne Rieß ist die Sache verschoben worden um 14 Tage.

Elsgin Carpp erkennt an, Rudiger als Vertreter von Hans Wolff einen Gulden gegen Rechnung zahlen zu müssen binnen 14 Tagen. Wenn nicht erfolgt die Pfändung.

Clesgin Carpp hat Pfändung gefordert gegen Drubein.

Hermann Bender erkennt gegenüber Frau Fiel, Äbtissin des Klosters Engelthal an, 8 Pfund Heller gegen Rechnung zahlen zu müssen binnen 14 Tagen. Wenn nicht erfolgt die Pfändung.

Henne Raub ist freigesprochen von der Forderung Hengin Mollers von Wackernheim.

16. September 1480

fol. 154 — Samßtag nach Exaltacionis sancte Crucis

gelengt	Jt(em) zusch(e)n Hans Scher(er)n von Swabenheim und Clese Scherern und sinen mit burgen von Oisterich ist gelengt noch hude zu XIIII tag(en) sic hodie.
2 h	Jt(em) Concze Storczkoppe dut sin 2 h off Ebert Snaden und Cleßgin Berkorn ut p(ri)ma.
f(re)f(fel) f(re)f(fel)	Jt(em) Woberhenne erk(ennt) Philips Busern unß(er)m scholteß(e)n mit syme liebe zu detingen vor II freffeln in XIIII tagen.
2 h	Jt(em) Cleßgin Lorche dut sin 2 h off Cleßgin Berkorn ut p(rim)a.
p b	Jt(em) Hengin Zorne hait p b an Hengin Mollern.
erf(olgt)	Jt(em) Henne von Eltvjl erfolgt Meczelhen(ne) offs bůch.
i(n) j(ure)	Jt(em) her Wilhelm Hode als vo(n) wegen sin(er) her(e)n zu sant Steffan zu Mencze hait E(m)mel von Appinheim zu gesprochen wie daß er yne schuldig sij czwey jare lang alle jare funffthalp phondt hell(er) verseßens zinßs und gebe ader erkenne yme die nit. Das schade yme
h(er) Wilhelm E(m)mel i(n) j(ure)	von sin(er) her(e)n wegen alsvjl dar zu. Und heist yme des eyn ja ader neyn. Dar off sagt E(m)mel er wůße keyn gulte die er yne schuldig sij // Dan(n) bedůncke h(er)n Wilhelm daß er underphande ynne habe davo(n) er yne gulte schuldig sij // Dem moge er nach gehen als recht ist. Das laiße er gescheen dan(n) er wůße keyne(n) verseße
i(n) j(ure)	den er yne schuldig sij. Her Wilhelm sagt E(m)mel sij yne von czweien den nehsten vergangen jaren die gulte schuldig. Und nach dem er yne geschuldiget so begere
i(n) j(ure)	er eyner antwort. Dar off sagt E(m)mel die gulte die her Wilhelm furder / habe er vor drihen jaren hinder gericht gelacht und die und(er)phande do mit offgesagt. Und bezugt sich des offs gerichts[a] buch und wuße nůste das er yne schuldig sij. Wes her Wilhelm yne wider anlange des sij er unschuldig. Dar off hait her Wil-
i(n) j(ure)	helm eyne(n) gerichts briff laißen lesen der hilt ynne VI phondt gelts off etlich(e)n und(er)phand(e)n und hait den verbot. Und sagt nach dem E(m)mel gerett(en) er habe die

[a] Das Wort scheint aus »buc« verbessert.

16. September 1480 fol. 154

ÜBERTRAGUNG

Zwischen Hans Scherer von Schwabenheim und Cles Scherer und seinen Mitbürgen von Ostrich ist der Termin verschoben worden auf in 14 Tagen.

Contz Stortzkopp erhebt seine 2. Klage gegen Ebert Snade und Clesgin Berkorn.

Henne Wober erkennt an, Philipp Bußer, unserem Schultheißen, zwei Frevel mit seinem Leib zu verhandeln binnen 14 Tagen.

Clesgin Lorch erhebt seine 2. Klage gegen Clesgin Berkorn.

Hengin Zorn hat Pfändung gefordert gegen Hengin Moller.

Henne von Eltville hat seinen Anspruch ins Gerichtsbuch eintragen lassen gegen Henne Metzel.

Wilhelm Hode hat für St. Stephan zu Mainz Emmel von Appenheim angeklagt, dass er ihm schuldig sei 2 Jahre lang jährlich 4½ Pfund Heller angelaufenen Zins und gebe sie nicht oder erkenne sie an. Das schade ihm für seine Herren ebenso viel dazu. Und er fordert von ihm ein Ja oder Nein. Darauf sagt Emmel: Er wüsste von keiner Gülte, die er schuldig sein. Denn scheine es Herrn Wilhelm, dass er Pfänder innehabe, von denen er die Gülte schuldig sei, so könne er an diese greifen, wie es Recht ist. Das lasse er zu, denn er wisse von keinem Geld, das er ihnen schuldig sei. Herr Wilhelm sagt: Emmel sei ihnen von den letzten beiden Jahren die Gülte schuldig. Und nachdem er ihn angeklagt habe, fordere er eine Antwort. Darauf sagt Emmel: Die Gülte, die Herr Wilhelm fordere, die habe er vor 3 Jahre bei Gericht hinterlegt und die Pfänder damit aufgesagt. Er berufe sich auf das Gerichtsbuch und wisse nicht, dass er ihnen etwas schuldig sei. Wessen ihn Herr Wilhelm weiter anklage, dessen sei er unschuldig. Darauf hat Herr Wilhelm eine Urkunde verlesen lasse, die 6 Pfund Geld auf etliche Pfänder enthält und hat das festhalten lassen. Und er sagt: Nachdem Emmel redete, er habe

fol. 154v — Samßtag nach Exaltacionis sancte Crucis

gůde^a off gesagt // sage er also / E(m)mel sij off eyn zijt kom(m)en
vor sin her(e)n und sich beclagt der gult(en) zu vijl sin.
Do hab(e)n sin her(e)n yme abe gestalt I½ [II/2] l(i)b(ras) ewiges gelts.
Off die zijt hait E(m)mel gerett(en) sin her(e)n mehe underphande zu^b legen und die auch off das maile ge-
nant die selb(e)n und auch der and(er)n und(er)phande n(em)lich
den wingart hinder der kirchen gefor sant Peter
und Pauwels altare / Habe E(m)mel ynne und gebrucht
sich der // Eß fint sich auch jn dem briffe daß jerlichs
eyn ayme wins in die selbe guldte fellet // die nympt
E(m)mel mit and(er)n guden // und hait gerett die verlegůnge zu thůn // und doch nit gethan. Do hoffe er daß
die offsage nit macht habe und E(m)mel soll yne die
verlegůnge thůn dar zu ir gulte geb(e)n // und mit keynem neyn dar vor steh(e)n. Und sij noit so woll er
bij brengen daß E(m)mel die wingulte geno(m)me(n) dar
zu die und(er)phande wie er vor gerett(en) jnhabe.

i(n) j(ure)   Em(m)el sagt her Wilhelm habe yne anfangs geschuldiget und eyn ja ader ney(n) geheisch(e)n // Dar off habe
er yme antwort geben nach lude des buchs.^c Und hofft daß her Wilhelm
yne bilche do bij laißen solle und stilt das zu recht.
Dar widder rett her Wilhelm und sagt nach dem
er auch vorgemelt so sij die offsage nit gescheen
als recht sij / Soll E(m)mel dar ober zům neyn gehen
das stille er zům rechten. Dar off ist mit recht ge[-]
wisten dwile E(m)mel offs buch gezogen so sall erßs
auch vor gericht brengen und das thůn in XIIII
tagen. Bedarff er dan(n) siner tage furte und heist
die als recht ist / so sall man(n) yme die furt(er) stillen
noch zu czweyen XIIII tagen. Und so das buch ver-
horten wirt beheltlich h(er)n Wilhelm sin jnsage und
geschee dan(n) furt(er) was recht ist. Das haint sie v(er)bot.

erk(annt)   Jt(em) Schererhen(ne) erk(ennt) h(er)n Wilhelm Hoden III l(i)b(ras) und
VI ß hell(er) off rechnu(n)ge zu geb(e)n in XIIII t(agen). Si no(n) p erf(olgt).

erf(olgt)   Jt(em) Scher(er)henne erf(olgt) Stern Clesen offs buch.
erf(olgt)   Jt(em) Henne Stope erf(olgt) Cleßgin Schumech(er)n ofs buch.

---

a Das Wort steht vor dem Zeilenanfang.
b Es folgt durchgestrichen: »ge«.
c Die letzten vier Worte sind am linken Seitenrand hinzugefügt.

16. September 1480

die Güter aufgegeben, dagegen sagt er: Emmel sei vor einiger Zeit zu seinen Herren gekommen und habe sich beklagt, die Gülte sei zu hoch. Da haben seine Herren ihm die um 1½ Pfund Ewiges Geld gemindert. Damals versprach Emmel seinen Herren, ihnen mehr Pfänder zu geben und hat die auch benannt, nämlich den Weingarten hinter der Kirche beim Peter und Paul-Altar. Den habe Emmel inne und nutze ihn. Es ist auch in der Urkunde vermerkt, dass jährlich 1 Ohm Wein in diese Gülte fällt, die nimmt Emmel mit anderen Gülten ein und hat versprochen, die zu sichern und hat es doch nicht getan. Deshalb hoffe er, dass die Aufsagung keine Macht habe und Emmel soll ihnen die Weingülte sichern und ihnen ihre Gülte zahlen und mit keinem Nein das vermeiden. Sei es notwendig, so wolle er den Beweis bringen, dass Emmel die Weingülte eingenommen und die vorgenannten Pfänder innehabe.

Emmel sagt: Herr Wilhelm habe ihn anfangs beschuldigt und ein Ja oder Nein gefordert. Darauf habe er ihm eine Antwort gegeben nach Aussage des Gerichtsbuchs. Und er hofft, Wilhelm soll ihn billiger Weise dabei lassen und legt das dem Gericht vor. Dagegen spricht Wilhelm und sagt: Wie er bereits ausgeführt hat, ist die Aufsagung nicht geschehen, wie es Recht ist. Solle Emmel darüber zum Nein gehen, so legt er es dem Gericht vor. Darauf ergeht das Urteil: Weil Emmel sich auf das Gerichtsbuch beruft, so soll er es auch vor Gericht bringen und soll das in 14 Tagen tun. Bedürfe er Verlängerung und fordere sie, wie es Recht ist, so soll man sie ihm noch zweimal 14 Tage geben. Und wenn das Gerichtsbuch gehört wird, vorbehaltlich Wilhelms Gegenrede, geschehe es weiter, wie es rechtmäßig ist. Dem haben sie zugestimmt.

Henne Scherer erkennt an, Herrn Wilhelm Hode 3 Pfund und 6 Schilling Heller gegen Rechnung zahlen zu müssen binnen 14 Tagen. Wenn nicht erfolgt die Pfändung.

Henne Scherer hat seinen Anspruch ins Gerichtsbuch eintragen lassen gegen Cles Stern.

Henne Stop hat seinen Anspruch ins Gerichtsbuch eintragen lassen gegen Clesgin Schuhmacher.

fol. 155 — Samßtag nach Exaltacionis sancte Crucis

erk(annt)[a]	Jt(em) Heincze Driele erk(ennt) Bartolme(us) Noißen von mo(m)per- schafft wegen Emerichs von Nassauwe X l(i)b(ras) heller zu geben zuschen Fastnacht. Si no(n) p erf(olgt).
	Jt(em) Winter erk(ennt) jd(em) IX l(i)b(ras) hell(er) nemlich drij Winachte(n)
erk(annt)	die nehsten nach eyn ander // alle Winachten III l(i)b(ras). Si no(n) p b off ein iglichs ziele.
erk(annt)	Jt(em) Diele von Steinfart erk(ennt) jd(em) VII l(i)b(ras) hell(er) zu geben zuschen Fastnacht. Si no(n) p erf(olgt).
erk(annt)	Jt(em) Ebert Kicze erk(ennt) jd(em) III guld(en) und IIII alb(us) zu geben in eyme maende. Si no(n) p erf(olgt).
	Jt(em) zuschen Karlen und Jeckeln von Siemern und
Ped(er) Snade	Peder Snaden // nach ansprach antwort und beid(er)- theile furbrengu(n)ge s(e)n(tent)ia was Peder bij glauben be- rechent // das Hans Klee selige bij yme verzert(en) und
Jeckel und Karle(n) Klee s(e)n(tent)ia	jn siner kranckheit off yne gewant(en) hait // sall er ynne behalt(en) und das oberge Karlen und Jeckeln her uß er geben. Das ortel haint Karlen und Jeckel verbot und mit recht begert bynne(n) welcher zijt
s(e)n(tent)ia	Peder die rechnů(n)ge thun und yne das oberge her- ußer geben solle. S(e)n(tent)ia in XIIII tagen. Das haint sie auch verbot.
	Jt(em) zusch(e)n Henne Stopen und Arnolts Elsen nach ansprache antwort und beid(er)theil furbrengu(n)ge
Hen(ne) Stope Arnolts Else s(e)n(tent)ia[b]	dwile Arnolts Else // Henne Stopen der gulten nit bekentlich s(e)n(tent)ia daß die obg(enan)nt(en) Else // Henne Stopen zu dieser zijt um(m)b sinen zusproche nit schuldig ist. Das ortel hait Else verbot.
	Jt(em) Concze Bellerßheim hait Clas Backen zu gesproch(e)n wie daß Clas yme eyn wingart verkaufft(en) habe und
Concze Bellerßhey(m) Clas Backe	were yne des nit nach lude des winkauffs. Das schade yme XL guld(e)n und heist yme eyn antwort. Dar off sagt Clas wes der winkauffe yne besage do mit soll yme wole genugen. Das hait Concze verbot und mit recht begert wan(n) er den winkauff brengen solle.

a Diese und die drei folgenden Marginalien sind durch eine einfache runde Klammer miteinander verbunden.
b Unter dem Wort befindet sich ein in den Text ragender waagerechter Strich.

16. September 1480　　　　　　　　　　　　　　　　　　　　fol. 155

Heinz Driel erkennt gegenüber Bartolmeus Noiße als Vertreter Emmerichs von Nassau an, 10 Pfund Heller bis Fastnacht zu zahlen. Wenn nicht erfolgt die Pfändung.

Winter erkennt an, demselben 9 Pfund Heller nämlich die nächsten 3 Weihnachten nacheinander je 3 Pfund Heller zu zahlen. Wenn nicht erfolgt die Pfändung zu jedem Termin.

Diel von Steinfart erkennt an, demselben 7 Pfund Heller zahlen zu müssen bis Fastnacht. Wenn nicht erfolgt die Pfändung.

Zwischen Karl und Jeckel von Simmern und Peter Snade ergeht nach Anklage, Entgegnung und beiderseitigen Vorbringungen das Urteil: Was Peter abrechnet, was er glaubt, das der verstorbene Hans Klee in seiner Krankheit verzehrt hat, soll er behalten und das übrige Karl und Jeckel herausgeben. Das Urteil haben Karl und Jeckel festhalten lassen und das Gericht gefragt, bis wann Peter die Rechnung leisten und das Übrige geben soll. Urteil: in 14 Tage. Das haben sie auch festhalten lassen.

Zwischen Henne Stop und Else Arnold ergeht nach Anklage, Entgegnung und beiderseitigen Vorbringungen, weil Else Arnold gegenüber Henne Stop die Gülten nicht zugibt, das Urteil: Dass die genannte Else Henne Stop zu diesem Zeitpunkt wegen seiner Klage nichts schuldig ist. Das Urteil hat Else festhalten lassen.

Contz Bellersheim hat Clas Back angeklagt, dass Clas ihm einen Weingarten verkauft habe und er gehört ihm nach Aussage des Vertragsabschluss nicht. Das schade ihm 40 Gulden und er fordert von ihm eine Antwort. Darauf sagt Clas: Der Vertragsabschluss genüge ihm als Beweis. Das hat Contz festhalten lassen und fragt das Gericht, wann er den Vertragsabschluss beibringen soll.

fol. 155v — Samßtag nach sant Matheus tage

S(e)n(tent)ia in XIIII tag(en). Bedarff er dan(n) sin(er) tage furte und heist die als recht ist so sall ma(n) yme die furt(er) stillen noch zu czweien XIIII tag(en). Und so der winkauffe verhort(en) wirt geschee dan(n) furt(er) was recht ist. Das haint sie beide verbot.

erf(olgt) — Jt(em) Bartolme(us) Noiße von mo(m)p(ar)schafft wege(n) Emerichs von Nassauwe erf(olgt) Kiczgin vor funffe guld(e)n.

erf(olgt) — Jt(em) Brants Grede erf(olgt) Cleßgin Schůmechern vor eyn gulden.

Actu(m) off Samßtag nach sant Mathe(us) tage.

erk(annt) — Jt(em) Stromberg(er) erk(ennt) Myczenhenne(n) VI alb(us) off rechnu(n)ge zu geben in XIIII tagen. Si no(n) p erf(olgt).

f(re)f(fel) — Jt(em) Myczenhenne erk(ennt) Philips Busern unß(er)m scholteß(e)n eyn freffel mit syme liebe zuv(er)tedingen in XIIII tag(en).

f(re)f(fel) — Jt(em) Peder Ducze erk(ennt) jd(em) ey(n) freffel uß zu riechten in XIIII tagen.

erk(annt) — Jt(em) Meczelhenne erk(ennt) Hilczenketten III guld(e)n zu geb(e)n in XIIII tagen. Si no(n) p erf(olgt).

Jt(em) Hengin Enders hait Hosen Rodwin zu gesprochen wie daß Rodwin sij zu yme kom(m)en und gesagt er wůße etlich korne feyle // Do habe er zu Rodwin gesagt so

Hengin / Enders / Rodwin — f(er)re eyme das korne werd(e)n mochte er wolt um(m)b das gelt besehen und habe Rodwin II guld(e)n an golde geben daß er yme VIII malt(er) geb(e)n solt. Des habe er yme VII malt(er) geb(e)n. Daß er yme das and(er) nit auch

s(e)n(tent)ia — gebe das schade yme II gulden. Und heist yme des ey(n) ja ader neyn. Dar off sagt Rodwin er habe Hengin zu mehe mailen dinste gethan und korne kaufft. Aber er sij yme widd(er) gut ader burge dar vor dan(n) er habe yme VII malter bestalt. Was dar um(m)b recht sij das ge[-]

Urteil: in 14 Tagen. Bedürfe er Verlängerung und fordere sei, wie es Recht ist, dann soll man sie ihm noch zweimal 14 Tage geben. Und wenn der Vertragsabschluss verhört wird, geschehe es weiter, wie es rechtmäßig ist. Dem haben sie beide zugestimmt. Bartolmeus Noiße verklagt als Vertreter Emmerichs von Nassau Kitzgin auf 5 Gulden.

Grede Brand verklagt Clesgin Schuhmacher auf einen Gulden.

23. September 1480
Stromberger erkennt an, Henne Mytz 6 Albus gegen Rechnung zahlen zu müssen binnen 14 Tagen. Wenn nicht erfolgt die Pfändung.

Henne Mytz erkennt an, Philipp Bußer, unserem Schultheißen, einen Frevel mit seinem Leib zu verhandeln binnen 14 Tagen.

Peter Dutz erkennt an, demselben einen Frevel auszurichten binnen 14 Tagen.

Henne Metzel erkennt an, Kett Hiltz 3 Gulden zahlen zu müssen binnen 14 Tagen. Wenn nicht erfolgt die Pfändung.

Hengin Enders hat Rodwin Hose angeklagt, dass Rodwin zu ihm gekommen sei und gesagt habe, er wüsste etliches an Korn, das feil geboten würde. Da habe er zu Rodwin gesagt: Wenn er das Korn erwerben könne, er wolle sich um das Geld kümmern und habe Rodwin 2 Gulden an Gold gegeben, für die er ihm 8 Malter geben solle. Dafür habe er ihm 7 Malter gegeben. Dass er ihm das letzte nicht auch gibt, das schade ihm 2 Gulden. Und er fordert von ihm ein Ja oder Nein. Darauf sagt Rodwin: Er habe Hengin mehrmals Dienste getan und Korn gekauft. Aber er sei ihm weder verpflichtet noch Bürge dafür, denn er habe ihm 7 Malter geliefert. Was deswegen Recht sei, das

fol. 156 — Samßtag nach sant Matheus tage

geschee / Und sie haint eß beide zu recht gestalt // Dwile
Rodwin nit abreddig ist daß er das gelt von Hengin
entphangen hait S(e)n(tent)ia daß er Hengin das korne furt(er)
ußrichten sall. Das hait Hengin verbot und mit recht
begert wan(n) erß thun soll. S(e)n(tent)ia in XIIII tagen. Das
hait Hengin auch verbot.

i(n) j(ure) Jt(em) Hosen Rodwin hait Ferberhenne(n) zu gesprochen
wie daß er yme III guld(e)n vor hůschs zinßs schuldig
Rodwin sij / Die habe er gerett(en) den kirchen meistern zu geb(e)n.
Des habe er nit gethan. Das schade yme alsvjl dar zu.
Ferb(er)hen(ne) Und heist yme des eyn ja ader ney(n). Dar off sagt Ferberhen(ne)
er habe das husche bestanden. Was er do ynne verbůhe
das solle yme yn syme zinße abe gehen // Nů habe
er ey(n) guld(e)n do ynne verbůht. Den woll er v(er)rechen.
Dar zu habe er Jeckel Monstern vernůgt II guld(e)n
und bezugt sich des off Jeckel Monst(er)n. Und wes Rodwin yne wider anlange des sij er unschuldig. Die
unscholt ist yme gestalt noch hude zu XIIII tagen. Das
haint sie beide verbot.

1 h Jt(em) Henne Stope dut 1 h vor II guld(e)n gelts off Arnolts
Elsen und off alleß das ir man Concze Kremer selige
gelaißen hait do er doit und lebendig gewest(en) ist.

erf(olgt) Jt(em) Eben Hengin von Swabenhey(m) als vo(n) mo(m)perschafft
wegen Wilhelms Conczen von Berßstadt erfolgt Ped(er)
Meczlern offs buch.

erk(annt) Jt(em) Henne von Soden erk(ennt) Hans Rampuschen II ayme
wins zu geben zu herbßt. Si no(n) p erf(olgt).

1 h Jt(em) her Heinrich Nickel als vo(n) der p(rese)ncze wegen dut
1 h vor II l(i)b(ras) gelts off Gerhart Brande(n) et sup(ra) ping(nora).

gelengt Jt(em) zuschen Hen(ne) Bocken unß(er)s mit scheffen gesellen
als vo(n) yrer kyrchen wegen und Henne Rießen ist
gelengt noch hude zu XIIII tag(en) sic hodie.

Jt(em) Hans Rampusche hait Hans Wielande(n) zu ge-

geschehe. Und sie haben es beide dem Gericht vorgelegt. Weil Rodwin nicht leugnet, dass er das Geld von Hengin empfangen hat, ergeht das Urteil: Dass er Johann das Korn weiter liefern solle. Das hat Hengin festhalten lassen und das Gericht gefragt, wann er es tun soll. Urteil: in 14 Tagen. Das hat Hengin auch festhalten lassen.

Rodwin Hose hat Henne Ferber angeklagt, dass er ihm 3 Gulden für Hauszins schuldig sei. Die habe er versprochen, den Kirchenmeistern zu geben. Das habe er nicht getan. Das schade ihm ebensoviel dazu. Und er fordert von ihm ein Ja oder Nein. Darauf sagt Henne Ferber: Er habe das Haus gepachtet. Was er daran verbaue, das solle ihm von seinem Zins abgezogen werden. Nun habe er einen Gulden daran verbaut. Den wolle er verrechnen. Zudem habe er Jeckel Monster 2 Gulden gezahlt und er beruft sich deswegen auf Jeckel Monster. Und wessen ihn Rodwin darüber hinaus anklage, dessen sei er unschuldig. Die Unschuld gilt von heute an 14 Tage. Dem haben sie beide zugestimmt.

Henne Stop erhebt seine 1. Klage wegen 2 Gulden Geld gegen Else Arnold und auf alles, was ihr Mann, der verstorbene Contz Kremer, hinterlassen hat.

Hengin Eben von Schwabenheim hat als Vertreter von Wilhelm Contz von Berßstadt seinen Anspruch ins Gerichtsbuch eintragen lassen gegen Peter Metzler.

Henne von Soden erkennt an, Hans Rampusch 2 Ohm Wein zu geben im Herbst. Wenn nicht erfolgt die Pfändung.

Herr Heinrich Nickel erhebt für die Präsenz seine 1. Klage wegen 2 Pfund Geld gegen Gerhart Brand auf die Pfänder.

Zwischen Henne Bock, unserem Mitschöffen, für die Kirche und Henne Rieß ist der Termin verschoben worden auf heute in 14 Tagen.

Hans Rampusch hat Hans Wieland angeklagt,

fol. 156v — Samßtag nach sant Matheus tage

	sprochen wie daß Wielandt yme ey(n) stucke wins ver-
	kaufft(en) habe das fud(er) vor X guld(e)n my(n)ner ey(n) orte.
	Do er nů den win holen wolt do wolt er yme den
Hans Ramp[-]	win nach lude sins kauffs nit folgen laiß(e)n. Daß
půsche	Wielandt yme solichs gethan hait das schade yme
Wielandt	XX guld(e)n. Und obe Wielandt dar zu ney(n) sage(n) wolt
	so beziege er sich des off vijl guder gesellen die da
	bij gewest(en) und den kauffe haint helffen machen.
	Dar off sagt Wielandt Hans sij eyn maile ader drůhe
	zu yme kom(m)en und das stucke winßs wollen keiffen.
	Do wolt erßs yme nit naher geb(e)n dan(n) X guld(e)n. Also dett
	Hans eyne(n) golts heller herůß und die gesellen rett(en)
	dar ynne er solt Hansen den win geb(e)n vor one ey(n) orte.
	X guld(e)n / Des wolt er nit thun und gabe Hansen den Gots[-]
	heller widder. Und wes Hans yne dar ober zuge als
	recht sij das muße er laißen gescheen. Das hait Hans
i(n) j(ure)	verbot und hait Knodenhen(ne) Herttels Clesen Ebert
konde	Hauborn und Sniderhen(ne) Jeckeln zu gesproch(e)n wie
	daß sie bij dem obgemelt(en) kauffe gewest sint und
	sagen nit wie eß gelut(en) habe. Das schade yme von
	ir iglichem X guld(e)n. Dar off sagen die fier sie sihen
	bij dem kauffe gewest(en) // Aber sie haben mehe geselle(n)
	die auch do bij gewest(en) sint und hoffen daß Hans die
	auch suchen solle // Hans hait verbot daß sie erkenne(n)
	daß sie bij dem kauffe gewest sint. Und hofft sie solle(n)
	sagen. Und sie haint eß von beidentheiln zu recht
s(en)t(ent)ia	gestalt // Dwile Hans jn syme zusproche angezoge(n)
i(n) j(ure)	vijl guder gesellen // und mehe dan(n) die fier bij dem
	kauffe gewest(en) sint // s(en)t(ent)ia // daß Hans die and(er)n auch
	brengen soll. Das haint sie alle verbot. Und Hans hait
	gefragt wan(n) erßs thůn solle. S(en)t(ent)ia ut mor(is) est.
	Jt(em) Conczgin von Geilnhusen hait Enders Drappen zu
	gesproch(e)n wie daß sie Clese Wißen sin win off den
Conczgin	stucken abegekaufft habe. Des habe er Enderßen
Geilnhusen	gelibbert funffthalp fuder und II ayme folle win.
End(er)s Drapp	Nů verstehe er daß Enders den win verkaufften

23. September 1480 fol. 156v

dass Wieland ihm ein Stückfass Wein verkauft habe, das Fuder für 10 Gulden weniger 1 Ort. Als er nun den Wein holen wollte, da wollte er ihm den Wein nicht gemäß seinem Kauf folgen lassen. Dass Wieland ihm dies getan hat, das schade ihm 20 Gulden. Und wenn Wieland dazu Nein sagen wolle, so berufe er sich deswegen auf viele gute Gesellen, die dabei waren und geholfen haben, den Kauf zu machen. Darauf sagt Wieland: Hans sei ein oder drei Mal zu ihm gekommen und wollte das Stück Wein kaufen. Da wollte er es ihm nicht billiger geben als 10 Gulden. Also zog Hans den Gottesheller heraus und die Gesellen rieten zu, er solle Hans den Wein geben für 10 Gulden ohne einen Ort. Das wollte er nicht tun und gab Hans den Gottesheller zurück. Und wenn Hans ihn mit Gericht überziehe, das müsse er geschehen lassen. Das hat Hans festhalten lassen und hat Henne Knode, Cles Hertel, Ebert Hauborn und Jeckel Sniderhen angeklagt, dass sie bei dem genannten Kauf waren und sagen nicht, wie es gewesen sei. Das schade ihm von jedem von ihnen 10 Gulden. Darauf sagen die vier: Sie seien bei dem Kauf gewesen. Doch es waren mehr Gesellen dabei und sie hoffen, dass Hans die auch vor Gericht ziehen werde. Hans hat festhalten lassen, dass sie zugeben, dass sie bei dem Kauf waren. Und er hofft, sie sollen alles sagen. Und sie haben es für beide Seiten dem Gericht vorgelegt. Weil Hans in seiner Anklage sich auf viele gute Gesellen berief und mehr als die vier beim Kauf waren, ergeht das Urteil, dass Hans die anderen auch bringen soll. Dem haben sie alle zugestimmt. Und Hans hat gefragt, wann er es tun soll. Urteil: Wie es üblich ist.

Contzgin von Gelnhausen hat Enders Drapp angeklagt, dass sie Cles Wiß seinen Wein am Stück abkauften. Deswegen habe er Enders 4½ Fuder und 2 Ohm voll Wein geliefert. Nun habe Enders den Wein verkauft

und duhe yme nit rechenschafft. Das schade yme L guld(e)n.
Dar off hait Enders // Conczgin erkant(en) jn XIIII tagen
rechenschafft zu thůn und wo er yme eyne(n) phennyg
schuldig sij do woll er yme czwene vor geben. Das
hait Conczgin verbot.

Hans Ramp[-]pusche Gerhart

Jt(em) Hans Rampůsche hait Gerhart Bend(er)n zu gesproch(e)n
wie daß Gerhart yme schuldig sij IX½ [X/2] alb(us) und gebe
yme der nit. Das schade yme alsvjl dar zu. Und heist
yme des ey(n) ja ader ney(n). Dar off sagt Gerhart sie haben ey(n) kůtt mit ey(n) gethan. Do sij durch Ped(er) Swinde(n)
berett(en) word(e)n daß Hans yme eyn werschafft eynßs
wing(art) thůn solle // Alsdan(n) soll er yme geb(e)n eyn guld(e)n
und IX alb(us). Und sie haint sich des beide off Peder Swinden bezogen. Und ist mit recht gewist(en) daß sie yne vor
gericht brengen sollen und das thun in XIIII tagen.
Bedorffen sie dan(n) ire tage furte und heischen die als
recht ist so sall ma(n) yne die furt(er) stellen noch zu
czweien XIIII tagen. Und so Peder Swinde verhort(en)
wirt geschee dan(n) furt(er) was recht ist.

Actu(m) off Samßtag nach sant Michels tage.

Ped(er) Snade

Jeckel und Karlen Klee

Jt(em) Peder Snade sagt nach dem er nehstmals mit recht
gewist(en) // Karlen und Jeckeln von Siemern rechenschafft
zu thůn // das habe er gethan. Nů wollen sie an syner
rechnu(n)ge nit genügen hain. Deshalp beziege er sich
off Hans von Klees selig(en) bruder und swager / die do
bij gewest(en) sint daß er dem b(e)n(ann)t(en) Hans seligen gelybbert und geb(e)n habe / an kerben und anders v(er)rechent
mit namen XI guld(e)n. Und hait dar off VI gulden
hind(er) gericht gelacht. Die haint die obg(enan)nt(en) Karlen
und Jeckel geno(m)men off rechnu(n)ge und one ober
geb(e)n yne yres rechten und haint das bůch wie
das ortel zuschen yne gelut(en) laißen offen und
das verbot. Und sagen sie sihen bij eyn gewesten

30. September 1480 — fol. 157

und leiste ihm keine Rechenschaft. Das schade ihm 50 Gulden. Darauf hat Enders gegenüber Contzgin anerkannt, binnen 14 Tagen eine Abrechnung zu machen und wenn er ihm einen Pfennig schuldig sei, dann wolle er ihm zwei dafür geben. Das hat Contzgin festhalten lassen.

Hans Rampusch hat Gerhard Bender angeklagt, dass Gerhard ihm 5 Albus schuldig sei und gebe sie ihm nicht. Das schade ihm ebensoviel dazu. Und er fordert von ihm ein Ja oder Nein. Darauf sagt Gerhard: Sie haben einen Tausch miteinander gemacht. Da sei durch Peter Swinde beredet worden, dass Hans ihm eine Sicherheit für einen Weingarten leisten solle. Dann soll er ihm einen Gulden und 9 Albus geben. Und sie haben sich beide auf Peter Swinde berufen. Und das Gericht urteilt, dass sie ihn vor Gericht bringen sollen in 14 Tagen. Bedürfen sie Verlängerung und fordern sie, wie es rechtmäßig ist, so soll man sie ihnen noch zweimal 14 Tagen geben. Und wenn Peter Swinde verhört wird, dann geschehe es weiter, wie es rechtmäßig ist.

30. September 1480
Peter Snade sagt: Nachdem er neulich verurteilt wurde, Karl und Jeckel von Simmern Rechenschaft zu leisten, das habe er getan. Nun wollten sie an seiner Abrechnung kein Genügen haben. Deshalb berufe er sich auf den Bruder und Schwager des verstorbenen Hans von Klee, die dabei waren, dass er dem genannten Hans Sachen geliefert und mit Kerben und auf andere Weise abgerechnet habe 11 Gulden. Und er hat 6 Gulden bei Gericht hinterlegt. Die haben die genannten Karl und Jeckel gegen Rechnung genommen, ohne ihren Rechtsanspruch aufzugeben. Und sie haben das Gerichtsbuch öffnen lassen, wie das Urteil zwischen ihnen gelautet habe und das festhalten lassen. Und sie sagen, sie seien beieinander gewesen

Samßtag nach sant Michels tage

jn bijwesen beid(er) heymbergen. Do habe Ped(er) yne XI
guld(e)n wollen abe slagen dar zu VIII gůld(e)n geheisch(e)n
die Hans Klee selige verzert(en) solle hain vor eyn
und ander in siner kranckheit / Des hab(e)n sie yme IIII g(ulden)
gebott(en). Nů nach lude des ortels das besty(m)me was Ped(er)
jn Hans Klee selige(en) kranckheit off yne gewant / Das
solle yme abe gehen und das oberbe her ußer geben.
Des habe er nit gethan. Als dar um(m)b hoffen sie Ped(er)n
erfolgt zu hain // Peder hofft neyn nach dem er
vor gerett(en) und auch off konde gezogen. Die salle man(n)
horen und sie haint eß beide zu recht gestalt. Das
ist gelengt.

Jt(em) Arnolts Henne(n) seligen frauwe zu Jngelnheim
ist zům rechten gewist(en) hait Herma(n) Scherer yre
widder yreß zinß nit geben von dem wingart aym Hoen-
genom(m)e(n) reyne und stett der wingart noch zu yren handen
so mag sie yne widder neme(n) si ita est.

3 h Jt(em) Cleßgin Lorche dut sin 3 h off Cleßgin Berkorn ut p(rim)a.

3 h Jt(em) Concze Storczkoppe dut sin 3 h off Cleßgin Berkorn und Ebert Snaden ut p(ri)ma.

erk(annt) Jt(em) Meczelhen(ne) erk(ennt) Albrecht Schůmech(er)n I guld(e)n
zu geben in XIIII tagen. Si no(n) p erf(olgt).

Jt(em) nach dem Clese Storczkoppe der alde lestmals
sin fierde heischu(n)ge jn maißen die erßte gelut(en)
off Ha(n)mans Pedern gethan // also hait er die gude
offgeholt(en) und und(er)phande nach lude siner heischu(n)ge offgeholt(en)
ban(n) und und das verbot. Und der scholtes hait yme ban(n) und
freden freden dar ober gethan als recht ist. Das hait
Clese auch verbot.

i(n) j(ure) Jt(em) E(m)mel von Appinheim hait das bůch wie ansprache und antwort zusch(e)n h(er)n Wilhelm Hoden
und yme gelut(en) auch wie er den her(e)n zu sant
Steffan vor ziden etliche gude und und(er)phande
offgesagt laißen offen und das verbot. Dar
off hait her Wilhelm eyne(n) gerichts briff

30. September 1480 — fol. 157v

in Anwesenheit der beiden Heimbürgen. Da habe Peter ihnen 11 Gulden abziehen wollen und zudem 8 Gulden gefordert, die Hans Klee verzehrt haben soll für das eine und das andere in seiner Krankheit. Dafür haben sie 4 Gulden geboten. Gemäß dem Urteil, das bestimme, was Peter in Hans Klees Krankheit für ihn ausgegeben habe, das solle er abziehen und das übrige herausgeben. Das habe er nicht getan. Daher hoffen sie, gegen Peter vor Gericht gewonnen zu haben. Peter hofft Nein, nachdem was er zuvor sagte und sich auf Beweise berief. Die solle man hören. Und sie haben es beide dem Gericht vorgelegt. Das ist verschoben worden.

Der Witwe Henne Arnolds wurde als Recht gewiesen: Hat Hermann Scherer ihr ihren Zins nicht gegeben von dem Weingarten am Hoenreyne und ist der Weingarten noch in ihrem Besitz, so kann sie ihn zurücknehmen, wenn es so ist.

Clesgin Lorch erhebt seine 3. Klage gegen Clesgin Berkorn.

Contz Stortzkopp erhebt seine 3. Klage gegen Clesgin Berkorn und Ebert Snade. Henne Metzel erkennt an, Albrecht Schuhmacher einen Gulden zahlen zu müssen binnen 14 Tagen. Wenn nicht erfolgt die Pfändung.

Nachdem Cles Stortzkopp der Alte kürzlich seine 4. Klage gegen Peter Hanman erhoben hat, hat er die Güter und Pfänder gemäß seiner Klage eingezogen und das festhalten lassen. Der Schultheiß hat ihm Bann und Frieden darüber gemacht, wie es rechtmäßig ist. Das hat Cles auch festhalten lassen.

Emmel von Appenheim hat das Gerichtsbuch öffnen lassen, wie Anklage und Entgegnung zwischen Herrn Wilhelm Hoden und ihm gelautet haben und wie er den Stiftsherren von St. Stephan vor einiger Zeit etliche Güter und Pfänder aufgesagt hat und hat das festhalten lassen. Darauf hat Herr Wilhelm eine Urkunde

Samßtag nach sant Michels tage

	der besagen ist VI l(i)b(ras) gelts off etlich und(er)phande(n) und stett
	sin datu(m) III c(entum) LXXXVIII jare und sagt die VI l(i)b(ras) sihent
	E(m)mel gelichtiget an funffthalp phondt. Do habe er
h(er) Wilhelm	gerett(en) mehe und(er)phande zu legen und die in eynem
	zittel lesen laißen / als E(m)mel sie dan(n) die zijt genant(en)
E(m)mel	hait. Nů habe E(m)mel sie nit verlacht als recht ist. Und
	bezugt sich des offs gerichts buch // Nu habe E(m)mel
ad socios	die win gulte offgehaben und des auch jn korcze erkant
	vor dem scholteß(e)n. Und das fertel wingarts by sant
	Ped(er) und sant Pauwels elter gelegen // und der win[-]
	gult(en) habe er sich gebrucht sijt der offsagunge. Als
	dar um(m)b so hoff er von siner her(e)n wegen / E(m)mel soll
	yne die und(er)phande legen als er gerett(en) hait und yne
i(n) j(ure)	den v(er)seße ußrichten. Und stilt das zu recht. Dar off
	hait sich Hans Snider verdingt E(m)meln sin worte zu
	thůn und hait sin und(er)tinge verbot als recht ist. Und
	sagt E(m)mel gestee des zittels nit. Dan(n) eß sij bij XXIII
	jare ungeverlich[a] do was Hengin Ruße selige der
	her(e)n mo(m)per // Die zijt sij er vor die her(e)n yn(n) cappittel
	gangen und yne yre gulte geben und habe die under-
	phande offgesagt und melt do mit der gůlten were
	yme zu vijle. Do sagten die her(er)n konde er yne der
	gult(en) nit gegeben // sagt er yne dan(n) die und(er)phande
	off // so wolten sie yne nit hoer nodigen // Dar nach
	sij Hengin Ruße selige widd(er) zu yme kom(m)en und sagt
	wolt er die und(er)phande widd(er) hain er wolt yme an den
	her(e)n helffen. Also sij er widder zu den her(e)n ko(m)men
	und gesagt er hette der und(er)phande nit alle // Do
	sagten die her(e)n sie wolten yme helffen daß sie
	yme werd(e)n solten. Dar off habe er yne zu gesagt
	eyn gut fertel wingarts zu underphande zu legen
	und yne ire gulte geben // Nů hab(e)n die her(e)n yme der
	zusage nit gehalt(en). Dar off hait er den her(e)n die zijt
	zu Mencze eyn und(er)phandt mit dem and(er)n offgesagt
	und yne yre gult geben. Do sagt(en) die her(e)n h(er) Wilhelm
	solt her uß ko(m)men dem solt er die offsagu(n)ge thůn.

a Über dem »v« befinden sich zwei kleine senkrechte Striche.

30. September 1480

ÜBERTRAGUNG

vorgelegt über 6 Pfund Geld auf etliche Pfänder mit dem Datum 1488 und er sagt: Die 6 Pfund seien Emmel vermindert worden in 4½ Pfund. Für die habe er versprochen, mehr Pfänder zu hinterlegen und er hat einen Zettel vorlesen lassen, welche Emmel damals nannte. Nun habe Emmel sie nicht hinterlegt, wie es rechtmäßig ist. Das beweise das Gerichtsbuch. Nun habe Emmel die Weingülte eingezogen und das auch vor kurzem anerkannt vor dem Schultheißen. Und das Viertel Weingarten beim St. Peter und St. Pauls-Altar gelegen und die Weingülten habe er genützt seit der Auftragung. Daher hoffe er für seine Herren, Emmel soll ihnen die Pfänder anweisen, wie er geredet hat und ihm die versessenen Zinsen bezahlen. Das legt er dem Gericht vor.

Darauf hat sich Hans Snider verpflichtet, Emmel vor Gericht zu vertreten und hat seine Anwaltschaft festhalten lassen, wie es rechtmäßig ist. Und er sagt: Emmel erkenne den Zettel nicht an. Denn es seien ungefähr 23 Jahre, da war der verstorbene Henne Ruß der Vertreter der Herren. In dieser Zeit sei er zu den Herren in das Kapitel gegangen und habe ihnen ihre Gülten gegeben und die Pfänder aufgesagt und beklagte, die Gülten seien zu hoch. Da sagten die Herren: Könnte er ihnen die Gülten nicht geben und sage ihnen die Pfänder auf, so wollten sie ihn nicht höher bedrängen. Danach sei der verstorbene Henne Ruß zu ihm gekommen und sagte: Wollte er die Pfänder wieder haben, er wollte ihm bei den Herren helfen. Da sei er wieder zu den Herren gekommen und sagte, er hätte nicht alle Pfänder. Da sagten die Herren, sie wollten ihm helfen, damit er sie erhalte. Darauf habe er ihnen versprochen, einen guten Viertel Weingarten als Pfand zu hinterlegen und ihnen ihre Gülte zu geben. Nun haben die Herren ihm ihre Zusage nicht gehalten. Daraufhin hat er den Herren damals zu Mainz ein Pfand mit dem anderen aufgesagt und ihnen ihre Gülte wieder gegeben. Da sagten die Herren, Herr Wilhelm sollte nach Ingelheim kommen, dem solle er die Aufsagung leisten.

fol. 158v — Samßtag nach sant Michels tage

i(n) j(ure)	Nů sij her Wilhelm nit kom(m)en. Als dar um(m)b habe er den her(e)n die und(er)phande vor gericht offgesagt und die gulte dar gelacht(en) nach lude des buchs. Die her(e)n hab(e)n auch die gulte geno(m)men. Und wůße nůste das er ynne habe davo(n) er den her(e)n gulte gebe. Wes sie aber bij brenge(n) als recht ist woll er sich yn(n) halten als sich gebure. Und dwile die her(e)n des nit thůn so hoffe er eyn und ander sovijl zu genyßen daß er yne nuste schuldig sij und stilt das zu recht. Dan(n) er habe eyn halbe ayme wins geno(m)me(n) die stehe yme zu // Her Wilhelm hait verbot daß E(m)mel erkent daß er sijt der XXIIIᵃ jare die gulte yne gegeb(e)n habe. Und gestett nit daß sie yme zu gesagt haben eynche gude jn zu gewynne(n). Und das fertel wingarts an sant Peter und sant Pauwels elter // das habe er gebrucht und das fertel wingarts aym Dusers[-]phade habe er nye verlacht als recht ist und sagt doch er habe eß offgesagt. Dwile E(m)mel dan(n) erkent daß er die wingulte geno(m)men die doch in yre gulte gehoret das sich finden solle // so hoffe er von syn(en) her(e)n wegen E(m)mel solle yne die und(er)phande legen dar zu den v(er)seße ußriechten und yne yre gulte furter
i(n) j(ure)	geben. Und stilt das zu recht // Hans Snyder als von E(m)mels wegen sagt er habe keyne(n) wingart der an sant Peter und sant Pauwels elter stoiße ader lige. Dar zu habe er sich des wingarts den er yne geretten hait zuv(er)legen nit gebrucht. Und stilt eß zu recht in maißen als vor. Das ist gelengt ad socios. Das haint sie beide verbot. Jt(em) Hen(ne) Aczelnkrag als vo(n) mo(m)p(ar)schafft wegen h(er)n Ebalts hait offgeholt off Heincze Drieln soliche und(er)phande
offgeholt her Ebalt	dem be(nan)nt(en) h(er)n Ebalden verlacht(en) sint vor etliche scholt nach lude des gericht buchs. Und hait die offholunge verbot. Und der scholtes hait yme ban(n) und freden dar ober gethan als recht ist. Das hait er auch verbot.

a Das Zahl ist aus »XXXIII« verbessert.

Nun sei Herr Wilhelm nicht gekommen. Darum habe er den Herren die Pfänder vor Gericht aufgesagt und die Gülte dort hinterlegt nach Aussage des Gerichtsbuchs. Die Herren haben auch die Gülte angenommen. Er wisse also nichts, was er besitze, von dem er den Herren Gülte gebe. Was sie aber vor Gericht, wie es rechtmäßig ist, bringen, daran wolle er sich halten, wie es sich gebühre. Und weil die Herren das nicht tun, so hoffe er das eine soviel wie das andere zu genießen, dass er ihnen nichts schuldig sei und legt das dem Gericht vor. Er habe ein halbes Ohm Wein genommen, das stehe ihm zu.

Herr Wilhelm hat festhalten lassen, dass Emmel zugibt, dass er 23 Jahre lang die Gülte ihnen gegeben hat. Er gesteht nicht, dass sie ihm zugesagt haben einige Güter zu übernehmen. Das Viertel Weingarten am St. Peter und Paul-Altar habe er genutzt und das Viertel Weingarten am Duserspfad habe er ihnen nie gesichert, wie es rechtmäßig ist und sage doch, er habe es ihnen aufgesagt. Weil Emmel nun zugegeben habe, dass er die Weingülte genommen habe, die doch in ihre Gülte gehört, wie sich zeigen wird, so hoffe er für seine Herren, Emmel soll ihnen die Pfänder geben und den angelaufenen Zins bezahlen und ihnen ihre Gülte in Zukunft weiter geben. Das legt er dem Gericht vor.

Hans Snider sagt für Emmel: Er habe keinen Weingarten, der an den St. Peter und Paul-Altar angrenze oder dort liege. Dazu habe er den Weingarten, von dem er sagte, er werde ihn sichern, nie genutzt. Das legt er dem Gericht vor. Das ist verschoben worden bis zum Zusammentreten des Vollgerichts. Dem haben sie beide zugestimmt.

Henne Atzelkragen hat als Vertreter von Herrn Ebalt die Pfänder von Heinz Driel eingezogen, welche dem genannten Herrn Ebald hinterlegt wurden für etliche Schulden nach Aussage des Gerichtsbuchs. Und er hat die Einziehung festhalten lassen. Der Schultheiß hat ihm Bann und Frieden darüber gemacht, wie es Recht ist. Das hat er auch festhalten lassen.

fol. 159 — Samßtag nach Remigij

erf(olgt)	Jt(em) Henne Aczelnkrag als vo(n) h(er)n Ebalts wegen erf(olgt) Henne(n) von Hoestadt offs buch.
2 tag	Jt(em) Concze Bellerßheim hait sin 2 tag furt(er) geheisch(e)n den winkauffe zu brengen geigen Clas Backen.
erf(olgt)	Jt(em) Diemen Clas erf(olgt) Arnolts Elsen vor hondert gulde(n).

Actu(m) off Samßtag nach Remigij.

p b	Jt(em) Hen(ne) von Eltvjl hait p b an Meczelhen(ne).
erk(annt)	Jt(em) Hen(ne) von Soden erk(ennt) Henne Aczelnkragen von wegen h(er)n Ebalts VII½ [VIII/2] alb(us) zu geb(e)n in XIIII t(agen). Si no(n) p erf(olgt).
1 h	Jt(em) Dornhenne von mo(m)p(ar)schafft wegen[a] Johannesen Philips Důchscher(er)s sone dut 1 h vor eyne(n) gulden gelts off Kiczgin et om(n)ia.
2 h	Jt(em) her Heinrich Nickel dut sin 2 h off Gerhart Branden ut p(ri)ma.
erk(annt)	Jt(em) Herma(n) Holczhusen erk(ennt) Ped(er) Snaden XVI alb(us) zu geben in XIIII tagen. Si no(n) p erf(olgt).
erk(annt)	Jt(em) Henne von Lintheim erk(ennt) Hengin von Echzel VI alb(us) off rechnu(n)ge zu geben in XIIII tag(en). Si no(n) p erf(olgt).
erf(olgt)	Jt(em) Peder von Badenheim erf(olgt) die dicke Kremerßen offs bůch.
erf(olgt)	Jt(em) frauwe Fiel die aptischen zu Engelntale erfolgt Herman Bend(er)n offs bůch.
2 h	Jt(em) Henne Stope dut sin 2 h off Arnolts Elsen ut p(ri)ma.
i(n) j(ure) Korn Angnese Karlen s(e)n(tent)ia	Jt(em) nach dem vor ziden ansprache und antwort zusch(e)n Korn Angnesen und Klees Karlen ergangen und yne eyn tag jnhalt des bůchs gesaczt(en). Dwile dan(n) der b(enan)nt(e) Karlen den selben tag nit verhůt(en) als dar um(m)b so erfolgt die obg(enan)nt(e) Angnese den gemelt(en) Karlen doch nit hoer dan(n) ir ansprache vor gericht gelut(en) hait. Das ortel hait Angnese verbot und de(n) rechte(n) geda(n)ckt.

a Es folgt durchgestrichen: »h«.

7. Oktober 1480 — fol. 159

Henne Atzelkragen hat für Herrn Ebald seinen Anspruch ins Gerichtsbuch eintragen lassen gegen Henne von Hoestadt.
Contz Bellersheim hat seinen 2. Tag erbeten, den Vertragsabschluss beizubringen gegen Clas Back.
Clas Diem verklagt Else Arnold auf 100 Gulden.

7. Oktober 1480
Henne von Eltville hat Pfändung gefordert gegen Henne Metzel.
Henne von Soden erkennt an, Henne Atzelkragen für Herrn Ebalt 7½ Albus zahlen zu müssen binnen 14 Tagen. Wenn nicht erfolgt die Pfändung.
Henne Dorn erhebt als Vertreter für Johannes, den Sohn Philipp Duchscherers, seine 1. Klage wegen 100 Gulden Geld gegen Kitzgin auf alles.
Herr Heinrich Nickel erhebt seine 2. Klage gegen Gerhart Brand.
Hermann Holzhausen erkennt an, Peter Snade 16 Albus zahlen zu müssen binnen 14 Tagen. Wenn nicht erfolgt die Pfändung.
Henne von Lintheim erkennt an, Hengin von Echzel 6 Albus gegen Rechnung zahlen zu müssen binnen 14 Tagen. Wenn nicht erfolgt die Pfändung.
Peter von Badenheim hat seinen Anspruch ins Gerichtsbuch eintragen lassen gegen die dicke Kremerin.
Frau Fiel, die Äbtissin Engelthals, hat ihren Anspruch eingeklagt gegen Herman Bender.
Henne Stop erhebt seine 2. Klage gegen Else Arnold.
Nachdem vor einiger Zeit Anklage und Entgegnung zwischen Angnese Korn und Karl Klee stattfand und ein Tag angesetzt wurde nach Auskunft des Gerichtsbuchs. Weil der genannte Karl den Tag nicht verschob, hat die genannte Angnese ihren Anspruch erklagt gegen ihn, doch nicht höher als ihre Anklage vor Gericht lautete. Das Urteil hat Angnese festhalten lassen und dem Gericht gedankt.

fol. 159v — Samßtag nach Remigij

erf(olgt)	Jt(em) Hilczen Kette erf(olgt) Meczelhenne(n) offs bůch.
	Jt(em) Peder Raůp hait Karlen und Jeckeln von Siemern
	zu gesprochen wie daß sie yme von yrs vater we-
Ped(er) Raůp	gen schuldig sihen IIII guld(e)n und geben ad(er) erkenne(n)
Karlen und	yme die nit. Das schade yme alsvjl dar zu. Und obe
Jeckel Klee(e)	sie dar zu ney(n) sagen wolten so beziege er sich offs
	bůch daß Hans Klee selige yme XII guld(e)n erkant(en).
	Die hait er bezalt bijß off IIII guld(e)n. Dar off sagen
	Karlen und Jeckel dwile Peder offs bůch zugt so be-
	geren sie mit recht obe erßs nit brengen solle / S(e)n(tent)ia
	ja / und sall eß thůn in XIIII tagen. Bedarff er dan(n) syn(er)
	tage furte und heist die als recht ist / so sall man yme
	die furt(er) stillen noch zu czweyen XIIII tagen. Und so das
	buch verhort(en) wirt beheltlich Karlen und Jeckeln yre
	jnsage und geschee dan(n) furt(er) was recht ist. Das haint
	sie alle verbot.
erf(olgt)	Jt(em) Peder Raup erf(olgt) Peder Důczen offs buch.
	Jt(em) die unscholt zuschen Hosen Rodwin und Ferber-
gelengt	henne(n) ist gelengt bijß off Samßtag nach Sant
	Martins tage sic hodie.
	Jt(em) Ferberhenne erk(ennt) Jeckel Drappen von mo(m)p(ar)schafft
erk(annt)	wegen Kiczhansen VII guld(e)n my(n)ner eyn orte zů
	geben in XIIII tagen. Si no(n) p erf(olgt).
p b	Jt(em) Henne Raup hait p b an Erbachs Hengin.
erf(olgt)	Jt(em) her Conrat Lange erf(olgt) Herman Scherern und
	Gerhart Branden offs buch.
2 tag	Jt(em) Hans Rampůsche hait sin 2 tag furt(er) geheisch(e)n
	Peder Swinden zu brenge(n) // geigen Gerhart Bend(er)n.
i(n) j(ure)	Jt(em) Herma(n) Scher(er) hait Kicz Annen zu gesprochen wie
	daß sie ader yre mo(m)per yme verkaufft hab(e)n alleß
	daß er habe jn des richs gericht // Und wuße doch keyne(n)
H(er)ma(n) Scher(er)	schaden sie sinthalben gelytten // yre auch nuste schul-
	dig zu sin. Nů wisen man doch daß man phandt gut
Kicze Anne	sonder geverde verkeiffen solle // Ist das hie gescheen.
ad socios	Das stille er zu dem gericht. Und hofft sie habe eß
	unbilche gethan. Dan(n) were er yre X guld(e)n schuldig
	gewest(en) so hette sie wole sovyl fonden daß sie yme

7. Oktober 1480 — fol. 159v

Kett Hiltz hat ihren Anspruch ins Gerichtsbuch eintragen lassen gegen Henne Metzel. Peter Raub hat Karl und Jeckel von Simmern angeklagt, dass sie ihm von ihrem Vater her 4 Gulden schuldig seien und geben sie ihm nicht oder erkennen die Schuld an. Das schade ihm ebensoviel dazu. Und wenn sie dazu Nein sagen wollen, so berufe er sich auf das Buch, dass der verstorbene Hans Klee ihm 12 Gulden Schuld anerkannte. Die hat er bezahlt bis auf 4 Gulden. Darauf sagen Karl und Jeckel: Weil Peter sich auf das Buch berufe, so fragen sie das Gericht, ob er es nicht beibringen solle. Urteil: Ja und er soll es in 14 Tagen tun. Bedürfe er Verlängerung und fordere sie, wie es rechtmäßig ist, so soll man sie ihm noch zweimal 14 Tage geben. Und wenn das Buch gehört wird, vorbehaltlich Karls und Jeckels Gegenrede, geschehe es weiter, wie es rechtmäßig ist. Dem haben sie beide zugestimmt.

Peter Raub hat seinen Anspruch ins Gerichtsbuch eintragen lassen gegen Peter Dutz. Die Unschuld zwischen Rodwin Hose und Henne Ferber ist verlängert worden bis auf Samstag nach St. Martin.

Henne Ferber erkennt gegenüber Jeckel Drapp als Vertreter von Hans Kitz an, 7 Gulden weniger 1 Ort zahlen zu müssen binnen 14 Tagen. Wenn nicht erfolgt die Pfändung. Johann Raub hat Pfändung gefordert gegen Johann Erbach.

Herr Konrad Lange hat seinen Anspruch ins Gerichtsbuch eintragen lassen gegen Herman Scherer und Gerhart Brand.

Hans Rampusch hat seinen 2. Tag beantragt, Peter Swinde vor Gericht zu bringen gegen Gerhart Bender.

Hermann Scherer hat Anne Kitz angeklagt, dass sie oder ihr Vertreter alles verkauft haben, das er im Reichsgericht habe. Und er wüsste doch von keinem Schaden, den sie seinetwegen erlitten und er sei ihr auch nichts schuldig. Nun wisse man doch, dass man Pfandgut ohne Gefährdung verkaufen solle. Ist das hier geschehen? Das legt er dem Gericht vor. Und er hofft, sie habe es unbilliger Weise getan. Denn wäre er ihr 10 Gulden schuldig gewesen, so hätte sie wohl soviel gefunden, dass sie ihm

	alle sin gut nit dorffen dar fure verkeiffen. Und daß sie solichs gethan hait das schade yme XL guld(e)n.
i(n) j(ure)	Anne hait die ansprache verbot und sagt Herman stehe noch in yrem rechten und habe ir widder heiptgelt ader schaden widder geben. Und hofft sie sij yme nit schuldig zu antwort(en). Und stalt das zu recht.
i(n) j(ure)	H(er)man sagt Anne habe yme verkaufft was er habe und sij dem auch nach kom(m)en // Als dar um(m)b so hoffe er sie solle yme antwort(en) ader er soll sie erfolgt(en) hain.
i(n) j(ure)	Anne sagt sie habe H(er)man das sin verkaufft vor X g(ulden) und stehe noch in der losûnge // Sie habe eß auch noch vergifft ader v(er)geben. Und hofft H(er)man nit schuldig sin zu antwort(en) eß werde dan(n) durch recht erkant.
i(n) j(ure)	H(er)man hait verbot daß Anne yme nit antwort(en) wijl und hofft als vor. Und sie haint eß beide zu recht gestalt. Das ist gelengt ad socios. Das haint sie verbot.
erk(annt)	Jt(em) Ebert Kicze erk(ennt) Hengin Melma(n) eyn VII emyg faße zu geb(e)n in XIIII tag(en). Si no(n) p erf(olgt).
meist(er) Jacob	Jt(em) meister Jacob der arcze hait Ketten Cleßgin Maysen seligen witwen zu gesproch(e)n wie daß ir hußwert selige siner konste bedorfften habe und sij mit yme ober kom(m)en daß er yme I½ [II/2] guld(e)n geb(e)n solt. Des sij yme funffe alb(us) word(e)n. Daß sie yme das ander nit auch
Kette	gebe ader erkenne das schade yme X guld(e)n. Und heist yre des eyn ja ader ney(n) obe sie davo(n) nit wuße daß also mit yrᵃ gerett(en) und gewonne(n) sij word(e)n ader nit. Dar off sagt Kette sie wuße von dem gedingßs ader den sachen nûste. Dan(n) eß sihen erber lude da bij gewesten daß ir hußwert selige bescheid(e)n habe man(n) solle yme nuste geben // Sie sij yme auch nuste schuldig und wes er sie wider anlange des sij sie unschuldig. Die unscholt ist gestalt noch hude zu XIIII tagen. Das haint sie beide verbot.
	Actu(m) off Samßtag nach Dionisij.

a Verbessert aus: »yrr«.

14. Oktober 1480

all sein Gut nicht hätte verkaufen dürfen. Und dass sie solches getan hat, das schade ihm 40 Gulden. Anne hat die Anklage festhalten lassen und sagt: Hermann stehe noch in ihrem Recht und er habe ihr weder die Klagesumme noch die Gerichtskosten wieder gegeben. Und sie hofft, sie sei nicht schuldig, ihm zu antworten. Das legt sie dem Gericht vor. Hermann sagt: Anne habe verkauft, was er habe und sie sei dem auch nachgekommen. Darum hofft er, sie solle ihm antworten oder er solle gegen sie gewonnen haben. Anne sagt, sie habe Hermanns Besitz verkauft für 10 Gulden und stehe noch in der Lösung. Sie habe es auch übertragen oder weggegeben. Und sie hofft, Hermann nicht antworten zu müssen, es sei denn das Gericht erkenne dies. Hermann hat festhalten lassen, dass Anne ihm nicht antworten will und hofft wie zuvor. Das haben sie beide dem Gericht vorgelegt. Das ist verschoben worden bis zum Zusammentreten des Vollgerichts. Dem haben sie beide zugestimmt.

Ebert Kitz erkennt an, Hengin Melman ein 7-Ohm-Faß geben zu müssen binnen 14 Tagen. Wenn nicht erfolgt die Pfändung.

Meister Jakob der Arzt hat Kette, die Witwe von Cles Mayse, angeklagt, dass ihr verstorbener Ehemann seiner Kunst bedurfte und mit ihm übereingekommen sei, dass er ihm 1½ Gulden geben solle. Davon habe er 5 Albus erhalten. Dass sie ihm das andere nicht auch gebe oder die Schuld anerkenne, das schade ihm 10 Gulden. Und er fordert von ihr ein Ja oder Nein, ob sie davon nicht wusste, dass es so mit ihr besprochen worden sei oder nicht. Darauf sagt Kette: Sie wusste von dem Behandlungsvertrag oder den Sachen nichts. Denn es seien ehrbare Leute dabei gewesen, als ihr verstorbener Mann anordnete, man solle ihm nichts geben. Sie sei ihm auch nichts schuldig und wessen er sie darüber hinaus anklage, dessen sei sie unschuldig. Die Unschuld gilt von heute an 14 Tage. Dem haben sie beide zugestimmt.

14. Oktober 1480

fol. 160v — Samßtag nach Dionisij

p b	Jt(em) Peder von Badenheim hait p b an d(er) feyßten Kremerß(e)n.
erf(olgt) p b	Jt(em) Henne Stope erf(olgt) Peder Bend(er) offs buch und hait an yme phande berett(en).
	Jt(em) Henne Stope hait Arnolts Elsen yren gerichts schad(e)n als sie yme an gericht dar um(m)b hait wollen zu sprech(e)n widder gebott(en). Das hait Else verbot und hofft daß die
Arnolts Else	heischůnge der b(enan)nt(e) Henne off sie gethan nit macht han soll und stilt das zu recht. Dar off sagt Hen(ne) Stope er habe off stadt do das ortel zusch(e)n yne gangen sihe //
Hen(ne) Stope	Elsen yren schad(e)n widd(er) gebott(en) und wollen geb(e)n und hofft die heischůnge solle macht hain. Und hait eß
s(en)(tent)ia	auch zu recht gestalt(en).
	Nach ansprach antwort und beid(er)theile furbrengu(n)ge dwile Hen(ne) Stope des schadens bekentlich und den die zijt als das ortel zusch(e)n yne gewist(en) nit ußgeracht ader hinder gericht gelacht(en) hait so wist der scheffen mit recht daß die heischunge nit macht hait und Else sall den schaden jn dem bůch sůchen laißen // Den sall yr Hen(ne) Stope ußrichten. Und warzu er dan(n) furt(er) recht hait mag er furneme(n). Das ortel haint sie verbot.
i(n) j(ure)	Jt(em) Concze Storczkoppe dut sin fierde heischunge off
4 [8/2] h	Cleßgin Berkorn und Ebert Snad(e)n jn maißen die erßte gelut(en) hait und hait das verbot. Dar yn(n) rette Ebert
Concze Storcz[-] koppe	Snade und sagt er habe in der gulte ligen und hait Concze(n) II guld(e)n und IX alb(us) dar gelacht und yme die auch
Ebert Snade	geoffent. Und hofft sin gude do mit zu beschůdden. Und Concze soll die gulte neme(n) und yne bij den gude(n) laiß(e)n.
ad socios	Und stilt das zu recht. Concze sagt er habe sin fierde heischu(n)ge gethan und die v(er)bot ee und zůvor^a sie et-was dar ynne gerett(en) haben und begert die gude off zu holen. Und hofft er soll auch dar zu gewist w(er)d(e)n. Und stilt eß auch zu recht. Das ist gelengt ad socios.
erk(annt)	Jt(em) Peder Bender erk(ennt) Henne(n) von Eltvjl X guld(e)n zu geb(e)n in XIIII tag(en). Si no(n) p erf(olgt) vor XL guld(e)n.

a Über dem »v« befinden sich zwei kleine senkrechte Striche.

14. Oktober 1480 — fol. 160v

Peter von Badenheim hat Pfändung gefordert gegen die feiste Kremerin.

Henne Stop hat seinen Anspruch ins Gerichtsbuch eintragen lassen gegen Peter Bender und hat Pfändung gefordert.

Henne Stop hat Else Arnold angeboten, ihr die Gerichtskosten, als sie ihn vor Gericht gezogen hat, zu zahlen. Das hat Else festhalten lassen und hofft, dass die Klage, die der genannte Henne gegen sie getan hat, nicht mehr gelten solle und legt das dem Gericht vor. Darauf sagt Henne Stop, er habe, sofort als das Urteil im Streit zwischen Ihnen ergangen sei, Else angeboten, ihren Schaden zurückzugeben und er hofft, die Klage solle gültig sein. Das hat er dem Gericht vorgelegt. Nach Anklage, Entgegnung und beiderseitigen Einbringungen, weil Henne Stop den Schaden zugibt und den in der Zwischenzeit, nachdem das Urteil zwischen ihnen gesprochen wurde, nicht bezahlt oder bei Gericht hinterlegt hat, urteilen die Schöffen: Die Klage gilt nicht und Else soll den Schaden im Gerichtsbuch suchen lassen. Den soll ihr Henne Stop ausrichten. Und worauf er dann weiter Recht hat, das mag er erklagen. Dem Urteil haben sie beide zugestimmt.

Contz Stortzkopp erhebt seine 4. Klage gegen Clesgin Berkorn und Ebert Snade und hat das festhalten lassen. Dagegen redete Ebert Snade und sagt: Er habe in den Gülten Besitz liegen und er hat Contz 2 Gulden und 9 Albus hinterlegt und die ihm auch geöffnet. Und er hofft, sein Güter damit zu beschützen. Und Contz soll die Gülte nehmen und ihn bei den Gütern lassen. Das legt er dem Gericht vor. Contz sagte, er habe seine 4. Klage getan und die festhalten lassen, bevor sie etwas darin beredet haben und er fordert, die Güter einzuziehen. Und er hofft, das werde ihm zugesprochen. Das legt er auch dem Gericht vor. Das ist verschoben worden bis zum Zusammentreten des Vollgerichts.

Peter Bender erkennt an, Henne von Eltville 10 Gulden zahlen zu müssen binnen 14 Tagen. Wenn nicht erfolgt die Pfändung für 40 Gulden.

fol. 161 — Samßtag nach Dionisij

erk(annt)	Jt(em) Peder Bend(er) erk(ennt) Niclasen von Hanbach von mo(m)p(ar)schafft wegen Heinrichs von Lutern XX guld(e)n zu geben in XIIII tagen. Si no(n) p erf(olgt).
p b	Jt(em) Hilczen Kette hait p b an Meczelhennen.
p b	Jt(em) Scher(er)henne hait p b an Stern Clesen.
p b	Jt(em) Diemen Clas hait p b an Arnolts Elsen.
erk(annt)	Jt(em) Peder Swinde erk(ennt) Peder Důczen I guld(e)n und XI alb(us) zu geb(e)n in XIIII tagen. Si no(n) p erf(olgt).
Concze vo(n) Bellerßhey(m) Clese Backe winkaůff	Jt(em) Concze Bellerßheim hait zu gesproch(e)n Albrecht Gertenern Ped(er) Rauben und Wilhelm Holczhusen / wie daß sie zuschen Clese Backen und yme bij eyme winkauffe gewest sihen daß er Clesen eyn wingart abe kaufften habe und sagen nit wie eß berett(en) und wem der wingart gulte geben solle. Das schade yme von ir iglichem X guld(e)n und heist yne eyn ja ader ney(n) obe sie do bij gewest sihen ader nit. Dar off sagen sie alle drij sie sihen do bij gewest(en) daß Backe // Conczen eyn wingart verkaufft(en) habe // mit IX ß gelts. Die soll Concze der p(rese)ncze geben daß sin Clese Backe keynen schad(e)n habe. Die sage hait Concze verbot und yne furt(er) zu gesproch(e)n daß sie die selbe ir sage nit beweren als recht ist. Das schade yme von ir iglichem X guld(e)n. Dar off sagen sie alle drij was sie gesagt hab(e)n das woll(e)n sie auch mit recht beweren wan(n) des noit sij. Das hait Concze verbot und gefragt wan(n) sie eß thůn sallen. S(e)n(tent)ia in XIIII tagen. Das hait Concze auch verbot.
1 h ///	Jt(em) Henne von Eltvjl als vo(n) mo(m)p(ar)schafft wegen frauwe Lysen von Spanheim h(er)n Hansen seligen witwen dut 1 h vor III l(i)b(ras) gelts off Conczgin Prassen und Hen(ne) Randeckern et om(n)ia.
1 h	Jt(em) Hen(ne) von Eltvjl dut 1 h vor XIII ß gelts off Cleßgin Swencken und Drubein et sup(ra) ping(nora).
1 h	Jt(em) Peder von Badenheim dut 1 h vor VII ß und III hell(er) off Heinrich Soden et sup(ra) pingn(or)a.

14. Oktober 1480 — fol. 161

ÜBERTRAGUNG

Peter Bender erkennt an, Niklas von Hanbach als Vertreter Heinrichs von Lutern 20 Gulden zahlen zu müssen binnen 14 Tagen. Wenn nicht erfolgt die Pfändung.

Kett Hiltz hat Pfändung gefordert gegen Henne Metzel.
Henne Scherer hat Pfändung gefordert gegen Cles Stern.
Clas Diem hat Pfändung gefordert gegen Else Arnold.
Peter Swinde erkennt an, Peter Dutz einen Gulden und 11 Albus zahlen zu müssen binnen 14 Tagen. Wenn nicht erfolgt die Pfändung.
Contz Bellersheim hat Albrecht Gertener, Peter Raub und Wilhelm Holzhusen angeklagt, dass sie bei einem Vertragsabschluss zwischen Cles Back und ihm gewesen seien, als er Cles einen Weingarten abkaufte und sie sagen nicht, wie es beredet wurde und wem der Weingarten die Gülte geben solle. Das schade ihm von jedem von ihnen 10 Gulden und er fordert von ihnen ein Ja oder Nein, ob sie dabei waren oder nicht. Darauf sagen sie alle drei, sie seien dabei gewesen, als Cles Back einen Weingarten verkauft habe für 9 Schilling. Die sollte Contz der Präsenz geben, so dass Cles Back keinen Schaden habe. Die Aussage hat Contz festhalten lassen und sie weiter angeklagt, dass sie ihre Aussage nicht beeiden, wie es rechtmäßig ist. Das schade ihm von jedem von ihnen 10 Gulden. Darauf sagen sie alle drei, was sie sagten, das wollen sie auch beeiden, wenn das notwendig sei. Das hat Contz festhalten lassen und gefragt, wann sie es tun sollen. Urteil: in 14 Tagen. Das hat Contz auch festhalten lassen.

Henne von Eltville als Vertreter von Frau Lyse von Sponheim, der Witwe von Herrn Hans, erhebt seine 1. Klage wegen 3 Pfund Geld gegen Contzgin Prass und Henne Randecker auf alles.

Henne von Eltville erhebt seine 1. Klage wegen 13 Schilling Geld gegen Clesgin Swencke und Drubein auf die Pfänder.

Peter von Badenheim erhebt seine 1. Klage wegen 12 Schilling und 3 Heller gegen Heinrich Soden auf die Pfänder.

fol. 161v — Samßtag nach sant Gallen tage

erf(olgt)	Jt(em) her Conrat Lange erf(olgt) Stern Clesen vor II guld(e)n.
erf(olgt)	Jt(em) Dornhenne von mo(m)p(ar)schafft wegen Joh(ann)es Philips Důchscher(er)s sone erf(olgt) Hengin Moll(er)n vor I guld(e)n.
	Actu(m) off Samßtag nach sant Gallen tage.
erk(annt)	Jt(em) Drubein erk(ennt) Henne Rießen eyn guld(en) IX alb(us) und eyn mald(er) meles zu geb(e)n in XIIII tagen. Si no(n) p erf(olgt).
2 h	Jt(em) Dornhenne dut sin 2 h off Kiczgin ut p(ri)ma.
Ped(er) von Ba-denheim ober nach[!] halden	Jt(em) Peder von Badenheim sagt er habe die feyßte Kremerß(e)n erfolgt(en) und phande berett(en). Nů solle er phande verkeiffen so wůße er des yren. Und begert wie er thun soll daß yme recht geschee und nyema(n)t unrecht. S(e)n(tent)ia Ped(er) sall dem scholteß(e)n eyne(n) heymbergen heisch(e)n. Dem sall er sie mit dem jheren. Und der heymberge sall sie yme ober nacht halt(en) und dan(n) an gericht brengen und furt(er) fragen was dan(n) furt(er) recht ist das geschee.
p b	Jt(em) Korn Angnese hait p b an Klees Karlen.
erf(olgt)	Jt(em) Henne Aczelnkrag als vo(n) mo(m)p(ar)schafft wegen h(er)n Ebalts erf(olgt) Henne von Soden offs bůch.
Concze Storcz[-]koppe Ebert Snade s(e)n(tent)ia	Jt(em) zusch(e)n Concze Storczkoppen und Ebert Snad(e)n nach ansprache antwort und beid(er)theyl furbrengů(n)g dwile Ebert Snade keyn jnredde auch nit syne(n) lip vor sin gude gestalt(en) ee und zuvor // Concze Storczkoppe sin fierde heischu(n)ge gethan hait s(e)n(tent)ia daß Concze off holunge nach lude siner heischu(n)ge thůn mag. Das ortel hait Concze verbot und hait die under-phande nach lude siner heischunge off geholt(en) und das verbot. Und der scholtes hait yme ban(n) und freden dar ober gethan als recht ist. Das hait Concze auch verbot.
1 h	Jt(em) Adam Wolffe unser mit scheffen geselle dut 1 h vor II genße off Peder Hiltwin et om(n)ia.

Herr Konrad Lange verklagt Cles Stern auf 2 Gulden.

Henne Dorn verklagt als Vertreter von Johannes, dem Sohn Philipp Duchscherers, Hengin Moller auf einen Gulden.

21. Oktober 1480

Drubein erkennt an, Henne Rieß einen Gulden 9 Albus und 1 Malter Mehl zahlen zu müssen binnen 14 Tagen. Wenn nicht erfolgt die Pfändung.

Henne Dorn erhebt seine 2. Klage gegen Kitzgin.

Peter von Badenheim sagt, er habe seinen Anspruch ins Gerichtsbuch eintragen lassen gegen die feiste Kremerin und Pfändung gefordert. Nun soll er die Pfänder verkaufen, doch er wisse nicht, was sie habe. Daher fragt er das Gericht, was er tun solle, damit ihm Recht geschehe und niemandem Unrecht. Urteil: Peter soll von dem Schultheißen einen Heimbürgen fordern. Dem soll er sie mit dem Rockschoß geben, Und der Heimbürge soll sie über Nacht verwahren und sie dann vor Gericht bringen und fragen, was Recht ist, das geschehe.

Angnese Korn hat Pfändung gefordert gegen Karl Klee.

Henne Atzelkragen als Vertreter von Herrn Ebalt hat seinen Anspruch ins Gerichtsbuch eintragen lassen gegen Henne von Soden.

Zwischen Contz Stortzkopp und Ebert Snade ergeht nach Anklage, Entgegnung und beiderseitigen Einbringungen, weil Ebert Snade keinen Widerspruch einlegte und auch nicht seinen Leib vor sein Gut gestellt hat, bevor Contz Stortzkopp seine 4. Klage getan hat, das Urteil: Dass Contz die Einziehung gemäß seiner Klage tun kann. Das Urteil hat Contz festhalten lassen und hat die Pfänder gemäß seiner Klage eingezogen und das festhalten lassen. Der Schultheiß hat ihm Bann und Frieden darüber gemacht, wie es Recht ist. Das hat Contz auch festhalten lassen.

Adam Wolff, unser Mitschöffe, erhebt seine 1. Klage wegen 2 Gänsen gegen Peter Hiltwin auf alles.

fol. 162 — Samßtag sant Symon und Juden tage

2 tag	Jt(em) Peder Raup hait sin 2 tag furt(er) geheisch(e)n das bůch zu brengen geigen Karlen und Jeckeln von Siemern.
3 h	Jt(em) her Heinrich Nickel dut sin 3 h off Gerhart Brand(e)n ut p(ri)ma.
3 tag	Jt(em) Hans Rampůsche hait sin 3 tag furt(er) geheisch(e)n konde zu brengen geigen Gerhart Bend(er)n.
erf(olgt)	Jt(em) Peder Snade erf(olgt) Herman(n) Holczhusen und Růssen offs bůch.
erk(annt)	Jt(em) Henne von Sprendlingen erk(ennt) Hen(ne) Ercken ey(n) guld(e)n off rechnu(n)ge zu geb(e)n in XIIII tag(en). Si no(n) p erf(olgt).
Erbach posuit ey(n) zittel	Jt(em) her Jacob der reydmeist(er) zům Sande als vo(n) wegen syner her(e)n von Erbach hait eyne(n) zittel hinder gericht gelacht(en) do ynne verzeichnet stett was sin her(e)n ym(m) zehenden hoeffe vorb(e)n(ann)t(en) haint und hait das verbot.
erf(olgt)	Jt(em) Lupis Jeckel erf(olgt) Wißenhenne(n) vor IIII guld(e)n.
erf(olgt)	Jt(em) Jamer Henne erf(olgt) Ritter Henne(n) vor II guld(e)n.
erf(olgt)	Jt(em) Ebert Kycze erf(olgt) Peder Swinden vor XX guld(e)n off rechnu(n)ge.

Actu(m) off Samßtag sant Symon und Juden tage.

tag v(er)hut(en)	Jt(em) Albrecht Gerten(er) Peder Raůp und Wilhelm Holczhusen sint off hude herschiene(n) und sich erbotten yre sage / sie zusch(e)n Concze Bellerßheim und Clese Backen gethan // zu beweren. Des ist yne allen tag gestalt an das nehste gericht.

Actu(m) off Samßtag nach O(mn)i(u)m S(anc)tor(um).

3 tag	Jt(em) Ped(er) Raup hait sin 3 tag furt(er) geheisch(e)n das bůch zu brengen geigen Karlen und Jeckeln gebrud(er)

28. Oktober 1480

Peter Raub hat seinen 2. Tag erbeten, das Gerichtsbuch beizubringen gegen Karl und Jeckel von Simmern.
Herr Heinrich Nickel erhebt seine 3. Klage gegen Gerhart Brand.

Hans Rampusch hat seinen 3. Tag gefordert, Beweise beizubringen gegen Gerhard Bender.
Peter Snade hat seinen Anspruch ins Gerichtsbuch eintragen lassen gegen Hermann Holzhausen und Ruß.
Henne von Sprendlingen erkennt an, Henne Erk einen Gulden gegen Rechnung zahlen zu müssen binnen 14 Tagen. Wenn nicht erfolgt die Pfändung.
Herr Jakob, der Reitmeister zum Sande, hat für seine Herren von Eberbach einen Zettel bei Gericht hinterlegt, in dem steht, was seine Herren im Zehnthof verbaut haben und hat das festhalten lassen.

Jeckel Lupis verklagt Henne Wiß auf 4 Gulden

Henne Jamer verklagt Henne Ritter auf 2 Gulden.

Ebert Kitz verklagt Peter Swinde auf 20 Gulden gegen Rechnung.

28. Oktober 1480
Albrecht Gertener, Peter Raub und Wilhelm Holzhusen sind heute erschienen und haben erboten ihre Aussage, die sie im Streit zwischen Contz Bellersheim und Cles Back machten, zu beeiden. Es ist ihnen ein Termin gesetzt worden am nächsten Gerichtstag.

4. November 1480
Peter Raub hat seinen 3. Tag gefordert, das Gerichtsbuch gegen Karl und Jeckel, Brüder

fol. 162v — Dornstag vor Martini

	von Sym(m)ern. Die b(enan)nt(en) Karlen und Jeckel haint auch yren tag verhut(en).
2 h	Jt(em) Adam Wolff unser mit scheffen geselle dut sin 2 h off Peder Hiltwin ut p(ri)ma.
3 h	Jt(em) Dornhenne dut sin 3 h off Kiczgin ut p(ri)ma.
1 h[c]	Jt(em) Flucken Clese dut 1 h vor funffe guld(e)n gelts off Kiczgin et sup(ra) pingn(or)a.
1 h	Jd(em) dut 1 h vor eyn guld(e)n gelts off Cleßgin Beckern et om(n)ia.
1 h[d]	Jt(em) her Heinrich Strůde dut 1 h vor ß[a] gelts off Kicze Annen et sup(ra) pingn(or)a.
1 h	Jd(em) dut 1 h vor XXI ß gelts auch off Kicze Annen et sup(ra) pingn(or)a.
1 h	Jd(em) dut 1 h vor IIII ß gelts off Hans Flucken et sup(ra) pingn(or)a.
1 h	Jd(em) dut 1 h vor eyn l(i)b(ram) gelts off Peder Dressern zu Swabenheim et sup(ra) pingn(or)a.
	Actu(m) off Dornstag vor Mart(in)i.
1 h	Jt(em) Clese Raup 1 h(eisching) ex p(ar)te filie vo(r) I l(i)b(ram) h(e)lle(r) off Hanß Korßn(er) zu Mentz off und(er) pf(and)
	Jt(em) Henne von Eltfelld erfolgkt Pet(er) Bend(er)n off daß buch.
erfolgt	Jt(em) Pet(er) Raup hait dass buch wie dan Hanß Cleße selge jme VII g(ulden) und I ort erkant v(er)bot und hait den zwey(n) zugesproch(en) daß sie der so(m)me III g(ulden) geb(e)n und daß oberentz nit geb(e)n. Schait jme X g(ulden) und heißt jne ja ad(er) ey(n) ney(n).
1 h[e]	Jt(em) frauwe Fiel aptissin dut 1 h(eischung) vor ey(n) halb(e)n g(ulden) gelts off Hepenhenne.
	Id(em) 1 h(eischung) off X ß off Hepenhenne uff solich und(er)pfand.
	Id(em) 1 h(eischung) off 1 l(i)b(ram) off Bußers Micheln(n)
1 h	Jt(em) Jekel Stam(m)e ex p(ar)to d(omi)noru(m) Erbach 1 h(eischung) off I g(ulden) off Hench(in) Endres und(er)pfand.
1 h	Jt(em) Dyemen(n) Claiß ex p(ar)te d(omi)noru(m) Husen 1 h(eischung) off XXIX ß off Heid(en) Cleß(e)n und solich und(er)pfande.
1 h	Jt(em) her(r) Heinr(ich) Nickel ex p(ar)te p(rese)ncie 1 h(eischung) fur[b] I g(ulden) off Cleßg(in) Ballentheim(er) und(er)pfandt(en)
Clese Back Contz Bell(er)ßh(eim)	Jt(em) Cleße Back hait den winkauff zußen Contz Bellerßh(eim) und jme gesagt(en) der eyde zu erlaß(e)n und an jr(er) sage ey(n) benugu(n)ge gehabt. Daß hait Contz v(er)bott. und hofft nach lud sins zuspruchs Clesen erfolgt zu han und soll jne durch recht erkant w(er)d(en). Daroff hait Clese das buch wie ansprache und anttw(or)t zuss(e)n jne geludt auch wie der wink(auf) gesagt lass(e)n offenn und v(er)bott und sagt er

a Es ist kein Betrag genannt.
b Das letzte Wort ist über der Zeile beigefügt.
c Diese und die folgende Marginalie sind durch eine einfache runde Klammer miteinander verbunden.
d Diese und die folgenden drei Marginalien sind durch eine einfache runde Klammer miteinander verbunden
e Zwei Striche zeigen an, dass die Marginalie auch für die beiden folgenden Zeilen gilt

von Simmern beizubringen. Die genannten Karl und Jeckel haben auch ihren Tag gewahrt.

Adam Wolff, unser Mitschöffe, erhebt seine 2. Klage gegen Peter Hiltwin.

Henne Dorn erhebt seine 3. Klage gegen Kitzgin.

Cles Fluck erhebt seine 1. Klage wegen 5 Gulden Geld gegen Kitzgin auf die Pfänder.

Derselbe erhebt seine 1. Klage wegen einem Gulden Geld gegen Clesgin Becker auf alles.

Herr Heinrich Strude erhebt seine 1. Klage wegen [] Schilling Geld gegen Anne Kitz auf die Pfänder.

Derselbe erhebt seine 1. Klage wegen 21 Schilling Geld auch gegen Anne Kitz auf die Pfänder.

Derselbe erhebt seine 1. Klage wegen 4 Schilling Geld gegen Hans Fluck auf die Pfänder.

Derselbe erhebt seine 1. Klage wegen einem Pfund Geld gegen Peter Dresser von Schwabenheim auf die Pfänder.

9. November 1480

Cles Raub erhebt seine 1. Klage für seinen Sohn wegen 1 Pfund Heller gegen Hans Korsner von Mainz auf die Pfänder.

Henne von Eltville hat seinen Anspruch ins Gerichtsbuch eintragen lassen gegen Peter Bender.

Peter Raub hat den Eintrag im Gerichtsbuch festhalten lassen, dass der verstorbene Hans Cleße anerkannt hat, ihm 7 Gulden und 1 Ort schuldig zu sein und hat die zwei angeklagt, dass sie 3 Gulden von der Summe und das übrige nicht geben. Das schade ihm 10 Gulden und er fordert von ihnen ein Ja oder Nein.

Frau Fiel die Äbtissin erhebt ihre 1. Klage wegen einem halben Gulden Geld gegen Henne Hepp.

Dieselbe erhebt ihre 1. Klage wegen 10 Schilling gegen Henne Hepp auf die Pfänder.

Dieselbe erhebt ihre 1. Klage wegen 1 Pfund gegen Michel Bußer.

Jeckel Stamm für die Herren von Eberbach erhebt seine 1. Klage wegen 1 Gulden gegen Henchin Enders, Pfänder.

Clas Diem für die Herren von Hausen erhebt seine 1. Klage wegen 29 Schilling gegen Cles Heide auf die Pfänder.

Herr Heinrich Nickel für die Präsenz erhebt seine 1. Klage wegen 1 Gulden gegen Clesgin Ballentheimer auf die Pfänder.

Cles Back hat wegen des Vertragsabschlusses zwischen Contz Bellersheim und ihm den Zeugen den Eid erlassen und hatte ein Genügen an ihrer Aussage. Das hat Contz festhalten lassen und er hofft, dass er gemäß seiner Anklage gegen Cles gewonnen habe und das Gericht dies anerkenne. Daraufhin hat Cles das Gerichtsbuch wie Klage und Entgegnung zwischen ihnen gelautet habe und was im Vertragsabschluss gesagt wurde öffnen lassen und das festhalten lassen und er sagt: Er

fol. 163 — Samßtag vor Katharine

erkenne deß kauffs. So v(er)stee er auch nit daß jme der wingart^a noch ange[-]
wonne(n) alß recht sij. Darzu so woll er jme werschafft thu(n) nach lude
deß winkauffs und hofft Contz(e)n wider nit schuldig zu sin / Contz hofft
dwile er jne nit gew(er)t so solb^b Contz(e)n^c jne erfolgt han(n). Und
stalt(en) daß von(n) beid(en) teil zu r(echt). Nach ansprach und anttw(or)t und bed(er)teil
furbreng(en) sprechen(n) wir zu recht daß Clese Back on erfolgt ist und soll
Clese Contz(e)n deß wing(arts) weren jn XIIII tag(en). Daß hant sie beide v(er)bott.

offgabe^d	Jt(em) Arnolts Else hait mit momp(ar)hant offgeben Jekeln Drappen ey(n) VII teil an
	ey(m)m morg(en) wing(art) am Wint(er)heim(er) wege gefor(cht) Jekel Baseheym(er) und(en) zu und soll
	eyg(en) sin. Wurde ettwaß daoben erfund(en) od(er) erwond(en) alß recht ist soll sie jme urfass(en).
	Jdem Else hait offgeb(e)n Můderß Hench(in) ½ [1/2] firt(el) wingarts am Hessel wege gefor(cht)
	Pet(er) Harewil(er) ob(en) zu und soll eyg(en) sin. Und wurde ettwaß daoben gewonne(n) soll
	sie jme urfasß(en) und I firtel felts am Stiegelboil gefor(cht) Erbachs Henchin(n)
	und(en) zu gibt jars der kirchen(n) hie IX d(enar).

Actu(m) off Sampßtag vor Katharine.

2 h(eischung)	Jt(em) h(e)r Heinr(ich) Strůde 2 h(eischung) off Kitz Anna id(em) 2 h(eischung) off Flucken(n) Henne
2 h	Jt(em) Fluckenn Clese 2 h(eischung) off Kitzgin.
	Id(em) 2 h(eischung) off Cleßg(in) Beck(er)n.
tag v(er)hudt	Jt(em) Ferber Henne hůtd sin tag gey(n) Rudwine.
tag v(er)hudt	Jt(em) Clese Wiße hut sin tag gey(n) Belheim(er)ßh(eim) [!].
tag v(er)hudt	Jt(em) Henne Gick hudt sin tag gey(n) Heid(en) Cleßg(in).
tag v(er)hudt	Jt(em) die Heltzen(n) Keth wart jren tag gey(n) Cristma(n)s Pet(er)n.
hudt sin tage	Jt(em) Henne von(n) Eltfelt h(ut) sin tag gey(n) Hench(in) Rauch.
tag v(er)hudt	Jt(em) Rampfuß hut sin tag(e) gey(n) Spitzkopp und meist(er) Lewen.
tag v(er)hudt	Jt(em) Henchin(n) Melman sin tag gehudt gey(n) Pet(er) Mandelma(n).
tag verh(udt)	Jt(em) Wern(er)h(er)[!] Knoblauch sin tag g(ehudt) gey(n) Heintz Tielen(n).
tag v(er)h(udt)	Jt(em) Jekel Bed(er) sin tag g(ehudt) gey(n) Lorchen(n).
	Jt(em) Syimo(n) [!] Schalmeyh(er) sin tag g(ehudt) gey(n) Ebb(erh)art Snaden(n).
	Jt(em) Trubenß Wilh(el)m gey(n) Hanß Ritt(er)n sin tag v(er)hudt.
	Jt(em) Betz hait Unglichen(n) gebottenn.
tag v(er)hudt	Jt(em) meist(er) Jacop gey(n) dem(e) bollherr(er) tag v(er)hudt.
	Jt(em) Henne vo(n) Zallbach hat gebott(en) Kemp Henne.
	Jt(em) ist Kontz von(n) Belh(er)ßheim(m) gey(n) Backhenn tag gestalt an daß negst gericht.
p. b.	Jt(em) hait Rampfuß begert p zuberedd(en) gey(n) Swynnen(n).
2 h a	Jt(em) Stame 2 h(eischung) off Hench(in) Endres ex p(ar)te d(omi)noru(m) Erbach.
	Jt(em) Heppenhenn^e stelt sin lip vo(r) sin gudt ex p(ar)te abbatisse i(n) Jngeldail.
	Ist gestalt an daß negst gericht.
2 h(eischung)	Jt(em) Clese Raup 2 h(eischung)^f von(n) sin(er) docht(er) weg(en) off Hanß Kurßn(er) vo(n) Mentz.

a Hinter dem »g« folgt ein »en«-Kürzel. – **b** Es folgt gestrichen: »er«. – **c** Es folgt gestrichen: »erfolgt han«. – **d** Zwei Striche zeigen an, dass die Marginalie auch für die folgenden sechs Zeilen gilt. – **e** Über dem zweiten »e« steht ein Kürzel (»o«?). – **f** Es folgt gestrichen: »off«.

erkenne den Kauf an. Er behaupte auch nicht, dass er den Weingarten erklagt habe, wie es Recht ist. Er wolle ihm eine Garantie geben gemäß dem Vertragsabschluss und hofft, er solle ihm nichts weiter schuldig sein. Contz hofft, er solle gegen ihn gewonnen haben. Sie legen es beide dem Gericht vor.

Nach Anklage, Entgegnung und beiderseitigen Vorbringungen sprechen wir als Recht: Dass Cles Back nicht unterlegen ist und Cles soll den Weingarten in 14 Tagen Contz sichern. Dem haben sie beide zugestimmt.

Else Arnold hat mit vollmächtiger Hand Jeckel Drapp den 7. Teil von einem Morgen Weingarten am Winterheimer Weg, benachbart Jeckel Basenheimer unten angrenzend, übergeben und der Weingarten soll sein Eigenbesitz sein. Würde etwas gefunden oder gewonnen, so soll sie ihn entschädigen.

Else hat Henchin Muder ½ Viertel Weingarten am Hesselweg aufgetragen, er grenzt oben an Peter Harwiler an und soll Eigenbesitz sein. Und würde etwas davon gewonnen, so soll sie ihn entschädigen und 1 Viertel Feld am Stiegelboil, grenzt unten an Henchin Erbachs und gibt jährlich der Kirche 9 Denar.

25. November 1480
Herr Heinrich Strude erhebt seine 2. Klage gegen Anna Kitz.
Derselbe erhebt seine 2. Klage gegen Henne Fluck.
Henne Fluck erhebt seine 2. Klage gegen Kitzgin.
Derselbe erhebt seine 2. Klage gegen Clesgin Becker.
Henne Ferber wahrt seinen Tag gegen Rudwin.
Cles Wiß wahrt seinen Tag gegen Bellersheim.
Henne Gick wahrt seinen Tag gegen Clesgin Heide.
Kett Hiltz wahrt ihren Tag gegen Peter Christman.
Henne von Eltville wahrt seinen Tag gegen Henchin Rauch.
Rampusch wahrt seinen Tag gegen Spitzkopp und Meister Lewe.
Henchin Melman hat seinen Tag gewahrt gegen Peter Mandelman.
Werner Knobeloch hat seinen Tag gewahrt gegen Heinz Tiele.
Jeckel Beder wahrt seinen Tag gegen Lorch.
Simon Schalmeyher wahrt seinen Tag gegen Ebert Snade.
Wilhelm Drubein wahrt seinen Tag gegen Hans Ritter.
Betz hat seinen Anspruch ins Gerichtsbuch eintragen lassen gegen Unglich.
Meister Jakob wahrt seinen Tag gegen den Bollerer.
Henne von Zahlbach hat ein Gebot gemacht gegen Henne Kemp.
Contz von Bellersheim ist ein Termin gegen Henne Back gesetzt worden am nächsten Gerichtstag.
Rampusch fordert die Benennung von Pfändern gegen Swynne.
Stamm erhebt seine 2. Klage gegen Henchin Enders für die Herren von Eberbach.
Henne Hepp stellt seinen Leib vor sein Gut gegenüber der Äbtissin von Engelthal. Es ist ihm ein Termin gesetzt worden am nächsten Gerichtstag.
Cles Raub erhebt seine 2. Klage wegen seiner Tochter gegen Hans Korsner von Mainz.

fol. 163v — Dornstag vor Concepcionis Marie

2 h(eischung)	Jt(em) die abbatissin 2 h(eischung) off Michel Bussern(n)
tag v(er)hudt	Jt(em) Clese Karolin und Jekel sin brud(er) v(er)hut iren(n) tag gey(n) Cristma(n)s Pet(er)n und ist ir tag gestalt an daß negst gericht.
	Off Dornstag vor Concepcio(nis) Ma(r)ie.
3 h(eischung)	Jt(em) Clese Raup 3 h(eischung) off Hanß Kurßn(er) zu Mentz ut supra
3 h(eischung)	Jt(em) Stanne 3 h(eischung) off Henchin(n) Endres ut supr(a).[a]
Actu(m) p(os)t Andree salb(at)o	Jt(em) Hench(in) Endres stelt sin lip fur sin gudt geg(en) den h(er)n von(n) Erbach jn recht.
komm(ert)	Jt(em) Conrat Kethel(er) von(n) Hanehusen(n) hat gekomm(er)t Henne Emmerich von Duwernh(eim). Ist tag gestalt off Samptstag nach sant Bastia(n)is tag.
komm(ert)	Jt(em) Pet(er) Emmerich hait bekomm(er)t Conrait Ketheler. Den ist tag gestalt ut sup(ra). Daß ist von(n) beid(en) teil(e)n v(er)bott.
3 3 h(eischung)	Jt(em) Heinr(ich) Strude 33 h(eischung) off Kitz Anna ut sup(ra)
3 3 h(eischung)	Jt(em) Clese Fluck 33 h(eischung) off Kitzg(in) und off Clesg(in) Beckern(n) ut sup(ra).
	Jt(em)
	Actu(m) Salb(at)o p(os)t Conceptio(nis) Ma(r)ie.
1 h(eischung)	Jt(em) Gippelhorne d(er) junge 1 h(eischung) off I g(ulden) gelts off Cleß Suffuß et und(er) pfandt
	Actu(m) qui(n)ta p(os)t Lucie
hort jn Wint(er)heim(er) buch	Jt(em) hait Wilh(elm) von(n) Swalbach widd(er)ruffen(n) die momp(ar)schafft.[b]
	Actu(m) Sampstag p(os)t Lucie.
lip fur sin gudt	Jt(em) hait Clese Suffuß sin lip vo(r) sin gudt gestalt gey(n) Gyppelhorn(n). Ist jne tag gestalt an daß negst gericht.
	Judic(iu)m Z(abbat)a p(os)t octa(vam) Ep(iphan)ie D(omi)ni anno D(omi)ni etc. LXXXIo.[c]
Symo(n) von Wiler	Jtem Antz als von(n) Symon(n) von(n) Wilers weg(en) hait zu gesproch(en) Eberhart(en) und schuldiget jne. Er hab jme sine(n) sone v(er)dingt daß hanttw(er)gk zu leren(n) ey(n) jare langk und weß er jne heiß soll er thun(n) zum best(en). Also hait er jne zu
Eberhart	jme genomme(n) von[d] Winacht(en) an biß zu[e] sant Martins tag hait jne gelert und dass beste gethan(n). Da ist er von(n) jme gang(en) und sinen lone nit ußgeracht noch gegeb(e)n. Jne den wint(er) gehalt(en) und hait jme auch nit gehalt(en). Dass er jme gereth(en) hait bit name(n) III g(ulden) die helt er jme fur. Daß er jme die nit gijt schat jme XX g(ulden). Dar off reth Rudig(er) von(n) Eberha(r)ts weg(en) eß magk sin daß Ebb(er)h(ar)ts sone und er zuhauff sin kom(m)en jne daß hantw(er)gk zu leren(n). Und da sie deß will(e)n gehabt hab(e)n zu ding(en)

a Es folgt gestrichen: »Off fritag Concepcio(nis) Ma(r)ie Nyd(er) Jngelnh(eim) q(uar)te i(n) libro«. - **b** Der ganze Eintrag zu diesem Tag ist als in das Winternheimer Buch gehörig durchgestrichen. - **c** Mit anderem Stift ist im Anschluss an die Datumszeile die arabische Zahl »1481« (verbessert aus 1581) hinzugeschrieben. - **d** Über der Zeile steht ein »+«. - **e** Über der Zeile steht ein »+«.

7. Dezember 1480

fol. 163v

Die Äbtissin erhebt die 2. Klage gegen Michel Bußer.
Cles Karolin und Jeckel sein Bruder wahren ihren Tag gegenüber Peter Christman. Es ist ihnen ein Termin gesetzt am nächsten Gerichtstag.

7. Dezember 1480
Cles Raub erhebt seine 3. Klage gegen Hans Korsner von Mainz.
Stamm erhebt seine 3. Klage gegen Henchin Enders.
Henchin Enders stellt seinen Leib vor sein Gut gegen die Herren von Eberbach.
Konrad Ketheler von Hanehusen hat Johann Emmerich von Duwernheim belangt. Es ist ihm ein Termin gesetzt worden am Samstag nach St. Bastian.
Peter Emmerich hat Konrad Ketheler belangt. Es ist ihnen ein Termin gesetzt worden wie oben. Dem haben beide Seiten zugestimmt.
Heinrich Strude erhebt die 3. Klage gegen Anna Kitz.
Cles Fluck erhebt die 3. Klage gegen Kitzgin und Clesgin Becker.

9. Dezember 1480
Gippelhorn der Junge erhebt seine 1. Klage wegen einem Gulden Geld gegen Cles Suffuß auf die Pfänder.

14. Dezember 1480
Wilhelm von Schwalbach hat die Gerichtsvertretung widerrufen.

16. Dezember 1480
Cles Suffuß hat seien Leib vor sein Gut gestellt gegen Gippelhorn. Es ist ihm ein Termin gesetzt worden am nächsten Gerichtstag.

13. Januar 1481
Antz für Symon von Wiler hat Ebert angeklagt und beschuldigt: Er habe seinen Sohn bei ihm die Lehre gegeben für ein Jahr, er solle ihm beibringen, was er wisse. Ebert hat ihn aufgenommen von Weihnachten bis St. Martin, hat ihn gelehrt und ihm das Beste getan. Da ist er weggegangen und hat seinen Lohn nicht gegeben. Außerdem versprach er, ihn den Winter über zu behalten und hat das nicht getan. Dass er ihm das versprochen hat, sei 3 Gulden wert und die enthält er ihm vor. Dass er ihm die nicht gibt, das schade ihm 20 Gulden. Darauf redete Rudiger für Ebert: Es möge sein, dass Eberts Sohn und er übereingekommen seien, das Handwerk zu lernen. Und als sie das wollten,

Zabbata post octavam Epiphanie

da haben sie lute bij gehabt. Und off die winkauffs lute bezucht sich Ebb(er)hart und
waß die winkauffs lute sagen(n) dass eyn(er) dem and(er)n thu(n) soll / Sol Ebb(erh)art(en) wole benug(en).
Daroff reth Antz und hait v(er)bott daß er den knab(e)n gedingt gehabt hait / und hait
jme zugesproch(e)n vor III g(ulden). Wan er jme die ußgericht waß dan der winkauff sage
laß er es bij steen unnd soll ime deß mit recht woil benůg(en). Daroff reth Rudig(er)
die wile Ebberh(ar)t off eyn(en) winkauff zucht so hoff er soll jne auch an gericht bring(en)
unnd stelt es auch zu recht. Danach hait d(er) schult(heiß) gefragt ob jne mit unß

sente(n)tia
genuge. Anttw(or)ten sie beyde ja. Solichis hait der schult(heiß) v(er)bott von(n) uns(er)s g(nädigen) h(er)n wegen(n).
S(e)n(te)n(ti)a dwile Rudig(er) off den winkauff zucht so soll er jne auch bringen. Hait er
gefraget bynnen welch(er) zijt ist er gewißt jn XIIII tag(en) / Solichis ist von beidenn
p(ar)tien v(er)bott. Also betorfft eynche p(ar)tie sin(er) tage furt(er) so ferre er die heiß als
recht ist soll ma(n) jme sin setzen(n) zu zwey(n) XIIII tag(en).

offholu(n)ge
Jtem(m) Clese Raup hait offgeholt eyn huß geleg(en) jn der Rynn(er) gasß(e)n. Ist jme bann
unnd fried daruber gegebenn von(n) dem schulthiss(e)n als recht ist. Das hat er v(er)bott.[a]

p. b.
Jt(em) Hench(in) Scherr(er) hait p. b off Sterne Clesenn. Nu weiß er dassinen nust nit
fragt furt(er) wie er jme nachko(mmen) soll daß jme recht geschee. Daruff ist er mit
recht gewißt weß er dessynen nust so soll er dem schult(heiß) heymb(er)g(en) heißenn.

nescit
Der soll jme jne mit dem geren gebenn und soll jne der heymberg(er)[b] uber
nacht haltenn unnd wydder an ger(icht) bring(en). Dan(n) geschee furt(er) waß recht sij.
Hait Henchin(n) Scherr(er) verbott.

erfolgt
Jt(em) Pet(er) Snade erfolgt Ferberhennen(n) nach ludt sin(er) ansprach.

Dunckelers Elßg(in)

he(r) Endreß / Clese Lorch
und Pet(er) Endres
Jt(em) Antz[c] von(n) Dunckelers Elßg(in) weg(en)[d] spricht zu Henchin(n) Endreß
Clese Lorchin unnd Pet(er)n Endreß und gijt den drijen schult. Wie daß Hench(in) Ruß
selge dem Gott g(nade) jr negst(er) vett(er) gewest sij. Nů nemen sie sich solichis erbfals
an von(n) jme herkommen(n). Alß hofft sie / sie sij neh(er) dann die drij von gesips
wegenn unnd daß sie nu nit hand abthun unnd laß(e)n sie darzu kommen(n). Solichs
schait ir VI$^{c(entum)}$ gůlden. Unnd ob sie ney(n) wolt(en) dazu redenn / so hofft die fr(au) bij zu br(ingen)
alß das gericht erkent alß recht sij. Daroff hait sich Hans Wenck v(er)dingt
unnd hait gereth von(n) der drijer weg(en) sin und(er)ding v(er)bott. Also man(n) hab wole ge[-]
hort wie Antz hait lass(e)n luten alß ey(n) clage wie daß die fr(au) neh(er) soll sin mit geblute
und gesipss eyns glidts neh(er) dan die erbenn. Unnd dwil Antz solichis hat laß(e)n

---

a Von dem Buchstaben »s« des Wortes »als« bis hier ist der Text von anderer Hand und mit anderer Tinte geschrieben.
b Es folgt durchgestrichen: »mit«.
c Es folgt durchgestrichen: »nach«.
d Es folgt durchgestrichen: »unnd«.

da hatten sie Leute dabei, die den Vertragsabschluss bezeugten. Auf diese berufe sich Ebert und was diese Leute sagen, das sollen sie einander tun. Das solle Ebert genügen. Darauf sagt Antz und hat festhalten lassen, dass er den Jungen angestellt habe und hat ihn angeklagt wegen 3 Gulden. Wenn er ihm die bezahlt, was dann die Zeugen des Vertragsabschlusses sagen, dabei wolle er es lassen und das soll ihm vor Gericht genügen. Darauf sagte Rudiger: Weil Ebert sich auf den Vertragsabschluss beruft, so hoffe er, er solle ihn auch vor Gericht bringen und legt das dem Gericht vor. Danach fragte der Schultheiß, ob ihnen die bei Gericht Anwesenden genügen. Sie antworteten beide: Ja. Das hat der Schultheiß für unseren gnädigen Herrn festhalten lassen. Urteil: Weil sich Rudiger auf den Vertragsabschluss beruft, soll er ihn auch beibringen. Er hat gefragt, binnen welcher Zeit und es wurde ihm gewiesen: in 14 Tagen. Dem haben beide Parteien zugestimmt. Bedürfe eine Partei Verlängerung, so solle sie diese noch zweimal 14 Tage erhalten, sofern sie diese fordert, wie es Recht ist.

Cles Raub hat ein Haus gelegen in der Rindergasse eingezogen. Und der Schultheiß hat ihm Bann und Frieden darüber gemacht, wie es Recht ist. Das hat er festhalten lasen.

Henchin Scherer hat Pfändung gefordert gegen Cles Stern. Nun weiß er das Seine nicht und fragt das Gericht, was er tun solle, damit ihm Recht geschehe. Darauf wurde ihm als Recht gewiesen: Wisse er das Seine nicht, so soll er von dem Schultheißen einen Heimbürgen fordern. Der soll den Schuldner am Rockschoß nach sich ziehen und über Nacht verwahren. Dann soll er ihn vor Gericht bringen. Dann geschehe, was Recht ist. Das hat Henchin Scherer festhalten lassen.

Peter Snade hat seinen Anspruch gegen Henne Ferber eingeklagt gemäß seiner Anklage. Antz klagt für Elsgin Dinckler Henchin Enders, Cles Lorch und Peter Enders an und gibt den dreien die Schuld. Der verstorbene Henne Ruß, dem Gott gnade, sei ihr nächster Vetter gewesen. Nun haben sie das Erbe, das von ihm herkomme, in Besitz genommen. Sie hoffe, dass sie näher als die drei verwandt sei. Dass sie die Hände nicht von ihrem Erbe lassen, schade ihr 600 Gulden. Und wenn sie Nein dazu sagen wollen, so hoffe die Frau die Beweise beizubringen, wie es das Gericht anerkenne. Darauf hat sich Hans Wenck verpflichtet und hat für die drei geredet und hat seine Anwaltschaft festhalten lassen: Man habe wohl gehört, dass Antz habe verlauten lassen als Klage, dass die Frau mit Blut und Sippschaft näher verwandt sei als die Erben. Und dass Antz das hat verlauten lassen,

Zabbata post octavam Epiphanie

luten daß die fr(au) neh(er) sij / daß hait er v(er)bott / Da hoffen(n) die drij daß die fr(au) nu(m)mer
soll bijbring(en) deß zu recht genn(u)g sij nach lute der anspr(ache) daß sie neh(er) sij. Unnd
dwile sie deß noch zur zijt nit gethan(n) und bijbracht hait / hoffen sie[a] jr[b] ub(er)
die anclage nust nit schuldig sint und satzten zu recht. Antz von d(er) fr(au) wegenn
redt daroff unnd v(er)bott daß die fr(au) eß dabij blibenn lasß(e)n woll unnd fragt furt(er)
mit recht wie bijzubring(en) mit weme[c] wie od(er) wann daß yed(er)mann recht geschee.

sente(n)tia Der schult(heiß) fragt ob sie eyn genuge(n) anwysu(n)ge deß gerichts hab(e). Ist[d] jme von beden p(ar)tien
geanttw(or)t ja. Daß hat d(er) schult(heiß) v(er)bott von gerichtes wegen und auch von(n) unse(r)s gnedig(en)
heren(n) weg(en)[e]. S(e)n(te)n(ti)a die frauwe soll es bijbring(en) mit gericht. Hait sie aber deß
nit hait sie dan(n) biddebare lute der zu recht genn(u)g ist die jnwendig sint und nit
teil oder gemey(n) daran habenn unnd auch[f] nit von p(ar)tienn unnd sweren off den heilgenn

a Es folgt durchgestrichen: »daß sie«.
b Es folgt durchgestrichen: »dar«.
c Es folgt durchgestrichen: »od(er)«.
d Das Wort ist über der Zeile beigefügt.
e Der Text vom Satzanfang bis hier ist am linken Textrand beigefügt.
f Das Wort ist unter der Zeile hinzugeschrieben.

dass die Frau näher verwandt sei, das hat er festhalten lassen. Nun hoffen die drei, dass die Frau nun die Beweise beibringen soll, die vor Gericht genügen gemäß ihrer Anklage, dass sie näher verwandt sei. Und weil sie dies bisher noch nicht getan hat, hoffen sie ihr auf ihre Anklage nichts schuldig zu sein und legen das dem Gericht vor. Antz hat für die Frau geredet und das festhalten lassen, dass die Frau es dabei lassen wolle und fragt weiter, wie, mit wem oder wann sie das beweisen solle, so dass jedem Recht geschehe. Der Schultheiß fragt, ob sie ein Genügen an einer Weisung des Ge-richts hätten. Beide Parteien antworteten: Ja. Das hat der Schultheiß für das Gericht und für unseren gnädigen Herrn festhalten lassen. Urteil: Die Frau soll es gerichtlich beweisen. Hat sie den Gerichtsbeweis nicht, hat aber ehrbare Leute, wie sie dem Gericht genügen, die hier leben und keinen Anteil an der Rechsache haben oder Partei sind und die schwören auf die Heiligen,

fol. 164v — Zabbata post Angnetis virginis

als recht ist so hait sie bij bracht. Jst von(n) beid(en) p(ar)t(ien) v(er)bott und hait Antz
furt(er) gefragt jn welch(er) zijt die bijbringu(ng)e gescheenn soll / ist gewißt jn
XIIII tag(en) / Ob jme brost daran wurde gijt man jme zwen(n) XIIII tage furt(er) zu.

tage gele(n)gt — Jt(em) Stamme(n) unnd Hench(in) Endres ist ir tage gelengt off negst Sampstag
nach[a] dem Erweiß Sontage zu allem recht(en) als off
hute. Unnd der taig ist vonn beid(en) p(ar)tien v(er)bott.

Hyltz(e)n Keth Pet(er) Raub — Jt(em) Chrißtma(n)s Pet(er) unnd Keth Hiltzin ist ir tage gelengt off Sampstaig negst
nach sant Bastians taig zu allem recht(en) alß off hute. Ist v(er)bott(en).

offgeholt — Jt(em) h(er) Heinr(ich) Strůde sin IIII h(eischung) und offgeholt(en) off Kitzannen. Dem ist fridd
unnd bann darob(er) gescheenn. Solichs hait er v(er)bott

erfolgt — Jt(em) Rudwin hait Hench(in) Endres erfolgt off dass buch
Jdem(m) hait Knoden(n) Henne auch erfolgt off das buch.

erkentnisß und erfolgt p.b. — Jt(em) Ferberhenne hait Rudwin erkant II g(ulden) und erfolgt off daß buch

p.b. — Jt(em) Rampfuß hait p.b. off Swynnen(n) Pet(er)n unnd ist gewißt vom schult(heiß).

erfolgt — Jt(em) W(er)ner Knoblauch erfolgt Heintz Drieln vo(r) II g(ulden)

erfolgt — Jt(em) Henne von(n) Eltfelt erfolgt Henchin(n) Rauchenn vo(r) VIII g(ulden)

tage lengeru(n)g — Jt(em) ist dem Boller(e)r unnd meist(er) Jacop ir tage gelengt von(n) hute uber IIII
wochenn zu allem(m) recht(en) als off hute

Jt(em) Dyemen Claiß hait von(n) Hanna(n)ß Pet(er)n gefragt deß gebotts halb(er) er jme get(an)
hait unnd ist von(n) jme gewißt deß gebotts.

Jt(em) Lorß von(n) Britzenh(eim) bij Mentz gelegenn hait Kempff Henne(n) von(n) Heckßheim(m)
mompar — momp(ar) gemacht uber sin schult jm rich jnzugewinnen biß off sin widd(er)ruffen(n)

Actu(m) Z(abbat)a p(ost) Ang(n)et(is) v(ir)ginis.

erk(annt) — Jt(em) Contz Bennd(er) erk(ennt) Endreß vonn Win(n)hey(m) III g(ulden) in XIIII tag(en) sj no(n) tu(n)c pfand.

erf(olgt) — Jtem(m) Henne vonn Eltfelt erfolgt Groiß Jekels sone Karlen off das buch.

p b erfolgt — Jt(em) Pet(er) Raup erfolgt Hiltzen Kethen off das bůch und hait pfande off sie bereth(en)

erk(annt) — Jt(em) Dyeme(n) Claiß erkent Hench(in) Scherr(er)n II g(ulden) in XIII tag(en). Si non(n) tu(n)c pfandt.

erk(annt) — Jt(em) Vintzgin erk(ennt) End(er)s von(n) Winheim(m) XIII alb(us) in XIIII tag(en).

Jt(em) Mytzen Henne spricht Lysenn Henne zu wie daß er jne gebett(en) habe ey(n) hepe zu lyhen(n).
Mytzen Henne — Daß habe er gethan(n). Daß er jme die hepe nit widd(er)gebe schait jme I g(ulden). Ney(n) od(er) ja.
Lÿsen Henne — Lysenn Henne spricht er habe jne off ey(n) zijt gebett(en) ey(n) hepe zu lyhenn. Die habe er jme
auch widd(er) geschickt. Und weß er jne widd(er)s anlange deß mach er sich unschuldig.

erfolgt — Jtem(m) Niclaiß als ey(n) momp(ar) Heinrich Snid(er)s von(n) Lut(er)n erfolgt Pet(er)n Bendern(n) ad libru(m).
Jt(em) Lichtschijt erfol(gt) Henne Engellandt off das buch.

---

a Es folgt durchgestrichen: »sant Bastians tag«.

wie es Recht ist, so hat sie den Beweis erbracht. Dem haben beide Parteien zugestimmt und Antz hat weiter gefragt, bis zu welcher Zeit dies geschehen soll und erhält die Weisung: in 14 Tagen. Gebricht es ihm daran, gibt man ihm zweimal 14 Tage mehr.
Stamm und Henchin Enders ist der Termin verschoben worden auf Samstag nach Erweißsonntag zu allen Rechten wie heute. Dem Tag haben beide Parteien zugestimmt.
Kett Hiltz und Peter Christmann ist ihr Gerichtstag verschoben worden auf Samstag nach Bastian mit allen Rechten wie heute. Ist festgehalten.
Heinrich Strude erhebt seine 4. Klage und hat eingezogen von Anne Kitz. Ihm wurde Frieden und Bann darüber gelegt. Das hat er festhalten lassen.
Rudwin hat seinen Anspruch ins Gerichtsbuch eintragen lassen gegen Henchin Enders. Derselbe hat seinen Anspruch ins Gerichtsbuch eintragen lassen gegen Henne Knode.
Henne Ferber hat anerkannt, Rudwin 2 Gulden schuldig zu sein und der Anspruch wurde ins Gerichtsbuch eingetragen.
Rampusch hat Pfändung gefordert von Peter Swinde und wurde gewiesen vom Schultheiß.
Werner Knobeloch verklagt Heinz Driel auf 2 Gulden.
Henne von Eltville verklagt Henchin Rauch auf 7 Gulden.
Dem Pollerer und Meister Jakob ist der Tag verschoben worden von heute an um 4 Wochen mit allen Rechten wie heute.
Clas Diem hat gefragt wegen des Gebots, das er an Peter Hanman tat und es wurde ihm gewiesen.
Lorß von Bretzenheim bei Mainz hat Johann Kempf von Hechtsheim zum Vertreter gemacht, ihm seine Schulden im Reich zu gewinnen bis auf Widerruf.

27. Januar 1481
Contz Bender erkennt an, Endres von Weinheim 3 Gulden binnen 14 Tagen zu zahlen. Wenn nicht erfolgt die Pfändung.
Henne von Eltville hat seinen Anspruch ins Gerichtsbuch eintragen lassen gegen Jeckel Groß' Sohn Karl.
Peter Raub hat seinen Anspruch ins Gerichtsbuch eintragen lassen gegen Kett Hiltz und hat Pfändung gefordert.
Clas Diem erkennt an, Henchin Scherer 2 Gulden binnen 14 Tagen zahlen zu müssen. Wenn nicht erfolgt die Pfändung.
Vintzgin erkennt an, Enders von Weinheim 13 Albus binnen 14 Tagen zahlen zu müssen. Henne Mytz klagt Henne Lyse an, dass er ihn gebeten habe, ein Winzermesser zu leihen. Das habe er getan. Dass er ihm das Winzermesser nicht wieder gibt, das schade ihm einen Gulden. Nein oder Ja. Henne Lyse sagt, er habe ihn vor einiger Zeit gebeten, ihm ein Winzermesser zu leihen. Das habe er ihm auch zurück geschickt. Und wessen er ihn anklage, dessen sei er unschuldig.
Niklas als Vertreter Heinrich Sniders von Lutern hat seinen Anspruch ins Gerichtsbuch eintragen lassen gegen Peter Bender.
Lichtschid hat seinen Anspruch ins Gerichtsbuch eintragen lassen gegen Henne Englender.

fol. 165 — Zabbata post Angnetis virginis

Jt(em) Hanß Rampfuß fragt nach dem er pfand bereth hait off Pet(er) Swinden also kůnde
er dessmen nichtes finden. Ist er gewist mit recht er soll dem schulthiss(e)n heimb(er)g(er)
heyßenn. Der soll jne jme mit dem geren(n) gebenn und soll jne der heimb(er)ger ober nacht

nichil deß sinen — haltenn unnd an gericht bring(en). Dan soll gescheenn waß furt(er) recht sin wirdet.
Rampfuß hait v(er)bott.

erf(olgt) — Jt(em) Henchin(n) Meleman(n) hait erfolgt Clesenn Suffūß den alt(en) uff das buch.
off geholt — Jdem(m) hait sin 1 2 3 4 [8/2] h(eischung) gethann uff Clese Jekeln(n) unnd hait die gut(er) offgeholtenn
erf(olgt) — Jt(em) Ryeß erfolgt Drijbeyn [!] off das buch.
erk(annt) — Jt(em) Ebberha(r)t Kytz erk(ennt) Scherr(er) Henne I g(ulden) off rechnu(n)g(e) jn XIIII tag(en)

Jt(em) Henne von(n) Eltfelt hait sich v(er)dingt Sterne Clesen(n) das wo(r)t zu thun(n) und hait das und(er)ding[a]
v(er)bott gegen(n) Jekeln und Hennen Winßbach gebrodern(n) unnd spricht wie daß die
beide gebrůd(er) zinß schuldig syen den(n) Karthusern(er) zu Mentz II guldin ußzurichten
nach ludt eyn(er) v(er)schribu(n)ge erlesen ließ. Daß sie den zins nit ußricht(en) schait jme X g(ulden).
Unnd ob sie dazu neyn sagen wolt(en) zucht er sich off die v(er)schribu(n)ge. Daroff

Sterne Clese — reth Rudig(er) von(n) jr beid(er) wegenn nach dem der zett(el) v(er)lesen sij so magk eß sin dassie
ey(n) fleckenn winga(r)t gehabt habenn der den heren II g(ulden) zins gegeben hab / Dem
nach syen(n) sie widd(er) zu hauff komme(n) Henne unnd sin broder unnd habenn mit den heren
ey(n) abkauff gethann der gůlten halp. Eyns jn das annd(er) v(er)teidingt wordenn unnd mit

Hen und Jekel Winß[-] — name(n) XXX guldin darfur gebenn / sie v(er)noget und woil bezalt. Da sij ey(n) bidd(er)man
bach(er) gebroder — bij gewest demselben woil zuglěuben steet. Wolt sich ab(er) Clese mit demselben bidd(er)man
lassenn bewisenn das mogenn sie woil gelid(en) wollt ab(er) Clese solichis nit thun(n) wolt dan
er sie dan darůb(er) wider anziehenn deß mechten sie sich onschuldig. Henne von

peccaveru(n)t — Eltfelt spricht dar zu Rudig(er) zůgt ey(n) unschult herfur. Hoff er dass Jekel und Hene gebrud(er)
keyn onschult dafur thu(n) sollenn. Dan hett(en) die heren eyn genug(e)ne daran gehabt
so hetten(n) sie keyn v(er)schribu(n)g darrub(er) gemacht / Hoff als fur keyn unschult darub(er) gethan(n)
werden soll und stelt daß zu recht. Rudig(er) stelt auch zurecht wie fur. Daroff ist
disse unschult[b] offgeslag(en) bijß off hute uber XIIII tage. Daß haben sie v(er)bott. Unnd hait Sterne

geloipniß — Clese unnd Winßbachs Henne dem(e) schult(heißen) ir truwe gegeben(n) solichis gegen unserm(m) gnedigt(en)
und[c] gericht abzutragenn jrer worthalb(er) sie vo(r) gericht gethan(n) haben.

Jt(em) Winßbachs Henne erk(ennt) das er jn XIIII tag(en) eyn(en) and(er)n zu den drijen rachtu(n)gsme(n)nern(n)
rachtu(n)gs ma(n) — suchenn will. Solichis hait Clese v(er)bott.
erf(olgt) — Jt(em) Jekel Drapp als von(n) Kytz Hansenn weg(en) erfolgt Ferb(er)henne off das buch.

Jt(em) Gotzenn Henne schuldigt meist(er) Martin den smith als wie er jme ey(n) hauwe geben
hab zu machenn da hab er jme die gereth zu machen off wandel. Daß er jme die nit
Gotzen Hen — widd(er) gijt schait jme I g(ulden). Meist(er) Mart(in) spricht eß moge sin er habe jme ey(n) hauw zu
meist(er) Martin — machen bracht. Die hab er jme gemacht jn maißen(n) er mit jme gereth hatt. Die hab er
jn sinem huse geholten unnd ey(n) genug(e)ne daran gehabt(en). Da sij Henne Gotze und deß schrib(er)s
sone Pet(er)[d] zu hauff komne(n) und mit ayn(er) and(er)n hauwen jn die ich jme gemacht hatt gehauwe(n).
Unnd hette er damit gearbeit zemlich. We(r)e sie jme dan zu schande(en) gang(en) er wolt es jme gekeret

---

a Über dem »n« stehen zwei in ihrer Lage nach hinten abfallende Punkte.
b Das Wort ist am linken Seitenrand beigefügt.
c Das Wort ist vor dem Anfang der Zeile beigefügt.
d Der Sohn des Peter Schriber hieß Heinrich.

27. Januar 1481 — fol. 165

ÜBERTRAGUNG

Hans Rampusch fragt: Nachdem er Pfändung gefordert hat gegen Peter Swinde, könne er bei ihm nichts finden. Es ist ihm vom Gericht gewiesen worden: Er soll vom Schultheißen einen Heimbürgen fordern. Der soll den Schuldner am Rockschoß nach sich ziehen und über Nacht verwahren. Dann soll er ihn vor Gericht bringen. Dann soll geschehen, was Recht sein wird. Das hat Rampusch festhalten lassen.

Henchin Melmann hat seinen Anspruch ins Gerichtsbuch eintragen lassen gegen Cles Suffuß den Alten. Derselbe hat seine 1., 2., 3., 4. Klage getan gegen Jeckel Cles und hat die Güter eingezogen. Ryeß hat seinen Anspruch ins Gerichtsbuch eintragen lassen gegen Drubein. Eberhard Kitz erkennt an, Henne Scherer einen Gulden gegen Rechnung zahlen zu müssen binnen 14 Tagen. Henne von Eltville hat sich verpflichtet, Cles Stern vor Gericht zu vertreten und hat seine Anwaltschaft festhalten lassen gegenüber Jeckel und Henne Winsbach, Brüder und sagt: Dass die beiden Brüder den Karthäusern zu Mainz Zins schuldig seien, nämlich 2 Gulden gemäß einer Verschreibung, die er verlesen ließ. Dass sie den Zins nicht zahlen, das schade ihm 10 Gulden. Und wenn sie dazu Nein sagen wollen, bezieht er sich auf die Verschreibung. Darauf redete Rudiger für die beiden: Nachdem der Zettel verlesen worden sei, so könne es sein, dass sie einen Fleck Weingarten hatten, der den Herren 2 Gulden Zinsen gegeben haben. Danach seien sie zusammen gekommen, Henne und sein Bruder und haben mit den Herren abgerechnet wegen der Gülten. Da sei eines mit dem anderen verrechnet worden und 30 Gulden dafür gegeben worden und damit hätten sie wohl alles bezahlt. Dabei sei ein Ehrenmann gewesen, dem man wohl glauben solle. Wolle sich Cles das mit dem Ehrenmann beweisen lassen, so wollen sie das wohl dulden. Wolle Cles solches nicht, wessen er sie darüber hinaus anklage, dessen seien sie unschuldig. Henne von Eltville spricht darauf: Rudiger behaupte hierfür eine Unschuld. Er hoffe, das Jeckel und Henne, Brüder, nicht als unschuldig gelten sollen. Hätten die Herren ein Genügen daran gehabt, so hätten sie keine Verschreibung darüber gemacht. Er hofft daher, dass hier keine Unschuld gilt und legt das dem Gericht vor. Rudiger legt es auch dem Gericht vor wie zuvor. Darauf wurde die Unschuld festgelegt von heute an 14 Tage. Das haben sie festhalten lassen. Und Cles Stern und Henne Winsbach haben dem Schultheißen gelobt wegen der Worte, die sie vor Gericht geäußert haben, diese vor unserem Herrn und dem Gericht abzutragen.

Henne Winsbach erkennt an, dass er in 14 Tagen einen anderen zu den drei Schiedsleuten benennen soll. Das hat Cles festhalten lassen. Jeckel Drapp für Hans Kitz hat seinen Anspruch ins Gerichtsbuch eintragen lassen gegen Henne Ferber.

Henne Gotze beschuldigt Meister Martin den Schmied, dass er ihm eine Grabhacke gegeben habe, um ein solche nach dem Vorbild zu machen. Dass er ihm die nicht wieder gibt, das schade ihm einen Gulden. Meister Martin sagt: Es könne sein, dass er ihm eine Hacke zum Arbeiten brachte. Er habe ihm die Hacke gemacht, wie er mit ihm beredet habe. Die habe er in seinem Haus geholt und hatte ein Genügen daran. Da seien Henne Gotze und des Schreibers Sohn Peter vorbei gekommen und sie hätten mit einer anderen Hacke in die, die er ihm gemacht habe, gehauen. Und er hatte damit ziemlich damit gearbeitet. Wäre sie dabei zu Schaden gekommen, wollte er ihm den Schaden ersetzt haben.

fol. 165v — Zabbata post Angnetis virginis

habenn. Dan also hauwen(n) zu v(er)suchenn wie er gemelt hait hoff er nit dass
er jme karunge darumb zu thun pflichtig sij od(er) wandelu(n)g thun soll unnd
stelt zurecht. Henne von(n) Eltfelt hait verbott daß meist(er) Mart(in) gesteet das
jme die haůw wurd(en) sij und hoff dwile jme die hauw wurd(en) sij so soll er sie jme
widd(er) gebenn und stelt zurecht. S(e)n(tenti)a Henne soll mit meist(er) Martin hey(m) geen und
soll jme meist(er) Martin die hauw widd(er) gebenn.

erf(olgt) Jt(em) Masenn Ebber(har)th erf(olgt) Herman(n) Bend(er)n vo(r) II g(ulden) und XVI alb(us) beheltlich jme sin jnredde.

erf(olgt) Jtem(m) Pet(er) bij Borne erf(olgt) He(r)man(n) Bennd(er)n vo(r) I g(ulden) beheltlich jme sin jnsage.

Actu(m) Sabb(at)o p(os)t Conv(er)sio(nem) Pauli ap(osto)li.

Elßgin Dunckeler(er)s[h] Jt(em) Antz hait sich v(er)dingt Elßg(in)[a] Dunckelers daß wort zuth(un) gegen den IIII[b] und hait sin unnd(er)ding v(erbot).[c]

Antz(en) von(n) der frauwe(n) weg(en) schuld(en)
Pet(er)n Beckern Jekel Winßbach Henchin Drubein und[d] Contzgin Prassen gijt den
IIII schult wie das jr vatt(er) selge Henne Růßche der jn der Hamen gasß(e)n
gesessenn hait unnd Siffert Rusßche der jn der Oren Brucken gesessen hait
ytzt Henne(n) Rusßchen(n) vatter der abgang(en) ist daß die IIII nit erkennen
als vil[e] ir iglichem(m) wissentlich ist. Daß schait jr von(n) ir iglichem XL guld(en) und
heißt jne sampthafftig ey(n) recht[f] gerichts anttw(or)t ja od(er) ey(n) neyn(n) ob jne
nit wissentlich sij daß die frauwe unnd Henne Rußche recht geswist(er)

Pet(er) Becker kynde gewest syen od(er) nit. Rudig(er) redt und spricht daß gericht hab woil
gehort den zuspruch den Antz vo(n) d(er) frauwe(n) weg(en) an die IIII gethan hait
unnd bezucht konde zu bring(en) die konde von(n) jren weg(en) geschuldigt sij zu
sag(en) waß ir iglichem(m) wissentlich sij / Und heißt die konnde eynen man der
jne ir wort thu. Beducht my(n) heuptlut(en) daß die konde billich selb(er) redeten(n)
daß jhnne das sie wůsten. Antz spricht kortz er heyße jne ey(n) anttw(or)t
der schuldigu(n)e [!] nach ja od(er) eyn ney(n). Henne von(n) Eltfelt von der IIII

sage d(er) konden eymu(n)diglich[i] wegenn spricht eyn(m)udiclich[g] wie dassie alle IIII Hennen(n) Rusßchen in der Hamen(n)

---

a Der Name ist über der Zeile beigefügt, darunter durchgestrichen: »Greden«.
b »den IIII« ist über der Zeile beigefügt, darunter durchgestrichen: »Pet(er)n« und in der folgenden Zeile: »Beckern«.
c Es folgt durchgestrichen: »Rüdig(er) als von(n) Pet(er) Beckers wegen deß glichenn auch v(er)dingt und v(er)bott«.
d Das Wort ist über der Zeile beigefügt.
e Das Wort ist über der Zeile beigefügt.
f Das Wort ist durch ein Zeichen mit dem nachfolgenden Wort vertauscht worden.
g Das Wort ist über der Zeile beigefügt.
h Davor steht durchgestrichen: »Grede«.
i Die letzte Silbe des Wortes steht - ohne Trennungszeichen - in der folgenden Zeile.

27. Januar 1481

Da er die Haue zu versuchen hatte, wie er meinte, hoffe er nicht, dass er ihm zum Ersatz oder zur Rückgabe verpflichtet sei und legt das dem Gericht vor. Henne von Eltville hat festhalten lassen, dass Meister Martin gesteht, dass er die Hacke erhalten habe und hofft, weil er die Hacke erhalten habe, so solle er sie ihm wieder geben und legt das dem Gericht vor. Urteil: Henne soll mit Meister Martin nach Hause geben und Meister Martin soll ihm die Hacke zurück geben.

Eberhard Masen verklagt Hermann Bender auf 2 Gulden und 16 Albus vorbehaltlich seiner Gegenrede.

Peter bei Born verklagt Hermann Bender auf einen Gulden, vorbehaltlich seine Gegenrede.

27. Januar 1481

Antz hat sich verpflichtet, Elsgin Dinckeler vor Gericht zu vertreten und hat seine Anwaltschaft festhalten lassen. Antz beschuldigt für die Frau Peter Becker, Jeckel Winsbach, Henchin Drubein und Contzgin Prass und gibt den vier die Schuld, dass ihr verstorbener Vater Henne Rusche, der in der Hammelgasse saß und Syffrit Ruß, der in der Ohrenbrücke saß, einst Henne Ruß Vater, dass die vier nicht anerkennen was ein jeder weiß. Das schade ihr von einem jeden 40 Gulden und sie fordert von ihnen zusammen eine Gerichtsantwort, Ja oder Nein, ob sie nicht wissen, dass die Frau und Henne Ruß rechte Geschwisterkinder gewesen seien oder nicht. Rudiger redet und sagt: Das Gericht habe wohl gehört die Klage, die Antz für die Frau gegen die vier getan hat und fordert Beweise beizubringen, dass ein jeder schuldig sei zu sagen, was er wisse. Und sie fordert die Zeugenaussage wie von einem Mann. Meinen Mandanten scheine es aber, dass die Zeugen billiger Weise selber reden sollten, was sie wüssten. Antz sagt kurz: Er fordert einen Antwort gemäß der Klage, Ja oder Nein. Henne von Eltville sagt für die vier einmütig: Dass sie alle 4 erkennen, dass Henne Rusche, in der Hammelgasse

noch fol. 165v — Sabbato post Conversionem Pauli apostoli

TRANSKRIPTION

und woil erkant	gassen erkant[a] Elßchins vatt(er) unnd Syffrit Rußche in der Orenbrucken Henne Rußchen vatt(er) der itzt von(n) doits wegen(n) abgang(en) ist recht[b] liplich gebrud(er) ge[-]wesenn syen(n) / unnd Elßchin und Henne Rußche dem Gott gnade negst v(er)farenn recht[c] geswist(er)t kynde syenn. Auch[d] Pet(er) Beck(er) eyn(er) uß den viehern jn sond(er)heit spricht und sagt wie daß Henne Růsche Syffrit Rußche und Matzkuchs můder liplich geswist(er)t syen(n) gewest //[e] Antz hait[f] jrer sagen(n)[g] v(er)bott unnd spricht den(n) obbedacht(en) IIII sampth[affig][h] zuu dassie ir sage nit bewerenn schait der frauwe(n) von jr iglichem(m) XL guld(en). Henne von(n) Eltfeldt von(n) der IIII wegenn spricht sie wollen ir sage

a Das Wort ist am Rand beigefügt, nachdem ein in gleicher Weise über der Zeile beigefügtes »erkant« durchgestrichen worden ist.
b Das Wort ist über der Zeile beigefügt.
c Das Wort ist über der Zeile beigefügt.
d Das Wort ist über der Zeile beigefügt, darunter durchgestrichen: »nachdem(e)«.
e Es folgt durchgestrichen: »also«.
f Das Wort ist durch ein Zeichen mit dem nachfolgenden Wort vertauscht worden.
g Es folgt durchgestrichen: »halp sie gethan(n)«.
h Das Wort ist durch ein Zeichen mit dem nachfolgenden Wort vertauscht worden.

gesessen, Elses Vater war und Syffrit Rusche in der Ohrenbrücke, Henne Rusches Vater, der jetzt starb; dass beide leibliche Brüder gewesen seien und Elßchin und Henne Rusche, denen Gott gnädig sei, Geschwisterkinder seien. Auch Peter Becker einer aus den vieren sagt, dass Henne Rusche Syffrit Rusche und Matzkuchs Mutter leibliche Geschwister gewesen seien. Antz hat ihre Aussagen festhalten lassen und klagt die genannten 4 gemeinsam an, dass sie ihre Aussage nicht beeiden, das schade der Frau von jedem 40 Gulden. Henne von Eltville sagt für die 4: Sie wollen ihre Aussage

fol. 166 — Sabbato post Conversionem Pauli apostoli

s(e)n(tenti)a

bewerenn unnd will man(n) das nit von(n) jne entperenn so wollenn sie es noch
bij dissem(m) tage thun(n). Antz hait mit recht gefragt jn welch(er) zijt sie das recht[a] thun(n)
sollenn jst gewißt jn XIIII tag(en) sollen(n) sie[b] die[c] beweru(n)g thun(n). Das[d] hait
Antz v(er)bot. Anntz spricht auch // zu Stopenhennen wie das er vor zijt(en) gehort
habe[e] von Henne Rußchenn die fraůwe antreffenn daß er solichis nit herußer

Stopenhenne

thu schait ir XX g(ulden) unnd heißt jme ey(n) ja od(er) neyn(n). Daroff reddt Henne vonn
Eltfelt vonn Stopenn weg(en) eß hab sich gefugt zu eyn(er) zijt daß er unnd Henne
Růsche bij ey(n) an dem(e) mart habenn gesesß(e)n unnd syen sie mit eynand(er) abhynne
gangenn unnd mitey(n) geredt von(n) Hennen(n) Rußchenn weg(en)[f] / fur sin(er) dőre.
Da ist Matzkuch jne nachgang(en) ongev(er)de und sie fur der dőre fůnd(en) steen / Da hab Matz-
kůch gesproch(en) waß thu(n) ir hie. Hab Stop geanttw(or)t nůst. Da sij er hynwegk gang(en).
Da hait Henne Rußche gesprochenn der lecker hait v(er)ziert sin gudt und sins vatt(er)
gudt und waß jme von(n) Appenheim(er) auch wurd(en) ist unnd er hofft my(n) gudt auch
zuv(er)zerenn / Da hait Stop gesprochenn er endut ob(er) Gott will / Da hait Henne
Rußche gesprochenn w(e)r wolt eß jme werenn od(er) nemen / Unnd gebore jme ettwas
mehe darzu zuthun(n) deß woll er sich nit werenn. Die sage hait Antz v(er)bott.

meist(er) Jacob Artzt

Jt(em) meist(er) Jacop schuld(et) Jekel Monst(er)s frauwe und spricht sie sij zu jme komme(n) mit
ettlichenn gebrechenn den sie gehabt hait. Den hab er jr und(er)steen zu heilen. Deßhalp
sie jme gereth hab II g(ulden) zugebenn / deß sij jme ½ [I/2] guld(en) w ůrd(en). Daß sie jme daß oberig
gelt nit gijt schait jme als vil dar zu unnd heist ir ey(n) anntw(or)t ja od(er) ney(n). Rudig(er)
von(n) der fr(auen) wegen(n) spricht meist(er) Jacob sij jn Knod(en) huß gewest und die frauwe auch.

Jekel Mo(n)sters fr(au)

Da hab er ettlichenn gebrechen an jr gesehenn den er v(er)meyne jr zu werenn / Hab
sie geanttw(or)t sie macht woil lidenn dass sie heile we(re) aber sie hab jme nit vil zugebenn.
Da hait meist(er) Jacop gesagt dů magst mir licht gebenn und gib mir nůst nit ich habe
dich dan(n) geheilt. Also sien sie miteynand(er) ub(er)ko(mmen) jme I p(fun)t bott(er) od(er) zwey / od(er) eyne(n) ke
od(er) zwene so ferr er sie heile mecht. Also hab sie jme fast me geben dan sie jme gereth
habe. Unnd sij ey(n) zijt alß heile als die and(er) unnd die frauwe mocht geliden daß er sie
erließ dann sie hab mit dem ußgegeben v(er)loren(n) genu(n)g. Unnd wolt er sie wid(er) anlang(en)
deß mecht sie sich unschuldig. Die unsch(uld) hait meister Jacob v(er)bott und ist d(er) frauwen

onschult

jr unschult zuthu(n) gesatzt jn XIIII tag(en). Dass ist v(er)bott.

---

a Das Wort ist über der Zeile beigefügt.
b Es folgt durchgestrichen: »w[?] sagen(n) halp«.
c Das Wort ist über der Zeile beigefügt.
d Das Wort ist über der Zeile beigefügt.
e Verbessert aus: »habenn«.
f Es folgt durchgestrichen: »docht(er)«.

27. Januar 1481 — fol. 166

beeiden und wolle man nicht darauf verzichten, wollen sie es noch heute tun. Antz hat gefragt, zu welcher Zeit das sein soll und es wurde ihm gewiesen: In 14 Tagen sollen sie den Eid tun. Das hat Antz festhalten lassen. Antz klagt auch Henne Stop an, dass er vor einiger Zeit gehört habe von Henne Rusche die Frau betreffend, dass er damit nicht herauskomme, das schade ihr 20 Gulden und er fordert von ihm ein Ja oder Nein. Darauf sagt Henne von Eltville für Stop: Es habe sich vor einiger Zeit so ergeben, dass er und Henne Rusche beieinander am Markt gesessen haben und hätten miteinander geredet wegen Henne Rusche vor seiner Tür. Da ist Matzkuch ihnen nachgegangen und habe sie vor der Tür stehend gefunden. Da habe Matzkuch gesagt: Was tut ihr hier. Da habe Stop geantwortet: Nichts. Da sei er weggegangen. Da habe Henne Rusche gesagt: Der Lecker hat sein Gut verzehrt und seines Vaters Gut verzehrt und was ihm von Appenheimer geworden ist und er hofft, mein Gut auch zu verzehren. Da hat Stop gesagt: Er tut es nicht, so Gott will. Da hat Henne Rusche gesagt: Wer wolle das verhindern oder ihm nehmen. Und könne er etwas dazu tun, er wolle sich nicht wehren. Die Aussage hat Antz festhalten lassen.

Meister Jakob beschuldig Jeckel Monsters Frau und sagt: Sie sei zu ihm gekommen mit etlichen Gebrechen, die sie hatte. Die habe er ihr geholfen zu heilen. Deshalb habe sie ihm 2 Gulden versprochen, von denen er ½ Gulden erhielt. Dass sie ihm das übrige nicht gibt, das schade ihm ebensoviel und er fordert von ihr eine Antwort Ja oder Nein. Rudiger sagt für die Frau: Meister Jakob sei im Haus von Knode gewesen und die Frau auch. Da habe er etliche Gebrechen an ihr gesehen, die er meinte heilen zu können. Da habe sie geantwortet: Es würde ihr gut gefallen, wäre sie gesund, aber sie habe ihm nicht viel zu geben. Da habe Meister Jakob gesagt: Du kannst mir wenig geben und gibst mir sonst nichts, bevor ich dich geheilt habe. So seien sie übereingekommen, dass sie ihm ein Pfund Butter oder ein oder 2 Käse gebe, so fern er sie heilt. Also habe sie ihm fast mehr gegeben, als sie versprochen haben. Und eine Zeit sei so heil wie die andere und der Frau wäre es lieb, dass er ihr die Anklage erlasse, dann sie habe genug Ausgaben gehabt. Und wolle er sie weiter anklagen, so erkläre sie sich für unschuldig. Die Unschuld hat Meister Jakob festhalten lassen und die Frau muss sie beweisen binnen 14 Tage. Das wurde festgehalten.

noch fol. 166 — Sabbato post Conversionem Pauli apostoli

TRANSKRIPTION

Ketheler und	Jt(em) Heil Kleßgin von(n) Nydd(er)rode hait bracht eyne(n) brieff antreffen(n) Conrait Kethelernn komm(en)ᵃ und Emerichis Henne als beneme jme lips kranckheit noitt beg(er)t sinen tag furt(er) zu leng(en). Deß ist jne tag gestalt uff den negst(en) Sampstag nach
Emmerichs Henne	dem Erweiß Sontag negst. Solichis ist verbott von(n) Heilnn Cleßgin(n).ᵇ
noitt bott	Jt(em) he(r) Heinr(ich) Nickel v(er)noittbott Hiltzenn Kethen gey(n) Pet(er) Rauben unnd ist ir tage gelengt XIIII tage.
erk(annt)	Jt(em) Henne von(n) Eltfelts sone erk(ennt) Endres Drapenn XVI alb(us) jn XIIII tag(en). Si no(n) tu(n)c p.
erk(annt)	Jt(em) Hiltwin erk(ennt) Drappen(n) End(er)s Trappen(n) I g(ulden) off rechnu(n)g jn XIIII tag(en). Si no(n) tu(n)c pfandt.

a Das Wort ist am linken Zeilenrand beigefügt. Durchgestrichen steht an dieser Stelle beginnend in der vorangehenden Zeile »dem[-]nach zußen(n) jme«.
b Die letzten drei Worte sind von anderen Hand und anderer Tinte hinzugefügt worden.

27. Januar 1481 — noch fol. 166

ÜBERTRAGUNG

Clesgin Heil von Niederrod hat einen Brief gebracht betreff Konrad Ketheler und Henne Emmerich, dass sie wegen Krankheit nicht kommen und hat Verlängerung erbeten. Es ist ihnen ein Termin gesetzt worden am Samstag nach Erweißsonntag. Dem hat Clesgin Heil zugestimmt.

Herr Heinrich Nickel hat Kett Hiltz gegenüber Peter Raub entschuldigt wegen Not. Der Termin ist um 14 Tage verschoben worden.

Henne von Eltvilles Sohn erkennt an, Andres Drapp 16 Albus binnen 14 Tagen zahlen zu müssen. Wenn nicht erfolgt die Pfändung.

Hiltwin erkennt an, Endres Drapp einen Gulden gegen Rechnung zahlen zu müssen binnen 14 Tagen. Wenn nicht Pfändung.

fol. 166v — Sabbato post Conversionem Pauli apostoli

erk(annt)	Jt(em) Hert erk(ennt) Diemen(n) Clasenn I g(ulden) jn XIIII tag(en). Si no(n) tu(n)c p.
	Jt(em) Hertwins Henne vonn Wint(er)heym(m) buwmeist(er) daselbs schuldigt den(n) sloßer
Hertwins Henne	als wie er jme[a] off eyn(n) zijt eyne(n) kloppel jn eyne glocke geyn(n) Wint(er)heim(m) zu machen(n)
von(n) Wint(er)heim(m)	den anzustopfenn v(er)dingt hett den bracht und gefragt ob er jme den kloppel
	jn die glocke machen(n) woll daß er gerecht sij. Also hait der slosßr ja gesagt daroff
	hait er den kloppel zu jme genomme(n) zu machenn. Alß er nu den kloppel widd(er)
	gey(n) Wint(er)heim(m) bracht hab / sij er nit gerecht gewest. Und hab můssen denselben
	glocken kloppel anderwerbe verding(en). Und hab doch d(er) slosßr den lone alß er mit
	jme uberkomme(n) ist von(n) jme geno(m)menn. Schait jme alßvil als d(er) cloppel hait kostet
	zůmachenn. Und heißt jme ey(n) anttw(or)t ja od(er) ney(n). Und ob er ney(n) dar zu sagenn woll
	mecht er den kloppel nit gerecht so wolle er jme den wandeln(n) so zucht sich Hertwins
	Henne off lude die damit unnd bij gewest sien daß der cloppel nit gerecht gewest ist.
slosßer	Daroff redt Henne von(n) Eltfelt von(n) wegenn deß slossers spricht und gesteet
	daß jme Hertwins Henne den cloppel bracht habe und als er den gesehenn hait
	sij er jn der mitte ey(n)zwey gewesenn unnd zurbrochenn. Alß hab er zu jme gesagt
	meist(er) wollen(n) jr mir den cloppel anstosß(e)n. Habe er also gethann und ja gesagt und
	hab auch den lone von(n) jme genomm(m)en unnd dabij gesagt we(re)ß sach das der cloppel
	an dem ende breche da er jn zusamme(n) gestosß(e)n hait so woll er jme den
	uber ey(n) jare wandelnn. Er hab jme den nit gereth gerecht zumachenn. Und
	als Hertwinß Henne spricht er beziehe sich des off erbare lute weß jne aber die
	selbenn besagenn daß er wid(er)ers gereth hab soll jme genuge(n) und woll sich lassen(n)
	wisenn. Hertwins Henne hofft bij den luth(en) zuv(er)libenn und begert sin tage
	wan er die bring(en) soll. Jst gewißt uber XIIII tage. Solichis hait er verbott(en).
bann und fridd(en)	Jt(em) Rudig(er) hat daß buch antreffen(n) Henchin(n) Melma(n) und Jekel Semmern(n) v(er)bott
	und die gutt(e)r offgeholt unnd hait jme der schulth(eiß) bann und frid(en) uber[b] geth(an). Ist v(er)bott.
erk(annt)	Jt(em) H(er)man(n) Bennd(er) erkent Clesen Henne XVIII alb(us) jn XIIII tag(en). Si no(n) tu(n)c pfand erf(olgt).
	Jt(em) Adam(m) Wolff uns(er)r mitscheffin gesell schuld(et) Herma(n) Bend(er)n wie daß er oder
	die syne(n) jme eyn swine erhauwen(n) habenn. Unnd daß er solichis nit erkent
H(er)man(n) Bend(er)	weß jme davon(n) wissentlich sij schait jme X guld(en). Heysßt jme ey(n) anttw(or)t
	ja oder ney(n) ob er das gethan(n) hab od(er) nit. Herman spricht er sij der dinge unschuld(ig).
	Und ist jme sin unschult zutrag(en) gesatzt jn XIIII tag(en). Das hait Adam v(er)bott.
erk(annt)	Jt(em) Clase Harewiler erkent Ercken VI g(ulden) jn XIIII tag(en). Si no(n) tu(n)c p erfolgt.
erk(annt)	Jt(em) Hiltzenn Henchin(n) erk(ennt) Pet(er)n Bůole II g(ulden) und XXII alb(us) jn XIIII tag(en). Si no(n) tu(n)c p.
erk(annt)	Jt(em) Pet(er) Harewile(r) erkent Ercken(n) II g(ulden) off rechnu(n)ge jn XIIII tag(en) ut prius.
erk(annt)	Thomas Henne erkent Ercken XXII ß jn XIIII tag(en). Si no(n) tu(n)c pfandt.
erk(annt)	Jt(em) Pet(er) von(n) Gugelheim(m) erk(ennt) Snid(er)henne Jekeln IIII g(ulden) jn XIIII tag(en).
erkentniß	Jt(em) Cleßgin Unglich erk(ennt) Hertels Henne(n) X½ [XI/2] alb(us) jn XIIII tag(en). Si no(n) tu(n)c pf(and)

a Das Wort ist über der Zeile beigefügt.
b Das Wort ist über der Zeile beigefügt.

Hert erkennt an, Clas Diem einen Gulden binnen 14 Tagen zahlen zu müssen. Wenn nicht Pfändung. Henne Hertwin von Winterheim, Baumeister ebenda, beschuldigt den Schlosser, dass er ihn vor einiger Zeit einen Kloppel in eine Glocke in Winternheim zu machen beauftragt habe und ihn gefragt habe, ob er ihm den Kloppel in die Glocke machen wolle, wie es richtig sei. Da hat der Schlosser ja gesagt und den Auftrag angenommen. Als er nun den Kloppel nach Winterheim gebracht hatte, sei er nicht richtig gewesen. Da habe er ihn anderswo in Auftrag geben müssen. Und doch habe der Schlosser den Lohn, den sie abgesprochen haben, von ihm genommen. Das schade ihm ebensoviel, wie es gekostet habe, den Kloppel zu machen. Und er fordert von ihm eine Antwort Ja oder Nein. Und wenn er Nein dazu sagen wolle, dass er zugesagt habe, den Kloppel wenn er nicht richtig sei zu tauschen, so beruft sich Henne Herwin auf Leute die dabei waren, dass der Kloppel nicht richtig war. Darauf sagte Henne von Eltville für den Schlosser und gesteht, dass Henne Hertwin ihm den Kloppel gebracht habe und als er den gesehen hatte, da sei er in der Mitte zerbrochen gewesen. Da habe er zu ihm gesagt: Meister, wollt ihr mir den Kloppel reparieren. Das habe er getan und ja gesagt und habe auch den Lohn von ihm genommen und dabei gesagt, wäre es, dass der Kloppel an der Stelle breche, wo er ihn repariert habe, so wolle er ihm den ein Jahr lang ausbessern. Er habe nicht versprochen, den richtig zu machen. Wenn Henne Herwin sagt, er berufe sich deswegen auf ehrbare Leute, was diese aussagen, was er geredet habe, das werde ihm genügen und das werde er sich weisen lassen. Henne Hertwin hofft, bei den Leuten zu bleiben und fordert seine Gerichtstermine, die beizubringen. Es ist ihm ein Termin von 14 Tagen gewiesen. Das hat er festhalten lassen.

Rudiger hat seine Ansprüche eingeklagt gegen Henchin Melmann und Jeckel Simmern und hat die Güter einziehen lassen und der Schultheiß hat ihm Bann und Frieden darüber gemacht. Das ist festgehalten.

Hermann Bender erkennt an, Henne Cles 18 Albus binnen 14 Tagen zahlen zu müssen. Wenn nicht erfolgt die Pfändung.

Adam Wolff, unser Mitschöffe, beschuldigt Hermann Bender, dass er oder die seinen ihm ein Schwein erschlagen haben. Und dass er solches nicht zugibt, was er davon weiß, das schade ihm 10 Gulden. Und er fordert von ihm eine Antwort Ja oder Nein, ob er das getan habe oder nicht. Hermann sagt: Er sei daran unschuldig. Seine Unschuld zu beweisen, sind ihm 14 Tage gesetzt. Das hat Adam festhalten lassen.

Clas Harwiler erkennt an, Erk 6 Gulden binnen 14 Tagen zahlen zu müssen. Wenn nicht erfolgt die Pfändung.

Henchin Hiltz erkennt an, Peter Bule 2 Gulden und 22 Albus zahlen zu müssen binnen 14 Tagen. Wenn nicht Pfändung. Peter Harwiler erkennt an, Erk 2 Gulden gegen Rechnung zahlen zu müssen binnen 14 Tagen. Wie vor.

Henne Thomas erkennt an, Erk 22 Schilling zahlen zu müssen binnen 14 Tagen. Wenn nicht Pfändung.

Peter von Jügesheim erkennt an, Jeckel Sniderhenne 4 Gulden zahlen zu müssen binnen 14 Tagen. Wenn nicht Pfändung. Clesgin Unglich erkennt an, Henne Hertel 10½ Albus zahlen zu müssen binnen 14 Tagen. Wenn nicht Pfändung.

fol. 167 — In vigilia Purificacionis Marie

1 h(eischung)	Jt(em) Herpels Henne[a] 1 h(eischung) off Randeckers sone Henne off VIII ß et p.
erk(annt)	Jt(em) Snid(er)henne Jekel erk(ennt) Henchin von(n) Obervisel I g(ulden) und I ort off rechnu(n)ge jn XIIII tag(en). Si no(n) tu(n)c pf(and).
erk(annt)	Jt(em) Herman Bennd(er) erkent Manbech(er)n die flesche zubezalen jn eyne(m) monet. Si no(n) t(unc) pf(and)
erk(annt)	Jt(em) Henne Mauchenheim(er) erken(t) III l(i)b(ras) (m)i(nus) IIII ß jn XIIII tag(en). Si no(n) tu(n)c pfandt.
erkennt(nis)	Jt(em) Wineworme erk(ennt) Ercken I g(ulden) VIII alb(us) jn XIIII tag(en). Si non(n) tu(n)c pfandt.
erk(annt)	Jt(em) Heringk erk(ennt) meist(er) Martin IIII g(ulden) off rechnu(n)g jn XIIII tag(en). Si no(n) tu(n)c pfandt.
momp(ar)schafft	Jtem(m) Jheo(re)nim(us) von(n) Nyrstein hat momp(ar) gemacht Dorrhenne(n) jn der Alt(en) Gass(e)n sin schult unnd gult jn zugewyme(n) jm Rich zu Jngelnheim(m) biß off sin widd(er)ruffenn
unsch(uld) gelengt	Jt(em) zuschenn Pet(er) Raubenn Jekeln unnd Karlen von(n) Senm(er)n gebrod(er) ist unschult gelengt bijß off XIIII tage.
recht buddig	Jt(em) Ferb(er)henne ist sins recht(en) buddig geyn Rudwin.
erk(annt)	Jtem(m) Gyppelhorne erk(ennt) Heintzen(n) am Ryne VIII ß off rechnu(n)g jn XIIII tag(en). Si no(n) tu(n)c p.
erf(olgt)	Jt(em) Henne von(n) Eltfelt erf(olgt) Monchis Clasenn vo(r) X g(ulden)
erfolgt	Jt(em) Karlin deß Groiß(e)n Jekels sone e(r)folgt Monichs Clasen fůr I g(ulden) und I ort
erf(olgt)	Jt(em) Niclaiß Pet(er) Bend(er)s maigk erfolgt Phillipß des Bossen[b] hoffma(n) sij fur ½[I/2] g(ulden) off d(as) buch.
1 h(eischung)	Jt(em) d(er) pherr(er) 1 h(eischung) off Můders Hench(in) den jung(en) uff V ß et p.
1 clage 1 h(eischung)	Jt(em) Jacobus von(n) Sprendeling(en) als von(n) sin(er) h(er)n weg(en) zu sant Johan(n) zu Mentz dut 1 clage die erste uff Stamme(n) und Philippß Duchscherr(er)n off IIII g(ulden) an golde und off sollich unnd(er)pfandt.
widd(er)ruffen momp(ar)schafft	Jt(em) Jekel vonn Crißfelt von(n) Aspeßheim(m) hait sin momp(ar)schafft widd(er)ruffenn gein(n) Gerteners Grede. Also das er jr momp(ar) nu(m)mer sin will und v(er)bott.
	Actum jn vi(gili)a Pu(ri)ficac(i)o(nis) Marie.
tag furt(er) geyß(e)n	Jt(em) Ebberh(ar)t Snade hait sin tag furt geheyßen(n) geyn(n) dem(e) wober vonn Wiler.
	Jt(em) Pet(er) Gelenn Conczgins sone hait pfant bereth off H(er)man Bend(er). Ist er gewist ut mor(is) ist.
Dunckelers Elsgin	Jt(em) Hene[c] Dutsche von(n) Algeßheim(m) hait sich v(er)dingt Dunckelers Elßchin daß wort zuthun(n) unnd hait sich und(er)ding v(er)bot. Deß glichenn Henne von(n) Eltfelt hait sich v(er)dingt den IIII ir wort zuthun und hait sin und(er)ding v(er)bott als recht ist.
	Jt(em) Dunckelers Elßgin hait daß buch lassenn offenn daß ist ir v(er)lesen. Daß hait sie v(er)bott.
	Jt(em) Wilhelm(e) von(n) Hilb(er)ßheim(m) hat daß buch[d] von(n) der drijer wegen auch v(er)bott unnd begert der kuntschafft sagen zuv(er)horen(n). Die ist also gelesen und v(er)horet.
	Jt(em) Henne von(n) Eltfelt hait die sage der konde v(er)bott von der viere wegenn.
	Jt(em) Wilhelm(e) hat daß buch von der drijer wegen(n) auch v(er)bott unnd dar zu begert eß sij ettwaß jn der konnde sage[e] gemelt beheltlich jme von der drijer weg(en) sin jnredde

a   Es folgt durchgestrichen: »erkent«.
b   Das Wort ist über der Zeile beigefügt.
c   Das Wort ist über der Zeile beigefügt darunter durchgestrichen: »Pet(er)«.
d   Es folgt durchgestrichen: »v(er)bott«.
e   Das Wort ist über der Zeile beigefügt.

1. Februar 1481

ÜBERTRAGUNG

Henne Herpel erhebt seine 1. Klage gegen Henne, den Sohn Randeckers wegen 8 Schilling und auf die Pfänder.

Jeckel Sniderhenne erkennt an, Henchin von Oberwesel 1 Gulden und 1 Ort gegen Rechnung zahlen zu müssen binnen 14 Tagen. Wenn nicht Pfändung.

Hermann Bender erkennt an, Manbach die Flasche bezahlen zu müssen binnen eines Monats. Wenn nicht erfolgt die Pfändung.

Henne Mauchenheimer erkennt an, 3 Pfund weniger 4 Schilling zahlen zu müssen binnen 14 Tagen. Wenn nicht Pfändung.

Winworm erkennt an, Erk einen Gulden 8 Albus zahlen zu müssen binnen 14 Tagen. Wenn nicht Pfändung.

Hering erkennt an, Meister Martin 4 Gulden gegen Rechnung zahlen zu müssen binnen 14 Tagen. Wenn nicht Pfändung.

Jeronimus von Nierstein hat Henne Dorr in der Alten Gasse zu seinem Vertreter gemacht, seine Schulden und seine Gülten zu gewinnen im Reich zu Ingelheim bis auf Widerruf.

Zwischen Peter Raub, Jeckel und Karl von Simmern, Brüder, ist die Unschuld verlängert worden bis in 14 Tagen.

Henne Ferber ist bereit, gemäß dem Recht zu handeln gegen Rudwin. Gippelhorn erkennt an, Heinz am Ryne 8 Schilling gegen Rechnung zahlen zu müssen binnen 14 Tagen. Wenn nicht Pfändung.

Henne von Eltville verklagt Clas Monch auf 10 Gulden.

Karl, der Sohn von Jeckel Groß, verklagt Clas Monch auf einen Gulden und 1 Ort.

Niklas, Peter Benders „maigk", verklagt Philipp, den Hofmann der Boos von Waldeck, auf ½ Gulden.

Der Pfarrer erhebt seine 1. Klage gegen Henchin Muder den Jungen wegen 5 Schilling auf die Pfänder.

Jakob von Sprendlingen erhebt für seine Herren von St. Johann zu Mainz seine 1. Klage auf Stamm und Philipp Duchscherer wegen 4 Gulden an Gold auf die Pfänder.

Jeckel von Crißfeld von Aspisheim hat seine Vertretung widerrufen für Grede Gertener. Er will ihr Vertreter nicht mehr sein und hat das festhalten lassen.

1. Februar 1481
Eberhard Snade hat Verlängerung erbeten für seinen Tag gegen den Weber von Weiler. Peter Gelen, Sohn des Conczgin, hat Pfändung gefordert gegen Hermann Bender. Ihm wurde das übliche beschieden. Henne Dutz von Algesheim hat sich verpflichtet, Elsgin Dinckler vor Gericht zu vertreten und hat seine Anwaltschaft festhalten lassen. Ebenso hat sich Henne von Eltville verpflichtet, die 4 zu vertreten und hat seine Anwaltschaft festhalten lassen, wie es Recht ist. Elsgin Dinckler hat das Buch öffnen lassen und es ist vorgelesen worden. Das hat sie festhalten lassen. Wilhelm von Hilbersheim hat das Buch für die drei auch festhalten lassen und fordert die Zeugen zu verhören. Das wurde gelesen und gehört. Henne von Eltville hat die Beweise festhalten lassen für die vier. Wilhelm hat das Buch für die drei auch festhalten lassen und fordert, dass sie etwas zu den Beweisen sagen, vorbehaltlich seiner Einrede für die drei

fol. 167v — In vigilia Purificacionis Marie

s(ente)n(ti)a	fur dem eyde[a] und nach dem eide. Jtem(m) daroff hait Henne von(n) Eltfelt gefragt d(en) gericht[b] von der IIII vegenn ob sie ir recht / recht getragen habenn / Ist gewist ja. Daß hat Henne von Eltfelt v(er)bott. Henne[c] Dutsche von(n) Elßgins wegen(n) hat v(er)bott daß die IIII ir recht / recht getrag(en) haben unnd hait[d] von Elßgins wen(n) [!] furt(er) gefragt daß gericht ob Elßgin[e] ir konde recht gefurt hab nach gewistem(m)
s(ente)n(ti)a	orteil. Jst sie gewist ja. Dwile nů[f] Elßgin[g] sin konde recht gefurt habe so hoff sie die III sollen(n)t hant abthun(n) unnd sie zulassenn. Daroff redt Wilhelm(e) jn die konnde unnd spricht[h] Henne von(n) Eltfelt hab[i] von(n) der IIII konde[j] wegenn geredt[k]. So hab daß recht das[l] off jme daß ey(n) iglich(er) fur sich selbs redden soll[m] unnd nit durch eyns annd(er)n mu(n)dt. Dan warumb eyn iglich(er) der gezugniß gebenn soll / der soll es durch eyne(n) annd(er)n nit thun off daß nit mee od(er) mynn(er) geredt werde. Daß an dem ende woil gescheen(n) mocht ursach daß zwen jn dem haufen(n) syent die nit woil horent alters halp man ruffe jne dan gar lude zu / Horenn sij nemlich der funff sÿnne eyne unnd soll eyn iglich me(n)tsche die allermeinst gebruchenn und sij die meynst und nit die cleynest welcher[n] synne sich die zwene von(n) alters wegen(n) nit gebruchenn kőnden. So hab auch iglich(er) jn sond(er)heit[o] nach ordenu(n)ge[p] deß rechtenn nit[q] gesagt. Als darumb hoffen sie das solich sage[r] gezugniß unnd eydt swerenn dissen an dem erbeteil nit hind(er)n soll waß Henne Růßche an ende sins doits off sie bracht hab.[s] Unnd genugt jme deß mit recht woil.[t]
Elßgin Dunckelers	Jt(em) Hene[u] Dutsche redt von(n) Elßchins wegenn unnd spricht am ersten habenn

a Es folgt durchgestrichen: »und jn dem eide«.
b Die beiden letzten Worte sind über der Zeile beigefügt.
c Das Wort ist über der Zeile beigefügt, darunter durchgestrichen: »Pet«.
d Es folgt durchgestrichen: »er«[?].
e Das Wort ist über der Zeile beigefügt, darunter durchgestrichen »sie«.
f Das Wort ist über der Zeile beigefügt.
g Es folgt durchgestrichen: »nů«.
h Es folgt durchgestrichen: „dwile".
i Das Wort ist über der Zeile beigefügt.
j Das Wort ist über der Zeile beigefügt.
k Es folgt durchgestrichen: »hab«.
l Das Wort ist über der Zeile beigefügt.
m Am linken Seitenrand der Zusatz: »samthafft und eynn … iglich«.
n Das Wort ist über der Zeile beigefügt, darunter durchgestrichen: »der«.
o Es folgt durchgestrichen: »nit«.
p Über der Zeile durchgestrichen: »n« [?].
q Das Wort ist über der Zeile beigefügt.
r Es folgt durchgestrichen: „unnd".
s Das Wort ist über der Zeile beigefügt.
t Es folgt durchgestrichen: »beheltlich den drijen jr jnsage«.
u Das Wort ist über der Zeile beigefügt, darunter durchgestrichen: »Pet«.

vor dem Eid und nach dem Eid. Darauf hat Henne von Eltville das Gericht für die vier Genannten gefragt, ob sie gemäß dem Recht gehandelt haben. Urteil: Ja. Das hat Henne von Eltville festhalten lassen. Henne Dutz für Elsgin hat festhalten lassen, dass die vier ihr gegenüber gemäß dem Recht gehandelt haben und hat für Elsgin weiter gefragt, ob sie ihre Beweise in rechter Weise geführt habe nach gewiesenem Urteil. Es wurde ihr gewiesen: Ja. Weil nun Elsgin ihre Beweise rechtmäßig vorgebracht habe, so hoffe sie, die drei sollen ihre Hände wegziehen und sie als Erbin zulassen. Darauf redet Wilhelm in ihre Beweise und sagt: Henne von Eltville habe von den Beweisen der vier geredet. So habe ein jeder das Recht, dass er für sich selbst reden soll und nicht durch eines anderen Mund. Denn wenn ein jeder ein Zeugnis geben soll, dann soll er es nicht durch einen anderen tun, damit nicht mehr oder weniger geredet werde. Denn sonst könne es am Ende wohl geschehen, dass zwei in der Gruppe seien, die seit alters nicht gut hören, auch wenn man ihnen laut zurufe. Zu hören sei nämlich einer der fünf Sinne und ein jeder Mensch solle sich des Hörsinns am meisten gebrauchen und es sei der größte und nicht der kleinste Sinn, welchen zwei aufgrund ihres Alters nicht gebrauchen könnten. So habe keiner insbesondere zur Rechtsordnung etwas gesagt. Darum hoffen sie, dass die Aussage, das Zeugnis und das Eidschwören sie nicht an ihrem Erbteil hindern solle, den Henne Rusche mit seinem Tod an sie gebracht habe. Das genüge ihnen.
Henne Dutz redet für Elsgin und sagt: Zuerst haben

noch fol. 167v — In vigilia Purificacionis Marie

TRANSKRIPTION

Pet(er) Becker Jekel Winß[-] bach Henchin Drůbey(n) Contzg(in) Prassen fecer(a)nt jůstitiam	die IIII konde[a] eynen fursprechenn gehabt da syen sie[b] irer sage[c] eÿns gewest eyn mu(n)diglich zusagenn unnd ir sage hab Henne von(n) Eltfelt von(n) jren geheiß[d] weg(en) eynmu(n)diglich gesagt und sie offentlich[e] nach der hant gefragt ob sie jne nit haben also heyssen sagenn. Da habenn sie alle IIII sampthafft[f] ja zu gesagt ist v(er)bott.[g] Unnd alß Wilheim(m) spricht sie syen alt da redt Elßgin und spricht sie můße die alten nemenn die jungen wissent nit davon. Unnd dwile sie erbare lute sind[h] unnd die widd(er) parthie daß recht von(n) jne genommen und nit v(er)worff(en) hant[i] und sie dem[j] gewistem orteil nach[k] ir recht hant recht[l] getragen(n)[m] so sij Elßgin jn der hoffenu(n)ge sie sollent handt ab thun(n) unnd sie zu solchem erbfalle[n] kommen lassenn unnd[o] benůgt ir daß mit recht woil. Wilhelm(e) spricht da[p] die III den eydt von den IIII genomme(n) haben da hab er fur gesagt / jrre sie jre sage nit / so jrre sie auch jr eydt sweren nit // Da hoff er fur und nach ey(n) iglich(er) der gezuge geben will der soll so fur witzig sin daß er daß selber thun(n) soll unnd nit důrch eyne(n) and(er)n mit meldunge ey(n) gericht. Daß moge ey(n) kuntschafft geb(e)n jn der gemeynde eyn hinlich od(er) eyn winkauff. Die mogenn das thuun sůst so soll es nyema(n)t thůn dann durch sich selbs / Unnd stelt daß zurecht. Hene[q] Dutsche spricht wie er fur zu recht
ad socios	gestalt hab dabij lß er es v(er)liben(n). Jst offgeslagenn ad socios. Daß hab(e)n beide parthie v(er)bott.
p b	Jt(em) Ryesß hat pfandt beredt off Drubein und ist er gewißt ut mor(is) est.
erf(olgt)	Jt(em) meist(er) Johan deß Scherr(er)s docht(er) Else erf(olgt) Kamppff Hansen vo(r) ½ [1/2] g(ulden) off d(as) buch
erf(olgt)	Jt(em) Woilhem(er)ß Pet(er) erf(olgt) Ebb(erh)art Kytzen vo(r) II g(ulden) off das bůch.

a Das Wort ist über der Zeile beigefügt.
b Es folgt durchgestrichen: »IIII«.
c Das Wort ist über der Zeile beigefügt, darunter durchgestrichen »sachen«.
d Das Wort ist über der Zeile beigefügt.
e Das Wort ist über der Zeile beigefügt.
f Das Wort ist über der Zeile beigefügt.
g Die beiden letzen Worte sind über der Zeile beigefügt.
h Es folgt durchgestrichen: »d«.
i Die letzen vier Worte sind über der Zeile beigefügt, darunter durchgestrichen: »hant«.
j Das Wort ist unter [!] der Zeile beigefügt. Über der Zeile steht durchgestrichen: »dem«. Es folgt in der Zeile durchgestrichen: »nach«.
k Das Wort ist über der Zeile beigefügt.
l Die beiden letzten Worte sind über der Zeile beigefügt.
m Es folgt durchgestrichen: »hant«.
n Die drei letzten Worte sind über der Zeile beigefügt, darunter durchgestrichen: »dar zu«.
o Es folgt über [?] der Zeile ein unleserliches Zeichen.
p Das Wort ist über der Zeile beigefügt, darunter durchgestrichen: »dwile«.
q Das Wort ist über der Zeile beigefügt, darunter durchgestrichen: »Pet(er)«

die 4 einen Anwalt gehabt, da seien sie wie einer in ihrer Aussage gewesen und ihre Aussage habe Johann von Eltville auf ihre Anweisung einmütig gemacht und sie öffentlich nach der Hand gefragt, ob sie ihn nicht angewiesen haben, das zu sagen. Da haben sie alle 4 zusammen Ja zu gesagt und das ist festgehalten. Und was Wilhelm sagt, sie seien alt, da entgegnet Elsgin und sagt, sie muss die Alten nehmen, denn die Jungen wissen nichts davon. Und weil sie ehrbare Leute sind und die Gegenpartei das Recht von ihnen genommen und nicht verworfen hat und sie nach gewiesenem Urteil ihr Recht getan haben, so hoffe Elsgin, sie sollen die Hand weg ziehen und sie zu ihrem Erbfall kommen lassen und das legt er dem Gericht vor. Wilhelm sagt: Da die 3 den Eid von den 4 genommen haben, da hoffe er, wie zuvor gesagt, ihre Aussage irre ihn in seiner Aussage nicht und auch das Eidschwören mache ihn nicht irre. Er hoffe wie vor, dass ein jeder, der Zeugnis geben will, das selber tun soll und nicht durch einen anderen mit Meldung an das Gericht. So etwas können eine Kundschaft in der Gemeinde, eine geheime Absprache oder ein öffentlicher Vertragabschluss. Die könnten das tun, sonst soll es niemand tun als für sich selbst. Das legt er dem Gericht vor. Henne Dutz sagt: Wie er es zuvor dem Gericht gesagt habe, dabei lasse er es. Das ist verschoben worden bis zum Zusammentreten des Vollgerichts. Dem haben beide Parteien zugestimmt.

Rieß hat Pfändung gefordert gegen Drubein und es ist ihm gewiesen worden wie üblich.

Else, die Tochter Meister Johanns, verklagt Kampff auf ½ Gulden, ins Gerichtsbuch eingetragen.

Peter Woilhemer verklagt Eberhart Kitz auf 2 Gulden, ins Gerichtsbuch eingetragen.

fol. 168 — Sabbato in die Blasij

TRANSKRIPTION

Datu(m) Sabb(at)o in die Blasij

1 h(eischung) — Jt(em) Henne End(e)rs 1 h(eisching) off Hench(in) Drubein fur I g(ulden) gelts und off solich und(er)pfand(e) die dar fur ligent.

Datu(m) Z(abbat)a p(os)t Plasij

tag v(er)hudt — Jt(em) Clese[a] unnd Henne Winßbech(er) gebrůd(er) hab(e)n jrenn tag v(er)hudt gey(n) Sterne Clesen.

Actu(m) Sabbato p(os)t Agathe

meist(er) Jacob Artzt
meist(er) Joh(an) Boller(e)r — Jtem(m) meist(er) Jacob Artzt spricht zu meist(er) Johanne(n) dem(e) bollerer[b] wie er jne zu eyn(er) zijt geheilt hab. Da hab er jme geredt woil zu lone(n) unnd soll jme geb(e)n XIIII g(ulden). Der XIIII g(ulden) syen(n) jme IIII g(ulden) wurdenn. Unnd das er jme die and(er)n X g(ulden) nit gijbt schait jme sovil dar zu unnd heißt jme ey(n) anttw(or)t ney(n) od(er) ja ob er jme die geredt hab od(er) nit. Meist(er) Johann Boller(e)r anttw(or)t dar zu unnd spricht ney(n). Er sij jme der XIIII g(ulden) nit schůldig / Er hab jme aůch nye keyne furwo(r)t gethan(n) sond(er) er sij geracht wurden(n) vonn erbare lůten daß er jme soll geben(n) VIII g(ulden). Die hab er jme aůch woil v(er)nůget und ußgeracht mit duch und gelde. Und lengt er jne wid(er) an macher sich unschůldig. Deß ist meist(er) Johanne(n)n sin unschult gestalt zu XIIII tag(en). Haben(n) beide p(ar)tien v(er)bott.

erk(annt) — Jt(em) Carpen(n) Cleßg(in) erk(ennt) Pet(er)n Bend(er)n von(n) Wint(er)heim(m) III g(ulden) jn XIIII tag(en). Si no(n) t(unc) pf(and)

erk(annt) — Jt(em) Lupolts Henne erkent Snid(er)henne V g(ulden) zugebenn zussen(n) hie und Fastnacht. Si non(n) tun(n)c pfandt.

erk(annt) — Jt(em) Můd(er)s Pet(er) erk(ennt) Dornhenne(n) von(n) momp(ar)schafft weg(en) Philippsen son II g(ulden) jn XIIII tag(en). Si no(n) tu(n)c pfandt.

erk(annt) — Jt(em) Rudwin erkent Flucken Clesenn ½ [I/2] g(ulden) jn XIIII tag(en). Si no(n) tu(n)c pfant.

Jt(em) Můderß Pet(er) hat gefragt und sagt Bingels Clese soll[c] jme jerlichis ½ [I/2] g(ulden) vom(m) eyne(m) hůse geben. Deß thu er nit unnd steet daß huß noch zu sinen hand(en).

wid(er) geno(m)men — Begert ob er daß huß nit widd(er) zu jme moge neme(n). S(ente)n(ti)a si ita est so magk er daß huß widd(er) nemen. Daß hat Pet(er) v(er)bott.

erk(annt) — Jt(em) Contzgin Prasse erk(ennt) Stockheym(er)ß hoffman(n) von(n) Stockheym(er)s weg(en) 1 l(i)b(ram) helle(r) jn XIIII tag(en). Si non tu(n)c pfandt erf(olgt).

eydt erlassen — Jt(em) Sterne Clese erlest Hennen und Jekeln(n) Winßbach(er) gebrod(er) der unschult. Solichis hait Antz von(n) jren wegen(n). V(er)bott.

Sterne Clese und
Hene Winßbach(er) — Jt(em) Henne von(n) Eltfelt hait sich v(er)dingt Sterne Clesen daß wort zu thun(n) gey(n) Henne Winßbach(er)n und sin undderding hait er verbott unnd gijt

---

a Wohl verschrieben für: »Jeckel«.
b Es folgt durchgestrichen: »zu«.
c Das Wort ist über der Zeile beigefügt, darunter durchgestrichen: »gebe«.

3. Februar 1481
Henne Enders erhebt seine 1. Klage gegen Henchin Drubein wegen einem Gulden Geld und auf die Pfänder dafür.

3. Februar 1481
Cles und Henne Winsbach haben ihren Tag gewahrt gegen Cles Stern.

10. Februar 1481
Meister Jakob, Arzt, klagt Meister Johann den Pollerer an, wie er ihn vor einiger Zeit geheilt habe. Da habe er ihm versprochen, ihn wohl zu lohnen und er solle ihm 14 Gulden geben. Von den 14 Gulden seien ihm 4 Gulden geworden. Und dass er ihm die anderen 10 Gulden nicht gibt, das schade ihm ebensoviel dazu und er fordert von ihm eine Antwort Nein oder Ja, ob er ihm die versprochen habe oder nicht. Meister Johann Pollerer antwortet darauf und sagt: Nein. Er sei ihm die 14 Gulden nicht schuldig. Er habe ihm auch kein Versprechen gemacht, sondern sie seien von ehrbaren Leuten verglichen worden, dass er ihm 8 Gulden geben solle. Die habe er ihm auch gezahlt durch Tuch und Geld. Und belangt er ihn weiter, er erklärt er sich für unschuldig. Seine Unschuld gilt 14 Tage. Dem haben beide Parteien zugestimmt.
Clesgin Carpp erkennt an, Peter Bender von Winternheim 3 Gulden zahlen zu müssen binnen 14 Tagen. Wenn nicht Pfändung.
Henne Lupolt erkennt an, Henne Snider 5 Gulden zahlen zu müssen bis Fastnacht. Wenn nicht erfolgt die Pfändung.
Peter Muder erkennt an, Henne Dorn als Vertreter von Philipps Sohn 2 Gulden zahlen zu müssen binnen 14 Tagen. Wenn nicht Pfändung.
Rudwin erkennt an, Cles Fluck ½ Gulden zahlen zu müssen binnen 14 Tagen. Wenn nicht Pfändung.
Peter Muder hat gefragt und sagt: Cles Bingel soll ihm jährlich ½ Gulden von einem Haus geben. Das tue er nicht und das Haus steht noch in seinem Besitz. Er fragt, ob er das Haus nicht wieder an sich nehmen könne. Urteil: Wenn es so ist, so kann er das Haus zurücknehmen. Das hat Peter festhalten lassen.
Contzgin Prass erkennt an, dem Hofmann des Stockheimers für Stockheim 1 Pfund Heller zahlen zu müssen binnen 14 Tagen. Wenn nicht erfolgt die Pfändung.
Cles Stern erlässt Henne und Jeckel Winsbach, Brüder, die Unschuld. Das hat Antz für diese festhalten lassen. Henne von Eltville hat sich verpflichtet, Cles Stern vor Gericht gegen Henne Winßbach zu vertreten und hat seine Anwaltschaft festhalten lassen und gibt

fol. 168v — Sabbato post Agathe

TRANSKRIPTION

	Henne(n) Winßbachn schult wie daß er hie fur gericht gestand(en) / hait jne eyne(n)
	bosewicht geheissenn. Deß er doch hoff daß Henne Winßbach solichis nu(m)mer
	mee off jne bijbringen(n) soll begert der wort koru(n)ge unnd wandel nach
	syn(er) nottorfft und eren(n) nach erkentniß deß gerichts. Unnd daß er solichis
	gethan(n) hait schait jme dusent guld(en). Die ansprach hait der schult(heiß) von(n)
	unsers gnedigenn herenn wegenn verbott. Antz hait sich v(er)dingt
Winßbachs Henne	Hennen Winßbach daß wort zuthun(n) und sin und(er)ding v(er)bott unnd
	spricht wie daß Sterne Clese jne hie angericht mit recht gefast hab und sij
	auch jn sinder furderu(n)ge unnd ansprach gewest / Da hab er jne geschuldiget
	wort die sich fur gericht nit geboren(n) zu redden(n) noch zu sagen. Da hab er
	ettlich wort jn zorns und jn v(er)anntwo(r)ts wise geredt damit er jne noide
	geschuldiget woll han(n) / and(e)rs dan sich daß jn v(er) anttwo(r)ts wise gebore / Habe
	jme auch die wo(r)t widd(er) zu schandenn oder zu den uneren nit geredt. Und
	weß er jne wider anlange sij er onschuldig. Daroff ist Winßbachs Henne
	sin unschult gestalt XIIII tåge. Daß hai(n)t beyde p(ar)tien v(er)bott Henne vonn
	Eltfelt unnd auch Antz.
h(err) Wilhey(m) Hoyde	Jt(em) h(err) Wilheim(m) Hode hait daß ort(eil) zůssen jme und Emmeln(n)ᵃ v(er)bott unnd furt(er) gefragt jn
und Emmeln ort(eil)	welch(er) zijt bij
q(ua)re d(e) folio cu(m) isto signo	zůbringenn. S(ente)n(ti)a jn XIIII tågen. Darff er sin(er) tage furt(er) unnd heyßt die als
seu i(n) zedulaᶜ i(n) opposito	recht ist so soll ma(n) sie jme noch zu zweyn XIIII tag(en) stellen beheltlich
1 h(eischung)ᵈ	Emmeln(n) sin jnsage. Daß hat h(err) Wilheim(m) v(er)bott.
	Jt(em) Dyem(er) ex p(ar)te d(er) jungfrauwe(n) zu sant Clare 1 h off Wolffs Hennchin(n) und
	Jekeln sinen brud(er) off III l(i)b(ras) helle(r) und solich und(er)pfande
	Jdem 1 h(eischung) off Henne Mauchenheim(er) off I l(i)b(ram) helle(r) et und(er)pfand(er).
	Jd(em) 1 h(eischung) off Mŭdern(er) off XVIII ß h(el)l(e)r und solich und(er)pfander.
	Jd(em) 1 h(eischung) off meist(er) Lewen(n) Kurßner off I g(ulden) ungev(er)lich et p.
	Jd(em) 1 h(eischung) off Ebberha(r)t Kytzenn off XVI ß helle(r) solich und(er)pfand(er).
erk(annt)	Jt(em) Schonwedd(er) hat erk(ennt) Clesen Raůben II g(ulden) jn XIIII tag(en). Si no(n) tu(n)c pf(and).
	Daß hait Clese Raub v(er)bott.
erk(annt)	Jt(em) Ebb(erh)art Snade erk(ennt) Stammen X g(ulden) jn XIIII tag(en). Si no(n) tu(n)c pfandt.
	Jt(em) Jekel von(n) Aspeßheim(m) spricht Dielen Gred(en) zu wie sie jme schuldig sij
	VI guld(en) daran hab er sie gezogen(n) und abverdient. Daß sie jme solich
	gelt nit gebe oder erkenne(n) notz sovil dar zů. Unnd heist ir ey(n) anttw(or)t ney(n)
	od(er) ja. Daroff Dielen Grede spricht sie sij jme nůst schuldig. Daroff / ist ir onschult gestalt XIIII tage.ᵇ
	Redt Jekel sie hab jme fur dem gericht zu Algeßheim(m) erkant V g(ulden) und
	zucht sich daß off das gericht.
p b	Jt(em) die abtissin hat p b off H(er)man(n) Bend(er)n.
Carpen Cleßg(in) Henne	Jt(em) Carpen Cleßgin spricht Henne(n) von(n) Echzell zu wie er ey(n) huß hab / daß gebe
von(n) Echzelnn	XV ß unnd hab jme daß gelichtert daß iß nů X ß gebe. Daß hab er

a Die letzten vier Worte sind über der Zeile beigefügt.
b Die letzten vier Worte sind am linken Seitenrand beigefügt.
c Es folgt ein etwas unterhalb der Zeile beigefügtes Zeichen: ein Kreis mit Mittelpunkt gefolgt von einem einfachen Kreuz.
d Eine Klammer (zwei Striche) zeigt an, dass die Marginalie auch für die folgenden vier Heischungen gilt.

Henne Winsbach die Schuld, dass er hier vor Gericht gestanden hat und hat ihn einen Bösewicht genannt. Er hoffe, dass Henne Winsbach solches niemals tun solle und fordert Wortumwandlung gemäß seiner Notdurft und Ehrwiederherstellung gemäß der Erkenntnis des Gerichts. Und dass er solches getan habe, das schade ihm 1000 Gulden. Diese Anklage hat der Schultheiß für unseren gnädigen Herrn festhalten lassen. Antz hat sich verpflichtet, Henne Winsbach zu vertreten und hat seine Anwaltschaft festhalten lasse und sagt: Cles Stern habe ihn hier vor Gericht angeklagt und insbesondere Forderungen und Anklagen geäußert. Da habe er ihn mit Worten beschuldigt, die sich vor Gericht nicht gebühren. Da habe er im Zorn und als Antwort etliche Worte gesagt, mit denen er ihn nicht beschuldigen wollte, außer dass sie als Antwort geäußert wurden. Er habe ihn mit diesen Worten auch nicht in die Schande oder in die Unehre geredet. Und wessen er ihn darüber hinaus anklage, dessen ist er unschuldig. Darauf wurde die Unschuld von Henne Winsbach für 14 Tage festgelegt. Dem haben beide Parteien zugestimmt, Henne von Eltville und auch Antz.

Herr Wilhelm Hode hat das Urteil zwischen ihm und Emmel festhalten lassen und weiter gefragt, binnen welcher Zeit er die Beweise beibringen soll. Urteil: Binnen 14 Tagen. Bedürfe er weitere Tage und fordere sie, wie es Recht ist, so soll man ihm noch zweimal 14 Tage geben, vorbehaltlich der Aussage Emmels. Das hat Herr Wilhelm festhalten lassen.

Diem erhebt für die Jungfrauen von St. Klara seine 1. Klage gegen Henchin Wolff und Jeckel, seinen Bruder, wegen 4 Pfund Heller und auf die Pfänder.

Derselbe erhebt seine 1. Klage gegen Henne Mauchenheimer wegen einem Pfund Heller und die Pfänder.

Derselbe erhebt seine 1. Klage gegen Muder wegen 18 Schilling Heller und auf die Pfänder.

Derselbe erhebt die 1. Klage gegen Meister Lewe, Kürschner, wegen eines Guldens ungefähr und auf die Pfänder.

Derselbe erhebt die 1. Klage gegen Eberhart Kitz wegen 16 Schilling Heller und auf die Pfänder.

Schonwedder hat anerkannt, Cles Raub 2 Gulden zahlen zu müssen binnen 14 Tagen. Wenn nicht Pfändung. Das hat Cles Raub festhalten lassen.

Eberhard Snade erkennt an, Stamm 10 Gulden zahlen zu müssen binnen 14 Tagen. Wenn nicht Pfändung.

Jeckel von Aspisheim klagt Grede Diel an, dass sie ihm 6 Gulden schuldig sei. Die habe er abverdient. Dass sie ihm dieses Geld nicht gebe oder es anerkenne, das schade ihm ebensoviel dazu. Und er fordert von ihr eine Antwort: Ja oder Nein. Darauf sagt Grede Diel, sie sei ihm nichts schuldig. Darauf ist die Unschuld festgelegt für 14 Tage. Jeckel sagt, sie habe ihm vor dem Gericht zu Algesheim 5 Gulden anerkannt und er beruft sich auf das Gericht.

Die Äbtissin hat Pfändung gefordert gegen Hermann Bender.

Clesgin Carpp klagt Henne von Echzell an, dass er ein Haus habe, das gebe 15 Schilling jährlich und er habe ihm den Zins erleichtert, so dass er nun 10 Schilling gebe. Das habe er

fol. 169 — Sabbato post Agathe

	von(n) bede wegenn siner frunde gethann unnd zucht sich off die selb(e)n frunde.
	Und sij geredt daß er soll VI g(ulden) jn dem huse v(er)buwenn. Daß thu er nit. Daß
	schait jme VI g(ulden) dar zůu / Heÿst jme ey(n) anttwo(r)t ja od(er) neyn. Hennchin(n)
	von(n) Echzel spricht dwile sich Cleßgin off lude zucht bij den selb(e)n woll
	er auch v(er)libenn. Daß hait Antz von(n) sinen wëg(en) v(er)bott) und gefragt jn
s(ente)n)ti(a)	welch(er) zijt. S(ente)n)ti(a) jn XIIII tag(en) darff er sin(er) tage furt(er) und heist die als recht ist
	so soll ma(n) sie jme noch zů zwey(e)n XIIII tag(en) stellenn.
erf(olgt)	Jt(em) Snid(er)henne Jekel d(er) junge erk(ennt) Henchin(n) von Ursel ey(n) some nemlich I g(ulden)
	und I ort. Unnd hat jne erfolgt off das buch.
2 h(eischung)	Jt(em) Jacob(us) von(n) Sprendeling(en) ey(n) macht d(er) heren zu sant Johann zu Mentz
	dut 2 h(eischung) off Stemchin[a] und Philippsen(n) ut p(ri)ma.
2 tag geheiss(e)n	Jt(em) Herpels Henne ex p(ar)te ecc(les)ie jn Wint(er)heim(m) hait sin 2[b] tage geheiß(e) gen(n)
	meist(er) Conraden dem slosser.
1 h[f]	Jt(em Dyem(er) ex p(ar)te d(er) junfrauwen(n) zu sant Claren(n) 1 h(eischung) off Johanne(n) von Richenstey(n)
	off II½ [III/2] g(ulden) gelts unnd solich und(er)pfend(er).
	Jd(em) 1 h(eischung) off Cleßgin Unglich off XIIII ß und solich und(er)pfend(er).
erf(olgt)	Jt(em) Herpels Henne hat erf(olgt) Cleßgin Unglich off daß buch.
p b	Jt(em) meist(er) Johann hait e(r)folgt Dyemen Clasen off das buch und off jne p. b.
Hiltzen(n) Keth und	Jt(em) Hiltzen(n) Ketht gijt Pet(er) Rauben schult wie er jr schuldig sij VI g(ulden) nach
Pet(er) Raubenn	lude eyn(er) rachtu(n)ge daruber gemacht sij. Daß er jr die nit gijt schait ir VI g(ulden)
	dar zu und heist jme eyn(n) anttwo(r)t ja od(er) neyn(n). Rudig(er) redt dar off von(n)
	Pet(er)s weg(en) und spricht / Pet(er) sage ney(n) dar zů und hofft ir nit schuldig
	zu sin. Wan(n) die frauwe sij hie fur gericht kommen(n) und hait Pet(er)n gegifft
	jnhalt deß gerichts buch unnd hofft ir nit schuldig zu sin und zucht sich
	off das buch. Antz hat v(er)bott wie Rudig(er) melt das sie jne gegifft habe
	mit[c] begeru(n)ge daß buch zuhoren. Rudig(er) zucht sich auch off das
	buch wie fur / S(ente)n(ti)a dwile Rudig(er) sich off d(as) buch zucht so solle er es
	bringen(n) jn XIIII tag(en). Darff er sin(er) tage furt(er) und heist die als recht ist
	so soll man(n) sie jme noch zu zweyn(n) XIIII tag(en) stellen. Daß hait Rudig(er)
	v(er)bott.
erf(olgt)	Jt(em) Schonwedd(er) erf(olgt) Ebba(r)t(en) Kytzen off daß buch.
	Jt(em) Stockheim(er)s hoffman(n) Hanß schuldiget Knoden Hënne wie er off ey(n) zijt
Knoden Henne	zu jme ko(mmen) sij und jne gewonnen jungfrauwe Margreden(n) zu arbeidenn.[d]
	Daß er jme nů nit hilfft daß jme sin lone mit namen I l(i)b(ram) h(el)l(e)r werde und jme
	das gibt[e] schait jme ey(n) l(i)b(ram) h(el)l(e)r dar zů. Den zwey(n) ist ir tag gestalt biß off Sampstag
	nach dem(e) Erweyß Sontag / Den hab(e)n sie verbott.

a Da sich über dem »m« ein Punkt befindet, ist auch die Lesung »Steinchin« möglich.
b Über der arabischen »2« befinden sich zwei waagerechte Punkte.
c Vor dem Wort steht ein durchgestrichen: »v«.
d Es folgt ein nicht deutbares und wohl unbeabsichtigt geschriebenes Zeichen.
e Die beiden letzten Worte sind am linken Seitenrand beigefügt.
f Eine Klammer (zwei Striche) zeigt an, dass die Marginalie auch für die folgende Heischung gilt.

10. Februar 1481 — fol. 169

ÜBERTRAGUNG

auf die Bitte seiner Freunde getan und er beruft sich auf diese Freunde. Und es sei abgesprochen worden, er solle 6 Gulden in dem Haus verbauen. Dass tue er nicht. Das schade ihm 6 Gulden dazu. Er fordert von ihm eine Antwort Ja oder Nein. Henchin von Echzel sagt Weil sich Clesgin auf Leute beruft, bei diesen wolle er auch verbleiben. Das hat Antz für ihn festhalten lassen und gefragt, in welcher Zeit. Urteil: In 14 Tagen. Bedürfe er weiterer Tage und fordere sie, wie es Recht ist, so soll man ihm noch zweimal 14 Tage geben.

Jeckel Sniderhenne der Junge erkennt an, Henchin von Ursel eine Summe, nämlich einen Gulden und ein Ort. Dieser hat seinen Anspruch gegen ihn ins Gerichtsbuch eintragen lassen.

Jacobus von Sprendlingen, Bevollmächtigter der Herren von St. Johann zu Mainz, erhebt seine 2. Klage gegen Stamm und Philipp.

Henne Herpel für die Kirche von Winternheim hat seinen 2. Tag gefordert gegen Meister Konrad den Schlosser.

Diemar für die Jungfrauen von St. Klara erhebt seine 1. Klage gegen Johannes von Richenstein wegen 2½ Gulden Geld und auf die Pfänder.

Derselbe erhebt eine 1. Klage gegen Clesgin Unglich wegen 14 Schillinge und auf die Unterpfänder,

Henne Herpel hat seinen Anspruch ins Gerichtsbuch eintragen lassen gegen Clesgin Unglich.

Meister Johann hat seine Ansprüche eingeklagt gegen Clas Diem und hat Pfändung gefordert.

Kett Hiltz gibt Peter Raub die Schuld, dass er ihr schuldig sei 6 Gulden gemäß einer Schlichtung. Dass er ihr die nicht gibt, das schade ihr 6 Gulden dazu und sie fordert von ihm ein Ja oder Nein. Rudiger redet darauf für Peter und sagt: Peter sagt Nein dazu und hofft, ihr nichts schuldig zu sein: Denn die Frau sei hier vor das Gericht gekommen und hat Peter gegeben nach Aussage des Gerichtsbuchs und er hofft, ihr nichts schuldig zu sein und beruft sich auf das Buch. Antz hat festhalten lassen, dass Rudiger anführt, dass sie ihm übertragen habe und fordert, das Buch zu hören. Rudiger beruft sich auch auf das Buch wie zuvor. Urteil: Weil Rudiger sich auf das Buch beruft, so soll er es beibringen in 14 Tagen. Bedürfe er weitere Tage und fordere sie, wie es Recht ist, so soll man ihm noch zweimal 14 Tage geben. Das hat Rudiger festhalten lassen.

Schonwedder hat seinen Anspruch ins Gerichtsbuch eintragen lassen gegen Eberhart Kitz.

Stockheimers Hofmann Hans beschuldigt Henne Knode, dass er vor einiger Zeit zu ihm gekommen sei und ihn gewonnen habe für Frau Margret zu arbeiten. Dass er ihm nun nicht hilft, dass ihm sein Lohn werde, nämlich 1 Pfund Heller und ihm das gibt, das schade ihm 1 Pfund Heller dazu. Den zweien wurde ein Tag gesetzt bis Samstag nach Erweißsonntag. Den haben sie festhalten lassen.

fol. 169v — Tertia post Appolonie

erf(olgt)	Jt(em) Wigant d(er) wirt erfolgt H(er)man(n) Bend(er)n vor X g(ulden) off das buch.
erf(olgt)	Jt(em) Adam Wolff unns(er) mitscheffin geselle erf(olgt) H(er)man(n) Bend(er)n vor X g(ulden)[a] s(upe)r libru(m).
	Actu(m) tertia p(os)t Appolonie
1 h(eischung)	Jt(em) Muderhenne 1 h(eisching) uff Monichis Clesen off XVIII ß und s(in) und(er)pfand(er)
3 tage	Jt(em) Ebbe(r)hart Snade heißt sinen dritten tag zu sin(er) konde gestalt XIIII tage.
erk(annt)	Jt(em) Henne von(n) Hoenstait erk(ennt) Pet(er)n dem glocken(er) XVII g(ulden) off rechnu(n)ge
	hie zuschenn Fastnacht zugeben(n). Si no(n) tu(n)c pfandt.
Hanß vo(n) Worms	Jt(em) Hanß von(n) Worms hait gelacht XII alb(us) gey(n) Dyeme(n) Clasen unnd offent jme
	die nach geburniß sinem anzale nach ludt der rachtu(n)ge.
	Actu(m) Sabb(at)o p(os)t Valenti(ni).
p. b.	Jt(em) Wigant hat pfande bereth off Herman(n) Bend(er)n.
p. b.	Jt(em) Pet(er) Woilenber hait p b off Ebba(r)t Kytzen(n).
p. b.	Jt(em) Henne von(n) Eltfelt hatt p b off Moinchis Clesen.
	Jt(em) Antz hait daß urtel von[b] Dunckelers Elsenn weg(en) ob man deß uberko(mmen) sij bege(r)t[c] h(er)uß
	und furt(er) mit recht gefragt ob die drij nit handt abthu(n) sollen(n) unnd sie zulassen(n).
	Jt(em) Pet(er) Piffer von(n) der drijer weg(en) hait von(n) dem(e) gewistem(m) ortel appelleret
	an daß hoeffgericht geyn(n) Heidelb(er)g i(n) die ut sůpra. Daroff ist[d] beyden(n) p(ar)tien
Dunckelers Else et p(ar)s	von(n) dem(e) gericht entscheidt wůrden die appellatzien(n) laiß das gericht zů[e] jrem(m)
	werde steen(n). Dan der mondt sij jne zugetan[f] daß die p(ar)tijen[g] darum(m)b zusamen gedyhen(n)
adv(er)sa sua	zu erkene(n) lassen[h] ob die appellacion(n) mechtig od(er) nit mechtig erkant w(er)de[i] / dan es sij bijßher(r) an de(m)
	ger(icht) zu Ing[elheim]
	nye[j] noit gescheen(n). Antz ließ es auch bij dem(e) bescheit von(n) d(er) frauwen(n) weg(en) ansteen.[k]

---

a Das Wort ist über der Zeile beigefügt.
b Das Wort ist über der Zeile beigefügt, darunter durchgestrichen: »zůssen«.
c Der Satz ab »weg(en)« bis hier ist über der Zeile beigefügt, darunter durchgestrichen: »und jren(n) widd(er)teyle v(er)bott und«. Das Wort »begert« steht etwas abgesetzt.
d Es folgt durchgestrichen: »jme«.
e Es folgt durchgestrichen: »si«.
f Das Wort ist über der Zeile beigefügt, darunter durchgestrichen: »gestopt« [?].
g Die beiden letzten Worte sind über der Zeile beigefügt, darunter durchgestrichen: »sie«.
h Die letzten drei Worte stehen am linken Seitenrand vor dem Zeilenanfang.
i Die beiden letzten Worte sind über der Zeile beigefügt, darunter durchgestrichen: »zuthu(n) sij«.
j Das Wort ist am linken Seitenrand vor den Zeilenanfang gesetzt.
k Es folgt - in der nächsten Zeile - durchgestrichen: »zu laissenn«.

Wigand der Wirt verklagt Hermann Bender auf 10 Gulden.
Adam Wolff, unser Mitschöffe, verklagt Hermann Bender auf 10 Gulden.

13. Februar 1481
Henne Muder erhebt seine 1. Klage gegen Cles Monch wegen 18 Schilling auf die Pfänder.
Eberhard Snade fordert seinen 3. Tag½ Beweise beizubringen.
Henne von Hoestadt erkennt an, Peter dem Glöckner 17 Gulden gegen Rechnung bis Fastnacht zahlen zu müssen. Wenn nicht dann Pfändung.
Hans von Worms hat für Clas Diem 12 Albus hinterlegt und öffnet sie ihm als seinen Anteil gemäß der Schlichtung.

17. Februar 1481
Wigand hat Pfändung gefordert gegen Hermann Bender.
Peter Wolenber hat Pfändung gefordert gegen Eberhart Kitz.
Henne von Eltville hat Pfändung gefordert gegen Cles Monch.
Antz hat das Urteil wegen Else Dinckler begehrt, ob man entschieden habe und das Gericht gefragt, ob die drei ihre Hände wegziehen und sie zulassen sollen. Peter Piffer für die zwei hat von dem gewiesenen Urteil appelliert an das Hofgericht zu Heidelberg. Darauf wurde beiden Parteien vom Gericht der Entscheid mitgeteilt, die Appellation stoppe das Gericht. Denn der Mund sei ihnen gegeben worden, dass die Parteien sich einigen, ob die Appellation als gültig oder nicht gültig anerkannt werde. Es sei bisher am Gericht zu Ingelheim nie notwendig gewesen. Antz ließ es für die Frau bei dem Bescheid.

Sabbato post Valentini

h(er) Wilh(elm) Hode

Emmel

Jt(em) Anntz hait sich v(er)dingt h(er) Wilheim(m) das wo(r)t zuthun(n) geyn(n) Emmeln(n) und hait sin und(er)ding v(er)bott als recht ist und spricht er hab ettlichen(n) konden(n) gebott(en) Emmeln(n) antreffenn und hait am(m) ersten(n) eyne(n) gerichts brieff lassen(n) lesen deß datu(m) stunde anno d(omi)ni etc. III$^{c(entum)}$ LXXXVIII jare. Den(n) hait er v(er)bott. Unnd furt(er) daroff gereth die ame wins die jn dem(e) brieffe bestumpt habe[a] gebe(n) der bed(er) Steffann ½ [I/2] ame die er auch noch gijbt. Und hab auch Steffan der un(er)pfend(er) eyns jnn / mit name(n) die baitstobe jn der Offhobenn. Unnd sij noch eyn(er) gena(nn)t(en) Henne Mauchenhëim(er) / der hab das and(er) und(er)pfandt jnn da die ander halb ame wins off steet / Den(n) wine hab Emmel bij Henne(n) Mauchenheym(er) gefurdert und offgehabenn / Darnach habe er[b] die halbe ame wins abermals zu jme geford(er)t / Da hab jme Henne Mauchenheym(er) die nit wollen geben / sond(er) er hab jme daß und(er)pfandt darvor lassen(n) lihen / mit namen off dem Hůnen nach jnhalt deß brieffs. Unnd hofft h(err) Wilheim(m) es soll durch recht erkant

[a] Das Wort ist über der Zeile beigefügt, darunter durchgestrichen: »sij«.
[b] Es folgt durchgestrichen: »den«.

ÜBERTRAGUNG

Antz hat sich verpflichtet, Herrn Wilhelm vor Gericht zu vertreten gegen Emmel und hat seine Anwaltschaft festhalten lassen, wie es Recht ist, und er sagt: Er habe etliche Beweise aufgeboten Emmel betreffend und hat zuerst eine Gerichtsurkunde verlesen lassen mit dem Datum 1388. Das hat er festhalten lasse. Darauf ist geredet worden: Die ½ Ohm Wein, die in er Urkunde bestimmt wurden, die gebe Steffan der Beder der sie auch noch gibt. Und Steffan habe eines der Pfänder inne, nämlich die Badestube in der Uffhube. Und es sei noch ein anderer genannt worden, Henne Mauchenheimer, der das andere Pfand inne habe, auf dem die anderthalb Ohm Wein liegen. Den Wein habe Emmel von Henne Mauchenheimer gefordert und eingezogen. Danach habe er die halbe Ohm Wein abermals von ihm gefordert. Da habe Henne Mauchenheimer ihm die nicht geben wollen, sondern er habe ihm das Pfand überlassen, nämlich auf dem Hunen gemäß der Urkunde. Und so hofft Herr Wilhelm, es solle durch das Gericht erkannt

fol. 170 — Sabbato post Valentini

wer(den) dwile Emmel die ½ [I/2] ame wins offgehab(e)n^a und der brieff daß und(er)pfant
bestumpt / hab er woil bijbracht. Und spricht furt(er) h(er) Heinr(ich) Nickeln zů wie das
er eynen(n) wingart jn habe zu sime altare sant Peter und Paulus gehorig der dan
jn der Leymb Kuthenn lijhe dar widd(er) dan Emmel stoiß und den auch gebrůcht.
Daß h(er) Heinrich nit sage weß jme wissentlich davon sij schait jme XX guld(en)
und heyst jme eyn recht gerichts anttwo(r)t. Her Heinrich Nickel redt dar zu
und spricht Emmel hab eynen wingart dabij / bij dem(e) synen gelegen ob er
ab(er) daran stoiß des wiß er nit eigentlich. Er hab Emmels sone dar jn gesehen(n)
arbeiden(n). Ob derselbe wingart^b sin sij od(er) nit sij jme nit wissentlich. Emmel
hait h(er) Heinrichen(n) gefragt ob er auch mehe wingart jn derselben(n) gegen(n)
lihen(n) hab / Daroff hait jme h(err) Heinrich geanttw(or)t neyn(n) / Daß hait Emmel v(er)bott.
Antz schuldiget fůrter^c von h(er)n Wilheims weg(en) Henne Mauchenheim(er) das er nit erkent
daß er solich und(er)pfandt jnhabe gehabt^d da die ½ [I/2] ame wins oben stehe
und nit h(er)usser sage. Das schait jme XX guld(en) und heist jme ey(n) recht gerichts

Henne Mauchenhey(mer) konnde

anttwo(r)t. Daroff spricht Henne Mauchenheim(er) und erkent das er Emmeln(n)
die halb ame wins geben(n) hab / Da hab er off ey(n) zijt lichteru(n)ge an jne beg(er)t.
Die^e hab er jne nit wollen(n) thun(n). Unnd hab zu eyn(er) zijt von(n) jme geho(r)t
wie er zu Mentz gewest sij bij den(n) heren(n) und hab gehoret jn eyne(m) brieffe lesen(n)
funfft firtel wingart / Der hab er nit / Er hab korn halp als vil / Er hab die
gude auch offgesagt als recht sij die Emmel jme benant habe / Und was
jme darůmb geburt zu thůn(n) / das woll er thun(n) / und gehorsam sin / Antz hait
Henne Mauchenheym(er)ß sage v(er)bott / daß er erkent das er Emmeln(n) die ½ [I/2] ame
wins gebenn habe und schuldiget furt(er) Steffan Bed(er) und spricht
wie daß er Emmeln(n) die ½ [I/2] ame wins geb(e)n^f / nach dem er die und(er)pfande
offgesagt habe. Daß er solichis nit erkent schait jme X guld(en) und heist

konde Steffan Beder

jme ey(n) recht gerichts anttw(or)t / Daroff anttwo(r)t Steffan Bed(er) und spricht
er hab die baitstobe um(m)b Ercken taufft / Da sij jme ½ [I/2] ame wins^g oben
benan(n)t / die hab er Emmeln(n) ußgeracht und gebe(n)^h unnd weme er die furt(er) ußricht(en) /
soll / daß woll er auch thu(n) und gehorsam sin. Antz hait v(er)bott daß er erkent
daß er die ½ [I/2] ame wins Emmeln(n) geben(n) soll und hofft h(er) Wilheim(m)
dwile der gerichts brieff huser hoeffreiden(n) und gart(en) clerlich besage
da die bach durch leufft mitt jrem(m) organge so hab er woil bijbracht.
Es we(re) dan sach / daß Emmel bijbrecht alß recht we(re) woe jme die gulde
h(er)kommen dan er sij hiewidd(er) gezogenn noch geboren / so hab er sie
auch nit taufft / Emmel spricht dar zu herr(r) Wilhelm(e) lese jn dem brieff
ey(n) huß unden an dem(e) borne / Daß sij kuntlich daß solich huß gestand(en) sij
da Bleychenn Henne jn gesessen(n) hab / Und hab daß wasser sinen lauff gehabt
dorch daß huß / und sinen organg fur der baitstoben hÿen und gehe off

---

a Es folgt durchgestrichen: »hab«. - **b** Es folgt durchgestrichen: »sij«. - **c** Das Wort ist über der Zeile beigefügt. - **d** Es folgt durchgestrichen: »der«. - **e** Vor dem Wort durchgestrichen: »zuthu(n)«. - **f** Es folgt durchgestrichen: »habe«. - **g** Es folgt durchgestrichen: »da«. - **h** Die beiden letzten Worte sind über der Zeile beigefügt.

werden, weil Emmel die ½ Ohm Wein eingezogen habe und die Urkunde das Pfand bestimmt, er habe die Beweise erbracht. Und er klagt weiter Heinrich Nickel an, dass er einen Weingarten habe, der zu seinem Altar St. Peter und Paul gehört, der in der Leimkute liegt, an die Emmel anstoße und den er auch nutze. Dass Heinrich nicht sage, was er wisse, das schade ihm 10 Gulden und er fordert von ihm eine Antwort vor Gericht. Herr Heinrich Nickel redet und sagt: Emmel habe einen Weingarten bei dem seinen gelegen. Ob sie aneinander stoßen, wisse er nicht. Er habe Emmels Sohn dort arbeiten gesehen. Ob es derselbe Weingarten sei oder nicht, wisse er nicht. Emmel hat Herrn Heinrich gefragt, ob er mehr Weingärten in derselben Gegend liegen habe. Darauf hat Herr Heinrich ihm geantwortet: Nein. Das hat Emmel festhalten lassen. Antz beschuldigt weiter von Herrn Wilhelms wegen Henne Mauchenheimer, dass er nicht anerkennt, dass er diese Pfänder hatte, auf denen die ½ Ohm Wein liegen und nichts aussage. Das schade ihm 20 Gulden und er fordert von ihm vor Gericht eine Antwort. Darauf antwortet Henne Mauchenheimer und erkennt an, dass er Emmel die halbe Ohm Wein gegeben habe. Da habe er vor einiger Zeit Ermäßigung von ihm begehrt. Die habe er ihm nicht geben wollen. Und er habe vor einiger Zeit von ihm gehört, dass er zu Mainz gewesen sei bei den Herren und er habe ihn eine Urkunde verlesen hören wegen 5 Viertel Weingarten. Die habe er nicht. Er habe halb so viel Korn. Er habe die Gülte auch aufgetragen, wie es Recht ist, die ihm Emmel benannt hat. Und was ihm gebührt zu tun, das wolle er tun und gehorsam sein. Antz hat die Aussage von Johann Mauchenheimer festhalten lassen, dass er anerkennt, dass er Emmel die ½ Ohm Wein gegeben habe und er beschuldigt Steffan Beder weiter und sagt: Dass er Emmel die ½ Ohm Wein gegeben habe, nachdem er die Pfänder aufgetragen habe. Dass er solches nicht anerkenne, das schade ihm 10 Gulden und er fordert von ihm eine Antwort vor Gericht. Darauf antwortet Steffan Beder und sagt: Er habe die Badestube von Erk gekauft. Da seien ihm ½ Ohm Wein genannt worden, die habe er Emmel bezahlt und gegeben und wem er die weiter geben und ausrichten solle, darin wolle er gehorsam sein. Antz hat festhalten lassen, dass er anerkennt, dass er die ½ Ohm Wein Emmel geben soll und hofft, Herr Wilhelm habe – da die Gerichtsurkunde Häuser, Hofstätten und Gärten klar benennt, wo der Bach durchläuft mit seinem Ausgang – die Beweise wohl erbracht. Es sei denn, Emmel bringe die Beweise vor Gericht bei, wo er die Gülte herhabe, denn er habe sie weder eingezogen noch geschaffen, noch habe er sie gekauft. Emmel sagt dazu: Herr Wilhelm lese in dem Brief von einem Haus auf dem Brunnen. Das sei bekannt, dass dieses Haus gestanden habe, da habe Henne Bleychen darin gesessen. Und das Wasser lief durch das Haus und hatte seinen Anfang von der Badestube her und lief Richtung

fol. 170v — Sabbato post Valentini

	der gemeynd(en). Die baitstobe hab auch geforen(n) / und er mey(n) sie gebe auch jerlichs
	1 l(i)b(ram)ª gelts zu her Conraits altare / der doch jn dem(e) briefff keyns gemelt sij.
	Und ist sin meynu(n)ge daß die baitstobe ußwendig deß brieffs hore / und hab
	h(er) Wilhelm(e) keyne konde dar uber zůfůrenn er bring dann bij als recht ist
ad socios	daß die baitstobe und hoefreide eyn(n) huß und zusamen gehort sijᵇ da die
	bach durch leufft. Und stalt zu recht und spricht furt(er) off Henne Mauch[-]
	enheym(er)s redden / der sij von(n) parthien. Er hab geredt er gebe die gulde
	lieb(er) h(er) Wilheim(m) dan jme. Auch sij er zweyschillig jn siner sage und hofft
	daß sin sage und konde keyne konde sin soll der zu recht genu(u)g sij. Und solt
	jme deß mit recht woil genug(en). Dar widd(er) Antz redt h(er) Wilhelms brieff
	bestompt huser hoffreiden und garten da die ame wins oben fall und hofft
	er hab woil bij bracht Emmel brecht dan bijᶜ als recht we(re) woe
	jme die gult her kommen sij daß man(n) die gult jme geben soll und h(er) Wilhey(m)
	nit. Emmel meynt. H(er) Wilhelm(e) soll bij bringen und er nit. Und stalt zurecht.
	Her Wilhelm(e) meynt er hab woil bijbracht und stalt auch zurecht. Ist uffge[-]
	slagen(n) ad socios. Daß hab(e)n beide p(ar)tien v(er)bott.
2 h(eischung)	Jt(em) Henchin(n) Endres 2 h(eischung) off Drubeyn(n) ut p(ri)ma.
erk(annt)	Jt(em) Eberha(r)t Kytz erk(ennt) Ritz von(n) Born II g(ulden) off rechn(un)ge jn XIIII tag(en). Si no(n) t(unc) p.
erf(olgt)	Jtem(m) Endres von(n) Winhey(m) erfolgt Vintzen und Contzen(n) von(n) Geylnhußen s(up)r(a) libru(m).
	Jt(em) Pet(er) Snade gijt Jekeln(n) von(n) Symm(er) schult daß er nit von(n) jme teile als er
	von(n) jme pfandtgudt kaufft hab daß sins bruders gewest sij. Daß schait
Pet(er) Snade	jme XL g(ulden). Antz spricht von(n) Symm(er)ß weg(en) er sij jme nust nit schuld(ig).
erk(annt)	Jt(em) Dyeme(n) Claiß erk(ennt) Schonewedd(er)n X alb(us) jn XIIII tag(en). Si no(n) tu(n)c pfandt.
	Jt(em) Pet(er) Gudtgesellen(n) dem hait Henne Stortzkopp erkant 1½ [II/2] g(ulden) off rechnu(n)ge
erk(annt)	jn XIIII tage. Finde sich ab(er) mee daß er jme schuldig sij so woll er jme auch
	mehe geben(n). Daß hait Pet(er) Gudtgeselle v(er)bott. Si non tu(n)c p.
	Jt(em) Arnolts Henne spricht d(er) kesseler(er) gebe jme VII ß zins von(n) eym(m) feldeᵈ
widd(er) geno(m)men	daß dan nach zu sine(n) hand(en) stee. Und hat gefragt ob er daß felt nit moge
	widd(er) zu jme nemen(n). Ist gewist si ita est so mag er es woil thu(n). Hat v(er)bott.
erf(olgt)	Jt(em) Henchin(n) Schůmech(er) erfolgt Eberlin Metzler vor VIII alb(us).
	Actu(m) i(n) die Mathie ap(osto)li.
1 h(eischung)	Jt(em) d(er) bicht(er) 1 h(eischung) off Snellehenneᵉ den jůngennᶠ uff VII½ [VIII/2] ß et. p.
3 h(eischung)	Jt(em) Jacob Sprendeling(en) ey(n) macht der heren zu sant Johan(n) zu Mentz
	3 h(eischung) off Stammen ut pr(i)ma.
ůnschult	Jt(em) zussen(n) dem(e) artzt und dem poller(e)r ist sin unschult gestalt an daß negst
	gericht.

a Zwischen Text und Marginalien verläuft von hier über die nächsten fünf Zeilen ein senkrechter Strich.
b Das Wort ist über der Zeile beigefügt, darunter durchgestrichen: »hab«.
c Es folgt durchgestrichen: »woe«.
d Das Wort ist über der Zeile beigefügt, darunter durchgestrichen: »flecken«.
e Es folgt durchgestrichen: »uff«.
f Die Endung ist aus einer Kürzung verbessert.

17. Februat 1481

fol. 170v

Gemeinde. Die Badestube grenze auch an und er meine, sie gebe auch jährlich ein Pfund Geld zu Herrn Konrads Altar, die doch in der Gerichtsurkunde nicht erwähnt sind. Und es ist seine Meinung, dass die Badestube nicht zu dem Urkundenbesitz gehöre und Herr Wilhelm habe keine Beweise darüber zu führen, er bringe diese denn bei, wie es Recht ist, dass die Badestube und die Hofstätte ein Haus sind und zusammengehören, weil der Bach durchläuft. Das legt er dem Gericht vor und klagt Henne Mauchenheimer an, der sei parteiisch. Er habe gesagt, er gebe die Gülte lieber Herrn Wilhelm als ihm. Auch sei er doppeldeutig in seiner Aussage und er hofft, dass seine Aussage und sein Beweis kein Beweis sein solle, der dem Recht genügt. Das legt er dem Gericht vor. Dagegen sagte Antz: Herrn Wilhelms Urkunde bestimmt Häuser, Hofstätten und Garten, von denen die Ohm Wein fallen und er hofft, er habe die Beweise beigebracht, Emmel brächte denn wie es Recht wäre, einen Beweis bei, woher er an die Gülten gekommen sei und dass man die Gülte ihm geben solle und Herrn Wilhelm nicht. Emmel meint: Herr Wilhelm solle das beweisen und er nicht. Das legt er dem Gericht vor. Herr Wilhelm meint: Er habe die Beweise erbracht und legt das dem Gericht vor. Das ist verschoben worden bis zum Zusammentreten des Vollgerichts. Dem haben beide Parteien zugestimmt.

Henchin Enders erhebt seine 2. Klage gegen Drubein.

Eberhart Kitz erkennt an, Ritz von Born 2 Gulden gegen Rechnung zahlen zu müssen binnen 14 Tagen. Wenn nicht erfolgt die Pfändung.

Endres von Winheim hat seinen Anspruch ins Gerichtsbuch eintragen lassen gegen Vincz und Contz von Gelnhausen.

Peter Snade gibt Jeckel von Simmern die Schuld, dass er nicht mit ihm teilte, als er Pfandgut von ihm kaufte, das seinem Bruder gewesen sei. Das schade ihm 40 Gulden. Antz sagt für Simmern: Er sei ihm nichts schuldig.

Clas Diem erkennt an, Schonwedder 10 Albus zahlen zu müssen binnen 14 Tagen. Wenn nicht erfolgt die Pfändung.

Peter Gutgesell hat anerkannt, Henne Stortzkopp 1½ Gulden gegen Rechnung zahlen zu müssen binnen 14 Tagen. Finde sich aber mehr, das er ihm schuldig sei, so wolle er auch mehr geben. Das hat Peter Gutgesell festhalten lassen. Wenn nicht erfolgt die Pfändung.

Henne Arnold sagt: Der Kessler gebe ihm jährlich 7 Schilling Zins von einem Feld, das noch in seinem Besitz steht. Und er hat gefragt, ob er das Feld nicht wieder an sich nehmen könne. Es ist gewiesen worden: Wenn es so ist, kann er es tun. Das hat er festhalten lassen.

Henchin Schuhmacher verklagt Eberlin Metzler auf 8 Albus.

24. Februar 1481

Der Beichtvater erhebt seine 1. Klage gegen Henne Snell den Jungen wegen 7½ Schilling und auf die Pfänder.

Jakob Sprendlingen, der Bevollmächtigte der Herren von St. Johann zu Mainz, erhebt seine 2. Klage gegen Stamm.

Zwischen dem Arzt und dem Pollerer gilt die Unschuld bis zum nächsten Gerichtstag.

fol. 171 — Zabbata post Mathie apostoli

unß(chult)	Jt(em) zussen(n) Jekeln(n) von(n) Aspeßh(eim) und Dielen(n) Gred(en) ist ir unschult gestalt an daß negst gericht.
unß(chult)	Jt(em) zussen(n) Winßhenne und Sterne Clesen(n) ir unsch(ult) gestalt an daß negst gericht.
	Jt(em) Eberha(r)t Snade mit sin(er) kuntschafft erschenen(n) ist tag gestalt an daß negst ger(icht).
2 tag	Jt(em) Carpen(n) Elßgin heyst jren 2 tag furt(er) gey(n) Hennen von(n) Echzel.
1 tag	Jt(em) Pet(er) Raup heyst sin 1 tag furt(er) geyn(n) Hiltzen(n) Keth. Ist gestalt XIIII tage. V(er)bott er.
lip fur sin gudt gestalt	Jt(em) meyst(er) Lewe hat sin lip fur sin gudt gestalt gey(n) Dyem(er) scheffenn der jungfr(auen) zu sant Claren.

Actu(m) Z(abbat)a p(os)t Mathie ap(osto)li.

Ebb(er)t Snade	Jt(em) Symon(n) Schalmeyh(er) und Ebberha(r)t Snaden ist tag gestalt und offgeslag(en) bijß Dinstag nach dem(e) Erweyß Sontag. Und den tag hab(e)n sie v(er)bott.
1 clage	Jt(em) meist(er) Hanß Kurßn(er) von(n) Mentz 1 clage off Philipß(e)n von(n) Giersteyn(n) off alleß daß er jn des richis gericht hait uff IIII g(ulden) heuptgelts und I g(ulden) schadens.
Ebb(er)t Snade	Jt(em) zussenn Ebb(er)art Snade und Baltz(er)n Henne(n) von(n) Bing(en) ist tag gestalt an daß negst gericht daß ist off Dinstag nach dem(e) Erweiß Sontaig. Den dag hab(e)n sie v(er)bott.

Actu(m) S(abba)ta p(os)t Mathie.

lip fur sin gudt	Jt(em) Henchin Drubein(n) hat sin lip fur sin gudt gestalt gey(n) Henne Endreß und begert ob sin gudt nit ledig sij. S(ente)n(ti)a ist gewist, will er recht geb(e)n und nemen als der scheffin hie zurecht wiset so syen(n) sin gudt ledig. Hat er geanttw(or)t ja und da mit v(er)bott.

Sabb(at)o p(os)tea.

Jt(em) Henne Endres ist sin tag gestalt ad p(ro)x(imu)m judiciu(m) adv(er)s(us) Drubeyn(n).

Sabb(at)o p(os)t Esto M(ihi).

lip fur ir gut gestalt	Jt(em) Stam und Dorr Henchin(n) hant ir libe fur ir gudt gestalt geyn(n) Jacob Sprendeling(en) ey(n) macht d(er) heren(n) zu sant Johan(n) zů Mentz und gefragt ob ir guder nit ledig sint. Ist gewist wollen(n) sie recht gebenn und nemen alß der scheffen hie zu recht wiset so sin sie ledig. Haben(n) sie geanttw(or)t ja und hat jne der schult(eiß) tag gestalt XIIII tage. Daß habenn sie v(er)bott.
2 tag	Jt(em) Raup hat sin 2 tag furt(er) geheyss(e)n geyn(n) Hiltzen(n) Keth ist gestalt XIIII tag iglich(er) parthie onv(er)lustig irs recht(en) / Daß hat Pet(er) v(er)bott.

ÜBERTRAGUNG

Zwischen Jeckel von Aspisheim und Grede Diel gilt die Unschuld bis zum nächsten Gerichtstag.
Zwischen Henne Winß und Cles Stern gilt die Unschuld bis zum nächsten Gerichtstag.
Eberhard Snade ist mit seiner Kundschaft erschienen. Es wurde ihm ein Termin gesetzt am nächsten Gerichtstag.
Elsgin Carpp fordert ihren 2. Tag gegen Henne von Echzel.
Peter Raub fordert Verlängerung für seinen 1. Tag gegen Kett Hiltz. Es wurden ihm 14 Tage gegeben. Das hat er festhalten lassen.
Meister Lewe hat seinen Leib vor sein Gut gestellt gegen Dyemar, den Schaffner der Nonnen von St. Klara.

3. März 1481
Simon Schalmeyher und Eberhard Snade wurde ein Tag gesetzt bis Dienstag nach Erweißsonntag. Dem Tag haben sie zugestimmt.
Meister Hans Korsner von Mainz erhebt seine 1. Klage gegen Philipp von Gierstein auf alles, das er hat im Reichsgericht wegen 400 Gulden Klagesumme und 100 Gulden Gerichtskosten.
Zwischen Eberhard Snade und Henne Baltz von Bingen ist der Tag verschoben worden auf Dienstag nach Erweißsonntag. Dem Tag haben sie zugestimmt.

3. März 1481
Henchin Drubein hat seinen Leib vor sein Gut gestellt gegen Henne Enders und fragt, ob sein Gut frei sei. Urteil: Es ist ihm gewiesen worden, will er Recht geben und nehmen, wie es die Schöffen hier weisen, so sei sein Gut frei. Da hat er Ja geantwortet und damit zugestimmt.

Henne Enders wurde der Gerichtstermin gegen Drubein verschoben.

10. März 1481
Stamm und Henchin Dorn haben ihren Leib vor ihr Gut gestellt gegen Jakob Sprendlingen, den Bevollmächtigten der Herren von St. Johann zu Mainz und gefragt, ob ihre Güter nicht frei seien. Es ist gewiesen: Wollen sie Recht geben und nehmen, wie es die Schöffen hier als Recht weisen, so sind sie frei. Sie haben Ja geantwortet und der Schultheiß hat ihnen einen Termin gesetzt in 14 Tagen. Dem haben sie zugestimmt.
Raub hat seinen 2. Tag erbeten gegen Kett Hiltz. Es sind ihm 14 Tage zugestanden worden, jeder Partei ohne Verlust an ihren Rechten. Das hat Peter festhalten lassen.

fol. 171v — Zabatta post Jnvocavit

Z(abbat)a p(ost) Jnvocavit.

p. b. — Jt(em) Hepchins frauwe Keth hat p. b. off Lut(er)winchin.

p. b. — Jt(em) Stam erfolgt Ebb(erh)art Snadenn off daß buch und hat an jme auch p. b.

erf(olgt) — Jt(em) Schonwedd(er) erfolgt Hiltwin off das buch.

2 clage — Jt(em) Hanß Korßn(er) von(n) Mentz 2 clage off Philipps von(n) Gyrstein(n) ut p(ri)ma.

Jt(em) Antz hat sich v(er)dingt Symo(n) Schalmeyh(er) das wo(r)t zu thun(n) geyn(n) Ebba(r)t Snade unnd spricht Ebbart hab sich v(or)zijtenn off kuntschafft gezogenn geyn(n) Symon(n). Hab er die kuntschafft so begere er die zu horenn.

Daroff sint dar gestand(en) kuntschaffter drij p(er)sone nemlich Pet(er) Krenn der

Symo(n) von(n) Wiler — junge Gotzen(n) Hennchin(n) unnd Baltzenn Henne deß benant(en) Symo(n)s bruder / der dan zum(m) erstenn jn sond(er)heit gesagt und durch sinen selbst mu(n)dt geredt hait er sij off ey(n) zijt zu Ebb(erh)art komme(n) und sij sin gast gewest. Da hab Ebb(er)t zu jme gesprochenn er hab eyne(n) sone den wolle er gerne daß lynen(n)webenn hanttw(er)g lerenn. Wuste er eyne(n) der eß jne mit truwe(n) lernen(n) wolt er wolt jne jme gerne verdingen(n). Da hab er zů jme gesagt

Ebber(r)t Snade — er wůsß eyne(n) und hat sie beide sampt zusamme(n) bracht und hab sin brud(er) Ebba(r)ts sone ey(n) jare lang v(er)dingt und soll jme geben(n) III g(ulden). Dar zu soll er jme im jare so sich das geburt helfenn jn sinen wingart(en) sniden pfelle stlicken [!] und grabenn zwene tag ungev(er)lich. Da zu hat Ebberhart gesagt er woll es dem sone wole gonnen. Und hette er solichis nit ußgezogenn so wolt er jme dar jn nit tragenn. Und sin sone solt es gerne thun(n). Also und daroff hat er jme getruwenn dinst geloipt. Ob er daß also gethan(n) hab od(er) nit sij jme nit wissentlich. So sagenn Pet(er) Krenn(er) d(er) junge und Gottz(e)n Hennchin(n) jn maissenn der benant(e) Henne Baltz gesagt hait. Das sie da mit und bijgewest sint daß die reddenn also gescheenn sin unnd sollenn sie da zu ettwaß widders und me thu(n) deß wollenn sie gehorsam sin. Rudig(er) hait d(er) konde sage v(er)bott. Antz hait ir sage auch also v(er)bott unnd Rudig(er) hait jne furt(er) zugesprochenn das sie jr sage nit beweren(n) schait jme von(n) iglichenn IIII g(ulden). Ebb(erh)a[r]t hat sie jr eyde zu thu(n) erlassenn. Daß hat Antz von(n) Symonß weg(en) v(er)bott und hofft die wile Ebberha(r)t sie deß eydts erlassenn hab er soll jme sinen v(er)dienten lone ußrichtenn und allenn kosten und schad(en) nah(er) thun(n) und stalt zu recht.ᵃ

D(er) schult(eiß) hait sie gefragt ob sie ey(n) genugu(n)e an dem(e) gericht habenn. Hab(e)n sie beyde p(ar)tien ja gesagt. Daß hat d(er) schult(eiß) von(n) unsers g(nedigen)

s(ente)n(ti)a — heren und gerichts wegenn v(er)bott. S(ente)n(ti)a daß Symo(n) Ebberharten(n) erlangt hait nach lude sin(er) anßprůch. Daß hat Symo(n) v(er)bott unnd furt(er)s gefragt eß sij eyn(n) lidlone. Wie lang er deß enperen(n) soll und

s(ente)n(ti)a — begert deß auch mit recht. S(ente)n(ti)a dwile es lydlone ist so soll Ebbert Symon(n) den(n) ußricht(en) bij sonnen(n) schin als fer er deß nit en[-]beren(n) will. Daß hat er auch v(er)bott.

a Es folgt durchgestrichen: »s(ente)n(ti)a«.

17. März 1481

Kett, die Frau von Hepchin, hat Pfändung gefordert gegen Luterwin.
Stamm hat seinen Anspruch ins Gerichtsbuch eintragen lassen gegen Eberhard Snade und hat Pfändung gefordert.
Schonwedder hat seinen Anspruch ins Gerichtsbuch eintragen lassen gegen Hiltwin.
Hans Korsner von Mainz erhebt seine 2. Klage gegen Philipp von Gierstein.
Antz hat sich verpflichtet Simon Schalmeyher vor Gericht zu vertreten gegen Eberhard Snade und sagt: Eberhard habe sich vor Zeiten auf eine Kundschaft berufen gegenüber Simon. Habe er die Kundschaft, so begehre er die zu hören. Darauf haben drei Personen als Kundschafter vor Gericht gestanden, nämlich Peter Krenn, der junge Henchin Gotze und Henne Baltz, der Bruder der genannten Simon, der dann als erster mit eigenem Mund geredet hat: Er sei vor einer Zeit zu Eberhard gekommen und sei sein Gast gewesen. Da habe Eberhard ihn angesprochen: Er habe einen Sohn, den wolle er gerne das Leinenweberhandwerk lernen lassen. Wüsste er einen, der es ihm mit Treue lehren wolle, so wolle er ihn gerne als Lehrling verdingen. Da habe er zu ihm gesagt, er wüsste einen und habe sie beide zusammen gebracht und habe sein Bruder Eberhards Sohn ein Jahr lang verpflichtet und er solle ihm 3 Gulden geben. Dazu solle er ihm im Jahr, wie sich das gebühre, helfen in seinem Weingarten zu schneiden, Pfähle zu setzen und zu graben ungefähr 2 Tage. Dazu hat Eberhard gesagt, er wolle es dem Sohn gern gönnen. Lehne er es ab, werde er ihn nicht zwingen. Und sein Sohn solle es gerne tun. Darauf hat er ihm treuen Dienst gelobt. Ob er den getan habe oder nicht, wisse er nicht. Peter Krenn der Junge und Henchin Gotze sagen wie der genannte Henne Baltz gesagt hat. Dabei waren sie, als diese Rede geschah und sollten sie mehr leisten, so wollen sie gehorsam sein. Rudiger hat die Aussage festhalten lassen. Antz hat ihre Aussage auch festhalten lassen. Und Rudiger hat sie angeklagt, dass sie ihre Aussage nicht beeiden, das schade ihm von jedem 4 Gulden. Eberhard hat ihnen die Eide erlassen. Das hat Antz für Simon festhalten lassen und hofft, weil Eberhard ihnen die Eide erlassen habe, er solle ihm den verdienten Lohn bezahlen und alle Kosten und die Gerichtskosten erstatten und legt das dem Gericht vor. Der Schultheiß hat gefragt, ob sie ein Genügen an dem Gericht haben. Darauf haben beide Parteien Ja gesagt. Das hat der Schultheiß für unseren gnädigen Herrn und das Gericht festhalten lassen. Urteil: Dass Simon gegen Eberhard gewonnen hat gemäß seiner Anklage. Das hat Simon festhalten lassen und gefragt, es sei sein Lidlohn. Wie lange er den entbehren solle und er erfragt das auch vom Gericht. Urteil: Weil es Lidlohn ist, so soll Eberhard Simon den Lohn ausrichten bei Sonnenschein, so fern er nicht darauf verzichten will. Das hat er auch festhalten lassen.

fol. 172 — Zabatta post Jnvocavit

	Jt(em) Pet(er) Fiele ex p(ar)te Anlenßᵃ hat ey(n) gerichts br(ief) lassenn lesenn deß datu(m) steet anno d(omi)nj etc.
	decimo septimo und begert ettlich und(er)pfannde uffzuholenn mit namen
ban und fridd(en)	zwey hůser eyns Melmanß Henchin(n) daß and(er) Clesen(n) Sydendistels. Die zwey
	huser hat er also offgeholt und hat jme der schult(es) banne unnd friddden dar
	uber gethann. Daß hat Pet(er) Fiele v(er)bott.
erf(olgt)	Jt(em) Schockeym(er)ß hoffma(n) Hanß erf(olgt) Prassenn Contz off das buch.
	Jt(em) Hennchin(n) Endres hait ey(n) gerichts brieff lassenn lesenn deß datu(m) steet anno etc.
Hench(in) Endres	LII unnd danach spricht er Drubein zu er hab off jne geheyssenn fur I g(ulden)
Drubein(n)	und fur solich unnd(er)phande nach ludt deß buchs. Das er jme solichenn gůld(en)
	nit gijt schait jme XL guld(en) od(er) erlaß jne zu der heyssun(n)ge kommen.
	Henne von(n) Eltfelt hait sich v(er)dingt und sin und(er)ding v(er)bott Drubeyn das wo(r)t
	zu thu(n) gey(n) Hennchin(n) Endreß und spricht er hab I g(ulden) gelts abgeloist unnd
	den(n) and(er)n gulden soll er auch ablosenn und on alle gult davon zugebenn ye zu zijt(en).
	Da syen(n) II ußgesnittenn zettel uber gemacht die thu Hench(in) Endres her(r) fůr
	off das er eyn(en) gewerlich anttw(or)t wůß zůgebenn. Hench(in) End(er)s hat der zettel
	eyne(n) lassenn lesenn mit sinem jnhalt. Den(n) hat Henne von(n) Eltfelt v(er)bott
	von(n) Drubeyns wegenn unnd hofft damit die heissunge sol nit macht hab(e)n
	und stalt zu recht / Und hab er den zettel nit gehaltenn da gesche um(m)b
	waß recht sij. Dan er hoff ye die heissun(n)g sol nit macht hab(e)n. Stalt zu recht wie
	fur. Rudig(er) hofft Drubeyn(n) hab den zettel nit gehalt(en) und sin heyssunge
	soll macht habenn dwile er die zijl und zijt jnhalt deß zettels nit gehalt(en)
	hait / Und hofft er soll jme sin gůlt nit hind(er) halten(n) sond(er) die jme geb(e)n
	nach ludt deß zettels. Unnd stalt zů recht. Int(er)rogat(i)o schulteti remineru(n)t
	ambo jta daß hat d(er) schulth(eiß) v(er)bott. S(ente)n(ti)a dwil Henne Endres deß zettels
	bekentlich ist so hat die heyssun(n)ge keyn(e) crafft. Dann sij jme Drubeyn(n) ettwas
	schuldig so sprech er jne mit recht an. Daß hat Drubey(n) v(er)bott.
erf(olgt)	Jt(em) Henne vo(n) Eltfelt erfolgt Drůbey(n) off das bůch.
erf(olgt)	Jt(em) Dyeme(n) Claiß erfolgt Hert off das bůch.
erf(olgt)	Jt(em) Schonewedd(er) erfolgt Dyeme(n) Clasenn off das buch.
Poller(er) und	Jt(em) zuschenn Jo Poller(e)r unnd meist(er) Jacoben dem(e) artzt ist v(er)lassenn an
meist(er) Jacob Arzt	IIII p(er)sone unnd soll nů(m)me an gericht kommen(n).
erf(olgt)	Jt(em) Fluckenn Clese erfolgt Růdwin off das bůch.
	Jt(em) zussenn Sterne Clesen(n) und Winßhenne ist v(er)lassenn an yetwidd(er) sijt jr
Winßhenne und	frunde also daß es an gericht nu(m)me komme(n) soll. Daß hait d(er) schult(heiß)
Stern Clesenn	von(n) gerichts wegenn v(er)bott.
erf(olgt)	Jt(em) Jekel von(n) Aspeßheim(m) erf(olgt) Dielen(n) Greden off das buch.
erk(annt)	Jt(em) meist(er) Jacob der artzt erkent Schonewedd(er)n VI alb(us) off rechnu(n)ge
	jn XIIII tag(en). Si non tu(n)c pfandt.

a Das Wort ist über der Zeile beigefügt.

17. März 1481 — fol. 172

Peter Fiel für Anlenß hat eine Gerichtsurkunde verlesen lassen mit dem Datum 1417 und fordert die Pfänder einzuziehen, nämlich 2 Häuser, eines von Johann Melman, das andere von Cles Sidendistel. Die 2 Häuser hat er eingezogen und der Schultheiß hat ihm Bann und Frieden darüber gemacht. Das hat Peter Fiel festhalten lassen.

Stockheimers Hofmann Hans hat seinen Anspruch ins Gerichtsbuch eintragen lassen gegen Contz Prass.

Henchin Enders hat eine Gerichtsurkunde verlesen lassen mit dem Datum 1452 und klagt Drubein an, er habe gegen ihn geklagt wegen einem Gulden und auf die Pfänder gemäß dem Buch. Dass er ihm den Gulden nicht gibt, das schade ihm 40 Gulden oder er lasse ihn zu seiner Klage kommen. Henne von Eltville hat sich verpflichtet Drubein zu vertreten und hat seine Anwaltschaft festhalten lassen, das Wort zu tun gegen Henchin Enders und er sagt: Er habe einen Gulden Geld abgelöst und den anderen Gulden soll er auch ablösen und ohne alle Gülten sein. Es seien zwei Kerbzettel darüber gemacht worden, die ziehe Henchin Enders hervor, damit er eine verlässliche Antwort zu geben wüsste. Henchin Enders hat von den Zetteln einen lesen lassen. Dem hat Henne von Eltville zugestimmt für Drubein und er hofft, die Klage soll keine Macht haben und legt das dem Gericht vor. Henchin habe sich nicht an den Zettel gehalten, deswegen geschehe es, wie es Recht ist. Denn er hoffe, die Klage solle keine Macht haben. Das legt er dem Gericht vor wie zuvor. Rudiger hofft, Drubein habe den Zettel nicht gehalten und seine Klage solle Macht haben, weil er die Ziele und die Zeit nach dem Wortlaut der Zettel nicht gehalten hat. Und er hofft, er soll ihm sein Gut nicht vorenthalten, sondern es ihm geben gemäß dem Zettel. Das legt er dem Gericht vor. Der Schultheiß fragt, ob sie ein Genügen am Gericht hätten. Beide stimmen zu. Das hat der Schultheiß festhalten lassen. Urteil: Weil Henne gegenüber Enders den Zettel zugibt, so hat die Klage keine Kraft. Denn sei ihm Drubein etwas schuldig, so klage er ihn vor Gericht an. Das hat Drubein festhalten lassen. Henne von Eltville hat seinen Anspruch ins Gerichtsbuch eintragen lassen gegen Drubein.

Clas Diem hat seinen Anspruch ins Gerichtsbuch eintragen lassen gegen Clas Diem.

Zwischen Jo Pollerer und Meister Jakob dem Arzt ist es verglichen durch 4 Personen und soll nicht mehr an das Gericht kommen.

Cles Fluck hat seinen Anspruch ins Gerichtsbuch eintragen lassen gegen Rudwin.

Zwischen Cles Stern und Henne Winß ist es verglichen durch die Freunde beider Seiten und soll nicht mehr an das Gericht kommen. Das hat der Schultheiß für das Gericht festhalten lassen.

Jeckel von Aspisheim hat seinen Anspruch ins Gerichtsbuch eintragen lassen gegen Grede Diel.

Meister Jakob der Arzt erkennt an, Schonwedder 6 Albus gegen Rechnung zahlen zu müssen binnen 14 Tagen. Wenn nicht erfolgt die Pfändung.

fol. 172v — Sabbato post Invocavit

Datu(m) Sabb(at)o p(os)t Invocavit.

p. b. — Jt(em) Stockhennß hoffma(n) von(n) sins junckh(er)n weg(en) bereth pfande off Contz Prassenn.

p. b. — Jt(em) Rudwine hat pfand bereth off Ferberhenne.

Jt(em) Henne von(n) Elfelt hat sich v(er)dingt Conrait Kethelern das wo(r)t zu thu(n) unnd hat sin und(er)dinge v(er)bott alß recht ist. Unnd gijt Hennen(n) Emerich(e)n

Conrait Ketheler — schůlt wie daß er jme schuldig sij XXXIIII g(ulden) guttlich geluwens gelts.

Daß er jme solich gelt nit gijt schat jme LX guld(en) und begert[a] er soll mit

Henne Emerich — jme rechenn und bezalenn daß soll mit recht erkant werden(n).[b]

Antz hait sich v(er)dingt Henne(n) Emerichenn daß wo(r)t zuthun(n) und hat sin und(er)dinge v(er)bott und spricht nach dem(e) Conrait Ketheler jne geschuldiget hab XXXIIII g(ulden) schuldig zu[c] sij[d] / da sage er neyn(n) zuu. Der schult sij gewest XXIX g(ulden). Dieselben(n) syen(n) jme auch v(er)nogt und wolebezalt und villicht darober. Unnd off / das das gericht v(er)steen(n) moge lacht bij eyn(er) v(er)siegilt konde ußgang(en) von dem gericht zu Ertzhusen[e] der datum(m) stonde anno d(omi)nj etc. LXXXo die dan v(er)lessenn und

v(er)bott wart. Unnd redt Antz dar zuu Pet(er) Emerich Henne Emerichs

alßsusß ludende — brud(er) der hab jme die schult bezalt von(n) sinen wegenn alß daß dann daß gericht ibid(em)[f] erkant hab / on allen(n) sinen schadenn. Er sij auch fůr jne burge[g] gewest.[h]

/ Und ob er ye meynen(n) wolt / daß er jme ettwas mehe schuldig we(re) so sage er ney(n) dar zu unnd will dar zu thun(n) alßvil jn recht erkant wirdet.

Jt(em) Henne vo(n) Eltfelt hait von(n) Conraits wegen(n) darůff eyne(n) brieff v(er)siegilt konde[i] ußgang(en) von(n) dem(e) gericht zu Bonemese deß datu(m) stůndt LXVII jare der ist also v(er)lesenn und v(er)bott wurd(en) durch Henne von(n) Eltfelt. Unnd hofft dwile der selbe brieff bestimm(m)e XXXIIII g(ulden) heuptgelts deß er doch bekentlich und nit abreddig daß jme der somme(n) XVIII g(ulden) bezalt[j] ist und hofft er soll jme daß uberig h(er)uß gebenn nach ludt deß brieffs unnd stalt das zůrěcht. Antz spricht daroff das gericht hab woilgeho(r)t wie er jne mit den furderigen(n) ungelacht(en) brieffen(n) erzugt hab daß er nit neyn(n) dar zugesagen(n) kann. Unnd hab an jhennen gericht(en) mit jme gerechen(n)t unnd waß er jme damals schuldig gewest sij das hab er jne

---

a Das Wort ist über der Zeile beigefügt, darunter durchgestrichen: »hofft«.
b Es folgt durchgestrichen: »mit recht«.
c Das Wort ist über der Zeile beigefügt.
d Es folgt durchgestrichen: »jme«.
e Der Satz ab »ußgang(en)« bis hier ist am linken Seitenrand beigefügt, rechts daneben verläuft ein senkrechter Strich, der von vier kürzeren waagerechten Strichen gekreuzt wird.
f Das Wort ist über der Zeile beigefügt.
g Das Wort ist über der Zeile beigefügt.
h Es folgt durchgestrichen: »ey(n)« und in der nächsten Zeile: »burge«.
i Im Bereich des Seitenrandes befindet sich ein einfaches kleines Kreuz.
j Es folgt durchgestrichen: »syen(n)«.

17. März 1481
Stockheimers Hofmann hat für seinen Junker Pfändung gefordert gegen Contz Prass. Rudwin hat Pfändung gefordert gegen Henne Ferber.
Henne von Eltville hat sich verpflichtet, Konrad Ketheler vor Gericht zu vertreten und hat seine Anwaltschaft festhalten lassen, wie es rechtmäßig ist. Und er gibt Henne Emmerich die Schuld, dass er ihm schuldig sei 34 Gulden gütlich geliehenes Geld. Dass er ihm solches Geld nicht gibt, das schade ihm 40 Gulden und er fordert, er solle mit ihm abrechnen und ihn bezahlen und das solle das Gericht erkennen. Antz hat sich verpflichtet, Henne Emmerich vor Gericht zu vertreten und hat seine Anwaltschaft festhalten lassen und er sagt: Nachdem Konrad Ketheler ihn beschuldigt habe, 34 Gulden schuldig zu sein, dazu sage er Nein. Die Schuld seien 29 Gulden gewesen. Diese seien ihm auch wohl bezahlt worden, vielleicht sogar mehr. Und dass das Gericht dies verstehen möge, deswegen liegt ein versiegelter Brief bei, ergangen vom Gericht zu Erzhausen mit dem Datum 1480, der verlesen und festgehalten wurde. Weiter sagt Antz: Peter Emmerich, Henne Emmerichs Bruder, habe für ihn ihm [Konrad] die Schuld bezahlt, wie das Gericht ebenda anerkannt habe ohne seinen Schaden. Er sei auch für ihn ein Bürge gewesen. Und wenn er meine, dass er ihm mehr schuldig wäre, so sage er Nein dazu und will handeln, wie von Gericht erkannt wird. Henne von Eltville hat für Konrad darauf eine versiegelte Urkunde vom Gericht Bonames mit dem Datum 1467 verlesen lassen und das festhalten lassen durch Henne von Eltville. Und er hofft, weil der Brief 34 Gulden Klagesumme bestimmt und er das doch bekennt und nicht leugnet, dass ihm von der Summe 18 Gulden bezahlt sind, dass er das übrige herausgeben solle gemäß der Urkunde und legt das dem Gericht vor. Antz sagt darauf: Das Gericht habe wohl gehört, wie er ihn mit dem vorherigen vorgelegten Brief sein Recht bewiesen habe, so dass er nicht Nein dazu sagen kann. Und er habe mit ihm vor jenem Gericht abgerechnet und was er ihm damals schuldig gewesen sei, das habe er ihm

noch fol. 172v — Sabbato post Invocavit

v(er)noget und bezalt. Nemlich so hab er eyne(n) andern(n) broder gehabt der
hab jme vo(n) sinen wegenn bezalt XIX½ [XX/2] gůlden dan er sij also woil gudt
dar fůr gewest als er. Unnd lacht abermals eyn(n) kuntschafft brieff bij
von(n)ᵃ deß richs gericht zu Franckfurtᵇ ußgangen(n)ᶜ. Deß datu(m) stundt
anno etc. LXXIIII° der ist auch also v(er)lesenn und von(n) Antzen(n) v(er)bott
wůrdenn. Unnd daß gericht v(er)merck zu gud(er) massenn woil das der
brieffe den Conrait bij gelacht hait elter sij dan sin erlangten(n)
zwene brieffe die dan fast jůnger sint nach ußwisunge jrs datu(m)s.
Und hofft das er jne nach lute der bijgelachten brieffen woil ußgeracht
und oberig bezalt hab auch jme nit widers schuldig zu sin und stalt
das zu recht.

a Im Bereich des Seitenrandes befindet sich ein einfaches kleines Kreuz.
b Über dem »n« befinden sich zwei waagerecht angeordnete Punkte.
c Über der Zeile steht ein Kreuz, das eine Entsprechung am linken Seitenrand findet.

bezahlt. Er habe nämlich einen anderen Bruder gehabt, der habe ihm von seinetwegen 19½ Gulden bezahlt, denn er sei ebenso Bürge dafür gewesen wie er. Und er legt abermals eine Kundschaftsurkunde vor vom Reichsgericht zu Frankfurt aus dem Jahr 1474, der ist auch verlesen und von Antz festgehalten worden. Und das Gericht vermerke wohl, dass die Urkunde, die Konrad vorgelegt habe, älter sei als die 2 Urkunden, die er erlangt habe, die jünger sind, wie das Datum ausweise. Und er hofft, dass er ihn gemäß der vorgelegten Urkunden wohl bezahlt habe und ihm nichts weiter schuldig sei. Das legt er auch dem Gericht vor.

fol. 173 — Sabbato post Invocavit

TRANSKRIPTION

Jtem(m) Henne von(n) Eltfelt spricht alß Antz von(n) Emerichis Henne(n) weg(en)ᵃ
sage / wie sin brud(er) jme XIX½ [XX/2] guld(en) geben(n) hab da sage er ney(n) zu / Sonder Conraits
brieff bestomm(m)e XXXIIII g(ulden) deß sij jme wurd(en) XVIII guld(en). Und stehe jme das
uberig uß onbezalt. Unnd begert er soll mit jme rechenn und jme das oberentz
gebenn nach ludt sins brieffs unnd stalt das zu recht. Antz daroff sagt
er melde ey(n) rechnu(n)ge / Er wuß nit mit jme zurechenn dan er hab jne nach
siner brieffe oberig bezalt unnd sij jme nust nit schuldig. Und stalt auch zurecht.

Jtem(m) Pet(er) Emerich schuldiget Conrait Kethelern(n) wie er jne übernomme(n) hab

    Pet(er) Emerich(en)
IIII½ [IIII/2] guldin daß hore ma(n) jn dem(e) bijgelachten(n) furderigen brieffe woil und
ob er daß leuckenn unnd nit bekenne(n) wolt so hort man das jn der kontschafft

    Conrait Kethler
von(n) Franckfurt woilᵇ der IIII½ [IIII/2] gůldin sij er jme ußgangen und hab XX
guld(en) daroff v(er)ziert. Daß er jme die nit naher thut schat jme XL guldin.
Unnd ob er ney(n) dar zu sagenn wolt so sage doch die Franckfurt(er) kůntschafft
daß clerlich daß er jme die IIII½ [IIII/2] g(ulden) gereth hait uß zurichtenn unnd heist
jme ey(n) anttwo(r)t ob er daß gereth hab od(er) nit. Henne von(n) Eltfelt spricht
Conrait sij d(er) brieffᶜ die Emmerich(e)n erlangt haben(n) nit leuckbare.
Er hab aber nit gereth Pet(er)n Emmerichenn die IIII½ [IIII/2] g(ulden) uß zuricht(en). Unnd
macht sich zuvor ab deß offgemessen(n) schadens unschuldig unnd spricht
gantz ney(n)ᵈ dar zůu. Unnd wolt er jne ye nit dabij lassenn und widers daru(m)b
tribenn so mach er sich unschuldig wie fůr. Unnd der furderigᵉ brieff bestůmpe auch
III menner. Die hab er nit bracht. Unnd hofft das jn recht zugemessenn.
Antz spricht und hat v(er)bott daß Conrait deß brieffs bekentlich sij und daruß
nit geen(n). So lege er den brieff hind(er) gericht der sage off IIII½ [IIII/2]ᶠ guld(en) uberno(m)meß geltsᵍ
jn hoffenu(n)ge Conrait soll jme die und synenʰ schad(en) naher thu(n) / nach ludt der
Franckfůrter kůntschafft unnd stalt zu recht. Deß ist den p(ar)tien tag gesatzt
off Sampstag negst nach halb fasten(n) iglich(er) p(ar)tij jrs recht(en) onv(er)lustig
alß off hude Dorn tag. Habenn sie beide v(er)bott.

    erk(annt)
Jt(em) Hiltwin erkent Adamen(n) von(n) Winheim(m) I g(ulden) off rechenu(n)ge hie zussen(n) und
Ostern(n). Si non(n) tu(n)c pfandt.

    erk(annt)
Jt(em) Cleßgin Berkerne erk(ennt) Adame(n) von(n) Winheim(m) III g(ulden) und VIII alb(us) hie
zussen und Ostern(n). Si no(n) tu(n)c pfandt.

Jtem Henne Erck von(n) Clesen(n) Hennen und Cleßg(in) Beck(er) wegen(n) spricht zu Dunckelers
Elsen(n) wie sie eyne(n) erbfalle erwonne(n) hab nach ludt deß gerichts buch

    Clese Lorch mit
    sime anhange
davon(n) jnhalten(n). Daß die frauwe solichen(n) erbefall nit mit jne teyle oder
w(er)ere [!] sich deß und(er)ziege daß schat ir iglichenn Iᶜ⁽ᵉⁿᵗᵘᵐ⁾ g(ulden). Daroff Antz von(n)
d(er) frauwe(n) wegenn spricht sie hab mit Clesen(n) Lorch und den Endresen gebrůd(er)n
alhie fur gericht gededingt. Da sij mit recht erkant wurd(en) das sie woil bij

    Dunckelers Else
bracht hab daß sie deß erbfals eyneⁱ erbe sij wie daß gerichts bůch davon
jnhelt laß er steen(n) unnd spricht sie woll gerne mit jne deylen.ʲ

---

a Es folgt durchgestrichen: »spricht«. - **b** Es folgt durchgestrichen: »die«. - **c** Es folgt durchgestrichen: »die«. - **d** Es folgt durchgestrichen: »zu«. - **e** Das Wort ist über der Zeile beigefügt. - **f** Die Zahl ist über der Zeile beigefügt, darunter durchgestrichen: »V«. - **g** Die letzten beiden Worte sind über der Zeile beigefügt, darunter durchgestrichen: »schadens«. - **h** Die drei letzten Worte sind über der Zeile beigefügt, darunter durchgestrichen: »solichen(n)«. - **i** Das Wort ist über der Zeile beigefügt, darunter gestrichen »negst«. - **j** Es folgt durchgestrichen: »nyt(er)t«. Ein rautenförmiges Zeichen am Ende der Seite hat eine Entsprechung auf fol. 173v, wo der so gekennzeichnete Abschnitt einzufügen ist.

17. März 1481 — fol. 173

Henne von Eltville sagt: Was Antz für Henne Emmerich gesagt habe, dass sein Bruder ihm 19½ Gulden gegeben habe, dazu sage er Nein. Sondern Konrads Urkunde nennt 34 Gulden, von denen ihm 18 Gulden bezahlt wurden. Und das übrige stehe noch aus. Und er fordert, er solle mit ihm abrechnen und ihm das übrige geben gemäß seiner Urkunde und legt das dem Gericht vor. Antz sagt darauf: Er berufe sich auf eine Rechnung. Er wüsste nicht mit ihm abzurechnen, denn er habe gemäß seiner Urkunden das übrige bezahlt und sei ihm nichts schuldig. Das legt er auch dem Gericht vor.

Ebenso beschuldigt Peter Emmerich Konrad Ketheler, dass er ihn übervorteilt habe um 4½ Gulden, das ersehe man aus den vorgelegten Briefen wohl und ob er das leugnen und nicht bekennen wolle, so höre man das in der Kundschaft von Frankfurt wohl, dass ihm 4½ Gulden fehlen und er habe deswegen 20 Gulden verzehrt. Dass er ihm die nicht erstatte, das schade ihm 40 Gulden. Und wenn er Nein dazu sage, so sage doch die Frankfurter Kundschaft klar, dass er versprochen habe, ihm 4½ Gulden zu zahlen und er fordert von ihm eine Antwort, ob er das gesagt habe oder nicht. Henne von Eltville sagt: Konrad leugne die Urkunden, die Emmerich erlangt habe, nicht. Er habe aber mit Peter Emmerich geredet, die 4½ Gulden zu zahlen. Er erklärt sich zuvor des angelaufenen Schadens für unschuldig und sagt klar Nein dazu. Und wolle er ihn nicht dabei lassen und es weiter treiben, so erklärt er sich für unschuldig wie zuvor. Und die vorherige Urkunde bestimmt auch drei Männer. Die habe er nicht beigebracht. Und er hofft, dass ihm das mit Recht zugesprochen wird. Antz sagt und hat festhalten lassen, dass Konrad die Urkunde anerkenne und sich nicht aus ihr herausziehen will. Daher hinterlegt er die Urkunde bei Gericht über die 4½ Gulden überschüssig eingenommenen Geldes in der Hoffnung, Konrad soll die ihm und den Schaden erstatten gemäß der Frankfurter Kundschaft und legt das dem Gericht vor. Den Parteien wurde ein Gerichtstermin gesetzt am Samstag nach Halbfasten, jeder Partei ohne Verlust der Rechte wie am heutigen Tag. Dem haben sie beide zugestimmt.

Hiltwin erkennt an, Adam von Weinheim einen Gulden gegen Rechnung bis Ostern zahlen zu müssen. Wenn nicht erfolgt die Pfändung.

Clesgin Berkorn erkennt an, Adam von Weinheim 3 Gulden und 8 Albus bis Ostern zahlen zu müssen. Wenn nicht erfolgt die Pfändung.

Henne Erk für Henne Cles und Clesgin Becker klagt Else Dinckler an, dass sie einen Erbfall gewonnen habe nach Aussage des Gerichtsbuchs. Dass die Frau diesen Erbfall nicht mit ihnen teile oder ihnen dies garantiere, das schade einem jeden von ihnen 100 Gulden. Darauf sagt Antz für die Frau: Sie habe mit Cles Lorch und den Enders Brüdern hier vor Gericht gehandelt. Da sei als Recht erkannt worden, dass sie den Beweis erbracht habe, dass sie eine Erbin sei, wie im Gerichtsbuch stehe und sie wolle gerne mit ihnen teilen.

fol. 173v — Sabbato post Invocavit

Jo(hannes) Nÿttert Jekel Dyeme

Jt(em)ª Johannes Nyttert von(n) Algeßheim(m) spricht Jekel Dyeme(n) zu es hab sich
begebenn mit eynem geschick daß er sin(er) naru(n)ge sorge gehabt hait. Also
hab er ettlich gutt(er) jn Nydd(er) Jngelnhey(m) gericht ligennn unnd sinen vett(er)
Jekeln(n) gebett(en) die zu sinen handenn zunemen(n) er woll jme deß getruwe(n).
Also ferr(e) wan(n) er die gutt(er) widd(er) an jne forder daß er die jme dan widd(er)
zu sinen hannden stellenn woll / Also hat jme Jekel sin vett(er) zugesagt
ja er woll daß also thun(n) / Daß Jekel jme nů solich gutt(er) vorhelt unnd
nit widd(er) zu sinen hand(en) kommen lesset jn massen er jme getruwet und
zugesagt hait schait jme IIII^{c(entum)} guld(en). Unnd heißt jme ey(n) recht gerichts
anttwort ney(n) od(er) ja / dan(n) er wisß jme widd(er) pfennig od(er) helle(r) schuldig zu sin.
Rudig(er) hat sich v(er)dingt Jekeln das wo(r)t zu thun(n) und hat sin und(er)ding v(er)bott
alß recht ist unnd spricht eß moge sin Johannes hab jme ey(n) gifft gethan(n).
Die stee jn dem(e) gerichts buch. Unnd begert daß buch zu horenn wie
die gifft geludet hait. Unnd waß das gerichts buch davon jnhelt so es
v(er)lesenn werde woll er furt(er) dar zureddenn weß jme noit ist. Antz
spricht er hab jme zůgesprochenn ettlich(er) furwort halb(er) deß halp hab
er jme eyn(e) anttw(or)t geheissenn ey(n) ja od(er) neyn(n) deß er auch also von(n)
jme wart. Rudig(er) redt daroff Johannes hab jme getruwt er soll
jme die gutt(er) widd(er) gebenn. Da zu spricht Jekel neyn zuᵇ unnd weß er
jne wider anlange deß sij er onschuldig. Deß hatt jme der schulthis
sin unschult gestalt XIIII tage. Daß ist v(er)bott.

erf(olgt) — Jt(em) Snid(er) Henne hat Lupolts Henne erfolgt off das buch.

Ad p(ar)tem(m) Sabb(at)o p(os)t Invocavit p(er)tinet.ᶜ
[...] wundᵈ woll daß jn geware legenn
wo hyn sie daß gericht bescheide. Henne Erck hat v(er)bott
daß doch die frauwe erkent mit den(n) zweyn(n) zu teylen(n) und furt(er)
gefragt jn welch(er) zijt sie das thu(n) und mit jne teilenᵉ wer damit und dabij
sein soll und hat mit urteil(n) begert zu wissenn. Wilhelm(e)
vo(n) Helberßheim(m) hat sich v(er)dingt den drijen(n) das wort zu thůn(n)
und sin underding v(er)bott und spricht nach dem Henne Erckel
melde eyn(n) teylunge eyns erbfals also syen(n) die drij Cleßg(in) Lorch
mit syme anhange buddig ir teyle abzuteylen unnd daß and(er)
begerent sie jn eyne gemeynn hant zu stellen bijß off ußtrag
deß rechtenn. Henne Ercke hat v(er)bott daß die drij ir teylu(n)ge
abzuteylen buddig sint und dwile sie solichis buddig zu thun sintᶠ so
begere er wer darbij sin od(er) geen soll mit urtel zu wissenn.

s(en)(tenti)a — S(ente)n(ti)a nach ansprache und anttw(or)t die wile die frauwe mit recht gewist
ist sie hab bij bracht wißt der scheffenn mit recht daß die
frauwe mit Clesen(n) Henne und Cleßgin Beckern(n) teylenᵍ und dasʰ jn

---

a Am linken Seitenrand befindet sich ein Zeichen ein Kreis gefolgt von einem Kreuz. Der wohl zugehörige Beizettel wurde weiter unten als fol. 173** beigefügt. Vgl. Anm. 585. - **b** Das Wort ist über der Zeile beigefügt. - **c** Zum Einfügezeichen [#] am linken Seitenrand vgl. Anm. 574. - **d** Vor diesem Wort steht durchgestrichen: »Cleßg(in) und auch mit Hennen(n)«. - **e** Die letzen vier Worte sind über der Zeile beigefügt, darunter durchgestrichen: »soll und«. Dort folgt ein weiteres durchgestrichenes »soll«. - **f** Die letzen vier Worte sind über der Zeile beigefügt, darunter durchgestrichen: »thu(n) wollent«. - **g** Es folgt durchgestrichen: „soll". - **h** Das Wort ist über der Zeile beigefügt.

17. März 1481

ÜBERTRAGUNG

Johannes Nyttert von Algesheim klagt Jeckel Diem an, es habe sich begeben, dass er sich um seine Nahrung sorgte. Da habe er etliche Güter im Nieder-Ingelheimer Gericht liegen und seinen Vetter Jeckel gebeten, diese zu seinen Händen zu nehmen, er wolle sie ihm anvertrauen. Wenn er die Güter wieder von ihm fordere, dass er ihm die wieder in seine Hände übergebe. Da hat ihm Jeckel, sein Vetter, versprochen, ja, das wolle er so tun. Dass Jeckel ihm nun diese Güter vorenthält und sie nicht wieder in seine Hände kommen lässt, in dem Maß wie er sie ihm anvertraut hat, das schade ihm 400 Gulden. Und er fordert von ihm eine Gerichtsantwort Ja oder Nein, denn er wisse ihm weder Pfennig noch Heller schuldig zu sein. Rudiger hat sich verpflichtet, Jeckel zu vertreten und er hat seine Anwaltschaft festhalten lassen, wie rechtmäßig ist und sagt: Es könne sein, dass Jeckel ihm eine Übertragung gemacht habe. Die steht im Gerichtsbuch. Und er begehrt das Buch zu hören, wie die Übertragung gelautet habe. Und was das Gerichtsbuch dazu beinhalte, wenn es verlesen werde, dazu wolle er sich äußern, wenn es notwendig ist. Antz sagt: Er habe ihn angeklagt wegen etlicher Absprachen und er habe von ihm eine Antwort gefordert Ja oder Nein, diese soll ihm auch werden. Rudiger sagt darauf: Johannes habe ihm getraut, er solle ihm die Güter wieder geben. Dazu sagt Jeckel: Nein und wessen es ihn darüber hinaus anklage, dessen sei er unschuldig. Die Unschuld hat der Schultheiß festgelegt für 14 Tage. Das wurde festgehalten.

Henne Snider hat seinen Anspruch ins Gerichtsbuch eintragen lassen gegen Henne Lupold.

17. März 1481

[Clesgin und Henne] wollen es in die Obhut des Gerichts legen, wie es auch entscheide.

Henne Erk hat festhalten lassen, dass die Frau anerkennt mit den zweien zu teilen und er hat gefragt, wann sie das tun solle und wer dabei sein solle und das wollte er durch Gerichtsurteil wissen. Wilhelm von Hilbersheim hat sich verpflichtet, die drei vor Gericht zu vertreten und hat seine Anwaltschaft festhalten lassen und sagt: Nachdem Henne Erk die Teilung des Erbfalls melde, seien die drei gegenüber Clesgin Lorch mit seinem Anhang bereit ihren Teil abzuteilen und begehren das andere in der Gesamthand zu lassen bis zum Austrag. Henne Erk hat festhalten lassen, dass die drei anerbieten abzuteilen und weil sie dies anbieten, so fragt er das Gericht nach einem Urteil, wer dabei sein soll. Urteil: Nach Anklage und Antwort und wie der Frau als Recht gewiesen wurde, dass sie die Beweise erbracht habe, weisen die Schöffen als Recht, dass die Frau mit Henne Cles und Clesgin Becker teilen soll und das in

fol. 173*

TRANSKRIPTION

Ortel Dunckelers Elßgins.
Nach ansprach anttwo(r)t und v(er)horu(n)ge der konde diewile die drij die konde
nit richtlich widderworffenn hant spricht der scheffin zu recht / das
Dunckelers Elßgin nach sinem v(er)messen bijbracht hait.[a]

[a] Dieses Beiblatt trägt als nachträgliche Aufschrift »zw. Folio 158/159«. dürfte aber inhaltlich auf fol. 174 einzuordnen sein.

ÜBERTRAGUNG

Urteil für Elsgin Dinckler: Nach Anklage, Gegenrede und Hörung der Beweise, weil die drei die Beweise nicht vor Gericht widerlegt haben, sprechen die Schöffen als Recht: Elsgin Dinckler hat gemäß ihrer Anklage den Beweis erbracht.

fol. 173**

TRANSKRIPTION

H(er)ª Wilheim(m) und Emmels
ortel zussen jne gangen.
Nach ansprach anttwo(r)t und beyderteil furbringen(n) s(e)n(tenti)a spricht d(er) scheffin zu recht
bringt h(er) Wilheim(m) bij alß er sich jn siner nachredde v(er)messenn hait das Emmel
jnhebe / daß jn die gůlt hore so soll Emmel h(er) Wilheym(m) von(n) sin(er) heren(n) wegen(n)
die schult ußrichtenn. Das ort(el) hat h(er) Wilh(elm) v(er)bott.
Jt(em) h(er) Wilheim(m) hat gefragt jn welch(er) zijt er das bij bringen soll. S(e)n(tenti)a jn XIIII tag(en). Darff
er sin(er) tag furt(er) und heist die alß recht so soll ma(n) sie jme noch zu zwei(e)n XIIII
tag(en) beheltlich Emmeln(n) sin jnredde.
Jt(em) hat er gefragt wie er daß bij bringen(n) soll. S(e)n(tenti)a er soll daß thu(n) mit gericht / Hat er des
nit/ hat er dan(n) brieff und siegil da ey(n) gericht off gewisen magk so hat er bij bracht.
Hat er deß auch nit hat er dan(n) erbare lute der zu recht genu(u)g[b] die daß beweren off
den helg(en) alß recht ist daß solich gudt(er) ad(er) zinß jn die gilt horen so hat er abb(er) bij bracht.

a Das Beiblatt trägt als nachträgliche Aufschrift „zw. fol. 159/160". Es wurde aber hier eingeordnet, weil das darauf befindliche Einfügezeichen [Kreis mit Punkt und Kreuz] eine identische Entsprechung zu Beginn der Seite fol. 173v im Haderbuch findet. Bei den genannten Herren Wilhelm und Emmel handelt es sich um den noch lebenden Herrn Wilhelm sowie Herrn Emmel von Appenheim.
b Es folgt durchgestrichen: »sie« [?].

Herrn Wilhelms und Emmels Urteil, wie es zwischen ihnen ergangen ist: Nach Anklage, Gegenrede und den Vorbringungen beider Seiten sprechen die Schöffen als Recht: Bringt Herr Wilhelm den Beweis bei, wie er in seiner Nachrede behauptet hat, dass Emmels Hube in die Gülte gehöre, so soll Emmel Herrn Wilhelm für seine Herren die Schuld ausrichten. Das Urteil hat Herr Wilhelm festhalten lassen. Herr Wilhelm hat gefragt, bis wann er das beweisen soll. Urteil: in 14 Tagen. Bedürfe er Verlängerung und fordere sie, wie es Recht ist, so soll man ihm noch zweimal 14 Tage geben, vorbehaltlich Emmels Gegenrede. Ebenso hat er gefragt, wie er das beweisen soll. Urteil: Er soll es mit einem Gerichtsbeweis tun. Hat er den nicht, hat aber Brief und Siegel, auf die ein Gericht weisen kann, so hat er den Beweis erbracht. Hat er die auch nicht, hat der dann genug ehrbare Leute, die das zu den Heiligen schwören, wie es Recht ist, dass solche Güter oder Zinsen in die Gülte gehören, so hat er den Beweis erbracht.

fol. 174 — Zabatta post Reminiscere

geware legenn soll mit kuntschafft deß gerichts off das yed(er)man(n) geschee
waß recht sij. Daß ort(eil) habe(n) sie v(er)bott.

s(ente)n(ti)a — Jt(em) Henne Erck hat gefragt jn welch(er) zijt. S(ente)n(ti)a jn XIIII tag(en).

Jt(em) Wilhelm(e) hat v(erbott) von(n) der drijer wegenn daß die teylu(n)ge jn geware
gelacht word(en) soll mit kuntschafft deß gerichts.[a]

erf(olgt) — Jt(em) Pet(er) Murer erfolgt Drubeyn(n) off das buch.

erf(olgt) — Jt(em) Fluckenn Clese ex p(ar)te ecc(les)ie erfolgt Jekel Trappen(n) off das buch fur XV g(ulden)
off rechnu(n)ge

Actu(m) Z(abbat)a p(ost) Reminiscere.

momp(ar) — Jt(em) Else Pet(er) Schribers selig(en) wyttwin hat momp(ar) gemacht Heynricu(m) jren sone
ir schult jm rich jnzufordern(n) sie zuv(er)geen(n) unnd zuv(er)steen(n) biß off eyn(n) widd(er)ruffs.

momp(ar) — Jt(em) Hiltzenn Keth hat Heynricu(m) Nickel eyn(n) prist(er) momp(ar) gemacht ir schult
jn zufordern(n) sie zuv(er)geen und v(er)stenn jm Riche wo jr daß noit ist usq(ue) ad r(e)vocac(i)o(n)e(m).

Actu(m) qui(n)ta p(os)t Remi(ni)sce(re).

momp(ar) — Jt(em) Jekel Drapp hait momp(ar) gemacht Endreß(e)n sinen brud(er) sin schult jnzugewine(n)
jm Riche bisß off sin widderruffenn.

Jt(em) Henchin(n) hoffma(n) d(er) dhum(m) h(er)n spricht zu Rudwin und gijt jme schult wie
er jme off ey(n) zijt sij schuldig gewest. Deßhalp er mit jme gerechen(n)t hab

Henchin(n) hoffma(n) und Rudwin[c] — und sij jme v(er)lieb(er)n schuldig XIX alb(us). Daß er jme die nit gijt schat jme
alsovil dar zu ita v(e)l no(n).

Jt(em) Rudwin anttwo(r)t dar zu er wisß jme nůst schuldig zu sin und ist jme

onschult — nit bekentlich. Sond(er) er hat jme eyn(n) onschult gebodden die jme dan der
schutlh(eiß) gestalt hait XIIII tage. Daß hait Henchin(n) v(er)bott.

Jt(em) Cleßg(in) Drapp spricht zu Kone[b] Pet(er)n wie er jme schuld(ig) sij X½ [XI/2] alb(us) 1 g(ulden)
und I karchfoll mistes. Daß er jme daß nit ußricht notz(e)t jn tantu(m) ita v(e)l no(n).

Jt(em) daroff spricht Pet(er) er wisß keyn(n) gelt jme schuldig zu sin / Er hab ey(n) huß

Cleß Drap und Konne Peter[d] unschůlt — um(m)b jne bestand(en) und soll jme an dem(e) zinß nust geb(e)n mit name(n) X karchfoll(n).
Alß daroff hab er jm huse V firt(el) jars gesessenn und mit II kuwen(n) mist
gemacht und keyne(n) mist ußgefurten(n). Da hab er Cleßg(in) bescheid(en) den mist
ußzufuren(n). Und hofft jme soll daran ettwaß v(er)lib(e)n sin uber sine zale dan
er hab den(n) mist ußgefurt und jne dar zu nit geno(m)men / ob deß mistes vil

---

a Die beiden Beiblätter 173* und 173** sind ihrem Inhalt nach an dieser Stelle einzufügen.
b Das Wort ist über der Zeile beigefügt, darunter durchgestrichen: »Knoden«.
c Über dem »w« befinden sich zwei schwach ausgeprägte waagerecht angeordnete Punkte.
d Davor durchgestrichen: »Knod(en)«.

Verwahrung legen soll mit Wissen des Gerichts, so dass jedermann geschehe, wie es Recht ist. Dem Urteil haben sie zugestimmt. Henne Erk hat gefragt: In welcher Zeit. Urteil: In 14 Tagen. Wilhelm hat für die drei festhalten lassen, dass die Teilung in Gewahrsam gelegt werden soll mit Kundschaft des Gerichts.
Peter Murer hat seinen Anspruch ins Gerichtsbuch eintragen lassen gegen Drubein.
Cles Fluck erklagt für die Kirche von Jeckel Drapp 15 Gulden.

19. März 1481
Else, Peter Schreibers Witwe, hat ihren Sohn Heinrich zum Vertreter gemacht, ihre Schulden im Reich einzufordern, ihnen nachzugehen und sie zu versehen bis auf Widerruf.
Kett Hiltz hat Heinrich Nickel, einen Priester, zu ihrem Vertreter gemacht, ihre Schulden einzufordern, ihnen nachzugehen und sie zu versehen im Reich, wo es Not ist, bis auf Widerruf.

22. März 1481
Jeckel Drapp hat Endres, seinen Bruder, zu seinem Vertreter gemacht, seine Schulden zu gewinnen im Reich bis auf Widerruf.
Henchin, der Hofmann der Domherren, klagt Rudwin an und gibt ihm die Schuld, dass er vor einiger Zeit etwas schuldig gewesen sei. Deshalb habe er mit ihm abgerechnet und sei ihm schuldig geblieben 19 Albus. Dass er ihm die nicht gibt, das schade ihm ebenso viel dazu. Rudwin antwortet: Er wisse nicht, ihm etwas schuldig zu sein und bekennt das nicht. Sondern er hat ihm die Unschuld angeboten, die der Schultheiß für 14 Tage festgelegt hat. Das hat Henchin festhalten lassen.
Clesgin Drapp klagt Peter Konne an, dass er ihm 10½ Albus, einen Gulden und einen Karren voll Mist schuldig ist. Dass er ihm die nicht bezahle, das schade ihm ebensoviel. Darauf sagt Peter: Er wisse von keinem Geld, ihm schuldig zu sein. Er habe ein Haus von ihm in Bestand und er soll ihm an Zins nichts geben außer 10 Karren voll. Er habe dann 5 Viertel Jahre im Haus gesessen und mit 2 Kühen Mist gemacht und keinen Mist ausgeführt. Da habe er Clesgin beschieden, den Mist auszuführen. Und er hofft, es soll ihm daran etwas übrig bleiben über seine Bezahlung, denn er habe den Mist ausgefahren und ihn nicht genommen, ob es viel Mist oder

fol. 174v — Quinta post Reminiscere

                wenig sij und meynt jme nust nit schuldig zusin. Wolt er jne aber
                widers anlagen(n) so mecht er sich onschuldig. Und hait der
                schulth(e)is off sin erbieten(n) sin unschult gestalt XIIII tage: Daß
                hait Cleßg(in) v(er)bott.

erk(annt) — Jt(em) Clese Wiß erkent Henchin(n) Zy(m)merman(n) IX alb(us) jn XIIII t(agen). Si no(n) t[unc] pf(and).

Jt(em) Clese Raup hat zugespproch(e)n [!] Clesen(n) Knoden.[a] Er sij jme ey(n) frevel

frevel erkentniß — schuldig. Q(uod) no(n) dat notz(et) I g(ulden). Clese[b] erk(ennt) jme den frevel mit
syme liebe od(er) gnad(en) abzůtrag(en). Hait Clese Raup gefragt jn welch(er) zijt.
Ist gewist jn XIIII tag(en). Daß hat Clese Raup v(er)bott.

Jt(em) Knod(en) Pet(er)s sone Clese spricht zu Cleßgin Drappen(n) wie er jme gedienet
hab X wochenn. Und hait Jme gereth woil zu lonen(n) er woll jme
geben(n) eyne(n) rock ey(n) wammeß und I pare hosen(n). Daß gerede woll er

Knod(en) Clese — jme selbs machen(n) und hab jme noch nust gemacht. Daß er jme solichis
nit macht und ußricht notz(et) sibi IIII g(ulden) und heist jme ey(n) anttwort
ob er jme daß gereth hab od(er) nit. Daroff spricht Cleßgin(n) es

Cleßg(in) Drapp — moge sin sin vatt(er) sij zu jme komen und hab jme sinen sone Clesenn
v(er)dingt von(n) der zijt sant Bartholomes tag an(n) bijß zu sant Martins
tag. Daroff hat er jne gereth ey(n) kiddel zu geb(e)n eyn(n) hempt und I p(ar)
schůwe. Und so er sehe daß ers v(er)dienet so woll er jme ey(n) p(ar) hosenn
nit v(er)sagen. Also sij er von(n) jme gang(en) ye die zijt kome(n) sij sins zijls
und gesagt der patter betorff sin / Und die zijt die er bij jme gewest ist
hab er jme wol gelonet. Und we(re) er bij jme v(er)libb(e)n sin jare uß er

unschuÿlt — wolt jme gegeben(n) han(n) waß er v(er)dienet hette. Und er wiß von(n) nůst
daß er jme schuldig sij. Moge er jne dabij gelassenn daß wolt er g(er)n.
Wolt er jne ab(er) wider anlangen(n) so mecht er sich onschuldig. Die unschult
ist jme gestalt XIIII tag(en). Daß hait Rudig(er) von(n) Cleßg(in) weg(en) v(er)bott.

erk(annt) — Jt(em) Pet(er) Snade erk(ennt) Pet(er)n Bendern(n) II viere emige faß zu bezalen(n) jn
XIIII tag(en) ye eyns vor XVI alb(us). Dett ers nit tu(n)c pf(and). Das hat Pet(er) v(er)bott.

Jt(em) Jekel von(n) Symm(er) spricht zu Hench(in) Zy(m)merma(n). Als sin stieffvatt(er)
Hanß Clehe sin můtter kauft hait bij solchem(m) hynlich syen erbare

Jekel vo(n) Sÿmm(er) — lute gewest. Die syen gestorb(e)n bijß off Henchin(n). Off solchem(m) hynlich
sij under anderm(m) gereth wůrd(en) daß die die kinde die sie gehabt hait

Hench(i) Zy(m)merma(n) — da Hanß zu jr komme(n) sij / das die selb(e)n kinde eyn kinde sin soll(e)n
mit den kynden(n) die sie furtme mit eyn gewonne(n) mocht(e)n. Und sollent
der frauwe(n) kynde die sie zu Hansen(n) bracht hait XL guld(en) zuvor uß[-]

---

a   Das Wort ist über der Zeile beigefügt, darunter durchgestrichen: »Wißen«.
b   Es folgt durchgestrichen: »wiß«.

22. März 1481 — fol. 174v

wenig sei und er meint, ihm nichts schuldig zu sein. Wolle er ihn aber weiterhin anklagen, so erklärt er sich für unschuldig. Der Schultheiß hat seine Unschuld festgesetzt von heute an für 14 Tage. Das hat Clesgin festhalten lassen.

Cles Wiß erkennt an, Henchin Zimmermann 9 Albus binnen 14 Tagen zahlen zu müssen. Wenn nicht erfolgt die Pfändung.

Cles Raub hat Cles Knode angeklagt, er sei ihm einen Frevel schuldig. Weil er ihm den nicht gibt, schade ihm das einen Gulden. Cles erkennt an, ihm den Frevel mit seiner Liebe oder Gnade leisten zu müssen. Cles Raub hat gefragt, bis wann er das tun müsse. Urteil: in 14 Tagen. Das hat Cles Raub festhalten lassen.

Cles, der Sohn von Peter Knode, klagt Clesgin Drapp an, dass er ihm 10 Wochen gedient habe. Und er habe ihm versprochen, ihn gut dafür zu belohnen. Er wollte ihm einen Rock, ein Wams und ein paar Hosen geben. Das wollte er ihm selbst machen und habe es noch nicht getan. Dass er es nicht macht und ausrichtet, das schadet ihm 4 Gulden und er fordert von ihm eine Antwort, ob er es versprochen habe oder nicht. Darauf sagt Clesgin: Es könne sein, dass sein Vater zu ihm gekommen sei und habe seinen Sohn Cles verdingt von Bartholomäus bis Martini. Da hat er versprochen, ihm einen Kittel zu geben, ein Hemd und ein Paar Schuhe. Und wenn er sehe, dass er es verdiene, so wolle er ihm ein Paar Hosen nicht versagen. Da sei er von ihm gegangen vor der Zeit, die abgemacht war und hatte gesagt, sein Vater bräuchte ihn. Und die Zeit, die er bei ihm war, dafür habe er ihn bezahlt. Und wäre er bis zum Ende bei ihm geblieben, so hätte er ihm gegeben, was er verdient hätte. Er wüsste nun nichts, was er ihm schuldig sei. Es wäre ihm lieb, wenn man es dabei belassen würde. Wolle er ihn aber weiter anklagen, so erklärt er sich für unschuldig. Die Unschuld gilt von heute an für 14 Tage. Das hat Rudiger für Clesgin festhalten lassen.

Peter Snade erkennt an, Peter Bender 2 Viertel-Ohm-Fässer bezahlen zu müssen binnen 14 Tagen, je eines für 16 Albus. Täte er es nicht, erfolgt die Pfändung. Das hat Peter festhalten lassen.

Jeckel von Simmern klagt gegen Henchin Zimmermann. Als sein Stiefvater Hans von Klee seine Mutter geheiratet [wörtlich: gekauft] habe, seien bei der Absprache ehrbare Leute dabei gewesen. Die seien alle gestorben bis auf Johann. Auf dieser Absprache sei unter anderem beredet worden, dass die Kinder, die sie hatte als Hans zu ihr kam, wie ein Kind sein sollen mit den Kindern, die sie beide haben würden. Und die Kinder der Frau, die sie in die Ehe mitgebracht hat, den sollen zunächst 40 Gulden

fol. 175 — Sabbata post Reminsicere

behalten(n) sin unnd werdenn. Und dabij sij Hench(in) Zy(m)mma(n) gewest burge und
gudt dar fur wůrdenn daß solichis wie obgemelt gehalten(n) und nachko(mmen)
werden(n) soll. Daß er nit herusser thut weß jme davo(n) wissen(n) sij schat jme
alsovil dar zu. Und heist jme deß eyn(n) anttw(or)t ja od(er) neyn(n) ob er dabij gewest
sij od(er) nit. Daroff reth Hennchin(n) und bekent das er dabij gewest sij. Und
furt(er) alß jme von(n) Jekeln(n) zugesprochen(n) sij wie er burge und gudt dar fur sin
sol daß solch(er) bereddunge(n) nachkomme(n)[a] soll werd(en) da zu spricht er ney(n).
Und daroff wie fur er sij bekentlich daß es also off dem(e) hynlich geretht ist.
Ob dem(e) also nachgang(en) sij deß wisß er nit. Rudig(er) hat[b] die sage Henchins
also von(n) Jekels wegen(n) verbott unnd hat jme fůrt(er) zugesprochen(n) das
er sin sage nit beweret alß recht ist. Notz(et) XL g(ulden) dar zu. Spricht Henchin(n)
waß er gesagt hab dazu woll er auch den(n) glauben(n) thun(n). Und er sij eyn fremde
man(n). Wil ma(n) daß von(n) jme offneme(n) so woll er es noch bij dissem(m) tage thu(n).
Hat jme d(er) schult(eiß) sin tage darzu gegeb(e)n XIIII tag(e): Hat Jekel v(er)bott.

widd(er)ruffenn
Actu(m) S(abba)ta p(os)t Remi(ni)sce(re).
Jtem(m) nach dem(e) die Karthůser heren(n) zu Mentz(e) Sterne Clesenn mompar vorzijten(n)
gemacht habenn sie jne abgestalt vord off den(n) egena(n)t(en) Fritag die momper-
schafft widd(er)růffenn. Unnd v(er)bott.

momp(ar)
Sabatto q(ua) fuit Annu(n)ciacio(ne) Ma(r)ie virg(inis).
Jt(em) Konne Peters sone Clese hat Konnen Pet(er) sinen vatt(er) momp(ar) gemacht
die sach zussenn jme und Clesen Drappen ußzutrag(en) mit recht. Das
hat er v(er)bott.

tag v(er)hudt
Jt(em) Jacob(us) Sprendeling(en) momp(ar) d(er) heren(n) zu sant Johan(n) zu Mentz(e) hat sinen
gerichts tag v(er)hudt gegen(n) Jekel Stamnen [!] und Dorhennen. V(er)bott.

tag v(er)hudt
Jt(em) Dorhenne und Stame hab(e)n jren(n) gerichts tag v(er)hůdt gey(n) Jacobs
Sprendeling momp(ar) d(er) heren(n) zu sant Johan(n) zu Mentz(e) und den v(er)bott.

tag v(er)hudt
Jt(em) Cristma[n]s Pet(er) hait sinen 3 dag v(er)hudt gey(n) Hiltzen(n) Ketthen(n)
und ist jme tag gestalt an daß negst gericht. Den hat er v(er)bott.

tag v(er)hudt
S(abbat)a p(os)t Oculi.
Jt(em) der h(er)r deß spittals zu(m) Heilg(en) Geist zu Mentz(e) hat sine(n) tag v(er)hudt gey(n)
Paffen(n) Henne gutt(er)n zu Jngelnhey(m). Ist tag gestalt an das negst gericht.

---

a Es folgt durchgestrichen: »wer«.
b Es folgt durchgestrichen: »daß«.

vorbehalten sein. Dabei sei Henchin Zimmermann gewesen und Bürge und Zeuge dafür geworden, dass solches gehalten werde und dem nachgekommen werde. Dass er nun nicht herausrücke mit dem, was er wisse, das schade ihm ebenso viel dazu. Und er fordert von ihm eine Antwort, Ja oder Nein, ob er dabei gewesen sei oder nicht. Darauf redet Henchin und gibt zu, dass er dabei gewesen sei. Weswegen ihn Jeckel weiter angeklagt habe, dass er Bürge und Zeuge sein solle, dass solchen Absprachen nachgekommen werde, dazu sagt er Nein. Er gebe zu, dass es so auf dem Treffen beredet worden sei. Ob dem nachgekommen sei, das wisse er nicht. Rudiger hat die Aussage von Henchin für Jakob festhalten lassen und klagt ihn weiter an, dass er seine Aussage nicht bezeuge wie es rechtmäßig ist. Das schade ihm 40 Gulden. Darauf sagt Henchin: Was er gesagt habe, das wolle er auch beeiden. Er sei ein Auswärtiger. Wolle man seinen Eid noch heute abnehmen, so wolle er ihn tun. Der Schultheiß hat ihm einen Termin in 14 Tagen gegeben. Das hat Jeckel festhalten lassen.

24. März 1481
Nachdem die Kartäuser zu Mainz Cles Stein vor einiger Zeit zu ihrem Vertreter gemacht haben, haben sie ihn nun entlassen und die Vertretung am vorigen Freitag widerrufen. Das haben sie festhalten lassen.

24. März 1481
Cles, der Sohn Peter Konnes, hat Peter Konne, seinen Vater, zum Vertreter gemacht, die Streitsache zwischen ihm und Cles Drapp vor Gericht auszutragen. Das hat er festhalten lassen.
Jakob Sprendlingen, Vertreter der Herren von St. Johann zu Mainz, hat seinen Gerichtstag gegen Jeckel Stamm und Henne Dorn gewahrt. Festgehalten.
Henne Dorn und Stamm haben ihren Gerichtstag gegen Jakob Sprendlingen, Vertreter der Herren von St. Johann zu Mainz, gewahrt und haben das festhalten lassen.
Peter Christman hat seinen 3. Tag gegen Kett Hiltz gewahrt. Es ist ihm ein Termin genannt worden am nächsten Gericht. Dem hat er zugestimmt.

31. März 1481
Der Herr des Heilig-Geist-Spitals zu Mainz hat seinen Tag gewahrt gegen Henne Paffs Güter zu Ingelheim. Es ist ihnen ein Termin gesetzt am nächsten Gerichtstag.

fol. 175v — Zistag post Oculi

Actu(m) Z(ist)a(g) p(os)t Oculi.

3 clage — Jt(em) Hanß Korßn(er) sin 3 clage off Philips von(n) Girsteyn(n) ut sup(ra).

Jt(em) Jekel Dyeme hat sin recht gebott(en) zu trag(en) gey(n) Jo. Nyttert.

Jt(em) Jo. Nytert hat sins rechten gewart gey(n) Jekel Dyemen.

1 clage — Jt(em) wist Hanß von(n) Halgarten(n) 1 clage off Johans Bollerer(er) vor I g(ulden) und I ort heuptgelts und XX guld(en) schadens sup(ra) o(mn)ia q(uod) h(abet) jn regali judicio Jngelnheim(m).

Hench(in) Zym(m)erman(n)[d] **Jekel Semn(er)n** — Jt(em) zussen(n) Hench(in) Zy(m)merman(n) und Jekel Semnern [!] die beweru(n)ge die er gethan(n) solt han die ist jme an das negst gericht gestalt.

Knod(en) Henne — Jt(em) Knod(en) Henne hat das buch v(er)bott die gifft Ringelhens und Else Mait eliche gemahel antreffen. Daß ist jme geoffent(en) und v(er)lesen.

momp(ar) — Jt(em) Grede Frolichs frauwe hat jren(n) sone Jekeln(n) momp(ar) gemacht ir schult jm Riche jn zufordern(n) bijß off ey(n) widd(er)ruffens.

Actu(m) Sabatto p(os)t Ocůli mei.

erf(olgt) — Jt(em) Pet(er) Bennd(er) erfolgt Carpen(n) Cleßg(in) off das buch.

d(er) wegen(er) Henne von(n) Hoestait — Jt(em) der wegen(er) spricht Henne von(n) Hoestat zu wie das er jme ½ [1/2] guld(en) geredt hab von(n) siner geswigenn wegen(n) von(n) fernt here von(n) sinen wÿne. Daß er[a] jme den nit gebe schat jme ½ [1/2] g(ulden) dar zu. Und heist jme des ey(n) r[e]cht gerichts anttwo(r)t ob er jme den nit gereth hab od(er) nit. Rudig(er) redt daroff unnd spricht Arnolt d(er) leyhendeck(er) hab jme I g(ulden) abv(er)dient. Und sie zwene haben(n) mit ey(n) gereth. Jn dem so hab sich begeben(n) daß der leyhendecker ist siech wurd(en). Und da er jn syme doits bett gelegen(n) hab er bescheid(en) sij es sach das er sterbe / so soll Henne von(n) Hoestait ½ [1/2] g(ulden) jn unser Lieben Frauwe(n) Brud(er)schafft jn die kirche gebenn. Daß hab Henne auch also gethan(n). Und am and(er)n da trage er nůst jn / Unnd wollt jne der wegen(er) darub(er) widers anziehenn. So mache er sich unschuldig. Deß hat jme der schult(eiß) sin unschult gestalt XIIII tage.

erk(annt) — Und[b] jme ½ [1/2] g(ulden) erkant. Da er nust jn getrag(en) hat den jn XIIII tag(en) zu geben(n). Ob er des nit dett daß er off jme pfant erfolgt habe. Daß hat d(er) wegen(er) v(er)bott.

erk(ennt) — Jt(em) Henne von(n) Hoestait hat erkant nach dem(e) er Johannes Jngelnhein(n) brud(er) zu den Augustinern zu Mentz ½ [1/2] g(ulden) gegeben hab von allem daß er hat und gewynne(n) magk[c] / solicher ½ [1/2] gulde dan mit X g(ulden) abzulosen ist den er dan furt(er) der pfarren kirchenn von(n) deß egenant(en) bruder Johannes weg(en) gebenn soll. Da zugegen(n) ist gestand(en) Flucken Clese ex p(ar)te eccl(es)ie und als er deßmals ey(n) kirchenn meist(er) gewest ist und hat das v(er)bott als recht.

---

a Es folgt durchgestrichen: »den«.
b Es folgt durchgestrichen: »hab te« [?].
c Die letzten drei Worte sind am linken Seitenrand beigefügt.
d Über dem »er« steht ein nicht eindeutiges Verkürzungszeichen.

27. März 1481
Hans Korsner erhebt seine 3. Klage gegen Philipp von Gierstein.
Jeckel Diem hat einen rechtlichen Austrag angeboten gegen Johannes Nyttert.
Johannes Nytert hat sein Recht gegenüber Jeckel Diem gewahrt.
Hans von Hallgarten erhebt seine 1. Klage gegen Johann Pollerer wegen einem Gulden und einem Ort Klagesumme und 20 Gulden Gerichtskosten auf alles, was er im Bereich des Ingelheimer Gerichts hat.
Zwischen Henchin Zimmermann und Jeckel Simmern wegen des Eides, den er tun soll, ist ihm der nächste Gerichtstag zugeteilt worden.
Henne Knode hat die Öffnung des Gerichtsbuchs gefordert wegen der Übertragung von Hen Ringel und dem Mann von Else Mait. Es ist ihm geöffnet und verlesen worden.
Grede, die Frau Frolichs, hat ihren Sohn Jeckel zu ihrem Vertreter gemacht, ihre Schuld im Reich einzufordern bis auf Widerruf.

31. März 1481
Peter Bender hat seinen Anspruch ins Gerichtsbuch eintragen lassen gegen Clesgin Carpp.
Der Wagner klagt Henne von Hoestadt an, dass er ihm einen halben Gulden versprochen habe von seinem Schwager her für das Fahren seiner Weine. Dass er ihm den nicht gebe, das schade ihm ebensoviel dazu. Und er fordert von ihm vor Gericht eine Antwort, ob er es ihm versprochen habe oder nicht. Rudiger redet daraufhin und sagt: Arnolt der Leyendecker habe von ihm einem Gulden verdient. Und sie haben miteinander geredet. Da habe es sich begeben, dass der Leyendecker krank wurde. Und als er auf dem Totenbett lag, da habe er ihm gesagt: Wenn er sterbe, so solle Henne von Hoestadt ½ Gulden in die Bruderschaft unserer Lieben Frau in der Kirche geben. Das habe Henne auch getan. Mit dem anderen habe er nichts zu tun. Wollte der Wagner ihn deswegen anklagen, erkläre er sich für unschuldig. Der Schultheiß setzt seine Unschuld für 14 Tage fest. Und er hat den ½ Gulden anerkannt. Er hat nun zugestanden, den in 14 Tagen zu geben. Wenn er das nicht täte, solle der Wagner ihn pfänden dürfen. Das hat der Wagner festhalten lassen.
Henne von Hoestadt hat anerkannt, nachdem er Johannes Ingelheim, Bruder bei den Augustinern zu Mainz, ½ Gulden gegeben hat von allem, das er hat und noch gewinnen werde, dass dieser ½ Gulden mit 10 Gulden abzulösen ist, den er dann weiter der Pfarrkirche für den genannten Bruder Johannes geben soll. Dabei stand Cles Fluck für die Kirche, da er jetzt Kirchenmeister ist und hat das vom Gericht festhalten lassen.

fol. 176 — Sabatto post Oculi

Anth(is) Wolff
Pet(er) Harewiler

Jt(em) Anth(is) Wolff hat eyne(n) ußgesnitt(en) bestentniß zettel lassen(n) lesen(n) deß datu(m) steet anno d(omi)ni etc. LXXIIII und den v(er)bott. Und hat Henne von(n) Anth(is) Wolffen weg(en) geschuldiget[a] Pet(er) Harewil(er) von(n) Sauwelnh(eim) und spricht jme zu / daß er deß brieffs nit erken(n)t und dem(e) nachkompt. Daß schade jme II[c(entum)] guld(en). Und hofft er soll es bekenne(n) und jme sin gult gebenn nach ludt deß bestentniß zettels daß soll mit recht erkan(n)t werden. Pet(er) Harwiler redt daroff und spricht die kirche zu Sauwelnheim(m) hab die gult hind(er) jme v(er)bott zu geben / mit recht und hab die gult off recht also lassenn ligen(n) / Er we(re) auch ye zu zijten(n) deß willens fur dem v(er)bott Anthis Wolffen(n) nach ludt deß zettels sin gult zu libbern(n). Also geschee(n) jme drauwe[b] wort durch syne herenn an(n) lip und gutte(r) zugriffen her. Um(m)b hab Pet(er) die gůlt mussenn lassen ligen(n). Und daß / daß also ware sij so zucht sich Pet(er) deß off daß gericht zu Sauwelnheim(m). Erke spricht eß sij XL und IIII½ [IIII/2] malt(er) korns[c] erschienen gewest / vor dem v(er)bott. Darum(m)b spreche er jme zu- Die and(er) gult laß er steen vor sin wert / Daß er solich gůlt nů nit erkent / unnd ußricht daß schade jme alsovil dar zuů. Unnd heist jme deß ey(n) re[c]ht gerichts anttwo(r)t ob er jme die gůlt / also geben will od(er) nit. Pet(er) erkent daß er ey(n) mitgeselle ist an der gult(en) mit sinen brudern(n) zu geben / Das hat Ercke[d] verbott und dar zu geredt Pet(er) sitz jn dem(e) gudt und hofft er soll jme die gůlt auch geben(n) und ußricht(en) dan die gult sij vor den gebotten schÿnen gewest. Er sol jme die aůch geb(e)n und stalt das zu recht. Dar uff hat Pet(er) dem(e) schulthissen(n) geloipt und jme deß sin hanttruwe geben(n) daß er Anthissenn hie zu recht steen will. Deß ist jme tag gestalt XIIII tage.[e] Das hat Anth(is) v(er)bott.

Pet(er) Wolenberg
Kytzg(in) und Winß[-]bachs Henne

Jt(em) Rudig(er) alß von(n) Pet(er) Wolenber wegen(n) spricht zu Kytzgin und Winßbachs Hennen eß hab sich begeb(e)n wie dassie I guld(en) v(er)ziert haben off tag gůdt. Da sij und(er) anderm(m) gerett wůrd(en) welch(er) den ersten(n) wine v(er)keuff der soll VIII alb(us) geben, Und welche zwene darnach erste v(er)keuffen(n) die sollen iglich(er) VIII alb(us) geben bijß das es I guld(en) werde. Da sij er ey(n)er der die VIII alb(us) geben soll. Und sij auch damals berett welch(er) sin gelt nit gebe so soll Kytzg(in) und Henne daroff leisten. Also hab er sin VIII alb(us)[f] bracht und jne die gebott(en) für allem schaden. Und sij zu Kytzgin komme(n) und jne gebett(en) nit off jne zu leistenn / Gebore es jme so woll er gehorsam(m) sin. So hab jme Kytzg(in) und auch Henne zu gesagt keyne(n) schad(en) off jne zutribenn / Dem(e) syen sie nů nit nachgang(en) und darub(er) zu schaden bracht. Daß sie das gethan(n) haben schade jme IIII g(ulden) und heist jne beid(en) ey(n) recht gerichts anttwo(r)t ob sie daß also bekenne(n) od(er) nit. Daroff hat sich Henne von(n) Eltfelt v(er)dingt und sin underdinge v(er)bott alß recht ist Kytzen und Hennen Winßbach jr wort zu thu(n). Unnd hat anfangs v(er)bott daß Pet(er) erkent daß er VIII alb(us) geben(n) soll / und mehe / er woll auch v(er)botten daß er erkant hab ob er die nit gebe das sie daroff leisten(n) sollenn. Und furt(er) hab er jne beyden ey(n) gerichts anttwo(r)t geheissenn. Nů haben sie jne fur der leistu(n)ge gewarnt ye sie jme schad(en) gethan(n) habenn und beziegen

---

a Davor gestrichen »dar zu redden lassen und«. Das »ge« von »geschuldiget« ist über der Zeile beigefügt. - **b** Über dem »w« befinden sich zwei waagerecht angeordnete Punkte. - **c** Das Wort ist über der Zeile beigefügt. - **d** Es folgt gestrichen: »erkant«. - **e** Die beiden letzen Worte sind über der Zeile beigefügt. Es folgt durchgestrichen: »an das negst gericht«. - **f** Das Wort ist über der Zeile beigefügt.

31. März 1481

ÜBERTRAGUNG

Anthis Wolff hat eine Bestandsurkunde verlesen lassen mit dem Datum 1474 und das festhalten lassen. Und Henne hat für Anthis Wolff Peter Harwiler von Saulheim angeklagt, dass er die Urkunde nicht anerkenne und ihr nicht nachkomme. Das schade ihm 200 Gulden. Und er hofft, er solle es zugestehen und ihm seine Gülte geben gemäß dem Bestandsbrief und das werde vom Gericht als Recht erkannt. Peter Harwiler redet darauf und sagt: Die Kirche zu Saulheim habe ihn verpflichtet, ihr die Gülte zu geben und die Gülte dort zu lassen. Er war auch vor einiger Zeit Willens, Anthis Wolff gemäß der Urkunde die Gülte zu liefern. Da drohten ihm seine Herren, ihn an seinem Leib und seinen Gütern zu greifen. Darum habe Peter die Gülte dort müssen lassen. Dass dies wahr ist, dafür beruft sich Peter auf das Gericht zu Saulheim. Erk sagt: Es seien 44½ Malter Korn geliefert worden vor dem Verbot. Deswegen klage er ihn an. Die andere Gülte lasse er unberührt. Dass er diese Gülte nun nicht anerkenne, das schade ihm ebensoviel dazu. Und er fordert von ihm eine Antwort vor Gericht, ob er ihm die Gülte geben wolle oder nicht. Peter erkennt an, dass er beteiligt ist, die Gülte mit seinen Brüdern zu geben. Das hat Erk festhalten lassen und weiter geredet: Peter sitzt in dem Gut und er hofft, er soll ihm die Gülte auch geben und bezahlen, denn die Gülte sei älter als das Gebot. Er solle ihm die auch geben und er legt das dem Gericht vor. Darauf hat Peter dem Schultheißen gelobt und in die Hand versprochen, dass er hier vor Gericht sich mit Anthis vergleichen werde. Es ist ihm ein Termin gesetzt worden in 14 Tagen. Das hat Anthis festhalten lassen.

Rudiger klagt als Vertreter Peter Wolenbers Kitzgin und Henne Winsbach an: Es habe sich ereignet, dass sie bei einer Absprache einen Gulden verzehrt haben. Da sei unter anderem beredet worden, welcher den ersten Wein verkaufe, der solle 8 Albus geben. Und welche zwei danach verkaufen, die sollen auch ein jeder 8 Albus geben, bis ein Gulden zusammen sei. Da sei er einer gewesen, der die 8 Albus geben sollte. Und es sei auch damals beredet worden, wer sein Geld nicht gebe, so sollen Kitzgin und Johann das zahlen. Da habe er seine 8 Albus gebracht und die angeboten für allen Schaden. Da sei Kitzgin gekommen und habe ihn gebeten, nicht für ihn zu bezahlen. Gebühre es ihm, so wolle er es tun. So haben Kitzgin und auch Henne ihm zugesagt, ihm keinen Schaden zu verursachen. Dem seien sie nun nicht nachgekommen und haben ihn deshalb zu Schaden gebracht. Dass sie das getan haben, das schade ihm 4 Gulden und er fordert von ihnen beiden eine Antwort vor Gericht, ob sie das zugeben oder nicht. Darauf hat sich Henne von Eltville verpflichtet und seine Anwaltschaft festhalten lassen, wie es rechtmäßig ist, Kitzgin und Henne Winsbach zu vertreten. Und er hat anfangs festhalten lassen, dass Peter zugestehe, dass er 8 Albus geben solle und darüber hinaus wollte er auch festhalten lassen, dass er zugestehe, wenn er die nicht gebe, dass sie dafür zahlen sollen. Und weiter habe er von ihnen eine Antwort vor Gericht gefordert. Nun haben sie ihn beide vor der Zahlung gewarnt, bevor sie ihm einen Schaden taten und sie berufen

fol. 176v — Sabatto post Oculi

das sie jme also gewar(n)t habenn[a]
sich deß off erbare lute / Und begeren(n)t jre tag dar zu sie zu bringen. Und waß
die erkennen daß soll jne wole und we thůn. Unnd Rudig(er) hat v(er)bott die
konnd und gefragt wan(n) sie die brung(en) sollen(n). S(ente)n(ti)a jn XIIII tag(en). Dorffen
sie jre tage furt(er) und heissenn die ut mor(is). Daß hat Rudig(er) v(er)bott.

erk(annt) — Jt(em) Lupolts Henne erkent Pet(er)n Bend(er)n I g(ulden) jn XIIII tag(en). Si no(n) tu(n)c pfandt.
erk(annt) — Jt(em) Herteln Henne erkent Ercken II guld(en) jn XIIII tag(en). Si no(n) tu(n)c pfandt.
erk(annt) — Jt(em) Swinde erkent Heinricen des schribe(r)s sone als von momp(ar)schafft wegenn
sin(er) můtter XIX alb(us) jn XIIII tagenn. Si no(n) tu(n)c pfant.
erk(annt) — Jt(em) Swinde erkent Erckenn I½ [II/2] gulden jn XIIII tagenn. Si no(n) tu(n)c pfandt erfolgt.
erk(annt) — Jtem(m) Wentz erkent h(er) Heinrich Strůden II g(ulden) jn XIIII tag(en). Si no(n) tu(n)c pfandt.

Blanck und Schonewedd(er) — Jt(em) Schonewedd(er) schuldiget Hanß Blancken er sij jme schuld(ig) I g(ulden) und XI alb(us)
von(n) sins sones weg(en). Daß gelt hab er jme gereth zugebenn. Daß er jme daß
nit gijt schade jme alsovil dar zůu. Dar zu spricht Hanß Blanck nach dem
jme Schonewedd(er) zusprech fur solich gelt sij er gestand(en) und hab das guttlich
bezalt und wes er jne widers anlange deß sij er unschuldig. Die unschult ist
jne gestalt XIIII tage daß hat Schonewedd(er) v(er)bott.

Flucken Clese Contz Wisß[g] — Jt(em) Antz hat sich v(er)dingt Fluckenn Clesen(n) das wort zu thu(n) und sin und(er)ding
v(er)bott alß re[c]ht ist. Und lacht am anefang dar ey(n) v(er)siegilt(en) gerichts brieff deß
datu(m) stundt anno d(omi)ni etc. LVIIo. Der ist v(er)lesen. Den hat Antz v(er)bott. Und gijt
Wissen[b] Contz(e)n schůlt das die gutt(er) frij sollen sin die der briff bestůmpt. Nů
finde sich daß der hoff eyme and(er)n verlacht sij. Daß er jme den hoffe nit ledig
mache schade jme hund(er)t guldin. Und ab er dar zu neyn(n) sagen wolt so
woll er jne erzugen(n) daß der hoff eyme and(er)n v(er)lacht ist. Lacht abermals
ey(n) gerichts brieff bij deß datu(m) stundt anno d(omi)ni etc. L primo der dan
auch v(er)lessen und von(n) Antzen(n) v(er)bott wart. Und redt dar zu[c] er sij der
gutt(er) eyn erbe. Und sij eyn(n) brieff elter dan der and(er) und hofft darum(m)b / er
soll jme sin und(er)pfande ledig machenn und stalt das zu recht. Rudiger
reddt daroff und spricht nach dem(e) Clese laß brieffe lesen so sij doch dem
gericht wolle wissentlich daß Contz und Henchin(n) Melman(n) alhie an gericht
gededingt habenn dasselbe antreffen(n). Und nach der sage alß Clese spreche
daß der hoff eym and(er)n v(er)lacht sij uß syner[d] gulte daß Hench(i)n den hoff

ad socios — uß der gult solt thu(n) / und Hench(in) meynt ney(n) / so meynt Contz ja. Daß stee
noch[e] hind(er) gericht. Darum(m)b so hofft Contz / Clese soll solichis lassen ansteen
bijß das ortel ußgesprochen(n) werde / Solts dan Hench(in) thu(n) villicht finde ma(n)
wege dar zů / das solichis geschee. Solt Contz[f] aber thu(n). so wolt er sich ge[-]
purlich dar jn haltenn. Antz hat das v(er)anttwort v(er)bott und spricht furt(er) also

a Die Zeile ist zur Mitte hin eingerückt.
b Das Wort steht über der Zeile, darunter durchgestrichen: »Prassen(n)«.
c Es folgt durchgestrichen: »es«.
d Das n ist über der Zeile beigefügt.
e Das Wort ist über der Zeile beigefügt, darunter durchgestrichen: »nun« [?].
f Das Wort ist über der Zeile beigefügt, darunter durchgestrichen: »Bens« [?].
g Das Wort steht über der Zeile, darunter durchgestrichen: »Praß«.

31. März 1481

sich darauf, dass sie ihn gewarnt haben vor ehrbaren Leuten. Daher fordern sie einen Gerichtstag, die vorzubringen. Und was die erkennen, das wollen sie leisten. Rudiger hat die Zeugen festhalten lassen und gefragt, wann sie die beibringen sollen. Urteil: in 14 Tagen. Und bedürfen sie Verlängerung und fordern sie, wie es üblich ist. Das hat Rudiger festhalten lassen.

Henne Lupolt erkennt an, Peter Bender einen Gulden zahlen zu müssen binnen 14 Tagen. Wenn nicht erfolgt die Pfändung.

Henne Hertel erkennt an, Erk 2 Gulden zahlen zu müssen binnen 14 Tagen. Wenn nicht erfolgt die Pfändung.

Swinde erkennt an, Heinrich, dem Sohn des Schreibers, als Vertreter seiner Mutter 19 Albus zahlen zu müssen binnen 14 Tagen. Wenn nicht erfolgt die Pfändung.

Swinde erkennt an, Herrn Heinrich Strude 2 Gulden zahlen zu müssen binnen 14 Tagen. Wenn nicht erfolgt die Pfändung.

Schonwedder beschuldigt Hans Blanck: Er sei ihm einen Gulden und 11 Albus schuldig wegen seines Sohnes. Das Geld habe er versprochen zu zahlen. Dass er ihm das nicht gibt, das schade ihm ebensoviel dazu. Dazu sagt Hans Blanck: Nachdem Schonwedder ihn anklagte wegen des Geldes, sei er gegangen und habe das gütlich bezahlt und wessen er ihn darüber hinaus anklage, dessen sei er unschuldig. Die Unschuld gilt für 14 Tage. Das hat Schonwedder festhalten lassen.

Antz hat sich verpflichtet, Cles Fluck vor Gericht zu vertreten und hat seine Anwaltschaft festhalten lassen, wie es rechtmäßig ist. Und er legt zunächst eine besiegelte Urkunde mit dem Datum 1457 vor. Die wurde verlesen. Das hat Antz festhalten lassen. Und er gibt Contz Wiß die Schuld, dass die Güter frei sein sollen, die die Urkunde nennt. Nun finde es sich, dass der Hof einem anderen gegeben wurde. Dass er ihm den Hof nicht frei mache, das schade ihm 100 Gulden. Und wenn er dazu Nein sagen wolle, so wolle er es ihm beweisen, dass der Hof einem anderen gegeben wurde. Er legt abermals eine Urkunde vor mit dem Datum 1451, die dann auch verlesen wurde, was von Antz festgehalten wurde. Und er sagte dazu: Er sei der Erbe der Güter. Und der eine Brief sei älter als der andere und er hofft deswegen, er soll ihm seine Pfänder frei machen und legt das dem Gericht vor. Rudiger redet drauf und sagt: Nachdem Cles die Gerichtsurkunden habe vorlesen lassen, so sei doch dem Gericht gut bekannt, dass Contz und Henchin Melmann hier vor Gericht miteinander verhandelt haben die gleiche Sache betreffend. Und nach der Aussage Cles, dass der Hof einem anderen gegeben sei aus seiner Gülte, dass Henchin den Hof aus der Gülte nehmen solle, da meint Henchin Nein, so meint Contz Ja. Die Streitsache sei noch nicht entschieden. Darum hoffe Contz, Cles soll dies anstehen lassen, bis das Urteil gesprochen werde. Solle es dann Henchin tun, finde man vielleicht Wege dazu, dass solches geschehe. Solle Contz es aber tun, so wolle er sich daran halten. Antz hat die Aussage festhalten lassen und sagt weiter:

fol. 177 — Sabatto post Oculi

er hoff und truwe so er syn nit abreddig ist er sol Clesen(n) den hoff ledig machenn
dan er hab nůst mit Henchin(n) zu schaffenn. Und stalt das zu recht. Růdiger spricht
die funff gulden werdenn jme gerůglich. Und so das and(er) noch jn recht swebet
on ußgesprochenn so hoff er / er soll es dabij lassen(n) stehen bijß zu ußgange des
ortels und stalt das auch zu recht. Ist uffgeslagen ad socios. Ambo v(er)bott.

Jo Nyttert und Jek(el) Dyeme

Jt(em) zussen Jo. Nittert und Jekel Dyeme(n) ist gestalt bijß off Dinstag p(os)t Mi(sericordi)a Domini
zu(m) allem rechten(n) alß off hude. Daß hab(e)n sie beide v(er)bott.

Jekel Clehe

Jt(em) zussen Hench(in) Zy(m)merma(n) und Jekel^a Clehe ist berett wan ers jne mit dem buttel
lasß wissenn so woll er jme zu recht steen alß off hude des tages. Und der and(er)n
unschult hat hat Jekel Henchin(n) erlassen(n). Daß hat Henchin(n) v(er)bott.

**Prassen Contz
Emerichs frauwe(n)
Else die docht(er)**

Jt(em) Prassen(n) Contzg(in) spricht^b Emmerichs frauwe(n) und jrer docht(er) Elsen zu wie das
er jren brod(er) bekom(er)t hab da fur sie gudt wurd(en) sint jne an das gericht zu bringen.
Unnd daß sie das nit gethan(n) haben(n) und jme sin gelt auch nit geben(n) das schade
jme IIII g(ulden) und heyst jne allen beyd(en) ey(n) anttwo(r)t ja od(er) ney(n) ob sie das^c gerett
hab(e)n oder nit. Rudig(er) von(n) der frauwe(n) und magde weg(en) spricht es moge sin
das Contz jren(n) sone bekomm(er)t habe / Da syen sie zwo zu jme kommen und jne
gefragt wiefile der schult / die er jne schuldig sij. Da hab Contz geanttw(or)t wan sie zwene
mit ey(n) gerechen(n) waß dan sij daß sij es / Daroff syen(n) sie zwo burge wurd(en). Wan sie
zwene mit eyn(n) gerehen(n) waß sich dan(n) finde das er jme schuldig sij daß wollen(n)
sie jme gebenn. Nů haben sie nit mit eyne gerechen(n)t. Dar um(m)b so wissen(n) sie jme
auch nit schuldig zu sin / Unnd wes er sie widers anlange deß syen sie unschuld(ig).
Deß hat jne d(er) schulthiß ir onschult gestalt XIIII tage.

Pet(er) Snade und Schonewedder

Jt(em) Schonewedd(er) spricht zu Pet(er) Snaden er sij jme schuldig gerechent(er) schult
III g(ulden) III al(l)b(us). Das er jne die nit gijt schait jme sovil dar zu und heist jme
ey(n) r[e]cht gerichts anttwo(r)t. Pet(er) erkent jme II½ [III/2] g(ulden) off rehenu(n)ge. Will er jne
dabij lassen(n) das sij gudt. Will er ab(er) nit weß er jne widers anlange deß sij er unschuld(ig).
Schonewed(er) hat v(er)bott das er jne II½ [III/2] guld(en) erkent off r[e]chen(n)schafft und hat
furt(er) gefragt wan er jne die geben(n) soll so ers bekent. S(ente)n(ti)a jn XIIII tag(en). Si no(n)
tu(n)c pfandt erfolgt. Umb das uberig ist jme sin unschult gestalt XIIII tage. Hat v(er)bott.

erk(annt)

Jt(em) Pet(er) Harewiler erkent Contz Prassenn II g(ulden) V al(l)b(us) zussen(n) Ostern(n). Si no(n) tu(n)c pf(and).

**Heinrice Dyeme(n)
Claiß**

Jt(em) Henrice Gijt schult Claß Dyemen(n) wie er jme schuldig sij VII al(l)b(us). Daroff hab
er jme ey(n) tag helffen sniden. Und das er jme daß uberig nit herusser gijt daß schade
jme alsovil dar zu. Daroff spricht Claiß er hab ime ey(n) tag gesnitten. Dar zu hab jme
sin husfrauwe auch geholffen II tage. Und wes er jme daruber noch schuldig sij das
lacht er jn eyne(n) budel zu gethan(n) hind(er) gericht. Und redt dar zu wolt jme Heinrice
dar uber widders an langen^d so mecht er sich deß unschuldig / Daroff spricht Heinrice

---

a Das Wort ist über der Zeile beigefügt, darunter durchgestrichen: »Hench(in)«.
b Es folgt durchgestrichen: »zu«.
c Es folgt durchgestrichen: »nit«.
d Der Buchstabe ist für ein »z« überschrieben.

Er hoffe und denke, da jener nicht leugnet, er solle Cles den Hof frei machen, denn er habe mit Henchin nichts zu schaffen. Das legt er dem Gericht vor. Rudiger sagt: Die 5 Gulden habe er gerügt. Und weil das andere noch anhängig sei, so hoffe er, man solle bis zum Urteilsspruch warten und legt das auch dem Gericht vor. Das ist verschoben worden bis zum Zusammentreten des Vollgerichts. Dem haben sie beide zugestimmt. Zwischen Johannes Nittert und Jeckel Diem ist die Sache mit allen Rechten wie heute verschoben worden auf Dienstag nach Misericordia Domini. Dem haben sie beide zugestimmt. Zwischen Henchin Zimmermann und Jeckel Klee ist beredet worden: Wenn er ihn durch den Büttel auffordere, so wolle er mit ihm vor Gericht stehen wie heute. Und die andere Sache hat Jeckel Henchin erlassen. Das hat Henchin festhalten lassen. Contzgin Prass klagt die Frau Emmerichs und ihre Tochter Else an, dass er ihren Bruder belangt habe, für den sie Bürgen wurden, ihn vor Gericht zu bringen. Dass sie das nicht getan haben, ihm sein Geld auch nicht geben, das schade ihm 3 Gulden und er fordert von ihnen beiden eine Antwort Ja oder Nein, ob sie das versprochen haben oder nicht. Rudiger für die Frau und das Mädchen sagt: Es könne sein, dass Contzgin ihren Sohn belangt habe. Da seien sie beide zu ihm gekommen und haben ihn gefragt, wie viel Schuld er ihm schuldig sei. Da habe Contzgin geantwortet: Wenn sie beide mit ihm abrechnen, was dann sei, das sei es. Darauf sind sie beide Bürgen geworden. Wenn sie beide miteinander kämen, was sich dann finde, dass er ihm schuldig sei, das wollen sie ihm geben. Nun haben sie nicht miteinander abgerechnet. Darum wissen sie auch nicht, ihm etwas schuldig zu sein. Und wessen er sie darüber hinaus anklage, dessen seien sie unschuldig. Der Schultheiß setzt ihre Unschuld fest für 14 Tage.
Schonwedder klagt Peter Snade an, er sei ihm an abgerechneter Schuld 3 Gulden 3 Albus schuldig. Dass er ihm die nicht gibt, das schade ihm 2½ Gulden gegen Rechnung und er will von ihm eine Antwort vor Gericht. Peter erkennt an, ihm 2½ Gulden gegen Rechnung zahlen zu müssen. Wolle er ihn dabei lassen, so sei das gut. Will er es aber nicht, wessen er ihn weiter anklage, dessen sei er unschuldig. Schonwedder hat festhalten lassen, dass er anerkenne, ihm 2½ Gulden gegen Rechnung zahlen zu müssen und fragt, wann er die geben müsse, wo er es zugebe. Urteil: in 14 Tagen. Wenn nicht erfolgt die Pfändung. Wegen dem Übrigen gilt seine Unschuld 14 Tage. Das hat er festhalten lassen. Peter Harwiler erkennt an, Contz Prass 2 Gulden 5 Albus zahlen zu müssen bis Ostern. Wenn nicht erfolgt die Pfändung.
Heinrich Gijt beschuldigt Clas Diem, dass er ihm 7 Albus schuldig sei. Dafür habe er ihm für einen Tag helfen schneiden. Und dass er ihm das übrige nicht herausgibt, das schade ihm ebensoviel dazu. Darauf sagt Clas: Er habe für ihn einen Tag geschnitten. Dazu habe ihm seine Frau auch 2 Tage geholfen. Und was er ihm darüber hinaus schuldig sei, das lege er in einen Beutel und hinterlege es bei Gericht. Und er sagt dazu, wolle ihn Heinrich darüber hinaus anklagen, so sei er unschuldig. Darauf sagt Heinrich:

fol. 177v — Sabatto post Oculi

er gestee jme nit dan eyne(n) tag den hab er jme helfen(n) finden. Und sij jme das
uberig noch schůldig / Claß spricht er sij jme nust schuldig. Und hat jme
der schulthis sin unschult gestalt XIIII tage. Das hat er[a] v(er)bott.
Jt(em) Oethen(n) Pet(er) spricht zu Hanß Hessen(n) wie er jn habe ½ [I/2[zweiteil acker. Da
sij gerett daß Hanß jme daß soll eygen halten und soll das jn deß gerichts
buch geschrebenn werdenn. Und ob Hanß neyn da zu sagen wolt so
zucht er sich off lute die dabij gewest syen. Unnd heist jme deß ey(n) recht

Oethen Pet(er) Hanß Hesse
gericht anttwo(r)t ob er das[b] gereth hab od(er) nit. Hanß Hesse spricht
er sij bůddig er woll jme daß eygen halten. Eß sij aber damals gereth
Pet(er) soll jme den(n) brieff helfenn machenn. Da syen(n) lude bij gewest der
sij eyn(er) doit daß es also gereth sij jme den(n) acker eygen halt(en). Und daß soll
auch jn des gerichts buch geschrebenn werdenn aber Pet(er) hab jme gerett
den brieff helfenn machenn. Rudig(er) von(n) Pet(er)s weg(en) spricht er gesthe jme
nit das er gerett hab den brieff helfen(n) machen(n). Und hofft er soll jme
den acker ëygen halt(en) dwile er daß selbst bekant hait. Und stalt das zů recht.
Hanß spricht / er hab jme gerett den brieff helfen(n) machen. Da syen lutte
bij gewest. Er soll jme den auch noch helfen machen(n). Und stalt auch zůrecht.

s(ente)n(ti)a
Dwile er off lude zucht die soll er auch bring(en). Hat er gefragt wann er die bringen soll. S(ente)n(ti)a[c] jn XIIII
 tag(en). Betarff er
sin(er) tage furt(er) und heist die als recht ut mor(is).
Jt(em) Schone Wedd(er) spr(icht) zu Pet(er) Snaden wie er jme noch II½ [III/2] g(ulden) schuldig sij
off rechenu(n)ge. Das er jme die nit gijt schade jme alsovil dar zu. Und heist
jme ey(n) r[e]cht gerichts anttwo(r)t ja od(er) ney(n). Pet(er) spricht dar off er sij jme

Pet(er) Snade und Schonewedder
nust nit schuldig. Und wes er ine widers anlange deß sij er onschuldig.
Und hat jme der schult(eiß) sin unschult gestalt XIIII tag(en).
Jt(em) Pet(er) Raub hat das buch und die gifft Hiltzen(n) Ketthen(n) und jne antreffen
lassen offen(n) / und[d] das v(er)bott / Und furt(er) begert er ansprache und
antwo(r)t zussen(n) jne gang(en) zu horen(n) / Die dan auch v(er)lesen und durch beyde

Pet(er) Raubp Hiltz Ketht
p(ar)teije(n) v(er)bott ist. Unnd Antz spricht von(n) Kethen(n) weg(en)[e] er hab jme
jn der ansprach ey(n) recht gerichts anttwo(r)t ya od(er) neyn geheissen(n). Pet(er)
soll anttwort(en). Und stalt das zu recht. Rudig(er) spricht Pet(er)[f] sij gegifft.
Nach ludt deß buchs davo(n) jnhalten(n) / so sij die rachtu(n)ge ye gescheen(n)
dan die gifft / Sie sij auch an gericht komen und hab jne gifft alß recht
ist. Unnd so sie jne gegifft[g] hab / so hofft er / jr nustnit schuldig zů sin und
stalt das zur[e]cht. Antz hofft und spricht sie hab off keyne schult
v(er)ziegen(n) / Unnd alß Rudig(er) melde daß die rachtu(n)ge fur der gifft
sij gescheen(n) / begert wie er das bij bringen(n) soll / alß er dan gereth habe.
Rudig(er) spricht eß sij fur od(er) nach gescheen(n). So finde es sich jn dem(e)

---

a Das Wort ist über der Zeile beigefügt, darunter gestrichen: »erbott«. - **b** Es folgt durchgestrichen: »nit«. - **c** Der Satz ab »hat er« bis hier ist am linken Seitenrande beigefügt. Im Text über der Zeile steht nochmals: »s(ente)n(ti)a«. - **d** Es folgt durchgestrichen: »furt(er)«. - **e** Es folgt durchgestrichen: »ey«. - **f** Es folgt über der Zeile, aber durchgestrichen: »er«. - **g** Die erste Silbe ist über der Zeile beigefügt.

Er gestehe ihm nicht mehr als einen Tag zu, den habe er ihm helfen ernten. Das übrige sei er ihm noch schuldig. Clas sagt, er sei ihm nichts schuldig. Der Schulheiß setzt seine Unschuld für 14 Tage fest. Das hat er festhalten lassen.

Peter Oete klage Hans Hesse an, dass er einen halben Acker innehabe. Da sei beredet worden, dass Hans das als sein Eigen halten solle und das ins Gerichtsbuch geschrieben werden solle. Und wenn Hans Nein dazu sagen wolle, so berufe er sich auf die Leute, die dabei waren. Und er fordert von ihm eine Antwort vor Gericht, ob er das gesagt habe oder nicht. Hans Hesse sagt: Er sei dazu bereit, er wolle ihm das Eigen halten. Es sei aber damals beredet worden, Peter soll ihm helfen, die Urkunde zu machen. Da seien Leute dabei gewesen, von denen sei einer tot, als es beredet wurde, ihm den Acker als Eigen zu halten. Und das soll auch in das Gerichtsbuch geschrieben werden, dass Peter ihm versprochen habe zu helfen, die Urkunde zu machen. Rudiger sagt für Peter: Er gestehe nicht, dass er versprochen habe, die Urkunde zu machen. Und er hofft, er solle ihm den Acker als Eigen halten, weil er das selbst zugegeben hat. Das legt er dem Gericht vor. Hans sagt: Er habe ihm versprochen, ihm zu helfen, die Urkunde zu machen. Dabei seien Leute gewesen. Er soll immer noch helfen, die Urkunde zu machen. Das legt er auch dem Gericht vor. Urteil: Weil er sich auf Leute beruft, soll er die auch vor Gericht bringen. Er hat gefragt, wann er die vorladen soll. Urteil: In 14 Tagen. Bedürfe er Verlängerung und fordere sie, wie es Recht ist, wie üblich.

Schonwedder klagt Peter Snade an, dass er ihm noch 2½ Gulden schuldig sei gegen Rechnung. Dass er ihm die nicht gibt, das schade ihm ebensoviel dazu. Und er fordert von ihm eine Antwort vor Gericht Ja oder Nein. Peter sagt darauf: Er sei ihm nichts schuldig. Und wessen er ihn darüber hinaus anklage, dessen sei er unschuldig. Der Schultheiß setzt seine Unschuld für 14 Tage fest.

Peter Raub hat das Buch wegen der Übergabe, die Kett Hiltz und ihn betrifft öffnen lassen und das festhalten lassen. Weiter fordert er, Klage und Gegenrede, wie sie zwischen ihnen lauteten, zu hören. Die wurden verlesen und beide stimmten zu. Antz sagt für Kett: Er habe in der Klage von ihm ein Ja oder Nein vor Gericht gefordert. Er solle nun antworten. Das legt er dem Gericht vor. Rudiger sagt für Peter: Es sei eine Übergabe geschehen. Nach Aussage des Gerichtsbuchs sei der Vergleich geschehen vor der Übergabe. Sie sei auch vor Gericht gekommen und habe ihm das übergeben, wie es Recht ist. Und weil sie ihm das übergeben habe, so hoffe er nichts schuldig zu sein und legt das dem Gericht vor. Antz hofft und sagt, sie habe auf keine Schuld verzichtet. Und weil Rudiger behaupte, der Vergleich sei vor der Übergabe geschehen, fragt er, wie er das beweisen solle, was er gesagt habe.

Rudiger sagt: Es sei vorher oder nachher geschehen. Es finde sich in dem

fol. 178 — Quinta post Letare

buch das sie jne gegifft hab und hofft ir nust nit schuldig zu sin und stalt
das zu recht. Der schult(eiß) hat sie gefragt ob sie ey(n) genugu(n)e am huffen
haben / da zu hant. Hant sie beyde ja gesagt. Das hat d(er) schult(eiß) von(n) des gerichts
wegen(n) v(er)bott. S(ente)n(ti)a dwile Rudig(er) spricht das die rachtu(n)ge vo(n) der gifft
gescheen(n) sij so soll er das^a bijbring(en). Daroff hat Antz^b gefragt jn welch(er) zijt bij
zu bring(en). S(ente)n(ti)a jn XIIII tag(en) betarff er sin(er) tage furt(er) und heist die ut mor(is) e(st).
Vo(n) beiden p(ar)tien v(er)bott.^c

1 h(eischung)	Jt(em) Flucken(n) Clese 1 h(eischung) off I g(ulden) gelts off Prassen(n) Henchin(n) und solich und(er)pf(and)
p b	Jt(em) Pet(er) Raubp hat p b. off Pet(er) Dutschen.
erf(olgt)^e	Jt(em) Stamchin erf(olgt) Bossen(n) hoffma(n) fur I½ [II/2] g(ulden).
	Jt(em) id(em) erfolgt Carpen(n) Clesen(n) den jung(en) fur I g(ulden).
erf(olgt)	Jt(em) Endres Koch erf(olgt) Pet(er) Beckern(n) fur XX^d guldin.
erf(olgt)	Jt(em) h(er) Heinr(ich) Nickel von(n) momp(ar)schafft weg(en) erf(olgt) Jekel Snid(er)henne den jung(en) fur XIIII gůld(en).
erf(olgt)	Jt(em) Henne Erck erf(olgt) Ebba(r)t Kytzen(n) fur II gůld(en).
erf(olgt)	Jt(em) Wigant erf(olgt) Snid(er)henne Jekeln(n) vor dusent guld(en). Doch alsferre wan(n) er angericht konme [!] so woll er jne nit widder ubernemen dan was durch recht erkant wirt.
1 h(eischung)	Jt(em) Pet(er) von(n) Gugeßheim(m) 1 h(eischung) off Ebba(r)ts Anna et sup(ra) o(mn)ia vor VI ß gelts und off solich und(er)pfande.
erf(olgt)	Jt(em) Henchin(n) Rode erf(olgt) Monichs Clesen(n) fur III½ [IIII/2] alb(us).

Actu(m) qui(n)ta p(os)t Letare.

tag v(er)hudt^f	Jt(em) Konne Pet(er) vom(m) momp(ar)schafft wegenn sins sones v(er)hudt sinen tag gein(n) Cleßgin Drappenn. Und ist jme tag gesatzt an das negst gericht. Daß hat er von(n) sins sones wegenn v(er)bott.
	Jt(em) Cleßgin Drapp v(er)hudt sinen taig geyn Konne Pet(er)s sone. Und ist jme tag gesatzt an das negst gericht. Daß hat er v(er)bott.
unsch(uld) gewart	Jt(em) der dhum heren(n) hoffma(n) hat gewart der unschult von(n) Rudwine und sinen gesatzten tag v(er)hud. Deß ist jme furt(er) gestalt tag an das negst gericht.

---

a Das Wort ist über der Zeile beigefügt.
b Das Wort ist über der Zeile beigefügt, darunter durchgestrichen: »Rudig(er)«.
c Der letzte Nebensatz ist mit anderer Tinte und von anderer Hand beigefügt worden.
d Es folgt durchgestrichen: »alb(us)«.
e Zwei Striche zeigen an, dass die Marginalie auch für den folgenden Satz gilt.
f Eine Klammer (zwei Striche) zeigt an, dass die Marginalie auch für die folgenden fünf Zeilen gilt.

Gerichtsbuch, dass sie es ihm übergegeben habe und er hofft, ihr nichts schuldig zu sein und legt das dem Gericht vor. Der Schultheiß hat gefragt, ob sie ein Genügen an der Zahl der Schöffen haben. Da haben sie beide Ja gesagt. Das hat der Schultheiß für das Gericht festhalten lassen. Urteil: Weil Rudiger sagt, der Vergleich sei vor der Übergabe geschehen, so solle er das beweisen. Darauf hat Antz gefragt, bis wann er das beweisen soll. Urteil: In 14 Tagen. Bedürfe er Verlängerung und fordert sie, wie es üblich ist. Dem haben beide Parteien zugestimmt.

Cles Fluck erhebt seine 1. Klage wegen 1 Gulden Geld gegen Henchin Prass und auf die Pfänder.

Peter Raub hat Pfändung gefordert gegen Peter Dutz.

Stamchin verklagt den Hofmann des Boos von Waldeck auf 1½ Gulden.

Derselbe verklagt Clesgin Carpp den Jungen auf 1 Gulden.

Endres Kocher verklagt Peter Bäcker auf 20 Gulden.

Herr Heinrich Nickel verklagt als Vertreter Jeckel Sniderhen den Jungen auf 13 Gulden.

Henne Erk verklagt Eberhard Kitz auf 2 Gulden.

Wigand verklagt Jeckel Sniderhen auf 1000 Gulden. Doch wenn er vor Gericht komme, so wolle er ihn nicht weiter anklagen, als was durch das Gericht erkannt wird.

Peter von Jügesheim erhebt seine 1. Klage gegen Anna Eberhard wegen 6 Schilling Geld auf die Pfänder.

Henchin Rode verklagt Cles Monch auf 4 Albus.

5. April 1481

Peter Konne als Vertreter seines Sohnes hat seinen Tag gewahrt gegen Clesgin Drapp. Und es ist ihm ein Termin gesetzt worden am nächsten Gerichtstag. Dem hat er für seinen Sohn zugestimmt.

Clesgin Drapp wahrt seinen Tag gegen den Sohn von Peter Konne. Und es ist ihm ein Termin gesetzt worden am nächsten Gerichtstag. Dem hat er zugestimmt.

Der Hofmann der Domherren hat die Unschuld Rudwins gewahrt und den Gerichtstag verschoben. Es ist ihm ein Termin gesetzt worden am nächsten Gerichtstag.

fol. 178v — Sabbato post Letare

Actu(m) Sabbato p(ost) Leta(r)e.
Jt(em) Antz hait sich v(er)dingt Hennen(n) und Pet(er)n Emmerichen(n) gebrudern daß
wort zu thun(n) unnd sin und(er)ding v(er)bott alß recht ist. Und hat am anefang
daß buch begert zu wissenn wie ansprach und anttwo(r)t geludet hait. Daß
ist jme also v(er)lesenn. Und danach hait er deß ortels ob ma(n) daß uber[-]
komnen hab begert heruß zůthun(n) / Deß glich Henne von(n) Eltfelt alß von(n)
Conrait Kethelers weg(en) deß ortels auch begert. Unnd hait Conrait daß
gericht gebett(en) jme sij noit / ettwaß fur dem ortel zůmelden. Daß ist jme ge[-]
gonnet / Also dem nach hait Conrait gesagt Pet(er) Emmerich hab die drij
manner die jn der kuntschafft bestumpt syen(n) nit an gericht bracht und
meynt er sollt deß an recht geniessenn. Antz daroff redt sie haben von
beyden teylen zu ortel gestalt auch brieffe und and(er)s bijgelacht und was
recht darum(m)b sij. Deß begert er und das ortell zu uffen und Conrait solt
es dabij lassen. Conrait hat es dabij gelass(e)n und deß ortels auch begert.

Conrait Ketheler Henne und Pet(er) Em[-]erich gebrud(er) antreff(en)

Nach ansprach anttwo(r)t redde widd(er)redde und v(er)hort(er) konde spricht der
scheffin zurecht. Daß Henne Emmerich Conrait Kethelern umb die ansprach
nit schuldig ist.

Conrait und Pet(er)n jn sond(er)heit ort(eil)

Nach ansprach anttwo(r)t und v(er)horter konde spricht d(er) scheffin zu recht.
Daß Conrait Ketheler Pet(er)n Emmerich die fůnffhalp g(ulden) ußrichten soll(e).

s(ente)n(ti)a

Jt(em) die ortel hat Antz von(n) Hennen und Pet(er)s wegen v(er)bott und damit
ortel begert ob nit Conrait billich bij den gerichts kost(en) geen soll. S(ente)n(ti)a
ist gewist mit recht ja.

s(ente)n(ti)a

Jt(em) hat Antz auch furt(er) gefragt wann er Conrait den kost(en) ußricht(en) soll. S(ente)n(ti)a
ist mit recht gewißt noch talung bij dissem tag ob sie deß nit enbere(n) wollen.

Jt(em) Antz hat sich v(er)dingt Pet(er)n Ringelhens sone und Philippen sinem docht(er)man
ir wort zu thůn und hat sin und(er)ding v(er)bott alß recht ist. Unnd spricht Knod(en)

Rinngelhenne sone Peter und sin docht(er)[-]man / Knod(en) Henne antreffen

Henne hab off sie geclaget also stelten sie ir libe vo(r) ir gutt und mit recht
begert ob ir gutt(er) nit ledig syen. S(ente)n(ti)a wollen sie recht geben und nemen alß
der scheffin hie zu recht wiset / so syen(n) sie ledig. Da hant sie ja zugesagt und
das ort(eil) v(er)bott. Und hat Antz der ansprach von(n) Knoden Henne gewartet
wolle er sie ansprechig machen(n) so wollen sie und er von(n) jren weg(en) daroff anttwo(r)t(en).
Henne von(n) Eltfelt von(n) Knod(en) Hennes weg(en) spricht / er hab die clag(en) anefangks
zů Jngelheim(m) / erste gethan(n) / Sol er sie aber hie an sprechenn so woll er sie schuldig(en).
Also hat jne das gericht mit recht gewißt dwile Knod(en) Henne die clagen
zu Jngellnheim(m) angefang(en) hait / so soll er jne daselbst auch zůsprechen /
Deß ist jne ir gerichts tag gesatzt an das negst gericht / off negst montaig. Daß
haben(n) sie beide v(er)bott.

7. April 1481
Antz hat sich verpflichtet, Henne und Peter Emmerich, Brüder, vor Gericht zu vertreten und hat seine Anwaltschaft festhalten lassen, wie es rechtmäßig ist. Und er hat zu Beginn gefordert, das Buch zu hören, wie Anklage und Antwort gelautet haben. Das ist verlesen worden. Danach hat er das Urteil erbeten, wenn man eines gefällt habe. Ebenso hat auch Henne von Eltville für Konrad Ketheler das Urteil erfragt. Und Konrad hat das Gericht gebeten, es sei für ihn notwendig, etwas zum Urteil zu sagen. Das wurde ihm gestattet. Da hat Konrad gesagt: Peter Emmerich habe die drei Männer, die als Zeugen bestimmt seien, nicht vor Gericht gebracht und er meint, das solle zu seinem Nutzen sein. Antz entgegnete darauf: Sie haben von beiden Parteien alles dem Gericht vorgelegt und auch Urkunden und anderes beigelegt. Und er begehrt, das Urteil zu eröffnen und Konrad soll es dabei lassen. Konrad hat es dabei gelassen und auch begehrt, das Urteil zu hören. Nach Anklage, Entgegnung und gehörten Beweisen erklären die Schöffen als Recht: Dass Henne Emmerich Konrad Ketheler in der Klage nichts schuldig ist. Nach Anklage, Entgegnung und gehörten Beweisen sprechen die Schöffen als Sonderurteil, dass Konrad Ketheler Peter Emmerich die 4½ Gulden ausrichten soll. Das Urteil hat Antz für Henne und Peter festhalten lassen und damit das Gericht gefragt, ob nicht Konrad auch die Gerichtskosten zahlen solle. Darauf ergeht das Urteil: Ja. Weiter hat Antz gefragt, wann Konrad die Kosten zahlen soll. Es ergeht das Urteil: Noch heute an diesem Tag, wenn sie nicht darauf verzichten wollen.

Antz hat sich verpflichtet, Peter, den Sohn Ringelhens und Philipp, seinen Schwiegersohn, vor Gericht zu vertreten und hat seine Anwaltschaft festhalten lassen, wie es rechtmäßig ist. Und er sagt: Henne Knode habe gegen sie geklagt, daher stellen sie ihren Leib vor ihr Gut und fragen, ob ihre Güter nicht frei seien. Urteil: Wollen sie vor Gericht Recht geben und nehmen, wie es die Schöffen hier weisen, so sind sie frei. Darauf haben sie Ja gesagt und das festhalten lassen. Antz hat festhalten lassen, wolle Henne Knode gegen sie klagen, so wollen sie und er für sie darauf antworten. Henne von Eltville sagt für Henne Knode: Er habe die Klage zuerst in Ingelheim getan. Solle er sie aber hier anklagen, so wolle er sie hier beschuldigen. Da hat das Gericht geurteilt: Weil Henne Knode die Klage zu Ingelheim angefangen hat, so soll er sie auch dort anklagen. Dafür ist ihnen ein Gerichtstermin gesetzt worden am nächsten Gerichtstag, am nächsten Montag. Dem haben sie beide zugestimmt.

fol. 179 — Sabbato post Letare

p. b.	Jt(em) Henchin(n) Rode hat pfande beret off Monchis Clesen.
	Jt(em) Pet(er) Piffer hat sich v(er)dingt Pet(er)n Harewil(er) daß wort zu thu(n) und hat sin und(er)ding
	v(er)bott als recht ist / Und hat daß bůch und ansprach lassen uffen so Anthis Wolff
	an jne gelacht hait / Daß ist jme also v(er)lesen / und hat das v(er)bott. Henne
	Ercke hat daß buch auch v(er)bott. Und Pet(er) Piffer spricht daroff von Pet(er) Hare-
	wilers weg(en) Pet(er) sij nit abreddig daß er sins vatt(er) gudt nit eyn erbeneme sij
Anth(is) Wolff	und jnhabe er woll daß gare noide leůcken / Er hab auch mit erben und syen
Pet(er) Harewiler	ir drij. Dar zů alß sij[a] er sins teyls buddig und gehorsam gewest / Da ist jme und(er)
	ander(e)m die gult v(er)bott(en) von(n) gerichts wegen / daß er die gult nit hynwegk
	geben(n) soll. Und die kirch zu Swauwelnheim(m) [!] hab die gult mit recht ange-
	sprochenn und[b] da behalt(en) / Daß juncker Anth(is) dar kome und
	mach sine wege slecht so sij er jme sins pachts buddig uberfuß zugebenn.
	Und hofft er soll daß billich thun(n) dan sie sij synent / und nit synet halben v(er)bott(en).
	Und stalt das zu recht. Henne Erck daroff redt / er woll v(er)bott(en) daß Peter der
	schult nit leuckbare sij / Und hofft diewile er daß bekentlich ist / auch deß brieffs
	nit abreddig / der clerlich ußwiset das Pet(er) junckh(er) Anthissen(n) die gult[c]
	gey(n) Wynheim(m) an daß fare libbern soll und er pfantbare dar fur sij nach ludt
	des briffs so hoff er jne erfolgt zuhan(n) und soll jme deß mit recht wole benůgen.
	Pett(er) daroff spricht er hoff onerfolgt zu sin / so die gult von(n) der kirchen[d]
	und nit von sinen wegen v(er)bott(en) sij / on sin schult. So hoff er nit das er erfolgt sij
	und woll bijbringen das die gult ee von der kirchen(n) wegen(n) mit gericht v(er)bott(en) /
	dan sie fellig gewest sij / Erck spricht der brieff besage Pet(er) sol jme die
	gult gey(n) Winheim(m) an daß fare libbern / Das hab er nit gethan und hofft jne
s(ente)n(ti)a	erfolgt zuhan und stalt daß zu recht. S(ente)n(ti)a dwile sich Pet(er) v(er)messen hat
	bij zubringen daß die gult ee v(er)bott(en) sij dan sie schynen gewest ist / so sol er das
	bijbringen und thun(n). Und furt(er) soll dan gescheen(n) was r[e]cht sin wirdet. Daß haben
s(ente)n(ti)a	sie beide v(er)bott. Und Henne Ercke gefragt wan Pet(er) daß bijbring(en) soll. S(ente)n(ti)a jn XIIII
	tag(en). Betarff er sin(er) tage furt(er) und heißt die alß recht ist so soll man sie jme noch
	zu zweyenn XIIII tag(en) setz(en) beheltlich dem widd(er)teyle sin jnredde. V(er)bott.
erk(annt)	Jt(em) Jekel Semmer(e)n erkent Henne Helffrichenn von(n) momp(ar)sch(afft) weg(en) Wern(er)
	Fetzers des alt(en) I g(ulden) jn XIIII tag(en). Si no(n) tu(n)c pfant.
erf(olgt)	Jt(em) Henne Gu(n)thru(m) ex p(ar)te ecc(les)ie spricht Hanß Snid(er) hab jme eyne some gelts
	erkant. Deß halp er nit ußgeracht sij. Und fragt ob er jne nit erfolgt hab. Ist
	gewiset ja.
erk(annt)	Jt(em) Konne Pet(er) und Hiltwine erkennen Frolichis sone alß eyn momp(ar) siner můtt(er)
	VIII g(ulden) zu drije(n) den negst(en) Fastnachten zu geben. Die erst(en) zwey zijl almale
	III g(ulden) und daß lest zijl II guld(en) geben. Si non(n) so mag er zu sinem kaůff geen.
	Daß hat Frolichis sone v(er)bott.

a Das Wort ist über der Zeile beigefügt, darunter durchgestrichen: »ist«.
b Es folgt durchgestrichen: »mit recht«.
c Es folgt durchgestrichen: »gey(n)«.
d Es folgt durchgestrichen: »wegen«.

7. April 1481

Henchin Rode hat Pfändung gefordert gegen Cles Monch.
Peter Piffer hat sich verpflichtet, Peter Harwiler vor Gericht zu vertreten und hat seine Anwaltschaft festhalten lassen, wie es rechtmäßig ist. Und er hat das Gerichtsbuch öffnen lassen wegen der Klage, die Anthis Wolff gegen ihn geführt hat. Das ist verlesen worden und er hat das festhalten lassen. Henne Erk hat das auch festhalten lassen. Peter Piffer sagt darauf für Peter Harwiler: Peter gestehe, dass er nicht der einzige Erbe des Besitzes seines Vaters sei und dass er ihn innehabe, das wolle er gar nicht leugnen. Er habe auch Miterben und sie seien zu dritt. Er sei für seinen Teil auch willig und gehorsam gewesen. Da ist ihm unter anderem die Gülte vom Gericht mit Verbot belegt, dass er die Gülte nicht weg geben solle. Und die Kirche zu Saulheim habe die Gülte vor Gericht erklagt und dort behalten. Nun komme Junker Anthis und mache seine Wege schlecht, so er doch willig ist, ihm seine Pacht zu geben. Und er hofft, er solle das wie recht und billig tun, denn sie sei seine und nicht seinetwegen mit einem Verbot belegt worden. Und er legt das dem Gericht vor. Henne Erk redet darauf: Er wolle festhalten lassen, dass Peter die Schuld nicht leugne. Und er hofft, weil er sie zugebe und auch die Urkunde anerkenne, die klar sagt, dass Peter Junker Anthis die Gülte nach Weinheim an die Fähre liefern solle und er pfändbar sei nach Aussage der Urkunde, er habe gegen ihn gewonnen und legt das dem Gericht vor. Peter sagt darauf: Er hoffe, dass der Anspruch nicht eingeklagt worden sei, da die Gülte von der Kirche und nicht seinetwegen verhindert worden sei ohne seine Schuld. Daher hoffe er, dass der Anspruch nicht gegen ihn erklagt worden sei und er wolle den Beweis bringen, dass die Gülte von der Kirche wegen durch das Gericht mit Verbot belegt worden sei, bevor sie fällig gewesen sei. Erk sagt: Die Urkunde sagt, Peter soll ihm die Gülte nach Weinheim an die Fähre liefern. Das habe er nicht getan. Und er hofft, gegen ihn gewonnen zu haben und legt das dem Gericht vor. Urteil: Weil Peter behauptet hat, einen Beweis zu bringen, dass die Gülte mit einem Verbot belegt worden sei, bevor sie fällig wurde, so solle er das beweisen. Weiter solle dann geschehen was Recht ist. Dem haben sie beide zugestimmt. Und Henne Erk hat gefragt, wann Peter den Beweis erbringen solle. Urteil: In 14 Tagen. Bedürfe er Verlängerung und fordere sie, wie es Recht ist, so soll man sie ihm noch zweimal 14 Tage geben, vorbehaltlich der Gegenseite die Gegenrede. Zugestimmt.
Jeckel Simmer erkennt an, Henne Helffrich als Vertreter Werner Fetzers des Alten einen Gulden zahlen zu müssen binnen 14 Tagen. Wenn nicht erfolgt die Pfändung.
Henne Gontrum als Vertreter der Kirche sagt, Hans Snider habe eine Summe Geld ihm gegenüber anerkannt. Die habe er nicht bezahlt. Daher fragt er das Gericht, ob er gegen ihn nicht seinen Anspruch eigeklagt habe. Ergeht das Urteil: Ja.
Peter Konne und Hiltwin erkennen gegenüber Frolichs Sohn als Vertreter seiner Mutter an, 7 Gulden an den drei nächsten Fastnachtsterminen zahlen zu müssen. Die ersten zwei Mal 3 Gulden und am letzten Termin 2. Wenn nicht, so könne er an seinen Kauf gehen. Das hat Frolichs Sohn festhalten lassen.

fol. 179v — Sabbato post Letare

Dunckelers Else Cleß Lorch etc.	Jt(em) Antz schuldiget von(n) Dunckelers Elßgins wegen Cleßgin Lorch Henne Endres und Pet(er) Endreßen(n) gebruder und spricht / wie sie appellert haben(n) fur ortel ub(er) die ordenu(n)ge[a] vor unsers gnedigen(n) heren(n) pfaltzgrave(n) hoeffgericht / und[b] der frauwe(n) abschrifft[c] deß jnstruments dar[d] nit[e] geben(n) hab(e)n[f] sich wissen(n) darnach zurichten(n). Daß schait ir II$^{c(entum)}$ guld(en) / Daroff spricht Pet(er) Piffer von(n) der drijer [?] wegen(n) / sie haben gethan(n) alles / daß jne geburt hab / Der notarius hab der frauwe(n) die copij geben und die jn ire hant gelibbert / Daß soll sich finden an dem(e) selben notarien / Aber die frauwe hab deß brieffs nit gewalt hab(e)n. Da hab der notariůs die copij mit jme hynweg gefůrt / Und meyne(n) dißmale nit wider daruff zu anttworten(n) und wollen es bij der appellacion lassen steen. Antz gesteet nit daß dem(e) also nachgangen sij als Pet(er) meldet / Und sij ir der brieffe nit gelibbert alß recht sij / Dan er woll v(er)bott(en) / daß die frauwe die copij gefordert / und sie ir daß abgeslagen(n) hant / Un(n)d hofft sie sollen d(er) frauwe(n) anttw(or)t(en) und stalt zů recht. Pet(er) spricht die drij hoffen(n) es soll bij der appellacion v(er)liben und dißmal nit wider schuldig sin zuanttwort(en). Und stalt das zu recht auch nit wider daruber geortelt werd(en). Daß gericht hait eß da bij diesse zijt[g] sten lass(e)n.
erk(annt)	Jt(em) Heintz Driele erk(ennt) Hennen von Eltfelt II g(ulden) off rechenu(n)ge jn XIIII tag(en). Si non tu(n)c pfant.
erk(annt)	Jt(em) Ebb(erh)art Kytz erkent Zorns maget Dynen XVI alb(us) und VII elen wůllens duch ey(n) ele fur III alb(us) jn XIIII tag(en). Si no(n) tu(n)c pf(and).
Jekel Bed(er) und Rudiger	Jt(em) Jekel Bed(er) schuldiget Rudigern das er jme schuldig sij X alb(us). Das die nit gijt schait jme X guld(en) und heist jme ey(n) anttwo(r)t ja od(er) neyne ut(i)na(m) si(c) tu(nc). Daroff spricht Rudig(er) er hab eyne(n) kauff ummb jne gethan. Da sij gereth er sol jme die X alb(us) jn eyne(n) jare nit gebenn. Und wes er jne wider anlange deß sij er unschuldig. Ist jme gestalt XIIII tage. Das hat Jekel v(er)bott.
Schonewedd(er) Pet(er) Hanma(n)	Jt(em) Schone Wedd(er) gijt Pet(er)n sinem swag(er) schult wie das er und Pet(er) Betz syen zu jme kommen zu eyn(er) zijt und wollen(n) gey(n) Collen(n) / Da hab er jne[h] gelt geben(n) II guld(en) my(n)ner VIII alb(us) / Da sij Pet(er) Snaden sins teils v(er)gessen(n). Daß er jme daß nit erkent od(er) widd(er)gijt schait jme II g(ulden) dar zů. Und heist jme deß eyn anttwo(r)t ob jme daß gelt wurd(en) sij od(er) nit. Daroff spricht Pet(er) / er hab Pet(er) Snaden das gelt hebenn und sij jr beid(er) knecht gewest und sij jme nit widers schuldig. Und wolt er jne ye widder[i] anlangen so mecht er sich unschuldig. Jst jme gestalt sin unschult XIIII tage. Das hat Schonewedder v(er)bott.
Konne Pet(er) und Cleßgin Drappen(n)	Jt(em) zussen(n) Konnen Pet(er)n und Cleßg(in) Drappen jr unschult yettwidd(er) sijt gestalt an das negst gericht. Das hant sie yettwidd(er) sijt v(er)bott.
	Jt(em) Antz hat v(er)bott das man(n) gericht halt(en) will bijß Mondag negst zussen(n) Pet(er)n Rynngelhens sone und Knod(en) Henne.

a Die letzten drei Worte sind am linken Seitenrand, von drei Linien umschlossen, vorangestellt. - **b** Das Wort ist über der Zeile beigefügt, darunter durchgestrichen: »das sie«. - **c** Vor dem Wort durchgestrichen: »nit«, dahinter gestrichen: »od(er) copije«. - **d** Das Wort steht über der Zeile. Dahinter durchgestrichen »appellacion«. - **e** Das Wort steht über der Zeile. Im Text folgt durchgestrichen: »nit«. - **f** Das Wort ist über der Zeile beigefügt. - **g** Es folgt gestrichen: »g«. - **h** Es folgt durchgestrichen: »beiden«. - **i** Es folgt durchgestrichen: »dar«.

Antz beschuldigt für Elsgin Dinckler Clesgin Lorch und die Brüder Henne und Peter Enders. Er sagt: Sie hätten gegen ein Urteil an das Hofgericht des Pfalzgrafen appelliert und der Frau die Abschrift der Urkunde nicht gegeben, damit sie wisse, wie sie sich danach richten könne. Das schade ihr 200 Gulden. Darauf sagt Peter Piffer für die drei: Sie haben getan, was ihnen gebührt. Der Notar habe der Frau die Kopie gegeben in ihre Hand. Das könne der Notar bezeugen. Aber die Frau habe keine Vollmacht gehabt. Da habe der Notar die Kopie mitgenommen. Und sie meinen diesmal nicht weiter antworten zu müssen und wollen es bei der Appellation lassen. Antz gesteht nicht, dass es so geschehen sei, wie es Peter aussage. Ihr sei die Urkunde nicht geliefert worden, wie es rechtmäßig ist. Er wolle vom Gericht festhalten lassen, dass die Frau die Kopie forderte und man sie ihr verweigert hat. Und er hofft, sie müssen der Frau antworten und legt das dem Gericht vor. Peter sagt, die drei hoffen, es soll bei der Appellation bleiben und sie seien diesmal nicht verpflichtet zu antworten. Das legt er auch dem Gericht vor, ebenso, dass über die Sache nicht wieder geurteilt werden soll. Das Gericht hat es diesmal dabei belassen.

Heinz Driel erkennt an, Henne von Eltville 2 Gulden gegen Rechnung zahlen zu müssen binnen 14 Tagen. Wenn nicht erfolgt die Pfändung.

Eberhart Kitz erkennt an, Dyne, der Magd von Zorn, 16 Albus und 7 Ellen Wolltuch, die Elle für 3 Albus, zahlen zu müssen binnen 14 Tagen. Wenn nicht erfolgt die Pfändung.

Jeckel Beder beschuldigt Rudiger, dass er ihm 10 Albus schuldig sei. Dass er ihm die nicht gibt, das schade ihm 10 Gulden und er fordert von ihm eine Antwort Ja oder Nein, ob es so sei. Darauf sagt Rudiger: Er habe von ihm gekauft. Dabei sei besprochen worden, er soll ihm die 10 Albus ein Jahr lang nicht geben müssen. Und wessen er ihn darüber hinaus anklage, dessen sei er unschuldig. Die Unschuld gilt 14 Tage. Das hat Jeckel festhalten lassen.

Schonwedder gibt Peter, seinem Schwager, die Schuld, dass er und Peter Betz vor einiger Zeit zu ihm gekommen seien und wollten nach Köln. Da habe er ihnen 2 Gulden weniger 8 Albus an Geld gegeben. Da habe Peter Snade seinen Teil vergessen. Dass er die Schuld nicht anerkennt oder ihm zurück gibt, das schade ihm 2 Gulden dazu. Und er fordert von ihm einen Antwort, ob er das Geld erhalten habe oder nicht. Darauf sagt Peter: Er habe Peter Snade das Geld gegeben und sei ihrer beider Knecht gewesen und er sei ihm nichts weiter schuldig. Und wolle er ihn weiter anklagen, so erklärt er sich für unschuldig. Seine Unschuld gilt 14 Tage. Das hat Schonwedder festhalten lassen.

Zwischen Peter Konne und Clesgin Drapp ist die Unschuld verlängert worden bis zum nächsten Gerichtstag. Dem haben sie beide zugestimmt.

Antz hat festhalten lassen, dass Gericht gehalten werden soll bis am folgenden Montag zwischen dem Sohn von Peter Ringelhen und Henne Knode.

fol. 180 — Zistag post Judica

lip fur sin gudt
Actu(m) Z(ist)a(g) p(os)t Judica.
Jt(em) Hanß Poller(er) hait sin lip fur sin gudt gestalt gey(n) Wust Hansen von(n) Halgart(en) und gefragt ob sin gutt(er) nit ledig syen. S(ente)n(ti)a ut mor(is) est und ist jme tag gestalt off Sampstag p(os)t Mise(r)icordia d(omi)ni. V(erbott).

tag gesatzt
Actum Z(ist)a(g) p(os)t Judica.
Jt(em) Wust Hanß von(n) Halgart(en) ist tag gestalt gey(n) dem poller(er) off Sampstag nach m(isericord)ia d(omi)ni. Den hat er v(er)bott.

4 [8/2] clage
Jt(em) meist(er) Hanß Korsn(er) von(n) Mentz 4 [8/2] h(eischung) off Philipsen von(n) Giersteyn(n) ut p(ri)ma. Und ist jme sin tag gestalt vo(n) noch hute uber IIII woch(en). Den hat er v(er)bott.

unsch(uld) v(er)hudt
Actu(m) Sabbato p(os)t Judica.
Jt(em) Emmerichis Henne frauwe und ir docht(er) Else ire unschult v(er)hudt gey(n) Prassen Contz.
Jt(em) Pet(er) Snade v(er)hudt die unschult gey(n) Schonewedd(er)n an das negst ger(icht).
Jt(em) Schone Wedd(er) hait sin(n) unschult gewart gey(n) Pet(er) Snaden an das negst ger(icht)ᵃ
Jt(em) Planck d(er) beck(er) v(er)hudt sin unschult gey(n) Schonewedd(er) ist gestalt an das negst ger(icht).

2 tag
Jt(em) Pet(er) Raup heist sinen 2 tag gey(n) Hiltzin Kethen sine kunde zu bringen.

2 h(eischung)
Jt(em) Clese Fluck 2ᵇ heyssu(n)ge off Hench(in) Prassen ut p(ri)ma XIIII tage gesatzt.
Jt(em) Pet(er) von(n) Gugeßheim(m) 2 heissu(n)ge off Kytz Anna ut p(rim)a. XIIII tage gesatzt.

Actu(m) i(n) vi(gili)a Pasche.
Jt(em) Pet(er) Harewil(er) hat sinen 2ᶜ tag v(er)hudt gey(n) Anth(is) Wolffen sin kuntschafft zu bring(en).

2 tag v(er)hudt
Und ist jme sin tag gestaltᵈ XIIII tage.

3 h(eischung)
Actu(m) Sabb(at)o p(os)t Pasche.
Jt(em) Clese Fluck 3 h(eischung) off Prassenhenchin(n).

3 tag konde
Jt(em) Pet(er) Raup sin 3 tag zu sin(er) konde geheyssen(n) antreffen Hiltzen Kethen.
Und ist jme tag dar zu gesatzt XIIII tag. Den hat er v(er)bott.

3 tag
Actu(m) Sab(at)o p(os)t Cruc(is).
Jt(em) Pet(er)n Harewil(er) ist sin dritt tag gestalt noch hude zu XIIII tag(en).
Jt(em) Anth(is) Wolffᵉ hat Pet(er) Harewilers gelobde v(er)bott das er dem schulthiss(e)n gelopt hat an das gericht zu kommen[!].

momp(ar)
Actu(m) Do(mi)n(ica) M(isericord)ia D(omi)ni.
Jt(em) Hanß von(n) Eich hat momp(ar) gemacht Johannes Bend(er)n den jungen sin schult jm rich jn jnzugewynne(n) bijß off sin widd(er)ruffens.

---

a Eine Klammer zeigt an, dass der Zusatz ab dem Komma vom Satz zuvor auch für diesen Satz gilt. - b Es folgt gestrichen: »h clage od(er)«.-
c Die Zahl ist über der Zeile beigefügt.- d Es folgt gestrichen: »an das negst gericht v(er)bott«. - e Das Wort ist über der Zeile beigefügt.

10. April 1481
Hans Pollerer hat seinen Leib vor sein Gut gestellt gegenüber Hans Wust von Hallgarten und hat gefragt, ob seine Güter nicht frei seien. Urteil: Wie es üblich ist. Und es ist ihm ein Termin gesetzt worden auf Samstag nach Misericordia domini. Festgehalten.

14. April 1481
Hans Wust von Hallgarten ist ein Termin gesetzt worden gegen den Pollerer am Samstag nach Misericordia. Das hat er festhalten lassen.
Meister Hans Korsner von Mainz erhebt seine 2. Klage gegen Philipp von Gierstein. Es ist ihm ein Termin gesetzt worden auf heute in 4 Wochen. Das hat er festhalten lassen.

14. April 1481
Die Frau von Henne Emmerich und ihre Tochter haben ihre Unschuld gewahrt gegenüber Contz Prass.
Peter Snade hat seine Unschuld gegenüber Schonwedder gewahrt bis zum nächsten Gerichtstag.
Schonwedder hat seine Unschuld gewahrt gegenüber Peter Snade bis zum nächsten Gerichtstag.
Planck der Bäcker hat seine Unschuld gewahrt gegenüber Schonwedder. Es ist ihm ein Termin gesetzt worden am nächsten Gerichtstag.
Peter Raub fordert seinen 2. Tag um Beweise beizubringen gegen Kett Hiltz.
Cles Fluck hat seine 2. Klage erhoben gegen Anna Kitz. 14 Tage festgesetzt.

21. April 1481
Peter Harwiler hat seinen 2. Tag gewahrt gegen Anthis Wolff um seine Beweise beizubringen. Es ist ihm ein Termin gesetzt worden in 14 Tagen.

28. April 1481
Cles Fluck erhebt seine 3. Klage gegen Henchin Prass.
Peter Raub hat seinen 3. Tag gefordert für die Beweise gegen Kett Hiltze. Es ist ihm ein Termin gesetzt worden in 14 Tagen. Dem hat er zugestimmt.

5. Mai 1481
Peter Harwiler ist sein dritter Termin gesetzt worden auf heute in 14 Tagen.
Anthis Wolff hat das Gelübde Peter Harwilers, dass er dem Schultheißen versprochen hat vor Gericht zu kommen, festhalten lassen.

6. Mai 1481
Hans von Eich hat Johannes Bender den Jungen zum Vertreter bis auf Widerruf gemacht, seine Schulden im Reich zu gewinnen.

fol. 180v — Zistag post Misericordia dominij

Actu(m) Z(ist)a(g) p(os)t M(isericord)ia D(omi)nj.

erf(olgt) — Jt(em) Henne Erck erfolgt Pet(er) Swinden off daß buch.

Nyttert — Jt(em) Rudig(er) spricht Dyemen Jekeln(n) sij ey(n) unschult gestalt Joh(annes) Nytterten zuthu(n). Also stee er alda und sij der buddigt.

Jt(em) Dyeme(n) Claiß erkent Emmerichenn von(n) Engelstait unser(e)m mit scheffen(n) gesellenn burgen(n) recht zuthu(n) unnd hat furt(er) gefraget wan(n) er das thu(n) soll.

s(ente)n(ti)a — Er ist gewist mit recht ob er daß nit emberen(n) will / so soll er noch taling burgen(n) recht thun(n) / Daß hat Emmerich v(er)bott.

1 clage — Jt(em) Můd(er)henne von Altzey[a] alß von(n) momp(ar)schafft wegen(n) Erharts von(n) Ramberg dut ey(n) erste clage off Wissers Contzgin off ey(n) guld(en) und XV alb(us) off alles das er jn des richis gericht hait.

1 cla(ge) — Jdem dut ey(n) erste clage off Monichs Clesen(n) off XVIII ß helle(r) et solich und(er)pfand(er).

erf(olgt) — Jt(em) Pet(er) Bend(er) erfolgt Lupes Henne off das buch.

erf(olgt) — Jt(em) Schonewedd(er) erfolgt Pet(er) Snaden(n) off das buch.

Contz Prassen und Emmerichis fr(au) und ir docht(er) antreffen — Jt(em) Emmerichis Henne frauwe und ir docht(er) Else hant gefragt sie haben(n) jren(n) tag gey(n) Contzgin Prassen(n) v(er)hudt / und Contzgin den synen(n) nit / ob sie nit der ansprach von(n) jme embrochenn syen(n) / S(ente)n(ti)a ist gewist mit recht ja / Und hait die obgena(nn)t frauwe mit sampt jre(r) docht(er) fůrt(er) gefragt / ob Contzgin nit jren gerichts kostenn jne nah(er) thun(n) soll / S(ente)n(ti)a ist gewist ja / Und des mehe gefragt wan(n) ee er daß thu(n) soll / S(ente)n(ti)a ist gewist noch taling ob sie des nit emberen(n) wollen(n).

Pet(er) Snade und Schonewedd(er) — Jt(em) zussen Pet(er) Snad(en) und Schone Wedd(er) ist gelengt an(n) das negst gericht iglichem(m) teyle sins rechten(n) onv(er)lustig ob sie nit eyns wurden(n) widd(er) an ge[-]richt zu komme(n). Daß haben(n) sie beyde v(er)bott.

Hanß Blanck und Schonwedd(er) — Jt(em) zussen(n) Schonewedd(er) und Blancken der unschult halp gestalt an das negst gericht gelengt ob sie nit eyns wurden(n) iglichem(m) teyl onv(er)lustig sins recht(en). Das haben(n) sie beide v(er)bott.

embrochen(n) — Jt(em) der scheffer hait gefragt als von(n) Groppen(n) wegen(n) / S(ente)n(ti)a ist gewist er sij des gebotts halb(e)n dißmale von(n) jme embrochen(n). Das hait er v(er)bott.

posuit — Jt(em) Karlen(n) Clehe hat gelacht III g(ulden) an wißpfeni(n)g und an cleyne(n) gelde hind(er) gericht geyn(n) Korns Angneß(en) actu(m) ut supra.

Actu(m) Z(abat)a p(os)t Jubilate.
Jt(em) zussen(n) Flůcken Clesen(n) und Prassen(n) Henchin(n) ist gestalt an das negst gericht

---

a Es folgt durchgestrichen: »I«.

12. Mai 1481
Henne Erk hat seinen Anspruch ins Gerichtsbuch eintragen lassen gegen Peter Swinde. Rudiger sagt, Jeckel Diem sei aufgefordert, seine Unschuld gegenüber Johannes Nyttert zu beweisen. Daher stehe er hier und sei dazu bereit.
Clas Diem erkennt an, Emmerich von Engestadt, unserem Mitschöffen, Bürgenrecht zu tun und hat gefragt, wann er das tun soll. Es ergeht das Urteil: Wenn er darauf nicht verzichten wolle, so soll er noch heute Bürgenrecht tun. Das hat Emmerich festhalten lassen.
Henne Muder von Alzey erhebt als Vertreter Erharts von Ramberg seine 1. Klage gegen Contzgin Wisser wegen einem Gulden und 15 Albus auf alles, das er im Reichsgericht hat.
Derselbe erhebt seine 1. Klage gegen Cles Monch wegen 18 Schilling Heller und auf die Pfänder.
Peter Bender hat seinen Anspruch ins Gerichtsbuch eintragen lassen gegen Henne Lupis.
Schonwedder hat seinen Anspruch ins Gerichtsbuch eintragen lassen gegen Peter Snade.
Die Frau Henne Emmerichs und ihre Tochter Else haben gefragt: Sie haben ihren Gerichtstag gegen Contzgin Prass gewahrt und Contzgin nicht, ob sie damit nicht von der Anklage frei sind. Urteil: Ja. Und die Frau Emmerichs hat mit ihrer Tochter weiter gefragt, ob Contzgin ihr nicht die Gerichtskosten erstatten soll. Urteil: Ja. Und sie fragt weiter, wann er es tun soll. Urteil: Noch heute, wenn sie nicht darauf verzichten wollen.
Zwischen Peter Snade und Schonwedder ist der Termin verschoben worden bis zum nächsten Gerichtstag ohne Verlust an Rechten, wenn sie nicht einig würden und wieder an das Gericht kommen. Dem haben sie beide zugestimmt.
Zwischen Schonwedder und Blanck wegen der Unschuld ist der Termin auf den nächsten Gerichtstag verschoben worden, ob sie nicht bis dahin einig würden, ohne Verlust an Rechten für jeden Teil. Dem haben sie beide zugestimmt.
Der Schäfer hat gefragt wegen Groppen. Es ergeht das Urteil, er sei diesmal freigesprochen. Das hat er festhalten lassen.
Karl Klee hat 3 Gulden an Weißpfennig und an Kleingeld bei Gericht hinterlegt für Angnese Korn.

19. Mai 1481
Zwischen Cles Fluck und Henchin Prass ist der Termin verschoben worden bis zum nächsten Gerichtstag.

fol. 181 — Sabbato post Jubilate

Jt(em) Pet(er) Rauben(n) ist sin tag zu sin(er) konde gestalt gey(n) Hiltzen(n) Kethen(n) an das
negst gericht. Das hat Pet(er) Ube v(er)botten(n).

Actu(m) Sabb(at)o[a] p(os)t Jubilate.
Jt(em) nach dem(e) Karlen Clehe gegen(n) Korns Agnesen III guld(en) an alb(us) und gelt
hind(er) gericht gelacht hait die obgenan(n)t Agneß das empfang(en) von(n) mir
Sybel Schrib(er) uberlibbert wurd(en) ist jn bij sin Rule Hennes des gebůttels.
Jt(em) Ryne Heintz erf(olgt) Gospelhorne off das buch und hait auch p. b. off jme.
Das hait Heintz verbott.
Jt(em) Hanß Snid(er) hait sich v(er)dingt / Pet(er) Harewil(er) das wort zu thu(n) und hait sin
und(er)ding v(er)bott alß recht ist. Růdig(er) deß glichen(n) sich v(er)dingt Anth(is) Wolffen
von(n) Lonstey(n) das wort zuthun und sin underding v(er)bott wie recht ist. Unnd redt
am anefang Hanß[b] Snid(er) von(n) Pet(er)s wegen(n) also / Pet(er) hab sich hie fur / an gericht
eyn(er) kuntschafft v(er)messen(n). Die hab er da / und begert die zuv(er)lesen horen(n) / und
daß buch[c] zů offenn / Daroff dan die konde also v(er)lesen(n) auch das buch nach
sin(er) begirde geoffent ist / Das sie dan(n) beyd(er)sijts v(er)bott habenn. Hanß Snid(er) redt furt
daroff und spricht / der v(er)lesenn kuntschafft nach / so hoff er woil bijbracht
zu han(n) nach sinem(m) v(er)messen(n) / Dan(n) hette juncker Anth(is) jme wege slecht gemacht
Pet(er) hette jme nye dar jngetrag(en) od(er) der gulten(n) yme[d] fursperrig gewest / Und
sij der brost an(n) jme[e] und an Pet(er)n nit / Dan er hab auch bůrgen fur die
gůlt. Ob jme Pet(er) die nit libberet od(er) gebe nach ludt deß brieffs / den mocht er
billichen(n) sin nachgange(n) und dem(e) allem(m) sij er nit nachgangen / Auch sine wege
nit slecht gemacht. Darum(m)b hoff er jme um(m)b sin ansprache nit schuldig / und von(n)
jme embrochenn sin / Und stalt das zu recht. Rudig(er) daroff spricht / er hoff das
die konde jne nit jrren(n) soll. Dan(n) es sij anttwort(en) gult. So erkent Pet(er) selber daß
er jme die gult gey(n) Winheim(m) an Rine anttwo(r)t(en) soll. Nů sij die gult von(n) der
kirchen(n) weg(en) v(er)hafft. Das krůdde / jne nit / Und dwile es anttwort(en) gult sij / so soll
jme auch Pet(er) die geben(n) on allen(n) jntraig jme die aich libb(er)n jn massen wie fur.
Und hofft Pet(er)n erfolgt zu han(n) / Und soll jne die konde nit jrren(n). Und stalt das
zu recht / Da ist under and(er)m Anth(is) Wolff gefragt der gult(en) halp wie lange es sij
das die gult also v(er)hafft word(en) ist / Also hait er gesagt es sij vor IIII jaren v(er)schenen
ungev(er)lich myn(er) od(er) me / Die sage hait Hanß Snid(er) v(er)bott / Und hoff das er
Pet(er)n onerfolgt sol han(n) / dan(n) der brieffe sage lenger dan IIII jare. Sond(er) er sage
funff jare oder leng(er) so sij die gulte siner halp v(er)botten(n) / und nit von(n) wegen Pet(er)s.

Marginalia: uberlibbert III guldin p. b.; Anth(is) Wolff Pet(er) Harewiler

a Das Wort ist über der Zeile beigefügt, darunter durchgestrichen: »qui(n)ta«.
b Das »H« wurde über ein »P« geschrieben.
c Es folgt durchgestrichen: »davon(n)«.
d Es heißt »yome« das »o« ist jedoch durch einen kurzen Schrägstrich durchgestrichen.
e Es folgt durchgestrichen: »gewest«.

19. Mai 1481 — fol. 181

ÜBERTRAGUNG

Peter Raub ist sein Termin um die Beweise gegen Kett Hiltz vorzubringen auf den nächsten Gerichtstag gesetzt worden. Das hat Peter festhalten lassen.

19. Mai 1481
Nachdem Karl Klee für Angnese Korn 3 Gulden an Albus und Geld bei Gericht hinterlegt hat, hat die genannte Angnese die von mir, dem Schreiber Sibel, empfangen, in Beisein Henne Rules, des Büttels.
Heinz Ryne hat seinen Anspruch ins Gerichtsbuch eintragen lassen gegen Gippelhorn und hat Pfändung gefordert. Das hat Heinz festhalten lassen.
Hans Snider hat sich verpflichtet, Peter Harwiler vor Gericht zu vertreten und hat seine Anwaltschaft festhalten lassen wie es rechtmäßig ist. Ebenso hat sich Rudiger verpflichtet, Anthis Wolff von Lahnstein vor Gericht zu vertreten und hat seine Anwaltschaft festhalten lassen, wie es Recht ist. Und es sagt am Anfang Hans Snider für Peter: Peter habe hier vor Gericht behauptet, eine Kundschaft vorzutragen. Die habe er da und fordert, die zu hören und das Gerichtsbuch zu öffnen. Darauf wurde das Beweisstück verlesen und das Gerichtsbuch gemäß seiner Forderung geöffnet. Dem haben sie beide zugestimmt. Hans Snider redet weiter und sagt: Durch das vorgelesene Beweisstück hoffe er, seine Gerichtsaussage wohl bewiesen zu haben gemäß seiner Behauptung. Denn hätte Junker Anthis ihm Wege schlecht gemacht, Peter hätte ihm nie einen Eintrag gemacht oder ihm Gülten vorenthalten. Die Übertretung sei durch ihn geschehen und nicht durch Peter. Außerdem habe er auch Bürgen für die Gülte. Wenn Peter ihm die nicht geliefert oder gegeben hätte, wie in der Urkunde festgelegt, dann wäre er den billigerweise nachgegangen. Dem allem sei er nie nachgegangen. Auch habe er seine Wege nicht schlecht gemacht. Darum hoffe er, ihm wegen seiner Anklage nichts schuldig und von allem freigesprochen zu sein. Das legt er dem Gericht vor. Rudiger sagt darauf: Er hoffe, dass das Beweisstück ihn in seinem Rechtsanspruch nicht irren solle. Denn es sei zu liefernde Gülte. Peter selbst erkenne, dass er ihm die Gülte nach Weinheim an den Rhein liefern sollte. Nun sei die Gülte von der Kirche wegen gebunden. Das kümmere ihn nicht. Und weil es zu liefernde Gülte ist, so soll ihm Peter die auch ohne allen Einschränkung liefern wie zuvor. Und er hofft, gegen Peter vor Gericht seinen Anspruch erklagt zu haben. Und das Beweisstück solle ihn auch nicht irre machen. Das legt er dem Gericht vor. Da wurde unter anderem Anthis Wolff wegen der Gülte gefragt, wie lange es sei, dass die Gülte beschlagnahmt worden sei. Darauf hat er gesagt, es sei vor 4 Jahren ungefähr geschehen. Diese Aussage hat Hans Snider festhalten lassen. Und er hofft, dass der Anspruch nicht gegen Peter eingeklagt sei, denn die Urkunde sage länger als 4 Jahre. Es heiße 5 Jahre oder länger sei die Gülte seinetwegen verboten und nicht wegen Peter.

fol. 181v — Sabbato post Jubilate

	Er hab auch burg(en) darfur.[a] Die hab er nye darum(m)b ersucht od(er) furgeno(m)men
	dan sie liben und leben noch. Darum(m)b hofft er jne erfolgt zu han(n) sonder
	er soll von(n) jme embrochen(n) sin. Und stalt aber zů recht / Und hofft auch woil bijbracht
	zu han(n) / Rudig(er) hofft die konde sol nit jrren(n). So es anttwo(r)t(en) gult sij / so soll er
ad socios	Pet(er)n erfolgt han(n). Und stalt auch zu recht. Ist offgeslagen ad socios.
erk(annt)	Jt(em) Wynter bekennt Heinrich Smidden II g(ulden) zu geb(e)n jn XIIII tag(en) off gude
	rechen(n)schafft. Si no(n) tu(n)c pf(and). Das hait Heinr(ich) v(er)bott.
geloipniß	Jt(em) Pet(er) Harewiler hait erkant jn geloipniß zu recht zusteen(n) Anth(is) Wolffen(n) jn
	maissen(n) wie er fur gethan(n) gehabt hait. Das hait Anth(is) Wolff v(er)bott.
	Jt(em) Endres Koch(er) als von(n) momp(ar)schafft weg(en) h(er) Clasen(n) Kocher(er)s hait eyne(n)
ban und friden	gerichts brieff lassen(n) lesen(n) des datu(m)s steet anno d(omi)ni III$^{c(entum)}$ XCV jare. Den
	hait er v(er)bott und begert die gutt(er) offzuholen(n) nach ludt des v(er)lesen(n) brieffs.
	Der offholu(n)ge ist jme gestand(en). Und hait jme der schult(eiß) Philips Buser bann
	und frieden(n) daruber gethan(n). Das hait Endres v(er)bott / Antreffen Hansen von(n)
	Ysennach und Hansen(n) Kurßn(er) von(n) Mentz.
4 [8/2] h(eischung)	Jt(em) Flucken(n) Clese sin 4 [8/2] heyssu(n)ge ut p(ri)ma gethan(n) uff Prassen(n) Henchin(n). Daroff
	redt Becker Henne der zugegen was er habe gude jn der gulten(n) mit Prassen
	Henchin(n) lijgende / Also lege er die gult dar / und begert ob er die gutt(er) nit mit
s(ente)n(ti)a	den synen beschudden moge. Der schult(eiß) hat gefragt ob sie ey(n) genůge(n)
	am huffen(n) haben(n). Hab(e)n sie geanttwo(r)t ja. Das hat d(er) schulth(heiß) v(erbott).[b]
	S(ente)n(ti)a ja alß ferre er die gult und kosten(n) dar
	lege und auch die gult furt(er) gebe.
	Jt(em) Wien(er) Henne spricht Cleßg(in) Beckern(n) zu wie er jme schuld(ig) sij XXIII alb(us).
Wÿener Henne	Das er jme die nit gijt notz(et) i(n) tantu(m). Heist jme ey(n) anttwo(r) ja od(er) ney(n). Daroff
Cleßgin Becker	spricht Cleßgin Becker er hab jme ey(n) kůwe geluhen(n). Also sij er sin(er) husfrauwe(n)
	schuldig / So hab er jme auch gelt daroff geb(e)n und lacht jme dar I alb(u)m den
	we(re) er jme noch schuldig / Wnd [!] wes er jne wider anlangt desß sij er unschuldig.
	Und hait jme der schult(eiß) sin unschult gestalt XIIII tag. Das hait er v(er)bott.
erf(olgt) p. b.	Jt(em) Zorns magt Dyna erf(olgt) Ebba(r)t Kytzen(n) off das buch und sie hait auch pfande
	off jne beredt.
p. b,	Jt(em) Pet(er) Becker hait pfand beredt off Lupes Henne. Das hat P(e)t(er). v(er)bott.
p. b.	Jt(em) her Heinrich Nickel hat p. b. off Gippelhorne. V(er)bott.
p. b.	Jt(em) Jekel Trapp von(n) momp(ar)schafft wegen Kytz Hansen hat p. b. off Ferb(er) Henne.
	Jt(em) Heinrich Smit spricht zu der ammen wie jme ir medchin(n) schad(en) gethan(n)
Heinrich(en) Smith	hab an ettlichen(n) baůmen / Daß sie das also gethan(n) hab / schait jme X guld(en).

a Es folgt durchgestrichen: »dan«.
b Der ganze Satz ist am Ende des nachfolgenden Sententia-Spruches beigefügt.

Er habe auch Bürgen dafür. Die habe er nie angesprochen und vernommen, doch sie leben noch. Darum hoffe er, gegen ihn gewonnen zu haben und er soll freigesprochen sein. Das legt er auch dem Gericht vor. Und er hofft auch, die Beweise vorgebracht zu haben. Rudiger hofft, das Beweisstück solle ihn nicht irremachen. Da es zu liefernde Gülte sei, habe er gegen Peter gewonnen. Das legt er auch dem Gericht vor. Das ist verschoben worden bis zum Zusammentreten des Vollgerichts.

Winter bekennt, Heinrich Schmied 2 Gulden zahlen zu müssen binnen 14 Tagen gegen gute Rechenschaft. Wenn nicht erfolgt die Pfändung. Das hat Heinrich festhalten lassen.

Peter Harwiler hat anerkannt, gemäß dem Versprechen gegenüber Anthis Wolff vor Gericht zu Recht zu stehen, wie er es zuvor getan hat. Das hat Anthis Wolff festhalten lassen.

Endres Kocher als Vertreter von Herrn Clas Kocher hat eine Gerichtsurkunde verlesen lassen mit dem Datum 1395. Das hat er festhalten lassen und fordert die Güter einzuziehen gemäß dem Wortlaut der Urkunde. Die Einziehung wurde ihm zugestanden. Der Schultheiß Philipp Bußer hat ihm Bann und Frieden darüber gemacht. Das hat Endres festhalten lassen. Das betrifft Hans von Isenach und Hans Korsner von Mainz.

Cles Fluck hat seine 1. Klage erhoben gegen Henchin Prass. Darauf redete Henne Becker, der anwesend war: Er habe Güter in den Gülten mit Henchin Prass liegend. Daher hinterlege er die Gülte und fragt, ob er die Güter nicht mit seinen bearbeiten könne. Der Schultheiß hat gefragt, ob sie ein Genügen an der Zahl der Schöffen haben. Da haben sie Ja geantwortet. Das hat der Schultheiß festhalten lassen. Urteil: Ja, insofern er die Gülte und die Kosten dafür trage und auch die Gülte in Zukunft gebe.

Henne Wiener klagt Clesgin Becker an, dass er ihm 23 Albus schuldig sei. Dass er ihm die nicht gibt, das schade ihm ebensoviel. Er fordert von ihm eine Antwort, Ja oder Nein. Darauf sagt Clesgin Becker: Er habe ihm eine Kuh geliehen. Daher sei er seiner Frau schuldig. Er habe ihm auch Geld dazu gegeben und hinterlegt ihm hier 1 Albus, den sei er ihm noch schuldig. Und wessen er ihn darüber hinaus anklage, dessen sei er unschuldig. Der Schultheiß hat die Unschuld festgesetzt für 14 Tage. Das hat er festhalten lassen.

Dyne, die Magd Zorns, hat ihren Anspruch eingeklagt gegen Eberhart Kitz und hat Pfändung gefordert.

Peter Becker hat Pfändung gefordert gegen Henne Lupis. Das hat Peter festhalten lassen.

Herr Heinrich Nickel hat Pfändung gefordert gegen Gippelhorn. Festgehalten.

Jeckel Trapp als Vertreter von Hans Kitz hat Pfändung gefordert gegen Henne Ferber.

Heinrich Schmied klagt die Amme an, dass ihre Mädchen ihm Schaden getan haben an etlichen Bäumen. Dass sie das getan haben, das schade ihm 10 Gulden.

fol. 182 — Zistag post Cantate

die amme	Und heist ir des ey(n) anttwo(r)t ja od(er) neyn(n) / Daroff^a spricht die amme sie enwiß jme nit schuldig / Und hait ir der schult(eiß) ir unschult gestalt XIIII tage. Das hait sie v(er)bott.
erf(olgt)	Jt(em) Pet(er) von(n) Badenheim(m) erfolgt Clese Harwiler off das bůch.
erk(annt)	Jt(em) Clesg(in) Berckorn erkent Pet(er)n Bend(er)n X alb(us) jn XIIII tag(en). Si no(n) tu(n)c pfandt.
Hanß vo(n) Wormß Osewine	Jt(em) Hanß von(n) Worms schuldiget Osewine wie er jme schuldig sij IX½ [X/2] alb(us). Das er jme die nit gijt notz I g(ulden) ita v(e)l non. Oswine spricht er sij mit jme eyns wurdenn um(m)b II pare schuwe. Da soll er jme nust angeben(n) und jme das uberig gelt h(er)ußgebenn. Wnd wes er jne widers anlange sij er onschuldig. Die onschult hait jme d(er) schulthis gestalt XIIII tage. Das hait er v(er)bott.
v(er)lassen(n) et non revenire	Jt(em) zussen(n) Schone Wedd(er)n und Blancken ist^b v(er)lassen und soll nů(m)me an gericht kommen. Das hait d(er) schult(eiß) v(er)bott.
v(er)lassen(n) et non revenire	Jt(em) zussen(n) Konne Pet(er)n und Prassen(n) i(n) si(mi)li forma ut ia(m) t(r)a(c)t(a)tu(m) und sol nu(m)me an ge[-]richt komne(n). Das hait d(er) schult(eiß) v(er)bott.
Antzen Hen(ne) und Contzg(in) vo(n) Gelnhuß(en)	Jt(em) Antzen(n) Henne spricht Contzgin von(n) Geylnhusen(n) zu er sij jme schuldig II g(ulden) vo(n) II faß und VI ß helle(r) vo(n) eyn karn foll dorne. Q(uod) no(n) dat notzt i(n) tantu(m). Und heyst jme des ey(n) ja od(er) ney(n). Contzgin erkent jme VI ß helle(r) jn XIIII tag(en). Und vo(n) das uberig sij er unschuldig. Und ist jme die unschhult gestalt XIIII tage. Das hait er v(er)bott.
erf(olgt)	Jt(em) her Conrait von(n) Langen(n) erfolgt Henchin Mull(e)rn fur III guld(en)
erf(olgt)	Jt(em) Heinrich Smith erfolgt den jungen Busen Henne off das buch.
1. h(eischung)	Jt(em) her Jacob ey(n) Augustin(er) here von(n) Mentz 1 h(eischunge) off h(er) Hansenn selg(en) / wittwen(n) off V guld(en) und off solich und(er)pfend(er).
I. h(eischung)^d	Jt(em) Adam(m) Wolff unser mitscheffen geselle 1 h(eischung) off Henchin(n) Zy(m)merma(n) off VIII ß helle(r) gelt(s)^c und off alles das er hait.
	Jdem 1 h(eischung) off Duntzel Henne off III guld(en) und off solich und(er)pfend(er).
	Jdem 1 h(eischung) off Cleßgin Berckorne und off Henchin(n) Bern off I g(ulden) et und(er)pf(and).
	Actu(m) Z(ist)a(g) p(os)t Cantate.
momp(ar)	Jt(em) brud(er) Johan(n) Straßberg(er) Carthuser ordens hat momp(ar) gemacht Rudig(er)n jr zinse schult renth und gult jm Riche jngewynnen biß off ir widd(er)ruffens. V(er)bott.
2 h(eischung)	Jt(em) Můd(er) Henne 2 h(eischung) off Monichis Clasenn ut p(ri)ma.

a Davor durchgestrichen: »dan(n) e«.
b Es folgt durchgestrichen: »g«.
c Es folgt durchgestrichen: »und solich u«.
d Zwei Striche zeigen an, dass die Marginalie auch für die folgenden drei Heischungen gilt.

22. Mai 1481 — fol. 182

Und er fordert von ihr eine Antwort Ja oder Nein. Darauf sagt die Amme, sie wüsste nicht, ihm etwas schuldig zu sein. Der Schultheiß hat ihre Unschuld festgesetzt für 14 Tage. Das hat sie festhalten lassen.
Peter von Badenheim hat seinen Anspruch ins Gerichtsbuch eintragen lassen gegen Cles Harwiler.
Clesgin Berkorn erkennt an, Peter Bender 10 Albus zahlen zu müssen binnen 14 Tagen. Wenn nicht erfolgt die Pfändung.
Hans von Worms beschuldigt Osewin, dass er ihm schuldig sei 9½ Albus. Dass er ihm die nicht gibt, das schade ihm einen Gulden dazu. Oswin sagt: Er habe sich mit ihm geeinigt wegen 2 Paar Schuhen. Da sollte er nichts anzahlen und ihm das übrige am Ende geben. Und wessen er ihn darüber hinaus anklage, dessen sei er unschuldig. Die Unschuld hat der Schultheiß festgesetzt für 14 Tage. Das hat er festhalten lassen.
Zwischen Schonwedder und Blanck ist die Sache erledigt und soll nicht wieder an das Gericht kommen. Das hat der Schultheiß festhalten lassen.
Zwischen Peter Konne und Prass ist in gleicher Form gehandelt worden und es soll nicht mehr an das Gericht kommen. Das hat der Schultheiß festhalten lassen.
Johann Antz klagt Contzgin von Gelnhausen an, er sei ihm 2 Gulden schuldig von 2 Fässern und 6 Schilling Heller von einem Karren voll Dornen. Dass er nicht zahle, schade ihm das gleiche dazu. Und er fordert von ihm ein Ja oder Nein. Konrad erkennt an, ihm 6 Schilling Heller binnen 14 Tagen zu zahlen. Und was das übrige angehe, so sei er unschuldig. Die Unschuld ist festgesetzt worden für 14 Tage. Das hat er festhalten lassen.
Herr Konrad von Langen verklagt Henchin Muller auf 3 Gulden.
Heinrich Schmied hat seinen Anspruch ins Gerichtsbuch eintragen lassen gegen den jungen Henne Busen.
Herr Jakob, ein Augustinerherr von Mainz, erhebt seine 1. Klage gegen die Witwe von Herrn Hans wegen 5 Gulden auf die Pfänder.
Adam Wolff, unser Mitschöffe, erhebt die 1. Klage gegen Henchin Zimmermann wegen 8 Schilling Heller Geld auf alles, was er hat.
Derselbe erhebt die 1. Klage gegen Henne Duntzel wegen 3 Gulden auf die Pfänder.
Derselbe erhebt die 1. Klage gegen Clesgin Berkorn und Henchin Ber wegen einem Gulden auf die Pfänder.

22. Mai 1481
Bruder Johann Straßberger, Kartäuserorden, hat Rudiger bis auf Widerruf zum Bevollmächtigten gemacht, ihre Zinsen, Schulden, Renten und Gülten im Reichsgebiet einzuziehen. Das hat er festhalten lassen.
Henne Muder erhebt seine 2. Klage gegen Clas Monch.

fol. 182v — Sabbato post Urbani

	Actu(m) Sabb(at)o p(os)t Urba(n)i.
1 clage	Jt(em) Bentzen(n) Peter 1 clage off die heren von(n) Erbach off alles das sie hant
	jn des Riches gericht nust ußgescheid(en) for C g(ulden) heuptgelts und I$^{c(entum)}$ g(ulden) schade(n)s.
	Jt(em) Antz hait sich v(er)dingt h(err) Wilh(elm) Hoden das wo(r)t zu thun(n) und sin und(er)ding v(er)bott.
	Und hat das buch wie ansprach und anttwo(r)t zussen(n) jme und Emmeln(n) lassen(n)
	uffen(n) und da mit deß ortels beg(er)t. Hanß Snid(er)sr [!] von(n) Emmels weg(en) sich v(er)dingt
	und deß ortels auch h(er)ußbegert und hait sin und(er)ding v(er)bott.
h(er) Wilhelm(e) Hode	Nach ansprach anttwo(r)t und v(er)horu(n)ge d(er) dinge spricht d(er) scheffen zu recht
und Emmeln	das her Wilhelm(e) bijbracht hait / Das ort(eil) hait h(er) Wilhelm(e) v(er)bott und
s(ente)n(ti)a	mit recht begert ob er Emmeln(n) nit erfolgt hab. S(ente)n(ti)a ist gewist ja.
erk(annt)	Jt(em) Henchin Lůtterwin erkent Hepchins wittwen(n) die erfolgniß die sie off jne
	gethan hait / Daß hat d(er) scheffin lassen(n) gescheen(n) off recht und die frauwe
	hat daß v(er)bott als recht ist.
Henne vo(n) Soden	Jt(em) Henne von(n) Soden(n) spricht Wint(er) zu durch Rudigern(n)^a wie sin sweh(er)er hab mit ettlichen(n)
unnd Wynter	luden(n) korne geborgt nach ludt eyns brieffs. Also sij sin sweh(er)er gestorben(n) und
	er hab sin gudt jnn. Daß er sin antzale korns nit ußricht schade jme XX guld(en).
	Dar uff redt Hanß Snid(er) von(n) Winters weg(en) und spricht wie das er^b Winter^c
	sin swehe(r)^d schuldig gewesen(n) sij / Alß er nů kranck hab geleg(en) da hab
	er mit jme geredt / er sij jme schuldig das er jne woll zu jme nemen(n). Das
	hab er gethan(n) und sij bij jme v(er)faren / Da hab er jn ettlich gelt und farnde habe
	jn(n). Daran hab er jne gehalten(n) jne aůch gequidiget od(er) quittert. Da bij
	sin gewest / Stam / Můders Pet(er) / und Peffer Henne off die drij ziehe er sich
	das er jne darum(m)b halten(n) soll / Darum(m)b hoff er jme nit schuldig zu sin / Rudig(er)
	hat v(er)bott das Wint(er) erkent / das er sins swehers gudts jn hab / unnd hofft
	die drij^e sollen(n) nit besagen dwile sie mit erben sÿen. Und soll ir sage jne nit
	jrren(n) an sine(n) zuspruch. Und stalt das zu recht. Hanß Snider spricht
	sin sweher hab jme geben(n) farne habe und das nit gethan (n) von erbeschafft
	weg(en) / sond(er) er hab jme das gebenn vor sin arbeit und lyddlone. Darum(m)b
ad socios	er meyn jme nit schuldig zu sin. Und stalt zu recht. Jst offgeslagen ad socios.
p. b.	Jt(em) h(er) Wilhelm(e) hait off Emmeln(n) pfandt beredt.
p. b.	Jt(em) Emmerich von(n) Engelstat unser mit scheffin erfolgt Dyeme(n) Clasen der
	burgeschafft halb(er) und hait auch pfandt off jne beredt.
1 h(eischung)	Jt(em) d(omin)us pleban(us) hic 1 heyssu(n)ge off Brandts Gerharten off II^f pfundt hell(e)r
	und solich und(er)pfande.

a Die letzten beiden Worte sind über der Zeile beigefügt.
b Das Wort ist über der Zeile beigefügt.
c Am Ende des Wortes steht durchgestrichen: »s«.
d Es folgt durchgestrichen: »jme«.
e Das Wort ist über der Zeile beigefügt, darunter durchgestrichen: »den« [?].
f Es folgt durchgestrichen: »he«.

26. Mai 1481

Peter Bentzen erhebt die 1. Klage gegen die Herren von Eberbach auf alles, das sie im Reichsgericht haben, nichts ausgenommen für 100 Gulden Klagesumme und 100 Gulden Gerichtskosten

Antz hat sich verpflichtet, Wilhelm Hode vor Gericht zu vertreten und hat seine Anwaltschaft festhalten lassen. Er hat das Buch öffnen lassen, wie Anklage und Entgegnung zwischen ihm und Emmel lauten und das Urteil gefordert. Hans Snider hat sich für Emmel verpflichtet und auch das Urteil gefordert und seine Anwaltschaft festhalten lassen. Nach Anklage, Entgegnung und Verhörung der Dinge sprechen die Schöffen als Recht: Dass Herr Wilhelm die Beweise erbracht hat. Das Urteil hat Herr Wilhelm festhalten lassen und gefragt, ob er damit nicht gegen Emmel einen Anspruch erklagt habe. Urteil: Ja.

Henchin Luterwin erkennt gegenüber der Witwe Hepps an, dass sie ihren Anspruch erklagt hat. Das haben die Schöffen nach dem Recht geschehen lassen und die Frau hat es festhalten lassen, wie es Recht ist.

Henne von Soden klagt Winter an, dass sein Schwager mit einigen Leuten Korn geborgt habe nach Aussage einer Urkunde. Nun sei sein Schwager gestorben und er habe sein Gut inne. Dass er seinen Anteil am Korn nicht ausrichte, das schade ihm 20 Gulden. Darauf sagt Hans Snider für Winter: Er, Winter, war seinem Schwager schuldig. Als er nun krank da lag, da habe er mit ihm geredet, er sei ihm schuldig, er wolle ihn zu sich nehmen. Das habe er getan und er sei bei ihm gestorben. Nun habe er etliches Geld und fahrende Habe inne. Daran habe er ihn verwiesen, ihn auch entschädigt oder ihm die quittiert. Dabei waren Stamm, Peter Muder und Henne Peffer, auf die berufe er sich, dass er ihn dabei belasse. Darum hoffe er, ihm nichts schuldig zu sein. Rudiger hat festhalten lassen, dass Winter zugibt, dass er seines Schwagers Güter innehabe und hofft, die drei sollen nicht aussagen, weil sie keine Erben seien. Und ihre Aussage soll ihn nicht irre machen an seiner Klage. Das legt er dem Gericht vor. Hans Snider sagt: Sein Schwager habe ihm Fahrhabe gegeben und das nicht wegen einer Erbschaft getan, sondern sie ihm für Arbeit und Lohn gegeben. Darum meine er, ihm nichts schuldig zu sein. Das legt er dem Gericht vor. Das ist verschoben worden bis zum Zusammentreten des Vollgerichts.

Herr Wilhelm hat Pfändung gefordert gegen Emmel.

Emmerich von Engelstadt, unser Mitschöffe, hat seinen Anspruch ins Gerichtsbuch eintragen lassen gegen Clas Diem wegen der Bürgschaft und hat auch Pfändung gefordert.

Der Herr Pleban hier erhebt seine 1. Klage gegen Gerhart Brand wegen 2 Pfund Heller auf die Pfänder.

fol. 183 — Sabbato post Urbani

erk(annt)	Jt(em) Pet(er) Heltwin erk(ennt) Bennd(er)henne(n) IIII guld(en) off rechenu(n)ge jn XIIII tag(en). Si no(n) t(unc).
p. b.	Jt(em) Schone Wedd(er) hat pfande beret off Peter Snaden.
erk(annt)	Jt(em) Peter Wolenbere erkent dem schulthiss(e)n Philips Busen(er) XXIII alb(us) jn XIIII tag(en). Si no(n) t(un)c pf(and).
	Jt(em) Hannß von(n) Ysennach spricht Gerhusen zu er hab ir ½ [I/2] guld(en) geluwe(n) und abv(er)dienst. Das sie jme den nit gijt schait jme alßvil dar zu. Und heist ir des
Hanß von(n) Ysenach und Gerhuße	ey(n) rechts anttwo(r)t ja od(er) neyn(n). Daroff erkent jme die frauwe I ort off rechenu(n)ge jn XIIII tagen zu geben. Ob sie des nit dett so soll er pfande off ir erfolgt han. Daß hait Hanß v(er)bott.
	Jt(em) Hanß Folmar spricht zu Hansen(n) von Ysennach wie jme sine husfrauwe III g(ulden) geluwe(n) hab der hab er jr eyne(n) guld(en) widdergeben / Das er jr die and(er)n II nit gijt notz X gulden und heyst jme eyn(n) anttwo(r)t ja od(er) neyn(n). Daroff redt Rudig(er)
Hanß vo(n) Ysenach und Hanß Folmar	von(n) Hansen(n) von(n) Ysenachs weg(en) und spricht sie zwey hab(e)n vil mit ey(n) zuschaffen gehabt / Da sij sie mit jme geword(en) und er mit jr guttlich abgerechen(n)t / Und ob er^a jne wider daruber wolt anlang(en) mecht er sich unschuldig / Daroff ist jme sin unschult gestalt XIIII tage. Das hait sie v(er)bott.
lip fur gudt gest(allt)	Jt(em) Henchin(n) Zymma(n) [!] hait sin lip fur sin gudt gestalt gegen(n) Adam(m) Wolffenn unser(e)m mitscheffin gesellenn. Und beg(er)t ob sin gudt nit leddig sij. Ist gewist will
s(ente)n(ti)a	er recht geben(n) und neme(n) alß der scheffin hie mit recht wiset so sint sie ledig. Das hait Hench(in) v(er)bott.
gelengt	Jt(em) zussen(n) Adam(m) Wolffen(n) und Hench(in) Zy(m)merma(n) ist gelengt noch hude zu IIII wochen. Das hab(e)n sie beyde verbott.
erk(annt)	Jt(em) Contz Bend(er) erk(ennt) Niclasen(n) V g(ulden) mi(nus) II alb(us) von(n) momp(ar)schafft weg(en) off rechenu(n)ge jn XIIII tag(en). Si no(n) tu(n)c pfant.
	Jt(em) her Johann Beynling spricht zu Pett(er) Scheffer. Er sij jme schuldig I g(ulden) zinß. Das er jme den nit gijt schait jme I g(ulden) dar zu. Der Scheffer spricht daroff er gebe der brud(er)schafft jars II guld(en). Der falle jme eyner. Den hab er nit v(er)dient.
Beynling und der Scheffer	Wan er den v(er)diene so woll er jme den geben / Daroff redt Antz von(n) h(er) Johanne(n) weg(en) und spricht er hab jne verdient / Und ob er jne nit v(er)dienet hett / so hette er jne darum(m)b nit zu rechtfertig(en). Und darum(m)b hofft er soll jme den gůlden geb(e)n. Und stalt das zurecht. Der Scheffer spricht / als fur er hab den guld(en) nit v(er)dienet.

a Das Wort ist über der Zeile beigefügt, darunter durchgestrichen: »sie«.

Peter Hiltwin erkennt an, Henne Bender 4 Gulden gegen Rechnung zahlen zu müssen binnen 14 Tagen. Wenn nicht erfolgt die Pfändung.
Schonwedder hat Pfändung gefordert gegen Peter Snade.
Peter Wolenberg erkennt an, dem Schultheißen Philipp Bußer 24 Albus zahlen zu müssen binnen 14 Tagen. Wenn nicht erfolgt die Pfändung.
Hans von Isenach klagt Gerhusen an, er habe ihr ½ Gulden geliehen und abverdient. Dass sie ihm den nicht gibt, das schade ihm ebensoviel dazu. Und er fordert von ihr eine rechte Antwort Ja oder Nein. Darauf erkennt die Frau an, ihm 1 Ort gegen Rechnung binnen 14 Tagen zu zahlen. Täte sie das nicht, so solle er die Pfändung gegen sie erklagt haben. Das hat Hans festhalten lassen.
Hans Folmar klagt Hans von Isenach an, dass ihm seine Frau 3 Gulden geliehen habe, davon habe er ihr einen wiedergegeben. Dass er ihr die anderen nicht gibt, das schade ihm 10 Gulden und er fordert von ihm eine Antwort Ja oder Nein. Darauf sagt Rudiger für Hans von Isenach: Sie beide hatten viel miteinander zu schaffen. Da seien sie mit ihm einig geworden und er habe mir ihr gütlich abgerechnet. Und wenn er ihn darüber hinaus anklagen wolle, so sei er unschuldig. Darauf ist seine Unschuld festgesetzt worden für 14 Tage. Dem haben sie zugestimmt.
Henchin Zimmermann hat seinen Leib vor sein Gut gestellt gegenüber Adam Wolff, unserem Mitschöffen. Und er fragt, ob seine Güter nicht frei seien. Es wird ihm das Urteil gesprochen: Will er Recht geben und nehmen, wie es die Schöffen hier sprechen, so sind sie frei. Dem hat Henchin zugestimmt.
Zwischen Adam Wolff und Henchin Zimmermann ist der Termin verschoben worden auf heute in 4 Wochen. Dem haben sie beide zugestimmt.
Contz Bender erkennt an, Niklas als Bevollmächtigten 5 Gulden 2 Albus gegen Rechnung zahlen zu müssen binnen 14 Tagen. Wenn nicht erfolgt die Pfändung.
Johann Beinling klagt Peter Scheffer an. Er sei ihm einen Gulden an Zins schuldig. Dass er ihm den nicht gibt, das schade ihm einen Gulden dazu. Der Scheffer spricht darauf: Er gebe der Bruderschaft jährlich 2 Gulden. Von denen falle ihm einer zu. Den habe er nicht verdient. Und wenn er ihn verdient, so wolle er ihn ihm geben. Darauf redet Antz für Herrn Johann und sagt: Er habe ihn verdient. Und wenn er ihn nicht verdient hätte, so hätte er ihm deswegen keine Rechtfertigung zu leisten. Darum hofft er, er solle ihm den Gulden geben. Das legt er dem Gericht vor. Der Scheffer sagt dazu wie vor: Er habe den Gulden nicht verdient.

fol. 183v — Sabbato post Ascensionem Domini

ad socios	Wan(n) er den v(er)dient hab so woll er jme den geb(e)n und stalt auch zu recht.
	Dan er sij jme den nit ee schuldig / Ad socios offgeslagenn.
p b	Jt(em) Jekel von(n) Aspeßheim(m) hat pfande beredt off Dyelen Greden.
	Jt(em) die amme spricht sie stehe da und sij buddig ires rechten gey(n) Heinrich
	Smiden. Also sij Heinrich nit zugegen. Und fregt ob sie nit von(n) jme embrochen(n)
s(ente)n(ti)a	sij. S(ente)n(ti)a jta. Hat sie furt(er) gefragt um(m)b den kosten(n) / S(ente)n(ti)a das Heinrich ir den
s(ente)n(ti)a	gerichts kosten(n) widd(er)geb(e)n soll noch talung ob sie des nit emberen will. Das
	hait sie v(er)bott.
	Abtu(m) Sabb(at)o p(os)t Ascensio(nem) D(omi)ni.
	Jt(em) nach dem(e) Gottfridt von(n) Randeck Henne von(n) Eltfelt momp(ar) gemacht hatt
r(e)vocavit	uber sin sachen(n) jm Riche weß er dan(n) da jn zuthu(n) hait gehabt den hait er off
	uff hude data ut sup(ra) widd(er)ruffenn und v(er)bott.
	Jt(em)[a] frauwe Magdalene von(n) Fenningen(n) hait mit momp(ar) handt
	mompar[b] gemacht Henne Erckenn jm Riche jr sache zu follenfuren(n)
Henne Ercke	zu neme(n) zůgeben(n) zuthu(n) und zulassenn biß off ir widderruffens.
momp(ar)	
erf(olgt) p. b.	Jt(em) Clese Fluckenn erfolgt Henne Atzelkragen ex p(ar)te ecl(es)ie und hat auch pfande
	uff jme beredt und v(er)bott.
p. b.	Jt(em) id(em) hait pfande beredt off Rudwine und v(er)bott.
erk(annt)	Jt(em) Prassenn Henchin(n) erk(ennt) Henne von(n) Soden II½ [III/2] g(ulden) jn XIIII tag(en). Si no(n) tu(n)c pf(and).
	Jt(em) Contz Stortzkopp ist zu recht gewist. Hait jme Prassen Jekel sin gulde nit geb(e)n
r(e)cepit	und stene die gude noch zu sinen hand(en) so magk er die gude widd(er) nemen
	ist es and(er)s als er sagt / Das hait Contz v(er)bott /
erf(olgt)	Jt(em) her Heinrich Strůde erfolgt Vintzen[c] off das bůch.
2[d]	Jt(em) Adam Wolff socius nost(er) 2 h(eischung) off Duntzel Hene ut p(ri)ma.
	Jt(em) id(em) 2 h(eischung) off Cleßgin Berckorne und Henchin(n) Bere ut p(ri)ma.
erkentniß	Jt(em) Osewine hait erkant er woll Hanß von Wormß IX½ [X/2] alb(us) jn jars frist ußricht(en)
	und bezalen(n). Das hait Hanß verbott.
erf(olgt)	Jt(em) Henne von(n) Eltfeld erfolgt Ebba(r)t Snaden fur XX g(ulden).
erk(annt)	Jt(em) Dyeme(n) Claiß erkent Henne von(n) Eltfeld I g(ulden) off rechenu(n)ge jn XIIII tag(en). Si no(n) t(unc) pf(and).

a Es folgt durchgestrichen: »Gottfridt von R«.
b Davor durchgestrichen: »offgeben(n) alß«.
c Über dem ersten „n" befinden sich zwei waagrecht angeordnete Punkte.
d Eine Klammer (zwei Striche) zeigt an, dass die Marginalie auch für die folgende Heischung gilt.

Wenn er den verdient habe, so wolle er ihm den geben und legt das auch dem Gericht vor. Denn er sei ihm den zuvor nicht schuldig. Das ist verschoben worden bis zum Zusammentreten des Vollgerichts.
Jeckel von Aspisheim hat Pfändung gefordert gegen Grede Diel.
Die Amme sagt: Sie stehe hier und sei bereit, sich vor Gericht zu rechtfertigen gegenüber Heinrich Schmied. Doch Heinrich sei nicht zugegen. Daher fragt sie, ob sie nicht der Anschuldigungen von ihm freigesprochen sei. Urteil: Ja. Weiter hat sie wegen ihren Kosten gefragt. Urteil: Heinrich soll ihr noch heute die Gerichtskosten wiedergeben, wenn sie darauf nicht verzichten will. Das hat sie festhalten lassen.

2. Juni 1481
Nachdem Gottfried von Randeck Henne von Eltville zu seinem Bevollmächtigten gemacht hat über seine Sachen im Reich, was er darin zu tun habe, das hat er am heutigen Tag widerrufen und das festhalten lassen.
Frau Madlene von Venningen hat mit vollmächtiger Hand Henne Erk zum Bevollmächtigten gemacht, ihre Sachen auszuführen, zu nehmen, zu geben, zu tun und zu lassen bis auf Widerruf.
Cles Fluck hat seinen Anspruch ins Gerichtsbuch eintragen lassen gegen Henne Atzelkragen für die Kirche und hat auch Pfändung gefordert und das festhalten lassen.
Derselbe hat Pfändung gefordert gegen Rudwin und hat das festhalten lassen.
Henchin Prass erkennt an, Henne von Soden 2½ Gulden zahlen zu müssen binnen 14 Tagen. Wenn nicht erfolgt die Pfändung.
Contz Stortzkopp wurde als Recht gesprochen: Hat ihm Jeckel Prass seine Gülte nicht gegeben und stehen die Güter noch in seinem Besitz, so kann er sie wieder an sich nehmen – es sei denn, es ist anders, als er sagt. Das hat Contz festhalten lassen.
Herr Heinrich Strude hat seinen Anspruch ins Gerichtsbuch eintragen lassen gegen Vincz.
Adam Wolff, unser Mitschöffe, erhebt seine 2. Klage gegen Henne Duntzel.
Derselbe erhebt seine 2. Klage gegen Clesgin Berkorn und Henchin Ber.
Osewin hat anerkannt, er wolle Hans von Worms 9½ Albus binnen eines Jahres bezahlen. Das hat Hans festhalten lassen.
Henne von Eltville verklagt Eberhard Snade auf 20 Gulden.
Clas Diem erkennt an, Henne von Eltville einen Gulden gegen Rechnung zahlen zu müssen binnen 14 Tagen. Wenn nicht erfolgt die Pfändung.

fol. 184 — Zistag post Ascensionem Domininj seu secunda post Bonifacij

scheffen(n) von(n) Oppenheim(m)	Jt(em) Antz hait sich v(er)dingt und sin und(er)ding v(er)bott wie recht ist und schuldiget von(n) Steffan(n)s wegen(n) von(n) Oppenheim(m) Kytzgin / Bend(er) Hennen Henne(n) Schaubdecker un(d) Pet(er) Matzkuchen(n) unnd sprich wie daß sie sich v(er)schreben haben(n) jn zweyen brieffen menlich fur alle also sij jme ey(n) som(m)ne gelts nemlich[a] XL und VII g(ulden) ußstende. Der syen jme VI guld(en) wůrden / Und haben(n) sich v(er)einiget das sie die VI guld(en) off ey(n) zijt jme geben[b] sollen(n) / Daß haben(n) sie also gethan / Unnd sollen(n) III od(er) IIII gey(n) Oppenheim(m) schicken(n). Die sollen(n) gudt fur daß uberentzig gelt sin alß sie uberkomne(n) ware(n) off ey(n) zijt ußzurichtenn unnd daß fur dem(e) amptma(n) hern(n) Hansen(n) und dem lantschriber daselbs erkenne(n) / Daß sie solichis nit gethan habenn daß schaid jme hundert guld(en).
Kytz und Henne Schaůbdecker	Unnd ob sie dar zu ney(n) woltenn sagenn / so woll er sie deß bezugen(n) mit erbare luten die dabij gewest sin / daß solichis beredt sij und heyßt jne des ey(n) recht ger(ichts) anttwo(r)t ja od(er) ney(n). Daroff Henne von(n) Eltfelt / von Kytzgins und Schaůbdeckers weg(en) redt / unnd spricht die zijt sij lang / Sie begeren(n) der brieffe zu horen(n) wie sie sich v(er)schreb(e)n hab(e)n / off das sie ey(n) gewerlich anttwo(r)t mog(en) geb(en) / Daruff sint die brieffe v(er)lesen(n). Und durch[c] Henne(n) von(n) Eltfeld geredt wurden(n) jn sonderheit vo(n) Kytzgins und Henne(n) Schaubdeckers wegenn (n) also[d] sie haben(n) um(m)b Steffan od(er) um(m)b sinen vad(er) nye nůst kaufft. Sie haben(n) auch den(n) schriber nye gebetten den brieff zu schribenn oder zův(er)siegeln(n) / Moge er sie dabij gelassen sij gudt / Moge er sie aber nit dabij gelassen(n) / so mecht(en) sie sich unschuldig. Daroff Antz meynt sie hab(e)n nach ludt der ansprach nit geanttwo(r)t und stalt daß zůrecht. Henne von(n) Eltfeld meynt er hab gëanttwo(r)t und stalt auch
s(ente)n(ti)a	zu recht. S(ente)n(ti)a dwile sich Steffan(n) uff kunde gezogen(n) hait die dabij gewest sin so soll er die bring(en). Und wan(n) die v(er)horet wirdet gesche furt(er) was recht sin wirdet. Das hait
s(ente)n(ti)a	Antz v(er)bott unnd um(m)b den kost(en) gefragt / wan ee sije den ußricht(en) sollen. S(ente)n(ti)a noch talinge. Das hat er auch v(er)bott. Henne von(n) Eltfelt hat gefragt wan Steffan(n) die konde
s(ente)n(ti)a	bringen soll. S(ente)n(ti)a jn XIIII tag(en) ut mor(is) est. Daß hat Hene von(n) Eltfelt v(er)bott.
2 h(eischung) b	Jtem) her Jacop Augustin(er) sin 2 heyssu(n)ge off h(er) Hansen(n) selg(en) wittwe ut pr(i)ma.
a	Jt(em) Henne von(n) Eltfelde von(n) Matzkuchs und Bend(er) Hennen weg(en) spricht die zwene wollens bij der konde lassen(n). Da mit auch gefragt wan Steffenn die bringen
s(ente)n(ti)a	soll. S(ente)n(ti)a jn XIIII tag(en). Darff er sin(er) tage furt(er) und heyst die als r[e]cht ist so soll ma(n) sie jme noch zu zweyen(n) XIIII tag(en) stellen(n) beheltniß dem widd(er)teyle sin jnredde. Das hait Henne von(n) Eltfelt v(er)bott.
1 clage	Jt(em) actu(m) Z(ist)a(g) p(os)t Exaudi. Adam von Ranßel 1 clage off Lysen von Schonb(er)g fur XX g(ulden) heuptgelts und XX guld(en) schadens.
	Actu(m) Z(ist)a(g) p(os)t Asce(n)sio(nem) D(omi)nj seu secunda [?] p(os)t Bonifacij.
3 h(eischung)	Jt(em) Muder Henne 3 heyssu(n)g off Monchis Clesen ut p(ri)ma.

a Ein zweites »l« ist mit dem »i« überschrieben.
b Das Wort ist über der Zeile abeigefügt, darunter durchgestrichen: »gey(n) Oppenheim(m) bring(en)«.
c Davor durchgestrichen: »daroff«.
d Das Wort ist über der Zeile beigefügt.

Antz hat sich verpflichtet und seine Anwaltschaft festhalten lassen, wie es Recht ist und klagt für Stefan von Oppenheim Kitzgin, Henne Bender, Henne Schaubdecker und Peter Matzkuch an: Sie haben sich verpflichtet in zwei Urkunden für alle, sie hätten eine Summe Geld, nämlich 47 Gulden Ausstände. Und sie haben sich zusammengeschlossen, dass sie die 6 Gulden in einiger Zeit ihm geben sollen. Das haben sie auch getan. Und sie sollen 3 oder 4 nach Oppenheim schicken. Die sollen Bürgen für das übrige Geld sein, wie sie übereingekommen waren, dies nach einiger Zeit zu bezahlen und das vor dem Amtmann Herrn Hans und dem Landschreiber ebenda versichert haben. Dass sie solches nicht getan haben, das schade ihm 100 Gulden. Und wenn sie dazu Nein sagen wollen, so wolle er es ihnen beweisen mit ehrbaren Leuten, die dabei waren, als solches beredet wurden und fordert von Ihnen vor Gericht eine Antwort Ja oder Nein. Darauf sagt Henne von Eltville für Kitzgin und Schaubdecker: Das sei lang her. Sie fordern die Urkunden zu hören, wie sie sich verpflichtet haben, damit sie eine verlässliche Antwort geben können. Darauf sind die Urkunden verlesen worden. Und Henne von Eltville sagte insbesondere für Kitzgin und Johann Schaubdecker: Sie haben von Stefan oder seinem Vater nie etwas gekauft. Sie haben auch den Schreiber nie gebeten, die Urkunde zu schreiben oder zu versiegeln. Lasse er sie dabei, so sei es gut. Wolle er sie aber nicht dabei lassen, so erklären sie sich für unschuldig. Darauf sagt Antz: Sie hätten gemäß der Klage nicht geantwortet und legt das dem Gericht vor. Henne von Eltville meint, er habe geantwortet und legt das auch dem Gericht vor. Urteil: Weil Steffan sich auf Zeugen berufen hat, die dabei waren, so soll er sie auch ans Gericht bringen. Und wenn die verhört werden, geschehe es weiter, wie es Recht sein wird. Das hat Antz festhalten lassen und wegen den Kosten gefragt, wann sie die bezahlen sollen. Urteil: Noch heute. Das hat er auch festhalten lassen. Henne von Eltville hat gefragt, wann Stefan die Zeugen vorbringen soll. Urteil: In 14 Tagen wie es üblich ist. Das hat Henne von Eltville festhalten lassen.
Herr Jakob, Augustiner, hat seine 2. Klage gegen die Witwe von Herrn Hans getan. Henne von Eltville spricht für Matzkuch und Henne Bender, die zwei wollen es bei den Aussagen lassen. Damit fragt er auch, wann Stefan die Zeugen beibringen soll. Urteil: In 14 Tagen. Bedürfe er Verlängerung und fordere sie, wie es Recht ist, so soll man sie ihm noch zweimal 14 Tage geben, vorbehaltlich jeder Partei ihre Gegenrede. Das hat Henne von Eltville festhalten lassen.

4. Juni 1481
Adam von Ranßel erhebt seine 1. Klage gegen Lyse von Schonberg wegen 20 Gulden Klagesumme und 20 Gulden Gerichtskosten.

5. Juni 1481
Henne Muder erhebt seine 3. Klage gegen Cles Monch.

fol. 184v — Sabbato post Bonifacij

TRANSKRIPTION

Actu(m) Sabb(ato) p(os)t Bonifacij.[a]

2 h(eischung) — Jt(em) d(omin)us pleban(us) 2 h(eischung) off Brandts Gerha(r)t(en) ut sup(ra).

1 h(eischung) — Jt(em) her Heinrich Strŏde 1 heyssu(n)ge off die alte schule vor XVII ß gelts und daßselbe und(er)pfandt.

momp(ar) — Jt(em) h(er) Jacob reÿdemeist(er) zum(m) Sande hat momp(ar) gemacht Thomas Haubore von(n) sinet wegenn das er jme sin schult zinse rentte und gult jm Riche soll uffgebenn bijß off h(er) Jacobs widd(er)ruffen. Das hait h(er) Jacob v(erbott).

Actu(m) Sabb(at)o i(n) vi(gili)a Trinitat(is).

lip fur gudt gestalt — Jt(em) frauwe Lyse von(n) Spanhey(m) wittwe h(er)n Hansen selg(en) von(n) Jngelnh(eim) hait jren lip fur[b] ire gudt gestalt und beg(er)t ob ir gudt nit ledig syen(n). Ist gewist ut mor(is) est. Das hait sie v(er)bott. Antreffen die Aug(us)tiner zu Me(n)tz und ist jne dag gesatzt an das negst gericht.

3 h(eischung)[c] — Jt(em) Adam Wolff unser mit scheffen geselle 3 h(eischung) ut p(ri)ma off Duntzelhennen.

Jt(em) idem 3 heysß(ung) off Hench(in) Berne unde Berkorne ut p(ri)ma.

Actu(m) Z(ist)a(g) p(os)t Trinitat(em).

2 clage — Jt(em) Adam 2 clage uff jungfrauwe Lysen vo(n) Schonbergk ut p(ri)ma.

Actu(m) Z(ist)a(g) p(os)t Trinitat(em).

4 [8/2] h — Jt(em) Muder Henne sin 4 [8/2] h(eischung) off Monchis Clesen. Und ist jme tag gestalt ad p(ro)x(ima)m judic(ia)m. Das hait er v(er)bott.

Actu(m) Sabb(at)o p(os)t Pet(r)i et Pauli.

no(tandum) — Jt(em) d(omin)us pleban(us) hic ist sin 4 [8/2] heißu(n)ge gestalt biß negst Sampstag off zukunfft des schulthissen. D(omin)us hat er v(er)bott.

4 [8/2] h(eischung) — Jt(em) Adam Wolff uns(er) mit scheffin geselle 4 [8/2] heyssu(ng) off Cleßgin Berckorn und off Henchin(n) Bern und ist jme sin tag gestalt an das negst gericht. Das hat er v(er)bott.

no(tandum) — Jt(em) id(em) wolt sin 4 [8/2] heyssu(n)ge gethan(n) hab(e)n off Duntzel Hennen alß hait er jme geb(e)n I g(ulden) und erkant er woll jme das uberentzig geb(e)n jn acht tag(en). Det er es nit so solt er sin recht fur jme han alß off hude dissen tag.

---

a Vor dem Wort ein unleserlicher Buchstabe »w« [?].
b Es folgt – wohl irrtümlich – ein zweites »fur«.
c Eine Klammer (zwei Striche) zeigt an, dass der Begriff auch für die beiden folgenden Heischungen gilt.

9. Juni 1481
Der Herr Pleban erhebt seine 2. Klage gegen Gerhart Brand.
Herr Heinrich Strude erhebt seine 1. Klage gegen die alte Schule wegen 17 Schillingen Geld und auf das Pfand.
Herr Jakob, Reitmeister zum Sande, hat als Bevollmächtigen eingesetzt Thomas Haubor an seiner Statt, dass er ihm seine Schulden, Zinsen, Renten und Gülten im Reich einziehen soll bis auf Widerruf. Das hat Herr Jakob festhalten lassen.

16. Juni 1481
Frau Lyse von Sponheim, Witwe des verstorbenen Herrn Hans von Ingelheim, hat ihren Leib vor ihr Gut gestellt und fragt, ob ihr Gut nicht frei sei. Es ist geurteilt worden, wie es üblich ist. Das hat sie festhalten lassen.
Die Augustiner zu Mainz betreffend ist ihnen ein Termin gesetzt worden am nächsten Gerichtstag.
Adam Wolff, unser Mitschöffe, erhebt seine 3. Klage gegen Henne Duntzel.
Derselbe erhebt seine 3. Klage gegen Henchin Ber und Berkorn.

19. Juni 1481
Adam erhebt seine 2. Klage gegen die Frau Lyse von Schonberg.

19. Juni 1481
Henne Muder erhebt seine 2. Klage gegen Cles Monch. Es ist ihm ein Termin gesetzt worden am nächsten Gerichtstag. Das hat er festhalten lassen.

30. Juni 1481
Dem Herrn Pleban ist seine 2. Klage verschoben worden bis auf den nächsten Samstag auf den zukünftigen Schultheißen. Dem hat der Herr zugestimmt.
Adam Wolff, unser Mitschöffe, erhebt seine 2. Klage gegen Clesgin Berkorn.
Henchin Ber ist ein Termin gesetzt worden am nächsten Gerichtstag. Das hat er festhalten lassen.
Derselbe wollte seine 2. Klage erheben gegen Henne Duntzel. Darauf hat er ihm einen Gulden gegeben und anerkannt, das übrige in 8 Tagen zu zahlen. Täte er es nicht, so solle er das gleiche Recht gegen ihn haben wie heute.

In die Udalrici

3 clage momp(ar)	Actu(m) i(n) die Udalrici. Jt(em) Adam von Ranßel 3 clage off jungfrauwe Lysen von(n) Schoneberg ut p(ri)ma. Jt(em) Gottfrid Becker hait momp(ar) gemacht Hennen von Eltfeldt sin schult und gult jm Riche jn zugewynne(n) biß off sin widd(er)růffen.
	Actu(m Sabbatho p(os)t Udalrici Jt(em) Antz hait sich v(er)dingt frauwe(n) Lisen von(n) Spanhey(m) wittwe h(er) Hansen selg(en) von(n) Jngelnh(eim) ir wo(r)t zuthu(n) und sin und(er)dinge v(er)bott. Und spr(icht) sie hab ir lip fur ir gudt gestalt gegen
Augustin(er) und frauwe Lysen	clage d(er) Aug(us)tin(er) heren zů Me(n)tz(e). Also stee sie zugegen und wart des zuspruchs vo(n) jme. Jt(em) der Aug(us)tin(er) here daroff hait jr zugesproch und ey(n) v(er)siegilt(en) gerichts brieff lasen lesen des datu(m) stundt m(illesim)o IIII^{c(entum)} XL nono. Den hait er v(er)bott. Und spricht / er hab eyne(n) syns ordens heroß geschickt und off sie thu(n) heyssen off V gůld(en) gelts[a] nach ludt deß gerichts brieff mit begeru(n)ge sie soll jme die geb(e)n od(er) jne zu den und(er)pfanden geen lassen(n). Und stalt das zu recht. Antz daroff hat den(n) brieff v(er)bott und furt(er) alß er frauwe Lysen(n) schuldiget. Es moge sin daß ir here selge die gulde gegeben hab. Es steet aber clerlich jm brieffe wie das juncker Philips(en)[b] von Jngelnh(eim) davor v(er)lacht und mit sin(er) eyns handt uff geb(e)n hab / Da zu spricht die fraůwe es sij kuntlich
ad socios	das solich gud(er) off jren heren(n) her Hansen(n) und sinen brud(er) Philipsen an erstorben syen(n) / Das nů Philips(en) sin teyle v(er)lacht solt han(n) nach ußwisun(n)ge deß brieffs da zu meyn(n sie ney(n) daß solichis nit sin moge / Es we(re) dan das der herr bijbrecht als recht we(re) / das die gud(er) jn Philipsen eyns handt gestand(en) hetten und offgeb(e)n als recht we(re). Und dwile solichis nit gescheen(n) und bijbracht ist / so hoffe sie jme nůstnit schuldig zu sin. Und stalt das zu recht beheltlich ir[c] nachredde. Der herre spr(icht) die gult sij von(n) beyden(n) teylen(n) uber XXX jare geben(n) wurd(en) guttlich. Die frauwe soll jne die auch geb(e)n od(er) jne zů den und(er)phanden(n) geen lassen nach ludt sins brieffs od(er) soll jne sin angefang(en) heyssu(n)ge lassen(n) ußfuren(n). Und stalt zurecht wie fur. Antz spricht es moge sin her Hanß hab die gult geb(e). Daß laß die frauwe gescheen. Villicht hette ir here selge den brieff geho(r)t. Er hett dar jn geredt. Dan er hab die gult jn X jaren(n) nit wollen(n) geben / Dan jr her(r)e sij[d] Philipsen erbe nit / sond(er) er hab erb(e)n gelassen(n): Die hab(e) woil soviel hie: Syen sije den Augustin(er) schuldigk sie mocht(en) sie darum(m)b suchen(n) mit recht. Und hofft der ersten redden nach jne nit schuldig zu sin: Unnd stalt das zu recht. Der her(r)e spricht / die frauwe redde

a Es folgt durchgestrichen: »mit«.
b Es folgt durchgestrichen: »die«.
c Es folgt wohl irrtümlich nochmals »jr«.
d Es folgt durchgestrichen: »sin«.

4. Juli 1481
Adam von Ranßel erhebt seine 3. Klage gegen die Herrin Lyse von Schonberg.
Gottfried Becker hat Henne von Eltville zu seinem Bevollmächtigten gemacht, seine
Schulden und Gülten im Reich einzuziehen bis auf Widerruf.

7. Juli 1481
Antz hat sich verpflichtet, Frau Lyse von Sponheim, Witwe Herrn Hans von Ingelheim, vor Gericht zu vertreten und hat seine Anwaltschaft festhalten lassen. Er sagt: Sie habe ihren Leib vor ihr Gut gestellt auf die Klage der Augustinerherren zu Mainz hin. Hier stehe sie und warte auf ihre Klage. Der Augustinerherr hat sie daraufhin angeklagt und eine versiegelte Urkunde vorlesen lassen mit dem Datum 1449. Das hat er festhalten lassen. Und er sagt: Er habe einen von seinem Orden geschickt und gegen sie geklagt wegen 5 Gulden Geld gemäß der Urkunde mit der Forderung, sie soll ihm die geben oder ihn an die Pfänder gehen lassen. Das legt er dem Gericht vor. Antz hat daraufhin die Urkunde festhalten lassen und weiter wie er Frau Lyse anklagt. Es könne sein, dass ihr verstorbener Herr die Gülte gegeben habe. Es steht aber klar in der Urkunde, dass Junker Philipp von Ingelheim den Zins auf die Güter insgesamt gelegt habe. Zudem sagt die Herrin, es sei bekannt, dass diese Güter ihrem Herrn Herrn Hans und seinem Bruder gemeinsam vererbt wurden. Dass nun Philipp seinen Teil darauf gelegt haben soll nach Aussage der Urkunde, dazu sage sie Nein, das könne nicht sein. Es wäre denn, dass der Herr den Gerichtsbeweis beibrächte, dass die Güter insgesamt in Philipps Besitz waren und er sie als Pfand hinterlegt habe, wie es Recht ist. Weil solches nicht geschehen und bewiesen worden ist, so hoffe sie, ihm nichts schuldig zu sein. Das legt sie dem Gericht vor, vorbehaltlich ihrer Nachrede. Der Herr sagt: Die Gülte sei von beiden Seiten über 30 Jahre gütlich gegeben worden. Die Herrin soll ihn in seinem angefangenen Klageverfahren fortfahren lassen. Das legt er dem Gericht vor wie zuvor. Antz sagt: Es möge sein, dass Herr Hans die Gülte gegeben habe. Das lasse die Herrin geschehen. Vielleicht hätte ihr verstorbener Mann die Urkunde gehört. Er habe dagegen geredet. Denn er habe die Gülte in 10 Jahren nicht geben wollen. Denn ihr Herr sei nicht Philipps Erbe, sondern er habe Erben hinterlassen. Die haben wohl ebensoviel hier. Seien diese den Augustinern schuldig, so mögen sie sich an die wenden vor Gericht. Und sie hofft gemäß ihrer ersten Rede ihnen nichts schuldig zu sein. Das legt sie dem Gericht vor. Der Herr spricht: Die Herrin rede,

fol. 185v — Sabbatho post Udalrici

die gult sij in X jaren(n) nit geben(n) / Er woll bijbring(en) daß die gult neher
dan X jare geb(e)n sij und geruglich wůrd(en) und fur XXX jaren auch gegeb(e)n
on jntraigk. Sie soll jme die gult auch noch geben(n) od(er) jne den und(er)pfand(en)
geen lassenn nach ußwisun(n)ge sins gerichts brieffs. Und stalt zu recht.
Antz spricht h(er) Hanß sij sins brud(er) erbe nit / dan er hab erbenn gelassen(n). Die
moge er darom(m)b beteydingenn. Die frauwe hoff jme nůstnit schuldig zu sin.
Und stalt zu recht wie fur. Jst uffgeslag(en) ad socios.

p b	Jt(em) Clese Raup hat pfande beredt off Metzel Henne und ist gewist ut mor(is).
p b	Jt(em) Endres Koch(er) hait p b. off Becker Henne.
p b	Jt(em) Heynrich Strude hait p b off Vintzenn.
erfol(gt)	Jt(em) Niclaiß Clese von(n) momp(ar)schafft weg(en) eyns von(n) Lutern erf(olgt) Contzen vo(n) Gelnhusen.
erk(annt)	Jt(em) Ebba(r)t Kytz erkent Bend(er) Hennen dem(e) jung(en) III l(i)b(ras) off re[c]henu(n)g jn XIIII tag(en). Si no(n).
1 h(eischung)	Jt(em) her Henrich Strude 1 heyssu(n)ge off Mandelman off I g(ulden) und solich und(er)pfande.
1 h(eischung)	Jt(em) Clese Raup 1 heyssu(n)ge off Stern Cristin off I g(ulden) et solich und(er)pfande.
1 h(eischung)	Id(em) 1 heyssu(n)ge off Henne Gicken off XV torniß et und(er)pfande.
erk(annt)	Jt(em) Ped(er) Dutsche erk(ennt) Stammen XXIIII alb(us) jn XIIII tag(en). Si no(n) tu(n)c pf(and).
erk(annt)	Jt(em) Jekel Drapp erk(ennt) Hennen Erken IIII½ [IIIII/2] g(ulden) an golde jn XIIII tag(en). Si no(n) t(unc) pfandt.

Jt(em) Endres Drapp spricht zu Dorre Henne und Pet(er) Swyndenn wie sie
zwene zu jme kommen(n) sien zu Mentz und gesagt wir hab(e)n VI fud(er)
win kaufft um(m)b Philipsen(n) Duchscherr(er)n ye daß fud(er) umb VIII guld(en) und
VIII alb(us). Und fragten jne ob sie deß geldes wert weren(n) / Da hab er zu jne

End(re)s Drap Dorren / Henne Swinde

gesagt ja / Und me wollen(n) ir mir daß fud(er)maiß geb(e)n um(m)b IX guld(en) er[a] will
jne darum(m)b nemen / Daroff hab(e)n sie jme den wine dargeslag(en) / Da ist er
nach d(er) handt kommen(n) und sich des wins wollen(n) genehen. Und auch das gelt
da gehabt jne zu bezalenn jn gestalt sich des wins zugebruchen(n) / Jn dem
ist d(er) wine v(er)kaufft wůrd(en). Daß er jme nit hait mog(en) folgen(n) / das sie jme
deß kauffs nů nit erkennen(n) schait jme vo(n) ir iglichem XXX guld(en) und
heysset jme ey(n) recht gerichts anttwo(r)t ja od(er) ney(n) ob sie jme den wine also
dargeslag(en) hab(e)n od(er) nit / Daruff redt Dyeme(n) Claiß von(n) der zwey h(er) wegenn
und spricht die zwene erkenne(n) End(er)ßen deß kauffs. Daß hait Rudig(er) v(er)bott
und hofft End(re)s soll sie erfolgt han(n) dwile sie des kauffs gestendig sÿen und
beg(er)t das mit r[e]cht. S(ente)n(ti)a ist gewist ja alß hoech sin ansprach geludt hait
und sollen die zwene End(re)s jn XIIII tag(en) ußrichten(n)[b].
Lubencij.

---

a Das Wort ist über der Zeile beigefügt, darunter durchgestrichen: »ich«.
b Es folgt durchgestrichen: »und den gerichts schaden(n) noch taling ob er deß nit emberen will das hait End(er)s verbott.«

die Gülte sei 10 Jahre nicht gegeben worden. Er wolle beweisen, dass die Gülte länger gegeben worden sei und gerügt wurde und zuvor auch 30 Jahre ohne Einschränkungen gegeben worden sei. Sie solle ihm die Gülte auch noch weiter geben oder ihn an die Pfänder lassen gemäß seiner Urkunde. Das legt er dem Gericht vor. Antz sagt: Herr Hans sei seines Bruders Erbe nicht, denn er habe Erben hinterlassen. Die kann er deswegen angehen. Die Herrin hofft ihm nichts schuldig zu sein. Das legt sie dem Gericht vor. Das ist verschoben worden bis zum Zusammentreten des Vollgerichts.

Cles Raub hat Pfändung gefordert gegen Henne Metzel und es wurde geurteilt wie üblich.

Endres Kocher hat Pfändung gefordert gegen Henne Becker.

Heinrich Strude hat Pfändung gefordert gegen Vincz.

Cles Niclaiß hat als Bevollmächtigter eines von Lautern seinen Anspruch ins Gerichtsbuch eintragen lassen gegen Contz von Gelnhausen.

Eberhart Kitz erkennt an, Henne Bender dem Jungen 3 Pfund gegen Rechnung zahlen zu müssen binnen 14 Tagen. Wenn nicht erfolgt die Pfändung.

Herr Heinrich Strude erhebt seine 1. Klage gegen Mandelman wegen einem Gulden und auf die Pfänder.

Cles Raub erhebt seine 1. Klage gegen Cristin Stern wegen einem Gulden und auf die Pfänder.

Derselbe erhebt die 1. Klage gegen Henne Gick wegen 15 Tournosen und auf die Pfänder.

Peter Dutz erkennt an, Stamm 24 Albus zahlen zu müssen binnen 14 Tagen. Wenn nicht erfolgt die Pfändung.

Jeckel Drapp erkennt an, Henne Erk 4½ Gulden an Gold zahlen zu müssen binnen 14 Tagen. Wenn nicht erfolgt die Pfändung.

Endres Drapp klagt Henne Dorn und Peter Swinde an, dass sie zu ihm gekommen seien nach Mainz und haben gesagt: Wir haben 6 Fuder Wein gekauft von Philipp Duchscherer, je das Fuder für 8 Gulden und 8 Albus. Und sie fragen, ob sie das Geld wert seien. Da habe er zu ihnen gesagt Ja. Und weiter: Wollt ihr mir das Fudermaß geben für 9 Gulden, er will es dafür nehmen. Daraufhin haben sie ihm den Wein zugeschlagen. Da ist er nach dem Handschlag gekommen und wollte den Wein nehmen. Und er hatte das Geld dabei, sie zu bezahlen und den Wein zu erhalten. Da war der Wein verkauft worden. Dass er ihn nicht hat folgen lassen können, dass sie den Kauf nicht zugeben, das schade ihm von jedem von ihnen 30 Gulden und er fordert von ihnen eine Antwort vor Gericht Ja oder Nein, ob sie ihm den Wein zugeschlagen haben oder nicht. Darauf redet Clas Diem für die 2 und sagt: Die zwei erkennen den Verkauf an Endres an. Das hat Rudiger festhalten lassen und hofft, Endres solle gegen sie gewonnen haben, weil sie den Kauf gestehen und fordert das vom Gericht. Das Urteil wurde gesprochen: Ja, so hoch die Anklage gelautet habe und die zwei sollen es Endres binnen 14 Tagen ausrichten.

fol. 186 — Sabbatho post Udalrici

TRANSKRIPTION

erk(annt)	Jt(em) Rudig(er) erkent Jekel Bed(er) X alb(us) jn eyne(m) monde zugeb(en). Si no(n) tu(n)c pf(and).
erf(olgt)	Jt(em) Henne Ercke erfolgt Swinden(n) off das buch.
p b	Jt(em) Pet(er) Dutz erfolgt Swinden off das buch und hait off jne pfande berett.
erk(annt)	Jt(em) Contz von(n) Gelnhusen(n) erkent Endreß frauwe(n) von(n) Wynheim(m) I g(ulden) off rechenu(n)g jn XIIII tag(en). Si no(n) tu(n)c pfandt.
erk(annt)	Jt(em) Wintz erkent End(er)ß frauwe(n) von(n) Winheim(m) VII alb(us) off jn XIIII tag(en). Si no(n) tu(n)c pf(and).
	Jt(em) Herma(n) Bend(er) schuldiget Wollenbere wie er jme schuldig sij XIIII[a] guld(en). Das er jme die nit gijt od(er) erkent schait jme alßvil darzů / Wolenbere spricht er erkent jme VI alb(us) off rechenu(n)ge jn XIIII tag(en). Si no(n) tu(n)c pfandt. V(er)bott.
	Jt(em) Else Jekel Snid(er)s frauwe schuldiget Dyeme(n) Clasen und Ebba(r)t Snaden wie daß sie sich annemen ir gutt(er) der sie mechtig sij. Alß wiß sie jne nit pflichtig od(er) schuldig zu sin. Od(er) daß werde ir schaden zugeswindet um(m)b v(er)legu(n)e eyn und and(er)
Else Jekel Sniders frauwe Ebba(r)t Snade Dyeme(n) Claß	die ir hußwirt gethan(n) solt han. Erfolgniß und and(er) grosser schade der sie an gehe. Daß sie nů nit sagen(n) wie sie dar zu kome daß sie jren schaden weren(n) und v(er)komme(n) moge daß schade ir I[c(entum)] guld(en). Und heyst jne ey(n) ja od(er) neyn(n). Daroff spricht Dieme(n) Clauß die frauwe(n) hab eynen(n) momp(ar). Wan sie den widd(er)ruff so wollen sie ir gehorsam sin. Und hofft ir nit schuldig zu sin anttwort(en). Und stalt das zu recht. Antz von der frauwe(n) wegen(n) spricht die frauwe hab sie geschuldiget. Jr man mocht von(n) ir hynwegk lauffen. Sie woll deß jren darumb nit emberen(n). Und die frauwe hofft sie sollen ir anttwo(r)t(en) und stalt das zu r[e]cht. Dyeme(n) Clauß spricht sie wollen(n) ir deß jren(n) nit weren / und haben(n) sie zwen jr deß jren noch nye gewert. Daß hait Antz v(er)bott / Dyeme(n) Clauß spricht er hab nit also geredt off beheltniß deß gerichts. Antz daroff er hab also geredt. Sie zwene haben der frauwe(n) deß jren(n) nye geweret. Und stalt eyns mit dem(e) andern(n) zu r[e]cht auch
s(ente)n(ti)a	off beheltniß deß gerichts / Daroff hait das gericht gewist off ir behelteniß Dyeme(n) Clauß hab offentlich geredt / sie hab(en) der frauwe(n) deß jren(n) nÿe gewert und wollen sie zwene der frauwe(n) deß iren(n) aůch zu male nit weren. Antz
s(ente)n(ti)a	hait gefragt nach dem(e) costen(n) ist gewist / die zwene sollen(n) der frauwe(n) jren kost(en) widdergelten / und hait gefragt jn welch(er) zijt sie den kost(en) geben sollen.
s(ente)n(ti)a	S(ente)n(ti)a nach taling ob sie deß nit emberen(n) will. Antz hait das v(er)bott.
	Jt(em) Pet(er) Bend(er) spricht Ebba(r)t Snaden zuů wie das er eyne(n) flecken wingarts kaufft hab um(m)b Brandts frawen(n) jn der Rynnerbach[b] um(m)b X g(ulden).
Pet(er) Bend(er) Snade	Deß hab er der frauwe(n) bij ir leptage(n) geb(e)n VI guld(en). Nů ste die v(er)lassen(n) gutt(er) von(n) der frauwe(n) weg(en) jn Ebbarts handt schult und and(er)s weß sie gelassen hait.[c]

a Es folgen hinter der »X« vier Einsen [»I«], über denen aber 5 Punkte stehen.
b Es folgt durchgestrichen: »deß hab«.
c Es folgt ein Kreuz [»+«], vielleicht ein Hinweis darauf, daß die folgende Textseite [fol. 186v] der Vorlage leer ist.

7. Juli 1481

Rudiger erkennt an, Jeckel Beder 10 Albus in einem Monat zahlen zu müssen. Wenn nicht erfolgt die Pfändung.
Henne Erk hat seinen Anspruch ins Gerichtsbuch eintragen lassen gegen Swinde.
Peter Dutz hat seinen Anspruch ins Gerichtsbuch eintragen lassen gegen Swinde und hat Pfändung gefordert.
Contz von Gelnhausen erkennt an, Endres Frau von Weinheim einen Gulden gegen Rechnung zahlen zu müssen binnen 14 Tagen. Wenn nicht erfolgt die Pfändung.
Winß erkennt an, Endres Frau von Weinheim 7 Albus gegen [Rechnung] zahlen zu müssen binnen 14 Tagen. Wenn nicht erfolgt die Pfändung.
Hermann Bender klagt Wolenber an, dass er ihm 14 Gulden schuldig sei. Dass er ihm die nicht gibt, das schade ihm ebensoviel dazu. Wolenber sagt: Er erkennt an, ihm 6 Albus gegen Rechnung zahlen zu müssen binnen 14 Tagen. Wenn nicht erfolgt die Pfändung. Festgehalten.
Else, die Frau Jeckel Sniders, klagt Clas Diem und Eberhard Snade an, dass sie an ihre Güter greifen, deren sie mächtig ist. Sie wisse nicht, ihnen etwas pflichtig oder schuldig zu sein. Nun werde ihr Schaden zugefügt wegen Verleihung des einen oder anderen, was ihre Ehemann getan haben soll. Deshalb werde sie verfolgt und erleide großen Schaden. Dass sie nun nicht sagen, wie sie dazu kamen, dass sie ihren Schaden abwehren und abwenden möge, das schade ihr 100 Gulden. Und sie fordert von ihnen ein Ja oder Nein. Darauf sagt Clas Diem: Die Frau habe einen Bevollmächtigen. Wenn sie dessen Vollmacht aufkündige, wollen sie ihr gehorsam sein. Und sie hoffen, ihr nicht schuldig zu sein zu antworten. Das legen sie dem Gericht vor. Antz sagt für die Frau: Die Frau habe sie angeklagt. Ihr Mann möge von ihr weg laufen. Sie wolle deshalb nicht auf das Ihrige verzichten. Und die Frau hofft, sie sollen ihr antworten und legt das dem Gericht vor. Clas Diem sagt: Sie wollen ihr das Ihrige nicht vorenthalten und sie zwei haben ihr das Ihrige noch nie vorenthalten. Das hat Antz festhalten lassen. Clas Diem sagt: Er habe nicht so geredet, dass das vor Gericht festgehalten werden soll. Antz darauf: Er habe so geredet: Sie zwei haben der Frau das Ihrige nicht vorenthalten. Und er legt das eine mit dem anderen dem Gericht vor festzuhalten. Darauf hat das Gericht geurteilt: Clas Diem habe öffentlich geredet, sie haben der Frau das Ihrige nie vorenthalten und sie zwei wollen der Frau das Ihrige niemals vorenthalten. Antz hat gefragt, ob die zwei der Frau ihre Kosten ersetzen sollen und hat gefragt, in welcher Zeit sie die Kosten zahlen sollen. Urteil: Noch heute, wenn sie nicht darauf verzichten will. Antz hat das festhalten lassen.
Peter Bender klagt Eberhard Snade an, dass er einen Flecken Weingarten von Brands Frau in der Rinderbach gekauft hat für 10 Gulden. Davon habe er der Frau ihren Lebtag lang 6 Gulden gegeben. Nun stehen die verlassenen Güter der Frau in Eberhards Hand mit den Schulden und anderem, was sie hinterlassen hat.

fol. 187 — Zistag post Margarete

Das^a sij jn Ebberh(ar)ts hant kommen. Also sij Pet(er) komme(n) und zu Ebba(r)t gesagt er sij der frauwe(n) schuldig daß soll er jme geb(e)n / Alß hab er jme II oder drij g(ulden) geb(e)n ungev(er)lich off gude rechenu(n)ge. Daß Ebba(r)t jme den wingart nit offgijt dwile er jn sin(er) handt steet daß schaide jme XX guld(en). Und heist jme ey(n) recht gerichts anttwo(r)t / Ebb(er)hart spricht er sij bij dem(e) kauff nit gewest darum(m)b hoff er jme nůst nit schuldig zu sin sond(er) er hab gelt von(n) jme genomen und er sij jme mehe schuldig / Er sij nit bij dem(e) kauff gewest jne auch nůst nit geredt off zugeben. Rudig(er) hait v(er)bott das Ebba(r)t erkent das er gelt von(n) Pet(er)n empfang(en) hab. Und auch v(er)bott das die guder schult und and(er)s von(n) der frauwe(n) herkomen jn Ebba(r)ts handt steet / Und hoff er soll jme solchen(n) flecken(n) wingarts offgeb(e)n und stalt zu recht. Ebba(r)t spricht er hofft jme nůst nit schuldig zu sin. Er hab um(m)b die frauwe kaufft.

ad socios	er sij nit dabij od(er) mit gewest und stalt auch zu recht. Ad socios. Vo(n) beyd(en) teyln v(er)bott.
erk(annt)	Jt(em) Clese Harewiler erk(ennt) Emmeln(n) von(n) Jngelnh(eim) XII ß jn XIIII tag(en). Si no(n) tu(n)c pf(and).
p b	Jt(em) Henne Erck hait p. b off Ebba(r)t Kytzen und Pet(er) Swind(en). Ist gewist ut mor(is) e(st).
	Jt(em) der smith bij dem(e) gerichts huße off dem ort wonende spricht zu Heringen
Heringk	wie er jme schuldig sij I g(ulden). Q(uod) no(n) dat notz(et) j(n) t(antu)m. Hering erkent ½ [I/2] g(ulden) off rechenu(n)ge
Winworme	jn XIIII tag(en) zugeb(en). Si no(n) tu(n)c pfandt. Jn si(mi)li forma Winworme erkent ½ [I/2] guld(en) dem(e) selb(e)n smide off rechenu(n)g jn XIIII tag(en). Si no(n) tu(n)c pfandt.
erf(olgt)	Jt(em) Hene von(n) Eltfelt erfolgt Henchin(n) Mullern(n) vor II g(ulden).
erf(olgt)	Jt(em) Schonewedd(er) erfolgt Wißers Contzg(in) maigt vo(r) I½ [II/2] guld(en).
erf(olgt)	Jt(em) Flucken(n) Clese erfolgt ex p(ar)te eccl(es)ie Henchin(n) Schugmech(er) vor X l(i)b(ras) helle(r).

Actu(m) Z(ist)a(g) p(os)t Margarete.

4 [8/2] clage^b	Jt(em) Adam von Ranßel 4 [8/2] heyssu(n)ge jn massen die erste geludt hat uff jungfrauwe Lyse von(n) Schonbergk.

Sabb(at)o p(os)t Divisio(nem) App(osto)loru(m).

2 h(eischung)	Jt(em) Clese Raup 2 heyssu(n)ge off Henne Gicken ut pr(im)a sonat.
2 h(eischung)	Jdem 2 heyssu(n)g off Stern Cristin ut p(rim)a.
2	Jt(em) h(er) Heinrich Strude 2 h(eischung) off Mandelma(n) ut p(rim)a sonat.

Actu(m) Sabb(at)o p(os)t Advi(n)cula Petri.
Jt(em) her Heinrich Strude 3 h(eischung) off Mandelma(n) ut p(ri)ma.

---

a Vor dem Zeilenanfang steht ein Kreuz. Vgl. vorherige Anm.
b Davor durchgestrichen: »h«.

Das sei in Eberhards Hände gekommen. Nun sei Peter gekommen und habe zu Eberhard gesagt, er sei der Frau etwas schuldig, das solle er ihm geben. Darauf habe er ungefähr 2 oder 3 Gulden gegen Rechnung gegeben. Dass Eberhard ihm den Weingarten nicht aufträgt, der doch in seinen Händen ist, das schade ihm 20 Gulden. Und er fordert von ihm eine Antwort vor Gericht. Eberhard sagt: Er sei bei dem Kauf nicht gewesen, darum hoffe er, ihm nichts schuldig zu sein, sondern er habe Geld von ihm genommen und er sei ihm mehr schuldig. Er sei nicht bei dem Kauf gewesen und habe auch nicht versprochen, ihm den aufzutragen. Rudiger hat festhalten lassen, dass Eberhard zugibt, das Geld von Peter erhalten zu haben. Und er hat auch festhalten lassen, dass die Güter, Schulden und anderes von der Frau in Eberhards Händen liegen. Und er hofft, er soll ihm den Flecken Weingarten auftragen und legt das dem Gericht vor. Eberhard sagt: Er hoffe, ihm nichts schuldig zu sein. Er habe von der Frau gekauft. Er sei nicht dabei oder mit gewesen und legt das auch dem Gericht vor. Das ist verschoben worden bis zum Zusammentreffen des Vollgerichts. Beide Parteien stimmen zu.
Cles Harwiler erkennt an, Emmel von Ingelheim 12 Schilling zahlen zu müssen binnen 14 Tagen. Wenn nicht erfolgt die Pfändung. Henne Erk hat Pfändung gefordert gegen Eberhard Kitz und Peter Swinde. Es wurde ihm das Urteil gesprochen wie üblich.
Der Schmied beim Gerichtshaus auf dem Ort wohnend klagt Hering an, dass er ihm schuldig sei eine Gulden. Dass er ihm den nicht gibt, das schade ihm. Hering erkennt an, ½ Gulden gegen Rechnung zahlen zu müssen binnen 14 Tagen. Wenn nicht erfolgt die Pfändung. In gleicher Weise erkennt Winworm an, ½ Gulden dem gleichen Schmied gegen Rechnung zahlen zu müssen binnen 14 Tagen. Wenn nicht erfolgt die Pfändung.
Henne von Eltville verklagt Henchin Muller auf 2 Gulden.
Schonwedder verklagt Contzgin Wissers Magd auf 1½ Gulden.
Cles Fluck verklagt für die Kirche Henchin Schumacher auf 10 Pfund Heller.

16. Juli 1481
Adam von Ranßel erhebt seinen 4. Klage gegen Frau Lyse von Schonberg.

22. Juli 1481
Cles Raub erhebt seine 2. Klage gegen Henne Gick.
Derselbe erhebt seine 2. Klage gegen Cristin Stern.

5. August 1481
Heinrich Strude erhebt seine 3. Klage gegen Mandelman.

fol. 187v — Sabbato post Assumpcionem Marie

Actu(m) Sabb(at)o p(os)t Assu(mp)c(i)o(nem) Ma(r)ie.

4 [8/2] h — Jt(em)ᵃ h(er) Heinrich Strude 4 [8/2] h(eischung) off Mandelma(n) ut p(rim)a. Und ist jme tag gesatzt an das negst gericht. V(er)bott.

1 h(eischung) — Jt(em) h(er) Conrait 1 h(eischung) off frauwe Magdalene von(n) Feningen off XII½ [XIIII/2] malt(er) kor(n) off die mule Wyhewassers genan(n)t und solich und(er)pfande.

2 h(eischung) — Jt(em) her Conrait 2 h(eischung) off junfrauwe Magdalene vo(n) Feningen ut p(rim)a.

1 h(eischung — Jt(em) Hench(in) der dhum(m)heren hoffman(n) 1 h(eischung) off h(er) Johan(n) Sultz(e)n uff XV tarins unv(er)scheidelich und off solich und(er)pfande.

Actu(m) Z(ist)a(g) p(os)t Egidij.

1 h(eischung)ᵇ — Jt(em) Flucken Clese ex parte ecc(les)ie dut 1 h(eischung) off Cleßgin Bend(er)s nachfare und off Gerhart Spitzkop und Henne(n) von(n) Soden off ey(n) ewig liecht oleys onv(er)scheidelich und off solich und(er)pfend(er).

Actu(m) Z(ist)a(g) p(os)t Nativitat(is) Ma(r)ie.

r(e)vocavit — Jt(em) als Else Dunckelers jr gerechtikeit und weß sie von(n) Henne(n) Russen selg(en) gutt(er)n wartten(n) gewest ist offgebenn hatt mit ettlichenn und(er)scheit biß off ir widd(er)ruffen alß haitt sie off hude Dinstag ut supra die gifft widd(er)ruffen und v(er)bott.

Actu(m) Sabb(at)o p(ost)t Cruc(em) Exaltat(i)o(nis).

Hanß Wolffs frage — Jt(em) Hanß Wolff von(n) Spanh(eim) spricht Albrecht Schugmech(er) gebe jme teyle von(n) eyne(m) wingart. Also sij er mit dem buttel da gewest und hab den wingart besehenn. Und sij der wingart nit gebuwet alß gewonlich ist und recht sij. Und begert ob er denn nit widder moge zu jme neme(n). Ist offgeslagen(n) off gedechtniß der scheffin.

1 h(eischung) — Jt(em) Hanma(n)s Pet(er) 1 h(eischung) off Harewilers Clesen(n) off I g(ulden) IX alb(us).

3 h(eischung) — Jt(em) h(er) Conrait 3 h(eischung) off frauwe Madgalene von(n) Fenni(n)gen ut p(ri)ma.

erk(annt) — Jt(em) Ebbart Haubore erk(ennt) Schonewedd(er) I guld(en) jn XIII tag(en). Si no(n) t(unc) pf(and) erfolgt.

erf(olgt) — Jt(em) schult(heiß) Philipß Buser erfolgt Pet(er) Wolenbere uff d(en) buch.

erf(olgt) p. b. — Jt(em) Niclaß Bend(er) erfolgt von(n) wegen(n) eyns vo(n) Lutt(er)n deß momp(ar) er ist Contzgin von(n) Geylnhusen(n) und hait auch pfandt off jne beredt.

erkent(nis) — Jt(em) Ebba(r)t Kytz erkent Hanna(n)s Pet(er)n I g(ulden) II alb(us) jn XIII tag(en)

erk(annt) — Jt(em) Ulrich Schurge erk(ennt) Contz Bend(er)n von(n) Ingelnh(eim) IX alb(us) jn XIIII tag(en). Si no(n) etc.

---

a Entlang des Absatzes verlaufen zwischen Text und Marginalien zwei senkrechte Striche.
b Der Begriff wird noch zweimal wiederholt.

18. August 1481
Herr Heinrich Strude erhebt seine 4. Klage gegen Mandelman. Es ist ihm ein Termin gesetzt worden am nächsten Gerichtstag. Dem hat er zugestimmt.
Herr Konrad erhebt seine 1. Klage gegen Frau Madlene von Venningen wegen 12½ Malter Korn auf die Mühle genannt Weihwasser und die Pfänder.
Herr Konrad erhebt seine 2. Klage gegen Frau Madlene von Venningen.
Henchin, der Hofmann der Domherren, erhebt seine 1. Klage gegen Herrn Johann Sultz wegen 15 Tarin unzerteilt und auf die Pfänder.

4. September 1481
Cles Fluck erhebt für die Kirche seine 1. Klage gegen die Nachfahren von Clesgin Bender und gegen Gerhart Spitzkop und Henne von Soden gemeinsam wegen einem ewigen Öllicht und auf die Pfänder.

11. September 1481
Else Dinckler hatte ihre Gerechtigkeit und die Obhut über die Güter des verstorbenen Henne Ruß aufgetragen mit der Bedingung dies widerrufen zu können. Diese Auftragung hat sie heute widerrufen: Festgehalten.

15. September 1481
Hans Wolff von Sponheim sagt, Albrecht Schuhmacher gebe ihm Teilpacht von einem Weingarten. Nun sei er mit dem Büttel da gewesen und habe den Weingarten besehen. Und der Weingarten sei nicht bebaut, wie es üblich und Recht ist. Und er fragt, ob er den nicht wieder an sich nehmen könne. Das ist vermerkt worden zum Gedächtnis der Schöffen.
Peter Hanman erhebt seine 1. Klage gegen Cles Harwiler wegen 1 Gulden 9 Albus.
Herr Konrad erhebt seine 3. Klage gegen Frau Madlene von Venningen.
Eberhart Hauborn erkennt an, Schonwedder einen Gulden zahlen zu müssen binnen 14 Tagen. Wenn nicht erfolgt die Pfändung.
Der Schultheiß Philipp Bußer hat seinen Anspruch ins Gerichtsbuch eintragen lassen gegen Peter Wolenber.
Niklas Bender hat seinen Anspruch ins Gerichtsbuch eintragen lassen für einen von Lautern, dessen Bevollmächtigter er ist gegen Contzgin von Gelnhausen und hat Pfändung gefordert.
Eberhart Kitz erkennt an, Peter Hanman 1 wollen Gulden 2 Albus binnen 14 Tagen.
Ulrich Schurge erkennt an, Contz Bender von Ingelheim 9 Albus binnen 14 Tagen. Wenn nicht etc.

fol. 188 — Sabbato post Crucem Exaltationis

erk(annt)	Jt(em) Knoden(n) Clese erkent Schonewedd(er)n VIII alb(us) jn XIIII tag(en)
erk(annt)	Jt(em) Henchin Randecker erkent Contz Oëten XXVI alb(us) jn XIIII tag(en). Si no(n) tu(n)c pf(and).
erf(olgt)	Jt(em) meist(er) Martin d(er) smitt erfolgt Wineworme off d(as) buch.
1 clage	Jt(em) Endres Drap 1 clage off die h(er)n von(n) Erbach uff VIII g(ulden) heuptgelts und XX g(ulden) schadens und off alles das sie hab(e)n jn des Riche gericht.
	Jt(em) Winß Jekel spricht zu Pet(er) Bend(er)n wie er jme gearbeit und gebunden habe. Als hab er jme geredt zu lone. Daß hab er nit gethan. Daß schade jme I g(ulden) und heist
Pet(er) Bend(er)	jme ey(n) recht gerichts anttwo(r)t. Daroff Pet(er) Bennd(er) redt eß sij V od(er) VI jare ungev(er)lich. Da hab er jme ey(n) faß jngesatzt und damals hab er jne bezalt und ußgeracht / Und weß er jne wider anlange sij er unschuldig. Eß sij auch ey(n) bidd(er)mann dabij gewest woll er sich mit dem(e) lassen(n) wisen(n) so hofft er er soll solichis wissenn und jme gestendig sin. Pet(er) will sich lassen wissen mit dem bidd(er)man.ᵃ
	S(ente)n(ti)a diewile er sich off eyne(n) zuchtᵇ so soll er den(n) bringen(n). Jst gefragt in welcher zijt.
//ᵉ	S(ente)n(ti)a jn XIIII tag(en). Betarff er sin(er) tage furt(er) und heyßt die als mor(is) est. V(er)bott.
erk(annt)	Jt(em) Clese Wiße erkent Steffan(n) Bed(er) VI malt(er) kor(n) jn XIIII tag(en). Si no(n) tu(n)c pfandt.
	Jt(em) Contz Bend(er) von(n) Jngelnheim(m) spricht zu Elsgin Gyppelhorns frauwe(n) wie jre hußwirt drij faßß umb III golt guld(en) umb jne kaufft hab. Das sie jme die nit ußracht notz IIII gůlden. Und heyst ir ey(n) recht gerichts anttwo(r)t. Antz daroff von(n) der frauwe(n) wegenn redt sie hab eyne(n) man der sij ir momp(ar). Der sij auch nach nit jare und tag ußgewest / Und hofft jme nit schuldig sin zu anttwo(r)ten. So wiß sie auch umb die schult nit. Und stalt das zu recht. Rudig(er) spricht sie sytz jn den guden(n) keufft und v(er)keufft / und darum(m)b hoff er sij soll jme anttwo(r)tten und
s(ente)n(ti)a	stalt zu r[e]cht. Antz stalt auch wie vor zur[e]cht. S(ente)n(ti)a die frauwe soll Contzen anttwo(r)tt(en). Das hait Rudig(er) v(er)bott.
erk(annt)	Jt(em) Clese Harewil(er) erkent Hanma(n)s Pet(er)n I g(ulden) IX alb(us) jn XIIII tag(en). Si no(n) tu(n)c pf(and).
1 h(eischung)	Jt(em) Adam(m) Wolff uns(er) mitgeselle 1 h(eischung) off Clese Suffuß off XV ß h[e]lle(r) und(er)pfand(er).
1 h(eischung)	Jt(em) Contz Stortzkopp 1 h(eischung) off Wissen Henne(n) off XIIII ß helle(r) et sup(ra) o(mn)ia.
	Jt(em) Math(is) der heymb(er)ge schuldiget Endres Trappe(n) und Contzg(in) Bend(er)n und spricht ju(n)gfraᶜ frauwe Lise von(n) Spanheim(m) hab jme entfolen wine zuv(er)keuffen. Alß hab er Endres und Contzg(in) wine zu kauff geb(e)n. Daran sie schuldig v(er)lieb(e)n sint II guld(en) und I ort. Das sie jmeᵈ die nit ußrichten(n) notzt i(n) t(antu)m. Und heyst jme ey(n) r[e]cht gerichts anttwo(r)t.
End(re)s Trap	Daroff haben(n) sie eyn ort eyns guld(en) hind(er) gericht gelacht fur schaden und sprechen(n) dar zu wie sie daß gelt uber eyne gen(n) Erbach getrag(en) und d(er) frauwe(n) geben(n) und bezahlt hab(e)n bijß off das orte / das sie v(er)gessenn wurden / Da sije syen hey(m) komme(n) hab Math(is) gesagt haben(n) er daß gelt myn(er) jungfrauwe(n) ußgeracht. Sprechen sie ja bijß off eyn orte daß ist v(er)gessen wůrden. Daß wollen(n) sie jme ußrichten. Und moge es Math(is) dabij gelassen(n) sij gudt. Moge er nit so syen sie der dinge unschuldig / Und hait jne d(er) schult(eiß) die unschult gestalt nach hude zu XIIII tag(en). Das hait Math(is) v(er)bott.

a Der vorstehende Satz ist nachträglich am rechten Seitenrand über vier Zeilen hinweg beigefügt.
b Es folgt ein Einfügezeichen »+« ohne Entsprechung im Text.
c Die beiden Silben »ju(n)gfra« sind nachträglich am Rand vor die Zeile gesetzt.
d Der erste Buchstabe ist aus einem »d« [?] verbessert.
e Die beiden Striche werden in der folgenden – leeren – Zeile wiederholt.

15. September 1481 — fol. 188

Cles Knod erkennt an, Schonwedder 8 Albus binnen 14 Tagen.

Henchin Randecker erkennt an, Contz Oete 26 Albus binnen 14 Tagen. Wenn nicht erfolgt die Pfändung. Meister Martin der Schmied hat seinen Anspruch ins Gerichtsbuch eintragen lassen gegen Winworm.

Endres Drapp erhebt seine 1. Klage gegen die Herren von Eberbach wegen 8 Gulden Klagesumme und 20 Gulden Gerichtskosten auf alles, das sie haben im Reichgericht.

Jeckel Winß klagt Peter Bender an, dass er für ihn gearbeitet und gebunden habe. Dafür habe er versprochen ihn zu lohnen. Das habe er nicht getan. Das schade ihm einen Gulden und er fordert von ihm eine Antwort vor Gericht. Darauf sagt Peter Bender: Es sei 5 oder 6 Jahre ungefähr her. Da habe er ihm ein Fass eingesetzt und damals habe er ihn bezahlt. Und wessen er ihn darüber hinaus anklage, dessen sei er unschuldig. Es sei auch ein ehrbarer Mann dabei gewesen, wolle er dessen Zeugenaussage hören, so hoffe er, er solle die Aussage machen und es zugeben. Peter will sich das beweisen lassen mit dem Ehrenmann. Urteil: Weil er sich auf einen Zeugen beruft, so soll er den beibringen. Es wurde gefragt, in welcher Zeit. Urteil: in 14 Tagen. Bedürfe er Verlängerung und fordere sie, wie üblich. Zugestimmt.

Cles Wiß erkennt an, Steffan Beder 6 Malter Korn zahlen zu müssen binnen 14 Tagen. Wenn nicht erfolgt die Pfändung.

Contz Bender von Ingelheim klagt Elsgin, die Frau Gippelhorns an, dass ihr Ehemann 3 Fässer für 3 Goldgulden von ihm gekauft habe. Dass sie ihm die nicht bezahlt, schade ihm 4 Gulden. Und er fordert von ihr eine Antwort vor Gericht. Antz redet darauf für die Frau: Sie habe einen Mann, der sei ihr Bevollmächtigter. Der sei auch noch nicht Jahr und Tag weggewesen. Und sie hofft, ihm nicht schuldig zu sein zu antworten. So wisse sie auch von der Schuld nichts. Das legt sie dem Gericht vor. Rudiger sagt: Sie sitzt in den Gütern, kauft und verkauft und darum hoffe er, sie solle ihm antworten und legt das auch dem Gericht vor. Urteil: Die Frau soll Contz antworten. Das hat Rudiger festhalten lassen.

Cles Harwiler erkennt an, Peter Hanman einen Gulden 9 Albus zahlen zu müssen binnen 14 Tagen. Wenn nicht erfolgt die Pfändung.

Adam Wolff, unser Mitschöffe, erhebt seine 1. Klage gegen Cles Suffuß wegen 15 Schilling Heller auf die Pfänder. Contz Stortzkopp erhebt seine 1. Klage gegen Henne Wisse wegen 14 Schilling Heller auf alles. Mathis der Heimbürge klagt Endres Drapp und Contzgin Bender an und sagt: Frau Lyse von Sponheim habe ihm befohlen Wein zu verkaufen. Darauf habe Endres und Contzgin Wein zum Kauf gegeben. Daran blieben sie schuldig 2 Gulden und 1 Ort. Dass sie ihm die nicht bezahlen, das schade ihm das gleiche. Und er fordert von ihnen eine Antwort vor Gericht. Darauf haben sie einen Ort eines Guldens bei Gericht hinterlegt für die Gerichtskosten und sagen, dass sie das Geld nach Eberbach getragen und der Frau gegeben und bezahlt haben bis auf das Ort, das sie vergessen haben. Sie seien nach Hause gekommen, da habe Mathis gesagt: Habe er das Geld der Herrin gezahlt. Sagen sie: Ja, bis auf einen Ort, das ist vergessen worden. Das wollen sie ihm ausrichten. Und wolle es Mathis dabei lassen, so sei es gut. Wolle er nicht, so seien sie der anderen Dinge unschuldig. Der Schultheiß legt ihre Unschuld fest von heute an für 14 Tage. Das hat Mathis festhalten lassen.

fol. 188v — Sabbato post Crucem Exaltationis

	Jt(em) Adam(m) Wolff unse(r) mitscheffenn geselle spricht er hab sine 1 2 3 4 [8/2] heyssu(n)g
	gethan(n) uff Duntzel Henne(n) und darum(m)b will er die gude offholen dan er
	sij jme der gulten nach schůldig / Darum(m)b hait er die offgeholt und hat jme
bann und fridenn	der schult(eiß) banne und fridden darub(er) gethan(n) nach gewonheit des gerichts.
erk(annt)	Jt(em) Elßgin Gippelhorns frauwe erk(ennt) Contz Bend(er)n III golt guld(en) jn VI wochen(n).
	Si no(n) tu(n)c pfandt erfolgt.
erk(annt)	Jt(em) Pet(er) Harewiler erk(ennt) Snelhenne(n) VII guld(en) jn XIIII tag(en). Si no(n) etc.
erk(annt)	Jt(em) Heintz(en) Driele erkent Karlen II guld(en) jn XIIII tag(en). Si no(n) tu(n)c pfandt.
	Jt(em) Pet(er) Hailgarte(r) spricht[a] zu Stemchin und Henne vo(n) Eltfelden wie sie bij
	eyne(n) kauff gewest syen(n) antreffen(n) Philips Duchscherr(er). Das sie nit sagen(n)
	weß jne darum(m)b wissen(n) sij notzt IIII guld(en) / Antwo(r)t Henne(n) von(n) Eltfelt
	und Stame eyn(n)mu(n)dig dar zu und[b] bekenne(n) das sie bij dem(e) kauff gewest syenn
Halga(r)ter	daß Hasen(n) Heyntz und Bartte und auch ettlich me bij ey(n) gewest syen. Und hab(e)n
	um(m)b Philipsen(n) kaufft. Und sprachen(n) we(re) ey(n)er mitgeselle an dem(e) kauff sin woll
Stame / Eltfelt	den(n) wollen(n) sie zulassen(n) / Damals hab Halgart(er) gesagt er woll mit an stene
	dan es sij ey(n) winga(r)t jm kauff der sij sin gewest. Er woll doch nit widd(er) mit
	jne anstene dan waß den(n) wingart antreffe und waß er heruß thu(n) soll um(m)b
	den wingart deß woll er gehorsame sin und thu(n). Dabij syen(n) sie gewest / Die
	sage hat Antz v(er)bott und jne furt(er) zugesproch(e)n das sie ir sage nit bewere(n) notz
	X g(ulden). Daroff sagen(n) sie sie wollen(n) dem(e) r[e]cht(en) gehorsam sin. Wan(n) ma(n) will so
	wollen(n) sie ire sage mit dem eyde becrefftigen. Antz hait gefragt jn welch(er)
	zijt. S(ente)n(ti)a noch hude zu XIIII tage. Das hait er v(er)bott.
	Jt(em) End(re)s Drapp schuldiget von(n) momp(ar)schafft wegen sins brud(er)s Henne(n) von(n)
	Eltfelden wie er sime brud(er) gudt wurden sij vor V gůld(en) von(n) Berckerns
erk(annt)	wegen(n). Das er jme die nit gijt schade jme alßvil dar zu. Daroff redt
	Henne von(n) Eltfeldt und erkent jme die V guld(en) hie zussen(n) und Marti(ni).
	Det ers nit so soll er pfandt off jne bereddt.
	Jt(em) Sterne Clese schuldiget Heynricu(m) des schriberes sone wie sin vad(er)[c] um(m)b
	jne kaufft habe spynnel und schrube vor II g(ulden) III alb(us). Daß er jme die III g(ulden)
Stern Clese	nit gebe schade jme alßvil darzuu(u) // Anttwort.[d] Daroff spricht Heinrici sin můder
Heinrice	wisß von(n) keyne(n) kauff / Dan(n) ey(n)e monch hab spynnel und schrub kaufft um(m)b jne[e]
	da sij er bij gang(en) als auch ey(n) and(er) dett // ungev(er)lich.[f] Dan er hab der schruben(n) nit getorfft.
	Bringe er aber bij alß off ey(n) doite hant recht sij můß er lassen(n) geschen(n) waß
	billich[g] dar um(m)b sij. Daroff Clese spricht Endres Trap sij dabij gewest
	daß er sinem vatt(er) Pet(er) Schrib(er)n selgen hab das gelt geheÿssen. Als spreche
	er es we(re) zu důre er woll jme geb(e)n I½ [II/2] guld(en) dar vor / Da[h] woll er das
	gelt nit neme(n). Dabij sij auch Straßberg(er) gewest. Antz daruff redt[i] bringe

---

a Es steht »sprcht« mit einem undeutlichen Zeichen über dem »r«. - **b** Das Wort ist über der Zeile beigefügt, darunter gestrichen: »sie«. - **c** Es folgt gestrichen: »jn«. - **d** Das Wort steht über der Zeile. - **e** Die beiden letzten Worte sind über der Zeile beigefügt, darunter ein getilgtes Wort. - **f** Das Wort ist über der Zeile beigefügt. - **g** Das Wort ist anstelle eines gestrichenen »r[e]cht« vor der Zeile beigefügt. - **h** Das Wort ist über der Zeile beigefügt, darunter durchgestrichen: »alß«. - **i** Das Wort ist über der Zeile beigefügt, darunter gestrichen: »spricht«.

15. September 1481

fol. 188v

ÜBERTRAGUNG

Adam Wolff, unser Mitschöffe, sagt, er habe seine 1., 2., 3. und 4. Klage gegen Henne Duntzel erhoben und will nun die Güter einziehen, denn er sei ihm noch Gülten schuldig. Darum hat er die Güter eingezogen und der Schultheiß hat ihm Bann und Frieden darüber gemacht nach Gewohnheit des Gerichts.

Elsgin, die Frau Gippelhorns erkennt an, Contz Bender 3 Gulden zahlen zu müssen in 6 Wochen. Wenn nicht erfolgt die Pfändung.

Peter Harwiler erkennt an, Henne Snel 7 Gulden zahlen zu müssen binnen 14 Tagen. Wenn nicht etc.

Heinz Driel erkennt an, Karl 2 Gulden zahlen zu müssen binnen 14 Tagen. Wenn nicht erfolgt die Pfändung.

Peter Halgarter klagt Stamm und Henne von Eltville an, dass sie bei einem Kauf mit Philipp Duchscherer gewesen seien. Dass sie nicht sagen, was sie davon wissen, das schade ihm 4 Gulden. Henne von Eltville und Stamm antworten einmütig und gestehen, dass sie bei dem Kauf waren und dass Heinz Hase und Bart und auch etliche mehr dabei waren. Und sie haben von Philipp gekauft. Und sie sagten, wenn einer Mitteilhaber an dem Kauf sein wolle, den wollen sie zulassen. Damals habe Halgarter gesagt, er wolle mit anstehen, denn es sei ein Weingarten im Kauf, der sei seiner gewesen. Er wolle doch nicht wieder mit ihnen anstehen, außer den Weingarten betreffend und was er daraus tun soll, darin wolle er gehorsam sein und es tun. Dabei seien sie gewesen. Die Aussage hat Antz festhalten lassen und sie weiter angeklagt, dass sie ihre Aussage nicht beeiden, das schade ihm 10 Gulden. Darauf sagen sie, sie wollen dem Gericht gehorsam sein. Wenn man will, so wollen sie ihre Aussage mit dem Eid bekräftigen. Antz hat gefragt, wann. Antwort: heute in 14 Tagen. Das hat er festhalten lassen.

Endres Drapp beschuldigt als Bevollmächtigter seines Bruders Henne von Eltville, dass er seines Bruders Bürge geworden sei für 5 Gulden gegenüber Becker. Dass er ihm die nicht gibt, das schade ihm ebensoviel dazu. Darauf redet Henne von Eltville und erkennt an, ihm die 5 Gulden bis Martini zu zahlen. Täte er es nicht, so soll er Pfänder benennen.

Cles Stern beschuldigt Heinrich, den Sohn des Schreibers, dass sein Vater von ihm Schreibzeug für 2 Gulden und 3 Albus gekauft habe. Dass er ihm die 3 Gulden nicht gebe, das schade ihm ebensoviel dazu. Darauf sagt Heinrich: Seine Mutter wisse von keinem Kauf. Denn ein Mönch habe Schreibzeug von ihnen gekauft, da sei er dabeigewesen wie ein Unbeteiligter. Denn er habe das Schreibzeug nicht benötigt. Bringe er aber den Beweis bei, dass es Recht der toten Hand sei, so müsse er geschehen lassen, was darin billig sei. Darauf sagt Klaus: Endres Drapp sei dabei gewesen, dass er von seinem Vater Peter, dem verstorbenen Schreiber, das Geld gefordert habe. Da sprach er, es sei zu teuer, er wolle ihm 1½ Gulden dafür geben. Da wollte er das Geld nicht nehmen. Dabei sei auch Straßberger gewesen. Antz sagte darauf: Bringe

fol. 189 — Zistag post Crucem Exaltacionis

S(ente)n(ti)a	Clese bij als off ey(n) dode hant recht sij můß er lassen(n) gescheen(n). Sterne Clese daroff spricht er woll den(n) glauben dar zu thu(n) das Pet(er) Schrib(er) selge jme das gelt schuldig sij. S(ente)n(ti)a daß Sterne Clese VII persone haben(n) soll die das bij dem(e) eyde behalten(n) das jme der schrib(er) solich gelt wie oberzalt schuldig sij. Und ob er der nit haben(n) magk stet dan(n) Clese dar und thů VI eyde und darnach den VII eydt das die VI also ware und gerecht syen(n) so hait er bij bracht. Und soll die beweru(n)ge thůn(n) noch hude zu XIIII tagen(n). Das hait beyde p(ar)tijen v(er)bott.
hirt Lichtschijt	Jt(em) Gotzen(n) Henchin(n) schuldiget den kůwehirtenn sin gesynne hab jme ey(n) kuwe die er vor jne getriebenn[a] hincken(n) gemacht. Das schade jme III guld(en).
onschult	Ita v(e)l no(n). Daroff der hirt spricht / er wiß nust davon(n) und wes er jne wider anlange deß sij er onschuldig. Die hait jme der schult(eiß) gestalt hude zu XIIII tage. V(er)bott.
erf(olgt)	Jt(em) Endres Trap erfolgt Knode(en) Henne(n) ex p(ar)te fr(atr)is vo(r) X guld(en).
erf(olgt)	Jt(em) Manbachs Henchin(n) erfolgt Martelbach vo(r)[b] I g(ulden).
erf(olgt)	Jt(em) W(er)ner Knobelauch erfolgt synen eyden fur ey(n) ort ey(n)s gůld(en).
1 h(eischung)	Jt(em) Dieme(n) Claiß ex p(ar)te d(omi)noru(m) jn Husen(n) 1 h(eischung) off Pet(er) Lutzen(n) off XI ß gelts et sup(ra) o(mn)ia.
erf(olgt)	Jt(em) frauwe Fiel erfolgt Contzgin von(n) Geylnhusen(n) vor VI l(i)b(ras) off rechenschafft.
2 h(eischung)[c]	Actu(m) Z(ist)a(g) p(os)t Cruc(em) Exaltac(i)o(nis) Jt(em) Flucken(n) Clese ex p(ar)te eccl(es)ie 2 heyssu(n)ge off Cleß Bend(er)s nachfare Gerha(r)t Spitzkopp und Henne von(n) Soden off ey(n) ewig oley liecht ut p(rim)a sonat.
2 h 1 h(eischung)	Actu(m) Sabb(at)o p(os)t Mathej. Jt(em) Adam(m) Wolff 2 h(eischung) off Suffußen(n) ut p(ri)ma sonat. Jt(em) Clese Raube 1 h(eischung) off Emmerichis Greden(n) off V ß zins et selich und(er)pfande.
Dorrn Henne Henne Reyß	Actu(m) Z(ist)a(g) p(os)t Mauricij. Jt(em) Dorre Henne von(n) momp(ar)schafft weg(en) Philipsen(n) Duchschere(r)s sone schuldiget Henne(n) Ryessenn alß wie er eyne(n) kauff um(m)b Philipsen(n) Duchschere(r) gethan(n) hab. Alß sij ey(n) rachtu(n)ge gemacht daß Ryeß jars III guld(en) geben(n) soll bijß das er LX gulden v(er)nuge alß dan(n) der kauff geludet hait / Daß er nů den kauf nit helt auch deß gelts nit engebe daß schade jme VI g(ulden). Ita v(e)l non(n). Daroff dan(n) Henne Ryeß selbs redt er hab eyne(n) kauff um(m)b Philipsen(n) gethan(n) um(m)b LX guld(en). Deß soll er Stamme(n) geb(e)n II l(i)b(ras) vom(m) huse. Der II l(i)b(ras) soll jme Stamme jars widd(er) herußgeb(e)n IX d(enar). Alß spricht Stame es gehe jne nůst an. Dan(n) hab jme Philips vil geredt. Daß heyß er jme halten(n). Und dasselbe huß lijhe auch jn eyne(m) ewigen(n) liecht der kirchen. Daß ssij [!] jme

---

a Es folgt durchgestrichen: »hab«.
b Über dem Wort steht ein unleserliches Zeichen.
c Die Marginalie wird noch zweimal wiederholt.

Cles den Beweis, dass es Recht der toten Hand sei, müsse er es geschehen lassen.
Cles Stern sagt darauf: Er wolle beeiden, dass der verstorbene Peter, Schreiber, ihm das Geld schuldig sei. Urteil: Cles Stern soll 7 Personen haben, die das bei ihrem Eid bezeugen, dass ihm der Schreiber das Geld wie angeführt schuldig sei. Und wenn er die nicht hat, steht Klaus dann da und leiste 6 Eide und danach den 7. Eid, die ebenso wahr und gerecht sind, so hat er den Beweis erbracht. Und er soll den Eid leisten heute in 14 Tagen. Dem haben beide Parteien zugestimmt.
Henchin Gotze klagt den Kuhhirten an, sein Gesinde sei Schuld, dass eine Kuh, die er für ihn treibt, nun hinkt. Das schade ihm 3 Gulden. Ja oder Nein. Darauf sagt der Hirt: Er wisse nichts davon und wessen er ihn darüber hinaus anklage, dessen sei er unschuldig. Die Unschuld hat der Schultheiß festgesetzt von heute an für 14 Tage. Festgehalten.
Endres Drapp verklagt Henne Knode für die Kirche auf 10 Gulden.
Henchin Manbach verklagt Martelbach auf einen Gulden.
Werner Knobeloch verklagt seinen Schwager auf einen Ort von einem Gulden.
Clas Diem erhebt für die Herren in Hausen die 1. Klage gegen Peter Lutzen wegen 11 Schilling Geld auf alles.
Frau Fiel verklagt Contzgin von Gelnhausen auf 6 Pfund gegen Abrechnung.

18. September 1481
Cles Fluck erhebt für die Kirche die 2. Klage gegen Cles Benders Nachfahren Gerhard Spitzkopp und Henne Soden wegen einem ewigen Öllicht.

22. September 1481
Adam Wolff erhebt seine 2. Klage gegen Suffuß.
Cles Raub erhebt seine 1. Klage gegen Grede Emmerich wegen 5 Schilling Zins auf die Pfänder.

25. September 1481
Henne Dorn beschuldigt als Bevollmächtigter von Philipp Durchscherers Sohn Henne Rieß, dass er von Philipp Duchscherer gekauft habe. Da sei eine Absprache gemacht worden, dass Rieß jährlich 3 Gulden geben soll, bis er 60 Gulden bezahlt hat, die er insgesamt erkauft hat. Dass er nun den Kauf nicht einhält, auch das Geld nicht gebe, das schade ihm 6 Gulden. Ja oder Nein. Darauf redet Henne Rieß selbst: Er habe von Philipp für 60 Gulden gekauft. Davon solle er Stamm 2 Pfund geben vom Haus. Von den 2 Pfund soll ihm Stamm jährlich wieder herausgeben 9 Denar. Da sagt Stamm, es gehe ihn nichts an. Denn Philipp habe mit ihm viel geredet. Das fordert er von ihm zu halten. Und dasselbe Haus leihe auch einem ewigen Licht der Kirche. Das sei ihm

fol. 189v — Zistag post Mauricij

nit benan(n)t wurd(en) off dem(e) kauf. Daß huß lijhe auch jn IIII guld(en) gelts den
heren(n) zu sant Johanne(n) zu Mentz(e) sije jme auch nit benant. Und dwile
jme solichis off dem(e) kauff nit bena(n)t sij so hoff er jme nust schuldig zu sin.
Alle dwile ers nit uß der gulten(n) dut so ste das huß auch nit zu sinen handën(n)-
Darum(m)b hoffe er jme nust nit schuldig zu sin. Stalt das zu recht.
Daroff Rudig(er) von(n) Dorre Henne(n) redt er woll v(er)boden daß Henne Ryeß doch des
kauffs gesteet / Und hofft dwile er deß kauffs gestendig und nit leuckbare sij
er soll den(n) kauf haltenn und bezalen(n) und stalt zu recht. Henne Ryeß
hofft dwile jme die vo(r)erzalt gult nit off dem(e) kauff bena(n)t sij so hofft er
darum(m)b nust nit schuldig zu sin und stalt auch zu recht. Interroga(ti)o schulteti ze(etera).

Ryeß — S(ente)n(ti)a dwile Henne Ryeß des kauffs gestendig ist so soll er den halten(n). Rudig(er)
hait das ort(eil) v(er)bott und mit recht gefragt wan(n) er den(n) kauff v(er)nug(en) soll.
S(ente)n(ti)a jn XIIII tag(en). V(er)bott.

frage — Jt(em) Borckarts Else spricht jr hußwirt sij nit jnheym(m)s und wisß nit woe er sij. Als
werde sij frist angefechtiget der schulden(er) halp. Und beg(er)t mit recht ob sie moge
daß ir angriffen(n) keuffen(n) und v(er)keuffen(n) v(er)gifften(n) und v(er)geben(n) sich schadenloiß
zu halten(n) und erweren(n). Off bedechtniß offgeslagen.

Jt(em) Henne von(n) Eltfelt hait sich v(er)dingt Cleßgin Berckorn(n) sin wo(r)t zu thu(n) und hait
sin und(er)dinge v(er)bott als recht ist. Und schuldiget Thomas Henne(n) wie das
er mit Contz Borckarten hab geredt jn Heyntz Borckarts huß jn der Judd(en)

Thomas Hen(n)chin(n) — gassen und zu jme gesprochen(n) er sij junckher Wilhelm(e) selgen schuldig XVI l(i)b(ras)
ongev(er)lich. Wiltu die gult geb(e)n und die XVI l(i)b(ras) das er sin keyne(n) schaden hab.
Da hab Henchin(n) ja zu gesagt und er hab es jme also geluwe(n) daß er solichis
on syne(n) schaden(n) soll ußricht(en). Daß hab er nu nit gethan(n). Daß schade jme hund(er)t

Cleßgin Ber(r)ckorn — guld(en) und heyst jme ey(n) recht gerichts anttwo(r)t ob er solichis geret hab od(er) nit.
Dan(n) junckh(er) Wilhelm(e) hab Contz Borckart[a] erfolgt und zu grossem(m) kosten(n) und schad(en)
bracht und jme dassin v(er)kaufft. Daß schade jme I^c(entum) g(ulden) alß fur.
Rudig(er) daroff redt Thomas Henchin(n) hab ey(n) huß um(m)b juncker Wilhelm(e) bestand(en).
Da gebe er jars sin gult von(n). Und wisß nůst das er mit Cleßgin zu schaffen(n)
hab. Woll ers da bij lassen(n) sij gudt. Woll ers aber nit thu(n) weß er jne dan wid(er)
anlange deß sij er unschuldig. Die jme dan(n) der schult(eiß) noch hude zu XIIII tag(en)
gestalt hait. Das hait v(er)bott.

erk(annt) — Jt(em) Kytz Anna erkent Christma(n)s Henne II g(ulden) mynn(er) I ort jn XIIII tag(en). Si no(n) tu(n)c pf(and).

erf(olgt) — Jt(em) Schonewedd(er) erfolgt Contz(en) jm scheffen(n) huse off das buch.

Herman(n) Bend(er) — Jt(em) Herma(n) Bend(er) schuldiget Korbern(n) wie er jme schuldig sij III g(ulden) mi(nus) I ort
daß gelt soll er dem(e) cloist(er) Engeltale geb(e)n jme onschedelich. Das habe er

---

a Die beiden letzten Worte stehen über der Zeile, darunter durchgestrichen »jme darvor«.

nicht benannt worden beim Kauf. Das Haus gebe auch 3 Gulden Geld den Herren von St. Johann zu Mainz, das sei ihm auch nicht genannt worden. Und weil ihm solches an dem Kauf nicht benannt worden sei, so hoffe er ihm nichts schuldig zu sein. So lange er es nicht aus den Gülten tue, so stehe das Haus auch nicht in seinem Besitz. Deshalb hoffe er, ihm nichts schuldig zu sein. Das legt er dem Gericht vor. Darauf sagt Rudiger für Dorn: Henne redet, er wolle festhalten lassen, dass Henne Rieß den Kauf gestehe. Und er hofft, weil er den Kauf zugibt und nicht leugne, er soll den Kauf halten und bezahlen und legt das dem Gericht vor. Henne Rieß hofft, weil die vorgenannten Gülten nicht vor dem Kauf benannt wurden, so hoffe er deswegen nichts schuldig zu sein und legt das auch dem Gericht vor. Befragung Schultheiß, etc. Urteil: Weil Henne Rieß den Kauf zugibt, soll er den halten. Rudiger hat das Urteil festhalten lassen und das Gericht gefragt, wann er dem Kauf Genüge tun soll. Urteil: in 14 Tagen. Festgehalten.

Else Borkart klagt, ihr Ehemann sei nicht in der Gegend und sie wisse nicht, wo er sei. So werde sie wegen Fristen angeklagt der Schulden halber. Und sie fragt das Gericht, ob sie das Angegriffene kaufen und verkaufen, verschenken und übertragen könne, sich schadlos halten und erwehren könne. Das hält das Gericht fest, darüber nachzudenken.

Henne von Eltville hat sich verpflichtet, Clesgin Berkorn vor Gericht zu vertreten und hat seine Anwaltschaft festhalten lassen, wie es Recht ist. Und er beschuldigt Henne Thomas, dass er mit Contz Borkart geredet habe in Heinz Borkarts Haus in der Judengasse und er habe zu ihm gesagt: Er sei dem verstorbene Junker Wilhelm 16 Pfund schuldig ungefähr. „Willst Du die Gülte geben und die 16 Pfund, so dass er keinen Schaden hat?" Da hat Henne Ja dazu gesagt und hat es ihm geliehen, damit er diese ohne seinen Schaden ausrichten soll. Das hat er nun nicht getan. Das schade ihm 100 Gulden und er fordert von ihm eine Antwort vor Gericht, ob er solches geredet habe oder nicht. Denn Junker Wilhelm hat seinen Anspruch ins Gerichtsbuch eintragen lassen gegen Contz Borkart und ihm große Kosten und Schaden zugefügt und ihm seinen Besitz verkauft. Das schade ihm 100 Gulden wie zuvor. Rudiger redete darauf: Henne Thomas habe ein Haus von Junker Wilhelm gemietet. Davon gebe er jährlich seine Gülte. Und er wisse nichts, dass er mit Clesgin zu schaffen habe. Wolle er es dabei lassen, sei es gut. Wolle er es aber nicht tun, wessen er ihn darüber hinaus anklage, dessen sei er unschuldig. Diese hat der Schultheiß ihm von heute an für 14 Tage festgesetzt. Das hat er festhalten lassen.

Anna Kitz erkennt an, Henne Christman 2 Gulden weniger 1 Ort zahlen zu müssen binnen 14 Tagen. Wenn nicht erfolgt die Pfändung.

Schonwedder hat seinen Anspruch ins Gerichtsbuch eintragen lassen gegen Contz im Schöffenhaus.

Hermann Bender beschuldigt Korber, dass er ihm 3 Gulden weniger 1 Ort schuldig sei. Das Geld soll er dem Kloster Engeltal geben auf eigene Kosten. Das habe er

Quinta post Mauricij

nit gethan(n). Das schade jme VI g(ulden). Und ob er ney(n) dar zu sagen(n) wolt so zucht sich
Herma(n) off eyne(n) winkaůff alßvil er dabij gewest sin. Daroff Korber spricht
er hab Herma(n) wine zu kaůff gebenn. Und soll jme I guld(en) an geben(n). Daß hab
er nit gethan(n). Und sij jme sin wine noch zubezalen(n). Er erkenne jme ½ [I/2] guld(en)
off rechenu(n)ge. Dwile sich ab(er) Herma(n) off eyne(n) winkauff zucht / so begert er wan(n)
er den(n) bringen(n) soll. S(ente)n(ti)a jn XIIII tag(en). Betarff er dan(n) sin(er) tage furt(er) und heist die
als recht ist so soll ma(n) jme die noch zu zweyn(n) XIIII tag(en) stellen. V(er)bott.

erf(olgt)	Jt(em) Schone Wedd(er) erfolgt Hertelns Clesen(n) fur ½ [I/2] guld(en).
erf(olgt)	Jt(em) Pet(er) Holtz erfolgt Rudwine vo(r) I guld(en).
erf(olgt)	Jt(em) Wigandt Stortz(en)kopff erfolgt Kytzgin(n) vo(r) I g(ulden) off rechen(n)schafft.
erf(olgt)	Jt(em) Rutz(en) erfolgt Busen(n) Henne(n) vo(r) I gůld(en).

Qui(n)ta p(os)t Mauricij.

beweru(n)g	Jt(em) Stam un(n)d Henne vo(n) Eltfelt sprechen(n) sie sollen(n) Hailgartn(er) ey(n) beweru(n)g thun(n) also syen(n) sie des zu thu(n) gehorsame. Und hait jne d(er) schult(eiß) jren taig gestalt an(n) das negst gericht.

Actu(m) i(n) die Michael(is)

lip fur gudt	Jt(em) frauwe Magdalena von(n) Feningen(n) hait jre lip fur ir gudt gestalt gey(n) h(er) Conraden(n) und fragt ob ir gutt(er) nit ledig syen(n). S(ente)n(ti)a ist gewißt wil sie recht geb(e)n und neme(n) alß der scheffen(n) hie fur ey(n) recht wißt so syn(n) sie ledig. V(er)bott.
	Jt(em) h(er)n Conraden(n) ist sin tag gestalt an(n) das negst gericht antreffen(n) die von(n) Veningen(n).
	Jt(em) Licht Schijt ist sins rechte(n) buddig gewest gey(n) Gotzen(n) Henchin(n).
	Jt(em) Contz Storzkop 2 heyssu(n)g off Wisß Henne(n) ut p(ri)ma sonat.
gelengt[a]	Jt(em) zussen(n) Heynrici von(n) Ulme und Sterne Clesen(n) ist gelengt eyne(n) monet langk zu allem(m) recht(en) alß hude.
2 tag	Jt(em) J[e]kel Winßbach heyßt sine(n) and(er)n taig gey(n) Pet(er) Bend(er)n.
2 clage	Jt(em) Endres Drapp 2 clage off die heren(n) von(n) Erbach ut p(ri)ma sonat.
gelibb(er)t gelt das[b] geoffent was	Jt(em) nachdem(e) Dyma(n) Claß Casp(er) von(n) Debelich geoffent hait I gůld(en) dar dan lange zijt hind(er) gericht gelegen(n) hait den hait er von(n) mir Sibel Schriber empfangen jn bijwesen(n) Rule Heis deß heymb(er)g(e)rs.
3 h[c]	Jt(em) Flucken Clese 3 h(eischung) off Bend(er) Henns nach fare / G(er)hart Spitzkopen und Henne von Soden ut p(ri)ma hec fiat ex p(ar)te ecl(es)ie.

---

a Es folgt unmittelbar vor dem Beginn der Zeile ein senkrechter Strich.
b Es folgt unmittelbar vor dem Beginn der Zeile ein senkrechter Strich.
c Die gesamte Marginalie lautet: »3 h 3 h(eischung) 3 h(eischung)«.

nicht getan. Das schade ihm 6 Gulden. Und wenn er Nein dazu sagen wolle, so beruft Hermann sich auf den Vertragsabschluss und die, die dabei waren. Darauf sagt Korber: Er habe Hermann Wein zu kaufen gegeben. Und er sollte ihm einen Gulden geben. Das habe er nicht getan. Und der Wein sei ihm noch zu bezahlen. Er erkenne ½ Gulden gegen Rechnung an. Weil sich Hermann aber auf den Vertragsabschluss beruft, so fragt er, wann er den beibringen soll. Urteil: in 14 Tagen. Bedürfe er Verlängerung und fordere sie, wie es Recht ist, so soll man sie ihm noch zweimal 14 Tage geben. Festgehalten.
Schonwedder verklagt Cles Hertel auf ½ Gulden.
Peter Holtz verklagt Rudwin auf einen Gulden.
Wigand Stortkopp verklagt Kitzgin auf einen Gulden gegen Rechnung.
Ruts verklagt Henne Buse auf einen Gulden.

26. September 1481
Stamm und Henne von Eltville sagen, sie sollen Halgarter eine Bürgschaft leisten. Dessen sind sie gehorsam. Der Schultheiß hat ihnen einen Termin gesetzt am nächsten Gerichtstag.

29. September 1481
Frau Madlene von Venningen hat ihren Leib vor ihr Gut gestellt gegenüber Herrn Konrad und fragt, ob ihre Güter nicht frei seien. Es wird das Urteil gesprochen: Will sie Recht nehmen und geben, wie es die Schöffen hier weisen, so seien sie frei. Festgehalten. Herrn Konrad ist sein Termin gesetzt worden am nächsten Gerichtstag betreffend die von Venningen.
Lichtschid war zum Rechtsbeweis bereit gegenüber Johann Gotze.
Contz Stortzkopp erhebt seine 2. Klage gegen Johann Wiß.
Zwischen Heinrich von Olm und Cles Stern ist der Termin verschoben worden um einen Monat mit allem Recht wie heute.
Jeckel Winsbach fordert seinen zweiten Tag, Beweise beizubringen gegenüber Peter Bender.
Endres Drapp erhebt die 2. Klage gegen die Herren von Eberbach.
Nachdem Clas Diem Kasper von Debelich einen Gulden geöffnet hat, der lange Zeit bei Gericht hinterlegt war, hat er den von mir, Sibel Schreiber in Anwesenheit Henne Rules des Heimbürgen empfangen.
Cles Fluck erhebt seine 3. Klage gegen Henn Benders Nachfahren Gerhart Spitzkop und Henne von Soden für die Kirche.

fol. 190v — Sabbato post Francisci

	Actu(m) Sabb(at)o p(os)t Francisci.
2 h(eischung)	Jt(em) Clese Raub uns(er) mitscheffen(n) geselle 2 h(eischung) off Emerichis Grede ut p(ri)ma.
3 h(eischung)	Jt(em) Adam(m) Wolff n(oste)r soci(us) 3 heyssu(n)ge off Suffuß ut p(ri)ma sonat.
erf(olgt p. b.)	Jt(em) Pet(er) Bůle erfolgt Henchin(n) Hyltzgen(n) off d(as) buch und er hat auch pfande off jne beredt und ist gewist ut mor(is) est.
erk(annt)	Jt(em) Bierkorne erkent Adam(m) Wolffen socio n(ost)ro mit jme zurechen(n) jn XIIII tag(en) und bezalen(n) Marti(ni) negst kompt. Si non(n) tu(n)c pfandt off jme erfolgt.
1 h(eischung)	Jt(em) Dorre Henne ex p(ar)te momp(ar)schaff Philip(p) Duchscherr(er)s sone I heyssu(n)g off Kytzgin off I g(ulden) und solich und(er)pfande.
embrachen(n)	Jt(em) Licht Schijt^a ist Gotzen(n) Henchin(n) embrochen(n) der unschulde halp die er jme gethan(n) solt deß halp das er sinen tag nit v(er)hudt hait.
s(ente)n(ti)a	Ist gewist mit recht er sij vo(n) jme embrochen(n) / Und soll jme sine(n) kosten(n) widd(er) gebenn. Hait er gefragt wannee. S(ente)n(ti)a noch taling v(er)bott.
1 h(eischung)	Jt(em) meist(er) Hans Stey(n)metz(e) 1 heyssu(n)ge off Kytz Anne(n) off II guld(en) und solich und(er)pf(and)
erk(annt)	Jt(em) Metzel Henne erkent hern(n) Heynrich Nickeln(n) von(n) momp(ar)sch(aft) wegen(n) Keth Hyltzin III gud(en) jn XIIII tag(en). Si no(n) tu(n)c pfandt erf(olgt).
erf(olgt)	Jt(em) Steffan(n) Beder erfolgt Clese Wissen off das buch.
erk(annt)	Jt(em) Winter erkent Duphorne von(n) Algeßheim(m) I g(ulden) Marti(ni) zu geb(e)n. Si no(n) tu(n)c pf(and).
	Jt(em) Henne von(n) Eltfelt und Stamme sprechen(n) sie sollen Halgarte(r) ey(n) beweru(n)ge thu(n). Also syen(n) sie gehorsam(m) gewest und darzu jren(n) tag v(er)hudt und Halga(r)ter nit. Darum(m)b begeren sie mit urtel ob sie nit von(n) jme embroch(e)n und der ansprach ledig syen(n). Stalten(n) das zu recht.^b Daruff Halga(r)ter spricht sie syen(n) gewist sie sollen(n) jme eyn(n) beweru(n)ge thun(n) jn XIIII tagen(n). Daß haben(n) sie nit gethan(n).
Halgart(er)	Darum(m)b hofft er sie erfolgt zu han und stalt auch zu recht. S(ente)n(ti)a dwile Halgart(er) sinen tag nit v(er)hudt hait so mogen(n) sie noch^c jr beweru(n)g thu(n) nach dem(e) sie sich erbotten(n) hab(e)n / Das ortel hab(e)n sie v(er)bott.
gelengt	Jt(em) zussenn Henne(n) von(n) Eltfelt Stamme(n) und Halga(r)t(er) ist gelengt biß off Sampstag negst nach Martini zu allem(m) recht(en) sic hodie.
gelengt	Jt(em) zussen(n) h(er)n Conraden(n) und frauw Magdalene vo(n) Fenning(en) ist gelengt XIIII^d tage zu allem(m) recht(en) sic hodie. V(er)bott
frage	Jt(em) Hepen(n) Henne fragt d(er) wine halp beroren(n) Emerichen(n) von(n) Nassauwe zusteen(n) sollen(n) wie er mit dem wine thu(n) soll / Ist gewist er soll sie halten(n) XIIII tage und dan(n) widd(er) an gericht komme(n). Und was dan(n) furt(er)

a Es folgt durchgestrichen: „spricht".
b Der Nebensatz ist am linken Seitenrand hinzugefügt.
c Es folgt durchgestrichen: „zu".
d Vor der Zahl durchgestrichen „no".

6. Oktober 1481
Cles Raub, unser Mitschöffe, erhebt seine 2. Klage gegen Grede Emmerich.
Adam Wolff, unser Mitschöffe, erhebt seine 3. Klage gegen Suffuß.
Peter Bul hat seinen Anspruch ins Gerichtsbuch eintragen lassen gegen Henchin Hiltz und er hat auch Pfändung gegen ihn gefordert und das Gericht wies ihn wie es üblich ist.
Berkorn erkennt gegenüber Adam Wolff, unserem Mitschöffen, an, mit ihm abzurechnen binnen 14 Tagen und zu bezahlen bis Martini. Wenn nicht erfolgt die Pfändung.
Henne Dorn erhebt als Bevollmächtigter von Philipp Duchscherers Sohn seine 1. Klage gegen Kitzgin wegen einem Gulden auf die Pfänder.
Lichtschid ist freigesprochen von der Anklage von Henchin Gotze, weil der seinen Gerichtstag nicht gewahrt hat. Deswegen wurde er vom Gericht freigesprochen. Und jener soll ihm seine Kosten bezahlen. Da hat er gefragt, wann. Urteil: Noch heute. Festgehalten.
Meister Hans Steinmetz erhebt seine 1. Klage gegen Anne Kitz wegen 2 Gulden auf die Pfänder.
Henne Metzel erkennt an, Herrn Heinrich Nickel als Vertreter von Kett Hiltz 3 Gulden zahlen zu müssen binnen 14 Tagen. Wenn nicht erfolgt die Pfändung.
Steffan Beder hat seinen Anspruch ins Gerichtsbuch eintragen lassen gegen Cles Wiß.
Winter erkennt gegenüber Duphorn von Algesheim an, einen Gulden zahlen zu müssen bis Martini. Wenn nicht erfolgt die Pfändung.
Henne von Eltville und Stamm sagen, sie sollen Halgarter einen Eid leisten. Dazu waren sie bereit und sie haben ihren Tag gewahrt, Halgarter nicht. Daher fordern sie das Gerichtsurteil, ob sie nicht von der Anklage freigesprochen sind. Das legen sie dem Gericht vor. Darauf sagt Halgarter: Ihnen sei gewiesen worden, sie sollen den Eid tun in 14 Tagen. Das haben sie nicht getan. Darum hoffe er gegen sie gewonnen zu haben. Urteil: Weil Halgarten seinen Gerichtstag nicht gewahrt hat, so können sie noch ihren Eid leisten, nachdem sie den angeboten haben. Dem Urteil haben sie zugestimmt. Zwischen Henne von Eltville, Stamm und Halgarter ist der Termin verschoben worden bis Samstag nach Martini mit allen Rechten.
Zwischen Herrn Konrad und Frau Madlene von Venningen ist der Termin verschoben worden um 14 Tage mit allen Rechten. Zugestimmt.
Henne Hepp fragt wegen des Weins, der Emmerich von Nassau zustehen solle, was er denn mit dem Wein tun soll. Es wird ihm gewiesen, er soll ihn 14 Tage halten und dann wieder an das Gericht kommen. Und was dann weiter

fol. 191 — Zistag Dyonisij

recht sij das gesche das hait er v(er)bott.

Jt(em) Herman(n) Bend(er) schuldiget Pet(er) Wolenbere wie er wine zu Bubenheym(m) kaufft

H(er)ma(n) Bend(er) und jme geredt eyn(n) mitgeselle daran zu sin. Das er jme das nit helt notz(et)
X guld(en). Und heist jme ey(n) r[e]cht gerichts anttwo(r)t. Peter daruff redt und spricht
er hab jme geredt an eyne(n) stůck wine mitgesell zu sin und nit me. Nů hab

Wolenbere er ettlichen(n) trup treber[a] wine kaufft und gebe aůch syn teyle gewynne nit davon(n).
Und erkent daß er jme geredt hab an eyne(n) stuck mitgeselle zu sin. Will ers da bij
lassen(n) sij gudt. Will er nit wes er jne wider anlange deß sij er unschuldig. Die
unschult hait jme d(er) schulth(eiß) gestalt nach hude zu XIIII tagen(n).

Jt(em) Herman(n) schuldiget den(n)selb(e)n Pet(er) Wolenbere er hab mit jme gerechen(n)t jn Wigants
huß und sij jme schuldig VIII alb(us) I g(ulden). Das er jme die nit gebe notz(et) jn tantu(m).
Dar zu redt Pet(er) er hab dasselbe gelt v(er)wiset off Stortzkoppen jme das zugeb(e)n
und woll er daß han(n) so woll er es darlegen(n). Daß hait Herman(n) v(er)bott das er doch
das gelt will darlegen(n) und gefragt jn welch(er) zijt er das thu(n) soll. S(ente)n(ti)a jn XIIII
tagen(n). Das hait H(er)man(n) v(er)bott.

p b. Jt(em) Niclaß Bend(er) hait pfande beredt off Pet(er) Bend(er)n von(n) momp(ar)schafft weg(en)
eyns duwen(n) hauw(er)s von(n) Luttern(n).

erk(annt) Jt(em) Clese Suffuß erkent von(n) sin(er) enckeln wegen(n) Pafens Henne(n) von(n) Jngelnheim(m)
VIII alb(us) und VII guld(en) jn XIIII tag(en) ußzuricht(en). Si no(n) tu(n)c pfandt.

erf(olgt) Jt(em) die abbatissin zu Engeltale erfolgt Carpen(n) Cleßgin off das buch.

erk(annt) Jt(em) Kyle Henne erkent Essig Henchin(n) von(n) momp(ar)schafft weg(en) sins vatt(er)s I guld(en)
zussen(n) hie und Winachten. Si no(n) tu(n)c pfandt erfolgt.

posuit Jt(em) Winworme hait XII alb(us) gelacht hind(er) gericht geyn(n) meist(er)
Martin(n) dem(e) smide und hait jme den(n) geoffent vo(n) schaden(n).

Actu(m) Z(ist)a(g) Dyonisij.
Jt(em) Cleßgin(n) Berckorne hat sin(n) unschulde gewart geyn(n) Thomas Hench(in). Thomas
Henchin(n) hait auch dye unschulde v(er)hůdt die er dan(n) Cleßgin thu(n) soll. Und
hait jne der schult(eiß) deß furt(er) tag gestalt an das negst gericht. V(er)bott.

Actu(m) Sabb(at)o p(os)t Dyonisij.

1 clage Jt(em) Hench(in) Drubein 1 clage off Phil[i]pß Henne(n) frauwe off XVI g(ulden) heuptgelts und
XX guldin(n) schadens.

Jt(em) Rudig(er) hait sich v(er)dingt Thomas Hennen(n) zu den(n) heilgenn zuleyd(en) und hait sin
fecit justicia(m) und(er)dinge v(er)bott alß recht ist / Und Thomas Henne hait daß recht getragen(n) nach
ludt syne(r) v(er)anttwart jnhalt deß buchs beroren(n) Cleßgin Berckorne. Und hait
Rudig(er) von(n) sine(n)t wegenn gefragt mit ortel ob er sin recht recht gethan(n) hab. S(ente)n(ti)a ja.[b]

---

a Das Wort steht über der Zeile.
b Die folgenden Seiten fol. 191v und 192 sind in der Vorlage leer

9. Oktober 1481

Recht sei, das geschehe. Das hat er festhalten lassen.

Hermann Bender beschuldigt Peter Wolenber, dass er Wein in Bubenheim gekauft habe und ihn überredet habe, Teilhaber zu sein. Dass er ihm das nicht hält, schadet ihm 10 Gulden. Und er fordert von ihm eine Antwort vor Gericht. Peter redet darauf und sagt: Er habe ihn überredet, an einem Stück Wein Teilhaber zu sein und nicht mehr. Nun habe er etliches an trübem Tresterwein gekauft und es gebe auch sein Anteil keinen Gewinn davon. Er gibt zu, dass er ihn überredet habe, Mitteilhaber an einem Stück zu sein. Will er es dabei lassen, sei es gut; will er nicht, wessen er ihn darüber hinaus anklage, dessen sei er unschuldig. Die Unschuld hat der Schultheiß festgesetzt von heute an für 14 Tage.

Hermann beschuldigt denselben Peter Wolenber, er habe mit ihm abgerechnet in Wigants Haus und sei ihm schuldig 8 Albus einen Gulden. Dass er ihm die nicht gebe, schade ihm ebensoviel. Dazu sagt Peter: Er habe dasselbe Geld weiter verwiesen, es Stortzkopp zu geben und wolle er es haben, wolle er es hinterlegen. Das hat Hermann festhalten lassen, dass er das Geld hinterlegen will und hat gefragt, wann er das tun soll. Urteil: in 14 Tagen. Das hat Hermann festhalten lassen.

Niklas Bender hat Pfändung gefordert gegenüber Peter Bender als Bevollmächtigten eines Daubenhauers von Lautern.

Cles Suffuß erkennt an, für seine Enkel Henne Paffen von Ingelheim 8 Albus und 7 Gulden binnen 14 Tagen zu zahlen. Wenn nicht erfolgt die Pfändung.

Die Äbtissin von Engelthal hat ihren Anspruch ins Gerichtsbuch eintragen lassen gegen Clesgin Carpp.

Henne Kyl erkennt gegenüber Hengin Essig als Bevollmächtigten seines Vaters an, einen Gulden zahlen zu müssen bis Weihnachten. Wenn nicht erfolgt die Pfändung.

Winworm hat 12 Albus bei Gericht hinterlegt für Meister Martin den Schmied und hat ihm die geöffnet für den Schaden.

9. Oktober 1481

Clesgin Berkorn hat seine Unschuld gewahrt gegenüber Henchin Thomas. Henchin Thomas hat auch die Unschuld gewahrt, die er Clesgin tun soll. Und der Schultheiß hat ihnen einen Termin gesetzt am nächsten Gerichtstag. Zugestimmt.

13. Oktober 1481

Henchin Drubein erhebt die 1. Klage gegen die Frau von Henne Philipp wegen 16 Gulden Klagesumme und 20 Gulden Gerichtskosten.

Rudiger hat sich verpflichtet, Henne Thomas zu den Heiligen zu geleiten und hat sein Amt vor Gericht festhalten lassen, wie es Recht ist. Und Henne Thomas hat das Recht getan gemäß seiner Antwort im Gerichtsbuch gegenüber Clesgin Berkorn. Und Rudiger hat für ihn das Gericht gefragt, ob er sein Recht getan habe. Urteil: Ja.

fol. 192v — Zistag in die Galli

TRANSKRIPTION

erk(annt)	Jt(em) Heintz Driele erkent Kytzgin(n) ½ [I/2] gulden(n) jn XIIII tag(en). Si no(n) tu(n)c pfandt erf(olgt)
erk(annt)	Jt(em) Metzelhenne erkent Ge(r)hartenn I g(ulden) und IX alb(us) jn XIIII tag(en). Si no(n) t(un)c.
erf(olgt) erf(olgt)	Jt(em) Hanma(n)s Pet(er) erfolgt Clese Harewiler und Eberha(r)t Kytzgen(n) off d(as) buch.
	Jt(em) Winß Jekel schuldiget Pet(er) Fielen(n) wie er off ey(n) zijt bij eyn(er) rechenu(n)ge gewest sij
	zussen(n) jme und Pet(er)n Bend(er)n. Daß er nit sage wes jme davon(n) wissentlich ist
	das schait jme II guld(en). Und heyßt jme eyn(n) r[e]cht gerichts anttwo(r)t. Daroff
Pet(er) Fiele	hait sich Pet(er) Fiele bedacht und geredt daß jme wole wissentlich sij das Jekel
	Petern(n) Bendern(n) gearbeit hab jn dem(e) grossen(n) herbest. Od(er) umb die rechenu(n)ge
	sij jme nust kundig.
	Jt(em) Endres frauwe von(n) Winhem(m) schuldiget Cleßg(in) Berckorn er sij ir schuldig XIIII alb(us).
erk(annt)	Q(uod) no(n) dat notz(et) i(n) t(antu)m. Ita v[e]l no(n). Daruff Cleßgin der frauwen erkent VI alb(us)
	jn XIIII tag(en). Si no(n) tu(n)c pf(and).
erk(annt)	Jt(em) Ebberhart[a] Kytz erkent Hanß Mullen(er) vo(n) Swabenhey(m) I g(ulden) ½ [I/2] ort jn XIIII tag(en). Si no(n) et
	Jt(em) Kempff Henne erfolgt des Boßen hoffma(n) vor XVIII alb(us).
erf(olgt)	Jt(em) he(r) Heinrich Nickel erfolgt / Pet(er) Mandelma(n) vor V guld(en) und XVII alb(us).
erf(olgt)	
	Actu(m) Z(ist)a(g) i(n) die Galli a(nn)o LXXXI.[b]
	Jt(em) Flucken(n) Clese ex p(ar)te eccl(es)ie sin 4 [8/2] h(eischung) off Bend(er) Henns nachfare / Gerha(r)t
4 [8/2] h(eischung)[d]	Spitzkop und Henne von(n) Soden ut p(ri)ma. Und ist jme tag gestalt an das
	negst gericht.
	Actu(m) Sabb(ato) p(os)t Luce.
	Jt(em) Adam(m) Wolf n(oste)r socius sin 4 [8/2] heyssu(n)ge off Suffussen ut p(ri)ma. Tag
	gestalt an das negst gericht.
4 [8/2] h(eischung)	Jt(em) Pet(er) Raubp spricht zu Pet(er) Wolenbere(n) wie er ey(n) stuck wins um(m)b jne kaufft hab
	um(m)b XXII½ [XXIII/2] guldin. Den(n) wine hab er jme bezalt. Daß er jme solichen(n) kaufft
Pet(er) Raůb und	nit helt od(er) erkent daß schade jme XXX guld(en). Und heist jme des ey(n) r[e]cht gerichts
Pet(er) Wolenbere	anttwo(r)t. Peter Wolenbere daroff redt und ist Petern(n) Rauben(n) deß kauffs be-
	kentlich. Das hait Pet(er) Raub v(er)bott und furt(er) gefragt dwile jme Pet(er) des kauffs
	erkentlich ist ob er jme den nit halten(n) soll. Und beg(er)t des mit recht. S(ente)n(ti)a
s(ente)n(ti)a	Pet(er) Wolenbere soll Pet(er) Rauben(n) den kauff halten. Das hait Pet(er) Raub v(er)bott.
	Jt(em) Metzel Henne erkent Henne(n) Ercken XXI½ [XXII/2] guld(en) jn XIIII tag(en). Si no(n) tu(n)c pf(and).
erk(annt)	Jt(em) her Heinrich Nickel ex p(ar)te Hiltzen(n) Keten er folgt Metzel(n) Henne uff das buch
erf(olgt)	Jt(em) frauwe Fiel abbatissin hat pfand beredt off Carpen Cleßg(in) an der Stiegel Porten(n).
p b	Jt(em) Stam(m) spricht zuu Pet(er) Glockenn(er) wie er jme ey(n) faß zu kauff geb(e)n hab um(m)b
	XXIII alb(us). Deß hab er jme XII geb(e)n alb(us) / Daß er jme das uberige nit gijt notz(et)
Stame	XII alb(us). Ita v[e]l non[c]. Peter spricht er hab jme daß faß bezalt moge er es dabij laßen(n) sij gudt
Glockener	woll ers aber da bij nit lassen so biede er sin unschult / Die unsch(uld) hait jme der schult(eiß)

a Ein Kürzel hinter dem »h« wurde nicht berücksichtigt.
b Es folgt von anderer Hand und mit anderem Stift die Zahl »1481«.
c Die letzten drei Worte sind hinter »alb(us)« teilweise unter und über der Zeile beigefügt.
d Der Begriff wird noch zweimal wiederholt.

16. Oktober 1481

Heinz Driel erkennt an, Kitzgin ½ Gulden zahlen zu müssen binnen 14 Tagen. Wenn nicht erfolgt die Pfändung. Henne Metzel erkennt an, Gerhart 2 Gulden und 9 Albus zahlen zu müssen binnen 14 Tagen. Wenn nicht erfolgt die Pfändung. Peter Hanman hat seinen Anspruch ins Gerichtsbuch eintragen lassen gegen Cles Harwiler und Eberhart Kitz.

Jeckel Winß beschuldigt Peter Fiel, dass er vor einiger Zeit bei einer Abrechnung zwischen ihm und Peter Bender gewesen sei. Dass er nicht sage, was er davon wisse, das schade ihm 2 Gulden. Und er fordert von ihm eine Antwort vor Gericht. Darauf hat Peter Fiel nachgedacht und gesagt, dass er wohl wisse, dass Jakob für Peter Bender gearbeitet habe im großen Herbst. Wegen der Rechnung sei ihm nichts bekannt.

Die Frau von Endres von Weinheim beschuldigt Clesgin Berkorn, er sei ihr 13 Albus schuldig. Dass er ihr die nicht gibt, das schade ihr ebensoviel. Daraufhin erkennt Klaus gegenüber der Frau an, ihr 6 Albus zahlen zu müssen binnen 14 Tagen. Wenn nicht erfolgt die Pfändung.

Eberhard Kitz erkennt an, Hans Mullener von Schwabenheim einen Gulden ½ Ort zahlen zu müssen binnen 14 Tagen. Wenn nicht erfolgt die Pfändung. Henne Kempff verklagt den Hofmann des Boos von Waldeck auf 18 Albus.

Herr Heinrich Nickel verklagt Peter Mandelmann auf 5 Gulden und 17 Albus.

16. Oktober 1481

Cles Fluck erhebt für die Kirche seine 4. Klage gegen Gerhart Spitzkop und Henne von Soden, Nachfahren von Henne Bender. Es ist ihm ein Termin gesetzt worden am nächsten Gerichtstag.

20. Oktober 1481

Adam Wolff, unser Mitschöffe, erhebt seine 4. Klage gegen Suffuß. Es ist ihm ein Termin gesetzt worden am nächsten Gerichtstag. Peter Raub klagt Peter Wolenber an, dass er ein Stück Wein von ihm gekauft habe für 22½ Gulden. Den Wein habe er ihm bezahlt. Dass er ihm den Kauf nicht hält oder das anerkenne, das schade ihm 30 Gulden. Und er fordert von ihm eine Antwort vor Gericht. Peter Wolenber redet darauf und gesteht den Kaufvertrag mit Peter Raub. Das hat Peter Raub festhalten lassen und gefragt: Weil Peter den Kauf gesteht, ob er den nicht halten soll. Und er fordert ein Urteil. Urteil: Peter Wolenbere soll Peter Raub den Kauf halten. Das hat Peter Raub festhalten lassen.

Henne Metzel erkennt an, Henne Erk 21½ Gulden zahlen zu müssen binnen 14 Tagen. Wenn nicht erfolgt die Pfändung. Heinrich Nickel als Vertreter von Kett Hiltz hat seinen Anspruch ins Gerichtsbuch eintragen lassen gegen Henne Metzel.

Frau Fiel, Äbtissin, hat Pfändung gefordert gegen Clesgin Carpp an der Stiegelpforte. Stamm klagt Peter Glock an, dass er ihm ein Fass zum Kauf gegeben habe für 23 Albus. Dafür habe er ihm 12 Albus gegeben. Dass er ihm das übrige nicht gibt, das schade ihm 12 Albus. Ja oder Nein. Peter sagt, er habe ihm das Fass bezahlt. Möge er ihn dabei lassen, sei es gut. Wolle er ihn aber nicht dabei lassen, so erkläre er seine Unschuld. Die Unschuld hat ihm der Schultheiß

fol. 193 — Sabbato post Luce

TRANSKRIPTION

	gesatzt noch hude zu XIIII tag(en). Das hat Stamme v(er)bott.
2 h(eischung)	Jt(em) Flucken(n) Henne 2 h(eischung) off Kytz Anna ut p(ri)ma sonat.
1 h(eischung)	Jt(em) Henne von(n) Eltfelt I h(eischung) off Metzel Henne(n) vo(r) II g(ulden) et sup(ra) o(mn)ia.
2 h(eischung)	Jt(em) Dorre Henne von(n) momp(ar)schafft weg(en) Philips(en) Duchschere(r)s sone 2 h(eischung) off Kytzg(in) ut p(rim)a.
	Jt(em) Flucken Clese ex p(ar)rte ecl(es)ie hait uff Bend(er) Hennes nachfare off Gerha(r)t Spitzkopp und uff Henne(n) von(n) Soden(n) die gutt(er) die sie jnhant gehapt davon(n) sie der kirchen(n)
ban und fridd(en)	eyn(n) ewig liehtª oleys geben(n) sollen(n) solich gutt(er) hait er dar vor uffgeholt ex p(ar)te eccl(es)ie. Und hait jme der schŭlth(eiß) ban(n) und fridd(en) daruber gethan(n). Das hat Clese v(er)bott.
erk(annt)	Jt(em) Herma(n) Bend(er) erkent dem(e) Scherr(er) jn XIIII tag(en) II guld(en) zugeb(e)n. Und ob er des nit dett so soll er IIII guld(en) off jme erfolgt han(n). Das hat Henchin(n) Scherr(er) v(er)bott.
erf(olgt)	Jt(em) Bend(er) Henne erfolgt Heltwin off das buch.
erf(olgt)	Jt(em) Schonewedd(er) erfolgt Knoden Clesen(n) off das buch(e).
erk(annt)ᶠ	Jt(em) Contz Prasse erkentᵇ Henne(n) Schaubdecker(e)nᶜ XVI alb(us) jn XIIII tag(en). Si no(n) tu(n)c.
erk(annt)	Jt(em) Snetzelhenne erk(ennt) Schonewedd(er)n VII alb(us) jn XIIII tag(en). Si no(n) tu(n)c pf(and).
erkentniß	Jt(em)ᵈ Jekel Monst(er) erkent wieᵉ er zwene flecken(n) jnhabe sij iglich(er) fleck ½ [1/2] firtel(l)
l(itte)ra fiat fr(atru)m	off der Bunden(n) gelegen(n) jm Honnegarten(n). Die soll er sin leptage gebruche(n) und nyessen(n). Und wan(n) er von(n) doits weg(en) abgang(en) ist wollen dan sine erben die selb(e)n zwene fleckenn jne behalten(n) so sollen sie den heren(n) jm Sale alle jare Martini
anlenses	davo(n) geb(e)n V ß helle(r) frij gulten(n). Und hait Clese Fiele der heren(n) momp(ar) im Sale das erkentniß von(n) Jekeln Monst(er) vor gericht offgeno(m)me(n) und das von sin(er) heren(n) weg(en) v(er)bott.
Bingen(n) und Appenheim(m)	Jt(em) zussen(n) Pet(er) Schacken(n) von(n) Appenheym(m) und Sellen Pet(er) von(n) Bingen(n) ist jne jr tage gestalt noch hude zu XIIII tag(en). Das haben(n) sie beide v(er)bott.
erf(olgt)	Jt(em) Henne Schaubdecker erfolgt Hertels Clesen vo(r) X g(ulden).
erf(olgt)	Jt(em) Wigant Stortzkopp erfolgt Swinden vor X alb(us).
erf(olgt)	Jt(em) Henne von(n) Sprendeling erfolgt Oseweine vo(r) II guld(en).
momp(ar) Scherr(er) Henchin(n)	Jt(em) Leonha(r)t Hyller von(n) Ammerbach hait Hench(in) Scherr(er) syne(n) sweheren(n) momp(ar) gemacht jme sin schult und and(er)s jm Riche jnzugewynne(n) auch jme zuv(er)gene und zuv(er)stene als ob er selbst zugegen(n) we(re) bijß off sin widd(er)rufen. V(er)bott.

a Es folgt durchgestrichen: »geb(e)n«.
b Das Wort ist über der Zeile beigefügt, darunter durchgestrichen: »erfolgt«.
c Es folgt durchgestrichen: »vo(r)«.
d Am linken Seitenrand verläuft zwischen Marginalie und Text über drei Zeilen ein senkrechter Strich.
e Der Anfangsbuchstabe ist über einen unleserlichen Buchstaben geschrieben.
f Der Begriff ist vor ein durchgestrichenes »erfolgt« gesetzt worden.

festgesetzt von heute an 14 Tage. Das hat Stamm festhalten lassen.

Johann Fluck erhebt seine 2. Klage gegen Anna Kitz.

Henne von Eltville erhebt seine 1. Klage gegen Henne Metzel wegen 2 Gulden auf alles. Henne Dorn als Bevollmächtigter des Sohnes von Philipp Duchscherer erhebt seine 2. Klage gegen Kitzgin.

Cles Fluck als Vertreter der Kirche hat von Gerhart Spitzkopp und Henne von Soden, den Nachfahren Henne Benders, die Güter, die sie von der Kirche innehatten und die für ein ewiges Licht Öl geben sollen, eingezogen für die Kirche. Und der Schultheiß hat ihm Bann und Frieden darüber gemacht. Das hat Cles festhalten lassen.

Hermann Bender erkennt an, dem Scherer binnen 14 Tagen 2 Gulden zahlen zu müssen. Wenn er das nicht täte, so soll er 4 Gulden gegen ihn erklagt haben. Das hat Henchin Scherer festhalten lassen. Henne Bender hat seinen Anspruch ins Gerichtsbuch eintragen lassen gegen Hiltwin.

Schonwedder hat seinen Anspruch ins Gerichtsbuch eintragen lassen gegen Cles Knode. Contz Prass erkennt an, Johann Schaubdecker 16 Albus zahlen zu müssen binnen 14 Tagen. Wenn nicht erfolgt die Pfändung. Henne Snetzel erkennt an, Schonwedder 7 Albus zahlen zu müssen binnen 14 Tagen. Wenn nicht erfolgt die Pfändung. Jeckel Monster erkennt an, dass er 2 Flecken innehabe, von denen sei jeder Fleck ein halbes Viertel, auf der Beunde im Honnegarten gelegen. Die soll er sein Lebtag nutzen. Und wenn er stirbt, wollen dann seine Erben die selben beiden Flecken behalten, so sollen sie den Herren jährlich zu Martini 5 Schilling Heller freie Gülte geben. Und Cles Fiel, der Vertreter der Herren im Saal, hat die Erklärung von Jeckel Monster vor Gericht entgegengenommen und das für seine Herren festhalten lassen. Zwischen Peter Schacke von Appenheim und Peter Selle von Bingen ist ihr Gerichtstag festgelegt worden auf heute in 14 Tagen. Dem haben sie beide zugestimmt. Johann Schaupdecker verklagt Cles Hertel auf 10 Gulden. Wigand Stortzkopp verklagt Swinde auf 10 Albus. Henne von Sprendlingen verklagt Osewin auf 2 Gulden. Leonhart Hyller von Amorbach hat Henchin Scherer, seinen Schwager, zum Bevollmächtigten gemacht, ihm seine Schulden und anderes im Reich zu gewinnen, auch für ihn zu geben und zu lösen, als ob er selbst anwesend wäre, bis auf Widerruf. Festgehalten.

fol. 193v — Sabbato post XI Milium Virginum

	Actu(m) Sabb(ato) p(os)t XI Miliu(m) Vir(ginu)m.
2 clage	Jt(em) Drubey(n) 2 clage off Philips Henne(n) frauwe ut pr(im)a sonat.
unsch(uld) gewart	Jt(em) Sterne Clese ist buddig[a] eyn(er) unschult(e)[b] Schrib(er)s Heinrici / zuthu(n)[c] ad p(ro)x(ima)m judic(ia)m.
	Jt(em) Heinrich Starck ex p(ar)te ecl(es)ie dut 1 h(eischung) off Jekel Basenhem(er) off I p(un)t waiß und solich und(er)pfend(er).
1 h(eischung)[e]	Idem(m) I heyß(ung) off Winter vo(r) III tor(nes) und alsolich und(er)pfend(er).
	Idem 1 h(eischung) off Pet(er) Fiele und off Drubey(n) off III tor(nes) solich und(er)pfend(er)
	Actu(m) Sabb(at)o p(os)t A(n)i(m)aru(m) O(mn)i(u)m.
2 h(eischung)	Jt(em) Dorre Henne von(n) momp(ar)schafft weg(en) Philipß Duchschere(r)s sone 3 heyssu(n)g off Kytzg(in).
unsch(uld)	Jt(em) Stame d(er) unschult gewart gey(n) Pet(er) dem(e) glocken(er).
	Jt(em) Henne von(n) Eltfelt 2 heyssu(n)g off Metzel Henne ut p(rim)a.
	Actu(m) qui(n)ta an(te) Marti(ni).
posuit	Jt(em) Beyer Henne von(n) Algeßheim(m) hait hind(er) gericht gelacht V l(i)b(ras) h[el]l(e)r geyn(n) den(n) heren(n) jm Sale off gude rechenu(n)g und hat das v(er)bott.
posuit	Jt(em) Wißers Contz hait V gud(en) hind(er) gericht gelacht gey(n) Flucken Clesen(n) und die greffent dar zu XV alb(us) also ob es mit r(echt) erkant wurde mehe zu geb(e)n off die som(m) die er gelacht hait. Des er nit v(er)lustig und gefort werde.[d]
posuit	Jt(em) Steffan(n) Bed(er) hait ½ [I/2] ame wine hind(er) gericht gelacht und offent die Emmeln(n) von(n) Appenheim(m). V(er)bott.
	Jt(em) Drubeyn ist bescheid(en) der kuntschafft nach zussen(n) jme und Jo. Dielen(n) v(er)horet worden soll er zu Wint(er)heym(m) dem(e) gericht daselbs sine meynu(n)g erkenn(e)n geb(e)n.
offgeholt bann und fridden	Jt(em) Jekel Windeßbach hait off geholt off Randecker(e)n Henne Dunckele(r)n und Gerhart Bend(er)n daß huß jn der Rynnerbach gelegen(n). Und hait jme der schult(eiß) fridd und ban gethan(n). Das hait er v(er)bott.
erk(annt)	Jt(em) Ebbart Kytz erk(ennt) Pet(er) Snaden IIII g(ulden) jn XIIII tag(en). Si no(n) tu(n)c pf(and).
1 h(eischung)	Jt(em) Adam(m) Wolff n(oste)r soci(us) 1 h(eischung) off Peter Heltwine off II gense.
	Jt(em) Pet(er) Raůb sagt Pet(er) Wolenber hab jme eyn(n) kauff erkant und sij mit ortel erkant worden er soll jme den halten(n) diewile deß gestendig sij.
Wolenbere	Nu begere er mit recht wan(n) er jme den(n) halt(en) soll. S(ente)n(ti)a jn XIIII tag(en). Das hat Pet(er) Raub v(er)bott.
	Jt(em) Flucken Clese spricht Pet(er) Sidendistel(n) geb jme I g(ulden) von(n) eym huse gefor Jekel Sterre ob(e)n zu und(en) zu Oeten(n). Nů werde jme d(er) guld(en) nit und ste das huß noch zu seinen handen(n). Beg(er)t ob er das nit moge widd(er) zu jme genem(n).
widd(er) geno(m)men	S(ente)n(ti)a si ita est tu(n)c un(der) p(an)t face(re). V(er)bott.

a Die beiden letzen Worte stehen über der Zeile, darunter »nant« [?].
b Es folgt durchgestrichen: »gey(n)«.
c Das Wort steht über der Zeile.
d Der Nebensatz ab »die er« ist am rechten Seitenrand über mehrere Zeilen mit Abgrenzungsstrichen beigefügt worden.
e Der Begriff wird noch zweimal wiederholt.

27. Oktober 1481
Drubein erhebt seine 2. Klage gegen die Frau von Henne Philip.
Cles Stern ist bereit, seine Unschuld gegen Heinrich Schreiber zu leisten am nächsten Gerichtstag.
Heinrich Starck erhebt für die Kirche seine 1. Klage gegen Jeckel Basenheimer wegen einem Pfund Weizen und auf die Pfänder.
Derselbe erhebt die 1. Klage gegen Winter wegen 3 Tournosen und auf die Pfänder.
Derselbe erhebt die 1. Klage gegen Peter Fiel und Drubein wegen 3 Tournosen und auf die Pfänder.

3. November 1481
Henne Dorn als Bevollmächtigter des Sohnes von Philipp Duchscherer erhebt seine 3. Klage gegen Kitzgin.
Stamm hat seine Unschuld geleistet gegenüber Peter dem Glöckner.
Henne von Eltville erhebt seine 2. Klage gegen Henne Metzel.

9. November 1481
Henne Beyer von Algesheim hat bei Gericht 5 Pfund Heller den Herren im Saal gegen Rechnung hinterlegt und hat das festhalten lassen.
Contz Wisser hat 5 Gulden bei Gericht hinterlegt für Cles Fluck. Und sie nehmen dazu 15 Albus, da das Gericht urteilte, er müsse mehr geben als die Summe, die er hinterlegt hat. Damit er nicht benachteiligt werde.
Steffan Beder hat ½ Ohm Wein bei Gericht hinterlegt und öffnet die Emmel von Appenheim. Zugestimmt.
Drubein erhält den Bescheid in der Kundschaft zwischen ihm und Johann Diel, die gehört werden soll, soll er vor dem Gericht zu Winternheim seine Aussage machen.
Jeckel Winsbach hat von Randecker, Henne Dinckler und Gerhard Bender das Haus in der Rinderbach eingezogen. Der Schultheiß hat ihm Bann und Frieden gemacht. Das hat er festhalten lassen.
Eberhard Kitz erkennt an, Peter Snade 4 Gulden zahlen zu müssen binnen 14 Tagen. Wenn nicht erfolgt die Pfändung.
Adam Wolff, unser Mitschöffe, erhebt seine 1. Klage gegen Peter Hiltwin wegen 2 Gänsen.
Peter Raub sagt, Peter Wolenberg habe einen Kauf ihm gegenüber zugegeben und das Gericht habe geurteilt, er solle ihn halten, weil er ihn gestehe. Nun fragt er das Gericht, wann er ihm den halten soll. Urteil: in 14 Tagen. Das hat Peter Raub festhalten lassen.
Cles Fluck sagt, Peter Sidendistel gebe ihm einen Gulden von einem Haus, neben Jeckel Sterre, der oben angrenzt und Oete, unten. Nun erhalte er den Gulden nicht und das Haus sei noch in seinem Besitz. Daher fragt er, ob er es nicht wieder an sich bringen könne. Urteil: Ja, wenn es so ist, dann kann er es tun. Festgehalten.

Quinta ante Martini

Sydendistel(n)	Jt(em) Pet(er) Sidendistel(n) spricht zu Hennen Oeten wie sie ey(n) gespenne und(er)enand(er) gehabt haben(n). Da sij und(er) ander(e)m geredt wurd(en) das sie das an erbare lůte stellen sollen(n) von(n) beyden teylen / Daß habe er also gethan(n) und zwene dar zu gekoren von(n) synet wegen(n) den hab er moge und macht gegeb(e)n / Und mochten sie^a sich nit v(er)tragen(n) so sollen(n) sie den(n) funfften(n) zu jne nemen / Nů hab Henne Oet den zwey(n) off siner sijten nit macht gegeb(e)n / Und sij die gutlichkeit also gestimmelt und sie nit geracht wurd(en). Daß er das gethan(n) hait / daß schade jme L guld(en). Und heist jme eyn recht gerichts anttwo(r)t ob daß also geredt sij od(er) nit. Henne Oet durch Rudig(er)n dar zu redden ließ er bekenne daß es also uffgeno(m)men sij off ydersijt frunde. Nů hab er zwene dar zu gekorenn und zucht sich off die zwene die er gekoren(n) hab^b / Und sij jme nachkomme(n) jn maßen(n) es beredt sij / Antz von(n)
Hene Oete	Peters wegen(n) spricht Henne Oet bekenne das er zwene dar zu gegeb(e)n hab das woll er v(er)bott(en).^c Dwile er nů off sie zyehe so begere er mit recht wan(n) er sie bringen soll(e). S(ente)n(ti)a jn XIIII tag(en). Betarff er sin(er) tage furt(er) und heyßt die als r[e]cht ist etc.
Hanß vo(n) Cůbe	Jt(em) Jacob Leyendecker spr(icht) zu Hanß von(n) Cube / er hab eyne(n) karch foll leyen(n) kaufft und die geyn(n) Sprendeling(en) lassen fŏren. Die solle er da verarbeydenn. Alß sij Hanß von(n) Cube darkomme(n) und hab jme sin leyen v(er)deckt und ver[-] arbeit / Das er daß also gethan hab daß schade jme XX gůld(en). Und ob er er ney(n) dar zu sagen(n) wolt / will er sich dan(n) lassen(n) zugen(n) mit dem(e) ma(n) dem er die arbeit gethan(n) hait / Will er aber deß nit thu(n) so heyß er jme ey(n) r[e]cht gerichts
Jacob Leyendeck(er)	anttwo(r)t / Hanß von(n) Cube selbs daruff redt also / er sij gey(n) Sprendeling(en) kom(en) / Also ist eyn gudt geselle zu jme komme(n) und gesagt dar zu jne gebetten zu arbeÿden / Das hab er auch gethan / Da er nů zu jme jn sin hůß komme(n) sij / hab der bidd(er) ma(n) die leyehenn jn syme hůse gehabt steen / und gesprochen(n) er woll woil mit meyster Jacoben(n) redden(n) dan(n) er hab jme die leyen dar gefůret. Daroff hab er jme gearbeit und die leyehen(n) v(er)deckt. Und weß er jne wid(er) anlange deß sij er onschuldig / Daroff meist(er) Jacob redenn ließ er woll v(er)botten das Hanß von(n) Cube doch gestendig sij das er die leyen(n) v(er)arbeit hab / Dwile er nů deß nit abreddig ist so hoff er / er soll jme syne stey(n) bezalen(n) und stalt zů r[e]cht. Daroff Hanß von(n) Cube redt der ma(n) hab jne daß bescheid(en) und geheyssen(n) und hofft jme nit schuldig zu sin die stey(n) zu bezalen(n) und stalt auch zu recht. Der schult(eiß) hat sie gefragt ob sie eyn genugu(n)e am(m) gericht hab(e)n. Jta das hait
s(ente)n(ti)a	er v(er)bott. S(ente)n(ti)a dwile Hanß von(n) Cube erkent hait das die leyhen(n) meist(er) Jacobs gewest sin und er die v(er)arbeyt hab / so soll er jme die leyhen bezalenn. V(er)bott.
s(ente)n(ti)a gelengt	Meist(er) Jacob hait gefragt jn welch(er) zijt. S(ente)n(ti)a jn XIIII tag(en). V(er)bott. Jt(em) die ansprache zussen(n) Cleßg(in) Krem(er) und Schone Wedd(er)n ist gelengt biß off das negst gericht nach dem(e) Achtzenhesten Tag. V(er)bott.

a Es folgt durchgestrichen: »es«.
b Es folgt durchgestrichen: »dar zu«.
c Der letze Nebensatz ist nachträglich am rechten Seitenrand über zwei Zeilen beigefügt worden.

9. November 1481 — fol. 194

Peter Sidendistel klagt Henne Oete an, dass sie einen Streit miteinander hatten. Da sei unter anderem beredet worden, dass sie den von beiden Seiten ehrbaren Leuten zum Vergleich übertragen sollen. Das habe er auch getan und zwei Männer für seine Seite ausgewählt, denen er Vollmacht gegeben habe. Und könnten Sie sich nicht einigen, so sollten sie einen fünften Mann bestimmen. Nun habe Henne Oete seinen beiden Vertretern keine Vollmacht gegeben. Nun sei der Vergleich gebrochen und sie nicht verglichen worden. Dass er das getan hat, das schade ihm 50 Gulden. Und er fordert von ihm eine Antwort vor Gericht, ob es so abgesprochen worden sei oder nicht. Henne Oete ließ durch Rudiger sagen: Er gebe zu, dass auf jeder Seite Freunde benannt wurden. Nun habe er zwei gewählt und er beruft sich auf die zwei, die er gewählt hat. Er sei also dem nachgekommen, wie es beredet wurde. Antz für Peter sagt: Henne Oete gestehe, dass er zwei gewählt hat, das wolle er festhalten lassen. Weil er sich nun auf sie berufe, fragt er das Gericht, wann er sie vor Gericht bringen soll. Urteil: in 14 Tagen. Bedürfe er Verlängerung und fordere sie, wie es Recht ist, etc.

Jakob Leyendecker klagt Hans von Kaub an: Er habe einen Karren voll Leyen gekauft und den nach Sprendlingen führen lassen. Die sollte er dort verarbeiten. Hans von Kaub sei dorthin gekommen und habe Häuser gedeckt und seine Leyen verarbeitet. Dass er das getan habe, das schade ihm 20 Gulden. Und wenn er dazu Nein sagen wolle, will er das beweisen mit dem Mann, dem er die Arbeit gegeben hat. Will er das aber nicht tun, so fordert er von ihm eine Antwort vor Gericht. Hans von Kaub selbst sagt darauf: Er sei nach Sprendlingen gekommen. Da ist ein guter Bekannter zu ihm gekommen und habe gesagt und ihn gebeten zu arbeiten. Das habe er auch getan. Als er nun zu ihm in sein Haus gekommen sei, habe der ehrbare Mann die Leyen in seinem Haus stehen gehabt und habe gesagt, er wolle wohl mit Meister Jakob reden, denn er habe ihm die Leyen dorthin gebracht. Darauf habe er für ihn gearbeitet und die Leyen verarbeitet. Wessen er ihn darüber hinaus anklage, dessen sei er unschuldig. Darauf ließ Meister Jakob reden, er wolle festhalten lassen, dass Hans von Kaub geständig sei, dass er die Leyen verarbeitet habe. Weil er nun nicht leugnet, hoffe er, er soll ihm seinen Teil bezahlen und legt das dem Gericht vor. Darauf sagt Hans von Kaub: Der Mann habe ihm das gesagt und es gefordert und er hofft, ihm nicht schuldig zu sein, die Steine zu bezahlen und legt das auch dem Gericht vor. Der Schultheiß hat sie gefragt, ob ihnen das Gericht genüge. Das hat er festhalten lassen. Urteil: Weil Hans von Kaub zugibt, dass es die Leyen Meister Jakobs gewesen sind und er sie verarbeitet hat, so soll er ihm die Leyen bezahlen. Festgehalten. Meister Jakob hat gefragt, in welcher Zeit. Urteil: in 14 Tagen. Festgehalten.

Die Anklage zwischen Clesgin Kremer und Schonwedder ist verschoben worden bis zum nächsten Gericht am 18. Tag. Festgehalten.

Quinta ante Martini

erk(annt)	Jt(em) Pet(er) Metzele(r) erk(ennt) Francken(n) Cleßg(in) XII ß zu Ostern(n). Si no(n) tu(n)c pf(and).
p b	Jt(em) h(er) Heinrich Nickel von(n) Hiltzen Kethen weg(en) hat p b off Metzelhenne
p. b.	Jt(em) Wigandt hat p. b. off Swinden.
	Jt(em) d(omin)us pleban(us) ex p(ar)te p(rese)ncie 1 h(eischung) off Rudolffen Snid(er) off XI ß und(er)pf(and).
1 h(eischung)[a]	Jdem(m) 1 h(eischung) off Metzelhenne(n) off II½ [III/2] l(i)b(ras) und III ß helle(r) und(er)phande.
	Jdem(m) 1 h(eischung) off Henne(n) von(n) Soden off XII ß und solich und(er)pfend(er).
	Jt(em) Henne von(n) Hoestat spricht eyn(er) hab jme wine abkaufft. Nů kome er nit
frage	daß er den hole. Nů wiße er nit wie er mit dem(e) wine thu(n) soll(e). Deß ist
	er bescheid(en) er soll jne XIIII tag(e) halten(n) und dan(n) widd(er) an gericht kommen(n).
	Das hait er v(er)bott.
	Jt(em) Contz von(n) Gelnhusen(n) spr(icht) zu Randecker(e)n er hab ey(n) stuck wins umb jne kaufft
	daß fud(er) um(m)b VI g(ulden) und I ort / Das er jme den wine nit lest folg(en) daß schade
Randecker	XX guld(en). Und obe er dazu ney(n) wolt sagenn / so zucht er sich off die wineschrod(er)
	und heist jme ey(n) anttwo(r)t. Randecker erkent deß kauffs. Aber er hab jme
	III g(ulden) geredt an(n) zugeb(e)n. Daß hab er nit gethan(n) / Und er sij nach d(er) hant komme(n)
	und gesagt d(er) wine schymmeltzt / und jme den kauff da nit offgesagt.
	Also / er woll deß wins nit / Solichis woll er jne mit erbare luden erzugen(n)
	das er deß wins nit wolt habenn / Rudig(er) daroff hat v(er)bott das Randeck(er) deß
	kauffs gestendig ist / Und furt(er) hofft er soll jme den(n) kauff halt(en) und stalt
Geylnhusenn	zu r[e]cht. Antz dar zu von(n) Randeckers weg(en) redt / er hab jme den kauff
	abgesagt / dem(e) nach hab er den wine furt(er) v(er)kaufft und er wolle jne des
	mit erbare luden(n) wisenn und stalt das auch zur[e]cht / S(ente)n(ti)a dwile sich
	Randecker off erbare lude zůcht so soll er sie fur gebricht [!] bringen / Und wan(n)
	die geho(r)t worden(n) gesche furt(er) was r[e]cht sije / Antz hait gefragt jn welch(er)
	zijt er die bring(en) soll. S(ente)n(ti)a jn XIIII tag(en) ut mor(is) est.
p b	Jt(em) Endres Drapp hait p b off Knoden(n) Henne ist gewist ut mor(is) est.
1 h(eischung)	Jt(em) Sterne Clese 1 h(eischung) off Wißen(n) i(n) d(er) Are(n)bruck(en) off VI ß gelts und(er)pfande.
	Jt(em) Windeß Henne spricht er hab Contze Prassen(n) ey(n) huß geluwe(n) um(m)b ey(n) zinß.
widd(er) geno(m)men(n)	Nu gebe er jme deß zinß nit. Ub er daß huß nit moge widd(er) zu jme
	nemen(n) dwile eß noch zu sinen(n) handen(n) stee. S(ente)n(ti)a si ita e(st) tu(n)c un(derp)fand).
erf(olgt)	Jt(em) Contz von(n) Gelnhusen(n) erfolgt Wineworme vo(r) II g(ulden).
erf(olgt)	Jt(em) Pet(er) Betz erfolgt Clesen Henne(n) sone Clesen vo(r) X g(ulden)
posuit	Jt(em) Jekel Trapp posuit I g(ulden) gey(n) den heren(n) ad s(an)c(tu)m Qui(n)ti(n)um(m) und offent den jne.
posuit	Jt(em) id(em) posuit XXVII½ [XXVIII/2] ß gey(n) den(n) h(er)n zu sant Steffan(n) und offent die jme.
posuit	Jt(em) Philips Grae posuit IX ß h[el]le(r) gey(n) Wiprecht Kercher(e)n off werschafft.
	Non(n) habeo gelt ß p(ar)to jn Jngelnheim(m).

[a] Der Begriff wird noch zweimal wiederholt.

9. November 1481 — fol. 194v

Peter Metzler erkennt an, Clesgin Francke 12 Schilling zahlen zu müssen bis Ostern. Wenn nicht erfolgt die Pfändung.

Herr Heinrich Nickel hat für Kett Hiltz Pfändung gefordert gegen Henne Metzel.

Wigand hat Pfändung gefordert gegen Swinde.

Der Herr Pleban erhebt für die Präsenz die 1. Klage gegen Rudolf Snider wegen 11 Schilling auf die Pfänder.

Derselbe erhebt seine 1. Klage gegen Henne Metzel wegen 2½ Pfund und 3 Schilling Heller auf die Pfänder.

Derselbe erhebt seine 1. Klage gegen Henne von Soden wegen 12 Schilling auf die Pfänder.

Henne von Hoestadt sagt: Einer habe von ihm Wein gekauft. Nun komme er nicht um ihn zu holen. Nun wisse er nicht, was er mit dem Wein tun soll. Ihm wird beschieden, er solle ihn 14 Tage halten und dann wieder vor das Gericht kommen. Das hat er festhalten lassen.

Contz von Gelnhausen klagt Randecker an, er habe ein Stück Wein von ihm gekauft, das Fuder für 6 Gulden und 1 Ort. Dass er ihm den Wein nicht folgen lässt, das schade ihm 20 Gulden. Und wenn er dazu Nein sagen wolle, so beruft er sich auf die Weinschröter und fordert von ihm eine Antwort. Randecker erkennt den Kauf an. Aber er habe versprochen, ihm 3 Gulden daran zugeben. Das habe er nicht getan. Und er sei nach dem Handschlag gekommen und habe gesagt, der Wein schimmelt und ihm den Kauf damit aufgesagt. Also wolle er den Wein nicht. Das wolle er mit ehrbaren Leuten beweisen, dass er den Wein nicht haben wollte. Rudiger hat daraufhin festhalten lassen, dass Randecker den Kauf gesteht. Und er hofft weiter, er soll ihm den Kauf halten und legt das dem Gericht vor. Antz redet dazu für Rudiger: Er habe ihm den Kauf aufgekündigt, deshalb habe er den Wein weiter verkauft und er wolle ihm das mit ehrbaren Leuten bezeugen und legt das auch dem Gericht vor. Urteil: Weil sich Randecker auf ehrbare Leute beruft, so soll er sie vor das Gericht bringen. Und wenn sie gehört werden, dann geschehe es weiter, wie es rechtmäßig ist. Antz hat gefragt, wann er die vor Gericht bringen soll. Urteil: in 14 Tagen, wie es üblich ist.

Cles Stern hat seine 1. Klage erhoben gegen Wiß in der Ohrenbrücke wegen 6 Schilling Geld auf die Pfänder.

Henne Windeß sagt: Er habe Contz Prass ein Haus geliehen für einen Zins. Nun gebe er ihm den Zins nicht. Ob er das Haus wieder an sich nehmen könne, da es noch in seinem Besitz stehe. Urteil: Wenn es so ist, dann ja.

Contz von Gelnhausen verklagt Winworm auf 2 Gulden.

Peter Betz verklagt Cles, den Sohn von Henne Cles, auf 10 Gulden.

Jeckel Drapp hinterlegt einen Gulden für die Herren von St. Quentin und öffnet sie ihnen.

Derselbe hinterlegt 27½ Schilling für die Herren von St. Stephan und öffnet sie ihnen.

Philipp Gra hinterlegt 9 Schilling Heller für Wiprecht Kercher gegen Bestätigung.

Ich habe kein Geld in Schillingen aus Ingelheim.

fol. 195 — Sabbata ante Martini

Actu(m) S(abbat)ta an(te) Marti(ni).

momp(ar) — Jt(em) Else Philips Henne frauwe hait momp(ar) gemacht mit momp(ar)handt Henne(n) von(n) Elßheym(m) als recht ist jre jm Riche ire sach zuhandeln(n) sie zuv(er)gene und zuv(er)stene zu gifften zugeb(e)n brechenn und bussen(n) bijß off jr widd(er)ruffen(n).

lip fur gudt — Jt(em) Else Philipß Henne frauwe hait jr lip fur gudt gestalt gey(n) Hench(in) Drubeyn(n) und gefragt ob ir gudt nit ledig sij. S(ente)n(ti)a ut mor(is) e(st). Das hait sie v(er)bott. Und ist jr tag gestalt an(n) das negst gericht. Das hait sie auch v(er)bott.

Actu(m) Sabb(at)o Ma(r)ti(ni).

1 h(eischung) — Jt(em) Clese Raub n(ost)e(r) soci(us) 1 h(eischung) off Henne(n) van Sprendeling(en) off X ß h(eller) et und(er)pf(and)

Jt(em) Hench(in) Drubey(n) ist sin tag gestalt an das negst gericht gey(n) Philipß Henne(n) frauwe.

2 h(eischung)[d] — Jt(em) S[t]arcken Heinrich ex p(ar)te eccl(es)ie 2 heyssu(n)g off Pet(er) Fiele und Hench(in) Drubey(n) ut p(rim)a.

Id(em) 2 heyssu(n)ge off Jekel Basenheim(er) ut p(rim)a.

Jt(em) id(em) 2 off Wint(er)n ut p(ri)ma sonat.

1 h(eischung) — Jt(em) id(em) Heinrich Starck 1 h(eischung) ex p(ar)te eccl(es)ie off Kytz Hanßen off II l(i)b(ras) solich und(er)pf(and)

1 h(eischung) — Id(em) 1 h(eischung) off Clese Fielen vor II l(i)b(ras) solich und(er)pf(and)

1 h(eischung) — Id(em) 1 h(eischung) off Metzel Henne off XIII ß gelts und(er)pf(and).

1 h(eischung) — Id(em) 1 h(eischung) off Becker Henne[a] off X ß gelts und solich und(er)pfend(er)

1 h(eischung) — Id(em) 1 h(eischung) off Kytz Henne frauwe off III l(i)b(ras) und solich und(er)pfand(er).

1 h(eischung) — Id(em) 1 h(eischung) off Winß Henne(n) und Jekeln syne(n) brud(er) off II malt(er) kor(n) und off alles das Lentz Gudt Geselle gelaß(e)n hait.

1 h(eischung) — Jd(em) 1 heyssu(n)ge off Philips Duchscher(er)s[b] sone und off Gippelhorne off I malt(er) weyß und solich und(er)pfande.

1 h(eischung) — Jtem(m)[c] Flucken(n) Clese 1 h(eischung) off Kytzgin off V g(ulden) gelts und solich und(er)pfande

1 h(eischung) — Idem(m) 1 heyssu(n)ge off Cleßgin Beckern off I guld(en) gelts et sůp(ra) o(mn)ia.

1 h(eischung) — Jt(em) Clese Stortzkoppff d(er) alt 1 h(eischung) off Hench(in) Melma(n) off I½ [II/2] guld(en) gelts et sup(ra) o(mn)i

1 h(eischung) — Jt(em) h(er) Conrait 1 h(eischung) off Henne(n) von Eltfelt off I l(i)b(ram) gelts et sup(ra) o(mn)ia.

1 h(eischung) — Jt(em) her Heinr(ich) Strude 1 h(eischung) off Mandelma(n) off I g(ulden) gelts et und(er)pfande.

1 h(eischung) — Jt(em) d(omin)us pleban(us) ex p(ar)te p(rese)ncie 1 h(eischung) off Winßhenne et Frem(er) Snid(er) off I l(i)b(ram) helle(r) und off alles das Lentz Gudtgeselle gelassen(n) hait.

1 h(eischung) — Jt(em) frauwe Fiel abbatissin 1 h(eischung) off Heynrichen(n) und Hansen von(n) Spanhey(m) gebrud(er) off V l(i)b(ras) gelts.

1 h(eischung) — Jdem(m) off dieselb(e)n gebrud(er) Heynr(ich) und Hanß 1 h(eischung) off XVIII ß und off alles das jr vatt(er) h(er) Heinr(ich) selge gelassen(n) hait.

1 h(eischung) — Jt(em) Cleßgin(n) Moißbech(er) 1 h(eischung) off Henne(n) von Sprendeling off X ß gelts und(er)pfand(er).

---

a Das Wort ist über der Zeile beigefügt.
b Hinter dem »h« befindet sich ein nicht eindeutiges Kürzel.
c Vor dem Wort durchgestrichen: »id(em)«. Zwischen der links danebenstehenden und der folgenden Marginalie sowie zwischen dieser und der folgenden Textzeile ist ein Kreuz eingezeichnet. Vielleicht sind die beiden Zeilen miteinander zu tauschen.
d Der Begriff wird noch zweimal wiederholt.

10. November 1481

Else, die Frau von Henne Philip hat mit vollmächtigen Händen Henne von Elsheim zum Bevollmächtigten gemacht, wie es Recht ist, ihre Sachen im Reich zu verhandeln, zu geben und zu lösen, zu schenken, zu geben, aufzuheben und zu büßen bis auf Widerruf.

Else, die Frau von Henne Philip, hat ihren Leib vor ihr Gut gestellt gegenüber Johann Drubein und hat gefragt, ob ihr Gut nicht frei sei. Urteil: Wie es üblich ist. Das hat sie festhalten lassen. Und es ist ihr ein Termin gesetzt worden am nächsten Gerichtstag. Das hat sie auch festhalten lassen.

10. November 1481

Cles Raub, unser Mitschöffe, erhebt seine 1. Klage gegen Henne von Sprendlingen wegen 10 Schilling Heller auf die Pfänder.

Henchin Drubein ist sein Termin gesetzt am nächsten Gerichtstag gegen Henne Philips Frau.

Heinrich Stark erhebt für die Kirche die 2. Klage gegen Peter Fiel und Henchin Drubein. Derselbe erhebt die 2. Klage gegen Jeckel Basenheimer. Derselbe erhebt die 2. Klage gegen Winter. Derselbe Heinrich Stark erhebt die 1. Klage für die Kirche gegen Hans Kitz wegen 2 Pfund auf die Pfänder. Derselbe erhebt die 1. Klage gegen Cles Fiel wegen 2 Pfund auf die Pfänder.

Derselbe erhebt die 1. Klage gegen Henne Metzel wegen 13 Schilling Geld auf die Pfänder. Derselbe erhebt die 1. Klage gegen Henne Becker wegen 10 Schilling Geld auf die Pfänder. Derselbe erhebt die 1. Klage gegen die Frau von Henne Kitz wegen 3 Pfund auf die Pfänder. Derselbe erhebt die 1. Klage gegen Henne Winß und Jeckel seinen Bruder wegen 2 Malter Korn und auf alles, das Lentz Gutgesell hinterlassen hat. Derselbe erhebt die 1. Klage gegen den Sohn von Philipp Duchscherer und gegen Gippelhorn wegen 1 Malter Weizen auf die Pfänder.

Cles Fluck erhebt seine 1. Klage gegen Kitzgin wegen 5 Gulden Geld auf die Pfänder. Derselbe erhebt seine 1. Klage gegen Clesgin Becker wegen einem Gulden Geld auf alles.

Cles Stortzkopp der Alte erhebt die 1. Klage gegen Henchin Melmann wegen 1½ Gulden Geld auf alles. Herr Konrad erhebt seine 1. Klage gegen Henne von Eltville wegen 1 Pfund Geld auf alles.

Herr Heinrich Strude erhebt die 1. Klage gegen Mandelmann wegen 1 Gulden Geld und auf die Pfänder.

Der Herr Pleban erhebt für die Präsenz die 1. Klage gegen Henne Winß und Fremer Snider wegen 1 Pfund Heller und auf alles, was Lentz Gutgesell hinterlassen hat.

Frau Fiel, die Äbtissin, erhebt ihre 1. Klage gegen Heinrich und Hans von Sponheim, Brüder, wegen 5 Pfund Geld. Dieselbe erhebt die 1. Klage gegen die Brüder Heinrich und Hans wegen 18 Schilling und auf alles, das ihr Vater, der verstorbene Herr Heinrich hinterlassen hat.

Clesgin Mospecher erhebt die 1. Klage gegen Henne von Sprendlingen wegen 10 Schilling Geld, Pfänder.

fol. 195v — Sabbato post Bricij

momp(ar)	Jt(em) Henne Stoipe hait momp(ar) gemacht Wißers Contzen(n) sin schult jm Riche jnzugewinen(n) biß off sin widderruffen(n). Das hat Contzg(in) v(er)bott.
	Actu(m) Sabb(at)o p(os)t Bricij.
3 h(eischung)	Jt(em) Henne von(n) Eltfelt sin dritte heyssu(n)ge off Metzelhenne(n) ut p(rim)a.
4 [8/2] h(eischung)	Jt(em) Dorre Henne ex p(ar)te Philipß Duchscherr(er)s sone 4 [8/2] heyssu(ng) off Kytzg(in).
	Jt(em) Henne von(n) Eltfelt ist sins rechten(n) buddig gey(n) Halgart(er)n an das negst gericht gestalt sin tage. Den er v(er)bott hait.
momp(ar)	Jt(em) actu(m) do(minca) p(os)t Briccii Henne von(n) Sweden(n) hat momp(ar) gemacht Dyeme(n) Clasenn jme sin schult und gult jm Riche jnzugewynne(n) biß off sin widderruffenn.
	Actu(m) qui(n)ta p(os)t Elisabeth.
	Jt(em) Randecker sine(n) 2 tag furt geheyssen(n) zu sin(er) kuntschafft.
	Jt(em) Henne Oite sine(n) 2 tag sin konde zu bringen(n) furt(er) geheissen(n).
	Jt(em) Claiß von(n) Hoistait ist sin tag gestalt an das negst gericht des wins halp.
2 h(eischung)	Jt(em) d(omin)us pleban(us) 2 h(eischung) off Metzelhenne(n) ut p(rim)a.
2 h(eischung)	Jd(em) 2 h(eischung) off Rudolff den snid(er).
	Actu(m) Sabb(at)o p(os)t Elisabeth
p b	Jt(em) Raffens Henne erfolgt Clesen(n) Suffuß(e)n den alten und hait auch p b off jme.
p b	Jt(em) Henne Erck erfolgt Metzelhenne(n) und hait auch pfandt off jme beredt.
erf(olgt)	Jt(em) Bend(er)hens sone von(n) momp(ar)sc(haft) weg(en) Henne(n) von(n) Elßheym(m) erf(olgt) Ebba(r)t(en) Kytz(e)n.
erf(olgt)	Jt(em) Unglich erkent Heinrich Smidden VIII g(ulden) jn XIIII tag(en). Si no(n) tu(n)c pf(and) erf(olgt).
2 h(eischung)	Jt(em) her Heinrich Strude 2 heyssu(n)ge uff Mandelma(n) ut p(rim)a.
erk(annt)	Jt(em) Ebba(r)t Haubore erkent h(er)n Heinrich Nickeln(n) V alb(us) jn XIIII tag(en). Si no(n) tu(n)c pf(and).
	Jt(em) Pet(er) Metzler erkent Rudig(er)n von(n) momp(ar)schafft weg(en) Heinrich und Hansen(n).
erk(annt)	Wolffen(n) gebrud(er)rn II½ [III/2] l(i)b(ras) helle(r) mi(nus) I ß jn XIIII tag(en) zu geb(e)n. Si no(n) tu(n)c pf(and) off gude rechenu(n)ge.
2 h(eischung)	Jt(em) frauwe Fiel 2 heyssu(n)ge off Heinrich und Hanß Wolffen gebrud(er)n ut p(rim)a.
erk(annt)	Jt(em) Unglich erkent Jekel Dyeme(n) I g(ulden) und VIII alb(us) off rechenu(n)ge jn XIIII tag(en) etc.
erk(annt)	Jt(em) Henne von(n) Eltfelt erk(ennt) Adam(m) Wolff(e)n socio n(ost)ro III g(ulden) jn XIIII tag(en). Si no(n) etc.

Henne Stop hat Contz Wisser zum Bevollmächtigten gemacht, seine Schulden im Reich einzuziehen bis auf Widerruf. Das hat Contz festhalten lassen.

17. November 1481
Henne von Eltville erhebt seine 3. Klage gegen Henne Metzel.
Henne Dorn erhebt für den Sohn Philipp Duchscherers seine 4. Klage gegen Kitzgin.
Henne von Eltville ist zum Rechtsbeweis bereit gegen Halgarter am nächsten Gerichtstag. Das hat er festhalten lassen.

17. November 1481
Henne von Sweden hat Clas Diem zum Bevollmächtigten gemacht, seine Schulden und Gülten im Reich einzuziehen bis auf Widerruf.

22. November 1481
Randecker hat seinen 2. Tag erbeten, Beweise beizubringen. Henne Oete hat seinen 2. Tag erbeten, Beweise beizubringen.
Clas von Hoestadt ist sein Termin gesetzt worden am nächsten Gerichtstag wegen des Weins.
Der Herr Pleban erhebt seine 2. Klage gegen Henne Metzel.
Derselbe erhebt seine 2. Klage gegen Rudolf den Schneider.

24. November 1481
Henne Raffen hat seinen Anspruch ins Gerichtsbuch eintragen lassen gegen Cles Suffuß den Alten und hat Pfändung gefordert.
Henne Erk hat seinen Anspruch ins Gerichtsbuch eintragen lassen gegen Henne Metzel und hat Pfändung gefordert.
Der Sohn Henne Benders hat als Bevollmächtigter Henne von Elsheims seinen Anspruch ins Gerichtsbuch eintragen lassen gegen Eberhard Kitz.
Unglich erkennt an, Heinrich Schmied 8 Gulden zahlen zu müssen binnen 14 Tagen. Wenn nicht erfolgt die Pfändung.
Herr Heinrich Strude erhebt seine 2. Klage gegen Mandelmann.
Eberhard Haubor erkennt an, Herrn Heinrich Nickel 5 Albus zahlen zu müssen binnen 14 Tagen. Wenn nicht erfolgt die Pfändung.
Peter Metzler erkennt an, Rudiger als Vertreter von Heinrich und Hans Wolff, Brüdern, 2½ Pfund Heller weniger 1 Schilling zahlen zu müssen binnen 14 Tagen. Wenn nicht erfolgt die Pfändung.
Frau Fiel erhebt die 2. Klage gegen Heinrich und Hans Wolff, Brüder.
Unglich erkennt an, Jeckel Diem einen Gulden und 8 Albus gegen Rechnung zahlen zu müssen binnen 14 Tagen, etc. Henne von Eltville erkennt an, Adam Wolff, unserem Mitschöffen, 3 Gulden zahlen zu müssen binnen 14 Tagen. Wenn nicht etc.

fol. 196 — Sabbato post Elisabeth

3 h(eischung)	Jt(em) Heinrich Starck ex p(ar)te ecl(es)ie 3 h(eischung) off die h(er)n zu sant Victor zu Mentz(e) ut p(rim)a.
2 h[g]	Jt(em) id(em) 2 heyssu(n)ge off Clese Vielen(n) ut p(ri)ma.
	Jt(em) id(em) 2 heyssu(n)ge off Kytz Hansen(n) ut p(ri)ma.
	Jt(em) id(em) 2 heyssu(n)ge off Metzelhenne(n) ut p(ri)ma.
	Jt(em) id(em) 2 heyssu(n)ge off Beckerhenne(n) ut p(ri)ma.
	Jt(em) id(em) 2 heyssu(n)ge off Gyppelhorne.
	Jt(em) id(em) 2 heyssu(n)ge off Philips Duchscherr(er)s[a] sone ut p(ri)ma.
I h	Jt(em) id(em) 1[b] heyssu(n)ge off Kytz Greden(n) / und off Sterne Christina // 1 h(eischung)[c] off III l(i)b(ras) helle(r) et und(er)pfande.
erk(annt)	Jt(em) Cleßgin Schumech(er) erkent Dyeme(n) Jekel I golt guld(en) jn XIIII tag(en). Si no(n) etc.
p.b.	Jt(em) Hen(n)ch Scherr(er) erf(olgt) Herma(n) jn der Orenbrucken und hait off jme auch p.b.
erf(olgt)	Jt(em) Henne Ercke erfolgt Jekel Drappen(n) off das buch.
erf(olgt)	Jt(em) Henchin(n) Scherr(er) erfolgt Ebba(r)t Kytzenn off das buch.
erk(annt)	Jt(em) Peter Smidt erk(ennt) Pet(er) Bend(er)n XXVI alb(us) jn XIIII tag(en). Si no(n) tu(n)c pf(and).
erf(olgt)	Jt(em) Pet(er) Snade erfolgt Ebba(r)t Kytzen off das buch.
erk(annt)	Jt(em) Hanma(n)s Pet(er) erkent Pet(er) Snadenn 1 g(ulden) und XXII alb(us) jn XIIII tag(en). Si no(n) etc.
erk(annt)	Jt(em) Metzelhenne erkent Pet(er) Snad(en) I g(ulden) und I ort jn XIIII tag(en). Si no(n) tu(n)c pf(and).
p. b.	Jt(em) Pet(er) Hanma(n)[d] hait pfande beredt off Clesen Harewiler.
erkent	Jt(em) Heinrich von Soden(n) erkent Heynricen(n) deß schrib(er)s selg(en) sone XXII alb(us) jn XIIII tag(en) etc.
Thomas Henne	Jt(em) Hepenhenne schuldigt Thomas Henne er hab jme geluwen(n) I g(ulden) und IIII alb(us). Daß er jme deß nit erkent und ußricht notz X g(ulden). Und heißt jme ey(n) gerichts antwo(r)t. Daroff Thomas Henne spricht er sij sin unschuldig. Und ist jme sine unschult gestalt noch hude zu XIIII tage. Die unschult hait Hepen(n) Henne v(er)bott.
Hen(n)ch Scherr(er)	Jt(em) Henchin(n) Mûrr(er) von(n) Nydd(er) Jngelnheim(m) schuldiget Hen(n)ch Scherr(er) er sij jme schuldig VIII alb(us). Daß er jme die nit gijt notzt i(n) tantu(m). Daroff Henchin(n) Scherr(er) redt und spricht also. Der pferhere und er hab(e)n jme eyn mûre zussen jne[e] verdingt zu hoirsten. Daß hab er nit gethan(n) / Und sij eyn winkauff da bij gewest off den er sich zÿhe. Und wan der gesage[f] geschee furt(er) waß recht sij. S(ente)n(ti)a er soll den winkauff bring(en) noch hude zu XIIII tag(en) / Betarff er dan sin(er) tage furt(er) so soll ma(n) jme die noch zu zweyn(n) XIIII stellen beheltlich dem widd(er)teyle sine jnredde. Daß ist v(er)bott von(n) beyden p(ar)tijen.

a Hinter dem »h« befindet sich ein nicht eindeutiges Kürzel.
b Über der nicht durchgestrichen »1« steht eine »2«.
c Die beiden letzten Worte sind über der Zeile beigefügt.
d Das Wort ist über der Zeile beigefügt, darunter durchgestrichen: »Snade«.
e Das »e« steht über der Zeile.
f Das Wort ist über der Zeile beigefügt, darunter durchgestrichen: »v(er)hort wirt«.
g Eine Klammer (2 Striche) zeigt an, dass die Marginalie auch für die nächsten 6 Zeilen gilt.

24. November 1481 — fol. 196

ÜBERTRAGUNG

Heinrich Starck erhebt für die Kirche seine 3. Klage gegen die Herren von St. Viktor zu Mainz. Derselbe erhebt seine 2. Klage gegen Cles Fiel.
Derselbe erhebt seine 2. Klage gegen Hans Kitz.
Derselbe erhebt seine 2. Klage gegen Henne Metzel.
Derselbe erhebt seine 2. Klage gegen Henne Becker.
Derselbe erhebt seine 2. Klage gegen Gippelhorn.
Derselbe erhebt seine 2. Klage gegen den Sohn Philipp Duchscherers.
Derselbe erhebt seine 1. Klage gegen Grede Kitz und gegen Christina Stern wegen 3 Pfund Heller und auf die Pfänder.
Clesgin Schumacher erkennt an, Jeckel Diem 1 Goldgulden zahlen zu müssen binnen 14 Tagen. Wenn nicht etc.
Henchin Scherer hat seinen Anspruch ins Gerichtsbuch eintragen lassen gegen Hermann in der Ohrenbrücke und hat Pfändung gefordert.
Henne Erk hat seinen Anspruch ins Gerichtsbuch eintragen lassen gegen Jeckel Drappe.
Henchin Scherer hat seinen Anspruch ins Gerichtsbuch eintragen lassen gegen Eberhard Kitz.
Peter Schmied erkennt an, Peter Bender 26 Albus zahlen zu müssen binnen 14 Tagen. Wenn nicht erfolgt die Pfändung.
Peter Snade hat seinen Anspruch ins Gerichtsbuch eintragen lassen gegen Eberhard Kitz. Peter Hanman erkennt an, Peter Snade einen Gulden und 22 Albus zahlen zu müssen binnen 14 Tagen. Wenn nicht etc.
Henne Metzel erkennt an, Peter Snade einen Gulden und 1 Ort zahlen zu müssen binnen 14 Tagen. Wenn nicht erfolgt die Pfändung.
Peter Hanman hat Pfändung gefordert gegenüber Cles Harwiler. Heinrich von Soden erkennt an, Heinrich, dem Sohn des verstorbenen Schreibers, 22 Albus binnen 14 Tagen, etc.
Henne Hepp beschuldigt Henne Thomas, er habe ihm einen Gulden und 4 Albus geliehen. Dass er das nicht zugibt und sie bezahlt, das schade ihm 10 Gulden. Und er fordert von ihm eine Antwort darauf vor Gericht. Henne Thomas sagt, er sei ihm gegenüber unschuldig. Und seine Unschuld ist festgelegt worden von heute an für 14 Tage. Der Unschuld hat Henne Hepp zugestimmt.
Henchin Murer von Niederingelheim beschuldigt Henchin Scherer, er sei ihm 8 Albus schuldig. Dass er ihm die nicht gibt, das schade ihm ebensoviel. Darauf antwortete Henchin Scherer und sagte folgendes: Der Pfarrer und er haben ihn beauftragt, eine Maurer zwischen ihnen hochzuziehen. Das habe er nicht getan. Und es sei ein Vertragsabschluss dabei gewesen, auf den berufe er sich. Und wenn man den gehört hat, dann geschehe es weiter, wie es rechtmäßig ist. Urteil: Er soll den Vertragsabschluss vor das Gericht bringen heute in 14 Tagen. Bedürfe er Verlängerung und fordere sie, wie es Recht ist, so soll man sie ihm noch zweimal 14 Tage geben, vorbehaltlich der Gegenrede der anderen Seite. Dem haben beide Parteien zugestimmt.

fol. 196v — Sabbato post Elisabeth

Clese Suffuß d(er) alte	Jt(em) Melma(n)ß Henchin(n) schuldiget Clese Suffuß den(n) alten wie das er jme schuldig sij X guld(en). Das er jme die nit gijt od(er) erkent daß schade jme X guld(en). Und heißt jme eyn recht gerichts anttwo(r)t. Clese Suffuß erkent jme VI guld(en) off gude rechenu(n)ge zussen hie und Wynacht(en). Det er deß nit so soll er pfant off jme erfolgt han(n). Daß hait Hench(in) v(er)bott.
	Jt(em) jdem(m) Melma(n)ß Henchin(n) schuldiget den(n) jungen(n) Suffusß(e)n syn geswehe Agneß sij jme schuldig I guld(en). Dafur sij er gudt wurden(n). Das er jme den nit gijt notz(e)t in tantu(m). Und heyßt jme eyn anttwo(r)t / Der jun(n)ge Clese Suffuß
Melma(n)ß Henchin	macht sich unschuldig. Und hait jme der schult(eiß) sin unschult gestalt noch hude zu XIIII tag(en). Daß hait Henchin(n) v(er)bott.
1 clage	Jt(em) her Johan(n) Beÿnling 1 clage off Ebba(r)t Fetzer(e)n off III malt(er) korns heupt[-]gudts und X gulden schadens et sup(ra) o(mn)ia) jn deß richis gericht.
	Jt(em) Antz hait sich v(er)dingt und sin und(er)ding wie recht ist v(er)bott. Und schuldigt von(n) Hennen Stoipen weg(en) Acker Henne(n) von Schele Odenbach[a] // wie sie zwen zůsamen kome(n) sin und hab jme Stoip ey(n) firtel halbe fuderige(n) faß v(er)dingt zu machen[b] umb IX gulden.
Acker Henne	Und hab jme VI guld(en) daroff an gebenn[c] das er jme sin faß zu negst herbest bereiden(n) und ußmachen[d] soll / Also da der herbest sich geneghett da ginge er selbs nach den fassen(n) / und ford(er)t die an Acker Henne(n) / Aber die faß mochten jme den herbest nit werden(n) bereit[e] // Daß er nů sin gelt also daroff
Stoipe	genome(n) und jme die faß nit ußbereit hait daß schat jme XL guld(en). Und heist jme eyn(n) recht gerichts anttwo(r)t / Rudiger hat sich v(er)dingt und sin underdingk wie recht ist v(er)bott / Und redt von(n) Acker Hens wegen(n) dar off und spricht nach dem(e) er melde er habe jme VI guld(en) geb(e)n off die fasß und v(er)liebe jme noch schuldig drij guld(en) / Die drij guld(en) hab er jme geheiss)(e)n da er die faß ußbereit hab / Also sprech Stoipe zu jme er enhett der drijer guld(en) itzt nit / Daß er die faß v(er)setzt vor die drij guld(en) / und erworbe jme drij wochenn zijle dar zu / Gebe er jme dan(n) sin gelt nit / wurden die faß dan v(er)loren(n) so sollen(n) sie jme v(er)loren sin / Und ob er jme deß nit gestendig v(er)meynt zu sin so v(er)mysset er sich jne mit fromme(n) luden zuerzugen / Daß die faß durch jne v(er)loren(n) wurden(n) sint alle sin schult / Daroff Antz von(n) Stoipen weg(en) redt / Stoipe gestehe jme deß alles nit / dan eß sij schympflich zuhore(n). Solt er VI guld(en) umb drijer gulden willen jn drijen wochen(n) lassen v(er)loren(n) werden(n) we(re) jme fast schedelich gewest / Wie dem(e) nach alß Acker Henne melt / er woll jne erzugen(n) mit erbaren lutten / Alß hoff / er daß nu(m)mer bij bringen(n) soll alß recht sij / Und so er deß kauffs erkent und nit abreddig ist / er soll jne bezalen(n) und stalt daz zu recht. Rudig(er) spricht wie fur

a Die letzten drei Worte sind über der Zeile beigefügt.
b Die letzten drei Worte sind über der Zeile beigefügt, darunter durchgestrichen: »ab kaufft«.
c Es folgt durchgestrichen: »also«.
d Die erste Silbe des Wortes ist über der Zeile beigefügt.
e Das Wort ist über der Zeile beigefügt.

24. November 1481 — fol. 196v

ÜBERTRAGUNG

Henchin Melman beschuldigt Cles Suffuß den Alten, dass er ihm 10 Gulden schuldig sei. Dass er ihm die nicht gibt oder das gesteht, das schade ihm 10 Gulden. Und er fordert von ihm eine Antwort vor Gericht. Cles Suffuß erkennt an, 6 Gulden gegen Rechnung zu zahlen bis Weihnachten. Täte er es nicht, so soll er ihn pfänden. Das hat Henchin festhalten lassen.

Derselbe Henchin Melman beschuldigt den jungen Suffuß, seine Schwägerin Agnes sei ihm einen Gulden schuldig. Dafür sei er Bürge geworden. Dass er ihm den nicht gibt, das schade ihm ebensoviel. Und er fordert von ihm eine Antwort. Der junge Clese Suffuß erklärt sich für unschuldig. Der Schultheiß hat seine Unschuld festgesetzt von heute an für 14 Tage. Das hat Henchin festhalten lassen.

Herr Johann Beinling erhebt seine 1. Klage gegen Eberhard Fetzer wegen 3 Malter Korn Klagesumme und 10 Gulden Gerichtskosten und auf alles im Reichsgericht.

Antz hat sich verpflichtet und seine Anwaltschaft festhalten lassen, wie es Recht ist. Und er beschuldigt für Henne Stop Henne Acker von Schele Odenbach, dass sie zwei zusammen getroffen seien und Stop habe ihn angestellt, ihm ein 4½-Fuder-Fässer anzufertigen für 9 Gulden. Und er habe ihm 6 Gulden Anzahlung gegeben, dass er ihm sein Fass bis zum nächsten Herbst herstellen und fertigmachen solle. Als der Herbst sich näherte, ging er selbst hin und forderte die Fässer von Henne Acker. Aber die Fässer wurden ihm im Herbst nicht fertig gestellt. Dass er nun sein Geld genommen habe und ihm die Fässer nicht angefertigt hat, das schade ihm 40 Gulden. Und er fordert von ihm eine Antwort vor Gericht. Rudiger hat sich verpflichtet und seine Anwaltschaft festhalten lassen, wie es Recht ist. Und er entgegnete für Henne Acker folgendes: Nachdem er melde, er habe ihm 6 Gulden gegeben auf die Fässer und bliebe ihm noch 3 Gulden schuldig. Die 3 Gulden habe er von ihm gefordert, als er die Fässer bereitet habe. Da sprach Stop zu ihm, er hätte die 3 Gulden jetzt nicht. Er versetze die Fässer jetzt für die 3 Gulden und erwerbe damit 3 Wochen Zeit. Gebe er ihm dann nicht sein [Stop] Geld, wären die Fässer verloren, so sollen sie für ihn verloren sein. Wenn Stop das nicht zugeben wolle, so behauptet er, ihm das mit ehrbaren Leuten zu beweisen. Dass die Fässer verloren wurden, das ist alles seine Schuld. Darauf sagt Antz für Stop: Stop gesteht das alles nicht, denn es sei schimpflich zu hören. Sollte er 6 Gulden wegen 3 Gulden in 3 Wochen verloren geben, das wäre ihm sehr schädlich gewesen. Wie denn Henne Acker behauptet, er wolle ihm das beweisen mit ehrbaren Leuten. Er hoffe, dass er das nie vor Gericht bringen soll. Weil er den Kauf anerkennt und nicht leugnet, soll er auch bezahlen. Das legt er dem Gericht vor. Rudiger sagt wie zuvor:

fol. 197 — Sabbato post Elisabeth

s(ente)n(ti(a)	er zyehe sich off kunde da hofft er es soll mit r[e]cht erteilt werden die konde
	zu horen und beg(er)t sin(er) tage dar zu. Und stalt auch zurecht / S(ente)n(ti)a dwile
	sich Acker Henne off kuntschafft zucht so soll er sie bringen fur gericht.ᵃ Antzᵇ hait von(n)
s(ente)n(ti)a	Stopenᶜ wegen(n) gefragt wan er die bringen soll. S(ente)n(ti)a jn XIIII tag(en). Betarff er sin(er)
	tage furt(er) und heyßt die als recht ist so soll ma(n) sie jme noch zu zeyn XIIII tag(en)
	stellen(n) beheltlich dem(e) widd(er)teile sin jnredde. Daß ist vo(n) beyden teylen v(er)bott.
	Jt(em) End(re)s Koch(er) spricht zu Wissen(n) Henne er sij jme gudt wurd(en) vor I guld(en) und
	XI alb(us) und soll jme zu der erne korne an geb(e)n. Daß er das nit gethan(n) hait
erk(annt)	daß schait jme noch eyns alßvil. Wissen(n) Henne erkent jme ußrachtu(n)ge zu thu(n)
	zussen(n) hie und Winachten. Dett er deß nit so soll er pfandt off jme erfolgt han(n).
	Daß hait End(re)s Koch(er) v(er)bott.
1 2 3 4 [8/2] h(eischung)	Jt(em) Dorre Henne von(n) momp(ar)schafft wegen(n) hait sine 1 2 3 4 [8/2] h(eischung) gethan off
	Kytzgin(n) nach jnhalt deß bůchs und begert die gutt(er) siner heyssu(n)ge nach offzuhole(n).
se(ente)n(ti)a	Jt(em) Claiß von(n) Hoistait soll den wine v(er)keuffenn mit kuntschafft des gerichts.
	Gijlt er jme mehe so soll er dem(e) kauffma(n) h(er)usser geb(e)n. Gilt er jme aber nit
	alßvil so mogke er den kauffma(n) mit r[e]cht ersuchenn. Das hait er v(er)bott.
	Jt(em) Pet(er) Glocken(er) schuldiget Drubey(n) wie er jme schuldig sij XVII g(ulden). Das er jme die nit
	gijt daß schait jme XX guld(en). Und heyßt jme ey(n) recht anttwo(r)t.
erk(annt)	Druybey(n) erkent jme VIII guld(en) off rechenu(n)ge jn XIIII tag(en). Si no(n) tu(n)c pf(and).
	Jt(em) Pet(er) Raub spricht Pet(er) Wollenber. Sij mit recht gewißt jme den kauff von des
	stuck wines wegenn zu halten und jme den jn XIIII tag(en) ußzurichten. Dåß
	hab er nit gethan(n) / Und beg(er)t mit ortel ob er jne nit erfolgt hab. S(ente)n(ti)a ita.
	Jt(em) Pet(er) Snade spricht zu Henchin(n) Raůchen wie er ey(n) pfert um(m)b jne kaufft
	hab um(m)b IIII gulden. Das er jme die nit ußricht schait jme alsovil dar zu und
Hench(in) Raůch	heyßt jme deß ey(n) r[e]cht anttwo(r)t. Henchin(n) spricht es moge sin er hab jme ey(n)
	pfert abkaufft. Und Pet(er) hab jme deß gewert der IIII wandel frij / Nů sij das
	pfert bresthafftig an der wandel eyme daß woll er jne zugen / Pet(er) gesteet
	jme der ytz erzelten(n) wortt(en) nit und zucht sich offn den winkauff / Und hofft er
	soll v(er)horet werd(en) und beg(er)t des mit recht / Henchin(n) zucht sich auch off den(n)
	winkauff. S(ente)n(ti)a die wile sie sich von(n) beyden teylen off den winkauf ziehenn
	so sollen(n) sie den(n) bringen / Jtem(m) hant sie gefragt wan sie den bringen sollen(n).
	S(ente)n(ti)a jn XIIII tag(en). Betorffen(n) sie dan ir tage furt(er) und heyssen die als recht ist
	so soll man(n) sie jne noch zu zwey(e)n XIIII tag(en) stellen furbehalten iglichem(m)
vacatᵈ	teyle sine jnredde. Das habe(n) sie v(er)bott.
pfandt gudt	Jt(em) Clese Raub n(oste)r soci(us) hait syme knecht Conraden off geb(e)n pfandt gudt
	als pfandguts recht ist alles daß Metzelhenne jn syme huß hait / V(er)bott.

a Die letzten beide Worte sind über der Zeile beigefügt.
b Der Name ist über der Zeile beigefügt, darunter durchgestrichen: »Rudig(er)«.
c Der Name ist über der Zeile beigefügt, darunter durchgestrichen: »sinen«.
d Die Marginalie wird durch einen gebogenen Strich auf die nächste Zeile bezogen.

24. November 1481 — fol. 197

ÜBERTRAGUNG

Er berufe sich auf Beweismittel und er hofft, das Gericht urteile die Beweise zu hören und fordert seine Tage dafür. Das legt er dem Gericht vor. Urteil: Weil sich Henne Acker auf Beweise beruft, soll er die auch vor Gericht bringen. Antz hat für Stop gefragt, wann er die vorbringen soll. Urteil: In 14 Tagen. Bedürfe er Verlängerung und fordere sie, wie es Recht ist, so soll man sie ihm noch zweimal 14 Tage geben, vorbehaltlich der Gegenrede der anderen Partei. Dem haben sie beide zugestimmt.

Endres Kocher klagt Henne Wiß an, er sei sein Bürge geworden für einen Gulden und 11 Albus und soll ihm zur Ernte Korn geben. Dass er das nicht getan hat, das schade ihm ebensoviel. Henne Wiß erkennt an, sich mit ihm vergleichen zu müssen bis Weihnachten. Täte er das nicht, so soll er die Pfändung gegen ihn eingeklagt haben. Das hat Endres Kocher festhalten lassen.

Henne Dorn als Bevollmächtigter hat seine 1., 2., 3. und 4. Klage gegen Kitzgin geführt gemäß dem Gerichtsbuch und fordert die Güter gemäß seiner Klage einzuziehen. Urteil: Clas von Hoestadt soll den Wein verkaufen mit Wissen des Gerichts. Erträgt er mehr, so soll er es dem Kaufmann herausgeben. Erträgt er aber nicht genug, so kann er vom Kaufmann weiteres vor Gericht fordern. Das hat er festhalten lassen.

Peter Glockener klagt Drubein an, dass er ihm 17 Gulden schuldig sei. Dass er ihm die nicht gibt, das schade ihm 20 Gulden. Und er fordert von ihm eine Antwort vor Gericht. Drubein erkennt an, ihm 8 Gulden gegen Rechnung zahlen zu müssen binnen 14 Tagen. Wenn nicht erfolgt die Pfändung.

Peter Raub klagt Peter Wolenber an. Jenem habe das Gericht gewiesen den Kaufvertrag wegen eines Stücks Wein zu halten und ihm den binnen 14 Tagen zu bezahlen. Das habe er nicht getan. Und er fordert ein Urteil, ob er gegen ihn nicht seinen Anspruch erklagt habe. Urteil: Ja.

Peter Snade klagt Henchin Rauch an, dass er ein Pferd von ihm gekauft habe für 4 Gulden. Dass er ihm die nicht bezahlt, das schade ihm ebensoviel dazu und er fordert von ihm eine Antwort vor Gericht. Henchin sagt, es könne sein, dass er ihm ein Pferd abgekauft habe. Und Peter habe ihm versichert, es sei einwandfrei an allen 4 Beinen. Nun sei das Pferd an einem Bein krank, das wolle er ihm beweisen. Peter gesteht nicht, dass er so etwas gesagt hat und beruft sich auf den Vertragsabschluss. Und er hofft, der solle gehört werden und fordert das vom Gericht. Henchin beruft sich auch auf den Vertragsabschluss. Urteil: Weil sie sich von beiden Seiten auf den Vertragsabschluss berufen, so sollen sie den beibringen. Darauf haben sie gefragt, wann sie ihn bringen sollen. Urteil: in 14 Tagen. Bedürfen sie Verlängerung und fordern die, wie es Recht ist, so soll man ihnen noch zweimal 14 Tage geben, vorbehaltlich einem jeden seine Gegenrede. Dem haben sie beide zugestimmt.

Cles Raub, unser Mitschöffe, hat seinem Knecht Konrad nach Pfandguts-Recht als Pfand aufgetragen alles, was Henne Metzel in seinem Haus hat. Festgehalten.

fol. 197v — Sabbato post Elisabeth

erk(annt)	Jt(em) Hen(n)ch Rauch erk(ennt) Pet(er) Snaden ½ [I/2] malt(er) haffern(n) und X ß helle(r)
	jn XIIII tag(en). Si no(n) tu(n)c pf(and).
erk(annt)	Jt(em) Ebba(r)t Snade erkent Cristma(n)s Henne(n) XXIIII alb(us) jn XIIII tag(en). Si no(n) etc.
erk(annt)	Jt(em) Luterwine erkent Henchin(n) Hiltzenn IIII g(ulden) (m)i(nus) VII alb(us) jn XIIII tag(en) etc.
	Jt(em) Adam(m) von(n) Ranßel spricht er habe sin 1 2 3 4 [8/2] clage ußgefurt
	nach ludt deß buchs off frauwe Lysen von Schonebergk. Und beg(er)t
	wie er furt(er) thun(n) soll off das jme und ire recht gesche / S(ente)n(ti)a er soll sine
schult behalten	schult behaltenn die mymn(er)en[!] und nit meren jn jares frijst. Und soll
	die scheffenn Ub(er) halp Henn und jne ir recht geben wie von(n) alter her etc.
	Das hait er v(er)bott.
2 h(eischung)	Jt(em) Flucken Clese 2 heyssu(n)ge off Kytzgin und off Cleßgin Beckern(n) ut p(rim)a.
p. b.	Jt(em) Pet(er) Raub hait pfande beredt off Pet(er) Wolenbere.
	Jt(em) Philips von(n) Staffel hait Mathißen unsern(n) heynberg(er) momp(ar) gemacht
mompar	als recht ist jme sine schult gulten und renten(n) jm Riche jnzugewynne(n)
	bijß off sin widd(er)ruffen(n). Das hait Mathis v(er)bott.
	Jt(em) Henchin(n) Drubeyn(n) gijt Henne von(n) Esenhem(m) schult. Er sij burge wurden(n)
Drubeyn(n)	vor Philips Henne(n) und fur sine husfrauwe Elsen gey(n) dem schrib(er) zu Od(er)nheim(m)
	vo(r) XVI g(ulden) von(n) eyns pferds weg(en). Daß er jme solich XVI g(ulden) nit ußricht
	od(er)ᵃ erkent daß schade jme XX guld(en) und heist jme deß ey(n) gerichts anttwo(r)t.
Henne von(n)	Daroff Henne von(n) Esenheim(m) redt da die frauwe nach jres hußwirts selg(en) doit
Esenheym(m)	den(n)ᵇ ma(n)tell off dem(e) grabe lihen(n) lassen(n)ᶜ / da hab sie nach der handt
	nustnit geno(m)men. Und dwile sie nustnit geno(m)men hab / so hoff er alß von(n)
	d(er) frauwe(n) weg(en) jme nichts pflichtig zu sin / Und wes er jne wid(er) anlange deß
	sij er unschuldig / Drubey(n) daroff redt er woll v(er)bott(en) das Henne des
	kauffs gestendig ist von(n) d(er) frauwe(n) weg(en)ᵈ // Und er habᵉ off das jre geclagt und
	sij jme die clage gebrochenn wůrd(en) / Er woll getruwe(n) dwile Henne vo(n) Esenheim(m)
	deß kauffs nit abreddig sij er soll jne ußricht(en) od(er) ab(er) sine heyssu(n)ge lassen vor
	sich gene und stalt zu r[e]cht / Henne von(n) Esenheim(m) redt also dar off die
	frauwe sij ußgangen(n) und hab nichtes nach doit jres hußwir(r)ts selgen(n)
	geno(m)men. Daß woll er bij bringen(n). Darum(m)b hofft er jme nichts schuldig
ad socios	zu sin. Und stalt auch zu recht / Ist uffgeslag(en) ad socios.
	Jt(em) Knoden(n) Clese erkent das er Merß Clesen burge sij vo(r) II½ [III/2] guld(en) gey(n) Ebba(r)tgin
	Håubore / Darumb dem(e) erkentniß nach hait Clese gefragt wan(n) er burgen
burgen(n) r[e]cht erk(annt)	r[e]cht thu(n) soll. S(ente)n(ti)a noch taling ob er das gehabt hab(e) will. V(er)bott.

a Zwischen Marginalie und Text verläuft entlang der folgenden fünf Zeilen ein senkrechter Strich.
b Vor diesem Wort steht ein durchgestrichens »da«.
c Von »ma(n)tell« bis hier ist der Satz dick unterstrichen. Am linken Seitenrand, unmittelbar vor dem Zeilenbeginn, verläuft entlang der folgenden fünf Zeilen ein senkrechter Strich.
d Das Wort ist über der Zeile beigefügt.
e Es folgt durchgestrichen: »jm«.

24. November 1481 — fol. 197v

ÜBERTRAGUNG

Hench Rauch erkennt an, Peter Snade ½ Malter Hafer und 10 Schilling Heller zahlen zu müssen binnen 14 Tagen. Wenn nicht erfolgt die Pfändung.

Eberhard Snade erkennt an, Henne Christman 24 Albus zahlen zu müssen binnen 14 Tagen. Wenn nicht etc.

Luterwin erkennt an, Henchin Hiltz 4 Gulden weniger 7 Albus binnen 14 Tagen etc.

Adam von Ranßel sagt, er habe seine 1. bis 4. Klage erhoben gemäß dem Buch gegenüber Frau Lyse von Schonberg. Nun fragt er das Gericht, was er weiter tun soll, damit ihm Recht geschehe. Urteil: Er soll seine Schuld behalten, die mindern und nicht mehren in Jahresfrist. Und er soll die Schöffen von oberhalb haben und vor ihnen das Recht suchen, wie seit alters üblich etc. Das hat er festhalten lassen.

Cles Fluck erhebt seine 2. Klage gegen Kitzgin und Clesgin Becker.

Peter Raub hat Pfändung gefordert gegenüber Peter Wolenber.

Philipp von Staffel hat Mathis, unseren Heimbürgen, zum Bevollmächtigten gemacht, wie es Recht ist, ihm seine Schulden, Gülten und Renten im Reich einzuziehen bis auf Widerruf. Das hat Mathis festhalten lassen.

Henchin Drubein gibt Henne von Essenheim die Schuld. Er sei Bürge geworden für Henne Philip und für seine Hausfrau Else gegenüber dem Schreiber zu Odernheim wegen 16 Gulden für ein Pferd. Dass er ihm die 16 Gulden nicht bezahlt oder das anerkennt, das schade ihm 20 Gulden und er fordert von ihm eine Antwort vor Gericht. Darauf sagt Henne von Essenheim: Da die Frau nach dem Tod ihres Mannes den Mantel auf dem Grab habe liegen lassen, da habe sie nach dem Recht der toten Hand nichts übernommen. Und weil sie nichts genommen habe, so hoffe er für die Frau ihm nichts schuldig zu sein. Und wessen er ihn darüber hinaus anklage, dessen sei er unschuldig. Drubein sagte darauf: Er wolle festhalten lassen, dass Henne den Kauf von der Frau zugibt. Und er habe auf das ihrige geklagt und ihm sei die Klage gebrochen worden. Er denke, weil Henne von Essenheim den Kauf nicht leugne, er solle ihn bezahlen oder aber ihm sein Klageverfahren lassen und legt das dem Gericht vor. Henne von Essenheim sagt darauf: Die Frau sei weggegangen und habe nach dem Tod ihres Mannes nichts genommen. Das wolle er anbringen. Darum hoffe er, ihm nichts schuldig zu sein. Das legt er auch dem Gericht vor. Das ist verschoben worden bis zum Zusammentreten des Vollgerichts.

Cles Knode erkennt an, dass er Cles Merß Bürge geworden sei wegen 2½ Gulden gegenüber Ebbartgin Haubor. Nach dem Zugeständnis hat Cles gefragt, wann er gemäß dem Bürgenrecht tun solle. Urteil: Noch heute, wenn er das haben will. Festgehalten.

fol. 197*

TRANSKRIPTION

Jt(em) Trappen Odilie hait mit momp(ar) handt offgeb(e)n[a] I guld(en) gelts der kirchen zu Wackernhey(m).
Dar fur hait er zu und(er)phande v(er)lacht alles daß er hait / Also
wan(n) er kompt bynne(n) IIII jaren die negst und bringt XX
g(ulden) ye XXIIII alb(us) fur I guld(en)[b] und bitten die kirchen
meyst(er) zu Wackernheim(m) um(m)b eyne(n) wide(r)kauf so sollen sie
die XX guld(en) von(n) jme nemen und diesse gifft und gutt(er)
widd(er) zu jren handen stellen(n). Da zugeg(en) ist gestand(en) End(er)s.[c]

a Darunter durchgestrichen: »Jekel Trapp hat offgeb(e)n«.
b Es folgt durchgestrichen: »so soll die«.
c Das Fragment ist mehrfach durchgestrichen.

ÜBERTRAGUNG

Odilie Trapp hat mit vollmächtiger Hand aufgetragen einen Gulden Geld an die Kirche zu Wackernheim. Dafür hat er als Pfand alles hinterlegt, was er hat. Wenn er in den nächsten 4 Jahren kommt und bringt 20 Gulden, je 24 Albus für den Gulden und bittet die Kirchenmeister zu Wackernheim um einen Rückkauf, so sollen sie die 20 Gulden von ihm nehmen und ihm seine Güter wieder in seine Hand geben. Dabei stand Enders.

fol. 198 — Sabbato post Elisabeth

erf(olgt)	Jt(em) Erbeyn(n) d(er) leyhendecker erfolgt Elßlin die aime vo(r) X g(ulden).
	Jt(em) der Loyher und Jekel Hertwin hant von(n) dem(e) fremden(n) schuwknecht gefragt
embrochen(n)	und sind mit recht deß gebotts halb(er) von(n) jme embrochen(n). V(er)bott.
erf(olgt)	Jt(em) Hånma(n)ß Pet(er) erfolgt Unglichen(n) vo(r) IIII guld(en).
erf(olgt)	Jt(em) Peter Snade erf(olgt) Prassen(n) Jekel vo(r) III g(ulden).
erf(olgt)	Jt(em) Endres Trapp erfolgt Busen Hennen(n) vor IIII½ [I/2] guld(en).
erf(olgt)	Jt(em) Pet(er) Wolenbere erf(olgt) Ebbart^a Kytzen(n) vo(r) IIII g(ulden).
erf(olgt)	Jt(em) Dyeme(n) Claiß erfolgt Ebba(r)t Kytzen(n) vor I g(ulden).
erf(olgt)	Jt(em) Karlen(n) erfolgt Henchin(n) Můlle(r) vo(r) I g(ulden).
	Actu(m) Sabbato p(os)t Andree.
	Zussen(n) Karle von(n) Clehe Jekel Semm(er) und Pet(er) Snaden nach ansprach und
Karle Jekeln	anttwo(r)t und furgewistem(m) ortel spricht der scheffin zu recht dwile Karlen
und Pet(er) Snad(en)	und Jekel von(n) Semmern(n) an Peters rechenu(n)ge keyn genugu(n)e habenn so
	soll Pet(er) furt(er) den(n) glauben dar zu thu(n). Das hait Peter v(er)bott und furt(er) gefragt
	jn welcher zijt er den(n) glaubenn dar zu thu(n) soll. S(ente)n(ti)a jn XIIII tag(en) auch v(er)bott.
	Jt(em) Elsen(n) der amme(n) ist tag gestalt an(n) daß negst gericht geg(en) dem leÿen deckh(er).
	Daß hat^b sÿe v(er)bott.
	Jt(em) Henchin(n) Hirtrich von(n) Wint(er)heim(m) ey(n) knabe von(n) alter XIIII jare alt ungev(er)lich
	hait Henne(n) von(n) Eltfelt als recht ist / momp(ar) gemacht jne zuv(er)gene und zuv(er)stene
mompar	jme dassin weß er zu schaffen(n) hait zuv(er)teydingen glich(er) wise als ob er p(er)sonlich
	zugegen(n) were zu gewinn und v(er)lust^c. Dagegen(n) ist gestand(en) Conraidt meler von(n) Kyrchberg syn(er) mutt(
	brůd(er) und hait das gewilliget und ist jme liep gewest. Das hait Henchin(n) v(er)bott.
	Jt(em) Lorentz von(n) Jngelnh(eim) gijt Dyeme(n) Henne(n) schůlt: Er hab zwey stuck wine
	um(m)b jne kaufft das fuder umb VIII guld(en) / Da bij sij gewest ey(n) gudt geselle
Dyeme(n) Henne	der hab jn den kauff geredt alsso das Lorentz Deyme(n) Hennen die wine bezalen
	soll jn eynem monet. Daroff hab er synen Gottshelle(r) ußggeb(e)n. Und sij auch eyn
	maiß wins zu winkauff daroff gedruncken. Danach hab er jme das gelt gebotten
	jn eyns monets frijste jn bijwesen des heymbergen. Das er jme solichen kauff nit
Lorentz(e)	folgen leßt notz XL guld(en). Und ob er neyn dar zu sagen wolt so zucht er sich off
	den der dabij gewest ist und den win(n)kauff helffen machen hait / Und heyst jme
	des ey(n) recht anttwo(r)tt. Daroff Dyeme(n) Henne durch Rudigern redden ließ

a Am Ende des Wortes steht ein nicht eindeutiges Kürzel.
b Das »t« ist über der Zeile beigefügt.
c Die letzten vier Worte sind am linken Seitenrand beigefügt.

24. November 1481 — fol. 198

Erwin der Leyendecker verklagt Else die Amme auf 10 Gulden.
Loyher und Jeckel Hertwin haben wegen dem fremden Schuhknecht gefragt und sind durch das Gericht freigesprochen worden wegen der Forderung. Festgehalten.
Peter Hanman verklagt Unglich auf 4 Gulden.
Peter Snade verklagt Jeckel Prasse auf 3 Gulden.
Endres Trapp verklagt Henne Busen auf 4½ Gulden.
Peter Wolenber verklagt Eberhard Kitz auf 4 Gulden.
Clas Diem verklagt Eberhard Kitz auf 1 Gulden.
Karl verklagt Henchin Muller auf 1 Gulden.

1. Dezember 1481

Zwischen Karl von Klee, Jeckel Simmern und Peter Snade nach Anklage, Entgegnung und dem zuvor gewiesenem Urteil sprechen die Schöffen als Recht: Weil Karl und Jeckel von Simmern an Peters Rechnung kein Genüge haben, solle Peter den Eid leisten. Das hat Peter festhalten lassen und weiter gefragt, wann er ihn leisten soll. Urteil: in 14 Tagen.
Else der Amme ist ein Termin in der Sache mit dem Leyendecker gesetzt worden am nächsten Gerichtstag. Das hat sie festhalten lassen.
Henchin Hirtrich von Winternheim, ein Knabe von ungefähr 13 Jahren, hat Henne von Eltville zu seinem Bevollmächtigten gemacht, für ihn zu geben und zu lösen und das, was er zu schaffen hat, zu verteidigen als wäre er persönlich anwesend, zu seinem Gewinn und Verlust. Dabei stand Konrad Maler von Kirchberg, der Bruder seiner Mutter und hat dem zugestimmt. Das hat Henchin festhalten lassen.
Lorenz von Ingelheim gibt Henne Diem die Schuld. Er habe 2 Stück Wein von ihm gekauft, das Fuder für 8 Gulden. Dabei sei ein guter Geselle gewesen, der habe in den Kauf hereingeredet, dass Lorenz Henne Diem den Wein in einem Monat bezahlen solle. Darauf habe er seinen Gottesheller ausgegeben. Und es sei auch ein Maß Wein zum Vertragsabschluss darauf getrunken worden. Danach habe er ihm das Geld in der Monatsfrist angeboten in Anwesenheit des Heimbürgen. Dass er ihm den Kauf nicht folgen lasse, schade ihm 40 Gulden. Und wenn er Nein dazu sagen wolle, so berufe er sich auf den, der dabei war und geholfen hat, den Weinkauf zu machen. Und er fordert von ihm eine Antwort vor Gericht. Darauf ließ Henne Diem durch Rudiger sagen:

fol. 198v — Sabbato post Andree

er geste der redden(n) nit / Und er hab Lorentzen gesagt damals er soll dye
wine jn XIIII tagen(n) holen(n) und jme sin gelt geben nach ludt des kauffs
od(er) aber eyn genugu(n)e darfur thu(n) daß er deß gelts sicher sij. Das hab er nit
gethan(n). Nů melde er / er woll jne zugen(n) mit eynem der da bij gewest sij.
Daß laß er stene / Werde er erzugt alß recht sij / waß dan recht sij daß muß
er laßenn gescheen(n). Antz von(n) Lorentzen wegen(n) daroff spricht er hab
fur gesagt es sj eyn(er) dabij gewest off den hab er gezogen / Darumb hoffe
er / er soll gehort werden beg(er)t siner tage darzů.ᵃ Und wan(n) er also gehort wirt geschee furt(er) was recht
sij. Und stalt das zu recht. Růdig(er) daroff spricht er zyehë sich off eyne(n)
der dabij gewest sij und hab sine tage dar zu geheyssenn. Begere er wan(n)
er den bring(en) soll. S(ente)n(ti)a jn XIIII tag(en). Betarff er sin(er) tage furt(er) und heyßet
die als recht ist so soll man sie jme noch zu zweyn(n) XIIII tag(en) bringen(n)
fur behehalt(en) dem(e) widd(er)teyle sin jnredde. Daß ist von(n) beyd(en) p(ar)tijen v(er)bott.

erk(annt)	Jt(em) Osewine erkent Stockheym(er)ß hoffma(n) I g(ulden) off rechenu(n)ge jn XIIII t(agen). Si no(n) etc.
4 [8/2]	Jt(em) Henne von(n) Eltfelt 4 [8/2] h(eischung) off Metzelhenne(n).
1 clage	Jt(em) Hen(n)ch Endres 1 clage off die jungfrauwe(n) zu Sant Claren(n) off VI g(ulden) und VII alb(us) heuptgelts und off XX g(ulden) schadens et sup(ra) o(mn)ia.
erk(annt)	Jt(em) Monchs Clese erkent Wißers Contzg(in) von(n) momp(ar)schafft weg(en) Hennen Stoipen I malter korns und ey(n) acht firtelig faß jn XIIII tag(en). Si no(n) tu(n)c pf(and).
erk(annt)	Jt(em) Cleynhenn von(n) Helb(er)ßheim(m) erk(ennt) Cleßgin Drapenᵇ zweyh(er) guldenw(er)t korns und ey(n) guld(en) off rechenu(n)ge jn XIIII tag(en). Si no(n) tu(n)c pf(and).
non r(e)venire Herma(n) Bend(er) und Henne Contz Bend(er)s sone antreffen(n)	Jt(em) Herman(n) Bend(er) spricht zu Henne(n) Contz Benders sone / wie er jme und(er) dem(e) mart gehauwe(n) hab jne zu kost(en) und schad(en) bracht. Das er jme den(n) schad(en) nit nah(er) thudt notzt X g(ulden) und heyst jme des ey(n) anttwo(r)t. Dar jn ist gered t daß es nu(m)me an gericht ko(mmen) soll. Das hat d(er) schult(eiß) v(er)bott.
erk(annt)	Jt(em) Wilhelm(e) Holtzhuser erkent frauwe Fyeln abbatissin jm Engeltale XXXX ß off rechenu(n)ge jn XIIII tag(en). Si no(n) tu(n)c pf(and).
ff(revel)	Jt(em) Contz Bend(er)s sone Henne erk(ennt) Clesen Raub(e)n ey(n) frevel sich guttlich mit jme zuv(er)trag(en). Das hait Clese Raub v(er)bott.
	Jt(em) Herman(n) Bend(er) schůldiget Pet(er) Wolenberen(n) wÿe er jme ey(n) recht tragen(n) solt han(n) daß sij v(er)lassen(n) wurd(en) an erbare lute sie guttlich von(n) enander zů schlissenn. Also hab H(er)man(n) sine frunde dar zu gekore(n) und Peter nit.
Wolenbere	Daß er daß gethan(n) hait notz X g(ulden). Antwo(r)t / Peter daroff redt

ᵃ Von »beg(er)t« bis hierhin ist der Satz am linken Seitenrand beigefügt.
ᵇ Es folgt durchgestrichen: »II«.

1. Dezember 1481 — fol. 198v

ÜBERTRAGUNG

Er gestehe die Rede nicht. Und er habe Lorenz damals gesagt, er solle die Weine binnen 14 Tagen holen und ihm sein Geld gemäß dem Kaufvertrag geben oder ihm ein Genügen dafür leisten, damit er des Geldes sicher sei. Das habe er nicht getan. Nun sage er, er wolle ihm mit einem, der dabei gewesen sei, das beweisen. Das lasse er zu. Werde es durch Zeugen bewiesen, wie es Recht ist, so müsse er das geschehen lassen. Antz für Lorenz sagt darauf: Er habe vorher gesagt, es sei einer dabei gewesen, den habe er als Zeugen benannt. Darum hoffe er, der solle gehört werden und er fordert dafür seine Gerichtstage. Nachdem er gehört werde, geschehe dann weiter was Recht ist. Das legt er dem Gericht vor. Rudiger sagt darauf: Er berufe sich auf einen, der dabei gewesen sei und habe seine Gerichtstage gefordert. Daher erfragt er vom Gericht, wann er den vor Gericht bringen soll. Urteil: In 14 Tagen. Bedürfe er Verlängerung und fordere sie, wie es Recht ist, so soll man ihm noch zweimal 14 Tage geben, jeder Partei die Gegenrede vorbehalten. Dem haben beide Parteien zugestimmt.

Osewin erkennt an, dem Hofmann Stockheimers einen Gulden gegen Rechnung zahlen zu müssen. Wenn nicht etc.

Henne von Eltville erhebt seine 4. Klage gegen Henne Metzel.

Hench Enders erhebt seine 1. Klage gegen die Nonnen von St. Clara wegen 6 Gulden und 7 Albus Klagesumme und wegen 20 Gulden Gerichtskosten und auf alles.

Cles Monch erkennt an, Contzgin Wißer als Vertreter von Henne Stop 1 Malter Korn und 1 Acht-Viertel-Fass zahlen zu müssen binnen 14 Tagen. Wenn nicht erfolgt die Pfändung.

Henn Klein von Hilbersheim erkennt an, Clesgin Drapp Korn im Wert von 2 Gulden und einen Gulden gegen Rechnung zahlen zu müssen. Wenn nicht erfolgt die Pfändung.

Hermann Bender klagt Henne, den Sohn Contz Benders an, dass er ihn auf dem Markt gehauen habe und ihn zu Kosten und Schaden gebracht habe. Dass er ihm den Schaden nicht ersetze, das schade ihm 10 Gulden und er fordert von ihm eine Antwort. Deswegen wurde geredet, dass dies nicht mehr am Gericht verhandelt werden soll. Das hat der Schultheiß festhalten lassen.

Wilhelm Holzhausen erkennt an, Frau Fiel, Äbtissin in Engelthal, 40 Schilling gegen Rechnung zahlen zu müssen. Wenn nicht erfolgt die Pfändung.

Contz Benders Sohn Henne erkennt gegenüber Cles Raub einen Frevel an, wegen dem er sich gütlich einigen will. Das hat Cles Raub festhalten lassen.

Hermann Bender beschuldigt Peter Wolenber, dass sie einen Rechtsaustrag haben sollten, der durch ehrbare Leute geschehen solle, die sie gütlich miteinander vergleichen sollten. Hermann habe seine Freunde dafür bestimmt, Peter nicht. Dass er das getan habe, das schade ihm 10 Gulden. Peter sagte darauf:

fol. 199 — Jnn die Nicolai

TRANSKRIPTION

H(er)ma(n) Bend(er)	er sij deßmals nit heyms gewest / Er woll aber sine frůnde noch bij dissem
	tage bitt(en) und auch nachkommen weß jne sine frůnde heysßnt. Das
	hait H(er)man(n) v(er)bott.
	Jd(em) schuldiget denselb(e)n Pet(er) wie er Beyrs frauwe(n) hab I g(ulden) der gebore
Wolenbere	jme halp. Daß er jme sine teyle nit ußricht notz(et) II g(ulden) und heyst jme ey(n) anttw(or)t.
	Pet(er) spricht sye syen der frauwe(n) schuldig gewest II guld(en). Und darumb hab
H(er)ma(n) Bend(er)n	er der frauwen docht(er) eyns guldenw(er)t wiß duchs an synem guld(en) geb(e)n und
	sie bezalt. Und er wisß von(n) dheyn(er) gemeynschafft die er mit jme hab / Woll
	ers dabij lassen(n) sij gudt / Woll ers ab(er) nit thůn so macht er sich unschuldig.
	Die unschult ist gestalt XIIII tage.
erf(olgt)	Jt(em) Adam(m) von(n) Weinhey(m) erfolgt Peter Heltwin und Cleßgin Berckorne.
burgen recht	Jt(em) Clesen(n) Henne schuldiget Dyeme(n) Clasen(n) wie er sin burge sij vo(r) IIII g(ulden)
	gey(n) Mathißen(n) von(n) Helberßheim(m). Daß er nů nit burgen(n) recht thut notz VI g(ulden)
	und heyst jme ey(n) anttwo(r)t. Claß erkent der burgschafft. Daß hait Clesen Henne
	v(er)bott und gefragt wan(n) er burgen recht thun soll. S(ente)n(ti)a noch taling ob er
	des nit emberen will. Daß hait Clesen Henne auch v(er)bott.
	Jt(em) Heinrich Wolff unser mit scheffen(n) gesell hait sin lip fur sin gudt gestalt
lip fur gudt	gey(n) der abbatissin begert ob sin gudd(er) nit ledig syen(n). S(ente)n(ti)a ut mor(is) est.
	Des hait Heinrich v(er)bott und ist jme tag gestalt an das negst gericht. Auch v(er)bott.
erk(annt)	Jt(em) Henchin(n) Bere erkent Clesen(n) Rauben(n) unserm(m) mit scheffen gesell(e)n VI l(i)b(ras) und
	VIII ß helle(r) zugeb(e)n jn XIIII tag(en). Si no(n) tu(n)c pf(and).
	Jt(em) Clese Som(er)elin von(n) Jngelh(eim) erf(olgt) Kytzgin vo(r) ½ [1/2[guld(en)
	Jt(em) Henchin(n) Melman(n) hait hind(er) gericht gelacht II l(i)b(ras) helle(r) geyn(n) den heren(n)
posuit	jm Saile und hait jne die geoffent. Verboit. S(abbat)o p(os)t Elisabeth.
	Jn(n) die Nicolai.
3 h(eischung)	Jt(em) d(omin)us pleba(nus) 3 h(eischung) off Metzelhenne ut p(rim)a ex p(ar)te p(rese)ncie.
3 h(eischung)ᵃ	Id(em) 3 h(eischung) off Rudolff den snid(er) ut p(rim)a ecia(m) ex p(ar)te p(rese)ncie.
tag v(er)hudtᵇ	Jt(em) Randecker sin tage v(er)hudt gey(n) Contz Bend(er)n.
	Jt(em) Henne Oete gey(n) Pet(er) Sidendist(el).
	Jt(em) Thomas Henne gey(n) Hepen Henne d(er) unschult.

a   Das Kürzel »h(eischung)« steht nur einmal am Rand. Zwei Striche zeigen aber an, dass es für die vorherige Zeile mit gelten soll.
b   Der Begriff steht nur einmal am Rand. Zwei Striche zeigen aber an, dass er für die drei letzten Zeilen der Seite gelten soll.

6. Dezember 1481

Er sei damals nicht im Lande gewesen. Er wolle aber seine Freunde zu diesem Schiedstag bitten und dem auch nachkommen, was die Freunde bestimmen. Das hat Hermann festhalten lassen. Derselbe beschuldigt denselben Peter, dass er von der Frau von Beyr einen Gulden habe, der gebühre ihm zur Hälfte. Dass er ihm seinen Teil nicht gibt, das schade ihm 2 Gulden und er fordert von ihm eine Antwort. Peter sagt, sie seien der Frau 2 Gulden schuldig gewesen. Darum habe er der Tochter der Frau weißes Tuch im Wert eines Guldens gegeben und seinen Gulden so bezahlt. Und er wisse von keiner Gemeinschaft, die er mit ihm habe. Wolle er es dabei lassen, so sei es gut. Wolle er es aber nicht, so erklärt er sich für unschuldig. Die Unschuld gilt 14 Tage.

Adam von Weinheim hat seinen Anspruch ins Gerichtsbuch eintragen lassen gegen Peter Hiltwin und Clesgin Berkorn.

Henne Cles beschuldigt Clas Diem, dass er sein Bürge geworden sei gegen Mathias von Hilbersheim. Dass er nun nicht gemäß dem Bürgenrecht handele, das schade ihm 6 Gulden und er fordert von ihm eine Antwort. Clas erkennt die Bürgschaft an. Das hat Henne Cles festhalten lassen und fragt, wann er gemäß dem Bürgenrecht handeln soll. Urteil: Noch heute, wenn er nicht darauf verzichten will. Das hat Henne Cles auch festhalten lassen.

Heinrich Wolff, unser Mitschöffe, hat seinen Leib vor sein Gut gestellt gegenüber der Äbtissin und fragt, ob seine Güter nicht frei seien. Urteil: Wie es üblich ist. Dem hat Heinrich zugestimmt und es ist ihm ein Termin gesetzt am nächsten Gerichtstag. Auch zugestimmt.

Henchin Ber erkennt an, Cles Raub, unserem Mitschöffen, 6 Pfund und 8 Schilling Heller zahlen zu müssen. Wenn nicht erfolgt die Pfändung.

Cles Somerelin von Ingelheim verklagt Kitzgin auf ½ Gulden.

Henchin Melmann hat bei Gericht 2 Pfund Heller für die Herren im Saal hinterlegt und hat ihnen die geöffnet. Festgehalten. Samstag nach Elisabeth.

6. Dezember 1481

Der Herr Pleban erhebt die 3. Klage gegen Henne Metzel für die Präsenz.
Derselbe erhebt die 3. Klage gegen Rudolf den Schneider auch für die Präsenz.
Randecker hat seinen Gerichtstermin gewahrt gegenüber Contz Bender.
Henne Oete gegenüber Peter Sidendistel.
Henne Thomas gegenüber Henne Hepp wegen der Unschuld.

fol. 199v — In die Conceptionis Marie

Actu(m) i(n) die Concept(i)o(nis) [Marie].

2 clage — Jt(em) h(er) Johann Beynlingk 2 clage off Vetzern(n) ut p(ri)ma.

2 tag — Jt(em) Ackerhenne 2 taig gey(n) Stopen(n) sin konde zu furen(n).

Jt(em) Hench(in) Scherr(er) 2 tag zu sin(er) konde.

Jt(em) Pet(er) Snade 2 tag gey(n) Rauchen(n).

Jt(em) Henchin(n) Melma(n) und Clese Suffuß ist tag gestalt an das negst ger(icht).

3 3 h(eischung) — Jt(em) Flucken Clese 3 h(eischung) off Kytzgin und Cleßgin Beckern(n) ut p(rim)a.

3 h(eischung) — Jt(em) h(er) Heinrich Strude 3 h(eischung) off Mandelma(n) ut p(ri)ma.

Jt(em) Hepen(n) Henne wa(r)t d(er) unschult gey(n) Thomas Henne(n). Ist jme tag gestalt off das negst gericht.

lip fur gudt — Jt(em) Becker Henne hait sin lip fur sin gudt gestalt gey(n) den kuchen(n)meist(er)n. Ist gewist ut mor(is) e(st). Und ist jme tag gestalt an das negst gericht.

3 — Jt(em) Heinrich Starck ex p(ar)te eccl(es)ie 3 h(eischung) off Clese Fiele.

Jt(em) id(em) 3 h(eischung) off Metzelhenne(n) ut p(rim)a.

Id(em) 3 h(eischung) off Gippelhorne und Phili(p) Duchscherr(er)s sone.

2 h(eischung) — Id(em) 2 off Kytz Grede und off Stirne [?] frauwe.

Actu(m) Co(n)cepc(i)o(nis) Ma(r)ie.

Jt(em) frauwe Filen ist taig gestalt an das negst gericht gey(n) Heynr(ich) Wolffen.

Jt(em) Busen(n) Henne hait siney [!] eyden Pefferhenne momp(ar) gemacht

mompar — jme sie schult und gult jm Riche jn zugewynne(n) bijß off sine widd(er)ruffen(n).

Jt(em) Becker Henne vo(n) Sobb(er)nheym(m) hait Cleßg(in) vo(n) Narhey(m) momp(ar) gemacht jne zuv(er)gene und zuv(er)stene und sine sachen jm Riche

momp(ar) — ußzurichten(n) weß er zu dhun(n) hait als we(re) er selbs gegenw(er)tig hie. Das hait Cleßg(in) v(er)bott.

Pet(er) Snade — Jt(em) Snad(en) ist sin tag gesatzt an das negst ger(icht) gey(n) Jekel Semn(er) und sine brod(er) Karlen.

Jt(em) Jekel und Karlen v(er)huden ire(n) tag gey(n) Pet(er) Snaden der beweru(n)g halp. Ist jne taig gestalt an das negst gericht.

8. Dezember 1481

Herr Johann Beinling hat seine 2. Klage erhoben gegen Vetzer.
Henne Acker hat seinen 2. Tag gefordert gegen Stop, seine Beweise beizubringen.
Henchin Scherer seinen 2. Tag für die Beweise.
Peter Snade seinen 2. Tag gegen Rauch.
Henchin Melmann und Else Suffuß ist ein Termin gesetzt worden am nächsten Gerichtstag.
Cles Fluck erhebt seine 3. Klage gegen Kitzgin und Clesgin Becker.
Herr Heinrich Strude erhebt seine 3. Klage gegen Mandelmann.
Henne Hepp wahrt seine Unschuld gegenüber Henne Thomas. Es ist ihm ein Termin gesetzt worden am nächsten Gerichtstag.
Henne Becker hat seinen Leib vor sein Gut gestellt gegenüber den Kirchenmeistern. Es wurde ihm gewiesen wie üblich ist. Und es ist ihm ein Termin gesetzt am nächsten Gerichtstag.
Heinrich Stark erhebt für die Kirche die 3. Klage gegen Cles Fiel.
Derselbe erhebt die 3. Klage gegen Henne Metzel.
Derselbe erhebt die 3. Klage gegen Gippelhorn und den Sohn Philipp Duchscherers.
Deselbe erhebt die 2. Klage gegen Grede Kitz und die Frau von Stirn.

8. Dezember 1481

Frau Fiel ist ein Termin gesetzt am nächsten Gerichtstag gegen Heinrich Wolff.
Henne Bußen hat seinen Schwager Henne Peffer zu seinem Vertreter gemacht, ihm seine Schulden und seine Gülten im Reich einzunehmen bis auf Widerruf.
Henne Becker von Sobernheim hat Clesgin von Narheim zu seinem Vertreter gemacht, für ihn zu geben und zu lösen und seine Angelegenheiten im Reich auszurichten, was zu tun ist, als sei er selbst gegenwärtig. Das hat Klaus festhalten lassen.
Snade ist ein Termin gesetzt worden am nächsten Gerichtstag gegen Jeckel Simmern und seinen Bruder Karl.
Jeckel und Karl haben ihren Tag gewahrt gegenüber Peter Snade wegen der Bürgschaft. Es ist ihnen ein Termin gesetzt am nächsten Gerichtstag.

Sabbato post Lucie

Actu(m) Sabb(at)o p(os)t Lucie.

Jtem(m) zussen(n) den Augustin(n)ern und frauwe Lisen h(er)n Hansen wittwe
nach ansprach anttwo(r)t und ludt deß gerichts brieff spricht der scheffin
zu recht daß die frauwe den heren(n) zu den Augustin(er)n zu den und(er)pfanden
komme(n) lassen soll od(er) jme die gulde ußrichten.

Augustin(er) h(er)n Hansen wittwe

Jt(em) zussen(n) Henne(n) von Soden und Wint(er)n nach ansprach anttwo(r)t und beyd(er)
teyle furbringen(n) spricht der scheffin zu recht daß Wint(er) sin scholt behalt(en)
soll als recht ist. Und wan er das also gedůt was dan uberentzig ist
daß soll er Henne(n) von(n) Soden syne geburniß h(er) usser geben(n) so ferre das
reicht. Und daß soll bij glauben(n) gescheen(n) so ferre der widderteyle jne
deß nit erlassen(n) will.

Soden und Winter

Jt(em) zussen(n) Pet(er) Bend(er)n und Ebbart Snade nach ansprache anttwo(r)t und
beyd(er) teyle furbringen(n) dwile Peter Bend(er) X guld(en) erkent und Ebba(r)t
des III guld(en) von[a] jme empfangen(n) hait so sprechen(n) der scheffin
zu recht so ferre jme Pet(er) Bend(er) jne verfallen(n) bezahlt so soll jme
Ebba(r)t den wingart offgeb(e)n.

Pet(er) Bender

Ebba(r)t Snade

Jtem(m) nach ansprach anttwo(r)t und v(er)horu(n)ge der konde von dem gericht
zu Sauwelheim(m) spricht der scheffin zu recht das Pet(er) Harewiler
Anth(is) Wolffen(n) ummb diesse sin ansprach(e) zu disser zijt nit schuldig ist.

Anth(is) Wolff

Pet(er) Harewiler

Jt(em) der Augustin(er) hait daß ortel v(er)bott von(n) frauwe(n) Lysenn wegen(n). Sye will
jme sin gulde und den kostenn ußricht(en) jre recht ire furbehalten(n) sij. An weme
sie furt(er) zu sprechen(n) hait wan ir daß fuglich und eben ist magk sie das anfahen(n).

Jt(em) Wint(er) daß ortel v(er)bott hait antreff(e)n Hene won(n) Sod(en) und furt(er) gefragt wan(n)
er die beweru(n)ge thu(n) soll. S(e)n(tenti)a jn XIIII tag(en). Daß hait er auch v(er)bott.

Jt(em) Pet(er) Bend(er) hait daß ortel zussen(n) jme und Ebbart Snade(en) v(er)bott und gefragt
ob jme Ebba(r)t den kosten(n) nit nah(er) thu(n) soll. S(e)n(tenti)a ja / Wan(n) ehe hait er gefragt.
S(e)n(tentia)a nach taling(e). Daß hait er v(er)bott.

Jt(em) Pet(er) Harewiler hat daß ortel zussen jme und Anth(is) Wolffen v(er)bott
und gefragt ob Anth(is) Wolff jme sinen kost(en) nit nah(er) thu(n) soll. S(e)n(entia)a ja. Alß gab
Anth(is) jme syne(n) kostenn jn syne handt an gericht.

---

a Es folgt durchgestrichen: »Ebba(r)t«.

15. Dezember 1481

Zwischen den Augustinern und Frau Lyse, der Witwe von Herrn Hans, nach Anklage, Entgegnung und dem Wortlaut der Urkunde sprechen die Schöffen als Recht: Dass die Frau den Herren bei den Augustinern die Pfänder zukommen lassen soll oder ihnen die Gülte ausrichten soll.

Zwischen Henne von Soden und Winter nach Anklage, Entgegnung und den Vorbringungen beider Seiten sprechen die Schöffen als Recht: Dass Winter seine Schuld behalten soll, wie es Recht ist. Und wenn er das getan hat, was dann übrig ist, das soll er Johann von Soden nach Gebühr herausgeben, falls es reicht. Und das soll bei gutem Glauben geschehen, insofern die Gegenseite ihm das nicht erlassen will.

Zwischen Peter Bender und Eberhard Snade nach Anklage, Entgegnung und den Vorbringungen beider Seiten, weil Peter Bender 10 Gulden anerkannt und Eberhard 3 Gulden von ihm empfangen hat, so sprechen die Schöffen als Recht: So fern ihm Peter Bender das Übrige bezahlt, soll ihm Eberhard den Weingarten aufgeben.

Nach Anklage, Entgegnung und Hörung des Urteils des Saulheimer Gerichts sprechen die Schöffen als Recht: Dass Peter Harewiler Anthis Wolff wegen seiner Anklage zur Zeit nichts schuldig ist.

Der Augustiner hat das Urteil wegen Frau Lyse festhalten lassen. Sie will ihm seine Gülte und die Kosten bezahlen unter Vorbehalt ihres Rechts. Wenn sie ihn weiter anzuklagen hat, so kann sie das tun.

Winter hat das Urteil festhalten lassen wegen Henne von Soden und fragt weiter, wann er den Eid tun soll. Urteil: in 14 Tagen. Das hat er auch festhalten lassen.

Peter Bender hat das Urteil zwischen ihm und Eberhard Snade festhalten lassen und gefragt, ob ihm Eberhard die Kosten nicht erstatten soll. Urteil: Ja. Wann hat er gefragt. Urteil: Noch heute. Das hat er festhalten lassen.

Peter Harewiler hat das Urteil zwischen ihm und Anthis Wolff festhalten lassen und gefragt, ob ihm Anthis Wolff seine Kosten nicht erstatten soll. Urteil: Ja. Darauf gab Anthis ihm seine Kosten vor dem Gericht in seine Hand.

fol. 200v — Sabbato post Lucie

2 clage	Jt(em) Hench(in) Endres 2 clage off die jungfrauwe(n) zu sant Claren(n) zu Mentz(e)
p b	Jt(em) Henne vo(n) Eltfelt hait p b off Henchin(n) Drubein(n).
erf(olgt)	Jt(em) Pet(er) Endres erfolgt Drubeyn(n) off daß buch.
erk(annt)	Jt(em) Henchin(n) Kerch(er) erkent Claßgin Moißbech(er) jn XIIII tag(en) VIII guld(en). Si no(n) pf(and).
erk(annt)	Jt(em) Pet(er) Endres erkent Peter Fyelen(n) II½ [III/2] guld(en) jn XIIII tag(en). Si no(n) pf(and).
erf(olgt) p b.	Jt(em) Adam(m) Wolff n(oste)r soci(us) erfolgt Henne(n) vo(n) Eltfelt und hait auch p b off jne.
erf(olgt) p b.	Jt(em) her Heinr(ich) Nickel erfolgt Ebbartgin Haubore ad libru(m) auch p b off jne.
erf(olgt)	Jt(em) Clese Raub erf(olgt) Henchin(n) Bere ad libru(m).
erf(olgt)	Jt(em) Peter Snade erfolgt Hench Rauchen ad libru(m).
erf(olgt)	Jt(em) Dyeme(n) Jekel erfolgt Unglichen(n) ad libru(m).
erf(olgt)	Jt(em) Hench(in) Hyeltz erfolgt Luterwine ad libru(m).
erf(olgt) p b	Jt(em) Henne Erck erfolgt Jekel Drappen(n) auch hait er p. b off jne.
erf(olgt) p b	Jt(em) Konne Pet(er) erfolgt Ebba(r)t Kytzen(n) off das buch auch p b off jne.
p b	Jt(em) Pet(er) Snade hait pfandt beredt off Ebba(r)t Kytzen(n).
ey(n) frage	Jt(em) Gyppelhorns frauwe spricht die kirchen(n)meist(er) haben(n) off jren(n) man geheyssen(n). Alß sij er nit jnheyms. Also wiß sie nit ob sie jr lip fur jre
s(e)n(tenti)a	gutt(er) stellen soll dwile er nit jnheyms ist. S(e)n(tenti)a dwile es gult antrifft so magk sie jr gutt(er) v(er)stene. Das hait sie v(er)bott.
lip fur gudt	Jdem(m) hait jr lip fur ir gudt gestalt geyn(n) den kirchenmeist(er)n und hait gefragt ob ir gutt(er) nit leddig syen(n). S(e)n(tenti)a will sie recht geben(n) und neme(n) etc. ut mor(is) est. Und ist jr tag gestalt an das negst gericht. Daß hait sie v(er)bott.
	Jt(em) Lorentz von(n) Nydd(er) Ingelnheim(m) schuldiget Nůtten(n) Pet(er)n wie er yne(n) kauff hab helffen(n) machenn zussen(n) jme und Dyeme(n) Henne(n) der zweyh(er) stuck
Nůtten Peter Lorentz	wine halp und nit sage wie der geludt hait. Notz XL guld(en) und heyst jme eyn(e) anttwo(r)t / Daroff Nutten Pet(er) spricht und bekent er sij bij dem(e) kauff gewest / und Lorentz hab jne gebetten / zu Dyemen(n) Henne zu gene den(n) kauff slecht zu machen(n) / Daß hab er gethan(n) und Lorentz hab den
Dyeme(n) Henne	wine kaufft / und soll[a] Dyeme(n) Henne den wine bezalen(n) jn eyns monets frijst bijß of IIII amen / die soll er jme zu Pfingst(en) danach bezalen(n) / Dar fur soll

a Das Wort ist über der Zeile beigefügt.

15. Dezember 1481 — fol. 200v

Henchin Enders erhebt die 2. Klage gegen die Nonnen von St. Klara zu Mainz.
Henne von Eltville hat Pfändung gefordert gegen Henchin Drubein.
Peter Enders hat seinen Anspruch ins Gerichtsbuch eintragen lassen gegen Drubein.
Henchin Kercher erkennt an, Claßgin Mospecher binnen 14 Tagen 8 Gulden zahlen zu müssen. Wenn nicht erfolgt die Pfändung.
Peter Enders erkennt an, Peter Fiel 2½ Gulden binnen 14 Tagen zahlen zu müssen. Wenn nicht erfolgt die Pfändung.
Adam Wolff, unser Mitschöffe, hat seinen Anspruch ins Gerichtsbuch eintragen lassen gegen Henne von Eltville und hat Pfändung gegen ihn gefordert.
Herr Heinrich Nickel hat seinen Anspruch ins Gerichtsbuch eintragen lassen gegen Eberhard Haubor und hat Pfändung gegen ihn gefordert.
Cles Raub hat seinen Anspruch ins Gerichtsbuch eintragen lassen gegen Henchin Ber.
Peter Snade hat seinen Anspruch ins Gerichtsbuch eintragen lassen gegen Hench Rauch.
Jeckel Diem hat seinen Anspruch ins Gerichtsbuch eintragen lassen gegen Unglich.
Henchin Hiltz hat seinen Anspruch ins Gerichtsbuch eintragen lassen gegen Luterwin.
Henn Erck hat seinen Anspruch ins Gerichtsbuch eintragen lassen gegen Jekel Drapp und hat Pfändung gegen ihn gefordert.
Peter Konne hat seinen Anspruch ins Gerichtsbuch eintragen lassen gegen Eberhard Kitz und hat Pfändung gegen ihn gefordert.
Peter Snade hat Pfändung gefordert gegen Eberhard Kitz. Die Frau von Gippelhorn klagt, die Kirchenmeister haben gegen ihren Mann geklagt. Der sei nicht im Lande. Sie wisse nicht, ob sie ihren Leib vor ihr Gut stellen solle, da er nicht im Lande ist. Urteil: Weil es Gülten betrifft, so kann sie ihre Güter lösen. Das hat sie festhalten lassen. Sie hat ihren Leib vor ihr Gut gestellt gegenüber den Kirchenmeistern und hat gefragt, ob ihre Güter nicht frei seien. Urteil: Will sie Recht geben und nehmen etc., wie es üblich ist. Und es ist ihr ein Termin gesetzt worden am nächsten Gerichtstag. Das hat sie festhalten lassen.
Lorenz von Nieder-Ingelheim beschuldigt Peter Nutten, dass er geholfen habe einen Kauf zu machen zwischen ihm und Henne Diem wegen 2 Stück Wein und nicht sage, wie der Kaufvertrag gelautet habe. Das schade ihm 40 Gulden und er fordert von ihm eine Antwort. Darauf spricht Peter Nutten und gibt zu, er sei bei dem Kauf gewesen und Lorenz habe ihn gebeten, zu Henne Diem zu gehen und den Kauf schlecht zu machen. Das habe er getan und Lorenz habe den Wein gekauft und soll Henne Diem den Wein bezahlen binnen eines Monats bis auf 4 Ohm, die soll er ihm an Pfingsten danach bezahlen. Dafür soll

fol. 201 — Sabbato post Lucie

er jme eyne(n) burgen setzen(n). Daß er das gewisß sij dabij sij er gewest. Ob sie
das also gethan haben(n) daß wisß er nit. Die sage hait Antz von(n) Lorentz(e)n
weg(en) v(er)bott und jme furt(er) zugespr(ochen) daß er sin sage nit bewert notz XX guld(en).
Daruff Nůtt(en) Pet(er) redt / waß er gesagt hab daß woll er mit dem eyde beweren(n)
ob ma(n) jne deß nit erlassen(n) moge / Hait er lassen(n) frag(en) wa(n)e er die beweru(n)g thu(n)
soll. S(e)n(tenti)a jn XIIII tag(en) / Rudig(er) von(n) Dyeme(n) Henne weg(en) redt er geste der
sag(en) die Nůtt(en) Pet(er) geredt hait zu male nit / und hofft die sage soll jne nit jrren(n)
und stalt zu recht. Antz daroff hofft so es eyne(n) kauff und eyne(n) winkauff
an treffe so hab Pet(er) wole gesagt und Lorentz soll bijbracht han / Und darum(m)b
wan(n) Pet(er) sin beweru(n)ge und den eidt gethan hait / will er furt(er) lassen gescheen was
recht sij / Und stalt daß zurecht. S(e)n(tentia)a Dyeme(n) Henne. Deyeme(n) Henne soll die
beweru(n)ge lassen geschen(n) und was darnach recht sij daß soll gescheen(n). V(er)bott.

siden sticker Jt(em) der siden(n) sticker meist(er) Heinrich[a] schuldiget schult(eiß) Henne(n) / er hab jme weyß zukauff geb(e)n
fur II g(ulden) und III alb(us) und hait jme gerett mit alb(us) zu bezalenn / Daß er das
nit gethan(n) jait notz X guld(en). Anttwo(r)t. Rudig(er) redt dar off von(n) schult(eiß)
Henne wegen es moge sin er hab jme weyß vor eyne(n) guld(en) od(er) drij abkaufft.
Da sij er off eyn(n) zijt nit jnheym(m)s gewest / Also sij er zu sin(er) husfrauwe(n) komme(n)

schult(eiß) Henne und jr den(n) kaufft bezalt bijß off XXVII alb(us). Die lege er ytz dare. Und weß er
jne wider anlange deß sij er onschuldig. Die unschult hait jme d(er) schult(eiß) gestalt
noch hude zu XIIII tag(en) / Das hait meist(er) Heinr(ich) ver(bott).

Pet(er) Snade Karle Jt(em) Rudig(er) hait sich v(er)dingt Pet(er) Snaden(n) zu den(n) heilg(en) zu leyden(n) und sin und(er)dinge
und Jekel Semm(er) v(er)bott als recht und Pet(er) hait daß recht getrag(en) nach dem(e) gewisten ortel. V(er)bott.
Und hait Rudig(er) von(n) Pet(er)s wegen(n) gefragt ib jme nit Karle und Jekel syne(n) kost(en)
s(e)n(tenti)a nah(er) thun(n) sollen. S(e)n(tenti)a ja / wanne noch daling ob er des nit enberen(n) will.
Daß hait Pet(er) v(er)bott.

v(er)lassen(n) Jt(em) zussen Suffuß dem(e) jung(en) und Hench(in) Melma(n) ist v(er)lassen(n) an jr frunde.
erf(olgt) Jt(em) Hene Erck erfolgt Henchin(n) Drubeyn(n) vo(r) XXX g(ulden) ex p(ar)te eccl(es)ie.
erf(olgt) Jt(em) Pet(er) Fyele erfolgt Drubeyn(n) fur VI g(ulden).
erf(olgt) Jt(em) Schone Wedd(er) erfolgt Lutt(er)wine vo(r) I g(ulden).
tag gestalt Jt(em) Hepen(n) Henne ist tag gestalt geyn(n) Thomas Hennen(n) an das negst gericht.
Der schult(eiß) hait den jheenw(er)tig(en) jren(n) tag an daß negst gericht
gestalt und uffgeslagenn bijß nach dem(e) XVIII tage.
Gedenck Beynlings ortel(n) deß ist ma(n) uberkome(n)
auch h(er) Anthoni(us) orttel zu Wint(er)heym(m) jm zett(el).[b]

---

[a] Anrede und Name sind über der Zeile beigefügt.
[b] Der mit einem Kreuz [+] angekündigte mutmaßliche Beizettel ist nicht mehr vorhanden. Vgl. fol. 203.

15. Dezember 1481 — fol. 201

er ihm einen Bürgen setzen. Dessen sei er sicher, dabei war er. Ob sie dann auch so gehandelt haben, das wisse er nicht. Die Aussage hat Antz für Lorenz festhalten lassen und ihn weiter angeklagt, dass er seine Aussage nicht beeide, das schade ihm 20 Gulden. Darauf hat Peter Nutten gesagt, was er gesagt habe, das werde er auch mit Eid bezeugen, wenn man ihm das nicht erlassen will. Er hat fragen lassen, wann er die Beeidung tun soll. Urteil: in 14 Tagen. Rudiger für Henne Diem sagt: Er gestehe die Aussage, die Peter Nutten gemacht hat, nicht und hofft, die Aussage soll ihn nicht an seinem Recht irre machen und legt das dem Gericht vor. Antz dagegen hofft, da es einen Kaufvertrag und einen mündlichen Vertrag betreffe, habe Peter gut ausgesagt und Lorenz habe die Beweise erbracht. Wenn Peter seine Bestätigung und den Eid getan hat, dann will er weiter geschehen lassen, was Recht ist. Das hat er dem Gericht vorgelegt. Urteil Henne Diem: Henne Diem soll die Bestätigung geschehen lassen und was dann Recht ist, das soll geschehen. Festgehalten.

Der Seidenstickermeister Heinrich beschuldigt Schultheiß Henne: Er habe ihm Weizen zu kaufen gegeben für 2 Gulden und 3 Albus und hat ihm versprochen mit Albus zu bezahlen. Dass er das nicht getan hat, das schade 10 Gulden. Antwort. Rudiger sagte darauf für Schultheiß Henne: Es könne sein, dass er von ihm Weizen für einen oder 3 Gulden gekauft habe. Er sei zu der Zeit nicht im Lande gewesen. Daher sei er zu seiner Frau gekommen und habe ihr den Kauf bezahlt bis auf 27 Albus. Die zahle er jetzt. Und wessen er ihn darüber hinaus anklage, dessen sei er unschuldig. Die Unschuld hat der Schultheiß ihm festgesetzt für 14 Tage. Das hat Meister Heinrich festhalten lassen. Rudiger hat sich verpflichtet, Peter Snade zu den Heiligen zu geleiten und hat seine Anwaltschaft festhalten lassen und Peter hat das Recht getan gemäß dem gewiesenen Urteil. Festgehalten. Und Rudiger hat für Peter gefragt, ob ihm Karl und Jeckel nicht seine Kosten erstatten sollen. Urteil: Ja, noch heute, wenn er darauf nicht verzichten will. Das hat Peter festhalten lassen.

Zwischen Suffuß dem Jungen und Henchin Melmann ist die Sache an die Freunde übergeben.

Henne Erk verklagt Henchin Drubein auf 30 Gulden für die Kirche.

Peter Fiel verklagt Drubein auf 6 Gulden.

Schonwedder verklagt Luterwin auf einen Gulden.

Henne Hepp ist sein Gerichtstermin gegen Henne Thomas gesetzt worden am nächsten Gerichtstag. Der Schultheiß hat den heutigen Tag verschoben auf den nächsten Gerichtstag nach dem 18. Tag.

Denke an das Urteil von Beinling, auf das man sich einigte und den Zettel wegen des Urteils von Anthonius zu Winternheim.

fol. 201v — Quarta post Lucie

Actu(m) (quar)ta [8/2ta] p(os)t Lucie.
Jt(em) Henne Oete hait sin konde nemlich Cleßg(in) Moißbech(er) und Contz(e)n
Stortzkop fur den(n) scheffin(n) gehabt gegen(n) Pet(er) Sidendisteln(n). Und ist jme

Pet(er) Sidendistel(n) — dag an daß negst gericht gestalt. Und Pet(er) Sidendistel ist auch
zugegen gewest und sinen taig auch v(er)hudt. Und d(er) schult(eiß) hait jme
auch sinen tag an daß negst gericht gestalt den hait er v(er)bott.

Jt(em) frauwe Lise h(er)n Hansen(n) selg(en) wittwe durch jren(n) momp(ar) Henne von(n)

1 clage — Eltfelt 1 clage off Swickern(n) von(n) Schaubenberg uff II^c(entum) guld(en) heupt
gelts und II^c(entum) guld(en) schadens.

1 h(eischung) — Jt(em) Konne Pet(er) ex p(ar)te domicelli sin 1 h(eischung) off Metzelhenne(n) off VIII ß gelts
sup(ra) o(mn)ia q(uod) h(abet).

1 h(eischung) — Jdem 1 heyssu(n)ge off Cleßgin(n) Berckorn off I g(ulden) gelts et solich(er) und(er)pfande.

Actu(m) qui(n)ta p(os)t Lucie.
Jt(em) Randecker ist mit sin(er) konde fur den(n) scheffin(n) gewest und sins

Randeckers konde — tags v(er)hudt gey(n) Contzg(in) von(n) Geylnhusen. Und ist jme tag an
das negst gericht gestalt. V(er)bott. Und sint Cleßg(in) Oete und Gerha(r)t
Spitzkopp konde sprech(er).

4 [8/2] h(eischung)^c — Jt(em) d(omin)us pleba(nus) 4 [8/2] h(eischung) off Metzelhenne(n) ut p(rim)a sonat.
Idem 4 [8/2] heyssu(n)g off Rudolff den snid(er) ut p(rim)a. Tag gestalt an das p(ro)x(imu)m [iudicium].

Actu(m) Salb(at)o[!] p(os)t Thome.

tag v(er)hudt — Jt(em) Nutten(n) Pet(er) hait / sine(n) tag v(er)hudt sine beweru(n)ge zu thu(n) nach deme
Henne Dyeme Lorentz den vine^a v(er)kaufft gehabt hait. Ist tag gestalt
an das negst ger(icht).

3 tag — Jt(em) Accker Henne hait sine(n) dritten(n) tag furt(er) geheyssen(n) sine konde
zu furen(n) gey(n) Stoipen(n) Henne(n) von(n) Sobbernheim(m). Und ist jme tag
gestalt an das negst gericht. Daß ist off Dinstag nach dem(e) XVIII
tag. Den hait er v(er)bott.

Jt(em) Wint(er) v(er)hudt sine unschult gey(n) Henne(n) von(n) Soden(n) und ist jme
tag gestalt an das negst ger(icht). V(er)bott.

3 clage — Jt(em) h(er) Johan(n) Beynlingk 3 clage off Ebba(r)t Fetzer(e)n ut p(ri)ma.

4 [8/2] h(eischung) — Jt(em) Starcken(n) Heinr(ich) /ecc(les)ie^b / hait sin 4 [8/2] heyßu(n)ge off Metzhenne(n) gethan(n).
Deßhalb ist jme tag gestalt ad p(ro)x(imu)m [iudicium]. V(er)bott.

---

a Ein Haken hinter dem »v« wurde bei der Transkription nicht berücksichtigt.
b Das Wort steht über der Zeile.
c Der Begriff wird noch einmal wiederholt.

19. Dezember 1481
Henne Oete hat seine Zeugen, nämlich Clesgin Mospecher und Contz Stortzkopp vor die Schöffen gebracht in der Klagesache mit Peter Sidendistel. Es ist ihm ein Termin gesetzt worden am nächsten Gerichtstag. Peter Sidendistel war auch da und hat seinen Tag gewahrt. Der Schultheiß hat ihm einen Termin gesetzt am nächsten Gerichtstag, den hat er festhalten lassen.
Frau Lyse, die Witwe von Herrn Hans, hat durch ihren Vertreter Henne von Eltville die 1. Klage erhoben gegen Swicker von Schaubenberg wegen 200 Gulden Klagesumme und 200 Gulden Gerichtskosten.
Peter Konne für die Herren erhebt seine 1. Klage gegen Henne Metzel wegen 8 Schilling Geld auf alles, was er hat. Derselbe erhebt die 1. Klage gegen Clesgin Berkorn wegen einem Gulden Geld auf die Pfänder.

20. Dezember 1481
Randecker ist mit seinen Beweisen vor den Schöffen gewesen und hat seinen Tag gewahrt gegen Contzgin von Gelnhausen. Es ist ihm ein Termin gesetzt worden am nächsten Gerichtstag. Festgehalten. Und Clesgin Oete und Gerhard Spitzkopp sind Zeugen.
Der Herr Pleban erhebt die 4. Klage gegen Henne Metzel.
Derselbe erhebt die 4. Klage gegen Rudolf den Schneider. Termin gesetzt am nächsten Gerichtstag.

22. Dezember 1481
Peter Nutten hat seinen Termin gewahrt den Eid zu leisten, nachdem Henne Diem Lorenz den Wein verkaufte. Es ist ein Termin gesetzt am nächsten Gerichtstag.
Henne Acker hat seinen 3. Tag erbeten, Beweise beizubringen gegen Henne Stop von Sobernheim. Es ist ihm ein Termin gesetzt worden am nächsten Gerichtstag, der ist am Dienstag nach dem 18. Tag. Das hat er festhalten lassen.
Winter hat seine Unschuld gewahrt gegenüber Henne von Soden. Es ist ihm ein Termin gesetzt worden am nächsten Gerichtstag. Festgehalten.
Herr Johann Beinling erhebt seine 3. Klage gegen Eberhard Fetzer.
Heinrich Stark erhebt für die Kirche seine 4. Klage gegen Henne Metzel. Es ist ein Termin gesetzt worden am nächsten Gerichtstag. Festgehalten.

Dominica ante Natale Xristi

lip fur gudt	Jt(em) Sterne Cristine hait jr lip fur ir gudt gestalt geyn(n) den(n) kirchenmeist(er)n
	und hait gefragt ob ir gutt(er) nit ledig syen(n). S(e)n(tenti)a ut mor(is) e(st). Dag gestalt ad p(ro)x(imu)m.
3 tag	Jt(em) Henne Scherr(er) sine(n) 3 tag v(er)hudt geyn(n) Henchin(n) Mŭrr(er)n von(n) Jngelnhey(m).
3 h(eischung)	Jt(em) die kirchenmeist(er) 3 h(eischung) off Kytz Greden(n) ut p(rim)a.
tag v(er)hudt	Jt(em) Dyeme(n) Henne v(er)hudt sine(n) tag geyn(n) Nutt(en) Pet(er)n von(n) Jngelheim(m).
1 h(eischung)	Jt(em) Pet(er) Fiele 1 h(eischung) off Drubeyn(n) off I½ [II/2] g(ulden) gelts et sub pigno(r)a.
v(er)hudt	Jt(em) der kirchen(n)meist(er) sine(n) tag geyn(n) Beckerhenne(n) v(er)hudt.
1 clage	Jt(em) Adam von(n) Ranßel 1 clage off Gottfridt von(n) Willenb(er)g off XX g(ulden)
	heuptgelt und XL guld(en) schadens.

Actu(m) Do(minica) an(te) Natal(e) X(rist)i.
Jt(em) Conrait eyn maler von(n) Kirchberg hait Joh(an) Dielen zu Wint(er)heym(m)

momp(ar) momp(ar) gemacht jme sine sach weß er jm Riche zu thun(n) od(er) zu schaffen(n)
hait ußzurichtenn jne auch zuv(er)gene und zuv(er) stene / alß lange
bijß er jne widd(er)rufft. Daß hait Joha(nne)s Tiele v(er)bott wie recht ist
coram(m) sculteto Adam(m) Wolffen(n) et Clese Rauben(n).
Jt(em) Johann Boiß von Waldeck hait Sybeln(n) von(n) Alsentz unsern ger(ichts) schrib(er)[a] momp(ar)
gemacht jme sin zynse rentte und gult jn zugewynne(n) jne zuv(er)gene
und zuv(er)stene alß eynem(m) follmechtigen momp(ar) geburt zu thun(n)

momp(ar) biß off ir beyder widderruffen(n). Daß haben(n) die scheffenn Sybeln gegonnet. Also wan sie jne davon heyssent steen so soll die momp(ar)[-]
schafft ab[b] und jne alleyne gehorsam(m) und gewertig sin. Daß hait
Sybel v(er)bott. Und hait Johan(n) Boiß Philipsen der sin hoffma(n) gewest
ist widd(er)ruffenn und wie recht ist v(er)bott. Actu(m) i(n) vi(gili)a Nativitat(is) X(rist)i.

Actu(m) Sabba(t)o p(os)t Nati(vita)t(em) D(omi)nj.
Jt(em) Henchin(n) Scherr(er) hait sine konde fur den(n) scheffen(n) gehabt und ist jme
furt(er) tag gestalt mit denselb(e)n konden(n) an das negst gericht. V(er)bott.
Jt(em) meist(er) Heinr(ich) d(er) sijdensticker hait sine(n) tag v(er)hudt geyn(n) schult(eiß) Henne
von(n) Helberßheym(m) und ist jme der furt(er) gesatzt an daß negt gericht. V(er)bott.
Jt(em) schult(eiß) Henne vo(n) Helb(er)ßheym(m) geyn(n) demselb(e)n sijdensticker sine(n) tag v(er)hudt
und furt(er) gestalt ad p(ro)x(imu)m judic(iu)m. Den hait er v(er)bott.

a Die letzten drei Worte sind über der Zeile beigefügt.
b Es folgt durchgestrichen: »sin«.

23. Dezember 1481

Cristin Stern hat ihren Leib vor ihr Gut gestellt gegenüber den Kirchenmeistern und hat gefragt, ob ihre Güter nicht frei seien. Urteil: Wie es üblich ist. Termin gesetzt am nächsten Gerichtstag.
Henne Scherer hat seinen Tag gewahrt gegen Henchin Murer von Ingelheim.
Die Kirchenmeister erheben die 3. Klage gegen Grede Kitz.
Henne Diem hat seinen Tag gewahrt gegen Peter Nutten von Ingelheim.
Peter Fiel erhebt seine 1. Klage gegen Drubein wegen 1½ Gulden Geld auf die Pfänder.
Der Kirchenmeister hat seinen Tag gewahrt gegen Henne Becker.
Adam von Ransel erhebt seine 1. Klage gegen Gottfried von Willenberg wegen 20 Gulden Klagesumme und 40 Gulden Gerichtskosten.

23. Dezember 1481
Konrad, ein Maler von Kirchberg, hat Johann Diel von Winternheim zu seinem Vertreter gemacht, ihm seine Angelegenheiten, was immer er im Reich auszurichten hat, zu erledigen auch zu zahlen und einzunehmen bis auf Widerruf. Das hat Johannes Diel festhalten lassen, wie es Recht ist, öffentlich vor dem Schultheißen Adam Wolff und Cles Raub. Johann Boos von Waldeck hat Sibel von Alsenz, unseren Gerichtsschreiber, zu seinem Vertreter gemacht, seine Zinsen, Renten und Gülten einzuziehen, für ihn zu geben und zu nehmen als bevollmächtigter Vertreter bis auf Widerruf durch eine Seite. Das haben die Schöffen zugelassen. Wenn sie aber von ihm fordern vor Gericht zu stehen, so soll die Vormundschaft nicht gelten und er soll ihnen allein gehorsam sein. Das hat Sibel festhalten lassen. Und Johann Boos hat Philipp, der sein Hofmann war, als Vertreter entlassen und das festhalten lassen, wie es Recht ist. Geschehen an Heiligabend.

29. Dezember 1481
Henchin Scherer hat seine Beweise vor den Schöffen gehabt und es ist ihm ein Gerichtstermin gesetzt worden am nächsten Gerichtstag. Festgehalten.
Meister Heinrich, der Seidensticker, hat seinen Tag gewahrt gegenüber Henne, Schultheiß von Hilbersheim, und es ist ihm ein Termin gesetzt worden am nächsten Gerichtstag. Festgehalten. Schultheiß Henne von Hilbersheim hat auch einen Tag gewahrt gegenüber dem genannten Seidensticker und es ist ihm ein Termin gesetzt worden am nächsten Gerichtstag. Den hat er festhalten lassen.

fol. 202v — Octava Natale Domini

lip fur gudt	Jt(em) Thymotheus von weg(en) d(er) jungfrauwe(n) zu sant Claren(n) hait sine(n) lip fur jre gudt gestalt gey(n) Henchin(n) End(re)s und hait gefragt ob ir[a] der jungfrauwe(n) gutt(er) nit ledig syen(n). S(e)n(tenti)a will er von(n) jre(n) wegen(n) recht geben(n) und neme(n) alß der scheffen(n) hie fur eyn recht wiset / so syen(n) sie ledig / Daß hait er v(er)bott. Und ist jme tag gestalt an(n) das negst gericht. Auch v(er)bott. Dar zu hait er eyne(n) machts brieff gezeuget von(n) der egenant(en) jungfrauwe(n) wegen(n). Der ist v(er)lesen(n) wurd(en) und furt(er) jn das buch geschreben(n). Den hait er auch v(er)bott wie recht ist.
	Jt(em) Henchin(n) End(re)s ist tage gestalt geyn(n) denselb(e)n jungfrauwe(n) an das negst gericht. Daß hait er v(er)bott.
posuit	Jt(em) Henne von(n) Eltfelt hait 1 l(i)b(ram) helle(r) hind(er) gericht gelacht geyn(n) den heren zu sant Moricien zu Mentz und hait jne daß geoffent und hait daß verbott.
	Jt(em) Lorentz(en) von(n) Jngelheim(m) hait sinen tag v(er)hudt geyn(n) Dyeme(n) Hennen(n) der wine halp / Und ist jme tag gestalt XIIII tage sine beweru(n)ge zu thun(n).[b]

Actu(m) oct(av)a Natal(e) D(omi)nj.

2 h(eischung)[e]	Jt(em) Konne Pet(er) ex p(ar)te do(m)icelli sin 2 heyssu(n)g off Metzelh(enne) und off Cleßgin Berckorn off iglichen(n) jn sonderheit ut / p(rim)a sonavit.

Actu(m) Sabb(at)o p(os)t octava(m) Nati(vita)t(is) D(omi)nj.
que fuit vigilia Triu(m) Regum.

2 clage	Jt(em) Adam(m) von(n) Ranßel 2 clage off Emmerich[c] von (n) Willenb(er)g ut p(rim)a.
2 h(eischung)	Jt(em)[d] Peter Fiele 2 h(eischung) off Drůbey(n) ut p(rim)a.
tag v(er)hudt	Jt(em) Hench(in) Murr(er) hait Henchin Scherr(er)s gewa(r)t mit sin(er) konde und ist jme tag gestalt an daß negst gericht.
4 [8/2] h(eischung)	Jt(em) Heinrich Starcke 4 [8/2] h(eischung) ex p(ar)te eccl(es)ie off Kytz Greden(n).
tag v(er)hudt	Jt(em) Henne Stoip hait syne(n) tag v(er)hůdt gey(n) Acker Henne(n) der konde halp und ist jme tag gestalt an daß negst gericht.
momp(ar)	Jt(em) Peter Endreß hait momp(ar) gemacht Sterre Clesen jme sine schult und gult jn zugewinne(n) mit off sin widd(er)ruffenn. Daß hait Clese v(er)bott wie recht ist.

Sab(at)o p(os)t Ephi(phani)az D(omi)nj.
Jt(em) Lorentz von Jngelh(eim) hat sine(n) tag v(er)hudt gey(n) Dyemen Hennen d(er) beweru(n)ge halp.[e] Ist jme tag gestalt an daß negst gericht.

a Das Wort ist über der Zeile beigefügt, darunter gestrichen: »sin und«.
b Es folgt gestrichen: »ad p(ro)x(imu)m judiciu(m)«.
c Über dem nicht durchgestrichenen Wort steht: »Gottfridt«.
d Es folgt gestrichen: »Ko«.
e Der Begriff wird nochmals wiederholt.

1. Januar 1482

Timotheus hat für die Nonnen von St. Clara seinen Leib vor sein Gut gestellt gegenüber Henchin Enders und hat gefragt, ob die Güter der Nonnen nicht frei seien. Urteil: Will er für sie Recht geben und nehmen, wie es die Schöffen hier als Recht weisen, so sind sie frei. Das hat er festhalten lassen. Und es ist ihm ein Termin gesetzt worden am nächsten Gerichtstag. Auch festgehalten. Zudem hatte er eine Vollmachtsurkunde der Nonnen. Die wurde verlesen und in das Buch geschrieben. Die hat er auch festhalten lassen, wie es Recht ist.

Henchin Enders ist ein Termin gesetzt worden gegen die genannten Nonnen am nächsten Gerichtstag. Das hat er festhalten lassen.

Henne von Eltville hat 1 Pfund Heller bei Gericht hinterlegt gegenüber den Herren von St. Moritz zu Mainz und hat ihnen die geöffnet und das festhalten lassen.

Lorenz von Ingelheim hat seinen Tag gewahrt gegenüber Henne Diem wegen der Weine. Es ist ihm ein Termin gesetzt worden in 14 Tagen, seinen Eid zu leisten.

1. Januar 1482
Peter Konne für die Herren erhebt seine 2. Klage gegen Henne Metzel und Clesgin Berkorn.

5. Januar 1482
Adam von Ransel erhebt seine 2. Klage gegen Emmerich von Willenberg.
Peter Fiel erhebt seine 2. Klage gegen Drubein.
Henchin Murer hat seinen Tag gegen Johann Scherer gewahrt mit seinen Beweisen und es ist ihm ein Termin gesetzt worden am nächsten Gerichtstag.
Heinrich Stark erhebt seine 4. Klage wegen der Kirche gegen Grede Kitz.
Henne Stop hat seinen Tag gewahrt gegen Henne Acker wegen der Beweise und es ist ihm ein Termin gesetzt worden am nächsten Gerichtstag.
Peter Enders hat Cles Stern zu seinem Vertreter gemacht, ihm seine Schulden und seine Gülten zu gewinnen bis auf Widerruf. Das hat Cles festhalten lassen, wie es Recht ist.

12. Januar 1482
Lorenz von Ingelheim hat seinen Tag gewahrt gegen Henne Diem wegen der Beeidung. Es ist ihm ein Termin gesetzt worden am nächsten Gerichtstag.

fol. 203 — Zistag post Heremiti

Anno d(omi)nj etc. LXXXII° Z(ist)a(g) p(os)t Pauli Heremiti.

Bey(n)ling
scheffer
momp(ar)

Jt(em) nach ansprach anttwort und beid(er)teile furbringen(n)ᵃ dwile h(er) Johan Beynling ey(n) nuwe komme(n) man ist jn dem zinse spricht der scheffin zu recht bringt h(er) Johan bij daß der guldin jme zuste / so soll Scheffer h(er)n Joh(an) den guld(en) ußrichten.

Jt(em) Johan martmeist(er) von Mentz hait Konne Pet(er)n momp(ar) gemacht jme sin schult und gult jn zugewinnen biß off sin widd(er)ruffen.

---

a Es folgt durchgestrichen: »s(e)n(tenti)a«.

15. Januar 1482
Nach Anklage, Entgegnung und Vorbringung beider Seiten, weil Johann Beinling ein Neuling ist in dem Zins, sprechen die Schöffen als Recht: Beweist Herr Johann, dass ihm der Gulden zustehe, so soll Scheffer Herrn Johann den Gulden bezahlen.

Johann Marktmeister von Mainz hat Peter Konne zu seinem Vertreter gemacht, ihm Schulden und Gülten einzuziehen bis auf Widerruf.

fol. 203v — Zistag post Pauli primi heremiti

Anno d(omin)ni etc. LXXXIIo Z(ist)a(g)
p(os)t Pauli p(rim)i heremiti.

Jt(em) Heinrich Starck ex p(ar)te ecl(es)ie hait sine fierde heissu(n)ge gethan(n) hait off Metzel(n) Henne.

frid und banne — Nach ludt deß buchs hait er die gutt(er) offholt und der schult(eiß) hait jme fridde und ban darob(er) gethan(n). Daß hait Heinrich v(er)bott.

p b. — Jdem(m) Heinrich Starck hat p. b. off Henchin(n) Drubein.

p b. — Jt(em) Endreß Trapp hait p. b off Hennen(n) mit der Busenn.

p b. — Jt(em) Pet(er) Wollenbere hait pfande beredt off Ebba(r)t Kytzgin.

3 h(eischung) — Jt(em) Konne Pet(er) ex p(ar)te domicelli sin swickers 3 h(eischung) off Drubeyn(n) et Metzelhenne ut p(ri)ma sonat sup(ra) singnata.

erf(olgt) — Jt(em) Peter Snade erfolgt Metzelhenn ad libru(m).

erf(olgt) — Jt(em) Kochers Endreß erfolgt Henne Wissen ad libru(m).

erf(olgt) — Jt(em) Cristma(n)ß Henne erfolgt Ebba(r)t Snadenn.

erf(olgt) — Jt(em) Heinrich Smidt erfolgt Unglichen(n) ad libru(m).

Jt(em) Rudig(er) hait sich verdingt Acker Hennen daß wort zu thu(n) und hait daß buch zůssen jme und Henne(n) Stoipen(n) von Sobernheim(m) lassen offen / und daß v(er)bott.

Und hait eyn jnstrůme(n)t bijgelacht / und daß ist auch v(er)lesen und v(er)bott

Henne Stoip — wurd(en) alß recht / Und hofft er hab Henne Stoipenn nach syne(n) v(er)messen woil er zůget / und stalt daß zu recht / Henne von(n) Eltfelt hait[a]

sich v(er)dingt Henne Stoipen(n) daß wo(r)t zu thun(n) und sine

Acker Henne — underdinge v(er)bott alß recht ist / Und hait auch ansprach und anthwo(r)t und daß buch davon(n) lassen(n) offenn und v(er)bott / Und spricht nach dem(e) alß sich Acker Henne v(er)messen hab jne mit frommen luten zuerzugen deß hab er eyn(n) jnstrume(n)t bij gelacht / deß er hofft / keyn konde sin soll / So syen die konde geber nit v(er)hort wůrden nach ordenu(n)ge diß gerichts. Und hofft daß Henne Stoip onerzuget sij. Und stalt zůrecht. Rudiger daroff redt er hoff Acker Henne hab mit dem(e) jnstrumen(n)t woil bijbracht / nach dem er sich v(er)messen hab. Und

ad socios — stalt auch zůrecht. Solichis ist offgeslagenn ad socios.

Jt(em) Heppen(n) Henne spricht / Thomas / Henne soll jme ey(n) recht tragen. Alß hab er

Thomas Henchin(n) — sinen tag v(er)hůdt / und Thomaß Henne den sinen nit / ob er jne nit erfolgt habe. S(e)n(tenti)a ja / nit hoher dan(n) sine fůrderu(n)ge geludt hait.

Jt(em) Hanß Rampfuß hait sich v(er)dingt Lorentzen(n) daß wo(r)t zuthu(n) und sine und(er)dinge v(er)bott als recht ist / Derglichen(n) Henne von(n) Eltfelt hait sich auch[b] v(er)dingt

---

[a] Es folgt durchgestrichen: »daß buch auch« und in der folgenden Zeile »thu(n) offen(n) und v(er)bott«.
[b] Am Ende des Wortes steht ein nicht eindeutiges Kürzel.

15. Januar 1482
Heinrich Stark für die Kirche hat seine 4. Klage erhoben gegen Henne Metzel. Gemäß dem Buch hat er die Güter eingezogen und der Schultheiß hat ihm Bann und Frieden darüber gemacht. Das hat Heinrich festhalten lassen.
Heinrich Stark hat Pfändung gefordert gegen Henchin Drubein.
Endres Trapp hat Pfändung gefordert gegen Henne mit der Busen.
Peter Wollenber hat Pfändung gefordert gegen Eberhard Kitzgin.
Peter Konne für die Herren hat seine 3. Klage erhoben gegen Drubein und Henne Metzel auf die Pfänder.
Peter Snade hat seinen Anspruch ins Gerichtsbuch eintragen lassen gegen Henne Metzel.
Endres Kocher hat seinen Anspruch ins Gerichtsbuch eintragen lassen gegen Henne Wiß. Henne Christman hat seinen Anspruch ins Gerichtsbuch eintragen lassen gegen Eberhard Snade. Heinrich Schmied hat seinen Anspruch ins Gerichtsbuch eintragen lassen gegen Unglich. Rudiger hat sich verpflichtet, Henne Acker vor Gericht zu vertreten und hat das Buch in der Sache zwischen ihm und Henne Stop von Sobernheim öffnen lassen und das festhalten lassen. Und er hat eine Urkunde vorgelegt und die verlesen lassen und das festhalten lassen, wie es Recht ist. Und er hofft, er habe gegen Henne Stop gemäß seiner Anklage obsiegt und legt das dem Gericht vor. Henne von Eltville hat sich verpflichtet, Henne Stop vor Gericht zu vertreten und hat seine Anwaltschaft festhalten lassen, wie es Recht ist. Und er hat auch Anklage, Entgegnung und das Gerichtsbuch öffnen lassen und das festhalten lassen. Und er sagt: Nachdem Henne Acker behaupte, gegen ihn mit ehrenwerten Leuten das Recht bewiesen zu haben, habe er nun eine Urkunde beigelegt, von der er hoffe, sie sei kein Beweis. Die Zeugen seien nicht verhört worden gemäß der Ordnung des Gerichts. Und er hofft, der Beweis gegen Henne Stop sei nicht erbracht. Das legt er dem Gericht vor. Rudiger sagt dagegen: Er hoffe, Henne Acker habe durch die Urkunde den Beweis wohl erbracht, den er behauptet habe. Und er legt das auch dem Gericht vor. Das ist verschoben worden bis zum Zusammentreten des Vollgerichts. Henne Hepp sagt, Henne Thomas solle ihm sein Recht geben. Er habe seinen Tag gewahrt, Henne Thomas den seinen nicht, ob er damit gegen ihn den Anspruch eingeklagt habe. Urteil: Ja, aber nicht höher als seine Forderung lautete. Hans Rampusch hat sich verpflichtet, Lorenz vor Gericht zu vertreten und hat seine Anwaltschaft festhalten lassen, wie es Recht ist. Ebenso hat sich Henne von Eltville verpflichtet,

fol. 203*

TRANSKRIPTION

Stoppe[a] von(n) Sobb(er)nheim(m).
Nach ansprache anttwo(r)t und gewistem ortel(l)[b]
spricht der scheffen(er) zurecht das Ackerhenne nit
bijbracht hait.

[a] Auf dem Beiblatt steht von späterer Hand: »Fol. 202a Rückseite von 204/205«. Auch inhaltlich passt das Stück an diese Stelle.
[b] Darunter durchgestrichen: »beyd(e)rlei furbringe«.

Stop von Sobernheim. Nach Anklage, Entgegnung und gewiesenem Urteil sprechen die Schöffen als Recht: Dass Henne Acker den Beweis nicht erbracht hat.
Beinling und Scheffer.

fol. 204 — Zistag post Pauli primi heremiti

TRANSKRIPTION

Nůtten Pet(er)n zu den heilg(en) zu leÿden und hait sin und(er)dinge v(er)bott alß recht ist.
Und Dyeme(n) Henne hait jme deß eyts erlaissen. Daß hait Pet(er) v(er)bott.
Rampfuß hait daß buch wie ansprach und anttwo(r)t zůssen Lorentz[a] und Dyeme(n) Hennen
lassen offen. Daß ist jme v(er)lesen wůrd(en). Daß hait er v(er)bott und hofft dwile Lorentz
den kauff nit offgesagt hab alß recht sij Dyeme(n) Henne soll jme die wine lassen folgen.
So hoff er auch nach der sage Nutten Peters er soll eyn und and(er) alßvil geniessen.
Dieme(n) Henne soll jme den kauff halten. Und stalt daß zu recht nach dem Pet(er) Nůtte
ey(n) winkauffs man(n) sij er soll jne woil erzuget han(n). Rudig(er)[b] daroff von Dyeme(n) Hennen

s(e)n(tenti)a weg(en) redt er hofft er soll nit erzuget sin und stalt auch zu recht. S(e)n(tenti)a Lorentz hait
Dyeme(n) Henne nit erzuget / Daß ortell hait Rudig(er) v(er)bott / und furt(er) gefragt ob Lorentz
s(e)n(tenti)a Dyeme(n) Henne(n) nit sinen kost(en)[c] nah(er) thun(n) soll / S(e)n(tenti)a ja / Furter gefragt wan. S(e)n(tenti)a
s(e)n(tenti)a noch daling ob er deß nit enberen will.

Jt(em) der leyendecker schuldigdt Elseln(n) die amme wie er jre schuldig sij gewest VI ß h[e]l(e)r.
amme Dar fur hab sie jne gepfandt. Alß hab er sie bezalt und gijt jme die phande nit widd(er).
Notz(et) I g(ulden). Daroff Elseln(er) redt er hab jre nůstnit geb(e)n. Und weß er sie widers
anlange sij sie unschuldig. Die unschult hait ire der schult(eiß) gestalt noch hude zu
XIIII tage. Deß hait sie und auch der leyendecker v(er)bott.

erf(olgt) Jt(em) Melema(n)ß Henchin(n) erfolgt den jungen Clese Suffußen.
erk(annt) Jt(em) Kytzgin schuldigt Suffuß den alten er sij jme schuldig II g(ulden). Q(uod) no(n) dat notz(e)t i(n) t(antu)m.
Suffuß erkent mit jme XIIII tag(en) zurechen(n) und den guld(en) zu geb(e)n. Daß hait Kitz v(er)bott.

Jt(em) Rudig(er) hait sich v(er)dingt Henne Oeten daß wo(r)t zu thun(n) und hait daß buch lassen
offen(n) wie ansprach und anttwo(r)t zussen jme und Pet(er) Sidendistel geludt hait und
daß v(er)bott. Un(n)d spricht zu Cleßgin Moißbech(er)n und Contzen Stortzkoppen wie sie
da mit und bij gewest syen(n) daß Pet(er) und Oete ey(n) gespenne mitenand(er) gehabt hab(e)n.
Daß gespenne sij v(er)lassen wurd(en) an yettwidd(er) sijt ir frunde ob sie deß nit v(er)trag(en) werden
so sollen sie eyne(n) funnfften zu jne kyiesenn. Daß sie nů nit sagen weß jne davon(n)
wissentlich sij daß schait jme von ieglichem XX guld(en). Daroff sprechen(n) Cleßgin und
Contz sie sijen dabij gewest und sint dar zussen gang(en) daß guttlich zu beseehen und solten
macht han eyne(n) funfften zu jne zů kyesen / Da sie nů an die hall stait kômme(n) syen
zu beseehen(n) da sint die felde der zweyh(er) juncker(e)n Heinrichs und sines bruder
Hansen Wolffen gewest und villicht nach. Da hab(e)n die junckh(er)n jne den willen
gethan(n) / daß die viere sollen zůsammen[d] kômmen / Und sij Cleßg(in) Moßbech(er) off den
tag / nit dabij gewest / der gemeynd(en) gescheft halb(er) / Da hab er Wissers Contzgin an
sine staitt dargeben / Die sage hait Rudig(er) v(er)bott / und jne furt(er) zugesprochen.
Dassie ir sage nit beweren(n). Daß schait jme von ir iglichem XX g(ulden). Daroff sagen
sie beyde sie wollen(n) ir sage mit dem eÿde beweren wan man daß gehabt han will.
Henne von(n) Eltfelt darwidd(er) redt und hait v(er)bott daß Cleßg(in) erkent er sij am

---

a Das Wort ist über der Zeile beigefügt, darunter durchgestrichen: »jme«.
b Der Anfangsbuchstabe ist überschrieben, darunter eine unleserliche Silbe: »vur« [?].
c Es folgt durchgestrichen: »und«.
d Über dem ersten »m« befinden sich zwei waagerecht angeordnete Punkte.

15. Januar 1482

ÜBERTRAGUNG

Peter Nutten zu den Heiligen zu geleiten und hat seine Anwaltschaft festhalten lassen, wie es Recht ist. Und Henne Diem hat ihm den Eid erlassen. Das hat Peter festhalten lassen. Rampusch hat das Buch öffnen lassen, wie Anklage und Entgegnung zwischen Lorenz und Henne Diem lauteten. Das ist verlesen worden. Das hat er festhalten lassen und er hofft, weil Lorenz den Kauf nicht aufgesagt habe, wie es Recht ist, Henne Diem soll ihm die Weine folgen lassen. Und er hofft auch nach der Aussage von Peter Nutten, er solle das eine wie das andere genießen und Henne Diem soll die Kaufabsprache halten. Das legt er dem Gericht vor, nachdem Peter Nutten den Vertragsabschluss bewiesen habe, habe er damit den Beweis geführt. Rudiger sagt dagegen für Henne Diem: Er hoffe, der Beweis solle nicht erbracht sein und legt das auch dem Gericht vor. Urteil: Lorenz hat den Beweis gegen Henne Diem nicht erbracht. Das Urteil hat Rudiger festhalten lassen und weiter gefragt, ob Lorenz Henne Diem nicht seine Kosten erstatten soll. Urteil: Ja. Weiter gefragt: Wann. Urteil: Noch heute, wenn er nicht darauf verzichten will. Der Leyendecker beschuldigt Else die Amme, dass er ihr schuldig gewesen sei 6 Schilling Heller. Dafür habe sie ihn gepfändet. Er habe sie bezahlt und sie gibt ihm die Pfänder nicht wieder. Das schade ihm einen Gulden. Darauf sagt Else: Er habe ihr nichts gegeben. Und wessen er sie weiter anklage, dessen sei sie unschuldig. Die Unschuld hat der Schultheiß festgesetzt für 14 Tage. Dem haben sie und der Leyendecker zugestimmt. Henchin Melmann hat seinen Anspruch ins Gerichtsbuch eintragen lassen gegen den jungen Cles Suffuß. Kitzgin beschuldigt Suffuß den Alten, er sei ihm 2 Gulden schuldig. Dass er ihm die nicht gebe, das schade ihm ebensoviel dazu. Suffuß erkennt an, binnen 14 Tagen mit ihm abzurechnen und den Gulden zu zahlen. Das hat Kitzgin festhalten lassen. Rudiger hat sich verpflichtet, Henne Oete vor Gericht zu vertreten und hat das Gerichtsbuch öffnen lassen, wie Klage und Entgegnung zwischen ihm und Peter Sidendistel lauteten und hat das festhalten lassen. Und er klagt Clesgin Mospecher und Contz Stortzkopp an, dass sie dabei waren, als Peter und Oete miteinander stritten. Der Streit sollte geschlichtet werden durch beider Freunde und wenn diese sie nicht einigen könnten, sollten sie einen fünften wählen. Dass sie nun nicht sagen, was sie davon wissen, das schade ihm von jedem 20 Gulden. Darauf sagen Clesgin und Contz: Sie waren dabei und sind dazwischen gegangen, damit sie sich gütlich einigen und sie sollten die Macht haben, einen Fünften wählen sollten. Als sie nun an die Stelle kamen, um den Ort zu besehen, da sind zwei Felder Junker Heinrich und seinem Bruder Hans Wolff gewesen und vielleicht noch mehr. Da waren die Junker bereit, dass die vier zusammen kommen sollen. Doch Clesgin Mospecher sei bei dem Tag nicht gewesen wegen Gemeindegeschäften. Da habe er Contzgin Wisser an seiner Stelle geschickt. Die Aussage hat Rudiger festhalten lassen und sie weiter angeklagt, dass sie ihre Aussage nicht beeiden. Das schade ihm von jedem 20 Gulden. Darauf sagen sie beide: Sie wollen ihre Aussage mit Eid beweisen, wenn man das haben will. Henne von Eltville hat dagegen geredet und hat festhalten lassen, dass Clesgin anerkenne, er sei am

fol. 204v — Zistag post Pauli primi heremiti

	lesten(n) nit dabij gewest sond(er) Wissers Contzgin. Darum(m)b hofft er dwile Contzg(in)
	am lesten dabij gewest sij / und nit gesagt hab sin wissenheit so soll jne
	die konde nit jrren auch damit nit bijbracht han / Rudig(er) daroff redt
	er hoff die konde hab woil gesagt und gefragt wan sie die beweru(n)ge
	thu(n) sollen. S(e)n(tenti)a jn XIIII tag(en). Daß hait er v(er)bott.
off geholt pleba[n](us)	Jt(em) pleban(us) hic hait offgeholt off Rudolff Snidern(n) nach dem er sine 4 [8/2]
	heyssu(n)ge gethan(n) hait ludt deß buchs. Daß hait er v(er)bott.
noittbott	Jt(em) Contz Edelman(n) hait Dyem(er) v(er)noitbott nach den Hench(in) Endres[a] off
	die frauwe(n) zu sant Claren geclagt hait / und ist jme tag gestalt noch
	hude uber XIIII tage zu allen rechten alß hude. Daß hait Eddelma(n) v(er)bott.
Henchin Scherer[d]	Jt(em) Hench(in) Scherr(er) schuldiget Winßhenne wie er und d(er) pferrh(er) und Henchin(n)
Hench(in) Scherr(er)	Murr(er) zusamen kommen sijen / und haben[b] Henchin ey(n) můre v(er)dingt
	zu hoirsten. Daß er nit sage wie eß gelůdt hab notzt XX[c] gůld(en). Anttwo(r)t.
	Daroff Windeßhenne spricht er sij dabij gewest daß Hench(i)n die mure zumach(e)n
	um(m)b den pferr(er) und Henchin(n) Scherr(er) gedingt hab. Also wan Hench(in) die můre
	gemacht hab so soll die můre besehen(n) werd(en). Sij sie dan gemacht jn
	maßen(n) eß beredt so sollen(n) sie jme sin gelt geben / Nu sij er nit gebett(en)
	wurden(n) von(n) beyd(en) p(ar)tijen(n) die můre zu besehenn. Darum(m)b konde er
Hen(n)ch mure	nit wißheit hab(e)n ob sie gemacht alß es beredt sij / Also haben
	jne die p(ar)tijen itz(t) an gericht gebetten die můre zu besehen(n) jn XIIII
Windeß Henne	tagen(n). Wan sie besehen wirt waß dan recht sij daß gesche. Daß hab(e)n
	sie von(n) beiden teylen v(er)bott.
gelengt	Jtem(m) zussen(n) Starcken Heinr(ich) ex p(ar)te ecl(es)ie und Dorrehenne auch zussen(n)
	Borckarts Elsen ist gelengt XIIII tage zu allem recht(en) sic hodie.
	Jt(em) Randecker spricht zu Oeten und Spitzkoppen(n) wie sie bij eyne(n) kauff
	gewest syen jne und Contzgin von Gelnhusen antreffen / und sagen
	nyt wie der kauff gelůdt hait. Notz von ir iglichem XX g(ulden).
no(n) r(e)venire	Spitzkopp daroff jn sond(er)heit redt / er sij fur Cleßg(in) Beckers dore zu Contzg(in)
	komen und gesagt ob er den wine um(m)b Randecker(e)n neme / Da sprech
	Contzgin neÿn. Der wine schimeltzt er woll sin nit. Darbij sij er gewest
	und gehort / Cleßgin Oete der forme auch sagt wie Spitzkop gesagt.
	hait etc.
pharher[e]	Jt(em) der pferher zu Nid(er)jngelheim(m) schuldiget Clese Fielen wie er jne geyn(n)
Cleß Fiell	Mentz citert hab und jne zu kosten und schad(en) bracht / Daß er daß ge-
	than(n) hait notzt I[c(entum)] guld(en) / Und er hab ansprache an jne gelacht. Ob er

a Am letzten Buchstaben befindet sich ein nicht eindeutiges Kürzel.
b Über dem Wort ein deutliches »a«, darunter ein undeutliches Zeichen.
c Die Zahl ist über der Zeile beigefügt, darunter durchgestrichen: »I«.
d Die Marginalie ist mit anderer Schrift und Tinte geschrieben.
e Diese und die folgende Marginalie sind mit anderer Tinte und von anderer Hand geschrieben.

15. Januar 1482 — fol. 204v

letzten Termin nicht dabei gewesen sondern Contzgin Wisser. Darum hoffe er, weil Contzgin beim letzten Termin nicht dabei war und nicht nach seinem Wissen ausgesagt habe, so solle ihn die Aussage nicht irre machen und der Beweis sei damit nicht erbracht. Rudiger redete dagegen: Er hoffe, die Zeugen haben den wohl erbracht und fragt, wann sie den Eid tun sollen. Urteil: In 14 Tagen. Das hat er festhalten lassen.

Der Pleban hat die Pfänder eingezogen von Rudolf Snider, nachdem er seine 4. Klage getan hat gemäß dem Buch. Das hat er festhalten lassen.

Contz Edelmann hat Diem wegen Not entschuldigt, nachdem Henchin Enders gegen die Nonnen von St. Klara geklagt hat und es ist ihm ein Termin gesetzt worden heute in 14 Tagen mit allen Rechten wie heute. Das hat Edelmann festhalten lassen.

Henchin Scherer beschuldigt Henne Winß, dass er und der Pfarrer und Henchin Murer zusammen gekommen sind und haben Henchin verpflichtet, eine Mauer hochzuziehen. Dass er nicht sage, wie es gelautet habe, schadet 20 Gulden. Antwort. Darauf sagt Henne Winß: Er sei dabei gewesen, als Henchin durch den Pfarrer und Johann Scherer angestellt worden sei, die Mauer zu machen. Wenn Johann die Mauer gemacht habe, so solle sie besehen werden. Sei sie gemacht wie beredet, so sollen sie ihm sein Geld geben. Nun sei er nicht von den beiden Parteien gebeten worden, die Mauer zu besehen. Darum wisse er nicht, ob sie so gemacht worden sei wie beredet. Darauf haben ihn die Parteien jetzt vor Gericht gebeten, die Mauer binnen 14 Tagen zu besehen. Wenn sie besehen wurde, was dann Recht sei, das geschehe. Dem haben sie auf beiden Seiten zugestimmt.

Zwischen Heinrich Stark für die Kirche und Henne Dorre und zwischen Else Borckart ist der Termin verlängert worden um 14 Tage zu allem Recht wie heute.

Randecker klagt Oete und Spitzkopp an, dass sie bei einem Kauf gewesen seien, ihn und Contzgin von Gelnhausen betreffend und sage nicht, wie der Kauf gelautet habe. Das schade ihm von jedem 20 Gulden. Spitzkopp sagte darauf: Er sei vor Clesgin Beckers Tür zu Contzgin gekommen und habe gesagt, ob er den Wein von Randecker nehme. Da sagte Contzgin: Nein. Der Wein schimmele, er wolle ihn nicht. Dabei sei er gewesen und habe es gehört. Clesgin Oete sagt das Gleiche wie Spitzkopp sagte, etc.

Der Pfarrer zu Niederingelheim beschuldigt Cles Fiel, dass er ihn nach Mainz zitiert habe und ihm Kosten und Schaden verursacht habe. Dass er das getan hat, das schade ihm 100 Gulden. Und er habe eine Klage gegen ihn geführt. Wenn er

fol. 205 — Zistag post Pauli primi heremiti

neyn(n) dar zu sagen / wolt er sine nachredde daroff behalten und heist jme
ey(n) recht gerichts anttwo(r)t / Clese daroff redt / eß moge sin er hab
jme citert / Ab(er) er hab off die zijt keyne ansprach an jne gelacht.
Und sij darzu komme(n) Bintzen(n) Pet(er) von Heysßh(eim) guttlich dazussen geredt

Clese Fiele die dinge lassen(n) anstene jn gutteren. Und zucht sich off Bintzen Pet(er)n daß
es also ergangen(n) sij. Und weß er jne wider anlange sij er unschuldig. Will
er sich lassen zugen mit Peter(e)n sij gudt / Will er aber keyne genugu(n)e han
so v(er)libe er bij der unschulde / Der pferr(er) hait v(er)bott daß Clese erkent
daß er jne citert hait. Hofft er soll jme sinen kosten(n) nah(er) thu(n) und stolt zu
recht / Clese anttwo(r)t er hab sine unschult darfur gethan(n) dabij woll er v(er)lib(e)n.

pferr(er) Jngelh(eim) Und hait jme der schult(eiß) sin unschult gestalt XIIII tage. Daß hait er v(er)bott.
Jt(em) ex alio d(er) pferr(er) von(n) Jngelheim(m) schuldiget Clese Fielen wie sie eyn gemeyn(n)
schult zu Wallertheim(m) fallen han(n). Da hab er jne lassen eyn somme offheben /und
er hab still gesessenn / Uber daß alleß sij er zugefaren und will jme sine somme
jme zustendig nit lassen(n) folgen nach ludt eyn(er) rachtu(n)ge zussen jne zweyen gemacht.
Alß hoff er eß sol mit recht erkan(n)t werd(en) daß Clese still sitzen soll / biß so lang er auch
alß vil hebe alß er gehaben hab nach ludt der rachtunge. Anderwerbe hab er
v(er)botten(n)[a] den jhennen(n) die solich schult[b] schuldig syen jme nůstnit zugeb(e)n. Daß er solichs
v(er)botten hait notzt I^(centum) guld(en) und heist jme deß eyn recht gerichts anttwo(r)t.
Clese spricht er hab an der gemeynd(en) schult nůstnit uffgeno(m)men jme zustendig.
Und alß sich d(er) pferr(er) off ey(n) rachtu(n)g zucht daß er jme dassin offgehab(e)n habe so
begere er wan er die rachtu(n)gs lůde bringen soll und jn welch(er) zijt und stalt
daß zůrecht. S(e)n(tenti)a jn XIIII tag(en). Betarff er siner tage furt(er) und heysßet die ut / mor(is).
V(er)bott.

gelengt Jt(em) zussen Henne von Soden und Wint(er)n ist gelengt ey(n) manet zu allem rechten sic hodie.
V(er)bott.

gelengt Jt(em) zussen den kirchenmeist(er)n Sterne Cristin und Beckerhenne(n) ist gelengt XIIII tage
zu allem rechten alß hude. V(er)bott.
Jt(em) Peter Snade spricht zu Pet(er) Endreß wie er jme eyn swin zu kauff geb(e)n habe.
Alß hab er daß heuptgelt ußgeracht und den schad(en) der daroffgangen sij nit
ußgeracht und zucht sich off den und(er)keuffer das er die suwe also kaufft habe.

Snade Daß er den schad(en) nů / nit ußricht notzt X guld(en) und heyst jme deß ey(n) recht ger(ichts)
anttwo(r)t. Pet(er) erkent daß er die suwe kaufft hait und gestet der leistu(n)ge nit.

---

a Davor durchgestrichen: »jme«.
b Das Wort steht über der Zeile.

Nein dazu sage, behalte er sich seine Entgegnung vor und er fordert von ihm eine Antwort vor Gericht. Cles sagt darauf: Es könne sein, dass er ihn zitiert habe. Aber er hatte damals keine Klage gegen ihn geführt. Und es sei Peter Bintz von Heidesheim dazu gekommen und habe gütlich mit ihnen geredet, die Dinge im Guten zu lassen. Und er beruft sich auf Peter Bintz, dass es so war. Und wessen er ihn darüber hinaus anklage, dessen sei er unschuldig. Will er sich das beweisen lassen durch Peter sei es gut. Will er aber kein Genügen daran haben, so bleibe er bei seiner Unschuld. Der Pfarrer hat festhalten lassen, dass Cles zugibt, dass er ihn zitiert habe. Er hoffe, er soll ihm seine Kosten erstatten und legt das dem Gericht vor. Cles antwortet, er habe sich als unschuldig erklärt, dabei wolle er bleiben. Der Schultheiß hat seine Unschuld festgesetzt für 14 Tage. Das hat er festhalten lassen.

Der Pfarrer von Ingelheim beschuldigt Cles Fiel weiter, dass sie eine gemeinsame Schuld zu Wallertheim haben. Da habe er ihn eine Summe einziehen lassen und er habe still gesessen. Nach alle dem sei er gekommen und will ihm seine Summe, die ihm zusteht nicht folgen lassen gemäß dem Vergleich, der zwischen ihnen beiden gemacht worden sei. Daher hofft er, das Gericht möge erkennen, dass Cles so lange still sitzen soll, bis er ebensoviel eingezogen hat gemäß dem Vergleich. Außerdem habe er jenen, die ihm die Schuld schuldig sind, verboten, sie auszurichten. Dass er solches verboten habe, das schade ihm 100 Gulden und er fordert von ihm eine Antwort vor Gericht. Cles sagt: Er habe von der Gemeindeschuld nichts, außer was ihm zustehe. Da der Pfarrer sich auf einen Vergleich beruft, dass er ihm das Seine eingezogen habe, so fordere er, dass er die Schlichter beibringen sollen und fragt wann und legt das dem Gericht vor. Urteil: In 14 Tagen. Bedürfe er Verlängerung und fordere sie, wie üblich. Festgehalten.

Zwischen Henne von Soden und Winter ist der Gerichtstag verschoben worden um einen Monat mit allen Rechten wie heute. Festgehalten.

Zwischen den Kirchenmeistern, Cristin Stern und Henne Becker ist der Termin verschoben worden um 14 Tage zu allen Rechten wie heute. Festgehalten.

Peter Snade klagt Peter Endres an, dass er ihm ein Schwein verkauft habe. Da habe er die Klagesumme bezahlt, der Schaden, der entstanden sei, sei nicht bezahlt und er beruft sich auf den Unterkäufer, dass er die Sau so gekauft habe. Dass er den Schaden nun nicht bezahle, schade ihm 10 Gulden und er fordert von ihm eine Antwort vor Gericht. Peter erkennt an, die Sau gekauft zu haben, mehr leisten zu müssen gesteht er nicht.

fol. 205v — Sabbato post Anthoni

Un(n)d{a} dwile sich Pet(er) off den und(er)keuffer zucht / so begere er wan er den bringen soll.
S(e)n(tenti)a jn XIIII tag(en). Betarff er sin(er) tage furter und heist die alß recht ist
so soll man sie jme furt(er) zu zwey(e)n XIIII tag(en) stelln Pet(er)n sine jnsage furbehalt(en)
sij. Daß hait er v(er)bott.

ban und fridd(en)	Jt(em) nach dem Heinrich Starck ex p(ar)te eccl(es)ie sin 4 [8/2] heissu(n)ge gethan hait alß hait er off Kytz Anne offgeholt nach ludt deß buchs h(abet) [?] ban und fridd(en).
erf(olgt)	Jt(em) Kytzgin erfolgt den mull(e)r fur I guld(en).
1 h(eischung)	Jt(em) Dorre Henne ex p(ar)te d(omi)noru(m) Augůstinens(iu)m 1 h(eischung) off Drubeins Wilhelm(e) off I guld(en) gelts off huß und hoffe jn der Alten Gassen gelegen gefor Pet(er) Swinden und(en) zu und Folmer ob(e)n zu.
1 h(eischung)	Jt(em) Herman von(n) Gelnhusen 1 h(eischung) off Ritt(er)hansen off XVII ß gelts und off alleß daß er hait jn deß Richis gericht.

Actu(m) Sabb(at)o p(os)t Anthoni.

3 clage	Jt(em) Adam(m) von Ranßel 3 clage off Emmerich von(n) Willenb(er)g ut p(rim)a.
1 clage	Jt(em) Konne Pet(er) 1 clage off die heren(n) von(n) Erbach fur III g(ulden) und IX alb(us) heuptgelts und XX guld(en) schadens.
p b	Jt(em) Henchin(n) Meleman(n) hat p b. off den alten Suffuß(e)n.
erk(annt)	Jt(em) End(er)s Koch(er) hait pf(and) beredt off Wißhenne(n) jn der Orenbrucken.
erk(annt)	Jt(em) Clese Suffuß d(er) jun(n)ge erk(ennt) Konnen Pet(er)n II g(ulden) jn XIIII tag(en). Si no(n) tu(n)c pfandt erf(olgt).
erk(annt)	Jt(em) Henne von(n) Eltfelt erk(ennt) Emmerich von(n) Engelstat socio n(ost)ro XVI g(ulden) an golde zussen(n) hie und Halpfast(en). Si no(n) tu(n)c pf(and) / halp / and(er) halpteyle zu Pfingst(en) darnach. Ob ers nit det erfolgt han(n).
erf(olgt)	Jt(em) Rudig(er) ex p(ar)te do(m)icelloru(m) d(e) Wolff erf(olgt) Pet(er)n Metz(e)lern(n) ad libru(m).
erf(olgt)	Jt(em) Schone Wedd(er) erfolgt Metzelhenne(n) ad libru(m).
p b	Jt(em) Pet(er) Snade erfolgt Metzelhenne(n) auch hait er pfandt off jne beret.
1 h(eischung)	Jt(em) Mud(er)henne 1 h(eischung) off Michels Clesen(n) off XVIII ß gelts solich und(er)pfande.
3 h(eischung)	Jt(em) Peter Fiele 3 heyssu(n)ge off Drubeynchin(n) ut p(ri)ma sonavit.

a Das Wort ist vor den Zeilenanfang gesetzt.

Und weil sich Peter auf den Unterkäufer beruft, so fragt er, wann er den vor Gericht bringen soll. Urteil: In 14 Tagen. Bedürfe er Verlängerung und fordere sie, wie es Recht ist, so soll man sie ihm noch zweimal 14 Tage geben, Peter seine Entgegnung vorbehalten. Das hat er festhalten lassen.

Nachdem Heinrich Stark für die Kirche seine 4. Klage getan hat, hat er die Pfänder eingezogen von Anne Kitz gemäß dem Buch. Bann und Frieden erhalten.

Kitzgin verklagt den Müller auf einen Gulden.

Henne Dorr für die Augustinerherren erhebt seine 1. Klage gegen Wilhelm Drubein wegen einem Gulden Geld auf Haus und Hof in der Alten Gasse gelegen, neben Peter Swinde unten zu und Folmer oben angrenzend.

Hermann von Gelnhausen erhebt seine 1. Klage gegen Hans Ritter wegen 17 Schilling Geld und alles, was er im Reichsgericht hat.

19. Januar 1482

Adam von Ransel hat seine 3. Klage erhoben gegen Emmerich von Willenberg.

Peter Konne hat seine 1. Klage erhoben gegen die Herren von Eberbach wegen 2 Gulden und 9 Albus Klagesumme und 20 Gulden Gerichtskosten.

Henchin Melmann hat Pfändung gefordert gegen den alten Suffuß.

Enders Kocher hat Pfändung gefordert gegen Henne Wiß in der Ohrenbrücke.

Cles Suffuß der junge erkennt an Peter Konne 2 Gulden zahlen zu müssen binnen 14 Tagen. Wenn nicht erfolgt die Pfändung.

Henne von Eltville erkennt an, Emmerich von Engelstadt, unserem Mitschöffen, 16 Gulden an Gold bis Halbfasten zahlen zu müssen zur einen Hälfte, die andere bis Pfingsten danach. Täte er es nicht, so soll er seinen Anspruch erklagt haben.

Rudiger für die Junker Wolff hat seinen Anspruch ins Gerichtsbuch eintragen lassen gegen Peter Metzeler.

Schonwedder hat seinen Anspruch ins Gerichtsbuch eintragen lassen gegen Henne Metzel.

Peter verklagt Henne Metzel und hat Pfändung gefordert.

Henne Muder erhebt seine 1. Klage gegen Cles Michel wegen 18 Schilling Geld auf die Pfänder.

Peter Fiel erhebt sein 3. Klage gegen Drubeinchin.

fol. 206 — Sabbato post Anthoni

	Jt(em) Henne von Eltfelt hait sich v(er)dingt Clasen von Narheym(m) sin wort zu thu(n) und hait sin und(er)dinge v(er)bott alß recht ist. Und schuldiget Cleßgin Beckern(n) wie sine brud(er) Wilhem(m) Cleßg(in) zu halten(n) geb(e)n hab X guld(en). Daß er jme die nit h(er)ußgijt schait jme und auch syme brud(er) X g(ulden) darzu. Und heist jme deß ey(n) anttwo(r)t. Cleßgin(n) Becker spricht
Cleßg(in) Becker)	er wiß von(n) nůst daß er jme od(er) syme brud(er) schuldig und weß er jne widers anlange deß sij er onschuldig / Die unschult ist Cleßg(in) gestalt XIIII tage. Daß ist v(er)bott.
Narheym(m)	Jt(em) Claß von(n) Narheym(m) schuld(et) Rutzenn von(n) momp(ar)schafft weg(en) sins brud(er)s wie er Wilhelm(e) syne brud(er) schuldig sij IX g(ulden) und V ß. Deß hab er Wilhelm(e) gegeb(e)n II ame wine jn abslag der sommen. Daß er jme daß uberentzig nit gijt schait jme XX guld(en). Rutze^a anttwo(r)t daroff und spricht / eß moge sin er sij Wilhelme(n) schuldig gewest / Aber er hab Wilhelmen erleubt sine wine zu lesen sich von(n) dem synem selbst zu bezalen(n). Daß hab er gethan(n) und sij bezalt / Weß er jne wid(er) anlange sij er unschuldig. Die unschult ist Rutzen gestalt XIIII tage. Daß hait Claß v(er)bott.
erk(annt)	Jt(em) Rutz erkent Emerichen(n) von(n) Engelstait II g(ulden) zu Halpfast(en). Si no(n) tu(n)c pfandt erf(olgt).
erk(annt)	Jt(em) Metzelhenne erk(ennt) Clasen von(n) Narhey(m) I½ [II/2] guld(en) jn XIIII t(agen). Si no(n) tu(n)c pf(and).
erk(annt)^b	Jt(em) Kytzgin Henne Schaupdecker Bend(er)henne und Engelland(er) erkenne(n) sampthafftig
nota	Steffan(n) von(n) Oppenhey(m) XXVIII g(ulden) halp jn XIIII tag(en) ußzuricht(en) und das ander teyle Ma(r)tini negst danach off gude rechenu(n)ge / Matzkuche hait der glichen nach der hant / auch solichis zu(u) thun erkant. Daß hait Steff(an) v(er)bott. Si no(n) tu(n)c erfolgt o(mn)es.
	Jt(em) Dyemen Claiß und Bend(er) Henne erkennen demselb(e)n Steffan XVI gud(en) off rechenu(n)ge
erk(annt)	jn XIIII tag(en) halp zugeb(e)n and(er) halp teyle Martini negst danach ußzurichtenn. Si no(n) tu(n)c erfolgt. Steffan(n) hait v(er)bott.
erk(annt)	Jt(em) Pet(er) Endres erk(ennt) Pefferhennen von momp(ar)schafft weg(en) Busen Henne V g(ulden) off rechenu(n)ge jn XIIII tag(en) ußzuricht(en). Si no(n) tu(n)c pf(and).
erk(annt)	Jt(em) Pet(er) Korper erkent Schonewedd(er)n XX alb(us) jn XIIII tag(en) ußzurichten. Si no(n) tu(n)c pf(and).
erk(annt)	Jt(em) Pet(er) Endres erkent Hen(n)ch f(rat)tri suo V g(ulden) jn XIIII t(agen) ad (com)put(aci)o(nem). Si no(n) tu(n)c pf(and).
erk(annt)	Wilhelm(e) Drubey(n) erkent Carpen Cleßg(in) XXIIII ß jn XIIII tag(en). Si no(n) tu(n)c pf(and).
erk(annt)	Jt(em) Henne Mauchenheym(er) erk(ennt) Henne vo(n) Eltfelt XVIII alb(us) jn XIIII tag(en). Si no(n) tu(n)c pf(and).
erk(annt)	Jt(em) Peter Snade erkent End(re)s Trappen III golt guld(en) jn XIIII tag(en) off rechenu(n)ge. Si no(n) etc.

a Am Wortende befindet sich ein unverständliches Kürzel.
b Der Begriff wird nochmals wiederholt.

19. Januar 1482 — fol. 206

ÜBERTRAGUNG

Henne von Eltville hat sich verpflichtet, Clas von Narheym vor Gericht zu vertreten und hat seine Anwaltschaft festhalten lassen, wie es Recht ist. Und er beschuldigt Clesgin Becker, dass sein Bruder Wilhelm Clesgin 10 Gulden zum Verwahren gegeben habe. Dass er die nun nicht herausgibt, das schade ihm und seinem Bruder 10 Gulden dazu. Und er fordert von ihm eine Antwort. Clesgin Becker sagt: Er wisse nicht, dass er ihm oder seinem Bruder etwas schuldig sei und wessen er ihn weiter anklage, dessen erklärt er sich für unschuldig. Die Unschuld von Clesgin gilt 14 Tage. Das ist festgehalten. Clas von Narheim beschuldigt Rutz als Vormund seines Bruders, dass er Wilhelm, seinem Bruder, 9 Gulden und 5 Schilling schuldig sei. Davon habe er Wilhelm 2 Ohm Wein gegeben im Abschlag auf die Summe. Dass er ihm das übrige nicht gibt, das schade ihm 20 Gulden. Rutz antwortet darauf und sagt: Es könne sein, dass er bei Wilhelm Schulden hatte. Er habe ihm erlaubt, seinen Wein zu lesen, sich von dem Seinen zu bezahlen. Das habe er getan und es sei bezahlt. Wessen er ihn weiter beschuldige, dessen sei er unschuldig. Die Unschuld von Rutz gilt 14 Tage. Das hat Clas festhalten lassen. Rutz erkennt an, Emmerich von Engelstadt 2 Gulden zahlen zu müssen bis Halbfasten. Wenn nicht erfolgt die Pfändung. Henne Metzel erkennt an, Clas von Narheim 1½ Gulden binnen 14 Tagen zahlen zu müssen. Wenn nicht erfolgt die Pfändung. Kitzgin, Henne Schaupdecker, Henne Bender und Englender erkennen gemeinsam an, Stefan von Oppenheim 28 Gulden zur Hälfte binnen 14 Tagen zu bezahlen, den anderen Teil bis Martini gegen gute Rechnung. Matzkuch hat das ebenfalls anerkannt. Das hat Stefan festhalten lassen. Wenn nicht hat er seinen Anspruch eingeklagt gegen alle. Clas Diem und Henne Bender erkennen an, demselben Sefan 16 Gulden gegen Rechnung binnen 14 Tagen halb zu geben, die andere Hälfte zu Martini. Wenn nicht hat er seinen Anspruch eingeklagt. Stefan hat das festhalten lassen. Peter Enders erkennt an, Henne Peffer als Vertreter von Henne Busen 5 Gulden gegen Rechnung zahlen zu müssen binnen 14 Tagen. Wenn nicht erfolgt die Pfändung. Peter Korper erkennt an, Schonwedder 20 Albus zahlen zu müssen binnen 14 Tagen. Wenn nicht erfolgt die Pfändung. Peter Enders erkennt an, Johann seinem Bruder 5 Gulden gegen Rechnung zahlen zu müssen binnen 14 Tagen. Wenn nicht erfolgt die Pfändung. Wilhelm Drubein erkennt an Clesgin Carpp 24 Schilling zahlen zu müssen binnen 14 Tagen. Wenn nicht erfolgt die Pfändung. Henne Mauchenheimerer erkennt an, Henne von Eltville 18 Albus zahlen zu müssen binnen 14 Tagen. Wenn nicht erfolgt die Pfändung. Peter Snade erkennt an, Endres Trapp 3 Goldgulden gegen Rechnung zahlen zu müssen binnen 14 Tagen. Wenn nicht etc.

fol. 206v — Sabbato post Anthoni

erkentniß	Jt(em) Hen(n)ch Endres uxor sua Grede hant erkant solich III½ [IIII/2] ß helle(r) alß jne
	Pet(er) Stortzkopff jars geb(e)n hab von eyme acker gelegen(n) an der Lochs Porten
	gefor Wigant Stortzkoppen. Soliche III½ [IIII/2] ß hait Hen(n)ch vor sich und sine erben
	Petern und sine erben loiß gesagt. Daß hait Pet(er) Stortzkop v(er)bott.
	Jt(em) Cleßgin Berckorne schuldiget Hepen(n) Hennen wie er jme schuldig sij II g(ulden).
	Daß er jme die nit gijt oder erkent notzt i(n) tantu(m). Und heyst jme deß ey(n) anttwo(r)t.
Heppenhenne	Heppen(n) Henne daroff anttwo(r)t und spricht / also sie zwene hab(e)n miteynand(er)
	gerechen(n)t von(n) allem(m) handel sie mit ey(n) zuthun(n) gehabt hab(e)n / Und sij jme
	Cleßgin(n) off der rechenu(n)ge schuldig v(er)lib(e)n VI alb(us) die neme er und liß Cleßgin
	sin der er we(re) / Wolt ine Cleßg(in) wid(er) anlangen(n) deß sij er unschuldig. Die unschult
	ist jme durch den schultiss(e)n gestalt XIIII tage.
	Jt(em) Pet(er) Bend(er) schuldiget Ebba(r)t Snad(en) / er hab umb jne kaufft dru viere emigke
	faß ey(n)s fur XVIII alb(us). Daß er jme deß nit erkent od(er) ußricht schait jme X g(ulden)
Ebba(r)t Snade	und heyst jme ey(n) anttwo(r)t / Ebba(r)t spricht Pet(er) Bend(er) stee jn synem rechten.
Pet(er) Bend(er)	Hofft jme nit shuldig sin zu antwo(r)t und zucht sich off daß buch nach uß[-]
	wisu(n)ge eyns ortels zussen(n) jne gange(n). Rudig(er) von(n) Peters weg(en) hait daß
s(e)n(tenti)a	v(er)bott und gefragt wan Ebba(r)t daß buch bring(en) soll. S(e)n(tenti)a jn XIIII tag(en). Betarff
	er dan(n) sin(er) tage furt(er) und heyßt die alß recht ist etc. V(er)bott.
	Jt(em) Henne Mauchenheym(er) schuldiget Ebba(r)t Snad(en) wie er sich ettlich(er) gutt(er) und(er)ziehe
	die Jekel Brandt d(er) alt gelass(e)n hab. Jn solchen(n) gutt(er)n lihen ettlich placken die
Ebba(r)t Snade	sint dem(e) jungen(n)[a] geben wurd(en) off dem(e) hynlich / Der gutt(er) und(er)zie er sich mit
	eynand(er). Daß er nů nit handt abthut von(n) den hynlichis gutt(er)n die jme leßt
	folgen(n) daß schat jme XL guld(en). Und heyst jme ey(n) anttwo(r)t.
Henne Mauchenh(eimer)	Ebba(r)t Snade daroff spricht Contz Dinckeler hab off Brants gutt(er) zinse gehabt.
	Contz hab auch daroff geheyssen(n) / Deß sij er geware wurd(en) und hab sich jn die
	gutt(er) mit recht gefragt. Und hofft Mauchenheym(er) umb sine furderu(n)ge nit
	schuldig zu sin[b]. Mauchenheym(er) gesteet nit daß die gutt(er)
	die Jekel Mauchenheym(er) off dem(e) hynlich wurden sÿen nit jn der gult(en) geleg(en)
	haben(n). Darum(m)b hofft er soll hant abthu(n) und die jme folgen(n) lassen. Und
	alß Ebba(r)t melt er hab sich dar jn gefragt nach ludt deß gerichts buch bege(r)t
	wan er daß buch bring(en) soll. S(e)n(tenti)a jn XIIII tag(en). Tarff er sin(er) tag furt(er) und heysset
	die alß recht ist etc.
	Jt(em) Knybeß schuldiget Pet(er) Dutzen q(uod) t(ame)n si(bi) VI alb(us). Q(uod) no(n) dat notz(e)t i(n) t(antu)m. Anttwo(r)t.
unschult	Peter Dutz dedit Sibe II½ [III/2] alb(us). Uberentzig ist er unschuldig. Gestalt XIIII tage.

---

a Es folgt durchgestrichen: »j«.
b Es folgt durchgestrichen: »und stalt zurecht«.

19. Januar 1482 — fol. 206v

Hench Enders und seine Frau Grede haben anerkannt, die 3½ Schilling Heller, die ihnen Peter Stortzkopp jährlich von einem Acker an der Lochpforte zu Wigant Stotzkopp hin gegeben hat. Solche 3½ Schilling hat Johann für sich und seine Erben Peter und seinen Erben losgesagt. Das hat Peter Stortzkopp festhalten lassen.

Clesgin Berkorn beschuldigt Henne Hepp, dass er ihm 2 Gulden schuldig sei. Dass er ihm die nicht gibt oder die anerkennt, das schade ihm das gleiche dazu. Und er fordert von ihm eine Antwort. Henne Hepp antwortet darauf und sagt: Sie zwei haben miteinander abgerechnet wegen eines Handels, den sie miteinander hatten. Clesgin sei ihm 6 Albus an der Rechnung schuldig geblieben. Die nehme er und lasse es gut sein. Wolle ihn Clesgin weiter anklagen, so sei er unschuldig. Die Unschuld legt der Schultheiß fest für 14 Tage.

Peter Bender beschuldigt Eberhard Snade, er habe von ihm 3 Vier-Ohm-Fässer gekauft, eines für 18 Albus. Dass er dies nicht anerkennt oder bezahlt, das schade ihm 10 Gulden und er fordert von ihm eine Antwort. Eberhard sagt, Peter Bender stehe in seinem Recht. Er hoffe, ihm nicht antworten zu müssen und beruft sich auf das Buch und das geschehene Urteil. Rudiger für Peter hat das festhalten lassen und gefragt, wann Eberhard den Beweis durch das Buch erbringen solle. Urteil: In 14 Tagen. Bedürfe er Verlängerung und fordere sie, wie es Recht ist, etc. Festgehalten.

Henne Mauchenheimer beschuldigt Eberhard Snade, dass er etliche Güter nutze, die der alte Jeckel Brand hinterlassen habe. In diesen Gütern liegen etliche Flecken, die sind dem Jungen auf der Absprache gegeben worden. Die nutze er mit. Dass er seine Hand nicht von den abgesprochenen Gütern nimmt und ihm die nicht folgen lässt, das schade ihm 40 Gulden. Und er fordert von ihm eine Antwort. Eberhard Snade sagt darauf, Contz Dinckler habe auf den Gütern von Brand Zinsen gehabt. Contz habe auch auf diese geklagt. Das habe er erfahren und habe sich vor Gericht in die Güter gefragt. Und er hofft, Mauchenheimer wegen seiner Forderung nichts schuldig zu sein. Mauchenheimer gesteht nicht, dass die Güter, die Jeckel Mauchenheimer auf der Absprache zugesprochen wurden, nicht in den Gülten lägen. Deshalb solle er seine Hand davon nehmen und ihm die folgen lassen. Und weil Eberhard sagt, er habe sich in die Güter gefragt nach Aussage des Gerichtsbuch, fordert er, dass er das Gerichtsbuch beibringen soll. Urteil: In 14 Tagen. Bedürfe er Verlängerung und fordert diese, etc.

Kniebeß beschuldigt Peter Dutz, dass er ihm 6 Albus schuldet. Dass er ihm die nicht gibt, schade ihm ebenso viel. Antwort: Peter Dutz gibt Sibe 2½ Albus. Des Übrigen ist er unschuldig. Festgelegt für 14 Tage.

fol. 207 — Sabbatho post Pauli Conversionis

erk(annt)	Jt(em) Pet(er) Dutz erkent Henne von Eltfelt III g(ulden) jn XIIII tag(en). Si no(n) etc.
erk(annt)	Jt(em) Adam(m) von(n) Winheym(m) erkent Winßhenne X g(ulden) jn XIIII tag(en). Si no(n) etc.
p b	Jt(em) Bend(er) Henne hait off Hiltwin pfandt beredt.
erk(annt)	Jt(em) Knybeß erkent Endres Trappenn X½ [XI/2] alb(us) jn XIIII tag(en). Si no(n) tu(n)c pfandt.
erkent(nis)	Jt(em) Endres Trapp erkent Cristma(n)s Henne XVIII alb(us) jn XIIII tag(en) off rechenu(n)ge.
widd(er)gennomen	Jt(em) Dyemen(n) Claiß ex p(ar)te d(omi)noru(m) i(n) Husen spricht sin heren hab(e)n Unglichen ey(n) felt geluwe(n) umb V firnt(el) korns. Alß gebe er den zinß nit. Ob die heren nit mog(en) daß felt zu jne neme(n) dwile eß jn irer(r) hant ste. S(en)tenti)a si ita e(st) tu(n)c b(e)n(e) possunt face(re). Daß hait Claß v(er)bott. Daß felt lijt gefor Clesen Henne(n) und Adam Wolff(e)n.
erk(annt)	Jt(em) Henne von Eltfelt erkent h(er)n Johan(n) Beynling von(n) weg(en) Ebba(r)t Vetzers deß momp(ar) er ist III malt(er) korns zu erne negst zugeb(e)n. Beynling[a] hait d(as) v(er)bott.
erf(olgt)	Jt(em) End(re)s frauwe von(n) Winheym(m) erfolgt Knod(en) Henne et fili(u)m suu(m) vo(r) II g(ulden).
erf(olgt)	Jt(em) End(re)s Trapp erfolgt Dorre Henne(n) ad libru(m).
erf(olgt)	Jt(em) End(re)s Trapp erf(olgt) H(er)man(n) jn der Orenbrucken vo(r) III g(ulden) beheltlich H(er)man sin jnredde.
embrochen	Jt(em) Schonewedd(er) hait von(n) H(er)man Stocken gefragt und ist d(er) ansprach van(n) jme[b] embrochenn mit recht gewißt. Das hat Schonwedd(er) v(er)bott.
momp(ar)	Jt(em) Knabe Henne von(n) Lutern hait Contz von(n) Gelnhusen(n) momp(ar) gemacht jme sin schult jm Riche jnzufurder(e)n bijß off sin widderruffen.
	Actu(m) Sabbatho p(os)t Pauli (Con)v(er)sio(nis).
	Jt(em) Wolffs Jekel schuldiget Lutt(er)wine wie ey(n) rachtu(n)ge gemacht sij zussen jren beyden(n) frauwe(n) die dan(n) geswistert syen. Sij also beredt daß man Jekels frauwe(n) VI guld(en) geb(e)n soll fur jre erbteyle / Daß er die nit gijt und erkent daß daß also beteydingt sij notzt VI guld(en) / Und ob er neyn(n) dazu sage / so woll er jne
Lutt(er)wine	zugen(n) mit den jhenne(n) die solich rachtu(n)ge gemacht hab(e)n. Und heyßt jme ey(n) anttwo(r)t. Lutt(er)wine daroff redt und macht sich der dinge unschůldig / dan er wisß jme nůst schuldig zu sin / Wolffs Jekel haff er soll mit der unschulde nit davon(n) gene dan(n) er woll jme zugen mit frome(n) lutt(en) daß eß also beredt sij / und beg(er)t sin(er)

a Das »i« steht über der Zeile.
b Es folgt durchgestrichen: »nit«.

Peter Dutz erkennt an, Henne von Eltville 3 Gulden zahlen zu müssen binnen 14 Tagen. Wenn nicht etc. Adam von Winheim erkennt an, Henne Winß 10 Gulden binnen 14 Tagen zu zahlen. Wenn nicht etc. Henne Bender hat Pfändung gefordert gegen Hiltwin. Knybiß erkennt an, Endres Trapp 10½ Gulden zahlen zu müssen binnen 14 Tagen. Wenn nicht erfolgt die Pfändung. Endres Trapp erkennt an, Henne Christman 18 Albus gegen Rechnung zahlen zu müssen binnen 14 Tagen. Clas Diem für die Herren von Hausen klagt, seine Herren haben Unglich ein Feld geliehen für 5 Viertel Korn. Er gebe den Zins nicht. Obb die Herren das Feld nicht wieder an sich nehmen könnten, weil es in ihrer Hand stehe. Urteil: Wenn es so ist, dann können sie es gut tun. Das hat Klaus festhalten lassen. Das Feld liegt gegenüber Henne Cles und Adam Wolff. Henne von Eltville erkennt an, Johann Beinling für Eberhard Fetzer, dessen Vertreter er ist, 3 Malter Korn zur nächsten Ernte zu geben. Beinling hat das festhalten lassen. Enders Frau von Weinheim verklagt Henne Knode und seinen Sohn auf 2 Gulden. Endres Trapp hat seinen Anspruch ins Gerichtsbuch eintragen lassen gegen Henne Dorre. Endres Trapp verklagt Hermann in der Ohrenbrücke auf 3 Gulden vorbehaltlich Hermanns Gegenrede. Schonwedder hat wegen Hermann Stock gefragt und ist von der Klage vom Gericht freigesprochen worden. Das hat Schonwedder festhalten lassen. Henne Knabe von Lutern hat Contz von Gelnhausen zu seinem Vertreter gemacht, seine Schulden im Reich einzuziehen bis auf Widerruf.

26. Januar 1482
Jeckel Wolff beschuldigt Luterwin, dass ein Vergleich zwischen ihrer beiden Frauen, die Schwestern sind, gemacht worden sei. Es sei beredet worden, dass man Jeckels Frau 6 Gulden als Erbteil geben solle. Dass er die nicht gibt und anerkennt, dass das ebenso verhandelt worden sei, das schade ihm 6 Gulden. Und wenn er Nein dazu sage, so will er das mit jenen beweisen, die den Vergleich gemacht haben. Und er fordert von ihm eine Antwort. Luterwin redet dagegen und erklärt sich für unschuldig, denn er wisse nicht, etwas schuldig zu sein. Jeckel Wolff hofft, er solle nicht als unschuldig davon gehen, er wolle ihm das mit ehrenwerten Leuten beweisen, dass es ebenso beredet wurde und fordert seine

fol. 207v — Sabbatho post Pauli Conversionis

	tage dar zu. S(e)n(tenti)a dwile er off erbare lutte zucht so soll er sie bring(en). S(e)n(tenti)a
	jn XIIII tage. Betarff er dan(n) sin(er) tage furt(er) und heyßt die alß recht ist etc.
erk(annt)	Jt(em) Herma(n) von(n) Hultzhusen(n) erkent Winßhenne II g(ulden) jn XIIII t(agen). Si no(n) tu(n)c pf(and).
erk(annt)	Jt(em) Henne Duerma(n) erk(ennt) Henne Winßbach II g(ulden) jn XIIII t(agen). Si no(n) tu(n)c pf(and).
p b	Jt(em) Heppen(n) Henne beredt pf(and) off Thomas Henne.
p b	h(er) Heinrich Nickel hait p. b. off Pet(er) Mandelma(n).
erk(annt)	Jt(em) Kytzg(in) erkent Clasen(n) von(n) Wallenhusen X guld(en) jn XIIII tag(en). Si no(n) etc.
erf(olgt)	Jt(em) Henchin(n) Rampbach erfolgt Clese Wissen.
	Jt(em) Winßhenne hait daß buch lassen(n) offenn zussen(n) jme Hench(in) Scher(er)n und
	Henchin(n) Můrer(e)n von(n) Jngelheim(m) / und hat daß buch also v(er)bott und spricht
	nach dem(e) er eyn(n) winkauffs man(n) sij der můre halp die Henchin(n) Murer
	gemacht haben(n) solt zussen(n) Henchin(n) Scherr(er)n und dem(e) pferr(er) / also hab er
Hench(in) Scherr(er)	die mure besehenn. Die sij nit gemacht alß es beredt sij / Henchin(n) Scherer(r)
	hait die sage v(er)bott und jme furt(er) zugesprochen(n) / Daß er sine sage nit
	bewere als recht sij. Schait jme X guld(en). Daroff Winßhenne redt was
	er gesagt hab daß woll er mit dem(e) rechten beweren(n) / Henchin(n) Můrer
	hait Windeß Henne des eyts erlass(e)n / Daß hait Hench(in) Scherr(er) v(er)bott und
Hench(in) Můrer	furt(er) spricht Hench(in) Můrer dar zu. Die můre sij durch Winßhenne(n) besehen
	wurden. Sij sie nů nit gemacht alß es beredt sij / so woll er die můre noch
	machenn. Henchin(n) Scherr(er) hait gefragt ob jme Hench(in) Murer sine(n) kost(en)
	nit nah(er) thu(n) soll. S(e)n(tenti)a ita / Winß Henne hat gefragt ob jme Henchin(n)
	Scherr(er) nit sine(n) gerichts kosten(n) nah(er) thu(n) soll. S(e)n(tenti)a ja.
	Jt(em) Pet(er) Snade schuldiget Ebba(r)t Kytz(e)n wie er eyn keuffer dabij und mit
	gewest sij daß Peter Endres eyn(n) swine umb jne kaufft habe / Daß er nů
Pet(er) Snade	nit sage wie es da gelidet hait notzt IIII guld(en) und heyst jme ey(n) anttwo(r)t.
	Ebba(r)t spricht d(er) schuldigu(n)e nach / so geste er dass er dabij gewest sij daß
Ebba(r)t Kytz	der glocken(er) umb Pet(er)n ey(n) swin aufft hab. Ob er jme daß swine off leistu(n)ge
	gegeb(e)n od(er) v(er)kaůfft hab daß wisß er nit / Die wo(r)t Ebba(r)ts hait Pet(er) Snade
	v(er)bott und spricht jme furt(er) zu. Daß er die wo(r)t die er geredt hab nit
	bewe(r)t. Notz IIII g(ulden). Ebbar(r)t spricht waß er geredt hab daß will er mit
	dem(en) recht(en) beweren und gefragt jn welch(er) zijt er die bewer(n)ge thu(n) soll.
	S(e)n(tenti)a jn XIIII tag(en). Daß hait Pet(er) Snade v(er)bott.

Tage hierfür. Urteil: Weil er sich auf ehrbare Leute beruft, soll er sie beibringen. Urteil: in 14 Tagen. Bedürfe er Verlängerung und fordere sie wie Recht ist, etc.

Hermann von Holzhausen erkennt an, Henne Winß 2 Gulden zahlen zu müssen binnen 14 Tagen. Wenn nicht erfolgt die Pfändung.

Henne Duhermann erkennt an, Henne Winsbach 2 Gulden zahlen zu müssen binnen 14 Tagen. Wenn nicht erfolgt die Pfändung.

Henne Hepp hat Pfändung gefordert gegen Henne Thomas.

Heinrich Nickel hat Pfändung gefordert gegen Peter Mandelmann.

Kitzgin erkennt an, Clas von Wallenhausen 10 Gulden binnen 14 Tagen zahlen zu müssen. Wenn nicht etc.

Henchin Rambach hat seinen Anspruch ins Gerichtsbuch eintragen lassen gegen Cles Wiß.

Henne Winß hat das Buch öffnen lassen im Streit zwischen ihm, Henchin Scherer und Henchin Murer von Ingelheim und hat das Buch als Beweis festhalten lassen und sagt: Nachdem er ein Zeuge des Vertragsabschlusses sei wegen der Mauer, die Henchin machen sollte zwischen Henchin Scherer und dem Pfarrer, habe er die Mauer besehen. Sie sei nicht gemacht worden wie beredet. Die Aussage hat Henchin Scherer festhalten lassen und ihn weiter angeklagt, dass er seine Aussage nicht bezeuge, wie es Recht ist. Das schade ihm 10 Gulden. Darauf sagte Henne Winß: Was er gesagt habe, das wolle er auch gemäß dem Recht bekräftigen. Henchin Murer hat Henne Winß den Eid erlassen. Das hat Henchin Scherer festhalten lassen und klagt Henchin Murer weiter an: Die Mauer sei durch Henne Winß besehen worden. Sie sei nicht gemacht worden, wie beredet worden sei, sie zu machen. Henchin Scherer hat gefragt, ob ihm Henchin Murer seine Kosten nicht erstatten solle. Urteil: Ja. Henne Winß hat gefragt, ob ihm Henchin Scherer nicht seine Gerichtskosten erstatten soll. Urteil: Ja.

Peter Snade beschuldigt Eberhard Kitz, dass er ein Vertragszeuge gewesen sei, als Peter Enders ein Schwein von ihm gekauft habe. Dass er nun nicht sage, was beredet worden sei, das schade ihm 4 Gulden und er fordert von ihm eine Antwort. Eberhard sagt, gemäß der Anklage gestehe er, dass er dabei war, als der Glöckner von Peter ein Schwein kaufte. Ob er ihm das Schwein dann gegeben oder verkauft habe, das wisse er nicht. Die Worte Eberhards hat Peter Snade festhalten lassen und klagt ihn weiter an, dass er die Worte, die er geredet hat, nicht bekräftigt. Das schade ihm 4 Gulden. Eberhard sagt: Was er geredet habe, das will er vor Gericht bekräftigen und er hat gefragt, wann er das tun soll. Urteil: In 14 Tagen. Das hat Peter Snade festhalten lassen.

fol. 208 — Zistag post Pauli Conversionis

TRANSKRIPTION

1 h(eischung)	Jt(em) Contzgin(n) von(n) Geylnhusen 1 h(eischung) off Emmerichis Gred(e)n off VI ß gelts und off alles daß sie gehabt hant da ir ma(n) doit und lebendig gewest ist.
	Jt(em) Martin d(er) smidt schuldiget Schram[a] Hench(in) wie er jme schuld(ig) sij XIIII alb(us).
Schram Hench(in)	Das er jme die nit gijt schait jme alßvil darzu / Anttwo(r)t. Schram Henchin erkent jme XIIII alb(us) off rechen(un)ge jn XIIII tag(en). Si no(n) tu(n)c pfandt erf(olgt).
	Jt(em) Pet(er) Fiele erfolgt Cleßg(in) Becker(e)n fur XL guld(en).
gelt widd(er)geb(e)n	Jt(em) Dorre Henne hait gefurd(er)t I l(i)b(ram) helle(r) von(n) Johannes Philips Duchscherr(er)s [son] weg(en) daß er vo(r) III jaren(n) hind(er) gericht gelacht hait antreff(e)n die heren von(n) Moricie(n) weg(en) zu Mentz. Daß han(n) ich Sibolt schrib(er) jme uberlibb(er)t jn bijwesen(n) Rulenhens[b] und[c] Math(is) sinß gesell(e)n Do(r)n(stag) p(os)t (Con)v(er)sio(nis) Pauli.
r(e)cepit gelt	Jt(em) Pet(er) Snade r(e)cepit I l(i)b(ram). Daß hat er von(n) sins sweher(r)s weg(en) gelacht geg(en) den h(er)n zu sant Moricien han ich Sibolt uberlibbert Z(ist)a(g) p(os)t Pauli (Con)v(er)sio(nis).
	Actu(m) Z(ist)a(g) p(os)t Pauli (Con)v(er)sio(nis).
2 h(eischung)[e]	Jt(em) Dorre Henne 2[d] h(eischung) off Drubeyns Wilhelm(e).
4 [8/2] h	Jt(em) Konne Pet(er) 4 [8/2] h(eischung) off Cleßg(in) Becker(e)n und off Metzelhenne(n).
	Jt(em) Clese Viele sine(n) tag v(er)hudt gey(n) dem(e) pferr(er) von(n) Nidd(er)jngelhey(m).
	Jt(em) d(er) pferr(er) sine(n) tag v(er)hudt geyn(n) Clesen(n) Fiele der unschul(d).
	Jt(em) Henchin(n) Endres hait sine(n) tag v(er)hudt gey(n) Dyem(er) und Contzen(n) von(n) Nackheym(m) der dan Dyem(er) v(er)noitbott hatt und waß jme tag an das negst gericht gestalt.
2 h(eischung)	Jt(em) Herma(n) von(n) Geylnhusenn 2 h(eischung) off Ritt(er)hansenn ut p(rim)a.
1 h(eischung)	Jt(em) Dyem(er) ex p(ar)te den frauwe(n) zu sant Clare 1 h(eischung) off Wolffs Jekel off III l(i)b(ras) gelts und solich und(er)pfande.
1 h	Jdem(m) 1 h(eischung) off Henne Mauchenhey(mer) off I l(i)b(ram) gelts et und(er)pfande.
1 h(eischung)	Jd(em) 1 h(eischung) off Ebba(r)t Kytz off XXV guld(en) et und(er)pfand(er).
1 h(eischung)	Jd(em) 1 h(eischung) off Richen(n)stey(n) off II½ [III/2] guld(en) und solich und(er)pf(ande).
1 h(eischung)	Jd(em) 1 heyssu(n)ge off Pet(er) Lewen off I g(ulden) I ort et und(er)pfande(r).
tag ad p(ro)x(imu)m	Jt(em) Dyeme(r)n ist dag gestalt gey(n) Hench(in) End(re)s ad p(ro)x(imu)m judic(iu)m.

---

[a] Über dem »m« befindet sich ein nicht zu identifizierendes, mit anderer Tinte geschriebenes Zeichen.
[b] Am Wortende befindet sich ein unverständliches Kürzel.
[c] Ab »und« ist der Text bis einschließlich der folgenden Datumsangabe in anderer Tinte geschrieben.
[d] Darunter durchgestrichen: »4 [8/2]«.
[e] Davor durchgestrichen: »4 [8/2]«.

Contzgin von Gelnhausen erhebt seine 1. Klage gegen Grede Emmerich wegen 6 Schilling Geld und auf alles, das sie hatte als ihr Mann tot oder lebendig war.
Martin der Schmied beschuldigt Henchin Schram, dass er ihm 14 Albus schuldig sei. Dass er ihm die nicht gibt, das schade ich ebensoviel dazu. Antwort: Henchin Schram erkennt an, ihm 14 Albus gegen Rechnung zahlen zu müssen binnen 14 Tagen. Wenn nicht erfolgt die Pfändung. Peter Fiel verklagt Clesgin Becker auf 40 Gulden.
Johann Dorre hat 1 Pfund Heller von Johannes, dem Sohn Philipp Duchscherers, gefordert, das er vor 3 Jahren bei Gericht hinterlegt hat, die Herren von St. Moritz zu Mainz betreffend. Das habe ich, Sibel Schreiber, ihm übergeben in Anwesenheit von Henne Rule und von Mathis seinem Gesellen am Donnerstag nach Paulus Bekehrung.

Peter Snade erhält ein Pfund. Das hat er für seinen Schwager hinterlegt für die Herren von St. Moritz. Das habe ich, Sibel, geliefert am Dienstag nach Paulus.

29. Januar 1482
Henne Dorre erhebt seine 2. Klage gegen Wilhelm Drubein.
Peter Konne erhebt seine 4. Klage gegen Clesgin Becker und gegen Henne Metzel.
Cles Fiel hat seinen Tag gewahrt gegenüber dem Pfarrer von Nieder-Ingelheim. Ebenso hat der Pfarrer seinen Tag gewahrt gegen Cles Fiel wegen der Unschuld
Henchin Enders hat seinen Tag gewahrt gegen Dyemer und Contz von Nackenheim, der Dymer wegen Not entschuldigt hat. Und es ist ihm ein Termin am nächsten Gerichtstag gesetzt worden.
Hermann von Gelnhausen erhebt seine 2. Klage gegen Hans Ritter.
Dyemar für die Nonnen von St. Klara erhebt seine 1. Klage gegen Jeckel Wolff wegen 3 Pfund Geld auf die Pfänder.
Derselbe erhebt seine 1. Klage gegen Henne Mauchenheimer wegen 1 Pfund Geld auf die Pfänder. Derselbe erhebt seine 1. Klage gegen Eberhard Kitz wegen 25 Gulden und auf die Pfänder. Derselbe die 1. Klage gegen Richenstein wegen 2½ Gulden und auf die Pfänder. Derselbe die 1. Klage gegen Peter Lewe wegen einem Gulden 1 Ort und auf die Pfänder. Dyemar ist der Termin verschoben worden gegen Henchin Enders auf den nächsten Gerichtstag.

fol. 208v — In die Purificacionis Marie

Actu(m) i(n) die Pur(i)ficac(i)o(nis) Ma(r)ie.
Jt(em) Cleßgin Becker hait sine(n) tag v(er)hudt) geyn(n) Clasen(n) von(n) Nareheim(m)
und Claß von(n) Nareheim(m) geyn(n) Cleßg(in) Beckern(n).
2h — Jt(em) Muderhenne 2 h(eischung) off Michels Clesen ut p(rim)a.
1 h(eischung) — Jdem 1 h(eischung) off Leidenhens Contzg(in) off I g(ulden) XV all[b](us) et sup(ra) o(mn)ia.
4 [8/2] — Jt(em) Pet(er) Fiele 4 [8/2] h(eischung) off Drubeynchin(n) ut p(rim)a.
4 v[8/2] — Jt(em) Adam(m) von(n) Ranßel 4 [8/2] h(eischung) off Emmerich(en) von(n) Willenb(er)g.
2 tag — Jt(em) Ebba(r)t Snade heyst 2 tag zu syn(er) konde gey(n) Henne Mauchenheym(er).
Jt(em) Růtz(en) hait sine(n) tag v(er)hudt geyn(n) Clasen(n) von(n) Narheym(m) d(er) unschult.
ad p(ro)x(imu)m — Jt(em) Hepen(n) Henne und Cleßgin Berckorne ist tag gestalt ad p(ro)x(imu)m judiciu(m).
Jt(em) Dutz hait sine(n) tag v(er)hudt sin(er) unschult geyn(n) Knibeß.

Actu(m) Z(ist)a(g) p(os)t Blasij
Jt(em) Cleßgin Oete Jekel Winßbach Henne Schaupdecker Wilhelm(e) Holtz[-]
huser und Henne Krem(er) sint gudt worden für sich selbs Jre mit gesellen
und menglich fur alle / und erkant dass sie Philipsen(n) Busern uns(er)m
schulthissen(n) und mitscheffin gesellen(n) XXXII guld(en) ye XXIIII alb(us) vor
eyne(n) guldin(n) geb(e)n und ußrichtenn wollen zu negst Fastnacht uber
erkentniß[b] — eyn jare unv(er)zoglich. Also ob sie daran sůmig wurden so mocht
Philipß Buser obgena(n)t an jre gutt(er) griffen die zu jme nehmen(n) damit
thu(n) und lassen(n) alß mit and(er)n sinen guttern(n). Daß hait er v(er)bott.
Idem(m) hab(e)n aůch erkant der forme und glichniß Henne Dorre d(er) alt
Henne Hartma(n) Peter Lotz und[a] Knůsse(n) Cleßg(in) jme XIII g(ulden) ye XXIIII alb(us)
fur eyn guld(en) off dass obgerurt zijl ußzuricht(en). Sint auch menglich fur
alle gudt und hofft. Daß hait er v(er)bott.
erk(annt) — Jt(em) Pet(er) Snade erk(ennt) Cleßgin Beckern(n) L g(ulden) jn achtag(en). Si no(n) tu(n)c pf(and).
p b — Peffer Henne hat p b. off Pet(er) Endres.
p. b — Jt(em) Hen(n)ch Endres erfolgt Pet(er) Endreß sine(n) brud(er) auch p. b off jme
erk(annt) — Jt(em) Blanck erk(ennt) Kytzg(in) I g(ulden) III alb(us) jn XIIII tag(en). Si no(n) tu(n)c pf(and).

a Das Wort steht über der Zeile.
b Zwischen Marginalie und Text verläuft ein über 7 Zeilen reichender senkrechter Strich.

2. Februar 1482
Clesgin Becker hat seinen Tag gewahrt gegen Clas von Narheim und Clas von Narheim gegen Clesgin Becker. Henne Muder erhebt seine 2. Klage gegen Cles Michel. Derselbe erhebt seine 1. Klage gegen Contzgin Leidenhen wegen einem Gulden 15 Albus auf alles.
Peter Fiel erhebt seine 4. Klage gegen Drubeinchin. Adam von Ransel erhebt seine 4. Klage gegen Emmerich von Willenberg.
Eberhard Snade fordert seinen 2. Tag, Beweise beizubringen gegen Henne Mauchenheimer. Rutz hat seinen Tag gewahrt gegen Clas von Narheim wegen der Unschuld.
Henne Hepp und Clesgin Berkorn wurde ein Termin gesetzt am nächsten Gerichtstag.
Dutz hat seinen Tag gewahrt wegen der Unschuld gegenüber Knybiß.

5. Februar 1482
Clesgin Oete, Jeckel Winsbach, Henne Schaupdecker, Wilhelm Holzhausen und Henne Kremer sind sich einig geworden für sich und für alle und erkennen an, dass sie Philipp Bußer, unserem Schultheiß und Mitschöffen, 32 Gulden, je 24 Albus für einen Gulden geben und bezahlen wollen bis Fastnacht in einem Jahr. Wenn sie säumig würden, könnte der genannte Philipp Bußer an ihre Güter greifen und damit tun und lassen wie mit seinen Gütern. Das hat er festhalten lassen. Ebenso haben das auch in Form und Inhalt anerkannt Henne Dorre der alte Henne Hartmann, Peter Lotz und Clesgin Knuß, ihm 14 Gulden je 24 Albus für einen Gulden an dem genannten Termin zu bezahlen. Sonst könne er an die Güter greifen. Das hat er festhalten lassen.
Peter Snade erkennt an, Clesgin Becker 50 Gulden in 8 Tagen zahlen zu müssen. Wenn nicht Pfändung.
Henne Peffer hat Pfändung gefordert gegen Peter Enders.
Hench Enders hat seinen Anspruch ins Gerichtsbuch eintragen lassen gegen Peter Enders, seinen Bruder. Er hat auch Pfändung gefordert.
Blanck erkennt an, Kitzgin einen Gulden 3 Albus zahlen zu müssen binnen 14 Tagen. Wenn nicht erfolgt die Pfändung.

fol. 209 — Zistag post Blasij

erk(annt)	Jt(em) Pet(er) Metzle(r) erk(ennt) Kytzg(in) I½ [II/2] g(ulden) jn XIIII t(agen). Si no(n) tu(n)c pf(and).
erk(annt)	Jt(em) Dilge Hanß Sniders fr(au) erk(ennt) Henne(n) von Eltfelt IIII alb(us) I g(ulden) jn XIIII t(agen)
erk(annt)	Jt(em) Pet(er) Murolff von(n) Algeßheim(m) erk(ennt) Clese Rauben(n) VI malt(er) kor(n) I fernc(el) jn XIIII t(agen). Si no(n) tu(n)c pfandt.
p b	Jt(em) Peter Fiele^a hait pf(and) beredt off Cleßg(in) Beckern(n).
p b	Jt(em) Henchin(n) Hiltz b. pfande off Lut(er)wine.
p b	Jt(em) Hench(in) Rambach b p. off Clesen Wissen.
ban und fridd(en)	Jt(em) nach dem(e) Pet(er) Fiele sine 4 [8/2] heissu(n)ge gethan(n) hait nach ludt deß buchis off Drubeynchin(n) und hait die gutter offgeholt habet bann und frid(en). Dass hait er v(er)bott.
p b	Jt(em) Kytzg(in) erfolgt den alten(n) Suffusß(e)n den alten auch p. b off jne.
no(n) r(e)veni(r)e	Jt(em) zussen(n) dem pfarhere von(n) Jngelheym(m) und Clesen(n) Fielen(n) ist mechtlich v(er)lassen(n) und soll nu(m)me an gericht kome(n). Daß hait d(er) schult(eiß) v(er)bott.
erf(olgt)	Jt(em) Christma(n)s Henne erfolgt Endres Drappen(n).
	Jt(em)^b Adam(m) von(n) Ranßel spricht er hab sine 1 2 3 und 4 [8/2] clage gethan(n) nach ludt deß buchs off Gottfridt^c von(n) Willenb(er)g / mit begeru(n)ge wie er jme furt(er) nach geen soll daß jme recht und Gottfridt^d nit unrecht gesche.
no(tandum) schult be[-] halteniß	S(e)n(tenti)a er soll sweren(n) off den(n) heilg(en) / alß recht ist daß die schult nach ludt siner clagen(n) richtlich darkomme(n) auch widder v(er)nůget oder bezalt sij und dieselbe sine schult myn(n)ern und nit meren(n) und dass thu(n) bynne(n) jars frist welche zijt er will doch also daß er die scheffin(n) uber halp haben(n) soll und de jre recht geb(e)n und solichis siner widderpartijen mit eyne(m) buttel zuvor wissen(n) und v(er)kunden(n) lassen(n). Ob aber die selben(n) den also v(er)kundet we(re) nit qweme(n) ad(er) sich au(u)ch nit liessen(n) v(er)noitbotten alß sich geburt soll dannoch gescheen(n) alßvil und recht ist / Daß hait Adam v(er)bott.
anlensß(er) fiat l(ite)ra erkent(nis) faci(unt)	Jt(em) Henne Randecker erkent den(n) heren jm Sale jars^e VIII firt(el) wins Ma(r)tini frij gult^f zugeb(e)n von(n) solchen(n) flecken hernach benan(n)t. Jt(em) ½ [I/2] mo(r)gen wingart am(m) Sluchte(r) Wege geleg(en)^g oben zu Clehes kynden niden zu Lupiß Cleße / Jtem(m) ey(n) hoiffreide mit jrem(m) begriff und zugehorde jn der Hamen Gassen geleg(en)

a Das erste »e« ist über der Zeile beigefügt.
b Zwischen Marginalie und Text verläuft ab hier über die folgenden 10 Zeilen eine geschweifte Klammer.
c Der Name ist über der Zeile beigefügt, darunter durchgestrichen: »Emmerich«.
d Der Name ist über der Zeile beigefügt, darunter durchgestrichen: »Emmerichen(n)«.
e Das Wort steht über der Zeile.
f Das Wort steht über der Zeile.
g Das Wort steht über der Zeile.

5. Februar 1482 — fol. 209

ÜBERTRAGUNG

Peter Metzler erkennt an, Kitzgin 1½ Gulden zahlen zu müssen binnen 14 Tagen. Wenn nicht erfolgt die Pfändung.

Dilge, die Frau von Hans Snider, erkennt an, Henne von Eltville 4 Albus einen Gulden zahlen zu müssen binnen 14 Tagen.

Peter Murolff von Algesheim erkennt an, Cles Raub 6 Malter Korn und 1 Viertel zahlen zu müssen binnen 14 Tagen. Wenn nicht erfolgt die Pfändung.

Peter Fiel hat Pfändung gefordert gegen Clesgin Becker.

Henchin Hiltz hat Pfändung gefordert gegen Luterwin.

Henchin Rambach hat Pfändung gefordert gegen Cles Wiß.

Nachdem Peter Fiel seine 4. Klage getan hat nach laut des Buchs gegen Drubein, hat er die Güter eingezogen, Bann und Frieden. Das hat er festhalten lassen.

Kitzgin hat seinen Anspruch ins Gerichtsbuch eintragen lassen gegen den alten Suffuß und hat Pfändung gefordert.

Zwischen dem Pfarrer von Ingelheim und Cles Fiel ist die Sache verglichen und soll nicht mehr an das Gericht kommen. Das hat der Schultheiß festhalten lassen.

Henne Christman hat seinen Anspruch ins Gerichtsbuch eintragen lassen gegen Endres Drapp.

Adam von Ransel sagt, er habe die 1., 2., 3. und 4. Klage erhoben gemäß dem Gerichtsbuch gegen Gottfried von Willenberg, mit der Frage, wie er ihm nachgehen solle, damit ihm Recht und Gottfried nicht Unrecht geschehe. Urteil: Er soll schwören auf die Heiligen, wie es Recht ist, dass die Schuld gemäß seiner Klage lautet, bis sie bezahlt sei und die Schuld mindern und nicht mehren und das tun binnen Jahresfrist, wann er will, doch so, dass er die Schöffen von oberhalb haben soll und die ihr Recht geben und solches die Gegenpartei durch einen Büttel zuvor wissen lassen. Wenn aber diejenigen, den dies angekündigt wäre, nicht kämen oder sich nicht wegen Not entschuldigen ließen wie es sich gebührt, dann geschehe es ihm dennoch, wie es Recht ist. Das hat Adam festhalten lassen.

Johann Randecker erkennt an, den Herren im Saal jährlich 8 Viertel Wein freie Gülte an Martini zu geben von den nach genannten Flecken: ½ Morgen Weingarten am Schluchter Weg oben an Clehes Kinder angrenzend, unten an Cles Lupiß; eine Hofstätte mit Zubehör in der Hamengasse,

fol. 209v — Sabbato post Dorothee

	gefor dem(e) Bollerer(r). Jtem(m) eyn firtel ackers an Winheym(er) Wege gefor Kytz
	Hansen(n) ob(e)n zu / unden zu Contzgin von(n) Geylnhusen(n). Solich erkentniß
	hait Pet(er) Fiele momp(ar) der obgenan(n)t(en) heren (n) von(n) jren(n) wegen(n) empfang(en)
	und daß v(er)bott wie recht ist auch eyne(n) brieff daruber geheissen(n).
p b	Jt(em) Endres Trapp hait p b off Dorre Henne(n).
1 h(eischung)	Jt(em) Adam(m) Wolff n(oste)r soci(us) dut 1 h(eischung) off Emmertzen(n) off alles daß er
	gelassen(n) hait off tag da er doit und lebendig gewesen(n) ist off IIII½ [IIIII/2] ß
	helle(r) zinß.
erf(olgt)	Jt(em) Winß Henne erfolgt H(er)man(n) jn d(er) Orenbrucken fur II guld(en).
	Actu(m) Sabb(at)o p(os)t Dorothee.
erf(olgt) p b	Jt(em) Konne Pet(er) erf(olgt) Suffuß(e)n den jun(n)gen(n) auch hait er pfandt off jne beredt.
	Jt(em) Hanma(n)s Pet(er) schuldiget Contz Stortzkoppen(n) daß er jme schuldig sij I guld(en)
erk(annt)	und XX alb(us). Q(uod) no(n) dat notzt jn tantu(m). Contz erkent jme solich gelt jn XIIII t(agen).
	Si no(n) tu(n)c pf(and) erfolgt.
p b	Jt(em) frauwe Fiel abbatissin hat p. b off Holtzhusers Wilhelm(e).
	Jt(em) Pet(er) Oete spricht Hanß Hessen(n) zu wie er eyne(n) acker gesait hab der sij sin. Das
	er nit handt abthu(u)t notz XX g(ulden). Anttwo(r)t.ᵃ // Hanß daroff redt / er hab den(n)ᵇ acker jn der
	frauwe(n) handt funden(n) daß und and(er)s me / Bringe Peter nů bij daß der acker
Hanß Hesse	sin sij / daß woll er handt abthu(n) / Pet(er) daroff spricht und hait v(er)bott daß doch
	Hanß Hessen(n) erk(ennt) daß er den(n) acker jnhabe / Und gestet Pet(er) nit daß der acker Hanß
Pet(er) Oete	Hessen(n) sij / sond(er) Hanß soll bijbring(en) daß der acker sin sij / Und stalt daß zurecht.
	Hanß hofft er hab den(n) acker jn / hab den(n) auch bij sin(er) husfrauwe(n) fund(en). Er dorff
	deß bijbringes nit sond(er) Pet(er) soll bijbring(en) dass der sin sij und stalt auch zu recht.
	S(e)n(tenti)a Hanß Hesse soll den(n) acker jnbehalten bijß jne Peter mit besserm(m) rechten davon
	bringe. Daß ortel hait Hanß Hesse v(er)bott.
erk(annt)	Jt(em) meist(er) Martin erkent Peter Oeten I malt(er) korns jn XIIII tag(en). Si no(n) tu(n)c pf(and).
erk(annt)	Jt(em) Jekel Trapp erkent Henne Acke(r)n IIII½ [IIIII/2] guld(en) an golde jn XIIII tag(en) si etc.
	und hait jme da(r)fur auch fur IIII½ [IIIII/2] g(ulden) erfolgt daran soll es nit jrren.
erf(olgt)	Jt(em) meist(er) Martin erfolgt Schram(m) Henchin(n) off daß buch.
	Jt(em) Hanma(n)s Pet(er) hat p. b. off Ebba(r)t Kytzen.

a Das Wort steht über der Zeile.
b Es folgt durchgestrichen: »f«.

neben dem Pollerer; ein Viertel Acker am Winheimer Weg, oben an Hans Kitz angrenzend, unten an Contzgin von Gelnhausen. Diese Anerkennung hat Peter Fiel, Vertreter der genannten Herren, für sie empfangen und das festhalten lassen, wie es Recht ist, und er hat eine Urkunde darüber gefordert.
Endres Trapp hat Pfändung gefordert gegen Henne Dorre.
Adam Wolff, unser Mitschöffe, erhebt seine 1. Klage gegen Emmertz auf alles, das er hinterlassen hat, als er tot oder lebendig war, wegen 4½ Schilling Heller.
Henne Winß verklagt Hermann in der Ohrenbrücke auf 2 Gulden.

9. Februar 1482
Peter Konne hat seinen Anspruch ins Gerichtsbuch eintragen lassen gegen Suffuß den Jungen und hat Pfändung gefordert.
Peter Hanman beschuldigt Contz Stortzkopp, dass er ihm einen Gulden und 20 Albus schuldig sei. Dass er sie nicht anerkenne, schade ihm ebensoviel dazu. Contz erkennt an, ihm dieses Geld zahlen zu müssen binnen 14 Tagen. Wenn nicht erfolgt die Pfändung.
Frau Fiel die Äbtissin hat Pfändung gefordert gegen Wilhelm Holzhausen.
Peter Oete klagt Hans Hesse an, dass er einen Acker besät habe, der sei ihm. Dass er seine Hand nicht davon nehme, das schade ihm 20 Gulden. Hans sagt darauf: Er habe den Acker in der Hand der Frau gefunden, das und nichts mehr. Bringe Peter nun den Beweis, dass der Acker ihm sei, so wolle er die Hand davon nehmen. Peter sagt darauf und hat festhalten lassen, dass Hans Hesse anerkenne, dass er den Acker innehabe. Und Peter gesteht nicht, dass der Acker Hans Hesse sei, sondern Hans solle beweisen, dass der Acker ihm sei. Das legt er dem Gericht vor. Hans hofft, er habe den Acker inne, er habe den auch bei seiner Frau gefunden. Er müsse das nicht beweisen, sondern Peter solle es beweisen, dass er sein sei und legt das auch dem Gericht vor. Urteil: Hans Hesse soll den Acker innehabe, bis Peter ihm mit besserem Recht seinen Besitz beweise. Das Urteil hat Hans Hesse festhalten lassen.
Meister Martin erkennt an, Peter Oete 1 Malter Korn in 14 Tagen zu bezahlen. Wenn nicht erfolgt Pfändung.
Jeckel Trapp erkennt an, Henne Acker 4½ Gulden an Gold zu zahlen binnen 14 Tagen. Wenn nicht etc. und hat er seinen Anspruch auch wegen 4½ Gulden erklagt, daran soll es keine Irrung geben.
Meister Martin hat seinen Anspruch ins Gerichtsbuch eintragen lassen gegen Henchin Schram.
Peter Hanman hat Pfändung gefordert gegen Eberhard Kitz.

fol. 210 — Zistag post Appolonie

TRANSKRIPTION

tag gestalt[b]	Jt(em) Ebba(r)t Snade ist tag gestalt ad p(ro)x(imu)m judic(iu)m geyn(n) Pet(er) Bend(er)n. V(er)bott.
	Jt(em) jd(em) ist auch tag gestalt ad proxi(mu)m judic(iu)m geyn(n) Henne Mauchenheym(er).
1 h(eischung)	Jt(em) Contzgin von(n) Geylnhusen(n) 1 h(eischung) off Busen Henne(n) off XI ß und solich und(er)pfande.

Actu(m) Z(ist)a(g) p(os)t Appolonie.

lip fur guth	Jt(em) Drubeyns Wilhelm(e) hait sinen lip fur sin gudt gestalt gey(n) Dorre Henne und
	ist gewist ut mor(is) [est] / Und furt(er) tag an daß negst gericht gestalt.
1 h(eischung)	Jt(em) Henne von Eltfelt 1 h(eischung) off Dyene(n) Clauß off XXIII firt(el) wins et sup(ra) o(mn)ia.
2 h(eischung)	Jt(em) Dyem(er) von(n) weg(en) der frauwe(n) zu sant Claren dut sine 2 heyssu(n)ge ut p(rim)a
	off Peter Lewe Ebbart Kytz Henne Mauchenheym(er) Wolffs Jekel und off
	Richenstein(n).
	Jt(em) Dyem(er) und Hen(n)ch Endres ist tag gestalt ad p(ro)x(imu)m judic(iu)m.
	Jt(em) Wint(er) hait sin(er) unschulde v(er)hudt zu thu(n) gey(n) Henne vo(n) Sod(en) ad p(ro)x(imu)m judiciu(m).
	Item(m) h(er) Heinrich von(n) Folda von(n) weg(en) d(er) heren(n) von(n) Raffenßburg
momp(ar)	hait Wissers Contzg(in) momp(ar) gemacht jne ir schult und gulte
	jm Riche jnzugewynnen biß off ir widd(er)ruffen(n) od(er) sin widd(er)ruff(e)n.

Actu(m) Sabb(at)o p(os)t Valenti(ni).

1 h 1 h	Jt(em) h(er) Conraidt 1 h(eischung) off Henne von(n) Eltfelt off I l(i)b(ram) gelts et solich und(er)pf(and).
	Idem(m) 1 h(eischung) off Wolffs Greden off I l(i)b(ram) gelts et solich und(er)pfande.
3 h(eischung)	Jt(em) Muder Henne 3 h(eischung) off Michels Clesen ut p(rim)a.
	Id(em) 2 h(eischung) off Leidenhens Contzg(in) ut p(rim)a.

Sabbatho p(os)t Cineru(m).

2 h(eischung)	Jt(em) Contzg(in) von(n) Geylnhusen 2 h(eischung) off Busen Henne ut p(rim)a.

Z(ist)a(g) p(os)t[a] Invocavit.

3 h(eischung)[c]	Jt(em) Dyem(er) von(n) weg(en) d(er) fr(auen) zu sant Clar(en) duth sin 3 h(eischung) off Pet(er) Leo
	Ebbart(en) Kytz Henne Mauchenheym(er) Wolffs Jekel und Richensteyn(n) ut p(rim)a.

---

a Es folgt durchgestrichen: »Es«.
b Zwei Striche zeigen an, dass die Marginalie für diese und die folgende Zeile gilt.
c Es heißt wörtlich: »33333 h(eischung)«.

Eberhard Snade ist ein Termin gesetzt worden am nächsten Gerichtstag gegen Peter Bender. Festgehalten.
Demselben ist auch ein Termin gesetzt worden am nächsten Gerichtstag gegen Henne Mauchenheimer. Contzgin von Gelnhausen erhebt seine 1. Klage gegen Henne Busen wegen 11 Schilling und auf die Pfänder.

12. Februar 1482
Wilhelm Drubein hat seinen Leib vor sein Gut gestellt gegen Henne Dorre und es wurde ihm gewiesen wie es üblich ist. Es ist ihm ein Termin gesetzt worden am nächsten Gerichtstag.
Henne von Eltville erhebt seine 1. Klage gegen Clas Diem wegen 23 Viertel Wein auf alles.
Dyemar für die Nonnen zu St. Klara erhebt seine 2. Klage gegen Peter Lewe, Eberhard Kitz, Henne Mauchenheimer, Jeckel Wolff und gegen Richenstein.
Dyemar und Hench Enders ist ein Termin gesetzt worden am nächsten Gerichtstag.
Winter hat seine Unschuld gewahrt gegen Henne von Soden bis zum nächsten Gerichtstag.
Heinrich von Fulda wegen der Herren von Ravengiersburg hat Contzgin Wisser zum Vertreter gemacht, seine Schulden und Gülten im Reich zu gewinnen bis auf Widerruf.

16. Februar 1482
Herr Konrad erhebt seine 1. Klage gegen Henne von Eltville wegen 1 Pfund Geld und auf die Pfänder. Derselbe erhebt die 1. Klage gegen Grede Wolff wegen 1 Pfund Geld und auf die Pfänder.
Henne Muder erhebt seine 3. Klage gegen Cles Michel. Derselbe erhebt seine 2. Klage gegen Contzgin Leidenhen.

23. Februar 1482
Contzgin von Gelnhausen erhebt seine 2. Klage gegen Henne Busen.

26. Februar 1482
Dyemar für die Nonnen von St. Klara erhebt seine 3. Klage gegen Peter Leo, Eberhard Kitz, Henne Mauchenheimer, Jeckel Wolff und Richenstein.

fol. 210v — Zistag post Jnvocavit

Actu(m) Z(ist)a(g) p(os)t Jnvocavit.
Jt(em) H(er)man von(n) Geylnhusen 4 [8/2] h(eischung) off Ritt(er)hansen.

Salb(at)oª p(os)t Jnvocavit.
3 h   Jt(em) Mûd(er)henne sin 3 h(eischung) off Wisßer(r)s Contzg(in)
2 h(eischung)   Jt(em) h(er) Conrait 2 h(eischung) off Henne vo(n) Eltfelt ut p(rim)a.

Sabb(at)o p(os)t Remi(nis)ce(re).
posuit r(e)cepit   Jt(em) meist(er) Leo hat gelacht XXX alb(us) und II alb(us) zu gericht schaden geyn(n)
Thimotheo d(er) frauwe(n) zu sant^b Clare momp(ar) und hait jme die geoffent vo(r) schad(en).
3 h(eischung)   Jt(em) Contz von(n) Gelnhusen(n) 3 h(eischung) off Busen Henne ut p(rim)a.
1 h(eischung)   Jt(em) Diele d(er) dum(m)heren(n) momp(ar) 1 h(eischung) off Erha(r)t von(n) Ramb(er)g Johan(n)
Boißen(n) und Philips Busern(n) off I marg gelts unv(er)scheidelich und solich und(er)pf(and).
momp(ar)   Jt(em) Endres Stoip hait momp(ar) gemacht Wisser(r)s Contzg(in) jme sine schult
und gult jm Riche jnzugewine(n) biß off sin widd(er)ruffen.

Sabb(at)o p(os)t Remi(ni)sce(re).
Jt(em) nachdem(e) Beyerhenne III guld(en) die er vor V l(i)b(ras) gerechen(n)t hatt geyn(n) den
widd(er) genome(n)   here(n) jm Sale die han(n) ich Sybolt jme widd(er)geb(e)n jn bijwesen Rulehenne.
Gescheen(n) jn dem(e) cleyne(n) stobchin off dem(e) Scheffen Huse.
posuit r(e)cepit   Jt(em) off Montag nach Oc(u)li hait Ebba(r)t Kytz hind(er) gericht gelacht XIX alb(us)
geyn(n) Dyem(er) von(n) der fr(auen) weg(en) zu sant Clare(n) und die geoffent.

Z(ist)a(g) p(os)t Oc(u)li.
lip fur gudt   Jt(em) Wolffs Jekel hait sine(n) lip fur gudt gestalt gey(n) Deym(er). Und ist jme tag
gestalt an das negst gericht. Den hait er v(er)bott.
gult beschudt   Jt(em) hait Tyem(er) sin 4 [8/2] h(eischung) off Richensteyn(n) gethan(n) off die Wettwiese off II½ [III/2] g(ulden).
Da hait Adam(m) Wolff solch gelt dargelacht und die wiese beschudt. Und
Dyem(er) hait daß gelt geno(m)men. Daß hait Ad(am) v(er)bott.
Jt(em)
4 [8/2] h(eischung)   Jt(em) id(em) hait 4 [8/2] h(eischung) gethan(n) off Ebba(r)t Kytzen Ebbart^c ut p(rim)a.

---

a   Das Wort steht über der Zeile, darunter durchgestrichen: »Prasß«.
b   Das Wort steht über der Zeile.
c   Das Wort steht über der Zeile.

26. Februar 1482
Hermann von Gelnhausen erhebt seine 4. Klage gegen Hans Ritter.

2. März 1482
Henne Muder erhebt seine 3. Klage gegen Contzgin Wißer.
Derselbe Herr Konrad erhebt seine 2. Klage gegen Henne von Eltville.

9. März 1482
Meister Leo hat 30 Albus und 2 Albus als Gerichtskosten hinterlegt für Timotheus, den Vertreter der Nonnen von St. Klara und er hat ihm die geöffnet.
Contz von Gelnhausen erhebt seine 3. Klage gegen Henne Busen.
Diel, der Vertreter der Domherren, erhebt seine 1. Klage gegen Erhard von Ramberg, Johann Boos und Philipp Bußer wegen 1 Mark Geld ungeteilt und auf die Pfänder.
Endres Stop hat Contzgin Wisser zu seinem Vertreter gemacht, seine Schulden im Reich einzuziehen bis auf Widerruf.

9. März 1482
Nachdem Henne Beyer 3 Gulden, die er für 5 Pfund gerechnet hat, von den Herren im Saal zurückgenommen hat, habe ich, Sibel, ihm die zurück gegeben in Anwesenheit von Henne Rule. Geschehen in dem kleinen Stübchen im Schöffenhaus.
Am Montag nach Occuli hat Eberhard Kitz bei Gericht 19 Albus für Dymar als Vertreter der Nonnen von St. Klara hinterlegt und die geöffnet.

12. März 1482
Jeckel Wolff hat seinen Leib vor sein Gut gestellt gegenüber Dyemar. Es ist ihm ein Termin gesetzt worden am nächsten Gerichtstag. Den hat er festhalten lassen.
Diem erhebt seine 4. Klage gegen Richenstein auf die Wettwiese wegen 2½ Gulden. Adam Wolff hat das Geld hinterlegt und die Wiese von der Belastung befreit. Diem hat das Geld genommen. Das hat Adam festhalten lassen.
Derselbe hat die 4. Klage erhoben gegen Eberhard Kitz.

fol. 211 — Sabbato post Oculi

momp(ar)	Jt(em) Philipß Hirt / hait momp(ar) gemacht / Winß Henne jme sin schůlt rentte unnd gulte jm Riche jn zugewinnen biß off sin widd(er)ruffenn
	Jt(em) Adam(m) von(n) Ranßel hait / off hude Dinstag nach dem(e) Sontage Oculi sin recht gethan(n) und sin scholt off Gottfridt von(n) Willenbergk behalten nach ludt deß buchs nemlich XXII guld(en) heuptgelts und V guld(en) und I ort schadens. Begert furt(er) wie er jme nach geen soll das jme r[e]cht gesche.
Adam Ranßel	S(e)n(tenti)a er soll dassin angriffen(n) mit kontschafft des gerichts. Daß v(er)keuffen jn jars frijst so důerst er maige / Kann er dassin nit v(er)keuffen / so v(er)keuffe er dassin jn statt / doch nit hoer dan er behehalten hait. Ist yema(n)t fur jme deß rechten(n) gijt ma(n) nit hynwegk.
	Actu(m) Sabb(at)o p(os)t Oculi.
1 h(eischung)	Jt(em) d(er) bicht(er) jm cloist(er) 1 h(eischung) off Metzelhenne off I l(i)b(ram) gelts und solich und(er)pfend(er).
	Jt(em) Stame erfolgt Wober Henne(n) fur XXIIII p(in)t oley und I guld(en).
1 h(eischung)	Jt(em) d(er) bicht(er) jm cloist(er) 1 h(eischung) off Jacob Leyendeck(er) off V ß gelts und solich und(er)pfande.
3 h(eischung)	Jt(em) h(er) Conrait 3 heyssu(ng) off Henne(n) von(n) Eltfelt ut p(rim)a.
erf(olgt)	Jt(em) Schonewedd(er) erf(olgt) Henchin(n) Mulle(r) fur I g(ulden).
erkentniß	Jt(em) Wineworme erkent daß er Stammen ½ [1/2] guld(en) gelts v(er)legen(n) will / jn achtagen det erß nit / so soll er jme vo(r) XX guld(en) erfolgt han. Daß hait Stame v(er)bott.
	Jt(em) Drubeyn hait gesagt er hab den bůttel Rule Henne geschickt zu den Bircken zu Elsen Philipß Henne(n) maight / Begert weß Rule Henne damals gehort hait
Drubey(n) Phili(ps) Else	von(n) jre antreffen(n) Drubeyn(n) daß er daß herußer thu und daß sagen(n) woll / Dar off hait Rule Henne gesagt hait sie hab zu jme gesagt / daß sie nye keyne soůne mit Drubeyn(n) gemacht hab und sie wißße auch key(n) mit jme zumachenn. Die sage hait Drubein(n) v(er)bott / und deß ortels begert / Ist v(er)halt(en) off ey(n) gedechtnißße.
1 h(eischung)	Jt(em) her Jorge von(n) Swabenheim(m) 1 h(eischung) off Henne Fylmar off I l(i)b(ram) gelts et solich und(er)pf(and).
4 [8/2] h(eischung)	Jt(em) Mud(er)henne 4 [8/2] h(eischung) off Wissers Contzg(in) ut p(ri)ma. Ist jme daß buch gestendig gewest syner vierden heyssu(n)g und hait jme d(er) schult(eiß) tag gestalt an das negst gericht. Den hait er v(er)bott.
erk(annt)	Jt(em) Metzelhenne erkent Henne von(n) Eltfelt VI g(ulden) jn XIIII t(agen). Si no(n) tu(n)c pf(and).
erf(olgt) p b	Jt(em) Henne Ercke erfolgt Jekel Drappen und hait auch phande off jme erfolgt. Und ist gewißt ut mor(is) est.

Philipp Hirt hat Henne Winß zu seinem Vertreter gemacht, ihm seine Schulden, Renten und Gülten im Reich zu gewinnen bis auf Widerruf.

Adam Ransel hat heute Dienstag nach Occuli sein Recht geleistet und seine Schulden von Gottfried von Willenberg behalten gemäß dem Buch, nämlich 22 Gulden Klagesumme und 5 Gulden und 1 Ort Gerichtskosten. Er fragt weiter, wie er dem nachgehen solle, damit ihm Recht geschehe. Urteil: Er soll dessen Besitz angreifen mit Wissen des Gerichts. Das verkaufen binnen Jahresfrist, so teuer er kann. Kann er das nicht verkaufen, so verkaufe er das Seinige stattdessen, doch nicht höher als sein Schaden ist. Ist jemand vor ihm, der ebenfalls Ansprüche hat, dessen Recht gibt man nicht weg.

16. März 1482

Der Beichtvater im Kloster erhebt seine 1. Klage gegen Henne Metzel wegen 1 Pfund Geld und auf die Pfändern.

Stamm verklagt Henne Weber auf 24 Pint Öl und einen Gulden.

Der Beichtvater im Kloster hat seine 1. Klage erhoben gegen Jakob Leyendecker wegen 5 Schilling Geld auf die Pfänder.

Herr Konrad erhebt die 3. Klage gegen Henne von Eltville.

Schonwedder verklagt Henchin Muller auf einen Gulden.

Winworm erkennt an, Stamm ½ Gulden Geld auf Besitz zu legen binnen 8 Tagen. Täte er es nicht, so soll er von ihm 20 Gulden erklagt haben. Das hat Stamm festhalten lassen.

Drubein hat gesagt, er habe den Büttel Henne Rule geschickt zu den Birken zu Else, Henne Philips Magd. Er fordert, was Henne Rule damals gehört hat wegen Drubein, das solle er sagen. Darauf hat Henne Rule gesagt: Sie haben zu ihm gesagt, dass sie keine Sühne mit Drubein gemacht haben und sie wissen auch keine mit ihm zu machen. Die Aussage hat Drubein festhalten lassen und das Urteil gefordert. Das ist aufbewahrt worden im Gedächtnis der Schöffen.

Jorge von Schwabenheim erhebt die 1. Klage gegen Johann Fylmar wegen 1 Pfund Geld und auf die Pfänder.

Henne Muder erhebt seine 4. Klage gegen Contzgin Wisser. Er gesteht die 4. Klage. Der Schultheiß hat ihm einen Termin gesetzt am nächsten Gerichtstag. Das hat er festhalten lassen.

Henne Metzel erkennt an, Henne von Eltville 6 Gulden zahlen zu müssen binnen 14 Tagen. Wenn nicht erfolgt die Pfändung.

Henne Erk hat seinen Anspruch ins Gerichtsbuch eintragen lassen gegen Jeckel Drapp und hat Pfändung gefordert. Es wurde ihm gewiesen wie üblich.

fol. 211v — Sabbato post Oculi

erk(annt)	Jt(em) Heltwins Jekel erkent Henchin(n) Roden I g(ulden) I ort jn XIIII tag(en). Si no(n) tu(n)c pf(and).
	Jt(em) h(er) Johan(n) Beynling und Scheffer antreffen[a] nach ansprach anttwo(r)t
	und beyderteyle furbringen dwile h(er) Johan eyn(n) nuwekomme(n) man ist
Beynling Scheffer	jn dem zinse / S(e)n(tenti)a bringt her Johan bij / daß der guld(en) jme zuste / so
	soll Scheffer jme den guld(en) ußrichte(n) / Daß ortel hant sie von(n) beyden teylen
ortell	v(er)bott / Und hait her Johann furt(er) gefragt wan(n) er daß bibring(en) thu(n) soll.
	S(e)n(tenti)a jn XIIII tagen. Betarff er siner tage furt(er) und heyßt die ut mor(is) est.
	Daß hait er v(er)bott und mehe gefragt / mit weme er die bijbringu(n)e thu(n)
	soll und wie / S(e)n(tenti)a mit dem von(n) deme jme der altare wůrd(en) ist. Auch v(er)bott.
erkentniß	Jt(em) Ebbart Kytz erkent Mecken von(n) Monst(er) 5½ [VI/2] g(ulden) jn XIIII t(agen). Si no(n) tu(n)c pf(and).
erk(annt)	Jt(em) Herma(n) Scherr(er) erkent Pet(er) Dressern von(n) Swabenheim(m) II g(ulden) Bartholomej
	negst / und III guld(en) Martini auch negst. Ob er deß nit so sollt er jne erfolgt
	han(n). Daß hait Peter Dresser v(er)bott.
	Jt(em) Oesewine schuldiget Wyneworme(n) wie er jme schuldig sij X alb(us). Das er
erk(annt) Osewine	jme die nit gijt daß schait jme alßvil darzu / Und heyst jme deß ey(n) anttwo(r)tt.
	Wineworme erkent jme X alb(us) jn XIIII tag(en). Si no(n) tu(n)c pf(and).
	Jt(em) and(er)worbe schuldiget er jne wie er jme schuldig sij I malt(er) korns.
Wyneworme	Daß er jme das nit gijt auch nit erkent schaitt jme I guld(en). Und ob er neyn(n)
	darzu sagen(n) wolt / so zucht er sich off rachtu(n)gs lude[b] die sie v(er)racht haint
	und heyßt jme deß anttwo(r)t / Wineworme anttwo(r)t er ziehe sich off rachtu(n)gs
	lude hoff er soll sie bring(en) und begert deß mit recht / S(e)n(tenti)a dwile sich Oesewine
	off rachtu(n)gs lude zucht so soll er die fur gericht bring(en) / und daß thu(n) jn XIIII
	tagen(n). Betarff er sin(er) tage dan(n) furt(er) und heyßt die als recht ist / so sol man(n)
	sie jme noch zu zweyen XIIII tag(en) stellen[c] mit furbeheltniß dem widd(er)teyle
	sin jnredde. Daß hait Wineworme v(er)bott.
erf(olgt)	Jt(em) Gerhart Spitzkop erfolgt Metzelhenne(n) ad libru(m).
	Jt(em) Rudig(er) hait sich v(er)dingt Henchin(n) End(e)rs daß wort zu thůn(n) hait sin und(er)dinge
Dyemar	v(er)bott alß recht ist / und spricht er hab off die frauwe(n) zu sant Claren geclagt.
	Also stee er da und will iren(n) momp(ar) Dyemar schuldigen. Ist gelengt VIII tag(e).
	Jt(em) Rudwine schuldiget Pet(er) Snaden(n) alß wie er jme IIII ame wins mynn(er)
	od(er) mehe zu kauff geb(e)n hab / Daß er jme den wine nit bezalt notz X g(ulden)
Peter Snade	und heist jme deß ey(n) anttwo(r)t. Peter daroff durch sine(n) swehere Henne
	von(n) Eltfelt redden ließ / es moge sin er hab jme wine abkäufft / Des hab er

a Es folgt durchgestrichen: »s(e)n(tenti)a«.
b Über der Zeile stehen einige unleserliche Zeichen.
c Es folgt durchgestrichen: »b«.

Jeckel Hiltwin erkennt an, Henchin Rode einen Gulden 1 Ort zahlen zu müssen binnen 14 Tagen. Wenn nicht erfolgt die Pfändung.

Herr Johann Beinling und Scheffer betreffend, nach Anklage, Entgegnung und Vorbringungen beider Teile, weil Herr Johann ein neu dazu gekommener Mann ist in den Zinsen. Urteil: Bringt Herr Johann den Beweis, dass der Gulden ihm zustehe, so soll Scheffer ihm den Gulden zahlen. Dem Urteil haben sie auf beiden Seiten zugestimmt. Und Herr Johann hat weiter gefragt, wann er den Beweis führen soll. Urteil: in 14 Tagen. Bedürfe er Verlängerung und fordere sie, wie üblich. Das hat er festhalten lassen und weiter gefragt, mit wem er den Beweis führen solle und wie. Urteil: Mit dem, von dem er den Altar erhielt. Auch festgehalten. Eberhard Kitz erkennt an, Mecke von Monster 5½ Gulden zahlen zu müssen binnen 14 Tagen. Wenn nicht erfolgt die Pfändung.

Hermann Scherer erkennt an, Peter Dresser von Schwabenheim 2 Gulden bis Bartholomäus und 3 Gulden bis Martini zu zahlen. Täte er es nicht, so solle jener seinen Anspruch erklagt haben. Das hat Peter Dresser festhalten lassen.

Osewin beschuldigt Winworm, dass er ihm 10 Albus schuldig sei. Dass er ihm die nicht gibt, das schade ihm ebensoviel dazu. Und er fordert von ihm eine Antwort.

Winworm erkennt an, ihm 10 Albus zahlen zu müssen binnen 14 Tagen. Wenn nicht erfolgt die Pfändung. Weiter beschuldigt er ihn, dass er ihm 1 Malter Korn schuldig sei. Dass er ihm das nicht gibt, das auch nicht anerkennt, das schade ihm einen Gulden. Und wenn er Nein dazu sagen wolle, so berufe er sich auf die Schiedsleute, die sie geeinigt haben und er fordert von ihm eine Antwort. Winworm antwortet: Er berufe sich auf die Schiedsleute, da hoffe er, er solle sie vor Gericht bringen müssen und fordert das von dem Gericht. Urteil: Weil sich Osewin auf die Schiedsleute beruft, so solle er die vor das Gericht bringen binnen 14 Tagen. Bedürfe er Verlängerung und fordere sie, wie es Recht ist, so soll man sie ihm noch zweimal 14 Tage geben, vorbehaltlich der Gegenrede der Gegenpartei. Das hat Winworm festhalten lassen.

Gerhard Spitzkopp hat seinen Anspruch ins Gerichtsbuch eintragen lassen gegen Henne Metzel.

Rudiger hat sich verpflichtet, Henchin Enders vor Gericht zu vertreten und hat seine Anwaltschaft festhalten lassen wie Recht ist und er sagt: Er habe gegen die Nonnen von St. Klara geklagt. Jetzt stehe er da und will ihren Vertreter Dyemar beschuldigen. Das ist verschoben worden um 8 Tage.

Rudwin beschuldigt Peter Snade, dass er ihm 4 Ohm Wein weniger oder mehr zum Kauf gegeben habe. Dass er ihm den Wein nicht bezahlt, das schade ihm 10 Gulden und er fordert von ihm eine Antwort. Peter ließ darauf durch seinen Schwager Henne von Eltville reden: Es könne sein, dass er ihm Wein abgekauft habe. Dafür habe er

fol. 212 — Sabbato post Oculi

Rudwine	jme IIII guld(en) an geben und soll jme daß uberig gelt geb(e)n wan er den wine v(er)schencke. Und zucht sich deß off die winkaůffs lůde / und hofft die sollen(n) v(er)hort werden / Und waß die sagen(n) da bij will erß lassen / S(e)n(tenti)a dwile sich Pet(er) off winkauffs lude zucht so soll er sie bring(en) jn XIIII tagenn. Betarff er dan(n) siner tage furt(er) und heist die alß recht ist etc. Und wan die winkauffs lude v(er)hort werdenn gesche furt(er) was recht sin wirdet. Daß ist v(er)bott.
erk(annt)	Jt(em) Cleßg(in) Schugmeche(r) erkent Clese Raub(e)n IIII g(ulden) jn XIIII tag(en). Si no(n) tu(n)c pf(and).
erk(annt)	Jt(em) Peter Korper erkent Pet(er) Schugmecher ½ [I/2] guld(en) off rechnu(n)ge jn XIIII tag(en). Si no(n) etc.
erf(olgt) p. b.	Jt(em) Peter Oete erfolgt meist(er) Martin den smith. Auch pfande off jne berett.
Blancke	Jt(em) Schonewedder schuldiget Hanß Blancken wie er und sine sone mit jme gerechent habenn / Damals sij er jme schuldig v(er)lieb(e)n XIIII alb(us). Das er jme die nit gijt notz(e)t i(n) tantu(m). Und ob er neyn darzu sage so zucht er sich off lude die dabij gewest alß vil der syen / und heist jme eyn anttwortt / Blanck spricht Schonewedder melt lude damit er jne v(er)meynt zu zůgen(n) / Werde er erzuget alß recht sij[a] / so woll er darum(m)b nemen(n) waß recht sij / Und furt(er) gefragt wan er die bringen soll(e). S(e)n(tenti)a jn XIIII tag(en). Betarff er dan(n) siner tage furter und heyßt die als recht ist so soll ma(n) sie jme stellen noch zu zweyn(n) XIIII tag(en) / beheltlich dem(e) widd(er)teyle sin jn redde. Daß ist von(n) beyden teylen v(er)bott.
p. b.	Jt(em) Adam(m) von(n) Winheim(m) hait p b off Cleßg(in) Berckorne und ist gewißt ut mor(is) est. Das hait er v(er)bott.
banne und fridd(en)	Jt(em) Herma(n) von(n) Geylnhusen hait gesagt er hab sin 1 2 3 4 [8/2] h(eischung) gethan(n) off Ritt(er) Hansen(n). Nů begere er die gutt(er) offzuholen nach lud sin(er) heyssun(n)g und nach ludt deß buchs und hait sie offgeholt / Und hait jme der schulthiß ban und fridden gethan(n) daruber hait er daß v(er)bott.
p b	Jt(em) her Conrait p b off Sterne Clesen
erk(annt)	Jt(em) Cristma(n) s Pet(er) erkent Hiltzen Ketten I guld(en) jn XIIII tag(en). Si no(n) tu(n)c pf(and).
erk(annt)	Jt(em) Hanß Blanck erkent Endres Trappenn XX g(ulden) jn XIIII tag(en). Si no(n) tu(n)c pfandt.
	Actu(m) Sabba(to) p(os)t Leta(r)e.
	Jt(em) h(er)n Johan(n) Beynling und Scheff(er) Henne ist taig gestalt ad p(ro)x(imu)m judic(iu)m.
ban und fridd(en)	Jt(em) Můd(er) Henne spricht er hab sind 4 [8/2] h(eischung) gethan(n) ludt deß buchs off Wiss(er)s Contzg(in). Nů begere er die gutt(er) off zuholen ludt sin(er) heyssu(n)g und hait sie offgeholt. Und hait jme der schult(eiß) fridd und ban dar uber gethan. Daß hait er v(er)bott.

a Das Wort scheint durchgestrichen zu sein.

16. März 1482

ÜBERTRAGUNG

ihm 4 Gulden gegeben und soll ihm das übrige Geld geben, wenn er den Wein ausschenkt. Und er beruft sich auf die Vertragszeugen und hofft, die sollen gehört werden. Und was die aussagen, dabei will er es lassen. Urteil: Weil sich Peter auf die Vertragszeugen beruft, so soll er sie beibringen in 14 Tagen. Bedürfe er Verlängerung und fordere sie, wie es Recht ist etc. Und wenn die Vertragszeugen gehört werden, dann geschehe es weiter, wie es rechtmäßig ist. Das wurde festgehalten.

Clesgin Schuhmacher erkennt an, Cles Raub 4 Gulden zahlen zu müssen binnen 14 Tagen. Wenn nicht erfolgt die Pfändung.

Peter Korper erkennt an, Peter Schuhmacher ½ Gulden gegen Rechnung zahlen zu müssen binnen 14 Tagen. Wenn nicht erfolgt die Pfändung.

Peter Oete hat seinen Anspruch ins Gerichtsbuch eintragen lassen gegen Meister Martin den Schmied. Er hat auch Pfändung gefordert.

Schonwedder beschuldigt Hans Blanck, dass er und sein Sohn mit ihm abgerechnet haben. Damals sei er ihm 14 Albus schuldig geblieben. Dass er ihm die nicht gibt, das schade ihm ebensoviel. Und wenn er Nein dazu sage, so berufe er sich auf die Leute, die dabei waren so viel da waren und fordert von ihm eine Antwort. Blanck sagt: Schonwedder führt Leute an, mit denen er glaubt, ihm das zu beweisen. Werde ihm der Beweis geführt, wie es Recht ist, so wolle er nehmen was Recht ist. Und er hat weiter gefragt, wann er die Zeugen beibringen soll. Urteil: In 14 Tagen. Bedürfe er Verlängerung und fordere sie wie Recht ist, so soll man ihm noch zweimal 14 Tage geben, vorbehaltlich der Gegenrede der Gegenseite. Dem haben beide Seiten zugestimmt.

Adam von Weinheim hat Pfändung gefordert gegen Clesgin Berkorn und es wurde ihm gewiesen wie üblich. Das hat er festhalten lassen.

Hermann von Gelnhausen hat gesagt, er habe seine 1., 2., 3., 4. Klage gegen Hans Ritter getan. Nun möchte er die Güter einziehen gemäß seiner Klage und dem Gerichtsbuch und er hat sie eingezogen. Der Schultheiß hat ihm Bann und Frieden darüber gemacht.

Herr Konrad hat Pfändung gefordert gegen Cles Stern.

Peter Christman erkennt an, Kett Hiltz einen Gulden zahlen zu müssen binnen 14 Tagen. Wenn nicht erfolgt die Pfändung.

Hans Blanck erkennt an, Endres Trapp 20 Gulden zahlen zu müssen binnen 14 Tagen. Wenn nicht erfolgt die Pfändung.

23. März 1482

Herrn Johann Beinling und Henne Scheffer ist ein Termin gesetzt am nächsten Gerichtstag.

Henne Muder sagt, er habe die 4. Klage getan nach Aussage des Gerichtsbuchs gegen Contzgin Wisser. Nun fordere er die Güter einzuziehen gemäß seiner Klage und hat sie eingezogen. Und der Schultheiß hat ihm Bann und Frieden darüber gemacht. Das hat er festhalten lassen.

fol. 212v — Sabbato post Letare

Snade	Jt(em) Pet(er) Bend(er) und Ebba(r)t Snade hab(e)n daß buch von(n) beiden teylen(n) wie dan(n) ansprach und anttwe(r)t zussen(n) jme geludt lassen(n) offen(n) und v(er)bott. Und redt Pet(er) Bend(er) nach dem(e) er Ebba(r)t geschuldiget hait ettlich(er) faß halb(er) / der schuldigu(n)e nach hab jme Ebba(r)t noch zur zijt key(n) anttwe(r)t geb(e)n / Eß sij ey(n) ort(eil) für gang(en) die sach nit berore(n). Daß laiß er stene jn sinen crafften(n) hofft er soll jme anttwo(r)t(en) dan er hab jme
Pet(er) Bend(er)	ey(n) anttwo(r)t geheyssen. Und stalt zu recht / Daroff redt Ebbart / daß furderig ortell zussen(n) jme hab gewist Pet(er) soll jme ußrachtu(n)g thun(n). Daß hab er nit gethan(n) / Deß halp so stee er noch jn siner furderu(n)ge hofft jme nit schuldig sin zu anttwort(en). Und stalt damit zu recht. Peter hofft er sij jme sund(er)lich schuldig der faß halp ludt deß zu[-]spruchs hofft aber mals es soll mit recht erkant werd(en) er soll jme antwo(r)t(en) stalt zu recht wie fur. S(e)n(tenti)a daß Ebbart Peter(er)n nit schuldig ist zu anttwo(r)t(en) und Pet(er) soll Ebba(r)t sinen gerichts schad(en) geltenn. Das hait Ebba(r)t v(er)bott.
Hench(in) Scherr(er)	Jt(em) Antz hait sich v(er)dingt Henchin(n) Scher(er)n das wo(r)t zu thun(n) und hait sine und(er)dinge v(er)bott alß recht ist / und spricht von(n) Henchis weg(en) er hab eyne(n) kauff umb Henne Russen(n) selg(en) gekaufft / davon(n) soll er geben(n) jerlichs zu Halp Fast(en) VII guld(en). Die VII guld(en) woll er hind(er) gericht leg(en) gey(n) Pet(er) Endres(e)n[a] off wereschafft / der gestalt we(re) daß gelt neme / Hofft Pet(er) soll jne auch[b] werenn. Jt(em) daroff hait sich Pet(er) Piffer v(er)dingt Peter Endres daß wo(r)t zuthu(n) und hait sine und(er)dinge v(er)bott alß recht ist und redt von(n) Peters weg(en) also / wie Peter eyne(n) momp(ar) gemacht habe bitt name(n) Sterne Clesen / der Jme sine sach ußrichten(n) und v(er)teyding(en) soll / Aber so er daß gelt hind(er) gericht gelacht hait geyn(n) Pet(er)n. So woll Peter daß neme(n). Aber Peter sij jme nit schuldig wereschafft zu thu(n).
Pet(er) End(er)s	Jt(em) Scherr(er) Henne schuldiget Pet(er)n Endres antreff(en) sinen sone den hab er geheilet an eyne(n) fuß etc. Hab(e)n sie beyde erkant / weß Cleßen(n) Moißbech(er) und Winß Henne erkent daß Pet(er) Henchin(n) thu(n) soll da bij soll es belib(e)n / Daß haben sie von(n) beyden teylen v(er)bott. Jt(em) Sterne Clese von(n) momp(ar)schafft weg(en) Pet(er) Endreß schuldig Scherr(er) Henne(n) wie er jme schuldig sij diesse zijt VII guld(en). Daß er jme die nit gijt od(er) erkent schait jme VII guld(en) darzu. Und heyst jme deß ey(n) anttwo(r)t / Daroff reddt Scherr(er) Henne / er wisß Clesen nust schuldig zu sin / widers. Dan er hab VII guld(en) hind(er) gericht gelacht gey(n) Pet(er)n Glocken(er) off wereschafft / Hofft we(re) daß gelt neme der soll jne auch weren(n) / Stalt zu recht. Clese daroff rodt / daß gelt daß Henchin(n) hind(er) gericht gelacht hab daß sij schůlt von(n) Henne(n) Russen

a Die letzten drei Worte sind am rechten Seitenrand beigefügt.
b Das Wort ist nachträglich über der Zeile beigefügt

23. März 1482 — fol. 212v

Peter Bender und Eberhard Snade haben das Gerichtsbuch von beiden Seiten, wie denn Anklage und Entgegnung zwischen ihnen gelautet haben, öffnen lassen und das festgehalten. Und Peter Bender sagt: Nachdem er Eberhard beschuldigt hatte wegen etlichen Fässern, wegen dieser Beschuldigung habe ihm Eberhard nicht geantwortet. Es sei ein Urteil ergangen, das die Sache nicht berühre. Das lasse er in seiner Kraft stehen, doch er hofft, er soll ihm antworten, denn er habe von ihm eine Antwort gefordert. Das legt er dem Gericht vor. Darauf sagte Eberhard: Das vorherige Urteil zwischen ihnen habe ausgesagt, Peter solle ihn entschädigen. Das habe er nicht getan. Deshalb stehe er noch bei seiner Forderung und hofft, ihm nicht schuldig zu sein zu antworten. Das legt er dem Gericht vor. Peter hofft, er sei ihm wegen der Fässer gesondert schuldig und legt diese Forderung erneut dem Gericht vor, er solle ihm antworten. Urteil: Eberhard muss Peter nicht antworten und Peter soll Eberhard die Gerichtskosten ersetzen. Das habe Eberhard festhalten lassen.

Antz hat sich verpflichtet, Henchin Scherer vor Gericht zu vertreten und hat seine Anwaltschaft festhalten lassen, wie es Recht ist, und sagt für Henchin: Er habe von dem verstorbenen Henne Ruß gekauft, dafür sollte er jährlich zu Halbfasten 7 Gulden geben. Die wollte er bei Gericht hinterlegen gegenüber Peter Enders gegen Garantie, so dass er das Geld nehme. Er hofft, Peter soll ihm auch Garantie leisten. Darauf hat sich Peter Piffer verpflichtet, Peter Enders vor Gericht zu vertreten und hat seine Anwaltschaft festhalten lassen, wie es Recht ist, und sagt für Peter: Dass Peter einen Vertreter gemacht habe mit Namen Cles Stern, der ihm seine Sachen ausrichten und verteidigen soll. So habe er das Geld bei Gericht hinterlegt für Peter. So wolle Peter das nehmen. Aber Peter sie ihm nicht schuldig, Garantie zu leisten.
Henne Scherer beschuldigt Peter Enders seinen Sohn betreffend, dem habe er einen Fuß geheilt. Da haben sie beide anerkannt, was Cles Mospecher und Henne Winß erkennen, dass Peter die Summe an Henchin zahlen soll, dabei solle es bleiben. Dem haben sie von beiden Seiten zugestimmt.
Cles Stern als Vertreter von Peter Enders beschuldigt Henne Scherer, dass er ihm jetzt 7 Gulden schuldig sei. Dass er ihm die nicht gibt oder sie anerkennt, das schade ihm 7 Gulden dazu. Und er fordert von ihm eine Antwort. Darauf sagt Henne Scherer: Er wisse nicht Cles etwas schuldig zu sein. Er habe 7 Gulden bei Gericht hinterlegt gegenüber Peter Glockener gegen Garantie. Er hofft, wer das Geld nehme, der solle es ihm auch garantieren. Das legt er dem Gericht vor. Darauf sagte Cles: Das Geld, das Henchin bei Gericht hinterlegt habe, das sei eine Schuld von Henne Ruß,

fol. 213 — Sabbato post Letare

selg(en) off Pet(er)s watt(er) v(er)wiset / Und als er melde Pet(er) soll jme die wereschafft
thu(n) / hofft Clese von(n) Pet(er)s weg(en) er sij jme nit schuldig we(re)schafft zu thu(n)
dan er sij noch zur zijt Henne(n) Rußen(n) erbe nit / Er moge Henne Russen
erben(n) darumb ersuchen(n) / Er hab jme nit geredt we(re)schafft zu thu(n) / Hofft er
soll jme daß gelt lassen(n) folg(en) / und stalt das zu recht. Hench(i)n Schere(r)
spricht er wisß / keyn schult die er Pet(er)n od(er) Clesen schuldig sij / dan das
gelt und scholt kompt von(n) Henne Russen(n) dar / Wer daß nympt derselbe

ad socios — soll jme auch die wereschafft thu(n). Und stalt daß zurecht ad socios.

Jt(em) Sterne Clese schuldiget Henchin(n) Scherr(er)n / wie er von(n) Pet(er)s weg(en) Schone
Wedd(er)n geb(e)n soll II guld(en). Daß er daß nit gethan(n) hait notz II g(ulden) darzu

no(tandum) — und heyst jme des ey(n) anttwe(r)t. Henchin(n) Scherr(er) spricht es moge ey(n) jare
sin ungev(er)lich da sij jme uffgemessen(n) wůrden I g(ulden). Den soll er Schone
Wedd(er)n geb(e)n / Daß hab er gethan / Erkenne aber Schonewedd(er) das es
mehe sij / so woll er auch gehorsam(m) sin / Clese will auch Schonewedd(er)n
lassen darub(er) sag(en) und gefragt wan(n) er den bring(en) soll / dwile er off jne

Hench(in) Scher(er) — zijehe. S(e)n(tenti)a jn XIIII tag(en). Betarff er dan(n) sin(er) tage furt(er) und heyßt die als
recht ist so soll ma(n) sie jme noch zu zwey(e)n XIIII tag(en) stellen beheltlich
dem(e) widd(er)teyle sin jn redde. Daß hab(e)n sie v(r)bot

1 h(eischung) — Jt(em) her Henne(n) Strude 1 h(eischung) off Drubeyn(n) off XV ß solich und(er)pf(ande).

p b — Jt(em) Schone Wedd(er) hait p b off Henchin(n) Mulle(r)n.

erf(olgt) — Jt(em) Pet(er) Bend(er) erfolgt Peter Snaden.

Jt(em) Peter Endres und Alheit sine husfrauwe haint erkant und loißgesagt
Lupes Clese und sine erb(e)n XV ß gelts / die er jne jars geb(e)n hait

erkentniß no(tandum) — und hait jme die abkaufft / Da zugegen ist gestand(en) Sterne Clese dem
Pet(er) das sin gegeben hait / und hait das gewilliget. Das hait Lupes Clese v(er)bott.

offgifft no(tandum) — Jt(em) Peter Endres uxor Alheit haint mit sambd(er) hant offgeb(e)n als r[e]cht ist
Sterne Clesen alles das sie hie hie haint und gewine(n) mogent biß sie es
widd(er)ruffenn.

Jt(em) alß Henchin(n) Scherr(er) VII g(ulden) hind(er) gericht gelacht hait gey(n) Pet(er)n Endres
off wereschafft. Alß hait er jme die off hude Dornstag nach Judica

widd(er) ge(n)nomen — geoffen(n)t / Und han Schonewedd(er)n solich gelt nemlich VII g(ulden) mynn(er)
XV alb(us) geliebbert ye XXIIII alb(us) fur I g(ulden). Daß ist Peters will gewest.
Und daß uberig gelt ist Henchen Scherr(er) wůrd(en) nemlich XV alb(us). Hie bij
ist gewest Clese Raub alß eyn(n) und(er) schult(eiß). Und ist geschen[a]
off[b] dem(e) Scheffin Huse jn bijwesen deß schult(eiß) und
jun(n)k(er)s Adams i(n) die Palmaru(m).

---

a Es folgt durchgestrichen: »und(er) dem Raithuße«.
b Es folgt durchgestrichen: »den(n) Fleyß Bancken«.

23. März 1482 — fol. 213

ÜBERTRAGUNG

die der Verstorbene auf Peters Vater verwiesen hatte. Und weil er sage, Peter solle ihm Garantie leisten, hofft Cles für Peter, er sei ihm nicht schuldig Garantie zu leisten, denn er sie zur Zeit noch nicht Henne Ruß Erbe. Er möge die Erben von Henne Ruß deswegen angehen. Er habe ihm nicht zugesagt, Garantie zu leisten. Er hofft, er solle ihm das Geld folgen lassen und legt das dem Gericht vor. Henchin Scherer sagt: Er wisse von keiner Schuld, die er Peter oder Cles schuldig sei als das Geld und die Schuld, die von Henne Ruß kommen. Wer das nimmt, der soll ihm auch Garantie leisten. Das legt er dem Gericht vor. Das ist verschoben worden bis zum Zusammentreten des Vollgerichts.

Cles Stern beschuldigt Henchin Scherer, dass er von Peter her Schonwedder 2 Gulden geben solle. Dass er das nicht getan habe, das schade ihm ebensoviel dazu und er fordert von ihm eine Antwort. Henchin Scherer sagt, es könne ein Jahr ungefähr her sein, da sei ein Gulden angelaufen. Den sollte er Schonwedder geben. Das habe er getan. Erkenne aber Schonwedder, dass es mehr sei, so wolle er auch gehorsam sein. Cles will auch Schonwedder dazu fragen und fragt, wann er ihn vor Gericht bringen solle, weil er sich auf ihn berufe. Urteil: in 14 Tagen. Bedürfe er Verlängerung und fordere sie, wie es Recht ist, so soll man sie ihm noch zweimal 14 Tage geben, vorbehaltlich der Gegenrede durch die Gegenseite. Dem haben sie zugestimmt.

Herr Johann Strude erhebt seine 1. Klage gegen Drubein wegen 15 Schilling auf die Pfänder.

Schonwedder hat Pfändung gefordert gegen Henchin Muller.

Peter Bender hat seinen Anspruch ins Gerichtsbuch eintragen lassen gegen Peter Snade.

Peter Enders und Alheit seine Ehefrau haben anerkannt und losgesagt Cles Lupis und seine Erben die 15 Schilling Geld, die er jährlich zu geben hatte und haben ihm die abgekauft. Dabei stand Cles Stern, dem Peter das seine gegeben hat und hat dem zugestimmt. Das hat Cles Lupis festhalten lassen.

Peter Enders und seine Frau Alheit haben mit gesamter Hand Cles Stern alles, was sie hier haben und gewinnen werden, aufgetragen bis auf Widerruf.

Henchin Scherer hatte 7 Gulden bei Gericht hinterlegt für Peter Enders gegen Garantie. Die hat er ihm heute Donnerstag nach Judica geöffnet. Und er hat Schonweder dieses Geld, nämlich 7 Gulden weniger 15 Albus, geliefert, je 24 Albus ein Gulden. Das ist Peters Willen gewesen. Das übrige Geld erhielt Henchin Scherer, nämlich 15 Albus. Hier bei war Cles Raub als Unterschultheiß. Das ist geschehen auf dem Schöffenhaus in Anwesenheit des Schultheißen und Junker Adams an Palmsonntag.

fol. 213v — In vigilia Palmarum

I(n) vi(gili)a Palmarum.

4 [8/2] h(eischung)	Jt(em) h(er) Conraidt 4 [8/2] h(eischung) off Henne(n) von(n) Eltfelt.
2 h(eischung)	Jt(em) d(er) bicht(er) 2 h(eischung) off Jacop Leiendecker(r) ut p(rim)a.
tag 2	Jt(em) Pet(er) Snade hait sine(n) 2ᵃ tag v(er)hudt gey(n) Rudwine zu sin(er) konde deß winkauffs

I(n) vi(gili)a Pasche.

2 h(eischung)	Jt(em) her Heinrich Stroide 2 h(eischung) off Drubeyn(n) ut p(rim)a.
3 taig	Jt(em) Pet(er) Snade hait sine(n) 3 tag geheyss(e)n zu sin(er) konde gey(n) Rudwine.

Sabb(at)o p(os)t Q(uas)imo(do)ge(n)iti.

3 h(eischung)	Jt(em) h(er) Heinr(ich) Strude 3 h(eischung) off Drubeyne den alt(en) ut p(rim)a.

Sabb(at)o p(os)t Mi(sericordi)a d(omi)nj.
Jt(em) Pet(er) Snade hait sin konde geyn(n) Rudwin dem(e)
schulthiss(e)n und den scheffen(n) an geb(e)n. Den ist tag
gestalt an das negst gericht. Das hait er v(er)bott.
Jt(em) alß Wissers Contzg(in) V g(ulden) und XV alb(us) hind(er) gericht gelacht

recepit gelt	hatt alß han ich jme die off hude Sampstag nach Mi(sericordi)a d(omi)nj widd(er)geliebb(er)t jn bijwesen(n) Math(is) deß heymberg(er)s.

Z(ist)a(g) p(os)t Jubilate.

1 h(eischung)	Jt(em) ey(n) here zu sant Johan zu Me(n)tz h(er) Conrait Wurtzgarten(n)ᵇ 1 h(eischung) off Stam off IIII g(ulden) gelts und off solich und(er)pfande.ᶜ
momp(ar)	Jt(em) ey(n) here zu sant Moricie(n) zu Me(n)tz hait Henne von(n) Eltfelt momp(ar) gemacht jme sin schult und renten jm Riche jnzugewinne(n) biß off sin widd(er)ruffen(n).

Sabbato p(os)t Jubilate.

1 h(eischung)	Jt(em) d(omin)us pleban(us) hic 1 h(eischung) off Pet(er) Wolenbere off I l(i)b(ram) gelts et solich und(er)pf(and)-
1 h(eischung)	Jt(em) h(er) Heinrich Strude 1 h(eischung) off Pet(er) Ma(n)delma(n) off I g(ulden) gelts und solich und(er)pf(and).
r(e)vocavit	Jt(em) h(er) Heinrich von(n) Fulda ey(n) here zu Reveßburg hait widd(er)ruffen Wissers Contzg(in) sinen mompar und hait das v(er)bott.

a   Die Zahl ist über der Zeile beigefügt.
b   Die letzten drei Worte sind mit Einfügezeichen »+« unterhalb der Zeile beigefügt.
c   Es folgt durchgestrichen: »off je«.

30. März 1482
Herr Konrad erhebt seine 4. Klage gegen Henne von Eltville.
Der Beichtvater erhebt seine 2. Klage gegen Jakob Leyendecker.
Peter Snade hat seinen 2. Tag gewahrt gegenüber Rudwin wegen der Beweise für den Vertragsabschluss.

6. April 1482
Herr Heinrich Strude hat seine 2. Klage erhoben gegen Drubein.
Peter Snade hat seinen 3. Tag gefordert wegen der Beweise gegen Rudwin.

20. April 1482
Peter Snade hat seine Beweise gegen Rudwin dem Schultheiß und den Schöffen genannt. Der Termin wurde festgesetzt auf den nächsten Gerichtstag. Das hat er festhalten lassen.
Contzgin Wisser hat 5 Gulden und 15 Albus bei Gericht hinterlegt. Die habe ich ihm heute am Samstag nach Misericordia zurückgegeben in Anwesenheit von Mathis dem Heimbürgen.

30. April 1482
Ein Herr von St. Johann zu Mainz, Herr Konrad Wurtzgarten, erhebt seine 1. Klage gegen Stamm wegen 4 Gulden Geld und auf die Pfänder.
Ein Herr von St. Moritz zu Mainz hat Henne von Eltville zu seinem Vertreter gemacht, ihm seine Schulden und Renten im Reich zu gewinnen bis auf Widerruf.

4. Mai 1482
Der Herr Pleban hier erhebt die 1. Klage gegen Peter Wolenber wegen 1 Pfund Geld und auf die Pfänder.
Herr Heinrich Strude erhebt seine 1. Klage gegen Peter Mandelman wegen einem Gulden Geld und auf die Pfänder.
Herr Heinrich von Fulda, ein Herr von Ravengiersburg, hat Konrad Wisser als Vertreter widerrufen und hat das festhalten lassen.

fol. 214 — Sabbato

TRANSKRIPTION

Sabbato.

1 h(eischung) — Jt(em) Adam(m) Wolff n(oste)r soci(us) 1 h(eischung) off Duntzel(n) Henne off III g(ulden) gelts et pingno(r)a.

1 h(eischung) — Jt(em) her Jacob von(n) Bing(en) Aug(us)tiner h(er)n 1 h(eischung) off Jekel Stamme(n) off III g(ulden) gelts et sup(ra) o(mn)ia q(uod) h(abet).

I h(eischung)ᵈ — Jt(em) id(em) h(er) Jacob 1 h(eischung) off Mytzen Henne uff Henchin(n) Berckorne Peter Wolenbere und Cleßgin Berekorne off I g(ulden) gelts unv(er)scheidelich off solich und(er)phande die darfur ligende.

I h(eischung)ᵉ — Jdem(m) her Jacop 1 h(eischung) off Rule Henne off Henne Stortzkop / off Dorre Henne und off Duntzel Henneᵃ off XXIIII ß et pingno(r)a.

Z(ist)a(g) p(os)t Exaudi.

2 h(eischung) — Jt(em) h(er) Conrait Wurtzgart zu sant Johan(n) zu Mentz dutᵇ 2 heyssu(n)g off Jekel Stamen ut p(ri)ma.

Sabb(at)o p(os)t Ascensio(nem) D(omi)nj.

2 h(eischung) — Jt(em) Adam(m) Wolff n(oste)r soci(us) 2 h off Duntzelhenne ut p(rim)a.

2 h(eischung) — Jt(em) d(omin)us pleba[n](us) hic 2 h(eischung) off Peter Wollenber ut p(rim)a.

2 h(eischung) — Jt(em) h(er) Heinrich Strůde 2 h(eischung) off Mandelma(n) ut p(rim)a.

Jn vi(gili)a Penthecost(e).

1 h(eischung)ᶠ — Jt(em) d(er) bicht(er) ex p(ar)te p(rese)ncie 1 h(eischung) off Dyeme(n) Clasen off XV ß und solch(e) und(er)pf(and).

Sabb(at)o i(n) vi(gili)a Trinitat(is).

lip fur gudt — Jt(em) Duntzelhenne hait sin lip fur gudt gestalt geyn(n)ᶜ Adame(n) Wolffen. und er ist gewist ut mor(is) e(st). Furt(er) hait jme d(er) schult(eiß) tag gestalt an das negst gericht den er also v(er)bott hait.

---

a Es folgt durchgestrichen: »et sin«.
b Das »d« ist über eine »I« geschrieben.
c Es folgt durchgestrichen: »J«.
d Der Begriff wird noch dreimal wiederholt.
e Der Begriff wird noch dreimal wiederholt.
f Die Marginalie wird nochmals wiederholt.

4. Mai 1482
Adam Wolff, unser Mitschöffe, erhebt seine 1. Klage gegen Henne Duntzel wegen 3 Gulden und die Pfänder.
Herr Jakob von Bingen, Augustinerherr, erhebt seine 1. Klage gegen Jeckel Stamm wegen 3 Gulden Geld und auf alles, was er hat.
Derselbe Herr Jakob erhebt seine 1. Klage gegen Johann Mytz, Henchin Berkorn, Peter Wolenber und Clesgin Berkorn wegen einem Gulden Geld ungetrennt und auf die Pfänder, die dafür liegen.
Derselbe Herr Jakob erhebt seine 1. Klage gegen Henne Rule, Henne Stortzkopp, Henne Dorre und Henne Duntzel wegen 24 Schilling und auf die Pfänder.

21. Mai 1482
Herr Konrad Wurtzgarten von St. Johann zu Mainz erhebt seine 2. Klage gegen Jeckel Stamm.

18. Mai 1482
Adam Wolff, unser Mitschöffe, erhebt seine 2. Klage gegen Henne Duntzel.
Der Herr Pleban hier erhebt seine 2. Klage gegen Peter Wollenber.
Herr Heinrich Strude erhebt seine 2. Klage gegen Mandelman.

25. Mai 1482
Der Beichtvater für die Präsenz erhebt die 1. Klage gegen Clas Diem wegen 15 Schilling und auf die Pfänder.

1. Juni 1482
Henne Dutzel hat seinen Leib vor sein Gut gestellt gegenüber Adam Wolff und es wurde ihm gewiesen wie üblich. Weiter hat ihm der Schultheiß einen Termin gesetzt am nächsten Gerichtstag. Das hat er festhalten lassen.

fol. 214v — Sabbato post Corporis Christi

	Sabb(at)o p(os)t Corp(or)is X(rist)i
widd(er)ruffen	Jt(em) Kitz Hanß widd(er)rufft Jekel Trappen sine(n) momp(ar).
p b	Jt(em) Henne Rode erfolgt Jekel Hiltwin[a] ad libru(m).
erk(annt)	Jt(em) Henne von(n) Eltfelt erk(ennt) Emmerichen von(n) Engelstait XVI½ [XVII/2] g(ulden) zu geb(e)n
	zu Winachten id(em). Erkent jme auch V½ [VII/2] g(ulden) an golde von(n) Metzelhenne
	weg(en) d(er) burgschefft halb(er) auch zu Winacht(en) zu geb(e)n. Si no(n) t(unc) pf(and) erfolgt
erk(annt)	Jt(em) Jekel Praß erk(ennt) Pet(er)n Snad(en) I g(ulden) jn XIIII t(agen). Si no(n) tu(n)c pf(and).
1 h(eischung)	Jt(em) Sibel d(er) schrib(er) 1 h(eischung) off Drecks Henne off III l(i)b(ras) gelts und(er)pf(and).
	Jt(em) Contzg(in) von(n) Gelnhusen ist bescheid(en) an das negst gericht Busen[b]
	halp jn der Offhoffen v(er)bott
erf(olgt)	Jt(em) Contzg(in) von(n) Geylnhusen erf(olgt) H(er)man Bend(er)n fur XXX guld(en).
erf(olgt)	Jt(em) Metzelhenne erf(olgt) Ebba(r)t Haubore ad libru(m).
	Jt(em) Adam(m) Wolff ist gewist Duntzelhenes helb(er)n er soll jne ußricht(en)
	od(er) er magk zu den und(er)pf(and) gene. Das hait er v(er)bott / Doch will
	er jne nit faren zussen hie und sant Johans tag baptiste.
	Jt(em) Scheff(er) hait das ortel und buch zussen jme und h(er) Johan Beynling(en)
Scheffer Beynling	lassen offen. Ist v(er)lesen und v(er)bott wurd(en). Und hofft Scheff(er) ludt
	des ortels hab h(er) Johan nit bijbracht nach dem er gewist sij und
	beg(er)t des mit recht. Dargeg(en) h(er) Johann hofft er hab woile bijbracht
	mit den brieffen die er hind(er) gericht geleit hait und hofft es soll mit
ad socios	r[e]cht erkant werden. Ad socios.
	Jt(em) zussen Pet(er) Bend(er)n und Ebba(r)t Snad(en) ist gelengt noch hude zu XIII tag(en)
	zu allem(m) recht(en) alß off hude tag. Daß hab(e)n sie beide v(er)bott
p. b.	Jt(em) Stamme hait pfande berett off Wineworme ist gewist ut mor(is) est.
	Jt(em) Stam schuldiget Endres Kocher und Clese Fiele Herman(n) Bend(er) hab III
	stuck wine umb jne haufft / Solchen(n) kauff hab Pet(er) Karst genomen und
	gerechen(n)t mit jme hab jme auch daß meynst / gelt geben und ußgeracht. Nů
	syen sie zwene gesworne und(er) kauffer[c] und bij der rechenu(n)ge gewest / Das
Stam	sie nit sag(en) wes jne davon(n) kunt und wissen(n) sij notz von(n) jr iglichem(m) X g(ulden).
	Und heyst jme deß ey(n) r[e]cht gerichts anttwo(r)t. Endres Kach(er)[!] alß alleyn

a Es folgt durchgestrichen: »fur«.
b Es folgt durchgestrichen: »jar«.
c Es folgt durchgestrichen: »gewest«.

8. Juni 1482
Hans Kitz hat widerrufen, dass Jeckel Trapp sein Vertreter ist.
Johann Rode hat seinen Anspruch ins Gerichtsbuch eintragen lassen gegen Jeckel Hiltwin.
Henne von Eltville erkennt an, Emmerich von Engelstadt 16½ Gulden zahlen zu müssen bis Weihnachten. Derselbe erkennt auch an, 5½ Gulden an Gold wegen der Bürgschaft für Henne Metzel auch bis Weihnachten zahlen zu müssen. Wenn nicht erfolgt die Pfändung.
Jeckel Praß erkennt an, Peter Snade einen Gulden zahlen zu müssen binnen 14 Tagen. Wenn nicht erfolgt die Pfändung.
Sibel der Schreiber erhebt die 1. Klage gegen Henne Dreck wegen 3 Pfund Geld, Pfänder.
Contzgin von Gelnhausen verklagt Hermann Bender auf 30 Gulden.
Henne Metzel hat seinen Anspruch ins Gerichtsbuch eintragen lassen gegen Eberhard Haubor.
Adam Wolff wurde wegen Henne Duntzel gewiesen: Er soll ihn bezahlen oder er kann an die Pfänder gehen. Das hat er festhalten lassen. Doch er will ihn nicht angreifen bis zum Tag Johannes des Täufers.
Scheffer hat das Urteil und das Gerichtsbuch in der Streitsache zwischen ihm und Herrn Johann Beinling öffnen lassen. Es ist verlesen und festgehalten worden. Und Scheffer hofft, laut des Urteils habe Herr Johann den Beweis nicht erbracht, der von ihm gefordert sei und fordert das Urteil. Dagegen hofft Herr Johann, er habe den Beweis wohl erbracht mit den Urkunden, die er bei Gericht hinterlegt hat und er hofft, das solle ihm durch das Gericht so erkannt werden. Das ist verschoben worden bis zum Zusammentreten des Vollgerichts.
Zwischen Peter Bender und Eberhard Snade ist die Sache verschoben worden um 14 Tage mit allen Rechten wie heute. Dem haben sie beide zugestimmt.
Stamm hat Pfändung gefordert gegen Winworm, ihm wurde gewiesen wie üblich ist.
Stamm beschuldigt Endres Kocher und Cles Fiel, Hermann Bender habe 3 Stück Wein von ihm gekauft. Diesen Kauf habe Peter Karst angenommen und mit ihm abgerechnet. Der habe ihm auch den größten Teil des Geldes bezahlt. Nun seien sie zwei geschworene Unterkäufer und bei der Rechnung anwesend gewesen. Dass sie nicht sagen, was sie davon wissen, das schade ihm von jedem von ihnen 10 Gulden. Und er fordert von ihnen eine Antwort vor Gericht. Endres Kocher

fol. 215 — Sabbato post Corporis Christi

	fur sich selb redt also / er sij dabij und mit gewest das Pet(er) Karst mit
	Stamchin gerehent(e) und jme dasselbe male[a] X guld(en) gegeb(e)n hab und furt(er)
	gesagt er woll jme das uberig gelt auch guttlich geb(e)n und ußricht(en) / Die
	sage hait Stamchin v(er)bott. Clese Fiele spricht off Stamchis ansprach also
	er sij off eyn zijt dabij gewest das Pet(er) Karst ey(n) stuck wins jm cloister
End(re)s Koch(er)	zum(m) Engeltale kaufft hab / Da hab Peter Karst gesagt zu Stammen
	er soll nit sorg(en) sond(er) er soll woile bezalt werd(en). Die sage hait Stame v(er)bott.
erk(annt)	Jt(em) Clese Wisß erkent Henne Ercken III l(i)b(ras) (m)i[n](us) I ß helle(r) jn XIIII t(agen). Si no(n) t(unc) pf(and).
	Jt(em) Clese Wisß erkent Adam(m) Wolffen socio n(ost)ro II l(i)b(ras) jn XIIII t(agen) etc.
	Jt(em) Herman Bend(er) erkent Snid(er) Henne III g(ulden) (m)i[n](us) III alb(us) jn XIIII t(agen). Si no(n) t(unc)
	pf(and).
	Jt(em) Peter Snade schuldiget Peter Oeten wie er jme eynen acker zu[b] kaufft
	geben(n) hab fur pfandt gudt. Daß er jne nit were notz(e)t X guld(en).[c]
Pet(er) Snade	Ob er ney(n) dar zu sagen woll / er jne mit dem gebuttel zugen anttwort.
	Dar zu Peter Oete spricht d(er) buttel von(n) Jngelheim(m) hab jme den acker
	mit[d] recht v(er)botten. Aber deß kauffs sij er nit abreddig / Aber er
	hofft er sij jme nit schuldig zu weren dan er stee nit zu sinen handen
	so sij er jme mit dem buttel v(er)bott(en) worden. Snaden Peter hait v(er)bott
	das er deß kauffs gesteet / Und hofft dwile er des kauffs gestendig und
	nit abreddig ist er soll jme weren. Und stalt zu r[e]cht / Peter Oete spricht
	daroff er sij jme durch den buttell v(er)botten wurden hofft er soll jme
socios	nůstnit schuldig sin und stalt auch zu r[e]cht. Ad soci(os).
	Jt(em) Sterne Clese hait das buch v(er)bott zussen(n) jme und Henchin Scherr(er)n
	und[e] redt daruff / Henchin(n) Scherr(er) hab sich
	eyn(er) konde v(er)messen(n) die hab er nit furbracht jn rehter zijt. Dem ortel
	nach hofft er soll jme ludt sin(er) ansprach erfolgt han(n). Und stalt zu r[e]cht.
	Henchin(n) Scherr(er) daroff jme sij nit wissentlich eynche konde zu furen
Hench(in) Scherr(er)	wisß auch nit Clesen nit zů thun(n) / Er laß gescheen was r[e]cht sij. S(e)n(tenti)a
	dwile Scherr(er) Henne sin(er) konde nit gefort hait nach dem er gewist ist
	so hait jne Clese also hoich sine ansprach geludt erfolg. Das hait
	Sterne Clese v(er)bott / Und hait Clese furt(er) pfandt beredt off Henchin
	Scherrern(n). Der ist gewist zu r[e]cht ut mor(is) est. Daß hait Clese auch v(er)bott.

a Das Wort ist aus »mage« [?] verbessert.
b Die Silbe ist über über der Zeile aus »v(er)« verbessert.
c Es folgt durchgestrichen: »anttwo(r)t«.
d Davor durchgestrichen: »v(er)botten«.
e Davor durchgestrichen: »und hait das buch v(er)bott«.

redet nur für sich: Er sei dabei gewesen, als Peter Karst mit Stamm abrechnete und ihm 10 Gulden gegeben habe und weiter sagte, er wolle ihm das übrige Geld auch gütlich zahlen. Diese Aussage hat Stamm festhalten lassen. Cles Fiel sagt auf Stamms Anklage ebenso, er sei damals dabei gewesen, als Peter Karst ein Stück Wein im Kloster Engeltal gekauft habe. Da habe Peter Karst zu Stamm gesagt, er soll sich nicht sorgen, er wolle ihn wohl bezahlen. Die Aussage hat Stamm festhalten lassen.

Cles Wiß erkennt an, Adam Wolff, unserem Mitschöffen, 2 Pfund Geld zahlen zu müssen binnen 14 Tagen, etc.

Hermann Bender erkennt an, Hans Snider 3 Gulden weniger 3 Albus zahlen zu müssen binnen 14 Tagen. Wenn nicht erfolgt die Pfändung.

Peter Snade beschuldigt Peter Oete, dass er ihm einen Acker verkauft habe als Pfandgut. Dass er ihm den nicht garantiere, das schade ihm 10 Gulden. Wenn er Nein dazu sagen wolle, so wolle er das ihm mit dem Büttel beweisen.

Darauf sagt Peter Oete: Der Büttel von Ingelheim habe ihm den Acker vor Gericht eingezogen. Aber er leugne den Kauf nicht. Doch hoffe er, er sei nicht schuldig, ihn zu garantieren, denn er stehe nicht in seinen Händen, er sei ihm vom Büttel eingezogen worden. Peter Snade hat festhalten lassen, dass er den Kauf gestehe. Und er hofft, weil er den Kauf gestehe und nicht leugne, er solle ihm den garantieren. Das legt er dem Gericht vor. Peter Oete sagt dagegen, er sei ihm durch den Büttel eingezogen worden und er hofft, er sei ihm nichts schuldig. Das legt er auch dem Gericht vor. Das wurde verschoben bis zum Zusammentreten des Vollgerichts.

Cles Stern hat das Buch im Streit zwischen ihm und Johann Scherer öffnen lassen und sagt darauf: Henchin Scherer habe behauptet, einen Beweis zu machen, den er nicht beibrachte zur rechten Zeit. Dem Urteil nach hoffe er, er solle gegen ihn gemäß seiner Anklage gewonnen haben. Das legt er dem Gericht vor. Henchin Scherer sagt darauf, er wisse nicht, einen Beweis führen zu müssen, er wisse auch nicht, Cles etwas leisten zu müssen. Er lasse geschehen was Recht ist. Urteil: Weil Henchin Scherer seinen Beweis nicht geführt hat, der gefordert wurde, hat Cles gemäß seiner Klage gewonnen. Das hat Cles Stern festhalten lassen. Und Cles hat weiter Pfändung gefordert gegen Henchin Scherer. Es wurde ihm gewiesen wie üblich. Das hat Cles auch festhalten lassen.

fol. 215v — Sabbatho post Albani

erk(annt)	Jt(em) Ulrich d(er) bend(er) erkent dem schult(eiß) Philips Buser IIII g(ulden) jn XIIII tage.
	Si no(n) tu(n)c pfandt erfolgt.
erk(annt)ᶜ	Jt(em) Contz Bend(er) erkent Hene Ercken I g(ulden) I ort jn XIIII t(agen). Si no(n) etc
	Jt(em) Henne Mauchenheim(er) erkent Henne Ercken 1½ [II/2] guld(en) jn XIIII t(agen) etc.
	Jt(em) Pet(er) Wolenbere erkent Wigant Stortzkopff burgschafft halb(er)
	I gud(en) jn eynem monet off gude rechenu(n)ge. Wigant hait das v(er)bott.
	Sabbatho p(os)t Albani.
1 h(eischung)	Jt(em) h(er) Heinrich Nickel 1 h(eischung) off Clesen Henne wittwe off I g(ulden) IX alb(us) und
	off solich und(er)pfander
v(er)hudt	Jt(em) Ebba(r)t Snade sinen tag gey(n) Pet(er) Bend(er)n v(er)hudt gestalt ad p(ro)x(i)m(um) judiciu(m).
momp(ar)	Jt(em) Clickhenne von Sobernheim(m) hait Schonewedd(er)n momp(ar) gemacht
	jme sin schult jm Riche jn zugewinne bijß off sin widderruffenn.
	Sabb(at)o p(os)t Jacobj.
1 h(eischung)	Jt(em) her Heynrich Nickel dut 1 heyssu(n)ge off Erckens Cleßg(in) off V l(i)b(ras) gelts
	und off solich und(er)pfand(er).
	Sabb(at)o p(os)t Vinc(u)la Pet(r)i.
ortel Pet(er) Oten	Jt(em) nach ansprach anttwo(r)t zuss(e)n Pet(er) Oeten und Pet(er) Snade s(e)n(tenti)a dwile Pet(er)
und Pet(er) Snad(e)	Oete deß kauffs gestendig ist so soll er Pet(er) Snad(en) weren(n). Daß ort(el) hait Pet(er) v(er)bott
	und furt(er) gefragt wan(n) er jne weren soll. S(e)n(tenti)a jn XIIII t(agen). Daß hait er auch v(er)bot.
Beynling und Scheffer	Jt(em) nach anspr(ache) antwo(r)tᵃ und beyd(er) teyle furbreng(en)ᵇ und furgewistem(m) ortell(n)
Henne ortell	s(e)n(tenti)a daß her Johan(n) nit bijbracht hait / Daß ortel hait Scheffer v(er)bott / und
	h(er) Johan(n) hait jme sinen kost(en) widd(er)geb(e)n.
erk(annt)	Jt(em) Drubey(n) erkent h(er) Conraidt II l(i)b(ras) V ß jn monetsfriste. Si no(n) tu(n)c pf(and).
erk(annt)	Jt(em) Wineworme erk(ennt) der dhum(m)heren hoffma(n) I l(i)b(ram) helle(r) jn XIIII t(agen).
erf(olgt)	Jt(em) Eltfelt erfolgt Metzelhenne sup(ra) libru(m).
erf(olgt) p b	Jt(em) Snid(er)henne erfolg H(er)man Bend(er) ad libr(um) auch pfandt beredt off jne.
Katherine Oppenhey(m)	Jt(em) Nicola(us) Hubenn ludt eyns gerichts brieffs deß datu(m) steet XLIIIIo hait
	offgeholt ongefaret eynen monet off Philipß Forstmeist(er)n solich gutt(er) ludt deß briffs.

a Vor dem ersten »t« steht ein durchgestrichenes »d«.
b Es folgt durchgestrichen: »s(e)n(tenti)a«.
c Zwei waagerechte Klammerstriche zeigen an, dass die Marginalie auch für die folgende Zeile gilt.

Ulrich der Bender erkennt an, dem Schultheißen Philipp Bußer 4 Gulden zahlen zu müssen binnen 14 Tagen. Wenn nicht erfolgt die Pfändung. Contz Bender erkennt an, Henne Erk einen Gulden 1 Ort zahlen zu müssen binnen 14 Tagen. Wenn nicht etc. Henne Mauchenheimer erkennt an, Henne Erk 1½ Gulden zahlen zu müssen binnen 14 Tagen, etc. Peter Wolenber erkennt an, Wigand Stortzkopp wegen einer Bürgschaft einen Gulden binnen einem Monat gegen Rechnung zahlen zu müssen. Das hat Wigand festhalten lassen.

22. Juni 1482
Herr Heinrich Nickel erhebt seine 1. Klage gegen Henne Cleses Witwe wegen einem Gulden und 9 Albus und auf die Pfänder. Eberhard Snade hat seinen Tag gewahrt gegen Peter Bender. Es ist ihm ein Termin gesetzt am nächsten Gerichtstag. Henne Click von Sobernheim hat Schonwedder zu seinem Vertreter gemacht, ihm seine Schulden im Reich einzuziehen bis auf Widerruf.

27. Juli 1482
Herr Heinrich Nickel erhebt seine 1. Klage gegen Clesgin Erk wegen 5 Pfund Geld und auf die Pfänder.

3. August 1482
Nach Anklage, Entgegnung zwischen Peter Oete und Peter Snade ergeht das Urteil: Weil Peter Oete den Kauf zugibt, so soll er ihm diesen garantieren. Das Urteil hat Peter festhalten lassen und gefragt, wann er Garantie leisten soll. Urteil: In 14 Tagen. Das hat er auch festhalten lassen. Nach Anklage, Entgegnung und beiderseitigen Vorbringungen und vorherigem Urteil ergeht das Urteil: Dass Herr Johann den Beweis nicht erbracht hat. Das Urteil hat Scheffer festhalten lassen und Herr Johann hat ihm seine Kosten wieder gegeben. Drubein erkennt an, Herrn Konrad 2 Pfund 5 Schilling binnen Monatsfrist zahlen zu müssen. Wenn nicht erfolgt die Pfändung. Winworm erkennt an, dem Hofmann der Domherren 1 Pfund Heller zahlen zu müssen binnen 14 Tagen. Eltville hat seinen Anspruch ins Gerichtsbuch eintragen lassen gegen Henne Metzel. Hans Snider hat seinen Anspruch ins Gerichtsbuch eintragen lassen gegen Hermann Bender und Pfändung gefordert. Nikolaus Huben hat mit einer Frist von einem Monat gemäß einer Gerichtsurkunde mit dem Datum 1448 von Philipp Forstmeister die Güter eingezogen, die in der Urkunde genannt werden.

fol. 216 — Sabbato post Vincula Petri

erk(annt)	Jt(em) Cleßg(in) Becker erkent Emm(e)richen von Engelstat XIII l(i)b(ras) an alb(us) jn XIIII t(agen).
erk(annt)	Jt(em) Brandts Gerha(r)t erk(ennt) h(er) Conrait II l(i)b(ras) jn XIIII[a] tag(en). Si no(n) ce(tera).
erk(annt)	Jt(em) Cleßg(in) Becker erk(ennt) Contz Oeten VI guld(en) jn XIIII t(agen).
1 h(eischung)	Jt(em) Hilczen Kett 1 h(eischung) off Suffuß(e)n off X ß und(er)pfande.
1 h(eischung)	Jt(em) h(er)[b] Jacob Augustin(er) 1 h(eischung) off h(er)n Hansen(n) frauwe(n) off V g(ulden) und(er)pf(and).
erk(annt)	Jt(em) Cristma(n)s Pet(er) erk(ennt) Hiltzen Ketten II g(ulden) jn XIIII t(agen).
erk(annt)	Jt(em) Henne von(n) Soden erk(ennt) h(er) Conrait XV ß off rehenschafft jn monets friste. Si no(n) t(unc).
erk(annt)	Jt(em) Jokel Sommerie [!] erk(ennt) Pet(er) Raub(e)nn XVIII alb(us) jn XIIII t(agen).
erk(annt)	Jt(em) Ebba(r)tgin erk(ennt) Rampfuß ½ [I/2] g(ulden) jn XIIII t(agen). Si no(n) tu(n)c pfandt.
erk(annt)	Jt(em) Eltfelt erk(ennt) Dyemen Henne I g(ulden) I ort jn XIIII t(tagen).
erk(annt)	Jt(em) Ebbartgin erkent Schonewedd(er)n XX alb(us) jn XIIII t(agen).
erk(annt)	Jt(em) Rutz erkent W(er)ners Clesen 1½ [II/2] g(ulden) jn XIIII t(agen).
erk(annt)	Jt(em) Schonewedd(er) erk(ennt) Philips Flachen II g(ulden) off rechenu(n)ge jn XIIII t(agen).
erk(annt)	Jt(em) Pet(er) Swinde erk(ennt) Rampfuß XVIII g(ulden) jn XIIII t(agen). Si no(n) t(unc) pf(and).
erk(annt)	Jt(em) Rutz erk(ennt) Pet(er) Snad(en) II g(ulden) jn XIIII t(agen). Si no(n) t(unc).
erk(annt)	Ebba(r)tgin erkent Peter Snad(en) X alb(us) jn XIIII t(agen). Si no(n) t(unc).
erk(annt)	Henne von Eltfelt erk(ennt) Rudigern III g(ulden) jn XIIII t(agen). Si no(n) t(unc) pf(and).
erk(annt)	Ebba(r)t Kytz erkent Hench(i)n Scherr(er) I g(ulden) jn XIIII t(agen). Si no(n) t(unc).
erk(annt)	Ebba(r)t Kytz erk(ennt) W(er)ners Clesen I½ [II/2] g(ulden) off rechenu(n)g jn XIIII t(agen). Si no(n) t(unc) pf(and).
erk(annt)	Cleß Unglich erk(ennt) Scheffers Ebba(r)t(en) II½ [III/2] alt(er) kar(olinen) [?] jn XIIII t(agen). Si no(n) t(unc) pf(and)
erk(annt)	Farber Henne erk(ennt) Emmeln(n) von(n) Jngelhey(m) XXV alb(us) jn XIIII t(agen). Si no(n) t(unc) pf(and)
erk(annt)	Růtz und Ebbart erk(ennen) Hanma(n) Becker von(n) Wint(ern)hey(m) II g(ulden) jn XIIII t(agen). Si etc.
erk(annt)	Henne von(n) Sod(en) erkent Raupfuß IX g(ulden) jn XIIII t(agen). Si no(n) t(unc) pf(and).
erk(annt)	Kytz Ebba(r)t erkent Emmerich von(n) Engelstait III g(ulden) ad c(om)putac(i)o(nem) jn XIIII t(agen).
	Jt(em) Jekeln [...] schuldiget Unglichen q(uod) t(ame)n si(bi) II malt(er) kor(n) q(uod) no(n) dat notzt i(n) t(antu)m. Unglich daroff redt er hab jme abkaufft VI malt(er). Hab jne III malt(er) geliebb(er)t.
Unglich	Die and(er)n soll er jme abv(er)tienen. Weß er jne widd(er) anlange sij er unschuld(ig). Gestalt XIIII t(agen).
Pet(er) Bend(er)	Jt(em) Schonewedd(er) schuldiget Pet(er) Bend(er) er sij gudt word(en) eynen ma(n) des sij jme schuld(ig) gewest X alb(us). Daß er jne nit ußricht notzt I g(ulden). Pet(er) spricht er mach sich der dinge unschuldig. Jst gestalt noch hude zu XIIII t(agen). V(er)bott.

a Hier und im Folgenden (bis fol. 216v Zeile 2) ist die Zahl der üblichen 14-Tage-Frist zuweilen undeutlich geschrieben. Sie dürfte aber wohl ste gemeint sein.

b Es folgt durchgestrichen: »Conrait«.

3. August 1482 — fol. 216

ÜBERTRAGUNG

Clesgin Becker erkennt an, Emmerich von Engelstadt 14 Pfund an Albus zahlen zu müssen binnen 14 Tagen.
Gerhart Brand erkennt an, Herrn Konrad 2 Pfund zahlen zu müssen binnen 14 Tagen. Wenn nicht etc.
Clesgin Becker erkennt an,
Contz Oete 6 Gulden zahlen zu müssen binnen 14 Tagen.
Kett Hiltz erhebt die 1. Klage gegen Suffuß wegen 10 Schilling, Pfänder. Herr Jakob, Augustiner, erhebt die 1. Klage gegen die Frau von Herrn Hans wegen 5 Gulden, Pfänder.
Peter Christman erkennt an, Kett Hiltz 2 Gulden binnen 14 Tagen.
Henne von Soden erkennt an, Herrn Konrad 15 Schilling gegen Rechnung binnen Monatsfrist. Wenn nicht, etc. Jakob Sommerie erkennt an, Peter Raub 18 Albus binnen 14 Tagen.
Eberhard erkennt an, Rampusch ½ Gulden binnen 14 Tagen. Wenn nicht erfolgt die Pfändung. Eltville erkennt an, Henne Diem einen Gulden 1 Ort binnen 14 Tagen. Eberhard erkennt an, Schonwedder 20 Gulden binnen 14 Tagen.
Rutz erkennt an, Cles Werner 1½ Gulden binnen 14 Tagen. Schonwedder erkennt an, Philipp Flach 2 Gulden gegen Rechnung binnen 14 Tagen. Peter Swinde erkennt an, Rampusch 18 Gulden binnen 14 Tagen. Wenn nicht erfolgt die Pfändung.
Rutz erkennt an, Peter Snade 2 Gulden binnen 14 Tagen. Wenn nicht etc.
Eberhard erkennt an, Peter Snade 10 Albus binnen 14 Tagen. Wenn nicht etc.
Henne von Eltville erkennt an, Rudiger 3 Gulden binnen 14 Tagen. Wenn nicht dann Pfändung.
Eberhard Kitz erkennt an, Henchin Scherer einen Gulden binnen 14 Tagen. Wenn nicht etc.
Eberhard Kitz erkennt an, Cles Werner 1½ Gulden gegen Rechnung binnen 14 Tagen. Wenn nicht erfolgt die Pfändung. Cles Unglich erkennt an, Ebart Scheffer 2½ alte Karolinen zu zahlen binnen 14 Tagen. Wenn nicht erfolgt die Pfändung. Henne Ferber erkennt an, Emmel von Ingelheim 25 Albus zahlen zu müssen binnen 14 Tagen. Wenn nicht dann die Pfändung. Rutz und Eberhard erkennen an, Hanman Becker von Winternheim 2 Gulden binnen 14 Tagen. Wenn nicht etc.
Henne von Soden erkennt an, Rampusch 9 Gulden binnen 14 Tagen. Wenn nicht erfolgt die Pfändung.
Eberhard Kitz erkennt an, Emmerich von Engelstadt 3 Gulden gegen Rechnung binnen 14 Tagen.
Jakob beschuldigt Unglich, dass er ihm 2 Malter Korn schuldet, dass er ihm die nicht gibt, das schade ihm ebensoviel. Unglich sagt darauf: Er habe ihm 6 Malter abgekauft. Davon habe er ihm 3 Malter geliefert. Die anderen soll er von ihm abverdienen. Wessen er ihn darüber hinaus anklage, dessen sei er unschuldig. Festgesetzt für 14 Tage.
Schonwedder beschuldigt Peter Bender, er sei Bürge geworden für einen Mann, der ihm 10 Albus schuldig gewesen sei. Dass er ihm die nicht bezahle, schade ihm einen Gulden. Peter sagt: Er erkläre sich für unschuldig. Die ist festgesetzt für 14 Tage. Zugestimmt.

fol. 216v — Sabbato post Assumpcionem Marie

erk(annt)	Jt(em) Rutz erk(ennt) Steffan(n) Schugma(n) II g(ulden) II alb(us) jn XIIII t(agen). Si no(n) t(un)c pf(and).
erk(annt)	Jt(em) Rutz erk(ennt) Rampfuß I g(ulden) XVII ß jn XIIII t(agen). Si no(n) t(unc) pf(and).
1 h[d]	Jt(em) h(er) Conrait 1 h(eischung) off die vo(n) Fenning(en) off X Bing(er) malt(er) kor(n) off soliche und(er)pf(and)
	Jt(em)[a] h(er)[b] Conrait 1 h(eischung) off Kytz Anna of XXXV ß und(er)pfande.
	Jt(em) id(em) 1 h(eischung) off Pet(er) Korp(er) off XI½ [XII/2] ß und(er)pf(and).
1 h(eischung)[e]	Jt(em) id(em) 1 h(eischung) off Dressern(n) vo(n) Swabenhey(m) off I l(i)b(ram) gelts und(er)pfande.
	Adam(m) Wolff n(oste)r soci(us) 1 h(eischung) off Hiltwin off II gense und solich und(er)pfande.
	Jdem(m) 1 h(eischung) off Hultzhusen off X alb(us) solich und(er)pfande.
1 h(eischung)	Jt(em) Flucken Clese 1 h(eischung) off Becker Henne off I g(ulden) und(er)pfande.
erf(olgt)	Jt(em) Heyntz Clemen erfolgt Knaden Clesen vo(r) X g(ulden).
erf(olgt)	Jt(em) Růtz erfolgt Ebba(r)ten vo(r) X guld(en).
erf(olgt)	Jt(em) Stylnn Pet(er) von(n) Wint(ern)hey(m) erfolgt Rudwin fur I ort ey(n)s guld(en).
erf(olgt)	Jt(em) Cristma(n)s Hene erfolgt Erwins Henchin(n) vor XVIII guld(en).
	Jt(em) Hiltzen(n) Kett erfolgt Holtzhusers[c] Wilhelm(e) fur IIII g(ulden) alß fer er das mit dem eyde behelt daß er daß nit gewist habe.
mompar	Jt(em) Katherina Steybine hait Hanßen Steyben jren sone momp(ar) gemacht jre schult und gult jn zugewyne jm Riche bijß off ir widd(er)ruffen. Das hait Hanß v(er)bott.

Sab(at)o p(os)t Assumpc(i)o(nem) Ma(r)ie.

r(e)cepit	Jt(em) nachdem Hench(in) Melema(n) II l(i)b(ras) gelts hind(er) ger[i]cht gelacht hait geyn(n) den heren jm Sale die sint jme uberlibb(er)t off hude Sampstag fur gericht.
2 h(eischung)	Jt(em) h(er) Jacop Aug(us)tin(er) 2 h(eischung) off h(er)n Hansen(n) frauwe(n) uff V g(ulden) solich und(er)pf(and).
p b	Jt(em) Henne von(n) Eltfelt hait p b off Metzelhennen(n) und hait die pfande v(er)bott.
erf(olgt) p b	Jt(em) Engelstait erfolgt Rutz(e)n auch pfande beredt an jme.
erf(olgt) p b	Jt(em) Engelstat erfolgt Ebba(r)t Kytz(e)n hat auch pfande beredt an jme.
erk(annt)	Jt(em) Drubey(n) erkent Henne Helffrich(e)n VIII alb(us) jn XIIII t(agen).
erf(olgt) p b	Jt(em) W(er)ners Clese erfolgt Růtzen und Ebba(r)t(en) Kytzen auch p b off jne beyd(en).
erf(olgt) p b	Jt(em) Hanma(n) Becker erfolgt Rutzen und Ebba(r)t(en) Kytzen auch p b off jne beid(en).

a Davor am Rand und durchgestrichen: »1 h(eischung) e(r)k(ennt)«. Zwei Zeilen später zeigen Klammerstriche an, dass die Marginalie »1 h(eischung)« auch für die folgenden drei Zeilen gilt.
b Zwei Striche zeigen an, dass die zwei Zeilen später folgende Marginalie für den gesamten Abschnitt gilt.
c Über dem letzten Buchstaben befindet sich ein nicht eindeutiges Kürzel.
d Es folgt durchgestrichen: »erk(ennt)«.
e Zwei Striche zeigen an, dass die Marginalie auch für die folgende Zeile gilt.

17. August 1482

Rutz erkennt an, Stefan Schuhmann 2 Gulden 2 Albus zahlen zu müssen binnen 14 Tagen. Wenn nicht erfolgt die Pfändung.

Rutz erkennt an, Rampusch einen Gulden 17 Schilling zahlen zu müssen binnen 14 Tagen. Wenn nicht erfolgt die Pfändung.

Herr Konrad erhebt seine 1. Klage gegen die von Venningen wegen 10 Binger Malter Korn auf die Pfänder.

Herr Konrad erhebt seine 1. Klage gegen Anne Kitz wegen 35 Schilling, auf die Pfänder.

Derselbe erhebt seine 1. Klage gegen Peter Korper wegen 11½ Schilling, Pfänder.

Derselbe erhebt die 1. Klage gegen Dresser von Schwabenheim wegen ein Pfund Geld, Pfänder.

Adam Wolff, unser Mitschöffe, erhebt seine 1. Klage gegen Hiltwin wegen 2 Gänsen und auf die Pfänder.

Derselbe erhebt die 1. Klage gegen Holzhausen wegen 10 Albus, auf die Pfänder.

Cles Fluck erhebt die 1. Klage gegen Henne Becker wegen einem Gulden, Pfänder.

Heinz Clem verklagt Cles Knode auf 10 Gulden.

Rutz verklagt Eberhard auf 10 Gulden.

Peter Styln von Winternheim verklagt Rudwin auf 1 Ort eines Guldens.

Henne Christman verklagt Henchin Erwin auf 18 Gulden.

Kett Hiltz verklagt Wilhelm Holzhausen auf 4 Gulden so fern er das nicht mit dem Eid beweist, dass er das nicht wusste.

Katharina Steyb hat Hans Steyb, ihren Sohn, zum Vertreter gemacht, ihre Schulden und Gülten zu gewinnen im Reich bis auf Widerruf. Das hat Hans festhalten lassen.

17. August 1482

Nachdem Henchin Melman 2 Pfund Geld bei Gericht hinterlegt hat für die Herren im Saal, sind ihm die heute Samstag vor Gericht übergeben worden.

Herr Jakob, Augustiner, erhebt die 1. Klage gegen die Frau von Herrn Hans wegen 5 Gulden, auf die Pfänder.

Henne von Eltville hat Pfändung gefordert gegen Henne Metzel und hat die Pfänder festhalten lassen.

Engelstadt hat seinen Anspruch ins Gerichtsbuch eintragen lassen gegen Rutz und hat auch Pfändung gefordert.

Engelstadt hat seinen Anspruch ins Gerichtsbuch eintragen lassen gegen Eberhard Kitz und hat auch Pfändung gefordert gegen ihn.

Drubein erkennt an, Henne Helfrich 8 Albus binnen 14 Tagen.

Cles Werner hat seinen Anspruch ins Gerichtsbuch eintragen lassen gegen Rutz und Eberhard Kitz und hat Pfändung gefordert gegen beide.

Hanman Becker hat seinen Anspruch ins Gerichtsbuch eintragen lassen gegen Rutz und Eberhard Kitz und hat Pfändung gefordert gegen beide.

fol. 217 — Sabbato post Assumpcionem Marie

2 h(eischung)	Jt(em) Adam(m) Wolff n(oste)r soci(us) 2 h(eischung) off Holtzhusern(n) off X alb(us).
erk(annt)	Jt(em) Drubey(n) erkent Gunthrům VII½ [VIII/2] g(ulden) II alb(us) jn monets friste. Si no(n) t(unc) pf(and).
erk(annt)	Jt(em) Mŏnchis Clese erkent Gunthrům I g(ulden) jn monets friste. Si no(n) etc.
erk(annt)	Jt(em) Engeln Henne erkent Bartholmeß sone Clesen zu Winhey(m) ex p(ar)te ecl(es)ie I g(ulden) jn XIIII t(agen). Si etc.
erf(olgt) p b	Jt(em) Rampfuß erfolgt Rutzen hait auch p b off jne.
erf(olgt) b p	Jt(em) Steffan Schůgma(n) erf(olgt) Rutzen(n) auch p b off jme.
erf(olgt) p b	Jt(em) Rampfuß erfolgt Henne von(n) Soden auch p b off jme.
	Jt(em) zussen(n) Pet(er)n Bendern(n) und Schonewedd(er)n der unschult halb(er). Die soll ab sin und sollen furt(er)
Schonewedd(er)	sie beyde herbij bring(en) den jhenne vor den Pet(er) burge wurd(en) ist alß Schonewedd(er) sagt.
	Deß hait jne der schult(eiß) jren tag und zijle gesatzt nach hude zu XIIII t(agen). Betorff(e)n sie dan(n)
	jrer tage furt(er) und heyssent die alß r[e]cht ist so soll man(n) jne die noch zu XIIII stell(e)n. V(er)bott.
2 h(eischung)ᵃ	Jt(em) her Conrait 2 h(eischung) off fr(au) Magdalena von Fenn(in)g(en) ut p(rim)a sonat.
	Jt(em) jdem(m) 2 h(eischung) off Kytz Anna ut p(rim)a sonatt.
erf(olgt)	Jt(em) Osewine erfolgt Wineworme sup(ra) libr(um).
erf(olgt)	Jt(em) Heltzen(n) Kett erf(olgt) Cristma(n)s Pet(er)n sup(ra) libr(um).
erk(annt)	Jt(em) Henchin(n) End(re)s erkent Emmeln(n) I g(ulden) jn XIIII t(agen). Si no(n) t(unc) pfand.
erk(annt)	Jt(em) Heiden(n) Cleßg(in) erkent Emmeln(n) XXI alb(us) jn XIIII t(agen). Si no(n) t(unc) pf(and).
2 h(eischung)	Jt(em) Flucken(n) Clese 2 h(eischung) off Becker Hennen ut p(ri)ma.
erf(olgt)	Jt(em) Masen Ebba(r)t erfolgt Unglich(e)n.
erf(olgt)	Jt(em) Contz Oete erfolgt Cleßg(in) Beckern(n).
p b	Jt(em) Cristma(n)s Henne hait p b off Erbachas [!] Henchin.
gelengt	Jt(em) zussen(n) Jacop Leihendeckern(n) und den Stoipen ist gelengt noch hude zu XIIII tage sic hodie
erf(olgt)	Jt(em) Rampfuß erfolgt Pet(er) Swineden ad libr(um).
erf(olgt)	Jt(em) Rudig(er) erfolgt Henne von(n) Eltfelt von sins junckh(er)n weg(en).
1 h(eischung)	Jt(em) Sybolt gerichtschrib(er) 1 h(eischung) off Kytzgin off II g(ulden) und solich und(er)pfande ex p(ar)te do(m)i[-]celli Boeß(en).
erf(olgt)	Jt(em) Steffan Bed(er) erf(olgt) Rutzen vo(r) I g(ulden).
erf(olgt)	Jt(em) Knybeß erf(olgt) Busen jn der Offhoben.
erf(olgt)	Jt(em) Bartholmeß sone Clese von Winhey(m) erf(olgt) Kochers Kettern(n) fur I g(ulden)
erf(olgt)	Jt(em) Winß Jekel erfolgt den jung(en) Follmar fur ½ [I/2] guld(en).

a Zwei Striche zeigen an, dass die Marginalie auch für die folgende Zeile gilt.

17. August 1482 — fol. 217

Adam Wolff, unser Mitschöffe, erhebt seine 2. Klage gegen Holzhausen wegen 10 Albus.

Drubein erkennt an, Gunthrum 7½ Gulden 2 Albus in Monatsfrist. Wenn nicht erfolgt die Pfändung.

Cles Monch erkennt an, Gontrum einen Gulden in Monatsfrist. Wenn nicht etc.

Henne Engel erkennt an, Bartholomäus Sohn Cles zu Weinheim für die Kirche einen Gulden zahlen zu müssen. Wenn nicht etc.

Rampusch hat seinen Anspruch ins Gerichtsbuch eintragen lassen gegen Rutz und hat Pfändung gefordert gegen ihn.

Stefan Schumann hat seinen Anspruch ins Gerichtsbuch eintragen lassen gegen Rutz und hat Pfändung gefordert gegen ihn.

Rampusch hat seinen Anspruch ins Gerichtsbuch eintragen lassen gegen Henne von Soden und hat Pfändung gefordert gegen ihn.

Zwischen Peter Bender und Schonwedder wegen der Unschuld. Die gilt nicht mehr und sie sollen beide jenen beibringen, der Peters Bürge geworden sei wie Schonwedder sagt. Dafür hat ihnen der Schultheiß einen Termin gesetzt heute in 14 Tagen. Bedürfen sie Verlängerung und fordern sie, wie es Recht ist, so soll man ihnen noch 14 Tage geben. Festgehalten.

Herr Konrad erhebt seine 2. Klage gegen Frau Madlene von Venningen.

Derselbe erhebt seine 2. Klage gegen Anne Kitz.

Osewin hat seinen Anspruch ins Gerichtsbuch eintragen lassen gegen Winworm.

Kett Hiltz hat ihren Anspruch eingeklagt gegen Peter Christman.

Henchin Enders erkennt an, Emmel einen Gulden zahlen zu müssen binnen 14 Tagen. Wenn nicht erfolgt die Pfändung.

Clesgin Heide erkennt an, Emmel 21 Albus zahlen zu müssen binnen 14 Tagen. Wenn nicht erfolgt die Pfändung.

Cles Fluck erhebt seine 2. Klage gegen Henne Becker.

Eberhard Mase hat seinen Anspruch ins Gerichtsbuch eintragen lassen gegen Unglich.

Contz Oete hat seinen Anspruch ins Gerichtsbuch eintragen lassen gegen Clesgin Becker.

Henne Christman hat Pfändung gefordert gegen Henchin Erbach.

Zwischen Jakob Leyendecker und den Stop ist der Tag verschoben worden um 14 Tage.

Rampusch hat seinen Anspruch ins Gerichtsbuch eintragen lassen gegen Peter Swinde.

Rudiger hat seinen Anspruch ins Gerichtsbuch eintragen lassen gegen Henne von Eltville für seinen Junker.

Sibel der Gerichtsschreiber erhebt seine 1. Klage gegen Kitzgin wegen 2 Gulden und auf die Pfänder für den Herrn Boos.

Stefan Beder verklagt Rutz auf einen Gulden.

Knybiß hat seinen Anspruch ins Gerichtsbuch eintragen lassen gegen Busen in der Uffhub.

Bartholomäus Sohn Cles von Winheim verklagt Ketter Kocher auf einen Gulden.

Jeckel Winß verklagt den jungen Follmar auf ½ Gulden.

fol. 217v — Zistag post Bartholmej

Z(ist)a(g) p(os)t Bartholomej.

1 h(eischung) — Jt(em) Emmel von(n) Jngelnh(eim) I heyssu(n)g off den alt(en) Essig Henchin(n) off I torniß und solich und(er)pfandt.

Sabb(at)o p(os)t Decollac(ionem) Joh(ann)is Bap(tis)te.

2 h(eischung) — Jt(em) Sybolt gericht schrib(er) 2 h(eischung) off Kytzg(in) ut p(rim)a von(n) momp(ar)sc(haft) weg(en) Boeßen.

momp(ar) — Jt(em) Hiltzen(n) Kett hait Wilhelm(e) Holtzhusern(n) momp(ar) gemacht jre schult gey(n) Metzelhenne(n) jn zugewynne zu gewynne und v(er)lust wie r[e]cht ist. Daß hait Wilhelm(e) v(er)bott.

Jt(em)ª Johan(n) Beynling schuldiegt Pet(er)n Scheffern(n) wie h(er) Johan(n) Sultz die alte frůmeß

Beynling — jn dem(e) LXXVI jare jngehabt rentte und gult korne und wine dar zu fellig offgehaben habe. Solichs solt er v(er)dienet han alß billich ist / Ob er solichs gethan(n) hab laß er stene / deß er hofft nit zu entgelten(n) dan nyema(n)t hab jme dar jn getrag(en). Furt(er) jn dem(e) LXXVII jare sij die frůmeß sin wůrd(en) ludt sin(er) herlichen ferschribu(n)ge davon(n) jnhabe. Jm selb(e)n jare ist jme erschene(n) I g(ulden) gelts off Pet(er)n Scheffer mit ettlichem(m) zufalle mehe sijt der zijt auch fellig. Daß er jme solchen(n) guld(en) nit gijt notz(et) X guld(en). Und heißet jme eyn(n) anttwo(r)t ob er jme den schuldig sij od(er) nit / Daroff Scheffer redden(n) ließ solich ansprach den guld(en) beroren hab hie fur me an gericht geludt und h(er) Johan(n) hab jme dar umb zugesprochen.

Scheffer — Da sij h(er) Johan(n) ludt eyns ortels gewist daß bij zubring(en) daß jme solch(er) guld(en) zuste. Da sij jme an der wisu(n)ge brost wurd(en). Dem(e) nach sij er mit ortel(l) von(n) jme gewist noch zur zijt nit schuld(en) wie das ortel jm buch widers davon(n) jnhelt. Laß er ruwen / Und hofft der furderu(n)ge nach h(er) Johan(n) soll widd(er) gericht gethan(n) han(n) und er sij jme dar[u]m(m)b nit pflichtig. Und stalt zu r[e]cht. Dar uff her Johan(n) sagt neyn(n) / Daß r[e]cht soll keyn fare off jme han(n) / dan Scheffer sij jme jn der ersten(n) ansprach deß guld(en) nit leuckbare gewest / So hab er jme ey(n) richtig anttwo(r)t geheisß(e)n ja od(er) ney(n) / Wan er jme daß anttwo(r)t thu nach deß gerichts lauff / wie r[e]cht / so woll er lassen(n) mit r[e]cht erkenne waß bilich sij / Scheffer(er) spricht daruff er sij mit ortel von(n) h(er) Johanne(n) gewist

ad socios — hofft jme auch nůstnit schuldig zu sin. Und stalt zu r[e]cht. Ad socios.

p b — Jt(em) Růtze hait pfande beredt off Busen Henne jn d(er) Offhofen.

3 h(eischung) — Jt(em) h(er) Conrait 3 h(eischung) off Ebba(r)ts Anna ut p(rim)a.

plebanus — Jt(em) d(omin)us pleba(nus) schuldiget Gerha(r)t Bechtold(en) daß er von(n) ey(n) huß gebe der p(re)sentz II l(i)b(ras) gelts. Solich II l(i)b(ras) sin jme gefallen(n) zu sin(er) geburniß und sij v(er)sessen(n)

---

a Zwischen Marginalie und Text verläuft entlang der folgenden vier Zeilen ein Strich.

27. August 1482
Emmel von Ingelheim erhebt seine 1. Klage gegen den alten Henchin Essig wegen 1 Tournosen und auf die Pfänder.

31. August 1482
Sibel der Gerichtsschreiber erhebt die 2. Klage gegen Kitzgin als Vertreter des Boos.
Kett Hiltz hat Wilhelm Holzhausen zu ihrem Vertreter gemacht, ihre Schuld zu gewinnen gegen Henne Metzel. Das hat Wilhelm festhalten lassen.
Johann Beinling beschuldigt Peter Scheffer, dass Herr Johann Sultz die alte Frühmesse in dem 76. Jahr innehatte und Renten, Gülte, Korn und Wein, die dort fällig waren, einzuziehen hatte. Das habe er verdient wie es billig ist. Ob er dies eingezogen habe, lasse er offen; das sei nicht seine Sache, denn dies betreffe ihn nicht. Weiter sei in dem 77. Jahr die Frühmesse sein geworden, wie eine herrschaftliche Verschreibung, die er habe, ausweise. Ihm seien in demselben Jahr ein Gulden Geld von Peter Scheffer mit anderen Gefällen mehr fällig geworden. Dass er den Gulden nicht gibt, das schade ihm 10 Gulden. Und er fordert von ihm eine Antwort, ob er ihm den schuldig sei oder nicht. Darauf ließ Scheffer reden: Die Anklage wegen des Guldens sei hier vor Gericht gebracht worden und Herr Johann habe ihn deshalb angeklagt. Da habe Herr Johann das Urteil erhalten, er solle den Beweis erbringen, dass ihm der Gulden zustehe. Das sei ihm nicht gelungen. Daher habe er ein Urteil erhalten, ihm zur Zeit nichts zu schulden, wie das im Gerichtsbuch steht. Das lasse er ruhen. Und er hoffe, Herr Johann habe mit seiner Forderung gegen das Gericht gehandelt und er sei ihm nichts schuldig. Das legt er dem Gericht vor. Darauf sagte Herr Johann: Nein. Das Urteil soll ihn nicht binden, denn Scheffer habe auf die 1. Anklage den Gulden nicht geleugnet. Er habe von ihm eine Antwort gefordert: Ja oder Nein. Wenn er ihm antworte nach dem Gerichtsablauf, so wolle er durch das Gericht erkennen lassen, was billig sei. Scheffer sagt darauf: Er habe ein Urteil gegen Herrn Johann erhalten und hoffe ihm nichts schuldig zu sein. Das legt er dem Gericht vor. Das wurde verschoben bis zum Zusammentreffen des Vollgerichts.
Rutz hat Pfändung gefordert gegen Henne Busen in der Uffhub.
Herr Konrad hat seine 3. Klage erhoben gegen Anne Eberhard.
Der Herr Pleban beschuldigt Gerhard Bechtold, dass er von einem Haus der Präsenz 2 Pfund Geld gebe. Diese 2 Pfund fallen ihm zu und sind angelaufene

fol. 218 — Sabbato post Decollacionem Johannis Baptiste

gult / die hab er auch v(er)rechen(n)t sinen(n) heren(n). Solich II l(i)b(ras) sij jme Gerhart
noch schuldig. Q(uod) no(n) dat notzt i(n) t(antu)m. Anttwo(r)t. Daruff Gerhart selbs redt
er hab ey(n) huß kaufft.[a] Daß hab jars geb(e)n II l(i)b(ras) und die kirchen(n)meist(er)
haben(n) daß huß offgeholt und and(er)s me damit,[b] Und sij jme solich huß v(er)botten durch die kirchen[-]
meist(er) / Danach haben(n) die kirchen(n)meist(er) jme solich huß widd(er)geluwen(n)
jars um(m)b eyn ewigk liecht. Hofft dem(e) pferr(er) nůstnit schuldig zu sin dan
eß sij synet halben nit v(er)loren worden(n) / Der pferr(er) hatt v(er)bott daß doch
Gerhart selb(er) gestett daß solich huß II l(i)b(ras) gegeb(e)n hab der p(re)sentz / Hofft er soll

Gerhart Bechtold(en) — jme die geb(e)n und ußricht(en). Solichis ist gutlich abgeno(m)men und gelengt
noch hude zu XIIII tage. V(er)bott beysampt.

erk(annt) — Jt(em) Luterwine erkent Rutzen(n) XIIII alb(us) jn XIIII tag(en). Si no(n) tu(n)c pf(and).

erk(annt) — Jt(em) Metzelhenne erk(ennt) Holtzhuser(er)s[c] Wilhelm(e) III g(ulden) jn monets friste.

erk(annt) — Jt(em) Peter von(n) Jegelßbach erk(ennt) Heyntz Drielen I l(i)b(ram) jn XIIII t(agen). Si no(n) etc.

erk(annt) — Jt(em) Drubey(n) erkent Pet(er) Snad(en) IX alb(us) jn XIIII tag(en).

p. b — Jt(em) Hiltzen(n) Kett hait p b off Cristma(n)s Pet(er)n.

erk(annt) — Jt(em) Můd(er)henne erk(ennt) dem(e) pferr(er) zu Nidd(er) Jngelnh(eim) ½ [I/2] guld(en) halp jn XIIII tag(en)
deß testame(n)ts halb(er) von(n) sin(er) swegerfrauwe(n) jme gesatzt.

Jt(em) Schonewedd(er) schuld(igt) Pet(er) Snad(en) er hab jme zu eyn(er) zijt gegeb(e)n bose und gut gelt
daß[d] zu weßßeln nemlich V guldewert[e] / Alß hait er jne v(er)noget
bujß off XIIII alb(us). Q(uod) no(n) dat notz(e)t I g(ulden). Anttwo(r)t Peter daroff erkent er hab

Schonewedd(er) — jme geb(e)n V guld(en) wert boeß und guts gelts / und soll gemeyn gelten(n) jme syme
swag(er) und Schonewedd(er)n / Daran sij v(er)loren(n) wůrd(en) eyn(n) somme jn abslag.
Hofft jme nustnit schul(ig) zu sin. Und ob erß dabij nit zulassen(n) v(er)meynt. Weß
er jne widers anlange sij er unschuld(ig) / Unschult ist jme gestalt noch hude zu
XIIII tag(en). V(er)bott.

3 h(eischung) — Jt(em) h(er) Jacob August(us)tin(er) 3 h(eischung) off her Hansen(n) frauwe(n) ut p(rim)a.

3 h(eischung) — Jt(em) Flucken(n) Clese 3 h(eischung) uff Becker Henne ut p(ri)ma.

2 tag — Jt(em) Schonewedd(er) hait sinen 2 tag furt(er) geheyssen(n) sin konde zu bring(en) antreffen
Peter Bend(er)n.

erk(annt) — Jt(em) Peter Switzer der becker erk(ennt) Winßhenne von(n) weg(en) Philipß Hertten socio n(ost)ro
III½ [IIII/2][f] guld(en) jn XIIII t(agen) so no(n) etc.

erf(olgt)[g] — Jt(em) Winßhenne von(n) sins junckh(er)n weg(en) Philipß Hiertt(en) erfolgt Henne Duerma(n)
und Holtzhusen(n) off das bůch.

---

a   Es folgt durchgestrichen: »gijt«.
b   Die letzten vier Worte sind am linken Seitenrand beigefügt.
c   Über dem letzten Buchstaben befindet sich ein nicht eindeutiges Kürzel.
d   Vor dem Wort durchgestrichen: »gegeb(e)n«.
e   Verbessert aus: »guddewert«.
f   Vor der Zahl durchgestrichen: »V«.
g   Der Begriff wird noch einmal wiederholt.

31. August 1482 — fol. 218

ÜBERTRAGUNG

Gülte, die habe er mit seinen Herren verrechnet. Diese 2 Pfund sei ihm Gerhard noch schuldig. Dass er ihm die nicht gibt, schade ihm ebensoviel dazu. Darauf redete Gerhard selbst: Er habe ein Haus gekauft. Das gebe jährlich 2 Pfund und die Kirchenmeister haben das Haus eingezogen und anderes mehr. Und das Haus sei ihm durch die Kirchenmeister eingezogen worden. Danach haben die Kirchenmeister ihm das Haus wieder geliehen für ein ewiges Licht jährlich. Er hoffe, dem Pfarrer nichts schuldig zu sein, denn es sei nicht seinetwegen eingezogen worden. Der Pfarrer hat festhalten lassen, dass Gerhard selber gestehe, dass das Haus 2 Pfund Geld der Präsenz gegeben habe. Er hofft, er solle ihm die geben und bezahlen. Das ist aufgenommen und verschoben worden auf heute in 14 Tagen. Dem haben sie beide zugestimmt.

Luterwin erkennt an, Rutz 14 Albus zahlen zu müssen binnen 14 Tagen. Wenn nicht erfolgt die Pfändung.

Henne Metzel erkennt an, Wilhelm Holzhausen 3 Gulden in Monatsfrist.

Peter von Egelsbach erkennt an, Heinz Driel 1 Pfund binnen 14 Tagen. Wenn nicht etc.

Drubein erkennt an, Peter Snade 9 Albus binnen 14 Tagen.

Kett Hiltz hat Pfändung gefordert gegen Peter Christman.

Henne Muder erkennt an, dem Pfarrer zu Nieder-Ingelheim ½ Gulden halb binnen 14 Tagen wegen des Testaments seiner Schwägerin, die ihm die vermachte.

Schonwedder beschuldigt Peter Snade, er habe ihm vor einiger Zeit schlechtes und gutes Geld zum Wechseln gegeben, nämlich im Wert von 5 Gulden. Er hat ihm Genüge getan bis auf 14 Albus. Das schade ihm einen Gulden. Darauf antwortet Peter: Er erkennt an, er habe ihm schlechtes und gutes Geld im Wert von 5 Gulden gegeben und das solle gemeinsam für ihn, seinen Schwager und Schonwedder sein. Daran haben sie eine Summe als Abschlag verloren. Und er hofft, ihm nichts schuldig zu sein. Und wenn er meint, ihn nicht dabei lassen zu können, wessen er ihn weiter anklage, dessen sei er unschuldig. Die Unschuld gilt von heute an 14 Tage. Festgehalten.

Herr Jakob, Augustiner, erhebt seine 3. Klage gegen die Frau von Herrn Hans.

Cles Fluck erhebt seine 3. Klage gegen Henne Becker.

Schonwedder hat seinen 2. Tag gefordert, seine Beweise zu bringen gegen Peter Bender.

Peter Switzer der Bäcker erkennt Henne Winß als Vertreter von Philipp Hirt, unseres Mitschöffen, 3½ Gulden binnen 14 Tagen. Wenn nicht etc.

Henne Winß hat für seinen Junker Philipp Hirt seinen Anspruch ins Gerichtsbuch eintragen lassen gegen Henne Duhermann und Holzhausen.

fol. 218v — Sabbato post Decollacionem Johannis Baptiste

erf(olgt)	Jt(em) Emmel jn d(er) Offhofen erfolgt Ferberhenne ad libru(m).
widd(er)geno(m)men	Jt(em) Clese Raub soci(us) n(oste)r spricht Wint(er) gebe jme von(n) I firt(el) felts gult am(m)
	Daubersteyn(n) geleg(en) und gijt jme die nit ob er daß firtel nit moge widd(er)
	zu jme nemen / S(e)n(tenti)a si ita est tu(n)c b(e)n(e) potest face(re). V(er)bott.
erf(olgt)	Jt(em) Cleßg(in) von(n) Winhey(m) kirchenmeist(er) erf(olgt) Engelland(er)n sup(ra) libru(m).
	Jt(em) Henchin(n) Melema(n) schuld(igt) Clese Suffuß(e)n / er hab kaufft ey(n) huß mit syn(er)
	zugehorde umb Contz Dinckelern. Also hab Henchin(n) eyn flecken garten
	ziehen(n) widd(er) Cleßen / Me spricht Clese der flecken soll sin sin / Daß er nů
	nit sagt wie jme der flecken wurd(en) sij notz(et) X g(ulden).ᵃ Anttwo(r)tt.
Sůffuß Clese	Daroff spricht Clese er hab ey(n) huß hoeff und gart(en) kaufft umb Contz
	Dinckel(er)n mit allem(m) sinem begriff. Daß hab er jn. Hofft nit schuld(ig) zu sin
Meleman(n)	jme widers zu entrichten. Darumb er nust nit jn hab daß sin sij / Er
	wurde dan erzuget alß r[e]cht we(re) / Weß er jne wider anla(n)ge sij er unschuld(ig).
	Daruff ist jme die unstalt noch hude zu XIIII tage. V(er)bott.
	Jt(em) Krusen Gredchin spr(icht) zu Sidendistel(n) wie er jr schuld(ig) sij von(n) eyme winga(r)t
	1½ [II/2] guld(en) den hab er umb sie kaufft. Q(uod) no(n) dat notz(et) i(hr) tantu(m) / Anttwo(r)t.
Sidendistell	Sidendistel erk(ennt) jr ey(n) guld(en) off werschafft. Also wan(n) er sie jne were so woll
	er jre den(n) guld(en) geb(e)n und e nit. Um(m)b den halb(e)n guld(en) hait er jr eyn
	unschult gebotten(n) / Henne von(n) Eltfelt von(n) Gredchis weg(en) hait v(er)bott das
	er jre I guld(en) erkent off wereschafft. Und gefragt jn welch(er) zijt er jre
	den guld(en) geb(e)n soll. S(e)n(tenti)a jn XIIII tag(en). Daß hait die frauwe v(er)bott und ist
	der werschafft buddig gewest jme die zuthu(n) von(n) stůnt / umb daß uberige
	ist jme sin unschult gestalt XIIII t(age). Auch v(er)bott.
erfolgt	Jt(em) Henne Erck erfolg(t) Clese Harewiler sup(ra) libru(m).
erkentniß no(tandum)	Jt(em) Wineworme hait erkant waß Henne von(n) Eltfelt Cleß Moißpech(er) und Schrame
	Henchin(n) erkenne(n) Osewine zuthun(n) daß woll er jme jn XIIII tag(en) ußrichten(n).
erk(annt)	Jt(em) Claß der hoffma(n) erk(ennt) Henne von(n) Eltfelt I½ [II/2] g(ulden) jn XIIII t(agen). Si no(n) t(unc) pf(and).
	Jt(em) Wôber Henne schuld(igt) die kesselerin er hab jr ey(n) hůß geluwe(n) vo(r) ey(n) zinß
Wôber Henne	und ste jme noch uß XXII alb(us) ungev(er) lich. Q(uod) no(n) dat notzt i(n) t(antu)m. Anttwo(r)r.
	Die frauwe hait jme ey(n) unschult geborget. Die ist jr gestalt XIIII t(age). V(er)bott.
erf(olgt)	Jt(em) Scherr(er) Henne erfolgt Wintern(n) vo(r) VI g(ulden).
erf(olgt)	Jt(em) Henne von(n) Sprendeling erf(olgt) Ritter Hansen(n) vo(r) XX guld(en).

ᵃ Es folgt durchgestrichen: »ita«.

31. August 1482 — fol. 218v

Emmel in der Uffhub hat seinen Anspruch ins Gerichtsbuch eintragen lassen gegen Henne Ferber.

Cles Raub, unser Mitschöffe, klagt, Winter gebe ihm von einem Viertel Feld, am Dauberstein gelegen, Gülte und gibt ihm die nicht, ob er das Viertel nicht wieder an sich nehmen könne. Urteil: Ja, wenn es so ist, kann er es tun. Festgehalten.

Clesgin von Winheim, Kirchenmeister, hat seinen Anspruch ins Gerichtsbuch eintragen lassen gegen Engellander.

Henchin Melmann beschuldigt Cles Suffuß, er habe ein Haus mit Zubehör von Contz Dinckler gekauft. Dort habe Henchin ein Stück Garten zu Cles hin. Contz behauptet, das Stück sei ihm. Dass er nicht sagt, wie er das Stück erhalten habe, schade ihm 10 Gulden. Darauf sagt Contz: Er habe ein Haus mit Hof und Garten von Contz Dinckler mit allem Zubehör gekauft. Das habe er inne. Er hoffe, dass er nicht schuldig sei, ihm etwas zu entrichten. Denn er habe nichts inne, das ihm [Henchin] sei. Es sei denn, es werde ihm vom Gericht bewiesen. Wessen er ihn weiter anklage, dessen sei er unschuldig. Die Unschuld gilt für 14 Tage. Festgehalten.

Gredchin Kruse klagt Sidendistel an, dass er ihr von einem Weingarten, den er von ihr gekauft habe, 1½ Gulden schuldig sei. Dass er die nicht gibt, das schade ihr ebenso viel. Sidendistel erkennt an, ihr einen Gulden gegen Garantie zu geben. Wenn sie ihm Garantie leisten wolle, dann wolle er ihr den Gulden geben und vorher nicht. Und wegen des halben Guldens hat er sich für unschuldig erklärt. Henne von Eltville hat für Gredchin festhalten lassen, dass er ihr einen Gulden anerkennt bei der Garantieleistung. Und er hat gefragt, wann er ihr den Gulden geben solle. Urteil: In 14 Tagen. Das hat die Frau festhalten lassen. Und sie war bereit, ihm die Garantieleistung sogleich zu tun und wegen der übrigen Summe hat sie auch der Unschuld zugestimmt. Henne Erk hat seinen Anspruch ins Gerichtsbuch eintragen lassen gegen Cles Harwiler.

Winworm hat erklärt, was Henne von Eltville, Cles Mospecher und Henchin Schram erkennen, Osewin zu tun sei, das wolle er ihm binnen 14 Tagen tun. Claß der Hofmann erkennt an, Henne von Eltville 1½ Gulden zahlen zu müssen binnen 14 Tagen. Wenn nicht erfolgt die Pfändung.

Henne Weber beschuldigt die Kesslerin, er habe ihr ein Haus geliehen für einen Zins und es stehen noch ungefähr 22 Albus aus. Dass sie ihm die nicht gibt, das schade ihm ebensoviel. Die Frau hat ihre Unschuld erklärt. Die wurde festgesetzt für 14 Tage. Festgehalten. Henne Scherer verklagt Winter auf 6 Gulden. Henne von Sprendlingen verklagt Hans Ritter auf 20 Gulden.

fol. 219 — Feria tertia post Jubilate

Actu(m) f(er)ia t(er)tia p(os)t Jubi(la)te.
Jt(e)m her Claß sin erst heischung off Bennd(er) vor XVIII alb(en) et s(upe)r om(n)ia.

Acru(m) Sab(a)to p(os)t Jubilate.

lip vor ir gut gestalt — Jt(e)m her Conrats Elß hat yre(n) lyp vor ir gůt gestalt geg(en) Hans Wolff(en). Ist gestalt ad p(ro)x(i)mum. Rudig(er) v(er)bott von Hans Wolff(en) weg(en).

1 h(eischung) — Jt(em) Henn von Eltvil sin 1 h(eischung) off Monichs Clesen vor I gul(den) I ort s(upe)r o(mn)ia.

Actu(m) Sab(a)to p(os)t Can(ta)te.

p b — Jt(e)m Snyd(er)hens Jeckel hat p b off H(er)man Bend(er). V(er)bot.

h(er) Heinr(ich) Strůde — Jt(em) her Heinr(ich) Strůde hat sin zweyt(en) tag geheisch(e)n das buch od(er) kunde zu bring(en) geg(en) Gerhart(en).

Henchin Sch(er)rer — Jt(e)m Henchin Scherr(er) hat v(er)bot das Lenhart sin eyd(am) die kůnde des recht(en) erlaß(e)n hat / und sint die dinge zusch(e)n yne bed(en) gelengt von hut zu IIII woch(e)n also ob sie do zusch(e)n nit gutlich eyns oder v(er)trag(en) werd(en). So ist ydem teil sin jnredde jn der kuntschafft sage behalt(en) alß off diß(e)n tag. Das hat Lenhart v(er)bot.

2 h(eischung) — Jt(em) Contz Stortzkop sin 2 h(eischung) off Bennd(er) Henn ut p(rim)a.

2 h(eischung) — Jt(em) Cleß Stortzkopp senyo(r) sin 2 h(eischung) off Herm(m)ans Pet(er)n ut p(rius).

d(er) mull(er) jn der Grießmůln — Jt(e)m Rudig(er) ex p(ar)te des mull(er)s jn d(er) Grießmůln spricht Pet(er) Bend(er)n von Heysesh(ei)m zu / wie das er und and(er) sin nachbern ein kauff geborgt hab(e)n nemlich schåff umb Pet(er) Swartz(e)n zu Wint(er)nh(ei)m dar uberußgesnytt(an) zettel gemacht sint / Der Pet(er) ein und die nachber den and(er)n hant. Dem nach so habe Pet(er) Swartz zwen uß den nachbern zu burg(en) gesůcht. Und sij berett wereß daz solich gut nit betzalt wůrde so soll(e)n die selb(e)n zwen und Pet(er) mit yne gehn jn eins wirts huß darjnn geyseln mit so lange es bezalt wurde. Nu sij Pet(er) d(er) burg(en) eyn(er) und sij jn leistung gewesen. Und vil schaides daroff getrib(e)n und der bereddung jnhalt d(er) zettel nit nachkome(n) sond(er) ein male geleist daz and(er) nit. Und das sie semlich(en) bereddung(en) nit nachkomen sien schade sine(m) heubtman(n) XL gul(den). Und ob er da(r)tzu nein sag(e)n wolt / wolt er yne des wisen mit dem zettel und sine(n) mitgesell(en). Daß er hofft zur[e]cht gnug(en) sin soltt. Daroff rette Henn von Eltvil von Peter Bend(er)s weg(e)n er hoff dwil Rudig(er) ein zettel melte jn sine(m) zuspr(uch) er sol den laß(e)n lesen

11. Mai 1484
Herr Clas erhebt seine 1. Klage gegen Bender wegen 18 Albus auf alles.

15. Mai 1484
Herrn Konrads Else hat ihren Leib vor ihr Gut gestellt gegenüber Hans Wolff. Es ist ihr ein Termin gesetzt worden am nächsten Gerichtstag. Rudiger hat das für Hans Wolff festhalten lassen. Henne von Eltville erhebt seine 1. Klage gegen Cles Monch wegen einem Gulden 1 Ort, auf alles.

22. Mai 1484
Jeckel Sniderhen hat Pfändung gefordert gegen Hermann Bender. Festgehalten.
Herr Heinrich Strude hat seinen 2. Tag gefordert, das Gerichtsbuch oder Beweise beizubringen gegen Gerhard.
Henchin Scherer hat festhalten lassen, dass Lenhard, sein Onkel, ihm den Rechtsbeweis erlassen hat und die Angelegenheiten zwischen ihnen beiden sind um 4 Wochen verlängert worden, ob sie sich zwischenzeitlich nicht gütlich vertragen wollen. Jedem Teil ist die Gegenrede gegen die Beweise vorbehalten bis zu diesem Tag. Das hat Lenhart festhalten lassen.
Contz Stortzkopp erhebt seine 2. Klage gegen Johann Bender.
Cles Stortzkopp der Ältere erhebt seine 2. Klage gegen Hermanns Peter.
Rudiger für den Müller in der Grießmühle klagt Peter Bender von Heidesheim an, dass er und seine Nachbarn einen Kauf verbürgten, nämlich Schafe von Peter Schwartz zu Winternheim, über den Kerbzettel gemacht wurden. Von denen hat Peter einen und der Nachbar den anderen. Demnach habe Peter Schwartz zwei von den Nachbarn als Bürgen ausgesucht. Und es sei beredet worden, wäre es, dass das Gut nicht bezahlt würde, so sollen dieselben 2 und Peter mit ihm in ein Wirtshaus gehen und darin als Geiseln bleiben, so lange bis es bezahlt würde. Nun sei Peter einer von den Bürgen gewesen und habe entsprechendes leisten müssen. Und es sei viel Schaden entstanden und er sei der Absprache gemäß dem Zettel nicht nachgekommen, sondern er habe mal Geiselhaft geleistet, mal nicht. Und dass sie zusammen den Absprachen nicht nachgekommen seien, das schade ihm als Hauptmann der Gesellschaft 40 Gulden. Und wenn er dazu Nein sagen wolle, so wolle er ihm das beweisen mit dem Zettel und seinen Mitgesellen. Er hoffe, das solle dem Gericht genügen. Darauf redete Henne von Eltville für Peter Bender: Er hoffe, weil Rudiger einen Kerbzettel anführt für seine Klage, er solle den verlesen lassen

fol. 219v — Sabbato post Cantate

	und zuv(er)sten geb(e)n jn welch(e)n stuck(en) er meynt sin heubtma(n) bruchig
	gewesen sij off daz er desto baß da(r)off geantw(or)t(en) kunde / Rudig(er) spricht
	ex p(ar)te sins heubtma(n)s es sien zwen ußgesnytt(en) zett(el). D(er) habe Peter
	Swartz ein und sie den and(er)n / Den selben mogen sie lesen / Henn vo(n)
	Eltvil spricht dwil Rudig(er) zettel od(er) brieff gemelt habe so hoff
	er / er soll die dar leg(e)n. S(e)n(tenti)a dwil Rudig(er) ußgesnytt(en) zettel ge-
	melt hat und Pet(er) Bend(er) des fårnnß nit gestendig ist so sol Rudg(er)
	von syns heubtmans weg(en) die zett(el) laß(e)n horen.
s(e)n(tenti)a	Jt(em) Rudig(er) hat gefragt quando. S(e)n(tenti)a jn XIIII tag(en) et ult(ra) ut mor(is) e(st).
	Jt(e)m Henn von Eltvil hat gefragt nach dem cost(en). S(e)n(tenti)a ita.
s(e)n(tenti)a	Jdem hat gefragt q(ua)n(do). S(e)n(tenti)a noch dalingk.
p b p b	Jt(e)m Schonwedd(er) ex p(ar)te sins swagers hat pf(ande) ber(etten) off Thomas
	Henn und Contzg(in) Bend(er).
p b	Jd(em) hat pf(and) ber(etten) off scholth(eiß) Henn.
	Jt(e)m Gerhart Spitzkopp sin 2 tag geheisch(e)n geg(en) he(rn) Heinrich
	Struden daz buch zu bring(en).
erf(olgt) p. b.	Jt(e)m Henn Gyck erf(olgt) Eberts Anna sup(ra) libr(um) p b.
1 h(eischung)	Jt(em) Hiltz(e)n Kett dut ir 1 h(eischung) off den jung(e)n Suffuß vor X ß gelts
	et s(upe)r pf(and).
erk(annt)	Jt(em) Hiltz(e)n Kett schuldigt Cristmans Pet(er) sie habe ym(e) ey(n) wisse
Hiltz(e)n Kett	v(er)luwen jars umb ein karchvol hauws. Sij er II jar schuldig.
Cristma(n)s Pet(er)	C(on)fess(us). Jn XIIII tag(en).
erf(olgt)	Jt(em) Philips Buß uns(er) scholth(eiß) erf(olgt) Winworms sup(ra) libru(m).
	Jt(e)m Rudig(er) ex p(ar)te Hans Wolff(en) socio n(ost)ri spricht zu her
	Conrats Elsen vor XXX ß gelts jerlichs hantreychts zinß
Hans Wolff	den sie und ir hußwůrt gehantreicht hant jn rechten
h(er) Conrats Elß	jar(e)n. Das sie solich(e)n zinß nit od(er) die heischung lest vorgen
	nocz sine(n) junch(er)rn XL gul(den) und zucht sich des off sins

22. Mai 1484 — fol. 219v

ÜBERTRAGUNG

und zu verstehen geben, wo er meine, seinem Hauptmann wortbrüchig gewesen zu sein, damit er umso besser darauf antworten könne. Rudiger sagt für seinen Mandanten: Es seien 2 Kerbzettel. Von denen habe Peter Schwartz den einen und sie den anderen. Den sollen sie selber lesen. Henne von Eltville sagt: Weil Rudiger sich auf einen Zettel oder eine Urkunde berufen habe, so hoffe er, er solle sie vorlegen. Urteil: Weil Rudiger sich auf einen Kerbzettel berufen hat und Peter Bender die Übertretung nicht gesteht, so soll Rudiger für seinen Mandanten den Zettel hören lassen. Rudiger hat gefragt, wann. Urteil: In 14 Tagen und darüber wie es üblich ist. Henne von Eltville hat nach den Kosten gefragt. Urteil: Ebenso. Derselbe hat gefragt, wann. Urteil: Noch heute.

Schonwedder für seinen Schwager hat Pfändung gefordert gegen Henne Thomas und Contzgin Bender.

Derselbe hat Pfändung gefordert gegen Schultheiß Henne.

Gerhard Spitzkopp hat seinen 2. Tag gefordert, das Gerichtsbuch beizubringen gegen Heinrich Strude.

Henne Gick hat seinen Anspruch ins Gerichtsbuch eintragen lassen gegen Anne Eberhard.

Kett Hiltz erhebt die 1. Klage gegen den jungen Suffuß wegen 10 Schilling Geld und auf die Pfänder.

Kett Hiltz beschuldigt Peter Christman, sie habe ihm eine Wiese geliehen jährlich gegen einen Wagen Heu. Den sei er ihr 2 Jahre schuldig. Zugegeben. In 14 Tagen.

Philipp Bußer, unser Schultheiß, hat seinen Anspruch ins Gerichtsbuch eintragen lassen gegen Winworm.

Rudiger für Hans Wolff, unseren Mitschöffen, klagt Herrn Konrads Else an wegen 30 Schilling Geld jährlich an handgereichtem Zins, den sie und ihr Ehemann in rechten Jahren zahlten. Dass sie solchen Zins nicht zahle oder ihm sein Klageverfahren zulässt, das schade seinem Junker 40 Gulden und er beruft sich deswegen auf

fol. 220 — Durstag Ascensionis Dominij

junch(e)rn r(e)gister. Dar off anttwurt Elß und begert daß buch zu ŏff(en) was sich vor jaren der dinghalp zusch(e)n hern Heinrich Wolff selig(en) und yrm man(n) gehandelt habe / off das sie daroff richtlich(e)n geantwurt(en) konde. Rudig(er) spr(icht) dar off daz buch soll yne. alß von sins junch(er)n weg(e)n nit hind(er)n. Essij dan(n) das sich fynde daß her Heinrich selig(en) od(er) sine(n) junck(er)n solichs betzalt oder v(er)glich(e)n sij. Els begert daß buch zu off(en) hofft es sol also erkant werd(en). Rudig(er) hofft sie soll sag(en) ursach wa(r)umb.

s(e)n(tenti)a — Warumb man ir daz off(en) sol. Stelt daz auch zu recht. S(e)n(tenti)a dwil Elß off daz zucht[a] so soll sie daß bring(en).

Jt(em) hat sie gefragt wan(n). S(e)n(tenti)a jn XIIII tag(an) ut mor(is) est.

Actu(m) off Durst(ag) Ascen(si)o(nis) D(omi)nj.

2 h(eischung) — Jt(em) h(er) Molans sin 2 h(eischung) off Bennd(er)henne ut p(ri)ma.

Actu(m) Sab(a)to p(os)t Vocem Jocundi(ta)t(is).

1 h(eischung) — Jt(e)m Rudig(er) ex p(ar)te Heinrich Wolffs socio n(ost)ro sin 1 h(eischung) off Eberts Anna vor XII ß gelts et s(upe)r o(mn)ia.

2 h(eischung) — Jt(em) Hen von Eltvil sin 2 h(eischung) off Monichs Cles ut p(ri)ma.

1 h(eischung) — Jt(e)m Adam Wolff soci(us) n(oste)r sin 1 h(eischung) off Cles Harrwil(e)r vor III ß h[e]ll(e)r et s(upe)r o(mn)ia.

s(anc)t(us) Steffa[n](us) — Jt(em) Nickell ex p(ar)te d(omi)nor(um) s(an)cti Steffani hat das urtell v(er)bot zusche(n)[b] yne und Emmeln ergang(e)n und gefragdt wan(n) er in ußricht(en) soll. S(e)n(tenti)a jn XIIII t(agen)

erf(olgt) — It(e)m Ebert Kytsche erf(olgt)[c] Pet(er) Swind(en) sup(ra) libru(m).

erk(annt) — Jt(em) Matzkuch erk(ennt) Hiltwin ½ [I/2] gul(den) off rechnu(n)g.

---

a Verbessert aus: »buch« [?].
b Die Lesart »zusthe(n)« ist ebenfalls möglich.
c Es folgt durchgestrichen: »el«.

die Register seines Junkers. Darauf antwortet Else und fordert, das Gerichtsbuch zu öffnen, was vor Jahren zwischen dem verstorbenen Heinrich Wolff und ihrem Mann verhandelt worden war, damit sie richtig antworten könne. Rudiger sagt darauf: Das Buch solle ihn für seinen Junker nicht hindern. Es sei denn, es finde sich, dass der verstorbene Herr Heinrich oder sein Junker das bezahlt hätten oder verglichen worden seien. Else beantragt, das Buch öffnen zu lassen und hofft, das werde so erkannt. Rudiger hofft, sie solle sagen, warum man ihr das Buch öffnen soll. Das legt er auch dem Gericht vor. Urteil: Weil Else sich darauf beruft, soll sie das beibringen. Darauf hat sie gefragt, wann. Urteil: In 14 Tagen, wie es üblich ist.

27. Mai 1484
Herr Molans erhebt seine 2. Klage gegen Henne Bender.

29. Mai 1484
Rudiger für Herrn Heinrich Wolff, unseren Mitschöffen, erhebt seine 1. Klage gegen Anna Eberhard wegen 12 Schillingen auf alles.
Henne von Eltville erhebt seine 2. Klage gegen Cles Monch.
Adam Wolff, unser Mitschöffe, erhebt seine 1. Klage gegen Cles Harwiler wegen 3 Schilling Heller auf alles.
Nickel für die Herren von St. Stefan hat das Urteil festhalten lassen, das zwischen ihm und Emmel ergangen ist und hat gefragt, wann er ihn bezahlen soll. Urteil: In 14 Tagen.
Eberhard Kitz hat seinen Anspruch ins Gerichtsbuch eintragen lassen gegen Peter Swinde.
Matzkuch erkennt an, Hiltwin ½ Gulden gegen Rechnung.

fol. 220v — Sabato post Exaudj

TRANSKRIPTION

Actu(m) Sab(a)to p(os)t Exaudj.

3 (heischung)[c]   It(e)m Cles Sturtzkop d(er) alt sin 3 h(eischung) off Ha(n)mans Pet(er)n ut p(ri)ma

Jt(em) Contz Sturtzkop sin 3 h(eischung) off Benn(er) Henn ut p(ri)ma

It(e)m her Conrats Elß irn and(er)n tag v(er)hut und vort(er) geheisch(en) das buch zu bring(en) geg(en) Hans Wolff(en) socio n(ost)ro.

Jt(em) her Heinr(ich) Strude sin 2 tag geheisch(e)n d[a]z buch zubring(en) geg(en) Gerhart Spytzkopff.[a]

tag vort(er) geh(eischen)[d]   Jt(em) derselbe G(er)hart sin 2 t(ag) geh(eischen) d[a]z buch zubring(en) geg(en) her(r)e Heinr(ich) Strůd(en).

Actum off Durstag p(os)t Pentecost(e).

3 h(eischung)   It(e)m her Clas hat sin 3 h(eischung) gethan off Benn(er) Henn ut p(ri)ma.

Actu(m) Sab(a)to p(ost) Penthec(oste).

2 h(eischung)   It(e)m Rudig(er) ex p(ar)te Heinrich Wolffs sin 2 heisch(ung) off Ebberts Anna ut p(rius).

posuit Benn(er)henn / h(er) Clas r(e)cep(i)t   It(e)m Benderhenn hat XVIII alb(en) und II alb(en) hind(er) gericht gelacht geg(en) Contz Storzkopff und h(er) Clasen als sie off yn geheyß(en) hab(e)n.

mompar   Jt(e)m Hans Flad(en) Beck(er) und Elß sin husfr(au) hant Hen Dorre den alt(en) zu momp(ar) gemacht ir gult und scholtt im Rich jnzugewynnen sie zugehn und zuv(er)sten alß ob sie selbs thun mocht(en) mit off ire[b] beder widd(er)ruff(en).

---

a   Die erste Silbe ist über der Zeile beigefügt, darunter durchgestrichen: »Sturtz[...]«.
b   Das Wort ist nachträglich über der Zeile beigefügt.
c   Zwei Striche zeigen an, dass die Marginalie auch für die folgende Zeile gilt.
d   Zwei Striche zeigen an, dass die Marginalie auch für die folgende Zeile gilt.

5. Juni 1484
Cles Stortzkopp der alte erhebt seine 3. Klage gegen Peter Hamann.
Contz Stortzkopp erhebt seine 3. Klage gegen Henne Bender.
Else Konrad hat ihren Tag gewahrt und Verlängerung gefordert, das Gerichtsbuch beizubringen gegen Hans Wolff, unseren Mitschöffen.
Heinrich Strude hat seinen 2. Tag gefordert, das Gerichtsbuch beizubringen gegen Gerhard Spitzkopp.
Derselbe Gerhard hat seinen 2. Tag gefordert, das Gerichtsbuch beizubringen gegen Herrn Heinrich Strude.

10. Juni 1484
Herr Clas hat seine 3. Klage geführt gegen Henne Bender.

12. Juni 1484
Rudiger für Heinrich Wolff erhebt seine 2. Klage gegen Anna Eberhard.
Henne Bender hat 18 Albus und 2 Albus bei Gericht hinterlegt für Contz Stortzkopp und Herrn Clas, wie sie von ihm vor Gericht gefordert haben.
Hans Fladenbecker und Else seine Frau haben Johann Dorre den alten zum Vertreter gemacht, ihre Gülten und Schulden im Reich zu gewinnen, zu geben und zu lösen, als täten sie es selbst, bis auf Widerruf.

Sabato post Dominjcam Trinitatis

Actu(m) Sab(a)to p(os)t D(omi)njca(m) T(ri)nitat(is).

erk(annt) — Jt(e)m Emmel von Jngelnh(ei)m erkent Philips Busz(er)n unsz(er)m scholth(eiß) und mit schôff(e)n I lib(ram) h[e]ll(e)r von zwein jarn zinsz als er jm jars X sz h[e]ll(e)r gijt infra hinc et festu(m) Michahel(is). Si non tu(n)c pf(and) erf(olgt).

p b — Jt(e)m Ebert Kÿtz hat pfant beret uff Swind(e)n.

p b — Jt(e)m Arnolts Henn von Jngelnh(ei)n hat p b off Unglich.

1 h(eischung) — It(e)m Mud(er)henn ex p(ar)te Erhart von Ramb(er)gs sin 1 h(eischung) off Eckers Heinrich vor VI ß gelts et s(upe)r o(mn)ia.

p b — It(e)m Hiltwin erf(olgt) Matzkuch offs buch.

1 h(eischung) — It(e)m Antz Drap soci(us) n(oste)r sin 1 h(eischung) off Drubens sôn Wilhelm und Lup(us) Jeckell vor V ß et s(upe)r o(mn)ia.

erk(annt) — It(e)m Henn Mauchenhein(er) erk(ennt) Henn Oett(en) I gul(den) XIII alb(en) in XIIII t(agen). Si non t(un)c pf(and) erf(olgt).

offgeholt — Jt(em)ᵃ Philips Flach soci(us) n(oste)r spricht er habe X sz gelts off I morg(en) wing(arten) am Diethers Stůck gefor(cht) Henn Crem(er). Ste noch zu sine(n) hand(e)n. Daz habe Hengin Piffer d(er) am(m)en man jnne und gebe jm d(er) gult(en) nit. Unnd fragt ob er daz nit widd(er) moge zu seinen hand(e)n ne(m)men. S(e)n(tenti)a sic si ita e(st). Si non fiat q(uod) iur(atum).ᵇ

Math(is) off dem Berg — Jt(e)m Mathis off dem Berge hat das urtel zusch(e)n jme und Stempeln v(er)bott und vort(er) gefragt umb den cost(en). S(e)n(tentia)a ita. Verbott. Jt(e)m hat er gefragt quando. S(e)n(tenti)a noch talyngk.

Hengin Sch(er)re(r)
Lenha(r)tᵈ filast(er) — It(e)m Henn von Eltvil hat sich v(er)dingt Lenha(r)t(e)nᶜ von Mentz sin wort zuthůn geg(e)n Hengin Scherr(er) und sin und(er)tinge v(er)bott als r[e]cht ist / Deszglich(e)n Antz von Hengin Scherr(er)s weg(en) und daz auch v(er)bot. Rett vort(er) von Heng(in) weg(e)n und beg(er)t das bůch zu off(e)n das v(er)lesen. Hant bede p(ar)thien v(er)bott. Und rett Henn vo(n) Eltvil ex p(ar)te Lenharts er hoff so die kůnde zweispeltig sien und die vier mit den echten nit eynmůntlich gesagt hab(e)n er soll nit bij bracht han und stelt dasz recht / Daroff rett Antz von Hengins weg(e)n man(n) hore an beyd(er) kůnde sage wol daß er ym usz geracht dasz jhenne er jme zugesagt habe / Darumb sij sin hoffenu(n)g daß er wol bybracht habe Lenhart sage dann

---

a Zwischen Marginalie und Text verläuft entlang der nächsten sieben Zeilen ein senkrechter Strich.
b Es folgt durchgestrichen: »z«.
c Das Wort ist über der Zeile beigefügt, darunter durchgestrichen: »Lorentz(e)n«.
d Das Wort ist über der Zeile beigefügt, darunter durchgestrichen: »Lorentz«.

19. Juni 1484
Emmel von Ingelheim erkennt an, Philipp Bußer, unserem Schultheiß und Mitschöffen, 1 Pfund Heller für zwei Jahre Zins bis Michaelis zahlen zu müssen, da er ihm jährlich 10 Schilling Heller gibt. Wenn nicht erfolgt die Pfändung.
Eberhard Kitz hat Pfändung gefordert gegen Swinde.
Henne Arnolt von Ingelheim hat Pfändung gefordert gegen Unglich.
Henne Muder für Erhard von Ramberg erhebt seine 1. Klage gegen Heinrich Ecker wegen 6 Schilling Geld und auf alles.
Hiltwin hat seinen Anspruch ins Gerichtsbuch eintragen lassen gegen Matzkuch.
Antz Drapp, unser Mitschöffe, erhebt seine 1. Klage gegen Drubeins Sohn Wilhelm und Jeckel Lupis wegen 5 Schilling auf alles.
Henn Mauchenheimer erkennt an, Henne Oete einen Gulden 13 Albus zahlen zu müssen binnen 14 Tagen. Wenn nicht erfolgt die Pfändung.
Philipp Flach, unser Mitschöffe, sagt, er habe 10 Schilling Geld auf einem Morgen Weingarten an Diethers Stück zu Henne Cremer hin. Das ist noch in seinem Besitz. Das habe Hengin Piffer, der Mann der Amme, inne und er gebe ihm die Gülte nicht. Und er fragt, ob er das nicht zurück in seine Hand nehmen könne. Urteil: Ja, wenn es so ist. Wenn nicht geschieht es, wie es Recht ist.
Mathis auf dem Berg hat das Urteil zwischen ihm und Stempel festhalten lassen und weiter gefragt wegen den Kosten. Urteil: Ebenso. Festgehalten. Er hat gefragt, wann. Urteil: Noch heute.
Henne von Eltville hat sich verpflichtet, Lenhart von Mainz vor Gericht zu vertreten gegen Hengin Scherer und hat seine Anwaltschaft festhalten lassen, wie es Recht ist.
Ebenso hat Antz für Hengin Scherer das festhalten lassen. Er redet weiter für Hengin und fordert das Buch öffnen und verlesen zu lassen. Das haben beide Parteien festhalten lassen. Und Henne von Eltville redet für Lenhart: Er hoffe, da der Beweis zwiespältig sei und die 4 mit den 8 nicht einmütig ausgesagt haben, der Beweis sei nicht erbracht und legt das dem Gericht vor. Darauf redete Antz für Hengin: Man höre in beiden Aussagen wohl, dass er ihm dasjenige bezahlt habe, was er ihm zugesagt habe. Darum sei seine Hoffnung, er habe den Beweis wohl erbracht, es sei denn Lenhart sage,

fol. 221v — Sabato post Domin(j)cam Trinitatis

ad socios q(uaere)re sab(a)to p(os)t Bartholo(m)ej	an welch(e)n stuck(en) sie zweyspeltig und er jne nit ußgeracht habe. Und stell(e)n daz bede p(ar)thien also zurecht. Ist gelengt ad socios. Amb[o] v(er)bot.
	Jt(e)m her Conrats Elß hat jrn(n) dritt(en) tag vort(er) geheischen geg(en) Hans Wolff(en) das bůch zu bring(en).
	Jt(em) her Heinrich Strude hat das buch geoffent geg(e)n Spitzkopp und daz v(er)bott. Dar nach die ansprach auch geỏffent und
h(er) Heinr(ich) Strůde	die auch v(er)bott. Und rette vort(er) er hoff / das der kyrchen off-holung an den gut(er)n sollen ym oder der p(re)sentzie nit schad(en) od(er) jrren sond(er) er soll yne ußricht(en) alß billich als dem pferr(er) der jme solichs sytt der offholůnge mit recht anbehalten
Spitzkopff	habe jne auch musz(e)n ußricht(en). Spitzkopp hofft dwil die kirch(e)ngesworn daß vor die grůntgult offgeholt habenn und die h(er)rn daß lasz(e)n wiss(e)n er soll nit wyth(er) schul(dig) sin dan(n) die gruntgult. Und stelt daß zurecht. Her Heinrich rette wie vor dwil er die gult sytt der offholung dem pferr(er) habe musz(e)n erkenne(n) und uszricht(en) er soll yme die vort(er) auch ußricht(e)n. Und stelt daz auch zur[e]cht. Jst gelengt
ad socios q(uaere)re hic in loco	ad socios. S(e)n(tenti)a dwil Spitzkopp die gult^a vor gebn hat so sol er sie auch vort(er) geben.
erk(annt)	Jt(em) Schonwedd(er) erk(ennt) Frytz(e)n dem butt(el) V g(ulden) jn eine(m) monat un(d) sovil alß sich me an r[e]chnu(n)g fyndet an den X g(ulden) nach erk(enntnis) der junch(er)n.
erk(annt)	Jt(e)m Endriß Starck erk(ennt) Henn Mauchenhein(er) ½ [I/2] gul(den) off r[e]chn(ung) jn XIIII t(agen). Si no(n) t(un)c pf(and).
f(re)f(el)	Jt(em) Philips Busz(e)r d(er) scholth(eiß) spricht Groppen(n) zu umbe ein freff(el). Q(uod) no(n) dat notz in t(antu)m. (Con)fessus.
Cleßg(in) Drap Cleynhen unscholt	Jt(em) Cleßgin Drapp schuldigt Cleinhenn den mull(er) von Hilberßh(eim) daz er schuld(ig) sij II g(ulden) XX alb(en). Q(uod) non dat notz in t(antu)m. Cleinhenn antw(or)t er habe yne bezalt. Weß e(r) wyt(er) anzihe^b sie er unschuldig. Ist ym gestalt zu XIIII t(agen).

---

a Das Wort ist über der Zeile beigefügt.
b Die beiden letzten Silben sind über der Zeile beigefügt.

an welchen Stellen die Aussagen zwiespältig seien und er ihn nicht bezahlt habe. Beide Parteien legen das dem Gericht vor. Das ist verschoben worden bis zum Zusammentreffen des Vollgerichts. Dem stimmen beide zu.

Herrn Konrads Else hat ihren 3. Tag erbeten, das Gerichtsbuch beizubringen gegen Hans Wolff.

Herr Heinrich Strude hat das Gerichtsbuch geöffnet gegen Spitzkopp und hat das festhalten lassen. Danach hat er die Anklage auch geöffnet und die auch festhalten lassen. Und er redete weiter: Er hoffe, dass die Einziehung der Güter durch die Kirche ihm oder der Präsenz nicht schaden solle oder sie irre machen, sondern er solle ihm ebenso billig das Seine ausrichten wie der Pfarrer, der ihm solches seit der Einziehung vorenthalten habe und der es ihm auch ausrichten muss. Spitzkopp hofft, weil die Kirchengeschworenen das Gut für die Grundgülte eingezogen haben und die Herren das wissen ließen, er solle nichts weiter schuldig sein als die Grundgülte. Das legt er dem Gericht vor. Herr Heinrich redete wie zuvor: Weil er die Gülte seit der Einziehung dem Pfarrer habe ausrichten müsse, soll er ihm die in Zukunft auch ausrichten. Das legt er dem Gericht vor. Das wurde verschoben bis zum Zusammentreffen des Vollgerichts. Urteil: Weil Spitzkopp die Gülte vorher gab, so soll er sie auch in Zukunft geben.

Schonwedder erkennt an, Fritz dem Büttel 5 Gulden zahlen zu müssen in einem Monat, und was sich noch in der Rechnung über die 10 Gulden finden nach Erkenntnis der Junker.

Endres Stark erkennt an, Henne Mauchenheimer ½ Gulden gegen Rechnung zahlen zu müssen binnen 14 Tagen. Wenn nicht erfolgt die Pfändung.

Philipp Bußer, unser Schultheiß, klagt Grop an wegen einem Frevel. Gibt er den nicht, schade es ihm ebenso viel. Anerkannt.

Clesgin Drapp beschuldigt Henne Clein, den Müller von Hilbersheim, dass er 2 Gulden 20 Albus schuldig sei. Dass er die nicht gibt, das schade ihm ebensoviel. Henne Clein antwortet, er habe ihn bezahlt. Wessen er ihn weiter anklage, dessen sei er unschuldig. Die ist festgelegt für 14 Tage.

fol. 222 — Sabato post festum Johannis Baptiste

Jt(em) hat er jne and(e)rmale geschůldigt daz er im win zukauff
geb(en) habe und ym sin faß nit widd(er)gebe. Notz II g(ulden). Antw(or)t
Cleinhenn er habe faß und win kaufft und bezalt. Wes
er yne wyth(er) schuldige sij er unschul(ig). Ist gestalt zu XIIII t(agen).
It(e)m zusch(e)n Contz Stortzkopp und h(e)r Clasen jr heischung halb
off Benn(er). Nach dem d(er)selbe die gult hind(er) gericht gelacht hat
ist yne tag gesatzt bys hůt zu XIIII tag(an). Daz hat h(er) Claus v(er)b[ott].

Actu(m) Sab(a)to p(ost) festu(m) Joh(ann)is Bap(tis)te.

3 h(eischung)	Jt(e)m Rudig(er) ex p(ar)te Heinr(ich) Wolffs sin 3 h(eischung) off Eberts Anne(n) ut p(rim)a.
erk(annt)	Jt(em) Bingelcleszg(in) erk(ennt) Graen XIIII alb(us) in XIIII t(agen). Si no(n) t(un)c pf(and).
erk(annt)	Jt(e)m Clesz Wisz erk(ennt) Adam Wolff(en) socio n(ost)ro II goltgul(den) I ort jn XIIII t(agen). Si non t(un)c pf(and) erf(olgt).
erk(annt)	Jt(em) Diemen Hen erk(ennt) demselb(e)n Wiß(e)n auch II goltg(ulden) I ort jn XIIII t(agen). Si no(n) t(un)c pf(and) erf(olgt).
erk(annt)	It(e)m Kett(er) Petgin erk(ennt) Måhk IX alb(en) inn XIIII t(agen). Si no(n) t(un)c pf(and) erf(olgt).
	It(am) Math(is) der heymberg erf(olgt) Hertels Clese vor ein VII emig faß und VI g(ulden). D(er) hat jnredde. Gestet ma(n) des erf(olg)nis off recht z(etera).

Actu(m) Sab(a)to p(os)t Visitac(i)o(nem) Ma(r)ie.

2 h(eischung)	Jt(e)m Antz Drap sin 2 h(eischung) off Lupis Jeckeln ut p(ri)ma.
2 h(eischung)	Jt(em) Mud(er)hen sin 2 h(eischung) off Erkers Heinrich ut p(rim)a
lip vor sin gut gest(allt)	Jt(em) Erkers Heinrich hat sin lyp vor sin gut gestalt geg(en) Mud(er)henn. Ist gest(alt) ad p(ro)x(imu)m.
tag gelengt	Jt(em) Cleinhenn dem mull(e)r und Cleszg(in) Drappe(n) ist ir tag gestalt ad p(ro)x(imu)m iud(iciu)m.
tag gelengt	Jt(em) Contz Stortzkop h(er) Niclaus und Bend(er)hen ist ir tag gestalt ad p(ro)x(imu)m iud(iciu)m.
1 h(eischung)[a]	Jt(em) h(er) Jacop Augustin(er) ex p(ar)te (con)vent(us) sui sin 1 h(eischung) off Cleszgin und Heng(in) Birckorn Gropp(e)n und Myntze off I g(ulden) gelts s(upe)r o(mn)ia.
tag gelengt	Jt(em) zusch(e)n h(e)r Conrat Elß(e)n und Hans Wolff(en) ist ir tag gesatzt ad p(ro)x(imu)m iud(iciu)m.

[a] Der Begriff wird noch dreimal wiederholt.

Ebenso hat er ihn beschuldigt, dass er ihm Wein zu kaufen gegeben haben und ihm sein Fass nicht wieder gebe. Das schade ihm 2 Gulden. Antwortet Henne Clein: Er habe Fass und Wein gekauft und bezahlt. Wessen er ihn weiter beschuldige, sei er unschuldig. Diese gilt für 14 Tage.
Zwischen Contz Stortzkopp und Herrn Clas wegen ihrer Klage gegen Benner. Nachdem derselbe die Gülte bei Gericht hinterlegt hat, ist ihm ein Termin gesetzt worden bis heute in 14 Tagen. Das hat Herr Clas festhalten lassen.

26. Juni 1484
Rudiger für Heinrich Wolff erhebt seine 3. Klage gegen Anne Eberhard.
Clesgin Bingel erkennt an, Gra 14 Albus zahlen zu müssen binnen 14 Tagen. Wenn nicht erfolgt die Pfändung.
Cles Wiß erkennt an, Adam Wolff, unserem Mitschöffen, 2 Goldgulden 1 Ort zahlen zu müssen binnen 14 Tagen. Wenn nicht erfolgt die Pfändung.
Henne Diem erkennt an, demselben Wiß auch 2 Goldgulden 1 Ort zahlen zu müssen binnen 14 Tagen. Wenn nicht erfolgt die Pfändung.
Petergin Ketter erkennt an Magk 9 Albus zahlen zu müssen binnen 14 Tagen. Wenn nicht erfolgt die Pfändung.
Mathis der Heimbürge verklagt Cles Hertel auf ein 7-Ohm-Fass und 6 Gulden. Dieser hat das Recht auf Gegenrede. Dann hat er ihn mit Recht erfolgt, etc.

3. Juli 1484
Antz Drapp erhebt seine 2. Klage gegen Jeckel Lupis.
Henne Muder erhebt seine 2. Klage gegen Heinrich Erker.
Heinrich Erker hat seinen Leib vor sein Gut gestellt gegen Henne Muder. Es ist ihm ein Termin gesetzt am nächsten Gerichtstag.
Henn Clein dem Müller und Clesgin Drapp ist ihr Termin gesetzt worden am nächsten Gerichtstag.
Contz Stortzkopp, Herrn Niklaus und Henne Bender ist ihr Termin gesetzt worden am nächsten Gerichtstag.
Herrn Jakob, Augustiner, erhebt für seinen Konvent seine 1. Klage gegen Hengin Berkorn, Grop und Myntze wegen einem Gulden Geld auf alles.
Zwischen Herrn Konrads Else und Hans Wolff ist der Termin gesetzt worden auf den nächsten Gerichtstag.

fol. 222v — Sabato post Divisio Apostolorum

Actu(m) Sab(a)to p(os)t Divisio Ap(osto)lor(um).

3 h(eischung) / **tag gelengt**
Jt(em) Antz Drap sin 3 h(eischung) off Lupis Jeckeln ut p(ri)ma.
Zusch(e)n Hans Wolff(en) und h(er) Conrats Elsen ist gelengt bijt off
von hut zu XIIII tag(en).

Jt(em) Rudig(er) rett von h(er) Clasen weg(en) nach dem er sin 3 heischu(n)g
off Bender Henn gethan habe / der dan(n) solich gult hind(er) gericht
geleit und domit bekant habe daß er die vor dem altar geben

her Clas r(e)cepit
hofft d(er) h(er)re moge die nem(m)en. Ist erkant ja. Dunck dan Contz
Stortzkop nach dem er auch daroff geheisch(e)n hat daß er auch
gerechtikeit zu benu(er)hen [?] habe / moge er yne da umb fur nem(m)en.
dat hat her Clas v(er)bott.

Alß Junghenn und Cleßgin Drappe(n) jr tag offhut gesatzt ist.

vernotbot tag gelengt
do hat Cleß Drapp(e)n frauw irn hußwurt vernotbot. Er sij kranck.
Daroff ist yne ir tag vort(er) gesatzt von hut zu XIIII tag(en) solichs
zubewehrn und geschee vort(er) waß recht sij.

Jt(e)m Elßgin Snelhenne(n) witwe schuldigt Wolffs Hen von
Algeßh(ei)m daß er y(re)m huszwurt selig(en) jn eyn(er) rechnung

unscholt Wolffs Henn
schuldig v(er)lib(er)n sij III gul(den) mi[n](us) IX alb(en). Q(uod) non dat aut (con)fite(tur)
nocz in t(antu)m. Da(r)off ret Wolffshenn er habe irn hußwurt
ußgeracht und betzalt. Wes sie yne wid(er) an ziehe sij er unschul[dig].
Die unscholt zutrag(en) ist gestalt von hut zu XIIII tag(en).

tag gelengt
Zusch(e)n Mud(er)henn und Erckers Heinr(ich) d(er) heischu(n)g halp ist
gelengt von hut zu XIIII t(agen).

1 h(eischung)
Jt(e)m her Jacop Augustine(r) ex p(ar)te (con)vent(us) 1 h(eischung) off Cleß Birckorn
Henchin Birckorn Mytzenhenn und Peter Wolenber vor I g(ulden)
et sup(ra) pf(and).

Actu(m) Sab(a)to p(os)t Ma(r)ia Magda(le)ne.

1 h(eischung)
It(e)m Melmans Hengin sin 1 h(eischung) off Clesenhens kinde vor XV ß gelts
et sup(ra) o(mn)ia.

erk(annt)
Jt(e)m Hengin Endris erk(ennt) Peter Fyln ex p(ar)te Erckers Dynen XII
gul(den) infra hinc et Bartho(olome)i. Si no(n) tu(n)c pf(and) erf(olgt).

17. Juli 1484

Antz Drapp erhebt seine 3. Klage gegen Jeckel Lupis.

Zwischen Hans Wolff und Herrn Konrads Else ist der Termin verschoben worden auf heute in 14 Tagen.

Rudiger redete für Herrn Clas: Nachdem er seine 3. Klage gegen Henne Bender getan habe, der dann die Gülte bei Gericht hinterlegt hat und damit zugegeben habe, dass er sie für den Altar gebe, hoffe er, der Herr könne sie nehmen. Es wurde erkannt: Ja. Scheine es Contz Stortzkopp, der auch darauf geklagt hatte, dass er auch sein Recht zu garantieren habe, so könne er ihn deswegen belangen. Dem hat Herr Clas zugestimmt.

Heute ist Henne Jung und Clesgin Drapp ihr Gerichtstag bestimmt. Da erschien die Frau von Cles Drapp und hat ihren Mann wegen Not entschuldig. Er sei krank. Darauf hin ist ihr ein Tag heute in 14 Tagen gesetzt worden, solches zu bekräftigen und dann geschehe es weiter, wie es rechtmäßig ist.

Else, die Witwe von Henne Snel, beschuldig Henne Wolff von Algesheim, dass er ihrem verstorbenen Ehemann an einer Rechnung schuldig gewesen sei 3 Gulden weniger 9 Albus. Dass er ihr das nicht gibt, das schade ihr ebensoviel. Darauf sagte Henne Wolff: Er habe ihrem Mann alles bezahlt. Wessen sie ihn darüber hinaus anklage, dessen sei er unschuldig. Die Unschuld gilt von heute an 14 Tage.

Zwischen Henne Muder und Heinrich Erker wegen der Klage ist der Termin verschoben worden auf heute in 14 Tagen.

Herr Jakob, Augustiner, erhebt für den Konvent die 1. Klage gegen Cles Berkorn, Henchin Berkorn, Henne Mytz und Peter Wolenber wegen einem Gulden und auf die Pfänder.

24. Juli 1484

Hengin Melman erhebt seine 1. Klage gegen die Kinder von Henne Cles wegen 15 Schilling Geld auf alles.

Hengin Enders erkennt an, Peter Fiel für Diene Erk 12 Gulden zu zahlen bis Bartholomäus. Wenn nicht erfolgt die Pfändung.

fol. 223 — Sabato post Jacobj

TRANSKRIPTION

erk(annt)	Jt(e)m Hen Durman erk(ennt) Clesen von Winheim ex p(ar)te ecc(les)ie II gul(den) off rechnu(n)g inf(r)a hinc et Bartho(olome)i. Si no(n) t(un)c pf(and) erf(olgt).
1 h(eischung)	Jt(em) Flucken Clese 1 h(eischung) off Beckerhenn vor I gul(den) et sup(ra) pf(and).
erk(annt)	Jt(em) Cles Durman erk(ennt) Math(is) dem buttel III g(ulden) jn XIIII tag(en) off rechnu(n)g
erk(annt)	Jt(em) Cles Durman erk(ennt) Rulnhenn IX alb(en) jn XIIII t(agen). Si no(n). t(un)c.
erk(annt)	It(e)m Ebert Snade erk(ennt) Hengin Ziemerma(n) XXX alb(en) jn XIIII t(agen) so non tu(n)c pf(and)
erk(annt)	Jt(e)m Henn von Sod(e)n erk(ennt) Henne Riesz(e)n II gul(den) off r[e]chnu(n)g jn XIIII tag(en). Si no(n) tu(n)c pf(and) erf(olgt).
erf(olgt)	Jt(em) Henn von Eltvil erfolgt Prasß(e)n Jeckeln vor III guld(en).
	Item Henn Riesz erfolgt Prasz(e)n Jeckeln vor[a] X guld(en).
	Actu(m) Sabato p(os)t Jacobj.[b]
1 h(eischung)[c]	It(e)m Cles Raup sin I h(eischnung) off Heng(in) Melma(n) vor XV ß gelts et s(upe)r o(mn)ia.
	Id(e)m sin 1 h(eischung) off Wyelant vor XII ß gelts et s(upe)r pf(and).
	Id(em) sin 1 h(eischung) 1 h(eischung) off Wiszhengin vor VI sz et s(upe)r o(mn)ia.
	Id(em) sin 1 h(eischung) off Clas vo(n) Hoenstat vor XVII tor(nis) et s(upe)r o(mn)ia.
	Id(em) sin 1 h(eischung) off Cleszg(in) G(er)tenn(er) vor I tor(nis) et s(upe)r p(fand)
	It(e)m Antz Drap sin virde heischu(n)g off Drubeins son Wilh(el)m und off
offgeholt	Jeckel sin eyd(e)n und hat die gude off geholt. Und hat ym d(er) scholth(eiß)
ban un(d) fridd(en)	ban und fridd(en) daruber gethan. Das hat Antz v(er)bott.
erk(annt)	Jt(e)m Ferw(er)hen erk(ennt) Diemenclasen ex p(ar)te d(omi)nor(um) in Husen XX alb(en) in eym monat. Si no(n) t(unc) pf(and) erf(olgt).
	It(e)m Ferw(er)hen erk(ennt) Philips Busz(er)n sculteto VI ß jn ey(n) monat si(mi)limo(do).
erk(annt)	It(e)m Hen Sidendistel erk(ennt) Contz Benne(r)n XX alb(en) jn XIIII t(agen). Si no(n) t(unc).
erk(annt)	Jt(em) Contzgin Dynckell(e)r erk(ennt) Cleßgin von Weinh(ei)m ex p(ar)te ecc(les)ie ib(ide)m I g(ulden) jn eim mont. Si no(n) t(unc) pf(and).

a Der Satzeil ab »erfolgt« bis hier ist nur einmal für diese und die darüberstehende Zeile geschrieben. Striche zeigen an, dass er für beide gilt.
b Davor steht durchgestrichen: »vinc(u)la Petrj«.
c Striche zeigen an, dass die Marginalie auch für die folgenden vier Zeilen gilt.

Henne Duhermann erkennt an, Cles von Weinheim für die Kirche 2 Gulden gegen Rechnung zahlen zu müssen bis Bartholomäus. Wenn nicht erfolgt die Pfändung.
Cles Fluck erhebt seine 1. Klage gegen Henne Becker wegen einem Gulden und auf die Pfänder.
Cles Duhermann erkennt an, Mathis dem Büttel 3 Gulden binnen 14 Tagen gegen Rechnung zahlen zu müssen.
Cles Duhermann erkennt an, Henne Rule 9 Albus zahlen zu müssen binnen 14 Tagen. Wenn nicht erfolgt die Pfändung.
Henne von Soden erkennt an, Henne Rieß 2 Gulden gegen Rechnung zahlen zu müssen binnen 14 Tagen. Wenn nicht erfolgt die Pfändung.
Henne von Eltville verklagt Jeckel Prass auf 3 Gulden.
Henne Rieß verklagt Jeckel Prass auf 10 Gulden.

31. Juli 1484
Cles Raub erhebt seine 1. Klage gegen Hengin Melmann wegen 15 Schilling Geld auf alles.
Derselbe erhebt seine 1. Klage gegen Wyelant wegen 12 Schilling Geld und auf die Pfänder.
Derselbe erhebt seine 1. Klage gegen Hengin Wiß wegen 6 Schilling auf alles.
Derselbe erhebt seine 1. Klage gegen Clas von Hoestat wegen 17 Tournosen auf alles.
Derselbe erhebt seine 1. Klage gegen Clesgin Gertener wegen 1 Tournosen und auf die Pfänder.
Antz Drapp erhebt seine 4. Klage gegen Drubeins Sohn Wilhelm und gegen Jeckel seinen Onkel und hat die Güter eingezogen. Und der Schultheiß hat ihm Bann und Frieden darüber gemacht. Das hat Antz festhalten lassen.
Henne Ferber erkennt an, Clas Diem für die Herren von Ingelheimerhausen 20 Albus in einem Monat zahlen zu müssen. Wenn nicht erfolgt die Pfändung.
Henne Ferber erkennt an, Philipp Bußer, unserem Schultheiß, 6 Schilling in einem Monat in der gleichen Weise.
Henne Sidendistel erkennt an, Contz Bender 20 Albus zahlen zu müssen binnen 14 Tagen. Wenn nicht etc.
Contzgin Dinckler erkennt an, Clesgin von Weinheim für die Kirche ebenda einen Gulden in einem Monat zahlen zu müssen. Wenn nicht erfolgt die Pfändung.

fol. 223v — Sabato post Jacobj

erf(olgt)	Cleßgin Grå erf(olgt) Bÿnger Cleßgin offs buch.
	It(e)m Rudig(er) ex p(ar)te Hans Wolff(en) n(ost)ro socio hat v(er)bot das Elsze
Hans Wolff	des lang(en) Contz(e)n frauw erkant hat demselb(e)n sine(n) junchern
	zugeb(e)n jars XXX sz gelts off allem dem dassie hat od(er) gewynt
	und^a sond(er)lich das der lange Contz in sine(n) dot und leben gehabt
	und v(er)lasz(e)n hat / mitna(m)men ein eyg(en) zweytel wing(arten) am Lange(n)
	Heßle(r) Wege gefor(cht) Rudig(er) obentzu und(en) zu Pet(er) Bule Jt(em) ½ [I/2] virt(el)
	wing(arten) zu Holle(r)n ist eig(en) gefor(cht) Henn Odenwalt jt(em) I morg(en)
	zu Holl(er)n gefor(cht) Hengin Lut(er)win gijt VIII v(ir)t(el) wins Philips
	Bůß(er)n und sin miterb(e)n jt(em) I morg(en) am Eichholtz gefor(cht) den
	Fyeln. Und hat Elß erk(ennt) die XXXX ß gelts zugeben von den
	obgeschr(iebenen)^b fleck(en) bijt so lang das sie v(er)legt od(er) abgelost
	werd(en) nach erkenteniß des gerichts.
1 h(eischung)	Jt(em) der junffr(au) scheffn(er) zu Engeltal sin 1 h(eischung) off Starckenheng(in)
	vor II g(ulden) gelts et s(upe)r pf(and).
	Jt(em) Schonwedd(er) schuldig Heinrich Erk(en) sin swag(er) wie dassie ein
Schon Wedd(er)	gemein handel mit ein gehabt jhensijt der Hohe. Dar jn sij berett und
Heinr(ich) Erck(en)	Frytz(e)n gedacht waß man dem thun soll und pflichtig werde sollen
	sie gemein thun. Also gepůre Heintz(e)n I gul(den) zugeb(e)n des er gerett und
	zugesagt habe. Begert do von ja od(er) neyn von jm. (Con)fessus sin antzals. V(er)bot.
	Schonwedd(er) und fragt vort(er) wan ee. S(e)n(tenti)a in XIIII tag(en).
	Jt(e)m Winßhenn schuldigt Sterren Clesen daß er v(er)sproch(e)n habe Philips
	Hirten 2½ [III/2] lib(ras) h[e]ll(e)r zugeb(e)n und das nit thůt. Notz in t(antu)m. Begert des
Wynßhen	ja od(er) neyn und ee er neÿn sage so wol er ine dasz mit Phil(ips) Hirt(en)
Sterre(n) Cles	ertzug(e)n / Daroff rett Cles ir sien VI die solich II½ [III/2] l(i)b(ras) geben sollen.
	Dar ane erken(n) er sin sehst(en) teyl. Und weß er yne wid(er) an ziehe
	desz sij er unschůld(ig) / Winszhenn v(er)bot daß er der II½ [III/2] l(i)b(ras) erkent daz
	man die geb(e)n soll und zucht sich vort(er) off Phil(ipp) Hirt(en) daß er geret
	hat solichs uß zůricht(en). Und hofft er soll verhort werd(en) un(d) stelt
	daß zu recht. S(e)n(tenti)a dwil er off Phili(pp) Hyrten zucht der soll
	v(er)hort werd(en). Geschee vort(er) waß recht sij. Ambo v(er)bot.
	Jt(e)m Rudig(er) v(er)bot das Sterre(n) Cles gesagt hat jn soll mit Philips
	Hirt(en) woll benůg(en).

a Zwischen Marginalie und Text verläuft entlang der folgenden 7 Zeilen ein senkrechter Strich.
b Es folgt durchgestrichen: »eck(er)n«.

ÜBERTRAGUNG

Clesgin Gra hat seinen Anspruch ins Gerichtsbuch eintragen lassen gegen Clesgin Binger.

Rudiger für Hans Wolff, unseren Mitschöffen, hat festhalten lassen, dass Else die Frau des Langen Contz anerkannt hat, seinem Junker jährlich 30 Schilling Geld zu geben auf alles, was sie hat oder gewinnt, insbesondere auf das, was der Lange Contz in seinem Tod und Leben hatte und hinterlassen hat, mit Namen ein Zweiteil Weingarten am Langen Heßler Weg, grenzt oben an Rudiger und unten an Peter Bule; ebenso ein Viertel Weingarten, neben Hollener, das ist eigen, neben Henne Odenwalt; ein Morgen bei Holler, neben Hengin Luterwin, gibt 8 Viertel Wein jährlich an Philipp Bußer und seine Miterben; ebenso 1 Morgen am Eichholz, neben Fiel. Und Else hat auch anerkannt, die 30 Schilling Geld zu geben von den genannten Grundstücken, solange bis sie verlegt oder abgelöst sind nach Erkenntnis des Gerichts.

Der Schaffner der Nonnen zu Engeltal erhebt seine 1. Klage gegen Hengin Starck wegen 2 Gulden Geld und auf die Pfänder.

Schonwedder beschuldigt Heinrich Erk, seinen Schwager, dass sie eine gemeinsame Absprache hatten jenseits der Höhe. Dabei sei beredet und an Fritz gedacht worden, was man dem leisten solle und verpflichtet sei, es gemeinsam zu tun. So gebühre Heinz einen Gulden zu geben, den er versprochen und zugesagt habe. Er fordert ein Ja oder Nein von ihm. Bekennt seinen Anteil. Festgehalten. Schonwedder fragt weiter, wann. Urteil: In 14 Tagen.

Henne Winß beschuldigt Cles Stern, er habe versprochen, Philipp Hirt 2½ Pfund Heller zu geben und tue das nicht. Das schade ihm ebensoviel. Fordert ein Ja oder Nein und bevor er Nein sage, wolle er ihm das mit Philipp Hirt beweisen. Darauf redete Cles: Sie seien 6, die sollen 2½ Pfund geben. Er erkenne seinen 6. Teil daran. Und wessen er ihn weiter anklage, dessen sei er unschuldig. Henne Winß hat festhalten lassen, dass er zugibt, dass man die 2½ Pfund geben soll und beruft sich weiter auf Philipp Hirt, dass er geredet habe, die zu bezahlen. Und er hofft, dieser solle gehört werden und legt das dem Gericht vor. Urteil: Weil er sich auf Philipp Hirt beruft, soll der auch gehört werden. Dann geschehe weiter, wie es rechtmäßig ist. Dem stimmen sie beide zu. Rudiger hat festhalten lassen, dass Cles Stern gesagt hat, ihm solle Philipp Hirt wohl genügen.

fol. 224 — Sabato post Vincula Petrj

TRANSKRIPTION

	Jtem Sterren Cles schuldiget Rudig(er)n das er im zugesagt[a] daz
	wort widd(er) yne nit zuthun und darůmb genom(m)e habe und daz nit
Rudig(er) un(d)	helt schade ym XX gul(den). Und ee er neyn sage so woll er in des zůgen.
Sterre(n) Cles	Rudig(er) antwurt er gestee ym des nit und waß er thu daß můß er
	thun von bescheit des gerichts / Cles sagt er sij kein geswor(e)ne(r) vorspr(ech)
	und hofft er soltt das nit thun zucht sich des off die kuntschafft
	und stelt daz also zur[e]cht. S(e)n(tenti)a Cles soll die kuntschafft bring(en). Daß
	hat Cleß v(er)bot und gefragt qu(an)do. S(e)n(tenti)a jn XIIII t(agen) et ult(ra) ut mor(is) e(st).
erf(olgt)	Jt(e)m Elszgin Snelhenne witwe erf(olgt) Wolffshenn von Algeszh(ei)m
	nach lut jrs zusprochs.
	Actu(m) Sab(a)to p(os)t Vinc(u)la Petrj.
erk(annt)	Jt(e)m Thomas Henn erk(ennt) Contzgin Důnckelle(r) III½ [IIII/2] gul(den) jn XIIII tag(en).
	Si no(n) t(un)c pf(and) erf(olgt).
2 h(eischung)	Jt(e)m Melmans Heng(in) sin 2 h(eischung) off Clesenhens kinde ut p(rim)a.
p b	Jt(e)m H(er)man Bend(er) hat pf(and) ber(etten) off dem hirt(en) und Cles Harwil(e)r.
tag gelengt	Jt(e)m zusch(e)n dem scheffn(er) und Melmans Heng(in) ist gelengt ad
	p(ro)x(imu)m iud(iciu)m sic(ut) hodie.
erk(annt)	Jt(em) Hepen Hen erk(ennt) Schonwedd(er)n XVI alb(en) jn me(n)se. Si no(n) t(un)c pf(and) erf(olgt).
erk(annt)	Clesenhens son Heng(in) erk(ennt) Pet(er) Wolenber III g(ulden) jn XIIII t(agen). Si no(n) t(unc).
erk(annt)	Jt(em) Heid(e)n Cleszgin erk(ennt) Benn(er)henen 2 g(ulden) jn XIIII t(agen). Si no(n) t(unc) pf(and) erf(olgt).
erk(annt)	Jt(em) Snyd(er)hen Jeck(el) erk(ennt) der junfr(auen) scheffn(er) V l(i)b(ras) h[e]ll(e)r jn XIIII t(agen). Si(mi)limo(do).
erf(olgt)	Jt(em) Schonwedd(er) erf(olgt) Erwins Hengin vor VIII guld(en).
erk(annt)	Jt(em) Mertin Sydendistell erk(ennt) Benn(er)hen I gul(den) jn XIIII t(agen). Si no(n) t(un)c.
erk(annt)	Jt(em) Knodenhen erk(ennt) d(er) junfr(auen) scheffn(er) II gul(den) XVII alb(en) jn XIIII t(agen).
erf(olgt)	Jt(e)m d(er) wagn(er) erf(olgt) Clesz Unglich offs buch.
erf(olgt)	Jt(em) P(ar)thenheiner soci(us) n(oste)r erf(olgt) Cles[b] Suffuß den alt(en) und
	den(n) jung(en) Fůlmans Henn.
erk(annt)	Jt(em) Clesenhengin erk(ennt) Beyers Pet(er)gin ex p(ar)te des pferr(er)s kn[e]cht
	I gul(den) I ort jn XIIII tag(en). Si non t(un)c pf(and) erf(olgt).[c]

[a] Es folgt durchgestrichen: »habe«.
[b] Das Wort ist über der Zeile beigefügt, darunter durchgestrichen: »die zwei«.
[c] Die im Haderbuch folgende Seite 224v ist leer.

7. August 1484

Cles Stern beschuldigt Rudiger, dass er ihm zugesagt hat, das Wort nicht gegen ihn zu erheben und die Anwaltschaft angenommen hat und das nicht hält, das schade ihm 20 Gulden. Und bevor er Nein sage, so wolle er ihm das beweisen. Rudiger antwortet: Er gestehe das nicht und was er tue, das müsse er tun auf Anweisung des Gerichts. Cles sagt: Er sei kein geschworener Vorsprecher und er hofft, er solle das nicht tun und er beruft sich deswegen auf die Kundschaft und legt das dem Gericht vor. Urteil: Cles soll die Kundschaft beibringen. Das hat Cles festgehalten und gefragt, wann. Urteil: In 14 Tagen und weiter, wie üblich ist.

Else, die Witwe von Henne Snel hat ihren Anspruch eingeklagt gegen Henne Wolff von Algesheim gemäß ihrer Anklage.

7. August 1484

Henne Thomas erkennt an, Contzgin Dinckler 3½ Gulden zahlen zu müssen binnen 14 Tagen. Wenn nicht erfolgt die Pfändung.

Hengin Melmann erhebt seine 2. Klage gegen die Kinder von Henne Cles.

Hermann Bender hat Pfändung gefordert gegen den Hirten und Cles Harwiler.

Zwischen dem Schaffner und Hengin Melmann ist es verschoben worden bis zum nächsten Gerichtstermin mit gleichem Recht wie heute.

Henne Hepp erkennt an, Schonwedder 16 Albus in einem Monat zahlen zu müssen. Wenn nicht erfolgt die Pfändung.

Henne Cleses Sohn Hengin erkennt an, Peter Wolenber 3 Gulden zahlen zu müssen binnen 14 Tagen. Wenn nicht erfolgt die Pfändung.

Clesgin Heide erkennt an Henne Bender 2 Gulden zahlen zu müssen binnen 14 Tagen. Wenn nicht erfolgt die Pfändung.

Jeckel Sniderhen erkennt an dem Schaffner der Nonnen 5 Pfund Heller binnen 14 Tagen. Wenn nicht gleichermaßen.

Schonwedder verklagt Hengin Erwin auf 8 Gulden.

Mertin Sidendistel erkennt an Henne Benner einen Gulden binnen 14 Tagen. Wenn nicht etc.

Henne Knode erkennt an, dem Schaffner der Nonnen 2 Gulden 17 Albus binnen 14 Tagen.

Der Wagner hat seinen Anspruch ins Gerichtsbuch eintragen lassen gegen Cles Unglich.

Parthenheiner, unser Mitschöffe, hat seinen Anspruch ins Gerichtsbuch eintragen lassen gegen Cles Suffuß den slten und den jungen Henne Fulmann.

Hengin Cles erkennt an, Petergin Beyer für den Pfarrersknecht einen Gulden 1 Ort binnen 14 Tagen. Wenn nicht erfolgt die Pfändung.

fol. 225 — Sabato post Laurencij

	Actum Sab(a)to post Laurencij anno etc. LXXXquarto.[a]
2 h(eischung)	It(e)m Cleß Raup uns(er) mit schôffengesell sin 2 heischung off
	off Melmans Hengin und Wyszhengin sicut p(ri)ma.
2 h(eischung)	It(e)m der junffrauwe(n) scheffn(er) sin 2 h(eischung) off Storckenheim(er)
	sicut p(ri)ma.
erf(olgt)	Jt(em) Math(is) der heymb(er)g erf(olgt) Cles Herteln offs buch.
tag gelengt	It(e)m zůsch(e)n der junffr(au) scheffenn(er) und Melma(n)s Hengin
	ist gelengt ad p(ro)x(imu)m iud(iciu)m sic(ut) hodie.
erf(olgt)	Jt(em) Schonwedder erf(olgt) Heintz Dryeln offs bůch.
tag v(er)hůt	Jt(em) Winßhenn hat sine tage vorth(er) geheisch(e)n sin kůnde
	zu fůren gegen Sterre(n) Clesen.
1 h(eischung)	It(e)m her Heinrich Nickel sin 1 h(eischung) off Erckers Clesen vor
	V l(i)b(ras) gelts et sup(ra) pfingno(r)a.
1 clage	Jt(e)m Emell von Appenh(ei)m sin erst clage off Byntze(n)pet(er)n
	vor IIII lib(ras) heubtgelts und VI l(i)b(ras) schadens off alles das
	derselbe Peter jn des Rychs gericht hat.
	Actu(m) Sab(a)to p(os)t Assumpc(i)o(nem) glo(rio)se v(irg)g(inis) Ma(r)ie.
Emer(ich) kinde	Jt(e)m Contzgin von Geÿlnhusen Herman Bend(er) Clas Dur-
von Engelstat	man erk(ennt) Henne(n) von Eltvil ex p(ar)te Eme(r)ichs kynden
	von Engelstat XL guld(en) jn anno. Des hab(e)n sie XIX½ [XX/2] gul(den)
	geb(e)n jn alb(en). Und soll(e)n das uberig geb(e)n infra hinc et
	Martini. Si no(n) tu(n)c pf(and) erf(olgt). Und sint vorth(er) gut word(en)
	vor Benderhen d(er) nit zugegen waß daz er solich pflicht
	auch v(er)willige und halt(en) soll / menlich vor all das.
	Hat Henn vonn Eltvil v(er)bott.
erk(annt)	Jte(m) Ebert Kytz erk(ennt) her Heinrich Nickeln I f(lorentiner) V ß jn XIIII tag(en)
	so no(n) t(un)c pf(and) erf(olgt).
erk(annt)	Jt(em) Heinrich und Henn von Soden erkenne(n) Wernh(er)s Clesen
	I g(ulden) jn XIIII tag(en). Si no(n) t(un)c pf(and) erf(olgt).
erk(annt)	Jt(e)m Herman Bender erk(ennt) Endriß Koch(er)n XXVIII albus
	jn mense. Si no(n) t(un)c pf(and) erf(olgt).

a Am linken Seitenrand von anderer Hand: »1484«.

14. August 1484

Cles Raub, unser Mitschöffe, erhebt seine 2. Klage gegen Hengin Melmann und Hengin Wiß.

Der Schaffner der Nonnen erhebt seine 2. Klage gegen Storckenheimer.

Mathis der Heimbürge hat seinen Anspruch ins Gerichtsbuch eintragen lassen gegen Cles Hertel.

Zwischen dem Schaffner der Nonnen und Hengin Melmann ist der Termin verschoben worden auf den nächsten Gerichtstag, zum gleichen Recht wie heute.

Schonwedder hat seinen Anspruch ins Gerichtsbuch eintragen lassen gegen Heinz Driel.

Henne Winß hat Verlängerung erbeten, seine Beweise beizubringen gegen Cles Stern.

Herr Heinrich Nickel erhebt seine 1. Klage gegen Cles Erker wegen 5 Pfund Geld und auf die Pfänder.

Emmel von Appenheim erhebt seine 1. Klage gegen Peter Bintz wegen 4 Pfund Klagesumme und 6 Pfund Gerichtskosten auf alles, was Peter im Reichsgericht hat.

21. August 1484

Contzgin von Gelnhausen, Hermann Bender, Clas Duhermann erkennen an, Henne von Eltville für die Kinder Emmerichs von Engelstadt 40 Gulden im Jahr. Davon haben sie 19½ Gulden gegeben in Albus. Und sie sollen das übrige geben bis Martini. Wenn nicht erfolgt die Pfändung. Und sie sind weiter Bürgen für Henne Bender, der nicht da war, dass er seine Pflicht auch leisten und seine Zustimmung geben werde für all das. Das hat Henne von Eltville festhalten lassen.

Eberhard Kitz erkennt an, Heinrich Nickel einen Gulden 5 Schilling zahlen zu müssen binnen 14 Tagen. Wenn nicht erfolgt die Pfändung.

Heinrich und Henne von Soden erkennen an, Cles Wernher einen Gulden zahlen zu müssen binnen 14 Tagen. Wenn nicht erfolgt die Pfändung.

Hermann Bender erkennt an, Endres Kocher 28 Albus in einem Monat. Wenn nicht erfolgt die Pfändung.

fol. 225v — Samstag post Bartholomei

3 h(eischung)	Jt(e)m Melmans Hengin sin 3 h(eischung) off Clesenhens kinde ut p(ri)ma.
erf(olgt)	Jt(em) der junffr(auen) scheffner erf(olgt) Knodenhen und Schnyd(er)henn Jeckell offs buch.
erf(olgt)	Jt(e)m Beyers Pedergin erf(olgt) Clesenhens son Hengin ex p(ar)te des pferr(er)s knecht offs buch.
Cles Durma(n) Basenhem(m)ers Jeck(el)	Jt(e)m Cleß Durman schuldigt Basenhem(m)ers Jeckel wie das er XX zopff bann um(m)b yne kaufft habe und yme die bann nit engebe. Notz I gul(den) / Basenhem(m)er erkent des kauffs mit gedinge wie sie des eins werd(en) so woll er das gelt off ein b(e)n(ann)t zijt hab(e)n. Soverr er ym daz nit gebe so wol er die bann vort(er) v(er)keuff(en). Also habe er yne sie heiß(e)n hŏln me dan(n) eins und sin gelt geford(er)t. Do er yme das nit geb(e)n hat do habe er sin bann vort(er) v(er)kaufft und wes er yne wider an ziehe des sij er unschuldig. Die unscholt ist yme gestalt zu XIIII tag(en) et ultra ut mor(is) est.
1 h(eischung)	Jt(e)m her Johan Siegell thut sin 1 h(eischung) off Winßhenn und Jeckeln sin brud(er) und alle die guter die Lentz v(er)lasz(e)n hatt do er dot und lebendig gewest ist vor I l(i)b(ram) gelts.
	Actu(m) off Samstag p(os)t Bartho(lomei).
	Jt(em) Snyd(er)henn erf(olgt) Sterre(n) Clesen off Sampstag p(os)t Assu(m)pt(i)o(nem).
Henchin Sch(er)rer Lenhart sin eyd(en)	Zusch(e)n Hengin Scherr(er)n und Lenhart von Mentz sine(n) eyden nach ansprach und antw(or)t spr(e)ch[e]n wir zur(e)cht das Lenhart melden und sag(e)n soll an welch(e)n stuck(en) die kuntschafft zweyspeltig und yne Heng(in) Scherr(er) nit ußgeracht od(er) gebrech habe. Behelteniß Hengin Sch(er)rer sin jnredde. Geschee vert(er) waß r(e)cht sij. Ambo v(er)bot.ᵃ
3 tag	Jt(em) Windszhenn hat sin 3 tag geheisch(e)n sin kunde zu fůren geg(en) Sterren Clesen.

a Der mit Einfügezeichen (ein identisches steht auch am linken Seitenrand) auf diese Stelle verweisende Absatz steht auf der folgenden Seite.

Hengin Melmann erhebt seine 3. Klage gegen die Kinder von Henne Cles.
Der Schaffner der Nonnen hat seinen Anspruch ins Gerichtsbuch eintragen lassen gegen Henne Knode und Henne Snider.
Petergin Beyer hat seinen Anspruch ins Gerichtsbuch eintragen lassen gegen Hengin, den Sohn von Henne Cles, für den Pfarrersknecht.
Cles Duhermann beschuldigt Jeckel Basenheimer, dass er 20 Zopfbänder von ihm gekauft habe und ihm die Bänder nicht gebe. Das schade ihm einen Gulden. Basenheimer erkennt den Kauf an mit der Bedingung, dass sie sich einig werden sollen, dann wolle er das Geld zur genannten Zeit haben. Wenn er ihm das nicht gebe, könne er die Bänder weiter verkaufen. Da habe er ihn aufgefordert, sie zu holen, mehr als einmal und sein Geld gefordert. Da habe er ihm das nicht gegeben. Da habe er seine Bänder weiter verkauft. Und wessen er ihn weiter anklage, dessen sei er unschuldig. Die Unschuld gilt für 14 Tage und weiter wie es üblich ist.
Herr Johann Siegel erhebt seine 1. Klage gegen Henne Winß und Jeckel, seinen Bruder, und auf alle Güter, die Lentz hinterlassen hat, als er tot oder lebendig war, wegen einem Pfund Geld.

28. August 1484
Henne Snider hat seinen Anspruch ins Gerichtsbuch eintragen lassen gegen Cles Stern am Samstag nach Himmelfahrt.
Zwischen Hengin Scherer und Lenhart von Mainz seinem Onkel nach Anklage und Entgegnung sprechen wir als Recht: Dass Lenhart sagen soll, wo die Kundschaft zwiespältig sei und ihm Hengin Scherer etwas nicht ausgerichtet oder gebrochen habe. Die Gegenrede von Hengin Scherer vorbehalten. Dann geschehe es weiter, wie es rechtmäßig ist. Dem haben sie beide zugestimmt.
Henne Winß hat seinen 3. Tag gefordert, den Beweis zu führen gegen Cles Stern.

Samstag post Bartholomei

erf(olgt)	Jt(e)m Mud(er)henn erfolgt Cristmans Pet(er)n offs buch.
3 h(eischung)	Jt(em) d(er) junffr(auen) scheffn(er) tut sin 3 h(eischung) off Starckenhengin ut p(ri)ma
1 h(eischung)	Idem dut sin 1 h(eischung) off alles das^a Hengin Wiszbed(e)r
	v(er)lasz(e)n hat als er dot und lebendig gewesen ist vor I l(i)b(ram) gelts und
	daz Heng(in) Scherr(er) und Clesg(in) Drappen v(er)kunt.
2 h(eischung)	Jt(em) her Heinrich Nickell sin 2 h(eischung) off Erckers Cleßg(in) ut p(ri)ma.
2 clage	Jt(e)m Emmel von Appenh(ei)m sin 2 clage off Byntze(n) Pet(er)n ut p(ri)ma.
p b	Jt(em) d(er) wagn(er) berett pfande off Cleßg(in) Unglich.
[b]	Und rett Henn von Eltvil vorth(er) von Lenharts weg(e)n es sij berett
	daz ym Hengin Scherr(er) alles das geben soll das sin(er) hůsfrauwen
	von jr anfrauwen offerstorb(e)n sij / ußgescheid(en) die XXX guld(en). Do
	trage er nyt jne /Sunst sij er des and(er)n nit ußgeracht. Deßhalpp
	er hoff off sin sweh(e)r erfolgt habe / Daroff rett Antz von Heng(in)
	weg(e)n die kuntschafft des hinlichs daz mer(er) teil habe hẙ vor
	gericht gesagt als r(e)cht sij. Und wasz die gesagt hab(e)n des habe
	er yne ußgeracht und hofft das er ym vort(er) nit pflichtig sij.
	Und soll yne Henn von Eltvils redde nit jrren. Und alles daß er
	ym gerett habe / Das habe er ym geb(e)n alß daz der hynlich auch
	erkant habe und v(er)neint das die kontschafft zweispeltig gesagt
	habe / Dan(n) daß die vier zu Mentz gesagt haben / dassij ein vorredde
	gewesen / und die VIII die hie vor gericht gesagt hab(e)n das sien
	hynlichs lude gewesen off dem beslosz d(er) dinge / Darumb er hoff
	nit zweyspeltig gericht w(er)den soll und sij ym wid(er) nit schuld(ig).
	Henn von Eltvil von Lenharts weg(e)n rett er hoff nach lude
	der vier kund(en) so er bracht auch sage des hinlichs er soll yn
	ußricht(e)n und stellt daz zurecht. Antz rett von Hengins weg(en)
	er habe ym alles daß geb(e)n daß er yme gerett habe und hoff er
	sij ym vort(er) nit schuld(ig). Und stell(e)n daz bete zurecht. Ist gestalt
ad socios r(e)q(uire)re	ad socios.
S(e)n(tenti)a sab(a)to p(ost) Michahelis	
	Jt(e)m Byntz(e)n Pet(er) hat sin lyp vor sin gut gestalt gegen
	Emmel von Appenh(ei)m. Ist ym gest(alt) ad p(ro)x(imu)m iud(iciu)m.

---

a Es folgt durchgestrichen: »Starckenhenn«.
b Der hier durch eine Einfügezeichen gekennzeichnete folgende Absatz bis »[...] p(os)t Michahelis« gehört an die mit dem gleichen Zeichen gekennzeichnete Stelle auf der vorangehenden Seite.

28. August 1484 — fol. 226

ÜBERTRAGUNG

Henne Muder hat seinen Anspruch ins Gerichtsbuch eintragen lassen gegen Peter Christman.

Der Schaffner der Nonnen erhebt seine 3. Klage gegen Hengin Starck.

Derselbe erhebt seine 1. Klage auf alles, das Hengin Wißbender hinterlassen hat, als er tot oder lebendig war, wegen einem Pfund Geld und das wurde Hengin Scherer und Clesgin Drapp bekannt gemacht.

Herr Heinrich Nickel erhebt seine 2. Klage gegen Clesgin Erk.

Emmel von Appenheim erhebt seine 2. Klage gegen Peter Bintz.

Der Wagner hat Pfändung gefordert gegen Clesgin Unglich.

Und es redet Henne von Eltville weiter wegen Lenhart: Es sei beredet worden, dass ihm Hengin Scherer all das geben soll, das ihm von seiner verstorbenen Frau hinterlassen wurde, ausgenommen die 30 Gulden. Die fordere er nicht. Sonst sei er wegen des anderen nicht verglichen. Deshalb hoffe er, er habe gegen seinen Schwager seinen Anspruch eingeklagt. Darauf redet Antz für Hengin: Die Zeugen der heimlichen Absprache haben hier zum größeren Teil vor Gericht ausgesagt, wie Recht ist. Und was die gesagt haben, das habe er ihm bezahlt und er hofft, dass er ihm nichts weiter pflichtig sei. Und die Rede von Henne von Eltville soll ihn nicht irre machen. Alles was besprochen wurde, habe er ihm gegeben wie auf der heimlichen Absprache beschlossen und er verneint, dass die Zeugen zwiespältig ausgesagt hätten. Denn was die 4 zu Mainz gesagt haben, das sei eine Vorabsprache gewesen und die 8, die hier vor Gericht ausgesagt haben, das sind die Zeugen des Vertrags gewesen, als die Dinge beschlossen wurden. Darum hoffe er, das solle nicht als zwiespältig anerkannt werden und er sei ihm nichts weiter schuldig. Henne von Eltville für Lenhart sagt: Er hoffe gemäß der Aussage der 4, die er beibrachte und der Aussage über den Vertrag, er solle ihn bezahlen und legt das dem Gericht vor. Antz sagt für Hengin: Er habe ihm all das gegeben, das er ihm versprochen habe und er hoffe, ihm nichts weiter schuldig zu sein. Und sie legen das beide dem Gericht vor. Das ist verschoben worden bis zum Zusammentreffen des Vollgerichts. Urteil erfolgt Samstag nach Michaelis (2. Oktober)

Peter Bintz hat seinen Leib vor sein Gut gestellt gegenüber Emmel von Appenheim. Es ist ihm ein Termin gesetzt worden am nächsten Gerichtstag.

fol. 226v — Sabato post Decollacionem Johannis

erf(olgt)	Jt(e)m Bartholmes [Sohn] Cles von Winheim erf(olgt) Henn Durman ex p(ar)te ecc(les)ie offs buch
erf(olgt) p b	It(e)m Contzgin Dinckler erf(olgt) Thomas Henn offs buch.
erk(annt)	Jt(em) scholtiß(e)n Henn erk(ennt) Lorch(e)n XVI alb(en) in XIIII t(agen). Si no(n) t(un)c pf(and) erf(olgt).
widd(er)ruff(en)	It(e)m Pet(er) Karst hat Wien(er)hen momp(ar) gemacht. Und hat jne widd(er)ruff(en).
Pet(er) Karst Endriß Drap	Jt(e)m Pet(er) Karst hat offgeb(en) Endriß Drapp(e)n solich scholt so ym H(er)man Bend(er) jn der Orenbruck(en) schuldig ist vor sin eig(en) gut. Daz hat Endriß v(er)bott.
erf(olgt)	Jt(em) Hirzpeff(er)s Kett erf(olgt) Kytzgin vor I gul(den).
h(er) Heinr(ich) Strud Spitzkop	Jt(em) zusch(e)n h(er) Heinrich Strôd(e)n ex p(ar)te p(rese)ncie und Spitzkop sprech(en) wir zur(e)cht dwil Spitzkop die gult eins geb(e)n hat so soll er sie auch vort(er) geb(e)n bijt so lange daz er die mit bess(er)m recht(en) abdreit hat h(er) Heinrich gefragt wan(n) er yne ußricht(en) soll. S(e)n(tentia)a jn XIIII t(agen) v(er)bott.

Sabato p(os)t Decollac(ion)e(m) Joh(ann)is.

tag gelengt	Jt(e)m zusch(e)n Cles Durman(n) und Basenhem(m)er ist gestalt ad p(ro)x(imu)m iud(iciu)m sic(ut) hodie.
	Jt(e)m Wernh(er)s Cles erf(olgt) Heinrich und Hen von Sod(e)n sup(ra) libr(um).
4 [8/2] h(eischung)	It(e)m Melmans Hengin sin 4 [8/2] h(eischung) off Clesenheß kynde ut p(ri)us. Ist ym gest(alt) ad p(ro)x(imu)m iud(iciu)m.
erk(annt)	Jt(em) Peter Wolenber erk(ennt) Cles Rauben III½ [IIII/2] gul(den) I ort jn XIIII t(agen). Si non t(un)c pf(and) erf(olgt)a.
Emmel vonn Appenheim Bintz(er)n Pet(er)	Jt(e)m Emmel von Appenh(ei)m schuldiget Byntz(er)n Pet(er)n vo(n) Heyseßh(eim) wie daz er ym XXI ß h[e]ll(er) zůgult(en) gebe. Ste ym uß byt off vier jar / und heischt ym darumb ja od(er) nein ob er ym die gehantreicht habe od(er) nit. Da(r)off rett Rudig(er) von Byntze(r)pet(er)s

a Am Anfang des Wortes steht durchgestrichen: »b«.

1. September 1484

Bartholomäus Sohn Cles von Weinheim hat für die Kirche seinen Anspruch ins Gerichtsbuch eintragen lassen gegen Henne Duhermann.
Contzgin Dinckler hat seinen Anspruch ins Gerichtsbuch eintragen lassen gegen Henne Thomas.
Schultheiß Henne erkennt an, Lorch 16 Albus zahlen zu müssen binnen 14 Tagen. Wenn nicht erfolgt die Pfändung.
Peter Karst hatte Henne Wiener zu seinem Vertreter gemacht. Das hat er widerrufen.
Peter Karst hat Endres Drapp die Schulden, die ihm Hermann Bender in der Ohrenbrücke schuldig ist, als Eigengut übertragen. Das hat Endres festhalten lassen.
Kett Hirzpeffer verklagt Kitzgin auf einen Gulden.

Zwischen Herrn Heinrich Strude für die Präsenz und Spitzkopp sprechen wir als Urteil: Weil Spitzkopp die Gülte einst gegeben hat, so soll er sie auch weiter geben, so lange bis er die mit besserem Recht abtritt. Herr Heinrich hat gefragt, wann er ihm die ausrichten soll. Urteil: in 14 Tagen. Festgehalten.

1. September 1484
Zwischen Cles Duhermann und Basenheimer ist es verschoben worden bis zum nächsten Gerichtstag [mit gleichem Recht] wie heute.
Cles Werner hat seinen Anspruch ins Gerichtsbuch eintragen lassen gegen Heinrich und Henne von Soden.
Hengin Melmann erhebt seine 4. Klage gegen Henne Cleses Kinder. Es ist ihm ein Termin gesetzt worden am nächsten Gerichtstag.
Peter Wolenber erkennt an, Cles Raub 3½ Gulden 1 Ort zahlen zu müssen binnen 14 Tagen. Wenn nicht erfolgt die Pfändung.
Emmel von Appenheim beschuldigt Peter Bintz von Heidesheim, dass er ihm 21 Schilling Heller als Gülte gebe. Die stehen für 4 Jahre aus und er fordert von ihm ein Ja oder Nein, ob er ihm die zahlte oder nicht. Darauf redet Rudiger wegen Peter Bintz:

Sabato post Decollacionem Johannis

weg(e)n bedunck Emmeln daz ym Peter gult gebe als er sich v(er)messe
so moge er off die gut(er) heisch(e)n als recht ist und den und(er)pfanden
nachkom(m)en. Und soll es nit mit clage(n) furwend(en) so gewonheit ist
daz man(n) off gult pflicht zu heissch(e)n. Und hofft es soll mit recht
erkant w(er)d(en) das er ym off den zusproch nit schuldig sij zu antw(or)t(en)
und d[a]z er ym auch vor keyne(n) v(er)sesß zusprech(e)n soll er habe dan(n) die
gult erf(olgt) als r(e)cht ist. Und stelt daz zur(echt). Emmel lest redd(en) er habe
yne geschuldiget umb IIII jar v(er)sesß und da(r)umb ja od(er) neyn beg(er)t.
Hofft mit r(e)cht erk(ennt) w(er)d(en) soll daß er jme nach lut sin(err) clagen
nit geantw(or)t habe. Und stelt daß auch zurecht. Rudig(er) rette
wie vor er soll off die gud(er) heisch(e)n. Emmel hofft er soll ym billich
ja od(er) nein sag(e)n. Und stell(e)n daz bett zůrecht. Daroff spricht der
schôffe zur(echt) das Bintzen Pet(e)r Emmeln ja od(er) nein sagen soll
nach lut d(er) ansprach. Daz hat Emmel v(er)bott /
Jt(em) da(r)off rett Rudig(er) von Byntz(er)n Peterß weg(en) es hab sich beg(en) daz
ym etwas von sine(m) sweh(e)r offerstorb(e)n sij. Do von er Emmeln XXI ß
geb(e)n sollt. Do habe Petern beducht daß die gult zu groß off de(r) gude
gewesen sij und Emmeln die gude woll(e)n offsag(e)n / Do habe Emmel
gesagt / gibe mir myn gult und v(er)sesse. Ich will dich nit wyther
dryng(en) / So sagte Pet(er) zu yme das mich h(er)nach schad(e)n darumb
an gehn sollt das we(re) mir ein krôdt / So zu sprêch Emmel jch wil
mich d(er) gud(er) entůß(er)n und etlich(er) me. Es soll dich nust krudd(en)m. Jch han
off dem teil ein gut gnůge / Wil sich Emmel des laß(e)n zugen mit
Rabenhenn der jnn die sach gerett(en) hat so wol er den bring(en). Soverr
er daß nit thun will / weß er yne dan(n) wyth(er) an ziehe des sij
er unschuldig / Emmel gestet jme d(er) redd(e)n kein und hofft er soll
ym ja od(er) nein sag(e)n nach lut des ortels und stelt daz zur(e)cht / Rudig(er)
von Pet(er)s weg(en) rett wie vor und hofft er habe wol geantw(or)t. Un(d) stell(en)
d[a]z bette zu r(e)cht.

erf(olgt)	Jt(e)m her Heinrich Nickell erf(olgt) Ebert Kytsch(e)n s(upe)r libr(um).
erk(annt)	Jt(e)m Math(is) off dem Berge erkennt Nasenhenn II malt(er) korns I^a alb(en) morn uß zuricht(en). Si no(n) tu(n)c pf(and) erf(olgt) v(er)bott.
erf(olgt)	Jt(em) Nickelhenn ex p(ar)te do(mi)nor(um) mont(is) s(anc)ti Steffan(i) erf(olgt) Emmeln offs buch.

---

a Vor der Zahl steht durchgestrichen: »ej[n]«.

1. September 1484

ÜBERTRAGUNG

Scheine es Emmel, dass Peter ihm die Gülte gebe, wie er behaupte, so könne er auf die Güter klagen, wie es Recht ist und an die Pfänder greifen. Und er soll es nicht als Klage vorbringen, da es Gewohnheit ist, dass man auf die Gülte zu klagen pflegt. Er hofft, es solle durch das Gericht erkannt werden, dass er nicht schuldig ist, ihm auf seine Klage zu antworten und dass er ihn auch nicht wegen versessener Abgaben anklagen solle, er habe denn zuvor die Gülte erklagt, wie es Recht ist. Das legt er dem Gericht vor. Emmel lässt reden: Er habe ihn beschuldigt wegen 4 Jahren ausstehender Gülte und deswegen ein Ja oder Nein gefordert. Er hofft, dass vom Gericht erkannt werde, dass er ihm gemäß seiner Klage nicht geantwortet habe. Das legt er auch dem Gericht vor. Rudiger redet darauf wie zuvor: Er solle auf die Güter klagen. Emmel hofft, er solle ihm billiger Weise mit Ja oder Nein antworten. Das legen sie beide dem Gericht vor. Darauf sprechen die Schöffen als Recht: Dass Peter Bintz Emmel Ja oder Nein sagen soll gemäß der Anklage. Das hat Emmel festhalten lassen.

Darauf sagte Rudiger für Peter Bintz: Es habe sich begeben, dass er von seinem Schwager etwas geerbt habe. Davon sollte er Emmel 21 Schilling geben. Da schien Peter, dass die Gülte auf dem Gut zu groß gewesen sei und er wollte Emmel die Güter aufsagen. Da habe Emmel gesagt: Gib mir meine Gülte und das ausstehende Geld. Ich will dich deshalb nicht weiter bedrängen. Da sagte Peter zu ihm: Dass ich danach Schaden davon hätte, das wäre mir nicht lieb. Darauf sagte Emmel: Ich werde die Güter veräußern und andere mehr. Es soll dir nicht schaden. Ich habe ein Genügen an dem Anteil. Will sich Emmel das beweisen lassen mit Henne Rabe, dass die Sache ebenso beredet wurde, so wolle er den beibringen. So fern er das nicht will, wessen er ihn weiter anklage, dessen sei er unschuldig. Emmel gesteht ihm keine Aussage zu und er hofft, er solle ihm mit Ja oder Nein antworten gemäß dem Urteil und legt das dem Gericht vor. Rudiger für Peter redet wie zuvor und hofft, er habe wohl geantwortet. Und beide legen das dem Gericht vor.

Herr Heinrick Nickel hat seinen Anspruch ins Gerichtsbuch eintragen lassen gegen Eberhard Kitz.

Mathis auf dem Berg erkennt an, Henne Nase 2 Malter Korn und 1 Albus morgen auszurichten. Wenn nicht erfolgt die Pfändung. Festgehalten.

Henne Nickel für die Herren vom St. Stephansberg hat seinen Anspruch ins Gerichtsbuch eintragen lassen gegen Emmel.

fol. 227v — Sabato post Nativitatem Marie

erk(annt)	Jt(e)m Monichs Clese erk(ennt) Endriß Drapp(e)n V guld(en) jn XIIII tag(en). Si no(n) t(unc).
Endris Drap H(er)ma(n) Bend(er)	Jt(e)m Endriß Drapp schuldigt H(er)man(n) Bend(er)n das er ym schuldig sij VII guld(en) und ein gra duch dassij gracht vor V gul(den) mi[n](us) ein ort. Daz er jm daz nit gijt od(er) erk(ennt) das schat ym sovil da(r)zu / Herman antw(or)t und spricht nein umb daß duch er werde dan des ertzugt als recht ist / Vorth(er) sagt er er habe mit Karsten gerechet und sij ym schuldig bliben V guld(en). Dar ane soll er ym win geb(e)n des sij er jme od(er) Endriß(e)n von sine(n) weg(en) buttig / Und weß er yn wid(er) an ziehe deß sij er unschul(dig) / Endriß v(er)bott daz H(er)man die V guld(en) erk(ennt) hat mit win zubetzaln. Und forth(er) gefragt wan(n) er das geben soll. S(e)n(tenti)a in XIIII t(agen). Si no(n) etc.
Endris Drap H(er)man(n) Bend(er)	Jt(em) Endriß Drap spricht H(er)man Bend(er) zu wie d[a]z er ein stuck wins v(er)kaufft habe. Do habe H(er)man ein faß vor dasselbe stuck wins gelacht dassij cleyn(er) gewesen dan(n) daß stuck do H(er)mans faß soll gewese(n) sij. Da sij ein stom(m)el II od(er) III v(er)t(el) ym stuck blib(e)n den habe H(er)man v(er)and(er)t. Sso habe ym Endriß ein zynn(en) meßig flesch geluwen- Jn dem habe d(er) jhenn(er) der den win kaufft hatt Endriß(e)n den win widd(er) offgesagt. Hett er daß fud(er)maß geben um(m)b XXX g(ulden). Daß er ym die flesch nit wid(er) gijt und den win betzalt daß schadt ym X g(ulden). Jst gelengt ad p(ro)x(imu)m iud(iciu)m sic(ut) ho(di)e.
erf(olgt)[a]	Jt(em) Clese Raup erf(olgt) Beckers Clesen vor V guld(en). Jt(em) Clese Kunne(n)peters son erf(olgt) Sterre(n) Clesen vor ½ [1/2] g(ulden).
	Actu(m) Sab(a)to p(os)t Nati(vi)t(atem) Ma(r)ie.
4 [(8/2] h(eischung)	Jt(e)m d(er) junffr(auen) scheffn(er) dut sin 4 [8/2] h(eischung) off Starck(en) Hengin ut p(rim)a. ist gut(lich) darjnn gerett daß d(er) schaffn(er) d[a]z XIIII tag soll laß(e)n an stehn richt ma(n) yn nit uß so mag er sine(n) recht(en) nachk(ommen).
2 h(eischung)	Jd(em) schaffn(er) tut sin 2 h(eischung) off Wißbed(er)s v(er)laß(e)n gut(er) ut p(ri)ma.
	Jt(em) alß Melmans Heng(in) sin erst 2 3 und 4 [8/2] h(eischung) gethan hat

---

a Zwei Striche zeigen an, dass die Marginalie auch für die folgende Zeile gilt.

11. September 1484

Cles Monch erkennt an, Endres Drapp 5 Gulden zahlen zu müssen binnen 14 Tagen. Wenn nicht etc.

Endres Drapp beschuldigt Hermann Bender, dass er ihm 7 Gulden und ein graues Tuch schuldig sein, wofür sie verglichen seien bis auf 5 Gulden weniger 1 Ort. Dass er ihm das nicht gibt oder anerkennt, das schade ihm ebensoviel dazu. Hermann antwortet und sagt Nein wegen des Tuchs, ihm werde es denn bewiesen, wie es Recht ist. Weiter sagt er: Er habe mit Karst abgerechnet und er sei ihm 5 Gulden schuldig geblieben. Dafür solle er ihm Wein geben, dazu sei er gegenüber Endres oder seinetwegen bereit. Und wessen er ihn darüber hinaus anklage, dessen sei er unschuldig. Endres hat festhalten lassen, dass Hermann die 5 Gulden anerkennt mit Wein zu bezahlen. Und er hat weiter gefragt, wann er den geben soll. Urteil: in 14 Tagen. Wenn nicht etc.

Endres Drapp klagt Hermann Bender an, dass er ein Stück Wein verkauft habe. Da habe Hermann ein Fass für das Stück Wein gemacht, das sei kleiner gewesen als das Stück, das Hermanns Fass sein sollte. Ein Stommel, 2 oder 3 Viertel hätten am Stück gefehlt. Daher habe ihm Endres eine Zinnflasche geliehen. Dann habe derjenige, der den Wein gekauft habe, Endres den Vertragsabschluss aufgesagt. Das Fuder hätte er für 30 Gulden gegeben. Dass er ihm die Flasche nicht wieder gibt und den Wein bezahlt, das schade ihm 10 Gulden. Das ist verschoben worden bis zum nächsten Gerichtstag mit dem gleichen Recht wie heute.

Cles Raub verklagt Cles Becker auf 5 Gulden.

Cles, der Sohn von Peter Konne, verklagt Cles Stern auf ½ Gulden.

11. September 1484

Der Schaffner der Nonnen erhebt seine 4. Klage gegen Hengin Stark. Es wurde gütlich beredet, dass der Schaffner das 14 Tage aussetzen soll. Richte man ihm das nicht aus, dann soll er seinem Recht weiter nachgehen.

Der Schaffner erhebt seine 2. Klage gegen die hinterlassenen Güter von Wißbeder.

Nachdem Hengin Melmann seine 1., 2., 3., und 4. Klage getan hat

fol. 228 — Sabato post Nativitatem Marie

ban(n) und fridd(en)	off Clesenhenß kinde und die gude offgeholt. Daruber hat yn der scholth(eiß) bann und fridd(en) geb(e)n. D[a]z hat Heng(in) v(er)bot.
Cleßg(in) Birkorn Schonwedd(er)	Jt(e)m Cleßgin Byrkorn schuldig Schonewedd(er)n das ein rachtung zusch(e)n yne gemacht sij das er Schonwedd(er)n ½ [1/2] fud(er) wins geb(e)n und Schŏn Wedder daz faßß dar legen soltt / Do habe er ym ein clein faß dargelegt. Daß habe er gefullt. Hett er ein großers da(r)gelegt er het daß auch gefullt / Und daß er daß der rachtung nach nit gethan hat das schade ym X gul(den) begert da(r)umb ja od(er) nein. Jst gelengt von hut zu XIIII tag(en) sic(ut) hodie. Ist v(er)bot.
erk(annt)	Jt(e)m Contzgin von Geylnhusen erk(ennt) Smydthenn von Ingelnh(eim) IIII gul(den) jn XIIII tag(en). Si no(n) t(unc) off rechnu(n)g.
die schutzen Math(is) off de(m) berg	Jt(e)m die VI schutz(e)n schuldig(en) Math(is) off dem Berge / wie dassie von d(er) gemein zu schŭtz(e)n gekorn sin alß gewonheit ist / Und sin sÿhe jn schad(e)n fund(en) zu memalen und ir pflicht nach daz vorbracht. Do habe Math(is) zuwege und stege gang(en) und gesagt sie hab(e)n sin fyhe dick gerŭgt und nye recht und donnt an jren eyden(n) geströfft. Das schatt yne alß vil daß gericht darumb erkent. begern des karung und wandel nach erkenteniß des gerichts und nottorfft ir eren / und heisch(e)n ym darumb ein r(e)cht gerichts. Antw(or)t. Rudig(er) von Mathiß(e)n weg(en) spricht wie daß Mathis und die schutz(e)n off dem felde zusam(m)en kom(m)e sien hab(e)n sie yn gefragt ob er jne auch geb(e)n woll waß yne eigen(n) des schotzhalb(e)n / Habe er gesagt er wol sich halt(en) als yme wol gepŭre. Sie sien von den wort(en) kom(m)en an die rŭge des fyhes / So habe er gerett widd(er) sie jr lieben gesell(e)n. Thŭnt mir recht so thunt jr uch nit unrecht. Ich drag uch jn uw(e)r sach(e)n nust. Und sien auch also geschitte(n). Das Math(is) sint d(er)selb(e)n zijt od(er) darvor jr nÿ and(er)s gewentt habe mit wort(en) von jne zusag(en). Und wes sie yne widers anzieh(e)n dessij er unschuldig. Die unscholt ist Mathiß(e)n gestalt vo(n) hut zu XIIII t(agen).
Cleßg(in) Drap Heng(in) Sch(er)rer	Jt(em) Cleßg(in) Drap[a] schuldiget Heng(in) Sch(er)rer daz er ym ½ [1/2] gul(den) schuld(ig) sij. Q(uod) non dat notz in t(an)t(um). Antz Duppe(n)gieß(er) hat sich v(er)dingt und sin und(er)ting v(er)bot Heng(in) Sch(er)rer sin wort zuthun. Und hat die anspr(ache) v(er)bot. Vorth(er) gerett daß Cleßg(in) in Hengins ford(er)ung sij und hofft er soll zuvo(r) da(r)uß kome(n) als r(e)cht ist. Cleßgin hat erkant das sie ein urtel hind(er) gericht hant. Daß hat Antz v(er)bott.

[a] Das Wort ist über der Zeile beigefügt.

11. September 1484 — fol. 228

gegen die Kinder von Henne Cles, hat er die Güter eingezogen. Darüber hat der Schultheiß ihm Bann und Frieden gemacht. Das hat Hengin festhalten lassen.

Clesgin Berkorn beschuldigt Schonwedder, dass ein Vergleich zwischen ihnen gemacht worden sei, dass er Schonwedder ½ Fuder Wein geben solle und Schonwedder das Fass geben solle. Da habe er ihm ein kleines Fass gegeben. Das habe er gefüllt. Hätte er ein großes gegeben, hätte er das auch gefüllt. Und dass er das gemäß dem Vergleich nicht gemacht hat, das schade ihm 10 Gulden und er fordert deswegen ein Ja oder Nein. Das ist verschoben worden um 14 Tage. Festgehalten.

Contzgin von Gelnhausen erkennt an, Henne Schmied von Ingelheim 4 Gulden zahlen zu müssen in 14 Tagen. Wenn nicht erfolgt die Pfändung.

Die 6 Schützen beschuldigen Mathis auf dem Berg, dass sie für die Gemeinde als Schützen gewählt wurden wie es Gewohnheit ist. Und sie haben ihn mehrmals als Beschädiger gefunden und gemäß ihrer Pflicht das gerügt.

Da habe Mathis überall herum erzählt, die haben sein Vieh oft gerügt und niemals mit Recht und sie damit an ihrem Eid verletzt. Das schade ihnen so viel wie das Gericht erkennt. Und sie fordern eine Wiedergutmachung und einen Wandel gemäß der Erkenntnis des Gerichts und der Notwendigkeit für ihre Ehre. Und sie fordern die Antwort des Gerichts.

Rudiger für Mathis sagt: Dass Mathis und die Schützen auf dem Feld zusammen gekommen seien. Da haben sie ihn gefragt, ob er ihnen auch geben wolle, was ihnen gehöre als Schützen.

Darauf habe er gesagt, er wolle sich verhalten, wie ihm wohl gebühre. Sie seien im Gespräch auf die Rüge des Viehs gekommen. Da habe er zu ihnen gesagt: "Ihr lieben Gesellen. Tut mir Recht, dann tut ihr Euch nicht Unrecht. Ich hindere euch in eurer Sache nicht." Damit hätten sie sich getrennt.

Mathis habe ihnen zur selben Zeit oder zu einem anderen Zeitpunkt nichts anderes gesagt. Und wessen sie ihn weiter anklage, dessen sei er unschuldig. Die Unschuld von Mathis gilt von heute an 14 Tage.

Clesgin Drapp beschuldigt Hengin Scherer, dass er ihm ½ Gulden schuldig sei. Dass er ihm den nicht gibt, das schade ihm ebensoviel. Antz Duppengießer hat sich verpflichtet, Hengin Scherer vor Gericht zu vertreten und seine Anwaltschaft festhalten lassen. Und er hat die Anklage festhalten lassen. Und er hat weiter geredet, dass Clesgin bei Hengin in der Schuld sei und er hofft, er solle erst daraus kommen, wie es Recht ist. Clesgin hat anerkannt, dass bei Gericht ein Urteil anhängig ist. Das hat Antz festhalten lassen.

fol. 228v — Sabato post Nativitatem Marie

erk(annt)	Jt(e)m Brands G(er)hart erk(ennt) h(er)n Johengin zu Winth(er)nh(eim) II l(i)b(ras) h[e]ll(e)r in eim mont. Si no(n) t(un)c pf(and) erf(olgt).
1 h(eischung)	Jt(em) her Johan Siegel tut sin 1 h(eischung) off Clesenhenne(n) kinde vo(r) I l(i)b(ram) gelts. ex p(ar)te p(rese)ncie et s(upe)r o(mn)ia.
Winßhen und Jeckel Contz Stortzkopff	Jt(em) Windßhen(n) und Jeck(el) sin brud(er) schuldig(en) Contz Stortzkopff wie wie daz ein huß jn der Ha(m)mengass(e)n liege daz gebe jerlich I l(i)b(ram) gelts d(er) p(rese)ncie hie / Und sij daz huß ir sweh(er)s gewese(n) und off sie erstorben mit d(er)selb(e)n gult(en). So nu Lentz yr sweh(er) v(er)scheid(en) sij so sij daz huß eim love(r) v(er)kaufft word(en) der solich gult auch do von geltn habe. Derselbe lauw(er) sij hinwegk komen das sie daz huß mit d(er) beschwe(r)niß widd(er) zu jne ne(m)men must(en). So kame Claus Fiel d(er) altt zu yn zwein und rett sovil mit yne das sie daß huß zu sine(n) hand(en) ließ(e)n komen mit d(er) gult(en). Und sprech(e)n Contz zu daß e(r) sich Claus Fyeln gut(er) und(er)ziehe und sich des huß und(er)ziehe und gebruch und die gult do von nit ußricht und sie des schadloß halt nocz XX g(ulden). Und heisch(e)n darumb ein recht gerichts antw(or)t und ob er sich deß huß weig(er)n wolt. Zieh(e)n sie sich off daz gerichts buch daß er daz vor pfant gut kaufft hat / Henn von Eltvil ex p(ar)te Contz Stortzkop rett Contz wiß von dem l(i)b(ram) gelts nit / sond(er) daz huß sij den junffr(auen) ym clost(er) v(er)lacht vor XXII ß gelts. Darvor haben sie es offgeholt und ym zu sinen hand(en) komen laß(e)n. Und hofft daß er yme umb die jr ansprach nit schuldig sij dwil jm daß vom clost(er) word(en). Und er jne ein gnug(en) da(r)umb gethan habe / und sich ym buch find(e)n soll. Und stelt das zu recht / Rudg(er) ex p(ar)te sin(er) heubtlut v(er)bot daz Contz nit abreddig ist daß er daz huß jnhabe / Daß huß sij von Cles Fieln off Contz(e)n komen. Der lauw(er) habe auch die gult von dem huß geb(e)n. D[a]z fynde sich jn d(em) kirch(e)n buch / Und hoff(en) dwil Contz daz huß jnhabe er soll die gult ußricht(en) und sie schadloiß halt(en). Und stelt daß zu r(e)cht. Contz spricht er gestee nit daß ym daz huß von Cleß Fieln word(e)n sij sond(er) von dem clost(er) wie vor. und stelt daß auch zu r(e)cht / Rudig(er) ex p(ar)te sin(er) heubtlut zucht sich off daz kirch(e)n buch. S(e)n(tenti)a dwil sie sich off daz kirch(en) buch zieh(e)n so soll(e)n sie d[a]z bring(en) / Gefragt qu(an)do. S(e)n(tenti)a jn XIIII t(agen) et ultra ut mor(is) est.

11. September 1484 — fol. 228v

Gerhart Brand erkennt an, Herrn Johengin zu Winternheim 1 Pfund Heller zahlen zu müssen in einem Monat. Wenn nicht erfolgt die Pfändung.

Herr Johann Siegel erhebt seine 1. Klage gegen die Kinder von Henne Cles wegen 1 Pfund Geld für die Präsenz auf alles.

Henne Winß und Jeckel sein Bruder beschuldigen Contz Stortzkopp, dass er ein Haus in der Hammelgasse liegen habe, das gebe jährlich 1 Pfund Geld der Präsenz. Und das sei das Haus seines Schwagers gewesen und ihnen mit den Gülten zugefallen. Als Lentz ihr Schwager verstarb, sei das Haus einem Loher verkauft worden, der die Gülte auch auszurichten hatte. Der Loher sei weggezogen, so dass sie das Haus mit der Belastung wieder an sich nehmen mussten. Da kam Cles Fiel der alte zu ihnen zwei und redete, dass sie das Haus mit der Gülte ihm zukommen ließen. Und sie klagen Contz an, dass er sich die Güter von Cles Fiel anmaße und sich das Haus anmaße und die Gülte dafür nicht ausrichte und sie nicht schadlos halte, das schade ihnen 20 Gulden. Und sie fordern deshalb eine Antwort vor Gericht, ob er sich wegen des Hauses weigern wolle. Sie berufen sich deswegen auf das Gerichtsbuch, dass er das als Pfandgut gekauft habe. Henne von Eltville für Contz Stortzkopp redet: Konrad wisse von dem Pfund Geld nichts, sondern das Haus sei den Nonnen im Kloster verlegt wegen 22 Schilling Geld. Deswegen haben sie es eingezogen und zu seinen Händen kommen lassen. Und er hofft, dass er ihnen wegen ihrer Anklage nichts schuldig sei, weil er es vom Kloster erhalten habe. Doch er habe ein Genügen daran, was sich im Gerichtsbuch finde. Das legt er dem Gericht vor. Rudiger für seine Mandanten hat festhalten lassen, dass Contz nicht leugnet, dass er das Haus innehabe. Das Haus sei von Cles Fiel an Contz gekommen. Der Loher habe auch die Gülte von dem Haus gegeben. Das finde sich im Kirchenbuch. Und sie hoffen, weil Contz das Haus innehabe, er solle die Gülte ausrichten und sie schadlos halten. Das legt er dem Gericht vor. Contz sagt: Er gestehe nicht, dass er das Haus von Cles Fiel erhalten habe, sondern vom Kloster wie zuvor gesagt. Das legt er auch dem Gericht vor. Rudiger für seine Mandanten beruft sich auf das Kirchenbuch. Urteil: Weil er sich auf das Kirchenbuch beruft, so soll er das auch vorlegen. Gefragt: Wann. Urteil: In 14 Tagen und weiter, wie es üblich ist.

fol. 229 — Sabato post Exaltationem Crucis

erk(annt)	Jt(e)m Peter Snade erk(ennt) Rampfuß II gul(den) XVI alb(en) jn XIIII t(agen). Si no(n) t(unc).
erk(annt)	Jt(em) Scholthiß(e)n Henn erk(ennt) Wilhe(l)m Holtzhusen XXIII alb(en) in XIIII t(agen).
erk(annt)	Jt(e)m Henn von Hoh(e)nstat erk(ennt) h(er) Joheng(in) von Wint(er)nh(eim) 1½ [II/2] g(ulden) jn XIIII t(agen)
h(er)r Joheng(in) zu Wint(er)nhey(m)	Jt(e)m her Johengin zu Wint(er)nh(ei)m schuldiget Diemenclasen un(d) Pet(er) Liechtschyt das sie sin burge sint und nit leist(en). Notz X g(ulden). Daz hab(e)n sie ym erk(ennt). V(er)bot und gefragt q(ua)n(do). S(e)n(tenti)a noch dalingk.
erk(annt) vo(n) schad(en) zu thun	Jt(e)m Pet(er) Snade hat erk(ennt) Hen von Eltvil sin sweh(er) von schad(en) zu thůn gegen Johan(n)es jn der Alt(en) Gaß(e)n. V(er)bot. Gefragt qua(n)do. S(e)n(tenti)a in XIIII t(agen). V(er)bot.
erf(olgt)	Jt(e)m Cleß Wiß erf(olgt) Clesenhengin vor X guld(en).
erf(olgt)	Jt(em) Peter Snade erf(olgt) Prassen Hengin vor VI guld(en).
erf(olgt) f(re)f(el)	Jt(em) Pet(er) Bartolme(us) erf(olgt) Jeck(el) Gyppelho(r)n den junge(n) vor I freff(el)
Cleß Mospech(er)	Jt(em) die am(m)e hat Cleßgin Moßpech(er)n gebott(en) und ist uszbliben. Do hat er sich von jr gefragt und nach dem schad(en) ist gewist noch dalingk ut mor(is) est.

Actu(m) Sab(a)to p(os)t Exaltat(i)o(nem) C(ru)c(is).

erf(olgt)	Jt(e)m Cles Drap erf(olgt) Wolenber sup(ra) librum(m).
1 h(eischung)	Jt(e)m Cleß Mospech(e)r ex p(ar)te ecc(les)ie sin 1 h(eischung) off Gerhart Spitzkopf vor LII pfu(n)t olys et s(upe)r pi(n)g(nora).
Eme(r)ichs kinde von Engelstat	Jt(e)m Henn von Eltvil ex p(ar)te Eme(r)ichs kinde von Engelstat hat daz buch geõffent von Johan(n) Boiß(e)n weg(en) / die gůde off geholt und das v(er)bott. Also ist von dem gericht gutlich darjnn gerett daz er es laß ein mont laß an sten. Wirt er alßdan(n) nit uß- geracht so mag er vort(er) sine(n) recht(en) nachkõmen.
erf(olgt) p b	Jt(e)m Endriß Drap erf(olgt) H(er)man Bend(er)n sup(ra) librum.
erf(olgt)	Jt(e)m Schonwedd(er) erf(olgt) Heintz Drieln offs buch.
erk(annt)	Jt(e)m Peter Kõrper erk(ennt) Heinrich Snydd(er)n IX alb(en) jn XIIII t(agen). Si no(n) t(unc).
erf(olgt)	Jt(em) Diemen Clas ex p(ar)te d(omi)nor(um) jn Husen erf(olgt) Ferw(er)henn s(upe)r libr(um).
p b	Jt(em) her Heinrich Nickel hat p b off Ebert Kytzen.

18. September 1484

Peter Snade erkennt an, Rampusch 2 Gulden 16 Albus zahlen zu müssen binnen 14 Tagen. Wenn nicht etc.

Schultheiß Henne erkennt an, Wilhelm Holzhusen 23 Albus binnen 14 Tagen.

Henne von Hoestadt erkennt an, Herrn Johengin von Winternheim 1½ Gulden binnen 14 Tagen.

Herr Johengin von Winternheim beschuldigt Clas Diem und Peter Lichtschied, dass sie Bürgen sind und leisten die Bürgschaft nicht. Das schade ihm 10 Gulden. Das haben sie anerkannt. Festgehalten und gefragt, wann. Urteil: Noch heute.

Peter Snade erkennt an, Henne von Eltville, seinen Schwagern, aus dem Schaden zu nehmen gegen Johannes in der Alten Gasse. Festgehalten. Gefragt: wann. Urteil: In 14 Tagen. Festgehalten.

Cles Wiß verklagt Hengin Cles auf 10 Gulden. Peter Snade verklagt Hengin Prass auf 6 Gulden. Peter Bartolomeus verklagt Jeckel Gipppelhorn den Jungen auf 1 Frevel.

Die Amme hat gegen Clesgin Mospecher geklagt und ist nicht erschienen. Da hat er wegen ihr gefragt und dem Schaden. Wurde geurteilt: Noch heute, wie es üblich ist.

18. September 1484

Clas Drapp hat seinen Anspruch ins Gerichtsbuch eintragen lassen gegen Wolenber. Cles Mospecher für die Kirche erhebt seine 1. Klage gegen Gerhard Spitzkopp wegen 52 Pfund Öl und auf die Pfänder. Henne von Eltville für die Kinder Emmerichs von Engelstadt hat das Buch geöffnet wegen Johann Boos und die Güter eingezogen und das festhalten lassen. Da ist vom Gericht gütlich darein geredet worden, dass er es einen Monat anstehen lasse. Wird er bis dahin nicht bezahlt, dann kann er sein Recht weiter einklagen. Endres Drapp hat seinen Anspruch ins Gerichtsbuch eintragen lassen gegen Hermann Bender. Schonwedder hat seinen Anspruch ins Gerichtsbuch eintragen lassen gegen Heinz Driel. Peter Korper erkennt an, Heinrich Snider 9 Albus zahlen zu müssen binnen 14 Tagen. Wenn nicht etc.

Clas Diem hat für die Herren von Hausen seinen Anspruch ins Gerichtsbuch eintragen lassen gegen Johann Färber. Herr Heinrich Nickel hat Pfändung gefordert gegen Eberhard Kitz.

fol. 229v — Sabato post Mathei apostoli

Jt(e)m Windßhenn hat pf(and) ber(etten) off Sterren Clesen.
Jt(em) her Heinrich Strôde erf(olgt) Gerhart Spitzkopff.
Jt(e)m Anth(is) Wolff erf(olgt) Kytzgin vor ½ [I/2] guld(en) ½ [I/2] m(a)l(te)r korns.

Actu(m) Sab(a)to p(os)t Mathei ap(osto)li.

2 h(eischung)	Jt(e)m Cles Mospech(e)r ex p(ar)te ec(les)ie sin 2 h(eischung) off G(er)hart Spitzkop ut p(rius).
p b	Jt(em) Ada(m) Wolff hat p b off Clese Wiß(e)n.
2 tag geh(eischen)	Jt(em) Windßhenn und Jeck(el) sin brud(er) hant irn 2 tag geheischn daz kirch(e)nbuch zu bring(en) geg(en) Contz Stôrtzkopff.
3 h(eischung)	Jt(e)m d(er) junffr(auen) scheffn(er) dut sin 3 h(eischung) off Scherr(er) Hengin und Cleßg(in) Drapp(e)n ut p(ri)us.
gelengt	Zusch(e)n der junffr(auen) schaffn(er) und Starckenclesen ist gelengt von hut zu XIII [!] tag(en). Do zusch(e)n solle sie ym sin gelt geben.
gelengt	Jt(e)m zusch(e)n Antz Drapp(e)n socio n(ost)ro Drubeins Wilhem und Lupis Jeckel d(er) offgaben und sin(er) heischůnghalp ist gestalt ein monat zu all(e)m recht(en) sic(ut) hodie.
erf(olgt)	Jt(e)m Rampfuß zu Jngelnh(ei)m erf(olgt) Pet(er) Schnad(en) offs buch.
erf(olgt)	Jt(e)m Smythenn d(er) buttel zu Jngelnh(ei)m und Badenhem(m)er erf(olgen) Contzgin von Geilnhusen sup(ra) libru(m).
erf(olgt)	Jt(em) Wilhem(m) Heltzhuser erf(olgt) scholthiß(e)n Henn(e) offs buch.
erf(olgt)	Jt(em) Peter Birkorn erfolgt Schonwedd(er)n nach lut sin(er) ansprach.
erf(olgt)	Jt(e)m Wißhenn erf(olgt) Cleßgin Schomech(er)n vor I guld(en).
erf(olgt)	Jt(em) Peffer Henn erf(olgt) Monichs Clesen vor XL guld(en).

Off Dinstag post Michâlis.
Jt(e)m Hengin Scherr(er) hat sin lyp vor sin gut gestalt geg(en) dem scheffner jm clost(er).

Henne Winß hat Pfändung gefordert gegen Cles Stern.
Herr Heinrich Strude hat seinen Anspruch ins Gerichtsbuch eintragen lassen gegen Gerhard Spitzkopp. Anthis Wolff verklagt Kitzgin auf ½ Gulden und ½ Malter Korn.

25. September 1484
Cles Mospecher für die Kirche erhebt seine 2. Klage gegen Gerhard Spitzkopp.
Adam Wolff hat Pfändung gefordert gegen Cles Wiß.
Henne Winß und Jeckel, sein Bruder, haben ihren 2. Termin gefordert, das Kirchenbuch beizubringen gegen Contz Stortzkopp.
Der Schaffner der Nonnen erhebt seine 3. Klage gegen Hengin Scherer und Clesgin Drapp. Zwischen dem Schaffner der Nonnen und Cles Stark ist der Termin verschoben worden von heute an 13 Tage. Bis dahin sollen sie ihm sein Geld geben.
Zwischen Antz Drapp, unserem Mitschöffen, Wilhelm Drubein und Jeckel Lupis wegen der Übertragung und seiner Klage ist alles verschoben um einen Monat mit allen Rechten wie heute. Rampusch zu Ingelheim hat seinen Anspruch ins Gerichtsbuch eintragen lassen gegen Peter Snade. Henne Schmied der Büttel zu Ingelheim und Badenheimer haben ihren Anspruch eingeklagt gegen Contzgin von Gelnhausen.
Wilhelm Holzhausen hat seinen Anspruch ins Gerichtsbuch eintragen lassen gegen Schultheiß Henne.
Peter Berkorn hat seinen Anspruch ins Gerichtsbuch eintragen lassen gegen Schonwedder gemäß seiner Anklage. Henne Wiß verklagt Clesgin Schuhmacher auf einen Gulden.
Henne Peffer verklagt Cles Monch auf 40 Gulden.

5. Oktober 1484
Hengin Scherer hat seinen Leib vor sein Gut gestellt gegenüber dem Schaffner im Kloster.

fol. 230 — Sabato post Michahelis

TRANSKRIPTION

	Actu(m) Sab(a)to p(ost) Michahelis.
Heng(in) Sch(er)rer	Jt(e)m zusch(e)n Hengin Scherr(er)n und Lenhart sinem eyd(e)n nach anspr(ache)
Lenhart sin	antwurt verhorůng angewant(er) kůnde und bederteyl r(e)chtsatz
eyd(en) s(e)n(tenti)a	sprech(e)n wir zu r(e)cht das Hengin Sche(r)rer nit bybracht hat sine(n)
	v(er)messen nach. Alß da(r)umb soll er syner docht(er) Lenharts husfr(au)
	folg(e)n laß(e)n was jr von jrer anfrauw(e)n anerstorb(e)n ist ußge-
	scheyden dÿ[a] XXX guld(en) der soll er sich sin leptage gebruchen.
p b	Jt(em) Peter Byrkorn hat pf(and) berett off Schonwedd(er)n.
p b	Jt(e)m Wißehenn hat pf(and) ber(etten) off Cleßgin Schůmechern.
erf(olgt)	Jt(e)m her Johan(n) von Wint(er)nheim erf(olgt) Brands G(er)hart offs buch.
p b	Jt(e)m Anth(is) Wolff hat pf(and) ber(etten) off Kytzgin.
p. b	Jtem Nickel hat pf(and) ber(etten) off Heinrich von Soden.
Cleßg(in) T(re)mer	Jt(e)m Cleßgin Trem(er) schuldigt Hen Schaupdeckern wie das er
Schaupdeck(er)	ein samen of eim acker kaufft habe / vor pfa(n)t gut vor Wihen-
	nacht(en). Da(r)nach habe Schaupdecker den acker kaufft. So sij er
	zu ym kom(m)en und gesagt daz er sich wiß danach zuricht(en). Er
	habe den same(n) off dem acker kaufft und sich erbott(en) das mit de(m)
	gerichts kn(e)cht zuwisen. Uber das habe Schaupdecker denselb(en) acker
	gesnytt(en) uber sine(n) will(e)n. Daß schade ym X guld(en). Und ob er
	do zu nein sag(e)n wolt so wol er yne des zug(en) mit de(n) bůttel
	und heubtma(n). Dÿ anspr(ache) hat d(er) scholth(eiß) v(er)bott. Rudiger von Hen
	Schaupdecker weg(e)n antw(or)t er geste ym der wort keins. Antz(e)n
	Henn sij geg(en)[b] Schaupdeckers burge word(en) vor ey(n) some gelts. Do daz
	zijl v(er)gangen sij do wolt Schaupdecker vo(n) Antz(e)n Hen betzalt sin.
	Do gabe ym Antzenhenn I morg(en) samens zu kauff um(m)b III
	guld(en). Daroff er sin Gotspfenig geb(e)nm auch[c] winkaufft habe.
	Und do man die frŏcht snyd(en) soltt habe er die heim gefůrt. Un(d)
	wiß nůst daß er gebrucht habe das Cleßgins sij. Habe ym auch
	nÿ nůst v(er)botten als r(e)cht sij. Und als sich Cleßgin off kunde
	zucht wan(n) er yne dan(n) erzugt alß r(e)cht ist nach lude syn(er)
	schuldigu(n)g geschee vorth(er) waß recht sij. Da(r)off rett Cleßgin

a Darunter überschrieben: »der«.
b Das Wort steht über der Zeile.
c Es folgt durchgestrichen: »v«.

2. Oktober 1484
Zwischen Hengin Scherer und Lenhart seinem Schwiegersohn nach Anklage, Entgegnung, Hörung der Beweise und beider Rechtsätze sprechen wir als Urteil: Hengin Scherer hat nicht nach seinem Anspruch den Beweis erbracht. Darum soll er seiner Tochter, der Frau von Lenhart, folgen lassen, was ihr von ihrer Vorfahrin zufällt ausgenommen die 30 Gulden, die soll er sein Leben lang nutzen.
Peter Berkorn hat Pfändung gerfordert gegen Schonwedder.
Henne Wiß hat Pfändung gefordert gegen Clesgin Schuhmacher.
Herr Johann von Winternheim hat seinen Anspruch ins Gerichtsbuch eintragen lassen gegen Gerhart Brand.
Anthis Wolff hat Pfändung gefordert gegen Kitzgin.
Nickel hat Pfändung gefordert gegen Heinrich von Soden.
Clesgin Tremer beschuldigt Henne Schaubdecker, dass er einen Samen auf einem Acker gekauft habe als Pfandgut vor Weihnachten. Danach habe Schaubdecker den Acker gekauft. Da sei er zu ihm gekommen und habe sagt, dass er sich danach zu richten wisse. Er habe den Samen auf dem Acker gekauft und angeboten, das mit dem Gerichtsknecht zu beweisen. Zudem habe Schaupdecker den Acker geschnitten gegen seinen Willen. Das schade ihm 10 Gulden. Und wenn er dazu Nein sagen wolle, so wolle er es ihm beweisen mit dem Büttel und dem Hauptmann. Die Anklage hat der Schultheiß festhalten lassen. Rudiger für Henne Schaubdecker antwortet: Er gesteht kein Wort von dem Gesagten. Henne Antz sei gegenüber Schaubdecker Bürge geworden für eine Summe Geld. Als der Termin verstrich, wollte Schaubdecker von Henne Antz bezahlt werden. Da gab ihm Henne Antz 1 Morgen Samen zu kaufen für 3 Gulden. Darauf habe er den Gottespfennig gegeben, auch den Vertragsabschluss getätigt. Als man die Frucht schneiden sollte, da habe er sie heim geführt. Und er wisse nicht, dass er etwas genutzt habe, das Clesgin sei. Auch habe er ihm nie etwas vor Gericht festhalten lassen. Und wenn Clesgin sich auf Beweise beruft, wenn er ihm das vor Gericht beweise gemäß seiner Anklage, dann geschehe es, wie es Recht ist. Darauf sagte Clesgin

Sabato post Michahelis

	und v(er)bott das Schaupdecker nit abreddig ist das er die frocht
	abgeschnytten hat und begert jm vort(er) sin tage zusetz(e)n. Die
	hat ym der scholth(eiß) gesatzt zu XIIII tag(en) et ultra ut mor(is) e(st).
p b	Jt(em) Cleße Wiß erf(olgt) Diemen und Clesen Hengin offs buch.
Heng(in) Sche(r)rers	Jt(e)m Hengin Scherr(er) schuldiget Contz Stortzkop Cristmans Hen
kunde	Barts Henn und Windßhen(n) wie das sie off ein zijt bij eyne(r)
	deylung gewesen sien // das er mit Wißbed(er)n sinem sweh(e)r
	ein^a teylung gethan habe nemlich ein acker und wingart
	jm Escheloch^b do ob(e)n die junffrauwe(n) ym clost(er) etlich gult(en)
	hab(e)n // Und das sie nit sag(e)n wie der acker gedeilt un(d) welch
	deil die gult geb(e)n soll das schade ym X gul(den) // Daroff rett
	Růdig(er) von der vier weg(en) sie sien ez^c alß gehorsam. Es sij geleige(n) ein
	stuck wing(ar)ts und ackers jm Eschloch. Daß^d gult geb(e)n
	in das clost(er). Do hab(e)n sie das stuck in vier teil gedeilt. Das
	habe zusam(m)en I l(i)b(ram) gelts jn das clost(er) geb(e)n / Do habe Scherr(er)-
	henn und das and(er) teil miteinand(er) geloist / das yr yedem
	zwey teil an demselb(e)n stuck gefall(e)n sien mit der gulten
	do ob(e)n stěn das yde p(ar)thij sin teil zinß nemlich X ß gelts
	geb(e)n sollt(en). Do sien sie bij gewesen. Die sage hat Heng(in)
	Scherr(er) v(er)bott.
Hengin Scherr(er)	Jt(e)m Hengin Scherr(er) schuldiget dieselb(e)n vier das sie solich ir sage nit
	bewehren daß schatt ym von yclich(e)m X gul(den). Des woll(e)n sie gehor-
	sam sÿn. Ist yne gestalt bynnen(n) XIIII tag(en) / V(er)b[ot].
p b	Jt(e)m Peter Bartolmeus hat pf(and) ber(etten) off dem jung(en) Gyppelhorn.
1 h(eischung)	Jt(em) her Heinrich Nickell sin 1 h(eischung) off Erckers Clesen vor V l(i)b(ras) gelts
	et sup(ra) ping(nora).
	Jt(e)m Windßhenn von sin und syns brud(er) Jeckels weg(e)n schuldig(et)
Winßhenn und sin	Hengin Lǒwe von Gysenh(ei)m wie das er ein huß jn der
broder Jeckel der	Ham(m)engaß(e)n mit syn(er) zugehrung kaufft habe um(m)b Lentz(e)n
Lǒwe(r) vo(n) Gysenh(ei)m	jren sweh(e)r das es ein l(i)b(ram) gelts gebe der kirch(e)n od(er) p(re)sentzie.
	Und das er solichs nit erk(ennt) das schade yne XL gul(den) und
	heischt des ein richtlich antwurt. Rudig(er) rett von Hengin
	Lowers weg(en) un(d) spricht essij also wår wie Windszhenn

---

a   Zwischen Marginalie und Text befindet sich ein über die nächsten 5 Zeilen reichender senkrechter Strich.
b   Die letzten beiden Worte sind unterstrichen.
c   Die drei letzten Worte sind über der Zeile beigefügt.
d   Zwischen Marginalie und Text befindet sich ein über die nächsten 5 Zeilen reichender senkrechter Strich.

2. Oktober 1484

und lässt festhalten, dass Schaubdecker nicht leugnet, dass er die Frucht abgeschnitten hat und fordert, ihm die weiteren Gerichtstermine zu setzen. Die hat ihm der Schultheiß gesetzt in 14 Tagen und weiter geschehe es, wie es üblich ist.

Cles Wiß hat seinen Anspruch ins Gerichtsbuch eintragen lassen gegen Diem und Hengin Cles.

Hengin Scherer beschuldigt Contz Stortzkopp, Henne Christman, Henne Bart und Henne Winß, dass sie vor einiger Zeit bei einer Teilung gewesen sind, nämlich einen Acker und einen Weingarten im Escheloch, wo oben die Nonnen im Kloster etliche Gülten haben. Und sie sagen nicht, wie der Acker geteilt wurde und welcher Teil die Gülte geben solle, das schade ihm 10 Gulden. Darauf sagte Rudiger für die 4: Sie seien zur Aussage bereit. Es sei ein Stück Weingarten und Acker im Escheloch gelegen. Das solle Gülte dem Kloster geben. Da haben sie das Stück in 4 Teile geteilt. Die haben zusammen 1 Pfund Geld dem Kloster gegeben. Da habe Henne Scherer [das eine] und das andere Teil miteinander gelöst, so dass jedem zwei Teile an dem Stück fielen, mit den Gülten die darauf liegen, so dass jede Partei ihren Teil am Zins nämlich 10 Schilling Geld geben solle. Dabei waren sie. Die Aussage hat Hengin Scherer festhalten lassen. Hengin Scherer beschuldigt die selben 4 weiter, dass sie ihre Aussage nicht beeiden, das schade ihm von jedem 10 Gulden. Dazu waren sie bereit. Es ist ihnen ein Termin gesetzt in 14 Tagen, wenn er es ihnen nicht erlassen will.

Peter Bartolomeus hat Pfändung gefordert gegen den jungen Gippelhorn.

Herr Heinrich Nickel erhebt seine 1. Klage gegen Cles Erk wegen 5 Pfund Geld auf die Pfänder.

Henne Winß für sich und seinen Bruder Jeckel beschuldigt Hengin Lowe von Geisenheim, dass er ein Haus in der Hammelgasse mit Zubehör gekauft habe von Lentz ihrem Schwager, welches 1 Pfund Geld gebe der Kirche oder der Präsenz. Und dass er das nicht anerkennt, das schade ihm 40 Gulden und er fordert von ihm eine Antwort vor Gericht. Rudiger redet für Hengin Lowe und sagt: Es sei wahr, wie Henne Winß

fol. 231 — Sabato ipsa die Dionisij

do von gerett habe. Er habe daß huß also kaůfft auch der
kirch(e)n oder p(re)sentz das pfunt gelts do von ußgeracht und
meyn es soll sich jn der kyrch(e)n buch auch also fynd(en). Daz
hat Windszhen v(er)bot / Und spricht ym vort(er) zu dasz er
die sage nit bewe(r)t das schade jne XX gul(den) / Des hat er
sich auch erbott(en). Hat Windßhen(n) gefragt wan ehe. S(e)n(tenti)a
jn XIIII t(agen).

Johan Polier(er) — Jt(em) Jeckell Bett Henn von Soden und Wȏberhenn haben erkant
solich wingart so sie von meinster Johan dem polier(er) umb das
deil bestand(e)n hab(e)n / Das sie solich wing(er)t soll(e)nt vort(er) halt(en)
als deylguts recht ist. Und ob sie solichs nit deten so mag
meinster Johan(n) die mit eim engelsch(e) offholn und widd(er) zu jm
ne(m)men. Das hat meinst(er) Johann verbott.

erk(annt) f(re)f(el) — Jt(em) Dieme(n) Clas erk(ennt) dem scholth(eißen) ein ffreff(el) von bůrgschafft weg(en).

erf(olgt) — Jt(e)m Muderhenn erf(olgt) Kytzgin vor 1½ [II/2] g(ulden).

Sab(a)to ip(s)a die Dionisij.

lip vor gut gestalt — Jt(e)m Drapp(e)n Cleszgin hat sin lyp vor sin gut gestaltt gegen dem
scheffn(er) jm closter.

3 h(eischung) — Jte(m) Odenwalt ex p(ar)te ecc(les)ie sin 3 h(eischung) off Gerha(r)t Spitzkop ut p(rius).

lip vor gut gest(allt) — Jt(em) Gerhart Spitzkopp sin lip vor sin gut gestalt gegen der
kyrch(e)n.

sage beweren[a] — Jt(e)m Contz Stortzkop Cristmans Henn Bartßhenn und Windßhen
hant sich erbott(en) jr sage zubewehr(e)n geg(en) Heng(in) Scherr(er). Ist gest(allt)
ad p(ro)x(imu)m.

Jt(em) der Low(er) von Gysenh(ei)m ist sin(er) beweru(n)g gehorsam und sich d(er)
auch erbott(en). Ist ym gest(allt) ad p(ro)x(imu)m.

posuit — Jt(em) Bůser uns(er) scholth(eiß) ex p(ar)te Johann Boiß(e)n hat X gul(den) hind(er) ger(icht)
gelacht geg(en) her Johan(n) von Engelstat und ym die geoffent
als er die und(er)pf(and) offgeholt hat.

r(e)cepit — Jt(e)m hat h(er) Johann dasselbe gelt lasen holn und genomen sab(ba)to
p(os)t XIm(ilium) virginu(m).

---

[a] Zwei Striche zeigen an, dass die Marginalie für diesen und den folgenden Absatz gilt.

zuvor geredet habe. Er habe das Haus gekauft und der Kirche oder der Präsenz das Pfund Geld davon gelistet und meine, es finde sich auch dort im Kirchenbuch. Das hat Henne Winß festhalten lassen. Und er sagt weiter: Dass er die Aussage nicht beeidet, das schade ihm 20 Gulden. Das hat er angeboten. Henne Winß hat gefragt, wann. Urteil: In 14 Tagen.

Jeckel Bett, Henne von Soden und Henne Weber haben anerkannt einen Weingarten, den sie von Meister Johann dem Pollerer in Teilpacht haben. Dass sie den Weingarten weiter innehaben wie Teilpachtrecht ist. Und täten sie es nicht, so könne Meister Johann ihn mit einem Englischen einziehen und an sich nehmen. Das hat Meister Johann festhalten lassen.
Clas Diem erkennt an, dem Schultheißen einen Frevel wegen der Bürgschaft leisten zu müssen.
Henne Muder verklagt Kitzgin auf 1½ Gulden.

9. Oktober 1484
Clesgin Drapp hat seinen Leib vor sein Gut gestellt gegenüber dem Schaffner im Kloster.
Odenwalt für die Kirche erhebt seine 3. Klage gegen Gerhard Spitzkopp.
Gerhard Spitzkopp hat seinen Leib vor sein Gut gestellt gegenüber der Kirche.
Contz Stortzkopp, Henne Christman, Henne Bart und Henne Winß haben anerboten, ihre Aussage gegenüber Hengin Scherer zu beeiden. Es ist ihnen ein Termin gesetzt am nächsten Gerichtstag.
Der Lowe von Geisenheim ist zur Beeidung bereit und hat sie angeboten. Es ist ihm ein Termin gesetzt am nächsten Gerichtstag.
Bußer, unser Schultheiß, hat für Johann Boos 10 Gulden bei Gericht hinterlegt gegenüber Herrn Johann von Engelstadt und hat ihm die geöffnet, als er die Pfänder einzog. Derselbe Herr Johann hat das Geld holen lassen und eingenommen am Samstag nach 1100 Jungfrauen.

fol. 231v — Sabato die Gallj

TRANSKRIPTION

Sab(a)to die Gallj.

2 h(eischung)	Jt(e)m her Heinrich Nickel sin 2 heisch(ung) off Erck(ers) Cleß ut p(rius).
2 tag geh(eischen)	Jt(em) Francken Cleßg(in) hat sin 2 tag geh(eischen) sin kund zufuren gegen Henn Schaupdecker.

Sab(a)to p(os)t XIm(ilium) V(ir)ginu(m).

tag v(er)hut	Jt(em) Drubeins erb(e)n hab(e)n yren tag v(er)hut geg(en) Antz Drapp(e)n
	Jt(em) deßglich(e)n Antz Drap geg(e)n yne.
Franck(en) Cleßg(in)	Jt(em) Franck(en) Cleßgin hat sin bunde[a] zugegen gehabt antreff(en) Hen Schaup[-]decker. Ist ym gest(allt) ad p(ro)m(imu)m iud(iciu)m.

Sab(a)to p(os)t Symo(n)is et Jude.

erk(annt)	Jt(e)m Drubeins erb[b] Heinrich Soden erk(ennt) Mŭderhennen ex p(ar)te Erhart von Ramb(er)gs II gul(den) VII alb(en) jn XIIII t(agen). Si no(n) t(unc).
p. b.	Jt(e)m Cleßgin von[c] Winh(ei)m hat p. b. off Contzg(in) Dynckell(er).
p. b.	Jt(em) Rampfuß hat p b off Peter Snad(en).
posuit vinu(m)	Jt(em) Steffan(n) Bed(er) hat ½ [I/2] ame wins hind(er) ger(icht) gelacht geg(en) Emmel von Appenh(ei)m und hat jm das geoffent.
Antz Drap Drubeinß erb(e)n	Jtm Rudig(er) hat sich v(er)dingt und sin und(er)ting v(er)bot als recht ist Antz Drapp(e)n unserm mitschoffen und gesellen sin wort und spricht also von synen weg(e)n zů Lupis Jeck(el) und Drubeins Wilh(e)m als erb(e)n des alt(en) Drůbeins und sagt wie derselbe Drubein Antz(e)n schuldig[d] sij III lib(ras) h[e]ll(e)r v(er)sessens zinß und sie sin gut besitz(e)n und jme die nit usricht(en) notz in t(antu)m. Und e sie nein sagen ziehe er sich off daß gerichts buch. Daroff hat sich Důtsch von Al-geßh(ei)m auch v(er)dingt sin und(er)t(inge) v(er)bot als r(echt) ist Drubeins erb(e)n jr wort zuthun und antw(or)t also / so Drubein v(er)scheid(en) sij hab(e)n sie sins guts nust genome(n) jn erbswise wyder dan sie kaufft hab(e)n und jne die kyrch hie offget(ra)gen habe als r(e)cht sij. Und dwil sie nit erbe nach sine dode gnomen habe(n) so

a Das Wort ist über der Zeile beigefügt.
b Die beiden letzten Worte waren durchgestrichen. Die Streichung ist aber durch eine gepunktete Linie unter dem Text aufgehoben worden.
c Es folgt nochmals: »von«.
d Eigentlich als »schlildig« zu lesen.

16. Oktober 1484
Herr Heinrich Nickel erhebt seine 2. Klage gegen Cles Erk.
Clesgin Franck hat seinen 2. Tag gefordert, Beweise beizubringen gegen Henne Schaubdecker.

23. Oktober 1484
Drubeins Erben haben ihren Gerichtstag gewahrt gegen Antz Drapp. Desgleichen Antz Drapp ihnen gegenüber.
Clesgin Franck hatte seine Freunde vor Gericht betreffend Henne Schaubdecker. Es ist ihm ein Termin gesetzt worden am nächsten Gerichtstag.

30. Oktober 1484
Drubeins Erbe Heinrich Soden erkennt an, Henne Muder für Schart von Ramberg 2 Gulden 7 Albus zahlen zu müssen binnen 14 Tagen. Wenn nicht etc.
Clesgin von Weinheim hat Pfändung gefordert gegen Contzgin Dinckler.
Rampusch hat Pfändung gefordert gegen Peter Snade.
Stefan Beder hat ½ Ohm Wein bei Gericht hinterlegt für Emmel von Appenheim und hat ihm das geöffnet.
Rudiger hat sich verpflichtet, Antz Drapp, unseren Mitschöffen, vor Gericht zu vertreten und hat seine Anwaltschaft festhalten lassen und klagt für ihn Jeckel Lupis und Wilhelm Drubein als Erben des alten Drubein an und sagt: Dass derselbe Drubein Antz 3 Pfund Heller versessene Zinsen schuldig sei und sie das Gut noch besitzen und ihm die nicht bezahlen, das schade ihm ebensoviel. Und bevor sie Nein sagen, berufe er sich auf das Gerichtsbuch. Darauf hat sich Dutz von Algesheim auch verpflichtet und seine Anwaltschaft festhalten lassen, wie es Recht ist, Drubeins Erben vor Gericht zu vertreten und er antwortet so: Als Drubein verstorben sei, da haben sie von seinem Gut nichts nach Erbrecht genommen als das, was sie gekauft haben und ihnen die Kirche hier aufgetragen habe, wie es Recht ist. Und weil sie kein Erbe nach seinem Tod genommen haben, so

fol. 232 — Sabato post Symonis et Jude

hoff(e)n sie / das sie Antz(e)n umb diße sin ford(er)ůnge nit schuld(ig)
sien es werde dan(n) erkant. Dan(n) bedunck Antz(e)n daß er gult
habe so mag er sine(n) und(er)pf(anden) nach gëh(e)n / Wes e(r) sie wider
an ziehe des sij er unschuld(ig) / Daroff rett Rudig(er) un(d) v(er)bott
das sie d(er) scholt nit abreddig sint / Und v(er)neint das sie nit
entpfang(en) hab(e)n od(er) nÿmants nit geben soll(e)n dan(n) es sij
wißlich daß Drubein langewile bij den kind(en) jnn gewest
sij. Dobij auch zu m(er)cken sij das sie sin und sin guts auch
gebrůcht hab(e)n. Deßhalb(e)n er hoff sie soll(e)n sich domit
nit behelff(e)n sond(er) yne nach lut deß ger(ichts) buch ußricht(en).
Da(r)off rett Důtsche wie vŏr sie hoff(en) sie soll(e)n bij dem
nein blyb(e)n das sie nust gno(m)men hab(e)n so sollent sie jm
auch nust schuld(ig) sin. Und st(ellt) das zur(echt). Daroff Rudg(er)
rett bring(en) sie bij und behalt(en) alß recht ist das sie
deß sine(n) nust jnhab(e)n geschee vort(er) waß recht sij.
Nach ansprach und antw(or)t spr(e)ch(e)n wir zurecht ste(n)t
die zwen dar und swehrn off den helg(e)n alß r(e)cht ist
das sie nůst jnhab(e)n jn erbschafft wise das Drubeinß
gewesz(e)n sij so sint sie Antz(e)n umb diß sin anspr(ache) nit schul(dig).
Daß hant sie bede p(ar)thij v(er)bott und gefragt wan(n) sie daz
recht trag(e)n solle(n). S(e)n(tenti)a jnwenig XIIII tag(en).

erk(annt) — Jt(em) Randecker Hans Hesse Snyd(er)henß Jeckell junior erk(ennen) Rudig(er)n
ex p(ar)te Hans Wolff(en) socio n(ost)ro VI gul(den) III alb(en) infra hinc et
Natal(e) X(risti). Si non t(unc) pf(and) erf(olgt).

gelengt — Zusch(e)n Hengin Scherr(er)n und Cleßg(in)ᵃ Drapp(e)n d(er) kunde halb(e)n
antreffende den acker ist gest(alt) ad p(ro)x(imu)m iud(iciu)m p(ost) oct(ava)sᵇ E(pi)ph(an)ie D(omi)nj.
sic(ut) ho(di)e. Und habe(n) bede p(ar)thij sie des r(e)cht(en) erlaß(e)n.

gelengt — Zusch(e)n Cleßgin Creme(r)n und Schaupdeck(er)n ist gelengt ad
p(ro)x(imu)m iud(iciu)m p(ost) Natal(e) d(omi)nj sic(ut) ho(di)e. Schaupdeck(er) v(er)bott.

1 h(eischung) — Jt(em) Ada(m) Wolff soci(us) n(oste)r 1 h(eischung) off Jeck(el) Prass(e)n vor V v(ir)t(el) wins.
s(upe)r o(mn)ia.

---

a   Das Wort ist über der Zeile beigefügt, darunter durchgestrichen: »Jeck(el)«.
b   Dieses und das folgende Wort sind über der Zeile beigefügt, darunter durchgestrichen: »natal«.

30. Oktober 1484

hoffen sie, dass sie Antz auf dessen Forderung nichts schuldig seien, es werde denn vom Gericht anders erkannt. Denn scheine es Antz, dass er Gülten habe, so kann er an die Pfänder gehen. Wessen er sie weiter anklage, dessen sei er unschuldig. Darauf redet Rudiger und lässt festhalten, dass sie die Schuld nicht leugnen. Und er verneint, dass sie das nicht empfangen haben oder niemandem etwas geben sollten, denn es sei bekannt, dass Drubein eine lange Zeit bei seinen Kindern war. Daran sei zu merken, dass sie das Seine und sein Gut auch nutzten. Deshalb hoffe er, sie sollten sich damit nicht behelfen können, sondern ihn gemäß dem Gerichtsbuch bezahlen. Darauf redet Dutz wie zuvor: Sie hoffen, sie sollen bei dem Nein bleiben, dass sie nichts genommen haben, daher sollen sie ihm auch nichts schuldig sein. Das legt er dem Gericht vor. Darauf sagt Rudiger: Erbringen sie den Beweis und behalten Recht, dass sie von dem Seinen nichts haben, so geschehe es weiter, wie es rechtmäßig ist. Nach Anklage und Entgegnung sprechen wir als Recht: Stehen die 2 da und schwören auf die Heiligen, wie es Recht ist, dass sie nichts nach Erbenrecht innehaben was Drubein war, so sind sie Antz wegen seiner Anklage nichts schuldig. Dem haben beide Parteien zugestimmt und gefragt, wann sie das Recht tun sollen. Urteil: Binnen 14 Tagen.

Randecker, Hans Hesse, Jeckel Sniderhen der junge erkennen gegenüber Rudiger für Hans Wolff, unseren Mitschöffen, an, 6 Gulden 3 Albus bis Weihnachten zu zahlen. Wenn nicht erfolgt die Pfändung.

Zwischen Hengin Scherer und Clesgin Drapp wegen der Kinder den Acker betreffend ist der Termin bis zum nächsten Gerichtstag nach dem 8. Tag verschoben worden, zu gleichem Recht wie heute. Beide Parteien haben ihnen die Rechtsbestätigung durch Eid erlassen.

Zwischen Clesgin Kremer und Schaubdecker ist der Termin verschoben bis zum nächsten Gericht nach Weihnachten. Zum gleichen Recht wie heute. Das hat Schaubdecker festhalten lassen.

Adam Wolff, unser Mitschöffe, erhebt seine 1. Klage gegen Jeckel Prass wegen 5 Viertel Wein auf alles.

fol. 232v — Sabato post Omnium Sanctorum

1 h(eischung)	Jt(e)m her Heinr(ich) Strŏde 1 h(eischung) off Contz Bellerszh(ei)m vor VIII½ [IX/2] ß et s(upe)r pf(and).
1 h(eischung)	Jdem sin 1 h(eischung) off Ebert Kytzen mŭtt(er) vor XXXV ß et s(upe)r pf(and).
erf(olgt)	Jt(em) Hen Odenwalt ex p(art)e ecc(les)ie erf(olgt) G(er)hart Spitzkopff vor XL gul(den).
gestalt	Jt(e)m Diel Stey(n)metz von Altzey der(r) hat die Wynborne(r)n bekumer(r)t und sie hat gelobt off diss(e)n tag an gericht zukom(m)en und ist uszblib(en). Daß hat er v(er)bot.
	Actu(m) Sab(a)to p(os)t O(mn)i(u)m S(an)ctor(um).
erk(annt)	Jt(e)m Ebert(en) Kytsche erk(ennt) Grŏpp(e)n III gul(den) mi[n](us) I alb(e)n jn XIIII tag(en). Si no(n) pf(and) erf(olgt).
erk(annt)	Jt(em) Wŏlenber erk(ennt) Cleß Raub(e)n III½ [IIII/2] gul(den) I ort si(mi)li mo(do).
1 h(eischung)	Jt(e)m Endriß Koch(er) sin 1 h(eischung) off Jeckell Drapp(e)n vor III gul(den) gelts et s(upe)r pf(and).
1 h(eischung)a	Jt(em) Cles Raup sin 1 h(eischung) off Pet(er) Stŏpen vor II lib(ras) VII½ [VIII/2] sz et pf(and).
	Jt(em) id(em) sin 1 h(eischung) off Henn Gycken vor VIII ß et o(mn)ia.
	Id(em) sin 1 h(eischung) off idem vor VII ß s(upe)r o(mn)ia.
	Id(em) sin 1 h(eischung) off Cleßgin Falthor vor IX ß mi[n](us) III h[e]ll(er) et p(fand).
1 h(eischung)	Jt(e)m her Johan Benszhem(m)e(r) sin 1 h(eischung) off Jeck(el) Drapp(e)n vor I lib(ram) VII½ [VIII/2] ß et s(upe)r pf(and).
1 h(eischung)	Jt(em) Phil(ip) Busz(er) uns(er) scholth(eiß) und mitschoff(en) gesell tut sin 1 h(eischung) off die kyrch(e)nmeinst(er) un(d) allz d[a]z Kythsch Hen gelaß(e)n hat vor I capp(e)n.
1 h(eischung)	Jt(em) Peter Fyel ex p(ar)te Erckers Dyn sin 1 h(eischung) off Hengin Endriß vor II gul(den) mi[n](us) III alb(en) s(upe)r ping(nora).
1 h(eischung)	Jt(em) Erckers Cleßgin sin 1 h(eischung) off Heng(in) Endriß vor II g(ulden) mi[n](us) III alb(en) et p(fand).
1 h(eischung)b	Jt(em) Pet(er) Fiel ex p(ar)te Erkers Din sin 1 h(eischung) off Stam(m) und Snyd(er)hen(en). Jeck(el) vor II g(ulden) s(upe)r o(mn)ia.
erf(olgt)	Jt(e)m Endriß Drap erf(olgt) Monichs Cleß sup(ra) libr(um).

a Mehrere Striche zeigen an, dass die Marginalie auch für die folgenden drei Einträge gilt.
b Der Begriff wird einmal wiederholt.

Herr Heinrich Strude erhebt seine 1. Klage gegen Contz Bellersheim wegen 8½ Schilling auf die Pfänder.
Derselbe erhebt seine 1. Klage gegen Eberhard Kitz Mutter wegen 35 Schilling und auf die Pfänder.
Henne Odenwalt für die Kirche verklagt Gerhard Spitzkopp auf 40 Gulden.
Diel Steinmetz von Alzey hat die Wynborn gepfändet und sie hat versprochen heute vor Gericht zu erscheinen und ist weggeblieben. Das hat er festgehalten.

6. November 1484
Eberhard Kitz erkennt an, Grop 3 Gulden weniger 1 Albus zahlen zu müssen binnen 14 Tagen. Wenn nicht erfolgt die Pfändung.
Wolenber erkennt an, Cles Raub 3½ Gulden 1 Ort in gleicher Weise.
Endres Kocher erhebt seine 1. Klage gegen Jeckel Drapp wegen 3 Gulden Geld auf die Pfänder.
Cles Raub erhebt seine 1. Klage gegen Peter Stop wegen 2 Pfund 7½ Schilling auf die Pfänder.
Derselbe erhebt seine 1. Klage gegen Henne Gick wegen 8 Schilling auf alles.
Derselbe erhebt seine 1. Klage gegen denselben wegen 7 Schilling auf alles.
Derselbe erhebt seine 1. Klage gegen Clesgin Falthor wegen 9 Schilling weniger 3 Heller und auf die Pfänder.
Herr Johann Benßhemmer erhebt seine 1. Klage gegen Jeckel Drapp wegen 1 Pfund 7½ Schilling und auf die Pfänder.
Philipp Bußer, unser Schultheiß und Mitschöffe, erhebt seine 1. Klage gegen die Kirchenmeister und auf alles, was Henne Kitz hinterlassen hat wegen 1 Kappaun.
Peter Fiel für Din Erker erhebt seine 1. Klage gegen Hengin Enders wegen 2 Gulden weniger 3 Albus auf die Pfänder.
Clesgin Erk erhebt seine 1. Klage gegen Hengin Enders wegen 2 Gulden weniger 3 Albus und auf die Pfänder.
Peter Fiel für Dyne Erk erhebt seine 1. Klage gegen Stamm und Jeckel Sniderhen wegen 2 Gulden auf alles.
Endres Drapp hat seinen Anspruch ins Gerichtsbuch eintragen lassen gegen Cles Monch.

Sabato post Omnium Sanctorum

erk(annt)	Jt(e)m Lupis Henn erk(ennt) Endriß Drappe(n) II½ [III/2] g(ulden) jn mensi. Si no(n) t(un)c pf(and) erf(olgt).
erk(annt)	Jt(e)m Peter Harwil(e)r erk(ennt) Drapp(e)n III g(ulden) eod(em) t(em)p(or)e et si(mi)li mo(do).
I h(eischung)	Jt(em) Cleß Raup sin 1 h(eischung) off Hen Lynthe(m)m(er) vor III thornis et s(upe)r p(fand).
erk(annt)	Jt(e)m H(er)man Holtzhuser erk(ennt) Endris Drappe(n) XII alb(en) jn menß. Si no(n) t(unc).
die Nedersche(n) Engellender	Jt(e)m die Nedersch(e)n durch jren hußwirt schuldigt Henn(e) Engellend(er)n wie daß er jr ein dŏchter verdingt habe zu lernen new(e)n ein jor umb II gul(den) myn(us) I ort. Daß er jr die nit gijt das schadt jr II gul(den). Beg(er)t da(r)umb ja od(er) nein / Růdg(er) hat sich v(er)dingt und sin und(er)t(ing) v(er)bot wie r(e)cht ist Hennen Engellend(er) sin wort zuthůn und spricht er habe jr die docht(er) v(er)dingt. Aber jn dem jŏr do habe sie die docht(er) mit zornige(n) worten heisz(e)n heim gŏhn zu yrm vatt(er) und ŏrlop geben. Daß habe sie gethån. Also das sie sin(er) dŏcht(er) jar nit gehalt(en) und gelert habe als sie zuthun gerett habe. Demnach so hoffe Hen(n) das er jr umb diße jr ford(er)ůng nit schuld(ig) sij und stelt das zurecht. Der Nedersch(en) hußwůrt verbot das er erkent daß er jr die docht(er) also v(er)dingt hat. Und als er forwende sin husfr(au) habe jr orlop geben do sage sie ney(n) zu. Und hofft dwil[a] er des gedings erkant habe er soll sie ußricht(en) und stelt das auch zu recht. Jst gestalt vo(n) hut zu XIIII tag(e)n sic(ut) ho(di)e.
1 h(eischung)[c]	Jt(e)m her Johan(n) Dramerßh(ei)m ex p(ar)te d(omi)nor(um) s(anc)ti Victore sin 1 h(eischung) off Wolffs Hen und Melman(n)s Hen(n)gin vor III½ [IIII/2] l(i)b(ras) gelts et s(upe)r pf(and).
1 h(eischung)	Jdem sin 1 h(eischung) off H(er)man Benn(er) jn d(er) Orenbruck(en) vor I l(i)b(ram) gelts s(upe)r p(fand).
1 h(eischung)	Id(em) sin 1 h(eischung)[b] off Wolffs Heinrich vor I l(i)b(ram) gelts et s(upe)r pf(and).
1 h(eischung)	Jdem sin 1 h(eischung) off Heydencleßg(in) vor II golt gul(den) et s(upe)r pf(and).
1 h(eischung)	Jt(e)m Michel Switz(er) schaffn(er) zu sant Clarn zu Mentz sin 1 h(eischung) off Ebert Kytz vor I l(i)b(ram) V ß et s(upe)r pf(and).
1 h(eischung)	Jdem sin 1 h(eischung) off meinst(er) Leowen vor I gul(den) I ort et sup(ra) pf(and).
1 h(eischung)	Jdem sin 1 h(eischung) off alles das Rutz metzler v(er)laß(e)n hat vor IIII ß gelts.
1 h(eischung)	Jte(m) her Heinr(ich) Strŏde sin 1 h(eischung) off Metzelhenn vor II 1(2 [III/2]) l(i)b(ras) gelts. un(d) XX d(enar) et sup(ra) p(fand).
1 h(eischung)	Jdem sin 1 h(eischung) off Clesenhengin vor I lib(ram) XVIII sz et s(upe)r o(m)nia. Verte idem.

a Es folgt durchgestrichen: »sie«.
b Es folgt durchgestrichen: »h(eischung)«.
c Der Begriff wird nochmals wiederholt.

6. November 1484 — fol. 233

Henne Lupis erkennt an, Endres Drapp 2½ Gulden binnen einem Monat zahlen zu müssen. Wenn nicht erfolgt die Pfändung.

Peter Harwiler erkennt Drapp 3 Gulden in der selben Zeit, wenn nicht gleichermaßen.

Cles Raub erhebt seine 1. Klage gegen Henne Lintheim wegen 3 Tournosen auf die Pfänder.

Hermann Holzhausen erkennt an Endres Drapp 12 Albus binnen einem Monat. Wenn nicht etc.

Die Nederschen beschuldigt durch ihren Ehemann Henne Engellender, dass er ihre Tochter angestellt habe nähen zu lernen für ein Jahr gegen 2 Gulden weniger 1 Ort. Dass er ihr die nicht gibt, das schade ihr 2 Gulden. Sie fordert deswegen ein Ja oder Nein. Rudiger hat sich verpflichtet, Henne Engellender vor Gericht zu vertreten und hat seine Anwaltschaft festhalten lassen und sagt: Er habe ihr die Tochter angestellt. Aber in dem Jahr habe sie mit zornigen Worten gefordert, ihre Tochter solle heim gehen zu ihrem Vater und ihr Urlaub zu geben. Das habe sie getan. Daher habe sie das Lehrjahr ihrer Tochter nicht gehalten wie sie versprochen habe. Daher hoffe Henne, dass er ihr wegen ihrer Forderung nichts schuldig sei und legt das dem Gericht vor. Der Mann der Nederschen lässt festhalten, dass er anerkennt, dass er ihr die Tochter angestellt habe. Und weil er vorbringe, seine Frau habe ihr Urlaub gegeben, darauf sage sie Nein. Und sie hofft, weil er den Lehrvertrag anerkannt habe, er solle sie bezahlen und legt das auch dem Gericht vor. Das ist verschoben worden um 14 Tage.

Herr Johann Dromersheim für die Herren von St. Viktor erhebt seine 1. Klage gegen Henne Wolff und Hengin Melmann wegen 3½ Pfund Geld und auf die Pfänder.

Derselbe erhebt seine 1. Klage gegen Hermann Bender in der Ohrenbrücke wegen 1 Pfund Geld auf die Pfänder.

Derselbe erhebt seine 1. Klage gegen Heinrich Wolff wegen 1 Pfund Geld und auf die Pfänder. Derselbe erhebt seine 1. Klage gegen Clesgin Heide wegen 2 Goldgulden und auf die Pfänder.

Michel Switzer, Schaffner von St. Klara zu Mainz, erhebt seine 1. Klage gegen Eberhard Kitz wegen 1 Pfund Geld 5 Schilling und auf die Pfänder. Derselbe erhebt seine 1. Klage gegen Meister Lewe wegen einem Gulden ein Ort und auf die Pfänder.

Derselbe erhebt seine 1. Klage auf alles, was Rutz Fleischer hinterlassen hat wegen 4 Schilling Geld. Herr Heinrich Stude erhebt seine 1. Klage gegen Henne Metzel wegen 2½ Pfund Geld und 20 Denar und auf die Pfänder. Derselbe erhebt seine 1. Klage gegen Hengin Cles wegen 1 Pfund 18 Schilling auf alles.

Wende.

fol. 233v — Sabato post Omnium Sanctorum

1 h(eischung)	Jdem sin 1 h(eischung) off Ulrich von Rodenbach vor XII sz et p(fand).
1 h(eischung)	Idem sin 1 h(eischung) off Pet(er) Korpeln vor VIII½ [IX/2] sz et s(upe)r p(fand).
1 h(eischung)	Jdem sin 1 h(eischung) off Rudolff Snyd(er) vor XII sz s(upe)r p(fand).
1 h(eischung)	Jt(em) Flucken Cleß sin 1 h(eischung) off Kytzg(in) vor V g(ulden) gelts p(fand).
1 h(eischung)	Jt(em) Hen von Eltvil ex p(ar)te der h(er)ren zum dom(m)e zů Mentz sin 1 h(eischung) off Cleß Stortzkop vor I marg gelts p(fand).
1 h(eischung)[b]	Idem sin 1 h(eischung) off her Johan(n) von Sultz(e)n Ferwerhenn und Bennerhen vor I margk gelts et p(fand).
1 h(eischung)	Idem sin 1 h(eischung) off Contz Stortzkop vor IV½ [V/2] ß et s(upe)r p(fand).
1 h(eischung)	Idem sin 1 h(eischung) Kylers Endriß vor XV tornis et p(fand).
1 h(eischung)	Idem sin 1 h(eischung) off Hen Stortzkop vor III ß et p(fand).
1 h(eischung)	Idem sin 1 h(eischung) off Hen Gutgesell vor III ß et p(fand).
1 h(eischung)	Idem sin 1 h(eischung) off Hen Stoep(e)n vor III ß et p(fand).
1 h(eischung)	Idem sin 1 h(eischung) off Heng(in) von Echtzel vor VI ß II capp(e)n et p(fand).
1 h(eischung)[c]	Idem sin 1 h(eischung) off den jung(en) Hen vo(n) Elvil und Stortzkops Hen vo[r] V ß III h[e]ll(er) I capp(en) et p(fand).
1 h(eischung)	Idem sin 1 h(eischung) off Cremer vor I lib(ram) h(e)ll(e)r et p(fand).
1 h(eischung)	Idem sin 1 h(eischung) off waz Mosenhen v(er)laß(e)n hat vo(r) VII½ [VIII/2] ß.
1 h(eischung)[d]	Idem sin 1 h(eischung) off Hen Mospech(e)r und Emmel vo(n) Ingelh(eim) vor IX ß und I gans et s(upe)r pf(and).
1 h(eischung)	Idem 1 h off Winworm vor I lib(ram) h[e]ll(e)r et p(fand).
1 h(eischung)	Idem sin 1 h(eischung) off Lichtschytt vor VIII ß et p(fand).
1 h(eischung)[e]	It(em) Peter Dresch(e) von Swabenh(ei)m[a] sin 1 h(eischung) off Peter vo(n) Badenh(ei)m und Kytsch Annen vor IIII ß et p(fand).
erk(annt)	Jt(em) Harwil(e)r erk(ennt) Henn Stortzk(op) III½ [IIII/2] g(ulden) jn Menß. Si no(n).
1 h(eischung)	Jt(em) Bing(er) Cleßgin ex p(ar)te Philips Hirt(en) socio n(ost)ro sin 1 h(eischung) off Endriß Stein vor VII ß s(upe)r o(mn)ia.
1 h(eischung)	Idem sin 1 h(eischung) off Hengin Bere vor VIII ß et o(mn)ia.
1 h(eischung)	Idem sin 1 h(eischung) off Jeck(el) Bett vor XXII ß et o(mn)ia.
1 h(eischung)	Idem sin 1 h(eischung) off Hiltwin vor IIII ß et o(mn)ia.
1 h(eischung)	Jdem sin 1 h(eischung) off Cleß Stortzkop vor X ß s(upe)r o(mn)ia.
	Jt(em)

a Das Wort ist über der Zeile beigefügt, darunter durchgestrichen: »Sauwelnheim«.
b Der Begriff wird noch zweimal wiederholt.
c Der Begriff wird nochmals wiederholt.
d Der Begriff wird nochmals wiederholt.
e Der Begriff wird nochmals wiederholt.

6. November 1484

Derselbe erhebt seine 1. Klage gegen Ulrich von Rodenbach wegen 12 Schilling und auf die Pfänder.
Derselbe erhebt seine 1. Klage gegen Peter Korpel wegen 8½ Schilling und auf die Pfänder.
Derselbe erhebt seine 1. Klage gegen Rudolf Snider wegen 12 Schilling und auf die Pfänder.
Cles Fluck erhebt seine 1. Klage gegen Kitzgin wegen 5 Gulden, Pfänder.
Henne von Eltville für die Herren vom Dom zu Mainz erhebt seine 1. Klage gegen Cles Stortzkopp wegen 1 Mark Geld, Pfänder.
Derselbe erhebt seine 1. Klage gegen Johann von Sultz, Johann Färber und Johann Benner wegen 1 Mark und auf die Pfänder.
Derselbe erhebt seine 1. Klage gegen Contz Stortzkopp wegen 6½ Schilling und auf die Pfänder.
Derselbe erhebt seine 1. Klage gegen Endres Kyler wegen 15 Tournosen und auf die Pfänder.
Derselbe erhebt seine 1. Klage gegen Henne Stortzkopp wegen 3 Schilling und auf die Pfänder.
Derselbe erhebt seine 1. Klage gegen Henne Gutgesell wegen 3 Schilling und auf die Pfänder.
Derselbe erhebt seine 1. Klage gegen Henne Stop wegen 3 Schilling und auf die Pfänder.
Derselbe erhebt seine 1. Klage gegen Hengin von Echzel wegen 6 Schilling, 2 Kappaunen und auf die Pfänder. Derselbe erhebt seine 1. Klage gegen den jungen Henne von Eltville und Henne Stortzkopp wegen 5 Schilling, 1 Kappaun und auf die Pfänder.
Derselbe erhebt seine 1. Klage gegen Cremer wegen 1 Pfund Heller und auf die Pfänder.
Derselbe erhebt seine 1. Klage auf das, was Henne Mose hinterlassen hat, wegen 7½ Schilling.
Derselbe erhebt seine 1. Klage gegen Henne Mospecher und Emmel von Ingelheim wegen 9 Schilling und einer Gans und auf die Pfänder.
Derselbe erhebt seine 1. Klage gegen Winworm wegen 1 Pfund Heller und auf die Pfänder. Derselbe erhebt seine 1. Klage gegen Lichtschid wegen 8 Schilling und auf die Pfänder.
Peter Dresser von Schwabenheim erhebt seine 1. Klage gegen Peter von Badenheim und Anne Kitz wegen 4 Schilling und auf die Pfänder.
Harwiler erkennt an, Henne Stortzkopp 3½ Gulden binnen eines Monats zahlen zu müssen. Wenn nicht etc.
Clesgin Binger für Philipp Hirt, unseren Mitschöffen, erhebt seine 1. Klage gegen Endriß Stein wegen 7 Schilling auf alles.
Derselbe erhebt seine 1. Klage gegen Hengin Ber wegen 8 Schilling auf alles.
Derselbe erhebt seine 1. Klage gegen Jeckel Bett wegen 22 Schilling auf alles.
Derselbe erhebt seine 1. Klage gegen Hiltwin wegen 4 Schilling auf alles. Derselbe erhebt seine 1. Klage gegen Cles Stortzkopp wegen 10 Schilling auf alles.

Dinstag vor Martini

posuit	Jt(e)m Gerhart Spitzkop hat hind(er) gericht geleit II l(i)b(ras) h(e)ll(er) gegen der kirch(e)n und p(re)sentz meinstern od(er) we(n) daz berurt und sagt domit off die und(er) pf(and)ᵃ huß und hoff und hat yne solichs geoffent.
p b	It(e)m Peter Bule hat p b off Drappen Endriß.
d(er) scheffn(er) gelengt	Zusch(e)n d(er) nonne(n) scheffn(er) zu Engeltale ist gelengt off ire uberkome(n) mit Hengin Scherr(er) und Cleszg(in) Drapp(e)n und solle ym den zinß gemein geb(e)n jn VIII t(agen) yderman unschetlich sins recht(en). V(er)bot.
erf(olgt)	It(e)m Wynßhenn erf(olgt) dem Wegenn(er) vor III g(ulden).
erk(annt)	It(e)m Henn Stortzkop erk(ennt) Pet(er) Stortzkop XXII ß jn XIIII t(agen). Si no(n).
gestalt Harwil(e)r	Jt(em) der glockenn(er) und h(er) Joheng(in) von Wint(er)nheim habent Contz(e)n Henn von Harrwil(e)r bekum(m)ert. D(er) hat sich off hut vor gericht gestalt. Und sint sie usz blibe(n). D[a]z hat er v(er)bott.

Off Dinstag vor Martini.

t(ag) gelengt	Jt(e)m zusch(e)n Anthis Drap socio n(ost)ro Lupis Jeckell und Drubeins Wilh(em) ist gelengt von hut zu XIIII t(agen) sic(ut) hodie omb(o)[!] v(er)bot.
erf(olgt)	It(e)m Henn von Eltvil erf(olgt) Pet(er) Schnad(e)n s(upe)r libr(um).
Madlen von Venyng(en)	Jt(e)m Rudig(er) ex p(ar)te frauw Madalen von Venig(e)n hat gefragt Hengin d(er) muller jn der Emerichs mu̇ln soll jr jars geb(e)n XV m(a)l(te)r k(orn) von der-selb(e)n mu̇ln. Die gebe er jr nit. Und stehe die mu̇le noch zu jhren hand(e)n. Ob sie die nit widd(er) ne(m)men und do zu kom(m)e mőge. S(ente)n(tia)a sic si ita est.
1 h(eischung)ᵉ	It(e)m Muderhenn ex p(ar)te Erhart von Ramb(er)gsᵇ sin 1 h(eischung) off Wißhars Contzgins erb(e)n vor XV alb(en) et s(up)r o(m)nia.
Hengin Scherr(er) Sterre(n) Clese	Jt(e)m Hengin Scherr(er) schuldiget Sterren Clesen das er zu jm off dem margt gesagt habe sich from(m)e mengin sitz stuᶜ do. Ddo habe er gesagt jch bin alß fro(m)me als du̇ᵈ / Din anslag hat dir gefeltt. Do habe er gesagt Jch bin alß from(m)e alß du. Dar off habe Clese gesagt du erlebest num(m)er daß du alß from(m)e siest alß ich bin / Da(r)off habe er widd(er) gesagt jch bin from(m)er dan(n) du bist wan du hast mich bracht me

a Die letzten drei Worte sind über der Zeile beigefügt.
b Davor steht durchgestrichen, aber mit einer gepunkteten Linie untermalt: »Henn von«.
c Es folgt durchgestrichen: »da«.
d Der Satz ab dem Komma ist durchgestrichen, mittels einer gepunkteten Linie aber wohl wieder gültig gemacht worden.
e Der Begriff wird nochmals wiederholt.

9. November 1484

Gerhard Spitzkopp hat bei Gericht 2 Pfund Heller für die Kirche und die Präsenzmeister oder wen das betrifft hinterlegt und sagt damit die anderen Pfänder, Haus und Hof, auf und hat ihnen die geöffnet.

Peter Bule hat Pfändung gefordert gegenüber Endres Drapp.

Zwischen dem Schaffner der Nonnen zu Engeltal und Hengin Scherer und Clesgin Drapp ist der Termin zur Übereinkunft verlängert worden und sie sollen ihm den Zins gemeinsam geben binnen 14 Tagen, ohne Schaden an den Rechten eines jeden. Zugestimmt.

Henne Winß verklagt den Wegener auf 3 Gulden.

Henne Stortzkopp erkennt an Peter Stortzkopp 22 Schilling binnen 14 Tagen. Wenn nicht etc.

Der Glöckner und Herr Johengin von Winternheim haben Henne Contz von Harwiler belangt. Er hat sich heute vor Gericht gestellt. Sie sind weg geblieben. Das hat er fest halten lassen.

9. November 1484

Zwischen Anthis Drapp, unserem Mitschöffen, Jeckel Lupis und Wilhelm Drubein ist die Sache verschoben worden auf heute in 14 Tagen so wie heute, beide zugestimmt.

Henne von Eltville hat seinen Anspruch ins Gerichtsbuch eintragen lassen gegen Peter Snade.

Rudiger für die Frau Madlene von Venningen hat gefragt: Hengin der Müller in der Emmerichsmühle soll jährlich 15 Malter Korn von der Mühle geben. Die gebe er nicht. Und die Mühle stehe noch in ihrem Besitz. Ob sie diese nicht wieder an sich nehmen könne. Urteil: Ja, wenn es so ist.

Henne Muder für Erhard von Ramberg erhebt seine 1. Klage gegen Contzgin Wisser wegen 15 Albus auf alles.

Hengin Scherer beschuldigt Cles Stern, dass er zu ihm auf dem Markt gesagt habe: „Bei guten Leuten sitzt du da.". Da habe er gesagt: „Ich bin so gut wie du. Deine Anschuldigung geht fehl." Da habe er gesagt: „Ich bin so gut wie du." Darauf habe Cles gesagt: „Du erlebst nicht mehr, dass du so gut bist wie ich!" Darauf habe er wiederum gesagt: "Ich bin so gut wie du bist, denn du hast mich um mehr

fol. 234v — Dinstag vor Martini

dan(n) um(m)b VI guld(en) des jch dir pfeni(n)g od(er) h[e]ll(e)r nie schuld(ig) wartt.
Do hat Cleß gesag so hastu mich umb VII gul(den) bracht / Do habe
er off geantwurt die han ich umb dich und dir abv(er)dient / Do
geg(e)n habe Clese gesagt er habe nit II alb(en) v(er)dÿnt. Und daß er ym
solich v(er)kerliche wort gethan habe die yme übel nachlud(en) daß
schade ym XL guld(en). Will er sich des laß(e)n züg(e)n mit eim bidd(er)man
so wol er jne des wissen. Sover(re) er des nit thů wŏll so heisch er ym
ein rechte^a gerichts antw(or)t. Da(r)off hat sich Henn von Eltvil verdingt und sin und(er)ting v(er)bot wie r(e)cht ist Sterre(n) Clesen sin wortt
zuthun und antwurt also. Deß offgemess(e)n schad(e)n sij Cleß unschuld(ig)
es werde dan(n) mit recht erkant. Dan(n) er sij off den mart kom(m)en
und Hengin Scherr(er)n do fůnden der jme off dasselbmål pfantgůt
abkaufft habe / Do habe er zu jme gesagt from(m)e mengin sitzstu
do/ Domit er meint jme nit übelgerett hab/ Do habe meinst(er)
Johan(n) gesagt bin ich ein from(m)e mengin so bistu ein grůnt
lecker // Die wort hab(e)n yne bewegt daß er gesagt habe du
hast mir VII guld(en) abgno(m)men und kain vier od(er) funff alb(en) v(er)dint.
Do habe Johan(n) gesagt so hastu mich um(m)b VI gul(den) bracht. Und
hofft Sterren Cleß dwil er jne also bewegt habe daß er jme
umb diße wort nit schuld(ig) sij. Und stelle(n) das bede zurecht. Jst

ad socios q(uare)re sab(ba)to p(os)t Elisabett — gelengt ad socios. Amb(o) v(er)bott.

p b	Jt(e)m Heinrich Smit hat pf(and) ber(etten) off Ebert und Pet(er) Schnad(e)n.
1 h(eischung)	Jt(e)m her Heinrich Strude sin 1 h(eischung) off Pet(er) Metzl(er)n vor XIII sz s(upe)r p(fand).
1 h(eischung)	Id(e)m sin I^b h(eischung) off Lupis Jeckel und Drubeinßwilh(em) vor XV sz et p(fand).
1 h(eischung)	Idem sin 1 h(eischung) off Henn Storzkopff vor IX sz et p(fand).
1 h(eischung)	Id(em) sin 1 h(eischung) off Knobloch un(d) Essigheng(in) vor XVI ß et p(fand).
1 h(eischung)	Id(em) sin 1 h(eischung) off G(er)hart Spitzkop vor XV ß p(fand).

Jt(e)m Hen von Eltvil hat sich v(er)dingt und sin und(er)t(ing) v(er)bott wie
r(e)cht ist Windßhenn sin wort zuthun. Und schuldiget Synd(er)-

Windßhenn / *Snyd(er)henn* — henn und spricht Windßhenn habe Sterre(n) Clesen erfolgt
und pfande berett wie r(e)cht sij. Und sij zu Snyd(er)henne(n) komen
und gesagt du bist vor mir alß ich v(er)stee alß ich Sterre(n) Clese(n)
erf(olgt) han. Wie stet die sach zusch(e)n Sterre(n) Clese(n) und dir dan(n)

---

a Ein »n«-Kürzel ist mit zwei kleinen Strichen durchgestrichen.
b An die Zahl anschließend durchgestrichen: »i« [?].

als 6 Gulden gebracht ohne dass ich dir je einen Pfennig oder Heller schuldig war." Darauf hat Cles gesagt: "So hast Du mich um 7 Gulden gebracht." Da habe er darauf geantwortet: "Die habe ich wegen Dir und von Dir verdient." Dagegen habe Klaus gesagt, er habe nicht 2 Albus verdient. Das er ihn mit solchen verkehrten Worten bedacht haben, die seinen Ruf übel schädigen, das schade ihm 40 Gulden. Will er sich das beweisen lassen mit einem Ehrenmann, so wolle er ihm das beweisen. Will er das nicht tun, so fordere er von ihm eine Antwort vor Gericht.

Darauf hat sich Henne von Eltville verpflichtet, Cles Stern vor Gericht zu vertreten und hat seine Anwaltschaft festhalten lassen, wie es Recht ist und antwortete so: Des angelaufenen Schadens sei Cles zunächst unschuldig, er werde denn vom Gericht so erkannt. Denn er sei auf den Markt gekommen und habe Hengin Scherer dort gefunden, der ihm einst Pfandgut abgekauft habe. Da habe er zu ihm gesagt: Bei guten Leuten sitzt du. Er meint damit nicht übel geredet zu haben. Da habe Meister Johann gesagt: „Ich bin ein guter Mann, du bist ein Grundlecker!". Die Worte haben ihn so bewegt, dass er gesagt habe: „Du hast mir 7 Gulden abgenommen und keine 4 oder 5 Albus verdient." Da habe Johann gesagt: „So hast du mich um 6 Gulden gebracht!" Und Cles Stern hofft, weil er ihn provoziert habe, er sei wegen dieser Worte nichts schuldig. Das legen beide dem Gericht vor. Das ist verschoben worden bis zum Zusammentreffen des Vollgerichts. Dem haben beide zugestimmt. Urteil erfolgt am 20. November 1484.

Heinrich Schmied hat Pfändung gefordert gegen Eberhard und Peter Snade.

Herr Heinrich Strude erhebt seine 1. Klage gegen Peter Metzler wegen 13 Schilling und auf die Pfänder.

Derselbe erhebt seine 1. Klage gegen Jeckel Lupis und Wilhelm Drubein wegen 15 Schilling und auf die Pfänder.

Derselbe erhebt seine 1. Klage gegen Henne Stortzkopp wegen 9 Schilling und auf die Pfänder.

Derselbe erhebt seine 1. Klage gegen Knobeloch und Hengin Essig wegen 16 Schilling und auf die Pfänder.

Derselbe erhebt seine 1. Klage gegen Gerhard Spitzkopp wegen 15 Schilling und auf die Pfänder.

Henne von Eltville hat sich verpflichtet, Henne Winß vor Gericht zu vertreten und hat seine Anwaltschaft festhalten lassen, wie es Recht ist. Und er beschuldigt Henn Snider und sagt: Henne Winß habe seinen Anspruch gegen Cles Stern eingeklagt und Pfändung gefordert, wie es Recht ist. Da sei Henn Snider gekommen und habe gesagt: Du bist vor mir, wie ich das sehe, da ich meinen Anspruch gegen Cles Stern eingeklagt habe. Wie steht die Sache zwischen Cles Stern und dir, denn

Sampstag nach Martini

ich wollt etwaz v(er)keiff(en) das ich auch zu keme. Do habe Snyd(er)hen
gesagt Sterre(n) Cleß und ich sint geracht. Do habe Windßhen
Sterre(n) Clesen ein wing(er)t v(er)kaufft. Daß habe ym Snyd(er)henn gewehrt und nit bij denselb(e)n wort(en) gelaß(e)n. Daz schade ym X gul(den)
und beg(er)t des ein recht gerichts antw(or)t ja od(er) nein. Rudig(er) hat
sich auch v(er)dingt ut forma Snyd(er)hen sin wort[a] zuthun un(d)
antwurt er habe Sterre(n) Clesen erfolgt mit r(e)cht. Das sin v(er)kaufft
und nachkome(n) wie r(e)cht ist. Und alß Winßhenn meint er soll jn
zulaß(e)n do hofft Snyd(er)henn neyn. Und alß Winßhen furwendt Snyd(er)-
henn ym sin wort gethan soll hån / habe jne Winßhenn gefragt
wie jr sach stë. Do habe er geantw(or)t sÿe sien mit ein vertrage(n).
Hat er jn d(er) gestalt gerett unnd gemeynt dwil er ym das sin v(er)kaufft
habe do dinoch sien sie v(er)trag(en). Und hofft daß er Winßhenne(n) umb
diß(e)n sine(n) zusproch nit schuld(ig) sij. Und stelt daz zurecht. Daroff
rett Henn von Eltvil und v(er)bott das Snyd(er)henn der wort nit abreddig ist.
Und habe Winßhen(n) umb d(er)selb(e)n wort will(e)n solich gut vor und ehe
v(er)kaufft dan(n) Snyd(er)henn und Snyd(er)hen(n) darnach. Des zucht sich
Windszhenn offs buch und butt(en) und hofft das sin kauff vorgehn
soll. Und st(allt) das zurecht. Da(r)off rett Rudig(er) nach dem Synd(er)henn jm
der vorwort[b] keins gestehe auch Sterre(n) Clesen be[-] und zuvor erfolgt un(d)
pfande berett habe so soll sin kauff vorgehn. Und Winßhen(n) deßhalp nit
wid(er) pflichtig sin. Un(d) stelle(n) d[a]z also bett zur(echt). Jst gest(allt) ad socios. V(er)b(ott).

ad socios
1 h(eischung) — Jt(em) her Heinr(ich) Nickell sin 1 h(eischung) off Ricks Cleßgin vor V l(i)b(ras) et s(upe)r ping(nora).
p b — Jt(em) her Heinr(ich) Strode hat pf(and) ber(etten) off Gerhart Spitzkopp.
1 h(eischung) — Jt(em) Cles Syel [!] sin 1 h(eischung) off Jacop Leyendeck(er) vor I g(ulden) gelts et s(upe)r ping(nora).
erf(olgt) — Jt(em) Wißhars Contzgin erf(olgt) Henn von Sôd(en) vor I gul(den).
lip vor sin gut
gestalt Leow — Jt(em) meinst(er) Leowe hat sin lyp vor sin gut gestalt geg(en) dem scheffn(er) zu
sant Clarn zu Meintz p(ro)misit stat(us) iu(r)e ut mor(is) est.

Off Sampstag nach Martini.

erk(annt) f(re)f(el)[c] — Jt(em) Hengin Backen kn(e)cht erk(ennt) Phil(ip) Buß(er)n unsz(er)m scholth(eißen) II freff(el) mit
sine(m) liebe zuv(er)teiding(en).
erk(annt) f(re)f(el)[d] — Jt(em) Henn und Pet(er) Hartma(n) gebrud(er) erk(ennen) jden dem II freff(el) si(mi)limo(do).
p b — Jt(e)m Cleß Raup hat p b off Erckers Cleßgin.
2 h(eischung) — Jt(em) Ada(m) Wolff soci(us) n(oste)r sin 2 h(eischung) off Jeck(el) Prassen ut p(rius).

a Es folgt durchgestrichen: »wo«.
b Die erste Silbe des Wortes ist über der Zeile beigefügt.
c Das Wort »freff(el)« wird nochmals wiederholt.
d Das Wort »freff(el)« wird nochmals wiederholt.

ich wollt etwas verkaufen, damit ich auch zu dem meinigen komme. Da habe Henn Snider gesagt: Cles Stern und ich sind verglichen. Da habe Henne Winß Cles Stern einen Weingarten verkauft. Daran habe ihn Henne Snider gehindert und es nicht bei den Worten gelassen. Das schade ihm 10 Gulden und er fordert eine Antwort vor Gericht, Ja oder Nein. Rudiger hat sich auch verpflichtet in der rechten Form Henne Snider zu vertreten und antwortet: Er habe seinen Anspruch gegen Cles Stern vor Gericht eingeklagt. Er habe das seinige verkauft und ist dem nachgekommen, wie es Recht ist. Und wenn Henne Winß meint, er solle ihn zulassen, da hoffe Henne Snider Nein. Und wie Henne Winß weiter vorbringt, Henne Snider solle ihn das versprochen haben – Henne Winß habe ihn gefragt, wie ihre Sache stehe. Da habe er geantwortet, sie seien miteinander vertragen worden. Das habe er in dem Sinne gemeint und gesagt, wenn er ihm das seine verkauft habe, danach seien sie vertragen. Und er hofft, dass er Henne Winß wegen seiner Anklage nichts schuldig sei. Das legt er dem Gericht vor. Darauf redete Henne von Eltville und lässt festhalten, das Henne Snider die Worte nicht leugnet. Und Henne Winß habe wegen derselben Worte das Gut vorher verkauft als Henne Snider und Hans Snider danach. Deswegen beruft sich Henne Winß auf das Buch und den Büttel und hofft, dass sein Kauf vorgehen soll. Das legt er dem Gericht vor. Darauf redet Rudiger: Nachdem Henne Snider ihm keine Ansprache zugestehe, er auch seinen Anspruch gegen Cles Stern eingeklagt und Pfändung gefordert habe, solle sein Kauf vorgehen. Und er soll Henne Winß nichts pflichtig sein. Das legen sie beide dem Gericht vor. Das ist verschoben worden bis zum Zusammentreffen des Vollgerichts. Zugestimmt.

Herr Heinrich Nickel erhebt seine 1. Klage gegen Clesgin Rick wegen 5 Pfund und auf die Pfänder. Herr Heinrich Strude hat Pfändung gefordert gegen Gerhard Spitzkopp. Cles Fiel erhebt seine 1. Klage gegen Jakob Leiendecker wegen einem Gulden Geld und auf die Pfänder. Contzgin Wisser verklagt Henne von Soden auf einen Gulden. Meister Lewe hat seinen Leib vor sein Gut gestellt gegenüber dem Schaffner von St. Klara zu Mainz und verspricht den Rechtsaustrag wie er üblich ist.

13. November 1484
Johann der Knecht von Back erkennt an Philipp Bußer, unserem Schultheißen, 2 Frevel mit seinem Leib zu verhandeln.
Henne und Peter Hartmann, Brüder, erkennen 2 Frevel ebenso.
Cles Raub hat Pfändung gefordert gegen Clesgin Erk.
Adam Wolff, unser Mitschöffe, erhebt seine 2. Klage gegen Jeckel Prass.

fol. 235v — Sampstag post Elisabett

erf(olgt)	Jt(e)m Henn von Etlvilß son erf(olgt) Cleßgin Beck(er)n und Hengin Clesen Henne(n) son vor X guld(en)
	Jt(e)m Rudig(er) hat sich v(er)dingt und sin und(er)tinge v(er)b(ott) wie r(e)cht ist
Knode(n) Henne(n) son un(d) Heng(in) Pet(er) Metzlers son	Knoden Clesen sin wort zuthun. Und spricht Henne(n) Ped(er) Metzle(r)s son zu / das er jne one alle ursach und wort geslage(n) habe und gelehmt als das wŏl schynlich sij. Das er solich getan und yne nit von schad(e)n und smetz(e)n hellt das schade ym LX gul(den). Und ob er sich des weig(er)n wolt so ertzeige sich daz an dem schad(en). Da(r)off hat sich Henn von Eltvil v(er)dingt jn obgeschr(iebener) forme. Sin v(er)dert(en) v(er)bott zu antwurt(en) / Und ist diß ansprach gelengt von hut zu XIIII t(agen) sic(ut) hodie.
erk(annt)	Jt(em) Cleß Grå hat erkant Henne(n) sin brud(er) von hut zu XIIII tag(en) widder an gericht zu bring(en). V(er)b(ott).
2 h(eischung)ᶜ	Jt(em) her Heinrich Strode sin 2 h(eischung) off Ebert Kytz(e)n ut p(ri)us.
	Jd(em) sin 2 h(eischung) off Contz Bellerszhemm(er) ut p(ri)us.
erf(olgt)	Jt(em) Cleß Raup erf(olgt) H(er)man von Holtzhusen vor V guld(en).
erf(olgt)	Jt(e)m Ebert Kÿtze ex (par)te Kytschansen erf(olgt) Pet(er) Swytz(er)n vor XL guld(e)n und hat der buttel daß gebott d(er) frauwe(n) zwurt gesagt und eins angesmytzt / und dem man nit gesagt.
erf(olgt)	Jt(em) Pet(er) Stŏrtzkop erf(olgt) Clesenhengin vor I gul(den).
	Off Sampstag p(os)t Elisabett.
Hengin Sch(e)rer Sterren Clese	Zusch(e)n Hengin Scherr(er)n und Sterren Clesen nach ansprach und antwurt sprech(e)n wir zu recht daß Clesz Hengin Scherr(er)n um(m)b diße sin ford(er)ung nit schuldig sij.ᵃ
2 h(eischung)	Jt(e)m Dreschers Pet(er) von Swabenh(ei)m sin 2 heischŭng off Peter von Badenh(ei)m und Kytsch Anna ut p(ri)us.
2 h(eischung)	It(e)m Philips Busz(er) uns(er) scholth(eiß) und mitschoff(e)n gesell sin 2 h(eischung) off die kyrch(e)ngeswŏrn ut p(ri)us.
2 h(eischung)	Jt(e)m her Johann Dramerßh(eim) ex (par)te d(er) h(er)n zu sant Victor sin 2 h(eischung) offᵇ ut p(rius) off Wolffs Henn un(d) Melma(n)s Heng(in).
2 h(eischung)	Jd(em) sin 2 h(eischung) off H(er)man Bender ut p(ri)us.
2 h(eischung)	Jd(em) sin 2 h(eischung) off Heyden Cleszgin ut p(ri)us.

a Das Wort ist wegen einer Überschreibung nicht eindeutig lesbar.
b Es folgt durchgestrichen: »die kyrchengeswo(re)n«.
c Zwei Striche zeigen an, dass die Marginalie auch für die folgende Zeile gilt.

20. November 1484

Henne von Eltvilles Sohn verklagt Clesgin Becker und Hengin, den Sohn von Henne Cles, auf 10 Gulden.

Rudiger hat sich verpflichtet, Cles Knod vor Gericht zu vertreten und hat seine Anwaltschaft festhalten lassen, wie es Recht ist. Und er klagt Henne, den Sohn Peter Metzlers, an, dass er ihn ohne jeden Grund oder Schimpfworte geschlagen und gelähmt habe, wie es wohl offensichtlich sei. Dass er das getan habe und ihn nicht von dem Schaden und den Schmerzen heilt, das schade ihm 60 Gulden. Und wenn er sich dessen weigern wolle, so beweise er das durch den Schaden. Darauf hat sich Henne von Eltville verpflichtet in der vorgeschriebenen Form. Sie forderten die Antwort zu verschieben. Die Anklage ist ausgesetzt worden bis heute in 14 Tagen mit dem gleichen Recht wie heute.

Cles Gra hat anerkannt, Henne, seinen Bruder, heute in 14 Tagen wieder vor das Gericht zu bringen. Festgehalten.

Herr Heinrich Strude erhebt seine 2. Klage gegen Eberhard Kitz.

Derselbe erhebt seine 2. Klage gegen Contz Bellersheim.

Cles Raub verklagt Hermann von Holzhausen auf 5 Gulden.

Eberhard Kitz für Hans Kitz verklagt Peter Switzer auf 40 Gulden und der Büttel hat das Gebot der Nonnen zweimal erhoben und eines ausgesetzt und dem Mann nichts davon gesagt.

Peter Stortzkopp verklagt Hengin Cles auf einen Gulden.

20. November 1484

Zwischen Hengin Scherer und Cles Stern nach Anklage und Entgegnung sprechen wir als Recht, dass Cles Hengin Scherer wegen seiner Forderung nichts schuldig ist.

Peter Dresser von Schwabenheim erhebt seine 2. Klage gegen Peter von Badenheim und Anne Kitz.

Philipp Bußer, unser Schultheiß und Mitschöffe, erhebt seine 2. Klage gegen die Kirchengeschworenen.

Johann Dromersheim für die Herren von St. Viktor erhebt seine 2. Klage gegen Henne Wolff und Hengin Melmann.

Derselbe erhebt seine 2. Klage gegen Hermann Bender.

Derselbe erhebt seine 2. Klage gegen Clesgin Heide.

fol. 236 — Sampstag post Elisabett

2 h(eischung)	Jt(e)m her Heinrich Strŏde sin 2 h(eischung) off Metzelhenn ut prius.
2 h(eischung)	Jdem sin 2 h(eischung) off Clesenhengin ut p(ri)us.
2 h(eischung)	Jdem sin 2 h(eischung) off Ulrich von Rodenbach ut p(rius)
2 h(eischung)	Jd(em) sin 2 h(eischung) off Peter Karp(er)n ut p(ri)us.
2 h(eischung)	Jd(em) sin 2 h(eischung) off Rudolff Snyd(er)n.
2 h(eischung)[b]	Jt(e)m Clese Raup soci(us) n(oste)r sin 2 h(eischung) off Hengin Gyckysen und Cleßgin Falthŏr ut p(ri)us.
lyp vor sin gut gestalt	Jt(e)m Contz Bellerszhem(m)er sin lyp vor sin gut gestalt geg(en) h(er)n Heinr(ich) Strŏden und v(er)sproch(en) r(e)cht geb(e)n und neme(n) ut mor(is) e(st) ist jm gest(alt) ad p(ro)x(imu)m iud(iciu)m.
ecc(les)ia d[a]z buch geŏffent	Jt(em) die kirche(n)meinst(er) hant das bůch geŏffent zusch(e)n) yne und Spitzkopff als er XXX alb(en) hind(er) gericht gelacht hat und daz v(er)b(ott).
erk(annt)	Jt(e)m Ebert Kytz erk(ennt) Fritz(e)n unß(er)m heimburg(en) I gul(den) VIII alb(en) jnn XIIII tag(en). Si non t(unc) pf(and) erf(olgt).
erf(olgt)	Jt(em) Cleß Raup erf(olgt) Pet(er) Wolenber offs buch.
2 h(eischung)	Jt(em) Bing(er) Cleßgin ex (par)te Phil(ip) Hirt(en) sin 2 h(eischung) off Jeck(el) Bett ut p(rius).
2 h(eischung)	Jd(em) sin 2 h(eischung) off Hengin Bere jn d(er) Rinckgass(e)n ut p(rius).
2 h(eischung)	Jd(em) sin 2 h(eischung) off Cleße Stortzkopp(e)n ut prius.
2 h(eischung)	Jt(e)m Endriß Kŏch(e)r sin 2 h(eischung) off Jeckell Drapp(e)n ut p(rius).
1 h(eischung)	Jt(e)m Joh(ann)es d(er) junffr(auen) scheffenn(er) zu sant Claren sin 1 h(eischung) off alle die güt(er) die Heng(in) Rŏtsch v(er)laß(e)n hat do er dot und lebendig gewesen ist vor IIII ß gelts.
1 h(eischung)	Jdem sin erst h(eischung) off Eberts Anna vor XXV ß et s(upe)r o(mni)a.
1 h(eischung)	Jdem sin 1 h(eischung) off meinst(er) Leowe(n) vor I gul(den) I ort et s(upe)r pf(and)
2 h(eischung)	Jt(em) h(er) Johan(n) Benßhe(m)m(er) syn 2 h(eischung) off Jeck(el) Drapp(e)n ur p(ri)us).
2 h(eischung)[c]	Jt(em) Pet(er) Fyel und Erck(er)s Cles jr 2 h(eischung) off Heng(in) Endriß ut p(ri)us.
2 h(eischung)	Jt(em) Flucken Cleß sin 2 h(eischung) off Kytzgin ut prius.
2 h(eischung)	Jt(em) Henn von Eltvil ex p(ar)te d(er) h(e)rn zum thom(m)e zu Meintz sin 2 h(eischung) off h(er)[a] Johan(n) von Sultz(e)n Ferw(er)henn und Benn(er)hen ut p(rius)
2 h(eischung)	Jd(em) sin 2 h(eischung) off Kylers Endriß ut p(rius).
2 h(eischung)	Jd(em) sin 2 h(eischung) off Henn Trem(er) ut p(rius).

[a] Das Wort ist über der Zeile beigefügt.
[b] Der Begriff wird nochmals wiederholt.
[c] Der Begriff wird nochmals wiederholt.

20. November 1484

Herr Heinrich Strude erhebt seine 2. Klage gegen Henne Metzel.
Derselbe erhebt seine 2. Klage gegen Henne Cles.
Derselbe erhebt seine 2. Klage gegen Ulrich von Rodenbach.
Derselbe erhebt seine 2. Klage gegen Peter Korper.
Derselbe erhebt seine 2. Klage gegen Rudolf Snider.
Cles Raub, unser Mitschöffe, erhebt seine 2. Klage gegen Henne Gickysen und Clesgin Falthor.
Contz Bellersheim hat seinen Leib vor sein Gut gestellt gegen Herrn Heinrich Strude und versprochen Recht zu geben und zu nehmen wie es üblich ist. Es ist ihm ein Termin gesetzt am nächsten Gerichtstag.
Die Kirchenmeister haben das Buch geöffnet zwischen ihnen und Spitzkopp. Er hat 30 Albus bei Gericht hinterlegt und das festhalten lassen.
Eberhard Kitz erkennt an, Fritz, unserem Heimbürgen, einen Gulden 8 Albus binnen 14 Tagen zahlen zu müssen. Wenn nicht erfolgt die Pfändung.
Cles Raub hat seinen Anspruch ins Gerichtsbuch eintragen lassen gegen Peter Wolenber.
Clesgin Binger für Philipp Hirt erhebt seine 2. Klage gegen Jeckel Bett.
Derselbe erhebt seine 2. Klage gegen Hengin Ber in der Ringgasse.
Derselbe erhebt seine 2. Klage gegen Cles Stortzkopp.
Endres Kocher erhebt seine 2. Klage gegen Jeckel Drapp.
Johannes, der Schaffner der Nonnen von St. Klara, erhebt seine 1. Klage auf alle Güter, die Hengin Rotsch hinterlassen hat als er tot oder lebendig war wegen 4 Schilling Geld.
Derselbe erhebt seine 1. Klage gegen Anna Eberhard wegen 25 Schilling auf alles.
Derselbe erhebt seine 1. Klage gegen Meister Lewe wegen einem Gulden 1 Ort und auf die Pfänder.
Herr Johann Benßhemmer erhebt seine 2. Klage gegen Jeckel Drapp.
Peter Fiel und Cles Erk erheben ihre 2. Klage gegen Hengin Endres.
Cles Fluck erhebt seine 2. Klage gegen Kitzgin.
Henne von Eltville für die Domherren zu Mainz erhebt seine 2. Klage gegen Johann von Sultz, Henne Ferber und Henne Bender.
Derselbe erhebt seine 2. Klage gegen Endres Kyler.
Derselbe erhebt seine 2. Klage gegen Henne Tremer.

fol. 236v — Dinstag post Elisabetth Katherine

TRANSKRIPTION

2 h(eischung)	Jd(em) sin 2 h(eischung) off Hen(n) Stortzkop ut prius.
2 h(eischung)	Jd(em) sin 2 h(eischung) Pet(er) Stôep ut p(rius).
2 h(eischung)	Jd(em) sin and(er) off Henn Gutgesell ut p(rius).
2 h(eischung)	Jd(em) sin and(er) off Henn von Echtzel ut p(rius).
2 h(eischung)	Jd(em) sin and(er) off den junge(n) Hen von Eltvil ut p(rius).
2 h(eischung)	Jd(em) sin 2 h(eischung) off Wynworm ut pr(ius)
	Actu(m) off Dinstag p(os)t Elisabetth[a] Kath(er)[i]ne.[b]
2 h(eischung)	Jt(e)m her Heinrich Nickell sin 2[c] heisch(ung) off Erck(er)s Cleszg(in) vor
	V l(i)b(ras) gelts et sup(ra) ping(nora).
2 h(eischung)	Jt(em) her Heinrich Strôde sin 2 h(eischung) off Pet(er) Metzl(er)n ut p(ri)us.
2 h(eischung)	Jt(e)m id(em) sin 2 h(eischung) off Lupis Jeckeln und Drubeins Wilh(em) ut p(rius).
2 h(eischung)	Jd(em) sin 2 h(eischung) off Knobloch und Essig Hengin ut p(rius).
2 h(eischung)	Jd(e)m sin 2 h(eischung) off Gerhart Spÿtzkop ut p(rius).
	Actu(m) off Sampst(ag) nach Kath(er)[i]ne.
3 h(eischung)	Jt(em) her Heinrich Strôde sin 3 h(eischung) off Kytsche Anna ut p(rius).
3 h(eischung)	Jt(em) Adam Wolff sin 3 h(eischung) off Jeckell Prass(e)n ut p(rius).
	Jt(e)m Jacop Scherr(er) von Ulm schuldig(t) Jeckel Drapp(e)n das er sine(n)
Jacop Sch(er)rer vo(n)	h(e)ren / h(e)r Peter Rôd(er)n I gul(den) v(er)sessenn(er) gult(en) schuldig sij / Jeck(el)
Ulm. Jeck(el) Drapp	antwurt er habe I guld(en) hind(er) gericht gelacht geg(en) sine(n) he(r)ren
	und zucht sich off das buch. Do sint ym sin tage zugesatzt
	von hut zu XIIII tag(en) et ultra ut mor(is) est.
	Jt(em) Dutsche von Algeßh(eim) hat sich v(er)dingt Contz Bend(er)n sin
	wort zuthůn und sin undertinge v(er)bott alß r(e)cht ist un(d)
Contz Bende(r)	schuldig(t) Hertelsz Clesen daß er jm IIII gul(den) mi[n](us) IIII alb(en) schul(dig)
Hertelsz Cleß	sij v(er)dientes lons. Dasz er ym die nit gijt od(er) erkent schadt
	yme XL guld(en) / Henn von Eltvil hat sich v(er)dingt ut sup(ra)
	Clesen sin wort zuthůn und spricht er habe dem scholth(eiß)
	zu Jngelnh(ei)m ein buttel geheisch(e)n off Contz(e)n. Deszhalpp
	er jn sin(er) hafft sij und hofft jme nit schuldig zu sin / zu

---

a Das Wort ist zwar durchgestrichen, dies aber durch unterschriebene Punkte wieder aufgehoben worden. Über der Zeile: »Elizab(eth)«.
b Das Wort ist mit einer dünnen waagerechten Linie durchgestrichen.
c Die Zahl ist über der Zeile beigefügt, darunter durchgestrichen: »erst«.

Derselbe erhebt seine 2. Klage gegen Henne Stortzkopp.
Derselbe erhebt seine 2. Klage gegen Peter Stop.
Derselbe seine zweite gegen Henne Gutgesell.
Derselbe seine zweite gegen Henne von Echzell.
Derselbe seine zweite gegen den jungen Henne von Eltville.
Derselbe erhebt seine 2. Klage gegen Winworm.

23. November 1484
Herr Heinrich Nickel erhebt seine 2. Klage gegen Clesgin Erk wegen 5 Pfund Geld und auf die Pfänder.
Derselbe erhebt seine 2. Klage gegen Jeckel Lupis und Wilhelm Drubein.
Derselbe erhebt seine 2. Klage gegen Knobeloch und Hengin Essig.
Derselbe erhebt seine 2. Klage gegen Gerhard Spitzkopp.

27. November 1484
Herr Heinrich Strude erhebt seine 3. Klage gegen Anna Kitz.
Adam Wolff erhebt seine 3. Klage gegen Jeckel Prass.
Jakob Scherer von Ulm beschuldigt Jeckel Drapp, dass er seinem Herrn, Herrn Peter Roder, einen Gulden angelaufene Gülten schuldig sei. Jeckel antwortet: Er habe bei Gericht einen Gulden für seine Herren hinterlegt und beruft sich auf das Gerichtsbuch. Darauf sind ihm seine Tage gesetzt von heute an in 14 Tagen, wie es üblich ist.
Dutz von Algesheim hat sich verpflichtet, Contz Bender vor Gericht zu vertreten und hat seine Anwaltschaft festhalten lassen, wie es Recht ist, und er beschuldigt Cles Hertel, dass er ihm 4 Gulden weniger 4 Albus schuldig sei verdienten Lohn. Dass er ihm die nicht gibt oder die anerkennt, das schade ihm 40 Gulden. Henne von Eltville hat sich verpflichtet, Cles zu vertreten wie oben und er sagt: Er habe von dem Schultheißen zu Ingelheim einen Büttel gefordert gegen Contz. Deshalb sei er in seiner Haft und er hofft, ihm nicht schuldig zu sein zu

Sampstag nach Katherine

    antwurt(en) / Da(r)off spricht Contz neyn / Dan er habe ym off
ein zijt gebott(en) do habe Cleß nit von ym gefragt als recht sij.
Deszhalp er hoff jn daß nit helff(en) soll. S(en)(ten)(ti)a si(n)ttemål daz ey(n)
gericht v(er)gang(en) ist so soll daz gebott nit hind(er)n und soll jme
antw(or)t(en). Contz fragt nach dem costen. S(en)(tenti)a ja. Hat gefragt
wan ee. S(en)(tenti)a hodie. Vort(er) antw(or)t^a Cleß und spricht er habe
yne gedingt fasz zu mach(e)n und sin arbeit uß helffen.
Da(r)uß sij er jm gang(e)n und gethan waß er zu schicken hett.
Das habe jm zu groß(e)m und v(er)derplich(e)m schaden bracht
gegen den lüten den er faß geb(e)n soltt. Do sien winkauffs
lut bij gewest off die er sich ziehe. Spricht Contz und
hofft er soll jme ja od(er) nein sag(e)n umb sine(n) v(er)dint(en) lon.
Daroff erk(ennt) ym Cleß II gul(den) off r(e)ch(nung) jn XIIII t(agen). Si no(n) t(un)c p(fand) erf(olgt).

her Dÿm Endriß Drap	Jt(e)m her Dÿm schuldig(t) Endriß Drapp(e)n daß er jm VI gul(den) XI alb(en) schuldig(ig) sij. Ddie hat er jm erkant / Hat h(er) Diëm gefragt wan er jme die geb(en) soll. S(en)(tenti)a. jn XIIII tag(en).
	Jt(e)m Con(n)tz Benn(er) schuldig(et) Hertelß Clesen er habe jm v(er)dingt ey(n) som(m)e faß zu mach(e)n und solt jm demselb(e)n Contz(e)n vier wochen ee ange-
Contz Benn(er) Hertels Cleß	stanne(n) hån. Daz nit bescheen sij. Da(r)nach achttage auch v(er)hindert bőddemhalp / Das er jm daß säumniß also gethan hat d[a]z schadt ym XL guld(en). Da(r)off rett Cleß und sagt nein da(r)tzů. Er sij des unschuld(ig). Jst ym gestalt zu XIIII tag(en). Ambo v(er)b(ott).
erk(annt) I capp(e)n Phil(ip) Buß(er)n	Jt(e)m Pefferhenn erk(ennt) Phil(ip) Bůße(r)n unß(er)m scholth(eiß) und mitschoff(en) gesell(e)n I capp(e)n zu geben jn XIIII tag(en) und vort(er) alle jar off sant Martins tag I capp(e)n zu geb(e)n von ½ [I/2] morg(en) wing(er)ts an dem Dentzer gefor(cht) Henn von Eltvils sőn und Monichs Cleß obentzů.
ecc(les)ia	Jt(em) die kirchenmeinst(er) hant v(er)bott daz d(er) scholth(eiß) ein gnug(en) da(r)an gehabt hat.
erk(annt)	Jt(em) Wißhars Contzgin jůnior erk(ennt) Jeckel Reÿe(r)n V gul(den) hie züsch(en) und Wihennacht(en). Si non t(unc) pf(and) erf(olgt).
erk(annt)	Jt(em) Johannes Manbachs nachfår erk(ennt) Hengin Endr(es) III ½ [III/2] g(ulden) I ort hie zusch(en) und Wihe(n)nacht si no(n) t(unc) pf(and) erf(olgt).
gelengt	Zusch(en) h(e)r Heinrich Strőden und Contz Belle(r)ßh(e)m ist gelengt ad p(ro)x(imu)m iud(iciu)m.

    a Das »w« ist als »lb« geschrieben.

27. November 1484 — fol. 237

antworten. Darauf sagt Contz: Nein. Denn er habe vor einiger Zeit gegen ihn geklagt, da habe Cles es nicht von ihm erfragt wie es Recht ist. Deshalb hoffe er, dass ihm das nicht helfen soll. Urteil: Weil das ein vergangenes Gericht ist, so soll ihn das jetzt nicht hindern und er soll antworten. Contz fragt nach den Kosten. Urteil: Ja. Er hat gefragt, wann. Urteil: Heute. Weiter antwortet Cles und sagt, er habe ihn angestellt. ein Fass zu machen und bei seiner Arbeit auszuhelfen. Da sei er weggegangen und habe etwas anderes getan, was er tun wollte. Deswegen habe er ihn in großen und verderblichen Schaden gebracht gegenüber den Leuten, für die er das Fass machen sollte. Da waren Vertragszeugen dabei, auf die berufe er sich. Konrad hofft, er soll ihm ein Ja oder Nein geben wegen seinem verdienten Lohn. Daraufhin erkennt Cles an, ihm 2 Gulden gegen Rechnung zahlen zu müssen binnen 14 Tagen. Wenn nicht erfolgt die Pfändung.

Herr Diem beschuldigt Endres Drapp, dass er ihm 6 Gulden 11 Albus schuldig sei. Die habe er anerkannt. Herr Diem hat gefragt, wann er ihm die geben soll. Urteil: In 14 Tagen.

Contz Bender beschuldigt Cles Hertel, er habe ihn angestellt, ein Fass zu machen und er sollte vier Wochen zuvor fertig sein. Das sei nicht geschehen. Danach war er auch 8 Tage verhindert. Dass er den Termin versäumt habe, das schade ihm 40 Gulden. Darauf redete Cles und sagt Nein dazu. Er sei unschuldig. Die Unschuld gilt 14 Tage. Beide zugestimmt.

Henne Peffer erkennt an, Philipp Bußer, unserem Schultheiß und Mitschöffen, 1 Kappaun geben zu müssen binnen 14 Tagen und weiter jährlich am St. Martinstag 1 Kappaun für ½ Morgen Weingarten am Dentzer, grenzt an an Henne von Eltvilles Sohn und Cles Monch oben angrenzend.

Die Kirchenmeister haben festhalten lassen, dass der Schultheiß ein Genügen daran hatte.

Contzgin Wisser der Jüngere erkennt an, Jeckel Reyer 5 Gulden bis Weihnachten zahlen zu müssen. Wenn nicht erfolgt die Pfändung.

Johannes Manbachs Nachfahre erkennt an, Hengin Endres 3 ½ Gulden und 1 Ort zahlen zu müssen von heute an bis Weihnachten. Wenn nicht erfolgt die Pfändung.

Zwischen Herrn Heinrich Strude und Contz Bellersheim ist der Termin verschoben bis zum nächsten Gerichtstag.

fol. 237v — Ipsa die Barbare

gelengt	Zůsch(e)n Knodencleßgin und Henn Pet(er) Metzlers sŏn ist gelengt ad p(ro)x(imu)m iud(iciu)m. Ambo v(er)bot.
erf(olgt)	Jt(em) Peter Grop erf(olgt) Ebertt Kytzen offs buch.
erf(olgt)	Jt(em) Pet(er) von Badenh(ei)m erf(olgt) Cleßg(in) Byrkorn vor XVI alb(en).
erf(olgt)	Jt(em) Pefferhenn erf(olgt) Unglich(e)n vor I gulden(n).
	Sab(a)to ip(s)a die Barbare.
lip vor sin gut gestalt	Jt(em) Eberhart Kitsch ex (par)te matris sin lip vor sin gut gestalt geg(en) Ped(er) Dresch(e)r vo(n) Swabenh(ei)m. Ist jm gest(alt) ad p(ro)x(imu)m iud(iciu)m.
3 h(eischung)	Jt(em) Endriß Kocher sin 3 h(eischung) off Jeckell Drapp(e)n ut prius.
3 h(eischung)	Jt(em) Pet(er) Fiel und Erkers Cleß jr 3 h(eischung) off Hengin(n) Endris ut p(rius).
3 h(eischung)	Jt(em) her Johan(n) Dramerszh(ei)m sin 3 h(eischung) off Heyden Cleßg(in).
3 h(eischung)	Idem sin 3 h(eischung) off H(er)man Bende(r).
3 h(eischung)	Jt(em) h(er) Johan(n) Benszhem(m)er sin 3 h(eischung) off Jeck(el) Drappen ut p(rius).
3 h(eischung)	Jt(em) Ped(er) Dusch(e)r sin 3 h(eischung) off Ped(er) von Badenh(ei)m ut p(ri)us.
3 h(eischung)	Jt(em) her Heinrich Strode sin 3 h(eischung) off Metzelhenn ut p(ri)us.
3 h(eischung)	Jd(em) sin 3 h(eischung) off Ulrich von Radenbach.
3 h(eischung)	Jd(em) sin 3 h(eischung) off Pet(er) Kerp(er) ut p(ri)us.ᵃ
3 h(eischung)	Jd(em) sin 3 h(eischung) off Rudolff [!] Snyd(er)n.
3 h(eischung)	Jt(em) Byng(er) Cleßgin ex (par)te Philips Hirt(en) sin 3 h(eischung) off Jeck(el) Bett.
3 h(eischung)	Jt(em) Flucken Clese sin 3 h(eischung) off Kytzgin ut p(ri)us.
3 h(eischung)	Jt(em) Cleß Raup sin 3 hey(schung) off Hengin Gyckysen ut p(rius).
	Jd(em) sin 3 h(eischung) off Clese Falthor ut p(ri)us.
lyp vo(r) sin gut gest(alt)	Jt(em) Ferw(er)henn sin lyp vor sin gut gest(alt) geg(en) den h(e)ren zu(u) thom(m)e gest(alt) inᵇ XIIII t(agen)
3 h(eischung)	Jt(em) Hen von Eltvil ex (par)te d(omi)nor(um) sin 3 h(eischung) off Kylers Endr(es) ut priusᶜ
3 h(eischung)	Id(em) sin 3 h(eischung) off Crem(er) Henn.
3 h(eischung)	Id(em) sin 3 h(eischung) off Bend(er) Henn.
3 h(eischung)	Id(em) sin 3 h(eischung) off Henn Storzkopp.
3 h(eischung)ᵃ	Id(em) sin 3 h(eischung) off Pet(er) Stŏp.
3 h(eischung)	Id(em) sin 3 h(eischung) off Heng(in) Gutgesell.
3 h(eischung)	Id(em) sin 3 h(eischung) off Henn von Echtzil.
3 h(eischung)	Id(em) sin 3 h(eischung) off Winworme.

a Die beiden letzten Worte verweisen mittels einer Klammer auch auf die nachfolgende Zeile.
b Es folgt durchgestrichen: „»ad p(ro)x(imu)m iud(iciu)m«.
c Mehrere Striche zeigen an, dass die beiden letzten Worte auch für die folgenden Zeilen dieser Seite gelten.
d Mehrere Striche zeigen an, dass die Marginalie für die letzten sieben Zeilen dieser Seite gilt.

4. Dezember 1484

Zwischen Clesgin Knode und Henne, Peter Metzlers Sohn, ist der Termin verschoben bis zum nächsten Gerichtstag. Beide zugestimmt.
Peter Grop hat seinen Anspruch ins Gerichtsbuch eintragen lassen gegen Eberhard Kitz.
Peter von Badenheim verklagt Clesgin Berkorn auf 16 Albus.
Henne Peffer verklagt Unglich auf einen Gulden.

4. Dezember 1484
Eberhard Kitz für seine Mutter hat seinen Leib vor sein Gut gestellt gegen Peter Dresser von Schwabenheim. Es ist ihm ein Termin gesetzt am nächsten Gerichtstag.
Endres Kocher erhebt seine 3. Klage gegen Jeckel Drapp.
Peter Fiel und Cles Erk erheben ihre 3. Klage gegen Hengin Enders.
Herr Johann Dromersheim erhebt seine 3. Klage gegen Clesgin Heide.
Derselbe erhebt seine 3. Klage gegen Hermann Bender.
Johann Bensheimer erhebt seine 3. Klage gegen Jeckel Drapp.
Peter Dutz erhebt seine 3. Klage gegen Peter von Badenheim.
Herr Heinrich Strude erhebt seine 3. Klage gegen Henne Metzel.
Derselbe erhebt seine 3. Klage gegen Ulrich von Rodenbach.
Derselbe erhebt seine 3. Klage gegen Peter Korper.
Derselbe erhebt seine 3. Klage gegen Rudolf Snider.
Clesgin Binger für Philipp Hirt erhebt seine 3. Klage gegen Jeckel Bett.
Cles Fluck erhebt seine 3. Klage gegen Kitzgin.
Cles Raub erhebt seine 3. Klage gegen Henne Gickysen.
Derselbe erhebt seine 3. Klage gegen Cles Falthor.
Henne Ferber hat seinen Leib vor sein Gut gestellt gegen die Domherren, festgesetzt 14 Tage.
Henne von Eltville für die Herren erhebt seine 3. Klage gegen Endres Kyler.
Derselbe erhebt seine 3. Klage gegen Henne Cremer.
Derselbe erhebt seine 3. Klage gegen Henne Bender.
Derselbe erhebt seine 3. Klage gegen Henne Stortzkopp.
Derselbe erhebt seine 3. Klage gegen Peter Stop.
Derselbe erhebt seine 3. Klage gegen Henne Gutgesell.
Derselbe erhebt seine 3. Klage gegen Henne von Echzell.
Derselbe erhebt seine 3. Klage gegen Winworm.

Sabato post Nicolai

Sab(a)to p(os)t Nicolai.

h(er) Heinr(ich) Strod / Bellerßhe(m)m(er) — Jt(em) Rudig(er) hat sich v(er)dingt und sin und(er)t(ing) v(er)bot wie r[e]cht ist h(e)r Heinrich Stroden sin wort zuthun. Und schuldigt Contz Bellerßhem(m)ern das er jm sin heysch(ung) so er off jne vor VIII½ [IX/2] ß geh(en)ᵃ gebroch(e)n habe und jm den zinß nit gebe. Notz i(n) t(antu)m. Henn vo(n) Eltvil hat sich v(er)d(ingt) ut su(pra) und rett von Contz Belle(r)ßh(ei)ms weg(en) und spr(icht) / der felder sien zweij gewesen die solich gult geb(e)n hab(e)n / Derselb(e)n habe er nitme dan(n) eyns. Deszhalben er mein der gult(en) nit gantz schuld(ig) sij zugeb(e)n / her Heinrich br(e)cht dan(n) bij daß es off dem felde allein stünde. Und stelt daz zur(e)cht / Rudig(er) von h(e)r Heinrichs weg(en) v(er)b(ot) das Contz d(er) gult(en) nit abreddig ist und auch daß er daß felt jnhat do sie obe(n) stet. So habe er jme und sine(n) mith(e)ren die gult mit he(re) geben un(d) hofft er soll die auch vorth(er) geb(e)n. Und jne Contze(n) jnredde nit hind(er)n: St(ellt) d[a]z auch zur(e)cht. Ad socios.

ad socios

3 h(eischung) — Jt(e)m her Heinrich Nickel sin 3 h(eischung) off Erckers Clese(n) ut p(ri)ma.

p b — Jt(em) Ebert Kytz hat p b off Pet(er) Steub(er)n al(ia)s Switz(er)

erk(annt) — Jt(em) Pet(er) Lotz erk(ennt) Dieme(n)clasen ex(part)e d(omi)nor(um) i(n) Huse(n) XI ß jn XIIII t(agen). Si no(n).

t(age) gelengt — Jt(e)m zusch(e)n Knȏd(e)n Cleßg(in) und Metzlers Henn ist gestalt ad p(ro)x(imu)m iud(iciu)m sic(ut) ho(die).

Contz Benn(er) / Joh(anne)s Benn(er) — Jt(em) Rudig(er) hat sich v(er)dingt ut for(ma) Contz Bend(er)n sin wort zuthůn un(d) schuld(igt) den jung(en) Joh(ann)es Bend(er)n / wie daß Contz v(er)dingt habe ey(n) som(m)e faß zumach(e)n / do habe jme Joh(anne)s zugesagt dieselb(e)n helfen zů mach(e)n / Und jn dem sie jn der arbeit gewest sien / do sij jn Joh(ann)es VI tage uß d(er) arbeit gang(en) one sinen wissen. Daß schade ym X guld(en) und heischt d[a]z ein recht antw(or)t / Henn von Eltvil hat sich v(er)d(ingt) utfor(ma) Joh(anne)s sin wort zuth(un) und spricht des offgemessen schad(en) sij er unschul(dig) es wurdt dan(n) mit r(e)cht erk(ant). Vorth(er) als jne Contz schuldige daß er one sin wissen und willen usz siner arbeit gang(en) sij do sage er nein zů / Dan(n) Contz kunt die dug(en) nit gezarg(en) die er jme fügt. Also das Contz selb(er) sprach / Joh(ann)es kůndestu etwas v(er)thiene(n) gunde ich dir wol. Dwil wolt ich die zarg(en) macht(en). Und sij nÿ

---

a Es folgt durchgestrichen: »habe«.

11. Dezember 1484
Rudiger hat sich verpflichtet, Herrn Heinrich Strude vor Gericht zu vertreten und hat seine Anwaltschaft festhalten lassen wie Recht ist. Und er klagt Contz Bellersheim an, dass er ihm sein Klageverfahren, als er auf die 8½ Schilling geklagt habe, gebrochen habe und ihm den Zins nicht gebe. Das schade ihm ebensoviel dazu. Henne von Eltville hat sich verpflichtet wie oben für Contz Bellersheim und sagt: Es seien 2 Felder gewesen, die die Gülte gegeben haben. Von denen hat er nicht mehr als eines. Deshalb meine er die Gülte nicht ganz schuldig zu sein, Herr Heinrich erbrächte denn den Beweis, dass sie auf dem Felde allein liege. Das legt er dem Gericht vor. Rudiger für Herrn Heinrich hat festhalten lassen, dass Contz die Gülte nicht leugnet, auch nicht dass er das Feld habe, worauf sie liege. So habe er ihm und seinen Mitherren die Gülte bisher gegeben und er hofft, er solle sie auch weiter geben. Und Contz' Gegenrede solle ihn nicht hindern. Das legt er dem Gericht vor. Das ist verschoben worden bis zum Zusammentreffen des Vollgerichts.
Herr Heinrich Nickel erhebt seine 3. Klage gegen Cles Erk.
Eberhard Kitz hat Pfändung gefordert gegen Peter Steuber alias Switzer.
Peter Lotz erkennt an, Clas Diem für die Herren in Hausen 11 Schilling zahlen zu müssen binnen 14 Tagen. Wenn nicht etc.
Zwischen Clesgin Knode und Henne Metzler ist der Termin verschoben worden auf den nächsten Gerichtstag mit den gleichen Rechten wie heute.
Rudiger hat sich gemäß der Form verpflichtet, Contz Bender vor Gericht zu vertreten und beschuldigt den jungen Johannes Bender, dass er Contz angestellt habe für eine Summe Geld ein Fass zu machen. Da habe ihm Johannes zugesagt, ihm zu helfen das zu machen. Und sie seien am Arbeiten gewesen, da sei Johannes 6 Tage von der Arbeit weggeblieben ohne sein Wissen. Das schade ihm 10 Gulden und er fordert von ihm eine Antwort. Henne von Eltville hat sich verpflichtet gemäß der Form, Johannes vor Gericht zu vertreten und spricht: Des angelaufenen Schadens sei er unschuldig, er würde denn vor Gericht erkannt. Weiter, als ihn Contz beschuldige, dass er ohne sein Wissen und Willen von der Arbeit weggeblieben sei, dazu sage er Nein. Denn Contz konnte die Dauben nicht verzargen, die er ihm machte. Da sprach Contz selber: „Johannes, kannst Du etwas verdienen, das gönne ich dir wohl. Während dessen werde ich die Zargen machen." Und er sei nicht

fol. 238v — Sabato post Conceptionis Marie

                von jm gang(en) and(er)s dan(n) von sine(m) geheiß und gut(en) will(e)n.
Deß glich(e)n alß er ein schroder word(en) sij // do sij er auch alle
male mit sine(m) gut(en) will(e)n von jme gang(e)n und weß er
yne wid(er) ane ziehe des sij er unschuld(ig). Die unscholt jst ym
gestalt zu XIIII tag(en). Ambo v(er)b(ot).

erk(annt)   Jt(e)m Ebert Kytsch hat erk(ennt) Ped(er) Dresch(er)n II gul(den) hie zusche(n)
dem XVIIIt(en). Si no(n) so mag e(r) zu sine(n) pfand(en) gehn ludt
sin(er) brieff od(er) heischung.

Jt(e)m Rudig(er) hat sich v(er)d(ingt) ut for(ma) Geyspißh(ei)m sin wort zu thun
und schuldig(t) Duntzelhenne(n) wieß bestand(en) habe umb h(er)n

Geispißh(ei)m   Johan von Sultz(e)n / Ddo und(er)zuge sich Duntzelhen(n) daß er off
Duntzelhen(n)   die zijt h(e)r Joha(n) von Sultz(e)n momp(ar) were und den zinß
an yne geford(er)t / Do habe Geyspißh(ei)m beducht wie daz die
wiße zu thür sij und gesagt er wolde jr nit me han. Do
habe Hen gesagt er wol daß an h(e)r Johan(n)en bringe und
yme da(r)nach zugesagt / her Johan(n) sage er soll die laß(e)n liege(n)
und waz Geißpißh(ei)m schadens da(r)uß entste dar vor woll
jm Duntzelhen gut sin. Da(r)off habe er ym den zinß geben(n)
und die wiße laß(e)n lieg(e)n. Das er ym daß nit gesche das
schade ym XL gul(den). Beg(er)t des ein richt(ig) antw(or)t. Henn vonn
Eltvil hat sich v(er)d(ingt) ut for(ma) Duntzelhen(n) sin wort zuth(un) und
spr(icht) Důntzelhenn sage nein do zu / Dan(n) Geyspißh(ei)m wer he(r)
Johanne(s) schuldig III guld(en) and(er)s dan(n) von d(er) wiesse(n) weg(en).
Do habe er gesat er soll h(e)r Johan(n)en die geb(e)n do wol er
ym vor schad(e)n sijn^a und nit and(er)s. Und wes er yn wid(er)
an ziehe des sij er unschuld(ig) / Die ist ym gest(alt) zu XIIII t(agen).

Sab(a)to p(os)t (Con)cept(i)o(nis) Ma(r)ie.

3 h(eischung)   Jt(e)m Adam Wolff sin 3 h(eischung) off Praß(e)n Jeckeln ut p(rius).
1 h(eischung)   Jt(em) Hiltze(e)n Kett jr 1 h(eischung) off Clese Suffuß den ju(n)g(en) vor
X ß gelts e(t) sup(ra) ping(nora).

---

a Über dem »ij« befinden sich zwei kleine schräg gestellte Striche.

anders von ihm weg gegangen als auf seine Anweisung und mit seinem Einverständnis. Ebenso als er ein Weinschröter geworden sei, da sei er auch jedes Mal mit seinem guten Willen von ihm gegangen und wessen er ihn weiter anklage, dessen sei er unschuldig. Die Unschuld gilt 14 Tage lang. Beide zugestimmt.

Eberhard Kitz hat anerkannt, Peter Dresser 2 Gulden bis zum 18. Tag zu zahlen. Wenn nicht, dann mag er an die Pfänder greifen gemäß seiner Urkunde oder der Klage.

Rudiger hat sich verpflichtet, gemäß der Form Geyspißheim vor Gericht zu vertreten und beschuldigt Henne Duntzel, er hatte eine Wiese gepachtet von Herrn Johann von Sultz. Da berufe sich Henne Duntzel darauf, dass er zu der Zeit der Vertreter von Herrn Johann von Sultz war und den Zins von ihm forderte. Da habe es Geyspißheim geschienen, dass die Wiese zu teuer sei und er hat gesagt, er wolle sie nicht mehr haben. Da habe Henne gesagt, er wolle das an Herrn Johann bringen und ihm dann zugesagt, Herr Johann habe gesagt, er solle die liegen lassen und wenn ihm Schaden daraus entstehe, dann wolle ihm Henne Duntzel ein Bürge sein. Darauf habe er ihm den Zins gegeben und die Wiese liegen lassen. Dass er das nicht gestehe, das schade ihm 40 Gulden. Und darauf fordert er eine Antwort vor Gericht. Henne von Eltville hat sich verpflichtet, Henne Duntzel vor Gericht zu vertreten gemäß der Form und sagt: Henne Duntzel sagt Nein dazu. Denn Geyspißheim sei Herrn Johann noch 3 Gulden schuldig von anderem als der Wiese. Da habe er gesagt, Herr Johann soll ihm die wohl geben, davon solle er keinen Schaden haben und nichts anderes. Und wessen er ihn weiter anklage, dessen ist er unschuldig. Die Unschuld ist festgesetzt für 14 Tage.

11. Dezember 1484
Adam Wolff erhebt seine 3. Klage gegen Jeckel Prass.
Kett Hiltz erhebt ihre 1. Klage gegen Cles Suffuß den Jungen wegen 10 Schilling Geld auf die Pfänder.

Sabato post Conceptionis Marie

4 [(8/2] h(eischung)	Jt(em) her Heinrich sin 4 [(8/2] h(eischung) off Kytz Ann ut p(rius) p(robatur) in libro.
erk(annt)	Jte(m) Rieß erk(ennt) Cleszgin Bartolme(us) von Winh(ei)m I½ [II/2] gul(den) XXVI alb(us) vor I gul(den) jn XIIII tag(en). Si no(n) t(unc).
erk(annt)	Jt(em) Essighengin erk(ennt) jdem II l(i)b(ras) h[e]ll(er) ex (par)te ecc(les)ie jn XIIII t(agen). Si no(n) t(unc).
erf(olgt)	Jt(em) Johan(n) P(ar)thenhe(m)m(er) soci(us) n(oste)r erf(olgt) die zwen Suffuß s(uper) libr(um).
1 h(eischung)	Jt(em) Johan(n) P(ar)thenhe(m)m(er) sin 1 h(eischung) off die zwen Suffuß vor III alb(en). s(upe)r o(mn)ia.
erf(olgt)	Jt(em) Hengin Endriß erf(olgt) Joh(ann)es Manbachs nachfa(hren) s(uper) libr(um).
p b	Jt(em) Hen Gyck hatt p b off Pet(er) Mand[e]lman(n).
3 h(eischung)	Jt(em) her Heinr(ich) Strode sin 3 h(eischung) off Pet(er) Metzl(er)n ut p(ri)us.
3 h(eischung)	Id(em) sin 3 h(eischung) off Pet(er) Knobloch ut p(rius)
3 h(eischung)	Id(em) sin 3 h(eischung) off Essig Heng(in) ut p(rius).
Knodencleß Hengin	Jt(e)m Rudig(er) hat sich v(er)d(ingt) ut for(ma) Knod(e)n Clesen sin wort zuthun geg(e)n Hengin Ped(er) Metzlers son und das buch lass(e)n offn(en) das v(er)lesen hat er v(er)b(ot). Und vort(er) off dieselbe ansprache ey(n) antw(or)t begert / Henn von Eltvil hat sich v(er)d(ingt) ut su(pra) Heng(in) sin wort zuthun und spricht Hengin geste ym deß slagens nit / Sond(er) sie sien bij einand(er) zu win gewesen / und einand(er) zugedrunck(en) dassie drunck(en) word(en) sein. Da(r)nach jnn eyne(n) schympff unteinand(er) geschympft. Und habe Hengin nit and(er)s gewist / dan daß sin scheide uber sine(m) messer gewest sij. Jn dem habe Knode(n) Clese mit siner recht(en) hant selber jm jn sin messer gegriff(en) und sich v(er)wont one sin zuthun und sij dar nach off Hengin gefall(e)n / und hette(n) die zwen getan so do bij gewesen sien Cleßgin hett jne zu(u) dode bracht / Desz zihe er sich off die selb(e)n zwen und hofft jm soll(e)nt sin tage do zu gesatzt werd(en) und macht sich domit deß offgemessen schadens unschuldig / Da(r)off rett Rudig(er) und v(er)b(ot) daß Hengin d(er) geschicht nit abreddig ist das es durch sin gewe(re)ᵃ geschen sij. Und v(er)neint das sie also off den tag bij ein zu win gewesen sien dan(n) er habe denselb(e)n tag do d(er) schadeᵇ bescheen kein ŏrten mit yme gehabt. Er sij bij ein(er) and(er)n geselschafft zu win gewesen jmselben hůß.

a Über dem »w« steht ein »e«.
b Das »a« ist über der Zeile beigefügt, darunter, durchgestrichen, ein unleserlicher Buchstabe.

11. Dezember 1484 — fol. 239

Herr Heinrich erhebt seine 4. Klage gegen Anne Kitz.

Rieß erkennt an, Clesgin Bartolmeus von Weinheim 1½ Gulden, 26 Albus für den Gulden, binnen 14 Tagen zahlen zu müssen. Wenn nicht etc.

Hengin Essig erkennt an, demselben 2 Pfund Heller für die Kirche zahlen zu müssen binnen 14 Tagen. Wenn nicht etc.

Johann Partenheimer, unser Mitschöffe, hat seinen Anspruch ins Gerichtsbuch eintragen lassen gegen die zwei Suffuß.

Johann Partenheimer erhebt seine 1. Klage gegen die zwei Suffuß wegen 3 Albus auf alles.

Hengin Enders hat seinen Anspruch ins Gerichtsbuch eintragen lassen gegen die Erben von Johannes Manbach.

Henne Gick hat Pfändung gefordert gegen Peter Mandelmann.

Herr Heinrich Strude erhebt seine 3. Klage gegen Peter Metzler.

Derselbe erhebt seine 3. Klage gegen Peter Knobeloch.

Derselbe erhebt seine 3. Klage gegen Hengin Essig.

Rudiger hat sich gemäß der Form verpflichtet, Cles Knode vor Gericht zu vertreten gegen Hengin, Peter Metzlers Sohn, und hat das Buch öffnen lassen und verlesen und das festhalten lassen. Und weiter, auf die Anklage eine Antwort zu geben, hat sich Henne von Eltville verpflichtet Hengin zu vertreten wie oben und spricht: Hengin gestehe ihm die Schlägerei nicht. Sondern sie hätten zusammen beim Wein gesessen und hätten einander zugetrunken, bis sie betrunken wurden. Danach hatten sie miteinander geschimpft. Und Hengin habe nichts anderes gewusst, als dass die Scheide über seinem Messer war. Da habe Cles Knode mit seiner Rechten Hand selber in sein Messer gegriffen und sich verwundet ohne sein Zutun. Und er sei danach auf Hengin gefallen und hätten die, die dabei waren, ihm nicht das Leben gerettet, so hätte ihn Clesgin zum Tode gebracht. Deswegen beruft er sich auf die selben zwei und hofft, dass ihm seine Tage gesetzt werden und er erklärt sich des angelaufenen Schadens für unschuldig. Darauf redet Rudiger und hat festgehalten, dass Hengin die Geschichte nicht leugnet, dass es durch seine Waffen geschehen sei. Und er verneint, dass sie an dem Tag beim Wein gesessen seien, denn er habe an dem Tag als der Schaden geschehen sei, keinen Krug mit ihm gehabt. Er sei bei einer anderen Gesellschaft zum Wein gewesen in dem selben Haus.

Und habe Hengin ein gut swert bij jm gehabt daß hett(e)n jme die
gesellen uff dieselbe zijt v(er)borg(en). Do schengt er zwein ein viermaß
wins das sie jm sin swert widd(er) gaben(n) / Do bij wol zumerck(en)
sij / daß er etwas handeln wolt / Und do Cleße h(er)uß off die gass
keme / do sij jme Hengin mit eim bloß(e)n swert nach gefolgt und
nÿ kein wort mit ym gerett / widd(er) gůt nach bose un jn geslag(en)
und gehandelt als sich das wŏll seh(e)n laß / Und als sie jn ir antw(or)t
furgewant daß etlich do bij gewesen / do von wiss(e)n soll(e)n weß
Cleßgin bescheen sij habe er ym selb(e)r gethan(n) / da sage Cles neyn
zů und gestet d[a]z nit / Wereß ab(er) daz Heng(in) jn des zugte als r(e)cht
ist / daß Cles ym dasselb(e)r gethan hett geschee vort(er) waß recht
sin wurt / Da(r)off rett Henn von Eltvil / als Rudig(er) sprech man
habe Heng(in) sin swert v(er)borg(en) dassij wår / Und sij ym auch mit
keyne(m) swert nach gelauff(en) sond(er) er habe ein messer gehabt jn
eyn(er) scheid(en). Do habe ym Cleße jngegriff(en) do sien zwen wie vorge[-]
melt bij gewesen. Wol er sich laß(e)n mit den wisen. So ziehe er
sich off die selb(e)n und hofft wie vor man soll die hŏren / Da(r)off
rett Rudiger von Cleßgins weg(en) wie vor. Und stellen daß

s(e)n(tenti)a	also bette zu r(e)cht. S(e)n(tenti)a das Hengin die kunde daroff er zücht und do bij gewesen sien bring(en) soll. Ambo v(er)bot. Gefragt
s(e)n(tenti)a	quando. S(e)n(tenti)a jn XIIII t(agen) et ult(ra) ut mor(is) est.

Jt(em) Hengin hat globt d(er) sach(e)n zuende uß nach zukom(m)en.

Sab(a)to p(ost) Lucie.

lip vor gůt	Jt(e)m Jeckel Bett hat sin lip vor sin gut gestalt geg(en) Cleßgin Bingel gest(alt) ad p(ro)x(imu)m.
4 [(8/2] h(eischung)	Jt(em) h(e)r Johann Dramerßh(ei)m sin 4 [(8/2] h(eischung) off H(er)man Bend(er) s(upe)r libr(um) gestalt ad p(ro)x(imu)m.
lip vor gut	Jt(em) Pet(er) Korp sin lip vor sin gut gestalt geg(en) h(er)n Hein[-]rich Strŏden gestalt ad p(ro)x(imu)m.
4 [8/2] h(eischung)	Jt(em) h(e)r Johan Benßhem(m)er sin 4 [8/2] h(eischung) off Jeck(el) Drapp(e)n s(upe)r libr(um) gest(alt) ad p(ro)x(imu)m.

Und Hengin habe ein gutes Schwert bei sich gehabt. Das hatten ihm die Gesellen zu der Zeit versteckt. Da schenkt er zweien ein Viertel Maß Wein, dass sie ihm sein Schwert gaben. Dadurch merkt man wohl, dass er Streit wollte. Und als Cles heraus auf die Gasse kam, da sei ihm Hengin mit dem bloßen Schwert nachgerannt und habe kein Wort mit ihm geredet weder gutes noch böses, sondern habe ihn geschlagen und so gehandelt, wie man es an ihm sehe. Und als sie weiter in ihrer Antwort gesagt haben, es seien etliche dabei gewesen, die wissen sollten, was Cles geschehen sei, das habe er sich selbst getan – dazu sagt Cles Nein und gesteht das nicht. Wäre es aber, dass Hengin ihm das beweise, wie es Recht ist, dass Cles sich das selber angetan hat, dann geschehe weiter was Recht ist. Darauf redet Henne von Eltville: Als Rudiger sagte, man habe Hengin sein Schwert versteckt, das sei nicht wahr. Und er sei ihm auch nicht mit einem Schwert hinterher gelaufen, sondern er habe ein Messer gehabt in einer Scheide. Dahinein habe Cles gegriffen, als sie zwei wie vorher gesagt beieinander saßen. Das wolle er sich weisen lassen. Darauf berufe er sich und er hofft, man solle die Zeugen hören. Darauf redet Rudiger für Clesgin wie zuvor. Und sie legen das beide dem Gericht vor. Urteil: Weil Hengin sich auf Zeugen beruft, die dabei waren, so soll er sie vorbringen. Dem stimmen beide zu. Gefragt: Wann. Urteil: In 14 Tagen und weiter wie es üblich ist. Hengin hat gelobt, die Sache bis zum Ende vor Gericht auszutragen.

18. Dezember 1484
Jeckel Bett hat seinen Leib vor sein Gut gestellt gegen Clesgin Bingel. Gesetzt am nächsten Gerichtstag.
Herr Johann Dromersheim erhebt seine 4. Klage gegen Hermann Bender auf das Buch. Gesetzt am nächsten Gerichtstag.

Peter Korper hat seinen Leib vor sein Gut gestellt gegen Herrn Heinrich Strude. Gesetzt am nächsten Gerichtstag
Johann Bensheimer erhebt seine 4. Klage gegen Jeckel Drapp auf das Buch, gesetzt am nächsten Gerichtstag.

fol. 240 — Sabato post Thome

gelengt	Jt(em) zusch(e)n Pet(er) Ziemerman(n) von Aspeßh(ei)m als er Hans Raden beku(m)m(er)t hat vo(n) Werstat ist gestalt ad sabato p(ost) dem XVIIIt(en).
gelengt	Jt(em) Joh(ann)es Bend(er) d(er) junge ist sins r(e)cht(en) buddig gegen Contz Bend(er)n. Ist ym gest(alt) zu XIIII t(agen).
4 [(8/2] h(eischung)	Jt(em) h(er) Heinrich Strode sin 4 [(8/2] h(eischung) off Metzelhenn s(upe)r libr(um). ist gest(alt) ad p(ro)x(imu)m.
4 [(8/2] h(eischung)	Jt(em) Peter Fiel ex (par)te Erkers Dyn sin 4 [(8/2] h(eischung) off Hengin Endriß gest(alt) ad p(ro)x(imu)m.
lip vo(r) gut	Jt(e)m Hen Stortzkop sin lip vor sin gůt gestalt geg(en) den h(er)n zu(m) thom(m)e gest(alt).
4 [(8/2] h(eischung)	Jt(em) Cleß Raup sin 4 [8/2] h(eischung) off Cleßgin Falltǒr s(upe)r lib(rum).
4 [(8/2] h(eischung)	Jt(e)m Henn von Eltvil ex (par)te d(omi)nor(um) sin 4 [(8/2] h(eischung) off
4 [(8/2] h(eischung)	Wynworm.
4 [(8/2] h(eischung)	Id(e)m sin 4 [(8/2] h(eischung) off Hengin von Echtzil s(upe)r lib(rum) ist ym gest(alt) ad p(ro)x(imu)m[a]
4 [(8/2] h(eischung)	Jdem sin 4 [(8/2] h(eischung) off Ped(er) Stǒpen.
	Jdem sin 4 [(8/2] h(eischung) off Hen Gutgesell.
	Sab(a)to p(ost) Thome.
tag geh(eischen)	Jt(e)m Hengin Pet(er) Metzle(r)s sôn sin tag vo(r)ter geheisch(e)n sin kunde zufůrn geg(en) Knoden Clesen.
3 h(eischung)	Jt(em) Hiltz(e)n Kett jr 3 h(eischung) off den jungen Suffůß ut p(rius).
	Sab(a)to p(ost) T(r)iu(m) R(e)gum.
	Jt(em) Hengin Back kn(e)cht sin tag vort(er) geheisch(e)n sin kunde zu furen geg(en) Knod(en) Clesen
no(tandum)	Heng(in) Sch(er)rern.[b]

a Striche zeigen an, dass der lateinische Nebensatz auch für die nächsten beiden Zeilen gilt.
b Der Name ist von anderer Hand geschrieben.

1. Januar 1485

Zwischen Peter Zimmermann von Aspisheim, als er Hans Rade von Werstat gepfändet hat, ist ein Termin gesetzt am Samstag nach dem 18. Tag.
Johannes Bender der junge ist zum Rechtsaustrag bereit gegen Contz Bender. Es ist ihm ein Termin gesetzt in 14 Tagen.
Herr Heinrich Strude erhebt seine 4. Klage gegen Henne Metzel auf das Buch. Es ist ihm ein Termin gesetzt am nächsten Gerichtstag.
Peter Fiel für Dyne Erk erhebt seine 4. Klage gegen Hengin Enders. Gesetzt am nächsten Gerichtstag.
Henne Stortzkopp hat seinen Leib vor sein Gut gestellt gegen die Domherren. Gesetzt.
Cles Raub erhebt seine 4. Klage gegen Clesgin Falthor auf das Buch.
Henne von Eltville für die Herren erhebt seine 4. Klage gegen Winworm.
Derselbe erhebt seine 4. Klage gegen Hengin von Echzell auf das Buch. Es ist ihm ein Termin gesetzt am nächsten Gerichtstag.
Derselbe erhebt seine 4. Klage gegen Peter Stop.
Derselbe erhebt seine 4. Klage gegen Henne Gutgesell.

1. Januar 1485

Hengin, der Sohn Peter Metzlers, hat seinen weiteren Termin gefordert, Beweise beizubringen gegen Cles Knode.
Kett Hiltz erhebt ihre 3. Klage gegen den jungen Suffuß.

8. Januar 1485

Hengin Backs Knecht hat seinen weiteren Termin gefordert, Beweise beizubringen gegen Cles Knode.
Hengin Scherer